Hans-Joachim Alpers
Werner Fuchs · Ronald M. Hahn
Wolfgang Jeschke

LEXIKON DER SCIENCE FICTION LITERATUR 1

Originalausgabe

**WILHELM HEYNE VERLAG
MÜNCHEN**

HEYNE-BUCH Nr. 7111
im Wilhelm Heyne Verlag, München

Copyright © 1980 by Wilhelm Heyne Verlag
Printed in Germany 1980
Titelbild: Karel Thole
Innenfotos: Süddeutscher Verlag – Bilderdienst/Karl-Heinz Ingenhaag/Johannes Jaspert/
Insel Verlag/Piper Verlag/List Verlag/Archiv für Kunst und Geschichte/Deutsches Museum/Wolfgang Jeschke
Zeichnungen: John Stewart
Umschlaggestaltung: Atelier Heinrichs & Schütz, München
Satz: IBV Lichtsatz KG, Berlin
Druck und Bindung: Presse-Druck, Augsburg

ISBN 3-453-01063-9

Den Marx-Brothers gewidmet:
Groucho, Chico, Harpo, Gummo, Zeppo und Karl –
ganz besonders aber Karl!

But listen to the colour
of your dreams...
The Beatles, **Tomorrow never knows**

INHALT

BAND 1:

Abkürzungsverzeichnis	8
Vorbemerkungen	12
EINLEITUNG	16
DIE ENTWICKLUNGSGESCHICHTE DER SF	24
THEMENKREISE DER SF	45
1. Hoffnungen und Ängste: Utopien und Dystopien	46
2. »Up, Up and Away«: Space Opera	55
3. »Westward ho!«: Kolonien und galaktische Imperien	65
4. Der Landser im Orbit: Militaristische und antimilitaristische Science Fiction	75
5. Schleimige Monster und andere Aliens: Außerirdische Lebewesen	83
6. »The Chance of Anything Coming from Mars...«: Die Invasionen	94
7. Monster, Mutanten und Dutzendlinge: Evolution und Genmanipulation	101
8. Die Geißeln des Himmels: Große Katastrophen	112
9. Blechkumpel und Superhirn: Roboter und Denkmaschinen	121
10. Auf dem Zeitstrom: Der Traum von der Zeitreise	131
11. An anderen Ufern: Alternativ- und Parallelwelten	141
BIOGRAPHISCHES LEXIKON	155
Int. Verzeichnis der SF-Autoren und ihrer wichtigsten Werke und ihren deutschsprachigen Ausgaben	156
Die wichtigsten Autoren-Pseudonyme	681
Nach Pseudonymen geordnet	681
Nach Autorennamen geordnet	685

BAND 2:

SCIENCE FICTION IN DER BRD	689
BIBLIOGRAPHISCHES LEXIKON	704
Die SF-Produktion im deutschsprachigen Raum nach 1945, alphabetisch nach Verlagen geordnet	705
WER IST WER IN DER DEUTSCHEN SF	1187
Verzeichnis der Leute im deutschsprachigen Raum, die beruflich auf dem Gebiet der Science Fiction tätig sind	1187
DIE WICHTIGSTEN INTERNATIONALEN SF-PREISE	1207
DIE WICHTIGSTE LITERATUR ÜBER SF	1217
PERSONENREGISTER	1222

Abkürzungsverzeichnis

Allgemeine Abkürzungen:

(A)	Anthologie (Textsammlung verschiedener Autoren)
(C)	Collection (Textsammlung eines einzelnen Autors)
(C/OA)	Collection/dt. Originalausgabe, die in dieser Zusammenstellung in der Sprache des Verfassers nicht erschienen ist
(Ed./Hrsg.)	Editor/Herausgeber
N. N.	›Nomen Nescio‹/Name nicht bekannt
(o. J.)	ohne Jahreszahl
(VP)	Verlagspseudonym
(WV)	Wirklicher Verfasser (der auf dem Titel angegebene Autor ist falsch)
(I)	Erster Teil
(II)	Zweiter Teil
(+)	Dieser Titel ist ausschließlich in deutscher Sprache erschienen
(sr 4)	Serie (Fortsetzungsroman) in 4 Teilen
(Freder van Holk)	Name in Klammern: Verfasser/Herausgeber eines anonym erschienenen Titels

Reihen- und Serienabkürzungen:

AiW	Abenteuer im Weltraum (Heftreihe), Alfons Semrau Verlag, Hamburg
Atlan	Atlan, im Auftrag der Menschheit bzw. der König von Atlantis (Heftserie), Arthur Moewig Verlag, München
B	Bastei SF Taschenbuch, Bastei Verlag Gustav H. Lübbe, Bergisch-Gladbach
Dragon	Dragon, Söhne von Atlantis (Heftserie), Arthur Moewig Verlag, München
ESF	Erber SF (Heftreihe), Anne Erber Verlag, Sasbachwalden
E 2000	Erde 2000 (Heftserie), Wolfgang Marken Verlag, Köln
FO	Fischer Orbit Taschenbuch, Fischer Taschenbuchverlag, Frankfurt/Main
G	Goldmanns Zukunftsromane, Wilhelm Goldmann Verlag, München
Ge	Gemini SF (Heftreihe), Martin Kelter Verlag, Hamburg
GWTB	Goldmanns Weltraum Taschenbücher, Wilhelm Goldmann Verlag, München
GJTB	Goldmanns Jugendtaschenbücher, Wilhelm Goldmann Verlag, München

H	Heyne SF, Wilhelm Heyne Verlag, München
HJTB	Heyne Jugendtaschenbücher, Wilhelm Heyne Verlag, München
KA	Katastrophen-Alarm (Heftreihe), Tandem Verlag, Celle
K	König Taschenbücher, König Taschenbuchverlag, München
Kn	Knaur SF Taschenbücher, Droemer-Knaur Verlag, München
MP	Mark Powers, der Held des Weltalls (Heftserie), Erich Pabel Verlag, Rastatt
MS	Mondstation 1999 Taschenbuch, Bastei Verlag Gustav H. Lübbe, Bergisch-Gladbach
MvS	Science Fiction & Fantastica, Marion von Schröder Verlag, Düsseldorf
OH	Orion (Heftserie), Erich Pabel Verlag, Rastatt
OTB	Orion Taschenbücher, Arthur Moewig Verlag, München
PhB	Phantastische Bibliothek, Suhrkamp Verlag, Frankfurt/Main
PR	Perry Rhodan, der Erbe des Universums (Heftserie), Arthur Moewig Verlag, München
PRTB	Perry Rhodan Planetenroman Taschenbuch, Arthur Moewig Verlag, München
PU	Pabel Utopia Taschenbuch, Erich Pabel Verlag, Rastatt
RC	Rex Corda, der Retter der Erde (Heftserie) Bastei Verlag Gustav H. Lübbe, Bergisch-Gladbach
RD	Ren Dhark, Weg ins Weltall (Heftserie), Martin Kelter Verlag, Hamburg
RETB	Raumschiff Enterprise Taschenbuch, Williams Verlag, Alsdorf
RP	Raumschiff Promet (Heftserie), Andromeda/Astro Verlag, Köln
T	Terra Utopische Romane (Heftreihe), Arthur Moewig Verlag, München
TA	Terra Astra SF (Heftreihe), Arthur Moewig Verlag, München
TE	Terra Extra SF Bestseller in Neuauflage (Heftreihe), Arthur Moewig Verlag, München
TF	Terra Fantasy Taschenbuch, Erich Pabel Verlag, Rastatt
TN	Terra Nova (Heftreihe), Arthur Moewig Verlag, München
TS	Terra-Sonderband (Heftreihe), Arthur Moewig Verlag, München
TTB	Terra Taschenbücher, Arthur Moewig Verlag, München
UG	Utopia Großband (Heftreihe), Erich Pabel Verlag, Rastatt
UK	Utopia Krimi bzw. Utopia-Kriminal (Heftreihe), Erich Pabel Verlag, Rastatt
UZ	Utopia Zukunft (Heftreihe), Erich Pabel Verlag, Rastatt

WF	Der Weltraumfahrer (Heftreihe), Alfons Semrau Verlag, Hamburg
Wi	Winther SF Taschenbuch, Winther Verlag, Hamburg/Zürich/Wien
ZK	Zeitkugel (Heftreihe), Wolfgang Marken Verlag, Köln
ZSF	Zauberkreis SF (Heftreihe), Zauberkreis Verlag, Rastatt

Bei den bibliographischen Angaben sind nur bei Buch- und Taschenbuchausgaben die Verlage genannt, nicht dagegen bei Heftausgaben. Dort ist nur die Abkürzung der Heftreihe angegeben. Der Verlag ist dem Abkürzungsverzeichnis zu entnehmen.

Abkürzungen englischsprachiger Magazine:

AMZ	Amazing Science Fiction
ASF	Astounding Science Fiction, später: Analog–Science Fact/Science Fiction
ASQ	Amazing Quarterly
FAN	Fantastic
FSF	Magazine of Fantasy and Science Fiction
GAL	Galaxy
IF	Worlds of If
TWS	Thrilling Wonder Stories
UK	Unknown
VEN	Venture
WT	Weird Tales

Wichtiger Benutzerhinweis:

Die beiden Bände des »Lexikons der Science Fiction-Literatur« sind durchgehend paginiert. Das Personenregister erfaßt sowohl Band 1 wie Band 2 des Lexikons und befindet sich am Schluß von Band 2 (Seite 1222 ff.)

Vorbemerkungen

Die Vorarbeiten zu diesem Lexikon begannen vor etwa 20 Jahren. Nachdem Heinz Bingenheimers *Transgalaxis-Katalog 1960* erschienen war, der vier Jahrhunderte deutschsprachiger phantastischer und utopischer Literatur bis hin zur Nachkriegs-SF verzeichnete, wurde es für alle, die sich beruflich (oder als Sammler) mit Science Fiction beschäftigten, bald unumgänglich, den Katalog auf dem neuesten Stand zu halten. Dies geschah meist in Form von privaten Karteien oder Listen, in denen die Neuerscheinungen eingetragen und festgehalten wurden. Auch die Autoren dieses Bandes begannen seinerzeit, sich dieses bibliographische Hilfsmittel zu schaffen, aber wie es so oft bei privaten Projekten dieser Art der Fall ist: Der Eifer erlahmte, nicht immer stand die notwendige Zeit zur Verfügung (zumal die Flut der Neuerscheinungen von Jahr zu Jahr anschwoll), Lücken taten sich auf und ließen sich nicht mehr schließen. Hinzu kam, daß die bibliographischen Angaben der Verlage nicht selten unvollständig oder unrichtig waren: Quellen wurden nicht genannt, Originaltitel falsch oder überhaupt nicht angegeben, Erscheinungsjahre unterschlagen, um alte Hüte als neue zu verhökern, die Namen von Übersetzern wurden verschwiegen oder Produkte deutscher Autoren als fingierte Übersetzungen auf den Markt gebracht. Solche Angaben nachträglich zu überprüfen, zu korrigieren und zu ergänzen ist eine Sisyphusarbeit, die ungeheuer viel Geduld, Know-how und einen immensen Zeitaufwand erfordert. Die Autoren haben diese Arbeit nicht gescheut, dennoch sind Lücken geblieben; wie die vielen Nomen Nescio beweisen. Die Anstrengungen blieben vor allem dort fruchtlos, wo es sich um kurzlebige Reihen handelte, über die in den Verlagshäusern keine Unterlagen mehr existieren, oder um Produkte von Verlagen, die selbst nur kurzlebig waren.

Durch ein Zusammenlegen der privaten Karteien der Autoren entstand ein beachtlicher Grundstock an bibliographischem Material, der zwar noch immer Lücken aufwies, aber als Basis für eine

Spezialbibliographie der (nach 1945) in der Bundesrepublik, in Österreich und der deutschsprachigen Schweiz in Buchform, als Leihbuch, als Taschenbuch oder als Heft erschienenen Science Fiction dienen konnte. Er war in der Tat einzigartig, zumal der größte Teil dieser Art Literatur nirgends offiziell magaziniert oder auch nur bibliographisch erfaßt wurde, weil die SF – zu Unrecht pauschal – der Trivialliteratur zugeschlagen und einer Katalogisierung als nicht wert erachtet wird. (Eine schmerzliche Unterlassung, welche die heute beginnende Erforschung dieses Genres beträchtlich erschwert.)

Neben diesen bibliographischen Daten hatte sich im Laufe der Zeit auch eine Fülle von biographischem Material angesammelt, das der Systematisierung und Ergänzung und – natürlich der Publikation harrte. Als wir 1977 den Plan zu diesem Buch dem Heyne Verlag vorlegten, standen verschiedene Alternativen zur Diskussion, die vom Umfang (und damit vom zeitlichen und finanziellen Aufwand her) sehr unterschiedlich konzipiert waren:

1. Eine Ergänzung und Erweiterung der oben erwähnten *Transgalaxis-Bibliographie* von Heinz Bingenheimer auf den neuesten Stand, jedoch ohne Berücksichtigung der Heftserien.
2. Eine Bibliographie dieser Art, die neben Buch-, Leihbuch- und Taschenbuchausgaben auch die Heftserien verzeichnete.
3. Ein biographisch-bibliographisches Lexikon, das in Kurzbiographien die wichtigsten SF-Autoren der Welt und ihr Werk vorstellte, mit einem Verzeichnis der deutschen Übersetzungen.
4. Ein getrenntes biographisch-bibliographisches Lexikon, dessen biographischer Teil alle namhaften SF-Autoren der Welt mit ihren wichtigsten Werken und allen deutschsprachigen Ausgaben ihrer Bücher aufführte, und dessen bibliographischer Teil die gesamte nach dem Jahre 1945 in der Bundesrepublik, Österreich und der deutschsprachigen Schweiz erschienene Science Fiction verzeichnete.

Um sowohl dem Profi wie dem Laien, und vor allem auch dem Sammler ein möglichst optimales Nachschlagewerk zu schaffen, entschloß sich der Heyne Verlag zu der vierten Version. Zusätzlich sollte als Einführung in das Gebiet eine *Entwicklungsgeschichte der Science Fiction,* ein Überblick über die *Themenkreise der Science Fiction,* ein Abriß der *Science Fiction in der Bundesrepublik Deutschland,* ein *Verzeichnis der wichtigsten internationalen SF-*

Preise und ein *Verzeichnis der wichtigsten Literatur über Science Fiction* entstehen. Später kam das *Wer ist wer in der SF in Deutschland?*, das auf eine Anregung des internationalen SF-Schriftstellerverbandes »World SF« hin erstellt wurde, hinzu. Um den biographischen Teil nicht durch zu lange Bibliographien zu überlasten, entschlossen wir uns

ausschließlich die deutschen Erstausgaben

eines Titels aufzuführen und evtl. spätere Ausgaben desselben Titels, seien es Nachdrucke im Taschenbuch, als Heft oder als Hardcover, nicht zu nennen. Im bibliographischen Teil sind selbstverständlich alle Ausgaben verzeichnet.

Die Entscheidung für die umfassendste Version machte einen weiteren Arbeitsaufwand von mindestens einem Jahr nötig. (Es wurden fast zwei Jahre.)

Als Redaktionsschluß wurde der 31. Dezember 1978 festgelegt.

Sowohl im biographischen wie im bibliographischen Teil sind

die Angaben nur bis zum Jahresende 1978 vollständig verzeichnet.

Selbstverständlich wurden während der Redaktion und auch noch während der Satz- und Korrekturarbeiten überall dort noch Ergänzungen nachgetragen, wo sie unerläßlich erschienen und technisch durchführbar waren. So wurden wichtige junge Autoren, die 1979 in Erscheinung traten, nachträglich noch aufgenommen. Vor allem aber wurden, um ein Maximum an Informationen zu liefern und um das Lexikon bei Erscheinen auf dem neuesten Stand präsentieren zu können, die wichtigsten SF-Taschenbuchreihen und SF-Heftserien bis April 1980 fortgeführt. Diese Angaben sind freilich ohne Gewähr, da wir uns bei Abschluß der Satzarbeiten im Dezember 1979 lediglich auf eine Vorschau der Verlagsprogramme stützen konnten, bei denen erfahrungsgemäß immer noch Umstellungen und Änderungen zu erwarten sind.

Das Lexikon erhebt nicht den Anspruch, absolut vollständig und fehlerlos zu sein. Das wäre bei einem Gebiet, das derart umfangreich, aber kaum erforscht, ja bisher kaum katalogisiert worden ist, geradezu ein Wunder. Uns ging es darum, die Fülle des Materials, das in mehr als einem Jahrhundert geschrieben und in den letzten dreieinhalb Jahrzehnten in deutscher Sprache veröffentlicht wurde, zu ordnen und überblickbar darzubieten. Ohne die Hilfe von privaten Sammlern, von Verlagsangestellten, literarischen Agenten, SF-Fans, Übersetzern, Herausgebern und anderen Kennern der Materie wäre das nicht möglich gewesen. Wir möchten uns an dieser Stelle besonders für ihre Mitarbeit, ihre Beratung und Unterstützung bedanken bei:

Peter Altenburg	Philip Harbottle	Bernd Rullkötter
Uwe Anton	Karin Hechtberger	Werner Sander
Michael Ashley	Petra Hermann	Jürgen vom Scheidt
Antonio Bellomi	Philipp Huber	Thomas Schlück
Ronald Bennett	Johannes Jaspert	Leni Sobez
Melanie Berens	Manfred Kluge	Lore Strassl
Kurt Bernhardt	Waldemar Kumming	Darko Suvin
Joachim Brede	Colin Lester	Grant J. Thiessen
Joachim Bulla	Brigitte Messerschmidt	E. C. Tubb
Hans Burghardt	Richard D. Nolane	Hildegard Ullrich
Helmut Burgstaller	Jürgen Nowak	Ralph M. Vicinanza
Anke Dethleffsen	Susanne Päch	Friedel Wahren
Walter Ernsting	Winfried Petri	Hans P. Weißfeld
Konrad Fialkowski	Horst Pukallus	Rainer Weke
Gunthild Flattau	Birgit Reß-Bohusch	Heinz Zwack
Paul Fritz	Inge Rhee	
Gisela Günther	Franz Rottensteiner	

Besonders haben wir uns auch bei den Herstellern des Buches zu bedanken, die bei den Hunderten von Änderungen und Nachträgen, die während der Fertigstellung berücksichtigt werden mußten, zwar manchmal die Geduld, nie aber ihre Gutwilligkeit verloren.

Einleitung

Wer nicht Unerwartetes erwartet, wird das Unerwartete nicht finden.
Heraklit

Die Möglichkeit ist stärker als die Wirklichkeit.
Ernst Bloch

Statt die Faktizität aufzuheben, erweitert das Fiktive nur ihren Raum. Die Alternative gibt dem vertrauten Bild Tiefenschärfe.
Walter Jens

Space Fiction und Science Fiction bilden den frischesten Zweig der heutigen Literatur.
Doris Lessing

Seit jeher haben den Menschen Grenzen fasziniert und gereizt, die Grenzen seiner persönlichen Existenz: Geburt und Tod, die Zukunft, undurchschaubar und bedrohlich, die Grenzen seiner physischen Möglichkeiten ebenso wie die Grenzen seines Wahrnehmungsvermögens, seiner Sinne, seiner Wirklichkeit; aber auch die Begrenzungen der Menschheit im allgemeinen, ihre Chancen, ihre Bestimmung, ihre zukünftige Entwicklung, die Grenzen ihres Lebensraumes, zeitlich und geographisch, die Grenzen der Welt. Stets versucht er über diese Grenzen hinauszudenken, sie spekulativ zu überschreiten, um die unbekannten Bereiche jenseits mit den Gestalten seiner Phantasie zu besiedeln, geleitet von dem Bestreben, dem Unvertrauten einen Teil seines Schreckens zu nehmen, indem er ihm den Schein des Vertrauten gibt. Man könnte es einen »horror vacui« der menschlichen Phantasie nennen: Sie duldet keine leeren Horizonte, sie fragt nach den Gestaden dahinter, seien es die glücklichen Inseln oder der Rand der Welt. Dieser »horror vacui« – geprägt von Furcht und von Hoffnung – fand Ausdruck in der langen Tradition der utopischen und phantastischen Literatur, die in unserem Jahrhundert in die Science Fiction mündet.

So ist etwa der phantastische Reiseroman eine der ältesten Literaturformen überhaupt, die seit mehr als zweieinhalb Jahrtausenden lebendig ist und sich heute noch größter Beliebtheit erfreut. Homer skizzierte die Grenzen der frühantiken Ökumene in der *Odyssee* mit Skylla und Charybdis, den Küsten der Lotophagen, der Insel der Sirenen und den Höhlen des Polyphem, zweieinhalb Jahrtausende später sind die Randbezirke der erkundeten Welt weit hinausgerückt: Edgar Rice Burroughs gründet das phantastische Reich von Barsoom auf dem Mars, die Venus wird als vorzeitlicher Dschungelplanet gestaltet, die Jupitermonde werden zu Außenposten des beanspruchten Universums. Die Erkenntnis der Welt und der Bereich des Erfahrenen haben sich gewaltig erweitert, das Bedürfnis, die Grenzen vorausgreifend zu besetzen, ist geblieben. Mit dem Wandel des Weltbilds und dem ungeheuren Anwachsen der Mittel, die Wirklichkeit zu überblicken, zu beherrschen und zu verändern, wandelte sich auch die Literatur, die diesem Bedürfnis Ausdruck gibt.

Tatsächlich mußten ganz bestimmte Voraussetzungen erfüllt sein, bevor die Literatur, die heute als »Science Fiction« bezeichnet wird, entstehen konnte. Diese Voraussetzungen waren Ende

des 19. Jahrhunderts gegeben. Es waren vor allem drei Bedingungen, die den Ausschlag gaben:
1. Die Erkundung der Erde war weitgehend abgeschlossen.
2. Das enge, von überlebten theologischen Dogmen beherrschte Weltbild war gesprengt; ein rational bestimmtes Denken hatte sich in breiteren Kreisen der Bevölkerung durchgesetzt.
3. Der Siegeszug der Naturwissenschaften und der Technik hatten den Glauben an eine beliebige Veränderbarkeit der Welt und an die Machbarkeit der Zukunft durch den Menschen erweckt.

Als Captain Cook mit der *Endeavour* den südlichen Pazifik erkundete, galt seine Suche dem legendären Südland, der *terra australis*, die seit Jahrhunderten in Reiseberichten und auf Seekarten herumspukte, um Neuland zu entdecken und für die Krone in Besitz zu nehmen. Als ein halbes Jahrhundert später die *Beagle* mit Charles Darwin an Bord die südlichen Gewässer befuhr, lautete der Forschungsauftrag von Captain Fitz Roy, den Verlauf der Küsten exakt zu vermessen. Nur noch Bestandsaufnahme also; die Entdeckung von Neuland war nicht mehr zu erwarten. Nur die Karten von Südamerika und Afrika wiesen im Zentrum noch weiße Flecken auf. Rider Haggard und Conan Doyle siedelten dort noch ihre Phantasiereiche an. Jules Verne, H. G. Wells und Kurd Laßwitz weichen schon konsequent auf andere Himmelskörper aus und nehmen sich neuer Grenzen an. Der Mond, der Mars werden zum Spielplatz, ebenso die noch nicht erfahrene Zeit: die Zukunft. Es ist bezeichnend, daß mit Abschluß der Erderkundung die Phantasie sich eine neue Dimension erschließt: Die große Zeit des Zukunftsromans beginnt.

War bislang der kosmologische und geschichtliche Rahmen menschlicher Existenz abgesteckt durch das christliche Dogma, durch Genesis und Erwartung des Jüngsten Gerichts, bestand die Welt, wie Bischof Ussher errechnete, seit dem Jahre 4004 v. Chr., war mit dem Jüngsten Tag jederzeit zu rechnen, besonders bei Kometendurchgängen und Jahrhundertwenden, wie Bußprediger nicht müde wurden zu behaupten, so ergaben sich nun, im ausgehenden 19. Jahrhundert, durch die Erkenntnisse der aufstrebenden Naturwissenschaften ganz neue Perspektiven. Evolutionstheorie, Anthropologie, Paläontologie und Geologie hatten erwiesen, daß alle Schätzungen über das Ausmaß der Vergangenheit lächerlich kurz gegriffen waren. Man mußte lernen, in ungeheu-

ren, die menschliche Vorstellungskraft übersteigenden Zeiträumen zu denken, mußte begreifen, daß die Erde bereits seit einigen Milliarden Jahren existierte und die Lebenserwartung des Universums nach dem Zweiten Hauptsatz der Thermodynamik ein Vielfaches davon betrug. Auch die Ergebnisse der Astronomie zwangen zum Umdenken: Die Erde schrumpfte zu einem Staubkorn in einem gigantischen Sternenwirbel, der Galaxis, und jenseits ihrer Grenzen taten sich abgrundtiefe Räume auf, in denen Milliarden weiterer Galaxien ihre Bahn zogen. Darüber hinaus hatte der Darwinismus es wahrscheinlich gemacht, daß unter den Milliarden und Abermilliarden Sonnen sich die verschiedenartigsten Lebensformen entwickelt haben könnten, vielleicht sogar eine Vielfalt von intelligenten Rassen.

Damit war der Vorhang zu einer riesenhaften Bühne hochgezogen, die räumlich einen Kosmos von Billiarden Himmelskörpern umfaßt und zeitlich sich über viele Milliarden Jahre erstreckt. Ein unermeßliches Betätigungsfeld für die menschliche Phantasie eröffnete sich, auf dem sich die Science Fiction entfalten konnte. Daß bisher nur wenige den Versuch machten, auch nur einen Teilraum dieser Bühne zu füllen und Schauspiele von kosmischen Dimensionen zu entwerfen – Döblin etwa oder Stapledon –, steht auf einem anderen Blatt. Das meiste blieb zugegebenermaßen Spektakel auf dem Proszenium. Die so plötzlich aufgerissenen kosmischen Dimensionen übersteigen das menschliche Vorstellungsvermögen noch bei weitem.

Das Verständnis elementarer wissenschaftlicher Tatsachen und einfacher technischer Vorgänge war um die Jahrhundertwende in den Industriestaaten breiteren Schichten der Bevölkerung selbstverständlich, weil das Leben in wachsendem Maße von technischen Einrichtungen bestimmt wurde. Anstelle einer Wundergläubigkeit, die eine Veränderung der Welt durch übernatürliche Kräfte für möglich hielt, war der Glaube an eine Veränderbarkeit der Welt durch eine ständig leistungsfähiger werdende Technik getreten, der Glaube an die wunderbare Kraft von Erfindungen, der Glaube an die Machbarkeit der Zukunft. Es wäre aber falsch anzunehmen, der Fortschrittsoptimismus dominiere die Science Fiction. Dies ist nur in einem Teil der SF der Fall, und zwar in dem literarisch am unerheblichsten. Er ist deutlich zu spüren bei Jules Verne und Hans Dominik, tritt jedoch während des Zweiten Weltkriegs stark zurück und war nach Kriegsende vornehmlich noch in den Trivialepen wie denen eines E. E. Smith anzutreffen. Heute ist der Glaube an die alleinseligmachende Kraft des Fortschritts nur noch in bestimmten Heftserien ungebrochen. Aus der gehobenen SF ist er verschwunden. (Das gilt *nicht* für die sowjetische SF, in der dem Fortschrittsgedanken noch immer ein hoher Stellenwert zukommt.)

Dennoch ist der Fortschritt in Wissenschaft und Technik einer der wichtigsten Impulse dieser Art Literatur. Um auf der riesigen raumzeitlichen Bühne agieren zu können, braucht die Science Fiction die naturwissenschaftliche und technische Innovation als Vehikel, um die neuen, der Phantasie zugänglich gemachten Dimensionen zu bereisen. Der Mensch des Industriezeitalters akzeptiert die Lüge – und SF *ist* Lügenroman und Lügenerzählung – nur im rationalen Gewand. Er verlangt, daß zum wunderbaren Ereignis die wissenschaftliche Erklärung mitgeliefert wird, und sei es eine pseudowissenschaftliche Pseudoerklärung. Genügte bei Mark Twain noch ein Schlag auf den Kopf, um einen Yankee aus Connecticut an König Artus Hof zu befördern, so ließ H. G. Wells seinen Zeitreisenden bereits eine Zeit-*Maschine* ersinnen. Sie ist um nichts plausibler, aber sie ist als Vehikel – im Vorstellungsvermögen des Lesers – irgendwie glaubhafter.

Auch war und ist die Science Fiction die einzige Literatur, die sich mit gegenwärtigen und zukünftigen Aspekten der technisch-naturwissenschaftlichen Entwicklung auseinandersetzt. Für Naturwissenschaftler ist sie das einzige Forum, auf dem sie ihre Hoffnungen und Ängste vor einer breiteren Öffentlichkeit artikulieren können. Nur in ihr sehen die an Wissenschaft und Technik interessierten Menschen ihre Wunschträume und Befürchtungen artikuliert. An der SF lassen sich wie an keiner anderen Literatur die Zukunftshoffnungen und die Zukunftsängste ablesen. Von H. G. Wells über Olaf Stapledon, George Orwell, C. S. Lewis und Aldous Huxley bis hin zu Brian W. Aldiss, John Brunner, Philip K. Dick, Thomas Disch, Ursula K. LeGuin, Ian Watson und Kate Wilhelm reicht ein unablässiger Chor mahnender Stimmen in der SF, die vor verhängnisvollen politischen und gesellschaftlichen Entwicklungen warnen, wie sie unweigerlich bei einer schrankenlos betriebenen Wissenschaft und einer allein von den Kriterien der Machbarkeit und des Profits bestimmten Aufblähung der Technologie auftreten müssen. Auf die meisten Probleme, denen die Politiker heute ziemlich ratlos gegenüberstehen, wurde in der SF längst hingewiesen, zum Teil vor Jahrzehnten. Dieser Aspekt der Science Fiction, den man als ihre »Menetekel-Funktion« bezeichnen könnte, wurde bisher viel zuwenig beachtet.

Damit soll aber keineswegs gesagt sein, daß SF nur aus humanitären Gründen geschrieben wird, um vor Sackgassen der Zukunft zu warnen. Die meisten ihrer Autoren spielen ganz bewußt mit den latenten Hoffnungen und Ängsten der Zeitgenossen, weil sie sich davon besonderen Erfolg versprechen. Dies verstärkt indes nur den Effekt, der die Science Fiction zu einer eminent »seismographischen« Literatur macht.

Wer liest Science Fiction?

Vor allem Jugendliche, wird immer wieder behauptet. Stimmt gar nicht! Vielleicht trifft das auf die Heftserien zu, die den problemlosesten Einstieg in diese Art Lektüre erlauben. Der durchschnittliche SF-Leser ist, wie eine Umfrage des amerikanischen SF-Magazins ANALOG Mitte der sechziger Jahre ergab, 35 Jahre alt! 98,7% der regelmäßigen Leser haben weiterführende Schulen besucht, 14,7% die High School, 45,6% das College, 38,4% haben ein abgeschlossenes Studium. Sie arbeiten zu 79,1% in wissenschaftlichen und technischen Berufen, vor allem als Ingenieure (17,6%), im Management (15,2%) und als Lehrer (9,4%) und vornehmlich auf den Gebieten der Elektronik (10,4%), der Luft- und Raumfahrt (8,2%), in der Forschung (3,2%) und in der Kerntechnik (1,6%). Sie verdienen im Jahr etwa das Doppelte des amerikanischen Durchschnittseinkommens und – sind zu 92% Männer. Eine Umfrage des Polytechnikums Pern in der Sowjetunion ergab 1966, daß 70,6% der Studenten, 57,4% der Arbeiter und 27,6% der Kolchosbauern sich für SF interessieren, vor allem weil sie gesellschaftliche Vorstellungen über die Zukunft liefere und unterhaltsam sei.*

In Deutschland wurden bislang noch keine Erhebungen dieser Art durchgeführt, aber eine Analyse der Leserzuschriften läßt doch den Schluß zu, daß es vor allem die naturwissenschaftlich-technisch interessierten, in Ausbildung begriffenen oder in technischen Berufen beschäftigten Menschen sind, aus denen sich der größte Teil der Leserschaft zusammensetzt. Das hat natürlich seine Gründe. Ein schwerwiegender Grund scheint das Bildungssystem zu sein. Schon 1959 konstatierte Charles Percy Snow in seiner Rede-Lecture die Kluft zwischen den beiden Kulturen, der humanistisch-geisteswissenschaftlichen und der technisch-naturwissenschaftlichen, die mit wachsender gegenseitiger Verständnislosigkeit nebeneinander existieren. Die Science Fiction hat gewiß von diesem Umstand profitiert. Ihr ungeheurer Aufschwung wäre sonst nicht erklärbar. SF wird vor allem von Leuten gelesen, denen die herkömmliche »gehobene« Literatur nichts oder nur wenig zu sagen hat, weil der Raum, den diese allgemeine Belletristik technischen oder wissenschaftlichen Problemen widmet, in einem krassen Mißverhältnis zu einer Wirklichkeit steht, die in hohem Maße von Technik und Naturwissenschaften bestimmt und von den daraus erwachsenden Problemen überschattet wird. Es hat sich ein Literaturbetrieb etabliert, der einen großen Teil der Intelligenz – nämlich die technisch-naturwissenschaftliche Intelligenz – völlig außer acht läßt und sich nicht die geringste Mühe gibt, ihn anzusprechen oder auf seine Probleme – und die sind ja nicht erst seit Seveso oder Harrisburg brennend und in ihren Folgen gravierend – einzugehen, sei es aus Ignoranz oder aus Dünkelhaftigkeit.

---

* Z. I. Fajnburg, Sovremennoe obščestvo i naučnaja fantastika, in:
»Voprosy filosofii« 6/1976, S. 32–43; nach Bernd Rullkötter, »über sowjetische Science Fiction-Leser und -Fans«.

Hier die Naturwissenschaften, dort die Literatur. Dazwischen die Science Fiction. Es gelingt ihr dann und wann, die Kluft zwischen den Kulturen zu überbrücken und hier wie da Interesse zu wecken. Die professionelle Kritik macht es ihr nicht leicht. Sie schweigt. Und wenn sie dann und wann sich herabläßt, dann meistens in der Form, wie sie Kingsley Amis ebenso treffend wie boshaft charakterisiert hat:

»SF ist schlecht!« tönt ständig ihr Gekläff.
»Dies hier scheint gut.« – »Dann ist es nicht SF.«

»Nie zuvor in der Geschichte der Literatur ist eine Gattung so ausschließlich nach ihren schlechten Beispielen beurteilt worden«, beklagt Theodore Sturgeon. Er hat leider recht. Wenn es uns mit diesem Buch gelingen sollte, zu informieren und dadurch wenigstens einige der Vorurteile abzubauen, mit denen man der Science Fiction immer noch begegnet, dann hat es seinen Zweck erfüllt.

Die Entwicklungsgeschichte der Science Fiction

Definition:

Um die Geschichte der Science Fiction genauer beleuchten zu können, bedürfte es eigentlich einer brauchbaren Definition dieser Literaturgattung. Aber hier fangen die Schwierigkeiten schon an. Gewiß, Definitionsversuche gibt es mehr als genug, die Fachleute tun sich jedoch schwer dabei. »SF ist die der Wirklichkeit entsprechende Erweiterung einer Lüge«, meint Frederik Pohl, während Reginald Bretnor konstatiert: »SF ist Literatur, die auf rationalen Spekulationen bezüglich menschlicher Erfahrungen mit der Wissenschaft und den daraus resultierenden Technologien basiert.« Für John W. Campbell schreiben in der SF »... technisch Interessierte über technisch Interessierte zur Befriedigung technisch Interessierter«, während für Theodore Sturgeon »... eine SF-Story eine Geschichte ist, die den Menschen als Mittelpunkt sieht, die ein menschliches Problem behandelt und eine menschliche Lösung bietet, die aber ohne ihren wissenschaftlichen Gehalt überhaupt nicht zustande gekommen wäre.«

»Science Fiction...«, so schlägt Wolfgang Jeschke vor, »ist Ausdruck von Wünschen und Ängsten. Sie ist das Ausfabulieren von erhofften oder befürchteten Ereignissen, die zur Zeit ihrer Darstellung in der Realität nicht stattfinden konnten, weil sie auf historischen oder wissenschaftlichen oder technischen Voraussetzungen aufbauen, die nicht gegeben waren, deren Eintreten zwar nicht notwendigerweise zu erwarten, aber immerhin möglich war, weil sie nicht im Widerspruch zum geltenden wissenschaftlichen Weltbild standen.« – »Science Fiction ist...«, so drückt es Herbert W. Franke lapidar aus, »kontrollierte Spekulation.« – »Science Fiction ist,,,«, so meint Carl Amery, »die Fortsetzung des traditionellen Lügenromans mit anderen Mitteln.« (Eine Behauptung übrigens, die sehr viel für sich hat. Der heutige Mensch glaubt weniger leichtgläubig zu sein und wünscht seinem »Weltbild« entsprechend auf naturwissenschaftlich-technisch »plausible« Weise belogen zu werden.) Diese Definitionsversuche – man könnte ihre Reihe beliebig fortsetzen – haben eines gemeinsam, sie sind entweder zu speziell oder zu allgemein gehalten.

Die Situation scheint ausweglos, denn das Feld der SF ist nicht klar umrissen. Die Ränder sind diffus und verschwimmen mit denen anderer Genres. Der Begriff »Science Fiction« ist demzufolge ein Näherungswert, ein Ersatz für eine treffendere, umfassendere

Bezeichnung. Zu Hugo Gernsbacks Zeiten beschrieb er vielleicht dessen Vorstellungen von dieser Literatur, bis heute hat er aber eine über die »Science« (im Sinne von Naturwissenschaft) hinausgehende Erweiterung erfahren und wäre sinngemäßer mit »Speculative Fiction« wiederzugeben. (Andererseits hat auch der Begriff »Science« eine Erweiterung erfahren. Man spricht von »Human Sciences«, »Social Sciences«, etc.)

Der englische Autor Brian W. Aldiss war sich bewußt, was alles an Artfremdem unter der Flagge der SF mitsegelt und definierte am Allgemeinsten: »SF ist, was in den Bücherständern und Regalen der Buchhandlungen als SF angeboten wird.« Mit dieser ebenso banalen wie richtigen Feststellung zog sich Aldiss geschickt aus der Affäre und führte obendrein alle vorherigen Definitionsversuche ad absurdum.

Bei uns hingegen war man noch nicht so tief in die Materie eingedrungen. Der Duden (er gibt fälschlicherweise eine Schreibung »Science-fiction« an. Die Wörter werden entweder beide groß oder beide klein und ohne Bindestrich geschrieben) versteht unter Science Fiction eine Bezeichnung für den naturwissenschaftlich-technischen utopischen Roman, und deckt damit nur einen kleinen Teil des Ganzen ab, denn die SF ist historisch gesehen ein Konglomerat aus verschiedenen Literaturrichtungen und Einflüssen, in dem die Science, die Wissenschaft also, oftmals Dreh- und Angelpunkt ist, gegenüber der Fiction oder fiktiven Prosa aber *keineswegs* eine dominante Rolle einnimmt. Auf eine begrenzte Zahl streng wissenschaftlich orientierter Zukunftsromane mag die Definition des Duden zutreffen, aber nicht auf die Gesamtheit des Genres. Einige der herausragendsten Vertreter der SF hätten nach der Duden-Definition keinen Platz innerhalb des Feldes, J. G. Ballard z. B. oder die Mehrzahl der Werke von Philip K. Dick, was das Unvermögen einer zu engen Definition nur allzu deutlich werden läßt. Andererseits kann man natürlich mit einer zu allgemeinen Aussage ebenso wenig anfangen – ein Uneingeweihter kann keine Informationen aus ihr ziehen. Nun soll aber an dieser Stelle nicht versucht werden, die Formel für SF zu entdecken, sondern das Genre anhand seiner Entwicklung anschaulicher zu machen.

Wurzeln der SF:

Die Science Fiction ist ein Kind des 19., im engeren Sinne sogar erst des 20. Jahrhunderts. Der Begriff »Science Fiction« wurde 1851 von William Wilson, einem britischen Essayisten, in dessen *A Little Earnest Book Upon A Great Old Subject* zum ersten Mal gebraucht. Größere Verbreitung fand er aber erst im Jahre 1929, als Hugo Gernsback ihn in der Juni-Nummer seines Magazins *Science Wonder Stories* wiederverwendete und damit nach erfolglosen Versuchen mit »Scientific Fiction« und »Scientifiction« dem Genre seinen Namen gab.

Die Geschichte der SF reicht aber weiter zurück als diese beiden Daten. Findige Fans, immer auf Aufwertung des Genres bedacht, wollen die SF gar auf Homer oder das Gilgamesch-Epos zurückführen, an sich ein unsinniges Unterfangen, denn welche Literatur kann solche Archetypen nicht für sich beanspruchen.

Seit der Zeit des klassischen Griechenland besteht ein beträchtlicher Teil der Literatur aus phantastischen Reisen, Utopien, Satiren, Spekulationen, Märchen und Sagen. In ihnen allen sind mehr oder weniger rudimentäre Formen der späteren SF und Fantasy enthalten. In der Antike lieferten besonders die Griechen Stoffe, die man heute zu den Vorfahren der SF zählt. Lukianos von Samosata beschrieb um 165 n. Chr. in seiner **Wahren Geschichte** die ersten Raumfahrten und ist damit der erste wichtige Vertreter der *Voyages Imaginaires*, wie die phantastischen Reisen im Frankreich des 18. und 19. Jahrhunderts hießen, während der Philosoph Plato in *Politeia* das erste utopische Staatsgebilde schilderte (4. Jh. v. Chr.).

Utopien und Voyages Imaginaires gehören dann auch in der Renaissance zum Grundreservoir phantastischer Literatur. Bei ihnen zeigt sich mehr die Affinität zur späteren SF, während aus Sagen, Märchen und Ritterromanen die Fantasy schöpfen wird. Natürlich sind die Voyages Imaginaires für die SF bedeutend wichtiger als die Utopien, denn letztere haben beileibe keinen Unterhaltungscharakter, sondern wollen anhand fiktiver, paradiesischer Staaten auf die Mißstände im eigenen Land hinweisen (siehe Themenbereich). Die Utopien eines Morus oder Campanella sind daher eher politische Traktate denn unterhaltsame Erbauungslektüre und ihre Verfasser Weltverbesserer. Das gilt für die Utopisten der Renaissance ebenso, wie für die Autoren und Denker des 19. Jahrhunderts, die Sozialutopien schrieben.

In eingeschränktem Maße haben natürlich auch die Voyages Imaginaires ein didaktisches Anliegen. Keplers SOMNIUM (1634) zum Beispiel lehrt den Leser durch eine phantastische Reise zum Mond die neuesten astronomischen Erkenntnisse. Andere imaginäre Reisen sind Satiren, die Überzeugungen von Zeitgenossen aufs Korn nehmen. Jonathan Swifts GULLIVER'S TRAVELS (1726, **Gullivers Reisen**) gehört ebenso dazu, wie Voltaires MICROMÉGAS (1752, **Mikromegas**). Die Mehrzahl der Voyages Imaginaires ist aber der spekulativen Abenteuerliteratur zuzuschreiben und somit als der eigentliche Vorläufer der SF anzusehen. Auf den ersten Blick ist diese Tatsache bei den Robinsonaden, deren bekanntestes Beispiel, Daniel Defoes ROBINSON CRUSOE (**Robinson Crusoe**), 1716 erschien, nicht so leicht ersichtlich. Wenn man aber bedenkt, daß ein großer Teil der heutigen SF von der Exotik des Schauplatzes lebt, wird dies verständlicher.

Der Vorstoß in unbekannte Räume und Zeiten war die Domäne der Voyages Imaginaires. Eine unterirdische Welt spielt die Hauptrolle in NICOLAI KLIMII ITER SUBTERRANEUM (1741, **Niels Klims unterirdische Reise**) von Ludvig Holberg, in Eberhard Christian Kindermanns **Die geschwinde Reise auf dem Luft-Schiff nach der Oberen Welt, welche jüngsthin fünf Personen angestellet** (1744) fand der erste Flug zum Mars statt, und ANNO 7603 (1781) des Norwegers Johan Herman Wessel brachte die erste Zeitreise.

Ebenfalls Einfluß auf die SF hatten die direkten Vorfahren der Weird Fiction, der Horrorliteratur, die Gothic Novel (Gotischer Schauerroman) in England und die Schwarze Romantik in Deutschland, die sich beide durch eine Überbetonung der Gefühlswelt sowie einen Reichtum an »übernatürlichen Accessoires« auszeichneten. Horace Walpole leitete 1865 mit seinem CASTLE OF OTRANTO (**Die Burg von Otranto**) die Reihe der Gothic Novels ein, deren bedeutendste Vertreter Matthew Gregory Lews mit THE MONK (1796, **Der Mönch**), William Beckford mit VATHEK (1786, **Vathek**), Anne Radcliffe mit *The Mysteries of Udolpho* (1794, **Die Geheimnisse von Udolpho**) und Charles Ro-

bert Maturin mit MELMOTH, THE WANDERER (1821, **Melmoth der Wanderer**) waren. Die Handlungen dieser Romane kreisen im wesentlichen um die Welt junger Adeliger, die durch übernatürliche Vorkommnisse gestört wird. Der Marquis de Sade interpretierte dies als literarische Reaktion des Adels auf die gesellschaftlichen Veränderungen in der zweiten Hälfte des 18. Jahrhunderts, die in der Französischen Revolution kulminierten.

Nicht so sehr auf äußeren, sondern auf psychologisch feineren Horror setzte die Schwarze Romantik in Deutschland, mit ihren Hauptvertretern Achim von Arnim (**Isabella von Ägypten**, 1812) Adalbert von Chamisso (**Peter Schlemihls wundersame Geschichte**, 1814) und vor allem E. T. A. Hoffmann (**Der goldene Topf**, 1814; **Die Elixiere des Teufels**, 1815 und **Der Sandmann**, 1816), der das Doppelgänger-Motiv einführte und mit der mechanischen Puppe Olympia in **Der Sandmann** einen Prototyp für literarische Roboter schuf. Alles in allem war der Einfluß der deutschen Romantiker auf das angelsächsische Ausland gering, auf spätere deutsche Phantasten aber unverkennbar.

Das 19. Jahrhundert: Shelley, Poe, Verne:

War in den Voyages Imaginaires und Utopien das Fundament für die SF gelegt, das durch Anleihen aus der Gothic Novel und der Schwarzen Romantik noch verstärkt wurde, so war es die Aufbruchsstimmung des 19. Jahrhunderts, die Arbeitsmoral und die unglaublichen Fortschritte auf wissenschaftlichem und technischem Gebiet, die das Rohmaterial für den Bau der Gattung lieferten. Plötzlich war das mittelalterliche Gestern, dem Gothic Novel und Romantik so verbunden waren, nicht mehr relevant, denn Wissenschaft und Technik, Erfindungen und Fortschritt eröffneten für die Zukunft unbegrenzt scheinende Möglichkeiten. Im Zuge des Fortschritts wuchs auch die Zahl der Buchveröffentlichungen – immer mehr Menschen lernten Lesen und Schreiben. Lesen war nicht länger ein exklusives Vergnügen für gebildete Schichten. Nicht zuletzt waren auch die in immer größerer Zahl erscheinenden Zeitungen an dieser Entwicklung beteiligt. Langsam begann sich eine Unterhaltungsliteratur herauszubilden, und mit ihr verschiedene neue Literaturgenres.

Bei einigen dieser Gattungen hat der amerikanische Dichter Edgar Allan Poe Pate gestanden. Poe gilt im allgemeinen als Pionier der Kurzgeschichte und hierbei insbesondere als Meister der Verfallsschilderung und Horrorstory psychologischer Machart. Er erfand aber auch die Detektivgeschichte (THE MURDERS IN THE RUE MORGUE) und übte nachhaltigen Eindruck auf die im Formungsprozeß begriffene SF aus. THE UNPARALLELED ADVENTURES OF HANS PFAALL (1835, **Hans Pfaalls Mondfahrt**) und THE NARRATIVE OF ARTHUR GORDON PYM (1838, **Der Bericht des Arthur Gordon Pym aus Nantucket**) sind eng an die Voyages Imaginaires angelehnt, und einige seiner Kurzgeschichten erlebten in den ersten Nummern von *Amazing Stories*, dem ersten reinen SF-Magazin, fast hundert Jahre später Nachdrucke.

Aber noch vor Poe erregte ein Roman in England großes Aufsehen, der zu einem Klassiker gleich mehrerer Genres werden sollte. 1818 erschien dort FRANKENSTEIN von Mary W. Shelley, ein Roman, der noch der Gothic Novel zugezählt wird. Der englische SF-Autor und Kritiker Brian W. Aldiss hält ihn allerdings für den ersten echten Science Fiction-Roman. Mehrere auf Schockeffekte setzende Verfilmungen haben die Handlung jedoch

weiter in den Gruselbereich abgleiten lassen, als dies Intention der Autorin war. Aus diesem Grunde wird der Roman heute eher dem Horrorgenre zugerechnet, obwohl die Handlung um den modernen Prometheus, der einen künstlichen Menschen schafft und sich mit Gott auf eine Stufe stellt, zu einem Standardthema und Klischee späterer SF-Stories wurde (»der verrückte Wissenschaftler«).

Von großer Wichtigkeit ist bei FRANKENSTEIN die Antizipation einer neuen technischen Möglichkeit, in diesem Fall eben die Erschaffung eines künstlichen Menschen. Die technische Beschreibung steht hier noch nicht zentral, aber sie deutet sich schon an. Die Verbindung aus wissenschaftlich-technischen Einflüssen mit der Literatur findet so richtig erst bei Jules Verne, ein halbes Jahrhundert später, statt.

Bei Jules Verne (1828–1905), dem Vater der SF, rücken Schilderungen wissenschaftlicher/technischer Vorgänge zum erstenmal in den Mittelpunkt. Mit ihm setzt eine Art Unterhaltungsliteratur ein, die man mit einiger Berechtigung als »Science Fiction« bezeichnen darf. Jules Verne gab dem Genre schon so etwas wie die Reife der Serienproduktion und eröffnete ihm den Bereich der Jugendliteratur. In einer Zeit des industriellen Aufbruchs nutzte er ab 1863 in seinen Romanen die Verwirrung der Menschen über die in raschem Umbruch befindliche Umwelt und den daraus resultierenden Glauben an die prinzipielle Wunderkraft der Technik. Verne studierte eifrig die Chronik der neuen Erfindungen, lotete ihre Einsatzmöglichkeiten aus und verknüpfte die sich abzeichnenden Trends mit einer oft erstaunlichen Phantasie. Seine Romane und Erzählungen – zunächst in einem Jugendmagazin abgedruckt, dann in Buchform publiziert – wurden in Frankreich noch als Voyages Extraordinaires bezeichnet. Die meisten waren tatsächlich phantastische Reiseabenteuer, andere hingegen stellten schon echte SF-Romane dar, wie etwa VOYAGE À CENTRE DE LA TERRE (1864, **Reise zum Mittelpunkt der Erde**), DE LA TERRE À LA LUNE (1865, **Von der Erde zum Mond**) oder AUTOUR DE LA LUNE (1869, **Reise um den Mond**). Jules Vernes Werke wurden in 143 Sprachen übersetzt, und er dürfte der zu seinen Lebzeiten meistgelesenste Autor der Welt gewesen sein.

Die große Verbreitung seiner Romane bedeutete einen starken Aufschwung für die SF in aller Welt. Vornehmlich im angloamerikanischen Sprachraum nahmen die einschlägigen Publikationen

gegen Ende des 19. Jahrhunderts sprunghaft zu. In Amerika erschienen die ersten Dime Novels (Groschenromane), unter denen mit der *Frank Reade jr.*-Reihe von Louis P. Senarens ab 1879 auch utopisch-phantastisch angehauchte Hefte zu finden waren. In England malte man sich um diese Zeit zukünftige Kriege mit allen ihren Schrecken der modernen Technik – als Beispiel mag hier THE BATTLE OF DORKING (1871) von Sir George Tomkyns Chesney dienen, in welchem die Niederlage des englischen Löwen gegen den deutschen Adler befürchtet wurde – oder die Zukunft in einem freundlicheren Licht aus. Deutschland hatte mit **Auf zwei Planeten** (1897) von Kurd Laßwitz seinen ersten typischen SF-Roman – auch heute noch ein international gewürdigter Klassiker.

H. G. Wells und die »Scientific Romances«:

Die veränderten Produktionsbedingungen im Druckgewerbe führten in der zweiten Hälfte des vorigen Jahrhunderts zur Massenliteratur. Das brachte eine Auffächerung der Unterhaltungsliteratur in einzelne Genres mit sich. In der Nachbarschaft der SF (die natürlich noch nicht diese Bezeichnung trug) entwickelten sich die Weird Fiction (LeFanu, Stoker, Bierce) und die Fantasy (Carroll, Haggard, Morris). Nach Verne erfolgte aber auch eine Auffächerung innerhalb der SF, und zwar eine qualitative. Auf der einen Seite des Spektrums standen die ganz auf Spannung und billige Unterhaltung angelegten Dime Novels und Magazingeschichten, auf der anderen komplexe Werke von intellektuellem Kaliber, wie sie beispielsweise Edward Bellamy oder Herbert George Wells verfaßten.

H. G. Wells (1866–1946) war zunächst auch von Verne beeinflußt, wich aber schon in seinen frühen Stories und Romanen von dessen Zielsetzung ab. Wells teilte nicht Vernes starkes Interesse an der Technik, bei ihm stand der Mensch im Mittelpunkt. Vergleicht man die Mondromane der beiden Autoren, so stellt man fest, daß bei Verne das »Wie«, der Flug zum Mond im Vordergrund steht, während dies bei Wells in THE FIRST MEN IN THE MOON (1901, **Die ersten Menschen im Mond**) ganz beiläufig abgehandelt wird und letzterer sich ganz auf die Mondbewohner und ihre Gesellschaft konzentriert. Besonders in seinen früheren Romanen, den Scientific Romances, darunter in THE TIME MACHINE (1895, **Die Zeitmaschine**), THE WAR OF THE WORLDS (1898, **Der Krieg der Welten**), und WHEN THE SLEEPER WAKES (1899, **Wenn der Schläfer erwacht**) und zahlreichen Kurzgeschichten, begründete er eine Reihe von Standardthemen für die spätere Science Fiction. Kein Schriftsteller vor oder nach ihm übte einen nachhaltigeren Eindruck auf das Genre aus.

Aber Wells war nicht nur Romancier. In seinen späteren Romanen kristallisierte sich immer mehr heraus, daß er auch gesellschaftlicher Reformer sein wollte. Er versuchte eine Synthese aus Belehrung und Unterhaltung und fühlte sich als kämpfender Sozialdemokrat mit einer sozialistischen Utopie vor Augen.

Von seinen zeitgenössischen Kollegen wurde die Zukunft nicht immer so ernsthaft behandelt. Zwar schrieben um die Jahrhundertwende angesehene Autoren SF-Geschichten – Mark Twains A CONNECTICUT YANKEE IN KING ARTHUR'S COURT (1889, **Ein Yankee aus Connecticut an König Arthurs Hof**), Jack Londons THE IRON HEEL (1907, **Die eiserne Ferse**) und THE SCARLET PLAGUE (1915, **Die Scharlachpest**) und Conan Doyles Professor Challenger-Geschichten, darunter THE LOST WORLD (1912, **Die vergessene Welt**) mögen als Beispiele ausreichen –, aber nun begann die SF immer mehr Domäne billiger Massenpublikationen zu werden. »Pulp Magazines«, großformatige Magazine, die sich vornehmlich durch schlechtes Papier (pulp) und schlechten Druck auszeichneten, und Groschenromane wurden zu ihrer Hauptpublikationsform.

Eine besondere Rolle kam hier dem englischen *Strand Magazine* – in dem viele Stories von H. G. Wells erschienen –, vor allem aber den Publikationen des New Yorker Pulp-Königs Frank A. Munsey zu. Seine Magazine *Argosy, All Story, Blue Book, Scrap Book* und *Cavalier* brachten in erster Linie Abenteuergeschichten aller Genres. Mit der Zeit nahm jedoch der SF-Anteil in ihnen zu, und viele Autoren schrieben in der Tradition von Verne und Wells, obschon letzterer qualitativ nicht erreicht wurde. Dennoch publizierte man hier Autoren, deren Romane für die Entwicklung der SF wichtig sind: Gustavus W. Pope und Garrett P. Serviss zum Beispiel.

Wells frühe Romane – etwa die bis 1905 erschienenen – nannte man damals »scientific romances«, wobei der Begriff »romance« ein Synonym für Abenteuer war. Mit »scientific romances« oder »wissenschaftlichen Abenteuern« bezeichnete man auch die Geschichten der Autoren, die in den Fußstapfen von Verne und Wells schrieben. Allerdings machten die Scientific Romances schon bald eine Veränderung durch. Da die bisherige SF fast ausschließlich ein männliches Leserpublikum ansprach, mußten sich die Herausgeber eine neue Art SF einfallen lassen, wenn sie auch weibliche Leserkreise erobern und die Auflagen ihrer Magazine steigern wollten. Größeres Gewicht lag fortan nicht mehr auf wissenschaftlicher Genauigkeit, sondern auf exotischen Schauplätzen, etwa fremden Planeten, und dramatischer Handlung, in der auch eine Liebesgeschichte nicht fehlen durfte. Edgar Rice Burroughs mit UNDER THE MOONS OF MARS (1912) samt Fortsetzungen und George Allan England mit DARKNESS AND DAWN (1912) waren die vornehmlichen Lieferanten dieser Art Literatur. Bei ihnen und in der Folgezeit nahm »romance« die Bedeutung von Romanze, sprich Liebe an. Die Scientific Romances vor 1912 kann man der SF zuzählen, während die nachher erschienenen dank ihrer farbigen Welten auch starken Einfluß auf verwandte Genres ausübten und als Vorläufer von Science Fantasy und der modernen Fantasy selbst angesehen werden müssen. Spätere Munsey-Autoren, von denen sich viele an Burroughs orientierten, unterstreichen diese Tatsache noch: Murray Leinster, Ray Cummings und vor allem Abraham Merritt schrieben mit starkem Fantasyeinschlag.

Indessen war man in Europa nicht untätig gewesen, was von den meisten amerikanischen »SF-Historikern« tunlichst übersehen wird. Frankreich hatte in Camille Flammarion neben Jules Verne einen der ganz Großen der utopischen Literatur. Von dem Ungarn Maurus Jokai wurden bis zur Jahrhundertwende annähernd 100 Titel publiziert, viele davon SF. Der russische Raketenpionier Konstantin E. Ciolkovskij hatte 1896 seinen Raumfahrtroman VNE ZEMLI **(Außerhalb der Erde)** geschrieben, der aber erst 1920 ganz veröffentlicht wurde. AELITA, ein Marsroman seines Landsmannes Alexei Tolstoi folgte 1922. Karel Čapek verfaßte Anfang der zwanziger Jahre mit KRAKATIT und R.U.R. zwei Klassiker der tschechoslowakischen Literatur, die auch für die SF äußerst wichtig waren. R.U.R. erlangte Berühmtheit, weil hier der später weltweit übernommene Name »Robot« geprägt wurde. In Schweden erschien 1916 ein Magazin mit dem Titel *Hugin*, das man ohne weiteres als erstes SF-Magazin der Welt bezeichnen kann, und in Deutschland kam 1908 die erste Weltraumserie heraus: **Der Luftpirat und sein lenkbares Luftschiff**, die es auf ca. 180 Heftausgaben brachte. Mitte der zwanziger Jahre waren es dann Autoren wie Hans Dominik, Otto Willi Gail, Thea von Harbou und Otfrid von Hanstein, die das Gesicht des Zukunftsromans formten und die teilweise auch in Amerika publiziert wurden.

Doch auch die gehobene Literatur verschmähte SF-Themen keineswegs. Die Autoren erkannten (offenbar mehr als heute) die ungeheuren Spielmöglichkeiten dieser Art Literatur: Paul Scheerbart schrieb seine **Astralen Noveletten** (1912) und **Lesabendio. Ein Asteroiden-Roman** (1913); Gerhart Hauptmann verfaßte **Die Insel der großen Mutter oder Das Wunder von Ile de Dames. Eine Geschichte aus dem utopischen Archipelagus** (1924); Franz Werfel, im amerikanischen Exil (1943–45), seinen »Reiseroman« **Stern der Ungeborenen** (1946).

Die amerikanischen SF-Magazine:

Obwohl es in Europa genug einschlägige Veröffentlichungen gab, wurde die SF in den USA getauft. Ein Genrename wird erst nötig, wenn eine serienmäßige Massenproduktion vorliegt, und das war in den Jahren nach 1926 in den Vereinigten Staaten der Fall, als die ersten speziellen SF-Magazine herauskamen. Ihr Vater war Hugo Gernsback, ein aus Luxembourg eingewanderter Erfinder, der sich zunächst mit Radiobauteilen, dann mit der Herausgabe von Radiofachzeitschriften und populärwissenschaftlichen Periodika beschäftigt hatte. In einem dieser Radiomagazine, *Modern Electrics*, erschien 1911 sein Fortsetzungsroman RALPH 124 C41+, ein literarisch unbedeutendes Stück Fiction, das aber durch eine ganze Reihe technischer Voraussagen bestach. Auch spätere Ausgaben seiner Magazine lockerte er durch Geschichten auf, die seiner Vorstellung von »Scientific Fiction« am nächsten kamen. Im August 1923 gab er eine Sondernummer seines Magazins *Science and Invention* heraus, die nur SF enthielt. Damit war der Weg für *Amazing Stories*, das nach amerikanischer Sicht erste reine SF-Magazin, geebnet.

Amazing Stories erschien zum ersten Mal im April 1926, *Amazing Annual* und *Amazing Quarterly* folgten. Diese Publikationen enthielten »Scientifiction« von bekannten Autoren, Nachdrucke von Verne, Wells, Poe u.a., aber auch Arbeiten von Neulingen. Im Laufe der Zeit nahmen die Nachdrucktitel ab, und Gernsback konnte einen Stall von Autoren um sich versammeln. Namen wie David, H. Keller, Stanton A. Coblentz, Harl Vincent, Miles J. Breuer, R. F. Starzl, Edmond Hamilton und Jack Williamson tauchten in jeder zweiten Ausgabe von *Amazing* auf. Sein unbe-

strittener Star war jedoch E. E. Smith, der sich 1928 mit THE SKYLARK OF SPACE **(Die Abenteuer der Skylark)** einen Namen gemacht hatte.

Als Gernsback 1929 *Amazing Stories* aus rechtlichen Gründen verkaufen mußte, warf er kurz darauf mit *Science Wonder Stories* ein weiteres Magazin auf den Markt. Im Vorwort zur ersten Ausgabe beschrieb er den Inhalt als »Science Fiction«. Dieser Terminus hat sich trotz vieler Mängel als Sammelbezeichnung für das Genre gehalten. *Science Wonder Quarterly* und *Air Wonder Stories* folgten, aber die sich abzeichnende Wirtschaftskrise forderte ihren Tribut, *Science Wonder Stories* und *Air Wonder Stories* wurden zu *Wonder Stories* (später *Thrilling Wonder Stories*) zusammengefaßt; die Magazine wurden im Format kleiner.

Nachdem 1930 ein neues Magazin, *Astounding Stories* (später *Astounding Science Fiction*) auf den Markt gekommen war, begann ein harter Konkurrenzkampf um die Lesergunst, denn es herrschte die große Depression. Schon bald hatte sich *Astounding* mit seinem Starautor John W. Campbell jr. eine Vormachtsstellung erkämpft, aber auch die anderen Magazine zogen mit vielversprechenden neuen Autoren nach. Einen kurzen, aber tiefen Eindruck hinterließ Stanley G. Weinbaum in *Wonder Stories*. E. E. Smith, Clifford Simak, John W. Campbell jr. (auch unter seinem Pseudonym Don A. Stuart), waren die Autoren der Stunde.

In der Zwischenzeit hatte die SF auch Eingang in andere Medien erlangt. Der Comic Strip bot sich an, nachdem schon die schreiend bunten Coverillustrationen der Pulpmagazine ihren Eindruck auf die Käufer nicht verfehlt hatten. *Little Nemo* von Winsor McCay war 1905 der erste phantastische Strip gewesen; nun zog man mit SF-Abenteuern nach. 1929 entstand nach Philip Nowlans Roman ARMAGGEDON 2419 A.D. (1928) der Comic Strip BUCK ROGERS. BRICK BRADFORD von Ritt/Gray und FLASH GORDON von Alex Raymond folgten in den dreißiger Jahren, bevor mit den Superhelden-Comics zu Beginn des Zweiten Weltkrieges eine wahre Science Fiction-Flut über das Medium Comic hereinbrach.

Auch der Film hatte sich des neuen Genres angenommen. Horror- und Gruselfilm hatten schon eine gewisse Tradition, als Fritz Lang mit seinen Verfilmungen von **Metropolis** (1926) und **Die Frau im Mond** (1929) von sich reden machte und dem Film neue Perspektiven eröffnete. Einige Jahre später wurden in den USA schon SF-Serien wie FLASH GORDON gedreht.

Das Ereignis der Ereignisse war jedoch Orson Welles Hörspielfassung von H. G. Wells WAR OF THE WORLDS, die – 1938 ausgestrahlt – Zehntausende von amerikanischen Bürgern in Angst und Schrecken versetzte. Sie hielten das geschickt als Reportage aufgemachte Hörspiel für einen Tatsachenbericht und sahen sich von Marsbewohnern bedroht.

Gegen Ende der dreißiger Jahre hatte sich der SF-Markt in den USA von der Weltwirtschaftskrise erholt und strebte einer Hochkonjunktur entgegen. John W. Campbell jr. hatte die Herausgeberschaft von *Astounding* übernommen und führte das Magazin zu einer Blüte, die später als das »Goldene Zeitalter« in die SF-Geschichte eingehen sollte und von 1938 bis 1950 (mit der besten Zeit zwischen 1939 und 1942) dauerte. Unter Campbell begannen so bekannte Autoren wie A. E. van Vogt, Isaac Asimov, Theodore Sturgeon, Fritz Leiber, Alfred Bester und Robert A. Heinlein ihre Karrieren. Kuttner, Simak und Russell schrieben für *Astounding* ihre besten Erzählungen. Campbell formte die SF, die nun realitätsbezogener wurde, interessantere Ideen aufgriff und von den

Klischees und Pappcharakteren der Gernsback-Ära abwich. Viele Klassiker des Genres sind in diesen Jahren entstanden, in denen nicht länger supertechnische Apparaturen, verrückte Erfinder und schleimtriefende Monster den Mittelpunkt darstellen.

In dieser Zeit, da die SF langsam von ihrem schlechten Image, eine Schundliteratur für zu phantasievolle Schuljungen zu sein, verlor, begannen auch angesehene Schriftsteller SF zu schreiben – natürlich nicht unter diesem Label: Huxley und Orwell veröffentlichten ihre Anti-Utopien, Stapledon beschäftigte sich mit den philosophischen Aspekten der Menschheit im Kosmos, und C. S. Lewis spielte religiöse Ethik und geistige Reife gegen Wissenschaft und Technik aus.

Die SF ab 1950:

Der erste SF-Boom setzte am Vorabend des Zweiten Weltkrieges ein. 1939 gab es plötzlich 16 SF-Magazine, von denen wegen der großen Papierknappheit nur 6 das Kriegsende erlebten. Das Format war jetzt auf Digestgröße geschrumpft, die Pulps waren tot.

Aber schon Anfang der fünfziger Jahre zeichnete sich ein neuer Boom ab. Mit *The Magazine of Fantasy and Science Fiction* und *Galaxy* waren zwei neue Magazine entstanden, die *Astounding*, das sich in pseudowissenschaftlichen Gefilden verzettelte, aus der Führungsrolle drängten. Neue gute Autoren meldeten sich zu Wort, und die allgemeine Tendenz in der SF ging weg von den Naturwissenschaften, den »hard sciences«, hin zu den »soft sciences«, hin zu Theologie, Philosophie, Psychologie, Soziologie und ethnischen Aspekten. Schriftsteller wie Bradbury, Pohl, Kornbluth, Blish, Sheckley, Bester, Miller und Dick prägen diese Ära entscheidend mit, und anhand der vielen guten Romane und Stories, die zwischen 1952 und 1956 entstanden, könnte man diese Zeit ohne weiteres als »Zweites Goldenes Zeitalter« bezeichnen.

Mit den erwähnten Magazinen erschöpfte sich das Reservoir der SF aber keineswegs. Allein 1950 wurden 10 neue Magazine auf den Markt geworfen, und 1953 hatte der Käufer die Auswahl aus nicht weniger als 33 verschiedenen SF-Periodika! Der neuerliche Boom beschränkte sich nicht nur auf Literatur. Auch Hollywood nahm sich des Genres an. Filme und Fernsehserien verstärkten die

Popularisierung der SF. Dazu kam die UFO-Hysterie, die gerade ihren Höhepunkt erlebte. Der Koreakrieg war in vollem Gange, und die unbewußte Angst der Durchschnittsbürger vor einer drohenden Invasion der USA durch Kommunisten (Säuberungswelle in der McCarthy-Ära), wurde von findigen Produzenten ausgenutzt, die mit Monster- und Invasionsfilmen (der Gegner im kalten Krieg wurde einfach durch außerirdische Fieslinge ersetzt) Kapital aus der Situation schlugen.

Die fünfziger Jahre waren es auch, die für die SF den weltweiten Durchbruch brachten. In den englischsprachigen Ländern gab es zwar die SF-Magazine schon seit den dreißiger Jahren, in Frankreich, Italien, Spanien und bei uns tauchten sie aber erst jetzt auf. Währenddessen begann in den USA das große Magazinsterben. Seit den vierziger Jahren waren Taschenbücher auf dem Markt, die nun das unhandlichere und teurer herzustellende Digestmagazin mehr und mehr verdrängten. Anfang der sechziger Jahre war die Zahl der Magazine wieder auf 6 zusammengeschmolzen, 90% der SF wurde im Taschenbuch oder in Hardcovern erstpubliziert.

Das SF-Feld hatte sich konsolidiert, man strebte nun neuen Ufern entgegen. Seit 1950 wurden SF-Preise verliehen, welche die jahresbesten Bücher auszeichneten. Zunächst war es der International Fantasy Award, dann ab 1953 der Hugo Gernsback Award (der »Hugo«), dem für lange Jahre die wichtigste Funktion zukam. Von den Fans auf den jeweiligen Jahrestreffen, den Conventions, durch Wahl bestimmt, wurden die nach Gernsback benannten »Hugos« zu einem (subjektiven) Gradmesser für die literarischen Leistungen im Feld. Um ihn zu erhalten, legten sich die Autoren mehr denn je ins Zeug. Ambitionierte Werke wurden geplant und geschrieben, Romane, die auch außerhalb des Genres Beachtung fanden, wie Alfred Besters THE DEMOLISHED MAN (1952, **Demolition**), Pohl/Kornbluths THE SPACE MERCHANTS (1953, **Eine Handvoll Venus und ehrbare Kaufleute**), Walter M. Millers A CANTICLE FOR LEIBOWITZ (1960, **Lobgesang auf Leibowitz**), Robert A. Heinleins STRANGER IN A STRANGE LAND (1961, **Ein Mann in einer fremden Welt**) und DUNE (1965, **Der Wüstenplanet**) von Frank Herbert.

Die sechziger Jahre mit ihrem Konfrontationsstreben, mit ihren starken Einflüssen aus Popmusik, Vietnamkriegprotest und Jugendrevolte, brachten auch eine Erneuerung für die SF. In den USA bekamen neue Autoren wie Roger Zelazny, Samuel R. Delany und Harlan Ellison gute Kritiken und heimsten SF-Preise ein, und in England bildete sich sogar eine ganze Bewegung gegen die herkömmliche SF. Diese »New Wave« wurde angeführt von J. G. Ballard, Brian Aldiss, Michael Moorcock und John Brunner. Organ der »New Wave« war das von Moorcock herausgegebene und revolutionäre Magazin *New Worlds*, in dem die Abkehr von der Weltraum-SF vergangener Tage gefordert wurde. Ballard verkündete, daß es nun den »inneren Raum«, die Psyche des Menschen zu erforschen gälte, und Brunner schrieb SF, die für die Gegenwart relevant und von Nutzen sein sollte. Ende der sechziger Jahre verflachte der Elan der »New Wave«, aber viele ihrer Ideen in bezug auf Inhalte und vor allem stilistischen und formalen Eigenheiten wurden in den Hauptstrom der SF eingegliedert und haben beträchtlich zu einer Hebung des Niveaus beigetragen.

Mitte der sechziger Jahre wurde der erste Autorenverband der SF, die *Science Fiction Writers of America*, kurz *SFWA*, gegründet. Diese Vereinigung unterstützte ihre Mitglieder auf informelle Weise (Absatzmärkte etc.) und verlieh fortan jährlich den Nebula Award, ein Pendant zum Hugo. Nach dem Nebula mehrten sich die SF-Preise, von denen der John W. Campbell Award (für den besten neuen Autor) und der Gandalf Award (für einen Meister der Fantasy) die wichtigsten sind.

Neben einem enormen Popularitätsaufschwung für die SF, der nicht zuletzt auf die verbesserten Publikationsformen (Hardcover-Ausgaben, Buchclubs usw.) und das positive Interesse an amerikanischen Hochschulen zurückzuführen ist – heute werden jährlich mehr als 1000 Kurse und Veranstaltungen über SF an Colleges und Universitäten angeboten –, brachten die sechziger Jahre auch eine erstarkende Fantasywelle mit sich. Nach dem phänomenalen Verkaufserfolg von J. R. R. Tolkiens LORD OF THE RINGS (1957, **Der Herr der Ringe**), von dessen Taschenbuchausgabe ab 1965 allein in den USA über 6 Millionen Exemplare abgesetzt wurden, verkaufte sich Fantasy ausnehmend gut. Auch die Sword & Sorcery, in den dreißiger und vierziger Jahren von Autoren wie Robert E. Howard und Fritz Leiber geschaffen, wurde wieder ausgegraben und fleißig erweitert und nimmt nun die Stufe ein, welche die bessere SF gerade hinter sich gelassen hat: die der Trivialliteratur.

In den späten sechziger und den siebziger Jahren gelang der SF die Emanzipation. Filme wie Stanley Kubricks 2001 – A SPACE

ODYSSEY (1968) und die Tatsache, daß sich anerkannte Autoren wie Kurt Vonnegut jr. oder Thomas Pynchon mit Vorliebe des Genres bedienen, haben dazu beigetragen. Die neuen Stars unter den SF-Autoren – Ursula K. LeGuin, John Brunner, Philip K. Dick, Robert Silverberg und Stanisław Lem sind hier zu nennen – sind ihren Vorgängern stilistisch wie inhaltlich überlegen. Sie verstehen es, die Lücke zur anerkannten Literatur zu schließen. Daß seit den siebziger Jahren Frauen die SF dominieren, Ursula K. LeGuin, Joanna Russ, Vonda McIntyre, Kate Wilhelm und James Tiptree jr. (d.i. Alice Sheldon) bilden nur die Spitze des Eisberges, darf nicht unerwähnt bleiben. Die maskuline Vorherrschaft in einem einst ganz auf männliche Konsumenten abgestimmten Genre wurde somit erfolgreich durchbrochen, die SF zu einem Tummelplatz neuer und interessanter Ideen.

Dieser Ansicht scheinen auch die Verlage zu sein, denn immer höhere Vorschüsse werden für Taschenbuchrechte bezahlt. Heute ist es keine Seltenheit mehr, wenn ein SF- oder Fantasytitel in die Bestsellerliste eindringt, denn daß mit SF manchmal das große Geld zu machen ist, haben nicht zuletzt auch Filme wie STAR WARS (1977), CLOSE ENCOUNTERS OF THE THIRD KIND (1977) und ALIEN (1979) gezeigt.

Themenkreise
der Science Fiction

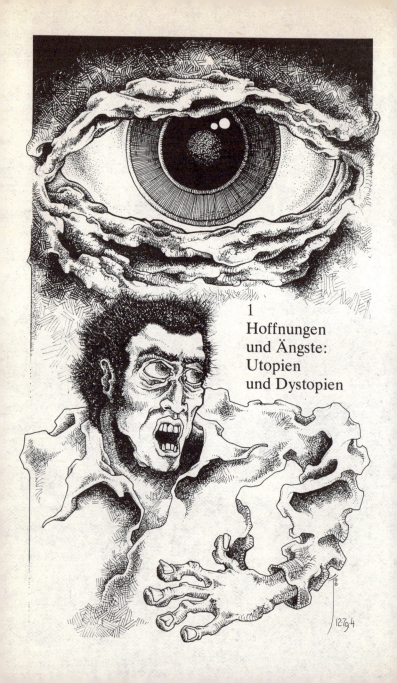

1
Hoffnungen und Ängste: Utopien und Dystopien

> »*Was noch kommen soll, ist weit...*«
> Shakespeare in: **Was ihr wollt**

Utopien:

Die Bezeichnung »utopischer Roman«, die in Deutschland lange Zeit als Synonym für »Zukunftsroman« oder gar »Science Fiction« galt und teilweise noch gilt, hat einen negativen Beigeschmack, denn das Adjektiv »utopisch« wird umgangssprachlich mit »nicht zu verwirklichen« und »Utopie« letzten Endes mit »schwärmerischer Spinnerei« gleichgesetzt. Nun umschließen die obigen Bezeichnungen aber nicht dasselbe Feld – der »utopische Roman« nimmt, wenn man ihn von Utopie herleitet, bei weitem das kleinste Gebiet ein. Zum anderen ist das Substantiv »Utopie« keineswegs negativ besetzt. Utopia, das Nirgendland, ist vielmehr eine literarische Erfindung, die mehr über die Gegenwart als über die Zukunft aussagt. Meist entstand sie aus sozialem oder politischem Druck der Gegenwart und schilderte einen idealen Zustand, an dem die Gegenwart sich orientieren sollte. Vereinfacht gesagt sind Utopien Kritiken der Gegenwart und Ausdruck des Wunschdenkens, wobei die literarischen Alternativen des Verfassers nicht unbedingt zu verwirklichen sein müssen, kurzfristig wenigstens nicht.

Die klassischen Utopien sind Staatsromane, in denen dem bestehenden Staatsgebilde ein leuchtendes literarisches Vorbild gesetzt wird. Platons POLITEIA (**Der Staat**), im 4. Jahrhundert v.Chr. entstanden, ist davon die früheste. Platon entwickelt in ihr einen Idealstaat, in dem die Gerechtigkeit einen maximalen Stand erreicht hat.

Ihren Namen haben die Utopien von Thomas Morus UTOPIA (1516, **Utopia**), einem verschlüsselten Reformprogramm, das scharf mit den Zuständen im England Heinrichs VIII. ins Gericht ging. Der Name »Utopia«, von *utopos*, gründet sich auf *ou-topos* = Nicht-Land oder *eu-topos* = Schönland (Idealstaat), wahrscheinlich aber auf beides zugleich, denn Morus war ein Meister im Ersinnen von Wortspielen. Auf diese Weise wurde Morus' Utopia zum Phantasieland, das gleichzeitig ganz reale Mißstände anklagte und nach Karl Kautskys Worten den Beginn des modernen Sozialismus markiert.

Neben der Utopie von Morus sind vor allem noch zwei Staatsromane des 17. Jahrhunderts erwähnenswert: Tommaso Campanellas CIVITAS SOLIS (1623, **Der Sonnenstaat**) und NOVA ATLANTIS (1627, **Das neue Atlantis**) des Engländers Francis Bacon. Der Italiener beschreibt in seinem **Sonnenstaat** eine kommunistische utopische Gesellschaft, die in einer Stadt mit sieben konzentrischen Mauern lebt (entspricht der Zahl der damals bekannten Planeten). Im Kern der Stadt befindet sich ein planetariumsähnlicher Tempel. Diese Gesellschaft wird von der Metaphysik regiert, der Macht, Weisheit und Liebe assistieren. Francis Bacons NOVA ATLANTIS, in seinem Hauptwerk SYLVA SYLVARUM erschienen, ist eine didaktische Romanze um eine patriarchalische, utopische Kolonie in der Südsee. Die größte Errungenschaft dieser Kolonie ist das Haus Salomos, ein Forschungszentrum, in dem Wissenschaftler an so bahnbrechenden Dingen wie Unterwasserschiffen oder der Nachahmung des Vogelfluges arbeiten, eine Tatsache, die SF-Fans und -Historiker dazu veranlaßte, dieses Werk als frühes Exempel von SF zu reklamieren. Weitere Utopien jener Zeit stammen von Rabelais, Thomas Erskine und Restif de la Bretonne.

Im 19. Jahrhundert brachte die fortschreitende Industrialisierung für viele Menschen Lebensumstände mit sich, die kaum tragbar waren. Einerseits verhalfen Wissenschaft und Technik einigen Wenigen zu großem Reichtum oder vermehrten unter dem Schutz repressiver Systeme den Reichtum der schon Besitzenden, zum anderen lebte die große Masse der Bevölkerung in erdrückender Armut. Auf diesem Boden entwickelten sich Sozialutopien wie Anarchismus, Sozialismus und Kommunismus, die später ansatzweise verwirklicht und verwissenschaftlicht wurden, und an dieser Stelle nicht weiter behandelt werden. Literarische Sozialutopien dieser Zeit hatten in erster Linie die Industrialisierung und die Technik zum Thema. In THE COMING RACE (1871) beschreibt E. Bulwer-Lytton eine wissenschaftliche Zivilisation der Zukunft. Wie für Bulwer-Lytton so sind auch für Edward Bellamy Wissenschaft und Technik die Fortschrittsbringer für die Massen. In seinem LOOKING BACKWARD 2000–1887 (1888, **Ein Rückblick aus dem Jahr 2000**) weisen Maschinen den Weg in eine sozialistische Zukunft. Allerdings gab es auch eine Gegenströmung, die radikal antitechnisch eingestellt war. In Samuel Butlers EREWHON (1872) werden alle Maschinen aus seinem utopischen Staat verbannt, da sie die Zukunft der Menschen bedrohen. Damals galt wie heute die Frage, ob sich Wissenschaft und Technik nicht letztlich gegen den Menschen richten. Das wurde nämlich von Naturphilosophen wie Henry David Thoreau befürchtet. In seinem Kielwasser schrieben eine ganze Reihe von Autoren, u. a. auch Butler und William Morris. Speziell Morris wendet sich in seinem NEWS FROM NOWHERE (1890, **Neues aus Nirgendland**) gegen Bellamy. Zwar ist auch Morris Sozialist und NEWS FROM NOWHERE eine Utopie, aber er hegt keine große Begeisterung für den technischen Fortschritt. Er nimmt eine moderne Hippie-Ideologie vorweg und predigt geistigen Fortschritt bei technischem Rückschritt. Bei Morris überwindet der Sozialismus den Materialismus.

Mit dem starken Aufkommen der Scientific Romances, die einen weiteren wichtigen Schritt in Richtung SF, wie wir sie heute kennen, bedeuteten, stieg die Zahl dieser Art Romane. Die meisten von ihnen schildern zwar positive Aspekte der Zukunft und könnten somit den Utopien zugerechnet werden, viele davon sind aber nur reine Abenteuergeschichten, die spannende Unterhaltung bieten sollten und nicht Mißstände der Gegenwart anprangern. Zu ihnen gehören **Auf zwei Planeten** (1897) von Kurd Lasswitz und RALPH 124 C 41+ (1911, **Ralph 124 C 41+**) von Hugo Gernsback, wobei Lasswitz' Roman noch eher den traditionellen Utopien entspricht als Gernsbacks Werk, dessen Handlung wenig bietet und das stilistisch nichts hergibt, seine Vorzüge jedoch in einer Reihe von wissenschaftlich-technischen Prophezeiungen hat.

H. G. Wells, dessen Gesamtwerk für die SF richtungsweisend werden sollte, brachte die Utopie schließlich zu einem letzten Höhepunkt, bevor eine Gegenreaktion einsetzte. Grundsätzlich läßt sich sein Schaffen in zwei Perioden einteilen, eine frühe, bis 1905 reichende, die Scientific Romances umfaßt, und eine spätere, ab 1905, während der er in erster Linie utopische Schriften verfaßte, in denen seine positive Einstellung zu sozialer und politischer Reform zum Ausdruck kommt. In die frühe Zeit fällt der Roman WHEN THE SLEEPER WAKES (1899, **Wenn der Schläfer erwacht**), in dem ein Mann nach jahrhundertelangem Schlaf im Jahre 2100 erwacht und trotz seines enormen Reichtums – sein Geld hat sich in der Zwischenzeit vervielfacht – in große Schwierigkeiten gerät. In A MODERN UTOPIA (1905) beschreibt Wells einen weltweiten Staat, der nach Kriegen und dem Zusammenbruch der alten Ordnung entsteht. Dieser Weltstaat ist es, in dem sich sein Utopia von dem seiner Vorgänger Morus, Campanella und sogar den Idealstaaten der Sozialutopisten des 19. Jahrhunderts unterscheidet. MEN LIKE GODS (1922, **Menschen, Göttern gleich**) berichtet von einem ähnlichen Zukunftsstaat, in den Menschen des 20. Jahrhunderts durch Manipulationen mit Raum und Zeit verschlagen werden, während THE SHAPE OF THINGS TO COME (1933) eine fiktionalisierte Weiterführung der Geschichte bis ins Jahr 2016 ist.

Dystopien:

Noch während Wells an seinen Utopien schrieb, begann bereits die Reaktion auf sie. Man parodierte ihn und seinen Optimismus. Die erste dieser Anti-Utopien oder Dystopien ist E. M. Forsters Geschichte THE MACHINE STOPS (1909). In dieser Story, die ihrer Zeit weit voraus war, beschreibt Forster eine Welt der Zukunft, in der Menschen unterirdisch in sechseckigen Parzellen wohnen. Ihr Leben wird von einer riesigen Maschinerie geregelt, von der sie total abhängig sind. Sie haben kaum Kontakte untereinander und kommen nur selten an die Erdoberfläche. THE MACHINE STOPS ist so von der Handlung eine genuine Anti-Utopie, die die wichtigen Charakteristika der ihr folgenden berühmten Anti-Utopien aufweist: mechanisierte Superstaaten, die dem Individuum jede Freiheit nehmen, eine Kommunikation der Menschen untereinander kaum zulassen und sie von ihrer Geschichte abschneiden.

Diese Eigenschaften treffen auf die viel berühmteren MY (1920, **Wir**) von Jewgenij Samjatin, BRAVE NEW WORLD (1932, **Schöne neue Welt**) von Aldous Huxley und 1984 (1949, **1984**) von George Orwell ebenfalls zu, die ihrerseits nur noch eine bedingte Reaktion auf Wells darstellen. Samjatins Buch porträtiert zwar auf satirische Weise die Zustände im »Einzigen Staat« des 26. Jahrhunderts, der auch mit ›Vereinigter Staat‹ zu übersetzen wäre, aber sein Angriff gegen den Totalitarismus gilt unzweifelhaft der jungen Sowjetunion.

In **Schöne neue Welt** wendet sich Aldous Huxley gegen eine übertechnisierte, rationalisierte Welt, gegen Fremdbestimmung und Konditionierung des Menschen und die totale Zerschlagung seiner traditionellen Werte. Er malt in seinem 632 n. F. (nach

Ford) spielenden Roman zwar ein Schreckensbild, aber seine rousseausche Zurück-zur-Natur-Idylle, zu der sich ein Ausbrecher aus diesem System hingezogen fühlt, wirkt auch nicht eben überzeugend.

Den stärksten Eindruck von diesen drei klassischen Anti-Utopien in der Öffentlichkeit hinterließ Orwells **1984**. Nach den Erfahrungen mit Faschismus und Stalinismus schilderte Orwell einen totalitären Staat, in dem vollkommene Überwachung und daraus resultierende totale Kontrolle des Staates über seine Bürger herrscht. Der »Große Bruder«, der alles sieht, wurde zu einem Menetekel, das heute aktueller ist denn je.

Die Anti-Utopien oder Dystopien antizipieren im Gegensatz zu den Utopien also eine für den Menschen negative Zukunft. Sie sind Ausdruck sehr realer Zukunftsängste. In ihnen entfaltet die Science Fiction am stärksten das, was man ihre »Menetekel-Funktion« nennen könnte, ein seismisches Vermögen ebenso wie der Wunsch, sich abzeichnenden verhängnisvollen Entwicklungen durch Ausmalen der schrecklichen Konsequenzen bewußt gegenzusteuern.

Nachdem die SF anfangs der fünfziger Jahre aus dem Magazingetto ausgebrochen war und die Taschenbuchproduktion anlief, mehrten sich im Feld die Romane mit dystopischem Charakter (die bislang erwähnten Titel erschienen nicht in SF-Magazinen und sind außerhalb des Genres bestens bekannt), nicht zuletzt deshalb, weil sich Schreckensvisionen nun mal spannender darstellen und besser verkaufen lassen. Utopien wurden und werden nur noch selten geschrieben, wohl aber Romane, in denen die Zukunft nicht so düster ausgemalt ist. Einige bedeutende Dystopien erschienen zu Beginn der fünfziger Jahre, als in den USA der McCarthyismus allen Anlaß zu finsteren Ahnungen gab. PLAYER PIANO (1952, **Das höllische System**) von Kurt Vonnegut richtet sich gegen einen Computerstaat. Nach gelungener Revolte muß Vonneguts Protagonist jedoch erkennen, daß die Bürger die Maschinen zurückhaben wollen. in FAHRENHEIT 451 (1953, **Fahrenheit 451**) verteidigt Ray Bradbury die Geistesfreiheit. In seinem Roman um einen Zukunftsstaat sind Feuerwehrmänner nicht mehr zum Löschen sondern zum Legen von Bränden da. Alle Bücher sind verboten, wenn die Feuerwehr welche aufstöbert, werden sie auf der Stelle verbrannt. Direktor gingen Frederik Pohl und C. M. Kornbluth vor. In THE SPACE MERCHANTS (1953, **Eine Handvoll**

Venus und ehrbare Kaufleute) werden in einer kapitalistischen, ganz auf Absatz und Konsum eingestellten Gesellschaft, die Bürger von Profitgeiern brutal verschaukelt, während C. M. Kornbluth in seinem Roman THE SYNDIC (1953, **Schwarze Dynastie**) die USA gleich von der Mafia regieren läßt.

Eine ganze Reihe von Dystopien, die die nahe Zukunft betreffen, erschienen in den beiden letzten Jahrzehnten. Die wichtigsten Themen hierbei waren: Überbevölkerung und Verarmung der Massen – STAND ON ZANZIBAR (1968, **Morgenwelt**) von John Brunner, MAKE ROOM! MAKE ROOM! (1966, **New York 1999**) von Harry Harrison; Umweltverschmutzung und Zerfall der Gesellschaft – THE SHEEP LOOK UP (1972, **Schafe blicken auf**) von John Brunner; Rassenhaß und Bürgerkrieg in England – FUGUE ON A DARKENING ISLAND (1972, **Schwarze Explosion**) von Christopher Priest; Jugendkriminalität im Wohlfahrtsstaat und Konditionierung des Individuums – CLOCKWORK ORANGE (1962, **Uhrwerk Orange**) von Anthony Burgess; Konzentrationslager für politische Abweichler – CAMP CONCENTRATION (1969, **Camp Concentration**) von Thomas M. Disch; Niedergang der Stadt – TWILIGHT OF THE CITY (1977) von Charles Platt und düstere Aussichten für die Raumfahrt – BEYOND APOLLO (1972, **Das Venus-Trauma**) von Barry Malzberg.

Dazwischen fanden sich auch ab und zu ein paar Utopien. B. F. Skinners WALDEN II (1948, **Futurum II**) ist eine Reverenz an Thoreau. Skinner löst psychologische Probleme des Zusammenlebens in einer utopischen Gemeinschaft durch Verhaltenssteuerung. Positive Verstärkung, das »Zaubermittel« des Behaviouristen Skinner, ist der Schlüssel zu seinem Utopia ohne freien Willen und Demokratie. Ivan Efremovs TUMANNOST ANDROMEDY (1957, **Das Mädchen aus dem All**), die wichtigste sowjetische SF-Utopie, ist eine Mischung aus Space Opera und Idealen eines zukünftigen sozialistischen Staates, der sich bis zu den Sternen erstreckt. Ursula K. LeGuin beschreibt in THE DISPOSSESSED (1974, **Planet der Habenichtse**), einem der besten SF-Romane der letzten Jahre, ein zweideutiges Utopia, wie es im Untertitel heißt. Anarres und Urras stehen sich gegenüber, zwei Planeten, die von Sozialismus bzw. Monopolkapitalismus beherrscht werden und deren Geschichte und soziokulturelle Strukturen dem Leser überzeugend dargelegt werden.

Zukunftsgeschichten:

Nicht vollständig wäre eine Aufzählung der Utopien und Dystopien, ließe man die Geschichten der Zukunft weg. Gemeint sind hier nicht etwa bloß Zukunftsromane, sondern chronologische Zukunftshistorien im Stile eines Olaf Stapledon (LAST AND FIRST MEN). Diese bestehen meist aus mehreren Einzelerzählungen oder Romanen, die sowohl utopischen wie auch dystopischen Charakter haben können. Besonders bekannt geworden sind die FUTURE HISTORY von Robert A. Heinlein, die etwa zwei Dutzend Stories und Kurzromane umfaßt und von ca. 1960 bis ca. 2500 reicht. Die HISTORY OF THE FUTURE von Poul Anderson beschreibt ebenfalls die Entwicklung der Menschheit, und zwar in 10 Erzählungen den Zeitraum von 1950–2190. Weiter gespannt ist das Universum des Cordwainer Smith, dessen Zukunftsgeschichte Jahrzehntausende umspannt und Tiermenschen sowie alle Arten von Mutationen einbezieht.

Für unser Thema am wichtigsten sind aber zweifellos die Romane und Erzählungen von Mack Reynolds, die um das Jahr 2000 spielen. Reynolds ist einer der ganz wenigen amerikanischen SF-Autoren, die politisch relevante Geschichten schreiben. Die meisten dieser Stories sind um das Jahr 2000 angesiedelt und loten die Möglichkeiten gesellschaftlicher Entwicklung bis dahin aus, wobei Reynolds sozialistische, kommunistische, anarchistische, technokratische, syndikalistische, kapitalistische etc. Systeme beschreibt und manchmal positiv, manchmal negativ beurteilt. Bedeutende Romane aus dieser Serie sind: LOOKING BACKWARD FROM THE YEAR 2000 (1973, EQUALITY IN THE YEAR 2000 (1977), THE TOWERS OF UTOPIA (1975), COMMUNE 2000 AD (1974), AFTER UTOPIA (1977) und PERCHANCE TO DREAM (1977).

Weitere wichtige Titel aus diesem Themenbereich:

Andreä, Johann Valentin: CHRISTIANOPOLIS (1619).
Ballard, J.G.: THE SUBLIMINAL MAN (1963).
Boye, Karin: KALLOCAIN (1940), **Kallocain**.
Churchill, R.C.: A SHORT HISTORY OF THE FUTURE (o. J., um 1955) **Welt wohin? Kurze Geschichte von morgen und übermorgen. 1957–6601.**

Coblentz, Stanton A.: AFTER 12000 YEARS (1929)
Cooper, Edmund: THE OVERMAN CULTURE (1971), **Die neue Zivilisation**.
Cowper, Richard: PHOENIX (1968), **Phoenix**.
De la Bretonne, Restif: LA DECOUVERTE AUSTRALE PAR UN HOMME VOLANT (ca. 1781), **Der fliegende Mensch**.
Delany, Samuel R.: DHALGREN (1974).
Farmer, P.J.: THE STONEGOD AWAKENS (1970), **Der Steingott erwacht**.
Gordon, Rex: UTOPIA 239 (1954).
Gunn, James E.: THE JOY MAKERS (1963), **Wächter des Glücks**.
Hanstein, Otfried von: **Elektropolis** (1927).
Harbou, Thea von: **Metropolis** (1926).
Heinlein, Robert A.: FARNHAM'S FREEHOLD (1964) **Reise in die Zukunft**.
Huxley, Aldous: ISLAND (1960).
Knight, Damon: THE COUNTRY OF THE KIND (1956).
Mercier, Louis Sebastien: L'AN 2440 (1772) **Das Jahr 2440.**
Nowlan, Philip Francis: ARMAGEDDON 2419 A.D. (1928).
Pohl, Frederik: THE AGE OF THE PUSSYFOOT (1970), **Die Zeit der Katzenpfoten**.
ders.: THE MIDAS PLAGUE (1951), **Die armen Reichen**.
Reynolds, Mack: THE RIVAL RIGELIANS (1967).
Silverberg, Robert: THE WORLD INSIDE (1971), **Ein glücklicher Tag im Jahr 2381**.
ders.: THE MASKS OF TIME (1968), **Gast aus der Zukunft**.
Wyndham, John: CONSIDER HER WAYS (1956).

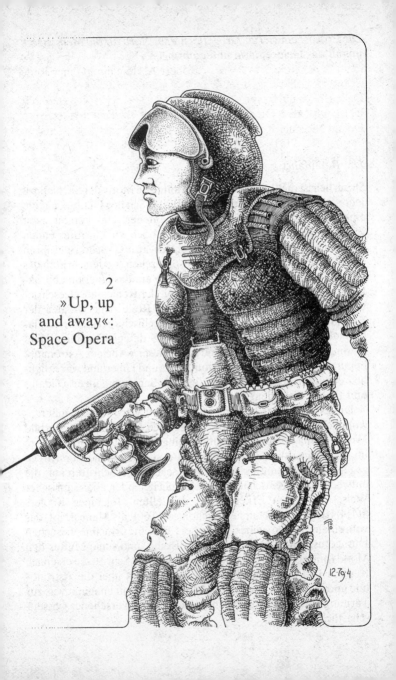

2
»Up, up and away«: Space Opera

Die Erde ist ein viel zu zart geflochtener Korb für die Menschheit, um all das Gelege darin unterzubringen.

Robert A. Heinlein in einer Rede

Die Raumfahrt:

Sicherlich ist die Raumfahrt das bekannteste Motiv der SF. Nahezu jeder Befragte assoziiert mit dem Begriff »Science Fiction« auf die eine oder andere Weise Weltraumabenteuer. Das kommt nicht von ungefähr, zieht sich die Raumfahrt doch wie ein roter Faden durch die Entwicklung dieser Literaturgattung. Schon bei ihren Vorläufern, den phantastisch-philosophischen Niederschriften des Altertums und den satirischen Attacken auf das langsam abbröckelnde Weltbild der Kirche, die zur Zeit der Renaissance geschrieben wurden, spielt sie eine gewichtige Rolle. Der Urvater der Raumfahrt dürfte demnach der spätgriechische Klassiker Lukianos sein, in dessen IKAROMENIPPOS der gleichnamige Held schon um 165 n. Chr. zum Mond flog. Dieser »Ancient Astronaut« benutzte dazu die Schwingen von Adler und Geier und war erheblich erfolgreicher als seine berühmten Sagenvorgänger Dädalus und Ikarus – auf dem Papier zumindest.

Die Literatur der beginnenden Neuzeit war reich an außergewöhnlichen Reiseabenteuern, später nach französischem Vorbild »voyages imaginaires« genannt. Bedingt durch die Veränderungen im wissenschaftlichen Weltbild und den Widerstand der Kirche gegen neue Erkenntnisse, tauchten schon bald Schriften auf, die entweder in wissenschaftlich anschaulicher oder aber satirischer Weise die neuen Erkenntnisse darstellten. Johannes Keplers SOMNIUM (1634) kursierte schon seit 1609 als Manuskript, das von einem Traum seines Verfassers berichtet. In ihm besuchen Duracotus, ein Student von Tycho Brahe, und seine Mutter den Mond (mittels Hexerei). Im Grunde war diese Schrift, die erst nach Keplers Tod veröffentlicht wurde, ein Traktat über die Astronomie und die Beschaffenheit des Mondes, also ein imaginatives, zur Tarnung mit übernatürlichen Ingredienzien versehenes wissenschaftliches Werk.

Die erste Mondreise in englischer Sprache stammt von Francis Godwin und trägt den Titel THE MAN IN THE MOONE (1638, **Ein Spanier im Mond**). Domingo Gonzales, Godwins Held, läßt sich von einer Schar Wildgänse auf seinem Fluggerüst zum Mond ziehen, wo er dessen Bewohner in einem paradiesischen Utopia antrifft, in dem selbst der Stein der Weisen entdeckt ist. Godwin untermauerte mit dieser Unterhaltungsutopie die neue Astronomie der Kopernikus, Kepler und Galilei.

Die große Satire jener Zeit schrieb Cyrano de Bergerac mit HISTOIRE COMIQUE DES ETATS ET EMPIRES DE LA LUNE (1652) und HISTOIRE COMIQUE DES ETATS ET EMPIRES DU SOLEIL (1662), **(Die Reise zu den Mondstaaten und Sonnenreichen)**. In dieser metaphysischen Fabel über die Natur des Menschen und des Universums, gelangt der Held nach einigen Anläufen – unter anderem versucht er es mit in Flaschen gefülltem Morgentau, der von der Sonne aufgesogen werden soll – auf den Mond und zur Sonne, wo er die haarsträubendsten Abenteuer erlebt. Neben seinen libertinistischen Aussagen besticht de Bergerac vor allem durch seine Abrechnung mit dem selbstherrlichen Menschen, vertreten durch Kirche und Staat. Darüber hinaus wird zum erstenmal die Rakete als Transportmittel erwähnt, wenngleich Cyrano dabei nur an Feuerwerkskörper größeren Ausmaßes dachte.

Im neunzehnten Jahrhundert war es zunächst Edgar Allan Poe, der sich schriftstellerisch mit der Raumfahrt auseinandersetzte. In THE UNPARALLELED ADVENTURES OF HANS PFAALL (1835, **Hans Pfaalls Mondfahrt**) entkommt ein holländischer Blasebalgflicker seinen Gläubigern mit einem gasgefüllten Ballon, der ihn auf den Mond trägt. Zwar werden über weite Strecken der Erzählung die sensationellen Erlebnisse des Helden geschildert, dennoch vergißt Poe nicht, seine englischsprachigen Vorgänger aufgrund ihrer wissenschaftlichen Inakkuratesse zu kritisieren.

Bei den Vorläufern der SF ist die technische Komponente – dem Standard der Umwelt entsprechend – noch gering ausgeprägt. Einem Bergerac, Godwin oder auch Poe ging es nicht um das Ersinnen einer realisierbaren Möglichkeit, in den Weltraum vorzustoßen. Hier, wie in den Reiseerzählungen früherer Autoren, standen Staunen und Abenteuerlust, mitunter Satire und Zeitkritik im Vordergrund. Das änderte sich erst mit der industriellen Revolution und dem plötzlich sichtbaren – vermeintlichen oder tatsächlichen – Potential der Technik. Jules Verne war es vor allem, der sich in den Dienst der Aufbruchsstimmung im 19. Jahrhundert stellte und begeistert den Fortschritt der Technik feierte. Er gab sich nicht mehr mit Knochenmarkeinreibungen oder von Wildgänsen gezogenen Luftgondeln zufrieden. In seinem 1865 erschienenen Roman DE LA TERRE À LA LUNE (**Von der Erde zum Mond**) ließ er ein Projektil von einer riesigen Kanone abfeuern – inklusive Wasserung im Ozean eine vergleichsweise realistische Mondfahrt. Obwohl Verne nicht allzusehr ins Detail ging und auch nicht die Nüchternheit pflegte, die späteren technischen Zukunftsromanen anhaftet, erweist sich sein technisches Interesse größer als das seines Zeitgenossen H. G. Wells. Wells widmet der Technik einer Weltraumfahrt gerade soviel Interesse, um den Leser nicht mit einem Rätsel bezüglich der Beförderungsart allein zu lassen. In FIRST MEN AT THE MOON (1901, **Die ersten Menschen auf dem Mond**) besteht sein wirkliches Anliegen eher darin, die Gegensätzlichkeit von Mondbewohnern und Menschen aufzuzeigen.

Viele Weltraumromane, die zu Beginn unseres Jahrhunderts geschrieben wurden, waren nicht allein auf Unterhaltung angelegt, sondern machten astronomische Erkenntnisse populär oder waren ganz aus wissenschaftlichem Sendungsbewußtsein entstanden. So schrieb Konstantin Ciolkovskij, selbst ein Raketenpionier, technische Zukunftsromane, die haarklein seine Theorien in Literatur umsetzten, der deutsche Autor Otto Willi Gail lehnte sich in seinen Romanen (beispielsweise **Der Schuß ins All**, 1925) stark an Hermann Oberths Raumfahrtideen an, und Mark Wicks Roman TO MARS VIA THE MOON (1910) basierte auf den Theorien, die Percival Lowell über den Mars und seine Kanäle aufgestellt hatte.

Aber gleichzeitig war die Unterhaltung auf dem Vormarsch. Mit dem Aufkommen der amerikanischen Pulpmagazine Anfang dieses Jahrhunderts wurde die SF zu einem selbständigen Genre, in dem die Idee von der Raumfahrt eine wichtige Rolle spielte. Zunächst blieben die Raumflüge auf unser Sonnensystem beschränkt, in Garret P. Serviss' A COLUMBUS OF SPACE (1909) fliegt ein atomar betriebenes Raumschiff zur Venus, während Ralphs Raumschiff in Hugo Gernsbacks RALPH 124 C41+ (1911, Ralph 124 C41+) mit Hilfe von »gyroskopischen Antischwerkraftgeneratoren« das halbe Sonnensystem durchquert.

Als Hugo Gernsback mit *Amazing Stories* das erste spezifische SF-Magazin auf den Markt brachte, zeichnete sich schon in den ersten Ausgaben ab, daß die Raumfahrt immer mehr in den Mittelpunkt rückte. Das rasch größer werdende Interesse an Raumfahrttheorie und Raketenexperimenten wurde vor allem auch in Artikeln der Schwesterpublikation *Science Wonder Stories* abgehandelt, in der auch einige Übersetzungen aus dem Deutschen abgedruckt wurden, wo man durch die Arbeiten eines Hermann Oberth, Hermann Noordung, Willy Ley und der Deutschen Raumfahrtgesellschaft im allgemeinen einen Vorsprung auf diesem Gebiet hatte.

Die Space Opera:

Ab 1928 wurde es den SF-Autoren im Sonnensystem zu eng. Einen ersten Ausbruch wagte E. E. Smith in THE SKYLARK OF SPACE (1928, **Die Abenteuer der Skylark**). Er machte das ganze Universum zum Tummelplatz seiner aufrechten Helden und führte eine Gigantomanie in die SF ein, wie sie bisher noch nicht dagewesen war. Gigantische Maschinen, kilometerlange Raumschiffe und riesige Entfernungen beeindruckten die meist jugendlichen Leser. Dieser, zwischen 1915 und 1919 geschriebene Roman, beeinflußte die Entwicklung in der SF nachhaltig und kann als erste reine Space Opera gelten (in Anlehnung an »Horse Opera« = Wildwestepos geprägt, was die Space Opera wiederum ungewollt als das bezeichnet, was sie ist: »Wildwest im Weltraum«), wenn man Kapitän Mors, den Luftpiraten, einmal außer Acht läßt. Die Space Opera zeichnet sich durch interstellare Raumfahrt, kosmische Konflikte, klischeehafte Aufteilung in galaktische Bösewichte und interstellare Polizeitruppen und vor allem gigantomanische »Super Science« aus. Diese Mischung kam beim Publikum sehr gut an, und nicht nur Smith baute den galaktischen Tummelplatz aus – auf SKYLARK OF SPACE folgten noch drei Fortsetzungen, und die sechsbändige LENSMEN-Serie (ab 1937), die alle SKYLARK-Abenteuer noch bei weitem übertraf –, auch andere Autoren zogen mit. Edmond Hamiltons CRASHING SUNS (1928) war die erste einer Reihe von Erzählungen um eine Interstellare Patrouille. Anfang der vierziger Jahre folgten vom selben Autor die Erlebnisse des CAPTAIN FUTURE (ab 1940, **Captain Zukunft**), eine Serie, die es auf 27 Romane und Stories brachte (in dt. Übers.: 13), und als Vorläufer der **Perry Rhodan**-Serie betrachtet werden muß, die ebenfalls alle Schablonen der Space Opera aufweist.

Zwei bekannte Space Opera-Zyklen stammen von John W. Campbell: Die Serie um ARCOT, WADE & MOREY (1930–31), die insgesamt fünf Titel umfaßt und wie die 2 Bände der Serie um AARN MUNRO, RUSS SPENCER UND DON CARLISLE (1934/35 und 1949) zum Klassiker der Space Opera wurde. In beiden Zyklen findet die obligatorische Expedition ins All und eine darauffolgende Begegnung mit Extraterrestriern statt, die natürlich zu einem Konflikt führt, der durch die kriegstechnischen Erfindungen der Helden bereinigt wird. Ähnlich auch in Jack Williamsons dreiteiligem Epos um die »Legion«. In THE LEGION OF SPACE (1934), THE COMETEERS (1936) und ONE AGAINST THE LEGION (1939), dt. als **Wächter des Alls; Der Geist der Legion; Der einsame Weg**, wehren nach klassischem Vorbild vier Weltraum-Musketiere eine bizarre außerirdische Lebensform ab, bringen einen Superkriminellen zur Strecke und versuchen das Geheimnis einer Superwaffe zu lüften.

Bezeichnend ist, daß viele der Space Operas zu Serien erweitert wurden, so auch die Erzählungen um PROFESSOR JAMESON (ab 1931) von Neil R. Jones, in denen ein aus Tiefschlaf erweckter Professor in ferner Zukunft fremde Welten besucht. Großangelegte Space-Opera-Zyklen sind auch die FOUNDATION TRILOGY (1951–1953) von Isaac Asimov **(Der Tausendjahresplan, Der galaktische General, Alle Wege führen nach Trantor)** und James Blishs vierbändiges Werk CITIES IN FLIGHT (1955–1962), wovon auch drei Titel in deutsch erschienen **(Brücke zur Ewigkeit, Stadt zwischen den Planeten** und **Triumph der Zeit)**. In Asimovs FOUNDATION TRILOGY – einem der bekanntesten SF-Werke überhaupt – geht es um den Niedergang eines galaktischen Imperiums, der von Wissenschaftlern frühzeitig erkannt und abgekürzt wird. Danach leiten sie eine neue Hochkultur ein. CITIES IN FLIGHT stellt eine Geschichte der Zukunft dar. Nach der Erfindung des »Spindizzy-Antriebes« werden Raumschiffe überflüssig, denn er basiert auf Antigravitation. Irdische Millionenstädte treten mitsamt Gesteinssockel und Kuppeldach ein Nomadendasein im Weltraum an, das Manhattan schließlich bis zum Mittelpunkt des Universums führt, wo sein unsterblicher Bürgermeister Amalfi die Schöpfung neuerlich auslöst. Beide Zyklen sind reich an Details, und ein Hauch von *Grandeur* umgibt sie. Trotz pathetischer Schwachstellen sind beide Werke innerhalb der SF ernst zu nehmen und stellen gegenüber der teilweise infantilen Fluchtliteratur der E. E. Smith, John W. Campbell, Jack Williamson et al. einen Fortschritt dar.

Der Löwenanteil der Space Operas ist reine Unterhaltung, die leider allzuoft auf niedrigem Niveau steht. Dennoch haben sich viele SF-Autoren immer wieder an ihr versucht. Poul Anderson (NICHOLAS VAN RIJN-Serie), A. Bertram Chandler (RIM-WORLD-Kanon), Brian Stableford (STAR PILOT GRAINGER; DAEDALUS-Serie), Andre Norton (SOLAR QUEEN-Abenteuer), E. C. Tubb (DUMAREST OF TERRA) aber auch Spitzenautoren wie Stanislaw Lem **(Der Unbesiegbare)** sind Beispiele dafür.

Bezeichnenderweise nahm das Interesse an Weltraumabenteuern nach dem ersten Sputnik und dem Beginn der bemannten Weltraumfahrt ab. Darüber hinaus geriet die Space Opera ins literarische Abseits, denn weder vom wissenschaftlichen Gehalt noch von der formalen Qualität vermochte sie zu überzeugen. Um die maximale Geschwindigkeit in unserem Universum – die des Lichts – zu brechen, erfanden die Autoren einen Hyperraum oder Raumfalten als Hilfsmittel, um durch Eintauchen in eine andere Dimension oder Abkürzungen in einem irgendwie gefalteten Raum (Spacewarp-Theorie) diese lästige Schranke zu überwinden. Das führte dann meist soweit, daß irgendein besonderer Überlichtantrieb zu Beginn eines Romans vorausgesetzt und mit drei knappen Sätzen beschrieben wurde, und das Tor zu den Sternen stand sperrangelweit offen.

Viel seltener sind die Geschichten, die einigermaßen auf dem Boden wissenschaftlicher Tatsachen blieben. Erwähnenswert sind hier die (besonders von Cordwainer Smith und Jack Vance gepflegt) vom Lichtquantendruck angetriebenen Sternensegler und die sog. Generationenschiffe.

Romane um Generationenschiffe oder Weltraumarchen bilden eine kleine Untergruppe innerhalb der Space Opera. Bei ihnen steht nicht das Weltraumabenteuer im Mittelpunkt, sondern die sozialen Verhältnisse an Bord eines Schiffes, das zu seinem Zielstern jahrhunderte- oder gar jahrtausendelang unterwegs ist, das Leben der Kolonisten, deren Nachfahren erst das Ziel erreichen werden. Aufgrund dessen besitzt das Schiff eine eigene Ökologie und »narrensichere« Mechanismen, die das Gelingen des Unternehmens garantieren sollen, denn nach jahrhundertelangem Flug haben die Insassen meist vergessen, worum es ursprünglich ging.

Diese reizvolle Situation hat viele Autoren inspiriert, denn es ist damit möglich, eine bizarre, meist auf strenge Normen festgelegte Gesellschaft zu schildern. Oft nehmen Wissenschaft und Technik religiöse Formen an – die Masse der nicht selten degenerierten Kolonisten wird von Halbwissenden dumm gehalten. Obendrein kann man das Thema allegorisch gestalten, denn die Analogie zum großen »Raumschiff Erde«, dessen Bewohner auch nicht wissen, woher sie kommen und wohin es geht, drängt sich ja geradezu auf.

Begonnen hat diese Entwicklung in der SF mit Laurence Mannings Story THE LIVING GALAXY (1934), die dieses Thema in bestimmten Punkten anschnitt. THE VOYAGE THAT LASTED 600 YEARS (1940) von Don Wilcox brachte das erste typische Generationenschiff, bekannt gemacht hat es aber Robert A. Heinlein. Seine Kurzgeschichten UNIVERSE (1941) und COMMON SENSE (1941), später zusammengefaßt zu dem Roman ORPHANS OF THE SKY (**Die lange Reise**), berichtet von einem Sternenschiff, auf dem eine Meuterei die Astrogatoren und Maschinisten auslöschte. Für die Nachkommen ist das steuerlos treibende Schiff ein abgeschlossenes Universum mit eigenen harten Gesetzen. Auch in E. C. Tubbs THE SPACE-BORN (1955, **Kinder des Weltalls**) geht es hart zu: Ein einzelner kämpft gegen das starre Kastenwesen an Bord eines Generationenschiffes an. Eine Variation des Themas bringt Harry Harrison mit CAPTIVE UNIVERSE (1969, **Welt im Fels**). Hier sind es Azteken, die in einem ausgehöhlten Asteroiden die Reise zum Proxima Centauri antreten. Mutationen und gefährliche Pflanzen machen den Bewohnern eines Raumschiffes in Brian W. Aldiss NON-STOP (1958, **Fahrt ohne Ende**) zu schaffen, bis sie schließlich herausfinden, daß sie seit langer Zeit die Erde im Orbit umkreisen. Weitere Generationenschiffe haben Edmund Coopers SEED OF LIGHT (1959, **Die Söhne der Erde**), Wolfgang Jeschkes **Welt ohne Horizont** (1970) und Poul Andersons TAU ZERO (1970, **Universum ohne Ende**) zum Handlungsschauplatz, doch erst Norman Spinrad brachte mit RIDING THE TORCH (1974, **Der Weg der Flamme**) wieder frischen Wind in die Szene durch eine einleuchtende Alternative: In seinem Sternenschiff haben sich die Insassen durch den langen Flug dermaßen an ihre Miniwelt gewöhnt, daß sie mit einem neuen Planeten als Wohnsitz nichts mehr anfangen können und für immer an Bord bleiben.

Weitere wichtige Romane bzw. Stories, bei denen das Zusammenleben in einem Raumschiff die tragende Rolle spielt: RITE OF PASSAGE (1968, **Welt zwischen den Sternen**), in dem das Leben an Bord eines Generationenschiffes aus der Erinnerung eines jungen Mädchens geschildert wird, sowie J. G. Ballards 13 TO CENTAURUS (1962, **Dreizehn unterwegs zum Alpha Centauri**), einer deprimierenden Geschichte, in der 13 Kolonisten, die seit Jahren zum Alpha Centauri fliegen, vorenthalten wird, daß sie sich auf der Erde befinden und der Flug nur simuliert wird. In inhaltlicher und stilistischer Hinsicht weniger wichtig sind THE STAR SEEKERS (1953, **Die Weltensucher**) von Milton Lesser und die deutschen Beiträge **Raumschiff der Verdammten** (1962) von Kurt Mahr und Klaus Fischers **Raumschiff der Generationen** (1974).

Nachdem es in den sechziger Jahren teilweise danach aussah, als wäre das Ende der Space Opera gekommen, erlebte sie in den siebzigern wieder eine kleine Renaissance. Hauptsächlich um ein Gegengewicht zur New Wave und der intellektuell anspruchsvolleren neuen SF zu schaffen, besannen sich einige Autoren der Tradition der Space Opera. Heute sind es Schriftsteller wie Larry Niven, Jerry Pournelle, Alan Dean Foster u.a., denen die Space Opera eine Wiederbelebung verdankt und die starke Rückendeckung von der Filmindustrie erhalten. Allerdings orientieren sie sich heute stärker an der exotischen Komponente als an der technisch/supertechnischen der frühen Space Opera.

Weitere wichtige Titel aus diesem Themenbereich:

Aldiss, Brian W. (Hrsg.): SPACE OPERA (1974).
Brackett, Leigh: THE BIG JUMP (1953), **Der große Sprung**.
Clarke, Arthur C.: PRELUDE TO SPACE (1951), **Die Erde läßt uns los**.
ders.: 2001 A SPACE ODYSSEY (1968), **2001, Odyssee im Weltraum**.
del Rey, Lester: ROCKETS THROUGH SPACE (1957).
Goldin, Stephen: SCAVENGER HUNT (1975), **Scavenger-Jagd**.
Hamilton, Edmond: THE STAR KINGS (1951), **Herrscher im Weltraum**.
Heinlein, Robert A.: STARMAN JONES (1953), **Abenteuer im Sternenreich**.

ders.: HAVE SPACE SUIT, WILL TRAVEL (1958), **Piraten im Weltraum**.

Herbert, Frank: DESTINATION VOID (1966), **Ein Cyborg fällt aus**.

Hubbard, Ron: TO THE STARS (1950).

Jones, Raymond F.: THIS ISLAND EARTH (1952), **Insel zwischen den Sternen**.

Kornbluth, C.M.: TAKEOFF (1952), **Start zum Mond**.

Laumer, Keith/Brown, Rosel George: EARTHBLOOD (1966), **Blut der Erde**.

Leinster, Murray: OPERATION OUTER SPACE (1954), PROXIMA CENTAURI (1935).

Malzberg, Barry N.: BEYOND APOLLO (1972), **Das Venus-Trauma**.

Moorcock, Michael: THE BLACK CORRIDOR (1969), **Der schwarze Korridor**.

Niven, Larry/Pournelle, Jerry: THE MOTE IN GOD'S EYE (1973), **Der Splitter im Auge Gottes**.

Pohl, Frederik: THE MAP MAKERS (1955), **Die Kartographen**.

Russell, E.F.: MEN, MARTIANS AND MACHINES (1955), **Menschen, Marsianer und Maschinen**.

ders.: THE GREAT EXPLOSION (1962), **Die große Explosion**.

Schmitz, James H.: THE WITCHES OF KARRES (1966).

Silverberg, Robert: STARMAN'S QUEST (1958), **Die Sterne rücken näher**.

Simak, Clifford D.: SPACEBRED GENERATIONS (1953).

Smith, E.E.: MASTER OF THE VORTEX (1960), **Wächter des Mahlstroms**.

ders.: THE GALAXY PRIMES (1965), **Die Ersten der Galaxis**.

van Vogt, A.E.: FAR CENTAURUS (1942).

ders.: ROGUE SHIP (1965), **Das unheimliche Raumschiff**.

ders.: THE WEAPON SHOPS OF ISHER (1951), **Die Waffenhändler von Isher**.

Wyndham, John: THE OUTWARD URGE (1959), **Griff nach den Sternen**.

3
»Westward ho!«:
Kolonien
und galaktische
Imperien

»Wir alle streben danach, herauszufinden, was hinter dem nächsten Hügel liegt. Die Menschen der Frühzeit scheinen ziemlich weit herumgekommen zu sein. Was mich selbst betrifft, kann ich mich noch gut an das herrliche Gefühl erinnern, das ich hatte, als wir mit einem Planwagen von Texas nach Mexiko zogen. Ich war damals sieben Jahre alt. Wir überquerten den Pecos und kampierten jede Nacht an einem anderen Ort. Wir waren unterwegs, eine neue Heimstatt für uns in Besitz zu nehmen.«

Jack Williamson

Eine der Hauptgrundlagen der modernen Science Fiction ist stets die bemannte Weltraumfahrt gewesen. Wer die Ideologie des amerikanischen Frontier kennt und berücksichtigt, daß die SF des zwanzigsten Jahrhunderts bis in die sechziger Jahre hinein eine hauptsächlich amerikanische Literaturgattung war (sogar britische SF-Autoren, deren Märkte vorwiegend in den USA liegen, waren gezwungen, sich daran anzupassen), kann sicher verstehen, daß mit den Reisen zu anderen Planeten, ihrer Erforschung, Besiedelung und Ausbeutung auch die Errichtung von Kolonialreichen (oft »Galaktische Imperien« genannt) geradezu Hand in Hand gingen.

Was Jack Williamson in seinen Lebenserinnerungen beschreibt (er ist übrigens sehr stolz darauf, noch in einem Planwagen gefahren zu sein *und* die erste Mondlandung miterlebt zu haben), das Gefühl, unterwegs zu sein, Neuland zu betreten und in Besitz zu nehmen; das zu tun, was die Amerikaner stets als ihre Bestimmung ansahen (und Hunderttausenden von Indianern das Leben kostete), wird im allgemeinen Sprachgebrauch gemeinhin als Imperialismus bezeichnet. Und wie in der Realität des Wilden Westens einst die Pioniere auf ihren Planwagen nach Westen rollten, stürmten in der amerikanischen Science Fiction auch die Sternfahrer ins All hinaus, um im Auftrag einer (überbevölkerten und rohstoffarmen) Erde nach Planeten Ausschau zu halten, die man in Besitz nehmen und ausbeuten konnte. Und ebenso wie weiland die Westernhelden in der Neuen Welt ließen sich auch die SF-Heroen dabei von absolut nichts aufhalten.

Anfangs war man noch recht bescheiden: Porträtierte die SF der zwanziger und dreißiger Jahre noch vorwiegend kleine, von Schutzkuppeln überdachte und erdabhängige Mondstationen und Marskolonien, die gelegentlich dadurch Parallelen zum amerikanischen Unabhängigkeitskrieg hervorriefen, indem sie revoltierten und sich von der Mutterwelt lossagten (ein Beispiel dafür ist Robert A. Heinleins THE MOON IS A HARSH MISTRESS (1965, **Revolte auf Luna**), stürmte man in den vierziger Jahren bereits in die Galaxis hinaus. Das Sonnensystem (das erst jetzt wieder entdeckt zu werden scheint) schien, nachdem der Tarzan-Schöpfer Edgar Rice Burroughs mit seinem Roman UNDER THE MOONS OF MARS (1912) und mehreren Fortsetzungen das Environment bestimmt hatte, ihrer Phantasie bald zu begrenzt zu sein. Der Mars war zwar weniger Zündstofflieferant für Unabhängigkeitskriege, gab aber mit seinen »roten Sandwüsten« und romantisch-verklärten »Marskanälen« jede Menge Stoff für farbige Abenteuergeschichten und romantische Stimmungsbilder ab: In Ray Bradburys THE MARTIAN CHRONICLES (1950, **Die Marschroniken**) finden wir alle Ängste seines sensiblen und antitechnischen Geistes wieder. Der Mars ist ein Paradies, und die Leute, die von der Erde kommen, um ihn in Besitz zu nehmen, müssen schon das rechte Bewußtsein mitbringen, wenn sie ihn beherrschen wollen.

Arthur C. Clarke sah in seinem frühen Roman THE SANDS OF MARS (1951, **Projekt Morgenröte**) in unserer Nachbarwelt in erster Linie einen Rohstofflieferanten, auf der man sich das besorgt, was auf der Erde allmählich knapp wird. In Cyril Judds OUTPOST MARS (1952, **Kinder des Mars**) hingegen geht es wie in E. C. Tubbs ALIEN DUST (1953, **Die Marskolonie**) um die Schwierigkeiten einer Gruppe von Kolonisten, auf einer feindlichen Welt zu überleben, in die die Erde kein Geld investieren will.

In Philip K. Dicks ausgezeichnetem Werk THE MARTIAN TIME-SLIP (1964, **Mozart für Marsianer**) bildet der Mars den Hintergrund einer Handlung, in der ein autistisches Kind in die schreckliche Zukunft dieser friedlichen Welt sieht, aus der ein korrupter Gewerkschaftsboß ein zweites Teneriffa machen will.

Seltener als der Mars kam die Venus zu kolonialistischen »Ehren«: In Lawrence O'Donnells (= C. L. Moore/Henry Kuttner) FURY (1947, **Alle Zeit der Welt**) hat sich die Menschheit nach einem verheerenden Atomkrieg in die Tiefen der venusischen Meere zurückgezogen, wo sie unter riesigen gläsernen Kuppeln unter dem Regiment einer Kaste von Beinahe-Unsterblichen ihr

Dasein fristet, bis sich einige kernige Typen aufraffen, die der drohenden Stagnation ein Ende bereiten wollen. Sie jagen die apathischen Kuppelbewohner an die lebensbedrohende Oberfläche zurück und niemand zweifelt daran, daß sie neuen und glorreichen Zeiten entgegengehen.

Ausgezeichnet gelang es hingegen Frederik Pohl und Cyril M. Kornbluth in THE SPACE MERCHANTS (1952, **Eine Handvoll Venus und ehrbare Kaufleute**), die Bestrebungen multinationaler Konzerne und cleverer Werbestrategen zu schildern, die einen Propagandafeldzug starten, der die frustrierten Massen Amerikas dazu bewegen soll, auf der Venus heimisch zu werden: Da hat man nämlich Rohstoffquellen entdeckt, an die man billig herankommen will.

Mit zunehmender Erforschung des Sonnensystems verlagerte sich die Kolonisationsthematik immer mehr in galaktische Weiten, und aus den bisherigen »Solaren Imperien« wurden »Galaktische«. Nicht selten stellte sich dabei für die wackeren Eroberer heraus, daß die Planeten, die man gerade in Besitz nehmen wollte, bereits Bewohner hatten: Und dort, wo diese »Eingeborenen« – die oft als durchaus menschlich aussehende Primitive geschildert werden, die sich rätselhaft verhalten und gelegentlich über Fähigkeiten verfügen, mit denen man nicht gerechnet hat – sich zur Wehr setzen, hört der Spaß meist auch schon auf.

In J. Hunter Hollys THE GREEN PLANET (1960, **Der grüne Planet**) dauert es eine ganze Weile, ehe die unfreiwilligen Emigranten (es handelt sich um aus politischen Gründen Deportierte) herausfinden, daß die ihnen primitiv erscheinenden Planetarier in Symbiose mit kleinen Tieren leben und zusammen mit diesen geistige Kräfte entwickeln können, die ihnen weit überlegen sind.

Nicht selten kommt es auch vor, daß die *Aliens,* denen gegenüber man sich so überlegen wähnt, in der Gestalt von Tieren auftreten, als solche angesehen und auch behandelt werden: In H. Beam Pipers LITTLE FUZZY (1962, **Was ist los auf Planet Zeno?**) etwa werden die possierlichen Bewohner einer neuentdeckten Welt wegen ihrer glänzenden Felle gejagt und getötet, weil nicht sein kann was nicht sein darf. Brian Aldiss schildert in THE DARK LIGHT YEARS (1964) den kalten Mord an den fremdartig aussehenden Utodiern, die über eine hohe Zivilisation verfügen und läßt die Raumfahrer einige von ihnen für Vivisektionszwecke einfangen.

Die Rache der Kolonisten gegen diejenigen, die sie einst ins All hinausschickten, schildert Fredric Brown in seiner Kurzgeschichte KEEPOUT (1954, **Betreten verboten!**): Dort haben sich die mittlerweile umweltangepaßten Nachkommen der einstigen Emigranten mittlerweile so weit von ihren irdischen Vettern entfernt, daß sie sie für minderwertig halten und nur noch darauf warten, daß man sie provoziert.

Der Exodus in interstellare Weiten brachte es nicht selten mit sich, daß irdische Kolonistenschiffe vom Kurs abkamen, wegen Maschinenschadens eine Reise unterbrechen oder aufgrund von Auseinandersetzungen (Meutereien, unvorhergesehenen Begegnungen mit anderen Rassen) von ihrem eigentlichen Ziel abkamen und sich anderswo als geplant (in der Regel im nächsterreichbaren Sternensystem) niederlassen mußten. Da aus diesen Gründen häufig der Kontakt zur Erde abbrach, kam es nicht selten vor, daß die Nachfahren der Kolonisten in die Barbarei zurückfielen, sich zu feudalen Gesellschaftssystemen rückentwickelten, das Wrack, mit dem ihre Vorfahren gekommen waren, als Heiligtum verehrten und anbeteten oder aufgrund von Umweltanpassung körperlich und geistig mutierten. Das Motiv der *Lost Colonies* kommt in der SF recht häufig vor: In Murray Leinsters THE FORGOTTEN PLANET (1954, **Der vergessene Planet**) leben die Nachfahren eines gestrandeten Raumschiffes auf einer lebensfeindlichen Welt und müssen sich gegen Riesenspinnen und allerlei anderes Ungetier erwehren. Das gleiche geschieht in Robert A. Heinleins TUNNEL IN THE SKY (1955, **Tunnel zu den Sternen**), wo es um Studenten geht, die sich einem »Härtetest« unterziehen müssen: Sie werden durch Materietransmission auf einen unzivilisierten Planeten versetzt, wo sie sich durchschlagen müssen. Als plötzlich der Kontakt zur Erde abreißt, wird aus dem Spiel blutiger Ernst. Wie immer bei Heinlein, setzt sich nach den ersten kurzen Wirren dann eine Führernatur durch, die nicht nur alles ins Lot bringt, das Überleben der Gruppe sichert und alles für deren Zusammenhalt tut, sondern viele Jahre später, als man die Verlorenen endlich wiederentdeckt, gar nicht wieder zurück will.

Harry Harrison schildert in DEATHWORLD (1960, **Die Todeswelt**) einen Planeten, dessen Flora und Fauna so gefährlich sind, daß es zwischen ihm und den anderen Welten des Imperiums keinerlei Kontakt gibt: Sogar die Kinder der Kolonisten sind jedem Fremden haushoch überlegen und tragen schon im Krabbelalter scharfe Waffen. Eine Kolonie der Ausgeflippten existiert in Jack Vances THE BIG PLANET (1957, **Planet der Ausgestoßenen**): Hier haben sämtliche Eigenbrötler und Sektierer der Erde eine Zuflucht gefunden, und jede Gruppe praktiziert die Gesellschaftsform, nach der sie sich schon immer gesehnt hat: Da gibt es ebenso Republiken wie Kaiser- und Königreiche, aber auch solche, in denen jeder einmal Herr und jeder einmal Knecht sein darf/muß.

In THE GREEN ODYSSEY (1956, **Die Irrfahrten des Mr. Green**) beschreibt Philip José Farmer eine verlorene Kolonie, die vor einigen tausend Jahren über eine eingeborene Bevölkerung verfügt haben muß, deren Zivilisationsrelikte immer noch existieren. Auf diese Welt wird der Raumfahrer Alan Green verschlagen und kämpft sich durch zahllose Intrigen in einer barbarischen Feudalgesellschaft, bis er von der Existenz eines anderen Raumpiloten hört, den man in einem fernen Reich in einen Turm gesperrt hat, da man ihn für einen vom Himmel gefallenen Dämonen hält.

Am erfolgreichsten hat die Amerikanerin Marion Zimmer Bradley das Thema der verlorenen Kolonie verarbeitet: In ihrem bisher aus zwölf Bänden bestehenden DARKOVER-Zyklus, dessen handlungsmäßig erster Teil der Roman DARKOVER LANDFALL (1972, **Landung auf Darkover**) ist, schildert sie in eindringlich dichter Sprache die Geschichte der Nachkommen gestrandeter Erdkolonisten, die zweitausend Jahre von der Mutterwelt abgeschnitten waren, eine eigene, auf PSI-Elementen basierende Kultur aufgebaut haben und schließlich, als sie »entdeckt« werden, mit ihren fernen Verwandten nichts zu tun haben wollen: Die Fähigkeiten der Darkovaner sind denen der Terraner weit überlegen, und alles, was sie von den irdischen Händlern, die eine feste Enklave nicht verlassen dürfen, eintauschen, sind Pferde.

Edmond Hamiltons Kurzgeschichte CRASHING SUNS (1928), die in dem Magazin *Weird Tales* erschien und den Auftakt zu einer ganzen Serie lieferte, die später in Buchform als CRASHING SUNS (1965) und OUTSIDE THE UNIVERSE (1964) erschien, war möglicherweise die erste SF-Erzählung, die so etwas wie ein Galaktisches Imperium beschrieb. Hamilton ging in dieser Serie davon aus, daß die meisten Planeten der Galaxis von intelligenten, raumfahrenden Rassen bevölkert seien, die sich zu einer Föderation zusammengeschlossen haben, die sich »das Konzil der Sonnen« nennt. Ein solches Gebilde setzt natürlich auch eine überregionale Polizeitruppe zur Überwachung von Recht und Ordnung voraus, deren Tätigkeit hier erstmals beschrieben wurde.

Als E. E. Smith im Jahre 1937 den ersten Teil seiner bereits in den zwanziger Jahren entstandenen LENSMEN-Serie veröffentlichte, war ihm eine »Interstellar Patrol« wie die Hamiltons natürlich nicht bombastisch genug: Da sein Imperium gleich aus mehreren Millionen Planeten bestand, sorgte bei ihm die »Galactic-Patrol« für Ordnung, eine Organisation, die sich mit Hilfe einer mysteriösen Linse, die ein unfälschbares Erkennungszeichen darstellte und ihren Trägern auch noch telepathische Fähigkeiten verlieh, praktisch unfehlbar war. Nach Smiths LENSMEN-Zyklus ging der Begriff »Galaktisches Imperium« praktisch in Allgemeinbesitz über.

Zwischen 1942 und 1949 veröffentlichte der junge Autor Isaac Asimov eine zusammenhängende Reihe von Novellen, die schließlich in drei Büchern zusammengefaßt wurden: FOUNDATION (1951, **Der Tausendjahresplan**), FOUNDATION AND EMPIRE (1952, **Der galaktische General**) und SECOND FOUNDATION (1953, **Alle Wege führen nach Trantor**). Von der Trilogie sind bis heute nicht nur mehr Exemplare verkauft worden als von zwanzig anderen im Niveau vergleichbaren SF-Romanen zusammengenommen, sie wurde auch in alle Kultursprachen übersetzt und erlebt ständige Neuauflagen sowohl in den USA und England als auch der Bundesrepublik, Frankreich, Spanien und Schweden. Asimov beschreibt darin, wie der »Psychohistoriker« Hari Seldon, Bürger eines Imperiums, das mehr als eine Million besiedelter Welten umfaßt, vorausberechnet, daß das Reich bald zerfallen wird und bis zu seiner Konsolidierung ein finsteres, anarchistisches Zeitalter von 30 000 Jahren Dauer durchlaufen muß. Um diese lange Zeit abzukürzen, gründet er mit Hilfe von zahlreichen Wissenschaftlern aller Fachrichtungen an zwei Enden der Galaxis auf unbekannten Planeten sogenannte Stiftungen, die im geheimen den Verlauf der politischen Ereignisse verfolgen und dafür Sorge tragen sollen, daß die Ära der Barbarei nach Möglichkeit nicht diesen Umfang annimmt.

In Edmond Hamiltons CITY AT WORLD'S END (1951, **SOS, Die Erde erkaltet**) wird ein kleines amerikanisches Kaff durch den Abwurf einer Atombombe mehrere Millionen Jahre in die Zukunft geschleudert und findet sich auf einer kalten, verödeten Erde wieder, deren Sonne inzwischen erkaltet ist. Die Menschen sind in die Galaxis hinausgezogen, haben ein Imperium errichtet und stehen in Kontakt mit Dutzenden von anderen Völkern. Schließlich landet eine gemischte Expedition dieses Imperiums – angelockt durch Funksprüche – wieder auf dem Heimatplaneten ihrer Vorfahren und sorgt dafür, daß die Amerikaner als letzte hier lebenden Menschen in die Föderation aufgenommen werden. »Weltenretter« Hamilton, den seine Frau Leigh Brackett in einem Interview einen »alten Imperialisten« schimpfte, hat praktisch keinen einzigen SF-Roman verfaßt, in dem sich nichts in bombastischen »intergalaktischen« Dimensionen abspielte: In THE STAR KINGS (1949, **Herrscher im Weltenraum**) wird ein Mr. Gordon aus New York, ein kleiner Angestellter und Tagträumer, mit Hilfe einer undurchschaubaren Maschinerie weit in die Zukunft geholt, wo er den Körper des Regenten Zarth Arn übernimmt und an dessen Stelle über ein galaktisches Kaiserreich herrscht. In THE SUN SMASHER (1959, **Die Macht der Valkar**) findet der Amerikaner Neil Banning heraus, daß er in Wirklichkeit ein Wesen von den Sternen ist: Rätselhafte Raumfahrer entführen ihn von der Erde, erklären ihm, er sei der Herrscher über ein galaktisches Reich und nun werde er gebraucht, um den letzten Kampf auszufechten.

In einem Galaktischen Sternenreich ganz besonderer Art agiert die Figur des Händlers Nicholas van Rijn, eines ausgekochten, profitgierigen Schlitzohrs im Universum Poul Andersons: Van Rijn läßt keine Gelegenheit aus, die Eingeborenen rückständiger Planeten auszunehmen und wagt es anschließend noch zu behaupten, daß es die Leute seines Schlages seien, die mit anderen Völkern Beziehungen anknüpften und für gegenseitiges Verstehen sorgten: die Händler seien wertvollere Kontakt- und Friedensfaktoren als alle Diplomaten zusammengenommen.

Im Vergleich mit den diplomatischen Aktivitäten des Keith-Laumer-Helden James Retief mag er da sogar recht haben: In Dutzenden von Kurzgeschichten und Romanen wie ENVOY TO NEW WORLDS (1963, **Botschafter im Kosmos**) wertete Laumer nämlich seine Erkenntnisse als ehemaliger Militärattaché der Vereinigten Staaten in Asien aus: Er bewirft die Völker der Dritten Welt (die hier nur als Außerirdische aufscheinen, weil auf seinen Büchern das Label Science Fiction steht) mit Kübeln voll Schmutz: Sie sind habgierige, abergläubische und freche Banausen, die keine Kultur haben wollen, sondern goldene Betten. Retief ist der hemdsärmelige US-Diplomat, an dem ein George Wallace seine Freude gehabt hätte: Ein raumfahrender Kleinbürger niederen Dienstranges, der ständig nur allzu bereit ist, für seine ordensbeladenen, feigen Vorgesetzten die Kastanien aus dem Feuer zu holen, wobei er weder vor Faustkämpfen noch vor Erpressung oder Mord zurückschreckt.

In EARTHBLOOD (1966, **Das Blut der Erde**), einem Roman, den Laumer zusammen mit Rosel George Brown geschrieben hat, wird zwar kein Galaktisches Imperium offeriert, aber immerhin der Traum davon: Nachdem die phantastischen Burschen von der Erde von den Niss Prügel bezogen haben und das alte Imperium zerfallen ist (eine traurige Sache, die kein aufrechter Terraner verwinden kann), macht sich der Held (der geklonte Sohn eines galaktischen Admirals, der vor 16000 Jahren starb) auf, um der Menschheit das Heil zu bringen. Er schwärmt von vergangenen Zeiten, schließt sich einem Piraten an, der seinen Mordbrennereien dadurch einen moralischen Anstrich zu verleihen versucht, indem er sie im Namen eines nichtexistenten Galaktischen Imperiums vollbringt und in dessen Kopf »reinrassige Terraner« herumspuken. Zusammen strebt man dann an, das alte Imperium wieder auferstehen zu lassen, was ebenso unverständlich ist, als wenn heute lebende Italiener die gleichen Ziele verfolgten.

»Die Charaktere sind alle Troglodyten und Rassisten, so dumm wie sie primitiv sind, und man weiß nicht, ob ihre Dummheit ihre Brutalität übertrifft oder vice versa. Es ist die Science Fiction von gestern für die Menschen von vorgestern.« (Franz Rottensteiner)

Weitere wichtige Titel aus diesem Themenbereich:

Aldiss, Brian W. (Ed.): GALACTIC EMPIRES (1976).
Brunner, John: THE WORLDSWAPPERS (1959), **Ein Planet zu verschenken**.
ders.: POLYMATH (1974), **Der Kolonisator**.
ders.: INTERSTELLAR EMPIRE (1976), **Sie schenkten uns die Sterne**.
Harrison, Harry: DEATHWORLD 2 (1964), **Die Sklavenwelt**.
ders.: DEATHWORLD 3 (1968), **Die Barbarenwelt**.
Heinlein, Robert A.: THE RED PLANET (1949), **Der rote Planet**.

ders.: PODKAYNE OF MARS (1963), **Bürgerin des Mars**.
Henderson, Zenna: PILGRIMAGE: THE BOOK OF THE PEOPLE (1961), **Wo ist unsere Welt**.
dies.: THE PEOPLE: NO DIFFERENT FLESH (1966), **Aufbruch ins All**.
Herbert, Frank: DUNE (1965), **Der Wüstenplanet**.
ders.: DUNE MESSIAH (1969), **Der Herr des Wüstenplaneten**.
ders.: CHILDREN OF DUNE (1976), **Die Kinder des Wüstenplaneten**.
Laumer, Keith: GALACTIC DIPLOMAT (1965), **Diplomat der Galaxis**.
ders.: RETIEF'S WAR (1966), **Diplomat und Rebell von Terra**.
ders.: RETIEF AND THE WARLORDS (1968), **Diplomat der Grenzwelten**.
Vance, Jack: THE BLUE WORLD (1964), **König der Wasserwelt**.

4
Landser im Orbit: Militarismus und Antimilitarismus in der Science Fiction

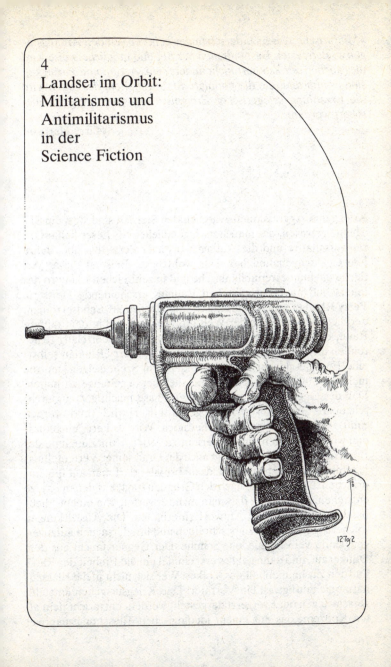

»Militärische Auseinandersetzungen gehören seit den Anfangstagen zu den festen Bestandteilen der SF, und möglicherweise wird dies auch in der Zukunft nicht anders sein. Action und Farbigkeit sind es nun mal, die die populäre SF hochhalten, deswegen wird die Erzählung kriegerischer Ereignisse uns auch weiterhin beschert werden.«

Harry Harrison

Kriege und Aggressionen zwischen den Sternen sind stets ein SF-Thema gewesen, das manchem jugendlichen SF-Leser heiße Ohren verschaffte und die Auflagen diverser Periodika über Jahre hinweg hochgehalten hat. Das wohl beste Beispiel dieser Art dürfte die bundesrepublikanische und in zahlreichen Ländern des inner- und außereuropäischen Raumes erscheinende Heftserie **Perry Rhodan** sein, ein praktisch unendlicher SF-Landserroman, der die deutsche SF in der Welt repräsentiert und in dem tapfere Raumsoldaten der Erde (angeführt vom jahrhundertelang regierenden unsterblichen »Großadministrator« Perry Rhodan selbst) eine Energieschlacht nach der anderen in Szene setzen, um die mehr als 500 000 Leser allwöchentlich bei der Stange zu halten. Daß der Gegner dabei von Phase zu Phase mächtiger, undurchschaubarer, raubgieriger und gewalttätiger wird (und werden *muß*), steigert die Spannung eher noch: Wird es Perry auch diesmal wieder gelingen, das Imperium zu retten? Mit Zunahme der Bösartigkeit des Feindes steigt auch der Grad seiner Verteufelung; je schlimmer er sich aufführt, desto brutaler darf man auf ihn eindreschen. Daß niemand nach den Gründen fragt, aus denen Kriege entstehen, liegt daran, daß man nicht erwartet, von einem Fließbandautor darauf eine Antwort zu erhalten. Die Auswirkungen solcher Aggressionen zu beschreiben und ihre Ursachen aufzuzeigen, sind zwei verschiedene Schuhe. Der Gegner taucht aus dem Dunkel auf, und dann geht es erst einmal um die Einheit der Rasse und den Zusammenhalt des Volkes. Wer sich nicht in die Klassenharmonie einfügt, ist ein Verräter. Daß Kriegsursachen entstellt, verschwiegen oder verzerrt dargestellt werden, entspricht dem alten Konzept, das auf einem ideologischen Täuschungsmanöver aufgebaut ist: Kriege finden deswegen statt, weil die Menschheit sich nicht einig ist und damit den Aggressor aus dem All anlockt. Überwindet man die Uneinigkeit nicht, ist schnell der äußere Feind zur Stelle, um der Menschheit auf die Sprünge zu helfen.

Daß sich der »Landser im Zukunftskleid« (Franz Rottensteiner) dennoch glänzend verkauft, liegt – wie Harry Harrison treffend bemerkt –, daran, daß er die populäre Form der allseits durch Film und Fernsehen bekannten SF darstellt, die Trivialepen dieser Art für schlichte Gemüter möglicherweise interessant machen. Wer nicht für »Philosophiereien« (sprich gewaltlose Konfliktlösungen) zu haben ist und das Denken bei der Unterhaltung als Zumutung empfindet, aber dennoch nicht auf die SF verzichten will, wem die komplizierten Gedankengänge der Stanisław Lem, Philip K. Dick, Algis Budrys, Brian Aldiss und Daniel F. Galouye etwa zu verstrickt und unübersichtlich sind, kann jederzeit nach seinem K. H. Scheer greifen oder mit E. E. Smiths LENSMEN durch die dunkle Sternennacht reisen, die höchstens mal vom Geflacker der Blaster und Energiekanonen erhellt wird.

Robert A. Heinleins Roman STARSHIP TROOPERS (1959, **Sternenkrieger**) beschreibt die Raumschlachten so detailliert, als stammten sie aus einem Kriegstagebuch der Vergangenheit, und liefert dermaßen exakte Beschreibungen von gedrillten Raumsoldaten und ihren tödlichen Waffen, daß das Buch hierzulande seit 20 Jahren herumgereicht wurde wie saurer Bier und sich bis 1979 kein deutscher Verleger fand, der es gewagt hätte, diese widerwärtige Glorifizierung militaristischen Draufgängertums in deutscher Sprache zu verbreiten: In Heinleins kriegerischer Zukunftswelt, in der nur die »Gedienten« das Wahlrecht besitzen, Trunkenbolde öffentlich ausgepeitscht werden und retirierte Militärveteranen Geschichte und Moralphilosophie lehren dürfen, zeigt sich unverhüllt die Vorstellung des Autors von der idealen Welt am besten: Eine reaktionäre Elite herrscht unter Anwendung offener Gewalt, das Gesindel der Untermenschen hat zu kuschen oder kriegt eins auf die Schnauze.

Heinleins Roman THE MOON IS A HARSH MISTRESS (1966, **Revolte auf Luna**) hingegen schildert eine andere Art von Krieg. Unter der Führung des Elitemenschen O'Kelly tun sich auf dem von Deportierten und deren Nachkommen bevölkerten Mond einige Leute zusammen, um die Unabhängigkeit von der Erde zu erkämpfen. Der Krieg, der hier geführt wird, ist ein Kleinkrieg der unterschiedlichsten Gruppierungen. Uneinigkeit ist der größte Gegner. Ehe man sich von der Erde lösen kann, hat man sich derjenigen Elemente zu entledigen, die zu viele Fragen stellen. Und das geschieht auf eine Art, an der ein Joseph Goebbels seine helle Freude gehabt hätte. Mit dem Recht des Stärkeren bringt man die Uneinsichtigen entweder zur Räson oder liquidiert sie kurzerhand. Diskussionen sind nicht gefragt: »Einer von uns müßte als Vorsitzender fungieren«, schlägt einer der Helden vor. »Wir würden nicht abstimmen; das wäre überflüssig – oder wir wären nicht die richtigen drei.«

K. H. Scheer, einer der erfolgreichsten SF-Autoren deutscher Zunge, hat sich nicht ohne Grund von der Kritik den Spitznamen »Handgranaten-Herbert« zugezogen: Sein Gesamtwerk (etwa sechzig Leihbücher zwischen 1952 und 1965, dazu ca. 30 Taschenbücher und 50 **Perry Rhodan**-Hefte) sind geradezu Prototypen des Landserromans im Weltall. In **Die Männer des Pyrrhus** (1965) finden wir eine Anhäufung aller Klischees, zu denen der kosmische Kriegsberichterstatter Nr. 1 fähig ist: Lionel Fatener, ein ehemaliger Oberst der Raumwaffe, ein ehemaliger Schlachtenheld und Spezialagent (von seinen Freunden »Tiger« genannt), sieht sich nach Beendigung eines dreißigjährigen Krieges gegen aufmüpfige Kolonialplaneten wieder einmal dem Notstand ausgesetzt und zwingt seine (mittlerweile zivile) Mannschaft mit massiven Drohungen zu einer wehrhaften Rassengemeinschaft, der sich alle Einzelinteressen unterzuordnen haben, und stellt sich heldenhaft und freiwillig den expandierenden Tunors entgegen, die sich anschicken, »der Menschheit« ein wenig von ihrem dringend benötigten und in harten Kämpfen errungenen »Lebensraum« abzuknapsen.

Scheers neunundvierzigbändige **ZbV**-Serie, die 1957 startete und – wie alle seine Bücher – seither mehrere Neuauflagen erlebte, ist ein Konglomerat aus Agententätigkeit, Zukunftskriegen, durchdrehenden Robotgehirnen, Anschlägen und gewaltsamen Auseinandersetzungen. Nachdem »die Menschheit« in **CC-5, Streng geheim** (1957) unter den Rocky Mountains einen Stützpunkt tückischer Venusintelligenzen ausfindig gemacht und in die Luft gesprengt hat, findet man in **Überfällig** (1958) heraus, daß die wahren Aggressoren, die im Hintergrund agierenden Deneber sind, die sich auf dem Mond eingenistet haben und in **Eliteeinheit Luna-Port** (1958) ihre versklavten venusischen Truppen gegen die

Erde hetzen, was aber durch den wackeren Einsatz einiger Agenten, die in **Vorsicht Niemandsland** (1960) die technischen Errungenschaften der von den Denebern ausgerotteten Marsianer an sich reißen, verhindert wird. Die Brutalität, mit der man dabei gegen die Deneber vorgeht, spottet nicht nur jeder Beschreibung, sondern wird auch noch mit deren »Arroganz« motiviert: Wenn Scheer von den Dingen spricht, spricht er stets von den Dingen an sich. Der imperialistische Raubkrieg, der dadurch vom Zaun gebrochen wird, daß die Deneber keine zweite intelligente Rasse neben sich dulden (was ein aufrechter Terraner natürlich nicht hinnehmen kann) und letztendlich mit der totalen Vernichtung der sich der Menschheit überlegen fühlenden Rasse endet, ist für seine Helden lediglich ein Abwehrkampf.

Was Joe Haldeman in seinem exzellenten Antikriegsroman THE FOREVER WAR (1974, **Der ewige Krieg**) mit dem lapidaren Satz »Als wir den Tauranern zum ersten Mal begegneten, eröffneten wir das Feuer« in den Mund legt, wird in der Kloaken-SF zur Inversion: Hier ist die Erde der stete Hort des Friedens, und anfangen tun grundsätzlich immer die anderen. Politisches wird tunlichst ausgeklammert, wirtschaftliche Ursachen (etwa sich Absatzmärkte oder Rohstoffquellen zu erkämpfen, wie es bei den meisten auf der Erde geführten Kriegen bisher der Fall war) existieren für die fleißigen, weltraumerobernden Schreiber der Action-Brigade nicht. Wenn die blauäugigen Recken von Terra in interstellare Feindseligkeiten verwickelt werden, dann nur deswegen, weil die Denkprozesse der »Fremden« dermaßen verquer verlaufen, daß man ihnen nicht trauen kann.

Der interstellare Krieg in der Science Fiction, der während der vierziger und fünfziger Jahre in den Massenproduktionen eher die Regel als die Ausnahme war, gehört heute allerdings (von Heftserien und Neuauflagen abgesehen) kaum noch zum gängigen Bild: Erfolgreiche Kinofilme, wie etwa George Lucas' STAR WARS (1977, **Krieg der Sterne**) kopieren lediglich alte Muster der utopischen Welt von vorgestern und dokumentieren auf betrübliche Weise, wo die Herren, die derartige Projekte mit Millionenbudgets unterstützen, ihre Kenntnisse herhaben.

In den sechziger und siebziger Jahren hat sich vielmehr eine Autorengeneration entwickelt, die auch in der SF nicht mehr bereit ist, Einflüsse der Realität auf ihre Werke zu ignorieren. Den Anfang machte der ansonsten konservativer und reiner Abenteuer-

SF verhaftete Amerikaner Harry Harrison mit seinem Roman BILL, THE GALACTIC HERO (1965, **Der Chinger-Krieg**), einer ergötzlichen Satire auf die glorreichen und ordenbehangenen Helden Heinleins. Harrisons Held zertrümmerte jenen, die Gewohntes erwarteten, unerwartet die Optik. Er parodierte glänzend nicht nur die galaktischen Kriege seiner unbedarfteren Vorgänger, sondern auch die Phantasie- und Sprachakrobatik der Space Opera, die im Erfinden wahrhaft gigantomanischer Superraumschiffstriebwerke und Superwaffen noch heute gelegentlich unfreiwillig komische Kapriolen schlägt. Der Krieg, den man gegen die schrecklichen, zwei Meter zwanzig großen Molche aus dem All führen will, entpuppt sich, anders als bei den reaktionären Sternenkriegsspektakeln, als Verbrechen an der Menschheit, und nach all dem stellt sich noch heraus, daß die vermeintlich blutgierigen Bestien nur 22 cm groß sind, und man sie nur als Popanz aufgebaut hat.

Im Jahre 1968, als der Vietnam-Krieg seinen Höhepunkt erreichte, erschienen gleich mehrere ausgezeichnete Romane und Erzählungen, die sich mit dieser Problematik im SF-Gewande auseinandersetzten: In Thomas M. Dischs CAMP CONCENTRATION (1968, **Camp Concentration**) wird die Reaktion des Systems gegen die zunehmende Anzahl amerikanischer Kriegsdienstverweigerer und Deserteure beschrieben: Als die Gefängnisse überquellen, beschließt die Regierung, die Opponenten der Aggression unfreiwillig auf andere Weise zu ihrem Nutzen einzusetzen. In geheimen Konzentrationslagern testet man an den Männern ohne deren Wissen Desorientierungsdrogen und biologische Kampfstoffe, unter anderem syphilisähnliche Erreger, die eine Erhöhung des Intelligenzquotienten bei sinkender Lebenserwartung bewirken. In der ebenfalls von Thomas M. Disch verfaßten bösen Satire 1-A (1968, **1-A**) werden die frisch zu Killern ausgebildeten Elitesoldaten ohne Umschweife gleich auf dem Kasernenhof ihrer Bestimmung zugeführt: Man legt sie um.

Barry Malzberg führt in seiner unter dem Pseudonym K. M. O'Donnell geschriebenen Novelle FINAL WAR (1968, **Der letzte Krieg**) einen imaginären Krieg, ohne daß dieser in einem anderen Zusammenhang geschildert wird als dem einer Welt, deren Krankheit offensichtlich ist, und in der sich niemand Gedanken darüber macht, was eigentlich zu diesen Auseinandersetzungen geführt hat. Die Kompanie, deren Einsätze er schildert, erobert und verliert wechselseitig einen Wald, ihr Tun ist absolut sinnlos und beinahe statisch. Veränderungen ergeben sich nur insofern, als daß die Gefallenen durch neue Soldaten ersetzt werden. Malzberg schreibt das ohne jeden Pathos – und um so deutlicher wird die Unsinnigkeit dieser Handlungsweise. Wenn er seine Protagonisten – vom Captain der Truppe bis zum dienstseifrigen Gefreiten, der unaufhörlich Urlaubsgesuche einreicht (die ebenso regelmäßig abgelehnt werden) –, als Psychopathen schildert, die in diesem Kommißbetrieb nichts als Selbstverständlichkeiten sehen, führt er damit jede Art der bewaffneten Auseinandersetzung ad absurdum.

Joe W. Haldemans THE FOREVER WAR (1974, **Der ewige Krieg**) zeigt ähnliche Parallelen auf. Haldeman, selbst ein Vietnam-Veteran, zeigt das Grauen des Krieges eindringlich am Beispiel und aus der Sicht des kleinen Soldaten Mandella, der als Teilnehmer an mehreren Schlachten, die ihn durch Raum und Zeit führen und die gegen einen Gegner ausgefochten werden, der den Menschen nichts getan hat, in das Räderwerk der galaktischen Kriegsmaschinerie hineingezogen wird, ohne in der Lage zu sein, den einmal in Gang gesetzten Mechanismus und den Kräften, die sie in Bewegung gesetzt haben, weil sie sich daraus Vorteile erhoffen, zu entkommen. Mandella symbolisiert den kleinen Soldaten, dem man sagt, daß man sich nur verteidige, was ja wohl jeder täte, der abends in einem dunklen Park spazieren ginge und dabei von einem Unhold überfallen werde. Was er jedoch absolut nicht kontrollieren kann und nicht weiß, ist, wer der Aggressor ist und ob seine lebensgefährlichen Einsätze überhaupt sinnvoll sind.

Weitere wichtige Titel aus diesem Themenbereich:

Anderson, Poul: A WAR OF TWO WORLDS (1959), **Der Krieg zweier Welten**.
Biggle, Lloyd: THE ANGRY ESPERS (1961), **Invasion der Supermenschen**.
Dickson, Gordon R.: SOLDIER, ASK NOT (1967).
Garnett, David S.: MIRROR IN THE SKY (1969), **Das Rätsel der Creeps**.
Hamilton, Edmond: BATTLE FOR THE STARS (1961), **Die Heimat der Astronauten**.

Judd, Cyril: GUNNER CADE (1952), **Die Rebellion des Schützen Cade**.

Kneifel, Hans: **Geist ohne Fesseln** (1964).

Leiber, Fritz: THE BIG TIME (1961), **Eine tolle Zeit**.

Leinster, Murray: THE BLACK GALAXY (1954), **Die schwarze Galaxis**.

Lucas, George: STAR WARS (1978), **Krieg der Sterne**.

Mason, Allen P.: **Legionäre im All** (1959).

Russel, Eric Frank: WASP (1957), **Der Stich der Wespe**.

Scheer, K. H.: **Und die Sterne bersten** (1954).

ders.: **Der Stern der Gewalt** (1956).

ders.: **Die Fremden** (1957).

ders.: **Die lange Reise** (1957).

ders.: **Großalarm im All** (1958).

ders.: **Expedition** (1961).

Smith, George O.: NOMAD (1958), **Der große Krieg**.

Vance, Jack: SLAVES OF THE KLAU (1958), **Magarak, Planet der Hölle**.

Van Vogt, A. E.: THE WAR AGAINST THE RULL (1959), **Der Krieg gegen die Rull**.

Voltz, William: **Sternenkämpfer** (1958).

5
Schleimige Monster und andere Aliens: Außerirdische Lebewesen

Der fremde Besucher

Der fremde Besucher als Bedroher oder Erlöser der Menschheit taucht als Motiv häufig in der SF auf und nimmt in diesem Kapitel eine Schlüsselposition ein. Oft kommt er als unüberwindlicher Zerstörer auf die Erde, dessen Achillesferse erst vom strahlenden Helden gefunden werden muß, wie es zum Beispiel in Gordon R. Dicksons THE ALIEN FROM ARCTURUS (1956, **Der Fremde von Arcturus**) der Fall ist, oder als Kundschafter einer außerirdischen Invasionsstreitmacht, der vor dem großen Schlag erst einmal das Terrain sondiert. Romane und Geschichten dieses Strickmusters gibt es in der SF zu Hunderten, und auch die Filmindustrie schlachtete erstere Variante gehörig aus. Ob es sich nun um Godzilla, King Kong oder aus Jahrmillionen langem Tiefschlaf geweckte Saurier, Monstrositäten aus den Tiefen des Alls oder angreifende UFOs handelt, der Grundgedanke ist immer derselbe: monströse Eindringlinge gefährden die Ordnung auf der Erde, richten grausige Zerstörungen an und werden schließlich durch Konzentrierung aller Kräfte oder durch einen simplen Trick überwunden. Es gibt in diesem Bereich aber auch weniger platte Beispiele, die bisweilen sogar groteske Formen annehmen, so in Robert A. Heinleins Jugendbuch THE STAR BEAST (1954, **Das Ultimatum von den Sternen**), in dem Lummox, das achtbeinige Souvenir eines Weltraumforschers, sich von Metall ernährt und zum Frühstück ein Automobil frißt.

Ein Großteil der SF-Geschichten dieses Themas fällt gleichzeitig unter den Oberbegriff »Invasion«, der an anderer Stelle abgehandelt wird. Zu vermerken ist lediglich, daß sich für diese Ungeheuer aus den trivialen Gefilden der SF eine eigene Beziehung eingebürgert hat: BEMs (von **B**ug-**E**yed-**M**onsters, etwa Monster mit Insektenaugen).

Was die Vorboten einer außerirdischen Invasion anbelangt, so hat Robert Sheckley mit seiner Story KEEP YOUR SHAPE (1953, **Die Versuchung des Formlosen**) die Erde zu schmackhaft gemacht. Die außerirdischen Späher, die ihre Gestalt beliebig verändern können, und auf der Erde in Form von Bäumen, Hunden, Vögeln etc. auftreten, sind von der Vielfalt der irdischen Lebensformen so angetan, daß sie ihre ursprüngliche Aufgabe, die Verteidigungsmöglichkeiten dieses Planeten auszukundschaften, vergessen, und die Invasion selbst zum Scheitern bringen.

Die Möglichkeit des Gestaltwandelns scheint die SF-Autoren zu faszinieren, bietet sie doch das Non-plus-Ultra an Unterwanderung und fordert kriminalistischen Scharfsinn, die »eingesickerten« Fremden ausfindig zu machen. Eine der berühmtesten Novellen des Genres, John W. Campbells WHO GOES THERE? (1938, **Wer da?**) behandelt das Problem einer Antarktisexpedition, die ein fremdes, überaus gefährliches Wesen stellen muß, das ständig in Gestalt des einen oder anderen Expeditionsteilnehmers oder eines Schlittenhundes nachahmt. NEEDLE (1950, **Symbiose**) von Hal Clement bringt eine Variation dieser SF/Detektivgeschichte. Zwei außerirdische Symbionten landen auf der Erde: der Jäger und der Gejagte. Beide nisten sich in einem Menschen ein, und für den Polizisten gilt es nun, seinen verbrecherischen Gegenspieler aufzuspüren wie die berüchtigte Nadel im Heuhaufen.

Literarisch wichtiger als die prähistorischen Ungeheuer oder BEMs, und in ihrer Wesensart viel menschlicher als die fremdartigen Gestaltwandler und Symbionten, sind eine Gruppe von »Besuchern«, mit denen die Autoren Höheres vorhaben. Ihrer bedienen sie sich, um ein Anliegen vorzubringen, um ihrer Geschichte eine tendenzielle Aussage zu geben. So treten die Besucher nicht selten als Warner vor einer gefährlichen Entwicklung auf, wofür am ehesten die Story FAREWELL TO THE MASTER (1940) von Harry Bates stehen kann, nach welcher der Film THE DAY THE EARTH STOOD STILL (1951, **Der Tag, an dem die Erde stillstand**) gedreht wurde. Klaatu, der Abgesandte einer galaktischen Zivilisation, kommt auf die Erde und versucht die Politiker zur Aufgabe des atomaren Wettrüstens zu bewegen.

Wie Klaatu sind diese Art von Besucher im allgemeinen Vertreter einer der Menschheit überlegenen Kultur. Äußerlich unterscheiden sie sich kaum von den Menschen und dienen daher gut zur Vermittlung von Sozialkritik. Zumindest aber liefern sie eine Warte außerhalb der menschlichen Gesellschaft, von der aus diese betrachtet und beurteilt werden kann. Dieser philosophische Hintergrund nimmt mitunter auch religiöse Formen an. Geradezu messianische Züge weist Michael Valentine Smith, der marsianische Protagonist aus Robert A. Heinleins Kultroman STRANGER IN A STRANGE LAND (1961, **Ein Mann in einer fremden Welt**), auf. Smith, Sohn terranischer Eltern, aber auf dem Mars aufgewachsen und erzogen, kann durch einige parapsychologische Fähigkeiten fast als Supermann bezeichnet werden. Auf der Erde findet er sich nur schwer zurecht, gewinnt dann aber durch seine freie Einstellung gegenüber sozialen Tabus eine Anhängerschaft, und wird schließlich sogar zu einer Art Christusfigur, die sich am Schluß des Romans entkörperlicht. Mit ähnlicher Problematik wartet Walter Tevis in seinem Roman THE MAN WHO FELL TO EARTH (1963, **Spion aus dem All**) auf, der mit Popstar David Bowie verfilmt wurde. Hier haben wir eine Parabel auf die Inhumanität des Menschen vor uns. Der Außerirdische, Mitglied einer überlegenen jedoch untergehenden Zivilisation, strandet auf der Erde und versucht sich so menschenähnlich wie möglich zu verhalten. Ohne finstere Hintergedanken baut er sich ein Wirtschaftsimperium auf, das den Bau eines Raumschiffes und die Rückkehr auf seinen Planeten ermöglichen soll. Von allen Seiten schlagen ihm jedoch Haß und Argwohn entgegen.

Diese sympathische Darstellung des Außerirdischen im Gegensatz zu einer feindlichen Umgebung auf der Erde wird auch bei Zenna Hendersons *People-Stories*, zusammengefaßt in den Bänden PILGRIMAGE: THE BOOK OF THE PEOPLE (1961, **Wo ist unsere Welt**), und THE PEOPLE: NO DIFFERENT FLESH (1967, **Aufbruch ins All**), offensichtlich. Die Angehörigen der People kommen in kleinen Gruppen auf die Erde, nachdem ihre Sonne zur Nova wurde. Die einzelnen Stories handeln in erster Linie von kleineren Kontaktaufnahmen der People mit Erdbewohnern. Obgleich es zu keiner ernsthaften Konfrontation zwischen beiden Rassen kommt, zeigt die Autorin dabei auf sentimentale Weise die Unreife der Menschen.

Erster Kontakt

Das erste Zusammentreffen zwischen Menschen und Außerirdischen muß nicht notgedrungen auf der Erde stattfinden. Viel Zündstoff liegt auch in einer Begegnung zwischen Gleichwertigen im All, wie sie Murray Leinster in seiner klassischen Story FIRST CONTACT (1945, **Erstkontakt**) beschreibt. Aus irdischer Sicht wird die Spannung geschildert, die das Treffen beherrscht. Die Ängste vor einer falschen Reaktion der anderen, einem Mißverständnis oder einem Fehler der eigenen Mannschaft. Alle Waffen des irdischen Schiffes sind auf das fremde Schiff gerichtet, bis Leinster die ganze Sache in einer Slapstick-Pointe platzen läßt: Die

Abgesandten beider Parteien haben sich beim ersten Kontakt zweier sternfahrender Rassen schmutzige Witze erzählt.

Obschon Leinster mit dieser Geschichte manchen seiner verkrampfteren Kollegen auf die Schippe nahm, war FIRST CONTACT für seinen russischen Kollegen Ivan Efremov (Jefremov) der Anlaß, diesem Standardthema der SF eine ernsthaftere Version hinzuzufügen. SERDTSE SMEI (1959, **Das Herz der Schlange**) schließt an die Ereignisse in seinem bekannten Roman **Das Mädchen aus dem All** (1957) an und schildert in minutiösen Einzelheiten den Kontakt mit einer raumfahrenden Rasse, deren Metabolismus auf Fluor basiert.

Weitere Romane, in denen der Erstkontakt mit vernunftbegabten Fremdrassen eine tragende Rolle spielt, sind THE STAR DWELLERS (1961, **Das Zeichen des Blitzes**) von James Blish, worin die irdischen Raumfahrer Wesen aus reiner Energie begegnen und THE MOTE IN GOD'S EYE (1974, **Der Splitter im Auge Gottes**) von Larry Niven/Jerry Pournelle, einem voluminösen Roman, in dem die menschliche Rasse sich über die halbe Milchstraße ausgebreitet hat, ehe sie auf irdische Intelligenzen stößt, die sich dann als große Gefahr für alle anderen Bewohner der Galaxis entpuppen.

Einer der bekanntesten Kontaktromane ist Fred Hoyles THE BLACK CLOUD (1957, **Die schwarze Wolke**). Eine Wolke interstellarer Materie dringt ins Sonnensystem ein und bedroht das Leben auf der Erde. Aber die Wolke stellt sich als intelligent heraus, die sich nach errichteter Kommunikation aus Achtung vor dem Leben wieder zurückzieht. In Arthur C. Clarkes CHILDHOOD'S END (1953, **Die letzte Generation**) ist die Menschheit durch Selbstausrottung bedroht, als eine überlegene Spezies auf sie stößt und sie pazifiert. Ironischerweise sehen die Fremden, die ausführendes Organ eines transzendentalen kosmischen Bewußtseins sind, aus wie Teufel.

Aber nicht immer läuft ein Erstkontakt mit nichtmenschlichen Intelligenzen so glatt ab. In RENDEZVOUS WITH RAMA (1973, **Rendezvous mit 31/439**), vom selben Autor, tauchen die Fremden, deren Riesenraumschiff das Sonnensystem durchquert, gar nicht erst auf. Noch schlimmer ergeht es den menschlichen Forschern, die in Robert Silverbergs THE MAN IN THE MAZE (1969, **Exil im Kosmos**) Kontakt mit den Humanoiden von Beta Hydri aufnehmen wollen: Sie werden von diesen einfach ignoriert.

Daß es aufgrund radikaler Andersartigkeit zwischen den Menschen und möglicherweise existierenden außerirdischen Intelligenzen zu unüberwindlichen Problemen bei der Kontaktaufnahme kommen würde, diese These vertritt der Pole Stanisław Lem. Sein Roman SOLARIS (1961, **Solaris**) ist ein Paradebeispiel für diese Kluft. Ein riesiger Ozean auf dem Planeten Solaris scheint selbst intelligentes Leben darzustellen, da er ständig phantastische Formen produziert und auf diese Weise offensichtlich mit irdischen Forschern auf Solaris in Kontakt treten will. Aber Wissenschaft und Einfallsreichtum der Menschen reichen nicht aus, um eine befriedigende Erklärung der Phänomene geben zu können. Der Mensch kann die Fremdartigkeit des Ozeans nur mittels seiner eigenen – begrenzten – Sprache ausdrücken. Alle Versuche einer Kontaktaufnahme scheitern nach Lems eigener Maxime: Wenn der Mensch im Weltraum auf vernunftbegabte Wesen trifft, so ist das wie eine Begegnung zwischen Schnecke und Eichhörnchen.

Vom solaren Hühnerhof zum galaktischen Zoo

Lems tiefgehende Überlegungen zu diesem Komplex kamen der Mehrzahl der SF-Autoren allerdings nicht in den Sinn. Sie bevölkerten das Universum mit Myriaden von Lebewesen, die teilweise die bizarrsten Formen annahmen.

Die ersten Außerirdischen der SF waren zweifelsohne Mondbewohner, die schon in den Werken der Renaissance, etwa bei Kepler und Francis Godwin, auftauchen. Einer der bekanntesten Mondromane ist H. G. Wells FIRST MEN IN THE MOON (1901, **Die ersten Menschen auf dem Mond**). In ihm werden zweibeinige menschenähnliche Kreaturen und gewaltige Mondkühe geschildert, die im Inneren des Himmelskörpers leben. Nach Wells gab es noch viele Publikationen über den Mond und dessen Bewohner, wenngleich der Trend nun zu den sonnennahen Planeten hinging, was außerirdisches Leben anbelangte. Edgar Rice Burroughs eröffnete mit seinen 11 Mars- und 4 Venusromanen im zweiten Jahrzehnt dieses Jahrhunderts neue Dimensionen. Seine Planeten lieferten den farbigen Hintergrund für abenteuerliche Actionromane und waren daher mit menschenähnlichen Rassen und gefährlichem Getier noch dichter bevölkert als die gute alte Erde. Der Mars mit seinen rätselhaften Kanälen, und die Venus, deren

Oberfläche den Astronomen wegen einer undurchdringlichen Wolkendecke stets verborgen blieb, gaben Phantasten und Autoren Anlaß zu immer neuen Spekulationen. Im Lauf der Jahre gewann man jedoch immer lückenlosere Erkenntnisse über unsere Nachbarplaneten, so daß die Heimat außerirdischen Lebens immer weiter von der Erde weggeschoben wurde. Eine letzte Bastion in unserem Sonnensystem waren dann die Monde von Jupiter und Saturn, wollte man nicht auf fremdartige Wesen ausweichen, wie etwa methanatmende Flugrochen, die durch Jupiters dichte Atmosphäre glitten. Einfacher war es dann allerdings, wenn man sich gleich erdähnliche Planeten anderer Sonnensysteme ausdachte, auf denen fremden Lebensformen keine Grenzen gesetzt waren; eine Möglichkeit, von der die meisten Autoren Gebrauch machten.

Zu Beginn der amerikanischen Magazin-SF, der Zeit der sogenannten Pulps, waren die Außerirdischen entweder schleimtriefende Monster, die es mit Vorliebe auf unsere Frauen – und insbesondere auf die blonde Verlobte des Helden – abgesehen hatten, oder aber Angehörige einer Superrasse, die der Menschheit zeigen wollten, wo es langging. Der erste Autor, der wirklich eigenständige Aliens hervorbrachte, war Stanley G. Weinbaum. Seine 1934 erschienene Geschichte A MARTIAN ODYSSEY (**Eine Mars-Odyssee**) war diesbezüglich ein Meilenstein. In ihr taucht ein ganzes Sammelsurium origineller, sympathisch dargestellter Außerirdischer auf, angefangen von Tweel, einem straußenähnlichen Wesen, das die Forscher von der Erde auf dem Mars herumführt und ihnen die untergegangene Marskultur wie auch eine Vielzahl von Marsbewohnern zeigt: eine Tentakelpflanze, die ihre Opfer hypnotisiert, faßförmige Lebewesen, deren Junge zwischen zwei Alten heranwachsen, und – wohl am amüsantesten gezeichnet – den Pyramidenbauer, ein Siliziumwesen, das sich unendlich langsam durch die Marswüste bewegt, ewig Sand frißt und fertige Backsteine ausscheidet, die es zu Ketten von Pyramiden anhäuft.

Dieser Katalog von Außerirdischen beeinflußte viele Autoren, die sich in der Folgezeit im Ersinnen immer neuer Aliens gegenseitig überboten. In THE UNIVERSES OF E. E. SMITH (1966) haben die Fans Ellik und Evans alle außerirdischen Lebensformen klassifiziert, die Smith in seinen LENSMEN-Romanen (ab 1934) auftauchen ließ. Ein vierstelliger Buchstabencode bezeichnet die intelligenten Fremdwesen in James Whites SECTOR GENE-

RAL-Stories (ab 1957), die bei uns als Romane um die **Weltraummediziner** bekannt wurden. Seltsame Zeitgenossen zukünftiger Raumfahrer haben sich auch Poul Anderson und Gordon R. Dickson in ihren HOKA-Stories (ab 1951, bei uns als **Alexander Jones – Diplomat der Erde** gesammelt) ausgedacht. Die Hokas sind zwar keine Menschen, dennoch wären sie es furchtbar gerne, und so imitieren sie irdische Gebräuche und spielen auf ihrem Planeten Wildwest.

Bei der Erschaffung fiktiven außerirdischen Lebens tun sich manche SF-Autoren ganz besonders hervor. Nicht unerwähnt bleiben darf Hal Clement, dessen Roman NEEDLE schon erwähnt wurde. In MISSION OF GRAVITY (1954, **Unternehmen Schwerkraft**) sind es die ungewöhnlichen Schwerkraftverhältnisse auf dem Planeten Mesklin – physikalische Bedingungen, die vom Autor in überzeugender Weise konstruiert werden – sowie die Darstellung der Lebensformen, die dieser Planet extremer Gravitation hervorgebracht hat, die den Roman zu einem Lesevergnügen werden lassen. Die Meskliniten, 45 cm lange Tausendfüßler, die auch der schrecklichen Schwerkraft von 700 Ge trotzen, waren bei der Leserschaft so beliebt, daß Clement sie in seinem 1971 erschienenen Roman STARLIGHT (**Stützpunkt auf Dhrawn**) wieder auftreten ließ. Der erfahrene Kapitän und clevere Handelsmann Barlennan übernimmt (gegen klingende Münze) für die Menschen einen neuen Forschungsauftrag in einer anderen Schwerkrafthölle.

Beliebt sind natürlich monströse Lebensformen auf fremden Planeten – bei Lesern wie auch Autoren. Sie stellen noch immer die Gefahrenquelle Nr. 1 für die Protagonisten der SF dar. Beispiele hierfür sind die riesigen Sandwürmer aus Frank Herberts DUNE-Trilogie (ab 1965, **Der Wüstenplanet, Der Herr des Wüstenplaneten, Die Kinder des Wüstenplaneten**) und der an Moby Dick erinnernde Fischsaurier aus Roger Zelaznys preisgekrönter Story THE DOORS OF HIS FACE, THE LAMPS OF HIS MOUTH (1965, **Das Biest**). Auch die mehr der Fantasy entsprungenen Drachen spielen in der SF immer wieder eine Rolle, was nicht zuletzt Anne McCaffreys Romane um die Drachenreiter von Pern (ab 1968) beweisen.

Gnadenloser Überlebenskampf in einer Fauna und Flora außer Rand und Band sorgt ebenfalls für spannende Unterhaltung. Was auf der Erde durch die immer weiter fortschreitende Zivilisation kaum noch zu finden ist, ursprüngliche Wildheit, wird in der SF immer wieder angeboten. In Murray Leinsters THE MAD PLANET (1920, **Der vergessene Planet**), kämpfen die Nachkommen gestrandeter Raumfahrer gegen eine gefahrvolle Umwelt riesiger Insekten und Pilzwälder an. In THE LONG AFTERNOON OF EARTH (1962, **Am Vorabend der Ewigkeit**) von Brian W. Aldiss leben auf einen Bruchteil ihrer einstigen Größe geschrumpfte Menschen in tausend Meter hohen Bäumen, wo sie in einem täglichen Überlebenskampf gegen Tiere und Pflanzen aller Art stehen. Auch Harry Harrison schildert in DEATHWORLD (1960, **Die Todeswelt**) einen Dschungelplaneten, der seinen Besiedlern alles abverlangt.

Ein Spezialist für fremde, mitunter abenteuerlich anmutende Kulturen, ist Jack Vance. Seine Welten sind sehr farbig und von den absonderlichsten Geschöpfen bewohnt, die ihrerseits wieder die unglaublichsten Eigenschaften, Sitten und Gebräuche haben. In seinem THE BLUE WORLD (1965, **König der Wasserwelt**) müssen die Nachfahren terranischer Raumfahrer einen riesigen intelligenten Fisch bezwingen, der die Menschen versklavt hält. Sein Lokalkolorit gewinnt der Roman aus der Tatsache, daß es auf dem Wasserplaneten kein Land, sondern nur Inseln aus Schwimmpflanzen gibt.

Ein Plädoyer für fremdartige Lebensformen – und im übertragenen Sinn damit ein Aufruf zur Toleranz gegenüber andersdenkenden Menschen, schreibt vor allem Ursula K. LeGuin. Ihr LEFT HAND OF DARKNESS (1969, **Winterplanet**) beschreibt eine menschenähnliche Rasse, deren Mitglieder in bestimmten Intervallen ihre Geschlechtszugehörigkeit ändern. In THE WORD FOR WORLD IS FOREST (1972, **Das Wort für Welt ist Wald**) werden die fast schutzlosen Eingeborenen eines friedlichen Agrarplaneten von terranischen Kolonisten bedroht, die obendrein die Ökologie des Planeten gefährden. Ökologische SF gab es davor schon in zwei Kurzgeschichten von James H. Schmitz, GRANDPA (1955, **Opa**) und BALANCED ECOLOGY (1965, **Ausgeglichene Ökologie**), während sich H. Beam Piper in LITTLE FUZZY (1962, **Was ist los auf Planet Zeno**) halbintelligenter, hilfloser Pelzwesen annahm, die profitgeile Terraner ausplündern wollten, und mit Nachdruck darauf hinwies, daß nicht alle Beziehungen zwischen Kolonisten und Eingeborenen ungetrübt sind.

Weitere wichtige Titel aus diesem Themenbereich:

1) Der fremde Besucher:

Ballard, J.G.: THE DROWNED GIANT (1965), **Der Gigant**.
Clement, Hal: ICEWORLD (1953), **Eiswelt**.
Harbecke, Ulrich: **Invasion** (1979).
Leinster, Murray: THE BRAIN-STEALERS (1954), **Vampire aus dem All**.
Pangborn: A MIRROR FOR OBSERVERS (1954), **Der Beobachter**.
Russell, E.F.: SINISTER BARRIER (1948), **Gedanken-Vampire**.
Voltaire: MICROMÉGAS (1752), **Mikromegas**.

2) Erster Kontakt:

Keyes, Noel (Ed.): CONTACT (A), (1963).
Knight, Damon (Ed.): FIRST CONTACT (A) (1971).
LeGuin, Ursula K.: MAZES (1975).
Sheckley, Robert: SPECIALIST (1953).

3) Vom solaren Hühnerhof zum galaktischen Zoo:

Anderson, Poul: CALL ME JOE (1954), **Nenn mich Joe**.
Blish, James: A CASE OF CONSCIENCE (1958), **Der Gewissensfall**.
Clement, Hal: CYCLE OF FIRE (1964), **Der Feuerzyklus**.
ders.: CLOSE TO CRITICAL (1957), **Der Botschafter von den Sternen**.
de Camp, L. Sprague: VIAGENS INTERPLANETARIAS-Serie (ab 1949), dt. u.a. als: **Der Raub von Zei, Die Rettung von Zei, Der Turm von Zanid, Das Orakel der Fremden**.
Farmer, P.J.: THE LOVERS (1961), **Die Liebenden**.
ders.: STRANGE RELATIONS, (C), (1960).
Goldin, Stephen (Ed.): THE ALIEN CONDITION, (A), (1973).
Le Guin, Ursula K.: VASTER THAN EMPIRES AND MORE SLOW (1971).

Niven, Larry: RINGWORLD (1970), **Ringwelt**.
Piper, Beam H.: FUZZY SAPIENS (1976).
Silverberg, Robert: THE SF-BESTIARY, (A), (1971), **Menschen und andere Ungeheuer**.
Stapledon, Olaf: THE STAR MAKER (1937), **Der Sternenmacher**.
Tiptree jr., James: UP THE WALLS OF THE WORLD (1978).
ders.: AND I AWOKE AND FOUND ME HERE ON COLD HILL'S SIDE (1972), **Und ich erwachte und fand mich hier am kalten Berghang**.
Van Vogt, A.E.: THE VOYAGE OF THE SPACE BEAGLE (1950), **Die Weltraumexpedition der Space Beagle**.
ders.: THE WAR AGAINST THE RULL (1959), **Der Krieg gegen die Rull**.

6 »The Chance of Anything Coming from Mars...«*: Die Invasionen

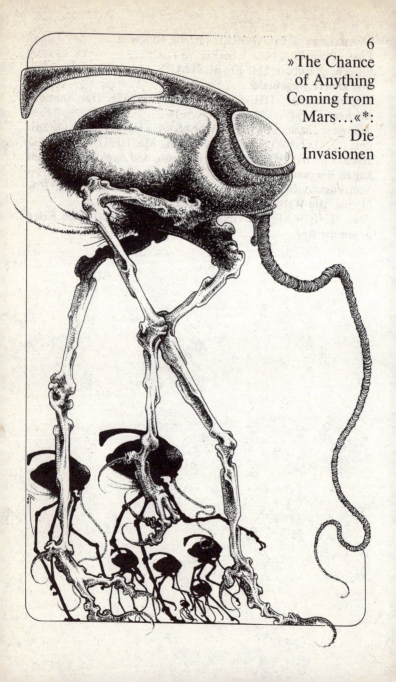

»Wissenschaftliche Erkenntnisse sind nicht identisch mit Moral und Lebenstüchtigkeit. Wenn andere Wesen schon zu den Sternen fliegen können, wir aber noch nicht, so bedeutet das durchaus nicht, daß sie uns tatsächlich überlegen sind. Sie hatten bestenfalls mehr Zeit für ihre Forschungen. Was Energie, Ausdauer, unbeugsame Härte und Freiheitsdrang betrifft, so dürften wir den Unbekannten nicht unterlegen sein – eher überlegen! Sie haben schon jetzt Fehler begangen, die wir zu entscheidenden Fehlern machen können. Man unterschätzt das Lebewesen Mensch; das Lebewesen, das noch niemals in seiner Geschichte aufgegeben hat. Es wäre verwunderlich, wenn man mit uns so verfahren würde, wie man es mit anderen Völkern wahrscheinlich schon getan hat.«

K. H. Scheer in: **Offensive Minotaurus** (1964)

Der bekannteste SF-Invasionsroman dürfte THE WAR OF THE WORLDS (1898, **Der Krieg der Welten**) von H. G. Wells sein: Darin wird die Erde von marsianischen Raumschiffen überfallen, und die überlegenen Waffen dieser außerirdischen Zivilisation legen die Länder der Erde in Schutt und Asche. Niemand vermag zu sagen, ob Wells' Idee zu dem Roman von der Offensichtlichkeit kolonialistischer Kriege herrührte oder von Sir George T. Chesneys THE BATTLE OF DORKING (1871), wo eine fiktive Invasion Englands durch kontinentaleuropäische Truppen beschrieben wird, beeinflußt war, aber auch er zeigt seinen Lesern, daß eine technisch höherstehende Kultur nicht unbedingt auch den längeren Arm haben muß: Seine Invasoren kommen dadurch ums Leben, daß sie nicht in der Lage sind, sich gegen simple irdische Grippeviren zur Wehr zu setzen. Die Marsianer sind ganz einfach fremdartig, unbegreifbar, ihr Vorgehen rätselhaft und bar jeglicher Motivation, wenn man voraussetzt, daß eine Zivilisation, die über derartige technische Mittel verfügt, eigentlich von vornherein wissen müßte, welche Umstände sie auf einem Planeten erwartet, dessen Lebewesen sich von ihr so grundlegend unterscheiden.

---

* Titel eines Songs des Romans *The War of the Worlds* von H. G. Wells in der Vertonung von Jeff Wayne.

Die Angriffsmotive der von Wells beschriebenen Marsianer bleiben unklar aufgrund ihrer Fremdartigkeit; was die moderne Massenware Science Fiction angeht, ist dem jedoch anders: Der Feind ist nicht nur in seinem Handeln, sondern auch in seinem Denken dem Menschen so ähnlich, daß er sich von Motiven leiten läßt, die ganz offensichtlich denen der Erdbewohner zum Verwechseln ähnlich sind.

Die erste bemerkenswerte Nachempfindung, die auch heute noch zu den Bestsellern der SF gehört, ist der sechsbändige LENSMEN-Zyklus des Amerikaners E. E. Smith: In TRIPLANETARY (1948, **Die Planetenbasis**), FIRST LENSMEN (1950, **Die ersten Lensmen**), GALACTIC PATROL (1950, **Galaktische Patrouille**), GREY LENSMEN (1951, **Die grauen Herrscher**), SECOND STAGE LENSMEN (1953, **Das zweite Imperium**) und CHILDREN OF THE LENS (1954, **Das Erbe der Lens**) (alle Daten geben die erste Buchpublikation an) verquickt er nicht nur die drei typischen Invasionsklischees miteinander, sondern versäumt auch keinesfalls, beinahe militante Propaganda für den American Way of Life zu machen und allem davon Abweichenden den Stempel des Untermenschentums aufzudrücken. In dem Millionen Jahre währenden Kampf der Arisier (!) gegen die amöbenhaften Eddorier (»...die Eddorier waren intolerant, überheblich, herrschsüchtig, raubgierig, unersättlich, kalt, dickfellig und brutal. Sie waren schlau, scharfzüngig, talentiert, beharrlich und tüchtig. Sie besaßen kein Gefühl für jene höheren Dinge und Ideale, die den zivilisierten Rassen am Herzen lagen, und einem Eddorier war der Humor unbekannt... Und anstelle der Vielfalt von Zielen, die sich die Individuen der zivilisierten Rassen gesetzt hatten, gab es bei den Eddoriern nur ein Streben – das Streben nach Macht...«) degradiert er die permanenten Invasoren zu lebensunwertem Gewürm, das mit allen zur Verfügung stehenden Mitteln ausgerottet werden muß.

Was viele SF-Leser gern als den »immerwährenden Kampf zwischen Gut und Böse« hinstellen, entpuppt sich bei näherem Hinsehen als die leicht durchschaubare Umschreibung für die ideologische Auseinandersetzung zwischen Kapitalismus und Kommunismus: Die ersten Bände des LENSMEN-Zyklus entstanden in den zwanziger Jahren, zu einer Zeit also, in der die Sowjetunion erst kurze Zeit existierte und der Kommunistenhaß ähnliche Blüten trieb wie in den fünfziger Jahren.

Die fiktive Invasion aus dem Weltall als ideologische Auseinandersetzung mit dem Kommunismus war aber nicht nur ein typisches Vehikel E. E. Smiths, sondern durchaus auch zeitweilig (wenn auch in verhüllterer Form) bei anderen namhaften SF-Autoren en vogue. Einen ebenso wichtigen Stellenwert wie die rein militärische Invasion erhielten dabei auch die der »schleichenden« (Unterwanderung der menschlichen Zivilisation durch außerirdische Agenten in menschlicher Maske) und die der »mentalen« (Gehirnwäsche, geistige Beeinflussung). Die Furcht, der Kommunismus werde sich auf einem langen Marsch durch die Institutionen allmählich an die Schaltstellen der Macht schleichen, finden wir nicht nur bei Smith (wo jeder Opponent der SS-ähnlichen LENSMEN-Truppen im nachhinein als im Solde der Eddorier stehender Agent entlarvt wird), sondern auch bei seinem weniger aggressiven Landsmann Clifford D. Simak, in dessen Roman THEY WALKED LIKE MEN (1962, **Planet zu verkaufen**) die Invasoren den Kapitalismus mit seinen eigenen Mitteln schlagen wollen, indem sie in menschlicher Maske auftreten, die irdische (= amerikanische) Finanzstruktur erschüttern und nach und nach einfach die ganze Erde aufkaufen. Auch in Kris Nevilles SPECIAL DELIVERY (1958) finden wir dieses Motiv wieder: Die Außerirdischen wollen die Erde dadurch in den Griff bekommen, indem sie Falschgeld verbreiten und die Welt an den Rand des Ruins treiben.

Unverhüllte Angst vor einer Jugend, die möglicherweise schon vom Bazillus des Sozialismus infiziert ist, zeigt der Brite John Wyndham in THE MIDWICH CUCKOOS (1957, **Es geschah am Tage X**): Nachdem in dem englischen Dorf Midwich alle gebärfähigen Frauen auf einen Schlag schwanger werden, vermutet man zunächst einmal hinter diesem Phänomen eine Teufelei der Russen. Da diese – wie sich später herausstellt – an einem ähnlichen Problem leiden (welches sie übrigens damit aus der Welt schaffen, indem sie *ihr* Dorf bombardieren), vermutet man eine Invasion aus dem Weltraum. Bald stellt sich heraus, daß die neugeborenen Kinder nicht nur fremdartig aussehen, sondern sich auch äußerst rätselhaft benehmen und danach streben, die Weltherrschaft zu übernehmen.

Permanente Furcht vor der Infiltration, die eine mentale Unterdrückung des Westens vorbereiten soll, zeigt sich auch in Algis Budrys' WHO? (1958, **Zwischen zwei Welten**). Der Roman spielt in den fünfziger Jahren zur Zeit des kältesten aller Kalten Kriege und berichtet von dem amerikanischen Wissenschaftler und Geheimnisträger Martino, der nach einem mehrjährigen Krankenhausaufenthalt, den er aufgrund eines schweren Unfalls in der DDR verbringen mußte, wieder in den Westen zurückkehrt: Als er am Checkpoint Charlie nach Westberlin überwechselt, sehen sich die ihn erwartenden CIA-Agenten völlig neuen Problemen ausgesetzt: Martinos Kopf und einer seiner Arme bestehen aus metallenen »Ersatzteilen«; man hat ihn mit Mühen wieder zusammengeflickt, er ist ein halber Roboter. Niemand mag die Entscheidung treffen, ob dieser Martino derjenige ist, der zu sein er vorgibt. Er gerät in die Mühlen der westlichen Geheimdienste, läßt Verhör nach Verhör über sich ergehen und wird schließlich ausgestoßen, weil man ihn für einen untergeschobenen Agenten hält.

Lloyd Biggles THE ANGRY ESPERS (1961, **Invasion der Supermenschen**) schließlich symbolisiert die Furcht des hilflosen Ausgesetztseins gegenüber sich für unfehlbar haltender »Ideologen«: Ein irdischer Raumpilot strandet auf einem fremden Planeten, findet sich dort in einer abgelegenen Anstalt für Geistesgestörte wieder und erreicht erst nach langwierigen Auseinandersetzungen, daß man ihn – wenn schon nicht für intelligent – zumindest für ein kommunikationsfähiges Wesen hält. Die Bewohner dieser fremden Welt sind Supermutanten, die alle erdenklichen übersinnlichen Fähigkeiten (Telepathie, Telekinese, Teleportation) beherrschen und sich der wenigen Gehandikapten ihrer eigenen Rasse schämen. Als sie erfahren, daß ein ganzes Imperium von »Geistesgestörten« in der Galaxis existiert, starten sie einen Feldzug gegen die Erde, um zu verhindern, daß die »Schwachsinnigen« sich ins Universum ergießen.

In Theodore Sturgeons THE COSMIC RAPE (1958, **Das Milliardengehirn**) bewegt sich aus den Tiefen des Alls eine »Medusa« auf die Erde zu, die auf ihrer langen Reise durch die Galaxis zahllose Intelligenzen unterjocht und ihrem »Kollektivbewußtsein« (sic!) einverleibt hat.

Die zahllosen, in den fünfziger Jahren erschienenen Invasions-Romane brachten allerdings auch SF-Autoren auf den Plan, die mit spitzer Feder – und meist in Kurzgeschichtenform – die Horrorvisionen ihrer Kollegen ausgiebig parodierten: In Edmund Coopers WHEN THE SAUCERS CAME (1963) taucht über der Erde der Voraustrupp einer Invasionsarmee in einem UFO auf, kidnappt ein jungverliebtes Pärchen, testet es und verwirft aufgrund der Erkenntnis, daß die Menschen einander offensichtlich alle heiß lieben, jegliche Aggressionspläne. Fredric Brown erzählt in MAN OF DISTINCTION (1951) die Geschichte eines Erztrunkenboldes, der von Außerirdischen mitgenommen wird, da man auch ihn für einen repräsentativen Bürger der irdischen Zivilisation hält, die man zu versklaven gedenkt: Der Säufer wird zum unfreiwilligen Retter der Erde. Da er keinen Schritt machen kann ohne zu wanken und seine körperliche Widerstandskraft durch übermäßigen Alkoholgenuß absolut auf dem Nullpunkt ist, hält man alle Erdbewohner für geistesverwirrte, sich hauptsächlich von Alkohol ernährende Schwächlinge und legt die Invasionspläne zu den Akten.

THE CONCRETE MIXER (1949, **Zementmixer**) ist eine frühe Invasionssatire des bedeutenden SF-Autors Ray Bradbury: Die Marsianer, durch die ständige Lektüre amerikanischer Schund-SF-Magazine (deren Inhalt sie für bare Münze nehmen), in denen ständig alle Invasionen vereitelt werden, zutiefst in ihrer militärischen Ehre gekränkt, rüsten eine Kriegsflotte aus, um die Erde im Handstreich zu unterwerfen. Erstaunt müssen sie jedoch feststellen, daß keiner der stahlharten SF-Heroen auftaucht, um sie abzuwehren. Man empfängt sie im Gegenteil mit großer Freundlichkeit, und nur der Marsianer Ettil durchschaut das üble Spiel der Menschen, deren überzüchtete Luxuskultur die marsianische Aggression langsam aber sicher absorbiert.

Eine weitere Invasionsparodie – diesmal in Romanform – ist Fredric Browns MARTIANS, GO HOME! (1955, **Die grünen Teufel vom Mars**), wo kleine, grüne Gnomen vom Mars über die Erde herfallen, die die Menschen in arger Weise mit Worten peinigen, sich in alle Dinge einmischen und in boshafter Weise jegliches Privatleben unmöglich machen. Um dem großschnauzigen Psycho-Terror der grünen Zwerge zu entgehen, landet die Welt schließlich im Suff, bis die nervenaufreibenden Invasoren endlich – ohne einen Schuß abgegeben zu haben – wieder verschwinden. Absolut auf die Spitze treibt es allerdings Mark Clifton in seiner Kurzgeschichte WE'RE CIVILIZED (1953, **Wir sind keine Wilden!**), in der vor dem Weißen Haus ein außerirdisches Raumschiff landet, die Mannschaft hinausklettert, eine Flagge in den Boden pflanzt und der Kommandant eine Papyrusrolle entfaltet und wie weiland Christoph Columbus die von ihm »entdeckte« Erde für irgendeine galaktische Majestät in Besitz nimmt.

Weitere wichtige Titel aus diesem Themenbereich:

Brown, Fredric: THE MIND THING (1961), **Der Unheimliche aus dem All**.

Burkett, William R.: SLEEPING PLANET (1965), **Die schlafende Welt**.

Christopher, John: THE POSSESSORS (1965).

De Camp, L. Sprague: DIVIDE AND RULE (1948).

Finney, Charles G.: THE BODY SNATCHERS (1965), **Unsichtbare Parasiten**.

Heinlein, Robert A.: THE PUPPET MASTERS (1951), **Weltraummollusken erobern die Erde**.

Kneifel, Hans: **Der lautlose Fremde** (1966).

Laumer, Keith: THE INVADERS (1967), **Invasoren der Erde**.

ders.: A PLAGUE OF DEMONS (1965), **Krieg auf dem Mond**.

ders.: THE HOUSE IN NOVEMBER (1970), **Invasion der Nichtmenschen**.

ders.: THE OTHER SIDE OF TIME (1965), **Invasion aus der Nullzeit**.

Leinster, Murray: THE STRANGE INVASION (1958), **Gefährliche Invasion**.

ders.: THE OTHER SIDE OF HERE (1955), **Invasion aus einer anderen Welt**.

ders.: THE BRAIN STEALERS (1954), **Vampire aus dem All**.

Neville, Kris: INVADERS ON THE MOON (1970), **Invasoren auf dem Mond**.

Roberts, Keith: THE FURIES (1966), **Der Neptun-Test**.

Russell, Eric Frank: THE SINISTER BARRIER (1948), **Gedanken-Vampire**.

Scheer, K. H.: **Der Verbannte von Asyth** (1964).

St. Reynard, Geoff: THE BUTTONED SKY (1953), **Welt in Ketten**.

Swain, Dwight V.: TERROR STATION (1955), **Station des Schreckens**.

Tralins, Robert: THE COSMOZOIDS (1966), **Invasion der Kosmozoiden**.

Voltz, William: **Invasion der Friedensbringer** (1973).

Wellman, Manly Wade: THE BEYONDERS (1977).

7
Monster, Mutanten und Dutzendlinge: Evolution und Genmanipulation

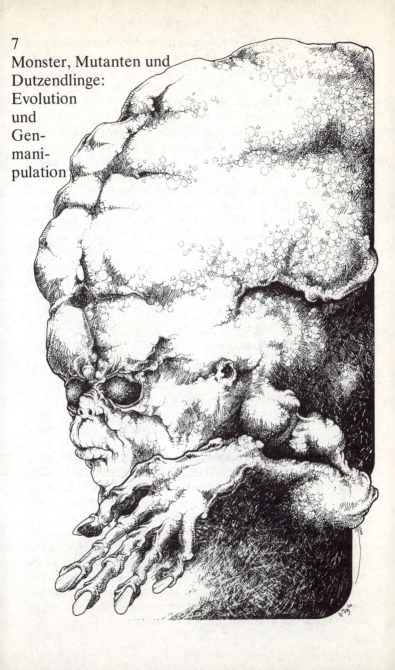

Seit Friedrich Nietzsche gegen Ende des vorigen Jahrhunderts seinen Zarathustra den Übermenschen verkünden ließ, ist es in der spekulativen Literatur nicht mehr still geworden um Superexemplare unserer Rasse. Der Traum vom besseren Menschen ist uralt, und wenn Nietzsche dem Menschen durch Umwertung bestehender Werte und Selbsterhöhung den Status eines Gottes geben wollte, war es in alten Zeiten eher die Sehnsucht nach größerer Stärke, Ausdauer und Verschlagenheit bei der Nahrungsbeschaffung, die den Menschen quälte. Im Zeitalter der Industrie war jedoch die körperliche Stärke als Voraussetzung zum Überleben zweitrangig geworden und weit hinter die geistigen Fähigkeiten zurückgetreten. Nach Charles Darwin und dessen Evolutionstheorie war auch klar, daß der Mensch nicht unbedingt das Maß aller Dinge sein mußte, besonders wenn man in Betracht zog, daß die Evolution noch nicht beendet war, sondern weiterhin andauerte. Daher war der »neue« Mensch, ob er nun als Einzelexemplar oder als Spezies auftauchte, für die immer stärker auftretende SF-Literatur des beginnenden 20. Jahrhunderts ein dankbares Thema, dessen Faszination viele Autoren erlagen.

Übermenschen/Supermänner:

Einer der ersten Autoren, der dieses Thema bearbeitete, war der französische Symbolist Alfred Jarry. In LE SURMÂLE (1902) gleicht sein Protagonist André Marceuil, der Prototyp aller späteren Supermänner, einer Kreuzung aus Mensch und Maschine: spielend überholt er auf dem Fahrrad radelnd die schnellste Dampflokomotive.

War es bei Jarry nur ein Supermann, so stellte H. G. Wells ein Jahr später in seinem Roman THE FOOD OF THE GODS (1903) eine ganze Superrasse vor. In diesem Roman verursacht ein Alkaloid in Nahrungsmitteln außerordentliches Wachstum und gesteigerte Intelligenz. Eine geistig überlegene Rasse von Riesenmenschen wächst heran und kommt in Konflikt mit den »normalen« Winzlingen, die alles versuchen, um der neuen Brut den Garaus zu machen. Bei Wells ist dies natürlich eine Metapher auf die Angst vor Neuerungen und die Fortschrittsfeindlichkeit seiner Zeitgenossen, denn seiner Meinung nach standen der Menschheit einschneidende Veränderungen auf sozialem Gebiet bevor, die ein Überdenken der althergebrachten Wertsysteme erforderte.

Zwischen 1910 und 1940 erschienen in der SF eine ganze Reihe von Romanen, die Übermenschen zum Thema haben und heute als Klassiker des Genres gelten. Alle haben sie eines gemeinsam: der neue Mensch, der in ihnen beschrieben wird, zerbricht an der ihm gegenüber feindlich eingestellten Umwelt. In THE HAMPDENSHIRE WONDER (1911) von John Davys Beresford wird ein Wunderkind von den Bewohnern seines Dorfes als schwachsinnig betrachtet, doch es schweigt nur deshalb, weil eine Kommunikation mit den geistig weit unter ihm stehenden Dorfbewohnern nicht möglich ist. Schließlich wird ein Dorftrottel der kleinen Intelligenzbestie zum Verhängnis; er war die einzige Person, auf die sie keinen Einfluß ausüben konnte.

Einsamkeit und das Motiv des aus der Gesellschaft Ausgestoßenen spielen auch bei zwei anderen SF-Klassikern eine tragende Rolle. In Olaf Stapledons ODD JOHN (1936, **Die Insel der Mutanten**), dem vielleicht besten Übermenschroman in der SF, gründet John Wainwright, ein *homo superior,* mit anderen Mutanten auf einer Insel im Pazifik eine utopische Gesellschaft. Als diese von den »zivilisierten« Nationen bedroht wird, zerstören sich die Mutanten selbst, obwohl sie stark genug wären, ihre Feinde zu vernichten und die Weltherrschaft an sich zu reißen. Stapledon kommt es in diesem Roman nicht auf die äußerlichen Unterschiede zwischen den Menschen und den Übermenschen an, sondern er versucht die Psyche eines Telepathen darzustellen, der so anders ist, daß ihm menschliche Ziele nicht mehr erstrebenswert scheinen.

Ähnlich wie John Wainwright ergeht es auch Edmund Hall in Stanley G. Weinbaums posthum erschienenem Roman THE NEW ADAM (1939, **Der neue Adam**). Hall, der genetische Freak, kann zwei Gedankengängen gleichzeitig nachgehen. Er meistert alle materiellen Probleme, zerbricht als Fremdkörper in der Gesellschaft aber an der Sinnlosigkeit menschlichen Seins.

Nicht ganz eindeutig diesem Themenkreis zuzurechnen ist Jack Londons THE STAR ROVER (1915), den man auch als symbolische Hymne auf die befreiende Wirkung der Phantasie deuten könnte, was vielleicht auch der Grund dafür war, daß dieser Roman hierzulande nie die Popularität anderer Romane von London erreichte, etwa der von THE SCARLET PLAGUE (1915, **Die Scharlachpest**) oder THE IRON HEEL (1907, **Die eiserne Ferse**). THE STAR ROVER handelt von einem Gefangenen in Einzelhaft, der seinen Geist mittels Trance aus dem Gefängnis »befreit«

und wie eine Astralprojektion durch andere Zeiten und Welten wandern läßt.

Weniger um einen geistigen Sprung nach vorn als um einen physischen Supermann ging es Philip Wylie in seinem 1930 erschienenen Roman GLADIATOR. In diesem (im Gegensatz zu den oben genannten, das Pulpniveau nicht übersteigenden) Roman, entdeckt ein Wissenschaftler eine Wunderdroge, die er seiner schwangeren Frau injiziert. Ihr Sohn wird außerordentlich stark, sehr intelligent und zeichnet sich durch überschnelle Reflexe aus. Nachdem er sich im 1. Weltkrieg als Kriegsheld auszeichnet, will er in Yukatan eine Superrasse gründen, wird aber vom Blitz getroffen. Trotz vieler Schwächen und Klischees – oder möglicherweise gerade deshalb, wurde GLADIATOR zu einem äußerst einflußreichen Roman. Die SF-Fans Jerry Siegel und Joe Schuster zeichneten nach seinem Vorbild eine Comicfigur, die nur wenige Jahre später als SUPERMAN Furore machte, zu Weltruhm gelangte und einen langen Rattenschwanz von Comicsuperhelden mit den unterschiedlichsten und erstaunlichsten Superfähigkeiten nach sich ziehen sollte. Ja, der Superheld (seine Superfähigkeiten sind rein physischer Natur) wurde zu einer Domäne der amerikanischen Comics schlechthin.

Mutanten:

Die alten Übermenschen, Zufallsprodukt der Evolution oder Prototyp einer neuen Rasse, bekamen in der Magazin-SF der dreißiger Jahre schon bald Gesellschaft. Geschichten um Mutanten, andersartigen Menschen mit besonderen Fähigkeiten vornehmlich geistiger Natur tauchten immer häufiger in den Pulps auf. Zunächst entsprangen diese Wesen Laborversuchen ehrgeiziger oder wahnsinniger Wissenschaftler, dann wurden sie in der SF als Möglichkeit der Evolution mehr und mehr akzeptiert, bis sie schließlich zu den Standardthemen des Genres gehörten. Wesentlichen Anteil an dieser Entwicklung hatte A. E. van Vogt mit SLAN (1940, **Slan**). Jommy Cross ist ein Slan, eine Mutation, die auf den Menschen folgt, superintelligent, physisch überlegen und telepathisch begabt. Seine Rasse wird von der Geheimpolizei des Weltdiktators gejagt, setzt sich aber durch, denn der Diktator ist selbst ein Slan, der einen Meisterplan verfolgt, welcher die evolutionäre Ersetzung der steril werdenden normalen Menschen durch die Slans vorsieht.

Der einschneidende Unterschied zwischen van Vogt und seinen Vorgängern liegt in der Tatsache, daß van Vogt seinen Übermenschen »gewinnen« läßt. Er schildert ihn als legitime nächste Stufe der Evolution. Bei van Vogt rücken die phantastischen Fähigkeiten seiner Mutanten in den Mittelpunkt. Die Slans müssen zwar auch ums Überleben gegen die »normalen« Menschen kämpfen, aber dieser Kampf hat rein physische Aspekte. Van Vogt interessiert sich nicht für die Psyche seiner Helden, die als in jeder Hinsicht stabil vorauszusetzen ist. So ist dann die Zukunft der Slans – gemäß der optimistischen SF jener Jahre – eine glorreiche.

Der Roman SLAN machte nicht nur seinen Autor weltweit bekannt, er hatte auf andere SF-Schriftsteller gewaltigen Einfluß. Bevor dieser aber sich voll niederschlagen konnte, ließ ein anderes Ereignis die Flut der Mutantenstories anschwellen. Der fatale Abwurf der Atombombe auf Hiroshima am 6. August 1945 wirkte für viele SF-Autoren wie ein Startschuß. Jahre schon hatte die SF-Gemeinde die Atomkraft kommen sehen, und jetzt, als sie da war, beschäftigte man sich mit ihren Auswirkungen, viel zuwenig allerdings mit den negativen. Von vielen wurde die radioaktive Strahlung, die zu Genschäden und grauenhaften Verstümmelungen noch nach Generationen führt, als Auslöser möglicher positiver Mutationen gesehen, der im menschlichen Gehirn schlummernde Talente wie Telepathie, Telekinese, Teleportation usw. freilegen könnte. Einen Gipfel der Geschmacklosigkeit hat man in dieser (wie auch in manch anderer) Beziehung in der **Perry Rhodan**-Serie (ab 1961) vor sich: Als hier das Bedürfnis nach Mutanten auftaucht (zu Kriegszwecken selbstverständlich), läßt man einen Telepathen Jahrzehnte nach den Katastrophen von Hiroshima und Nagasaki dortige Großveranstaltungen nach weiteren Mutanten »abhören«, die man auch prompt, in reicher Zahl und in allen Ausfertigungen (sprich mit den unterschiedlichsten Fähigkeiten begabt) unter den Nachfahren der Strahlenopfer findet.

Wimmelt es in der **Perry Rhodan**-Serie von Mutanten mit den unglaublichsten Fähigkeiten, so sind die wichtigsten Mutanten der anglo-amerikanischen SF Telepathen. So z. B. in Wilmar H. Shiras CHILDREN OF THE ATOM (1953), einem Roman, der aus mehreren, schon in den vierziger Jahren entstandenen Stories besteht. In ihm werden Entwicklung und Probleme von Kindern mit paranormalen Fähigkeiten geschildert, die sie vor ihren Eltern und Lehrern geheimzuhalten versuchen. Ebenfalls mit dem Erbe des

Atoms beschäftigen sich Poul Anderson in TOMORROW'S CHILDREN (1947) und John Russell Fearn in AFTER THE ATOM (1948). Häufig tauchen Mutanten in Romanen und Stories auf, die nach einem Atomkrieg spielen. In THE CHRYSALIDS (1955, **Wem gehört die Erde**) von John Wyndham, kämpfen telepathische Mutanten nach einem Atomkrieg mit dem Rest der Menschheit um die Vorherrschaft auf der Erde, während ein Elternpaar in Judith Merrils THAT ONLY A MOTHER (1948) erfahren muß, daß eine überlebte Atomexplosion Mißbildungen bei der Nachkommenschaft zur Folge haben kann, was der Mutter aber zunächst nicht klar wird, denn sie hält das ohne Arme und Beine geborene Kind für ganz normal. Der besondere Blickwinkel, unter dem eine Mutter ihr neugeborenes Kind betrachtet, beschäftigt auch Ray Bradbury in THE SHAPE OF THINGS (1948), eine Story mit ähnlicher Thematik wie die von Judith Merril.

Das durch A. E. van Vogt vorgegebene schlechte Verhältnis zwischen »Normalen« und Mutanten spiegelt sich auch in dem von SLAN beeinflußten MUTANT (1953, **Die Mutanten**) von Henry Kuttner wider. Auch hier bildet der Kampf der telepathischen Baldies gegen die intoleranten normalen Menschen die Handlung.

Meist auf einer persönlicheren Ebene spielen sich die zahlreichen ESP-Stories (ESP = Extra Sensory Perception = Außersinnliche Wahrnehmung) oder Psi-Stories ab, die, populär gemacht vor allem durch das Magazin *Astounding,* in den fünfziger Jahren aufblühten. In ihnen spielt die besondere Begabung des Mutanten die tragende Rolle und nicht so sehr der Konflikt der Andersartigen mit den Normalen. In einer Vielzahl von Romanen und Erzählungen versuchten die Autoren die Möglichkeiten der Psi-Fähigkeiten, von denen die Telepathie natürlich die bekannteste ist, auszuloten. Einer der früheren Romane auf diesem Feld war James Blishs JACK OF EAGLES (1952, **Der Psi-Mann**). Auf melodramatische Weise handelt Blish die persönlichen Probleme eines Mannes ab, der Talente wie Telepathie, Telekinese und Teleportation an sich entdeckt. Seine Spannung bezieht JACK OF EAGLES aus zahlreichen Verfolgungsjagden und Auseinandersetzungen des Protagonisten mit Kriminellen, anderen Psi-Männern und dem FBI.

Daß sich Psi-Fähigkeiten hervorragend eignen, um der Kriminalerzählung neue Möglichkeiten zu eröffnen, erkannte man schon früh, und so waren viele Actionromane in der SF eigentlich nur

Krimis mit futuristischen Ingredienzien, wie z. B. Wilson Tuckers WILD TALENT (1954, **Der Unheimliche**), worin ein FBI-Agent mit seinen telepathischen Fähigkeiten Spione aufspürt, oder THAT SWEET LITTLE OLD LADY (1959, **Die Lady mit dem 6. Sinn**) von Mark Phillips (d.i. Randall Garrett & Laurence M. Janifer), ein Roman, der eine Serie von Telepathenstories im Geheimagentenmilieu einleitete.

Andere Geschichten haben mehr die soziale Isolation des Telepathen zum Thema, PSTALEMATE (1971, **Psi-Patt**) von Lester del Rey etwa, oder zeigen trotz Vereinsamung des Protagonisten und seiner Hingezogenheit zu einem Gleichartigen – in diesem Fall die Beziehung zwischen einer Telepathin und einem Telepathen, der ihren geistigen Hilferuf vernimmt –, seine begrenzte Umgangsfähigkeit mit der neuen Geistesgabe, wie etwa in Walter M. Millers COMMAND PERFORMANCE (1952, **In fremder Gewalt**). Ein jüngeres Paradebeispiel für den psychischen Niedergang eines Telepathen ist Robert Silverbergs DYING INSIDE (1972, **Es stirbt in mir**), in dem sich der Protagonist im Geist seiner Freundin als Gedankenvampir sieht und – zutiefst geschockt – seine Gabe daraufhin langsam verliert.

Einer der wichtigsten Telepathenromane ist zweifellos THE DEMOLISHED MAN (1953, **Demolition**, unvollständig als **Sturm aufs Universum**) von Alfred Bester, der von der Verfolgung des futuristischen Ödipus und Vatermörders Ben Reich durch einen telepathisch veranlagten Polizisten handelt. Besters zweiter wichtiger Roman, THE STARS MY DESTINATION (1956, **Die Rache des Kosmonauten**) hingegen hat mit Gully Foyle einen Antihelden und Teleporter zum Protagonisten. Andere Romane um Teleporter, die sich bis zu einer gewissen Entfernung an jeden beliebigen Ort versetzen können, sind Vernor Vinges THE WHITLING (1976) und THE MINDBLOCKED MAN (1972, **Der Teleporter**) von Jeff Sutton. Ausführlich der Telekinese widmet sich Jack Vance in seinem Kurzroman TELEK (1952, **Homo Telek**), während die behandelte Parafähigkeit in Alfred Besters Story STAR LIGHT, STAR BRIGHT (1953) alle anderen übertrifft: was der kindliche Hauptakteur sich wünscht, trifft ein.

Zum Grenzgebiet der Parafähigkeiten zählen auch Gedanken- und Seelentausch, für die als Beispiele MINDSWAP (1965) und THE ALCHEMICAL MARRIAGE OF ALISTAIR CROMPTON (1978, **Die alchimistische Ehe**) von Robert Sheckley, sowie

Robert A. Heinleins I WILL FEAR NO EVIL (1970, **Das geschenkte Leben**) gelten mögen. Zusammenschlüsse von Mutanten mit unterschiedlichen Fähigkeiten zu einer neuen Lebensform, dem *Homo Gestalt*, bilden die Grundlage für Theodore Sturgeons berühmten Roman MORE THAN HUMAN (1953, **Die neue Macht der Welt**) und in neuerer Zeit von THE INNER WHEEL (1970), einem Roman von Keith Roberts.

Geistige Evolution:

Im Jahre 1893 beschrieb H. G. Wells den Menschen der Zukunft in seinem Traktat THE MAN OF THE YEAR 1 000 000 und veröffentlichte es wohlweislich anonym, denn bei nichts kommt man so schnell ins Spekulieren wie bei der Schilderung der Zukunft. Das gilt auch für die speziellen Zukunftsgeschichten in der SF, wie LAST AND FIRST MEN (1930) von Olaf Stapledon, die eine weitgespannte Entwicklung der Spezies Mensch über die nächsten 2 Milliarden Jahre aufzeigen will. Stapledon schildert darin mehrere Rassen und Geistesstufen, u. a. telepathische Menschen und solche, die fliegen können.

Nicht immer wird gesteigerte Intelligenz als Segen gedeutet. In Poul Andersons BRAIN WAVE (1954, **Die Macht des Geistes**) bewegt sich die Erde aus einem Feld galaktischer Strahlung hinaus, das bislang die Intelligenzentwicklung verlangsamte. Nun besitzen höhere Tiere plötzlich Verstand, während der Mensch zum Super-Genius wird und das Trauma geistiger Reife erfährt. Den zweifellos stärksten Eindruck hinterläßt diesbezüglich Daniel Keyes Roman FLOWERS FOR ALGERNON (1966, **Charly**). Das Buch folgt den Tagebuchaufzeichnungen eines Schwachsinnigen, der mittels Drogen künstlich zu einem Genius gemacht wird und später auf tragische Weise auf seinen geistigen Ausgangsstand zurücksinkt.

Der Entwicklung des Menschen in ferner Zukunft und seine Mutation zu einem neuen Wesen hat sich in der Tradition Stapledons Eric Frank Russell angenommen, wenngleich er seine Geschichten auch in ungleich reißerischerem Stil und ohne die philosophischen Einsichten des Engländers präsentiert. Herauszuheben sind unter diesem Aspekt sein Roman SENTINELS OF SPACE (1953, **Agenten der Venus**), in dem sich der Mensch als larvenähnliches Zwischenstadium auf dem Weg zu einem kosmischen

Schmetterlingswesen, das zwischen den Sternen lebt, erweist, sowie der Kurzroman MATAMORPHOSITE (1946, **Metamorphose**), worin die Erdbewohner schließlich zu Miniatursonnen mutieren und reine Energiewesen darstellen. Diese Aussichten übertreffen sogar noch die Gigantomanien eines A. E. van Vogt, der mit Superintelligenzen (SUPERMIND, 1977, **Intelligenzquotient** 10 000) und komplizierten Lebewesen mit -zig Sinnen (THE SILKIE, 1969, **Die Veränderlichen**) wahrlich nicht gegeizt hatte.

Die korrigierbare Evolution/Genetische Eingriffe:

Viele Ideen zum Thema Genmanipulation gehen auf den englischen Wissenschaftler J. B. S. Haldane zurück, der Mitte der zwanziger Jahre die Vorstellung äußerte, durch Genverpflanzung und Manipulationen der Erbmasse könnten völlig neue Tierarten geschaffen werden. Einer der ersten Autoren, die von Haldane inspiriert wurden, war Aldous Huxley. In seinem 1932 erschienenen Roman BRAVE NEW WORLD **(Schöne neue Welt)** schildert er Techniken, durch die befruchtete Eizellen zur Parthenogenese angeregt werden. Jedes Ei treibt mehrere Knospen, aus denen sich je ein Fötus entwickelt. Durch physikalische und chemische Einwirkung werden diese Föten dann auf bestimmte spätere Eigenschaften konditioniert. Auf diese Weise können die entstehenden Dutzendlinge in jede gewünschte Richtung manipuliert, also schon im Brutglas auf eine spätere Tätigkeit als, beispielsweise, Pilot oder Müllabführer psychisch und physisch vorbereitet werden.

Ein neuerer Adept Haldanes ist John Crowley, dessen Roman BEASTS **(Geschöpfe)** 1976 erschien. In diesem Roman bevölkern die absonderlichsten Lebewesen, oft Kreuzungen aus Mensch und Tier, die Welt. Sie alle sind aus früheren genetischen Versuchen hervorgegangen und kämpfen nun um Gleichberechtigung.

Seit Beginn der siebziger Jahre ist mit Cloning (auch: Kloning) ein neues Schlagwort in der SF aufgetaucht. Unter diesem Vorgang versteht man die Reproduktion eines Menschen oder anderen Lebewesens nach vorher erfolgter Genstrukturanalyse bzw. Zellkernverschmelzung. Durch Cloning wird es möglich, von einem Lebewesen beliebig viele Doppelgänger herzustellen. Romane, in denen Clones eine tragende Rolle spielen, sind WHERE LATE THE SWEET BIRDS SANG (1976, **Hier sangen früher Vögel**) von Kate Wilhelm, CLONED LIVES (1976) von Pamela Sargent,

CLONE (1972, **Homunkulus 2072**) von Richard Cowper und vor allem JOSHUA, SON OF NONE (1973, **Joshua Niemandssohn**) von Nancy Freedman.

Natürlich fällt auch die physische Anpassung des Menschen an die Planeten, die er kolonisieren soll, in den Bereich »Genetische Eingriffe«. Nach James Blish, der auf diesem Gebiet der exponierteste Autor ist (THE SEEDLING STARS, 1956, **Auch sie sind Menschen**), heißt dieser Vorgang »pantropy«. Der Begriff stellt das Gegenteil von »terraforming« dar, was die Anpassung fremder Planeten an irdische Verhältnisse bedeutet.

Weitere wichtige Titel aus diesem Themenbereich:

1) Übermenschen/Supermänner:

Beresford, J.D.: THE CAMBERWELL MIRACLE (1933).
Dominik, Hans: **Die Macht der Drei** (1922).

2) Mutanten:

Aldiss, Brian W.: PSYCLOPS (1956), **Psyclopen**.
Berry, Bryan: AFTERMATH (1952), **Flucht in das Weltall**.
Brunner, John: THE WHOLE MAN (1964), **Der ganze Mensch**.
Causey, James: SCHOOL DAYS (1954), **Reifezeit**.
Clifton, Mark/Apostolides, Alex: CRAZY JOEY (1953), **Telepathen unerwünscht**.
Evans, E. Everett: MAN OF MANY MINDS (1953), **Gefahr von Simonides IV**.
ders.: ALIEN MINDS (1955), **Kampf der Telepathen**.
Galouye, Daniel F.: THE LAST LEAP AND OTHER STORIES OF THE SUPER-MIND (1964), **Jenseits der Barrieren**.
Jones, Raymond F.: THE CHILDREN'S ROOM (1947).
Ursula K. Le Guin, THE LATHE OF HEAVEN (1971), **Die Geißel des Himmels.**
Morgan, Dan: 6TH PERCEPTION-Serie (ab 1966), dt. als **Das Labor der Esper, Esper in Aktion** und **Die Psi-Agenten**.
Neville, Kris: THE MUTANTS (1966), **Jenseits der Mondumlaufbahn**.

Phillips, Rog: THE MUTANTS (1946).
Sellings, Arthur: THE SILENT SPEAKER (1962).
Sturgeon, Theodore: PRODIGY (1949), **Auslese**.
Zelazny, Roger: THIS IMMORTAL (1966), **Fluch der Unsterblichkeit**.

3) Geistige Evolution:

Aldiss, Brian W.: THE CANOPY OF TIME bzw. GALAXIES LIKE GRAINS OF SAND (1959, 1960), **Das Ende aller Tage**.
Russel, E.F.: HOMO SAPS (1941).
Stapledon, Olaf: THE LAST MEN IN LONDON (1932).
Wright, Sidney Fowler: THE WORLD BELOW (1930).

4) Korrigierte Evolution:

Anderson, Poul: THE UN-MAN (1953), **Der UNO-Agent im Einsatz**.
Clarke, A.C.: IMPERIAL EARTH (1976), **Mackenzie kehrt zur Erde heim**.
Hamilton, Edmond: MASTER OF THE GENES (1935).
Heinlein, Robert A.: JERRY IS A MAN (1947).
Pohl, Frederik: MAN PLUS (1974), **Der Plus-Mensch**.
Wells, H.G.: THE ISLAND OF DR. MOREAU (1896), **Die Insel des Dr. Moreau**.

8
Die Geißeln des Himmels: Große Katastrophen

Schilderungen von Katastrophen – ob nun durch Naturereignisse oder durch menschliches Zutun verursacht – sind kein spezielles Thema der Science Fiction. Die im realen Leben gefürchteten Konsequenzen auf Leben, Umwelt und Besitz, die schwere Beeinträchtigung oder Auslöschung der Existenzgrundlage, die Erfahrung von Ausnahmesituationen, scheinen in literarischer Form eine Faszination auszuüben, die breiteste Leserkreise anspricht. Ob ein Schiff im Sturm sinkt oder eine Stadt durch Erdbeben oder Vulkanausbruch vernichtet wird – die Grundmuster solcher Erzählungen sind bereits außerhalb der Science Fiction angelegt und erfahren in ihr selbst keine besondere Veränderung. Im Vordergrund steht zum einen das mehr oder weniger genüßlich ausgekostete Gefühl, einer übergeordneten Macht ausgeliefert zu sein, zum anderen die Botschaft, daß individuelle Lebensrettung, ja Bewährung und Aufdeckung verborgener Talente möglich sind. Selbst der – nicht immer ehrliche – Versuch, derartige Visionen als Mahnung und Warnung zu legitimieren, ist keine Erfindung der Science Fiction: Schon in der Bibel wird Katastrophen ein pädagogischer Zweck unterlegt: Strafe für Sünder und drohender Zeigefinger für die noch einmal Davongekommenen.

Was die SF-Katastrophen von denen der herkömmlichen Literatur unterscheidet, ist also im wesentlichen das Ausmaß und die mitunter utopische Ursache. Besonderes Merkmal dieses Subgenres der Science Fiction ist denn auch, daß in ihm die Anzahl von Autoren besonders groß ist, die aus der Mainstream-Literatur kommen.

Direkte Anknüpfung an bescheidener inszenierten Naturkatastrophen real erfahrbarer Art sind jene SF-Erzählungen und -Romane, die gigantische, landes- oder gar weltweit auftretende Naturphänomene zur Grundlage der Handlung machen. Die ersten direkten Vorfahren der Science Fiction dieser Richtung sind eine Anzahl von Romanen, die Anfang des 19. Jahrhunderts erschienen, etwa LE DERNIER HOMME (1805) von Cousin de Grainville und THE LAST MAN (1826) von Mary Shelley, wo es biblisch anmutende Plagen gibt, die das Menschengeschlecht auf wenige Exemplare reduzieren. In der Kurzgeschichte THE EMPIRE OF THE ANTS (1905) von H. G. Wells bedroht eine besonders aggressive Ameisenart Afrika und Europa, und in M. P. Shiels THE PURPLE CLOUD (1901) geht die Gefahr von einer riesigen Gaswolke aus.

Wenige überleben eine rätselhafte Epidemie, die George R. Stewart in dem Roman EARTH ABIDES (1949, **Leben ohne Ende**) ausbrechen läßt – die Natur, Stewart, sorgt dafür, daß solche Gattungen aussterben, die sich zu sehr vermehrt haben. Der Rest macht auf der Stufe steinzeitlicher Jäger weiter.

Gleich zwei Plagen – durch radioaktive Strahlung aus dem All verursachte Blindheit fast aller Menschen im Verein mit mobilen, aggressiven Riesenpflanzen – vernichten in John Wyndhams bekanntem (und verfilmten) Roman THE DAY OF THE TRIFFIDS (1950, **Die Triffids**) die menschliche Zivilisation. Beim Weltuntergangsexperten John Christopher sind es Phänomene wie ein gewaltiges Erdbeben, das England verwüstet und das Meer trockenlegt (A WRINKLE IN THE SKIN, 1965, **Insel ohne Meer**), eine neue Eiszeit (THE LONG WINTER, 1962) oder die Vernichtung allen Getreides durch eine neue Virusart (THE DEATH OF GRASS, 1956, **Das Tal des Lebens**), die menschliche Zivilisation zerschmettern und nur die Zähesten überleben lassen. Das Meer hatte allerdings schon Charles Eric Maine durch die Explosion von H-Bomben verschwinden lassen (THE TIDE WENT OUT, 1958), und um Pflanzen, die nicht so wachsen, wie sie sollen – hier eine Grassorte, die alles überwuchert – ging es auch Ward Moore in GREENER THAN YOU THINK (1946): mit in diesem Rahmen ungewohnten satirischen Untertönen. In J. T. McIntosh' THE FITTEST (1955, **Die Überlebenden**) sorgen aus Laboratorien entwischte und sich rasch vermehrende Tiere mit künstlich gesteigerter Intelligenz, in ONE IN 300 (1954, **Einer von Dreihundert**) Temperaturschwankungen der Sonne für die nötigen harten Überlebensbedingungen.

Von ungewöhnlicher Eindringlichkeit sind die Katastrophenromane von J. G. Ballard: In THE BURNING WORLD (1964, **Welt in Flammen**) läßt er die Welt verdorren, in THE CRYSTAL WORLD (1966, **Kristallwelt**) zu Kristall erstarren, in THE WIND FROM NOWHERE (1961, **Der Sturm aus dem Nichts**) von einem Sturm heimsuchen und in THE DROWNED WORLD (1962, **Karneval der Alligatoren**) ertrinken, aber die übergroße Kulisse ist stets in erster Linie Ausdruck und adäquater Hintergrund für individuelles Scheitern der Protagonisten und deren Selbstfindung im Angesicht globalen Zusammenbruchs.

Das Blackout für die menschliche Zivilisation als Folge eines letzten großen – meist atomar geführten – Krieges, schon immer ein beliebtes Thema der SF, wurde zu einem Zentralthema nach Abwurf der ersten Atombomben und unter dem Eindruck des Wettrüstens der Großmächte. Die frühesten Beispiele dieser Art sind die Romane THE CRACK OF DOOM (1895) von Robert Cromie und THE WORLD SET FREE (1914) von H.G. Wells. In den vierziger Jahren entstanden mehrere Stories, welche die bevorstehende Entwicklung von Atomwaffen mehr oder weniger detailliert vorwegnahmen. Robert Heinlein schrieb BLOWUPS HAPPEN (1940) und SOLUTION UNSATISFACTORY (1941), Cleve Cartmill wurde wegen zu hautnaher Schilderung einer Atombomben-Konstruktion (DEADLINE, 1944) vom FBI ausgeforscht, und Lester del Rey nahm mit NERVES (1942, **Atomalarm**) schon ein Stück Harrisburg vorweg. Der Schock der Atombomben-Abwürfe rief nun auch Autoren auf den Plan, die sonst nicht in der SF zu Hause waren. So entstanden kurz nach dem Krieg Romane wie Hellmuth Langes **Blumen wachsen im Himmel** (1948), Aldous Huxleys APE AND ESSENCE (1949, **Affe und Wesen**), Ernst von Khuons **Helium** (1947) und Hans Wörners **Wir fanden Menschen** (1948), in denen es um drohenden und erfolgten Einsatz ultimativer Waffen oder deren Folgen (bei Wörner eine Expedition in ein Nachkriegs-Niemandsland) geht. In den fünfziger und frühen sechziger Jahren wurde das Thema auch in anderen Medien – vor allem im Film – vermarktet, eine Folge und zugleich Anheizung des Booms derartiger Bücher: Nevil Shute mit ON THE BEACH (1957, **Das letzte Ufer**), Eugene Burdicks FAIL-SAFE (1962), Mordecai Roshwalds LEVEL-7 (1960, **Das Ultimatum**), Peter Georges RED ALERT (1958, Filmvorlage für den Stanley-Kubrick-Film DR. STRANGELOVE) und viele andere mehr.

Die dem Genre mehr verhafteten Autoren hielten sich vergleichsweise zurück, aber einiges gab es auch hier zu verzeichnen: Kurzgeschichten von Rog Phillips (ATOM WAR, 1946), und Theodore Sturgeon (MEMORIAL, 1946, und THUNDER AND ROSES, 1947), FOSTER, YOU'RE DEAD (1954, **Der Bunker**) von Philip K. Dick und GENERATION OF NOAH (1951, **Arche Noah**) von William Tenn, Romane von Wilson Tucker (THE LONG LOUD SILENCE, 1953, **Die Unheilbaren**), Robert A. Heinlein (FARNHAM'S FREEHOLD, 1964, **Die Reise in die Zukunft**) oder René Barjavel (LE DIABLE L'EMPORTE, 1948, **Sintflut der Atome**).

Neben der atomaren Bedrohung sind in jüngerer Zeit auch vereinzelt die Umweltschäden als mögliche Ursachen für Zerstörung oder Unbewohnbarkeit der Erde ins Blickfeld geraten. Zu der noch schmalen Gruppe von Werken zu diesem Thema gehören Brian W. Aldiss' EARTHWORKS (1966, **Tod im Staub**), Don Pendletons 1989: POPULATION DOOMSDAY (1970) und John Brunners THE SHEEP LOOK UP (1972, **Schafe blicken auf**).

Die Engländer hatten stets ein Faible für Katastrophenromane, und diese Tradition ist ungebrochen. Eine sehr aktuelle, indes allgemein verdrängte Variante ist die Möglichkeit, ein Bakterium zu züchten, das in der Lage ist, Plastik zu zersetzen. Kit Pedler und Gerry Davis schildern in MUTANT 59: THE PLASTIC EATER (1973, **Die Plastikfresser**) die apokalyptischen Konsequenzen einer solchen Möglichkeit. In BRAINRACK (1974, **Gehirnpest**) schildern die beiden Autoren die katastrophalen Folgen von Autoabgasen auf das menschliche Gehirn: eine Langzeitwirkung, die zum Absterben der Großhirnrinde führt, mit allen Folgen »menschlichen Versagens« in riskanten technologischen Bereichen. So wird in diesem Roman lange vor Harrisburg der GAU vorweggenommen, das »China Syndrom«.

An ein Bakterium anderer Art dachte David G. Compton in THE SILENT MULTITUDE (1966, **Zerfall**): eine Sternenexpedition bringt versehentlich einen Erreger mit zur Erde heim, der sich mit Begeisterung über Beton hermacht und es in wenigen Tagen zu Pulver zerbröseln läßt. Unsere schönen neuen Städte, Stolz der Stadtplaner und Architekten, beginnen mit lautem Gepolter einzustürzen.

Eine Variante der Weltkatastrophe ist die drohende Vernichtung durch noch weitaus massivere außerirdische Ursachen als nur Gifte und Krankheitskeime aus dem All. Gemeint sind hier vor allem Himmelskörper, die durch ihre Annäherung das Gleichgewicht der Erde stören oder gar mit ihr kollidieren. (Invasionen intelligenter Extraterrestrier werden an anderer Stelle behandelt.)

Eine der ersten Stories dieser Art war Edgar Allan Poes THE CONVERSATION OF EIROS AND CHARMION (1839, **Die Unterredung zwischen Eiros und Charmion**), wo durch Einwirkung eines vorüberziehenden Kometen alles Leben ausgelöscht wird. Ein Thema, das immer wieder behandelt wurde. Aufgegriffen wurde es u. a. von H. G. Wells THE STAR (1897, **Stern der**

Vernichtung) und IN THE DAYS OF THE COMET (1906, **Im Jahre des Kometen**), Jules Verne HECTOR SERVADAC (1877, **Reise durch das Sonnensystem**) und Carl Grunert (**Das Ende der Erde?**, 1908). Aus dem Kosmos in die irdische Atmosphäre eindringendes Gift schildert Conan Doyle in THE POISON BELT (1913, **Im Giftstrom**). Ein bekannter SF-Roman über die Annäherung von zwei fremden Planeten, wobei einer das Ende der Erde herbeiführt, der andere als neue Heimat für einige ausgewählte Flüchtlinge dient, ist WHEN WORLDS COLLIDE (1932, **Wenn Welten zusammenstoßen**) von Philip Wylie & Edwin Balmer. THE HOPKINS MANUSCRIPT (1939, **Der Mond fällt auf Europa**) von R. C. Sheriff schildert die Vernichtung der abendländischen Kultur (vor allem Englands, das in der SF durch die Vorliebe englischer Autoren für derartige Themen einiges zu erdulden hat), durch den sich der Erde annähernden Mond. Eine neuere Variante des Themas ist Fritz Leibers THE WANDERER (1964, **Wanderer im Universum**), wo sich ein der Erde nähernder planetengroßer Himmelskörper zwar als mit kosmischen Flüchtlingen besetztes Riesenraumschiff erweist, ansonsten aber ähnliche Auswirkungen wie andere Weltraumvagabunden hat. Der letzte auf der langen Liste der Kometen, die unsere Erde heimsuchten und der menschlichen Zivilisation den Garaus machten, ist das Monumentalgemälde LUCIFER'S HAMMER (1977, **Luzifers Hammer**) von Larry Niven/Jerry Pournelle.

Ein Beispiel für eine Epidemie außerirdischen Ursprungs: Harry Harrisons PLAGUE FROM SPACE (1965, **Die Pest kam von den Sternen**). Gelegentlich kommt auch mal Gutes von den Sternen: In CHILDHOOD'S END (1950, **Die letzte Generation**) zwingen Extraterrestrier den Rest der Menschheit zu ihrem Glück und verhindern damit die Selbstzerstörung. Auch H. G. Wells' Komet in IN THE DAYS OF THE COMET (1906, **Im Jahr des Kometen**) ist ein Himmelskörper, der Gutes bringt und die Menschen sogar friedfertig und weise werden läßt.

Gelegentlich wird Weltkatastrophe in die ferne Zukunft der Erde verlegt: etwa ORASELE SCUFUNDATE (1937, **Die Unterwasserstädte**) von Felix Aderca, THE LONG AFTERNOON OF EARTH (1962, **Am Vorabend der Ewigkeit**) von Brian W. Aldiss und Michael Moorcocks DANCER AT THE END OF TIME-Serie (seit 1972). Katastrophen auf fremden Planeten schildern u. a. NIGHTFALL (1941, **Einbruch der Nacht**), eine

Erzählung von Isaac Asimov und der stimmungsvolle Roman DYING OF THE LIGHT (1977, **Die Flamme erlischt**) von George R.R.Martin.

Waren bei den bisher erwähnten Stories und Romanen zwar die Ursachen, die zur Katastrophe führten oder zu führen drohten, unterschiedlich, so standen doch im Mittelpunkt der Handlung die Ereignisse um die Katastrophe, ihre Abwendung oder das Schicksal der Überlebenden. Eine Untergruppe der Katastrophenromane, die besonders reizvolle Möglichkeiten bietet, bilden die sog. *post doomsday*-Romane. Sie sparen die Schilderung der eigentlichen Katastrophe aus, indem sie sie als Vergangenheit voraussetzen, und erzählen vom Schicksal der Nachfahren jener, die sie überlebten. Die Autoren von *post doomsday*-Geschichten benutzen nicht selten die Konstellationen dazu, durch Radioaktivität hervorgerufene Veränderungen bei Tieren und Pflanzen sowie PSI-Mutationen bei Menschen zu schildern, die dann schnell zum eigentlichen Thema der Handlung avancieren. Beispiele sind etwa John Wyndhams THE CHRYSALIDS (1955, **Wem gehört die Erde?**) oder Andre Nortons DAYBREAK – 2250 A.D. (1952, **Das große Abenteuer des Mutanten**) und vor allem Sterling E. Laniers HIERO'S JOURNEY (1973, **Hieros Reise**).

Anders in Carl Amerys **Der Untergang der Stadt Passau** (1975), wo die Stadt Passau zum Machtzentrum inmitten einer in Primitivität zurückgefallenen Umgebung avanciert, weil ihr Herrscher es versteht, sich die Relikte der alten Zivilisation nutzbar zu machen. Aber die Stadt fällt, als sich Bauern und Nomaden gegen sie zusammenschließen. In A CANTICLE FOR LEIBOWITZ (1959, **Lobgesang auf Leibowitz**) erweist sich die auf mittelalterliche Mönchstradition zurückgreifende katholische Kirche als Bewahrerin und Weitervermittlerin des Wissens, wodurch der Weg zu einer neuen Hochzivilisation abgekürzt wird. In Kate Wilhelms WHERE LATE THE SWEET BIRDS SANG (1976, **Hier sangen früher Vögel**) sind es geklonte Menschen, die für den Fortbestand der menschlichen Rasse nach einem Desaster sorgen. Der deutsche Autor Herbert W.Franke hat sich in **Die Stahlwüste** (1962) und **Zone Null** (1970) ebenfalls mit der Welt nach einem Atomkrieg beschäftigt. In **Zone Null** trifft eine Expedition im einst verseuchten Niemandsland auf eine hochtechnische Enklave, während der Held in **Die Stahlwüste** nach einem Atomkrieg (und vor Ausbruch des nächsten) als Abweichler auf den Mond verbannt wird. Überlebende auf dem Mond gibt es auch in Ben Bovas WHEN THE SKY BURNED (1973). Sie kehren schließlich zur Erde zurück und versuchen den Rückfall der dort überlebenden Menschen in die Barbarei aufzuhalten.

Zwei weitere Beispiele sind ASCENSION (1977) von C.L. Grant und LOGAN'S RUN (1967, **Flucht ins 23. Jahrhundert**, verfilmt). von William F. Nolan & G.C. Johnson – nebst Fortsetzung LOGAN'S WORLD (1977) von William F. Nolan allein – konzentrieren sich vor allem auf die Schilderung der dem Verfall preisgegebenen Kulisse der alten Welt, vor der die Abenteuer abgespult werden. Nicht viel anders Roger Zelaznys (ebenfalls verfilmter) Roman DAMNATION ALLEY (1969, **Straße der Verdammnis**), in dem ein ehemaliger Rocker eine riskante Fahrt quer durch das verwüstete Amerika unternimmt.

Viele Romane und Erzählungen schildern, wie Menschen in unterirdischen Städten die Katastrophe überleben. In Mordecai Roshwalds schon erwähntem Buch LEVEL-7 dringt die Radioaktivität schließlich auch bis in die Tiefe vor. In Philip K. Dicks THE PENULTIMATE TRUTH (1964, **Zehn Jahre nach dem Blitz**) überleben sie und entdecken, daß ihnen Roboter die Fortdauer des Krieges vorgaukeln. In Vonda N. McIntyres THE EXILE WAITING (1975, **Die Asche der Erde**) kommt es nach dem Überleben in riesigen unterirdischen Gewölben zu Machtkämpfen zwischen verschiedenen Gruppierungen. Und in Daniel F. Galouyes DARK UNIVERSE (1961, **Dunkles Universum**) schließlich werden eben solche Abkömmlinge von Menschen entdeckt, die generationenlang in einem lichtlosen Universum gelebt und sich entsprechend verändert haben.

Weitere wichtige Titel aus diesem Themenbereich:

Anthony, Piers: SOS, THE ROPE (1968), **Das Erbe der Titanen**.
Berg, Howard: THE SUN GROWS COLD (1971), **Das Zeichen der Lemminge**.
Bishop, Michael: CATACOMB YEARS (1979).
Boland, John: WHITE AUGUST (1955, **Weißer August**).
Chilson, Robert: AS THE CURTAIN FALLS (1974), **Wo die letzten Menschen hausen**.
Cooper, Edmund: ALL FOOL'S DAY (1966).
ders.: THE CLOUD WALKER (1973), **Der Wolkengänger**.

Coppel, Alfred: DARK DECEMBER (1960), **Nach der Stunde Null**.
Darlton, Clark: **Finale** (1957).
Darlton, Clark & Artner, Robert: **Der strahlende Tod** (1966).
dies.: **Leben aus der Asche** (1968).
Dick, Philip K.: DR. BLOODMONEY (1965), **Nach dem Weltuntergang**.
Federbush, Arnold, ICE (1978), **Eis**.
Gandon, Yves: LE DERNIER BLANC (1945), **Der letzte Weiße**.
Holden, Richard: SNOW FURY (1955), **Tödlicher Schnee**.
van Holk, Freder: **Alle Feuer verlöschen auf Erden** (1948).
ders.: **Das Ende des Golfstroms** (1952).
ders.: **Weltuntergang** (1958).
Holm, Sven: TERMUSH, ATLANTERHAUSKYSTEN (1968), **Termush, Atlantikküste**.
Hughes, Zach: TIDE (1974), **Die rote Flut**.
Kosch, Erich: SNEG I LED (1961), **Eis**.
Mantley, John: THE 27TH DAY (1956), **Der 27. Tag**.
Noel, Sterling: WE WHO SURVIVED (1959), **Die 5. Eiszeit**.
Pendleton, Don: THE DAY, THE WORLD DIED (1970).
Pincher, Chapman: NOT WITH A BANG (1965), **Die Pille**.
Scheer, K.H.: **Die Großen aus der Tiefe** (1961).
Schoonover, Laurence: CENTRAL PASSAGE (1962), **Der rote Regen**.

9
Blechkumpel und Superhirn: Roboter und Denkmaschinen

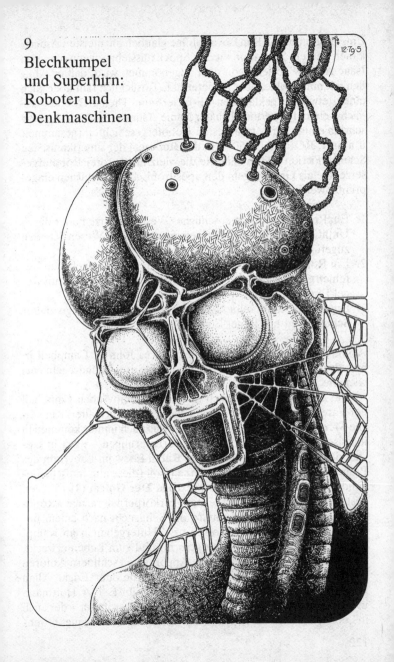

Einem Bonmot von Ben Bova zufolge glauben die meisten Amerikaner, daß ein SF-Autor wie Mr. Spock aussieht – wenn man von Isaac Asimov absieht, von dem angenommen wird, daß er Ähnlichkeit mit Robbie, dem Roboter hat. Tatsächlich fällt aber auch einem etwas aufgeklärteren SF-Leser zum Thema Roboter zunächst einmal unvermeidlich der Name Asimov ein. Isaac Asimov schrieb einige der berühmtesten Robotergeschichten (gesammelt u. a. in I, ROBOT (1950, **Ich, der Roboter**) der amerikanischen Science Fiction und postulierte die vielzitierten drei Robotergesetze, die als Grundregeln den »positronischen« Gehirnen eingepflanzt werden:

1. Ein Robot darf kein menschliches Wesen verletzen oder durch Untätigkeit gestatten, daß einem menschlichen Wesen Schaden zugefügt wird.
2. Ein Robot muß den ihm von einem Menschen gegebenen Befehlen gehorchen, es sei denn, ein solcher Befehl würde mit Regel Eins kollidieren.
3. Ein Robot muß seine Existenz beschützen, solange dieser Schutz nicht mit Regel Eins oder Zwei kollidiert.

Asimov selbst allerdings behauptet, daß es John W. Campbell jr. war, der bei einem Gespräch der beiden die drei Grundregeln entwickelte.

Wie auch immer: Natürlich ist weder Asimov noch Campbell der Vater der Roboter-Idee, denn die ist wesentlich älter. Künstliche Menschen aus Metall, Lehm oder was auch immer kommen in klassischen Sagen- und Legendenüberlieferungen – etwa in Gestalt des Golem, der als Diener des Rabbi Loew im Labyrinth des Prager Ghettos zu Hause gewesen sein soll (diese alte jüdische Legende wurde u. a. von Gustav Meyrink, **Der Golem** (1915), neu gestaltet – sehr häufig vor. Meistens verkörpern derartige »Roboter« Wünsche nach Omnipotenz, die Sehnsucht nach einem unüberwindlichen Bündnisgenossen bzw. Untergebenen im Kampf gegen Feinde. Nicht aus Lehm geformt und zum Leben erweckt, sondern als perfekte mechanische Apparaturen schildern Autoren wie E. T. A. Hoffmann, Nathaniel Hawthorne oder Edgar Allan Poe ihre künstlichen Menschen. So beschreibt E. T. A. Hoffmann in **Der Sandmann** (1815) einen weiblichen Tanzroboter – der auch in Leo Delibes Ballett **Coppelia** und als Olympia in Jacques Offenbachs Oper **Hoffmanns Erzählungen** vorkommt –, und in **Die Automate** (1814) geht es um ein Roboterorakel. **Die Automate** wurde genauso wie Skizzen von Jean Paul über den »Maschinenmann« (zuerst schon 1798) und die Story MAELZEL'S CHESS-PLAYER (1836) von Edgar Allen Poe durch die Existenz einer trickreichen Vorrichtung, nämlich des Schachroboters bzw. »Schachtürken« des Baron von Kempelen beeinflußt. Nathaniel Hawthorne kreierte in THE ARTIST OF THE BEAUTIFUL (1844, **Der Schöpfer des Schönen**) einen Roboter-Schmetterling, und in Villiers de L'Isle-Adams L'ÈVE FUTURE (1886, **Die Eva der Zukunft**) wird ein Mädchen geschildert, daß unter künstlichem Fleisch eine Roboterkonstruktion verbirgt. Eines der wichtigsten Werke über die Schaffung künstlicher Menschen ist schließlich Mary Shelleys FRANKENSTEIN (1818, **Frankenstein oder der moderne Prometheus**), bestens bekannt durch Horrorfilme, in der literarischen Version jedoch weitaus kultivierter; ein Buch über die Erschaffung eines künstlichen Menschen, der die Menschen hassen lernt, weil sich sein Schöpfer wegen seiner Häßlichkeit von ihm abwendet. Das (nichtmechanische) Homunkulusthema kommt im übrigen u. a. auch bei J. W. von Goethe (1832, **Faust**) und Achim von Arnim (1812, **Isabella von Ägypten**) vor.

Weitere Roboter- und Automatengeschichten vor dem Beginn der eigentlichen Science Fiction sind Jules Vernes MAÎTRE ZACHARIUS (1852, **Meister Zacharius**) und LA MAISON À VAPEUR (1880, **Das Dampfhaus**). In **Das Dampfhaus** wird ein von einer Dampfmaschine bewegter Elefant geschildert. H. G. Wells hat das Thema am Rande behandelt in WHEN THE SLEEPER WAKES (1899, **Wenn der Schläfer erwacht**).

Der Name »Roboter« kam jedoch erst 1920 auf, als der tschechische Autor Karel Čapek das Bühnenstück R. U. R. (ROSSUM'S UNIVERSAL ROBOTS) – deutsch **W. U. R. (Werstands Universal Robots)** – schrieb. Das Wort leitet sich von der tschechischen Bezeichnung *robota* (= arbeiten) ab und steht in dem Stück für biochemisch hergestellte Humanoiden, die als Fabrikarbeiter eingesetzt werden. Nach dem späteren Verständnis der Science Fiction tauchen die Roboter zwar auch meistens in der Rolle von Dienern der Menschen auf – aber sie sind stets anorganische Lebewesen, Maschinen-Intelligenzen. Čapeks »Roboter« jedoch sind zwar künstlich hergestellt, aber organischen Ursprungs – nach heutigem Sprachgebrauch *Androiden*. Dem Roboter in der

Science Fiction kommt im wesentlichen jene Statistenrolle zu, die er durchaus typisch in einigen SF-Filmen (z.B. FORBIDDEN PLANET oder STAR WARS) einnimmt: als nicht weiter hinterfragtes Element einer Welt der Zukunft, einem Auto oder einer Stereoanlage in unseren Tagen vergleichbar. Relativ selten jedoch steht der (anorganische) Roboter im Mittelpunkt der Handlung; allenfalls in der Rolle des Menschen, der nicht weiß, daß er ein Roboter ist (etwa in Michael Schenks **Der Mann, der ein Roboter war**, 1964). Zu den Autoren, die eine Vorliebe für Roboterthemen haben, gehören Philip K. Dick und Ron Goulart. Letzterer schrieb eine Reihe von Stories und Romanen (u.a. CALLING DR. PATCHWORK, 1978, BROKE DOWN ENGINE), (1971, **Maschinenschaden**) über Roboter und andere Automaten, die meistens nicht so funktionieren, wie sie sollen. Die wohl besten Robotererzählungen stammen von Stanisław Lem; gesammelt liegen sie u.a. unter den Titeln BAJKI ROBOTÓW (1964) und CYBERIADA (1965) vor (deutsche Auswahl unter dem Titel **Robotermärchen**). Diese märchenhaft-satirischen Kurzgeschichten beweisen, daß das Thema mit Asimovs Robotergeschichten durchaus noch nicht erschöpfend behandelt wurde.

Nachdem es bereits in Thea von Harbous **Metropolis** (1926) – von Fritz Lang verfilmt – um einen weiblichen Roboter geht, der einen Industriellensohn becirct, wurde das Thema von Lester del Rey (HELEN O'LOY, 1938) und Eando Binder (I, ROBOT, 1939) weiterentwickelt (die Erzählung von Binder erschien 1965 auch als Roman: ADAM LINK – ROBOT (**Adam Link – Roboter**). Berühmte Roboter in der Science Fiction wurden: Lewis Padgetts »Joe«, der von einem versoffenen Erfinder als Bierdosenöffner konstruiert wurde und seine Zeit damit verbringt, fasziniert sein Innenleben zu betrachten ROBOTS HAVE NO TAILS, C, (1952, **Der stolze Roboter** und **Mir gehört die Welt**); Roboter »Rex« aus THE RUNAWAY ROBOT (1965, **Der unschuldige Roboter**) von Lester del Rey, einem Jugendbuch über die Abenteuer eines Jungen mit eben diesem maschinellen Freund; der Roboterassistent eines Polizisten in Asimovs THE CAVES OF STEEL (1953, **Der Mann von drüben**) und THE NAKED SUN (1956, **Die nackte Sonne**) und jene Automaten-Relikte menschlicher Zivilisation, die in Clifford D. Simaks CITY (1952, **Als es noch Menschen gab**) die Hunde zu Nachfolgern der verschwundenen Menschen erziehen.

Bekannte Stories mit Roboterproblematik sind auch Robert Sheckleys WATCHBIRD (1952, **Und Friede auf Erden**) – fliegende Roboter sollen potentielle Mörder an der Tat hindern – und Philip K. Dicks THE DEFENDERS (1953, **Die Verteidiger**), wo Roboter, die für die Menschen Krieg führten, ihren unter der Erdoberfläche wohnenden Herren verschweigen, daß der Krieg längst beendet ist. Ein deutscher Autor, der in Anlehnung an Isaac Asimov einige Robotererzählungen verfaßte, war in den fünfziger Jahren Hellmuth W. Hofmann (u. a. **Die Rechenmaschine**, 1948/49, ersch. 1975).

Eine eigene Abteilung bilden in diesem Rahmen die Geschichten um Roboter, die nicht von Menschen gebaut wurden. So treffen Menschen in John Wyndhams STOWAWAY TO MARS (1935, **Die Reise zum Mars**) auf Robotererben einer Marszivilisation. Eine wichtige Rolle spielt auch der Roboter »Gort« in Harry Bates – unter dem Titel THE DAY, THE EARTH STOOD STILL verfilmter – Story FAREWELL TO THE MASTER (1940); anders als im Film erweist sich als Schlußgag der Roboter als Herr des außerirdischen Sendboten Klaatu. In Jack Williamsons THE HUMANOIDS (1949, **Wing 4**) beschützen außerirdische Roboter die Menschen vor sich selbst und würgen dabei jede Eigenständigkeit ab. Und in Kurt Vonneguts THE SIRENS OF TITAN (1959, **Die Sirenen des Titan**) strandet ein Roboter auf dem Saturnmond Titan und veranlaßt von dort aus die Entwicklung der Raumfahrt auf der Erde, um seine Botschaft an den Mann bringen zu können.

Von einigen Autoren wurde das Thema bis hin zu Roboterzivilisationen fortentwickelt, sei es, daß sie wie in Fred Saberhagens BERSERKER-Serie (erster Band, eine Story-Sammlung, 1967) alles Leben vernichtend durch die Galaxis ziehen, sei es, daß sie als verselbständigte Schöpfungen des Menschen entdecken, daß ihre Schöpfer durchaus nicht die vermuteten Superwesen waren, wie in ROBOT'S RETURN (1938) von Robert Moore Williams.

Kampfroboter als willkommenes Beiwerk für Waffenfetischisten vom Schlage K. H. Scheers und die in der Trivialliteratur nicht seltenen Roboterrevolten sollen uns hier nicht weiter interessieren. Symptomatisch für die Angst vor Maschinen sei hier lediglich A. E. van Vogts Story AUTOMATON (1950) genannt, wo sich Roboter heimlich duplizieren, um es mit den Menschen aufnehmen zu können.

Die Angst davor, daß künstlich erschaffene Lebewesen zum Nachteil des Menschen in Erscheinung treten könnten, ist besonders verbreitet, wenn es um Androiden geht. Sind die Roboter – bis auf wenige »verkleidete« Ausnahmen – als Maschinen kenntlich, so gilt dies für die organischen künstlichen Menschen nicht. Sie haben synthetisches Fleisch und sind äußerlich kaum oder gar nicht von Menschen zu unterscheiden. Folglich geht es bei Androiden-Erzählungen auch häufig darum, daß die künstlichen Wesen die Menschheit unterwandern oder dem Menschen in die menschlichsten Bereiche hinein (etwa beim Sex) Konkurrenz machen. Einige Beispiele: Philip K. Dick schildert in THE SIMULACRA (1964, **Simulacra**) und WE CAN BUILT YOU (1969, **Die rebellischen Roboter**) Androiden, die als Doppelgänger Menschen darstellen – ein Thema, das auch Ray Bradbury in USHER II (1948, **Ascher II**), in THE MARTIAN CHRONICLES (1950, **Die Mars-Chroniken**), auf E. A. Poes THE FALL OF THE HOUSE OF USHER (1839, **Der Fall des Hauses Ascher**), zurückgreifend behandelt hat, und in DO ANDROIDS DREAM OF ELECTRIC SHEEP? (1968, **Träumen Roboter von elektrischen Schafen**) die Jagd auf untergetauchte Androiden – wobei Dick, untypisch für das Genre, den Androiden als ein noch stärker als der Mensch getäuschtes, manipuliertes und in tragische Auswegslosigkeit verstricktes Wesen darstellt. Weniger subtil Edmund Cooper, der in THE UNCERTAIN MIDNIGHT (1958, **Aufstand der Roboter**) die bisher liebesunfähigen Androiden durch den Einfluß von Poesie zu vollwertigen Menschen werden läßt. Berühmte Androidenstories sind ferner JAY SCORE (1941, **Jay Score**) von Eric Frank Russell, MARIONETTES INC. (1949, **Marionetten e. V.**) von Ray Bradbury, ANDROID (1951) von Henry Kuttner und C. L. Moore, Philip K. Dicks IMPOSTER (1953, **Der Robot-Agent**) und Alfred Besters FONDLY FAHRENHEIT (1954, **Geliebtes Fahrenheit**). Dem Androiden-Thema verwandt ist das in letzter Zeit populär gewordene Thema Kloning, d. h. die Schaffung neuer Menschen in der Retorte durch ungeschlechtliche Vermehrung. Zwar hat das Thema in Gestalt genetischer Manipulationen eine eigene Tradition in der SF, aber die hier relevanten Darstellungen betreffen nicht so sehr die Anpassung an fremde Lebensräume – THE SEEDLING STARS (1956, **Auch sie sind Menschen**) von James Blish etwa – oder an vorbestimmte spätere Tätigkeiten wie in BRAVE NEW WORLD (1932, **Schöne neue**

Welt) von Aldous Huxley, sondern geklonte Menschen als neue Partner, Konkurrenten oder Nachfolger des Menschen. Einige Beispiele: Kate Wilhelms WHERE LATE THE SWEET BIRDS SANG (1976, **Hier sangen früher Vögel**), Richard Cowpers CLONE (1972, **Homunkulus 2072**), John Varleys THE OPHIUCHI HOTLINE (1977, **Der heiße Draht nach Ophiuchi**) und Pamela Sargents CLONED LIVES (1976).

Elektronengehirne, Datenverarbeitungsanlagen also, die Intelligenz und eigenes Bewußtsein entwickeln, könnte man gewissermaßen als stationäre Roboter bezeichnen. Ihre Entwicklung in der SF lief denn auch weitgehend mit der Schilderung von Robotern parallel. Der deutsch-schweizerische Nobelpreisträger Carl Spitteler hatte bereits kurz nach der Jahrhundertwende in **Olympischer Frühling** (1900–1905) eine Art Datenverarbeitungsanlage geschildert, die alles Leid des Menschen bis zum Jüngsten Gericht speichert. Die erste SF-Story über Computer erschien dann 1927 in *Amazing*: Aaron Nadels (unter dem Pseudonym Ammianus Marcellinus verfaßte) Geschichte THE THOUGHT MACHINE, während E. M. Forster das Verdienst zufällt, in THE MACHINE STOPS (1909) die erste Erzählung über eine maschinengesteuerte Zivilisation geschrieben zu haben. John W. Campbell hat das Thema Computer ebenfalls in mehreren Stories aufgegriffen, desgleichen natürlich Isaac Asimov (u. a. in REASON [1941, **Vernunft**], einer seiner Roboterstories), aber richtig griffig wurde dieses Thema für die SF-Autoren erst, als tatsächlich die ersten Datenverarbeitungsanlagen gebaut wurden. Einige bekannte Beispiele, in denen Computer vermenschlicht in Erscheinung treten: THEY'D RATHER BE RIGHT (1954, **Computer der Unsterblichkeit**) von Mark Clifton & Frank Riley, THE MOON IS A HARSH MISTRESS (1966, **Revolte auf Luna**), 2001 – A SPACE ODYSSEY (1968, **2001 – Odyssee im Weltraum**) und WHEN HARLIE WAS ONE (1973, **Ich bin Harlie**). In diesen Bereich gehört auch eine der besten Erzählungen Gordon R. Dicksons, COMPUTERS DON'T ARGUE (1965, **Computer streiten nicht**), die in Deutschland auch für den Rundfunk bearbeitet wurde: die erfolglose und tragisch endende Auseinandersetzung eines Menschen mit einer total computerisierten Verwaltung. In THE ADOLESCENCE OF P-1 (1977) von Thomas J. Ryan ist es sogar nur ein Computerprogramm, das eine Persönlichkeit entwickelt.

Machthungrige Computer, die meistens Erderoberungs-Pläne haben, findet man u. a. in COLOSSUS (1966, **Colussus**, auch verfilmt) von D.F.Jones, Heinrich Hausers **Gigant Hirn** (1958), COMPUTER WAR (1967) und THE COMPUTER CONSPIRACY (1968) von Mack Reynolds, THE GOD MACHINE (1968, **Der große Computer**) von Martin Caidin und A FISTFUL OF DIGITS (1968, **Der große summende Gott**) von Christopher Hodder-Williams.

In Analogie zur Dualität Roboter–Android gibt es auch für das stationäre Maschinengehirn die Entsprechung: organische Gehirne außerhalb ihrer ursprünglichen Körper. Beispiele hierfür sind u. a. Edmond Hamiltons THE COMET DOOM (1928), Neil R.Jones' THE JAMESON SATELLITE (1931), Curt Siodmaks DONOVAN'S BRAIN (1943, **Donovans Gehirn**) und Lewis Padgetts berühmte Story CAMOUFLAGE (1945, **Tarnung**), wo dieses Gehirn von einem unbekannten Ort in einem Raumschiff aus Kontrollfunktionen innehat; Gegner versuchen vergeblich, das Gehirn zu finden und zu vernichten. Ein neueres Beispiel dieser Art: THE SHIP WHO SANG (1971, **Ein Raumschiff namens Helva**) von Anne McCaffrey, wo das in ein Raumschiff eingesetzte Gehirn eines Mädchens dieses Raumschiff als seinen Körper begreift.

Bleibt abschließend die Mischform, Kyborg (auch Cyborg), die in dem Roman von Anne McCaffrey bereits angesprochen wurde: ein Wesen, das zum Teil organischen, zum Teil künstlichen Ursprungs ist (**Ky**bernetischer **Org**anismus). Erwähnenswert sind hier die Geschichten von David R.Bunch, die in MODERAN (1971, **Festung Zehn**) zusammengefaßt wurden, wo sich die Menschen Teile ihres Körpers durch Kunststoff und Apparaturen ersetzen ließen, ferner WHO? (1958, **Zwischen zwei Welten**) von Algis Budrys, wo am Schluß unklar bleibt, ob der Protagonist nun er selbst ist oder ob in seinem zum größten Teil künstlichen Körper das Bewußtsein eines feindlichen Agenten haust. In einer Lem-Kurzgeschichte wird schließlich satirisch gefragt, ob nach so vielen Ersatzteilen, die der immer wieder verunglückte Rennfahrer besitzt, überhaupt noch die ursprüngliche Persönlichkeit vorhanden ist (1963, **Gibt es Sie überhaupt, Mr. Jones?**). Die beiden letztgenannten Erzählungen wurden für den Film bzw. das Fernsehen eingerichtet; aus Martin Caidins Roman CYBORG (1972, **Der korrigierte Mensch**) über einen Kyborg-Supermann entstand gar die TV-Serie THE SIX MILLION DOLLAR MAN. Ein Kyborg ist auch der Held in Alfred Besters bekanntem Werk THE STARS MY DESTINATION (1956, **Die Rache des Kosmonauten**), der in Gefahrenmomenten Kyborgteile seines Körpers aktivieren kann. Weitere bekannte Romane zu diesem Thema sind schließlich THORNS (1968, **Der Gesang der Neuronen**) und SHADRACH IN THE FURNACE (1976, **Schadrach im Feuerofen**) von Robert Silverberg sowie MAN PLUS (1976, **Der Plus-Mensch**) von Frederik Pohl.

Weitere wichtige Titel aus diesem Themenbereich:

Bester, Alfred: THE COMPUTER CONNECTION (1975), **Der Computer und die Unsterblichkeit**.
Bulmer, H. Kenneth & Clarke, A. V.: CYBERNETIC CONTROLLER (1952), **Das Robotgehirn**.
Chandler, A. Bertram: THE BROKEN CYCLE (1976), **Universum der Roboter**.
Charbonneau, Louis: DOWN TO EARTH (1967), **Tod eines Roboters**.
Cooper, Edmund: THE OVERMAN CULTURE (1972), **Die neue Zivilisation**.
Dick, Philip K.: VULCAN'S HAMMER (1960), **Vulkan 3**.
Elwood, Roger (Hrsg.): INVASION OF THE ROBOTS (1965).
Fairman, Paul G.: I, THE MACHINE (1968), **Ich, die Maschine**.
Fontana, D. C.: THE QUESTOR TAPES (1974), **Ein Computer wird gejagt**.
Galouye, Daniel F.: SIMULACRON-3 (1964), **Welt am Draht**.
Greenberg, Martin (Hrsg.): THE ROBOT AND THE MAN (1953), **Die Roboter und wir**.
Hamilton, Edmond: CAPTAIN FUTURE AND THE SPACE EMPEROR (1940).
Herbert, Frank: DESTINATION VOID (1966), **Ein Cyborg fällt aus**.
Johannesson, Olof: SAGAN OM DEN STORA DATAMASKINEN (1966), **Saga vom großen Computer**.
Kneifel, Hans: **Der Traum der Maschine** (1965).
Leiber, Fritz: THE SILVER EGGHEADS (1958), **Die programmierten Musen**.

Moskowitz, Sam (Hrsg.): THE COMING OF THE ROBOTS (1963).

Naujack, Peter (Hrsg.): **Roboter** (1962).

Nolan, William F. (Hrsg.): THE PSEUDO-PEOPLE (1965), **Die Anderen unter uns**.

Norton, Andre: ANDROID AT ARMS (1971), **Androiden im Einsatz**.

Simak, Clifford D.: COSMIC ENGINEERS (1939), **Ingenieure des Kosmos**.

Simmen, René (Hrsg.): **Der mechanische Mensch** (1967).

Smith, George H.: THE FOUR DAY WEEKEND (1966), **Aufstand der Maschinen**.

Statten, Vargo: CATACLYSM (1951).

Vernon, Lee: ROBOT HUNT (1959), **Stunde der Roboter**.

White, James: SECOND ENDING (1962), **Herr der Roboter**.

10
Auf dem Zeitstrom: Der Traum von der Zeitreise

> *»Bleib mir vom Leib mit diesem Chronokokolores!«*
> Harry Harrison in: **Jim diGriz, die Edelstahlratte**

Obwohl ein jeder in jedem Augenblick seiner Existenz mit ihr konfrontiert wird, Leben und Tod ohne sie nicht vorstellbar wären, wissen wir noch immer so gut wie nichts über das Phänomen Zeit. Gesichert scheint nur, daß Raum und Zeit in einem gemeinsamen Gefüge existieren, offenbar untrennbar miteinander verbunden, zwei verschiedene Erscheinungsformen der gleichen Sache. Einsteins Spezielle Relativitätstheorie postulierte Veränderungen der Raum-Zeit-Relation bei Annäherung sich bewegender Objekte an die Lichtgeschwindigkeit, d. h. solche Objekte kennzeichnet ein von Objekten mit geringerer Geschwindigkeit abweichender Zeitverlauf, sie haben ihr eigenes Bezugssystem. Im Vergleich entsteht daher die sogenannte Zeitdilatation – die Zeit an Bord eines Raumschiffes etwa, das sich nennenswert der Lichtgeschwindigkeit annähert, scheint, am irdischen Bezugssystem gemessen, langsamer zu verlaufen. Bewiesen wurde die Theorie durch Elementarteilchen, die – von unserem Bezugssystem aus gemessen – bei hohen Geschwindigkeiten eine längere »Lebensdauer« haben, als dies unter uns vertrauten Bedingungen möglich wäre.

Wo der Stand des Wissens gering ist, bleibt der Science Fiction ein breites Feld zur Spekulation. Zeitreise als Zeitdilatation spielt dabei im Subgenre der Zeitreisegeschichten nur eine relativ bescheidene Rolle. SF-Autoren bringen für gewöhnlich mit einem flinken Trick – Zeit als 4. Dimension, in der man beliebig reisen kann; Zeitströme; die Existenz von unendlich vielen Parallelwelten etc. – das Problem einer auch nur pseudowissenschaftlichen Begründung der Zeitreise elegant hinter sich und widmen sich den faszinierenden Aspekten, die ein Reisen in der Zeit eröffnen würde. So ist bisher kein SF-Autor dem Phänomen Zeit naturwissenschaftlich oder zumindest philosophisch auf die Schliche gekommen – was allerdings, geben wir es zu, auch etwas zuviel verlangt wäre. Aber die Spielerei mit Zeit und Zeitreise hat etwas

Faszinierendes und ist zumindest für den einen oder anderen verblüffenden Gag hervorragend geeignet.

Das Reisen in der Zeit mit einer Maschine hat – wie so manche Subkategorie der Science Fiction – den Ursprung in einem Roman von Herbert George Wells: THE TIME MACHINE (1895, **Die Zeitmaschine**). Wells läßt seinen Protagonisten mit einer solchen Maschine in die ferne Zukunft der Erde reisen und auch zurückkehren. Zwar geht es Wells vor allem darum, eine extreme Klassengesellschaft zu zeigen, in der die eine Sorte Mensch (unter der Erde) die andere Sorte Mensch (auf der Erde) als Schlachtvieh hält, widmet der Maschine selbst und ihren Möglichkeiten jedoch ebenfalls einige Aufmerksamkeit. Egon Friedell hat – wie schon W. Bastiné 1914 mit **Die wiedergefundene Zeitmaschine** – unter dem Titel **Die Reise mit der Zeitmaschine** (1946, später neu verlegt als **Die Rückkehr der Zeitmaschine**) eine Art Fortsetzung aus der Sicht eines Vertrauten des Wellsschen Zeitreisenden geschrieben. Eine weitere direkte Anknüpfung an den Stoff ist THE SPACE MACHINE (1976, **Sir Williams Maschine**) von Christopher Priest. Vor Wells gab es jedoch bereits andere Autoren, die zwar keine Zeitmaschinen schilderten, wohl aber Zeitreisende. Ein Beispiel dafür ist der Roman A CONNECTICUT YANKEE IN KING ARTHUR'S COURT (1889, **Ein Yankee an König Artus' Hof**), in dem ein Schlag auf den Kopf ausreicht, um einen amerikanischen Waffenschmied ins englische Mittelalter zu befördern, wo er bald darangeht, die Welt mit amerikanischen Geschäftsmethoden und einer (im ausgehenden 19. Jahrhundert) modernen Technik umzukrempeln.

In der späteren Science Fiction erfreute sich die Reise in die Vergangenheit besonderer Beliebtheit. L. S. de Camp schickte seinen Helden ins alte Rom: LEST DARKNESS FALL (1939, **Das Mittelalter findet nicht statt**), Michael Moorcock beschreibt einen Zeitreisenden, der erlebt, wie es sich wirklich mit Jesus verhalten hat: BEHOLD THE MAN (1966, **I.N.R.I. oder die Reise mit der Zeitmaschine**), Poul Anderson wählt das alte Kreta als Ziel: THE DANCER FROM ATLANTIS (1971, **Die Tänzerin von Atlantis**); in T. L. Sherreds vielzitierter Story E FOR EFFORT (1947) reist ein Filmteam zu den interessantesten Ereignissen der Geschichte, um sie an Ort und Stelle »live« zu drehen; in Wolfgang Jeschkes Novelle **Der König und der Puppenmacher** (1970) bewirkt ein aus ferner Zukunft stammender, in die Zeit des Dreißigjährigen Krieges verbannter Thronfolger aus der Vergangenheit heraus die Änderung seines Schicksals, und in seinem Roman **Der letzte Tag der Schöpfung** (1980) sind gar die westlichen Industriestaaten dabei, den Arabern unbemerkt die Ölvorräte zu stehlen, indem sie die unterirdischen Vorkommen in ferner Vergangenheit auszubeuten und den wertvollen Stoff mittels Zeitmaschinen in die Gegenwart heraufzupumpen versuchen.

Bei Brian Aldiss geht es mittels geistiger Zeitreise bis tief hinein in die Erdgeschichte: CRYPTOZOIC (1967, **Kryptozoikum**) und die Zahl der Stories, in denen auf Saurier Jagd gemacht wird, sind kaum noch zu zählen. Carl Grunert, ein früher deutscher Autor, ließ seinen Zeitreisenden immerhin bis zu den Urmenschen vordringen (**Pierre Maurignacs Abenteuer**, 1908). Auch Robert Silverberg hat eine Schwäche für Zeitreisen aller Art. Einmal, in HAWKSBILL STATION (1968, **Verdammte der Ewigkeit**) werden politische Gegner eines amerikanischen Regimes in die ferne Vergangenheit deportiert und dort ausgesetzt, ein anderes Mal werden Sightseeing/Zeitseeing-Veranstaltungen zu beliebten Geschichtsereignissen durchgeführt: UP THE LINE (1969, **Zeitpatrouille**). Der russische Autor Sewer Gansowski läßt einen Verehrer von Vincent van Gogh zu diesem in die Vergangenheit reisen (**Vincent van Gogh**, deutsch 1972), und in Carl Amerys Roman **Das Königsprojekt** (1973) besitzt der Vatikan eine Zeitmaschine, mit der man durch Manipulationen in der Vergangenheit die Spaltung der katholischen Kirche verhindern will.

Daß die Themen für Zeitreisen in die Vergangenheit so unerschöpflich sind, wie es die Geschichte selbst ist, bewies auf der trivialen Ebene die deutsche Heftserie *Zeitkugel*, in der das Zeitkugelteam Heft für Heft Aufträge zur Erforschung geschichtlicher Ereignisse (neben solchen für Reisen in die Zukunft) erhielt und dabei so ziemlich alles abhakte, was an (hauptsächlich deutschen und europäischen) Geschichtsereignissen besonderer Art und sagenhaften Begebenheiten im Gedächtnis des Durchschnittsbürgers von der Schulzeit her haften geblieben ist.

Wenden wir uns den Reisen in die Zukunft zu. Außer in THE TIME MACHINE hat Wells auch in WHEN THE SLEEPER WAKES (1899, **Wenn der Schläfer erwacht**) seinen Protagonisten in die Zukunft befördert, ähnlich wie Edward Bellamy in dem sozialutopischen Roman LOOKING BACKWARD (1888, **Ein Rückblick aus dem Jahre 2000**) durch einen langen Schlaf. In späteren Jahren wurde diese Art einer eingleisigen Zeitreise vor allem durch Kälteschläfer geleistet, wie etwa in FRYSEPUNKTET (1970, **Brunos tiefgekühlte Tage**) von Anders Bodelsen. Einige bekannte Zeitreiseromane mit Reisen in die Zukunft (meistens mit technischem Gerät): THE LEGION OF TIME (1938, **Die Zeitlegion**) von Jack Williamson, NOW WAIT FOR LAST YEAR (1967) von Philip K. Dick, THE YEAR OF THE QUIET SUN (1970, **Das Jahr der stillen Sonne**) von Wilson Tucker, FARNHAM'S FREEHOLD (1964, **Die Reise in die Zukunft** – hier durch eine Atomexplosion) von Robert A. Heinlein und vom gleichen Autor THE DOOR INTO SUMMER (1957, **Tür in die Zukunft**).

Eine weitere Untergruppe von Zeitreise-Erzählungen schildert Besuch aus der Zukunft. Repräsentativ für diese Gruppe sind Romane wie THE EXILE OF TIME (1964, Magazinversion 1931, **Besucher aus dem Jahre X**) von Ray Cummings oder THE MASKS OF TIME (1968, **Gast aus der Zukunft**) von Robert Silverberg, ferner Kurzgeschichten wie ROLLER COASTER (1953, **Achterbahn**) und OF TIME AND THIRD AVENUE (1951, **Von der Zeit und der Third Avenue**) von Alfred Bester, THE TOURIST TRADE (1951, **Der Fremdenverkehr blüht**) von Wilson Tucker und PAWLEY's PEEPHOLES (1951, **Heute Fremdenführung**) von John Wyndham. Hier sind es Einzelne oder kleinere Gruppen, etwa Touristen, die aus der Zukunft kommen, obwohl auch sie nicht immer friedliche Absichten haben.

Eine kleinere Gruppe von Werken schildert Besucher aus der Vergangenheit, so A. E. van Vogts Kurzgeschichte THE GHOST (1942) oder der Roman PAST MASTER (1968) von R. A. Lafferty. Gestreift wird dieses Thema beispielsweise auch in THE SIMULACRA (1964, **Simulacra**) von Philip K. Dick, wo Hermann Göring mit einer Zeitmaschine in die Zukunft geholt wird.

Die Frage des Beförderungsmittels durch die Zeit wurde bereits kurz angeschnitten. Neben den bisher erwähnten Methoden sind zu erwähnen: biologische Zeitreise – etwa in Poul Andersons THERE WILL BE TIME (1973, **Die Zeit wird kommen**) durch Mutation oder als Waffe von Tieren im Überlebenskampf in Philip José Farmers THE GATES OF CREATION (1966, **Welten wie Sand**) und Robert Holdstocks EARTHWIND (1978) und die eingangs erwähnte Zeitdilatation. Letzteres Thema hat vor allen Dingen den deutschen Autor Clark Darlton (Walter Ernsting) immer wieder beschäftigt (z. B. in **Raum ohne Zeit**, 1957, und **Die Zeit ist gegen uns**, 1956), während es im angloamerikanischen Sprachraum vergleichsweise selten anzutreffen ist. Einige Beispiele dafür sind TIME WANTS A SKELETON (1941, **Der Ring der Verdammnis** bzw. **Der Ring aus der Vergangenheit**) von Ross Rocklynne, RETURN TO TOMORROW (1950, **Gefangen in Raum und Zeit**) von L. Ron Hubbard und der A. E. van Vogt-Roman ROGUE SHIP (1965, **Das unheimliche Raumschiff**). Eine der eindringlichsten Gestaltungen des Themas ist dabei die Kurzgeschichte COMMON TIME (1953, **Zwischen Zeit und Unendlichkeit**) von James Blish, wo nicht die Auswirkungen der Zeitdilatation, sondern deren unmittelbar erfahrene Effekte im Vordergrund stehen.

Ein Nebenprodukt zahlreicher Zeitreisegeschichten ist die Annahme des Autors, daß es eine – in der Regel unendlich große – Zahl von Parallelwelten gibt, in denen Alternativen zum tatsächlichen Geschichtsverlauf existieren. Beispiele: THE TWO-TIMERS (1968, **Die Zweizeitmenschen**) von Bob Shaw, THE RITUALS OF INFINITY (1971, **Zerschellt in der Zeit**) von Michael Moorcock und THE WHEELS OF IF (1940, **Die Räder der Zeit**) von L. Sprague de Camp. In John Boyds THE LAST STARSHIP FROM EARTH (1968, **Der Überläufer**) dient dieses Thema als Schlußgag: Der Held befindet sich in der Vergangenheit einer Alternativwelt und verändert sie so, daß unsere Gegenwart entsteht. In Alfred Besters Satire THE MEN WHO MURDERED MOHAMMED (1958, **Die Mörder Mohammeds**) wütet ein Zeitmaschinenerfinder derart in der Vergangenheit herum, um einen Nebenbuhler zum Verschwinden zu bringen, daß er am Ende für andere Menschen unsichtbar wird. Er hat nicht den Zeitstrom aller, sondern nur seinen eigenen, subjektiven Zeitstrom verändert. Als Erfinder der Zeitparallelen gilt übrigens Murray Leinster mit der Novelle SIDEWISE IN TIME (1934, **Quer durch die Zeit**).

Einige Autoren haben sich abseits der reinen Zeitreise mit anderen Zeitspielereien beschäftigt: In Philip K. Dicks COUNTER-CLOCK WORLD (1967, **Die Zeit läuft zurück**) kehrt sich der Zeitablauf um, was bedeutet, daß die Toten wieder lebendig, die Alten wieder jung werden. In John Brunners THE WRONG END OF TIME (1971, **Am falschen Ende der Zeit**) kommt eine fremde Rasse vor, die gegen den normalen Zeitablauf lebt, was bedeutet, daß die erste Begegnung der Menschen mit ihr für sie die letzte Begegnung ist. In John D. MacDonalds THE GIRL, THE GOLD WATCH AND EVERYTHING (1962, **Flucht in die rote Welt**) besitzt ein Mann eine Maschine bzw. eine alte Uhr, die es ihm ermöglicht, per Knopfdruck die Zeit zum Stillstand zu bringen – auch wieder eine Variante, die letztlich auf Wells zurückgeht, der in der Story THE NEW ACCELERATOR (1901, **Der neue Akzelerator**) eine Droge schildert, die den menschlichen Metabolismus beschleunigt. Und in dem schon erwähnten Roman CRYPTOZOIC von Brian W. Aldiss erweist sich der Zeitfluß als in die Vergangenheit gerichtet.

Nicht erwähnt wurden bisher bei der Behandlung von Reisen in die Zukunft, vor allem aber in die Vergangenheit, solche Romane und Stories, die davon ausgehen, daß die Zeitreise irgendwann in der Zukunft erfunden und dann als machtpolitisches Mittel eingesetzt wird. Die Zahl der Zeitagenten ist sicherlich Legion, aber einige herausragende Beispiele sollen erwähnt werden. Da sind zum Beispiel Poul Andersons GUARDIANS OF TIME (1960, **Hüter der Zeiten**), Andre Nortons TIME TRADERS-Serie (u. a. THE TIME TRADERS [1958, **Operation Vergangenheit**]), H. Beam Pipers PARATIME-Serie (u. a. LORD CALVAN OF OTHERWHEN [1966, **Der Mann, der die Zeit betrog**]) und Larry Maddocks Serie THE AGENT OF T.E.R.R.A. (u. a. THE TIME TRAP GAMBIT [1969, **Gefangen in Raum und Zeit**]), dazu Titel von Keith Laumer (THE TIME BENDER [1966, **Das große Zeitabenteuer**], und DINOSAUR BEACH [1971, **Zeit-Odyssee**]), in denen es zentral oder am Rande um Organisationen wie Zeitpolizei und Zeitagenten geht, die entweder selbst die Vergangenheit manipulieren, um für sie positive Veränderungen in der Zukunft zu erreichen, oder aber Verbrecher und gegnerische Mächte daran zu hindern, solche Manipulationen vorzunehmen. Eine der eindrucksvollsten Organisationen, die mit Zeitkontrolle befaßt sind, schildert jedoch Isaac Asimov in dem Roman THE END OF ETERNITY (1955, **Am Ende der Ewigkeit**), wo die Zeitkontrolle »zum Wohle der Menschheit« schließlich zu einer unerträglichen Einengung jedes Handlungsspielraums führt.

Mehrfach taucht auch das Thema Zeitkrieg in der Science Fiction auf. Wurden schon in Edmond Hamiltons THE TIME RAIDER (1927) und E. A. van Vogts MASTERS OF TIME (1950, **Beherrscher der Zeit**) in der Vergangenheit Söldner für einen Krieg in der Zukunft angeworben, und kamen in TIME

AND SPACE (1952, **Die Tyrannei der Zeitkönige**) von Rand le Page blutrünstige Horden aus der Zukunft, so geht es in Clifford D. Simaks TIME AND AGAIN (1951, **Tod aus der Zukunft**) und besonders in THE BIG TIME (1961, **Eine tolle Zeit**) von Fritz Leiber um gigantische Kriege in Raum und Zeit.

Das Salz der Zeitreisegeschichten sind aber sicherlich jene Themen, die sich mit den paradoxen Situationen beschäftigen, die sich bei Existenz der Zeitreise ergeben könnten. Einfachstes Beispiel, 1933 von Nathan Schachner in der Story ANCESTRAL VOICES skizziert: Der Enkel reist in die Vergangenheit, tötet den Großvater, dürfte deshalb eigentlich gar nicht gezeugt werden, hätte dann wiederum nicht den Großvater töten können usw. Neben einigen Erzählungen von Robert Sheckley und **Der Riß im Berg** (1970) von Wolfgang Jeschke, wo ein Mann seinen Tod immer und immer wieder neu erleben muß, sind besonders zwei Geschichten von Robert A. Heinlein zu erwähnen, die das Thema Paradoxon beinahe ultimativ ausgeschöpft haben: In BY HIS BOOTSTRAPS (1941, **Im Kreis**) begegnet ein Mann immer wieder neuen Gestalten, die sämtlich zeitversetzte Ausgaben von ihm selbst sind, und in ALL YOU ZOMBIES (1959, **Entführung in die Zukunft**) reist jemand in die Vergangenheit, läßt eine Geschlechtsumwandlung vornehmen, schläft mit sich selbst und zeugt sich selbst. Ähnlich David Gerrolds Roman THE MAN WHO FOLDED HIMSELF (1973, **Zeitmaschinen gehen anders**), wo dem Thema noch ein paar neue Varianten abgewonnen werden, etwa homosexuelle Beziehungen mit sich selbst.

Bleibt abschließend nur der Hinweis auf ein paar Erzählungen mit besonders gelungenen Zeitreisegags aller Art: Fredric Browns Mini-Story THE END (1951, **Das Ende**) schildert ein erfolgreiches Experiment zur Umkehrung der Zeit – ab Mitte der Story wird der Text wieder rückwärts abgespult; und Manipulationen in der Vergangenheit sind in William Tenns THE BROOKLYN PROJEKT (1948, **Das Projekt Brooklyn**), so erfolgreich, daß es von Menschen begonnen und von monströsen Wesen abgeschlossen wird – ohne daß die Akteure eine Veränderung wahrgenommen haben, sowie R. A. Laffertys köstliche Geschichte von Epiktistes, der Ktistec-Maschine (THUS WE FRUSTRATE CHARLEMAGNE [1967, **So frustieren wir Karl den Großen**]), mit der durch Eingriffe in die Vergangenheit die Gegenwart verbessert werden soll, niemand aber Veränderungen bemerkt, weil sie immer schon längst Geschichte sind – bis die Gegenwart völlig ruiniert ist. Zu erwähnen sind auch eine Reihe von Erzählungen von Brian W. Aldiss, die vertrackte Zeit-Phänomene zum Thema haben, u. a. in SPACE, TIME AND NATHANIEL (1957, **Raum, Zeit und Nathaniel**) sowie Christopher Priests AN INFINITE SUMMER (1976, **Ein endloser Sommer**).

Weitere wichtige Titel aus diesem Themenbereich:

Anderson, Poul: THE CORRIDORS OF TIME (1965), **Korridore der Zeit**.
Ball, Brian N.: SINGULARITY STATION (1973), **Erstarrt in der Zeit**.
Bester, Alfred: STARBURST (C) (1958), **Hände weg von Zeitmaschinen**.
Brunner, John: TIME SCOOP (1969), **Die Zeitsonde**.
ders.: THE PRODUCTIONS OF TIME (1967), **Spion aus der Zukunft**.
Carter, Lin: TIME WAR (1974), **Der Zeitkämpfer**.
Chandler, A. Bertram: THE WAY BACK (1978), **Flug ins Gestern**.
Compton, D. G.: CHRONOCULUS (1970), **Die Zeit-Moleküle**.
ders.: THE CUSTODIANS (1975), **Die Zeitspirale**.
Cunis, Reinmar: **Zeitsturm** (1979).
Dickson, Gordon R.: TIME STORM (1977).
Edmondson, G. C.: THE SHIP THAT SAILED THE TIME STREAM (1965), **Kleines Schiff im Strom der Zeit**.
Edwards, Norman: INVASION FROM 2500 (1964), **Überfall aus der Zukunft**.
Ernsting, Walter: **Der Tag, an dem die Götter starben** (1979).
Fearn, John Russell: LINERS OF TIME (1935).
Finney, Jack: TIME AND AGAIN (1970).
Fontenay, C. L.: TWICE UPON A TIME (1958), **Legion der Zeitlosen**.
Gross, Richard: **Der Mann aus dem anderen Jahrtausend** (1961).
Hubert, Fred: **Zeitsprung ins Ungewisse** (1975).
Jeschke, Wolfgang: **Der Zeiter**, (C), (1970, erw. 1978).
Knight, Damon: BEYOND THE BARRIER (1964), **Sprung über die Zeitbarriere**.

Laumer, Keith: THE GREAT TIME MACHINE HOAX (1966), **Im Banne der Zeitmaschine**.
ders.: THE OTHER SIDE OF TIME (1965), **Invasion aus der Nullzeit**.
Mahr, Kurt: **Die Zeitstraße** (1974).
McIntosh, J.T.: SNOW WHITE AND THE GIANTS (1966/67).
Mason, Douglas R.: DILATION EFFECT (1971), **Der Zeiteffekt**.
Phillips, Rog: TIME TRAP (1949), **Die Zeitfalle**.
Sellings, Arthur: THE POWER OF X (1970), **Die Zeiträuber**.
Silverberg, Robert (Hrsg.): VOYAGERS IN TIME (1967), **Die Mörder Mohammeds**.
ders.: THE TIME HOPPERS (1967), **Flucht aus der Zukunft**.
Snegow, Sergej: **Der Ring der Gegenzeit** (1977).
Tucker, Wilson: ICE AND IRON (1974).
ders.: THE LINCOLN HUNTERS (1958).

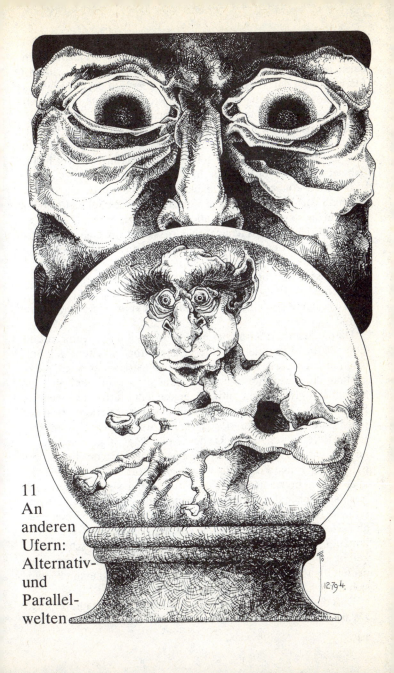

11
An anderen Ufern: Alternativ- und Parallelwelten

Was unterscheidet Alternativ- von Parallelwelten? Die Voraussetzung, eine davon zu erreichen, besteht in der SF nicht selten darin, daß der Protagonist durch eine »Dimensionslücke« rutscht. Findet er sich dann in einem London wieder, auf dessen Big Ben das Hakenkreuz prangt, kann er damit rechnen, sich in einer Alternativwelt aufzuhalten. Sieht er jedoch eine finstere Burg, über deren Türmen schwingenbewehrte Menschen ihre Kreise ziehen, während neben ihm grüngeschuppte Drachen auf einer Aue äsen – ist er in einer Parallelwelt gelandet. Was natürlich nicht heißt, daß seine Überlebenschancen hier größer wären.

Drachen kommen in der gängigen SF eher in bescheidenem Ausmaß vor: Sie sind typische Versatzstücke des Subgenres Fantasy und deswegen eher in Parallelwelten vorzufinden. Da kann es einem SF-Helden tatsächlich eher passieren, in eine Welt verschlagen zu werden, die eine (selten wünschenswerte) Alternative zur realen bietet.

Voraussetzung für literarische Spekulationen dieser Art ist natürlich die von SF-Lesern gern gestellte Frage: *Was wäre, wenn...* die Geschichte von einem bestimmten Punkt an anders verlaufen wäre?

Da die Science Fiction bei einem Großteil ihrer Autoren und Leser als die »Literatur der unbegrenzten Möglichkeiten« gilt, und wenn man Frederik Pohls Statement, die Basis einer solchen Erzählung könne ruhig unlogisch/unmöglich sein, solange der Schreiber logisch auf ihr aufbaue, gelten läßt, dürfte sich auch die Frage, wie die SF heute dastünde, hätten gewisse Verleger sie nicht jahrzehntelang ins Getto der Trivialliteratur gesperrt, zu interessanten Ergebnissen führen. Da der Großteil der SF jedoch weniger an ernsthaften Spekulationen als an Auflagenzahlen interessiert ist, wird die Frage *Was wäre, wenn...* zwar oft im Munde geführt, aber selten befriedigend beantwortet, denn sie erschöpft sich hauptsächlich in der Endung »...wenn es möglich wäre, überlichtschnelle Raumschiffe zu konstruieren, ...wenn die Atombombenabwürfe auf Japan das Resultat gebracht hätten, daß die Nachkommen der Strahlengeschädigten plötzlich telepathische Fähigkeiten entwickeln, ...wenn schleimige Tentakelmonster vom dritten Planeten der Sonne Kytzelmytz auf den Gedanken kämen, sich die schöne Erde unter den Nagel zu reißen.«

Daß die seltener auftauchende und sicher interessantere Frage »Was wäre, wenn Columbus Amerika nicht entdeckt hätte?« meist nur von solchen Autoren gestellt wird, denen man aufgrund ihres Gesamtwerkes zutrauen kann, daß sie nicht in die oben aufgeführte Trivialitätenkiste grabschen, beweist die Schwierigkeit jeder halbwegs ernsthaften Spekulation.

Daß die Frage nach dem *Was wäre, wenn...* allerdings so neu gar nicht ist, offenbart der Engländer Brian Ash in seinem 1977 erschienenen, reichbebilderten Nachschlagewerk THE VISUAL ENCYCLOPEDIA OF SCIENCE FICTION, in dem er konstatiert: »Eigenartigerweise war das Thema der alternativen Zeitströme nicht zuerst ein SF-Topos, sondern Objekt ernsthafter wissenschaftlicher Spekulation. Eine der besten Sammlungen nie real gewordener geschichtlicher Alternativen findet man in dem 1931 von Sir John Collings Squire herausgegebenen Essayband IF IT HAD HAPPENED OTHERWISE. Elf prominente Autoren (darunter Gilbert Keith Chesterton) liefern darin ihre eigenen Antworten auf die Fragen, ›Was wäre, wenn... Napoleon nach Amerika geflüchtet wäre, ...Byron König von Griechenland geworden wäre, ...Lee die Schlacht von Gettysburg gewonnen hätte, ...es John Wilkes Booth nicht gelungen wäre, Abraham Lincoln zu ermorden.«

Die Schlüsse, die die elf Autoren ziehen, sind ebenso faszinierend wie aufschlußreich; der Essayband erfreute sich besonderer Beliebtheit unter Historikern. G.M. Trevelyan, ein britischer Geschichtsforscher von Rang und Namen, gewann gar 1907 einen Wettbewerb der *Westminster Gazette,* die nach der besten Antwort auf die Frage »Was wäre, wenn Napoleon die Schlacht bei Waterloo gewonnen hätte?« suchte.

Brian Ash: »Die Abgründe, die zwischen Historikern und SF-Autoren klaffen, werden allerdings offensichtlich, wenn man in Sir John Wheeler-Bennets Einführung zur 1972 erfolgten Neuauflage des Buches liest, über derlei Themata sei in den letzten Jahrzehnten so gut wie nichts mehr geschrieben worden.«

Daß Wheeler-Bennett geflissentlich die Bemühungen der SF unterschlägt (oder wie es sich für einen seriösen Wissenschaftler geziemt, nicht kennt), läßt die Fans zwar schäumen, ist aber angesichts der vielen Sumpfblüten, die das Genre ans Ufer gespült hat, nicht weiter verwunderlich. Dennoch gelingt es hin und wieder dem einen oder anderen Vertreter der SF, seine Leser mit einem Garn zu überraschen, in dem er logisch auf der »falschen« Prämisse aufbaut. Manche dieser Visionen erscheinen dabei nicht einmal unrealistisch. Was wäre, wenn die Nazis den Krieg gewonnen hätten?

In Philip K. Dicks preisgekröntem Werk THE MAN IN THE HIGH CASTLE (1963, **Das Orakel vom Berge**) sieht die Lage folgendermaßen aus: Japan und Deutschland haben die USA nach dem Krieg unter sich aufgeteilt. Im Westen herrschen die Japaner, im Osten die Nazis. Letztere haben in ihrem Machtbereich den Vernichtungsfeldzug gegen die Juden weitergeführt; die Japaner erlauben größere Freizügigkeiten und tolerieren auch andere Rassen. In dieser Welt, in der eine Marsexpedition der Deutschen stattfindet, man das Mittelmeer trockenlegt und in der es ein Italien gibt, das zwar zu den Siegern gehört, weltpolitisch aber einflußlos ist, schildert Dick die Schicksale mehrerer Charaktere. Ort der Handlung: Westamerika, San Francisco. Die Protagonisten sind Frink (ein Jude, der eigentlich Fink heißt); dessen Frau Juliana; der Antiquitätenhändler Mr. Childan; der einflußreiche japanische Beamte Tagomi; der deutsche Geheimagent Wegener und der Gestapo-Mann Joe. Alle diese Figuren haben auf ihre Weise Schwierigkeiten mit dem System und treiben Dick-typisch ihrem Ende entgegen.

Frink hat neben seinem privaten Kummer Existenzsorgen und entgeht nur knapp der Deportation nach Deutschland (und damit dem Tod). Juliana irrt ruhelos von Stadt zu Stadt und ermordet ihren Liebhaber Joe, der sich zu erkennen gibt. Childan verliert, als er herausfindet, daß seine angeblichen Antiquitäten gefälschte Massenprodukte sind, die Freude an seinem Beruf. Der Buddhist Tagomi tötet in Notwehr zwei Menschen und geht daran zugrunde. Wegener, der erneute Kriegspläne der deutschen Führung vereiteln will, weiß am Ende nicht, ob seine Mission Erfolg hatte. Auch er hadert mit der Welt.

Das Orakel vom Berge ist ein außergewöhnliches Werk der sechziger Jahre, und daß es nicht mit dem Label Science Fiction versehen wurde, als es in den USA erschien, weist darauf hin, daß das Gerede von der Reife der SF nicht einmal von den Verlegern geglaubt wurde: Ihre Befürchtung, es könne sie die Sympathien eingefleischter SF-Leser kosten, stößen sie ihnen mit einem solchen Buch vor den Kopf, ist evident. Dick ist ein kompetenter Autor, und seinen üblichen Fehler, sich in krause Handlungen zu verstricken, konnte er hier vermeiden: Sein Buch ist von einem durchaus ernstzunehmenden Niveau, seine Naziwelt überzeugend geschildert, seine Charaktere fesselnd. Das im deutschen Titel angesprochene Orakel ist ein in diese Welt hineingeborener SF-Autor, der ein Buch geschrieben hat, das auf der Prämisse aufbaut, Hitler habe den Krieg verloren...

THE FALL OF FRENCHY STEINER (1964), eine Erzählung, die das britische Avantgarde-SF-Magazin *New Worlds* in seiner Nummer 143 abdruckte, setzt ebenfalls den Sieg der Nazis voraus. Hilary Bailey, Ex-Gattin des Herausgebers und heutigen Fantasy-Autors Michael Moorcock, erzählt darin die 1954 spielende Geschichte des englischen Barmusikers Lowry, der dem deutschen Mädchen Franziska (»Frenchy«) Steiner bei der Flucht vor der Polizei hilft. England ist von den Nazis besetzt; Frenchy, die Tochter des Bürgermeisters von Berlin, wird gesucht, obwohl sie einen Unantastbarkeitsausweis besitzt. Sie landen beide im Londoner Göring-Hotel, und Lowry erfährt, was man von Frenchy will: Sie hat starke Psi-Talente und war als dreizehnjähriges Mädchen maßgeblich an Hitlers militärtaktischen Plänen beteiligt. Da sie auch Heilkräfte besitzt, braucht man sie erneut, denn Hitler verfällt endgültig dem Wahnsinn. Man bringt Lowry und das Mädchen nach Berlin, wo sie heimlich miteinander schlafen. Schließlich wird Frenchy von einem den Gröfaz beratenden »Hellseher« Hitler vorgeführt, und sie schlägt die Mystiker mit ihren eigenen Waffen: Da die Nazis Frenchys Fähigkeiten ihrer Jungfräulichkeit zuschreiben, gesteht sie, nicht mehr unberührt zu sein: die Kraft habe sie nun natürlich verlassen. Man glaubt ihr prompt; Hitler stirbt, die Thronfolger kämpfen um sein Erbe. Das Reich wird zerfallen; Frenchy und Lowry schlagen sich wieder nach England durch.

Bailey hat es sich nicht besonders schwer gemacht, aber man kann ihr nicht nachsagen, sie sei ohne Engagement oder hinreichendes Konzept vorgegangen: Sie verknüpft geschickt die äußere mit der inneren Barbarei und gesellt der Gewaltherrschaft den Aberglauben, die Pseudokultur und den Hokuspokus hinzu. Einem wahnsinnigen Caligula gleich sitzt Hitler als lebender Anachronismus auf seinem Germanenthron. Sein Tod ist gleichbedeutend mit dem des Faschismus.

Die Gesetzmäßigkeiten, denen der Engländer Sarban (d.i. John W. Wall) in seinem Roman THE SOUND OF HIS HORN (1952) folgt, sind vornehmlich symbolischer Natur: Alan Querdilion, dem kurz vor Ende des Zweiten Weltkriegs die Flucht aus einem deutschen Kriegsgefangenenlager gelingt, irrt tagelang durch einen

Wald, bleibt schließlich in einer seltsamen Energiebarriere hängen, erwacht in einem Hospital und erfährt, daß der (von den Nazis gewonnene) Krieg seit hundert Jahren vorüber ist, und er sich auf dem Gut des Grafen Hackelnberg befindet. Hackelnberg betreibt einen entsetzlichen Sport: Er jagt Menschen. In Begleitung eines Arztes beobachtet Alan eine Jagdpartie, die der Graf für andere Nazibonzen veranstaltet: Zuerst knallt man Rotwild ab, dann hetzt man (als Vögel kostümierten) Mädchen nach. Auf Hackelnbergs Schloß leben ferner stumme Sklaven und menschliche Raubtiere: gehirnoperierte, blutdürstige Frauen, sogenannte »Katzen«. Als Alan selbst zum Jagdopfer auserkoren wird, stößt er im Wald auf ein Mädchen, das sich für ihn opfert. Er flieht aus Hackelnbergs Reich und findet in seine Welt zurück.

Über die Naziwelt außerhalb der Barriere sagt Sarban wenig: Sie wird exemplarisch am Beispiel der perversen Gewohnheiten Hackelnbergs gezeigt. Man erfährt, daß es draußen »Brutstätten« für die Sklaven und Widerstand gibt, aber im wesentlichen beschränkt sich der Autor auf ein modellhaftes Geschehen. Er trifft, indem er den Faschismus auf die ihm eigenen Menschenjagden reduziert, durchaus eine seiner Eigenschaften: die Mißachtung des Menschen und seiner Würde. Hackelnberg steht symbolisch für den Volksverführer, seine Gäste sind großmäulige Wichte, der Arzt und die Krankenschwester normale und empfindsame Menschen.

Hackelnberg/Gäste/Personal finden ihre Parallele in Führer/Mitläufer/Außenstehende. Das Schloß mit all seinen schrecklichen Bewohnern; der mal als Idylle, mal als tödliche Falle erscheinende Wald; das den Tod verheißende Jagdhorn des Grafen, und schließlich er selbst – das Monstrum – verkörpern das Fluidum eines Schauermärchens.

Der erste deutschsprachige Versuch, eine Alternativwelt zu schildern, in der die Nazis den Krieg gewonnen haben, wurde 1966 von dem österreichischen Schriftsteller Otto Basil unternommen: In **Wenn das der Führer wüßte** finden wir eine Erde, auf der die Atombombe nicht von den Amerikanern über Japan, sondern von den Deutschen über London abgeworfen wurde. Großdeutschland reicht bis zum Ural, Nord- und Südamerika sind berlinhörig, in den Vereinigten Staaten herrscht der Ku-Klux-Klan. Überall existieren »Untermenschenlager«, »Zuchtmutterklöster«, SS-Ordensburgen, Werwolf- und Totenkopfverbände. Albin Totila Höllriegl, der Protagonist des Romans, lebt in einer Stadt namens Heydrich und arbeitet als »Pendler«, d. h. er »pendelt« die Wohnungen seiner Kunden aus, um sie vor irgendwelchen »Erdstrahlen« zu schützen: ein Beruf, der sich in diese von Barbaren beherrschte Welt nahtlos einfügt. Höllriegl, ein kleiner Pg, erlebt nun, wie Hitler stirbt und ein gewisser Köpfler sein Nachfolger wird. Aus der wohlgeordneten Barbarei wird bald (man munkelt, Köpfler habe Hitler vergiftet) ein Chaos. Die Bauernvereinigung »Bundschuh« kämpft an der Seite der SA gegen SS- und Werwolfverbände; es kommt zum Bürgerkrieg. Als Köpfler mit den Japanern bricht, fallen die Atombomben. Hitler wird inmitten der Wirren mit großem Pomp im Kyffhäuser bestattet. Der bald strahlenverseuchte Höllriegl schafft es dank der Protektion der berühmten Ulla von Eyck (einem geilen Frauenzimmer, das als Sinnbild der deutschen Frau durch die Illustrierten geistert), einem Auffanglager zu entgehen, und flieht mit einigen Parteibonzen und anderen arischen Recken in die Arktis. Er erreicht sein Ziel aber nicht: Höllriegl tötet die (auch erkrankte) Ulla und kommt selbst im Kugelhagel um.

Wenn das der Führer wüßte steht zwischen Satire und Antiutopie, und wie Dick projiziert Basil Teile der heutigen Wirklichkeit mit umgekehrten Vorzeichen auf eine fiktive Welt. Der Roman spielt in den sechziger Jahren dieses Jahrhunderts; es gibt darin ebenfalls Weltraumexperimente, die allerdings nicht von »arischen« Astronauten, sondern von »Untermenschen« durchgeführt werden, für die es keine Chance zur Rückkehr gibt. Das Todesröcheln der Versuchskaninchen wird im Radio übertragen, und es ist bei Todesstrafe verboten, diese »Abhärtungssendungen« auszuschalten. Es gibt nicht nur TV und die Atombombe, sondern auch die »Deutsche Hörwacht«; eine Abhörorganisation, die Telefongespräche aufzeichnet und die man – um zu zeigen, daß man nichts zu verbergen hat – am besten gleich selbst einschaltet. Der NS-Literat E. E. Dwinger taucht als Edwin Edwin Zwinger auf und spielt den Führerlobhudler vom Dienst.

Basil macht das Grauen in kräftigen Farben sichtbar: Juden, auch »Äfflinge« genannt, gibt es nur noch ausgestopft im Museum; Angehörige anderer Völker leben in Lagern oder sind Leibeigene. Er schildert ein wahrhaft trostloses Land, das durchzogen ist von Totenburgen und das man nur mit Stapeln von Dokumenten und Beglaubigungen durchqueren kann; eine Nation, die für alles und jedes groteske Abkürzungen einführt, in germanischen Mythen schwelgt und über einen »Beauftragten für die Verbreitung des NS-Gedankengutes im Weltall« verfügt.

Das Makabre auf die Spitze treibt der Amerikaner Norman Spinrad: Sein Buch THE IRON DREAM (1972, **Der stählerne Traum**) gibt vor, lediglich der Umschlag für den SF-Roman LORD OF THE SWASTIKA zu sein, dessen Verfasser ein Fantasy-Schreiber namens Adolf Hitler gewesen sei. Spinrads Hitler, ein Mann, der in den zwanziger Jahren zunächst eine Parteikarriere ins Auge faßte, dann jedoch enttäuscht in die USA auswanderte, um dort Karriere im SF-Business zu machen, schildert in LORD OF THE SWASTIKA die Versuche eines Fantasy-Helden, ein Reich nach NS-Muster aufzubauen. THE IRON DREAM enthält nicht nur diese Hitler zugeschriebene Geschichte, sondern auch noch einen fiktiven Lebenslauf des angeblichen Autors, und Spinrad merkt zynisch an, LORD OF THE SWASTIKA habe 1954 den Hugo-Award erhalten, und sinniert darüber, was wohl passiert wäre, hätte Hitler Europa nicht verlassen, sondern tatsächlich versucht, seine abstrusen rassischen Ideen in die Wirklichkeit umzusetzen. Hitler hat es den SF-Autoren offenbar besonders angetan. In einer Alternativwelt, die Fritz Leiber entwirft, taucht er als Vertreter auf, der deutsche Zeppeline in die USA verkauft: CATCH THAT ZEPPELIN (1975, **Versäum' nicht den Zeppelin**); mit dieser Erzählung gewann Leiber 1976 den Hugo Gernsback-Award.

Aber die Schöpfer alternativer Welten beschränken sich nicht nur auf die jüngere Geschichte: Kingsley Amis, jener englische Romancier, der sich als erste außerhalb des Genres publizierende literarische Persönlichkeit in NEW MAPS OF HELL (1960) mit der SF auseinandersetzte, beschreibt in THE ALTERATION (1976) eine Welt des Jahres 1976, wie sie aussehen könnte, hätte die Reformation niemals stattgefunden: ein katholisches England wäre die Folge.

Ähnliches versuchen Amis' Landsleute John Brunner mit TIMES WITHOUT NUMBER (1969) und Keith Roberts mit PAVANE (1968, **Die folgenschwere Ermordung Ihrer Majestät Königin Elisabeth I.**): In beiden Romanen geht der Autor davon aus, die spanische Armada Philipps II. habe die englische Flotte vernichtet, die katholische Kirche beherrsche die halbe Welt und die Mordkommandos der Inquisition verhinderten, daß allzu neumodischer Schnickschnack überhaupt erst Realität werde.

Der amerikanische Kriminalschriftsteller MacKinley Kantor versuchte sich 1961 an der Darstellung eines bodenständigen Themas: In IF THE SOUTH HAD WON THE CIVIL WAR haben die Konföderierten die Unionstruppen besiegt. Im Amerika unserer Tage existieren nun drei Nationen: die Konföderation, die Union und (natürlich) Texas. Erst gegen 1960 versucht man wieder, zueinander zu finden.

Kantor war allerdings nicht der erste, der sich dieser Thematik annahm, denn bereits 1953 hatte sich sein SF-schreibender Landsmann mit dieser Möglichkeit auseinandergesetzt: In Ward Moores BRING THE JUBILEE (1955, **Der große Süden**) finden wir eine realistische Schilderung der Welt der vierziger und fünfziger Jahre, die ebenfalls voraussetzt, der Süden habe den Sezessionskrieg gewonnen. Wie Roberts und Brunner kommt auch Moore zu dem Ergebnis, daß eine reaktionäre Schicht, einmal an die Macht gekommen, in jeder Beziehung ihren konservativen Geist durchsetzt und die geistige und technische Entwicklung entsprechend langsamer vonstatten geht: So gibt es in seinen USA keine Flugzeuge, sondern gerade Zeppeline; und auch die Spediteure der Weltstadt New York transportieren ihre Fracht größtenteils noch mit Pferd und Wagen durch die Straßenschluchten von Manhattan. Erst als der wissensdurstige Country-Boy McCormick sich einer »wissenschaftlichen Landkommune« anschließt (er interessiert sich für Geschichte und ist der Meinung, alles wäre anders gekommen, hätte der Süden damals verloren), kommt etwas ins Rollen: Er steigt in die Reihen der Spitzenhistoriker auf, verfaßt bedeutende Werke über den Krieg und sieht sich – von mehreren anderen Kapazitäten neidisch belauert – schließlich gezwungen, eine Zeitmaschine zu bauen, sich ins Jahr 1877 zu begeben und der historischen Schlacht von Gettysburg persönlich beizuwohnen. BRING THE JUBILEE endet mit einem Gag: McCormick zieht, in der Vergangenheit angekommen, das Mißtrauen einiger Soldaten auf sich und wird zum Mittelpunkt einer Auseinandersetzung zwischen einem Captain und diversen nervösen Kriegern. In dem Durcheinander wird der Captain (er kommt McCormick seltsam bekannt vor) getötet. Die abgefeuerten Schüsse alarmieren die Gegenseite, und das Blatt wendet sich: Der Norden gewinnt die entscheidende Schlacht. Die Geschichte nimmt ihren Verlauf, wie wir sie kennen. Aber McCormicks Welt existiert nicht mehr. Der tote Captain war ein Vorfahr des Kommunenleiters (McCormick kannte ihn von einem Ölgemälde her), der seinen Sohn jetzt nicht mehr zeugen wird, weswegen sein Enkel auch nicht die Kommune gründen kann, der McCormick seine wissenschaftliche Ausbildung verdankt. Er verbringt sein Leben als Knecht auf einer Farm.

Die Komplexität derartiger Themen erfordert nicht nur logisches Denken, sondern auch umfangreiches Quellenstudium. Es ist verständlich, daß bereits Hemmnisse dieser Art unterbezahlte SF-Autoren, die im Jahr vier bis fünf Romane fabrizieren müssen, von derartigen Projekten abhalten. Es ist deshalb auch nicht verwunderlich, daß weitgehend mehr angloamerikanische SF-Autoren sich der Parallelweltenthematik zuwenden, die keinerlei Nachforschungsarbeit bedarf, wo man der Phantasie freien Lauf lassen kann und allen Schwierigkeiten dadurch aus dem Wege geht, daß man sich seine Welt so hinbiegt, wie man sie haben will und man allen Unstimmigkeiten mit einigen Phrasen über Magie oder der Andersartigkeit »fremder« Dimensionen begegnen kann.

Welten, die auf magischen Prinzipien basieren, erfordern im Gegensatz zum beträchtlichen Zeit- und Arbeitsaufwand einer auf Geschehnissen der realen historischen Vergangenheit aufbauenden Alternativwelt so gut wie keine Vorarbeiten: Parallelwelten entstammen der Phantasie ihrer Verfasser und sind (was die Sache noch mehr erleichtert) zu einem Großteil im Fantasy-Bereich angesiedelt.

In den dreißiger Jahren war das Parallelweltenthema in der Regel mit dem Thema der Invasion aus anderen Dimensionen verbunden: In Edmond Hamiltons LOCKED WORLD (1929) ist das nicht anders als in Murray Leinsters THE INCREDIBLE INVASION (1936): Allerdings sind diese Invasoren keine Menschen, sondern Entitäten, deren Fremdartigkeit und Unfaßlichkeit gerade auf ihrer Herkunft basiert. In jüngerer Zeit haben derartige Themen – hauptsächlich wegen der Berichterstattung der Sensationspresse über das Bermuda-Dreieck – wieder zugenommen: In William Rotslers ZANDRA (1977) wird ein Passagierflugzeug durch ein Dimensionstor geschleudert und auf eine Parallelwelt versetzt, wo die Besatzung sich durch eine feindliche Umwelt schlagen muß. Bereits 1946 versuchte der englische Vielschreiber John Russell Fearn mit OTHER EYES WATCHING das Rätsel verschwundener Menschengruppen zu erklären: Seine Heldin entdeckt ein Paralleluniversum, gelangt mit Hilfe einer Apparatur dorthin und findet die verschollene Besatzung des Schiffes *Marie Celeste* wieder, deren rätselhaftes Verschwinden ein tatsächlicher Vorfall gewesen ist.

Robert Silverberg versuchte in seinem Jugendbuch THE GATE OF WORLDS (1967) eine Welt zu schildern, in der es Europa nicht gelang, in Amerika Fuß zu fassen, was offenbar Philip José Farmer zu seinem Roman THE GATE OF TIME (1967, **Das Tor der Zeit**), inspirierte: Hier gerät Roger Two Hawks, ein indianischer Weltkrieg-II-Pilot während eines Angriffsflugs in eine etwas rückständige Parallelwelt, in der ebenfalls gerade ein grausamer Krieg geführt wird. Mit ihm hinüber schlüpft der deutsche Pilot Horst Raske, und erst später stellt sich heraus, daß Raske – und nicht Two Hawks – unserer realen Welt entstammt.

Thomas F. Monteleone läßt in DOWN TO THE SECRET SEA (1979) einen Collegelehrer im Dachkammergerümpel seiner Erbtante ein Tagebuch finden, in dem ein Seemann des 19. Jahrhunderts von seinen Begegnungen mit dem jungen Jules Verne berichtet: Verne steht hier lediglich als Verwerter jener Geschichten da, die der Seemann ihm erzählte, denn der wurde von einem Kapitän Nemo (der ein Unterseeboot kommandiert und auf allen Weltmeeren gegen seinen schurkischen Rivalen Robur kämpft) wegen Unfähigkeit auf einem Floß ausgesetzt und an die französische Küste gespült. Nemo und seine Leute sind Bewohner einer Parallelwelt, die gelegentlich Ausflüge auf die unsere unternehmen, wobei sie sich mehrerer Dimensionstore bedienen.

Brian Aldiss REPORT ON PROBABILITY A (1968, **Report über Probabilität A**), die wohl avantgardistischste Form des Parallelweltenthemas, schildert die Existenz mehrerer nebeneinander liegender Universen. Die Bewohner der Parallele A beobachten (ungesehen) die der Parallele B und werden (ohne es zu wissen) wiederum von den Bewohnern der Parallele C aus gesehen.

Ein Werk ganz besonderer Art ist sicherlich Philip K. Dicks FLOW MY TEARS, THE POLICEMAN SAID (1974, **Eine andere Welt**): Jason Taverner, ein prominenter Talkmaster, wacht in einer schmierigen Absteige auf, hat die Taschen voller Geld und stellt nach erfolglosen Kontaktaufnahmeversuchen mit Manager und Ex-Frau fest, daß niemand ihn kennt. Die USA, in denen er sich wiederfindet, sind zu einem perfekten Polizeistaat geworden, in dem jeder registriert ist und härteste Strafen zu erwarten hat, wenn er ohne Papiere angetroffen wird. Als das System von der

Existenz des Unregistrierten erfährt, setzt sich die Überwachungsmaschinerie in Bewegung, und Taverner muß untertauchen.

Dick hat diesen Roman unter dem Eindruck persönlicher Erfahrungen geschrieben, nachdem er feststellte, daß die Behörden seiner Heimatstadt ihn für »verdächtig« hielten, weil er stur auf seinen Bürgerrechten bestand und sich sogar beim FBI beschwerte, nachdem man einen Einbruch in seine Wohnung nicht zur Kenntnis nahm. Die Folgen waren offene Drohungen der örtlichen Polizeibehörde, Dick solle aus Marin County verschwinden, »man wolle keine Kreuzzügler«. Die Behörden verstanden nicht, weshalb ein »erwachsener Mann« lange Haare und einen Bart trägt, Rockplatten spielt und Pot raucht. Dick: »Das genügte denen schon, um in mir einen potentiellen Staatsfeind zu sehen.« Er hat ihnen in FLOW MY TEARS... ein Denkmal gesetzt.

Weniger politisch als Dick sehen allerdings die meisten anderen SF-Autoren des angloamerikanischen Sprachraums die Existenz möglicher Parallelwelten. THE GREEN MEN OF GRAYPEC (1950, **Die grünen Männer von Graypec**), verfaßt von dem englischen Polizeibeamten und Hobbyschriftsteller Festus Pragnell, ist wie zahllose andere Geschichten dieser Art das, was die Amerikaner »a swashbuckling adventure« nennen: Ein Tenniscrack wird durch ein Experiment seines Bruders in ein anderes Universum verschlagen, wo er auf einer »Gegenerde« mit einem intelligenten Affenmenschen den Körper tauscht. Obwohl der ganze Versuch nur wenige Minuten dauert, durchlebt der Held auf Graypec (wo die Zeit schneller vergeht) mehr als dreißig Jahre, und besteht, in ständige Kämpfe und Abenteuer verwickelt, ein haarsträubendes Erlebnis nach dem anderen.

Philip José Farmer schuf mit seinem bislang fünfbändigen »Etagenwelt«-Zyklus ebenfalls ein ganzes Parallel-Universum: In THE MAKER OF UNIVERSES (1965, **Meister der Dimensionen**), dem ersten Teil, schleudert er seinen Helden Robert Wolff mit Hilfe eines magischen Horns in das selbstgestrickte Taschenuniversum des Halbgottes Jadawin, wo er seine Jugend zurückerhält und allerlei Abenteuer im Kreise von Zentauren, Nixen, intelligenten Affenmenschen, hübschen Mädchen, legendären Heldengestalten, Indianern und Rittern zu bestehen hat. Farmer, Verfasser ganzer Serien obskurer Stories, ist auch verantwortlich für eine Parallelweltengeschichte mit dem Titel SAIL ON! SAIL ON! (1970), die den Leser mit der unerwarteten Pointe verblüfft, daß sich das ptolemäische Weltbild letztendlich doch als richtig herausstellt: Die Erde ist eine Scheibe, und Columbus muß mit Entsetzen feststellen, daß er mitsamt seiner *Santa Maria* über deren Rand hinaus ins Nichts kippt.

L. Sprague de Camp, der bis auf wenige SF-Romane hauptsächlich sarkastisch gewürzte Fantasies geschrieben hat, läßt in seinem gemeinsam mit Fletcher Pratt verfaßten Novellenzyklus um den dilettantischen Psychologen Harold Shea seinen Protagonisten aufgrund »mathemagischer« Berechnungen kurzerhand in ein Paralleluniversum gelangen, in dem die nordische Mythologie real existiert (THE ROARING TRUMPET, 1940). Die weiteren Abenteuer Sheas finden in Universen statt, die den Werken anderer Schriftsteller entnommen sind: THE CASTLE OF IRON (1941) etwa spielt in Ludovico Ariostos ORLANDO FURIOSO; der Roman THE MATHEMATICS OF MAGIC (1940, **Im Banne der Mathemagie**) in Edmund Spensers FAERIE QUEENE.

In den siebziger Jahren hat sich die Parallelweltenthematik mehr und mehr in den Bereich der Fantasy verlagert. Daß die daraus resultierenden Texte in der Regel nur für ein amerikanisches Publikum exotisch wirken, liegt daran, daß die Topoi der Fantasy hauptsächlich den hierzulande wohlbekannten Märchen und Sagen entlehnt sind: Die Fantasy-Welten der Amerikaner kennen keine Technologien, dagegen um so mehr Zauberei; die Zahl derer, die dort schwertschwingend mit Drachen kämpfen, Prinzessinnen aus muffigen Türmen befreien oder um die Rückgewinnung des ihnen »rechtmäßig zustehenden Throns« fechten, ist Legion, und die Szenerie, in der sie sich bewegen, jedem bekannt, der auch nur auszugsweise die Siegfriedsage kennt.

Weitere wichtige Titel aus diesem Themenbereich:

Aldiss, Brian W.: THE MALACIA-TAPESTRY (1976), **Der Malacia-Gobelin**.
ders.: REPORT ON PROBABILITY A (1968), **Bericht über Probabilität A**.
Brown, Fredric: WHAT MAD UNIVERSE (1949), **Das andere Universum**.
Bulmer, H. Kenneth: LAND BEYOND THE MAP (1965), **Wegweiser ins Grauen**.
ders.: THE KEY TO IRUNIUM (1967), **Die andere Dimension**.

ders.: THE KEY TO VENUDINE (1968), **Das Tor nach Venudine**.

ders.: THE WIZARDS OF SENCHURIA (1969), **Die Zauberer von Senchuria**.

De Camp, L. Sprague: THE FALLIBLE FIEND (1973, **Das Ungeheuer**).

ders.: THE CARNELIAN CUBE (1948).

Del Rey, Lester: THE SKY IS FALLING (1963).

Dick, P. K.: A MAZE OF DEATH (1970), **Irrgarten des Todes**.

ders.: EYE IN THE SKY (1957), **Und die Erde steht still**.

Disch, Thomas M.: 334 (1974), **Angoulême**.

Harrison, Harry: TUNNEL THROUGH THE DEEPS (1972), **Der große Tunnel**.

Kurland, Michael: THE WHENABOUTS OF BURR (1975).

Kuttner, Henry: THE DARK WORLD (1965), **Lord der dunklen Welt**.

Leiber, Fritz: DESTINY TIMES THREE (1957), **Welten des Grauens**.

Laumer, Keith: WORLDS OF THE IMPERIUM (1962).

ders.: AXE AND DRAGON (1965).

ders.: ASSIGNMENT IN NOWHERE (1968).

Meredith, Richard C.: AT THE NARROW PASSAGE (1975).

ders.: NO BROTHER, NO FRIEND (1976).

ders.: VESTIGES OF TIME (1978).

Moorcock, Michael: WARLORDS OF THE AIR (1971), **Die Herren der Lüfte**.

ders.: THE RITUALS OF INFINITY (1967), **Zerschellt in der Zeit**.

Priest, Christopher: INVERTED WORLD (1974), **Die Stadt**.

ders.: A DREAM OF WESSEX (1977), **Ein Traum von Wessex**.

Russ, Joanna: THE FEMALE MAN (1975), **Planet der Frauen**.

Shaw, Bob: THE TWO-TIMERS (1968), **Die Zweizeitmenschen**.

Sobel, Robert: FOR WANT OF A NAIL... IF BURGOYNE HAD WON AT SARATOGA (1973).

Van Vogt, A. E.: THE UNIVERSE MAKERS (1953), **Die Schatten.**

ders.: SIEGE OF THE UNSEEN (1959), **Der Mann mit dem dritten Auge.**

Wylie, Philip: THE DISAPPEARANCE (1951), **Das große Verschwinden.**

Biographisches
Lexikon

A

Abe, Kobo
(1924–   )
Der japanische Autor Kōbō Abé wurde in Tokio geboren und wuchs in Mukden in der Mandschurei auf, wo sein Vater als Arzt tätig war. 1948 promovierte er an der Universität von Tokio zum Doktor der Medizin, übte den Arztberuf aber niemals aus. Vielmehr veröffentlichte er noch im gleichen Jahr sein erstes Buch, und 1951 erhielt er den *Akutagawa,* den bedeutendsten japanischen Literaturpreis, 1960 den Yomiuri-Literaturpreis für den Roman **Die Frau in den Dünen**, der auch verfilmt wurde und in Cannes den Preis der Jury erhielt. Kōbō Abé gehört zu den wichtigsten japanischen Schriftstellern der Gegenwart. Wiesen bereits **Die Frau in den Dünen** und **Das Gesicht des Anderen** phantastische Züge auf, so schrieb er mit DAIYON-KAMPYOKI **(Die vierte Zwischeneiszeit)** einen SF-Roman über eine Maschine, mit der die Zukunft vorherzusagen ist. Dieser Roman erschien erstmals 1959 in der Literaturzeitschrift *Sekai Magazin.*

Bibliographie:
Die vierte Zwischeneiszeit (DAIYON-KAMPYOKI), Frankfurt 1975, SFdW.

Ackerman, Forrest J.
(1916–   )
»Forry« Ackerman ist zweifellos die bekannteste Persönlichkeit im amerikanischen SF-Fandom und der internationalen SF-Szene. Er war sozusagen ein »Mann der ersten Stunde«, hatte Kontakt mit zahllosen Autoren, kannte noch fast alle der Pulpschreiber persönlich und hat die wohl umfangreichste Sammlung an SF-Literatur der Welt. Als Autor trat er kaum hervor, schrieb lediglich ein paar Erzählungen (unter Pseudonymen wie Dr. Acula, Jacques De Forest Erman, Alden Lorraine, Hubert George Wells und Weaver Wright) sowie eine Reihe von Artikeln für SF-Magazine. Seit den frühen dreißiger Jahren ist er unermüdlich im Fandom aktiv und sammelt alles, was mit SF zusammenhängt, um es für die Nachwelt zu erhalten. Seine große 17-Zimmer-Villa in Hollywood ist vollgestopft mit Büchern und Magazinen aus aller Welt. Der »Sci-fi-Superfan« FJA betätigte sich auch lange Jahre als literarischer Agent und gelegentlich auch als Herausgeber; u.a. erwarb er sich das Verdienst, daß es **Perry Rhodan** auch auf englisch gibt, damit die Amerikaner sich ein Bild von der deutschen Science Fiction machen können.

Adamow, Grigori Borissowitsch
Der russische Autor Grigori Borissowitsch Adamow (Grigorij Borisovič Adamov) gehört zu den Klassikern des russischen Zukunftsromanes. Sein erster Roman, POBEDITELI NEDR (»Die Bezwinger des Erdinnern«), erschien 1937 und schildert die Suche nach neuen Energiequellen im Erdinnern. Für seinen zweiten Roman, TAJNA DWUCH OKEANOW (**Das Geheimnis zweier Ozeane**, 1939, deutsche Übersetzung 1956) betrieb er umfangreiches Quellenstudium in Sachen Meeresflora und -fauna. Es geht um ein utopisch ausgerüstetes U-Boot. Ein weiterer Roman, IZGNANIJE WLADYKI (»Die Vertreibung des Herrschers« 1941), handelt in der Arktis.

Bibliographie:
Das Geheimnis zweier Ozeane (TAJNA DWUCH OKEANOW), Berlin 1956, Vlg. Neues Leben.

Adlard, Mark
(1932–)
Mark Adlard, der mit seinem bürgerlichen Namen Peter Marcus Adlard heißt, ist ein englischer SF-Autor. Er wuchs im Nordosten Englands auf, studierte Kunstgeschichte an der Universität Cambridge und war eine Zeitlang als kfm. Leiter in der Stahlindustrie tätig. Seine Erfahrungen aus diesem Bereich schlagen sich in den drei SF-Romanen nieder, die er bisher publiziert hat und die zusammen die TCITY-Trilogie bilden: INTERFACE (1971), VOLTFACE (1972) und MULTIFACE (1973). Sie spielen in naher Zukunft und stellen in ironischer und verschärfter Form die Probleme der Technisierung und Überindustrialisierung dar, mit den damit zusammenhängenden Problemen wie Automation, Arbeitslosigkeit, Frustration am Arbeitsplatz und Unfähigkeit einer sinnvollen Freizeitgestaltung.

Akers, Alan Burt ↗ **Bulmer, H(enry) Kenneth**

Aldani, Lino
(1926–)
Lino Aldani war lange Zeit eine der führenden Persönlichkeiten der italienischen SF-Szene – und das nicht nur deswegen, weil er Unmengen an SF-Kurzgeschichten verfaßte, sondern zu einem Gutteil auch wegen der Gründung des SF-Magazins *Futuro,* des einzigen, das sich verpflichtet fühlte, von Anfang an die einheimische SF zu fördern und jungen Talenten eine Chance zu geben. 1960 veröffentlichte er mit DOVE SONO I VOSTRI KUMAR? im bekannten Magazin *Oltre il Cielo* seine erste Erzählung. Zwei Jahre später hatte er sich bereits an die Spitze der italienischen

SF-Autoren katapultiert. Aldanis Stil ist lebhaft, manchmal schwer, aber seine Texte sind immer von tiefen menschlichen Emotionen durchdrungen, was in seinen Stories BUONA NOTTE, SOFIA und UNA ROSSA AUTENTICA am offensichtlichsten wird. Seine Story-Sammlung QUARTA DIMENSIONE erschien auch in Frankreich und sein 1980 auch in deutscher Sprache unter dem Titel **Arnos Flucht** erschienener Roman QUANDO LE RADICI erhielt nicht nur den Beifall der Leser, sondern auch den der öffentlichen Kritik. Aldani ist eine der beherrschenden Persönlichkeiten der italienischen SF und beeinflußt nachhaltig die jüngere Autorengeneration. Bisher kamen seine Werke in Frankreich und sein 1980 auch in und Rumänien heraus. Aldanis Motiv ist das menschliche Zusammenleben in der Zukunft, und obwohl in allen seinen Texten der Mensch im Mittelpunkt steht, ist seine Weltanschauung eher pessimistisch, und die Hoffnung auf eine menschlichere Zukunft scheint für ihn nicht eben groß zu sein. In seinen neuesten Werken hat er sich zwar von diesem pessimistischen Standpunkt etwas losgelöst, doch die früher so glänzende Charakterisierung seiner Figuren ist nicht mehr gegeben. Möglicherweise werden breitere Leserschichten dies begrüßen, weniger jedoch Aldanis alte Fans, die gerade seinen dichten, anspruchsvollen Stil schätzen.

Bibliographie:
Arnos Flucht (QUANDO LE RADICI), München 1980, H 3686.

Aldiss, Brian W(ilson)
(1925–)
Brian W. Aldiss wurde in Norfolk/England geboren und verbrachte den größten Teil seiner Jugend in Devon. 1943 wurde er zur Armee eingezogen und war als Soldat in Burma und auf Sumatra. Nach Kriegsende reiste er einige Zeit durch Südostasien. Nach England zurückgekehrt, verdiente er seinen Lebensunterhalt acht Jahre lang als Buchhändler in Oxford. Sein schriftstellerisches Debut gab er mit CRIMINAL RECORD, einer Kurzgeschichte, die 1954 in der Juliausgabe von *Science Fantasy* erschien. 1955 gewann Aldiss bei einem Kurzgeschichtenwettbewerb des *Observer* einen geteilten zweiten Preis, was ihn in seinem Vorhaben bestärkte, freiberuflicher Schriftsteller zu werden. Ab 1958 war er für den literarischen Teil der *Oxford Mail* verantwortlich. Seine eigenen Erzählungen erschienen zunächst in den britischen Magazinen, wie *New Worlds* oder *Nebula*. Einige davon wurden zu seiner ersten Sammlung von Stories SPACE, TIME AND NATHA-

NIEL (1957) zusammengefaßt. 1955 war sein erster Roman, THE BRIGHTFOUND DIARIES veröffentlicht worden, aber es war NON-STOP (1958), ein Generationenschiffroman, der die Kritiker aufhorchen ließ. Im selben Jahr gelang Aldiss mit seiner Geschichte JUDAS DANCING (engl. Titel: JUDAS DANCED) der Sprung über den Teich, als Frederik Pohl sie in seiner Anthologie *Star SF* publizierte. Aldiss wurde in Amerika sofort populär, und 1959 gewann er sogar den Hugo in der Sparte »Vielversprechendster neuer Autor«. Ein »richtiger« Hugo ließ dann auch nicht mehr lange auf sich warten. Er bekam ihn für die HOTHOUSE-Stories, die gesammelt unter dem Titel THE LONG AFTERNOON OF EARTH (1962) erschienen. Danach folgte eine schriftstellerisch fruchtbare Periode. Die Romane THE DARK LIGHT-YEARS (1964), GREYBEARD (1964) und EARTHWORKS (1965) wurden veröffentlicht und übertrafen in ihrer Qualität frühere Romane wie BOW DOWN TO NUL (1960) oder EQUATOR (1958, 1959) bei weitem. Waren die zeitlich früheren actionbetontere Fremdherrschaftsromane gewesen, so verlegte sich Aldiss nun auf ernsthaftere Themen, wie das Sterilwerden der Menschheit und der Erde selbst (GREYBEARD, bzw. EARTHWORKS, beides düstere Zukunftsvisionen). Aber auch auf dem Gebiet der Kurzgeschichte war Aldiss überaus erfolgreich. 1965 gewann er mit der Novelle THE SALIVA TREE (FSF, 9/65) den Nebula-Award. Seit Michael Moorcock die Herausgeberschaft von *New Worlds* übernommen hatte, engagierte sich Aldiss stark für eine neue Richtung in der SF, die ab 1966 in England stark zum Tragen kommen sollte und als »New Wave« bekannt wurde. Neben Moorcock und Ballard nannte man Aldiss als Vorkämpfer einen der »drei Musketiere« der *New Wave*. Seine Stories wurden experimenteller und schwieriger, was durch sein bekanntestes Buch aus dieser Zeit bewiesen wird: BAREFOOT IN THE HEAD (1969) ist die Verknüpfung verschiedener Stories, die von einem »bewußtseinserweiterten« Europa erzählen, das Opfer eines Halluzinogengas-Angriffs aus dem Nahen Osten wurde, sozusagen Aldiss' psychedelischer Beitrag zur drogenbeeinflußten Kultur der »wilden sechziger Jahre«. Weniger aufgefallen, aber für den Durchschnittsleser dennoch starker Tobak waren CRYPTOZOIC, engl. AN AGE (1967) und REPORT ON PROBABILITY A (1968), die Zeitreise- und Parallelwelthematik behandelten. Anfang der siebziger Jahre schrieb Aldiss wenig SF. Dafür tauchte sein Roman THE HAND-REARED BOY in Englands Bestsellerlisten auf. Dieser erste Teil einer Trilogie, dem A SOLDIER ERECT und A RUDE AWAKENING folgten, beschrieb die Probleme eines heranwachsenden Jungen und hatte mit SF nichts zu tun. Der erste SF-Roman nach längerer Zeit war FRANKENSTEIN UNBOUND (1973), eine Fantasy, welche die These erhärten sollte, Mary W. Shelleys FRANKENSTEIN sei der erste SF-Roman überhaupt gewesen, die Aldiss in seinem literaturgeschichtlichen Werk über die Science Fiction, THE BILLION YEAR SPREE, im gleichen Jahr aufstellte. 1974 folgte THE EIGHTY MINUTE HOUR, eine Space Opera, bevor sich Aldiss mit THE MALACIA TAPESTRY (1977) wieder der Fantasy zuwandte. 1977 erschien der SF-Roman BROTHERS OF THE HEAD; 1978 ENEMIES OF THE SYSTEM. Eine Sammlung mit neueren SF-Erzählungen wurde 1977 unter dem Titel LAST ORDERS publiziert, 1979 ein Band mit wichtigen Aufsätzen über SF: NEW ARRIVALS, OLD ENCOUNTERS. Derzeit arbeitet Brian Aldiss an einem großen SF-Romanprojekt, der Trilogie HELLICONIA, und an einer Fortsetzung zum MALACIA TAPESTRY. Viele der Themen, die Brian W. Aldiss in der SF anschnitt, waren nicht mehr neu, das wäre für einen heutigen Autor auch unmöglich zu bewerkstelligen, aber entscheidend war, wie Aldiss diese Themen anging und angeht. Immer gewinnt er ihnen neue, intellektuelle Perspektiven ab. Sein Stil ist erfrischend und dem der meisten seiner Kollegen überlegen. Darüber hinaus ist sein Werk von großem Ideenreichtum, was vor allem seine ausgezeichneten Kurzgeschichtensammlungen beweisen. Die British Science Fiction Association wählte Brian W. Aldiss 1969 zum populärsten SF-Autor Großbritanniens; 1970 verliehen ihm die australischen Fans den Ditmar-Award, als bestem zeitgenössischen SF-Schriftsteller der Welt.

Bibliographie:
Am Vorabend der Ewigkeit (THE LONG AFTERNOON OF EARTH), München 1964, H3030.
Das Ende aller Tage (C),(GALAXIES LIKE GRAINS OF SAND), München 1967, TTB 120.
Aufstand der Alten (GREYBEARD), München 1967, H3107.
Der Sternenschwarm (C), (STARSWARM), München 1968, H3124.
Fahrt ohne Ende (NON-STOP), München 1970, H3191.
Die neuen Neandertaler (C), (INTANGIBLE INC.) München 1970, H3195.
Tod im Staub (EARTHWORKS), München 1970, Lichtenberg Vlg.
Der unmögliche Stern (C), (BRIAN W. ALDISS – BEST SF STORIES) Frankfurt 1972, Insel Vlg.
Kryptozoikum (CRYPTOZOIC), Frankfurt–Berlin–Wien 1976, U3277.
Report über Probabilität A (REPORT ON PROBABILITY A) Frankfurt–Berlin–Wien 1976, U3293.
Alle Tränen dieser Erde (THE BOOK OF BRIAN W. ALDISS), München 1977, GWTB0238.
Unterdrücker der Erde (THE INTERPRETER), Berlin 1977, U3364.
Der Malacia-Gobelin (THE MALACIA TAPESTRY), München 1978, H3625.

Heftpublikationen:
Fahrt ohne Ende (NON-STOP) T2 (1958); (frisierte Übersetzung der Magazin-Version).
Feinde aus dem Kosmos (EQUATOR) UZ315 (1962).

Alpers, Hans Joachim
(1943–)
Nach Abschluß der Mittelschule absolvierte der in Bremerhaven geborene Hans Joachim Alpers eine Lehre als Maschinenschlosser im Schiffsreparaturbetrieb des Norddeutschen Lloyd und studierte anschließend an der Ingenieurakademie in Bremen. Nachdem er einige Jahre lang als Ingenieur in einem Konstruktionsbüro tätig gewesen war, setzte er 1973 sein Studium an der Universität Hamburg fort, wo er Maschinenbau, Politik und Erziehungswissenschaft belegte. Bereits 1967 veröffentlichte er unter dem Pseudonym Jürgen Andreas die Kurzgeschichtensammlung **Erde ohne Menschen**, und 1969 übernahm er die Auswahl der SF-Kurzgeschichten für das populärwissenschaftliche *X-Magazin*. Er schrieb u.a. Rezensionen für die Zeitung *Die Bücherkommentare* und war langjähriger Herausgeber des Literaturmagazins *Science Fiction Times*, dessen Chefredakteur er noch heute ist. In Zusammenarbeit mit Ronald M. Hahn stellte Hans Joachim Alpers die SF-Anthologie **Science Fiction aus Deutschland** (1974) zusammen; außerdem machte er sich in der Fachliteratur mit verschiedenen kritischen Beiträgen zur SF-Literatur – die in verschiedenen Aufsatzsammlungen erschienen – einen Namen. Unter dem Pseudonym Mischa Morrison veröffentlichte er mehrere SF-Heftromane, wobei er sich bemühte, den gängigen Klischees aus dem Weg zu gehen. In den siebziger Jahren konzentrierte er sich als Autor vor allem auf Gemeinschaftsproduktionen von Jugendbüchern zusammen mit Ronald M. Hahn. So entstanden bisher sechs Jugendbücher um die Abenteuer von auf sich selbst gestellten Kindern und Jugendlichen in einem riesigen Raumschiff, ferner mehrere Jugendkrimis unter dem Gemeinschaftspseudonym Daniel Herbst, darunter die im Comic-Sammler-Milieu spielende Satire **Die Schundklaubande** (1978). Gemeinsam mit Ronald M. Hahn und Werner Fuchs war Alpers ferner für die redaktionelle Gestaltung des deutschen SF-Magazins *Comet* (1977/78) und die Veröffentlichung einer **Dokumentation der Science Fiction ab 1926 in Wort und Bild** verantwortlich. Alpers/Hahn arbeiten an weiteren Jugendbüchern, haben zugleich aber die Manuskripte zu den SF-Romanen **Traumjäger** und **Centauri!** abgeschlossen, die voraussichtlich beide 1979/80 erscheinen werden. Seit 1978 ist Hans Joachim Alpers Herausgeber der Science Fiction-Taschenbuchreihe des Knaur Verlags, wo auch die von ihm zusammengestellten Anthologien **Countdown** (1979) und **Bestien für Norn** (1980) erscheinen.

Von Januar 1980 an wird Hans Joachim Alpers im Moewig Verlag ein neues SF-Programm aufbauen.

Bibliographie:
Das Raumschiff der Kinder (mit Ronald M. Hahn), Reutlingen 1977, Ensslin-Nova.
Planet der Raufbolde (mit Ronald M. Hahn), Reutlingen 1977, Ensslin-Nova.
Wrack aus der Unendlichkeit (mit Ronald M. Hahn), Reutlingen 1977, Ensslin-Nova.
Bei den Nomaden des Weltraums (mit Ronald M. Hahn), Reutlingen 1977, Ensslin-Nova.
Die Rätselhafte Schwimminsel (mit Ronald M. Hahn), Reutlingen 1978, Ensslin-Nova.
Ring der dreißig Welten (mit Ronald M. Hahn), Reutlingen 1979, Ensslin-Nova.
(Hrsg.) **Science Fiction aus Deutschland** (mit Ronald M. Hahn), Frankfurt 1974, FO 43.
(Hrsg.) **Countdown**, München 1979, K 5711.
(Hrsg.) **Bestien für Norn**, München 1980, K 5722.
Traumjäger (mit Ronald M. Hahn), München 1980, H (in Vorb.).

Heftpublikationen:
Erde ohne Menschen (C) (als Jürgen Andreas), T 507 (1967).
Das Ende der Demeter (als Mischa Morrison), TA 209, (1975).
Sklaven des Tantalus (als Mischa Morrison), TA 214 (1975).
In den Höhlen des Tantalus (als Mischa Morrison), TA 218 (1975).
Die Fallen des Tantalus (als Mischa Morrison), TA 223 (1975).
Kinder des Tantalus (als Mischa Morrison), TA 227 (1975).
Im Netz der Dimensoren (als Mischa Morrison, mit Manuel S. Delgado), Ge 17 (1976).

Sekundärliteratur:
Dokumentation der Science Fiction ab 1926 in Wort und Bild (mit Ronald M. Hahn und Werner Fuchs), Celle 1978, Tandem Verlag.

Amery, Carl
(1922–)
Carl Amery (Pseudonym des in München geborenen und in Passau aufgewachsenen Christian Mayer) lebt heute als freier Schriftsteller in München. Amery (der nicht nur seine Romane unter diesem Pseudonym veröffentlicht, sondern den Namen auch in der Öffentlichkeit trägt) zählt zu den wichtigsten zeitgenössischen Autoren der Bundesrepublik und wurde durch Romane wie **Der Wettbewerb** (1954) und **Die große deutsche Tour** (1958), Hörspiele und kritische Schriften

zum Katholizismus bekannt. (**Das Ende der Vorsehung. Die gnadenlosen Folgen des Christentums**, 1972).
Er ist P.E.N.-Mitglied seit 1967 und war zeitweise Vorsitzender des Verbandes deutscher Schriftsteller (VS). In den letzten Jahren engagierte er sich stark in der Umweltschutzbewegung. (**Natur als Politik. Die ökologische Chance des Menschen,** 1976).
Mit den Romanen **Das Königsprojekt** (1974) und **Der Untergang der Stadt Passau** (1975) veröffentlichte er zwei Science Fiction-Werke. In **Das Königsprojekt** geht es um eine von Leonardo da Vinci konstruierte Zeitmaschine im Besitz des Vatikans, mit deren Hilfe dieser die historischen Ursachen der Glaubensspaltung beseitigen will. **Der Untergang der Stadt Passau** schildert, wie sich in dem nach einer Katastrophe nahezu entvölkerten Europa in Passau ein neues feudalistisches Machtzentrum bildet, das von Bauern und Nomaden zerstört wird. Beide Romane, bis ins Detail liebevoll und mit viel Sinn für Skurrilität und Witz ausgedacht, in präziser und saftiger Sprache geschrieben, sind gute Beispiele für gelungene Verschmelzung von Science Fiction und der sog. gehobenen Litratur. Amery hat übrigens eine Vorliebe für Science Fiction-Lektüre und schätzt besonders Walter M. Millers A CANTICLE FOR LEIBOWITZ. Auch sein eben erschienener Roman, **An den Feuern der Leyermark**, ist der SF zuzurechnen. Er handelt von einer Parallelwelt, in der Bayern eine besondere Rolle spielt und auf den – wie erwartet angesichts einer »alternate timestream novel«, wie der Autor sie augenzwinkernd bezeichnet – die professionelle Literaturkritik in ihrer elitären Unbedarftheit zum Teil mit Unverständnis und etwas irritiert (und deshalb ärgerlich) reagierte.

Bibliographie: **Das Königsprojekt**, München 1974, Piper Vlg.
Der Untergang der Stadt Passau, München 1975, H 3461.
An den Feuern der Leyermark, München 1979, Nymphenburger Verlagshandlung.

Amosow, Nikolai M(ichailowitsch) (1913–)
Der russische Arzt, Kybernetiker, Ingenieur und Autor Nikolai M. Amosow (Nikolaj Michajlovič Amosov) wurde am Moskauer Polytechnikum ausgebildet und wandte sich danach der Medizin zu. Im Zweiten Weltkrieg war er als Feldarzt tätig, anschließend spezialisierte er sich auf Herz- und Lungenchirurgie. Amosow wurde weltberühmt durch seine Konstruktion einer ersten Herz-Lungen-Maschine, gleichzeitig jedoch zählt er zu den meistgelesenen russischen Autoren der Gegenwart, dessen **Tagebuch eines Herzchirurgen** allein in der Sowjetunion eine Auflage von vier Millionen Exemplaren erreichte und in zehn Sprachen übersetzt wurde. Amosow, der mit einer Lehrerin verheiratet ist, arbeitet als Professor einer Klinik in Kiew und leitet die Abteilung für biologische Kybernetik an der ukrainischen Akademie der Wissenschaften. Auch sein SF-Roman ZAPISKI IZ BUDUSHCHEGO **(Die zweite Zukunft)**

handelt im Arztmilieu: 22 Jahre nach seinem Tod wird ein Physiologe ins Leben zurückgeholt und geheilt, findet sich in der als kalt empfundenen, von Robotern bestimmten Welt der Zukunft jedoch nicht zurecht. Der zweite Teil des Romans wurde in der Sowjetunion nicht veröffentlicht, weil man ihn als zu pessimistisch beurteilte.

Bibliographie:
Die zweite Zukunft (ZAPISKI IZ BUDUSHCHEGO), München 1971, Droemer Knaur Vlg.

Anderson, Poul (William)
(1926–   )
Der amerikanische Autor Poul Anderson wurde in Bristol/Pennsylvania geboren; seine Vorfahren waren dänische Einwanderer (die eigentlich Andersen hießen). Er wuchs in Texas auf und studierte in Minnesota Physik. 1948 schloß er dieses Studium mit Auszeichnung ab. Während seines Studiums hatte er mit dem Schreiben von SF begonnen (seine erste veröffentlichte Erzählung trug den Titel TOMORROW'S CHILDREN, gemeinsam verfaßt mit F.N. Waldrop, 1947 in *ASF* erschienen und später in den Roman TWILIGHT WORLD, 1961, eingefügt). Er finanzierte damit die letzten Semester seines Studiums. Damals lernte er Gordon R. Dickson kennen, der an der gleichen Universität studierte und im gleichen Mietshaus wohnte; die Räume der beiden waren nur durch eine Wand getrennt, und es war selten, daß nicht mindestens auf einer Seite der Trennwand eine Schreibmaschine klapperte. Als Anderson sein Studium abschloß, war er als SF-Autor bereits so weit etabliert, daß er sich angesichts der Schwierigkeit, einen Job zu finden, entschloß, freier Schriftsteller zu werden. 1953 zog er nach Kalifornien und heiratete Karen Kruse, die sich ebenfalls schon als Autorin versucht hatte. Bis heute hat Poul Anderson rund 50 Bücher und etwa 200 Erzählungen veröffentlicht. Das meiste davon gehört der Science Fiction und Fantasy an, aber Anderson hat auch Krimis, Jugendbücher, historische Romane, allgemeine Romane und Sachbücher geschrieben sowie zwei Anthologien herausgegeben. Anderson erhielt im Laufe der Jahre eine Reihe von Preisen, darunter den August Derleth-Preis, fünf Hugo Gernsback- und zwei Nebula-Awards (jeweils für Kurzgeschichten) und den Tolkien Memorial Award. Charakteristisch für sein Gesamtwerk ist, daß er sich mit einigen aufsehenerregenden Romanen und Kurzgeschichten ei-

nen Namen machte, in der großen Breite seiner Arbeiten aber leider meist nur mittelmäßiges Niveau erreichte. Zu den herausragenden Werken zählt ohne Zweifel der Roman BRAIN WAVE (1954), sein SF-Erstling: Eine Strahlung aus dem Kosmos bewirkt einen evolutionären Sprung bei Menschen und Tieren, d.h. die Tiere werden so intelligent wie Menschen, die Menschen werden zu Genies. Anderson versteht es hier, die Tragik, die in diesem abrupten Herausbrechen aus allen vertrauten Lebensbereichen steckt, eindringlich zu schildern. Recht fesselnd auch STAR WAYS (1956), eine romantische Geschichte über Weltraumnomaden, die mit ihren Schiffen durch das All ziehen, Handel treiben und sich gelegentlich wieder versammeln, um Erfahrungen auszutauschen etc. Unter den Romanen der letzten Jahre ist THE DANCER FROM ATLANTIS (1971, **Die Tänzerin von Atlantis**) besonders erwähnenswert, eine Zeitreisegeschichte, die den Helden auf die Insel Kreta zur Blütezeit der minoischen Kultur führt und ihn den Untergang von »Atlantis« miterleben läßt, eine bezaubernde Geschichte mit einem Hauch von Tragik.

Gute Kurzgeschichten von Anderson sind u.a.: CALL ME JOE **(Nennt mich Joe)**, THE QUEEN OF AIR AND DARKNESS **(Die Königin der Dämonen)** und THE MAN WHO CAME EARLY **(Der Mann, der zu früh kam)**.

Populär, aber weniger überzeugend sind Andersons Stories und Romane um Serienhelden wie den galaktischen Händler *Nicholas Van Rijn,* den interstellaren Agenten *Dominic Flandry* oder die unter dem Namen TIME PATROL zusammengefaßten Stories über eine Zeitpolizei, die als »Ordnungsfaktor« eingreift, um Veränderungen der Vergangenheit durch andere Zeitreisende zu verhindern bzw. erneut zu korrigieren (als Roman unter dem Titel GUARDIANS OF TIME, 1960; deutsch: **Hüter der Zeiten**). Nicht selten leiden diese und andere Werke Andersons darunter, daß Anderson zu Lasten einer guten Story seine politischen Auffassungen propagieren will, was ihm in den USA gelegentlich schon den Vorwurf einbrachte, Rechtsextremist zu sein. In einem Interview stritt er dies zwar ab, aber zumindest aus seiner militanten antikommunistischen Position machte er selten ein Hehl. Poul Anderson schrieb auch unter Pseudonymen wie A. A. Craig und Winston P. Sanders. Wie Heinlein ordnete er übrigens eine Anzahl von Kurzgeschichten und Romanen zu einer »Geschichte der Zukunft« an und subsumierte darunter auch die *Flandry-* und *van Rijn*-Abenteuer. Amüsant sind die unter dem Sammeltitel *Hoka* veröffentlichten Stories über intelligente Bären, die in Zusammenarbeit mit Gordon R. Dickson entstanden.

Bibliographie:
Die fremden Sterne (NO WORLD OF THEIR OWN), Menden 1956, Bewin Vlg.
Die Wing-Dynastie (WAR OF THE WING MEN), Balve 1959, Gebr. Zimmermann Vlg. (identisch mit **Entscheidungen über den Wolken**, U 3149).

Unter kosmischen Nebeln (BRAIN WAVE), Balve 1961, Gebr. Zimmermann Vlg. (identisch mit **Die Macht des Geistes**, als UG und H).
Hüter der Zeiten (GUARDIANS OF TIME), München 1961, Z 21.
Die Menschheit sucht Asyl (TWILIGHT WORLD), München 1961, Z 23
Der Untergang der Erde (AFTER DOOMSDAY), München 1962, Z 34.
Die Zeit und die Sterne (C) (TIME AND STARS), München 1965, TTB 103.
Kontakt mit Jupiter (THREE WORLDS TO CONQUER), München 1966, H 3063.
Der Sternenhändler (TRADER TO THE STARS), München 1966, H 3079.
Freibeuter im Weltraum (THE STAR FOX), München 1966, TTB 116.
Die unsichtbare Sonne (THE TROUBLE TWISTERS), München 1967, TTB 124.
Dominic Flandry, Spion im All (ENSIGN FLANDRY), München 1967, TTB 126.
Korridore der Zeit (THE CORRIDORS OF TIME), München 1968, H 3115.
Das letzte Sternenschiff (ORBIT UNLIMITED), München 1969, H 3169.
Das Horn der Zeit (C) (THE HORN OF TIME), München 1970, H 3212.
Rebellion auf Alpha Crucis (THE REBEL WORLDS), München 1971, H 3253.
Siegeszug im All (C) (SEVEN CONQUESTS), München 1972, H 3281.
Universum ohne Ende (TAU ZERO), München 1972, H 3306.
Jenseits der Unendlichkeit (C) (BEYOND THE BEYOND), München 1972, H 3316.
Operation Chaos (OPERATION CHAOS), München 1973, H 3329.
Der Außenweltler (OUTWORLDER), München 1973, H 3338.
Die Satanswelt (SATAN'S WORLD), Rastatt 1973, TTB 204.
Höllenzirkus (A CIRCUS OF HELLS), München 1973, H 3350.
Feind aus dem All (THE WAR OF TWO WORLDS), Frankfurt–Berlin–Wien 1974, U 2990 (identisch mit **Der Zweiwelten-Krieg**, GWTB 23263).
Die Tänzerin von Atlantis (THE DANCER FROM ATLANTIS), München 1974, H 3404.
Terra gegen Avalon (THE PEOPLE OF THE WIND), München 1975, GWTB 191.
Zwischen den Milchstraßen (C) (THE QUEEN OF AIR AND DARKNESS A. O. STORIES), München 1975, GWTB 213.
Nomaden des Weltalls (STAR WAYS), Frankfurt–Berlin–Wien 1976, U 3266.
Planet ohne Wiederkehr (PLANET OF NO RETURN), München 1977, GWTB 247.
Die Zeit wird kommen (THERE WILL BE TIME), München 1977, GWTB 249.
Welt ohne Sterne (WORLD WITHOUT STARS), München 1978, GWTB 23270.
Zeit des Feuers (FIRE TIME), München 1978, H 3599.
Das Erdenbuch von Sturmtor (THE EARTHBOOK OF STORMGATE), München 1981, H (in Vorb.).

Heftpublikationen:
Die Söhne der Erde (THE ENEMY STARS), TS 30 (1960).
Planet der Amazonen (VIRGIN PLANET), TS 38 (1960).
Schach dem Unbekannten (WE CLAIM THESE STARS), TS 41 (1961).
Kreuzzug nach fremden Sternen (THE HIGH CRUSADE) UZ 298 (1961).
Rebellion auf der Venus (THE BIG RAIN), UG 148 (1961).
UNO-Agent im Einsatz (UNMAN), UG 170 (1962).
Geheimagent auf Altair (MAYDAY ORBIT), T 226 (1962)
Erdenmenschen unerwünscht (EARTHMEN, GO HOME), T 340 (1964).
Raumfahrer, Vorsicht! (LET THE SPACEMEN BEWARE), T 347 (1964).
Alexander Jones – Diplomat der Erde (EARTHMEN'S BURDEN) (mit Gordon R. Dickson), T. 382/83 (1965).
Die Sternenzigeuner (C) (STRANGERS FROM EARTH), T 376 (1965).
Der Unangreifbare (SHIELD), TS 93 (1965).
Das Archiv in der Geisterstadt (VAULT OF THE AGES), T 537 (1967).
Notlandung auf Jupiter u. a. Stories (C) (BRAKE), TN 23 (1968).
Raumschiff Modell Eigenbau (THE MAKESHIFT ROCKET), UZ 585 (1968).

Anthony, Piers
(1934–   )
Der gebürtige Engländer Piers Anthony Dillingham Jacobs (geboren in Oxford), zog mit seinen Eltern, die in der Hilfsorganisation American Friends Service Committee (AFSC) aktiv waren, 1938 nach Spanien. Nach dem Sieg der Faschisten unter Franco verschwand Anthonys Vater zunächst spurlos und tauchte erst viel später in einem Gefängnis wieder auf, in dem die schrecklichsten Zustände herrschten. Man verwies die Familie des Landes, die daraufhin 1940 in die USA emigrierte und zunächst durch mehrere Staaten zog, bis sie sich in New York niederließ, wo man sich die größte Mühe gab, dem kleinen Piers »richtiges« Sprechen beizubringen (es dauerte eine Weile, bis man merkte, daß es lediglich sein englischer Akzent war, der sich so fremdartig anhörte). »Als ich mit 13 Jahren die SF in Gestalt von *Astounding* entdeckte, tat sich eine völlig neue Welt für mich auf: Eine herrliche, abenteuerliche, wunderbare Welt, die viel besser war als meine eigene. Ich nehme an, daß die Kinder heute, durchlebten sie meine damalige Situation, wahrscheinlich eher die Drogen entdeckten. Möglicherweise würde es mir als Kind heutzutage nicht anders ergehen, aber damals kam ich damit nicht in Kontakt. Statt dessen packte mich die SF.« Anthony besuchte das College und lieferte statt der üblichen Abschlußarbeit einen 95 000 Worte langen SF-Roman ab. 1957 wurde er (inzwischen eingebürgert) zur Armee eingezogen, diente zwei Jahre ab und ließ sich anschließend in Florida nieder, wo er heute mit seiner Frau und zwei Töchtern lebt. Laut eigener Aussage kostete es ihn acht Jahre harten Schreibens, ehe 1962 seine erste Erzählung

endlich akzeptiert wurde. Nach dem sensationellen Erfolg des umfangreichen Romans CHTHON (1967), dessen stilistische Qualität spätere Werke nie wieder erreichten, standen ihm die Türen der Redaktionen offen: Anthony publizierte inzwischen mehr als zwei Dutzend weiterer Bücher, u.a. SOS, THE ROPE (1968), A SPELL FOR CHAMELEON (1977) und CLUSTER (1977). Sein Erstling wurde sowohl für den Hugo – als auch für den Nebula-Award nominiert, beide Auszeichnungen blieben ihm jedoch versagt.

Bibliographie:
Chthon oder der Planet der Verdammten (CHTHON), Düsseldorf 1971, MvS.
Das Erbe der Titanen (SOS, THE ROPE), Berg. Gladbach 1972, B 7.
Der Retter von Dent-All (PROSTHO PLUS), Berg. Gladbach 1972, B 11.
Die Macht der Mantas (OMNIVORE), Berg. Gladbach 1972, B 17.
Der Ring (THE RING) (mit Robert Margroff), Frankfurt/Main 1973, FO 23.
Makroskop (MACROSCOPE), München 1975, H 3452.
Steppe (STEPPE), München 1980, H (in Vorb.).
Sternhaufen (CLUSTER), München 1980, H (in Vorb.).

Anvil, Christopher
(?–)
Christopher Anvil (eig. Harry C. Crosby), ein amerikanischer Autor, schreibt hauptsächlich Kurzgeschichten. Anvil tauchte mit seiner Story THE PRISONER (ASF, 2/56) zum ersten Mal in den SF-Magazinen auf und publizierte seither über 90 weitere, von denen die dreiteilige PANDORA-Serie (1956–1962) am bekanntesten sein dürfte. Von seinen wenigen Romanen ist THE DAY THE MACHINE STOPPED (1964) am interessantesten. Es handelt sich hierbei um einen Katastrophenroman, der eindringlich das Chaos nach einem weltweiten Zusammenbruch der Stromversorgung schildert. Sein jüngster Roman, WARLORD'S WORLD (1975), zeigt Anvil als Verfasser einfallsloser Space Opera.

Bibliographie:
Heftpublikationen:
Alle Räder standen still (THE DAY THE MACHINES STOPPED), UZ 473 (1966).
Hände weg von der Erde (THE GENTLE EARTH), T 467 (1966).
Die Boten des Unheils (C), (PANDORA'S ENVOY), T 499 (1967).

Asimov, Isaac
(1920–)
Amerikanischer Biochemiker und Verfasser von populärwissenschaftlichen Büchern, ist einer der bekanntesten und am meisten ver-

markteten SF-Autoren überhaupt. Asimov wurde in Petrowitsch, einem Vorort von Smolensk, in der UdSSR geboren. 1923 wanderten seine Eltern in die USA aus und ließen sich in New York nieder. Auf Wunsch seiner Eltern sollte er Medizin studieren, er aber zog die Chemie vor. Während seines Studiums an der Columbia University lernte er über die »Futurian Science Literary Society« – einen SF-Club, den er selbst 1938 mitgegründet hatte – mehrere SF-Autoren kennen und begann auch selbst SF zu schreiben. 1939 machte er in Chemie seinen Bachelor of Arts, das Magisterexamen folgte 1941. 1948 wurde Asimov Doktor der Philosophie und später Professor für Biochemie an der Universität von Boston. Seine erste SF-Story, MAROONED OFF VESTA, erschien im Juli 1939 in *Amazing*. Noch im selben Jahr nahm John W. Campbell, der Herausgeber von *Astounding,* ihn unter seine Fittiche, und danach schrieb Asimov fast nur noch für diese Zeitschrift. Dort erschienen in rascher Folge die Stories und Romanentwürfe, die ihn berühmt machten, die FOUNDATION-Stories, später als FOUNDATION-Trilogie in Buchform herausgebracht, seine Robotergeschichten, in denen die drei Regeln der Robotik postuliert wurden und seine Story NIGHTFALL (ASF, 9/41), die von vielen Fans als die beste angesehen wird, die das Genre je hervorgebracht hat. NIGHTFALL geht auf eine Idee von John W. Campbell jr. zurück und von der Hypothese aus, für die Bewohner eines Planeten, der sich in einem multiplen System mit mehreren Sonnen bewegt, bräche aufgrund einer totalen Sonnenfinsternis nur einmal in zwei Jahrtausenden die Nacht herein, worauf sie zum ersten Mal die Sterne sähen. 1968 wurde diese häufig anthologisierte und zitierte Geschichte von den Science Fiction Writers of America zur besten SF-Story gewählt, die vor 1965 geschrieben wurde. Die besten Robotergeschichten Asimovs, die fast alle während der vierziger Jahre in *Astounding* erschienen, kamen 1950 unter dem Titel I, ROBOT in Buchform heraus und sind auch bei uns als **Ich, der Robot** ein Dauerseller. In ihnen hatte Asimov, wiederum unter Mitwirkung von John W. Campbell jr., die drei Regeln der Robotik postuliert, die danach auch von anderen Autoren übernommen wurden. Sie lauteten:

1. Ein Robot darf kein menschliches Wesen verletzen oder durch Untätigkeit gestatten, daß einem menschlichen Wesen Schaden zugefügt wird.
2. Ein Robot muß den ihm von einem Menschen gegebenen Befehlen gehorchen, es sei denn, ein solcher Befehl würde mit Regel Eins kollidieren.
3. Ein Robot muß seine Existenz beschützen, solange dieser Schutz nicht mit Regel Eins oder Zwei kollidiert.

Weitere Robotgeschichten sind in THE REST OF THE ROBOTS (1964) gesammelt. Die FOUNDATION TRILOGY schließlich setzt sich aus mehreren Geschichten unterschiedlicher Länge zusammen, die zwischen 1942 und 1949 in *Astounding* publiziert, und später zu den Romanen FOUN-

DATION (1951), FOUNDATION AND EMPIRE (1952) und SECOND FOUNDATION (1953) zusammengefaßt wurden. Dieser Klassiker berichtet von den Anstrengungen der Psychohistoriker, den voraussehbaren Niedergang eines galaktischen Imperiums zu verkürzen, was mit Hilfe von Fundationen geschieht, in denen der Mensch sich auf eine neue Kultur vorbereiten soll. 1966 gewann die FOUNDATION-Serie einen Hugo als beste SF-Serie aller Zeiten. Weitere Romane Asimovs, die das riesige Imperium der FOUNDATION TRILOGY als Hintergrund haben, sind PEBBLE IN THE SKY (1950), THE STARS LIKE DUST (1951) und THE CURRENTS OF SPACE (1952). Unter dem Pseudonym Paul French schrieb Asimov in den fünfziger Jahren 6 Jugendromane um den Weltraumdetektiv David »Lucky« Starr. Ebenfalls kriminalistisch angehaucht waren THE CAVES OF STEEL (1953) und THE NAKED SUN (1957). Beide Romane beruhen auch teilweise auf den Robotgesetzen. Ein rasantes Zeitreisedrama ist THE END OF ETERNITY (1955). Nachdem er für die SF in den vierziger und fünfziger Jahren viel geleistet hatte, wandte er sich in den sechziger Jahren mehr dem populärwissenschaftlichen Sachbuch zu, und erst die siebziger Jahre brachten wieder so etwas wie eine Asimov-Renaissance mit dem Roman THE GODS THEMSELVES (1972), der dann auch prompt den Nebula- und Hugo Gernsback-Award gewann. Zum zweihundertjährigen Geburtstag der Vereinigten Staaten legte Asimov die Novelle THE BICENTENNIAL MAN (in STELLAR 2) vor, die ebenfalls die beiden SF-Preise einheimste. Insgesamt hat Isaac Asimov mehrere hundert Kurzgeschichten, über dreißig SF-Bücher und zahllose wissenschaftliche Artikel für alle möglichen Magazine geschrieben und mehrere Anthologien herausgegeben. 1963 wurde ihm ein spezieller Hugo Gernsback-Award verliehen: »...dem Mann zu Ehren, der zur Science Fiction die Wissenschaft hinzugefügt hat.« Asimov ist heute der in aller Welt wohl bekannteste SF-Autor. Zur Vermarktung seines guten Namens hat er selbst nicht wenig beigetragen; sie nimmt nur allmählich bedenkliche Formen an.

Bibliographie:
Ich, der Robot (C) (I, ROBOT), Düsseldorf 1952, Rauch Vlg.
Der Mann von drüben (THE CAVES OF STEEL), München 1956, AWA Vlg.
Der fiebernde Planet (THE CURRENTS OF SPACE), München 1960, G 1.
Sterne wie Staub (THE STARS LIKE DUST), München 1960, G 2.
Radioaktiv...! (PEBBLE IN THE SKY), München 1960, G 7.
Wasser für den Mars (C) (THE MARTIAN WAS), München 1960, G 8.
Die nackte Sonne (THE NAKED SUN), München 1960, AWA Vlg.
Geliebter Roboter (C) (EARTH IS ROOM ENOUGH), München 1966, H 3066.
Unendlichkeit × 5 (C) (NINE TOMORROWS), München 1966, TTB 109.

Der Tausendjahresplan (FOUNDATION), München 1966, H 3080.
Der galaktische General (FOUNDATION AND EMPIRE), München 1966, H 3082.
Alle Wege führen nach Trantor (SECOND FOUNDATION), München 1966, H 3084.
Am Ende der Ewigkeit (THE END OF ETERNITY), München 1967, H 3088.
Science Fiction-Kriminalgeschichten (C) (ASIMOV'S MYSTERIES), München 1969, H 3135.
Und Finsternis wird kommen (C) (NIGHTFALL – I), München 1973, TTB 207.
Der Todeskanal (C) (NIGHTFALL – II), München 1973, TTB 209.
Vergangene Zukunft (C) (NIGHTFALL – III), München 1973, TTB 211.
Lunatico (THE GODS THEMSELVES), München 1973, Heyne-Buch 5126.
Gift vom Mars (DAVID STARR – SPACE RANGER), München 1974, TTB 240.
Flug durch die Sonne (LUCKY STARR AND THE PIRATES OF THE ASTEROIDES), München 1974, TTB 242.
Im Ozean der Venus (LUCKY STARR AND THE OCEANS OF VENUS), München 1974, TTB 244.
Im Licht der Merkur-Sonne (LUCKY STARR AND THE BIG SUN OF MERCURY), München 1974, TTB 246.
Auf den Monden des Jupiter (LUCKY STARR AND THE MOONS OF JUPITER), München 1974, TTB 248.
Die Ringe des Saturn (LUCKY STARR AND THE RINGS OF SATURN), München 1974, TTB 250.
Wenn die Sterne verlöschen (C) (THE BEST OF I. ASIMOV – I), München 1975, TTB 264.
Die Verschwender vom Mars (C) (THE BEST OF I. ASIMOV – II), München 1975, TTB 267.
Das Ende der Dinosaurier (C) (BUY JUPITER AND OTHER STORIES – II), München 1977, TTB 289.
Landung ohne Wiederkehr (C) (BUY JUPITER AND OTHER STORIES – II), München 1977, TTB 291.
Der Zweihundertjährige (C) (BICENTENNIAL MAN), München 1978, H 3621.

Asprin, Robert (Lynn)
Robert Asprin, ein junger amerikanischer SF-Autor, hatte auf Anhieb mit seinem Romanerstling THE COLD CASH WAR (1977) Erfolg. Darin geht es um die Macht großer Konzerne, die in einer Welt der Zukunft »Kriegsspiele« bzw. Stellvertreterkriege um Marktanteile durchführen lassen. Asprin ist philippino-irischer Abstammung und neben Samuel R. Delany einer der wenigen dunkelhäutigen SF-Autoren in den USA. Sein zweiter Roman, BUG WARS, erschien 1978.

Bibliographie:
Der Weltkrieg-Konzern (THE COLD CASH WAR), Berg. Gladbach 1979, B 22008.

B

Baker, Scott
(1947–   )
Scott Baker, ein in Paris lebender amerikanischer Nachwuchsautor, hat bisher zwei SF-Romane vorgelegt, die bei Berkley/Putnam's erschienen: SYMBIOTE'S CROWN (1978) und NIGHTCHILD (1979). Ein dritter ist für 1980 angekündigt: DRINK THE FIRE FROM THE FLAME.

Bachnow, Wladlen
(1924–   )
Der russische Schriftsteller Wladlen Bachnow (Vladlen Bachnov) ist Absolvent des Gorki-Literaturinstituts in Moskau und veröffentlicht seit 1946. Er verfaßte Gedichtbände, Bühnen- und Filmkomödien und wandte sich 1970 verstärkt der Science Fiction zu, indem er eine Story-Sammlung publizierte. Wladlen Bachnows SF ist zumeist in der Nähe der humoristischen Groteske angesiedelt. Einige seiner Erzählungen erschienen in deutscher Übersetzung in der DDR.

Ball, Brian N(eville)
(1932–   )
Der englische Lehrer und freiberufliche Autor Brian Neville Ball unternimmt seit 1964 Ausflüge in die Science Fiction. Zunächst stellte er die für Jugendliche gedachte Anthologie TALES OF SCIENCE FICTION (1964) zusammen, dann schrieb er den Roman SUNDOG (1965). Es folgten weitere 7 SF-Romane, darunter eine Nacherzählung aus der Fernsehserie SPACE 1999 (bei uns: **Mondbasis Alpha**). Sein Einfluß auf das Genre hält sich in engen Grenzen.

Bibliographie:
Im Zeitbrennpunkt (TIMEPIECE), München 1970, GWTB 117.
Blockade (SUNDOG), Frankfurt 1972, FO 6.
Die Nacht der Roboter (THE NIGHT OF THE ROBOTS), München 1973, GWTB 164.
Zeitpunkt Null (TIMEPIT), München 1974, G 169.
Erstarrt in der Zeit (SINGULARITY STATION), München 1975, GWTB 206.

Ball, Kurt Herwarth
(1903–   )
Kurt Herwarth Ball ist ein Pseudonym des DDR-Autors Joachim Dreetz, in Berlin geboren, der zeitweise Landwirt war, Arbeiter in einer Holzteerfabrik und Heizer in einem Berliner Wohnblock. Nach dem Krieg war er zunächst Hilfsar-

beiter in einer Leipziger Eisengießerei, wandte sich dann dem Journalismus und der Schriftstellerei zu und war u. a. Redakteur der Leipziger *Nationalzeitung*. In der SF trat er nur insofern in Erscheinung, als er Lothar Weise bei dessen ersten Gehversuchen im SF-Genre unterstützte und an den ersten Weise-Texten mitarbeitete.

Bibliographie:
Atomfeuer über dem Pazifik (mit Lothar Weise), Berlin 1959, Vlg. Neues Leben.

Heftpublikationen:
Alarm auf Station Einstein (mit Lothar Weise), Berlin 1957, *Das neue Abenteuer* 119 und 120.
Signale von der Venus (mit Lothar Weise), Berlin 1957, *Das neue Abenteuer* 134.
Brand im Mondobservatorium (mit Lothar Weise), Berlin 1959, *Das neue Abenteuer* 161.

Ballard, J(ames) G(raham)
(1930–   )
J.G. Ballard wurde als Sohn eines englischen Geschäftsmannes in Schanghai geboren. Während des Zweiten Weltkrieges war seine Familie drei Jahre in japanischen Lagern interniert, ehe sie 1946 nach England zurückkehren konnte. Dort ging Ballard zur Schule und begann in Cambridge Medizin zu studieren, ein Unterfangen, das er nach zwei Jahren wieder aufgab, um sich der Schriftstellerei zu widmen. Bevor er hauptberuflich Schriftsteller wurde, war er Flieger bei der R.A.F., Skriptschreiber für eine wissenschaftliche Filmgesellschaft und Copywriter an der Lon-

doner Oper Covent Garden. Seinen ersten Schreibversuchen, die dem Gewinn eines Kurzgeschichtenwettbewerbs im Jahre 1951 folgten, war kein Erfolg beschieden. Erst als er sich der SF zuwandte, konnte er seine Kurzgeschichten verkaufen. PRIMA BELLADONNA und ESCAPEMENT erschienen beide im Dezember 1956 in *Science Fantasy* bzw. *New Worlds*. In den nächsten Jahren kristallisierte sich heraus, daß mit Ballard, dessen erste Geschichten ausschließlich in den genannten englischen Magazinen publiziert wurden, ein großes Talent aufgetreten war. Seine Prosa unterschied sich wohltuend von der anderer SF-Autoren. Er entwickelte einen völlig eigenen Stil, und Mitte der sechziger Jahre war er bereits einer der bekanntesten britischen SF-Autoren. Sein Name war Ende der sechziger Jahre eng mit der »New Wave« in der SF verknüpft. Viele seiner umstrittenen Beiträge erschienen seinerzeit im SF-Avantgarde-Magazin *New Worlds*, dem hauptsächlichen Organ der »New Wave«. In *Ambit*, einem weiteren Literaturmagazin, veröffentlichte er experimentelle Texte, so THE ASSASSINATION OF JOHN FITZGERALD KENNEDY CONSIDERED AS A DOWNHILL MOTOR RACE (1966), die den amerikanischen Botschafter in England auf den Plan rief. Ein weiterer Skandal bahnte sich an, nachdem er Redakteur von *Ambit* geworden war, und seine Autoren aufrief, Texte einzureichen, die unter der Einwirkung halluzinogener Drogen entstanden waren. Auch in den siebziger Jahren lieferten seine Romane und Stories eine Menge Sprengstoff. Von vielen konservativen SF-Anhängern angefeindet, von der Kritik indes hoch gelobt, konnte Ballard seinen Ruf als einer der wichtigsten zeitgenössischen Schriftsteller Englands weiter ausbauen. Sein Werk umfaßt bis heute acht Romane und knapp 100 Kurzgeschichten. Die vier frühen Romane entstanden in den sechziger Jahren. Es sind Katastrophenromane, die auf der englischen Tradition in diesem Bereich aufbauen und die vier Urelemente Erde, Feuer, Wasser und Luft behandeln. Von ihnen fällt THE WIND FROM NOWHERE (1962), Ballards Erstling, qualitätsmäßig stark ab. Die anderen drei, THE DROWNED WORLD (1962), THE DROUGHT (1964) und THE CRYSTAL WORLD (1966) sind mit herkömmlichen Katastrophenromanen nicht vergleichbar. Äußere Katastrophen wirken sich auf die Psyche von Ballards Helden (in fast jedem Stück nur ein wichtiger Protagonist) aus und verändern sie. Dabei stehen die drei Romane sinnbildlich für Vergangenheit, Zukunft und Gegenwart, ausgedrückt durch die Metaphern Wasser, Sand und Diamant. Bei den drei neueren Romanen aus den siebziger Jahren, CRASH (1973), CONCRETE ISLAND (1974) und HIGH RISE (1975) stehen ebenfalls Katastrophen im Mittelpunkt, hier allerdings psychologische Desaster. Ballards Maßstab ist kleiner geworden, er beschreibt urbane Alpträume wie Autounfälle, eine Robinsonade in Beton zwischen drei Autobahnzubringern und die langsam der Barbarei anheimfallenden Bewohner eines vierzigstöckigen Appartementhauses. Wichtiger noch als Ballards Romane sind seine Stories. Unter ihnen sind eine Anzahl hervorragender Erzählungen. In dieser Hinsicht läßt sich sein Schaffen in drei Phasen einteilen: Die erste, von 1956–1964, umfaßt ca. 50 Stories, die eher den Vorstellungen von SF entsprechen als spätere Werke. Ihr Hauptthema ist die Isolierung der Protagonisten, physischer und psychischer Zerfall des Helden, der gegen ein unbezwingbares Universum ankämpft oder sich resignierend treiben läßt. Ohne auf Raumfahrt zurückzugreifen, behandelt er in BUILT-UP (NW, 1/57) und BILLENIUM (NW, 11/61), die Dimension des Raumes. CHRONOPOLIS (NW, 6/60), TIME OF

PASSAGE (*Science Fantasy*, 2/64) und THE VOICES OF TIME (NW, 10/60) sind Zeit-Geschichten. Letztere, eine äußerst dicht geschriebene Novelle, enthält sämtliche Höhepunkte von Ballards Prosa. 1964 deutet sich mit THE TERMINAL BEACH (NW, 3/64) ein Übergang an. Ballard gibt bei dieser Story die lineare Schreibweise auf und führt ein simultanes Auftreten der Ereignisse ein. In der zweiten Phase widmet er sich verstärkt dem »Inner Space«, der für die »New Wave« zu einem Schlagwort wurde, mit dem man sich von der herkömmlichen SF und ihren Raumfahrtgeschichten abzugrenzen versuchte. Mehr aber noch als die psychedelisch bunten Stories aus VERMILION SANDS (1971), die ein dekadent lethargisches, imaginäres Palm Springs schildern, wurden gegen Ende der sechziger Jahre die provokativen »condensed novels«, gesammelt in THE ATROCITY EXHIBITION (1970) zu seinem Markenzeichen. Diese Kurzgeschichten sind Ballards Antwort auf Gewalt, Chaos und Paranoia in den USA der sechziger Jahre. Die dritte Phase umfaßt bislang nur wenige Geschichten. Sie sind in der Sammlung LOW FLYING AIRCRAFT (1976) vereint und stammen meist aus jüngster Zeit. Ein dominierendes Thema hier sind die Luxusgüter und Fetische unserer Gesellschaft, ähnlich wie in CRASH, wo er das Automobil in psychosexuelle Visionen einwob. Viele seiner Kurzgeschichten wurden in Collections nachgedruckt oder erschienen dort original. Die wichtigsten sind THE FOUR-DIMENSIONAL NIGHTMARE (1963), THE TERMINAL BEACH (1964), THE DISASTER AREA (1967) und vor allem: THE BEST SCIENCE FICTION OF J.G. BALLARD (1977). Ballard ist zweifellos zu den besten Autoren in der SF zu zählen. Sein Stil ist bemerkenswert ausdrucksstark. Im Hinblick auf Stil und atmosphärische Dichte hat man Ballard oft mit Joseph Conrad verglichen.

Bibliographie:
Der Sturm aus dem Nichts (THE WIND FROM NOWHERE), München 1964, H 3028.
Welt in Flammen (THE BURNING WORLD, US-Titel), München 1968, H 3114.
Kristallwelt (THE CRYSTAL WORLD), Düsseldorf 1969, MvS.
Karneval der Alligatoren (THE DROWNED WORLD), Düsseldorf 1970, MvS.
Liebe & Napalm = Export USA (C) (THE ATROCITY EXHIBITION), Frankfurt 1970, Melzer Vlg.
Der unmögliche Mensch (C) (THE IMPOSSIBLE MAN), Düsseldorf 1971, MvS.
Die tausend Träume von Stellavista (C) (VERMILION SANDS), Düsseldorf 1972, MvS.
Der vierdimensionale Alptraum (C) (THE FOUR-DIMENSIONAL NIGHTMARE), Düsseldorf 1973, MvS.
Die Betoninsel (CONCRETE ISLAND), München 1980, H (in Vorb.).
Der stürzende Turm (HIGH RISE), München 1981, H (in Vorb.).

Banister, Manly (Miles)
(1914–)
Der Amerikaner Manly Banister publizierte seine erste Erzählung 1939. Er war hauptsächlich als Texter für die Werbung, aber auch als Verfasser von Skripts für den Rundfunk tätig. Er publizierte in *Weird Tales, Beyond, Galaxy* und *Amazing*. Während des Zweiten Weltkriegs diente er bei der US-Marine im Pazifik. Neben CONQUEST OF EARTH (1957) wurde sein bekanntester Roman MAGNANTHROPUS (1961): Zwei Dimensionen überlappen einander, und als Folge davon verschmelzen die Erde und der Planet Eloraspon zu einer neuen Welt.

Bibliographie:
Heftpublikationen:
Wenn Welten sich begegnen (MAGNANTHROPUS), T424 (1965).

Barbet, Pierre
(1925–)
Pierre Barbet ist das Pseudonym des französischen Schriftstellers und Doktors der Pharmazie Claude Avice. 1962 begann er für die SF-Reihe *Le Rayon Fantastique* (VERS UN AVENIR PERDU) zu schreiben. Heute gehört er zu jenem kleinen Trupp französischsprachiger SF-Autoren, die auch in den USA regelmäßig veröffentlicht werden. Seit 1966 sind in der Reihe *Anticipation* bei Fleuve Noir mehr als 35 seiner Romane erschienen. Barbet startete 1972 eine Agentenserie bei Albin Michel unter dem Pseudonym Olivier Sprigel, publizierte in der Phantastik-Reihe *Le Masque* und wurde ebenso bekannt als Verfasser zahlreicher Mysteries in Magazinen wie *Mystère, Espionnage, Horizons du Fantastique* und *Fiction Special*. Er liebt »straight SF« und gehört zu den wenigen SF-Autoren Frankreichs, die sich auch der Heroic Fantasy zugewandt haben. Er war eines der ersten europäischen Mitglieder der Science Fiction Writers of America und betätigt sich aktiv in der internationalen SF-Autorenvereinigung World SF. Barbets Bücher sind bisher in den USA, Polen, Ungarn und Brasilien erschienen. Seine Hauptwerke: EVOLUTION MAGNETIQUE (1968), LES GROGNARDS D'ERIDAN (1970), LIANE DE NOLDAZ (1973), VENUSINE (1976) und das unter Pseudonym erschienene LENDEMAINS INCERTAINS, ein soziologischer SF-Roman (1978).

Barjavel, René
(1911–   )
René Barjavel begann während des Zweiten Weltkriegs zu schreiben und veröffentlichte 1943 mit *Ravage* seinen ersten Roman: eine Weltuntergangsvision; nach Ende eines verheerenden Krieges existiert in Frankreich nur noch eine bäuerliche Kultur. Bevor die Amerikaner (ähnlich wie in der Bundesrepublik) zu Beginn der fünfziger Jahre den französischen Markt mit ihrer SF überschwemmten, galt er als einer der wirklich großen Autoren des Genres. Zwischen 1943 und 1948 publizierte er LE VOYAGEUR IMPRUDENT (1944), einen Zeitreiseroman und LE DIABLE L'IMPORTE (1948), ein Buch über einen Krieg mit derart schrecklichen Waffen, daß auf der Erde sämtliches Leben vernichtet wird und nur ein ins All geschossenes Pärchen überlebt. Barjavel zog sich dann aus der SF-Szene völlig zurück, verfaßte eine Reihe anderer Romane und Erzählungen und kehrte dann mit COLOMB DE LA LUNE (1962) wieder zurück. In seinem ausgezeichneten Werk LA NUIT DES TEMPS (1968) geht es um die Entdeckung zweier Überlebender einer seit 900 000 Jahren ausgestorbenen Kultur. Sie haben eingefroren im Eis der Antarktis eine Katastrophe überlebt. Da Elea, der weibliche Partner, über eine offensichtlich robustere körperliche Konstitution verfügt, weckt man sie allein. Sie berichtet von ihrem früheren Leben auf der Erde, entwickelt jedoch Haßgefühle gegen die Wissenschaftler, da man sie von ihrem Geliebten getrennt hält, und vergiftet sich schließlich, ohne zu ahnen, daß sie damit auch den Tod ihres Partners herbeiführt, da man ihm eine Transfusion ihres Blutes verabreicht. Beide sterben. »Barjavels Romane sind sinnlich, ein bißchen sentimental, ein bißchen mystifizierend in ihrer Vergötterung der Liebe (im übrigen arbeitet er zuweilen sowohl der Sentimentalität als auch der Mystifikation, die sich aus dem Stoff und aus bestimmten Sentenzen ergeben, kräftig entgegen), ungezwungen und ehrlich. Er liebt die Metapher, und sie gedeiht in der Regel unter seinen Händen gut.« (Hans Joachim Alpers). 1973 erschien Barjavels bisher letzter SF-Roman: LE GRAND SECRET: Ein indischer Wissenschaftler findet eine Unsterblichkeitsdroge. Nur die Staatschefs der Großmächte werden davon unterrichtet, weil eine allgemeine Verbreitung zu einer unbeschreiblichen Bevölkerungsexplosion führen würde. Doch die Geheimhaltung versagt, die Katastrophe droht. Nur noch ein radikales Mittel kann sie verhindern. Die Vernichtung der Droge, aller Unterlagen und all jener, die von der Droge genommen haben.

Bibliographie:
Sintflut der Atome (LE DIABLE L'EMPORTE), Berlin 1953, Gebr. Weiß Vlg.
Das große Geheimnis (LE GRAND SECRET), München 1975, H 3437.
Elea (LA NUIT DES TEMPS), Bremen 1969, Carl Schünemann Vlg.

Barnes, Arthur K(elvin)
(1911–1969)
Arthur K. Barnes wurde in Bellingham/Massachusetts geboren, studierte an der University of California in Los Angeles, der Stadt, in deren Umgebung er den größten Teil seines Lebens verbrachte. Er war (wie auch sein Kollege Alan E. Nourse) Mitglied der Phi Beta Kappa-Bruderschaft, einer Vereinigung von Akademikern, die mit besonders guten Noten graduiert hatten, schrieb in allen Genres (einschließlich Horror, Crime und Abenteuer) und verkaufte 1931 seine erste SF-Story, LORD OF LIGHTNING, an Hugo Gernsbacks *Wonder Stories.* Am beliebtesten bei den Lesern waren seine Geschichten um die Großwildjägerei Gerry Carlyle, die zwischen 1937 und 1954 in *Thrilling Wonder Stories* und *Fantastic Story Magazine* erschienen und 1956 in dem Buch INTERPLANETARY HUNTER gesammelt wurden. Drei der Abenteuer des Zoologen-Teams, das auf fremden Planeten nach exotischen Tieren für irdische Tierparks suchten, erschienen auch in deutscher Sprache: HOTHOUSE PLANET (1937), SIRENE SATELLITE (1946) und THE SEVEN SLEEPERS (1940). Zwei Geschichten sollen mit H. Kuttner (als Kelvin Kent) entstanden sein.

Bibliographie, Heftpublikationen:
Jagd im Weltall (HOTHOUSE PLANET), UZ 106 (1957).
Jenseits des Mondes (SIRENE SATELLITE), UZ 107 (1957).
Almussens Komet (THE SEVEN SLEEPERS), UZ 111 (1958).

Basil, Otto
(1901–   )
Der österreichische Autor Otto Basil wurde in Wien geboren und studierte Germanistik und Paläontologie. Seit 1920 veröffentlichte er Lyrik, übersetzte und schrieb Essays. Zwischen den beiden Kriegen war er zeitweise als Barpianist, Sprachlehrer, Verlagslektor, Journalist und Industrieangestellter tätig. 1937 begründete Basil die avantgardistische Kunstzeitschrift *Plan,* die nach dem Einmarsch der nazideutschen Truppen verboten wurde. Basil wurde wegen »Verspottung des Führers« von der Gestapo verhört und arbeitete mit Beginn des Krieges als dienstverpflichteter Übersetzer und kaufmännischer Angestellter in der Schwerindustrie. Er schloß sich der österreichischen Untergrundbewegung an. Nach dem Kriege war er Verlagsleiter und Dramaturg, gab einige Jahre erneut den *Plan* heraus und arbeitete anschließend als Kritiker bei einer Wiener Tageszeitung. Er schrieb u. a. verschiedene Biographien, die in Buchform als Rundfunksendungen herauskamen. 1965 erhielt er den Preis der Stadt Wien für Publizistik. Mit dem Roman **Wenn das der Führer wüßte** (1966) schrieb er ein Buch, das – wie z. B. Philip K. Dicks THE MAN IN THE HIGH CASTLE **(Das Orakel vom Berge)** – eine Welt schildert, in der die Nazis den Krieg gewonnen haben: Nach Adolf Hitlers Tod in den sechziger Jahren tritt sein Nachfolger Ivo Köpfler die Herrschaft an und entfacht einen dritten Weltkrieg. Eine ätzende politische Satire.

Bibliographie:
Wenn das der Führer wüßte, Wien–München 1966, Fritz Molden Verlag.

Bass, T.J.
(1932–   )
Der amerikanische SF-Autor Thomas J. Bassler ist in erster Linie unter dem Pseudonym T.J. Bass bekannt. Lediglich sein Erstling, der Kurzroman STAR ITCH, im September 1968 in *If* publiziert, erschien unter seinem richtigen Namen. Bislang ist das Werk des Autors nicht sehr umfangreich – eine Handvoll Geschichten, die in den UPD-Magazinen *Galaxy* und *If* erschienen, und von denen einige zu seinen beiden bisher einzigen Romanen verarbeitet wurden. Diese Romane, HALF PAST HUMAN (1971) und THE GODWHALE (1974), sind thematisch miteinander verwandt und greifen urbane Probleme und veränderte Umweltbedingungen einer übervölkerten Erde der Zukunft auf. Genetische Veränderungen, eine von Computern gesteuerte subterrane Silozivilisation, Cyborgs und die Rückkehr der Menschen zu einem lebenswürdigeren Dasein sind die zentralen Punkte in einer mit biologischen Fachtermini und fiktionalen Begriffen angereicherten Sprache.

Bibliographie:
Die Ameisenkultur (HALF PAST HUMAN), München 1973, GWTB 0163.

Bates, Harry
(1900–   )
Der offensichtliche Erfolg von Hugo Gernsbacks *Amazing* ließ auch den Verlag Clyton Magazines nicht ruhen. 1930 heuerte er den Redakteur Harry Bates an und ließ ihn *Astounding Stories of Super Science* herausgeben. Bates erhielt den Job bis 1933, dann ging Clayton in Konkurs. Das SF-Magazin wurde von Street & Smith übernommen, und F. Orlin Tremaine wurde sein Nachfolger. Da Bates in der Zwischenzeit ebenfalls angefangen hatte, SF zu schreiben, schlug er sich eine Weile als Autor durch. Es gelang ihm, die Story FAREWELL TO THE MASTER (1940) an einen Filmproduzenten zu verkaufen, der daraus den Streifen **Der Tag, an dem die Erde stillstand** (THE DAY THE EARTH STOOD STILL, 1951; Regie: Robert Wise) machte. Bates publizierte hin und wieder in *Astounding, Thrilling Wonder Stories* und *Science Fiction Plus* und taucht auch heute noch dann und wann als Verfasser von populärwissenschaftlichen Artikeln im von ihm begründeten Magazin *Astounding* (später *Analog/Science Fact – Science Fiction*) auf.
Seine Romanproduktion war klein und erlebte in den USA nie Nachdrucke im Buchformat. In der Bundesrepublik kamen die gesammelten Abenteuer um den Weltraumhelden Hawk Carse 1952 als **Der unsichtbare Asteroid** heraus (unter dem Pseudonym Anthony Gilmore, was ein Deckname sowohl für Bates selbst, als auch für seinen Freund D.W. Hall war).

Bibliographie:
Der unsichtbare Asteroid (SPACE HAWK), (mit D.W.Hall, als Anthony Gilmore), München 1954, AWA Vlg.
Rivalen im All (SPACE HAWK, II), (mit D.W.Hall, als Anthony Gilmore), München 1954, AWA Vlg.

Beaumont, Charles
(1929–1967)
Beaumont, der als Charles McNutt in Chicago geboren wurde und seinen Namen später auf legale Weise änderte, wurde erst 1956, als der *Playboy* seine SF-Story THE CROOKED MAN (in der es um eine homosexuelle Gesellschaft der Zukunft geht, in der Heterosexuelle geächtet werden) druckte, zu einem Autor, um den sich die *slick magazines* rissen. Körperlich gehandikapt von frühester Jugend an, hatte er sich zunächst auf das Sammeln von Fantasy- und SF-Romanen konzentriert. Er arbeitete hin und wieder für einige Rundfunkstationen, versuchte sich erfolglos als Schauspieler in Hollywood und landete schließlich in einer Position als ›Inker‹ in den Trickfilmstudios der MGM. Seine erste Story überhaupt war THE DEVIL, YOU SAY (1951). Nach seinem Erfolg beim *Playboy* begann er Filmdrehbücher zu schreiben, so für Streifen wie THE PREMATURE BURIAL (1963, mit Ray Russell), MASQUE OF THE RED DEATH (1964; **Die Maske des roten Todes**, nach E.A.Poe) und BURN, WITCH, BURN! (1964, mit Richard Matheson nach einem Roman von Abraham Merritt). 1964 befiel ihn eine rätselhafte Krankheit, die ihn mit 38 Jahren hinwegraffte. Er soll in den letzten Wochen seines Lebens wie ein Hundertjähriger ausgesehen haben.

Bear, Greg
(1951–   )
Sein Vater war Angehöriger der Marine. So kam es, daß Greg Bear zwar in San Diego (Kalifornien) geboren wurde, bald danach aber dreizehn Jahre lang den Spuren des Vaters folgte und in der Welt herumreiste. Japan, Texas, Rhode Island, die Philippinen und Alaska waren Stationen der Familie Bear. Frühreif versuchte sich Greg bereits im Alter von neun Jahren an seiner ersten Story, und mit 15 verkaufte er seine erste Geschichte an Robert A.W.Lowndes (DESTROYERS in *Famous Science Fiction*, 1967). Regelmäßige Verkäufe von Stories setzten dann allerdings erst 1973 ein. Inzwischen sind es ein rundes Dutzend Geschichten für Anthologien sowie

für *Galaxy, Analog* und andere Magazine. Seine ersten beiden Romane, HEGIRA und BEYOND HEAVEN'S RIVER, sowie das Sachbuch THE OFFICIAL SPOTTER'S GUIDE TO UFO'S: THE SKYSIGN MANUAL (gemeinsam mit dem Grafiker Rick Sternbach) sind angekauft und sollen in Kürze erscheinen. Ein Horrorroman (PSYCHLONE) von Greg Bear wurde inzwischen ebenfalls fertiggestellt, hat aber noch keinen Verleger gefunden. Greg Bear, der mit der Illustratorin Christina (Tina) Nielsen verheiratet ist und in Long Beach lebt, gibt an, daß sein bisheriges Werk insbesondere durch Elizabeth Chater, Harry Harrison und Ray Bradbury beeinflußt wurde.

Beljajew, Alexander
(1884–1942)
Alexander Beljawew (Aleksandr Belja'ev) wurde in Smolensk geboren und studierte nach der Ausbildung in einem Priesterseminar Jura und Musik. 1914 erschien sein Märchenstück »Großmutter Moira«, und zehn Jahre später begann er mit dem Schreiben von utopisch-phantastischen Romanen und Erzählungen, in denen er den Menschen zum Beherrscher der Natur werden läßt. Vor allem befaßte er sich mit dem Problem der Organtransplantation – etwa in GOLOWA PROFESSORA DOWELJA (»Professor Dowells Kopf«, 1925) oder TSCHELOWEK-AMFIBIJA (»Der Amphibienmensch«, 1928). Andere Werke erschienen unter Titeln wie ZWEZDA KEZ (»Der Stern KEZ«, 1936), WOUDUSCHNYJ KORABL (»Das Raumschiff«, 1935), IZOBRETENIJA PROFESSORA WAGNERA (»Die Erfindungen des Professor Wagner«, 1930), ARIEL (»Ariel«), POSLEDNIJ TSCHELOWEK IZ ATLANTIDY (»Der Letzte aus Atlantis«), WLASTELIN MIRA (»Die Herrscher der Welt«), PRYSCHOK W NITSCHOLG (»Der Sprung ins Nichts«) usw. In deutscher Sprache liegt die längere Erzählung DESJATAJA PLANETA **(Der zehnte Planet)** in Buch- und Heftausgabe vor, außerdem erschienen die Geschichten **Hoity-Toity** und **Amba** in deutscher Übersetzung (**Hoity-Toity** in der Anthologie **Der Bote aus dem All**, Moskau o.J., Vlg. für fremdsprachige Literatur, nachgedruckt in **Der Diamantenmacher**, 1972, und **Amba** in der Zeitschrift *Sowjetliteratur* 5/1968). Beljajew gilt als einer der Begründer der russischen Science Fiction; etliche seiner Werke wurden in andere Sprachen übersetzt, einige sogar in der UdSSR verfilmt. Die Vorliebe für das Thema Organtransplantation hatte möglicherweise einen tragischen persönlichen Hintergrund: Beljajew litt an Wirbelsäulentuberkulose und war lange Jahre ans Bett gefesselt.

Bibliographie:
Der zehnte Planet (DESJATAJA PLANETA), Berlin 1947, SWA.

Benford, Gregory
(1941–)
Benford wurde als Sohn eines Offiziers der amerikanischen Armee in Mobile/Alabama geboren, lebte drei Jahre in Japan und ebenso-

lange in der Bundesrepublik. Zu Beginn der fünfziger Jahre war er zusammen mit seinem Zwillingsbruder Jim aktiv in der SF-Fanbewegung und gab das Fanzine *Void* heraus. Nach der Rückkehr in die USA studierte er an der University of California Physik, publizierte viele Artikel in naturwissenschaftlichen Fachblättern wie *Natural History, Smithsonian, New Scientist* und ist derzeit Associate Professor an der University of California, in Irvine. Seine erste SF-Story war STAND-IN *(The Magazine of Fantasy and Science Fiction, 1965)*, sein erster Roman DEEPER THAN THE DARKNESS (1970), den er später umschrieb, erweiterte und als THE STARS IN SHROUD (1978) neu herausbrachte. Weitere Romane sind JUPITER PROJECT (1975), IF THE STARS ARE GODS (1977), IN THE OCEAN OF NIGHT (1978), TIMESCAPE (1980), Shiva DESCENDING (1980) und FIND THE CHANGELING (1980). Benford gehört zu den ›hard-science‹-Autoren in der Tradition von Arthur C. Clarke, wurde fünfmal für den Nebula-Award, dreimal für den Hugo Gernsback-Award nominiert. Er lebt heute in Laguna Beach, Kalifornien.

Bibliographie:
Im Ozean der Nacht (IN THE OCEAN OF NIGHT), München 1980, H (in Vorb.).

Beresford, J(ohn) D(avys)
(1873–1947)
Britischer Autor und Architekt. Beresford schrieb eine Vielzahl von Erzählungen, von denen auch eine ganze Reihe dem phantastischen Genre zuzuordnen ist. Allerdings ist es sein Roman THE HAMPDEN-SHIRE WONDER (1911), der ihn für das SF-Genre interessant macht. THE HAMPDEN-SHIRE WONDER war einer der frühen »Übermensch-Romane« der SF und gilt heute als Klassiker des Genres, gleichzustellen mit Olaf Stapledons ODD JOHN und Stanley G. Weinbaums THE NEW ADAM. Übermenschliche Fähigkeiten waren ein Zentralthema im Schaffen Beresfords; ein Ausbruchsversuch möglicherweise aus seinem eigenen tristen Leben, denn er war seit seinem dritten Lebensjahr gelähmt. Ein weiterer Roman von ihm, THE CAMBERWELL MIRACLE behandelt eine ähnliche Thematik.

Berry, Bryan
(1930–1955)
Der englische SF-Autor Bryan

Berry las bereits mit 11 Jahren begeistert SF. Bevor er um 1952 damit begann, auch selbst zu schreiben, war er in der Werbung tätig, Agenturschriftsteller und Herausgeber eines literarischen Magazins. Innerhalb weniger Jahre schrieb er eine Reihe von abenteuerlichen SF-Romanen, von denen die Vernus-Trilogie RESURGENT DUST (1953), THE IMMORTALS (1953) und THE INDESTRUCTIBLE (1954) – alle unter dem Pseudonym Rolf Garner erschienen – am bekanntesten ist. Fünf seiner übrigen sieben Romane sind auch in der Bundesrepublik erschienen, während ein gutes Dutzend Stories nur in Großbritannien und den USA herauskam. Ein tragisch früher Tod setzte seiner Karriere ein Ende.

Bibliographie:
Weltraumspione am Werk (FROM WHAT FAR STAR), Menden 1954, Bewin Vlg.
Tödliche Grenze im All (AND THE STARS REMAIN), Menden 1955, Bewin Vlg.
Flucht in das Weltall (AFTERMATH), Menden 1955, Bewin Vlg.
In der Ewigkeit verschollen (THE VENOM SEEKERS), Balve 1957, Gebr. Zimmermann Vlg.

Heftpublikationen:
Der dritte Planet (RETURN TO EARTH), UGB 20.
Die Unsterblichen von Gryllar (THE INDESTRUCTIBLE I) UZ 190;
Der Weltregent (THE INDESTRUCTIBLE II) UZ 193 (beide als Rolf Garner).

Bertin, Eddy C.
(1944–)
Der Belgier Eddy C. Bertin wurde als Sohn eines Flamen und einer Deutschen in Hamburg-Altona geboren, lebt jedoch seit seiner frühen Jugend in der Heimat seines Vaters. Seine bisherigen Arbeiten, die er nach Feierabend produziert (Bertin ist Angestellter einer Bank), sind kaum in Belgien, dafür um so mehr in Holland, Deutschland, Frankreich, Spanien, England und den Vereinigten Staaten erschienen. Aufgrund mangelnder Publikationsmöglichkeiten (auch die belgischen und niederländischen Verlage bevorzugen es, in ihren Programmen fast ausschließlich angloamerikanische SF-Autoren zu führen), schrieb Bertin seine ersten Texte auf Englisch, so daß sie später zurückübersetzt werden mußten. Seine erste Story, THE WHISPERING HORROR (1968) erschien in Großbritannien; ebenso seine zweite, THE CITY-DYING (1972; die Erzählung erschien auf deutsch 1977 im **SF Story Reader 8**, hrsg. von Herbert W. Franke, H 3549). Bertin, der außer SF auch zahlreiche Horrorgeschichten publiziert hat, gilt als Autorität der H. P. Lovecraft-Forschung, über den er 1978 eine chronologische Bibliographie herausgab. 1971 erschien seine erste Kurzgeschichtensammlung, DE ACHTJAARLIJKSE GOD in Holland. Mehrere seiner kürzeren Werke wurden in die von Richard Davies alljährlich herausgegebene Anthologie YEAR'S BEST HORROR STORIES aufgenommen. Eine zweite Kollektion Bertinscher Geschichten war IETS KLEINS, IETS

HONGERIGS (1972), und im gleichen Jahr erschien auch seine amerikanische Übersetzung von Egon Friedells **Die Rückkehr der Zeitmaschine** als THE RETURN OF THE TIME MACHINE. Seit Mitte der siebziger Jahre schreibt Bertin praktisch nur noch Englisch: Ein erster Roman in den USA war DEATH'S OF A BLOODBIRD (1978).

Bester, Alfred
(1913–)
Amerikanischer SF-Autor. Alfred Bester wurde in New York geboren. Er studierte an der Universität von Pennsylvania Naturwissenschaften und Kunstgeschichte und schloß mit einem Bachelor of Arts ab. Nachdem er mit seiner ersten Kurzgeschichte, THE BROKEN AXIOM (4/39) einen Kurzgeschichtenwettbewerb in *Thrilling Wonder Stories* gewonnen hatte, begann er freiberuflich zu schreiben. In den Jahren darauf veröffentlichte er mehrere Erzählungen, meist in *Astounding* oder *Unknown*, aus denen ADAM AND NO EVE (ASF, 9/41), eine originelle Version des Themas vom letzten Menschen auf der Erde, herausragt. In der Folgezeit war Bester als Autor von Hörspielen und Fernsehfilmen tätig und textete eine Menge Comics. So geht zum Beispiel die Figur der *Green Lantern* auf ihn zurück. Zur SF zurück führte ihn eigentlich erst Horace L. Gold Anfang der fünfziger Jahre. Gold bat ihn, für sein Magazin *Galaxy* einen Fortsetzungsroman zu schreiben, der dann von Januar bis März 1952 veröffentlicht wurde: THE DEMOLISHED MAN. Der Roman erregte außerordentliche Aufmerksamkeit, gewann 1953 den allerersten Hugo Gernsback-Award und wurde zu einem Klassiker des Genres. Der Roman ist eine geglückte Mischung aus SF und Kriminalgeschichte, bei der der Täter von Anfang an bekannt ist, die Frage des Motivs aber bis zum Schluß rätselhaft bleibt. Selbst der Protagonist ist sich über seine Motive im unklaren. Er wird von telepathischen Polizisten gejagt und benützt einen banalen, einprägsamen Vers als Gedankenschirm. Die Handlung ist voller exotischer Gestalten, die vor einer bizarr futuristischen Szenerie agieren. Dazu kommen stilistische Tricks von Bester, bis hin zu konkreter Poesie. Von dieser experimentellen Stilpyrotechnik ist in der früheren deutschen Übersetzung allerdings kaum etwas zu bemerken. (Inzwischen ist eine ungekürzte und adäquate Neuübersetzung durch Horst Pukallus im Heyne Verlag unter dem Titel **Demolition** erschienen: H3670.)
In seinem zweiten Roman, THE STARS MY DESTINATION (1956), hat sich Bester mit der Te-

leportation, einer anderen parapsychologischen Fähigkeit, auseinandergesetzt. Geweckt wird diese im Protagonisten durch starke Haßgefühle. Im Weltraum ausgesetzt, mußte Gully Foyle die Teleportation entwickeln, um sich aus einem Raumschiff-Sarg befreien zu können. Sein schreckliches Erlebnis hat seine Persönlichkeit verformt; er denkt nur noch an Rache. Szenerie und Charaktere in diesem Roman sind noch außergewöhnlicher als in Besters Erstling. Manche Szenen erinnern an surrealistische Alpträume. Kaum einer der Protagonisten handelt im normalen Sinne. Besters Erzählungen gehören mitunter zu den anspruchsvollsten, die in den fünfziger Jahren geschrieben wurden. Oft sind es schlagkräftige Satiren, die gegen die amerikanische Gesellschaft gerichtet sind, gelegentlich auch Bloßstellungen von SF-Ideen oder Stories mit erschreckenden Pointen, die eine alltägliche Binsenweisheit untermauern. Als Beispiel hierfür könnte man DISAPPEARING ACT (NWB 11/54), 5.721.009 (FSF, 3/54) und HOBSON'S CHOICE (FSF, 8/52) anführen. Seine wohl beste Story ist FONDLY FAHRENHEIT (FSF, 8/54), die Geschichte eines Androiden, der bei höheren Temperaturen durchzudrehen beginnt. Besters Erzählungen erschienen gesammelt in STARBURST (1958), THE DARK SIDE OF THE EARTH (1964) und STARLIGHT (1976). Sein 1975 veröffentlichter Roman THE COMPUTER CONNECTION enttäuschte im Vergleich mit seinen Vorgängern.

Bibliographie:
Sturm aufs Universum (THE DEMOLISHED MAN), München 1960, G 3; ungek. Neuübers.: **Demolition**, München 1979, H 3670.
Die Rache des Kosmonauten (THE STARS MY DESTINATION), München 1965, H 3051.
Der Computer und die Unsterblichen (THE COMPUTER CONNECTION), München 1976, TTB 276.
Hände weg von Zeitmaschinen (C) (STARBURST), München 1978, K 705.

Bialkowski, St(anislaus)
(1897–)
Stanislaus Bialkowski, ein deutschsprachiger Autor, wurde in Kähme, in der Nähe von Posen, geboren. Er arbeitete als kaufmännischer Angestellter in einem Flugzeugwerk und schrieb nebenher einige Romane, die mit Sport und Sportlern zu tun hatten sowie sechs utopische Romane. Sein erster utopischer Titel war **Leuchtfeuer im Mond** (1934), dem vier weitere Romane in jährlichen Abständen folgten. 1941 erschien sein letztes Werk, **Start ins Weltall**.

Bibliographie:
Leuchtfeuer im Mond, Leipzig 1934, F. W. Grunow Vlg.
Krieg im All, Leipzig 1935, F. W. Grunow Vlg.
Die Macht des unsichtbaren Sterns, Leipzig 1936, F. W. Grunow Vlg.
Der Radiumkrieg, Leipzig 1937, F. W. Grunow Vlg.
Der Stratosphärenflieger, Leipzig 1938, F. W. Grunow Vlg.
Start ins Weltall, Leipzig 1941, F. W. Grunow Vlg.

Biggle Jr., Lloyd
(1923–)
Er hat Musikwissenschaft studiert, auf diesem Gebiet promoviert, mehrere Jahre lang Musik unterrichtet und auch einmal in einem landesweiten Komponistenwettbewerb den ersten Preis geholt. Seine Frau ist ebenfalls Musikerin (Violinistin). Geboren wurde Lloyd Biggle in Iowa/USA. Mit der U.S.-Army war er von 1936–46 in Europa. Seit etwa 1954 betätigt er sich als Schriftsteller, und 1956 erschien mit GYPPED seine erste SF-Story. GYPPED und andere Stories, vor allem jedoch der Roman THE STILL, SMALL VOICE OF TRUMPETS (1968), zeigen in der Handlung deutlich die Vorliebe des Autors für Musik. Zu seinen weiteren Lieblingsthemen zählen Transmitter (ALL THE COLORS OF DARKNESS, 1963) und PSI-Fähigkeiten (THE ANGRY ESPERS, erstmals 1959 in Magazinform erschienen, sein erster SF-Roman, und WATCHERS OF THE DARK, 1966). Besondere Aufmerksamkeit verdienen die Romane THE LIGHT THAT NEVER WAS (1972) und MONUMENT (1974 – erweiterte Fassung einer für den Hugo-Award nominierten Story), weil in ihnen nicht nur dem Thema Außerirdische und außerirdische Kulturen interessante Aspekte abgewonnen werden, sondern auch das Recht technisch unterentwickelter Kulturen auf Eigenständigkeit proklamiert wird. Von Lloyd Biggle liegen insgesamt zehn SF-Romane und drei Story-Sammlungen vor, wobei die Romane THE STILL, SMALL VOICE OF TRUMPETS und THE WORLD MENDERS (1971) thematisch miteinander verbunden sind, weitere vier Romane bilden den sog. *Jan Darzek*-Zyklus. Außer Science Fiction hat Biggle vor allem Kriminalgeschichten – viele davon für *Ellery Queen's Mystery Magazine* – geschrieben.

Bibliographie:
Für Menschen verboten (ALL THE COLORS OF DARKNESS), München 1964, Z 59.
Spiralen aus dem Dunkel (THE FURY OUT OF TIME), München 1968, GWTB 096.
Verbrechen in der Zukunft (C) (THE RULE OF THE DOOR AND OTHER FANCIFUL REGULATIONS), München 1968, GWTB 098.
Fanfaren der Freiheit (THE STILL, SMALL VOICE OF TRUMPETS), München 1969, GWTB 0100.
Invasion der Supermenschen (THE ANGRY ESPERS), München 1969, GWTB 0109.
Wächter der Dunkelheit (WATCHERS OF THE DARK), München 1970, TTB 173.

Die Muse aus Metall (C), (THE METALLIC MUSE), München 1974, GWTB 0174.
Die Weltverbesserer (THE WORLD MENDERS), Rastatt 1974, TTB 233.
Planet des Lichts (THE LIGHT THAT NEVER WAS), Rastatt 1974, TTB 239.
Das tödliche Schweigen (SILENCE IS DEADLY), München 1981, H (in Vorb.).

Bilenkin, Dmitri
(1933–)
Der russische Autor Dmitri (Dimitrij) Bilenkin wurde in Moskau geboren, studierte an der Moskauer Universität Geologie und arbeitete anschließend als Geochemiker in Sibirien und Mittelasien. Heute ist er wissenschaftlicher Redakteur einer populärwissenschaftlichen Zeitschrift. Neben mehreren populärwissenschaftlichen Sachbüchern schrieb er zahlreiche SF-Kurzgeschichten, die in bislang drei Sammelbänden – MARSIANSKIJ PRIBOJ (»Marsbrandung«, 1967), NOTSCH KONTRABANDY (»Nächtliche Konterbande«, 1971) und PROWERKA NA RAZUMNOST (»Vernunftprobe«) – vorliegen. Mehrere Stories von ihm wurden in die deutsche Sprache übersetzt und erschienen in Anthologien, die in der DDR herauskamen.

Binder, Eando
(1911–1974)
Der schon seit den frühen dreißiger Jahren publizierende SF-Autor mit dem seltsamen Vornamen war in Wirklichkeit zunächst ein Bruderpaar: Earl Andrias (1904–) und Otto Oskar (»E-and-O«) Binder waren Söhne eines österreichischen Metallarbeiters, der 1910 in die USA ausgewandert war. (Ein dritter Binder-Bruder namens Jack machte sich einen Namen als Umschlagzeichner diverser SF-Magazine). Nachdem Otto ein (erfolgloses) Chemiestudium abgebrochen hatte, verlegten die Brüder sich auf das Schreiben utopischer Stoffe. Ihre erste gemeinsame Veröffentlichung war THE FIRST MARTIAN (1932) in Hugo Gernsbacks *Amazing Stories,* dann folgten eine Reihe von Erzählungen um den »menschlichen« Roboter Adam Link und den genialen, unsterblichen Erfinder Anton York, eine Klischeefigur par excellence, wie die meisten SF-Helden der damaligen Zeit, der die unglaublichsten Entdeckungen machte und eine Droge entwickelte, die die Menschen nicht mehr altern ließ. All das war in einem miserablen Stil geschrieben, wie er in den Heftpublikationen der dreißiger Jahre üblich war. Von 1940 an schrieb Earl Binder keine SF mehr. Da der Name Eando Binder jedoch bereits ziemlich gut eingeführt war, behielt Otto ihn für sich alleine bei, auch wenn er gelegentlich unter einem weiteren Pseudonym (Gordon A. Giles) schrieb. Von 1932 bis 1936 arbeitete er als freischaffender Autor, ging anschließend als Gutachter in die Literatur-Agentur Otis A. Klines und begann 1939 wieder zu schreiben, nun hauptsächlich für Comic-Verlage, in denen er verantwortlich für Magazine wie *Captain Marvel* und *Superman* war. (Die Idee des mit Superkräften ausgestatteten Kindes vom

Planeten Krypton, das auf die Erde verschlagen wird, wurde zwar den beiden SF-Fans Jerome Siegel und Joe Shuster zugeschrieben, stammte in Wirklichkeit aber von Binder, der seinen Freunden lange bevor sie für ihr Projekt einen Verleger fanden, diesen Plot lieferte.) Von 1960 bis 1962 war Binder Redakteur des populärwissenschaftlichen Magazins *Space World,* versuchte sich auch als Verleger, kehrte aber Anfang der siebziger Jahre wieder zur Science Fiction zurück und verfaßte ein halbes Dutzend Bücher, die allerdings nur für UFOlogen von Interesse sind und sich, was ihre Unlesbarkeit anbetrifft, von seiner Vorkriegsproduktion in nichts unterscheiden.

Bibliographie:
Heftpublikationen:
Adam, der Roboter (ADAM LINK, ROBOT), TN 65 (1969).
Anton York, der Unsterbliche (ANTON YORK, IMMORTAL) TA 5 (1971).
Die neue Steinzeit (LORDS OF CREATION), TA 169 (1971).
UFOs bedrohen die Welt (MENACE OF THE SAUCERS), TA 47 (1972).
Die Nacht der UFOs (NIGHT OF THE SAUCERS), TA 51 (1972).
Geheimnis auf Jupiter (SECRET OF THE RED SPOT), TA 107 (1973).
Der Doppelmensch (DOUBLE MAN) TA 131 (1974).
Aus dem Inneren der Erde (GET OFF MY WORLD), TA 141 (1974).

Bings, Henry
(1922–1964)
Henry Bings, alias Heinz Bingenheimer, war das, was man als einen Freizeitautor bezeichnet. Er machte 1940 das Kriegsabitur und diente anschließend bei der Kriegsmarine. 1945 heimgekehrt, besuchte er kaufmännische Kurse und war von 1946 bis 1957 als selbständiger Handelsvertreter tätig. In seiner Freizeit beschäftigte er sich mit literaturwissenschaftlichen Studien. Er trat früh einem der größten deutschen SF-Clubs bei, gründete 1958 eine »Buchgemeinschaft Transgalaxis« genannte Versandbuchhandlung, die ihre Mitglieder mit preiswerten Remittenden versorgte, aufgrund der rasch anwachsenden Mitgliederzahl, die 1960 über 2000 betrug, jedoch auch bald die Möglichkeit besaß, in Zusammenarbeit mit den damals recht viel SF publizierenden Leihbuchverlagen den einen oder anderen Titel als Sonderausgabe herauszubringen. Da Bingenheimer teilweise in der Lage war, gleich 2000 Exemplare einer Gesamtauflage von 5000 abzunehmen, arbeiteten Leihbuchverleger gerne mit ihm zusammen. Neben einigen Kurzgeschichten bestanden Bingenheimers einzige Veröffentlichungen in dem SF-Roman **Welten in Brand** (1956) und der Anthologie **Lockende Zukunft** (1957). Ein nachgelassenes Romanfragment, **Der Sprung ins Nichts**, wurde 1961 von Clark Darlton (W. Ernsting) beendet.

Bibliographie:
Welten in Brand, Balve 1956, Gebr. Zimmermann Vlg. (Hrsg.)

Lockende Zukunft, Menden 1957, Bewin Vlg.
Der Sprung ins Nichts (mit Clark Darlton), Balve 1964, Gebr. Zimmermann Vlg.

Bishop, Michael
(1945–   )
Michael Bishop wurde in Lincoln, Nebraska, geboren. Da sein Vater Angehöriger der Luftwaffe war, zog die Familie Bishop häufig um; Mike sah schon in jungen Jahren viele der amerikanischen Staaten und lebte u. a. in Tokio und Sevilla. Von 1963–1968 besuchte er die Universität von Georgia in Athens und machte dort sein Magisterexamen in Englischer Literatur. Nach Beschäftigung bei der Air Force und einem Lehrauftrag an der Universität begann er 1974 »ganztags« zu schreiben. Seine erste veröffentlichte Story war PIÑON FALL (GAL 10/70). Mit steter Regelmäßigkeit folgten von nun an weitere Geschichten in allen wichtigen Magazinen sowie Originalanthologien, wobei seine Stärke auf dem Gebiet der Novelle lag. Nicht weniger als sechs seiner Geschichten wurden für Hugo und Nebula nominiert, ohne daß es einer gelang, einen dieser Preise zu gewinnen. Trotzdem müssen Stories wie THE WHITE OTTERS OF CHILDHOOD (FSF, 7/73), THE SAMURAI AND THE WILLOWS (FSF 2/76) oder der Kurzroman DEATH AND DESIGNATION AMONG THE ASADI (IF, 2/73) zu den besten SF-Erzählungen der siebziger Jahre gezählt werden. Seit der Publikation seines ersten Romans, A FUNERAL FOR THE EYES OF FIRE (1975), hat sich Michael Bishop mehr auf das Schreiben von Büchern verlegt. Auch AND STRANGE AT ECBATAN THE TREES (1976), STOLEN FACES (1977) und A LITTLE KNOWLEDGE (1977) zeigen auf, was sich in Bishops Erzählungen schon abzeichnete: Bishop ist ein hervorragender Stilist mit viel Einfühlungsvermögen für fremdartige Kulturen und Gesellschaften, die er immer aus einer humanistischen Warte beleuchtet, und in denen für Toleranz gegenüber Andersartigen geworben wird. Bislang blieb ihm ein größerer literarischer Erfolg versagt, aber seine Romane und Erzählungen berechtigen zu der Annahme, daß man Michael Bishop nicht nur als Talent der siebziger Jahre, sondern als große Hoffnung für die SF schlechthin anerkennen muß.
1979 erschienen seine Romane CATACOMB YEARS und TRANSFIGURATIONS. Unter

dem Titel EYES OF FIRE wird 1980 eine revidierte Fassung seines Romanerstlings A FUNERAL FOR THE EYES OF FIRE erscheinen.

Bibliographie:
Die seltsamen Bäume von Ecbatan (AND STRANGE AT ECBATAN THE TREES), München 1978, H 3610.
Gestohlene Gesichter (STOLEN FACES), München 1979, H 3654.
Die Cygnus-Delegation (A LITTLE KNOWLEDGE), München 1980, H (in Vorb.).

Bixby, Jerome (Lewis)
(1923–)
Der einstige Konzertpianist Jerome Lewis Bixby, Amerikaner, hat mehr als 1000 Kurzgeschichten geschrieben, wovon allerdings nur relativ wenige der Science Fiction, ein paar weitere der Weird Fiction zuzurechnen sind. Vor allem jedoch schrieb er Abenteuer- und Western-Erzählungen sowie Drehbücher fürs Fernsehen und Kino. Zu den Film- und Fernsehaktivitäten im Science Fiction-Bereich gehören STAR TREK-Episoden und Stoffe wie IT – THE VAMPIRE FROM OUTER SPACE oder THE CURSE OF THE FACELESS MEN. SF-Kurzgeschichten von ihm erschienen in diversen Magazinen, und einige davon wurden in der Sammlung SPACE BY THE TALE (1964) nachgedruckt. Zu seinen bekanntesten Erzählungen zählen THE BAD LIFE, IT'S A GOOD LIFE, SMALL WAR und ANGELS IN THE JETS. Auch der Film FANTASTIC VOYAGE (später von Asimov nacherzählt) basiert auf einer Story von Bixby und dem Co-Autor Otto Klement. Zwischen 1950 und 1953 war er als Redakteur von SF-Magazinen tätig: Er redigierte 1950–1951 das Magazin *Planet Stories,* startete das Schwestermagazin *Two Complete Science Adventure Books,* wurde dann Assistent von Sam Mines (der die Standard-SF-Magazine betreute) und arbeitete schließlich (bis Juli 1953) noch ein paar Monate unter Horace L. Gold für *Galaxy.* 1952 hatte er die Musik endgültig aufgegeben und sich ganz dem Schreiben zugewandt.

Blish, James (Benjamin)
(1921–1975)
Der amerikanische Schriftsteller James Blish galt als einer der Intellektuellen im Feld der SF. Blish studierte an der Rutgers University Zoologie, wandte sich aber nach Studien an der Columbia University der Literatur zu. Im Krieg war er zwei Jahre lang medizinischer Labortechniker, danach arbeitete

er als Lehrer und Angestellter einer Werbeagentur. Seine erste Story erschien im März 1940 in *Super Science Stories* und hieß EMERGENCY-REFUELLING. Mit Unterbrechungen folgten in den vierziger Jahren noch ca. 20 weitere Stories, die jedoch nicht sonderlich wichtig waren. Erst ab 1950 begann sich James Blish als SF-Autor einen Namen zu machen. In THERE SHALL BE NO DARKNESS (TWS, 4/50) gibt er eine wissenschaftliche Erklärung des Werwolfphänomens, die aber als reine Gedankenspielerei betrachtet werden muß. Im selben Monat erschien in *Astounding* seine Erzählung OKIE. Sie leitete eine der bekanntesten Space-Opera-Zyklen der modernen SF ein. OKIE, BINDLESTIFF (ASF, 12/50), SARGASSO OF LOST CITIES (*2 Complete Science Adventure Books*, Spr/53) und EARTHMAN COME HOME (ASF, 11/53) wurden 1955 zu dem Roman EARTHMAN COME HOME zusammengezogen. Er stellt das Kernstück der CITIES-IN-FLIGHT-Tetralogie dar, die durch THEY SHALL HAVE STARS (1957), A LIFE FOR THE STARS (1962), und THE TRIUMPH OF TIME (1958) vervollständigt wurde. Als Space Opera reinsten Wassers baut sie auf ähnlich gigantische Erfindungen und Apparaturen auf, wie sie schon in den Werken E. E. Smiths und John W. Campbells vorkamen, ohne jedoch deren pubertäre Pfadfinderromantik und Gut-Böse-Schematik zu übernehmen. In den vier CITIES IN FLIGHT-Romanen, die in etwa mit Asimovs FOUNDATION-Trilogie vergleichbar sind, beschreibt Blish kosmische Nomaden, Wanderarbeiter, die in fliegenden Städten das Weltall auf Suche nach Arbeit (oder Beute) durchstreifen. Ein Antigravitationsantrieb hat das Problem der Masse für die Weltraumfahrt bedeutungslos gemacht, und darum sind ganze Städte ins All aufgebrochen, so auch New York, samt Granitsockel, auf dem es aufgebaut wurde. Neben dieser Tetralogie stellen die PANTROPY-Stories eine weitere wichtige Serie Blishs dar. Sie sind in dem Episodenroman THE SEEDLING STARS (1956) gesammelt und enthalten mit SURFACE TENSION (GAL 8/52) eine seiner besten Kurzgeschichten, die auch in die berühmte Sammlung SF-HALL OF FAME aufgenommen wurde und allenfalls von COMMON TIME (*Science Fiction Quarterly*, 8/53), einer für die damalige Zeit äußerst komplexen und avantgardistischen Erzählung, übertroffen wird. Mit A CASE OF CONSCIENCE (1958), einer Erweiterung der gleichnamigen Story aus dem Jahre 1953, gewann Blish 1959 den Hugo Gernsback-Award. In diesem theologischen Problemroman läßt der Autor seinen »Helden«, den Jesuitenpater Ruiz-Sanchez, in einem anscheinend paradiesischen Planeten, dessen Bewohner, eine Echsenrasse, keine Gebote haben, nicht an Gott glauben und dennoch ohne Sünde leben, ein Werk des Teufels erkennen. Er exorziert den Planeten, der auch prompt explodiert. Offen bleibt jedoch, ob höhere Mächte am Werk waren, oder ob die Explosion natürliche Ursachen hatte, denn der Planet war reich an dem Atombombenmaterial Lithium. Blish reklamierte A CASE OF CONSCIENCE als Teil eines Zyklus AFTER SUCH KNOWLEDGE, dessen andere Konstituenten der historische Roman DOCTOR MIRABILIS (1971, über Roger Bacon, keine SF) und die reißerische Horror-Fantasy BLACK EASTER (1968) samt Fortsetzung THE DAY AFTER JUDGEMENT (1971) sind. Hexerei und Schwarze Magie spielen in den beiden letztgenannten Romanen eine große Rolle und zeugen von Blishs Vorliebe, den Dualismus Theologie–Okkultismus philosophisch anzugehen. Weitere wichtige Romane des Autors sind: Sein Erstling JACK OF EAGLES (1952), THE STAR DWELLERS (1961), MIDSUMMER CENTURY (1972) und AND ALL THE STARS A STAGE (1971). Ab 1967 sorgte James Blish für die Buchausgaben der einzelnen STAR-TREK-Episoden (**Raumschiff Enterprise**). Zuerst schrieb er die Stories nach den Drehbüchern selbst, später gab er die Sammelbände nur noch heraus, die bis auf wenige Ausnahmen Material ohne literarischen Wert enthalten. An ihnen kann James Blish nicht gemessen werden. Er, der James Joyce-Kenner und Literaturfachmann, wagte sich innerhalb der SF oft an philosophische Probleme heran, und wenn ihre Ausarbeitung nicht immer voll befriedigt, mag das an den Marktzwängen gelegen haben, denen das Genre unterworfen ist. Als Autor interessierte ihn vor allem die Komposition der Erzählung, und als Rationalist hatte es ihm die Wissenschaft angetan. Manchmal, wie in den theologisch-okkulten Romanen, kam zu seinem zerebralen Stil eine ätzende Ironie. James Blish war auch SF-Kritiker. Unter dem Pseudonym William Atheling Jr. veröffentlichte er zwei wesentliche Bände mit Essays zur SF, THE ISSUE AT HAND (1964) und MORE ISSUES AT HAND (1970). Nach seiner Scheidung von der literarischen Agentin Virginia Kidd heiratete er ein zweites Mal und zog nach England, wo er im Alter von 54 Jahren an Krebs starb.

Bibliographie:
Stadt zwischen den Planeten (EARTHMAN COME HOME), München 1960, G 6.
Auch sie sind Menschen (THE SEEDLING STARS), München 1960, G 12.
Im Zeichen des Blitzes (THE STAR DWELLERS), München 1963, G 44.
Der Psi-Mann (JACK OF EAGLES), München 1969, H 3153.
Tausend Milliarden glückliche Menschen (A TORRENT OF FACES) (mit Norman L. Knight), Düsseldorf 1970, MvS.
Der Gewissensfall (A CASE OF CONSCIENCE), München 1973, H 3334.
Brücke zur Ewigkeit (THEY SHALL HAVE STARS), München 1973, H 3346.
Triumph der Zeit (THE TRIUMPH OF TIME), München 1973, H 3365.
Die Zeit der Vögel (MIDSUMMER CENTURY), München 1974, H 3381.

Der Tag nach dem Jüngsten Gericht (THE DAY AFTER JUDGEMENT), München 1974, H 3390.
Der Hexenmeister (BLACK EASTER), München 1974, H 5059.
Irgendwann (C) (ANYWHEN), München 1974, GWBT 40179.
Eine Handvoll Sterne (C) (GALACTIC CLUSTER), München 1974, GWTB 40189.
Die Supernova (AND ALL THE STARS A STAGE), München 1975, GWTB 0209.
(Hrsg.) **Raumschiff Enterprise**, TB 1–12.

Heftpublikationen:
Die Tochter des Giganten (TITAN'S DAUGHTER), UZ 384, 1964.
Der Prophet von Thrennen (GET OUT OF MY SKY), UZ 531, 1967.

Bloch, Robert
(1917–)
Der amerikanische Autor Robert Bloch wurde 1917 als Sohn eines Bankbeamten und einer Sozialarbeiterin in Chicago geboren. Als Zehnjähriger begeisterte er sich erstmals an Stories von H. P. Lovecraft in *Weird Tales* und begann sich für Stummfilme wie **Das Phantom der Oper** zu interessieren. Später lernte er Fritz Langs **Metropolis** schätzen und wurde begeisterter Fan von Filmstars wie Lon Chaney, Emil Jannings, Conradt Veidt, Werner Krauss, Paul Wegener, Boris Karloff und anderen Größen des phantastischen und des Gruselfilms der damaligen Zeit. Bloch absolvierte die Highschool in Milwaukee, begann 1933 einen

Briefwechsel mit H. P. Lovecraft und verkaufte als Siebzehnjähriger seine erste Story an das Magazin *Weird Tales*. Bald darauf lernte er die Autoren Henry Kuttner, C. L. Moore, Fritz Leiber und August Derleth kennen. Er arbeitete ab 1940 in einer Werbeagentur, heiratete, veröffentlichte in verschiedenen Magazinen SF- und Horrorstories und hatte den ersten großen Erfolg mit der Hörspielserie STAY TUNED FOR TERROR, die er nach eigenen Story-Vorlagen gestaltete. Das war 1945, und im gleichen Jahr erschien sein erster Kurzgeschichtenband bei Arkham House (einem auf Weird Fiction spezialisierter Verlag, der von Derleth und Donald Wandrei ursprünglich vor allem gegründet wurde, um das Gesamtwerk von H. P. Lovecraft herauszugeben). Titel: THE OPENER OF THE WAY. 1959 wurden erste Fernsehfilme ausgestrahlt, deren Drehbücher er für die ALFRED HITCHCOCK-Serie schrieb, und

Hitchcock war es auch, der nach einer Vorlage von Bloch den weltberühmten Film PSYCHO drehte. Bloch schrieb bislang rund 500 Erzählungen und Romane, teilweise unter Pseudonymen wie Tarleton Fiske, wobei die reinen Science Fiction-Stories in der Minderheit sind. Seine Fantasy-Erzählung THAT HELL-BOUND TRAIN erhielt 1958 den Hugo Gernsback-Award. Auch eine Episode der Fernsehserie STAR TREK (**Raumschiff Enterprise**) wurde von ihm verfaßt. Bloch, der heute (nach Scheidung in zweiter Ehe) in Hollywood lebt, ist in vielen Genres der Unterhaltungsliteratur zu Hause. Neben einigen Kurzgeschichtensammlungen veröffentlichte er die SF-Romane SNEAK PREVIEW (1971) und REUNION WITH TOMORROW (1978), ferner den recht bekannten Kurzroman THIS CROWDED EARTH (1968). Er schrieb auch über SF (im Basil Davenports THE SF NOVEL) und betont dabei den Unterhaltungswert dieser Literaturgattung.

Bibliographie:
Das Regime der Psychos (SNEAK PREVIEW), München 1974, H 3407.

Heftpublikationen:
Kein Platz auf der Erde (THIS CROWDED EARTH), UZ 516 (1966).
Die Göttin der Weisheit (ALMOST HUMAN), T 514 (1967).

Bodelsen, Anders
(1937–   )
Der Däne Anders Bodelsen wuchs in Kopenhagen auf und studierte Rechtswissenschaft, Volkswirtschaft und Literaturwissenschaft. Später, ab 1959, arbeitete er als freier Mitarbeiter für verschiedene dänische Zeitungen sowie als Herausgeber einer Literaturzeitschrift. Heute ist er Kritiker beim dänischen Fernsehen und bei der Tageszeitung *Politiken*. Sein SF-Roman FRYSEPUNKTET erschien 1970 und behandelt das Thema Kälteschlaf.

Bibliographie:
Brunos tiefgekühlte Tage (FRYSEPUNKTET), Hamburg–Düsseldorf 1971, MvS.

Bogdanov, Alexander A.
(1873–1928)
A. Bogdanov ist ein Pseudonym von Aleksandr Malinovskij, einem der Führer der russischen sozialdemokratischen Bewegung. Mit KRASNAJA ZVEZDA (1908) schrieb er eine der ersten marxistischen Sozialutopien über den Marsflug eines russischen Revolutionärs, wobei sich eine Zivilisation auf dem Mars als kommunistische Gesellschaft erweist. Eine Fortsetzung erschien 1912 unter dem Titel INŻENER MENNI (»Ingenieur Menni«). Obwohl als propagandistische Utopien gedacht, gelangen Bogdanov auch bemerkenswerte technische Voraussagen: Es gibt in KRASNAJA ZVEZDA bereits Atomenergie, Computer, synthetische Materialien usw. Bogdanov hatte großen Einfluß auf die nächste Generation der russischen SF-

Autoren, insbesondere auf Iwan Jefremov, obwohl Lenin seine Bücher als zu machistisch und idealistisch kritisierte.

Bibliographie:
Der rote Stern (KRASNAJA ZVEZDA), Frankfurt 1972, Makol Verlag.

Bond, Nelson (Slade)
(1908–)
Eigentlich wollte Nelson Slade Bond Ingenieur werden, aber die harten Zeiten der Wirtschaftsdepression zwangen ihn, nach etwas anderem Ausschau zu halten. Zunächst schrieb er Artikel, dann zunehmend auch Kurzgeschichten, wobei er das Glück hatte, daß eine seiner frühen Stories, MR. MERGENTHWIRKER'S LOBBLIES (in *Scribner's Magazine,* 1937), Grundlage für eine Rundfunkserie und ein Theaterstück wurde. Er schrieb für *Blue Book, Amazing, Fantastic Adventures* und andere Magazine. Popularität erlangte seine LANCELOT-BIGGS-Serie, eine Reihe von lustigen SF-Kurzgeschichten, die in dem Band LANCELOT BIGGS: SPACEMAN (1950) nachgedruckt wurden. Weitere vier SF- und Fantasy-Story-Sammlungen sowie der Roman EXILES OF TIME (1940), der den Mythos der Götterdämmerung aufgreift, folgten. In den letzten Jahren arbeitete Bond als Theaterdramaturg.

Bibliographie:
Lancelot Biggs' wundersame Weltraumfahrten (C) (LANCELOT BIGGS: SPACEMAN), Berlin 1953, Gebr. Weiß Vlg.

Insel der Eroberer (C) (NO TIME LIKE THE FUTURE), München 1964, H 3034.

Heftpublikationen:
Im Zeitexil (EXILES OF TIME), T 516 (1967).

Borges, Jorge Luis
(1899–)
Jorge Luis Borges wurde in Buenos Aires geboren und studierte während des Ersten Weltkriegs in Genf, bereiste danach mehrere westeuropäische Länder und eignete sich eine umfassende literarische Bildung an. In Spanien, wo er sich einige Jahre aufhielt, schloß er sich vorübergehend dem »Ultraismus« an, einer dem französischen Surrealismus ähnlichen literarischen Bewegung, die er nach seiner Rückkehr in die Heimat (1921) auf Argentinien übertrug. Neben Gedichten und Essays verfaßte er vor allem Erzählungen, von denen einige der Science Fiction zuzurechnen sind: etwa **Der Unsterbliche, Die Ruinenkreise, Die Lotterie in Babylon, Die Bibliothek von Babel, Der Tod und der Kompaß, Der Garten der Pfade, die sich ver-**

zweigen und **Tlön, Uqbar, Orbis tertius.** Sie erschienen in den Sammlungen FICCIONES (1944) und EL ALEPH (1949), die dem Autor 1961 den renommierten *Prix International de littérature* einbrachten und ihn weltberühmt machten. Diese Erzählungen, Borges nennt sie selbst »Parabeln des Universums«, kreisen um das Phänomen der Zeit und die Unberechenbarkeit der Wirklichkeit. »Wir müssen das Mysterium der Ewigkeit in unserem Innern suchen. Nichts in mir hat sich je geändert, das ist meine Ewigkeit. Ich bin, was ich war und was ich sein werde – dennoch kann ich mich selbst nicht definieren. Diese Dauer, dieses Gefühl der Ewigkeit macht mich zum Mittelpunkt des Labyrinths. Auf diese Weise werde ich befreit, indes das Labyrinth zerbröckelt.« Borges' Erzählungen spielen meist in fremden Ländern und fernen Zeiten. »Die Idee der Nichtigkeit und Einsamkeit kann sich auf diese Weise weit von mir weg entfalten, irgendwo nah der Unendlichkeit.« Die Themen sind zeitlos und gerade deshalb stets aktuell: Fragen nach der Abgrenzung von Realität und Irrealität, nach dem Verhältnis von Wirklichkeit und Fiktion, von Zeit, Bewußtsein und Erfahrung, von Spekulation und Phantasie. Am 14. Oktober 1979 wurde Borges in Providence/Rhode Island der *World Fantasy Award* verliehen. Eine Übersetzung der Erzählungen aus FICCIONES und EL ALEPH erschien 1959 unter dem Titel **Labyrinthe** im Carl Hanser Vlg., eine Taschenbuchausgabe 1979 in der Reihe *Das besondere Taschenbuch* im Heyne Verlag.

Bibliographie:
Labyrinthe (aus FICCIONES und EL ALEPH), hrsg. von K. A. Horst, München 1959, Carl Hanser Vlg.

Boruń, Krzysztof
(1923–   )
Der polnische Autor Krzysztof Boruń arbeitet als Fachjournalist in Warschau und ist Mitbegründer und Vorstandsmitglied der Polnischen Astronautischen und Polnischen Kybernetischen Gesellschaft. Er schreibt seit 1952 Science Fiction, und einige seiner Erzählungen und Romane wurden ins Russische, Ukrainische, Tschechische und Ungarische übersetzt. Ins Deutsche übersetzt wurde eine Story, die in der Auswahl polnischer SF, **Galaxisspatzen**, in der DDR erschien. Boruń ist auch Mitautor eines Librettos für ein Musical und eines »Wörterbuchs der Kybernetik«.

Botond-Bolics, György
(1913–   )
György Botond-Bolics, ein ungarischer Autor, wurde in Arad geboren. Er studierte Staatswissenschaft, Nationalökonomie und Maschinenbau und promovierte 1935. Er war Betriebsorganisator und wechselte später in einen Budapester Verlag über. Sein erster SF-Roman erschien 1957 unter dem Titel HA GELSÁLL A KÖD (»Wenn der Nebel sich hebt«). Neben weiteren SF-Romanen schrieb Botond-Bolics auch Mainstream-Romane, Sachbücher sowie Drehbücher zu populärwissenschaftlichen Filmen, Fernsehfeatures und Fernsehspielen.

Bibliographie:
Tausend Jahre auf der Venus (EZER ÈV A VÉNUSZON), Hamburg und Düsseldorf 1969, MvS.
Das Marsgehirn denkt anders (REDIVIVUS TÜZET KÉR), Hamburg und Düsseldorf 1970, MvS.

Boucher, Anthony
(1911–1968)
Amerikanischer Autor und Herausgeber. William Anthony Parker White benutzte das Pseudonym Boucher für fast alle seine Veröffentlichungen, lediglich einige wenige Frühwerke zeichnete er mit H. H. Hollis, die aber fallen unter das Genre Kriminalgeschichten. Seine erste Story erschien 1941 in *Unknown* und war SNULBUG betitelt. Bis 1963 wurden ca. 35 Stories von Boucher veröffentlicht, von denen THE QUEST FOR SAINT AQUIN (FSF, 1/59) die bei weitem bekannteste ist. Bouchers Beitrag zur SF liegt aber weniger in seinen Stories, sondern in seiner Herausgebertätigkeit. Zusammen mit seinem Co-Editor J. Francis McComas startete er im Herbst 1949 das *Magazine of Fantasy and Science Fiction*, eine Publikation, die sich aufgrund ihres beständig guten Inhalts schnell durchsetzen und behaupten konnte. Von 1954–1958 war Boucher alleiniger Herausgeber des Magazins, dann zwangen ihn gesundheitliche Gründe zur Aufgabe dieser Tätigkeit. Die neun Jahre hatten ihm aber ausgereicht, um das *Magazine of Fantasy and Science Fiction* zu einem der drei besten Magazine im SF-Feld werden zu lassen. Ähnlich wie zehn Jahre vor ihm John W. Campbell jr. bei *Astounding,* beschränkte er sich nicht auf bloßes Sichten des hereingekommenen Materials und dessen Auswertung, sondern er wirkte aktiv auf seine Autoren ein, d.h. er vermittelte ihnen Ideen, spornte sie an und scheute sich nicht, hie und da auch ein experimentelleres Stück Prosa aufzunehmen. Boucher hatte wie sein Kollege H. L. Gold, der Editor von *Galaxy* war, wesentlichen Anteil an der Qualitätssteigerung der SF in den fünfziger Jahren. Unter seiner Herausgeberschaft wurden im FSF so berühmte Romane wie Walter Millers A CANTICLE FOR LEIBOWITZ (1955–1957), Ward Moores BRING THE JUBILEE (Kurzfassung, 1952) und Heinleins THE DOOR INTO SUMMER (1956) publiziert. Im wesentlichen waren es aber die Kurzgeschichten, die das Magazin bekannt machten. Eine ganze Reihe davon stellte Boucher in seinen zahlreichen Anthologien zusammen – am Anfang mit McComas – unter dem Serientitel THE BEST FROM FANTASY AND

SCIENCE FICTION. Insgesamt erschienen in dieser Reihe acht Auswahlbände. Die beiden ersten Heyne-SF-Anthologien, Nr. 2 und Nr. 5, brachten einen Querschnitt aus diesen Bänden.

Boulle, Pierre
(1912–)
Der Franzose Pierre Boulle ist hauptsächlich durch zwei Bücher bekanntgeworden: den Kriegsroman LE PONT DE LA RIVIÈRE KWAI (1957 verfilmt – **Die Brücke am Kwai**) und das SF-Spektakel LE PLANETE DES SINGES (1963, **Planet der Affen**), das in mehrere Sprachen übersetzt wurde. LE PLANÈTE DES SINGES wurde, unter dem Einfluß des Films, zu einem Bestseller und zog eine ganze Nachfolgeindustrie mit sich: Das amerikanische Fernsehen produzierte eine TV-Serie nach Boulles Motiven, die Comic-Industrie griff das Thema auf, selbst die Filmleute wollten nach dem Erfolg ihres Streifens nicht mehr aufhören: Aus LE PLANÈTE DES SINGES wurde eine ganze Serie von Affen-Filmen, und am Ende schlachtete man noch die dazu geschriebenen Drehbücher aus, indem man sie von prominenten SF-Autoren zu Romanen umschreiben ließ. Boulle stammt aus Avignon, war Ingenieur von Beruf und ging 1936 als Pflanzer nach Malaya. Während des Zweiten Weltkrieges betätigte er sich als Guerillakämpfer in Indochina, kehrte später nach Malaya zurück und lebt heute in Paris als Schriftsteller, der nur gelegentlich Ausflüge in die Phantastik unternimmt. Werke von Interesse für SF-Leser sind LE JARDIN DE KANASHIMA (1964), die Geschichte des ersten Menschen auf dem Mond, und seine Kurzgeschichtensammlungen CONTES DE L'ABSURDE (1953) und $E = mc^2$. In seinem Roman LES JEUX DE L'ESPRIT (1973) geht es um Zukunftsspiele.

Bibliographie:
Planet der Affen (LE PLANÈTE DES SINGES), München 1965, G 59.

Bounds, Sydney J(ames)
(1920–)
Seit über zwanzig Jahren ist der britische Autor Sydney J. Bounds als freiberuflicher Schriftsteller tätig und veröffentlichte außer Science Fiction auch Horrorstories und -romane sowie Western, teilweise unter Pseudonymen wie James Marshal und Wes Saunders (unter letzterem die Western). Er wurde in Brighton geboren, studierte Elektrotechnik und war später bei der Londoner U-Bahn beschäftigt. Sein erster SF-Roman war THE MOON RAIDERS

(1955), gefolgt von THE ROBOT BRAINS (1956) und THE WORLD WRECKER (1956) – spannende Action-SF um Invasionen, Zeitreisende und Mad Scientists. In die deutsche Sprache wurden bisher nur Kurzgeschichten von Bounds übersetzt, etwa MUTATION als **Der Mutant** in UZ 463.

Bova, Ben(jamin William)
(1932–   )
Ben Bova, derzeitiger Herausgeber des internationalen, in Millionenauflage vertriebenen, Fact/Fiction-Magazines *Omni*, war von 1971 bis 1978 Redakteur des bis dahin auflagenstärksten amerikanischen SF-Magazins *Analog* und der erste Nachfolger des verstorbenen John W. Campbell jr. »Eigentlich wollte ich, nachdem ich *Analog* aufgegeben hatte, mein Glück als freier Autor versuchen, aber als die Leute von der *Penthouse*-Gruppe an mich herantraten und mich fragten, ob ich nicht Lust hätte, *Omni* zu machen, konnte ich in Anbetracht des Geldes, das sie mir boten, einfach nicht mehr ablehnen.« Bova studierte Journalismus an der Temple University von Philadelphia, ging anschließend zur Presse und wurde Redakteur mehrerer technisch-wissenschaftlicher Blätter, die sich mit der Problematik der Weltraumfahrt auseinandersetzten. 1961 veröffentlichte er das Sachbuch THE MILKY WAY GALAXY, und von 1962 an schrieb er regelmäßig eine populärwissenschaftliche Kolumne in *Amazing*. Bereits 1959 hatte er mit STAR CONQUEROR ein SF-Jugendbuch vorgelegt, dem 1964 die Fortsetzung STAR WATCHMAN folgte: Beides waren Titel, die sich in nichts vom üblichen Schmus amerikanischer Ingenieurs-SF unterschieden. In THE WEATHERMAKERS (1967) geht es um den Kampf idealistischer Wissenschaftler, die die von ihnen entwickelten Möglichkeiten der Wetterkontrolle nicht in die Hände des Establishments fallenlassen wollen. Neben einigen weiteren Romanen gab Bova 1973 die umfangreiche Anthologie SCIENCE FICTION HALL OF FAME 2 heraus, eine Zusammenstellung der besten SF-Novellen aller Zeiten, die aber lediglich englischsprachige Texte berücksichtigt. Sein Lehrbuch für angehende SF-Autoren, NOTES TO A SCIENCE FICTION WRITER (1975), entstanden aus Verzweiflung über das niedrige Niveau von Möchtegern-Schriftstellern, die ihn in seiner Eigenschaft als Redakteur wöchentlich mit Hunderten unpublizierbarer Manuskripte überhäuften, erwies sich als Bumerang: »Die Geschichten, die

ich heute aus Leserkreisen erhalte, sind nicht sonderlich besser geworden, aber die meisten Leute, die mir heute schreiben, vergessen nicht, darauf hinzuweisen, daß sie sich genau an meine Anweisungen gehalten haben und daß ich besser daran täte, ihnen die Sachen nun abzukaufen.« Seine neueren Romane, AS ON A DARKLING PLAIN (1972) und noch mehr MILLENNIUM (1976) und COLONY (1978), die in naher Zukunft spielen und die Besiedelung des Raumes und der Planeten zum Inhalt haben, sind komplexer und gesellschaftskritischer.

Bibliographie:
Das Drogenparadies (THX 1138), Berg. Gladbach 1975, B 21067.
Die dunklen Wüsten des Titan (AS ON A DARKLING PLAIN), München 1975, H 3422.
Planet der Katzenwölfe (THE WINDS OF ALTAIR), Stuttgart 1975, Boje Verlag.
Der Mehrfach-Mensch (THE MULTIPLE MAN), München 1977, GWTB 0260.
Jahrtausendwende (MILLENIUM), München 1978, H 3577.
Gefangen in New York (CITY OF DARKNESS), Stuttgart 1978, Boje Verlag.
Die Kolonie (COLONY), München 1980, H (in Vorb.).

Heftpublikationen:
Bezwinger der Galaxis (STAR CONQUERORS), T 443 (1966).
Der Mann von der Sternenwache (STAR WATCHMAN), T 447 (1966).
Projekt Tornado (WEATHERMAKERS), TN 32 (1968).

Boyd, John
(1919–)
John Boyd ist das Pseudonym des amerikanischen Autors Boyd Bradfield Upchurch, der in Georgia geboren wurde, jedoch im Zweiten Weltkrieg in der Royal Navy diente (die Familie Upchurch stammt aus England). Nach dem Krieg zog er nach Los Angeles, handelte mit Grafiken und wurde 1970 freiberuflicher Schriftsteller. Sein erster und zugleich bester SF-Roman ist THE LAST STARSHIP FROM EARTH, der 1968 erschien und auf Anhieb stark beachtet wurde. Kollege Heinlein beispielsweise setzte THE LAST STARSHIP FROM EARTH auf eine Stufe mit **1984** und BRAVE NEW WORLD. Tatsächlich handelt es sich um eine eindringliche Anti-Utopie über eine strenge Klassengesellschaft, in der Wissenschaftler (Mathematiker, Psychologen) im Verein mit der Kirche die Macht ausüben und Abweichler auf den Planeten »Hölle« verbannen. Dies widerfährt auch dem Sohn eines anerkannten Mathematikers, als er sich unstandesgemäß in eine Kunststudentin verliebt und mit ihr ein Kind zeugt. Diese Abweichung wurde allerdings vom Planeten Hölle aus provoziert, und zum Schluß zeigt sich, daß die Handlung nicht in unserer Zukunft, sondern in einer Alternativwelt spielt, aus der durch das Eingreifen der Höllenbewohner (sie verhindern, daß Jesus Christus ein hohes Alter auf Erden erreicht) unsere Welt wird. Upchurch, der es inzwischen auf 11 Romane brachte und auch – allerdings nur gelegentlich – Kurzgeschichten in Magazinen veröffent-

lichte, hat an den Erfolg und die Qualität des Erstlings niemals so recht wieder anschließen können. Lediglich THE POLLINATORS OF EDEN (in dem eine Wissenschaftlerin von einer außerirdischen Pflanze vergewaltigt und geschwängert wird) und THE RAKEHELLS OF HEAVEN (US-Astronauten werden mit »unmoralisch-anarchistischen« Nakkedeis auf einem anderen Planeten konfrontiert), beide 1969 erschienen, konnte in etwa überzeugen. Spätere Romane – zuletzt erschien 1978 THE GIRL WITH THE JADE GREEN EYES – leiden unter Ideenmangel. Boyd Upchurch beschränkte sich dabei im wesentlichen auf seichte sexuelle Spielereien und Andeutungen, garniert mit einem nicht immer leicht erträglichen »Humor«, hinter dem sich diverse Ressentiments (etwa gegen die Emanzipation der Frau) verbargen. Boyds Erstling, der wie THE LAST STARSHIP FROM EARTH 1968 erschien, war übrigens ein Mainstream-Roman, der eine Gesamtauflage von 300000 Exemplaren erreichte und verfilmt wurde. Und THE LAST STARSHIP FROM EARTH wurde von der American Library Association zu einem der besten Romane des Jahres gewählt, erlebte eine Buchklubausgabe und schon vor Jahren die Option zur Verfilmung.

Bibliographie:
Der Überläufer (THE LAST STARSHIP FROM EARTH), München 1978, K 5706.
Der Andromeda-Gunman (ANDROMEDA GUN) München 1980, H (in Vorb.).

Brackett, Leigh (Douglas)
(1915–1978)
Wie die meisten ihrer Kolleginnen war auch die in Los Angeles geborene Leigh Brackett eine Vertreterin abenteuerlicher SF. Ihre Romane waren in der Regel Space Operas reinsten Wassers, erschienen in Magazinen wie dem auf das reine Abenteuer getrimmten *Planet Stories* und wurden regelmäßig in Buchform nachgedruckt. In Zusammenarbeit mit Ray Bradbury entstand LORELEI OF THE RED MIST (1946); außerdem verfaßte sie mehrere Kriminalromane, von denen 1956 THE TIGER AMONG US **(Ich war das Opfer)** verfilmt wurde, während AN EYE FOR AN EYE **(Wo ist meine Frau?)** die Basis für eine Fernsehserie bildete. Der Western FOLLOW THE FREE WIND (1963) gewann den Spur Award der Western Writers of America. 1940 lernte sie den bereits bekannten SF-Autoren Edmond Hamilton

kennen, den sie 1946 heiratete. Noch im gleichen Jahr schrieb sie zusammen mit William Faulkner das Drehbuch zu Howard Hawks' Film THE BIG SLEEP **(Tote schlafen fest)** nach einem Roman von Raymond Chandler. Wie in den Redaktionen der SF-Magazine war man auch in Hollywood ziemlich erstaunt, als sich »der begabte Mr. Brackett« als junges Mädchen entpuppte. THE BIG SLEEP blieb übrigens nicht der einzige Streifen, an dem Leigh Brackett federführend beteiligt war: Neben einer ganzen Anzahl von B-Filmen für die Republic folgten bald Drehbücher zu RIO BRAVO (Howard Hawks, 1958), EL DORADO (Howard Hawks, 1966), RIO LOBO (Howard Hawks, 1970) und eine ganze Reihe anderer. Auf die Frage eines Fanzineherausgebers, wer nun eigentlich in THE BIG SLEEP für die Ermordung des Chauffeurs Owen Taylor verantwortlich gewesen sei, sagte sie: »Es ist wirklich komisch und verwirrend. Als ich einmal bei den Aufnahmen draußen war, fragte mich Humphrey Bogart dasselbe. Aber ich hatte keine Ahnung; aus dem Roman ging es einfach nicht hervor. Hawks sagte: ›Na, laßt uns halt Chandler fragen.‹ Er schickte ihm ein Telegramm, und Chandlers Antwort war: ›Also *das* weiß ich auch nicht.‹« In den sechziger Jahren arbeitete Leigh Brackett hauptsächlich für amerikanische Fernsehgesellschaften, lieferte Drehbücher zu diversen Krimiserien wie ROCKFORD und brachte nach und nach ihre alten SF-Abenteuerromane wieder auf den Markt: PEOPLE OF THE TALISMAN (1964), SWORD OF RHIANNON, (1953), THE STARMEN OF LLYRDIS (1953), und die gesammelten Erzählungen um den Helden Eric John Stark: Nach den ungeheuren Umsätzen, die der SF-Film STAR WARS (1977), **Krieg der Sterne**, Regie George Lucas, erzielt hatte, beauftragte man sie mit der Erstellung des Drehbuches für die Fortsetzung, dessen erste Version sie gerade noch fertigstellen konnte, bevor sie starb.

Bibliographie:
Der Weg nach Sinharat (THE SECRET OF SINHARAT), München 1977, TF40.
Wächter am Todestor (PEOPLE OF THE TALISMAN), München 1977, TF41.
Das Erbe der Marsgötter (THE SWORD OF RHIANNON), München 1978, TF49.
Alpha Centauri sehen und sterben (ALPHA CENTAURI OR DIE), Berg. Gladbach 1978, B21111.

Heftpublikationen:
Revolte der Verlorenen (ENCHANTRESS OF VENUS), UZ95 (1957).
Am Morgen einer anderen Zeit (THE LONG TOMORROW), UG110 (1959).
Der große Sprung (THE BIG JUMP), T112 (1960).
Das Schiff von Orthis (THE GALACTIC BREED), T.117 (1960).
Hände weg vom Mars! (THE COMING OF THE TERRANS), TA317 (1977).
Schatten über dem Mars (THE NEMESIS FROM TERRA), TA329 (1977).

Bradbury, Ray(mond Douglas)
(1920–)
Kingsley Amis bezeichnete Ray Bradbury einmal als den »Louis Armstrong der Science Fiction«: Leute, die sonst absolut nichts über dieses Genre wissen, kennen für gewöhnlich dennoch den Namen Ray Bradbury und halten ihn für *den* SF-Autor. Tatsächlich jedoch ist Bradbury ein ausgesprochen untypischer SF-Autor, dazu ein Autor, der allenfalls mit der Hälfte seines Werkes (rund 150 von insgesamt 300 veröffentlichten Stories) der Science Fiction und Fantasy zugeschlagen werden kann. Ray Bradbury wurde in Waukegan/Illinois geboren und entstammt einer Familie, die mehrere Redakteure und Zeitungsverleger hervorbrachte. Er wuchs mit Tarzan-, Buck-Rogers-, Flash-Gordon- und Prinz-Eisenherz-Comics auf, begeisterte sich für den Filmschauspieler Lon Chaney und lernte nach dem Umzug der Familie nach Arizona – Ray war 12 – die SF-Magazin-Sammlung eines Nachbarn kennen. Sein Blut geriet in Wallung. Die Familie zog abermals um, dieses Mal nach Kalifornien, wo Ray Bradbury 1938 die High School abschloß. Vorher jedoch schrieb er bereits Gedichte für eine Schülerzeitschrift und versuchte sich auch als Verfasser von Theaterstücken. Vor allem jedoch nahm er Kontakt zur *Science Fiction League* (einem von Hugo Gernsback initiierten Fanclub) in Los Angeles auf, lernte dort u.a. Forrest Ackerman kennen und nahm von diesem soviel Zuspruch mit nach Hause, daß er eine erste SF-Story, HOLLERBOCHEN'S DILEMMA, verfaßte, die auch in *Imagination,* dem Fanzine der Gruppe, veröffentlicht wurde. Ständig ersuchte er die lokale SF-Prominenz (und das waren Autoren wie Kuttner, Brackett, Hamilton, Rocklynne, Heinlein, Williamson und Henry Hasse) um gute Ratschläge und Tips. Keiner der genannten Autoren durfte sich in Sicherheit wiegen, nicht schon in der nächsten Minute von einem eifrigen jungen Mann mit seinem neuesten Manuskript in der Hand besucht zu werden. Nach Abschluß der Schule verkaufte Bradbury für 10 Dollar in der Woche Zeitungen an einer Straßenecke, versuchte sich als Laienschauspieler und gab schließlich ein eigenes SF-Fanzine, *Futuria Fantasia,* heraus, das er unter mehreren Pseudonymen von der ersten bis zur letzten Seite fast nur mit eigenen Beiträgen füllte (nur gelegentlich ließ er Heinlein

und die anderen genannten Autoren, dazu Ackerman, Damon Knight und Hannes Bok zu Worte kommen). Natürlich enthielt *Futuria Fantasia* auch weitere Stories von Bradbury. Seine erste »richtige« Veröffentlichung war dann allerdings keine SF-Story, sondern die Satire IT'S NOT THE HEAT, IT'S THE HU-, die 1940 in *Script* erschien. Die erste verkaufte SF-Story hieß THE PENDULUM, es war die Neufassung einer *Futuria Fantasia*-Geschichte und wurde in Zusammenarbeit mit Henry Hasse geschrieben. Sie erschien 1940 in *Super Science Stories* und brachte jedem der beiden Autoren 13 Dollar und 75 Cents ein. Wenig Geld, aber viel Auftrieb – 1941 schrieb Bradbury in 52 Wochen 52 Erzählungen, und seinem Agenten Julius Schwartz gelang es auch in zunehmendem Maße, die Geschichten an den Verleger zu bringen. Für gewöhnlich wurden die Stories zunächst einmal *Astounding* (mit den höchsten Honoraren) angeboten, aber Campbell lehnte fast alles ab. Bradbury paßte ihm nicht so recht ins Konzept. Zwar hatte der junge Autor die erste Nummer seines Fanzines noch der amerikanischen Technokratie-Bewegung gewidmet (von der er sich später lossagte, als diese für die Unterstützung der Achsenmächte eintrat), aber zu deutlich war wohl, daß Bradbury in der Science Fiction etwas anderes als Verherrlichung von Wissenschaft und Technik sah. Bradbury ging seinen eigenen Weg und stellte sich im Laufe der Jahre als eher anti-technischer Romantiker heraus, der, untypisch für die damalige Magazin-SF, menschliche Gefühle in den Mittelpunkt stellte. Sein großes Verdienst war vor allem, daß er einfach, aber ausdrucksstark zu schreiben verstand und damit erstmals aufzeigte, welchen Gewinn die Science Fiction aus der bis dahin nahezu unerschlossenen poetischen Handhabung ihrer Themen ziehen konnte. Hatte Bradbury schon vor Kriegsende die heute bereits klassischen Erzählungen THE MILLION YEAR PICNIC, ZERO HOUR, PILLAR OF FIRE oder MARS IS HEAVEN auf den Seiten von *Planet Stories* oder *Thrilling Wonder Stories* veröffentlichen können, so erschloß er sich mit Fantasy-, SF- und anderen Stories nach 1945 auch den Markt angesehener (und gut zahlender) Zeitschriften wie etwa *Collier's, Charm, Mademoiselle* etc. Seine Geschichten, etwa die Vampirerzählung HOMECOMING (die auf deutsch unter dem Titel **Heimkehr** im *Science Fiction Jahresband 1980,* H3729, enthalten sein wird), erhielten Literaturpreise oder wurden in Auswahlbänden der jahresbesten Stories nachgedruckt – dies alles führte dazu, daß Bradbury, den *Pulp*-Magazinen entwachsen, wie kein anderer SF-Autor von der Kritik und dem sonst nicht an SF interessierten Publikum beachtet wurde. 1951 vereinigte er eine Reihe von Marsgeschichten zu dem Band THE MARTIAN CHRONICLE (**Die Mars-Chroniken**) und schuf damit einen der umstrittensten Klassiker der modernen SF. Das Buch bietet ein eindrucksvolles Bild von der schrittweisen Kolonisation des Mars durch die Erde, wobei der Planet ausgeplündert wird und die letzten überlebenden Marsianer sterben. (Ein Teil der Erzählungen wurde 1979 für das Fernsehen verfilmt.) Eine Anti-Utopie wie auch FAHRENHEIT 451 **(Fahrenheit 451)**, ein 1953 veröffentlichter Roman, der auf die 1951 in *Galaxy* veröffentlichte Kurzgeschichte THE FIREMAN zurückgeht und später von François Truffaut verfilmt wurde. Hier bekämpft die Feuerwehr nicht länger das Feuer, sondern rückt aus, um Bücher zu verbrennen. Lesen ist verboten, und die letzten Literaturanhänger ziehen sich schließlich in die unberührte Natur zurück. Mögliche Gesellschaftskritik verpufft in diesen Werken allerdings zugunsten einer oft recht unreflektierten Fortschrittsfeindlichkeit. Nachdem bereits 1947 eine Sammlung von Horrorgeschichten erschienen war, kam 1951 die SF-Sammlung THE ILLUSTRATED MAN **(Der illustrierte Mann)** auf den Markt, wie THE MARTIAN CHRONICLES durch eine knappe Rahmenhandlung – mit einem Mann, der am ganzen Körper Tätowierungen aufweist, die jeweils in die nächste Story einführen (der Stoff wurde mit Rod Steiger in der Hauptrolle verfilmt) – verbunden. In dieser Sammlung finden sich einige der stärksten Geschichten des Autors, etwa KALEIDOSCOPE, THE HIGHWAY oder MARIONETTES, INC. Recht gute Sammlungen sind auch GOLDEN APPLES OF THE SUN (1953), THE OCTOBER COUNTRY (1955) und A MEDICINE FOR MELANCHOLY (1958). Weitere Sammlungen seiner Stories und der Fantasy-Roman SOMETHING WICKED THIS WAY COMES (1962) zeigen einen weitaus blasseren Erzähler Bradbury. Obwohl stilistisch nach wie vor meisterhaft, überzeugen seine neueren Arbeiten weit weniger als die aus den vierziger und fünfziger Jahren.

Bibliographie:
Fahrenheit 451 (FAHRENHEIT 451), Berlin 1956, Ullstein TB 214 (als Hardcover Zürich 1962, Vlg. Die Arche).
Der illustrierte Mann (C) (THE ILLUSTRATED MAN), Zürich 1962, Diogenes Vlg.
Das Böse kommt auf leisen Sohlen (SOMETHING WICKED THIS WAY COMES), Hamburg/Düsseldorf 1969, MvS.
Medizin für Melancholie (C) (A MEDICINE FOR MELANCHOLY) Hamburg/Düsseldorf 1969, MvS.
Geh nicht zu Fuß durch stille Straßen (C) (THE GOLDEN APPLES OF THE SUN), Hamburg/Düsseldorf 1970, MvS.
Die Mars-Chroniken (THE MARTIAN CHRONICLES), Hamburg/Düsseldorf 1972, MvS.
Der Besucher aus dem Dunkel (C) (BLOCH AND BRADBURY) (mit Robert Bloch), München 1973, Heyne TB 935.
Gesänge des Computers (C) (I SING THE BODY ELECTRIC), Düsseldorf 1973, MvS.

Bradley, Marion Zimmer
(1930–   )
Die Amerikanerin Marion Zimmer Bradley entdeckte die SF mit sechzehn Jahren, heiratete sehr früh einen um dreißig Jahre älteren Uni-

versitätsdozenten und sah offenbar recht bald in ihrer bevorzugten Lektüre eine Möglichkeit, dem täglichen Einerlei zu entfliehen. Unter dem Druck ihres Mannes, der keinerlei Verständnis dafür aufbrachte, daß sie sich der Unterhaltungsliteratur widmete, nahm sie ihr Studium wieder auf, begann jedoch nebenher selbst zu schreiben. 1953 erschien in dem kurzlebigen Magazin *Vortex SF* ihre erste Geschichte: KEYHOLE. Von einem halben Dutzend weiteren Verkäufen ermutigt, brach sie mit ihrem Mann und beschloß, fortan auf eigenen Füßen zu stehen. Mit ihrem ersten Kurzroman BIRD OF PREY (1957), landete sie nicht nur einen Volltreffer, sondern legte auch unbewußt den Grundstein für ihre später sehr erfolgreiche Serie um die Bewohner des Planeten Darkover. Marion Zimmer Bradley veröffentlichte mehrere Gothics und bemühte sich, in ihre SF-Romane menschliche Anliegen unterzubringen: In SEVEN FROM THE STARS (1960) etwa geht es um sieben notgelandete außerirdische Raumfahrer, die Südländern ähneln und sich als angebliche Mexikaner in den amerikanischen Südstaaten allerlei gefallen lassen müssen. 1962 erschienen die ersten beiden Darkover-Romane bei Ace Books, THE SWORD OF ALDONES und THE PLANET SAVERS, denen bis zum Ende der sechziger Jahre noch einige weitere folgten. Aber erst als Donald A. Wollheim, der Ace inzwischen verlassen hatte und mit DAW Books sein eigenes – ausschließlich SF publizierendes – Unternehmen besaß, sie aufforderte, die Serie bei ihm fortzuführen, stellte sich der Erfolg ein. Von nun an keinen Umfangsbeschränkungen mehr ausgesetzt, nahmen die Darkover-Romane nicht nur an Volumen, sondern auch qualitativ bemerkenswert zu. Marion Zimmer Bradley sprach bei Frauenprobleme an und sammelte schnell einen Kreis weiblicher SF-Fans um sich, der endlich das bekam, was er seit langem gefordert hatte: weibliche Protagonisten, die bewiesen, daß sie selbständig und allein auf sich gestellt mit dem Leben fertig werden konnten. Zudem bildete sich ein Darkover-Club, der sich »Friends of Darkover« nennt, binnen eines halben Jahres 1000 Mitglieder gewann und sich ausgiebig mit der von der Autorin konzipierten Welt in einem eigenen Journal auseinandersetzt. Die neuesten Titel des Darkover-Zyklus, DARKOVER LANDFALL (1972), THE SPELL SWORD (1974), THE HERITAGE OF HASTUR (1975), THE SHATTERED CHAIN (1976), THE FORBIDDEN TOWER (1977) und STORMQUEEN! (1978) waren kommerziell dermaßen erfolgreich, daß die Autorin ankündigte, sie wolle nun auch die ersten Teile des Zyklus', die weitaus weniger umfangreich und tiefsinnig gewesen seien, noch einmal überarbeiten und erweitern.

Bibliographie:
Raubvogel der Sterne (BIRD OF PREY), Balve 1959, Gebr. Zimmermann Vlg.
Die blutige Sonne (THE BLOODY SUN), Rastatt 1967, PU 238.

Die Amazonen von Darkover (THE SHATTERED CHAIN), München 1978, TTB 298.

Heftpublikationen:

Dr. Allisons zweites Ich (THE PLANET SAVERS), UZ 236 (1960).

Erde, der verbotene Planet (SEVEN FROM THE STARS), UG 139 (1961).

Das Rätsel der achten Farbe (THE COLORS OF SPACE), UZ 426 (1965).

Die Kräfte der Comyn (STAR OF DANGER), UZ 520 (1967).

Die Sterne warten (THE DARK INTRUDER AND OTHER STORIES), TN 177 (1971).

Die Falken von Narabedla (FALCONS OF NARABEDLA), Tn 181 (1971).

Das Schwert des Aldones (THE SWORD OF ALDONES), TN 187 (1971).

Das Weltraumtor (THE DOOR THROUGH SPACE), TA 1 (1971).

Die Winde von Darkover (THE WINDS OF DARKOVER), TA 13 (1971).

Die Weltenzerstörer (THE WORLD WRECKERS), TA 75 (1973).

Landung auf Darkover (DARKOVER LANDFALL), TA 123 (1973).

Invasion der Wandelbaren (THE BRASS DRAGON), TA 149 (1974).

Die Jäger vom roten Mond (HUNTERS OF THE RED MOON), TA 210 (1975).

Das Zauberschwert (THE SPELL SWORD), TA 230 (1976).

Die endlose Reise (ENDLESS VOYAGE), TA 243 (1976).

Brand, Kurt
(1917–)
Der Schriftsteller Kurt Brand wuchs in Wuppertal auf und übersiedelte 1927 nach Rheinbach, wo er das Gymnasium besuchte. Im Alter von zwölf Jahren kam er durch Jules Vernes VINGT MILLES LIEUES SOUS LES MERS zum ersten Mal mit phantastischer Literatur in Berührung, wurde zum begeisterten SF-Sammler und versuchte sich – gerade vierzehn Jahre alt geworden – selbst als Schriftsteller. Sein Manuskript **Motoren donnern zum Ziel** wurde abgelehnt. Mit **Eisberge bekämpfen die Welt** hatte er beinahe Glück: Der Roman wurde akzeptiert, jedoch 1938 bei Kriegsausbruch aus Papierersparnisgründen wieder abgesetzt und auch später nie veröffentlicht. Brand war Angehöriger der Wehrmacht, diente von 1943–1945 bei einer V-2-Einheit und geriet in sowjetische Kriegsgefangenschaft, aus der er sich bei Kriegsende selbst entließ. 1946 entschied er sich für die Laufbahn eines freien Schriftstellers und hatte bis 1959 bereits 85 Romane veröffentlicht, davon 19 utopische (teilweise unter den Pseudonymen C. R. Munro und Lars Torsten). Anfang der sechziger Jahre trat er in das **Perry Rhodan**-Team ein, produzierte 40 Folgen des »Erben des Universums« und wurde 1966 zum Chefautor und Ideenlieferanten der Konkurrenzserie **Ren Dhark – Weg ins Weltall**, die 98 Bände umfaßte und 1978 neu aufgelegt wurde. Außer SF-Romanen, für die Brand hauptsächlich bekannt ist (erschienen unter Pseudonymen wie Peter L. Starne,

T.W. Marks und Ted Scout), veröffentlichte er zahllose Horror- und Kriminalromane und soll auch im Western- und Frauenroman-Genre tätig gewesen sein. Seine Produkte haben die Leser ständig in zwei Lager gespalten, da er einen sehr eigenwilligen Stil schreibt und schon deswegen kaum in ein auf Einheitlichkeit getrimmtes Serien-Team paßte. Von 1972–1974 war Brand Chefautor und Exposéredakteur der erstmals Alternativen aufzeigenden SF-Heftserie **Raumschiff Promet**. Zu seinen besten Romanen, alle in den frühen sechziger Jahren entstanden, gehören **Der Galaxant** (1962), **Der Sternenjäger** (1962) und **Treibsand zwischen den Sternen** (1962). Bekannt wurde auch ein zehnbändiger Heftzyklus, der von 1963–1967 die Abenteuer des Weltraumreporters Yal auf fernen Planeten schilderte.

Bibliographie:
Türme in der Sahara, Eulenthal 1951, Anker Vlg.
Außenstation VII explodiert, Köln 1956, Alka Vlg.
Milchstraße M 1, Köln 1956, Alka Vlg.
Trans-Universum, Köln 1957, Kölner Verlagsanstalt.
Weltraum zwo fünf, Köln 1957, P. Steinebach Vlg.
Raum der schwarzen Sonnen, Köln 1957, P. Steinebach Vlg.
Das unmögliche Weltall, Köln 1958, P. Steinebach Vlg.
Aus Weltraumtiefen, Köln 1958, Kölner Verlagsanstalt.
Die geheimnisvolle Formel, Düsseldorf 1958, Dörner Vlg.
Die Zukunft war gestern, Düsseldorf 1958, Dörner Vlg.
Die Zeitspirale, Köln 1958, P. Steinebach Vlg.
Gefesselte Planeten (als C.R. Munro), Köln 1958, Kölner Verlagsanstalt.
Er nahm die Erde mit (als C.R. Munro), Köln 1958, P. Steinebach Vlg.
Stern ohne Wiederkehr (als C.R. Munro), Ratingen 1958, Andra Vlg.
Phänomen Galaxis (als C.R. Munro), Ratingen 1958, Andra Vlg.
Das Sternenschiff (als C.R. Munro), Ratingen 1958, Andra Vlg.
Die Ewigkeit ist voller Sterne (als C.R. Munro), Köln 1958, P. Steinebach Vlg.
Ein Tag wie der andere (als C.R. Munro), Köln 1959, P. Steinebach Vlg.
Sie kamen nie an (als C.R. Munro), Köln 1959, P. Steinebach Vlg.
Raum hinter der Zeit (als C.R. Munro), Köln 1959, P. Steinebach Vlg.
Der Gral-Mutant (als Lars Torsten), Köln 1959, P. Steinebach Vlg.
Am Ende der Ewigkeit, Düsseldorf 1959, Dörner Vlg.
Treibsand zwischen den Sternen, Balve 1962, Gebr. Zimmermann Vlg.

Heftpublikationen:
Der Sternenjäger, T221 (1962).
Der Galaxant, T251 (1962).
Der Ewige, T297 (1963).
Kolumbus der Milchstraßen, T301 (1963).
Der Sternbaron, T306 (1963).
Falschmeldungen vom Sagittarius, T311 (1963).

Sondereinsatz Trifid-Nebel, T 315 (1964).
Sterbliche Sternengötter, T 381 (1965).
Gesetz 23, T 396 (1965).
Kontrakt mit der Hölle, T 425 (1965).
Deserteure der Cosmic Police, T 440 (1966).
Leuchtfeuer in der Galaxis, UZ 472 (1966).
Der Letzte der Ersten, UZ 482 (1966).
Der Tod greift nach den Sternen, UZ 503 (1966).
Im Para-Dschungel, T 483 (1966).
Herr über 1000 Sonnen, T 505 (1967).
Das Geheimnis der Zyklopen, T 515 (1967).
Verbindung kommt, T 528 (1967).
Planet R-987, T 536 (1967).
Schatten der Vergangenheit, ZSF 75 (1969).
Der knisternde Planet, ZSF 99 (1970).
Tote gehen ihren Weg allein (als C. R. Munro), ZSF 104 (1971).
Welten sterben wie Fliegen (als C. R. Munro), ZSF 122 (1972).
Die Para-Zange (als C. R. Munro), ZSF 121 (1972).
Für Terra: Alarmstufe 1 (als C. R. Munro), ZSF 129 (1972).
Genies vom Fließband, A 2 (1972).
Skorpione aus dem Silur (als Ted Scout), ESF 36 (1976).
(↗ **Perry Rhodan, PRTB, Ren Dhark, RDTB, RP, MS, ZK**)

Brandis, Mark
(1931–)
Unter dem Pseudonym Mark Brandis veröffentlichte der deutsche Jugendbuchautor Nikolai von Michalewsky bisher 16 SF-Jugendbücher der Serie **Weltraumpartisanen** zwischen 1970 und 1978. Diese Romane wurden zu der bisher erfolgreichsten deutschen SF-Jugendbuchserie, und die zuerst erschienenen Bände erreichten inzwischen bereits die 6. Auflage. Die in mehrere Zyklen unterteilten Romanfolgen behandeln eine nahe Zukunft, in der im Sonnensystem ein Kampf um Freiheit und Demokratie gegen Polizeistaat, Militarismus und Terrorismus geführt wird. Kritiker loben Michalewskys Geschick, aktuelle Themen in eine SF-Handlung zu verlagern und den Kampf um Demokratie und soziale Gerechtigkeit zum Hauptinhalt der Abenteuer zu machen. Michalewsky wurde in Dahlewitz/Krs. Teltow geboren und lebt heute in Worpswede bei Bremen. Er hat vor der Serie **Weltraumpartisanen** rund 35 andere Jugendbücher sowie Hörspiele und Filmdrehbücher geschrieben.

Bibliographie:
Weltraumpartisanen – Serie
Bordbuch Delta VII, Freiburg 1970, Herder Vlg.
Verrat auf der Venus, Freiburg 1971, Herder Vlg.
Unternehmen Delphin, Freiburg 1971, Herder Vlg.
Aufstand der Roboter, Freiburg 1972, Herder Vlg.
Vorstoß zum Uranus, Freiburg 1972, Herder Vlg.
Die Vollstrecker, Freiburg 1973, Herder Vlg.
Testakte Kolibri, Freiburg 1973, Herder Vlg.
Raumsonde Epsilon, Freiburg 1974, Herder Vlg.

Salomon 76, Freiburg 1974, Herder Vlg.
Aktenzeichen: Illegal, Freiburg 1975, Herder Vlg.
Operation Sonnenfracht, Freiburg 1975, Herder Vlg.
Alarm für die Erde, Freiburg 1976, Herder Vlg.
Countdown für die Erde, Freiburg 1976, Herder Vlg.
Kurier zum Mars, Freiburg 1977, Herder Vlg.
Die lautlose Bombe, Freiburg 1977, Herder Vlg.
Pilgrim 2000, Freiburg 1978, Herder Vlg.
Der Spiegelplanet, Freiburg 1978, Herder Vlg.

Branstner, Gerhard
(1927–)
Seit 1968 arbeitet der DDR-Autor Gerhard Branstner freiberuflich als Schriftsteller. Vorher war der in Blankenheim, südlich von Weimar, geborene Autor Verwaltungslehrling, nahm am Krieg teil und geriet in Gefangenschaft; danach studierte er Philosophie, wurde Dozent, promovierte und arbeitete als Cheflektor in einem Verlag. Sein erster SF-Roman war **Die Reise zum Stern der Beschwingten** (1968), der wie die meisten seiner utopischen Texte humorvoll-satirisch ist. Neben SF schreibt er Lyrik, Bühnenstücke und Gegenwartsprosa. Z. Zt. arbeitet er – neben Carlos Rasch und Klaus Beuchler – an der DDR-Fernsehserie **Raumpiloten**.

Bibliographie:
Die Reise zum Stern der Beschwingten, Rostock 1968, Hinstorff Vlg.

Der falsche Mann im Mond, Rostock 1970, Hinstorff Vlg.
Der astronomische Dieb, utopische Anekdoten, Berlin 1973, Vlg. Das Neue Berlin.
Vom Himmel hoch, utopische Lügengeschichten, Berlin 1973, Vlg. Das Neue Berlin.
Der verliebte Roboter, Berlin 1974, Vlg. Neues Leben.
Der Sternenkavalier, Berlin 1976, Vlg. Das Neue Berlin.

Braun, Johanna und Günter
(1929–) und (1928–)
Das in der DDR (Magdeburg) lebende Autorenehepaar veröffentlicht seit 1955 Erzählungen, Romane, Essays, Hörspiele und Fernsehspiele, die sich durch inhaltliche und formale Vielfalt auszeichnen. Die Brauns gehören zur ersten Garnitur der Schriftsteller in der DDR. Im Bereich der Phantastik traten sie bislang mit Kurzgeschichten sowie den Romanen **Der Irrtum des großen Zauberers** (1973) – phantastischer Roman –, **Unheimliche Erscheinungsformen auf Omega 11** (1974) und **Conviva Ludibundus** – beides Science Fiction – hervor. Besonders **Unheim-**

liche Erscheinungsformen auf Omega 11 wurde von der in- und ausländischen Kritik stark beachtet und gilt als einer der anspruchsvollsten deutschen SF-Romane.

Bibliographie:
Der Irrtum des großen Zauberers, Vlg. Neues Leben, Berlin 1973.
Unheimliche Erscheinungsformen auf Omega 11, Vlg. Neues Leben, Berlin 1974.
Der Fehlfaktor, Erzählungen, Vlg. Das Neue Berlin, Berlin 1975.
Conviva Ludibundus, Berlin 1978, Vlg. Das Neue Berlin.

Brenner, Robert
(1931–   )
Der deutsche Jugendbuchautor Robert Brenner wurde in Salzburg geboren, studierte Physik und Mathematik und promovierte mit einer Arbeit aus der Theorie der Elementarteilchen. Von 1953 bis 1964 war er in der Firma Siemens als theoretischer Physiker in der metallphysikalischen Grundlagenforschung tätig, seit 1966 arbeitet er als freier Schriftsteller. Er schrieb eine Reihe von SF-Jugendbüchern – er selbst nennt sie »realistische Raumfahrtromane« –, die in verschiedenen Verlagen erschienen, darunter eine zehnbändige Reihe »Menschen und Planeten«, von der aber nur vier Romane erschienen. Dann gab es Streit mit dem Verlag (Hallwag) über Werbung und Buchausstattung, und die Reihe wurde eingestellt (die restlichen sechs Romane liegen in Manuskriptform vor).
Brenners erster SF-Jugendroman, **Signale vom Jupitermond**, erschien 1968 und wurde 1978 vom ORF als Hörspiel gesendet; sein größter Erfolg bislang war das Sachbuch **So leben wir morgen**, von dem die Bertelsmann-Lesering 168 000 Exemplare verkaufte. Brenner lebt heute in Filderstadt und ist Vorsitzender des Freien Deutschen Autorenverbandes in Baden-Württemberg.

Bibliographie:
Signale vom Jupitermond. Ein Bericht aus dem Jahre 2028, Stuttgart 1968, Ehapa Verlag, Hobby-Bücherei 20.
Duell mit der Sonne, Stuttgart 1970, Boje Vlg.
Der Mann vom Neptun, Stuttgart 1970, Boje Vlg.
Unternehmen Aldebaran, Stuttgart 1971, Boje Vlg.
Der schwarze Planet, Kemnat b. Stuttgart 1972, Hallwag Vlg.
Hopkins und sein Mond, Kemnat b. Stuttgart 1972, Hallwag Vlg.
Die Spur des Roboters, Kemnat b. Stuttgart 1972, Hallwag Vlg.
Es lebe Marsilia, Kemnat b. Stuttgart 1072, Hallwag Vlg.

Bretnor, R(eginald)
(1911–   )
Bretnor stammt aus Wladiwostok/UdSSR, wanderte, nachdem seine Eltern viereinhalb Jahre in Japan gelebt hatten, 1920 in die USA aus und besuchte eine ganze Reihe von Privatschulen und Colleges. Er ist seit 1947 freischaffender Autor und schrieb während der Kriegsjahre Propagandabroschüren und Texte für das amerikanische Kriegsministerium. Von ihm stammt ein Artikel über Science Fiction in der ENCYCLOPEDIA BRITANNICA, sowie ein Sammelband über SF, der Aufsätze von fünfzehn prominenten SF-Autoren enthält (SCIENCE FICTION, TODAY AND TOMORROW, 1974), das nach seinem ersten Titel dieser Art (MODERN SCIENCE FICTION. ITS MEANING AND ITS FUTURE, 1953), an dem u.a. Isaac Asimov, Arthur C. Clarke, Anthony Boucher u.v.a. mitarbeiteten, zu seinem größten Publizitätserfolg wurde. In der SF selbst ist Bretnor hauptsächlich durch Kurzgeschichten bekannt, die in den Bänden THROUGH TIME AND SPACE WITH FERDINAND FEGHOOT (1962; unter dem Pseudonym Grendel Briarton) und THE SCHIMMELHORN FILE (1979) gesammelt herausgegeben wurden. Seine erste SF-Story erschien unter dem Titel MAYBE JUST A LITTLE ONE (1947) in *Harper's Magazine*. Seither hat er ständig – wenn auch nicht in den klassischen Märkten – in Zeitschriften wie *Esquire, Today's Woman, Southwest Review, Ellery Queen's Mystery Magazine* und vielen anderen publiziert. 1974 erschien ein weiteres SF-Symposium als THE CRAFT OF SCIENCE FICTION (Mitarbeiter: u.a. Frederik Pohl, Hal Clement, Jack Williamson, John Brunner, Harlan Ellison) und 1979 die dreibändige Anthologie THE FUTURE AT WAR, die sich in Erzählungen und Artikeln mit Zukunftskriegen auseinandersetzt; 1980 wird der zweite Band THE SPEAR OF MARS, darauf der dritte, ORION'S SWORD, erscheinen.
Bretnor hat sehr viel außerhalb der SF publiziert, darunter zahlreiche Artikel über Militärtheorie in Magazinen wie *Military Review, Michigan Quarterly Review, Modern Age, Libertarian Review*. Eines seiner Bücher über Militärtheorie ist DECISIVE WARFARE: A STUDY IN MILITARY THEORY (1969). Sein bisher einziger Roman, A KILLING IN SWORDS (1978), zeigte ihn als Kriminalschriftsteller.

Breuer, Miles J(ohn)
(1889–1947)
Amerikanischer Autor tschechoslowakischer Abstammung. Der in Chicago geborene Breuer war für seine Kurzgeschichten mit medizinischem Einschlag bekannt, die hauptsächlich in *Amazing* erschienen, denn Breuers Haupttätigkeit war die eines praktizierenden Arztes. Bevor er als Internist in Lincoln, Nebraska, arbeitete, hatte er an der Universität von Texas und dem Rush Medical College studiert. Seine erste SF-Geschichte hieß THE MAN WITH THE STRANGE HEAD und erschien im Januar 1927 in *Amazing Stories*, der bis 1941 weitere drei Dutzend folgten. Breuer schrieb nur zwei Romane, von denen PARADISE AND IRON (ASQ, Sum 1930) sein vielleicht bekanntestes Werk ist. Zusammen mit Jack Williamson verfaßte er BIRTH OF A NEW REPUBLIC (ASQ, Win 1931). Obgleich Miles J. Breuer heute nur selten in Anthologien auftaucht, etwa in GREAT SCIENCE FICTION BY SCIENTISTS (Conklin, 1962) oder GREAT SCIENCE FICTION ABOUT DOCTORS (Conklin/Fabricant, 1963), ist er zu den wichtigsten Verfassern von SF-Stories der frühen Pulp-Ära zu rechnen.

Bröll, W(olfgang) W.
(1913–)
Der geborene Gelsenkirchener Wolfgang Bröll begann nach dem Zweiten Weltkrieg ähnlich wie K. H. Scheer für diverse bundesrepublikanische Leihbuchverlage eine SF-Produktion, die, was den Ausstoß anging, relativ hoch, und was die Gesinnung anbetraf, hauptsächlich von einem beinahe krankhaften Antikommunismus geprägt war. In seinen zahlreichen als SF getarnten Landserromanen kämpfen in der Regel wackere westliche Agenten gegen die »gelbe Gefahr«, wobei ihnen so ziemlich jedes Mittel recht ist. Die intergalaktischen Kriegsberichte, die ihre Blütezeit in den mittleren fünfziger Jahren hatten und nicht müde wurden, die Hinterlist und Gemeinheit aller Völker anzuprangern, die eine andere Hautfarbe besitzen, konnten sich jedoch in den sechziger Jahren nicht mehr durchsetzen und zwangen ihren Verfasser dazu, in andere Gefilde der Subliteratur überzusiedeln, was für die deutsche SF möglicherweise gar nicht hoch genug bewertet werden kann.

Bibliographie:
Das tönende Licht, Balve 1952, Gebr. Zimmermann Vlg.
Atomstadt UTO 2, Balve 1952, Gebr. Zimmermann Vlg.
Tod aus dem All, Balve 1952, Gebr. Zimmermann Vlg.
Unternehmen Atlantis, Balve 1953, Gebr. Zimmermann Vlg.
Die gläsernen Türme, Balve 1953, Gebr. Zimmermann Vlg.
Und die Uhren standen still, Balve 1954, Gebr. Zimmermann Vlg.
Die Stadt der Unsichtbaren, Balve 1954, Gebr. Zimmermann Vlg.
Geheimexperiment A 13, Balve 1955, Gebr. Zimmermann Vlg.
Der magische Strahl, Balve 1955, Gebr. Zimmermann Vlg.
Spione aus dem All, Balve 1955, Gebr. Zimmermann Vlg.

Der Herr der vierten Dimension, Balve 1955, Gebr. Zimmermann Vlg.
Die tödlichen Nebel, Balve 1956, Gebr. Zimmermann Vlg.
Der Herrscher von Suent Ling, Balve 1956, Engelbert Vlg.
Alarm in Zone X, Balve 1956, Engelbert Vlg.
Ruf aus dem All, Balve 1956, Engelbert Vlg.
Das Geheimnis der Planetoiden, Balve 1956, Engelbert Vlg.
Phantome unter uns, Balve 1957, Gebr. Zimmermann Vlg.
Das Laboratorium des Satans, Balve 1958, Gebr. Zimmermann Vlg.
Die Stadt der toten Seelen, Balve 1958, Gebr. Zimmermann Vlg.
Im Zeichen des Dreiecks, Balve 1958, Gebr. Zimmermann Vlg.
Im Vorhof der Hölle, Balve 1959, Gebr. Zimmermann Vlg.
Im Raum der roten Monde, Balve 1960, Gebr. Zimmermann Vlg.
Das Monstrum, Balve 1960, Gebr. Zimmermann Vlg.
Koordinaten des Teufels, Balve 1961, Gebr. Zimmermann Vlg.
Im Banne der Stählernen, Balve 1961, Gebr. Zimmermann Vlg.

Brown, Fredric
(1906–1972)
Fredric Brown gehörte zu den wenigen SF-Autoren, die auch lustige und gelegentlich satirische Texte schreiben können. Gleich mit seinem ersten Roman, WHAT MAD UNIVERSE (1949), nahm er das Genre auf die Hörner: Ein SF-Redakteur wird in ein Paralleluniversum versetzt, in dem die allerschlimmsten SF-Klischees Realität sind – Weltraumkriege mit bösen Außerirdischen, Superhelden mit superwissenschaftlichem Durchblick, und was es alles so gibt. Ein weiterer lustiger Roman ist MARTIANS, GO HOME (1954 in *Astounding*, 1955 als Buch) – urplötzlich fallen Horden von kleinen grünen Marsmännchen über die Erde her, tauchen überall und jederzeit aus dem Nichts auf, sind nicht greifbar und durch nichts zu verscheuchen und nerven die Menschen durch ihre frechen Sprüche und ihre Boshaftigkeit. Privatleben gibt es nicht mehr, bis die Burschen ebenso plötzlich wieder verschwinden, wie sie gekommen sind. Browns »ernsthafte« SF-Romane, THE LIGHTS IN THE SKY ARE STARS (1953), ROGUE IN SPACE (1957) und THE MIND THING (1960) fallen dagegen ab, wenngleich THE LIGHTS IN THE SKY ARE STARS als facettenreiche und »realistische« Darstellung der Startvorbereitungen einer Jupiterexpedition eine gewisse Popularität erlangte. Seinen Romanerfolgen zum Trotz galt Fredric Brown jedoch in erster Linie als meisterhafter Autor von Kurzgeschichten, insbesondere von witzigen Vignetten, die von ihrer Pointe leben. In Sammlungen wie ANGELS AND SPACESHIPS (1954), HONEYMOON IN HELL (1958) und NIGHTMARES AND GEEZENSTACKS (1961) sind solche kurzen und längeren Skizzen versammelt, wobei die letztere der drei Sammlungen auch phantastische und Krimi-Stories enthält. Browns populärste Story dürfte ARENA sein – sie erschien erstmals 1944 in *Astounding* und wurde ungezählte Male nachge-

druckt und übersetzt –, in der geschildert wird, wie eine überlegene Rasse eine kriegerische Auseinandersetzung zwischen Menschen und einer dritten Rasse dadurch beendet, indem sie je einen Vertreter beider Parteien waffenlos miteinander konfrontiert und den Sieg im Krieg von der Lösung dieser Auseinandersetzung in einer »Arena« abhängig macht. – Fredric William Brown wurde in Cincinnati/USA geboren und arbeitete nach dem Besuch des College zunächst als Journalist in verschiedenen amerikanischen Städten, bevor er sich ganz dem Schreiben zuwandte. Der Schwerpunkt seiner Arbeit lag bei Kriminalromanen (er schrieb ein gutes Dutzend davon), und mit THE FABULOUS CLIPJOINT gewann er den EDGAR, ein Krimi-Pendant zum NEBULA. Außerdem schrieb er mit THE OFFICE einen Mainstream-Roman mit autobiographischen Zügen. In der SF jedoch – sein in Buchform veröffentlichtes Werk umfaßt 5 Romane und Story-Sammlungen – war er immer gut für Späße bei den folgenden, als kürzeste SF-Story aller Zeiten bezeichnet: »Nach dem letzten atomaren Krieg war die Erde ein toter Stern; nichts wuchs mehr, kein Tier hatte überlebt. Der letzte Mensch saß allein in einem Zimmer. Da klopfte es an der Tür...«

Bibliographie:
Die grünen Teufel vom Mars (MARTIANS, GO HOME), Berlin 1959, Gebr. Weiß Vlg.
Alpträume (C) (NIGHTMARES AND GEEZENSTACKS), Wien 1963, E. Hunna Vlg.
Der Unheimliche aus dem All (THE MIND THING), München 1965, H 3050.
Der engelhafte Angelwurm (C) (Auswahl aus NIGHTMARES AND GEEZENSTACKS/HONEYMOON IN HELL/ANGELS AND SPACESHIPS), Zürich 1966, Diogenes Vlg. (Taschenbuchnachdruck 1979 unter dem Titel **Flitterwochen in der Hölle**, detebe 192)
Das andere Universum (WHAT MAD UNIVERSE), München 1970, H 3215.
Sternfieber (THE LIGHTS IN THE SKY ARE STARS), Frankfurt–Berlin–Wien 1972, U 2925.

Heftpublikationen:
Flitterwochen in der Hölle (C) (HONEYMOON IN HELL), TS 72 (1963).
Einzelgänger des Alls (ROGUE IN SPACE), TS 75 (1963).
Sehnsucht nach der grünen Erde (C) (SPACE ON MY HANDS), TS 94 (1965).

Broxon, Mildred Downey
(1948–)
Mildred D. Broxon, geb. Bubbles, stammt aus Atlanta, Georgia/USA, und wuchs in Indiana und Rio de Janeiro auf. Sie erwarb einen akademischen Grad sowohl in Psychologie als auch in Krankenpflege und versuchte sich in einer Vielzahl von Berufen, darunter im Malerhandwerk, als Köchin einer Maler-Kolonne, als Hilfslehrerin für geistig Behinderte und als Krankenschwester in einer geschlossenen psychiatrischen Abteilung eines Krankenhauses. 1971 gab sie den Schwesternberuf auf

und nahm 1972/73 am Clarion Science Fiction Writing Workshop (das heißt, an einem Universitätslehrgang für angehende SF-Autoren) teil und verkaufte ihre erste Story im Herbst 1972. Für SF interessierte sie sich bereits im zarten Alter von acht Jahren. Heute lebt sie mit ihrem Mann William Broxon, einer Katze und zwei riesigen Boas constrictor auf einem Hausboot in Seattle. Sie hat bisher ein gutes Dutzend SF-Stories veröffentlicht (ihre erste, ASCLEPIUS HAS PAWS, erschien in CLARION III), es folgten die beiden Novellen GLASS BEADS (1975) und SINGULARITY (1978) sowie den Roman TOO LONG A SACRIFICE (1979). Ihr besonderes Interesse außerhalb der SF gilt Sprachen, Astronomie und Reptilien.

Bruckner, Winfried
(1937–)
Der Österreicher Winfried Bruckner wurde in Krems an der Donau geboren, besuchte das Realgymnasium und studierte anschließend Zeitungswissenschaft und Kunstgeschichte. Heute arbeitet er als Journalist – er ist Chefredakteur der *Solidarität* – und schreibt nebenher Romane und Theaterstücke. Außerdem hat er einige Sachbücher (z.B. über Wien) verfaßt. 1967 stellte er sich mit einem SF-Roman vor, der 1972 als Taschenbuch nachgedruckt wurde: **Tötet ihn**. Ein weiterer Ausflug in das Gebiet der Science Fiction ist der Bildband **Spuren ins All, Science Fiction – das seltsame Fremde**, in dem der Autor über Zukunft und Schicksal der Menschheit im All philosophiert.

Bibliographie:
Tötet ihn, Baden Baden 1967, Signal Vlg.
Spuren ins All, Science Fiction – das seltsame Fremde, Sachbuch, Wien 1970, Volksbuch Vlg.

Brunner, John (Kilian Houston)
(1934–)
Daß sich innerhalb der Science Fiction jemand, der als durchschnittlicher Autor von Unterhaltungsromanen beginnt, von den Klischees interplanetarischer Abenteuerromantik löst, ist selten. Außer dem Amerikaner Robert Silverberg ist

dies lediglich dem Briten John Brunner gelungen, der zwar weit über sechzig Bücher publiziert hat (etwa vierzig davon liegen in deutscher Sprache vor), dem man aber dennoch nicht vorwerfen kann, sich in die Niederungen der Trivialliteratur hinabbegeben zu haben. Das Gegenteil ist der Fall: Mit jedem neuen Werk ist Brunner gewachsen, und er hat bewiesen, daß mit schärfer werdendem kritischen Bewußtsein des Autors für die wissenschaftliche und politische Problematik der Gegenwart sich auch die Qualität seiner Texte hebt; daß nur der etwas Positives zu leisten vermag, der wirklich etwas auszusagen hat. Die Schreiberei um ihrer selbst willen betrieben, führt beinahe zwangsläufig in die Gefilde seichten Abenteuers ohne jeden Tiefgang. – John Brunner wurde in Oxfordshire geboren, im Cheltenham College erzogen und lernte dort moderne Sprachen. Noch während der Schulzeit verkaufte er seinen ersten Roman, der, wie er heute sagt »glücklicherweise unter einem Pseudonym erschien und inzwischen den Weg alles Vergänglichen gegangen ist.« Auf die Science Fiction war Brunner bereits im Alter von sechs Jahren, als jemand ein Exemplar von H.G. Wells' WAR OF THE WORLDS (1898) im Kindergarten liegenließ, gestoßen. Als er die Schule verließ und zur Royal Air Force ging, hatte das erste amerikanische SF-Magazin ihn bereits akzeptiert: Unter dem Pseudonym John Loxmith erschien in *Astounding* 1953 seine Geschichte THOU GOD AND FAITHFUL. Nach Beendigung seiner Dienstzeit bei der RAF verkaufte er weitere Erzählungen in die USA und zog »mit der völlig falschen Vorstellung, bereits ein Schriftsteller zu sein« nach London: »Ich lebte in einem Zimmer, das mich zwei Guineen kostete, während meine Einnahmen knapp vier Pfund betrugen. Ich lernte dabei, auf wie viele unterschiedliche Arten man Kartoffeln zubereiten kann.« Brunner nahm einen Job beim Industrial Diamond Information Bureau an (wo er mit dem SF-Autor John Christopher zusammenarbeitete), wechselte dann zu einem Verlag (wo der SF-Autor Jonathan Burke sein Chef war) und schrieb an Abenden und Wochenenden. 1958 verkaufte er schließlich einen Roman in die USA und versuchte erneut sein Glück als freier Schriftsteller. Zusammen mit seiner Frau Marjorie war er inzwischen aktives Mitglied der britischen Atomwaffengegner-Bewegung geworden, die einen Song von Brunner, THE H-BOMBS THUNDER, auf Platte pressen und ihn so zu einer Art Hymne der Ostermarschierer werden ließ. 1959 organisierten Marjorie und John Brunner eine viersprachige Ausstellung zum Thema der nuklearen Abrüstung, die in Deutschland, Frankreich, Dänemark, Schweden, Belgien, Holland und der Schweiz gezeigt wurde und auf seine schriftstellerische Arbeit einen tiefen Eindruck hinterließ: »Die Tatsache, ständig unter der entsetzlichen Vorstellung der Vernichtung zu leben, brachte mich zu der Ansicht, daß unser Planet zu klein ist, als daß man ihn weiterhin dem Nationalismus, der Intoleranz und Vorurteilen aussetzen kann.

Diejenigen meiner Zukunftsgeschichten, die keine Dystopien sind, tendieren dazu, zum Frieden zu erziehen, was weniger auf simplem Wunschdenken basiert, als auf der Sorge, ob es überhaupt je eine Zukunft geben wird, die beschreibenswert ist.« Brunner war Beobachter beim Friedenskongreß 1972 in Moskau, besuchte 1969 das erste SF-Film-Symposium in Brasilien und ist seit 1964 regelmäßiger Besucher der USA, sei es nun aus geschäftlichen Gründen oder um an einem der zahlreichen Conventions teilzunehmen, die SF-Leser organisieren. Zusätzlich zu seinen Romanen hat er für alle führenden britischen und amerikanischen SF-Magazine Beiträge geliefert, ist in Anthologien von Autoritäten wie Judith Merril, Frederik Pohl und Edmund Crispin vertreten, wurde in neun Sprachen übersetzt und hat selbst Übersetzungen aus dem Französischen (Gerard Klein) und Deutschen (Rainer Maria Rilke) angefertigt. Seine Stories SOME LAPSE OF TIME (1963) und THE LAST LONELY MAN (1964) wurden für die BBC-Serie »Out Of The Unknown«, seine Erzählung SUCH STUFF (1962) für die amerikanische TV-Serie »Night Gallery« dramatisiert. Brunner hat den British Fantasy Award, den British SF Award, den französischen Prix Apollo und für seinen 1969 erschienenen Roman STAND ON ZANZIBAR den Hugo Gernsback-Award erhalten. Obwohl er in der Hauptsache (und gelegentlich auch unter dem Pseudonym Keith Woodcott) in der SF zu Hause ist, schreibt er auch Thriller, Gedichte, zeitkritische Werke und verfaßt Artikel und Buchkritiken. Seine Liedertexte werden regelmäßig in *Sanity*, der Zeitschrift der britischen Ostermarschierer abgedruckt, und eines davon gefiel dem amerikanischen Folksänger Pete Seeger so gut, daß er es zu einer Schallplatte machte. Gedichte Brunners erschienen in Zeitschriften wie *New Statesman, Tribune* und *Workshop*, aber auch in zwei Büchern: TRIP (1971) und LIFE IN AN EXPLOSIVE FORMING PRESS (1974). Seine wichtigsten Romane sind THE DREAMING EARTH (1963), THE JAGGED ORBIT (1969), dessen deutsche Fassung allerdings um die Hälfte gekürzt wurde und nach Brunners Meinung eine Travestie darstellt: QUICKSAND (1967), THE SHEEP LOOK UP (1972), der den totalen Zusammenbruch der Vereinigten Staaten darstellt; THE SQUARES OF THE CITY (1965), STAND ON ZANZIBAR (1968), THE WHOLE MAN (1964), THE WRONG END OF TIME (1971), THE STONE THAT NEVER CAME DOWN (1973) und THE SHOCKWAVE RIDER (1975). Seit er den Weltraumabenteuern abgeschworen hat, ist es Brunner gelungen, zu einer Qualität zu finden, die unter SF-Autoren, die ähnlich viele Titel publizierten (Beispiele sind Murray Leinster, E.C. Tubb, Poul Anderson) ihresgleichen sucht. Sein Thema ist nicht mehr länger die Erforschung des Alls, sondern die Erforschung der Erde und des Menschen und seiner Probleme in der Gegenwart und der nahen Zukunft. Er ist damit einer der wenigen ernstzunehmenden SF-Autoren des angloamerikanischen Lagers geworden, der sich mit Umweltverschmutzung, politischer Korruption, Datenmißbrauch, modernem Kolonialismus, Militarismus und Imperialismus auseinandersetzt, ohne dabei in Klischees zu verfallen oder aus billigen Weltuntergangsvisionen und kleinbürgerlichen Zerstörungsphantasien Kapital zu schlagen.

Bibliographie:
Anfrage an Pluto (NO FUTURE IN IT), München 1963, G 43.
Die Wächter der Sternstation (TO CONQUER CHAOS), München 1965, TTB 102.
Beherrscher der Träume (TELEPATHIST), München 1966, G 67.
Botschaft aus dem All (THE LONG RESULT), München 1967, G 74.
Transit ins All (THE DAY OF THE STAR CITIES), München 1967, G 75.
Die träumende Erde (THE DREAMING EARTH), Rastatt 1967, PU 302.
Spion aus der Zukunft (THE PRODUCTIONS OF TIME), München 1969, H 3137.
Morgen geht die Welt aus den Angeln (THE JAGGED ORBIT), München 1970, GWTB 0115.
Bürger der Galaxis (INTO THE SLAVE NEBULA), München 1970, H 3203.
Treffpunkt Unendlichkeit (MEETING AT INFINITY), München 1970, TTB 182.
Die Zeitsonde (TIMESCOOP), München 1971, H 3234.
Die Pioniere von Sigma Draconis (BEDLAM PLANET), München 1971, H 3238.
Im Zeichen des Mars (BORN UNDER MARS), München 1971, H 3268.
Geheimagentin der Erde (SECRET AGENT OF TERRA), München 1972, H 3286.
Ein Stern kehrt zurück (CATCH A FALLING STAR), München 1972, H 3293.
Die Dramaturgisten von Yan (THE DRAMATURGES OF YAN), Berg.-Gladbach 1974, B 21046.
Das Geheimnis der Draconier (TOTAL ECLIPSE), Berg.-Gladbach 1975, B 21066.
Durchstieg ins Irgendwann (C) (ENTRY TO ELSEWHEN), München 1975, H 3427.
Der Kolonisator (POLYMATH), Berg.-Gladbach 1975, B 21063.
Echo der Sterne (THE STAR DROPPERS), Berg.-Gladbach 1976, B 21087.
Der galaktische Verbraucherservice (C) (TIME JUMP), München 1976, GWTB 0235.
Der ganze Mensch (THE WHOLE MAN), München 1978, H 3609, (Neufassung von TELEPATHIST).
Die Plätze der Stadt (THE SQUARES OF THE CITY), München 1980, H 3688.
Schafe blicken auf (THE SHEEP LOOK UP), München 1978, H 3617.
Sie schenkten uns die Sterne (INTERSTELLAR EMPIRE), München 1978, K 707.
Der Schockwellenreiter (THE SHOCKWAVE RIDER), München 1979, H 3667.
Morgenwelt (STAND ON ZANZIBAR), München 1980, H 3750.

Treibsand (QUICKSAND), München 1981, H(in Vorb.).
Reisende in Schwarz (TRAVELLER IN BLACK), München 1981, H(in Vorb.).

Heftpublikationen:
Ich spreche für die Erde (I SPEAK FOR EARTH) (als Keith Woodcott), T247 (1962).
Ein Planet zu verschenken (THE WORLD SWAPPERS), TS63 (1962).
Asyl zwischen den Sternen (SANCTUARY IN THE SKY), UG204 (1963).
Der große Zeitkrieg (THRESHOLD OF ETERNITY), TS77 (1963).
Der Ruf des Todes (THE PSIONIC MENACE) (als Keith Woodcott), UZ386 (1964).
Die Riten der Oheaner (THE RITES OF OHE), T407 (1964).
Echo aus dem All (ECHO IN THE SKULL), T403 (1965).
Ungeheuer am Himmel (THE ASTRONAUTS MUST NOT LAND), T434 (1966).
Sturz in die Wirklichkeit (TIMES WITHOUT NUMBER), UZu527 (1967).
Der Ring des Terrors (LADDER IN THE SKY) (als Keith Woodcott), TN33 (1968).
Endlose Schatten (ENDLESS SHADOWS), TN145 (1970).
Planet der Ausgestoßenen (A PLANET OF YOUR OWN), TN179 (1971).
Mechaniker der Unsterblichkeit (THE REPAIRMEN OF CYCLOPS), TN189 (1971).
Das Monstrum aus der Tiefe (THE ATLANTIC ABOMINATION), TA111 (1973).

Bryant, Edward (Winslow)
(1945–   )
Bryant, geboren in White Plains/ New York, zog im Alter von sechs Jahren mit seinen Eltern, die eine Viehzucht aufbauen wollten, nach Wyoming, besuchte dort zunächst die Dorfschule, wechselte in der Oberstufe auf eine größere über, ging auf ein College, wurde Ingenieur und schwenkte im nachhinein auf die geisteswissenschaftliche Fakultät um. 1967 machte er seinen Bachelor of Arts, ein Jahr darauf den Master of Arts und schlug sich anschließend – wie die meisten seiner Kollegen – in völlig anderen Branchen herum: Er wurde Discjockey, Verkäufer in einem Warenhaus und Nachrichtensprecher beim Rundfunk. 1957 hatte er das SF-Magazin *Amazing* entdeckt, interessierte sich stark für SF und gab sogar zeitweise ein eigenes Fanzine heraus. Als der Ex-CIA-Agent Robin Scott Wilson 1968 an verschiedenen amerikanischen Universitäten seine Clarion-Workshops (Schreibschulen für angehende SF-Autoren) etablierte, meldete Bryant sich zu einem Kursus bei ihm an und traf dort auf den bereits bekannten Harlan Ellison, mit dem er sich anfreundete. Unter Ellisons Anleitung entwickelte er recht bald schriftstellerische Qualitäten und verkaufte binnen weniger Jahre zahlreiche Kurzgeschichten an Originalanthologien wie QUARK, ORBIT und NOVA; an Magazine wie *Fantasy & Science Fiction, If, New Worlds*, aber auch an viele Herrenmagazine und die satirische Zeitschrift *National Lampoon*. 1975 schrieb er nach einem TV-Drehbuch seines Freun-

des Harlan Ellison PHOENIX WITHOUT ASHES; ein Jahr darauf folgte sein erster eigener Roman: CINNABAR (1976).

Buckley, Bob (Robert Thompson) jr.
(1943–)

Vorfahren des Amerikaners Bob Buckley hießen Weinhardt und kamen aus Stuttgart. Er selbst wurde in Louisville/Kentucky geboren, erwarb an der Universität von San Diego einen akademischen Grad in Psychologie und arbeitet heute als Programmierer. Seine erste SF-Story erschien 1970 in *Analog*, A MATTER OF ORIENTATION, und dieses Magazin veröffentlichte bislang auch alle anderen Stories von ihm. Der *Analog*-Redakteur Ben Bova beauftragte Bob Buckley dann auch, einen Roman für dieses Magazin zu schreiben, WORLDS IN THE CLOUDS, der 1979 erschien. Der Autor bereitet z.Z. ferner einen Roman für *Starblaze Editions* vor und arbeitet nebenher schon seit längerer Zeit an einem mehr an der Mainstream-Literatur orientierten Roman über einen U-Boot-Krieg der Zukunft. Bob Buckley interessiert sich besonders für Paläontologie und Astrogeologie, malt gern Naturszenen und Raumlandschaften und sammelt und kultiviert Zykas, das sind Palmfarne. Buckleys Story CHIMERA erschien 1979 in einer von H.J. Alpers herausgegebenen Anthologie bei Knaur.

Budrys, Algis (Algirdas Jonas)
(1931–)

Algis Budrys, amerikanischer SF-Autor und Herausgeber, wurde als Sohn litauischer Eltern in Ostpreußen geboren. Sein Vater war Angehöriger des diplomatischen Dienstes und Abgeordneter der Exilregierung Litauens, nachdem die Familie 1936 in die USA übergesiedelt war. Budrys arbeitete eine Zeitlang bei der American Express Co., wurde 1952 Assistant Editor bei Gnome Press, einem frühen Hardcoververlag für SF. Ein Jahr später ging er zu Galaxy Publications, wo er dieselbe Stellung innehatte. In den folgenden Jahren wechselten freiberufliche Schriftstellerei und Jobs bei verschiedenen Verlagen. 1963 wurde er Editorial Director von Playboy Press, dem Buchverlag des weltbekannten Herrenmagazins. Durch seine Kolumne, die er ab 1965 für *Galaxy* schrieb, machte er sich auch als SF-Rezensent einen Namen. Budrys erste veröffentlichte SF-Erzählung war THE HIGH PURPOSE (ASF, 11/52). Schon seine frühen Stories wiesen ihn als guten Stilisten aus, der es verstand, mit knappen Schilderungen den Leser in seinen Bann zu ziehen. Daß sie manchmal über einen gewissen Tiefgang – und für den Durchschnittsleser oftmals auch eine gewisse Schwerverständlichkeit – verfügen, trug nur zu seinem wachsenden Ruf bei. IRONCLAD (GAL 3/54), THE REAL PEOPLE (BFF, 11/53) und THE EXECUTIONER (ASF, 1/56) sind Beispiele aus dieser Zeit. Sie verraten Budrys' Stärke, Menschen in extremen Situationen glaubhaft darzustellen und ihre Beweggründe zu erhellen. In seinen Romanen wirkte Budrys zwiespältig. THE MAN OF EARTH (1958), THE FALLING TORCH (1959) und THE AMSIRS AND THE IRON THORN (1967) sind reine Actionromane, die alte Themen aufwärmen. Der letzte von den dreien ist noch am genießbarsten. SOME WILL NOT DIE (1961), WHO? (1958) und vor allem ROGUE MOON (1960) dagegen sind Beispiele für beste SF. Bezeichnenderweise stellen alle drei Erweiterungen früherer Magazingeschichten dar. SOME WILL NOT DIE beschreibt eine hoffnungslose Zukunft, in der nach einer Katastrophe jeder gegen jeden kämpft. WHO? ist ein spannender Thriller aus der Zeit des Kalten Krieges, der auch verfilmt wurde. Im Mittelpunkt steht das Identitätsproblem eines US-Wissenschaftlers, der nach einem Unfall in der UdSSR wieder »zusammengeflickt« wird, und den nach seiner Rückkehr in den Westen niemand mehr identifizieren kann. Am bekanntesten aber ist ROGUE MOON, ein Roman, in dem wichtige Fragen über den Sinn menschlicher Existenz und menschlichen Strebens gestellt werden. Symbolisiert wird dies durch eine unerklärliche Labyrinthstruktur auf dem Mond, die früher oder später jeden Eindringling tötet. Der Tod ist für die Betroffenen jedoch nicht endgültig, denn die Materietransmitter, die die Forscher zum Mond transportieren, erwecken die Toten aus ihren gespeicherten Mustern wieder zum Leben. Der Zweck der Struktur bleibt unerkannt und stellt eine ewige Herausforderung für den Menschen dar, die sich ihm immer wieder stellt. Dieser vielschichtige Roman ließ für Budrys Großes erwarten. Er wurde für den Hugo nominiert, traf aber in der Endabstimmung unglücklicherweise auf Walter M. Millers A CANTICLE FOR LEIBOWITZ (1960), der den begehrten Preis erhielt. Budrys aber hatte mit ROGUE MOON seinen schriftstellerischen Zenit erreicht. Danach ließ die Qualität seiner Romane leider merklich nach. Sein ehrgeiziger Comebackversuch nach zehnjähriger SF-Abstinenz glückte nach Meinung der Kritiker nicht ganz: doch sicher ist MICHAELMAS (1977) ein wichtiger Roman über die ungeheure Macht der Medien. Auch wenn er die Erwartungen, die manche an sein Erscheinen geknüpft hatten, vielleicht nicht ganz erfüllte, beweist er doch, daß Budrys neben Brunner, Ballard, Disch und Spinrad zu den Autoren gehört, die sich besonders kritisch mit Entwicklungen der Gegenwart auseinandersetzen.

Bibliographie:
Projekt Luna (ROGUE MOON), München 1965, H 3041.
Die sanfte Invasion (C) (THE FURIOUS FUTURE), München 1965, G 63.
Das verlorene Raumschiff (THE IRON THORN), München 1972, H 3301.
Michaelmas (MICHAELMAS), München 1979, H 3683.
Heftpublikationen:
Zwischen zwei Welten (WHO?), WF 3 (1958).
Auf Pluto gestrandet (MAN OF EARTH), UGB 112 (1959).
Exil auf Centaurus (THE FALLING TORCH), TS 99 (1965).
Helden-GmbH (C/OA) TN 104 (1969).

Bürgel, Bruno H.
(1875–1948)
Bruno H. Bürgel ist ein deutscher Autor, der in Berlin geboren wurde und dort auch starb. Er brachte es vom Fabrikarbeiter zum Astronomen und Privatgelehrten und war für seine volkstümliche Philosophie bekannt. In der utopischen und phantastischen Literatur wurde er vor allem durch den Roman **Der Stern von Afrika** (1920) und zwei Story-Sammlungen um **Dr. Ulebuhle** bekannt.

Bibliographie:
Der Stern von Afrika, Berlin–Hamburg–Frankfurt 1920, Ullstein Vlg.
Die seltsamen Geschichten des Dr. Ulebuhle (C), Berlin 1953, Deutscher Vlg.
Dr. Ulebuhles Abenteuerbuch (C), Berlin–Hamburg–Frankfurt 1928, Ullstein Vlg.

Bulmer, H(enry) Kenneth
(1921–   )
Bulmers früheste Leidenschaft galt alten Dingen, die mit Seefahrt und Luftfahrt zu tun hatten, aber wenig später packte den gebürtigen Londoner das Science Fiction-Fieber, und fortan suchte er alle erreichbaren Buchläden nach den damals noch raren SF-Büchern und -Magazinen ab. Später produzierte er vervielfältigte SF-Amateurmagazine und verteilte sie an Kommilitonen. Der Krieg führte ihn nach Nordafrika, Sizilien und Italien, und er mußte erleben, daß ihn Kameraden nach seinen wilden Erzählungen von Raketen, Robotern und Atomkraft darauf hinwiesen, daß in Hiroshima gerade eine Atombombe abgeworfen worden war. Er wollte es zunächst nicht glauben. In den frühen fünfziger Jahren wurde Bulmer professioneller Autor. Daß er damals ein Angebot, in der Königlichen Sternwarte in Greenwich zu arbeiten, ablehnte, hat er bis heute nicht bereut. Er war lange Zeit ein äußerst aktiver SF-Fan und kann hier

auf eine Fülle von Ehrungen (Ehrengast verschiedener SF-Conventions etc.) verweisen. Die beiden ersten Romane von H. K. Bulmer erschienen in Zusammenarbeit mit A. V. Clarke: SPACE TREASON und CYBERNETIC CONTROLLER (beide 1952). Es folgten bis heute rund 90 Romane, darunter – eine Kuriosität – **Forschungskreuzer Saumarez** (1960), der zuerst in deutscher Sprache veröffentlicht wurde, und CITY UNDER THE SEA (1957), in dem er das Wort »aquiculture« für Unterwasserlandwirtschaft in die SF einführte. Kenneth Bulmer veröffentlichte unter eigenem Namen, benutzte aber auch Pseudonyme wie Kenneth Jons, Ernest Corley, Karl Maras, Philip Kent u. a. Eine unter seinem richtigen Namen veröffentlichte Serie heißt KEYS TO THE DIMENSIONS und umfaßt sechs Romane, die zwischen 1967 und 1972 erschienen, eine weitere Serie mit vier Bänden (RYDER HOOK) schrieb er 1975/76 unter dem Pseudonym Tully Zetford. Außer Romanen hat er eine große Anzahl von kürzeren SF-Texten veröffentlicht und wurde auch als Herausgeber der Anthologien-Reihe NEW WRITINGS IN SF bekannt, die er mit Band 22 im Jahre 1973 (nach dem Tode seines Vorgängers E. J. Carnell) übernahm und bis heute betreut – 1979 erschien Band 31. In Zusammenarbeit mit dem Chemiker John Newman schrieb Bulmer nicht nur das Buch THE TRUE BOOK ABOUT SPACE TRAVEL (1960), sondern auch eine Reihe von Artikeln. Seine bisher größten Erfolge dürften drei Serien sein, die er unter den Pseudonymen Arthur Frazier (WOLFSHEAD), vor allem jedoch unter Adam Hardy (FOX) und Alan Burt Akers (DRAY PRESCOT SAGA, auch als **Scorpio**-Serie bekannt) schrieb. Die WOLFSHEAD-Romane (sechs zwischen 1973 und 1975) sind im Wikingermilieu angesiedelt, während die 14 Romane um Lieutenant George Abercrombie Fox Seeschlachten zwischen Engländern und Franzosen im 18. Jahrhundert schildern. Sein bisher größter Dauerbrenner ist die Fantasy-Serie um den Fox-Kollegen Dray Prescot, einem napoleonischen Seeoffizier, der zu wilden Kämpfen auf dem Planeten Kregen »abberufen« wird, sobald ihm ein Skorpion erscheint. Insgesamt präsentiert sich Bulmer damit als sehr produktiver Autor abenteuerlicher Unterhaltung der leichteren Art.

Bibliographie:
Welt des Schreckens (EMPIRE OF CHAOS), Menden 1957, Bewin Vlg.
Sklaven der Tiefe (GREEN DESTINY), Balve 1959, Gebr. Zimmermann Vlg.
Verbotene Welten (CHANGELING WORLDS), Balve 1960, Gebr. Zimmermann Vlg.
Im Reich der Dämonen (THE DEMONS), München 1966, TTB 110.
Sterbendes Land Utopia (TO OUTRAN DOOMSDAY), München 1969, TTB 151.
Kontrollstation Altimus (ON THE SYMB-SOCKET CIRCUIT), München 1974, GWTB 175.
Von Robotern beherrscht (THE STARS ARE OURS), Berlin 1977, U 3345.

Dray Prescott-Saga bzw. **Scorpio/Antares/Kregen-Zyklus** (als Alan Burt Akers):

Transit nach Scorpio (TRANSIT TO SCORPIO), München 1975, H3459.
Die Sonnen von Scorpio (THE SUNS OF SCORPIO), München 1976, H3476.
Der Schwertkämpfer von Scorpio (WARRIOR OF SCORPIO), München 1976, H3488.
Die Armada von Scorpio (SWORDSHIPS OF SCORPIO), München 1976, H3496.
Der Prinz von Scorpio (PRINCE OF SCORPIO), München 1976, H3504.
Die Menschenjäger von Antares (MANHOUNDS OF ANTARES), München 1976, H3512.
In der Arena von Antares (ARENA OF ANTARES), München 1977, H3534.
Die Flieger von Antares (FLIERS OF ANTARES), München 1977, H3547.
Die Waffenbrüder von Antares (BLADESMAN OF ANTARES), München 1977, H3567.
Der Rächer von Antares (AVENGER OF ANTARES), München 1978, H3585.
Die fliegenden Städte von Antares (ARMADA OF ANTARES), München 1978, H3607.
Die Gezeiten von Kregen (THE TIDES OF KREGEN), München 1979, H3634.
Die Abtrünnigen von Kregen (RENEGADE OF KREGEN), München 1979, H3661.
Krozair von Kregen (KROZAIR OF KREGEN), München 1980, H3697.
Geheimnisvolles Scorpio (SECRET SCORPIO), München 1980, H (in Vorb.).
Wildes Scorpio (SAVAGE SCORPIO), München 1980, H (in Vorb.).

Heftpublikationen:
Das Robotgehirn (CYBERNETIC CONTROLLER) (mit A. V. Clarke), UG 8 (1954).
Todesfalle Jupiter (SPACE SALVAGE), UG 21 (1955).
Begegnung im All (ENCOUNTER IN SPACE), UZ 115 (1958).
Rebellen des Weltenraumes (SPACE TREASON) (mit A. V. Clarke), T30 (1957).
Zwischenfall auf Luralye (GALACTIC INTRIGUE), T42 (1958).
Forschungskreuzer Saumarez (DEFIANCE), TS 45 (1961).
Die Wassermenschen von Nablus (BEYOND THE SILVER SKY), T252 (1962).
Die Propheten der Erde (THE EARTH GODS ARE COMING), T270 (1963).
Der große Blitz (NO MAN'S WORLD), T388 (1965).
Freiheit für die Erde (THE PATIENT DARK), T394 (1965).
Der Hexer der Poseidon (THE WIZARD OF STARSHIP POSEIDON), UZ 422 (1965).
Das verhängnisvolle Feuer (THE FATAL FIRE), UZ 443 (1965).
Wegweiser ins Grauen (LAND BEYOND THE MAP), UZ 458 (1965).
Die letzte Hoffnung (THE MILLION YEAR HUNT), UZ 487 (1966).
Transit zu den Sternen (BEHOLD THE STARS), T530 (1967).

Schatzjäger der Galaxis (STAR TROVE), TA 25 (1972).
Brennende Sterne (QUENCH THE BURNING STARS), TA 31 (1972).
Planet der Kriegsspiele (THE ELECTRIC SWORD SWALLOWERS), TA 37 (1972).
Die andere Dimension (THE KEY TO IRINIUM), TA 53 (1972).
Das Tor nach Venudine (THE KEY TO VENUDINE), TA 57 (1972).
Tramps zwischen den Welten (THE SHIPS OF DUROSTURUM), TA 67 (1972).
Die Jäger von Jundagai (THE HUNTERS OF JUNDAGAI), TA 73 (1973).
Die Ebenen des Todes (THE CHARIOTS OF RA), TA 81 (1973).

Bulytschow, Kirill
(1934–)
Kirill Bulytschow (Bulyčov) ist ein russischer Historiker, der in Moskau geboren wurde und 1965 erstmals eine SF-Story veröffentlichte. Bulytschow gilt als Experte für Südostasien und schrieb über diesen Gegenstand auch mehrere wissenschaftliche und populärwissenschaftliche Werke. 1970 erschien sein bisher einziger SF-Roman POSLEDNJAJA WOJNA (»Der letzte Krieg«). SF-Kurzgeschichten von ihm liegen in den Sammlungen TSCHUDESA W GUSLARE (**Wunder in Guslar**, 1972), »Das Mädchen von der Erde« (1974) und LJUDI KAK LJUDI (»Ganz gewöhnliche Menschen«, 1975) vor. Neben einzelnen Geschichten in Anthologien wurden die Kurzgeschichtenbände **Wunder in Guslar** und **Ein Takan für die Kinder der Erde** in die deutsche Sprache übertragen.
Seine Erzählung **Eine Lokomotive für den Zaren** ist die Titelgeschichte einer Anthologie, die, hrsg. von Wolfgang Jeschke, 1980 im Heyne Verlag erscheint.

Bibliographie:
Wunder in Guslar (TSCHUDESA W GUSLARE) (C), Berlin 1975, Vlg. Neues Leben.
Ein Takan für die Kinder der Erde (C), Moskau und Berlin 1976, Vlg. MIR und Vlg. Das Neue Berlin.

Bunch, David R.
(? –)
David R. Bunch wurde im US-Staat Missouri geboren. Nachdem er High School und College hinter sich gebracht hatte, studierte er an der Washington University, wo er mit einem Master of Arts in Englischer und Amerikanischer Literatur abschloß. Danach war er als Angestellter des Aeronautical Chart and Information Center in

St. Louis tätig. Seine erste Publikation im Bereich der SF war ROUTINE EMERGENCY (IF, 12/57). Allerdings hatte er schon davor Geschichten an kleinere literarische Magazine verkauft. Anfang der sechziger Jahre war es besonders Cele Goldsmith Lalli, die damalige Herausgeberin von *Amazing* und *Fantastic*, die Bunch förderte. Seine allegorischen Kurzgeschichten erschienen nun mit steter Regelmäßigkeit in diesen beiden Magazinen. Viele dieser Stories sind eher Vignetten, kommen über eine Länge von fünf Seiten nicht hinaus und sind zu dem Episodenroman MODERAN zusammengefaßt, in dem Bunch eine völlig durchtechnisierte Welt schildert, in der die Menschen sich ihres lästigen Fleisches entledigt haben und nurmehr Roboter sind. Da die Kurzgeschichten einzeln nur facettenhaft Bunchs Zukunftsvision wiedergaben, fanden sie bei der Leserschaft ein äußerst geteiltes Echo. Viele SF-Fans konnten sich mit diesen intelligent geschriebenen Blech- und Plastikdystopien nicht anfreunden, daher blieb dem Autor letztendlich auch der Durchbruch versagt.

Bibliographie:
Festung zehn (C) (MODERAN), Frankfurt 1974, FO 40.

Burgdorf, Karl-Ulrich
(1952–)
Karl-Ulrich Burgdorf wurde in Hagen geboren, volontierte nach dem Abitur von 1971 bis 1973 bei zwei Tageszeitungen und studierte ab 1973 in Münster Publizistik, Soziologie und Politikwissenschaft.

Er kam 1964 zur SF, schrieb seine ersten Geschichten zusammen mit einem Freund, noch während er das Gymnasium besuchte. Sein erster Roman war **Nijha, der Attentäter** (1974), drei Jahre später folgte das SF-Jugendbuch **Delphinenspiele**, das auf dem ersten populärwissenschaftlichen Sachbuch über die Delphinologie (verfaßt von dem neuseeländischen Publizisten Anthony Alpers) fußt.

Bibliographie:
Delphinenspiele, Würzburg 1977, Arena Vlg.

Heftpublikation:
Nijha, der Attentäter, ZSF 149 (1974).

Burgess, Anthony
(1917–)
Der englische Kritiker und Romanautor studierte in seiner Geburtsstadt Manchester, diente von 1940–1946 in der Armee, arbeitete von 1946–1948 als Dozent an der Universität von Birmingham und nahm anschließend einen Job beim britischen Kultusministerium an, der ihn bis 1959 in verschiedene Länder Asiens führte. Er schrieb

unter den Pseudonymen Joseph Kell und John B. Wilson einige unbeachtete Romane und wandte sich dann – unter eigenem Namen – der SF zu. Seine Anti-Utopien THE WANTING SEED (1962) und A CLOCKWORK ORANGE (1962) erweckten nicht nur das Interesse der SF-Leser, sondern auch im Fall des letzteren Titels das des Regisseurs Stanley Kubrick, der aus dem Buch, in dem es um einen jungen Kriminellen der Zukunft geht, den man durch eine geistige Konditionierung von seiner »Veranlagung« zu »heilen« versucht, zehn Jahre später einen vielbeachteten Film machte. Anthony Burgess schrieb auch eine der eindrucksvollsten Zeitreiseerzählungen der SF: THE MUSE (1968), die merkwürdigerweise ziemlich unbekannt blieb. Es ist die Geschichte eines Literaturhistorikers, der mit Hilfe einer Zeitmaschine Shakespeare aufsucht, um endlich einige strittige Punkte der Verfasserschaft zu klären. Im London des 16. Jahrhunderts angekommen, muß der Zeitreisende feststellen, daß er in ein Paralleluniversum geraten ist, das einige makabre Überraschungen für ihn bereit hält. Die Erzählung erschien in der Anthologie THE LIGHT FANTASTIC, die Harry Harrison 1971 edierte und die auf deutsch unter dem Titel **Gezeiten des Lichts** 1973 im Kindler Vlg. herausgebracht wurde.

Bibliographie:
Uhrwerk Orange (A CLOCKWORK ORANGE), München 1972, Heyne-Buch H928.
Das Uhrwerk-Testament (THE CLOCKWORK TESTAMENT), München 1974, Heyne-Buch H5142.

Burke, Jonathan (John Frederick) (1922–   )
John Frederick Burke wurde in Sussex/England geboren und arbeitete nach dem Besuch einer Hochschule in verschiedenen Jobs, als Redakteur in Verlagen sowie als PR-Beauftragter bei Shell. 1963 nahm er eine Stellung bei der Twentieth Century Fox an und arbeitete dort vor allem Drehbücher zu Romanen um. Mit SWIFT SUMMER, einer Satire, gewann er den Atlantic Award für Literatur der Rockefeller-Stiftung. Er schreibt außer Science Fiction vor allem Krimis, Hörspiele und übersetzt aus dem Dänischen. Burke gilt als Unterhaltungsroutinier, der vielen Sätteln gerecht wird. Zwar wurden vereinzelt SF-Romane von Burke auch in Amerika veröffentlicht bzw. ins Italienische übersetzt – vor allem jedoch in der Frühphase der deutschen SF-Entwicklung in die deutsche Sprache –, aber im wesentlichen blieb die Verbreitung von Burkes SF-Romanen auf England beschränkt. Im Nachbargenre Weird Fiction hat Burke mehrere Anthologien herausgegeben.

Bibliographie:
Die letzte Schlacht (THE ECHOING WORLDS), Menden 1954, Bewin Vlg.
Tor der Dämonen (DARK GATEWAY), Menden 1954, Bewin Vlg.

Hotel Cosmos (HOTEL COSMOS), Balve 1960, Gebr. Zimmermann Vlg.
Die Todeskarten des Dr. Schreck (DR. TERROR'S HOUSE OF HORRORS), München 1967, Heyne-Buch B 428.

Heftpublikationen:
Parasiten (TWILIGHT OF REASON), UG 16 (1955).
Revolte der Menschheit (REVOLT OF THE HUMANS), UG 38 (1956).

Burroughs, Edgar Rice
(1875–1950)
Daß der Mann, der die legendäre Figur des Urwaldmenschen Tarzan erfand, sich seinen Namen zunächst als Verfasser utopischer Romane machte, ist wenig bekannt. Burroughs wurde als Sohn eines Batteriefabrikanten in Chicago geboren, besuchte diverse Privatschulen, verbrachte einige Zeit in der US-Kavallerie, war Arbeiter in einer Goldmine und zwischendurch Bahnpolizist und Verkäufer in einem Drugstore. Glücklos in allen Jobs, war er sehr oft arbeitslos und verbrachte seine Zeit damit, Tagträume aufs Papier zu bringen. 1912 – Burroughs war ziemlich am Ende und laut den Aussagen mehrerer Biographen einem Selbstmord nahe – landete er einen unerwarteten Treffer beim *All Story Magazine:* Sein erster Roman, eine Abenteuergeschichte, in der es um einen Abenteurer geht, der auf seltsame Weise auf den Planeten Mars versetzt wird, wurde akzeptiert und noch im gleichen Jahr als UNDER THE MOONS OF MARS publiziert. Da Burroughs in der Öffentlichkeit nicht als »Weltraum-Spinner« gelten wollte, sollte der Roman an sich unter dem Pseudonym »Normal Bean« erscheinen. Dies wurde aber durch einen übereifrigen Setzer verhindert, der einen Schreibfehler vermutete und aus »Normal« flugs »Norman« machte. Als im selben Jahr Burroughs erster Tarzan-Roman in *All Story* erschien, waren die mageren Jahre für ihn endgültig vorbei. Das Buch TARZAN OF THE APES (1912) wurde in mehr als sechzig Sprachen übersetzt und mehr als dreißigmal verfilmt (ganz zu schweigen von diversen TV-Serien, Hörspielbearbeitungen und Comic-Adaptionen). Obwohl die Figur des Tarzan die kommerziell erfolgreichste war, die Burroughs je erfand, ließ er es sich dennoch nicht nehmen, sein Glück weiterhin in der Science Fiction zu versuchen. Neben dem Mars-Zyklus (der 11 Bände umfaßt), schrieb er noch einen vierbändigen Zyklus über die Abenteuer des Amerikaners Carson Napier auf der Venus, sowie eine siebenbändige Serie über das unterirdische Reich Pellucidar, in

der gelegentlich auch Tarzan auftaucht. Burroughs verbrachte während des Zweiten Weltkriegs vier Jahre als Berichterstatter der *Los Angeles Times* im Pazifik. 1931 hatte er – nachdem die auf Abenteuerbücher spezialisierte McClurg Company zuerst seine Bücher in gebundenen Ausgaben herausgebracht hatte, sein eigenes Verlagsunternehmen gegründet, das jedoch nach seinem Tod einschlief. Erst in den sechziger Jahren, nachdem einige Raubdrucke von bisher nur in Magazinen erschienenen Burroughs-Erzählungen aufgetaucht waren, sichtete Burroughs' Familie den Nachlaß und überzog die Raubdrucker (die teilweise nicht belangt werden konnten, da ein Großteil des nachgedruckten Materials aufgrund des amerikanischen Copyright Law frei verfügbar war) mit einer Serie von Prozessen. Und gerade denen hatte man es zu verdanken, daß Burroughs derzeit in den USA populärer ist als zu seinen Lebzeiten: Über den Mann, der für seinen ersten Roman ganze 400 $ bekam, wurden nicht nur unzählige Bücher geschrieben, sondern mittlerweile ist auch wieder die letzte Zeile seines siebzig Bücher umfassenden Gesamtwerks zu bekommen. Burroughs' Tarzan- und Marsgeschichten riefen zudem Dutzende von Nachahmern und Plagiatoren auf den Plan, und jeder, der heute im angloamerikanischen Sprachraum Fantasy-Geschichten zu Papier bringt, behauptet, von ihm beeinflußt worden zu sein, obwohl Burroughs' Texte immer nach dem gleichen Muster aufgezogen, ganz und gar unwahrscheinlich und unlogisch sind. Sein Leitthema – die große romantische Liebe, die von Außenstehenden immer wieder dadurch bedroht wird, daß sie die Verliebten trennen (oder gar sexuelle Lust auf den weiblichen Partner empfinden), lieferte ihm den roten Faden für einen ständigen Wechsel zwischen dem Zustand des Ausgeliefertseins und dem schlußendlichen Triumph über die bösen Gegner. Während sich im anglo-amerikanischen Bereich eine Art Burroughs-Renaissance vollzieht, wurden seine Bücher in Deutschland nie so ein rechter Erfolg. Die Herausgabe der Zyklen mußte immer wieder abgebrochen werden, weil sie sich nicht verkauften.

Bibliographie:
Piraten der Venus (PIRATES OF VENUS), München 1970, H 3188.
Auf der Venus verschollen (LOST ON VENUS), München 1970, H 3192.
Krieg auf der Venus (CARSON OF VENUS), München 1971, H 3222.
Odyssee auf der Venus (ESCAPE ON VENUS), München 1971, H 3241.
Die Prinzessin vom Mars (A PRINCESS OF MARS), Alsdorf 1972, Williams Vlg.
Göttin des Mars (THE GODS OF MARS), Alsdorf 1972, Williams Vlg.
Der Kriegsherr des Mars (THE WARLORD OF MARS), Alsdorf 1972, Williams Vlg.

Butterworth, Michael
(1947–)
Englischer Autor, der zum erstenmal zur Zeit der New Wave von sich reden machte. Seine erste Geschichte, GIRL, erschien im Mai 1966 in *New Worlds*. Weitere Stories in *New Worlds*, *Ambit* und verschiedenen Anthologien folgten. Als das Magazin *New Worlds* 1970 wegen Absatzschwierigkeiten eingestellt werden mußte und die Publikationsmöglichkeiten für New Wave-Autoren geringer wurden, hörte man nur noch wenig von Butterworth. Doch der Autor bewies seine Anpassungsfähigkeit, indem er Mitte der siebziger Jahre unverdrossen Fließband-Science Fiction schrieb, so u. a. die Bücher zu der englischen TV-Serie SPACE 1999 (bei uns: **Mondbasis Alpha I**) und ähnlich niveauloses Material, das seinem früheren Anspruch Hohn sprach. Auch hatte er in den siebziger Jahren begonnen, den Text zu dem Comic »TRIGAN« (THE TRIGAN EMPIRE) zu schreiben. »TRIGAN« wurde international zu einem großen Erfolg, was aber wohl weniger an seinen faschistoiden Inhalten lag, sondern eher den fantastischen Qualitäten des Zeichners Don Lawrence zuzuschreiben ist. Michael Butterworth sollte übrigens nicht mit dem Michael Butterworth verwechselt werden, der hin und wieder Detektivromane publiziert.

Byrne, Stuart J(ames)
(1916–)
Byrne, der gelegentlich auch unter dem Pseudonym John Bloodstone (seltener: Howard Dare) schreibt, ist irisch-schottischer Abstammung, besitzt die amerikanische Staatsbürgerschaft und gehörte in den späten vierziger und frühen fünfziger Jahren der gemäßigten Action-Brigade an. MUSIC OF THE SPHERES, seine erste Story, erschien 1935 in *Amazing*. Er machte in den Kriegsjahren eine lange Pause, begann aber schließlich fleißig weiterzuschreiben, und zwar hauptsächlich für das von Raymond A. Palmer herausgegebene Schundmagazin *Other Worlds*, in dem allerlei spiritistischer Unfug und Ufologenunsinn stand. Die sechziger Jahre waren für Byrne weniger erfolgreich. Erst 1969 kehrte er in die Szene zurück: Seinem Roman STARMAN folgten bisher GODMAN (1970), THUNDAR, MAN OF TWO WORLDS (1971) und THE ALPHA TRAP (1976), eine Reihe belangloser »pot boilers«, die allenfalls dazu dienten, daß ihm das Teewasser nicht einfror.

Bibliographie:
Heftpublikationen:
Im Banne der Mondwelt (THE GOLDEN GODS) (als John Bloodstone), UZ 89 (1957).
Invasion der Seelenlosen (THE METAMORPHS), UZ 199 (1959).
Opfer der Zukunft (CHILDREN OF THE CHRONOTRON) (als John Bloodstone), UZ 497 (1966).

Cabell, James Branch
(1879–1958)
Amerikanischer Romancier, geboren in Richmond, Virginia. Abgesehen von drei Jahren als Reporter beim *New York Herald*, verbrachte er die Zeit in seiner Heimatstadt. Kurz nach der Jahrhundertwende begann seine lange Schriftstellerkarriere, während der er mehr als 50 Bücher verfaßte. Sein wohl größter Erfolg war JURGEN (1923), ein Roman, der zeitweilig verboten war und dadurch Cabell ständige Verkaufserfolge garantierte. (Eine deutsche Ausgabe erscheint 1980 bei Heyne.) JURGEN ist ein Teil von Cabells Hauptwerk, der 21bändigen BIOGRAPHY OF MANUEL. Dieses riesige Fantasywerk, dessen 21 Kapitel aus je einem Roman bestehen, spielt in einer fiktiven Stadt Virginias und in Poictesme, einem imaginären Land in Südfrankreich, und beschreibt poetisch die ritterlichen und höfischen Sitten des ausgehenden Mittelalters und der beginnenden Neuzeit. Poictesme ist dabei ein Land, in welchem Realität und Imagination ineinanderfließen, und in dem es die unmöglichsten Wesen und Dinge gibt. Cabell war stets ein recht umstrittener Autor. Viele zollten ihm höchstes Lob, andere hielten ihn bestenfalls für eine Kuriosität. Mike Ashley charakterisiert ihn folgendermaßen: »Es gibt Schriftsteller, die den Fußstapfen ihrer Kollegen folgen, und es gibt Schriftsteller, die ohne irgendwelche Zugeständnisse das schreiben, was sie wollen und dabei originelle und individuelle Literatur hervorbringen. Cabell gehört letzterer Gruppe an.«

Bibliographie:
Jurgen (JURGEN), München 1980, H (in Vorb.).

Caidin, Martin
(1927–   )
Amerikanischer Wissenschaftler und Flugzeugfachmann. Wurde schon mit 16 Jahren Associate Editor zweier Flugzeugfachzeitschriften und gründete später Martin Caidin Associates Inc., eine Agentur, die Radio- und Fernsehanstalten mit Nachrichten aus dem Gebiet der Aero- und Astronautik belieferte. In den frühen fünfziger Jahren begann er seine Karriere als Schriftsteller populärwissenschaftlicher Bücher, deren Themen sich auf Raumfahrt, Raketentechnik und die Geschichte der Luftfahrt beschränkten. In den sechziger Jahren wechselte er mehr und mehr auf Unterhaltungsstoffe über. Es entstanden eine Reihe von SF-Romanen, die allesamt eine solide technische Basis aufweisen und in der frühen Zukunft oder gar der Gegenwart angesiedelt sind. THE LAST FATHOM (1967) handelt von amerikanischen und sowjetischen Atom-U-Booten, die sich in den Tiefen der Meere belauern. THE GOD MACHINE (1968) ist ein Kybernetik-Roman typisch amerikanischer Prägung: Das große Elektronengehirn wendet

sich gegen seine Erbauer und will die Macht über die Erde an sich reißen. Roboter und kybernetische Organismen sind ein Spezialthema von Caidin, wie etwa in CYBORG (1972), auf dem (und dessen Fortsetzungsromanen um den Protagonisten Steve Austin) die erfolgreiche US-Fernsehserie *The Six-Million-Dollar-Man* beruht. Ebenfalls verfilmt wurde ein anderer Roman Caidins: MAROONED (1964), in dem es um eine großangelegte Rettungsaktion im Weltraum geht.

Bibliographie:
Alarm in der Tiefsee (THE LAST FATHOM), München 1968, H 3129.
Der große Computer (THE GOD MACHINE), München 1969, H 3163/64.
Alarm in der Raumstation (FOUR CAME BACK), München 1970, H 3189.
Die Straße der Götter (HIGH CRYSTAL), München 1976, GWTB 0218.
Der korrigierte Mensch (CYBORG), München 1976, GWTB 0226.
Die Menschmaschine (OPERATION NUKE), Berg. Gladbach 1978, B 21106.

Caine, Staff
(1931–   )
Pseudonym eines norddeutschen SF-Autors, der u. a. zur See gefahren ist (Hochseefischerei) und sich als Feinmechaniker (erlernter Beruf), Kinotechniker, Journalist und Redakteur betätigt hat. Caine war Mitautor von Serien wie **Mark Powers**, **Ren Dhark** und **Raumschiff Promet** und benutzte hin und wieder auch die Pseudonyme Ted Scott (VP), Jeff Mescalero und Bert Stranger.

Bibliographie:
Heftpublikationen:
Zusammenstoß bei Mira Ceti (als Ted Scott), UZ 318 (1962).
Gewissenlose Strafaktion (als Staff Caine), UZ 455 (1965).
Das Vermächtnis der Tyraner (als Ted Scott), UG 191 (1963).
Aktion Gamma (als Neil Porter), A 4 (1972).
(↗ **Mark Powers, Ren Dhark, Raumschiff Promet**).

Calvino, Italo
(1923–   )
Italo Calvino ist ein italienischer Autor, der in Kuba geboren wurde, in San Remo aufwuchs und sich bereits in jungen Jahren der Widerstandsbewegung gegen den Faschismus anschloß. Er war Mitar-

beiter Elio Vittorinis an der Unità und der KPI eng verbunden (von der er sich jedoch nach den Ereignissen in Ungarn 1956 lossagte). Seit 1947 arbeitet er als Lektor in einem Verlag. Zwar liegt sein Hauptwerk eindeutig außerhalb der Science Fiction, aber seine »kosmokomischen Geschichten« um den Helden Qfwfq gehören zu den witzigsten Beispielen »literarischer« Science Fiction. Seine beiden neueren Werke LE CITTÀ INVISIBILE (1972) und IL CASTELLO DEI DESTINI INCROCIATI (1973) weisen ebenfalls stark phantastische Elemente auf.

Bibliographie:
Kosmokomische Geschichten (C) (LE COSMICOMICHE & TI CON ZERO) (C), Frankfurt 1969, S. Fischer Vlg.
Die unsichtbaren Städte (LE CITTÀ INVISIBILE), München 1977, Carl Hanser Vlg.
Das Schloß, darin sich Schicksale kreuzen (IL CASTELLO DEI DESTINI INCROCIATI), München 1978, Carl Hanser Vlg.

Campbell, H(erbert) J.
(1925–)
Englischer Autor und Redakteur, der sich in der Hauptsache nur zwischen 1952 und 1956 mit Science Fiction befaßte. In dieser Zeit war er Redakteur des britischen Magazins *Authentic Science Fiction*, schrieb einige Kurzgeschichten und Romane wie BEYOND THE VISIBLE (1952) und gab zwei Anthologien heraus. Campbell, der schon vor seinem SF-Abstecher Chemiker war, der durch aufsehenerregende Forschungsergebnisse von sich reden machte – was sich auch auf *Authentic* insofern auswirkte, daß er unverhältnismäßig viele wissenschaftliche Artikel veröffentlichte –, konzentrierte sich nach 1956 wieder voll auf seinen Beruf. Herbert J. Campbell wurde durch zwei frühe Leihbücher (als *Utopia-Großbände* nachgedruckt) und eine Story im zweiten *Utopia-Magazin* auch frühzeitig deutschen SF-Lesern bekannt.

Bibliographie:
Die unsichtbare Gefahr (BEYOND THE VISIBLE), Goslar 1953, Rappen Vlg.
Ein anderer Raum – eine andere Zeit (ANOTHER SPACE – ANOTHER TIME), Goslar 1953, Rappen Vlg.

Campbell Jr., John W(ood)
(1910–1971)
Amerikanischer SF-Herausgeber und -Autor, der das Genre wie kaum eine andere Persönlichkeit beeinflußte. Campbell wurde in Newark/New Jersey geboren. Er besuchte das Massachusetts Institute of Technology, ein Umstand,

der sicher viel zur wissenschaftlichen Akkuratheit seiner späteren Geschichten beitrug, ihn aber auch immer wieder nach neuen Wegen suchen ließ, aus allzu starren Systemen auszubrechen. Als Fan der ersten Space Operas von E. E. Smith, begann er selbst Geschichten dieser Art zu schreiben. Er debütierte in *Amazing Stories* mit WHEN THE ATOMS FAILED (1/30). Kurz darauf folgte die ARCOT, MOREY AND WADE-Serie, die sich an Smiths THE SKYLARK OF SPACE orientierte. Die einzelnen Romane und Kurzromane dieser Serie erschienen bis 1932 in *Amazing* und *Amazing Quarterly*. Später wurden sie in Buchform publiziert: THE BLACK STAR PASSES (1953), ISLANDS OF SPACE (1956) und INVADERS FROM THE INFINITE (1961). Die Super-Science-Geschichten um Arcot, Morey und Wade machten Campbell nach nur drei Jahren aktiven Schreibens zu einem der führenden Autoren des Genres, dessen Popularität allenfalls von der E. E. Smiths übertroffen wurde. 1934 wechselte Campbell zu *Astounding* über, das unter seinem neuen Herausgeber, F. Orlin Tremaine, zur führenden und finanziell attraktivsten Publikation des Feldes geworden war. Im Dezember 1934 erschien THE MIGHTIEST MACHINE, eine Space Opera, die seine früheren Produkte weit in den Schatten stellte. Aber mittlerweile hatte Campbell stilistisch dazugelernt. TWILIGHT, eine stimmungsvolle Story über das Ende der menschlichen Zivilisation, wurde nach Ablehnung durch alle anderen Herausgeber von Tremaine angekauft. Sie wurde einen Monat vor THE MIGHTIEST MACHINE publiziert, war aber stilistisch so verschieden, daß sie unter Campbells Pseudonym Don A. Stuart herauskam, das der Autor dem Mädchennamen seiner Frau, Dona Stuart, entlehnt hatte. TWILIGHT wurde so populär, daß Don A. Stuart mit nur einer veröffentlichten Geschichte fast den Ruf von John W. Campbell jr. bedrohte. Als Folge davon lehnte Tremaine drei Fortsetzungen zu THE MIGHTIEST MACHINE ab, obwohl sie Campbells rasanteste Space Opera darstellten. Aber Tremaine hielt die intergalaktischen Abenteuer für passé. (THE INCREDIBLE PLANET erschien erst 1949; er wurde auch in Deutschland ein großer Erfolg.) Unter dem Namen Don A. Stuart schrieb Campbell für *Astounding* eine Reihe Stories, die für die damalige Zeit von herausragender Qualität waren: NIGHT (10/35), FORGETFULNESS (6/37) und CLOAK OF AESIR (3/39) sind davon die bekanntesten. Eine entscheidende Wende in seiner Karriere erfuhr John W. Campbell 1937, als er die Herausgeberschaft von *Astounding* übernahm. Nun mußte sein eigener Ausstoß an Geschichten zwangsläufig abnehmen. Allerdings war seine heute berühmteste Erzählung, der Kurzroman WHO GOES THERE? (ASF, 8/38), noch nicht erschienen. WHO GOES THERE?, einer der spannendsten SF-Krimis, handelt von einer Antarktis-Expedition, die ein fremdes Lebewesen aus dem Weltraum entdeckt, das seine Form verändern kann und die Gestalt sowohl von Tieren als auch von Menschen aus dem Forschercamp annimmt. Es gilt nun dieses Wesen ausfindig zu machen, bevor es in einem anderen Körper mit der Zivilisation in Berührung kommt. WHO GOES THERE? wurde von den Science Fiction Writers of America bei deren Abstimmung zum besten Kurzroman vor 1965 gewählt und 1951 unter dem Titel THE THING verfilmt. Danach schrieb Campbell jr. nur noch sporadisch, wie etwa den Roman THE MOON IS HELL (1951). Trotz seiner literarischen Erfolge war seine Herausgebertätigkeit für die SF weitaus wichtiger. Campbell setzte bei *Astounding* neue Maßstäbe für das Genre. So verlangte er von seinen Autoren, sie sollten sich eine Situation vorstellen und die Story danach ganz logisch aufbauen, mit Personen, die sich wie Alltagsmenschen verhalten. Damit überwand er die Super-Science-Geschichten, die er früher selbst geschrieben hatte, und mit denen sein früheres Vorbild E. E. Smith selbst jetzt noch Triumphe in *Astounding* feierte (LENSMEN-Zyklus). Mit einer ganzen Reihe von neuen, besseren Autoren wie Asimov, del Rey, van Vogt, Sturgeon und Heinlein begann 1939 in *Astounding* das »Goldene Zeitalter« der SF, das bis 1946 andauerte. In diesen Jahren erschienen die meisten heutigen Klassiker des Genres; kaum eine Nummer des Magazins enthielt Stories, von denen nicht wenigstens eine überdurchschnittlich gut war und später oftmals nachgedruckt wurde. Campbell war nämlich nicht der passive Herausgebertyp, wie es seine Vorgänger gewesen waren, sondern nahm als Kenner und ausgewiesener SF-Schriftsteller Einfluß auf seine Autoren, versorgte sie mit Ideen und ermunterte sie, sich besonderer Themenbereiche anzunehmen. So geht etwa Asimovs berühmte Geschichte NIGHTFALL auf Campbells Initiative zurück. Auch an der Idee und der Ausformulierung der drei »Regeln der Robotik«, die gemeinhin Isaac Asimov zugeschrieben werden, hatte er maßgeblichen Anteil. Es war sein Verdienst, daß die SF in den vierziger Jahren eine derartige Blüte erlebte und eine Autorengeneration geformt wurde, die auf Jahrzehnte hinaus das Gesicht der SF bestimmte. Campbell war bis 1971 Herausgeber von *Astounding*, das er 1960 in *Analog Science Fiction/Science Fact* umbenannt hatte. Unter ihm gewann das Magazin nicht weniger als siebenmal den Hugo Gernsback-Award. Über alle Zweifel erhaben war seine Herausgeberschaft allerdings nicht. Massive Kritik wurde laut, als er sich in seinen Leitartikeln mehr und mehr Para- oder Pseudowissenschaften zuwandte, so 1950, als er die neue »wissenschaftliche« Heilsmethode der »Dianetik« seines Autoren L. Ron Hubbard anpries, dessen darauf gründende Scientology-Sekte später in manchen Ländern verboten wurde. Hinzu kam eine zunehmend starrer werdende reaktionäre politische Haltung, aus der er kein Hehl machte. Fans aus alten Tagen wiederum war der Kurs, den *Analog* in den sechziger Jahren steuerte, insgesamt zu nebulös. Zu oft beschäftigte sich Campbell mit Psi-Fähigkeiten und nicht ausreichend durchdachten Extrapolationen. Der erste Platz, den *Astounding* in den vierziger Jahren unter den Magazinen eingenommen hatte, konnte in den fünfziger und sechziger Jahren nicht immer gehalten werden. Dennoch kaufte Campbell auch in späteren Jahren noch wichtige Werke der SF ein, man braucht nur an Frank Herberts Roman DUNE denken, der 1964/65 erstmals in *Analog* erschien. Campbell gab auch eine große Zahl von Anthologien heraus, die Material aus *Astounding/Analog* entstanden.

Bibliographie:
Der unglaubliche Planet (THE INCREDIBLE PLANET), Düsseldorf 1952, Rauch Vlg.
Das Ding aus einer anderen Welt (C) (WHO GOES THERE?), Berlin 1958, Gebr. Weiß Vlg.
Kosmische Kreuzfahrt (ISLANDS OF SPACE), Balve 1960, Gebr. Zimmermann Vlg.
Das unglaubliche System (THE MIGHTIEST MACHINE), Balve 1960, Gebr. Zimmermann Vlg.
Invasion aus der Unendlichkeit (INVADERS FROM THE INFINITE), München 1975, H 3453.
Die tote Sonne (THE BLACK STAR PASSES), München 1975, H 3458.

Heftpublikationen:
Gefangene des Mondes (THE MOON IS HELL), UG 57.
Das Erbe der Vergangenheit (CONQUEST OF THE PLANET), T 258.
Der Angriff von Mira (THE ULTIMATE WEAPON), TN 163.

Campbell, Ramsey
(1946–   )
Ramsey Campbell ist ein britischer Nachwuchsautor aus Liverpool, der bisher eine Reihe von Titeln vorgelegt hat, die an der Grenze von SF/Fantasy zu Horror angesiedelt sind: DEMONS BY DAYLIGHT (1973), THE HEIGHT OF THE SCREAM (1976), THE DOLL WHO ATE HIS MOTHER (1976), SUPERHORROR (1976), THE FACE THAT MUST DIE (1979) und TO WAKE THE DEAD (1980). Ramsey Campbell gewann 1978 sowohl den British Fantasy-Award wie den World Fantasy-Award für eine seiner Kurzgeschichten.

Čapek, Karel
(1890–1938)
Karel Čapek ist ein tschechischer Autor, der in Kleinschadowitz/Tschechoslowakei geboren wurde, in Prag Philosophie studierte, promovierte und anschließend als Dramaturg und Journalist arbeitete. Zusammen mit seinem Bruder Joseph führte Karel Čapek ein Theater, und gemeinsam mit ihm schrieb er auch seine ersten Bücher. Karel Čapek wurde mit sei-

nen Romanen, Theaterstücken und Erzählungen bald weltweit bekannt. Ein Teil davon gehört heute zum klassischen Schatz der Science Fiction. So ist sein Name zum Beispiel untrennbar mit dem Begriff »Roboter« verbunden. Čapek schrieb zwar nicht über den ersten Roboter – da gibt es Vorläufer – aber er prägte den Begriff »Robot« (tschech. Wort für Zwangsarbeiter). Das Ganze geht zurück auf Čapeks Theaterstück RUR (»ROSSUMS UNIVERSAL ROBOTS«) – in deutscher Übersetzung **W.U.R. (»Werstands Universal-Roboter«)**, das 1920 entstand und 1921 uraufgeführt wurde. Darin geht es um eine Firma, die Roboter herstellt, bis diese Intelligenz entwickeln und gegen die Menschen revoltieren. Sie rotten die Menschheit aus und kehren an eine inzwischen sinnlos gewordene Arbeit zurück. Eine Komödie, 1922 uraufgeführt, war auch die Grundlage für den Roman VEČ MAKROPULOS **(Die Sache Makropulos)**, eine Antwort auf H.G. Wells FOOD OF THE GODS (1904), in dem eine Frau durch ein Lebenselixier 300 Jahre alt wird, aber erkennen muß, daß ihr langes Leben leer und sinnlos geworden ist. KRAKATIT (1924), eines der bekanntesten Werke Čapeks, das auch verfilmt wurde, erzählt von der Erfindung eines höchst wirksamen Sprengstoffs, mit dem buchstäblich alles in die Luft gejagt werden kann. Eine ähnliche Thematik im Roman TOVARNÁ NA ABSOLUTNO (1922), wo so etwas wie Atomwaffen an jedermann verkauft werden, woraufhin es zum letzten aller Kriege kommt.

VALKÁ S MLOKY (1936) schließlich behandelt einen Konflikt mit riesigen intelligenten Amphibien. Darüber hinaus hat Karel Čapek weitere utopisch-phantastische Theaterstücke und Kurzgeschichten geschrieben, die zum großen Teil meisterhafte Satiren sind. Karel Čapek war ein hellhöriger Autor, der ein Gespür für die nähere Zukunft hatte. Ihm entging nicht der wachsende Faschismus in Europa, und in seinen Werken prangerte er mehrfach die moderne »wissenschaftliche Barbarei« an.

Bibliographie:
Krakatit. Die große Versuchung (KRAKATIT), Berlin 1952, A. Cassirer Vlg.
Der Krieg mit den Molchen (VALKÁ S MLOKY), Berlin 1954, Aufbau Vlg.
Das Absolutum oder die Gottesfabrik (TOVARNÁ NA ABSOLUTNO), Berlin 1976, Vlg. Neues Berlin.
RUR, utopisches Schauspiel, in: DRAMEN, Berlin–Weimar 1976, Aufbau Vlg.

Card, Orson Scott
(?–   )
Der ehemalige mormonische Missionar in Brasilien unterrichtet heute an einer Sonntagsschule für Erwachsene in Salt Lake City, der Mormonenmetropole. Innerhalb kürzester Zeit gelang es Card, mit SF-Kurzgeschichten in dem Magazin *Analog* Furore zu machen. Die erste dieser Geschichten, ENDER'S GAME, wurde schon 1970 konzipiert, aber erst 1975 niedergeschrieben (sie erschien 1977 in *Analog*). Diese und andere Stories

kamen bei den Lesern so gut an, daß man Card im Jahre 1977 den *John W. Campbell Award* für den besten Nachwuchsautor zuerkannte. Inzwischen arbeitet der Autor an den Romanen HOT SLEEP: THE WORTHING CHRONICLE und A PLANET CALLED TREASON, die beide schon einen Verleger gefunden haben. Eine Kurzgeschichtensammlung soll ebenfalls noch 1979 erscheinen. Orson Scott Card, der im Staate Washington/USA geboren wurde und in Kalifornien aufwuchs, war zeitweise Redakteur einer Studentenzeitung und Dramaturg sowie Impresario einer Theatertruppe. Er wird als einer der vielversprechendsten SF-Nachwuchsautoren eingeschätzt.

Carr, Terry (Gene)
(1937–   )
Geboren in einem kleinen Dorf in Oregon, stieß Carr Anfang der fünfziger Jahre durch die Leserbriefspalten diverser SF-Magazine zum sogenannten Fandom, wo er sich zunächst als Herausgeber von Fanzines und Autor von Artikeln hervortat. Im Alter von 13 Jahren hatte er bereits einen ersten, naturwissenschaftlichen Aufsatz an die Zeitschrift *Rhodomagnetic Digest* verkauft. Während der Collegezeit vernachlässigte er zugunsten der Lektüre von Schriftstellern wie William Saroyan, Jack Kerouac und J.D. Salinger die SF und begann schließlich, sich selbst als Autor von Mainstreamtexten zu versuchen, was ihm aber keinen Erfolg einbrachte. 1961 zog er nach New York, arbeitete bei der Scott Meredith Literary Agency und wurde schließlich – nachdem er einige Geschichten an Avram Davidson verkauft hatte, der damals Herausgeber des *Magazine of Fantasy and Science Fiction* war – von Donald A. Wollheim als Assistant Editor bei Ace Books eingestellt. Carr initiierte die Taschenbuchreihe der *Ace SF Specials*, die sich dadurch auszeichnete, daß sie fast keinen Abfall produzierte und lancierte zusammen mit Wollheim die jährliche Anthologie WORLD'S BEST SF, die seit 1965 erscheint. Im Alleingang machte er die Anthologien NEW WORLDS OF FANTASY (1967) und SCIENCE FICTION FOR PEOPLE WHO HATE SCIENCE FICTION (1966). Als es Anfang 1971 bei Ace zu kriseln begann, verließ er das Unternehmen und arbeitete fortan als freischaffender Schriftsteller und Herausgeber von Original-Anthologien. Carr startete 1971 die Buchreihe *Universe,* von der bislang 9 Bände mit bemerkenswerten Stories erschienen, und begann nach der Trennung von Wollheim im gleichen Jahr (der einen eigenen Taschenbuchverlag

gründete), die Herausgabe der SF-Jahrbücher THE BEST SF OF THE YEAR, von denen inzwischen 8 Bände vorliegen. Zwei seiner frühen Kurzromane, absolute Schundfetzer mit Titeln wie WARLORD OF KOR (1963) und INVASION FROM 2500 (1964), geschrieben zusammen mit Ted White unter dem gemeinsamen Pseudonym Norman Edwards, erschienen bei Ace. Carrs erster Roman im Alleingang war CIRQUE (1978), der von der Kritik sehr beachtet wurde.

Bibliographie:
(Hrsg.) **Die Schreckenswaffe** (SCIENCE FICTION FOR PEOPLE WHO HATE SCIENCE FICTION), München 1968, GWTB 095.
(Hrsg.) **Die Königin der Dämonen** (BEST SF OF THE YEAR: 1972), München 1973, Kö 29.
(Hrsg.) **Die Welt, die Dienstag war** (BEST SF OF THE YEAR: 1972), München 1973, Kö 7.
(Hrsg.) **SF-Stories 27** (mit Donald A. Wollheim) (WORLD'S BEST SF 1967) (I), Berlin 1973, U 2976.
(Hrsg.) **SF-Stories 31** (WORLD'S BEST SF 1967) (II), Berlin 1973, U 3006.
(Hrsg.) **SF-Stories 32** (WORLD'S BEST SF 1970) (I), Berlin 1973, U 3012.
(Hrsg.) **SF-Stories 33** (WORLD'S BEST SF 1968) (I), Berlin 1973, U 3021.
(Hrsg.) **Die Zeitfalle** (UNIVERSE 2), München 1974, TTB 247.
(Hrsg.) **SF-Stories 35** (WORLD'S BEST SF 1968) (II), Berlin 1974, U 3037.
(Hrsg.) **SF-Stories 36** (WORLD'S BEST SF 1970) (II), Berlin 1974, U 3046.
(Hrsg.) **SF-Stories 38** (WORLD'S BEST SF 1970) (III), Berlin 1974, U 3060.
(Hrsg.) **SF-Stories 39** (WORLD'S BEST SF 1968) (III), Berlin 1974, U 3067.
(Hrsg.) **SF-Stories 47** (WORLD'S BEST SF 1971), (I), Berlin 1975, U 3130.
(Hrsg.) **SF-Stories 48** (WORLD'S BEST SF 1971) (II), Berlin 1975, U 3139.
(Hrsg.) **SF-Stories 49** (WORLD'S BEST SF 1971) (III), Berlin 1975, U 3148.
(Hrsg.) **SF-Stories 51** (WORLD'S BEST SF 1969) (I), Berlin 1975, U 3159.
(Hrsg.) **SF-Stories 54** (WORLD'S BEST SF 1969) (II), Berlin 1975, U 3187.
(Hrsg.) **SF-Stories 55** (WORLD'S BEST SF 1965) (I), Berlin 1975, U 3195.
(Hrsg.) **SF-Stories 60** (WORLD'S BEST SF 1966) (II), Berlin 1976, U 3250.
(Hrsg.) **SF-Stories 61** (WORLD'S BEST SF 1966) (II), Berlin 1976, U 3260.
(Hrsg.) **SF-Stories 62** (ON OUR WAY TO THE FUTURE) (I), Berlin 1976, U 3265.
(Hrsg.) **SF-Stories 64** (WORLD'S BEST SF 1965) (II), Berlin 1976, U 3298.
(Hrsg.) **SF-Stories 65** (ON OUR WAY TO THE FUTURE) (II), Berlin 1976, U 3314.
Circe (CIRQUE), München 1980, H (in Vorb.).

Carter, Lin(wood Vrooman)
(1930–)
Bevor er zu professionellen Ehren gelangte, war Lin Carter jahrelang das »enfant terrible« des nordamerikanischen SF-Fandoms, gab Fanzines heraus und galt als wackerer Leserbriefschreiber mit der seltenen Unart, für jedes seiner schriftlich geäußerten Worte gleich das Copyright anzumelden. Da er als SF-Autor zunächst recht erfolglos war, verlegte er sich auf das Gebiet der Fantasy, schrieb für das Magazin If ganze Artikelserien über das internationale Fandom und war schließlich bei Ballantine als Herausgeber der Adult Fantasy-Reihe, in der viele Werke verschollener Phantasten erschienen (William Morris, George MacDonald, George Meredith, Lord Dunsany), machte sich als Herausgeber zahlreicher Anthologien einen Namen und begann schließlich mit der Serienfabrikation von Fantasy-Zyklen, wobei es zu seinen Eigenheiten gehört, den Lesern seiner Bücher mittels »eidesstattlichen Versicherungen« einzureden, nicht er sei der Verfasser dieser Werke, sondern irgendwelche durch »Zeitfalten« in andere Raum-Zeit-Kontinuen gefallene Personen, die ihm die Schilderung ihrer abenteuerlichen Erlebnisse auf geheimnisvolle Weise übermittelten. Zusammen mit L. Sprague de Camp vervollständigte er nachgelassene Manuskripte des Sword-&-Sorcery-Autors Robert E. Howard, des Schöpfers des CONAN. Zwischen 1965 und 1978 produzierte Carter (neben einem Dutzend Anthologien) etwa fünfzig eigene Titel, die teilweise zu Zyklen zusammengefaßt sind und die Abenteuer von Erdenmenschen, gestrandet auf fremden, barbarischen Planeten, erzählen, die alle nach dem gleichen, seit Edgar Rice Burroughs altbewährten Strickmuster ablaufen: Der Held erkämpft sich seinen Platz in einer ihm feindlich gesinnten, schwertschwingenden und mit allerlei Zauberei operierenden Gesellschaft, verliebt sich in eine Prinzessin, die von einem schlitzäugigen Bösewicht gefangengehalten wird, befreit sie und wird auf der langen, seitenfüllenden Flucht in die Sicherheit mehrere Dutzend Male von räuberischen Horden überfallen, in die Sklaverei geschickt etc. pp., aus der er sich zuerst befreit und dann die Suche nach der Geliebten erneut aufnimmt. Trotz offensichtlicher Schwächen gehörte Carter zu den erfolgreichsten Autoren des SF/Fantasy-Genres der USA. Zu seinen erwähnenswerten Produktionen gehören UNDER THE GREEN STAR (1972), WHEN THE GREEN STAR CALLS (1973), BY THE LIGHT OF THE GREEN STAR (1974), AS THE GREEN STAR RISES (1975) und

IN THE GREEN STAR'S GLOW (1976), eine fünfteilige Serie über einen gelähmten Erdling, der durch magische Kräfte seinen Körper verläßt und auf dem geheimnisvollen Planeten einer grünen Sonne den eines tapferen Recken übernimmt und allerlei Heldentaten vollbringt.

Bibliographie:
Der grüne Stern (UNDER THE GREEN STAR), München 1974, H 3388.
Der grüne Stern ruft (WHEN THE GREEN STAR CALLS), München 1974, H 3408.
Der Zeitkämpfer (TIME WAR), Berg. Gladbach 1975, B 21075.
Im Licht des grünen Sterns (BY THE LIGHT OF THE GREEN STAR), München 1975, H 3468.
(Ed.) **Kämpfer wider den Tod** (FLASHING SWORDS 1 (I), München 1975, TF 15.
(Ed.) **Der Flug der Zauberer** (FLASHING SWORDS 1 (II), München 1976, TF 21.
(Ed.) **Götter, Gnomen und Giganten** (FLASHING SWORDS 1 (III), München 1976, TF 26.
Kull von Atlantis (mit Robert E. Howard) (KING KULL), München 1976, TF 28.

Callisto-Zyklus:
Jandar von Callisto (JANDAR OF CALLISTO), München 1978, GWTB 0287.
Die schwarze Legion von Callisto (BLACK LEGION OF CALLISTO), München 1978, GWTB 0293.
Die Himmelspiraten von Callisto (SKY PIRATES OF CALLISTO), München 1979, GWTB 23309.
Zamara, die Herrscherin von Callisto (MAD EMPRESS OF CALLISTO), München 1979, GWTB 23314.
Die Zauberer von Callisto (MIND WIZARDS OF CALLISTO), München, GWTB 23318.
Ylana von Callisto (YLANA OF CALLISTO), München 1979, GWTB 23319.
Lankar von Callisto (LANKAR OF CALLISTO), München 1979, GWTB 23322.
Der Renegat von Callisto (RENEGADE OF CALLISTO), München 1979, GWTB 23334.

Thongor Zyklus:
Thongor am Ende der Zeit (THONGOR AT THE END OF TIME), München 1977, GWTB 0265.
Thongor in der Stadt der Zauberer (THONGOR IN THE CITY OF MAGICIANS), München 1977, GWTB 0259.
Thongor und die schwarzen Götter (THONGOR AGAINST THE GODS), München 1978, GWTB 0277.
(Hrsg.) **Die Zaubergärten** (THE YOUNG MAGICIANS), München 1978, TF 45.
(Hrsg.) **Vier Ellen Drachenhaut** (FLASHING SWORDS 3), München 1978, TF 54.

Cartmill, Cleve
(1908–1964)
Der in Platteville, Wisconsin, geborene Cleve Cartmill hatte sich schon in einem halben Dutzend Berufen versucht, bevor er professioneller Schriftsteller wurde. 1941 gelang es ihm, eine Kurzgeschichte – OSCAR – an John W. Campbell,

den Herausgeber von *Unknown* zu verkaufen, die dort im Februar desselben Jahres erschien. *Unknown* und dessen Schwestermagazin *Astounding* blieben seine Hauptabsatzmärkte. Bis in die fünfziger Jahre hinein publizierte Cartmill ca. 40 Stories und einige Romane. Von letzteren sind A BIT OF TAPESTRY (UK 12/41), PRELUDE TO ARMAGEDDON (UK 4/42) und HELL HATH FURY (UK 8/43) nennenswert. Posthum erschien der Roman THE SPACE SCAVENGERS (1975). Was Cleve Cartmill mit seinen Stories und Romanen, die oft einen starken Weird Fiction/Fantasy-Einschlag haben, nicht gelang, – nämlich sich einen Namen unter den zahllosen SF-Schreibern zu machen – das besorgte das FBI für ihn. Als nämlich im März 1944 in *Astounding* seine Geschichte DEADLINE veröffentlicht wurde, die, Monate vor der ersten Zündung der Atombombe, eine solche genau beschrieb, glaubten die Sicherheitsbehörden Einzelheiten des Manhattan-Projekts verraten und schickten dem Herausgeber Campbell jr. ihre Spürhunde ins Büro; ein Vorfall, der von hartgesottenen SF-Fans immer wieder herangezogen wird, wenn es darum geht, der SF Prognostizierfähigkeit zu bescheinigen.

Bibliographie:
Raumgeier (THE SPACE SCAVENGERS), Berg. Gladbach 1978, B 21107.
Heftpublikation:
Unsichtbare Fäden (A BIT OF TAPESTRY), UZ 536 (1967).

Chalker, Jack L(aurence)
(1940–)
Jack L. Chalker, geboren in Baltimore, wurde im Alter von 13 Jahren als Science Fiction-Fan aktiv und gründete 1961 den Spezialverlag Mirage Press, der nach bescheidenen Anfängen mit einem Vervielfältiger inzwischen Hardcover und Paperbacks über SF und Fantasy veröffentlicht. Das Schreiben begann er eigentlich, um privaten Kummer zu betäuben. 1976 erschien seine erste Story, und inzwischen hat er bereits mehrere Romane geschrieben, darunter MIDNIGHT AT THE WELL OF SOULS, von dem innerhalb von drei Monaten 100 000 Exemplare verkauft wurden. Nach dem College-Besuch schlug er sich in allerlei mehr oder weniger merkwürdigen Berufen durch, Jobs als Geschichtsforscher und Ghostwriter eingeschlossen. Schließlich wurde er Lehrer in seiner Heimatstadt Baltimore. Nebenher schreibt er, und langsam nimmt ihn dies mehr in Anspruch als das Unterrichten. Zu seinen Romanen gehören: THE WEB OF THE CHOZEN, DAN-

CERS IN THE AFTERNOON, THE IDENTITY MATRIX und WARS OF THE WELL. Wesentliche neue Impulse konnte er der SF bisher allerdings nicht geben.

Bibliographie:
Armee der Unsterblichen (A JUNGLE OF STARS), Berg. Gladbach 1978, B 21100.
Das Netz der Chozen (THE WEB OF THE CHOZEN) München 1980, H (in Vorb.).

Chandler, A(rthur) Bertram
(1912–)
Englischer SF-Autor, der in Aldershot/Hampshire geboren wurde und in Beccles/Suffolk aufwuchs. Im Alter von 16 verließ A. Bertram Chandler die Schule und ging zur See. Zunächst befuhr er auf Frachtdampfern die indischen Küstengewässer, später wurde er Erster Offizier auf einem Passagierdampfer, der zwischen England und Australien verkehrte. Seit Mitte der fünfziger Jahre ist er bei einer australisch-neuseeländischen Schiffahrtsgesellschaft angestellt und befährt die Handelsrouten an der Küste des 5. Kontinents. Heute lebt A. Bertram Chandler in Sydney. In den dreißiger Jahren war er mit SF-Magazinen in Berührung gekommen, und als er sich während des 2. Weltkriegs gerade einmal in New York aufhielt, beschloß er, John W. Campbell, dem Herausgeber von *Astounding*, einen Besuch abzustatten. Campbell bot ihm an, für *Astounding* zu schreiben, und das Resultat war THIS MEANS WAR, Chandlers erste Story in *Astounding* (5/44), der noch mehrere folgten. In den fünfziger Jah-

ren schrieb Chandler eine große Zahl von Geschichten, die hauptsächlich in den britischen Novamagazinen, aber auch in amerikanischen Publikationen veröffentlicht wurden. In ihnen zeichnete sich sein Hauptthema bereits ab, Reiseabenteuer zur See in den Weltraum zu transponieren. Als bekanntestes Beispiel hierfür gilt die RIM-WORLD-Serie, die von den Erlebnissen des Commodore Grimes am Rande der Milchstraße erzählen. Der komplette RIM-WORLD-Zyklus umfaßt bis heute 23 Romane und 44 Stories und muß als eine der größten Serien innerhalb der SF gewertet werden, die von einem Autor allein verfaßt wurde. Die Serie schließt auch die Romane mit ein, in denen Grimes nicht auftaucht, etwa die Geschichten um die Kaiserin der Galaxis, und ist alles in allem ein rein auf Unterhaltung angelegter Lesestoff. Neben der RIMWORLD-Serie nimmt sich Chandlers sonstige Romanproduktion eher bescheiden aus. Inhaltlich weichen aber Titel wie THE HAMELIN PLAGUE (1963), GLORY PLANET (1964) und THE COILS OF TIME (1964) kaum von seinen sonstigen Abenteuerschemata ab, so daß seine Romane in der Bundesrepublik vornehmlich in Heftreihen erschienen. An Auszeichnungen bekam A. Bertram Chandler, der auch unter dem Pseudonym George Whitley schrieb, viermal den australischen Ditmar-Award für die beste australische SF der Jahre 1969, 1971, 1974, 1976.

Bibliographie:
Vagabunden der Galaxis (THE RIM OF SPACE), Berg. Gladbach 1976, B 21081.
Das Universum der Roboter (THE BROKEN CYCLE), München 1977, TTB 295.
Flug ins Gestern (THE WAY BACK), München 1978, TTB 300.

Heftpublikationen
Planet ohne Umkehr (SPECIAL KNOWLEDGE), UGB 150 (1961).
Die Welt der Roboter (RENDEZVOUS ON A LOST WORLD), T 263 (1963).
Im Zeitkreis gefangen (BRING BACK YESTERDAY), T 331 (1964).
Der Mann der zu den Sternen flog (THE DEEP REACHES OF SPACE), T 465 (1966).
Im Spalt zwischen den Universen (INTO THE ALTERNATIVE UNIVERSE), UZ 518 (1967).
Sprung in die Zeit (THE COILS OF TIME), UZ 538 (1967).
Die Kaiserin der Galaxis (EMPRESS OF OUTER SPACE) T 498 (1967).
Das Wrack aus der Unendlichkeit (CONTRABAND FROM OUTER SPACE), TN 18 (1968).
Straße in die Unendlichkeit (ROAD TO THE RIM), TN 74 (1969).
Das Universum der Rebellen (EARTH ALERT), TN 79 (1969).
Die Götter der Randwelten (THE RIM GODS), TN 106 (1970).
Der Sternensegler (CATCH THE STARWINDS), TN 153 (1970).
Weltraumspuk (C) (ALTERNATE ORBITS), TA 35 (1972).
Raumschiff aus dem Nichts (THE DARK DIMENSIONS), TA 55 (1972).
Das Tor zum Nichts (THE GATEWAY TO NEVER), TA 101 (1973).
Welt der Vergessenen (THE INHERITORS), TA 121 (1973).

Charbonneau, Louis (Henry)
(1924–)
Amerikanischer SF-Autor. Wurde in Detroit geboren, wo er auch bis 1952 lebte. Dann siedelte er nach Los Angeles über. Während des Krieges diente er bei der US Air Force in England, wo er seine Frau kennenlernte. Sein Studium an der University of Detroit schloß er 1950 mit dem Magisterexamen ab. Danach lehrte er vier Jahre lang Englisch. Von 1959 an war er bei einer Werbeagentur angestellt. Louis Charbonneau ist ein typischer Romanschriftsteller, der die Magazine als Markt nicht für seine Karriere nötig hatte. Er schrieb kaum Kurzgeschichten. Sein erster Roman war NO PLACE ON

EARTH (1958), eine Anti-Utopie mit stark psychologischem Einschlag. Auch andere seiner Bücher, etwa PSYCHEDELIC-40 (1964) oder THE SENTINEL STARS (1963) zeigen negative Seiten zukünftiger Gesellschaften auf. Neben acht SF-Romanen, von denen EMBRYO (1976) der bislang neueste ist, schrieb Charbonneau auch Belletristik und eine größere Anzahl von Hörspielen.

Bibliographie:
Flucht zu den Sternen (NO PLACE ON EARTH), München 1960, G 11.
Die Wunderdroge (PSYCHEDELIC-40), München 1965, G 66.
Tod eines Roboters (DOWN TO EARTH), München 1967, G 73.
Der Gott der Perfektion (BARRIER WORLD), München 1971, GWTB 0132.
Die Übersinnlichen (THE SENSITIVES), München 1972, GWTB 0144.

Cherryh, C(aroline) J(anice) (1942–)
C. J. Cherryh wurde in St. Louis geboren; als sie drei Jahre alt war, zog ihre Familie nach Oklahoma. An der dortigen Universität studierte sie Altphilologie und schloß 1965 mit dem Magisterexamen ab. Danach lehrte sie an verschiedenen Schulen von Oklahoma City 11 Jahre lang Latein und Alte Geschichte, bevor sie sich entschloß, es als freie Schriftstellerin zu versuchen. Durch ihre ausgedehnten Reisen, die sie meist in Länder mit kultureller Tradition führten, lernte sie die Orte kennen, mit denen sie sich schon so lange in der Theorie beschäftigt hatte: u. a. Troja, Mykene, Sparta, Rom und Knossos. Ihr profundes geschichtliches Wissen schlägt sich in ihren Romanen nieder: SF, die stark von historischen Fantasyelementen und Mythen gefärbt ist. Eigentlich begann sie schon im Alter von zehn Jahren mit dem Schreiben, und schon damals schrieb sie ausschließlich Romane, die natürlich noch nicht für eine Veröffentlichung in Frage kamen. Der Durchbruch gelang ihr 1975, als Donald Wollheim, der Herausgeber der DAW-Books, ihren Roman GATE OF IVREL ankaufte. Die Fortsetzungen zu diesem Roman, WELL OF SHIUAN und FIRES OF AZEROTH folgten 1978 bzw. 1979. Weitere Romane sind: BROTHERS OF EARTH (1976), HUNTER OF WORLDS (1977) und THE FADED SUN: KESRITH (1978) und THE FADED SUN: SHON'JIR (1978); die deutschen Ausgaben dieser Romane sind bei Heyne in Vorbereitung. Kurzgeschichten veröffentlichte die Autorin, die nach eigenen Angaben von der Philosophie Aristoteles' und Vergils beeinflußt ist, nur wenige. Sie interessiert an der

Science Fiction vor allem die Entwicklung der Menschheit auf lange Sicht, die Möglichkeit also, die Geschichte – auch die der Zukunft – sozusagen aus der Vogelperspektive zu beschreiben. C.J.Cherryh erhielt als beste SF-Nachwuchsautorin 1977 den John W.Campbell-Award, für ihre Erzählung CASSANDRA, 1979 den Hugo Gernsback-Award; sie erschien in deutsch unter dem Titel **Kassandra** in: SCIENCE FICTION STORY READER 13, hrsg. von Wolfgang Jeschke (H 3685).

Bibliographie:
Das Tor von Ivrel (GATE OF IVREL), München 1979, H 3629.
Brüder der Erde (BROTHERS OF EARTH), München 1979, H 3648.
Der Quell von Shiuan (THE WELL OF SHIVAN), München 1980, H (in Vorb.).
Die Feuer von Azeroth (FIRES OF AZEROTH), München 1980, H (in Vorb.).
Weltenjäger (HUNTER OF WORLDS), München 1980, H (in Vorb.).
Kesrith (THE FADED SUN: KESRITH), München 1981, H (in Vorb.).
Shon'jir (THE FADED SUN: SHON'JR), München 1981, H (in Vorb.).

Christopher, John
(1922–   )
Englischer SF-Autor. Der in Knowsley bei Liverpool geborene Christopher Samuel Youd, besser bekannt unter seinem Pseudonym John Christopher, war schon im Alter von zehn Jahren ein eingefleischter Science Fiction - Fan. Später gab er ein Fanzine heraus und verfaßte selbst Stories. Kurz nach dem 2. Weltkrieg gewann er den Atlantic Award des Rockefeller Instituts im Fach Literatur. Seine erste Veröffentlichung war die Story CHRISTMAS TREE (ASF, 2/49). Während der fünfziger Jahre schrieb er noch eine ganze Reihe Kurzgeschichten, etwa 45 an der Zahl, aber nicht sie charakterisieren den Autor Christopher, sondern die Romane, die er verfaßte. Sein erster, THE YEAR OF THE COMET (1955), die Geschichte einer zukünftigen Business-Zivilisation, fällt noch aus dem Rahmen, aber schon sein zweiter, THE DEATH OF GRASS (1956), der ein Jahr später unter dem Titel NO BLADE OF GRASS in der *Saturday Evening Post* als Fortsetzungsroman erschien und bei uns unter dem Titel **Das Tal des Lebens** herauskam, ist typisch für Christopher. Ein Virus, das sämtliche Gras- und Getreidearten vernichtet, breitet sich über die Welt aus. Die Katastrophe läßt sich nicht aufhalten, und die Zivilisation bricht zusammen, Mensch und Tier sind dem Hungertod preisgegeben. THE DEATH OF GRASS war der erste einer Anzahl von Katastrophenromanen Christophers, die – man denke an Ballard, Sherriff oder Wyndham – für die englische SF typisch, ja fast symptomatisch sind. Weitere Katastrophenromane Christophers sind THE WORLD IN WINTER (1962), in welchem sich eine neue Eiszeit über die geplagte Menschheit senkt, A WRINKLE IN THE SKIN (1965), wo nach einem gigantischen Erd-

beben Nordsee und Kanal verschwinden, sowie PENDULUM (1968) und THE GUARDIANS (1970), die beide Aufruhr und Revolutionen zum Thema haben. Bei allen diesen Romanen ist es nicht die Katastrophe an sich, die Christopher interessiert, sondern wie die Menschen mit ihr fertig werden. Die chaotischen Zustände, die nach Eintreten eines weltumfassenden Unglücks herrschen, geben Christopher die Möglichkeit, archaische Gesellschaftsformen wieder einzuführen. Nach der Katastrophe steht jeder gegen jeden, und nur der Stärkere überlebt. Vergessen sind gemeinsames Handeln und Solidarität; der Mensch wird wieder zu der Bestie, die er eigentlich immer war. Und deshalb steht nicht die Katastrophe selbst im Mittelpunkt, sondern Mord und Totschlag danach, oder, wie es ein englischer Kritiker ausdrückte »...die Vergewaltigung des Individuums im weitesten Sinne.« – Ein zweites Hauptthema Christophers ist die Bedrohung von außen. So entstanden mehrere Invasionsromane, wie THE POSSESSORS (1964) und die Jugendbuch-Trilogie: THE WHITE MOUNTAINS (1967), THE CITY OF GOLD AND LEAD (1967) und THE POOL OF FIRE (1968).

Bibliographie:
Das Tal des Lebens (THE DEATH OF GRASS), Berlin 1959, Gebr. Weiß Vlg.
Insel ohne Meer (A WRINKLE IN THE SKIN), München 1966, G 70.
Die Unheimlichen (THE POSSESSORS), Hamburg 1966, Hoffmann & Campe Vlg.
Dreibeinige Monster auf Erdkurs (THE WHITE MOUNTAINS), Würzburg 1971, Arena Vlg.
Das Geheimnis der dreibeinigen Monster (THE CITY OF GOLD AND LEAD), Würzburg 1972, Arena Vlg.
Der Untergang der dreibeinigen Monster (THE POOL OF FIRE), Würzburg 1972, Arena Vlg.
Das Schwert des Geistes (THE SWORD OF THE SPIRITS), Bonn 1972, Hörnemann Vlg.
Hinter dem brennenden Land (BEYOND THE BURNING LANDS), Bonn 1972, Hörnemann Vlg.
Abenteuer zwischen zwei Welten (WILD JACK), Würzburg 1978, Arena Vlg.
Die Lotushöhlen (THE LOTUS CAVES), Recklinghausen 1978, Georg Bitter Vlg.

Chruszczewski, Czeslaw
(1922–   )
Der Pole Czeslaw Chruszczewski arbeitet seit Kriegsende als Journalist und Schriftsteller und wurde 1958 literarischer Leiter von Polski Radio Poznań. Sein literarisches Werk umfaßt rund hundert Hör- und neun Fernsehspiele, das Libretto zu einer phantastischen Oper und neun Bücher. Er erhielt mehrere Literaturpreise und Auszeichnungen, und mehrere seiner SF-Erzählungen wurden in andere Sprachen übersetzt (was auch für mehrere SF-Hörspiele von ihm gilt). Mehrere Stories von Chruszczewski wurden ins Deutsche übertragen; drei davon sind in dem Sammelband polnischer SF, **Galaxisspatzen** enthalten – 1975 in der DDR erschienen.

Ciolkovskij, Konstantin È.
↗ **Ziolkowski, Konstantin È.**

Clarke, Arthur C(harles)
(1917–   )
Der englische SF-Autor Arthur C. Clarke ist spätestens seit dem Erfolg des Kubrick-Films 2001 – A SPACE ODYSSEY so eine Art Superstar der Science Fiction. Der Film entstand nach einem Drehbuch von Clarke und Kubrick auf der Grundlage einer Erzählung von Clarke, THE SENTINEL, und wurde anschließend vom Autor zum Roman ausgewalzt. Arthur C. Clarke wurde in Minehead/Somerset geboren und wuchs auf einem Bauernhof auf. Im Krieg war er technischer Offizier der Royal Air Force und nahm u. a. an den ersten Erprobungen neuentwickelter Radaranlagen teil. Nach dem Kriege studierte er mit Auszeichnung Physik und Mathematik am King's College in London und arbeitete als stellvertretender Chefredakteur von *Science Abstracts*. 1950 gab er den Job auf und wurde freiberuflicher Schriftsteller. Er schrieb Artikel, SF und Sachbücher und widmete sich ab 1954 gemeinsam mit Mike Wilson der Unterwasserfotografie. Die Vorbereitungen für Bücher auf diesem Gebiet führten die beiden u. a. nach Australien und Ceylon. Ceylon gefiel Clarke so gut, daß er sich dort auf Dauer niederließ. Er betreibt heute ein Tauchunternehmen in Hikkaduwa auf Sri Lanka, das Touristen zu den Riffen führt und sehr gut floriert. Clarke hat eine unübersehbare Fülle von Artikeln über Themen aus den Bereichen Elektronik, Astronomie, angewandte Mathematik und Raumfahrt geschrieben. Schon 1945 machte sich Clarke z. B. in einem Artikel darüber Gedanken, wie weltweites Fernsehen zu realisieren wäre und verbreitete als erster die Idee, dafür ein Netz von Nachrichtensatelliten zu verwenden. Ferner verfaßte er rund 200 populärwissenschaftlich gehaltene Beiträge für Zeitschriften wie *Reader's Digest, Harper's, New York Times* und *Playboy* und veröffentlichte einige Sachbücher über den Weltraum und eine zukünftige Raumfahrt, die zu den bekanntesten Büchern dieser Art vor Beginn der ersten Raumflüge zählten. – Clarkes erste SF-Stories erschienen in dem kurzlebigen britischen SF-Magazin *Fantasy*, und wenig später gelangen ihm die ersten Verkäufe an Campbells *Astounding*, die dann 1946 erschienen – darunter RESCUE PARTY (**Rettungsexpedition**, um 9), die bekannteste unter seinen frühen Geschichten, die zugleich die allererste war, die

er verfaßte. Sein erster SF-Roman war AGAINST THE FALL OF NIGHT, den er schon 1937 begonnen, aber erst nach dem Kriege abgeschlossen hatte. Er kam 1948 in *Startling Stories* heraus und wurde vom Autor zu THE CITY AND THE STARS umgearbeitet. 1949 folgte THE LION OF COMARRE (in *Thrilling Wonder Stories*), 1950 die Magazinfassung von CHILDHOOD'S END, 1951 PRELUDE TO SPACE, SANDS OF MARS und EARTHLIGHT (Magazinfassung, erweiterte Buchfassung 1955). Später erschienen Jugendbücher wie ISLANDS IN THE SKY (1952) und DOLPHIN ISLAND (1963) und die SF-Romane THE DEEP RANGE (Magazinfassung 1954, erweiterte Buchfassung 1957) und A FALL OF MOONDUST (1961). Hinzu kamen etliche Sammelbände mit Kurzgeschichten. Besonderes Interesse unter diesen frühen Werken verdienen THE CITY AND THE STARS, eine Vision von der fernen Zukunft der Erde mit Unsterblichen in ihrer Superstadt Diaspar; CHILDHOOD'S END, wo Fremde aus dem All den Menschen zu seinem eigenen Besten bevormunden; THE DEEP RANGE, ein Klassiker über die Nutzbarmachung der Meeresschätze, hier besonders die Domestizierung von Walen, die wie Kühe gemolken werden; sowie der spannende Abenteuerroman A FALL OF MOONDUST, wo es um die Rettung von Touristen geht, die mit ihrem Fahrzeug unter dem Mondstaub am Boden eines Kraters Havarie erlitten haben. Dann folgte der Riesenhit 2001 – A SPACE ODYSSEY (1968), der Clarke, wie er selbst sagte, aus dem Stand eines reichen Armen in den eines armen Reichen versetzte. Neuere Romane sind RENDEZVOUS WITH RAMA (1973), IMPERIAL EARTH (1976) und THE FOUNTAINS OF PARADISE (1979), sein möglicherweise letzter SF-Roman, wie er in einem Interview andeutete. – Zwar war Clarke auch vor 2001 – A SPACE ODYSSEY schon ein prominenter Autor – sowohl was seine Science Fiction, mehr aber noch, was seine Sachbücher anging –, aber der Erfolg des Filmes hat ihn doch ein bißchen über seinen tatsächlichen Wert gehoben. Seine Leser schätzen die präzise und fachkundige Art, mit der Clarke seine SF schreibt und damit in der Tradition des technisch-wissenschaftlichen Zukunftsromans steht. Gelegentlich – so in CHILDHOOD'S END, THE CITY AND THE STARS, 2001 – A SPACE ODYSSEY – verläßt er den Rahmen der futurologischen Vorausschau auf eine nicht allzu ferne Zukunft und neigt dann zu seltsam mystisch-religiösen Visionen, besonders auch in seinem letzten Roman.

Clarke gewann 1956 den Hugo Gernsback-Award mit der Story THE STAR und errang mit RENDEZVOUS WITH RAMA 1973 den Nebula- und den Jupiter-Award, 1974 den Hugo Gernsback- und den John W. Campbell-Award. Hinzu kommen zahlreiche andere Ehrungen, Mitgliedschaften in wissenschaftlichen Vereinigungen und (gemeinsam mit Stanley Kubrick) die Nominierung für den »Oscar« 1969.

Bibliographie:
Projekt Morgenröte (SANDS OF MARS), Berlin 1953, Gebr. Weiß Vlg.
Die Erde läßt uns los (PRELUDE TO SPACE), Berlin 1954, Gebr. Weiß Vlg.
In den Tiefen des Meeres (THE DEEP RANGE), Berlin 1957, Gebr. Weiß Vlg.
Um die Macht auf dem Mond (EARTHLIGHT), Berlin 1957, Gebr. Weiß Vlg.
Inseln im All (ISLANDS IN THE SKY), München 1958, AWA Vlg.
Die letzte Generation (CHILDHOOD'S END), Berlin 1960, Gebr. Weiß Vlg.
Die sieben Sonnen (THE CITY AND THE STARS), München 1960, Z 13.
Verbannt in die Zukunft (C) (EXPEDITION TO EARTH), München 1960, Z 10.
Die andere Seite des Himmels (C) (THE OTHER SIDE OF THE SKY), München 1961, Z 25.
Im Mondstaub versunken (A FALL OF MOONDUST), München 1962, Z 28.
Unter den Wolken der Venus (C) (TALES OF TEN WORLDS), München 1963, Z 47.
2001 – Odyssee im Weltraum (2001 – A SPACE ODYSSEY), Düsseldorf 1969, Econ Vlg.
Science Fiction Stories 37 (C) (THE WIND FROM THE SUN), Frankfurt–Berlin–Wien 1974, U 3054.
Die Delphininsel (DOLPHIN ISLAND), Stuttgart 1974, Boje SF.
Vergessene Zukunft (AGAINST THE FALL OF NIGHT), Frankfurt–Berlin–Wien 1975, U 3103 (frühere Fassung von THE CITY AND THE STARS/**Die sieben Sonnen**)
Rendezvous mit 31/439 (RENDEZVOUS WITH RAMA), Düsseldorf 1975, MvS.
Makenzie kehrt zur Erde heim (IMPERIAL EARTH), Düsseldorf 1977, MvS.
Fahrstuhl zu den Sternen (THE FOUNTAINS OF PARADISE), Rastatt 1979, Moewig Vlg.
(Hrsg.) **Komet der Blindheit** (TIME PROBE), München 1971, H 3238.

Clayton, Jo
(1939–   )
Amerikanische SF-Autorin, die 1977 zum ersten Mal in Erscheinung trat. Wie viele ihrer Kolleginnen, die in jüngster Zeit bekannt geworden sind, gehört auch Jo Clayton zu den Autorinnen, die von Donald A. Wollheim in dessen Verlag DAW-Books publiziert werden. Ihren Erstling hatte die in Kalifornien wohnhafte Englischlehrerin mit DIADEM FOR THE STARS (1977), einem Buch, das genau wie ihr zweiter Roman, LAMARCHOS (1978), der mystisch-romantischen SF zuzuschreiben ist, die an der Grenze zur Fantasy liegt. Neben der Schriftstellerei zählt Jo Clayton noch die Fotografie und die Betätigung auf grafisch/künstlerischem Sektor zu ihren Hobbies.

Clement, Hal
(1922–   )
Der unter seinem Pseudonym Hal Clement bekannt gewordene amerikanische SF-Autor Harry Clement Stubbs wurde in Somerville/Massachusetts geboren. Er stu-

dierte an den Universitäten von Boston und Harvard Chemie, Astronomie und Erziehungswissenschaften. Im Zweiten Weltkrieg war er Co-Pilot einer B-24 und flog 33 Feindeinsätze. Nach dem Krieg wurde er Lehrer an der Milton Academy in Massachusetts und kurze Zeit Technischer Instrukteur an einer Trainingsschule für Spezialwaffen in New Mexico. Schreiben war für den langjährigen Pfadfinderführer immer Freizeitbeschäftigung. Dennoch gelangte er dadurch zu höherem Ansehen als mancher Profi. Seine erste Story war PROOF (6/42) in *Astounding*. Hier erschienen auch alle anderen Geschichten, die der Autor in den vierziger Jahren schrieb, denn sein naturwissenschaftlicher Background und die Methode, wissenschaftliche Fakten zu einem integralen Teil seiner Stories werden zu lassen, prädestinierten ihn geradezu für dieses Magazin. Auf *Astoundings* Seiten hatte Clement zwischen 1949 und 1953 auch seine beste Zeit, als drei Fortsetzungsromane von ihm abgedruckt wurden. NEEDLE (1949) ist ein ungewöhnlicher Detektivroman, bei dem ein interstellarer ›Polizist‹ auf der Erde einen außerirdischen Verbrecher jagt. Beide Fremdwesen sind virusartige Symbionten, die menschliche Körper »übernehmen« können. Mit seinem Wirt, einem sechzehnjährigen Jungen, macht sich der ›Polizist‹ auf die Suche nach der berüchtigten Nadel im Heuhaufen. ICEWORLD (1951) schildert aus der Sicht eines außerirdischen Rauschgiftagenten dessen Einsatz auf einem Kälteplaneten, auf dem solch grimmige Temperaturen herrschen, daß dort sogar Schwefel in festem Aggregatzustand vorkommt. Der Planet stellt sich als die Erde heraus, und die gefährliche Droge ist Tabak. MISSION OF GRAVITY (1953) schließlich begründete Clements Ruhm. Auf einem Planeten mit ungeheurer Schwerkraft ist eine terranische Meßsonde von unschätzbarem Wert abgestürzt. Die irdischen Raumfahrer können sie nicht bergen, wohl aber der gerissene einheimische mesklinitische Handelsmann Barlennan, ein vielbeiniges, vierzig Zentimeter langes Wesen, das auch mit den widrigsten Umständen fertig wird. In allen drei Romanen zeigte sich Clement als hervorragender Schilderer außerirdischer Lebensformen und Umweltbedingungen. Wie kein anderer SF-Autor vermochte er sich in die Aliens hineinzuversetzen und dem Leser durch ihre Augen eine fremdartige Welt vorzuführen. Auch seine späteren Romane wie

CLOSE TO CRITICAL (1958), CYCLE OF FIRE (1957) und STAR LIGHT (1971) weisen ähnliche Handlungsschemata auf, ohne die Faszination von MISSION OF GRAVITY ganz erreichen zu können: Menschen von der Erde geraten auf Extremplaneten in Schwierigkeiten, aus denen ihnen dann fremde Lebensformen heraushelfen müssen. Hal Clements Name steht in der SF stellvertretend für die »hard sciences«. Mehr noch als Clarke und Asimov versteht er es, die Handlung seiner Romane logisch und plausibel aufzubauen, die Konsequenzen einer einmal aufgestellten Hypothese glasklar zu verfolgen und dabei dem Leser dennoch die absonderlichsten Welten und Lebensformen »realistisch« vor Augen zu führen.

Bibliographie:
Symbiose (NEEDLE), Balve 1960, Gebr. Zimmermann Vlg.
Botschafter von den Sternen (CLOSE TO CRITICAL), München 1966, H 3074.
Unternehmen Schwerkraft (MISSION OF GRAVITY), München 1968, H 3121.
Expedition zur Sonne (C) (SMALL CHANGES), München 1974, TTB 252.
Der Feuerzyklus (CYCLE OF FIRE), München 1975, H 3446.
Stützpunkt auf Dhrawn (STAR LIGHT), München 1975, H 3469.
Unternehmen Tiefsee (OCEAN ON TOP), Berg. Gladbach 1978, B 21110.

Heftpublikation:
Eiswelt (ICEWORLD), UK 20 (1957).

Clifton, Mark
(1906–1963)
Mark Clifton, amerikanischer SF-Autor, wollte ursprünglich Lehrer werden, arbeitete dann aber 25 Jahre in der Industrie. In den fünfziger Jahren begann er zu schreiben. Seine erste SF-Story war WHAT HAVE I DONE? (ASF, 5/52). Einige seiner Stories schrieb er zusammen mit Alex Apostolides, so z.B. WE'RE CIVILIZED (GAL 8/53), HIDE/HIDE/WITCH (ASF 12/53) oder WHAT THIN PARTITIONS (ASF, 9/53). Sieben seiner frühen Stories erschienen in **McKenzie's Experiment** (Originalcollection) auf deutsch, wobei man allerdings vergaß, Apostolides bei einigen Geschichten als Co-Autor anzugeben. Die Mehrzahl dieser Stories spiegeln Cliftons humanistische Einstellung wider; das menschliche Verhalten, auch Minderheiten oder Gruppen bzw. Einzelpersonen mit Psi-Fähigkeiten gegenüber, stellt eines seiner Lieblingsthemen dar. Andere Geschichten ranken sich um den Supercomputer Bossy, wie der Roman THEY'D RATHER BE RIGHT (1954), den er zusammen mit Frank Riley schrieb und der 1955 den Hugo Gernsback-Award gewann. Bossy versteht es, dem Menschen Unsterblichkeit zu verleihen und ihn mit Psi-Fähigkeiten auszustatten. Das gefällt den Herrschenden gar nicht, die zu einer Hexenjagd auf die Behandelten aufrufen. Ein anderer Storyzyklus ist der um RALPH KENNEDY, zu dem auch der Roman WHEN THEY COME FROM SPACE (1962) gehört. EIGHT KEYS TO EDEN (1960) ist ein weiterer Ro-

man: eine irdische Kolonie gibt keine Lebenszeichen mehr von sich. Die daraufhin eintreffenden Erkunder müssen feststellen, daß auf dem Planeten eine perfekte Harmonie zwischen Geist und Materie herrscht, ein Idealzustand für die erdgeborenen Kolonisten.

Bibliographie:
Der Berg aus Quarz (EIGHT KEYS TO EDEN), München 1961, G 18.
McKenzies Experiment (C/OA), München 1962, G 33.
Computer der Unsterblichkeit (THEY'D RATHER BE RIGHT), München 1967, TTB 119.

Coblentz, Stanton A(rthur)
(1896–)
Der amerikanische Dichter und Schriftsteller Stanton A. Coblentz war einer der ersten Mitarbeiter an den frühen Gernsback-Magazinen der zwanziger Jahre. Coblentz studierte zwar zuerst Jura an der University of California, wandte sich aber nach kurzer Zeit schon der Literatur zu. Er verfaßte Sachbücher, schrieb Lyrik, gab Anthologien heraus und gründete 1933 *Wings*, ein periodisch erscheinendes Magazin, das der Dichtkunst gewidmet war und bis 1960 existierte. Sein erster Beitrag zu den SF-Magazinen war THE SUNKEN WORLD, ein abenteuerlicher Atlantisroman, der im Sommer 1928 in *Amazing Stories Quarterly* erschien. Insgesamt publizierte Coblentz etwa zwanzig SF-Romane, von denen viele in den damaligen *Quarterlies* von *Amazing* oder *Wonder Stories* veröffentlicht wurden, sich nicht

selten jedoch Nachdrucken in neuerer Zeit erfreuten. Die besseren davon, wie AFTER 12000 YEARS (ASQ, Spr 1929) oder HIDDEN WORLD (auch als IN CAVERNS BELOW, WS, sr3, 3/35) zeichnen sich durch leicht satirische Anklänge und verhaltene Zivilisationskritik aus, halten einem Vergleich mit späteren Arbeiten auf diesem Gebiet aber keinesfalls stand. Die schwächeren Romane waren, wie die über fünfzig Kurzgeschichten Coblentz', reine Unterhaltungslektüre, die oft genug noch stilistisch recht hölzern daherkam.

Cogswell, Theodore R.
(1918–)
Der amerikanische Universitäts- und Collegedozent Theodore R. Cogswell steuerte während des spanischen Bürgerkriegs von 1937 bis 1939 einen Krankenwagen (auf seiten der Republikaner) und diente von 1942 bis 1946 als Kon-

trolloffizier der US Air Force in Indien, Burma und China. 1948 erlangte er den Grad eines Bachelor of Arts an der University of Colorado, wo er später auch lehrte. Seit 1965 ist er an der englischen Fakultät des Keystone Junior College in La Plume/Pennsylvania beschäftigt. Während der Zeit seines Studiums an der University of Minnesota lernte Cogswell die SF-Autoren Gordon R. Dickson und Poul Anderson kennen, die ihn zum Schreiben animierten. Seine erste Story, THE SPECTER GENERAL, erschien 1952 in *Astounding Science Fiction*. Cogswell hat etwa vierzig Kurzgeschichten verfaßt, von denen ein Teil in dem Band THE WALL AROUND THE WORLD (1962) vorliegen: Sie weisen ihn als scharfsinnigen Satiriker militaristischer Weltanschauungen aus. Sein, zusammen mit Charles A. Spano, geschriebener Roman SPOCK, MESSIAH! (1976) ist eher ein Ärgernis und gehört zu einem Zyklus von Romanen verschiedener Autoren um die Abenteuer des STAR TREK **(Raumschiff Enterprise)**.

Bibliographie:
Heftpublikation:
Die Mauer um die Welt (C) (THE WALL AROUND THE WORLD), T296 (1963).

Colerus (von Geldern), Egmont
(1888–1939)
Der österreichische Autor Egmont Colerus von Geldern wurde in Linz geboren und starb in Wien, wo er zuletzt Vizesekretär des österreichischen Bundesamts für Statistik war. Er schrieb eine Reihe von Romanen unterschiedlicher Genres, darunter auch einen Roman über Marco Polo; ferner verfaßte er einige populärwissenschaftliche Werke. Insgesamt drei utopische Romane stammen aus seiner Feder; sein Erstling **Antarktis**, der 1914/15 geschrieben und 1920 veröffentlicht wurde, in dem Wikinger aus Thule zum Südpol verschlagen werden und dort ein geheimnisvolles Reich entdecken.

Bibliographie:
Antarktis, Leipzig–Wien–Zürich 1920, Ilf Vlg.
Der dritte Weg, Leipzig 1921, Ilf Vlg.
Wieder wandert Behemoth, Berlin, Wien, New York, Atlantischer Vlg.

Compton, D(avid) G(uy)
(1930–   )
Der britische Autor David Guy Compton, in London geboren, kam erst relativ spät zur Science Fiction, schreibt allerdings schon seit den

fünfziger Jahren und hatte vor allem als Hörspielautor Erfolg. THE QUALITY OF MERCY, sein erster Roman, kam 1965 heraus. Es folgten Titel wie FAREWELL, EARTH'S BLISS (1966), THE SILENT MULTITUDE und andere. Als seine besten Werke gelten vor allem THE ELECTRIC CROCODILE (1970) und SYNTHAJOY (1968) sowie THE SILENT MULTITUDE (1966), THE CONTINUOUS KATHERINE MORTENHOE (1974) und A USUAL LUNACY (1978), wieder ein stilistisch und psychologisch hervorragender Roman, der es allerdings seinen Lesern nicht leicht macht. In Form einer Spionagegeschichte werden in THE ELECTRIC CROCODILE Auseinandersetzungen um ein geheimes Computerprojekt der Regierung behandelt, wobei die Frage nach der Menschlichkeit wissenschaftlicher Forschung im Vordergrund steht. SYNTHAJOY behandelt die Übertragung von Gefühlseindrücken mittels Maschine auf andere Menschen, und THE CONTINUOUS KATHERINE MORTENHOE schildert das Schicksal einer Frau, die inmitten einer Welt ohne Krankheiten langsam stirbt und damit zum Objekt für ein sensationshungriges Fernsehen wird. Comptons Anhänger loben seine Fähigkeit, Charaktere und Hintergründe überzeugend zu vertiefen, seine Kritiker bemängeln, daß er sich zu sehr in Details und Charakterisierungen verliert und die Science Fiction-Elemente als austauschbare Staffage benutzt.

Bibliographie:
Das elektronische Krokodil (THE ELECTRIC CROCODILE), München 1973, H 3347.
Die Zeit-Moleküle (CHRONOCULES), Berg. Gladbach 1973, B 38.
Schlaflose Augen (THE CONTINUOUS KATHERINE MORTENHOE), München 1975, Goldmann Vlg. (Chef-Auswahl).
Leb wohl, gute Erde (FAREWELL, EARTH'S BLISS), München 1976, H 3513.
Zerfall (THE SILENT MULTITUDE), München 1977, H 3561.

Coney, Michael G.
(1932–)
Michael G. Coney wurde in England geboren und besuchte die King Edward's School in Birmingham, wo sich schon früh seine Vorliebe für Sprachen und Literatur und seine Abneigung gegen Mathematik zeigte. In den fünfziger Jahren arbeitete er in einer Vielzahl von Berufen in Südwest-England, u.a. leitete er Camping-Plätze und führte eine Dorfkneipe. Heute managt er ein Hotel auf Antigua/Westindische Inseln, wenn er sich nicht in Canada aufhält, wo er mit seiner Familie momentan lebt und eine Tätigkeit bei der British

Columbia Forestry Commission ausübt. Mit der SF in Berührung kam Coney 1950, als ihm ein Buch von John Wyndham in die Hände fiel. 1966 fing er selbst an zu schreiben und verkaufte 1969 seine erste Erzählung SIXTH SENSE an *Vision of Tomorrow*. Insgesamt schrieb er nur wenige Kurzgeschichten und verlegte sich mehr auf Romane, von denen seit 1970 bislang sieben erschienen. Die bekanntesten davon sind FRIENDS COME IN BOXES (1973), SYZYGY (1973), WINTER'S CHILDREN (1974) und HELLO SUMMER, GOODBYE (1975), BRONTOMEK! (1976), mit dem er den Preis der British Science Fiction Association gewann, und THE ULTIMATE JUNGLE (1979). Wie er selbst sagt, schreibt Coney SF, um eine Fluchtmöglichkeit aus dem grauen Alltag zu schaffen, dennoch entbehren seine Romane nicht einer gewissen Gesellschaftskritik. Coney ist ein Meister der stimmungsvollen Schilderung fremder Landschaften und bizarrer außerirdischer Lebensformen.

Bibliographie:
Planet der Angst (MIRROR, IMAGE), Berg. Gladbach 1974, B 21041.
Die Freundschaftsboxen (FRIENDS COME IN BOXES), Berg. Gladbach 1974, B 21048.
Eiskinder (WINTER'S CHILDREN). Berg. Gladbach 1975, B 21072.
Der Sommer geht (HELLO SUMMER, GOODBYE), München 1979, H 3673.
Syzygy (SYZYGY), München 1980, H (in Vorb.).
Brontomek! (BRONTOMEK!), München 1980, H (in Vorb.).
Das letzte Raumschiff (THE ULTIMATE JUNGLE), München 1981, H (in Vorb.).

Cooper, Edmund
(1926–)
Bevor er mit dem Schreiben von Science Fiction begann, war Edmund Cooper Arbeiter und Seemann, der später seine abgebrochene Schulausbildung fortsetzte und Lehrer wurde. Eine Zeitlang arbeitete er als Artikelschreiber in der Industrie. 1954 erschien seine erste SF-Story in *Authentic*, 1958 sein erster Roman, DEADLY IMAGE. Cooper, der in Manchester aufwuchs, zählt heute zu den bekannteren englischen SF-Autoren. Er schreibt häufig für das Fernsehen (BBC) und ist auch für die Drehbuchstory des 1957 gedrehten MGM-Films THE INVISIBLE BOY haftbar zu machen. Seit einigen Jahren verfaßt er in der Zeitung *Sunday Times* Rezensionen über SF-Neuerscheinungen. Er hat bislang 16 Romane und zwei Story-Sammlungen unter eigenem

Namen sowie die vier Romane der Space-Opera-Serie THE EXPENDABLES unter dem Pseudonym Richard Avery geschrieben. Seine auf männliche Helden zentrierten Romane sind bei einigen Lesern recht beliebt. Dies traf offenbar auch auf einen bestimmten deutschen SF-Redakteur zu, der Cooper schon frühzeitig auch dem deutschen Leser anempfahl. Edmund Cooper gilt als Autor mit breitem Themenspektrum, der es versteht, mit Geschick solide Unterhaltungsromane zu zimmern.

Bibliographie:
Aufstand der Roboter (DEADLY IMAGE), München 1961, H 3213.
Die Welt der zwei Monde (TRANSIT), München 1965, H 3075.
Die Söhne des Alls (SEED OF LIGHTS), München 1965, H 3042.
Unter den Strahlen von Altair (A FAR SUNSET), München 1968, H 3118.
Das Regime der Frauen (FIVE TO TWELVE), München 1969, H 3160.
Die Herren des Kosmos (SEAHORSE IN THE SKY), München 1970, H 3190.
Der letzte Kontinent (THE LAST CONTINENT), München 1971, H 3223.
Die neue Zivilisation (THE OVERMAN CULTURE), München 1973, H 3325.
Der Eisplanet (THE TENTH PLANET), Rastatt 1975, TTB 269.
Sklaven des Himmels (THE SLAVES OF HEAVEN), Rastatt 1977, TTB 286.
Der Wolkengänger (THE CLOUD WALKER), München 1978, GWTB 23276.
Die übersinnliche Waffe (PRISONER OF FIRE), München 1978, GWTB 23288.

Heftpublikationen:
Endstation Zukunft (C) (TOMORROW'S GIFT), TS 85 (1964).
Als die Ufos kamen (C) (TOMORROW CAME), T 386 (1965).

Cowper, Richard
(1926–)
Richard Cowper ist das Pseudonym des englischen Autors Colin Middleton Murry, eines Sohnes des Literaturkritikers und Philosophen John Middleton Murry. Bereits als Schuljunge von Science Fiction, insbesondere den Erzählungen und Romanen von H.G.Wells, fasziniert, dauerte es doch bis 1964, bevor Murry seinen ersten eigenen SF-Roman, BREAKTHROUGH, schrieb, der 1967 veröffentlicht wurde. Die positiven Reaktionen in England und Amerika führten

dazu, daß er bei der Science Fiction blieb und zunächst einmal PHOENIX (1968) veröffentlichte. 1968 gab er auch seine Stellung als Lehrer in Sussex auf, zog nach Südwales, übernahm dort für zwei Jahre die Leitung der Englischabteilung des Atlantic College und entschied sich 1970, nur noch zu schreiben. Seither entsteht durchschnittlich ein SF-Roman pro Jahr, und mit THE CUSTODIANS AND OTHER STORIES (1976) liegt auch eine Story-Sammlung vor. PROFUNDIS, der neueste Roman, soll 1979 erscheinen. Ferner veröffentlichte Murry unter seinem richtigen Namen zwei Bände einer Autobiographie, ONE HAND CLAPPING und SHADOWS ON THE GRASS, die zwischen 1973 und 1975 entstanden. Nach eigenen Aussagen stehen für ihn vor allem Menschen und zwischenmenschliche Beziehungen im Vordergrund seiner Romane, ganz unabhängig davon, ob sie nun der Science Fiction zuzurechnen sind oder nicht.

Bibliographie:
Phönix (PHOENIX), München 1969, GWTB 099.
Morgen der Unendlichkeit (BREAKTHROUGH), München 1969, GWTB 0102.
Welt ohne Sonne (KULDESAK), München 1973, GWTB 0159.
Homunkulus 2072 (CLONE), München 1973, GWTB 0162.
Gefährliches Paradies (TIME OUT OF MIND), München 1974, GWTB 0185.
Dämmerung auf Briareus (THE TWILIGHT OF BRIAREUS), München 1974, Goldmann Vlg. (Chef-Auswahl).
Zwei Welten – ein Gedanke (WORLDS APART), München 1975, GWTB 0204.
Die Zeitspirale (THE CUSTODIANS), München 1977, GWTB 0244.

Cremaschi, Inisero
(1928–)
Inisero Cremaschi, geboren in Fontanellato/Italien, lebt und arbeitet gegenwärtig in Mailand. Er ist Journalist, Schriftsteller, Drehbuchautor für das italienische Fernsehen, Verlagsberater und hat zehn Jahre lang als Discjockey für das italienischsprachige Programm des Schweizer Rundfunks gearbeitet. Recht früh schon schrieb er Gedichte, gewann 1959 den *Firenze*-Preis, machte sich als Mainstream-Autor einen Namen und stieg schließlich auch in die SF ein. Seine erste SF-Erzählung war IL QUINTO PUNTO CARDINALE (1962), die in kurzer Zeit fünfmal nachgedruckt wurde. Cremaschi hat enorm viel SF geschrieben: etwa 300 seiner Stories erschienen

in Zeitungen, Magazinen und Anthologien. Erst 1972, als er Herausgeber beim Verlag Dell'Oglio wurde, ging seine eigene Textproduktion merklich zurück. Unter der Reihenbezeichnung *Andromeda* gab er dort bis 1975 eine Buchreihe heraus, die neben Top-SF-Autoren aus dem angloamerikanischen Sprachraum auch jungen italienischen SF-Schriftstellern eine Chance gab. Cremaschi war der erste, der italienische SF in Buchform auf den Markt brachte. Heute ist er in der gleichen Funktion für Editrice Nord tätig, ein Unternehmen, das mehrere SF-Hardcover-Reihen herausbringt und auf SF spezialisiert ist. Cremaschi hat für das italienische Fernsehen zehn Originaldrehbücher (davon zwei mit SF-Inhalten) verfaßt und war für die Drehbuchfassung des von Fred Hoyle und J.Elliot geschriebenen SF-Romans A FOR ANDROMEDA verantwortlich. Durch seine zahlreichen außerhalb des Genres publizierten Bücher ist Cremaschi auch in der allgemeinen Literaturszene eine bekannte Persönlichkeit. 1978 wurde er beim 4. SF-Round-about (eine Art-SF-Kongreß) zum »Mann des Jahres in der SF« gewählt. Neben Scerbanenco gehört Cremaschi zu den stilistisch anspruchsvolleren und literarisch herausragenden Autoren der italienischen SF-Szene.

Crichton, J. Michael
(1942–)
Summa cum laude, meinten seine Lehrer am Harvard College, als sie Michael Crichtons Anthropologie-Studien zu begutachten hatten. Dies sollte nicht der einzige Erfolg des in Chicago geborenen Amerikaners bleiben. Er unterrichtete an der englischen Cambridge University und promovierte anschließend in Harvard 1969 zum Doktor der Medizin. Nach einem Intermezzo am Salk-Institut für Biologie in La Jolla/Kalifornien wandte er sich hauptberuflich der Arbeit als Schriftsteller und Filmregisseur zu. Inzwischen lebt er in Los Angeles und hat mehr als ein Dutzend Bücher veröffentlicht, darunter mehrere SF-Titel. Sein erster großer SF-Erfolg war THE ANDROMEDA STRAIN (1969), von Robert Wise 1971 verfilmt. Darin geht es um den Kampf einer Gruppe von Wissenschaftlern gegen fremde Mikroorganismen, die die menschliche Rasse bedrohen. Der Roman WESTWORLD wurde ebenfalls verfilmt (1974), dieses Mal saß Crichton selbst im Regiesessel. Es geht um eine Ferienattraktion: Urlauber können inmitten von Robotakteuren in pseudohistorischer Umgebung ihre Wunschträume verwirklichen, Show Downs mit garantiert glücklichem Ausgang inklusive. Bis einer der Roboter, der sonst immer zu verlieren hat, außer Kontrolle gerät und zu einer Killermaschine wird. Das Thema erfuhr filmisch eine Fortsetzung mit FUTUREWORLD (1976/77). Ein neuerer Film von Michael Crichton ist COMA (1977/78 – dt. Filmtitel **Coma**), ein perfekt gemachter Horror-Streifen über unfreiwillige Organspender.

Bibliographie:
Andromeda (THE ANDROMEDA STRAIN), München 1969, Droemer Vlg.

Crowley, John
(1942–)
John Crowley ist einer der beachtenswertesten Newcomer in der amerikanischen SF-Szene. Er wurde in Vermont geboren und lebt heute in New York, arbeitete als Photograph, dann, seit 1966, in der Filmbranche, schrieb Dokumentarfilme und fürs Fernsehen, bevor er sich der Science Fiction zuwandte. Schon sein erster Roman, IN DEEP (1975), erregte Aufsehen. Er beschreibt eine Welt, die sich auf einer Scheibe befindet. Diese Scheibe wiederum befindet sich auf einem riesigen Turm, der einer unergründlichen Tiefe entragt, in der nur wenige Sterne funkeln. Auf dieser Welt, die sich zivilisatorisch in einem Feudalzeitalter befindet, werden unüberblickbare Machtkämpfe ausgetragen. Die Konflikte werden aus verschiedenen Blickpunkten geschildert, u.a. aus der Sicht eines schadhaften Androiden, der nicht aus der Welt stammt, sondern von »draußen« kommt, aber er kennt den Grund nicht mehr, weshalb er in die Welt gekommen ist, und er ist es, der die Reise in die unbekannte Tiefe unternehmen wird.

War der erste Roman noch an der Grenze zur Fantasy angesiedelt, so greift BEASTS (1976) handfeste Minderheitenprobleme der Gegenwart in verfremdeter Form auf. Er beschreibt das Schicksal von Kreaturen, die in den Labors durch Zellkernverschmelzung entstanden sind: Kreuzungen von Menschen und Löwen, von Menschen und Füchsen und anderen Geschöpfen, Produkte einer wenig mit Skrupeln belasteten Wissenschaft. Die Kreaturen bilden Minderheiten und kämpfen um ihre Rechte als intelligente Lebewesen; sie werden betrogen, in Reservate abgedrängt und von Rassenfanatikern abgeknallt, die das »Viechzeug« als »unnatürlich« und »gotteslästerlich« betrachten.

In BEASTS sind die USA in winzige, eifersüchtig über ihre Souveränität wachende Kleinstaaten zerfallen, in denen verschiedene Gesellschaftsformen herrschen. In ENGINE SUMMER (1979), seinem dritten Roman, ist es das gleiche Grundmuster, nur in ferner Zukunft angesiedelt. Die Bevölkerungsdichte ist erheblich zurückgegangen; die Menschen leben isoliert und weit voneinander entfernt in ländlichen Siedlungen, meist beherrscht von einer religiösen Führerschaft. Rush, der Held des Romans, ist in eine Art Mönchsorden hineingeboren, und seine Berufung ist es, ein Heiliger zu werden. Seine Wanderung, auf der er sich zu bewähren hat, wird zu einer Reise in die Vergangenheit, in die geheimnisvolle, längst vergessene Vergangenheit der menschlichen Rasse.

Bibliographie:
Geschöpfe (BEASTS), München 1979, H 3684.
Die Tiefe (THE DEEP), München 1980, H (in Vorb.).
Maschinensommer (ENGINE SUMMER), München 1980, H (in Vorb.).

Csernai, Zoltán
(1925–)
Zoltán Csernai wurde in Békéscsaba in Südostungarn geboren, studierte Wirtschaftswissenschaften und fand eine Anstellung in der ungarischen Zuckerindustrie. Seit 1957 veröffentlichte er in verschiedenen Zeitungen und Zeitschriften Reportagen, Erzählungen und Novellen. Sein erster Roman war das SF-Jugendbuch **Geheimnis auf dem Dach der Welt** (1961), das mit **Die Ballade von der Sintflut** (1964) eine Fortsetzung erlebte. Ein dritter Teil, »Atlantis« soll demnächst erscheinen. Die Handlung folgt den Spuren des geheimnisvollen Schneemenschen. Die beiden ersten Bücher wurden auch zu Hörspielen umgearbeitet und in Ungarn ausgestrahlt.

Bibliographie:
Geheimnis auf dem Dach der Welt, Berlin 1970, Vlg. Neues Leben, Kampass TB 140.
Geheimnis auf dem Dach der Welt & Die Ballade von der Sintflut, Berlin 1973, Vlg. Neues Leben, Reihe **Spannend erzählt** 118.

Cummings, Ray(mond) (King)
(1887–1957)
Ray Cummings, amerikanischer SF-Autor, wurde in New York geboren. Mit 16 ging er nach Puerto

Rico, wo seine Brüder eine Orangenplantage gekauft hatten. Sein einziger Beruf – abgesehen vom Schreiben – den er je ausübte, war seine Arbeit bei Thomas Alva Edison. Allerdings war er nicht dessen Sekretär, wie man oft lesen kann (offensichtlich übertrieben hier Verlagslektoren ein bißchen, um den »wissenschaftlichen« Background des Autors herauszustellen), sondern er edierte lediglich verschiedene Hauszeitungen und schrieb Texte für Plattencover. Von 1919 an verdiente er sich seinen Lebensunterhalt nur noch mit dem Schreiben. Seine erste Story, THE GIRL IN THE GOLDEN ATOM, erschien im gleichen Jahr in *All Story Weekly* und schlug derart ein, daß sie eine ganze Reihe von Fortsetzungen nach sich zog und Nachahmer auf den Plan rief. Als dann einige Jahre später die Science Fiction-Magazine auf den Markt kamen, konnte man in deren Inhaltsverzeichnissen häufig den Namen Cummings entdecken.

Weit über 30 Jahre blieb Ray Cummings aktiver SF-Autor, eine Zeitspanne, die allenfalls von Murray Leinster überboten wurde. Während dieser Zeit schrieb er viele Stories und Romane; in diversen SF-Magazinen wurden allein über 130 publiziert. Besonders in späteren Jahren war er ein typischer Vielschreiber, bei dem die Quantität die Qualität überwog. Space Opera, Zeitreise, Parallelwelten – Ray Cummings ließ kaum eine Spielart der SF aus, um seine aufrechten Helden gegen schurkische Despoten und schleimtriefende Invasoren triumphieren zu lassen. Von seinen gut zwei Dutzend Romanen sind allenfalls die aus der MATTER, SPACE AND TIME-Trilogie noch lesbar. THE MAN WHO MASTERED TIME (1924) und THE EXILE OF TIME (1931) erschienen auch in deutscher Übersetzung. Ein weiterer bekannter Roman aus Cummings' Feder ist BRIGANDS OF THE MOON (1930), den ein kanadischer Verlag fälschlicherweise John W. Campbell jr. zuschrieb. Seine erste Geschichte war und ist sein bekanntestes und vor allem originellstes Werk. Die immer wieder aufgegriffene Idee, Atome könnten in Wirklichkeit winzige Sonnensysteme sein und Mikroleben beherbergen, wurde *nicht* zum ersten Mal in Cummings' Erzählung THE GIRL IN THE GOLDEN ATOM dargestellt, wie so oft behauptet wird, sondern bereits bei Laßwitz.

Bibliographie:
Raub auf Sternenstraßen (BRIGANDS OF THE MOON), Balve 1961, Gebr. Zimmermann Vlg.
Eroberer der Unendlichkeit (EXPLORERS INTO INFINITE), München 1969, H 3712.
Besucher aus dem Jahre X (THE EXILE OF TIME), München 1970, H 3174.

Heftpublikationen:
Im Banne des Meteors (THE MAN ON THE METEOR), WF 7 (1958).
Merkur in Flammen (THE FIRE PEOPLE), WF 8 (1958).
Schatten der Zukunft (THE SHADOW GIRL), UZ 203 (1960).
Der rote Wahnsinn (BRAND NEW WORLD), UZ 433 (1965).

Cunis, Reinmar
(1933–   )
Mit siebzehn Jahren veröffentlichte der in Bremen geborene Reinmar Cunis seine erste Kurzgeschichte. Anschließend schrieb er für verschiedene Zeitungen und Zeitschriften, absolvierte eine Lehre als Bankkaufmann und studierte in

Berlin und Köln Soziologie, Psychologie und Wirtschaftswissenschaften. 1964 promovierte er mit einer Arbeit über Modelle einer künftigen demokratischen Wehrverfassung. 1966 wurde vom NDR-Hörfunk sein Hörbild **Alpträume und Wunschbilder**, eine Untersuchung über Groschenhefte, ausgestrahlt, und wenig später im dritten Fernsehprogramm von NDR, SFB und Radio Bremen ein Bericht von ihm über **Die Erforschung der Zukunft**, der sich mit Futurologie befaßte (sein Gesprächspartner war Robert Jungk). Es folgten weitere Fernsehreportagen zu wirtschafts- und sozialpolitischen Tagesthemen. Heute ist Reinmar Cunis Projektgruppenleiter beim Fernsehspiel des NDR. Sein erster SF-Roman, **Livesendung**, erschien 1978; er schildert den Besuch eines Aliens, der von einer sensationshungrigen Presse nicht wahrgenommen wird – aus Gründen der Betriebsblindheit. Sein zweiter Roman, **Zeitsturm**, erschien 1979 und behandelt das Thema der Zeitreise mittels Drogen im Bereich der Industriespionage. Ein dritter Roman ist in Vorbereitung: **Der Molsland-Zwischenfall**.

Bibliographie:
Livesendung, München 1978, H 3596.
Zeitsturm, München 1979, H 3668.
Der Molsland-Zwischenfall, München 1980, H (in Vorb.).

Curtoni, Vittorio
(1949–   )
Wie die meisten italienischen SF-Autoren gehört auch der in Pia-

cenza geborene Vittorio Curtoni der jüngeren Generation an. Schon als Kind begann er (unter dem Einfluß seines Vaters) SF zu lesen. Zwischen 1965 und 1967 lernte er schließlich Angehörige des italienischen Fandoms und mehrere Schriftsteller kennen, wurde in Fan-Kreisen aktiv und zählt heute zu den Mitbegründern der italienischen SF-Fan-Bewegung. 1969 übernahm er zusammen mit seinem Freund Gianni Montanari die Redaktion des SF-Magazins *Galassia* und der Buchreihe SFBC. 1974 gab er seine Anstellung auf, um sich ganz dem Schreiben zu widmen. Bereits 1972 war mit DOVE STIAMO VOLANDO sein erster Roman erschienen, und 1973 graduierte er im Fachbereich Moderne Literatur mit einem langen Essay über italienische SF, der 1978 unter dem Titel LE FRONTIERE DELL'IGNOTO bei Editrice Nord als Buch herauskam. 1975 nahm er einen Job als Herausgeber für Arminia Editore an und gründete das SF-Magazin *Robot*, das neben dem Versuch, der italienischen SF eine Chance zu geben, auch viele kritische Aufsätze über SF publizierte.

1978 schließlich etablierte Curtoni sich als freischaffender Übersetzer für SF und veröffentlichte eine Sammlung eigener Stories unter dem Titel LA SINDROME LUNARE E ALTRE STORIE und einen Führer durch die SF (zusammen mit Guiseppe Lippi): GUIDA ALLA FANTASCIENZA. Curtonis Erzählungen beschäftigen sich vor allem mit der Reaktion von Menschen, die sich einer ungewöhnlichen Situation oder einer phantastischen Umgebung ausgesetzt sehen. Er ist dabei weniger an Pointen interessiert, sondern widmet sich ganz dem Studium des Menschen, der von unerwarteten äußeren Einflüssen bestürmt wird. DOVE STIAMO VOLANDO ist ein allegorischer Roman über Sexualität auf einem von Mutanten bevölkerten Planeten, die einzelnen Erzählungen der Sammlung LA SINDROME LUNARE beschreiben ein aus den Fugen geratenes Universum, in dem es unmöglich geworden ist, zwischen objektiven und subjektiven Wahrnehmungen zu unterscheiden. Derzeit ist Curtoni mit der Realisierung mehrerer Romanprojekte beschäftigt.

Curval, Philippe
(1929–   )

Philippe Curval (eigentlich Philippe Tronche) versuchte sich zunächst in allen möglichen Jobs und wurde 1953 Verkäufer im ersten auf Science Fiction spezialisierten Buchladen Frankreichs. Er schloß sich einem SF-Club an und begann selbst SF zu schreiben. Im gleichen Jahr verkaufte er erste Erzählungen an *Fiction* (eine Lizenzausgabe des amerikanischen *The Magazine of Fantasy & Science Fiction*, das aber auch französische Autoren publiziert) und *Satellite*, für das er auch als regelmäßiger Buchkritiker arbeitete. Nach der Veröffentlichung seines ersten Romans, LE RESSAC DE L'ESPACE (1962) verschwand er lange von der Bildfläche und arbeitete als wissenschaftlicher Redakteur und Journalist. 1970 erschien LE SABLE DE FALUN, ein SF-Abenteuerroman, der auf den wissenschaftlichen Schriften Raymond Roussels basiert. Seit den frühen siebziger Jahren gehört Curval zu den französischen SF-Autoren, die Überdurchschnittliches erwarten lassen. Mit L'HOMME À REBOURS (1974) legte er eine neue Darstellung des Parallelweltenthemas vor, und mit CETTE CHÈRE HUMANITÉ brachte er einen soziologischen SF-Roman, der 1979 auch in England erschien. Ein Querschnitt des Schaffens französischer SF-Talente erschien unter seiner Herausgeberschaft in der Anthologie FUTURS AU PRÉSENT (1978).

Dann, Jack M.
(1948–   )

Dem amerikanischen Autor Jack Dann gelang es innerhalb kurzer Zeit, sich einen Namen als Verfasser stilistisch herausragender Stories und Romane zu machen. Er ist der Poet unter den jungen Autoren und betont die intellektuell-ästhetische Seite der Science Fiction. Seine erste Story, DARK, DARK, THE DEAD STAR erschien 1970 in *Worlds of If* und war – wie in der Folge einige weitere Geschichten – in Zusammenarbeit mit George Zebrowski entstanden. Inzwischen hat Dann weit über 30 Erzählungen, einige Artikel, mehrere Gedichte und die Romane STARHIKER (1977), JUNCTION und WHIRL CAGE (beide 1979) veröffentlicht, ferner – teilweise in Zusammenarbeit mit George Zebrowski, Gardner Dozois oder David M. Harris – vier SF-Anthologien herausgegeben: WANDERING STARS (1974), FASTER THAN LIGHT (1976, zus. mit George Zebrowski), FUTURE POWER (1976, zus. mit Gardner Dozois) und IMMORTAL (1978). Ein weiterer Roman, DISTANCES, und eine Storysammlung, TIMETIPPING, wurden vom amerikanischen Verlag Doubleday angekauft. JUNCTION ist für 1980 bei Dell, THE MAN WHO MELTED bei Harper & Row angekündigt, ebenso eine Anthologie, die er als Herausgeber betreut: ALIEN! (zus. mit Gardner Dozois). In dem Roman STARHIKER schildert er eine ferne Erde der Zukunft, in der die Menschen ohne eigene Initiative von dem leben, was ihnen extraterrestrische Besatzer schenken. Der Vagabund und Sänger Tramp lehnt sich dagegen auf und unternimmt als blinder Passagier eine verbotene Odyssee durch das All bis zu einem mysteriösen Knotenpunkt von Raum und Zeit. Dann, einst Zögling der Manlius-Militärakademie, studierte Politologie und Soziologie (mit dem Schwerpunkt auf China, Sowjetunion und Dritte Welt) und lebt heute in Johnson City/New York. Ein ambitioniertes Projekt, mit Dann als Herausgeber, ein *Speculative Fiction Yearbook* herauszubringen, in dem Stories und kritische Analysen dieser Stories zugleich veröffentlicht werden sollten, zerschlug sich, obwohl bereits Vorverträge mit ausländischen Verlagen zur Übernahme vorlagen – Danns Material wurde als zu anspruchsvoll empfunden, der Verlag wagte es nicht, es zu publizieren. Einige seiner Erzählungen erschienen inzwischen auch auf deutsch in *Comet*, *Casanova* und in Anthologien des Heyne Verlags.

Bibliographie:
Weltenvagabund (STARHIKER), München 1979, K 5713.

Darlton, Clark ↗ **Ernsting, Walter**

Daumann, Rudolf H(einrich)
(1896–1957)
Rudolf Heinrich Daumann wurde in Groß-Gerau bei Neumarkt als Sohn eines Bauern geboren und starb in Potsdam. Er war zunächst Volksschullehrer, unternahm etliche Auslandsreisen nach dem Ende des Ersten Weltkriegs und betätigte sich als Korrespondent. 1933 mußte er wegen seiner politischen Einstellung den Schuldienst verlassen. Während des Zweiten Weltkriegs nahm er aktiv am Widerstand gegen das Nazi-Regime teil. Daumann schrieb eine Anzahl von utopischen Romanen, die zwischen 1937 und 1940 erschienen (sein Erstling hieß **Dünn wie eine Eierschale**, 1937) und die, wie die Romane von Dominik, technisch orientiert waren. Daumann gehört zu den bekanntesten Verfassern des traditionellen deutschen Zukunftsromans, schrieb daneben aber auch andere Werke, nämlich sozialkritische Romane, historische Abenteuerromane und Jugendabenteuer. Dabei benutzte er gelegentlich das Pseudonym Haerd. Einige seiner utopischen Romane kamen nach dem Krieg in Neuauflagen heraus, und in der DDR erschienen einige Abenteuererzählungen des Autors in der Heftreihe *Das neue Abenteuer*. Er war zuletzt Sendeleiter beim Rundfunk der DDR. Für seine Jugendbücher erhielt er mehrere Preise.

Bibliographie:
Dünn wie eine Eierschale, Berlin 1937, Schützen Vlg.
Macht aus der Sonne, Berlin 1937, Schützen Vlg.
Das Ende des Goldes, Berlin 1938, Schützen Vlg.
Gefahr aus dem Weltall, Berlin 1939, Schützen Vlg.
Patrouille gegen den Tod, Berlin 1939, Schützen Vlg.
Abenteuer mit der Venus, Berlin 1940, Schützen Vlg.
Protuberanzen, Berlin 1940, Schützen Vlg.
Die Insel der 1000 Wunder, Berlin 1940, Schützen Vlg.

Daventry, Leonard (John)
(1915–)
Geboren in Brixton bei London, verbrachte Leonard Daventry, nachdem er 1932 in die Armee eingetreten war, von 1936 an vier Jahre auf der Insel Malta. 1942 trat er zum ersten Mal mit einer Non-SF-Kurzgeschichtensammlung an die Öffentlichkeit und publizierte in zahlreichen renommierten britischen Zeitschriften. 1946 erhielt er den Atlantic Award. Sein erster SF-Roman, A MAN OF DOUBLE DEED (1965) handelt vom Einsatz der Telepathie im Kampf um die Erhaltung der Menschheit nach einer weltweiten atomaren Katastrophe. Weitere Romane Daventrys

sind DEGREE XII (1972) und TWENTY-ONE BILLIONTH PARADOX (1972).

Bibliographie:
Mr. Coman hoch drei (A MAN OF DOUBLE DEED), Düsseldorf 1969, MvS.

Davidson, Avram A.
(1923–   )
Amerikanischer SF-Autor und Herausgeber. Avram Davidson wurde in Yonkers im Staate New York geboren. Er besuchte vier Colleges und war im Zweiten Weltkrieg als Marinesoldat im Pazifischen Ozean eingesetzt. 1948–1949 kämpfte er auf seiten der israelischen Armee im Nahen Osten. Anfang der fünfziger Jahre begann er SF-Erzählungen zu schreiben. Seine erste Veröffentlichung war MY BOYFRIEND'S NAME IS JELLO (FSF, 7/54), und seither publizierte er im SF-Bereich knapp 50 Stories, die in Magazinen wie *Galaxy*, *If*, in erster Linie aber im *Magazine of Fantasy and Science Fiction* erschienen. Seinen bislang größten Erfolg in der SF verbuchte er mit OR ALL THE SEAS WITH OYSTERS (GAL, 5/58), einer Kurzgeschichte, die den Hugo Gernsback-Award gewann. Davidson stellt in seinen SF-Erzählungen den Menschen in den Mittelpunkt und kommt ohne technische »Gimmicks« aus. Oft fließen Mystery- oder Fantasy-Elemente mit ein. Von seinen 13 Romanen ragt keiner besonders hervor; sie stellen gute Durchschnittskost dar. Erwähnenswert sind JOYLEG (1962), eine Kooperation mit Ward Morre, ROGUE DRAGON (1965), ein Science-Fantasy-Roman, der in ferner Zukunft spielt und vielleicht RORK! (1965), eine Abenteuergeschichte auf einem fremden Planeten. Davidsons Stärke ist die Kurzgeschichte, die er besser als Transportmittel für seine Aussagen einsetzen kann, wie etwa in JURY-RIG (VEN, 11/57) oder in NOW LET US SLEEP (VEN, 9/57). Daß bei uns von Avram Davidson bisher so wenig erschienen ist, liegt an der grundsätzlichen Weigerung des Autors, der strengen jüdischen Glaubens ist, seine Romane und Erzählungen nach Deutschland zu verkaufen. Ironischerweise erschienen ein knappes Dutzend seiner Kurzgeschichten bei uns ausgerechnet in einem Verlag, der mit »Landser«-Heften Traditionspflege betreibt.

De Camp, L(yon) Sprague
(1907–   )
Lyon Sprague De Camp wurde in New York geboren, studierte in seiner Heimatstadt, lebte in verschiedenen amerikanischen Südstaaten und in Kalifornien, erreichte 1930 den akademischen Grad eines Bachelor of Science am California Institute of Technology (CalTech) und machte 1933 seinen Master of Science am Stevens Institute of Technology. Obwohl er gelegentlich auch als Dozent, Ingenieur, Patentanwalt, Werbetexter und Offizier der US Naval Reserve beschäftigt war, verbrachte er doch den größten Teil der letzten vierzig Jahre als freier Autor und Herausgeber. Er ist als Verfasser von mehr als achtzig Büchern hervorgetreten, von denen jedoch nur ein geringer Teil Science Fiction ist. Seine erste Story, THE ISOLINGUALS, erschien 1937 in *Astounding*, aber schon bald wandte De Camp sich (teilweise mit Fletcher Pratt und P. Schuyler Miller) dem Romaneschreiben zu. Er hat neben einiger SF hauptsächlich Fantasy geschrieben, die in John W. Campbells Magazin *Unknown* erschien, aber auch populärwissenschaftliche Sachbücher wie **New York lag einst am Bosporus** (GREAT CITIES OF THE ANCIENT WORLD) oder **Ingenieure der Antike** (THE ANCIENT ENGINEERS, 1963) und eine Lovecraft-Biographie (1975). De Camps Vorliebe für Fantasy-Stoffe brachte ihn zu Beginn der sechziger Jahre mit dem teilweise unvollendeten Nachlaß von Robert E. Howard in Kontakt, der in den dreißiger Jahren in Magazinen wie *Weird Tales*, *Magic Carpet*, *Strange Detective Stories* und *Spicy Adventure Stories* Hunderte von Kurzgeschichten und Novellen veröffentlicht hatte. Was De Camp an Howards Nachlaß interessierte, war die Figur »Conan«, ein schwertschwingender Schlächter par excellence, der in einem fiktiven frühzeitlichen Stadium der Erdgeschichte, allein einem fragwürdigen Lustprinzip verpflichtet, durch die Lande zog und seine Klinge in die Dienste des meistbietenden Herrschers stellte. Zusammen mit Lin Carter und dem schwedischen Luftwaffenoffizier Björn Nyberg vollendete De Camp Howards unveröffentlichte Geschichten, fügte neue hinzu und gab sie in den sechziger Jahren gesammelt in einer Taschenbuchausgabe heraus. Seine eigenen Bücher, wie LEST DARKNESS FALL (1939), THE CLOCKS OF IRAZ (1971), THE TOWER OF ZANID (1958) und zahlreiche andere entbehren

zwar in der Regel der Brutalitäten eines Robert E. Howard, zeichnen sich aber durch einen gelegentlich arg zynischen Humor aus. De Camp hat mehr als 350 Artikel und Stories in über 80 verschiedenen Periodika veröffentlicht, 75 Rundfunksendungen (u. a. für die »Stimme Amerikas«) verfaßt und für Zeitungen und Enzyklopädien Beiträge geliefert. Seine Werke wurden bisher in zehn Sprachen übersetzt. Er selbst spricht mehr als ein halbes Dutzend Sprachen (einschließlich Französisch, Portugiesisch, Italienisch und Deutsch), hat selbst mehrere Übersetzungen ausländischer Autoren angefertigt und gehört einer Reihe von naturwissenschaftlichen und technischen Vereinigungen an. Um Material für seine populärwissenschaftlichen Arbeiten zusammenzutragen, hat er die ganze Welt bereist und lebt heute zusammen mit seiner Frau Catherine Crook, die ebenfalls Schriftstellerin ist, und zwei erwachsenen Söhnen in einem Vorort von Philadelphia. Preise: International Fantasy Award für LANDS BEYOND (1953, mit Willy Ley); Cleveland SF Award für TALES FROM GAVAGAN'S BAR (1953, mit Fletcher Pratt); Athenaeum of Philadelphia Fiction Award für AN ELEPHANT FOR ARISTOTLE (1959); Gandalph-Award (1976), J. R. R. Tolkien Award (1976) für seine Verdienste um die Fantasy-Literatur, und 1979 wurde ihm der Nebula-Award für sein Lebenswerk, der *Grand Master Award* verliehen.

Bibliographie:
Conan (CONAN) (mit Robert E. Howard und Lin Carter), München 1970, H 3202.
Conan der Freibeuter (CONAN THE FREEBOOTER) (mit Robert E. Howard), München 1970, H 3210.
Conan der Wanderer (CONAN THE WANDERER) (mit Robert E. Howard und Lin Carter), München 1971, H 3236.
Conan der Abenteurer (CONAN THE ADVENTURER) (mit Robert E. Howard), München 1971, H 3245.
Conan der Rächer (CONAN THE AVENGER) (mit Robert E. Howard und Björn Nyberg), München 1972, H 3283.
Conan der Usurpator (CONAN THE USURPER) (mit R. E. Howard), München 1971, H 3263.
Conan von den Inseln (CONAN OF THE ISLES) (mit Lin Carter), München 1972, H 3295.
Der Turm von Zanid (THE TOWER OF ZANID), Berlin 1973, U 2952.
Vorgriff auf die Vergangenheit (LEST DARKNESS FALL), Berlin 1973, U 2931.
Die Rettung von Zei (THE HAND OF ZEI), Berlin 1973, U 3000.
Der Raub von Zei (THE SEARCH FOR ZEI), Berlin 1973, U 2977.
Thalia, Gefangene des Olymp (THE GLORY THAT WAS), Berlin 1974, U 3038.
Im Banne der Mathe-Magie (WALL OF SERPENTS) (mit Fletcher Pratt), Berlin 1974, U 3068.
Der Schmetterlingsthron (THE GOBLIN TOWER), München 1975, H 3439.

Die Uhren von Iraz (THE CLOCKS OF IRAZ), München 1976, H 3484.
Die Chronik von Poseidonis (C/OA), München 1977.
Das Orakel der Fremden (ROGUE QUEEN), München 1978, H 3584.
Die Räder der Zeit (THE WHEELS OF IF), München 1978, H 3575.
Die Prinzessin und der Löwe (THE UNDESIRED PRINCESS), München 1978, TF 43.
Ein Yankee bei Aristoteles (C) (A GUN FOR DINOSAUR) (I), München 1980, H 3719.
Neu-Arkadien (C) (A GUN FOR DINOSAUR) (II), München 1980, H (in Vorb.).
Das Ungeheuer (THE FALLIBLE FIEND), München 1980, H (in Vorb.).
(Hrsg.) **SF-Stories 20** (THE FANTASTIC SWORDSMEN), Berlin 1973, U 2930.
(Hrsg.) **SF-Stories 23** (SWORDS AND SORCERY), Berlin 1973, U 2951.
(Hrsg.) **SF-Stories 21** (SWORDS AND SORCERY) (I), Berlin 1973.
(Hrsg.) **SF-Stories 23** (SWORDS AND SORCERY) (II), Berlin 1973.

Heftpublikationen:
Menschenjagd im Kosmos (COSMIC MANHUNT), UG 82 (1958).
Am Kreuzweg der Welten (mit Fletcher Pratt) (THE ROARING TRUMPET), UZ 529 (1967).
Die neuen Herrscher (mit P. Schuyler Miller) (GENUS HOMO), TS 40 (1960).

Del'Antonio, Eberhard
(1926–   )
Der DDR-Autor Del'Antonio wurde als Sohn eines Schlossers in Lichtenstein/Sachsen geboren, lernte Metallhandwerker, arbeitete als Technischer Zeichner und wollte eigentlich Ingenieur werden. Die Einberufung zur Wehrmacht unterbrach 1944 sein Studium. Nach Internierung und Dienstverpflichtung arbeitete er in Bremerhaven als Hafenarbeiter, Entroster, Schmied, Maler und Kranführer, bevor er, illegal, in die sowjetische Besatzungszone zurückkehrte. Dort betätigte er sich u. a. als Reklamezeichner, bevor er als Konstrukteur tätig wurde und später das »Büro für Erfindungswesen« aufbaute. Seit 1959 ist er freischaffender Schriftsteller, lebt in Dresden und ist Mitglied der Kammer der Technik sowie der Astronautischen Gesellschaft der DDR. Bereits 1957 veröffentlichte er mit **Gigantum** seinen ersten SF-Roman, dem in den folgenden Jahren drei weitere Titel folgten. Diese Romane sind stark an den Vorbildern traditioneller deutscher Zukunftsromane orientiert. Auf dem EUROCON, der 1973 in Posen stattfand, erhielt Del'Antonio den Sonderpreis der internationalen Jury.

Bibliographie:
Gigantum, Berlin 1957, Vlg. Das Neue Berlin.
Titanus, Berlin 1959, Vlg. Das Neue Berlin.
Projekt Sahara, Berlin 1962, Vlg. Tribüne.
Heimkehr der Vorfahren, Berlin 1966, Vlg. Das Neue Berlin.

Delany, Samuel R(ay)
(1942–)
Amerikanischer SF-Autor und Dichter. Der in Harlem/New York City geborene Samuel R. Delany ist puertorikanischer Abstammung und einer der wenigen Farbigen im Feld der SF. »Chip« Delany ging in der Bronx auf die High School und besuchte danach das City College. Im Alter von 19 Jahren schrieb er seinen ersten SF-Roman, THE JEWELS OF APTOR (1962). Davor hatte er schon eine Reihe von Gedichten verfaßt und war Herausgeber der literarischen Collegezeitschrift *The Promethean* gewesen. Nach dem Erfolg seines ersten Romans folgte die TOROMON-Trilogie: CAPTIVES OF THE FLAME (1963), THE TOWERS OF TORON (1964) und CITY OF A THOUSAND SUNS (1965), die Chronik einer zukünftigen Gesellschaft, die auf der Erde nach einem Atomkrieg um ihre Etablierung kämpft. Die ersten beiden Romane der Trilogie sind auch bei uns erschienen, 1979 folgte der dritte.

Mit der zweiten Hälfte der sechziger Jahre begann für Delany ein ein steiler Aufstieg. Wie in anderen Medien (etwa dem Film oder der Popmusik), begann auch in der SF eine Art kulturelle Revolution. In England gewannen die Autoren der New Wave an Einfluß, und auch in den Vereinigten Staaten rollte eine neue, wenngleich auch weniger radikale Welle. »Chip« Delany, dessen phantastische Geschichten sich durch stilistisches Können und poetischen Symbolismus auszeichneten, war neben Roger Zelazny und Harlan Ellison der Wegbereiter der amerikanischen New Wave, die die technologisch ausgerichtete SF durch freie Fantasieflüge, Psychofiktionen und Mythen aller Art ersetzte. Delanys Roman BABEL-17 (1966) gewann den Nebula-Award. 1967 fiel diese Auszeichnung gleich zweimal an Delany. Seine allegorische Odyssee durch die Mythenwelt der Menschheit, THE EINSTEIN INTERSECTION (1967), war ein Meilenstein in der SF-Literatur. Mit AYE, AND GOMORRAH… aus Harlan Ellisons berühmter Anthologie DANGEROUS VISIONS (1967) bewies er seine Meisterschaft auch bei Kurzgeschichten. Ab 1967 tauchte Delany immer häufiger als Storyautor in den SF-Magazinen und Anthologien auf; erwähnenswert sind vor allem CORONA (FSF, 10/67), DRIFTGLASS (F, 6/67) und TIME CONSIDERED AS A HELIX OF SEMI-PRECIOUS STONES (NWB, 12/68), die dem Autor seinen vierten Nebula-Award einbrachte und 1970 den Hugo Gernsback-Award. Danach verlegte sich Delany wieder mehr auf Romane und die Herausgabe von Anthologien (QUARK). NOVA (1968) ist ein symbolistischer Roman um den Flug zu einer explodierenden Sonne, aus deren Inneren es ein seltenes Element zu holen gilt. Die archetypischen Beziehungen unter den Besatzungsmitgliedern des Raumschiffes zeigen Parallelitäten zu Melvilles MOBY DICK. Sein umstrittener Roman DHALGREN (1975) symbolisiert den Niedergang des American Dream. Wegen der experimentellen Sprache, des verstärkten Einsatzes satirischer Stilmittel, der Detailverliebtheit bei der Darstellung sexueller Szenen und vor allem wegen seiner Überlänge stieß DHALGREN in weiten Teilen des SF-Lagers auf Ablehnung. Möglicherweise aus diesem Grunde gestaltete der Autor seinen neuesten Roman, TRITON (1976), etwas konventioneller. Samuel R. Delany ist mit der Dichterin Marilyn Hacker verheiratet. Seine Stories liegen in der Sammlung DRIFTGLASS (1971) vor.

Bibliographie:
Sklaven der Flamme (CAPTIVES OF THE FLAME), Frankfurt, Berlin, Wien 1971, U 2828.
Einstein, Orpheus und andere (THE EINSTEIN INTERSECTION), Hamburg, Düsseldorf 1972, MvS.
Nova (NOVA), München 1973, Kö 8.
Babel-17 (BABEL-17), München 1975, TTB 260.
Die Türme von Toron (THE TOWERS OF TORON), München 1978, TTB 308.

Delmont, Joseph
(1873–1935)
Joseph Delmont war das Pseudonym des in Loiwein geborenen und in Bad Pystian gestorbenen deutschen Autors Karl Pick. Er schrieb eine größere Anzahl von Romanen und Erzählungen, darunter die utopischen Titel **Die Stadt unter dem Meer** (1925) und **Der Ritt auf dem Funken** (1928).

Bibliographie:
Die Stadt unter dem Meer, Zürich 1925, Groppengießer Vlg.
Der Ritt auf dem Funken, Berlin/Leipzig 1928, O. Janke Vlg.

Del Rey, Lester
(1915–)
Daß ein Mann mit dem farbigen Namen Ramon Felipe San Juan Mario Silvio Enrico Smith Heartcourt-Brace Sierra y Alvarez del Rey y de los Uerdes auch noch Pseudonyme verwendet, ist kaum zu fassen; dennoch tut der amerikanische Autor, der sich hauptsächlich Lester del Rey nennt, gerade dies mit besonderem Vergnügen: zuweilen firmiert er als Erik van Lhin, dann wieder als Philip St. John – aber auch als John Alvarez, Cameron Hall, Marion Henry, Philip James, Wade Kaempfert, Edson McCann (zusammen mit Frederik Pohl), Charles Satterfield und Kenneth Wright hat er publiziert. Und einige der Romane, die unter dem Namen Lester del Rey verkauft wurden, stammen nicht von ihm, sondern von seinem vielschreibenden Freund Paul W. Fairman, denn Del Rey war zeit seines Lebens ein so vielbeschäftigter Mann, daß er gar nicht all den Ver-

pflichtungen nachkommen konnte, denen er sich vertraglich ausgesetzt hatte. Die Karriere dieses amerikanischen Autors begann, nach vielen nutzlosen Versuchen, in allen möglichen Berufen unterzukommen, und einmal, gerade fünfzehn Jahre alt geworden, soll er sogar probiert haben, mit gefälschten Papieren in die US-Army einzutreten. John W. Campbell kaufte 1938 seine Story, THE FAITHFUL, für das Magazin *Astounding*, und wenig später gehörte Del Rey zu den ständigen Mitarbeitern dieser Zeitschrift. Einen Namen machte er sich allerdings erst mit der später zu einem Roman ausgewalzten Novelle NERVES (1942), in der es um Dinge geht, die heute in aller Munde sind: Unfälle in Atomkraftwerken. Del Rey publizierte bald in allen wichtigen amerikanischen SF-Magazinen, brachte eine Story-Sammlung mit dem Titel AND SOME WERE HUMAN... (1948) heraus und publizierte Anfang der fünfziger Jahre mehrere SF-Jugendbücher für den Hardcover-Verlag Winston. Kurz darauf bot man ihm die Herausgeberschaft der drei Magazine *Space Science Fiction*, *Science Fiction Adventures* und *Fantasy Fiction* an, die er bis 1953 betreute, um anschließend in allen möglichen anderen Unterhaltungsgenres tätig zu werden, »weil dort einfacher Geld zu machen« war. Del Rey hat eine Unmenge von populärwissenschaftlichen Artikeln verfaßt und mehrere tausend Buchrezensionen geschrieben. 1968 wurde Del Rey Herausgeber des Magazins *Galaxy*, übernahm Anfang der siebziger Jahre einen Herausgeberposten beim Taschenbuchverlag Ballantine Books und ist seither dort als Lektor tätig. 1976 entschloß sich Ballantine, die gesamte Science Fiction-Produktion unter dem Signum *Del Rey Books* zu veröffentlichen, womit Del Rey eine Ehre zuteil wurde, die bisher noch kein anderer SF-Autor für sich verbuchen konnte. Seine Ansichten über Science Fiction sind die eines Menschen, der hauptsächlich von ihr lebt: »Hätte ich einen anderen Job, würde ich wohl kaum schreiben«, sagt er mit entwaffnender Offenheit.

Bibliographie:
Die Jagd der Astronauten (ROCKET JOCKEY) (als Philip St. John), München 1954, AWA Vlg.
Im Banne der Marswelt (MAROONED ON MARS), München 1955, AWA Vlg.
Die Elektriden des Merkur (BATTLE ON MERCURY), München 1957, AWA Vlg.
Der unschuldige Roboter (THE RUNAWAY ROBOT) (mit Paul W. Fairman), Rastatt 1967, PU 297.
Marsfieber (BADGE OF INFAMY), München 1974, GWTB 0182.
Götter und Golems (C) (GODS AND GOLEMS), München 1975, GWTB 0196.
Psi-Patt (PSTALEMATE), München 1974, GWTB 0168.

Heftpublikationen:
Der Schritt ins All (STEP TO THE STARS), UG 56 (1957).
Atomalarm (NERVES), UG 59 (1957).

Attentat auf Mars (POLICE YOUR PLANET) (als Erik von Lhin), UG 85 (1958).
Das große Wagnis (PREFERRED RISK) (mit Frederik Pohl), WF 5 (1958).
Epidemie auf Ganymed (OUTPOST OF JUPITER), T 543 (1967).
Die Weltenspringer (THE INFINITE WORLDS OF MAYBE), TN 8 (1968).

Dick, Philip K(endred)
(1928–   )
Amerikanischer SF-Autor. Philip K. Dick wurde in Chicago geboren und lebt heute in der Nähe von San Francisco. Nach High School and College studierte er an der Universität von Berkeley/Kalifornien, wo er sich vor allem mit Literatur und Literaturgeschichte beschäftigte. Zunächst noch unterbrochen von vielen Gelegenheitsjobs, u.a. war er Verkäufer in einem Plattenladen, begann er 1952 seine Karriere als SF-Schriftsteller, als seine Story BEYOND LIES THE WUB in der Juliausgabe von *Planet Stories* erschien. Ihr folgten ca. 110 Kurzgeschichten und Novellen in den verschiedensten SF-Magazinen, später auch in Originalanthologien. Der Löwenanteil seiner Kurzprosa kam in den Jahren 1952–1956 heraus, danach wandte sich Dick mehr dem Roman zu. Schon seine frühen Kurzgeschichten weisen Dick als typischen Vertreter der SF der fünfziger Jahre aus. Zwar handelt es sich bei den allerersten oft um Raumfahrt- oder Planetenabenteuer, dennoch werden sie von Dick anders präsentiert, als ähnliche Werke seiner Kollegen. Die Entfremdung des Menschen im Kosmos ist ein wichtiges Thema und COLONY (GAL, 6/53) eines der besten Beispiele hierfür. Die meisten seiner besseren Geschichten aus den fünfziger Jahren zeigen Entwürfe möglicher Gesellschaftsformen (die fast immer dystopischen Charakter haben) und einzelner Individuen, die sich mit diesen Gesellschaftsformen auseinandersetzen müssen. Dabei stehen soziologische, politische und psychologische Aspekte im Vordergrund. Um ihre Einbeziehung in die Magazin-SF hat sich Philip K. Dick verdient gemacht und neben Pohl/Kohlbluth und einigen anderen gehört er zu den Erneuerern der SF in den fünfziger Jahren. THE SECOND VARIETY (Space SF, 5/53), THE PRESERVING MACHINE (FSF, 6/53), THE MINORITY REPORT (FU, 1/56), vor allem aber FOSTER, YOU'RE DEAD (Star SF No. 3, 1/55), die in der russischen Zeitschrift *Ogonek* eine Millionenauflage erlebte, zählen zu seinen Spitzengeschichten. Spätere Glanzlichter sind OH, TO BE A BLOBEL (GAL, 2/64) und FAITH OF OUR FATHERS in: (DANGEROUS VISIONS, 1967),

die ganz deutlich Dicks Hauptthema, die Suche nach der Realität, widerspiegelt. Nahezu jeder seiner 31 Romane weist diesen Topos auf. Der Mensch auf der Suche nach Wahrheit und Realität, in einem widrigen, nicht kontrollierbaren Universum voller Tücken und Gefahren. Es sind keine strahlenden Helden, die in Dicks Romanen agieren, sondern unscheinbare Leute, Verkäufer oder Vertreter, gegen die sich die ganze Welt im wahrsten Sinne des Wortes verschworen hat. SOLAR LOTTERY (1955) war sein Erstling, ein komplexer, an den frühen van Vogt erinnernder Roman, dessen Plot auf die Spieltheorie basierte, auf die Dick später noch öfter zurückgriff. Herausragend aus seiner frühen Phase, die etwa bis 1960 reicht, sind EYE IN THE SKY (1957) und TIME OUT OF JOINT (1959). Ersterer ist eine Variation des Alternativweltenthemas, bei der acht Besucher einer Bevatronanlage durch einen technischen Defekt bewußtlos werden und sich in der jeweils privaten Realität des Erwachenden wiederfinden, während der Held von TIME OUT OF JOINT in einer friedlichen Welt seinen Lebensunterhalt mit dem Lösen von Kreuzworträtseln verdient, bis er merkt, daß seine ganze Welt eine kolossale Täuschung ist und er als mathematisches Genie die Flugbahnen von Interkontinentalraketen berechnet. Seinen größten literarischen Erfolg hatte Philip K. Dick 1963 mit seinem Roman THE MAN IN THE HIGH CASTLE (1962), mit Einfluß des chinesischen I GING geschrieben, dürfte der bekannteste Alternativweltroman in der SF sein. Dick entwickelte in ihm ein USA unserer Zeit, das nach dem Sieg des Nazi-Deutschlands und Japans im 2. Weltkrieg von diesen beiden Mächten untereinander aufgeteilt wurde. Dann folgte eine äußerst fruchtbare Schaffensperiode. Allein im Jahre 1964 kamen drei seiner bedeutendsten Romane heraus: MARTIAN TIME SLIP, THE THREE STIGMATA OF PALMER ELDRITCH und THE SIMULACRA. Nach einigen Büchern mit unterschiedlicher Qualität kulminierte seine Produktivität gegen Ende der sechziger Jahre erneut mit DO ANDROIDS DREAM OF ELECTRIC SHEEP? (1968), A MAZE OF DEATH (1969) und UBIK (1969). Unter ihnen ist zweifellos UBIK der beste, in dem erneut die Frage aufgeworfen wird, in wessen Realität man lebt. Zu Beginn der siebziger Jahre war Dick schweren Krisen ausgesetzt: einer psychischen – er hatte unter wirtschaftlichem Druck zu viel und teilweise unter dem Einfluß von Aufputschmitteln geschrieben – und einer sozialen, denn er bekam wachsenden Ärger mit Kaliforniens Behörden, die in ihm aus unerfindlichen Gründen einen Staatsfeind sahen. Eigene Erlebnisse aus dieser Zeit flossen in den Roman FLOW MY TEARS, THE POLICEMAN SAID (1974) ein, der die USA als totalitären Zukunftsstaat schildert und 1975 bei Hugo- und Nebula-Wahl jeweils den zweiten Platz belegte. Mit FLOW MY TEARS... hatte Dick zu früherer Stärke zurückgefunden. Der Roman ist eines der besten SF-Bücher der siebziger

Jahre, das vom nachfolgenden A SCANNER DARKLY (1977), einer düsteren Vision über Drogenmißbrauch, und den in Zusammenarbeit mit Roger Zelazny entstandenen Roman DEUS IRAE (1976) nicht mehr erreicht wurde. Dicks Gesamtwerk steht innerhalb der amerikanischen SF wohl einzigartig da. Kein Autor hat bei einer ähnlich großen Romanproduktion so wenig schwache Bücher aufzuweisen, keiner hat sich mit größerer Ausdauer in ein Generalthema verbissen. Sein Universum ist undurchschaubar; in ihm wird der größte Manipulator am Ende selbst manipuliert. Der komplizierte Aufbau seiner Romane, die oft mehrere Realitätsebenen aufweisen, stieß trotz des kommerziellen Erfolges – besonders in Frankreich und der Bundesrepublik wurde Dick fleißig übersetzt – so manchen Leser vor den Kopf. Er zog sich vor allem den Haß all jener zu, die es als Zumutung empfinden, zum Nachdenken angeregt zu werden, wo sie nur Unterhaltung suchen und die sich darüber hinaus noch in ihrem Realitätsempfinden verunsichert sehen. Dick wurde als Drogenapostel denunziert, manche seiner Werke als zu Papier gebrachte Wahnvorstellungen abgetan. Eine gründliche Fehleinschätzung, denn Dick gehört zu jenen wenigen Autoren, die unsere Realität hinterfragen, die auf der Suche sind nach der Wahrheit hinter den Dingen. Daß dabei Metaphysisches einfließt, liegt in der Natur der Sache. Er ist der Chronist einer Welt, die sich bei genauerem Hinsehen in ihre Bestandteile auflöst. In der ernstzunehmenden SF-Kritik *(SF-Studies, Extrapolation, Foundation)* findet sein Werk starke Beachtung, und neben Ursula K. LeGuin erfährt Dick weltweit die größte Anerkennung, was amerikanische SF-Autoren betrifft. Norman Spinrad hält Philip K. Dick gar für den wichtigsten amerikanischen Romancier seit 1950.

Bibliographie:
Zeit ohne Grenzen (TIME OUT OF JOINT), Balve 1962.
Träumen Roboter von elektrischen Schafen? (DO ANDROIDS DREAM OF ELECTRIC SHEEP?), Düsseldorf 1969.
Zehn Jahre nach dem Blitz (THE PENULTIMATE TRUTH), München 1970, GWTB 0112.
Und die Erde steht still (EYE IN THE SKY), München 1971, GWTB 0123.
Die seltsame Welt des Mr. Jones (THE WORLD JONES MADE), München 1971, GWTB 0126.
Hauptgewinn: Die Erde (SOLAR LOTTERY), München 1971, GWTB 0131.
LSD-Astronauten (THE THREE STIGMATA OF PALMER ELDRITCH), Frankfurt 1971.
Mozart für Marsianer (MARTIAN TIME SLIP), Frankfurt 1973.
Das Orakel vom Berge (THE MAN IN THE HIGH CASTLE), München 1973, Kö 34.
Joe von der Milchstraße (GALACTIC POT-HEALER), Frankfurt 1974, FO 10.
Vulkan 3 (VULCAN'S HAMMER), München 1974, GWTB 0170.
Irrgarten des Todes (A MAZE OF DEATH), München 1974, H 3397.
Die Invasoren vom Ganymed

(THE GANYMED TAKE-OVER), zus. mit Ray Faraday Nelson, Bergisch Gladbach 1976, B 21082.
Die Zeit läuft zurück (COUNTER-CLOCK WORLD), München 1977, GWTB 0248.
Die rebellischen Roboter (WE CAN BUILD YOU), München 1977, GWTB 0252.
Nach dem Weltuntergang (DR. BLOODMONEY), München 1977, GWTB 0256.
Eine andere Welt (FLOW MY TEARS, THE POLICEMAN SAID), München 1977, H 3528.
Ubik (UBIK), Frankfurt 1977, Insel Vlg.
Zeitlose Zeit (TIME OUT OF JOINT), München 1978, GWTB 23269. Neuübersetzung.
Die Mehrbegabten (OUR FRIENDS FROM FROLIX 8), München 1978, GWTB 23275.
Das Globus-Spiel (THE GAME PLAYERS OF TITAN), München 1978, GWTB 23272.
Simulacra (THE SIMULACRA), München 1978, K 708.

Heftpublikationen:
Eine Handvoll Dunkelheit (C) (A HANDFUL OF DARKNESS) TS 76, 1963.
Krieg der Automaten (C) (THE VARIABLE MAN), T 322/323, 1964.

Dickinson, Peter
(1927–)
Der englische Autor Peter Dickinson, der ausdrücklich darauf hingewiesen haben möchte, nicht nur SF-Autor zu sein, hat bisher fünf Romane geschrieben, die der Science Fiction oder Fantasy zuzu-

rechnen sind: THE WEATHERMONGER (1968) THE BLUE HAWK (1976), THE GREEN GENE (1973), THE POISON ORACLE (1974) und KING & JOKER (1976). Zum Teil sind diese Romane vor allem für jugendliche Leser gedacht. Als sein bestes Werk gilt THE GREEN GENE, in dem ein Gen dafür verantwortlich ist, daß weißen Eltern in England plötzlich dunkelhäutige Babies geboren werden (was natürlich zu einem Chaos führt). Dikkinson wurde »mitten in Afrika geboren, in Hörweite der Victoria-Fälle«, wie er versichert, und verbrachte seine Kindheit in Rhodesien. Sein scharfer Blick und sein ätzender Zynismus in Rassenfragen verraten seine Herkunft wie seine Einstellung. Er gehört zu den wenigen Autoren, die humorvolle SF zu schreiben vermögen. – Dikkinson wurde in Eton erzogen und studierte in Cambridge, war zeitweise Redakteur beim *Punch* und arbeitet seit 1968 als freier Schriftsteller. Sein Hauptwerk liegt indes auf dem Gebiet des Kriminalromans, wo inzwischen mehr als zehn Titel von ihm vorliegen, und des phantastischen Kinderbuchs. Sein FLIGHT OF DRAGONS, eine lustige Untersuchung über die Entwicklungsgeschichte der Drachen, das er zusammen mit dem Künstler Wayne Anderson schuf, ist sein jüngstes Werk.

Bibliographie:
Das grüne Gen (THE GREEN GENE), München 1978, H 3586.

Dickson, Gordon R(upert)
(1923–)
Gordon Rupert Dickson wurde am 1. November 1923 in Edmonton/Alberta geboren, besuchte vier Jahre lang die University of Minnesota, mußte sein Studium unterbrechen, als er 1943 zum Kriegsdienst eingezogen wurde. 1946 aus dem Krieg zurückgekehrt, schloß er 1950 sein Studium ab und wurde freier Schriftsteller. Er ist es noch heute. In fast drei Jahrzehnten

schrieb er mehr als 150 Erzählungen, 33 Romane. Er publizierte sechs Story-Sammlungen und gab einige bemerkenswerte Anthologien heraus. Sein Romanerstling war der 1956 erschienene ALIEN FROM ARCTURUS, sein umfangreichstes bisher die DORSAI-TRILOGIE (THREE TO DORSAI! – 532 Seiten), bestehend aus den Romanen THE TACTICS OF MISTAKE (1971), THE GENETIC GENERAL (1960) und NECROMANCER (auch als NO ROOM FOR MAN; 1962). Sieben seiner Romane sind Jugendbücher, davon zwei, die in Zusammenarbeit mit Poul Anderson bzw. Ben Bova entstanden. 1965 erhielt er den Hugo Gernsback-Award für seine Novelle SOLDIER ASK NOT (1964), die er 1967 zu einem Roman ausarbeitete; 1966 errang er den Nebula-Award mit seiner Erzählung CALL HIM LORD (1965), 1975 den E. E. Smith Memorial Award for Imaginative Fiction und 1976 den August Derleth-Award für den Fantasy-Roman THE DRAGON AND THE GEORGE (1976; deutsche Ausgabe bei Heyne in Vorbereitung). Sein Roman TIME STORM (1977) war 1978 für den Hugo Gernsback-Award nominiert. (Er wird ebenfalls bei Heyne erscheinen.) Im Zentrum seines schriftstellerischen Werks steht der CHILDE-ZYKLUS, ein auf zwölf Prosatexte angelegter Komplex, der nach seiner Vollendung aus sechs in der Zukunft spielenden, drei historischen und drei Gegenwartsromanen bestehen wird. Bisher liegen vier Childe-Romane vor, die allesamt von der Zukunft handeln, nämlich THE GENETIC GENERAL (1960), NECROMANCER (1962), SOLDIER, ASK NOT (1967) und THE TACTICS OF MISTAKE (1971), ein fünfter mit dem Titel THE FINAL ENCYCLOPEDIA steht vor der Vollendung. (Die Bezeichnung »Dorsai«-Zyklus für dieselben Romane rührt daher, weil THE GENETIC GENERAL in der Magazinversion und als gekürztes Ace-Taschenbuch unter dem Titel DORSAI erschien; erst 1976 wurde der Roman ungekürzt als DAW-Taschenbuch publiziert.) In diesem ehrgeizigen Prosawerk, das einen Zeitraum vom 13. bis zum 23. Jahrhundert umfassen wird, ist viel Autobiographisches eingeflossen, vor allem Erlebnisse auf den Kriegsschauplätzen des Zweiten Weltkriegs. Derzeit schreibt Dickson neben Romanen, die sich mit politischen und technologischen Problemen der unmittelbaren Zukunft beschäftigen, an den historischen Episoden des »Childe«-Zyklus, die umfangreiche Quellenstudien erfordern. Er soll eine Art Bildungsroman der gesamten Menschheit werden, dessen grundlegende Idee darin besteht, daß mit der Renaissance die Evolution eines neuen Menschen einsetzte, die im 23. Jahrhundert zur Vollendung gedeihen wird. Insgesamt gesehen gelingt es Dickson in seinen besten Werken, psychologisch interessante Charakterstudien vorzulegen oder fremdartige Perspektiven aufzuzeigen, so in den Childe-Romanen THE GENETIC GENERAL und SOLDIER, ASK NOT oder in THE ALIEN WAY. Vieles andere erreicht dagegen leider nur Mittelmaß. Befragt nach den seiner Meinung nach besten neueren SF-Autoren, nannte Dickson neben Ursula K. LeGuin (die er für die herausragendste SF-Autorin hält) Joe Haldeman, George R. R. Martin und Vonda McIntyre.

Bibliographie:
Fremde vom Arcturus (ALIEN FROM ARCTURUS), Hannover 1957, UTR 3.
Gewalt zwischen den Sternen (NAKED TO THE STARS), Hamburg 1967, Wi 2002.
Söldner der Galaxis (THE GENETIC GENERAL), München 1970, TTB 177.
Vorsicht – Mensch! (C) (DANGER – HUMAN), München 1972, TTB 191.
Geschöpfe der Nacht (SLEEPWALKER'S WORLD), München 1972, TTB 202.
Die Fremden (THE ALIEN WAY), München 1973, Kö 14.
Im galaktischen Reich (WOLFLING), München 1973, TTB 218.
Pioniere des Kosmos (THE OUTPOSTER), München 1973, TTB 228.
Das Millionen-Bewußtsein (THE PRITCHER MASS), München 1975, TTB 259.
Charlies Planet (ALIEN ART), München 1975, TTB 263.
Das Planeten-Duell (TACTICS OF MISTAKE), München 1975, TTB 166.
Utopia 2050 (THE R-MASTER), München 1976, TTB 280.
Kurs auf 20B-40 (LIFEBOAT) (mit Harry Harrison), München 1976, GWTB 222.
Der Agent (SPACEPAW), München 1978, TTB 297.

Nichts für Menschen (NECROMANCER), München 1979, H 3656.
Der ferne Ruf (THE FAR CALL), München 1979, H 3652.
Uralt, mein Feind (C) (ANCIENT, MY ENEMY), München 1979, H 3682.
Die Nacht der Drachen (THE DRAGON AND THE GEORGE), München 1980, H (in Vorb.).

Heftpublikationen:
Hetzjagd im All (MANKIND ON THE RUN), AiW 1 (1958).
Planet der Phantome (DELUSION WORLD), T 249 (1962).
Regierungspost für Dilbia (SPACIAL DELIVERY), T 260 (1963).
Alexander Jones – Diplomat der Erde (EARTHMAN'S BURDEN) (mit Poul Anderson), T 382/83 (1965).
Mission im Universum (MISSION TO UNIVERSE), T 500 (1967).

Diluv, Ljuben
(1927–)
Ljuben Diluv, ein bulgarischer Schriftsteller, gehört zu den bekanntesten SF-Autoren Südosteuropas. Mit »Der Atommensch« gab er 1958 sein Debüt; es folgten die Romane »Die vielen Namen der Angst« (1967) und »Die Last des Skaphanders« (1969), ein Band mit Erzählungen unter dem Titel »Mein seltsamer Freund, der Astronom« (1971), zwei weitere Romane: »Der Weg des Ikarus« (1974) und »Das Paradoxon des Spiegels« (1976), und zwei weitere Bände mit Erzählungen: »Wenn du den Adler fütterst« (1977) und »Der Doppelstern« (1979).

Ljuben Diluv verfaßte darüber hinaus 15 Bücher Nicht-SF und gab eine Reihe von Anthologien mit Erzählungen aus aller Welt heraus; außerdem ist er Mitherausgeber der bulgarischen SF-Reihe *Galaktika* im Verlag G. Bakalor, Warna.

Disch, Thomas M(ichael)
(1940–)
Amerikanischer SF-Autor und einer der wichtigsten Mitarbeiter der sog. New Wave. Tom Disch wurde im Staate Iowa geboren und besuchte die Universität von New York. Nach Abschluß seines Geschichtsstudiums arbeitete er anderthalb Jahre in der Werbung, bevor er als freier Schriftsteller tätig wurde. Seine erste SF-Story erschien im Oktober 1962 in *Fantastic* und hieß THE DOUBLE TIMER. Sein erster Roman, THE GENOCIDES (1965), erzählt von galaktischen »Landwirten«, die die Erde in eine für sie nützliche Farmlandschaft verwandeln wollen und

dabei Fauna und Flora aus dem Weg räumen. Ab 1966 tauchte der Name Disch immer häufiger in den Seiten des britischen Magazins *New Worlds* auf, dessen Herausgeber Michael Moorcock sich nicht scheute, unkonventionelle Stoffe zu publizieren, die in den USA praktisch unverkäuflich waren. Neben einer ganzen Reihe Stories erschien dort zunächst der Roman ECHO ROUND HIS BONES (12/66–1/67) und später einer der wichtigsten SF-Romane der ausgehenden sechziger Jahre, CAMP CONCENTRATION (sr4, 7/67 bis 10/67). In ihm entwirft Disch die düstere Zukunft eines totalitären Amerikas. In Konzentrationslagern werden politische Gefangene als Versuchskaninchen bei inhumanen Forschungen verwendet. Ein kritischer, stilistisch hervorragender Roman, der sich dadurch, daß er die damals herrschenden Zustände nur leicht extrapolierte, sich massiv gegen die militärisch-industrielle Elite wandte, die vom Vietnamkrieg profitierte. Neben diesen Romanen wurden auch einige Story-Sammlungen zuerst in England publiziert, so 102 H-BOMBS (1966) und UNDER COMPULSION (1968). Von seinen Stories wurden COME TO VENUS MELANCHOLY (FSF, 11/65) und THE ASIAN SHORE (Orbit 6, 1970) für den Nebula nominiert. Hervorragend ist auch seine Zeitreisegeschichte NOW IS FOREVER (AMZ 3/64). Nach längeren Auslandsaufenthalten – er hatte einige Zeit in Rom gelebt – kehrte Disch in die Vereinigten Staaten zurück und legte 1974 den Roman 334 vor, der bei der Nebula-Wahl im gleichen Jahr den dritten Platz erreichte. Diese episodenhaft angelegte Erzählung schildert die finstere Zukunft der Stadt New York im 21. Jahrhundert als Müllkippe der Zivilisation, gesehen durch die Augen der Bewohner des Hauses 334 East 11th Street, eines gigantischen Wohnsilos. Spätestens mit diesem glänzend geschriebenen, sozialengagierten, schonungslos die Unbewohnbarkeit amerikanischer Großstädte anprangerndem Buch bewies Disch, daß er zu den besten amerikanischen SF-Autoren gehört. Neben BLACK ALICE (1968), einem engagierten Kriminalroman, den er zusammen mit John T. Sladek verfaßte, gab Disch auch zwei wichtige Anthologien heraus, die ganz die Themen seiner Romane treffen: THE RUINS OF EARTH (1973) und BAD MOON RISING (1974). Seine neueste Kurzgeschichtensammlung heißt: GETTING INTO DEATH (1976); sein neuester Roman trägt den Titel: ON WINGS OF SONG (1979) und knüpft an CAMP CONCENTRATION an, der heute schon als Klassiker des Genres gilt.

Bibliographie:
Camp Concentration (CAMP CONCENTRATION), München 1971, Li.
Die Duplikate (ECHO ROUND HIS BONES), München 1972 H 3294.
Jetzt ist die Ewigkeit (C) (UNDER COMPULSION), München 1972, H 3300.
Die Feuerteufel (THE GENOCIDES), München 1975, H 3457.
Angoulême (334) (C), München 1977, H 3560.

Dneprow, Anatolij
(1919–   )
Der russische Autor Anatolij Dneprow (Pseudonym für Mizkewitsch) wurde in Dnepropetrowsk geboren und studierte an der Physikalischen Fakultät der Universität seiner Heimatstadt. Er schloß das Studium der physikalisch-mathematischen Wissenschaften kurz vor Beginn des Krieges ab. 1958 begann Dneprow mit regelmäßiger schriftstellerischer Arbeit, nachdem seine ersten Versuche auf dem Gebiet der SF schon 1946 erfolgten. 1960 erschien sein erster Band mit Erzählungen, URAWNENIJA MAKSWELLA (»Maxwellsche Gleichungen«), gefolgt von weiteren Erzählungen und Romanen, etwa MIR, W KOTOROM JA ISTSCHEZ (»Die Welt, in der ich verschwand«, 1963), FORMULA BESSMERTIJA (»Die Formel der Unsterblichkeit«, 1963) oder PURPURNAJA MUMIJA (»Die purpure Mumie«, 1965). Zu seinen besten und bekanntesten Erzählungen gehört KRABY IDUT PO OSTROWU (**Insel der Krebse**, im Original 1959 erstmals erschienen), die unter diesem und unter anderen Titeln auch mehrfach ins Deutsche übersetzt wurde. Diese Geschichte (eine von Menschen initiierte künstliche Evolution von krebsartigen Robotern – mit dem Ziel, auf diese Weise zu der bestmöglichen Kriegsmaschine zu gelangen [eine Fehlkalkulation, wie sich zeigt]) – wurde auch für das Fernsehen verfilmt und in der Bundesrepublik ausgestrahlt. Dneprow zählt zu den interessantesten russischen SF-Autoren der späten fünfziger und der sechziger Jahre.

Bibliographie:
Heftpublikation:
Krebse greifen an (KRABY IDUT PO OSTROWU) Berlin 1968, Vgl. Kultur & Fortschritt, *Kap*-Reihe 57.

Dolezal, Erich
(1902–   )
Österreichischer Astronom und Fachjournalist, geboren in Villach. Dolezal war lange Zeit Vorstandsmitglied der österreichischen Gesellschaft für Weltraumforschung in Wien. 1959 besuchte er auf Einladung des US State Departments zwei Monate lang amerikanische Raketenabschußbasen. In einer Zeit, in der die Verleger von »Zukunftsromanen« Wert auf eine wissenschaftliche Ausbildung ihrer Autoren Wert legten, galten Dolezals Werke als die ideale Jugend-

lektüre. Obwohl man ihm bescheinigte, wissenschaftlich komplizierte Dinge einfach ausdrücken zu können, war er doch eher ein Vertreter hausbackener, technokratischer SF (wie etwa sein deutscher Kollege Richard Koch), in der sich alles um die Technik drehte und die Menschen lediglich Beiwerk darstellten.

Bibliographie:
Der Ruf der Sterne, Wien/Berlin 1932, Krystall Vlg.
Grenzen über uns, Leipzig 1940, Lipsia Vlg.
Jenseits von Raum und Zeit, Leipzig 1946, Lipsia Vlg.
RS 11 schweigt, Wien 1953, Österreichischer Bundesverlag.
Mond in Flammen, Wien 1954, Österreichischer Bundesverlag.
Unternehmen Mars, Wien 1955, Österreichischer Bundesverlag.
Alarm aus Atomville, Wien 1956, Österreichischer Bundesverlag.
Sekunde X, Himmelsschiffe landen, Wien 1957, Jugend und Volk.
Neues Land im Weltall, Wien 1958, Österreichischer Bundesverlag.
Die Astronauten, Wien 1959, Österreichischer Bundesverlag.
Festung Sonnensystem, Wien 1960, Österreichischer Bundesverlag.
Raumfahrt–Traumfahrt, Wien 1961, Österreichischer Bundesverlag.
Planet im Nebel, Wien 1963, Österreichischer Bundesverlag.
Flucht in die Weltraum-City, Wien 1964, Österreichischer Bundesverlag.
Von Göttern entführt, Wien 1972, Österreichischer Bundesverlag.

Dominik, Hans (Joachim)
(1872–1945)
Hans Dominik ist wohl der bekannteste deutsche SF-Autor aus der Zeit vor dem Zweiten Weltkrieg. Seine Romane erzielten hohe Auflagen, die vor allem damit erklärt werden können, daß er sich dem jeweils herrschenden Zeitgeist besonders gut anglich. Er selbst betrachtete sich als legitimen Nachfolger Jules Vernes; diesem großen Vorbild konnte er allerdings nie gerecht werden. Eigentlich deutete zuerst nichts auf eine schriftstellerische Karriere hin. In Zwickau geboren, stammte Dominik aus »guter« Familie; sein Vater war Chefredakteur des ›Neuen Kurs‹ in Berlin. Der damaligen Bildungsauffassung zufolge mußte Dominik ein humanistisches Gymnasium besuchen, seine schulischen Leistungen waren deshalb ausgesprochen schlecht. Seine Talente lagen zweifelsohne immer schon auf naturwissenschaftlich-technischem Gebiet. Immerhin ermöglichte sein unterentwickeltes Fremdsprachentalent etliche Schulwechsel,

die ihn letztlich an das Gymnasium in Gotha brachten. Dort unterrichtete ihn in seinen Lieblingsfächern Mathematik und Physik Kurd Laßwitz, der selbst utopische Romane und Erzählungen verfaßte. Laßwitz machte auf Dominik auch als Persönlichkeit einen großen Eindruck und sollte seinen späteren Lebenslauf beeinflussen. – Nach dem Abitur 1893 entschloß sich Dominik, an der Technischen Hochschule Berlin Maschinenbau unter besonderer Berücksichtigung der Eisenbahntechnik zu studieren, da es für das ihn eigentlich interessierende Gebiet der Elektrotechnik noch kein eigenes Fachstudium gab. Als Student machte er zwei Amerikareisen, 1895 und 1897, wobei er das zweite Mal ein ganzes Jahr in den Staaten blieb und dort als Elektroingenieur tätig war. Nach seiner Rückkehr befand sich die Starkstromtechnik in Europa gerade in großem Aufwind. Aufgrund seiner sprachlichen und fachlichen Kenntnisse, die er sich in der auf diesem Gebiet führenden Nation erworben hatte, machte ihm die Industrie gute Angebote. Er entschloß sich, sein Studium abzubrechen und wurde bei einer kleineren Firma gleich Projektleiter in der Abteilung »Licht und Kraft«, wo er mit der Elektrifizierung von Zechen und Industriewerken betraut war. – Bald wurde er jedoch dank seiner journalistischen Begabung in das damals sogenannte ›literarische Büro‹ versetzt, in die PR-Abteilung, wie man heute sagen würde. Schon während seiner Studienzeit hatte er für die Zeitung seines Vaters und andere Bücher populärwissenschaftliche Artikel und Berichte verfaßt. Allerdings erschien Dominik selbst diese rein schriftstellerische Arbeit nicht als die letzte Erfüllung. Er wollte vielmehr als Techniker tätig sein. Es begann ein rastloser Abschnitt seines Lebens, der ihn in mehrere Firmen führte; dieser Ingenieurtätigkeit setzte 1899 eine starke Augenschädigung ein abruptes Ende und zwang ihn zu einer Ruhepause von über einem Vierteljahr. Dann fand er endlich bei Siemens und Halske, der führenden deutschen Elektrofirma mit internationalem Ruf, eine Stellung, die er sich schon lange gewünscht hatte. Für die Pariser Weltausstellung von 1900 schrieb er einen grundlegenden Bericht über die Elektrifizierung von Bergwerken. Auch hier wurde Dominik bald in die PR-Abteilung versetzt, was ihn dazu bewog, sich 1901 als Fachautor selbständig zu machen. Hier kamen ihm die alten Beziehungen durch seinen Vater sehr zugute. Denn Dominik wollte nicht so sehr für die Fachwelt schreiben; es zog ihn zur Tagespresse, wo er zwar ein weniger speziell gebildetes, dafür aber weitaus größeres Publikum ansprechen konnte. Sein Einstieg im ›Berliner Tageblatt‹, einer über die Grenzen Berlins hinaus bekannten Tageszeitung, waren »technische Märchen«, wie er sie selbst nannte. Darin schildert er das Leben von an sich toten Dingen wie Maschinen und Apparaten, die er zum Leben erweckte. Für die Industrie verfaßte er weiter freiberuflich Broschüren und Werbeprospekte. – 1903 gründete er zusammen mit Graf von Arco, dem Erfinder der drahtlosen Telegraphie, Edmund

Rumpler, dem Konstrukteur eines der ersten Flugzeuge, der Rumpler-Taube, und anderen die »Automobiltechnische Gesellschaft«. Dominik war nicht nur Förderer des Automobils, sondern wirkte an der Entwicklung selbst aktiv mit. So erlangte er mehrere Patente für eine Kugellagerkonstruktion. 1905 wechselte Dominik vom »Berliner Tageblatt« zum »Berliner Lokalanzeiger«, wo er die Funktion eines technischen Lokalreporters innehatte. Gleichzeitig trat er mit dem Verlag Carl Duncker in Verbindung, für den er etliche kürzere Unterhaltungsromane schrieb. Sie hatten zwar technischen Inhalt, nicht jedoch einen utopischen Zug; sie spielten ausnahmslos in der Gegenwart. Allerdings begann Dominik schon in dieser Zeit, utopische Geschichten zu verfassen. Im **Neuen Universum**, einem heute noch erscheinenden Jahrbuch für die Jugend, erschienen ab 1907 einige Kurzgeschichten von Dominik. Darin greift er eigentlich schon alle Themen, die er in seinen großen SF-Romanen verwertet, auf. Durch den geringen Umfang sind sie dagegen aber wirklich nur auf die technischen Fakten begrenzt. Die Handlung spielt nur eine untergeordnete Rolle, und ihr Stil ist äußerst lehrhaft. 1910 heiratete er seine um fast sechzehn Jahre jüngere Frau, 1911 wurde er Vater einer Tochter. Den Ersten Weltkrieg erlebte Hans Dominik aufgrund einer Rückgratverkrümmung nicht an der Front, sondern bei Siemens und Halske. Dort arbeitete er an der Weiterentwicklung der Telegraphie mit. Schon seit Kriegsende befaßte er sich mit dem Gedanken, einen utopischen Roman zu entwerfen. Inwieweit seine Tätigkeit beim Film dafür mitbestimmend war – er war 1918 bis 1920 Dramaturg für technische Kurzfilme – sei dahingestellt. Jedenfalls nahm er 1921 die Arbeit an seinem ersten Roman **Die Macht der Drei** in Angriff. 1922 erschien er als Fortsetzungsroman in der »Woche« – dies war das erste Mal, daß in Deutschland in einer größeren Tageszeitung ein technischer Roman erschien, und es bildeten sich – wie der Autor berichtet – Schlangen vor den Zeitungskiosken, solange die Fortsetzung lief. Dank des unbestreitbaren Erfolges wurde im gleichen Jahr eine Buchausgabe veröffentlicht. Zu Lebzeiten Dominiks wurden immerhin 170 000 Exemplare der **Macht der Drei** abgesetzt. Die Inflation zwang Dominik, wieder eine feste Stellung anzunehmen. Ab 1922 wurde er beim Voxo Konzern als Elektroingenieur eingestellt. Nebenher entstand sein zweiter Roman **Die Spur des Dschingis-Khan,** der 1923 wieder in der »Woche« als Vorabdruck erschien. 1924 machte sich Dominik erneut selbständig. Von nun an widmete er sich ganz der Schriftstellerei. Neben utopischen Romanen verfaßte er auch populärwissenschaftliche Sachbücher. – Hans Dominik hat in seinen Romanen eigentlich alle in seiner Zeit aktuellen naturwissenschaftlich-technischen Ansichten behandelt und in die Zukunft extrapoliert. Da er natürlich nicht auf allen Gebieten so großes Wissen erlangen konnte wie auf dem Sektor der Elektrizität, sind seine Romane oft selbst aus dem Zeitverständnis heraus falsch oder hinken der realen Entwicklung nach. Allerdings spielt sein Spezialgebiet Elektrizität immer eine große Rolle. Dominik ist ein Paradebeispiel trivialer SF-Literatur. Seine Charaktere sind idealisiert, im guten wie im schlechten. Sein Stil erinnert an Groschenromane, und seine gesellschaftlichen Vorstellungen sind derart in seiner Gegenwart verwurzelt, daß er ihnen selbst in der Zukunft nicht entrinnen kann. Für ihn ging es lediglich um eine rein technokratische Extrapolation seiner Gegenwart, um technischen Fortschritt, der keinen sozialen Fortschritt nach sich zieht. Naturwissenschaft und Technik sind dabei Mittel zum Zweck, und zwar vorwiegend deutscher imperialistischer Bestrebungen. Deshalb wohl blieb seine Wirkung auch nur auf den deutschen Sprachraum beschränkt. Nicht eins seiner Werke erschien in englischer Übersetzung – wenn man von der Erzählung AIRPORTS FOR WORLD TRAFFIC (AW, Jan. 1930) absieht. Hans Dominik starb bei Kriegsende in Berlin. Sein Werk fand auch nach seinem Tod hierzulande zahlreiche Verehrer und Bewunderer. Die Gesamtauflage seiner Romane beträgt inzwischen beinahe vier Millionen Exemplare.

Bibliographie:
Die Macht der Drei, Leipzig 1922, E. Keil's Nachfolger.
Die Spur des Dschingis-Khan, Leipzig 1923, E. Keil's Nachfolger.
Atlantis, Leipzig 1925, E. Keil's Nachfolger.
Der Brand der Cheopspyramide, Leipzig 1926, E. Keil's Nachfolger.
Das Erbe der Uraniden, Berlin 1928, E. Keil's Nachfolger.
König Laurins Mantel, Berlin 1928, E. Keil's Nachfolger (späterer Titel **Unsichtbare Kräfte**)
Kautschuk, Berlin 1930, E. Keil's Nachfolger.
Befehl aus dem Dunkel, Berlin 1933, Scherl Vlg.
Der Wettflug der Nationen, Leipzig 1933, Koehler & Amelang.
Das stählerne Geheimnis, Berlin 1934, Scherl Vlg.
Ein Stern fiel vom Himmel, Leipzig 1934, Koehler & Amelang.
Atomgewicht 500, Berlin 1935, Scherl Vlg.
Lebensstrahlen, Berlin 1938, Scherl Vlg.
Land aus Feuer und Wasser, Berlin 1939, Koehler & Amelang.
Himmelskraft, Berlin 1939, Scherl Vlg.
Treibstoff SR, Berlin 1940, Scherl Vlg. (späterer Titel **Flug in den Weltenraum**).
Moderne Piraten, Berlin 1955, Gebr. Weiß Vlg.
Ein neues Paradies, München 1977, H 3562.

Doyle, (Sir) A(rthur) Conan
(1850–1930)
Der Vater von Sherlock Holmes wurde in Edinburgh als Sohn eines Kunstmalers geboren, besuchte ein von Jesuiten geführtes College in Stonyhurst, verbrachte ein Jahr lang in einem österreichischen Jesuitengymnasium und studierte dann Medizin. Bereits in jungen Jahren faszinierten ihn die Stories von Edgar Allan Poe. Als Schiffschirurg fuhr er zur See auf einem Walfänger, das Diplom als Arzt, die Eröffnung einer wenig erfolg-

reichen Praxis in der Nähe von Portsmouth und die Promotion folgten. Schon Ende der siebziger Jahre des letzten Jahrhunderts hatte er ein paar Kurzgeschichten geschrieben und veröffentlicht, aber um 1886 begann er seinen ersten Roman, einen Krimi (A STUDY IN SCARLET), in dem bereits Dr. Watson und Sherlock Holmes auftauchten. Ein weiterer, kürzerer Holmes-Roman machte Doyle schon recht bekannt, aber den Durchbruch brachte seine dritte Erzählung, A SCANDAL IN BOHEMIA, die Doyles Agent, A.P. Watt – diese sehr angesehene Agentur existiert noch immer in England –, an die neue Zeitschrift *Strand Magazine* verkaufte. Als Sir Arthur 1930 starb, hinterließ er insgesamt 56 Holmes-Erzählungen und 4 Holmes-Romane. Sein Detektiv-Duo ging in die Literaturgeschichte ein und wurde ungemein populär. Holmes machte Doyle zu einem reichen Mann und verhalf auch den anderen Romanen und Stories des Autors zum Erfolg – auch seinen Science Fiction-Erzählungen. Doyle schrieb insgesamt nur wenig SF, aber sein Roman THE LOST WORLD (1912) wurde zu einem der größten Klassiker des Genres. Darin entdeckt Professor Challenger in den Dschungeln Südamerikas eine »vergessene« prähistorische Welt. Dieser Stoff wurde zweimal verfilmt, zuletzt 1960 von Irwin Allen. Professor Challenger taucht auch in THE POISON BELT (1913) und in mehreren Kurzgeschichten auf, die als THE PROFESSOR CHALLENGER STORIES (1952) auch gesammelt vorliegen.

Eine weitere Sammlung mit SF-Stories ist THE MARACOT DEEP AND OTHER STORIES (1929) und vereinzelte andere SF-Geschichten, etwa die sehr bekannten Erzählungen THE GREAT KEINPLATZ EXPERIMENT und THE HORROR IN THE HEIGHTS findet man gemeinsam mit anderen Stories in zahlreichen Anthologien. Doyle war in England übrigens so prominent, daß er sich zweimal als Kandidat für Unterhauswahlen aufstellen ließ (er verlor nur knapp).

Bibliographie:
Der Tauchbootkrieg (DEEP WAR), Stuttgart 1911, Lutz Vlg.
Im Giftstrom (THE POISON BELT), Wien 1924, C. Stephenson Vlg.
Die verlorene Welt (THE LOST WORLD), Berlin 1926, Scherl Vlg.
Das Nebelland (THE LAND OF MIST), Berlin 1926, H. Wille Verlag.

Dozois, Gardner R.
(1947–)
Seine erste SF-Story verkaufte er 1966, aber sehr bald danach wurde er Soldat und kam für einige Jahre als Militärjournalist nach Nürnberg. Am Ende seiner Dienstzeit erhielt er eine Abfindung für den Dienst in Übersee und mietete sich für das Geld in einem kleinen deutschen Dorf in einer Dachstube ein, um den Absprung zum professionellen Schriftsteller zu finden (Motto: schreiben oder verhungern!). Er verhungerte nicht, sondern kehrte im Sommer 1969 nach Amerika zurück und lebt heute als

freier Schriftsteller in Philadelphia. Er veröffentlichte Stories in Damon Knights *Orbit*-Anthologien, in Silverbergs NEW DIMENSIONS, Terry Carrs UNIVERSE und anderswo, während er nebenher für mehrere Verlage SF-Texte begutachtete. Er gab die Anthologie A DAY IN THE LIFE (1972) heraus und war für eine zweite (FUTURE POWER, 1976) gemeinsam mit Jack Dann verantwortlich. Eine seiner besten Stories, STRANGERS (1975 Anwärter auf den Hugo Gernsback-Award), erweiterte er zu dem gleichnamigen, 1978 erschienenen Roman. Dozois gilt als eines der vielversprechenden Talente unter den neueren SF-Autoren, und seine Erzählungen wurden sowohl für den Hugo Gernsback- wie auch für den Nebula-Award nominiert.

Dubina, Peter
(1940–   )
Der auch unter den Pseudonymen Peter Derringer und Peter Dörner veröffentlichende Peter Dubina wurde in der Tschechoslowakei geboren und lebt seit 1946 in Bayern. Neben zahlreichen Jugendbüchern im Abenteuerbereich (vor allem Indianerromanen) schrieb er etwa 150 Krimis und Western, die zum Teil u. a. auch in den USA, England, Schweden und Belgien erschienen. Er veröffentlichte einen SF-Heftroman und die SF-Jugendbücher **Mars – Planet der Geister** (1969) sowie **Entscheidung im Weltraum** (1973); das eine wurde ins Holländische, das andere ins Englische (Ausgaben in England und USA) übersetzt.

Bibliographie:
Mars – Planet der Geister, Stuttgart 1969, Boje Weltraumabenteuer.
Entscheidung im Weltraum, Stuttgart 1973, Boje Weltraumabenteuer.

Heftpublikationen:
Waffenschmuggel im Kosmos, UZ 184 (1959).

Duncan, David
(1913–   )
Der in Billings/Montana geborene SF-Autor David Duncan schloß sein Studium an der Universität von Montana mit dem Bachelor of Arts ab und arbeitete ab 1935 als Sozialarbeiter und Ökonom. Ab 1946 schrieb er nur noch, und zwar in erster Linie Scripts für den Film und später fürs Fernsehen, u. a. eine Adaption von H. G. Wells' THE TIME MACHINE. Sein erster SF-Roman war THE SHADE OF TIME (1946). Es folgten DARK DOMINION (1954) und

BEYOND EDEN (1955), in dem es um das seltsame Nebenprodukt einer atomaren Entsalzungsanlage geht. Seine vielleicht bekannteste SF-Erzählung ist OCCAM'S RAZOR (1957), eine Parallelweltgeschichte.

Bibliographie:
Unternehmen Neptun (BEYOND EDEN), Berlin 1957, Gebr. Weiß Vlg.

Duvic, Patrice
(1946–)
Patrice Duvic, ein französischer Nachwuchsautor, hat 1979 zwei SF-Romane vorgelegt: POISSON-PILOTE und NAISSEZ, NOUS FERONS LE RESTE!

Dvorkin, David
(1943–)
Als Sohn eines Rabbiners in Berkshire/England geboren, kam David Dvorkin, den verschiedenartigen Verpflichtungen seines Vaters gemäß, schon früh in der Welt herum. Zunächst zog seine Familie 1947 nach Südafrika, war auch dort nirgendwo lange an einem Ort, dann folgte 1952–54 ein knapp zweijähriger USA-Aufenthalt, die Rückkehr nach Südafrika und schließlich – 1957 – die endgültige Übersiedlung nach Amerika. Nach dem Studium in Indiana nahm David Dvorkin einen Job als Raumfahrtingenieur im NASA-Zentrum für bemannte Raumfahrt in Houston/Texas an und arbeitete an den Apollo-, Skylab-, Space-Shuttle- und Viking-Mars-Projekten mit. 1971 zog er nach Denver und arbeitete in einem Zulieferwerk für das Viking-Unternehmen, 1974 nahm er eine Stellung als Program-

mierer bei einer Behörde an, die für Sicherheit und Gesundheit im Bergbau zuständig ist. Während seiner Zeit in Houston erwarb er nebenher einen akademischen Grad in Mathematik. Da der Vater einiges an SF-Lektüre (z.B. Wells) im Haus hatte, las David schon als Kind SF und unternahm früh auch erste eigene Schreibversuche. Seine ersten Stories verkaufte er an Herrenmagazine. Er schrieb einen SF-Roman, THE CHILDREN OF SHINY MOUNTAIN, der 1975 veröffentlicht wurde. Diesen Roman hatte er bereits vor Jahren begonnen. Das Buch wurde ein Erfolg und ins Deutsche und Italienische übersetzt. Inzwischen hat er zwei weitere Romane und ein Sachbuch über Sonnenenergie verkauft, die 1979 erscheinen sollen. Dvorkin schätzt (und schreibt) traditionelle SF, die sich weniger an literarischen Mustern als an technisch wissenschaftlichen Fragestellungen orientiert.

Bibliographie:
Die Kinder der leuchtenden Berge (THE CHILDREN OF SHINY MOUNTAIN), München 1978, GWTB 0271.

E

Effinger, George Alec
(1947–)
Geo Alec Effinger wurde in Cleveland, Ohio, geboren. Er studierte an der Yale Universität und nahm 1970 am Clarion Writers' Workshop teil, aus dem eine ganze Reihe bemerkenswerter Talente hervorging. Noch im selben Jahr verkaufte er seine erste Kurzgeschichte, THE CAPITALS ARE WRONG, und zwar an Harlan Ellison, in dessen THE LAST DANGEROUS VISIONS sie demnächst erscheinen soll. Diese Publikation läßt seit Jahren auf sich warten. Inzwischen hat der Autor über 100 Stories an verschiedene Magazine und Anthologien verkauft. Sein erster Roman, WHAT ENTROPY MEANS TO ME, erschien 1972. Darauf folgten RELATIVES (1973), THOSE GENTLE VOICES (1976), und, in Zusammenarbeit mit Gardner Dozois, NIGHTMARE BLUE (1975). MIXED FEELINGS (1974) und IRRATIONAL NUMBERS (1976) sind zwei Story-Sammlungen. Effingers Werk ist eher surrealer Natur und hat mit herkömmlicher SF wenig gemein. In seinen oft humorvollen Geschichten gebraucht er seine Protagonisten eher wie Theater- oder Filmschauspieler, die er eine Rolle durchspielen läßt. Effingers Charaktere haben sich in einer traumhaften, oft bizarren Szenerie zurechtzufinden und zu bewähren. Sie sind Versuchskaninchen in phantastischen Spielen. WHAT ENTROPY MEANS TO ME wurde 1972 für den Nebula-Award nominiert, seine Story THE CITY ON THE SANDS 1973 für den Hugo. Im selben Jahr belegte George Alec Effinger in der Abstimmung um den John W. Campbell Award als »bester SF-Nachwuchs-Autor des Jahres« hinter Jerry Pournelle den zweiten Platz.

Bibliographie:
Hetzjagd auf dem Planet der Affen (MAN THE FUGITIVE), München 1977, TTB 287.
Terror auf dem Planet der Affen (ESCAPE TO TOMORROW), München 1977, TTB 290.
Gefangen auf dem Planet der Affen (JOURNEY INTO TERROR), München 1977, TTB 293.
Endzeit (C) (IRRATIONAL NUMBERS), München 1978, GWTB 0291.

Efremov, Ivan ↗ **Jefremow, Iwan**

Ehrhardt, Paul G(eorg)
(1889–1961)
Deutscher Schriftsteller und Ingenieur, wurde in Saarbrücken geboren, schrieb eine Reihe von Romanen, Novellen, Essays und Hörspielen, zum Teil unter dem Pseudonym Janus. Mit **Die letzte Macht** (1921) und **Transozean M1** (1922) unternahm er auch zwei Ausflüge in das Genre der utopischen Literatur. Paul G. Ehrhardt starb in München.

Bibliographie:
Die letzte Macht. Eine Utopie aus unserer Zeit, München 1921, Drei Masken Vlg., *Sindbad-Bücher*.
Transozean M1, Stuttgart 1922, Levy & Müller Vlg.

Eigk, Claus
(1905–)
Claus Eigk ist das Pseudonym des deutschen Autors Hartmut Bastian, der in Berlin geboren wurde und eine Anzahl von Romanen und Sachbüchern (u. a. **Weltall und Urwelt** und **Unsere Erde – das große Abenteuer**) verfaßte. Er schrieb auch drei SF-Romane: **Der Tag Null** (1954), **Das rote Rätsel** (1955) und **Ufer im Weltenraum** (1958).
Hartmut Bastian arbeitete als Herausgeber von einigen Lexikonwerken für den Ullstein-Verlag in Berlin mit.

Bibliographie:
Der Tag Null, Berlin 1954, Gebr. Weiß Vlg.
Das Rote Rätsel, Berlin 1955, Gebr. Weiß Vlg.
Ufer im Weltenraum, Berlin 1958, Gebr. Weiß Vlg.

Eklund, Gordon
(1945–)
Der in Kalifornien geborene Gordon Eklund ist einer der zahlreichen Vertreter der jüngsten Autorengeneration in den USA. Eklund diente in der U.S.-Air Force und begann seine schriftstellerische Laufbahn mit 25 Jahren. 1970 wurde in *Fantastic* seine erste Kurzgeschichte veröffentlicht: DEAR AUNT ANNIE. Konnte man diese Geschichte noch als harmloses Garn bezeichnen, mußte man dem Autor spätestens 1973 Qualität bescheinigen, als nämlich die in Zusammenarbeit mit Gregory Benford entstandene Novelle IF THE STARS ARE GODS erschien, die ein Jahr danach auch prompt den begehrten Nebula-Award gewann. In ihr geht es um das Zusammentreffen der Menschen mit einer außerirdischen Rasse, nach deren Glauben die Sterne Götter sind. Den in dieser, später zum Roman ausgeweiteten Erzählung gesetzten Standard konnte Eklund jedoch nicht halten. Waren die frühen Romane, wie THE ECLIPSE OF DAWN (1971, Thema: Zerfall der USA) oder BEYOND THE RESURRECTION (1973) stilistisch wie inhaltlich noch sehr vielversprechend, so verlegte sich Eklund um die Mitte dieses Jahrzehnts leider auf seichtere Stoffe, über die gelegentliche Lichtblicke im Kurzgeschichtenbereich nicht hinwegtäuschen können. Insgesamt wurden von Gordon Eklund bis dato 10 Romane und etwa 50 Stories veröffentlicht. Bis auf einige wenige Erzählungen ist von Eklund noch nichts ins Deutsche übersetzt worden.

Elder, Michael
(1931–   )
Das erste Werk des englischen Rundfunksprechers, Bühnen- und Fernsehschauspielers Michael Elder war ein 1951 veröffentlichtes Kinderbuch, THE AFFAIR AT INVERGARROCH. Mit dem 1970 erschienenen Roman PARADISE IS NOT ENOUGH wandte er sich der Science Fiction zu und schrieb in der Folge ein bis zwei SF-Romane pro Jahr. Sein zweiter SF-Roman, THE ALIEN EARTH (1971), wurde ins Deutsche und ins Italienische übersetzt. PARADISE IS NOT ENOUGH, THE ALIEN EARTH, NOWHERE ON EARTH (1972) und THE PERFUMED PLANET (1973) erlebten auch Taschenbuchauflagen in Amerika, und OIL-SEEKER (1977) liegt in einer zusätzlichen Ausgabe des Science Fiction Book Club vor. Die Mehrzahl seiner nunmehr 15 SF-Romane blieb bislang jedoch auf Buchausgaben im englischen Robin Hale Verlag beschränkt. Michael Elder redigiert außerdem seit 1967 die Zeitschrift *The Scottish Life-Boat* für die Royal National Life-Boat Institution.

Bibliographie:
Die Fremde Erde (THE ALIEN EARTH), München 1972, GWTB 142.

Elgin, Suzette Haden
(1936–   )
Suzette Haden Elgin wurde in Louisiana/Missouri geboren und wuchs in den Ozarks auf. Sie studierte an verschiedenen Colleges und Universitäten Sprachen und Linguistik und lebt heute mit ihrem Ehemann und ihren vier Kindern in Kalifornien. Eigenen Aussagen zufolge ging sie neben der Schriftstellerei zahlreichen Beschäftigungen nach. So war sie u. a. Sekretärin, Dolmetscherin, Übersetzerin, Modell, Lehrerin und Sängerin. 1969 brachte *The Magazine of Fantasy and Science Fiction* ihre bis dato einzige SF-Story: FOR THE SAKE OF GRACE. Anfang der siebziger Jahre folgten drei Romane, von denen THE COMMUNIPATHS (1970) der bekannteste sein dürfte.

Bibliographie:
Der Q-Faktor (THE COMMUNIPATHS), Frankfurt 1972, FO 17.

Ellison, Harlan (Jay)
(1934–   )
Harlan Ellison, einer der umstrittensten SF-Autoren, wurde in Cleveland/Ohio geboren und studierte von 1953–1955 an der Ohio State University. Seit seiner Jugend war er mit dem SF-Fandom verbunden und gab das Fanzine *Science Fantasy-Bulletin* (später *Dimensions*) heraus. Nach seinem Studium begab sich Ellison 1955 nach New York, wo er zusammen mit Randall

Garrett und Robert Silverberg versuchte, sich seinen Lebensunterhalt als SF-Schriftsteller zu verdienen. Sein Zimmernachbar Robert Silverberg charakterisierte ihn als »...unberechenbar, furchtlos, außerordentlich ehrgeizig und voller Energie. In jedem Raum, den er betrat, gab er den Ton an.« Dennoch hatte Ellison große Schwierigkeiten, seine Stories zu verkaufen. Schließlich glückte es ihm mit GLOWWORM (*Infinity*, 2/56), was ihm einige Türen öffnete. Bis 1959 hatte er bereits über 100 Kurzgeschichten verkauft, von denen aber längst nicht alle zum SF-Bereich zählen. Daneben schrieb er einige Romane, die nichts mit SF zu tun haben. Für den ersten davon, RUMBLE (1958), trieb sich Ellison zehn Wochen lang mit jugendlichen Banden in den New Yorker Slums herum. Die so gewonnenen Informationen verwertete er für seinen Roman, der wie eine Reihe anderer Publikationen Ellisons sich mit jugendlichen Straftätern und der Gewalt in den Dschungeln der Großstädte auseinandersetzt. 1959 zog Ellison nach zweijährigem Militärdienst nach Chicago, wo er Herausgeber von *Rogue Magazine* und der *Regency Books* wurde. Danach ließ er sich in Los Angeles nieder, wo er auch heute noch wohnt. Ab 1960 begann Harlan Ellison als Scriptwriter für Fernsehserien zu arbeiten und hatte es 1964 geschafft, sich in Hollywood zu etablieren. Er schrieb u.a. für *Route 66* und *Star Trek*. 1967 gewann seine *Star Trek*-Episode THE CITY AT THE EDGE OF FOREVER den Hugo als beste dramatische Präsentation. Andere seiner Scripts gewannen ebenfalls Preise, während eine neuere Fernsehserie, die Harlan Ellison initiierte, THE STARLOST, sich als Fiasko erwies und kaum ein Jahr lang ausgestrahlt wurde (1973). Ellison war über die vielen Abänderungen so verärgert, daß er nicht mit seinem eigenen Namen zeichnete, sondern mit Corwainer Bird, einem Pseudonym, das er seit den fünfziger Jahren für solche Fälle benutzt. Ellisons Aufstieg als SF-Autor begann Mitte der sechziger Jahre. Er, der von allen bedeutenderen SF-Autoren vielleicht am längsten gebraucht hatte, um seine Richtung zu finden, traf nun eine veränderte Marktsituation an. Sein Stil hatte sich entscheidend verbessert. Durch den Erfolg beim Fernsehen konnte er es sich leisten, mehr Sorgfalt auf das Abfassen seiner Geschichten zu verwenden. Seine kompromißlosen, energiegeladenen Stories, die sich durch ihren stakkatohaften Stil auszeichneten, wurden in der an Experimenten reichen Zeit der Beatles-Ära für die Magazinherausgeber interessant und verfehlten es nicht, Eindruck auf die Leserschaft zu machen. So wurde Harlan Ellison, dessen frühe Erzählungen in den fünfziger Jahren wenig mehr als Seitenfüller waren, in den sechziger und siebziger Jahren zum häufigst ausgezeichneten SF-Schriftsteller. Er gewann nicht weniger als sieben Hugos und zwei Nebulas mit Geschichten wie REPENT HARLEQUIN, SAID THE TICKTOCKMAN (GAL, 12/65), I HAVE NO MOUTH AND I MUST SCREAM (IF, 3/67), THE BEAST THAT SHOUTED LOVE AT THE HEART OF THE WORLD (GAL, 6/68), A BOY AND HIS DOG (1969), eine Novelle, die erfolgreich verfilmt wurde, THE DEATHBIRD (FSF, 3/73), ADRIFT JUST OFF THE ISLETS OF LANGERHANS: LATITUDE 38° 54′ N, Longitude 77° 00′ 13″ W (FSF, 10/74) und JEFFTY IS FIVE (FSF, 7/77). 1967 gab er mit DANGEROUS VISIONS die erste amerikanische New-Wave-Anthologie heraus, die einen großen Einfluß auf die verlegerische Seite der SF hatte und einen Schwarm von Originalanthologien in ihrem Kielwasser nach sich zog. AGAIN, DANGEROUS VISIONS folgte 1972 und enthielt wie der erste Band mehrere Geschichten, die später Preise gewannen, während man auf den angekündigten dritten und letzten Band, LAST DANGEROUS VISIONS, seit einem halben Jahrzehnt wartet. Alle diese Aktivitäten und seine Wortgewandtheit bei den SF-Veranstaltungen machten Harlan Ellison zu einem der umstrittensten und angefeindetsten Autoren in der SF. Während Kritiker in den USA seine Sprachvirtuosität loben und sich an seinem zuweilen fast hysterisch wirkenden Stil berauschen, stieß Ellison in Europa eher auf Ablehnung. Die Kritik warf ihm vor, ein literarischer Schaumschläger zu sein, dessen Geschichten Tiefgang vermissen ließen. Viele seiner Kurzgeschichten sind in 13 Collections gesammelt, die zwischen 1959 und 1978 publiziert wurden. Einer seiner wenigen SF-Romane, THE MAN WITH NINE LIVES, erschien 1959.

Bibliographie:
Die Puppe Maggie Moneyeyes (C) (I HAVE NO MOUTH AND I MUST SCREAM), Düsseldorf 1972, MvS.
Der Silberne Korridor (C) (ELLISON WONDERLAND), München 1973, GWTB 0152.

Hrsg. von:
15 SF-Stories (C) (DANGEROUS VISIONS) (I), München 1969, *Heyne Anthologien* Nr. 32.
15 SF-Stories (C) (DANGEROUS VISIONS) (II), München 1970, *Heyne Anthologien* Nr. 34.

Elwood, Roger
(1943–)
Amerikanischer Anthologist und Herausgeber. Wenn jemand in die Fußstapfen von Groff Conklin, *dem* amerikanischen Anthologisten der vierziger und fünfziger Jahre, getreten ist, dann ist es Roger Elwood. Seine Karriere begann in den frühen sechziger Jahren, als er zusammen mit Sam Moskowitz einige Anthologien herausbrachte, darunter THE HUMAN ZERO (1967), STRANGE SIGNPOSTS (1966) und TIME CURVE (1968).

Als Elwood sein Handwerk von Moskowitz gelernt hatte, begann er Anfang der siebziger Jahre eigenständig Anthologien zusammenzustellen, und zwar in solchen Massen, daß man geradezu von einer Elwood-Welle sprechen kann. Dabei war seine Auswahl zuweilen ziemlich fragwürdig. Von einer Leitidee konnte selten die Rede sein. Elwood graste alle Themenbereiche ab und brach in neue Märkte ein. Kinder- und Jugendbücher wurden seine große Domäne, denn sie wurden von Verlagen publiziert, die mit der SF wenig Erfahrung hatten und glaubten, sie handelten sich mit Elwoods Anthologien das Beste vom Besten ein. Auf diese Weise gelang es Elwood, in 10 Jahren etwa 70 Anthologien abzusetzen, die in mindestens 30 verschiedenen Verlagen erschienen. Positiv zu erwähnen sind dabei nur wenige Ausnahmen, so die vier *Continuum*-Bände, in denen verschiedene Autoren im ersten Buch Stories begannen, die sie in den weiteren dann fortsetzten.

England, George Allan
(1877–1936)
Einer der großen SF-Autoren aus der Zeit vor 1920. George Allan England wurde in Nebraska geboren und begann zu schreiben, als er in den Wäldern von Maine seine Tuberkulose auskurierte. Ab 1905 war er regelmäßiger Mitarbeiter an den Magazinen des Verlegers Frank Munsey. Seine Romane erschienen, teilweise als lange Fortsetzungsserien, in *Cavalier, All Story Weekly* und *People's Favourite Magazine* zwischen 1910 und 1920 und wurden später oftmals nachgedruckt. Am bekanntesten ist seine DARKNESS AND DAWN-Trilogie, bestehend aus DARKNESS AND DAWN (1912), BEYOND THE GREAT OBLIVION (1913) und THE AFTERGLOW (1913). In ihr wachen ein junger amerikanischer Ingenieur und dessen hübsche Sekretärin nach jahrhundertelangem Tiefschlaf in einem zerstörten New York auf und müssen sich als modernes Adam-und-Eva-Paar gegen mannigfaltige Gefahren durchsetzen. Diese Roman-Trilogie ist ein Musterbeispiel für die sogenannten »Scientific Romances«, Liebesgeschichten, die in actionreicher Handlung vor einem möglichst farbigen SF-Hintergrund ablaufen. England verteidigte bei mehreren Anlässen die, wie er sie nannte, »pseudowissenschaftliche Literatur« und kann somit als Vorkämpfer für die SF angesehen werden. Seine Romane THE ELIXIR OF HATE (1911) und THE FLYING LEGION (1919) sind von ähnlichem Strickmuster wie DARKNESS AND DAWN, während er sich in THE GOLDEN BLIGHT (1912) als engagierter Sozialist entpuppt. Neben Edgar Rice Burroughs war er wahrscheinlich der einflußreichste amerikanische SF-Autor im zweiten Jahrzehnt unseres Jahrhunderts.

Erhardt, Paul
(1922–   )
Paul Erhardt wurde in Caßdorf in der Nähe von Kassel geboren und lebt heute in der DDR. Er war zunächst Maschinenschlosser, studierte, arbeitete als Ingenieur für

Elektrotechnik, qualifizierte sich dann als Diplom-Ingenieur für elektrische Maschinen und Antriebe und ist heute wissenschaftlicher Mitarbeiter in einem Betrieb, der sich mit Rationalisierung befaßt. Sein Interesse für Technik, Astronomie und Astrophysik brachte ihn dazu, sich auch als SF-Autor zu versuchen. Er schrieb bislang einen Roman: **Nachbarn im All** (1975).

Bibliographie:
Nachbarn im All, Berlin 1975, Vlg. Neues Leben.

Erler, (Horst) Rainer
(1933–)

Rainer Erler wurde in München geboren, spielte während seiner Schulzeit an Schul- und Studiobühnen, war mit zwölf fest entschlossen, später Filme zu machen, verfaßte Theaterstücke, ein erstes Drehbuch, Atelierreportagen und Kritiken für Filmclubzeitungen. Nach dem Abitur (1952) arbeitete er als Regieassistent bei Rudolf Jugert, Harald Braun, Kurt Hoffmann, Paul Verhoeven, Wolfgang Liebeneiner und Franz Peter Wirth, der ihn zum Fernsehen brachte. Von 1961 bis 1972 arbeitete er als Autor, Regisseur und Produzent bei der Bavaria in München, wo unter seiner Beteiligung 27 TV-Produktionen (darunter auch Kurzfilme) entstanden. Nach seinem 1969 ausgestrahlten Fernsehfilm **Die Delegation** entstand 1972 der Roman gleichen Titels, der die Geschichte eines (anfangs) zynischen TV-Reporters erzählt, der »Fliegenden Untertassen« nachforscht, dann Beweise dafür findet, daß Außerirdische auf der Erde gelandet sind, bei seinen Dienstherren allerdings nur auf Unglauben stößt und schließlich bei einem Unfall ums Leben kommt. Neun Filme Erlers erhielten internationale Preise, darunter auch **Operation Ganymed** (1977), der in Triest mit dem Goldenen Asteroiden für den besten SF-Film ausgezeichnet wurde. Auch die siebenteilige TV-Serie **Das Blaue Palais** (1974–76) kann der SF zugerechnet werden: Darin geht es um eine Gruppe internationaler Wissenschaftler, die in einem von einer Stiftung zur Verfügung gestellten Anwesen zusammengefunden haben, »um frei und unabhängig neue Aspekte unserer Zukunft zu erforschen« und »wissen, daß sie dabei ethische und moralische Grenzen überschreiten müssen.«

Bibliographie:
Die Delegation, Frankfurt/Main 1973, FO 44

Das Genie, München 1979, Wilhelm Goldmann Vlg.
Der Verräter, München 1979, Wilhelm Goldmann Vlg.
Das Medium, München 1979, Wilhelm Goldmann Vlg.
Unsterblichkeit, München 1979, Wilhelm Goldmann Vlg.
Gespensterjagd, München 1979, Wilhelm Goldmann Vlg.
Plutonium, München 1979, Wilhelm Goldmann Vlg.
Der Gigant, München 1979, Wilhelm Goldmann Vlg.
Fleisch, München 1979, Wilhelm Goldmann Vlg.
Operation Ganymed, München 1980, Wilhelm Goldmann Vlg.

Ernsting, Walter
(1920–   )
Walter Ernsting, ein deutscher SF-Autor, wurde in Koblenz geboren, besuchte das Gymnasium in Essen. Von der Schule weg wurde er zum Arbeitsdienst verpflichtet und nach Kriegsausbruch zu einer Nachrichteneinheit der Wehrmacht eingezogen. Den Krieg erlebte Ernsting in Polen, Norwegen, Lappland und der Sowjetunion, wo er gefangengenommen wurde und fünf Jahre (1945–1950) in Karaganda/Sibirien verbrachte. Nach Hause zurückgekehrt, war Ernsting zunächst schwer krank und arbeitsunfähig. 1952 stellte er sich den britischen Besatzungsbehörden als Dolmetscher zur Verfügung. Dort lernte er die für Besatzungssoldaten importierten englischen und amerikanischen SF-Magazine kennen. 1953 nahm er mit dem damals größten deutschen Heftromanverleger Erich Pabel Kontakt auf und schlug ihm die Herausgabe einer Reihe vor, die hauptsächlich Übersetzungen angloamerikanischer Science Fiction bringen sollte. Pabel war einverstanden, und Ernsting startete eine Eine-Mark-Reihe *Utopia-Großband,* die anfangs, in recht schauderhaft-bunter Aufmachung dargeboten, dann und wann sogar die Bundesprüfstelle für jugendgefährdende Schriften auf den Plan rief. Ernsting gab diese Reihe nicht nur heraus, sondern übersetzte und redigierte sie auch zum größten Teil. Schließlich begann er unter dem englisch klingenden Pseudonym Clark Darlton selbst utopische Romane zu schreiben, die sich hauptsächlich mit der Thematik der Zeitreise auseinandersetzten und dadurch aus dem Rahmen fielen, daß sie getürkte englische Untertitel führten, um beim Leser den Eindruck zu erwecken, er hätte es mit einer Übersetzung zu tun. Ernsting hatte sofort Erfolg; seine Romane kamen bei der deutschen Leserschaft an. 1957 erhielt sein 1955 erschienener Erstling **UFO am Nachthimmel,** und ein Jahr später der Roman **Die Zeit ist gegen uns** (1956) den aus den Vereinigten

Staaten importierten Hugo-Award, der von nun an bis in die späten sechziger Jahre im Namen Hugo Gernsbacks auch an bundesdeutsche SF-Autoren verliehen werden durfte. Mit **Überfall aus dem Nichts** (1956) erschien schließlich Ernstings erstes Buch, während er vorher lediglich Heftromane publiziert hatte. Der Erfolg der *Utopia-Großband*-Reihe ermunterte den Verleger schließlich auch zur Herausgabe des ersten deutschen Science Fiction-Magazins: das *Utopia-Magazin*, ebenfalls von Ernsting herausgegeben, wurde zum Publikationsforum auch junger deutscher Autoren wie Jesco von Puttkamer und Wolfgang Jeschke. Anfang der sechziger Jahre konnte Ernsting bereits auf die stattliche Reihe von 60 veröffentlichten Romanen und einhundert Übersetzungen verweisen. Als der Cheflektor des Pabel-Verlags 1960 zu Moewig überwechselte und mehrere eingeführte SF-Autoren nach dort mitnahm, befanden sich in seinem Kielwasser auch Kurt Mahr, W. W. Shols, K. H. Scheer und – Clark Darlton. Zusammen mit K. H. Scheer machte sich Walter Ernsting an die Konzeption einer SF-Heftromanserie, die ein beispielloser und nie dagewesener Erfolg wurde, die heute über 900 Fortsetzungen aufweist und allein in deutscher Sprache mehr als 750 Millionen Exemplare verkauft hat – wozu noch Übersetzungen in den USA, England, Frankreich, Holland, Japan, Italien und Finnland kommen: **Perry Rhodan – der Erbe des Universums**. Walter Ernsting war aber nicht nur in der bundesdeutschen Nachkriegs-SF ein Mann der ersten Stunde, sondern gilt auch als der Begründer des deutschen »Fandoms«: Ähnlich wie in Hugo Gernsbacks *Amazing* gründete er im *Utopia-Magazin* und im *Utopia-Großband* unter dem Titel »Meteoriten« eine Leserbriefspalte, in der die weitgehend isoliert lebenden SF-Leser einander kennenlernten, miteinander Kontakt aufnahmen und schließlich zur Gründung eines SF-Clubs zusammenfanden. 1955 war es dann soweit: Mit Unterstützung einiger prominenter Persönlichkeiten wie Dr. Heinz Haber, der Schauspielerin Brigitte Helm (»Metropolis«), SF-Autoren wie Theodore Sturgeon und A. E. van Vogt wurde der »Science Fiction Club Deutschland e. V.« gegründet, der im zweiten Jahr seines Bestehens bereits über 1500 Mitglieder aufweisen konnte, gegen Ende der fünfziger Jahre aber an unterschiedlichen Auffassungen und Vereinsmeierei zerbrach und trotz aller Wiederbelebungsversuche nie mehr den einstigen Erfolg hatte (seine Mitgliederzahl hat sich heute bei etwa 200 eingependelt). Im Zuge einer »Ästhetisierungswelle«, in der die »Heftchenautoren« plötzlich nicht mehr sonderliches Ansehen genossen, verließ der größte Teil der professionellen SF-Fans den Verein, darunter auch Walter Ernsting, der sich fortan bemühte, unter seinem bürgerlichen Namen SF-Jugendbücher zu verfassen. Insgesamt hat Ernsting über 300 Romane (einschließlich der Serienhefte *Perry Rhodan*, *Atlan*, *Dragon* und zweier Western, die unter dem Pseudonym Frank Haller erschienen) veröffentlicht. 1979 erschien mit **Der Tag, an dem die Götter starben** ein Buch in der Tradition seines Freundes Erich von Däniken; eine Mischung aus »Sachbuch« und SF-Roman, das von der Prämisse ausgeht, die Erde habe in grauer Vorzeit Besuch aus dem Weltall erhalten. Ernsting lebt heute in Ainring, nahe der österreichischen Grenze.

Bibliographie:
Überfall aus dem Nichts, Hann. Minden 1956, Zwei Schwalben Vlg.
Die strahlenden Städte, Düsseldorf 1958, Dörner Vlg.
Der Sprung ins Ungewisse, Düsseldorf 1958, Dörner Vlg.
Der Tod kam von den Sternen, Düsseldorf 1958, Dörner Vlg.
Experiment gelungen, Düsseldorf 1959, Dörner Vlg.
Raumschiff der toten Seelen, Düsseldorf 1959, Dörner Vlg.
Wanderer zwischen drei Ewigkeiten, Düsseldorf 1960, Dörner Vlg.
Das unsterbliche Universum (mit Jesco von Puttkamer), Düsseldorf 1959, Dörner Vlg.
Der fremde Zwang, Balve 1960, Gebr. Zimmermann Vlg.
Die Zeitlosen, Balve 1960, Gebr. Zimmermann Vlg.
Die letzte Zeitmaschine, Balve 1961, Gebr. Zimmermann Vlg.
Welt ohne Schleier, Balve 1962, Gebr. Zimmermann Vlg.
Der Sprung ins Nichts (mit Henry Bings), Düsseldorf 1964, Dörner Vlg.
Das Marsabenteuer, Gütersloh 1964, Sigbert Mohn Vlg.
Das Weltraumabenteuer, Gütersloh 1965, Sigbert Mohn Vlg.
Das Planetenabenteuer, Gütersloh 1966, Sigbert Mohn Vlg.
Der strahlende Tod (mit Robert Artner), München 1967, TTB 123.
Perry Rhodan: SOS aus dem Weltall, München 1967, Arthur Moewig Vlg.
Hades, die Welt der Verbannten, München 1967, TTB 127.
Der Sprung ins Jenseits, München 1968, H 3123.
Am Ende der Furcht, (C), (mit Robert Artner), München 1968, H 3075.
Leben aus der Asche (mit Robert Artner), München 1968, TTB 139.
Todesschach, München 1970, TTB 184.
Zurück aus der Ewigkeit, Berg. Gladbach 1972, B 14.
Wir, die Unsterblichen, (C), München 1974, TTB 235.
Der geheimnisvolle Asteroid, Stuttgart 1972, Boje Vlg.
(Hrsg.) **Zwischen Tod und Ewigkeit,** München 1974, TTB 243.
Das Rätsel der Urwaldhöhle, München 1974, HJTB 50.
Das Rätsel der Marsgötter, München 1974, HJTB 59.
Das Rätsel der Milchstraße, München 1974, HJTB 67.
Mit Lichtgeschwindigkeit zu Alpha Centauri II, Stuttgart 1974, Boje Vlg.
Das Geheimnis im Atlantik, Stuttgart 1976, Boje Vlg.
Raumschiff Neptun: Der verzauberte Planet, München 1978, HJTB 145.
Raumschiff Neptun: Begegnung im Weltraum, München 1978, HJTB 158.
Raumschiff Neptun: Der Tempel der Götter, München 1978, HJTB 172.

Heftpublikationen:
UFO am Nachthimmel, UG 19 (1955).
Der Mann, der die Zukunft stahl, UG 24 (1955).
Der Ring um die Sonne (mit Raymond Z. Gallun), UG 34 (1956).
Satellit Uranus III, UZu 65 (1956).
Die Zeit ist gegen uns, UG 36 (1956).
Und Satan wird kommen, UG 44 (1956).
Das ewige Gesetz, UG 47 (1957).
Raum ohne Zeit, UG 51 (1957).
Die Schwelle zur Ewigkeit, UG 54 (1957).
Planet Lerks III, UG 61 (1957).
Finale, UZu 100 (1957).
Befehl aus der Unendlichkeit, UK 18 (1957).
Attentat auf Sol, TS 1 (1958).
Zurück aus der Ewigkeit, TS 3 (1958).
Die galaktische Föderation, TS 5 (1958).
Das Leben endet nie, UG 101 (1959).
Vater der Menschheit, TS 11 (1959).
Geheime Order für Andromeda, TS 17 (1959).
Planet YB 23, TS 23 (1959).
Utopia stirbt (als Fred McPatterson), T 49 (1959).
Planet der 1000 Wunder (als Fred McPatterson), T 76 (1959).
Havarie der Gnom, UZu 259 (1961).
Die Stadt der Automaten, UZu 263 (1961).
Als die Sonne erlosch, UZu 267 (1961).
Die strahlende Macht, UZu 271 (1961).
Rückkehr verboten, UZu 276 (1961).
Das Raum-Zeit-Experiment, UZu 292 (1961).
Rastor 3 – senden Sie!, UZu 301 (1961).
Der Eisenfresser, UZu 319 (1962).
Das Geheimnis der Handelsflotte, UZu 329 (1962).
Kosmischer Schwindel, UZu 335 (1962).
Das Erbe von Hiroshima, TS 72 (1963).
Die dritte Chance, TS 90 (1964).
Das Riff der Andromeda, T 430 (1966).
Die Götter siegen immer, T 431 (1966).
Die Gravitationssonne, T 554 (1968).
Expedition ins Nichts, TN 81 (1969).
Die Sonnenbombe, TA 54 (1972).

(↗ *Perry Rhodan, PRTB, Atlan, Dragon*)

Etchison, Dennis (William)
(1943–)
Dennis Etchison wurde in Stockton/Kalifornien geboren. Als er zwölf Jahre alt war, gewann er einen Aufsatzwettbewerb, der ihn dazu ermutigte, Zeitungswissenschaften zu studieren. Im Alter von 17 Jahren gelang ihm mit der Geschichte ODD BOY OUT der erste Verkauf. In der Folgezeit schrieb Etchison abwechselnd Science Fiction- und Horror-Stories, die in verschiedenen Magazinen – aber auch in namhaften Anthologien publiziert wurden. Was die SF anbelangt, so war sein beständigster Markt das *Magazine of Fantasy and Science Fiction,* das seiner Art SF, die stets von leichten Horrorelementen durchdrungen ist, entge-

genkam. Ende der sechziger Jahre ging Etchison mehr und mehr dazu über, Filmskripte zu erstellen, worunter auch eine Version der Bradbury-Geschichte THE FOX AND THE FOREST fällt, zu der der Film allerdings nie gedreht wurde. Bei uns erschienen Stories von Dennis Etchison u.a. in William F. Nolans Anthologie **Die anderen unter uns**, im *Science Fiction Story Reader* und in *Comet*.

Evans, E(dward) Everett
(1893–1958)
Evans, geboren in Los Angeles, stammte wie viele amerikanische SF-Autoren aus dem Fandom und tat sich dort lange Zeit lediglich als Herausgeber einer Fan-Zeitschrift und Organisator von Conventions hervor. Er besaß eine große Reputation als »Grand Old Man« und begann erst relativ spät damit, selbst SF zu schreiben. 1953 erschien mit MAN OF MANY MINDS die Geschichte eines jungen Telepathen, der als Spion auf anderen Planeten eingesetzt wird.

Die Fortsetzung dazu war ALIEN MINDS (1955); ein Jugendbuch, THE PLANET MAPPERS (1955), folgte, das von einer sternenfahrenden Familie berichtet, die sich karthographisch im All betätigt. Er gewann damit einen Preis. 1971 erschien posthum eine Sammlung seiner Geschichten. Titel: FOOD FOR DEMONS.

Bibliographie:
Gefahr von Simonides IV (MAN OF MANY MINDS), Balve 1961, Gebr. Zimmermann Vlg.

Heftpublikation:
Kampf der Telepathen (ALIEN MINDS), T190 (1961).

Ewers, H.G.
(1930–)
H.G. Ewers ist ein Pseudonym für Horst Gehrmann. Er stammt aus Weißenfeld/Saale (DDR), absolvierte 1945 eine kaufmännische Lehre und schrieb nebenher kritisch-satirische Beiträge für Zeitungen. Nach Abschluß der Lehre wechselte er in die Verwaltung über und wurde Referent für Kommunalstraßenwesen und Personalleiter im Schulamt seiner Heimatstadt. Er holte das Abitur nach, studierte an der Martin-Luther-Universität in Halle/Saale und wurde anschließend Lehrer an einer Polytechnischen Oberschule für Deutsch, Biologie, Physik und Astronomie. 1962 kehrte er der DDR den Rücken, lebte zuerst in Köln, dann in Oberbayern. Ewers schrieb zunächst einzelne Heftromane für die Reihe *Terra*, wurde aber recht bald Mitautor der Reihen *Perry Rhodan* und *Atlan*. Als

Hans Kneifel sich von der Heftserie *Orion* zurückzog, übernahm Ewers den Posten des Chefautors und versorgt seither seine Mitarbeiter mit Exposés. Er schreibt daneben auch Kriminalromane.

Bibliographie:
Wächter der Venus, München 1967, TTB 129.

Heftpublikationen:
Intrige auf Chibbu, T 294 (1963).
Der Tod eines Botschafters, T 304 (1963).
Ruf aus dem Jenseits, TA 328 (1964).
Der Scout im Reich der Schatten, T 349 (1964).
Vermächtnis der toten Augen (I), T 364 (1964).
Vermächtnis der toten Augen (II), T 365 (1964).
Nacht in der Sonne, T 368 (1964).
Die Hyperfalle, T 371 (1965).
Die schlafende Drude, T 373 (1965).
Die Herren des Universums, T 377 (1965).
Finale auf Esre, T 380 (1965).
Der Scout und der Roboterfürst, T 389 (1965).
Konterbande für Linga, T 397 (1965).
Die Gruft des Sternfahrers, T 411 (1965).
Androiden im Einsatz, T 437 (1966).
Der Weltraum-Krieg, TS 95 (1965).
Das Ende der Zeitreise, TS 88 (1964).
Friedhof der Roboter, TS 98 (1965).
Der Scout und der stählerne Götze, T 476 (1966).
Der Scout und der Friedensmacher, T 513 (1967).
Der Scout und der verbotene Planet, TA 117 (1973).
Der Scout und die träumenden Toten, TA 150 (1974).
Kreuzweg der Dimensionen, TA 258 (1976).
Der Mordroboter, TA 262 (1976).

(↗ *Perry Rhodan, PRTB, Atlan, OH*)

Fairman, Paul W.
(1916–1977)
Fairman, der 1949 zu schreiben begann, war der erste Herausgeber des Magazins *If* (seit 1952), machte sich aber bald darauf als Autor selbständig und verkaufte zwei seiner Geschichten an die Filmindustrie: nach DEADLY CITY (1953) wurde zwei Jahre später TARGET: EARTH! (Regie: Sherman A. Rose) gedreht, und nach THE COSMIC FRAME (1953) der Film INVASION OF THE SAUCER MEN (1955, Regie: Eward L. Cahn). Fairman kehrte 1955 zum Verlag Ziff-Davis zurück, wurde Herausgeber der Magazine *Amazing* und *Fantastic* und gab kurzzeitig ein drittes, *Dream World* (1957), heraus. In den sechziger Jahren verlegte er sich auf das Schreiben von Büchern, die entweder unter seinem Namen oder dem Hauspseudonym Ivar Jorgensen erschienen, produzierte fünf Romane nach Exposés von Lester del Rey unter dessen Namen und begann anschließend jede Menge Sex- und Schauerromane zu verfassen. Einmal tauchte er gar im Krimi-Genre als Ellery Queen (A STUDY IN TERROR), ein anderes Mal als Verfasser zahlreicher Frauenromane (unter einem weiblichen Pseudonym) auf. Neben seinen eigenen Decknamen (Robert Eggert Lee, Paul Lohrman, F. W. Paul und Mallory Storm) verwendete er auch zahlreiche Hauspseudonyme, u. a. E. K. Jarvis, Clee Garson und Ivar Jorgensen.

Bibliographie:
Ich, die Maschine (I, THE MACHINE), Berg. Gladbach 1975, B 21074.

Fanthorpe, R(obert) Lionel
(1935–   )
Robert Lionel Fanthorpe ist eine der farbigsten Gestalten der britischen SF- und Horrorszene. Geboren in Dereham/Norfolk, übte er nach seinem Studium den Beruf eines Lehrers aus. In den fünfziger Jahren begann er Dutzende von SF-, Horror- und Kriminalromanen zu verfassen, ohne jemals auch nur gelernt zu haben, wie man eine Schreibmaschine bedient: Das Geheimnis seiner Schnelligkeit war, daß er all seine Romanstoffe auf ein Tonbandgerät diktierte und die Manuskripte anschließend von seiner Frau und seiner Mutter zu Papier bringen ließ. Von 1955 bis 1966 füllte er beinahe jede Nummer des Monatsmagazins *Supernatural Stories* mit seinen eigenen Beiträgen, die – wie seine Bücher – unter mehr als zwanzig Pseudonymen erschienen. Fanthorpe hat zeit seines Lebens nicht zu den qualitativ hochstehenden Autoren von Unterhaltungsliteratur gezählt, dennoch waren seine Romane und Erzählungen keinesfalls so minderwertig, wie man es bei einem solch gigantischen Ausstoß eigentlich erwarten sollte: Er besaß eine gewisse Stärke in der Charakterisierung seiner Figuren, und Kritiker gestehen ihm neidlos zu, daß er

wie kein zweiter Vielschreiber die englische Sprache zu beherrschen wußte. Fanthorpe stellte das Schreiben 1966 ein und kehrte wieder in seinen Beruf als Lehrer zurück. Heute arbeitet er als Konrektor an einer Schule in Norfolk. Seine bekanntesten Pseudonyme sind Erle Barton, Lee Barton, Thornton Bell, Leo Brett, Bron Fane, John E. Muller (VP), Lionel Roberts, Trebor Thorpe, Karl Zeigfreid (VP) und Pel Torro.

Bibliographie:
Welt des Verderbens (DOOMED WORLD), Balve 1962, Gebr. Zimmermann Vlg.

Heftpublikationen:
Der Herr der Asteroiden (ASTEROID MAN), T 223 (1962).
Der Sucher (FROZEN PLANET) (als Pel Torro), UGB 178 (1962).
Das blaue Monster (BLUE JUGGERNAUT) (als Bron Fane), UGB 182 (1962).
Gefährliche Heimkehr (SPACE VOID) (als John E. Muller), UZ 314 (1962).
Der Weg zur Vernichtung (EXIT HUMANITY) (als Leo Brett), UZ 339 (1962).
Im gelben Nebel (WORLD OF THE GODS) (als Pel Torro), UZ 362 (1963).
Die lebendige Fackel (FLAME MASS), UZ 363 (1963).
Qualta weckt Tote (THE FACE OF X) (als Lionel Roberts), UZ 367 (1963).
Gift säte Haß (ANDROID) (als Karl Zeigfreid), UZ 372 (1963).
Weg ins Morgen (WALK THROUGH TOMORROW) (als Karl Zeigfreid), UZ 374 (1963).
9000 Jahre wie ein Tag (IN THE BEGINNING) (als John E. Muller) UZ 375 (1963).
Die Mikro-Waffe (MICRO INFINITY) (als John E. Muller), UZ 378 (1963).
Geborgen in Stahl (INFINITY MACHINE) (als John E. Muller), UZ 382 (1963).
Das schwarze Ungeheuer (HYPERSPACE), UZ 390 (1964).
Der letzte Astronaut (THE LAST ASTRONAUT) (als Pel Torro), UZ 392 (1964).
Die Seuche reiste mit (THE INTRUDERS) (als Bron Fane), UZ 393 (1964).
Das Atom-Gespenst (ATOMIC NEMESIS) (als Karl Zeigfreid), UZ 399 (1964).
Gestrandet auf Terra (SPACE TRAP) (als Thornton Bell), UZ 411 (1964).
Dorora, das Marsungeheuer (THE WAITING WORLD), UZ 417 (1965).
Mord im Hyperraum (THE MIND MAKERS) (als John E. Muller), UZ 419 (1965).
Anders als wir Menschen (THE PLANET SEEKERS) (als Erle Barton), UZ 423 (1965).
Gefahr aus der Galaxis (PERILOUS GALAXY) (als John E. Muller), ZSF 175 (1976).

Farcasan, Sergiu
(1924–)
Der rumänische Autor ist seit 1947 Redakteur der Zeitschrift *Scenteia*. Er schreibt utopische Erzählungen und Romane, liebt die Satire und ist auch als Dramatiker hervorgetreten. Sein Roman **Arche Noah im Weltenraum** behandelt das Thema »Lange Reise«.

Bibliographie:
Arche Noah im Weltenraum, ein utopischer Liebesroman, Berlin 1964, Vlg. Volk und Welt.

Farley, Ralph Milne
(1887–1963)
Roger Sherman Hoar, wie Farley eigentlich hieß, gehörte ebenso wie Arthur R. Tofte dem Freundeskreis Stanley G. Weinbaums an. Bereits 1924 – zwei Jahre vor der Gründung des ersten SF-Magazins der Welt, *Amazing Stories* – gehörte er bereits zu den meistgelobten Autoren des Magazins *Argosy*. Er war Verfasser der damals sehr populären RADIO-MAN-Serie, deren letzter Teil 1930 erschien. Farley war zeitweise Senator von Wisconsin. Zusammen mit Weinbaum schrieb er eine Detektiv-Serie für *True Gang Life* unter dem Titel YELLOW SLAVES (1936), und da er des öfteren die Stories seines Freundes bearbeitete, hielt man den Namen Weinbaum zeitweise für sein Pseudonym. Farley hatte in Harvard studiert, etablierte sich als Sportreporter der *Boston Daily Post* und arbeitete schließlich als Patentanwalt. Seine Stories um den *Radio Man* erschienen gesammelt in den Bänden THE RADIO PLANET (1942), THE RADIO MAN (1948) und THE RADIO BEASTS (1964). Weitere Bücher von Interesse sind THE HIDDEN UNIVERSE (1939), in dem ein Großkapitalist in einer riesigen Lagerhalle zu Däumlingen geschrumpfte Arbeiter für sich schuften läßt, und THE OMNIBUS OF TIME (1950), das seine gesammelten kürzeren Erzählungen enthält.

Farmer, Philip José
(1918–   )
Farmer, als erstes von fünf Kindern eines Elektrikers in North Terre Haute/Indiana geboren, besaß britische, deutsche, irische, holländische und cherokesische Vorfahren. Schon als Junge ein begeisterter Leser von Edgar Rice Burroughs, Henry Rider Haggard, Arthur Conan Doyle und Jules Verne, entdeckte er 1929 eine Ausgabe von *Science Wonder Stories,* die ihn sofort faszinierte. Von 1933 bis 1936 arbeitete er als Aushilfe im gleichen Elektrizitätswerk wie sein Vater, ging anschließend auf ein College, heiratete 1941, unterbrach seine Ausbildung und ging als Arbeiter zu einem Erdaushubunternehmen; bald darauf versuchte er es als Kinokartenabreißer und Vorarbeiter in einer Drahtfabrik. 1946 verkaufte er seine erste Kurzgeschichte an das Non-SF-Magazin *Adventure:* In O'BRIEN AND OBRENOV (so der Titel) okkupieren amerikanische und sowjetische Truppen während des

Zweiten Weltkriegs gleichzeitig ein deutsches Dorf und streiten sich so lange darum, wer den Ortsgruppenleiter der NSDAP hinrichten darf, bis eine auf dem Marktplatz stehende Bronzestatue umkippt und dem davor wartenden Delinquenten den Schädel spaltet. Wegen der Farblosigkeit seines Familiennamens hatte Farmer sich vorher noch rasch den zweiten Vornamen José (eigentlich der Mädchenname seiner Großmutter, die sich allerdings ohne den spanischklingenden Akzent schrieb) zugelegt. 1950 schloß er das College mit einem Bachelor of Arts in Englisch ab und tauchte zwei Jahre später in *Startling Stories* mit dem Kurzroman THE LOVERS (Buchausgabe 1960) auf, über den der Herausgeber Samuel Mines derartige Lobeshymnen anstimmte, daß sich gleich mehrere Dutzend anderer SF-Autoren genötigt sahen, das aus der Schublade hervorzukramen, was sie bis dato für unpublizierbar gehalten hatten: SF-Stories, in denen Sex (bezogen auf damalige Verhältnisse natürlich) eine Rolle spielte. Von nun an hatte Farmer das Image eines Tabubrechers, und er nahm sich, wie beispielsweise in der Erzählung MOTHER (1953) noch mehrere Male einer Thematik an, die bewies, daß er seinen Freud zumindest ansatzweise gelesen hatte. Die erste Rede, die er auf einem SF-Convent hielt, hatte dann auch bezeichnenderweise »Science Fiction und den Kinsey-Report« zum Thema. 1953 schrieb der Verlag Shasta einen Romanwettbewerb aus, der dem Gewinner außer dem üblichen Honorar $ 1000 zusätzlich, sowie $ 3000 für die Taschenbuchrechte versprach. Farmer ließ sich von der Firma, bei der er gerade arbeitete, vier Wochen Urlaub geben und schrieb in dieser Zeit den einhunderttausend Worte langen Roman mit dem Arbeitstitel I OWE FOR THE FLESH herunter, wurde zum Sieger erklärt und beschloß aufgrund dieses Erfolges, seinen Job an den Nagel zu hängen und fortan nur noch SF zu schreiben. Das böse Erwachen kam jedoch erst nach einigen Monaten, in denen er vorzugsweise von Bankkrediten gelebt hatte: Nach mehreren von Shasta verlangten Revisionen des Romans (während derer Farmer keinen Cent sah), wurde er mißtrauisch, erkundigte sich beim Taschenbuchlizenznehmer, warum man danach trachte, die Publikation seines Buches zu verschleppen und erfuhr, daß man sein Honorar schon Monate vorher an Shasta überwiesen habe und auf die Herausgabe der gebundenen Ausgabe warte. Aber dazu kam es nicht mehr: Shasta ging in Konkurs, und Farmer stand mit Schulden und ohne einen Pfennig Geld da. Sein preisgekröntes Werk erschien erst 1971 unter dem Titel TO YOUR SCATTERED BODIES GO, und auch das nur teilweise: Da das Buch derart lang war und kaum in einem normalen Taschenbuch unterzubringen, entschieden sich die neuen Verleger, daraus eine Trilogie zu machen. Dem ersten Band folgten dann aber nicht nur zwei, sondern inzwischen drei Fortsetzungen: THE FABULOUS RIVERBOAT (1971), THE DARK DESIGN (1977) und THE MAGIC LABYRINTH (1978), und kürzlich sind weitere Bände angekündigt worden. Die Handlung: Nach dem Ende der Welt werden alle Menschen, die je auf Erden gelebt haben, von mysteriösen »Ethikern« wiedererweckt und auf einen offenbar künstlichen Planeten versetzt, dessen Oberfläche aus einem einzigen, sich zwischen steilen Bergwänden dahinschlängelnden Fluß besteht. Unter den Wiedererweckten sind alle Charaktere aus der irdischen Geschichte, die Farmer für interessant oder farbig hält: Sir Richard Francis Burton, der Erforscher des oberen Nils; Samuel Longhorne Clemens (d.i. Mark Twain), der Westernstar Tom Mix, der Nazi Hermann Göring, das Fliegeras des Ersten Weltkriegs, Freiherr von Richthofen und viele andere (nicht zu vergessen der amerikanische Schriftsteller *P*eter *J*airus *F*rigate, der ebenso wie die Figur *P*aal *J*anus *F*innegan aus Farmers actionbetonter »World-Of-Tiers«-Serie eine Reinkarnation ihres Schöpfers selbst sind). Farmer gilt in der SF und Fantasy als »Ideenmann«. Seine stilistischen Schwächen sind allerdings beträchtlich, und man merkt dem größten Teil seiner Bücher deutlich an, unter welchem Zeitdruck sie entstanden sind. Ausnahmen sind lediglich THE GREEN ODYSSEY (1956) und THE OTHER LOG OF PHILEAS FOGG (1973). Mit THE OTHER LOG OF PHILEAS FOGG führte Farmer eine Reihe von Büchern ein, die man als Paraliteratur bezeichnen kann: »Fortsetzungen« zu Werken der Weltliteratur oder »Autobiographien« von Romangestalten wie Tarzan oder Doc Savage. Eine Fortsetzung zu Hermann Melvilles MOBY DICK ist z.B. THE WIND WHALES OF ISHMAEL (1971), während LORD TYGER (1970) und LORD OF THE TREES (1970) eigene Versionen von Edgar Rice Burroughs' Tarzan darstellen. NIGHT OF LIGHT (1966) präsentiert dem Leser Dante im SF-Gewand, während VENUS ON THE HALF-SHELL (1975) von Kurt Vonnegut inspiriert wurde, der in seinem Buch SLAUGHTERHOUSE 5 (1969) die Figur eines typischen SF-Zeilenschinders namens Kilgore Trout »erfand«, der angeblich ein Buch dieses Titels geschrieben haben soll. Farmer schaltete, einen Bestseller witternd, sofort: Er fragte bei Vonnegut an, ob er VENUS ON THE HALF-SHELL unter dem Namen Kilgore Trout schreiben dürfe und gab ihm zu verstehen, daß er – vorausgesetzt, Vonnegut sei damit nicht einverstanden – bereit sei, seinen Namen auf legale Weise in Kilgore Trout ändern zu lassen.

Bibliographie:
Die Irrfahrten des Mr. Green (THE GREEN ODYSSEY), München 1968, H3127.
Das Tor der Zeit (THE GATE OF TIME), München 1969, H3144.
Als die Zeit stillstand (THE DAY OF TIMESTOP), München 1970, H3173.
Der Sonnenheld (FLESH), München 1971, H3265.
Der Mondkrieg (TONGUES OF THE MOON), München 1972, H3302.
Die synthetische Seele (INSIDE OUTSIDE), München 1973, H3326.

Der Steingott erwacht (THE STONE GOD AWAKENS), München 1974, H 3376.
Brücke ins Jenseits (TRAITOR TO THE LIVING), Berg. Gladbach 1975, B 21070.
Lord Tyger (LORD TYGER), München 1976, H 3450.
Das andere Log des Phileas Fogg (THE OTHER LOG OF PHILEAS FOGG), München 1976, H 3494.
Prometheus (DOWN IN THE BLACK GANG), München 1977, GWTB 0242.
Die Liebenden (THE LOVERS), München 1978, K 5703.
Meister der Dimensionen (THE MAKER OF UNIVERSES), München 1979, K 5715.
Die Flußwelt der Zeit (TO YOUR SCATTERED BODIES GO), München 1979, H 3639.
Auf dem Zeitstrom (THE FABULOUS RIVERBOAT), München 1979, H 3653.
Das dunkle Muster (THE DARK DESIGN), München 1980, H 3693.

Heftpublikationen:
Vom Himmel fielen Teufel (CACHE FROM OUTER SPACE), UZ 394 (1964).
Das Tor der Schöpfung (THE GATES OF CREATION), UZ 587 (1968).

Farren, Mick
(1943–   )
Der Engländer Mick Farren ist einer der Beweise dafür, daß Science Fiction und Rock-Musik eine gewisse Verwandtschaft miteinander haben. Ende der sechziger Jahre war Farren Mitglied der englischen

Underground-Band *The Deviants*. Darüber hinaus machte er zwei Jahre lang die Alternativzeitung *IT*, gab Comics heraus und schrieb einige Bücher über die Rock-Musik. Sein SF-Roman THE TEXTS OF FESTIVAL kam 1975 heraus; er stellt eine Synthese zwischen SF und Rockmythos dar. Nach dem Zusammenbruch der Zivilisation in Großbritannien bleiben nur noch die Texte der alten Götter – Dhillon, Djeggar und Morrizen – die dem Kenner der Rockszene natürlich keine Unbekannten sind. Momentan arbeitet er an einer SF-Trilogie.

Fast, Howard (Melvin)
(1914–   )
Amerikanischer Schriftsteller, wurde in New York geboren, studierte an der National Academy of Design, gründete 1948 die Progressive Party und erhielt 1954 den Internationalen Friedenspreis. Fast schrieb eine ganze Reihe von außergewöhnlichen Büchern – fast

alle behandeln sie historische Stoffe –, die sich durch ungebrochenen Humanismus und fortschrittliches Denken auszeichnen, darunter CITIZEN TOM PAINE (1943) sowie sein berühmter Bestseller SPARTACUS (1951). Zur SF stieß er 1959, als er eine Reihe von Stories an das *Magazine of Fantasy and Science Fiction* verkaufte, von denen einige unter dem Titel THE EDGE OF TOMORROW (1961) zu einer Collection zusammengefaßt wurden, die in der Bundesrepublik als **Die neuen Menschen** erschien. Unter dem Pseudonym E. V. Cunningham hat er sich außerdem einen Namen als Verfasser von Kriminalromanen gemacht. Sein Sohn Jonathan – mit Bestsellerautorin Erica Jong verheiratet – schreibt ebenfalls SF.

Bibliographie:
Die neuen Menschen (C) (THE EDGE OF TOMORROW), München 1963, G 40.

Fearn, John Russell
(1908–1960)
Dieser Mann, der unter seinem eigenen Namen und einer Vielzahl von eigenen und Verlagspseudonymen (das sind Pseudonyme, die, in der Massenliteratur manchmal üblich, von Verlagen benutzt werden, um Texte verschiedener Autoren unter dem gleichen »Markenzeichen« zu veröffentlichen) publizierte, gehörte zu den produktivsten SF-Autoren im anglo-amerikanischen Sprachraum. So schrieb er unter Vargo Statten, Volsted Gridban (dieses Pseudonym benutzte auch E. C. Tubb), Thornton Ayre, Geoffrey Armstrong, Morton Boyce, Dennis Clive, John Cotton, Polton Cross, Mark Denholm, Douglas Dodd, Sheridan Drew, Max Elton, Malcolm Hartley, Frank Jones, Marvin Kayne, Herbert Lloyd, Dom Passante, Francis Rose, Ward Ross, K. Thomas, Arthur Waterhouse, John Wernheim, Ephraim Winiki, Clifford Lewis, Henry Rawle, Conrad G. Holt, Paul Lorraine, Astron del Martia, Bryan Shaw (die letzteren drei mit nur je einem Roman), Earl Titan, Hugo Blain, John Slate, Timothy Hayes, Doorn Sclanders und Joan Seagar – womit er schon mal nur mit dem Ausdenken irrsinniger Pseudonyme sattsamm beschäftigt war. Allein 1953 brachte er 20 Romane auf den Markt, und insgesamt verfaßte der Multi-Namensträger nahezu 200 Romane und ebenso viele Kurzgeschichten. Zwar sind darunter auch ein paar Western, Krimis und Liebesromane, der weitaus größte Teil seines Werkes gehört jedoch der Science Fiction an. Neben der SF galt seine Liebe dem Film.
Er entdeckte 1931 durch Zufall bei Woolworth ein Exemplar von *Amazing Stories* und beschloß auf der Stelle, SF-Autor zu werden. Ganz neu war ihm das Schreiben allerdings nicht, denn schon im Alter von zehn Jahren hatte er daheim im englischen Manchester mit THE PLANET TRACKER einen ersten interplanetarischen Ausflug unternommen. *Amazing* allerdings beflügelte ihn zu den Texten THE INTELLIGENCE GIGANTIC, LINERS OF TIME und die Fortsetzung ZAGRIBUD, wobei er auf das Erscheinen des ersten Werkes

allerdings bis Juni 1933 warten mußte. Der erste große Erfolg war dann die 1934 in *Astounding* veröffentlichte Cover-Story THE MAN WHO STOPPED THE DUST, und bald danach gab es kaum ein SF-Magazin in Amerika und England, das nicht mit Fearn-Texten bombardiert wurde und diese auch veröffentlichte. Romane außerhalb von Magazinen veröffentlichte er erst ab 1943 (THE INTELLIGENCE GIGANTIC, ein Nachdruck aus *Amazing*, 1933), mit dem Schwerpunkt auf den Endvierzigern und frühen fünfziger Jahren. Erfolgreich war vor allem seine Serie THE GOLDEN AMAZON, die ursprünglich erstmals in *Fantastic Adventures* mit zwei Erzählungen das Licht der Welt erblickte (1939), dann aber, verändert, 1944 in der kanadischen Zeitung *Star Weekly* neu gestartet wurde und 24mal die Superfrau Golden Amazon alias Violet Ray Brant im Körper eines künstlichen Geschöpfes in action präsentierte. Als Fearn später, in den fünfziger Jahren, ebenfalls recht erfolgreich Romane für den Scion-Verlag schrieb, kam man 1954 bei Scion auf die Idee, ein SF-Magazin für jugendliche Leser zu veröffentlichen: das *Vargo Statten SF Magazine*. Allerdings waren die Angaben des Verlags unwahr: Nicht Fearn/Statten betreute die ersten 6 Ausgaben, sondern ein gewisser Alistair Paterson, der so redigierte, daß ein junger Nachwuchsautor namens Brian W. Aldiss nach umfangreichen Änderungswünschen von Paterson darauf verzichtete, fortan noch in diesem Magazin zu veröffentlichen. Scion warf sich auch auf andere »Literatur«, ging Ende 1954 jedoch pleite, und die Druckerei führte unter dem Verlagsnamen Dragon die erfolgreichen Objekte weiter. Darunter das *VSSFM*, das allerdings noch mehrfach umbenannt wurde, bevor es 1956 eingestellt werden mußte. Fearn redigierte 13 Ausgaben.

1957, nach dem Tod seiner Mutter, heiratete Fearn, gab das hauptberufliche Schreiben auf, wurde Teilhaber einer kleinen Firma und starb drei Jahre später an einem Herzanfall.

Einige Fearn-Romane wurden auch in die deutsche Sprache übertragen, einige seiner besseren Titel (wie LINERS OF TIME) blieben jedoch bislang unübersetzt.

Bibliographie:
Heftpublikationen:
Grenze zwischen den Welten (DARK BOUNDARIES) (als Paul Lorraine), UG 4 (1954).
Der Doppelgänger (MAN IN DUPLICATE) (als Vargo Statten), UZ 164 (1959).
Pulverfaß Erde (THE G-BOMB), (als Vargo Statten), UZ 211 (1960).
Mister Seacombe, der Besucher vom Mars (I CAME – I SAW – I WONDERED), ESF 16 (1977).

Fialkowski, Konrad
(1939–)
Konrad Fialkowski ist ein polnischer Autor, der an der Technischen Hochschule in Warschau Elektronik studierte, mit einem Thema aus dem Bereich der Rechenmaschinen promovierte und heute an der gleichen Hochschule als Dozent unterrichtet. Er veröf-

fentlichte wissenschaftliche Arbeiten aus seinem Fachgebiet und schreibt nebenher SF-Erzählungen (u.a. WRÓBLE GALAKTYKI, 1963; POPRZEZ PIĄTY WYMIAR, 1967; KOSMODROM, 1975), die zum Teil ins Deutsche, Bulgarische, Ungarische, Tschechische, Russische und Rumänische übersetzt wurden. Fialkowski wurde 1962 für seine Story »Das Recht der Entscheidung« bei einem internationalen Phantastik-Wettbewerb in Moskau ausgezeichnet und gewann 1974 als Mitglied eines Autorenkollektivs den ersten Preis der Zeitung *Kurier Polski* für die Gestaltung einer Sendefolge des Polnischen Rundfunks. Abgesehen von vereinzelten Geschichten (u.a. zwei Erzählungen, die in dem populärwissenschaftlichen *X-Magazin* (Deutsche Verlags-Anstalt, Stuttgart) erschienen, kam in der DDR ein Sammelband mit Erzählungen Fialkowskis heraus. Inzwischen erschien sein Hauptwerk, der Roman HOMO DIVISUS (1979), die deutsche Ausgabe ist bei Heyne in Vorbereitung.

Bibliographie:
Die fünfte Dimension (C), Berlin 1971, Vlg. Neues Leben.
Allein im Kosmos (C), München 1977, H 3566.
Homo divisus (HOMO DIVISUS), München 1980, H (in Vorb.).

Fienhold, Wolfgang G(ünter)
(1948–)
Der Frankfurter Journalist und Schriftsteller Wolfgang G. Fienhold begann in den sechziger Jahren in diversen Zeitschriften des literarischen Undergrounds Gedichte und Stories zu veröffentlichen und zeichnete als verantwortlicher Herausgeber der von Rolf Dieter Brinkmann gegründeten alternativen Literaturzeitschrift *Gummibaum*. Obwohl Fienhold eine Reihe von Gedicht- und Erzählungsbänden publiziert hat, ist sein SF-Werk ziemlich schmal. Er veröffentlichte etwa ein Dutzend kurzer Stories in Zeitschriften wie *Comet* und diversen Anthologien. 1977 erschien eine Sammlung mit satirischen und utopischen Kurzgeschichten unter dem Titel **Ruhe sanft;** 1979 brachte er einen Sammelband mit »schwarzen Science Fiction Stories« unter dem Titel **Draußen auf Terra** heraus. Fienhold arbeitet hauptsächlich für Zeitschriften und den Rundfunk.

Bibliographie:
Draußen auf Terra (C), Hann. Münden 1979, Verlag Dittmer Publikationen.

Finney, Jack
(1911–   )
Walter Braden Finney, so lautet sein eigentlicher Name, wurde in Milwaukee geboren. Er arbeitete zunächst als freiberuflicher Journalist, bevor er auch Erzählungen und Romane schrieb. Er war 35, als die erste Story veröffentlicht wurde. Er schrieb hauptsächlich Krimi-Geschichten, gewann einen zweiten Preis im jährlichen Preisausschreiben des *Ellery Queen's Mystery Magazine* und schrieb später für Magazine wie *Collier's* (diese Stories wurden teilweise in *The Magazine of Fantasy and Science Fiction* nachgedruckt und erschienen u. a. auch in der Sammlung THE THIRD LEVEL, 1956). Neben sehr erfolgreichen Romanen außerhalb der Science Fiction (FIVE AGAINST THE HOUSE, THE HOUSE OF NUMBERS) schrieb er den SF-Roman THE BODY SNATCHERS (1954), der als INVASION OF THE BODY SNATCHERS zweimal (1956 und 1978) verfilmt wurde: Ein SF-Thriller, in dem Außerirdische menschliche Körper »übernehmen« und sich so klammheimlich ausbreiten. Ein weiterer SF-Roman (THE WOODROW WILSON DIME, 1968) ist eine Parallelweltgeschichte – ein Mann findet Zugang zu einer Parallelerde, wo er mit einer Superfrau verheiratet ist. Mit TIME AND AGAIN (1970) schrieb er einen nostalgischen Zeitreiseroman über das New York des 19. Jahrhunderts, ein Buch, für das er Jahre recherchierte und das er mit zahlreichen historischen Photos ausstattete. Es wurde auch prompt zum Buch des Monats gewählt – eine Ehre, die einem SF-Roman selten zuteil wird.

Bibliographie:
Unsichtbare Parasiten (THE BODY SNATCHERS), München 1962, H 166.

Flint, Homer Eon
(189?–1924)
Amerikanischer Autor. Schrieb hauptsächlich für die Munsey-Magazine, insbesondere für *All-Story-Weekly*. Zusammen mit Austin Hall schrieb er den bekannten Roman THE BLIND SPOT, der 1921 in *Argosy* erschien, einige Nachdrucke erlebte und heute als Klassiker gilt. Flint starb in jungen Jahren und unter mysteriösen Umständen.

Fontenay, Charles L(ouis)
(1917–   )
Amerikanischer Journalist und gelegentlicher SF-Autor. Fontenay wurde in Sao Paulo, Brasilien, geboren, kam aber schon in jungen Jahren in die USA. Seine Eltern ließen sich in Tennessee nieder. 1936 wurde er Zeitungsreporter in Nashville, und nach dem Kriege arbeitete er dort als Journalist und Lektor. Seine Hobbies sind das Verfassen von SF-Geschichten und die Malerei. Aufsehen erregte er, als ein Bild von ihm preisgekrönt wurde und sich später herausstellte, daß es sich dabei um ein Stück Leinwand handelte, mit dem er seine Pinsel gereinigt hatte. In der SF blieb Fontenay eine ähnliche Publicity versagt. Neben vierzig Kurzgeschichten, von denen DISQUALIFIED (IF 9/54) die erste

war, und die fast alle in den fünfziger Jahren veröffentlicht wurden, schrieb er drei Romane, die nicht gerade zu den Meisterwerken der SF zählen. TWICE UPON A TIME (1958) und REBELS OF THE RED PLANET (1961) erschienen auch bei uns. THE DAY THE OCEANS OVERFLOWED (1964) ist ein Katastrophenroman mit aktuellem Thema: Kernkraftwerke explodieren und lösen eine globale Flutkatastrophe aus.

Bibliographie:
Legion der Zeitlosen (TWICE UPON A TIME), Balve 1962, Gebr. Zimmermann Vlg.

Heftpublikation:
Die Marsrebellen (REBELS OF THE RED PLANET), T326 (1964).

Foster, Alan Dean
(1946–)
Alan Dean Foster war von Anfang an ein zuverlässiger, handwerklich versierter Auftragsautor: 10 Bände STAR TREK LOG (**Raumschiff Enterprise** ist der deutsche Titel dieser Fernsehserie; Fosters Texte betreffen die Zeichentrickserie), die Fortsetzung von STAR WARS mit SPLINTER OF THE MIND'S EYE und die Grundlage für das Drehbuch zum geplanten STAR TREK-Film (STAR TREK TWO – THE MOVIE). Vielleicht hat es ihm geholfen, lukrative Aufträge dieser Art zu ergattern, daß er nicht nur Politikwissenschaft studierte, sondern auch einen akademischen Grad als »Master of Fine Arts in Motion Pictures« erwarb und zwei Jahre in der Public-Relations-Ab-

teilung eines kleinen kalifornischen Filmstudios arbeitete. Seine erste Story erschien 1968 in August Derleths *Arkham Collector Magazine,* weitere folgten in diversen SF-Magazinen, und 1972 kam Fosters erster Roman, THE TARAIYM KRANG, auf den Markt, erster Band einer Trilogie, zu der die späteren Romane ORPHAN STAR (1977) und THE END OF THE MATTER (1977) gehören. Doch zunächst folgten BLOODHYPE (1973), ICERIGGER, DARK STAR, und LUANA (alle 1974), dann STAR TREK LOG: 2 Bände erschienen 1974, die nächsten drei 1975, weitere drei 1976, schließlich 1977 und 1978 noch je ein Band. Dazwischen erschienen die Romane MIDWORLD (1975), und die erwähnten ORPHAN STAR und THE END OF THE MATTER, dazu eine Kurzgeschichtensammlung. SPLINTER OF THE MIND'S EYE erschien 1978, und 1979 publizierte er vier weitere Romane: MISSION TO

MOULOKIN (Fortsetzung zu ICERIGGER), ALIEN, das Buch zum gleichnamigen Film (was ihm den Spitznamen *Alien* Dean Foster eintrug), BLACK HOLE, das Buch zum gleichnamigen Film aus der Disney Produktion, und CACHALOT. Und für 1980 ist ein Roman mit dem Titel SPELLSINGER angekündigt. Viele der Romane des in New York geborenen und in Los Angeles aufgewachsenen Foster haben als Hintergrund ihrer spannenden, aber anspruchslosen Handlung ein Universum der Zukunft, in dem die Menschheit mit den Thranx, einer insektoiden Rasse, eine Art symbiotisches Verhältnis eingegangen ist. DARK STAR und LUANA sind Romanfassungen von Filmdrehbüchern. Die Vorliebe für Abenteuer und Erotik, die aus seinen Romanen spricht, hat ihre Entsprechung im Privaten: Er reist viel im pazifischen Raum und in Asien herum und interessiert sich für allerlei Sportarten, etwa Karate (außerdem für klassische Musik, Rockmusik und alte Filme, insbesondere Trick- und Dokumentarfilme). Film- und Literaturgeschichte sowie das Schreiben von Drehbüchern hat er auch bereits an der Universität und am City College in Los Angeles gelernt, und über Aufträge kann er sich nicht beklagen. Er lebt mit seiner Frau, drei Hunden, drei Katzen und Hunderten von Zimmerpflanzen in Big Bear Lake, Kalifornien.

Bibliographie:
Reiseziel: Ewigkeit (DARK STAR), Berg. Gladbach 1977, B 90.
Die Eissegler von Tran-ky-ky (ICERIGGER), München 1978, H 3591.
Die neuen Abenteuer des Luke Skywalker (SPLINTER OF THE MIND'S EYE), München 1978, Goldmann-TB 3696.
Das Tar-Aiym Krang (THE TAR-AIYM KRANG), München 1979, H 3640.
Die denkenden Wälder (MIDWORLD), München 1979, H 3660.
Alien. Das unheimliche Wesen aus einer fremden Welt (ALIEN), München 1979, H 3722.
Der Waisenstern (ORPHAN STAR), München 1980, H (in Vorb.).
Der Kollapsar (THE END OF THE MATTER), München 1980, H (in Vorb.).
Die Moulokin-Mission (MISSION TO MOULOKIN), München 1980, H (in Vorb.).
Das Imperium der T'ang Lang (C) (WITH FRIENDS LIKE THESE...) München 1981, H (in Vorb.).

Foster, M. A.
(1939–)
M. A. Foster wurde in Greensboro, North California/USA, geboren. Zwei Jahre lang besuchte er die Syracuse University und studierte Russisch. Nach einem einjährigen Europaaufenthalt (1961) kehrte er in die Vereinigten Staaten zurück und studierte an der University of Oregon weiter, wo er 1964 mit dem Bachelor of Arts in Slawischen Sprachen abschloß. Mitte der sechziger Jahre wurde er zum Militär eingezogen und diente in der US-Air Force. Heute arbeitet er als

kaufmännischer Angestellter. 1975 erschien sein erster Roman, THE WARRIORS OF DAWN. Von sich reden aber machte er erst durch die Fortsetzung, das 500-Seiten-starke THE GAME PLAYERS OF ZAN (1977), einen ambitionierten Roman, der auf mehreren Spieltheorien fußt.

Fox, Gardner F(rancis)
(1911–)
Fox, ein in New York gebürtiger Autor, studierte Jura, arbeitete eine Weile in einem Anwaltsbüro und entschied sich in den dreißiger Jahren, Berufsschriftsteller zu werden. Von 1940 bis 1950 veröffentlichte er eine Reihe von Erzählungen in Magazinen wie *Planet Stories, Amazing* und *Marvel Science Stories,* die in der Regel wenig Tiefgang aufwiesen, aber die Action stimmte meist. Fox arbeitete hauptsächlich als Scriptwriter für Comic Strips. Er soll (unter Unmengen von Pseudonymen) über 90 Action-Romane verfaßt haben, von denen allerdings kaum mehr als ein knappes Dutzend dem SF-Genre zugerechnet werden können: u.a. THE ARSENAL OF MIRACLES (1964), THE DRUID STONE (1967), BEYOND THE BLACK ENIGMA (1965) und ABANDON, GALAXY (1967), dies allerdings unter Pseudonymen wie Bart Somers und Simon Majors. Fox lebt auch heute noch als Comic Strip-Texter. »Fox...kann man ganz gewiß nicht nachsagen, er habe auf ein Mittelmaß hingearbeitet. Seine (Comic-) Stories sind voll von Subplots. Sie sind logisch, kompliziert-komplex aufgebaut und erfordern das Mitdenken des Lesers.« (Reinhold Reitberger/Wolfgang J.Fuchs). Im Gegensatz dazu gehören seine Romane eher der dritten Kategorie an.

Bibliographie:
Zeitbombe Galaxis (ABANDON, GALAXY!), (als Bart Somers), Berlin 1972, U 2872.
Welten am Abgrund (BEYOND THE BLACK ENIGMA), als Bart Somers), Berlin 1972, U 2893.

Francis, H.G.
(1936–)
Hans Günter Franziskowsky wurde in Itzehoe geboren, studierte Wirtschafts- und Sozialwissenschaften und ist heute, obwohl er an die hundert Veröffentlichungen vorweisen kann (darunter zehn Kriminalromane und zwei Fernsehfilme) immer noch hauptberuflich als Werbekaufmann tätig. 1962 (damals noch als Hans G.Francis) publizierte er mit **Die fünf Oligos** seinen ersten SF-Roman, in dem es um eine Gruppe von Mutanten geht, die in einem totalitären Weltstaat leben und sich schließlich gegen dessen Verfolgungen zur Wehr setzen. Francis, der gerne A.E.van Vogt, Robert A.Heinlein, Eric Frank Russell, Isaac Asimov, E.E.Smith, Curt Siodmak und Lewis Padgett (Henry Kuttner) liest, arbeitete Mitte der sechziger Jahre an der SF-Serie *Mark Powers, der Held des Weltalls* (MP) mit, wechselte dann zur unter Kurt Brands Leitung stehenden Dauer-Space-Opera *Ren Dhark, Weg ins Weltall* (RD) über und konzipierte schließlich (zusammen mit Manfred Wegener) das Fortsetzungs-

objekt *Rex Corda, der Retter der Erde* (fußend auf seinem Roman **Die Horden aus dem All,** 1963). Mit *Ad Astra* startete er schließlich eine in naher Zukunft spielende eigene SF-Serie mit einem feststehenden Helden, aber auch diese vermochte nicht am kommerziellen Erfolg des allmächtigen Konkurrenten *Perry Rhodan* (PR) zu rütteln, und so war es kein Wunder, daß Francis schließlich bei der Konkurrenz landete. 1971 lancierte er einen für Heftchenverhältnisse ungewöhnlich gesellschaftskritischen Roman mit dem Titel **Die vom fünften Hundert** (allerdings unter dem Pseudonym R.C.Quoos-Raabe). Der heutige *Perry Rhodan*-Autor H.G.Francis hält sich zudem für einen »eingeschworenen Antimilitaristen« und hofft »noch öfter Gelegenheit (zu) haben, gegen politische und militärische Borniertheit, geistige Massenverkrümmung und modischpolitische Programmierung zu schreiben.«

Bibliographie:
Geheime Befehle aus dem Jenseits, (als H.G.Francisco) München 1978, Franz Schneider Vlg.

Heftpublikationen:
Die fünf Oligos, UG 166 (1962).
Andromeda beherrscht die Erde (als Ted Scott), UZ 316 (1962).
Die ultimate Waffe (als Ted Scott), UG 188 (1963).
Der graue Koloß (als Ted Scott), UG 189 (1963).
Sonderauftrag Cano, UZ 444 (1965).
Der Kampf des Mutanten, UZ 481 (1966).
Der große Bluff, UZ 486 (1966).
Die Horden aus dem All, ZSF 1 (1966).
Sendbote der Erde, TN 66 (1969).
Terras Mann auf Hloga, TN 98 (1969).
Spezialisten für Essta-4, TN 105 (1970).
Die vollkommene Maske (als R.C.Quoos-Raabe), ZSF 103 (1970).
Die vom fünften Hundert (als R.C.Quoos-Raabe), ZSF 106 (1971).
Der Held des Imperiums, TA 4 (1971).
Der Gefangene vom Pluto, TA 38 (1972).
Cosmoport, TA 147 (1974).
Rebellion der Tiere, TA 173 (1974).
Der Seelendieb, TA 177 (1974).
Die Götter von Hamath, TA 181 (1975).
Der Abtrünnige, TA 185 (1975).
Götze der Mutanten, TA 189 (1975).
Krieg der Lenkhellen, TA 248 (1976).

(↗ *Mark Powers, Ren Dhark, Rex Corda, Perry Rhodan, PRTB, ZbV, Atlan, OH*).

Franke, Charlotte
(1935–)
Die deutsche SF-Autorin, Herausgeberin und Übersetzerin Charlotte Franke ist in der deutschen SF-Szene eher unter ihrem Mädchennamen Charlotte Winheller bekannt. Sie gilt als Kennerin vor allem der englischen SF, trat als Autorin und als Übersetzerin von Science Fiction und einer Reihe von Sachbüchern hervor und war in den sechziger Jahren eine Zeitlang für die

Auswahl der Stories der im Heyne Verlag erscheinenden Kurzgeschichtenbände mit Material aus dem amerikanischen *Magazine of Fantasy and Science Fiction* (Bände 1–9) verantwortlich und für die beiden Heyne-Anthologien **20 Science Fiction Stories** (1963) und **16 Science Fiction Stories** (1964). Sie verfaßte jedoch auch eine Reihe von Erzählungen, die in verschiedenen Zeitschriften und Anthologien erschienen, ein Hörspiel, **Deportation** (1974), und das SF-Jugendbuch **Die Kinder der fliegenden Stadt** (1977). Derzeit schreibt Frau Franke an einer 6-teiligen Science Fiction-Fernsehfolge für Kinder unter dem Titel **Fahrstuhl in die Mikrowelt,** die vom WDR produziert wird.

Bibliographie:
Die Kinder der fliegenden Stadt, Berlin 1977, Erika Klopp Verlag.

Franke, Herbert W.
(1927–   )

Der gebürtige Österreicher, heute in der Bundesrepublik lebende Herbert W. Franke kam in Wien zur Welt, studierte Physik, Chemie, Psychologie und Philosophie und promovierte 1950 (Thema der Dissertation: Elektronenoptik). Nach einem Forschungsauftrag an der Technischen Hochschule Wien arbeitete er fünf Jahre lang in der Werbeabteilung der Firma Siemens. 1956 wurde er freiberuflicher Publizist, der sich u. a. mit der naturwissenschaftlichen Erfassung der Ästhetik beschäftigte und zahlreiche Sachbücher über das »Phänomen Kunst«, Computergrafik u. ä. veröffentlichte, ferner populärwissenschaftliche Artikel (u. a. für das SF-Magazin *Comet*) schrieb und mehrere Ausstellungen mit Computerkunst arrangierte. Zu seinen Hobbies gehört die Höhlenforschung.

Herbert W. Franke ist der wohl erfolgreichste Autor anspruchsvoller Science Fiction in der Bundesrepublik. Um 1935 kam er erstmals mit SF in Berührung, als er einen Marsroman in einer technischen Zeitschrift las, die sein Vater abonniert hatte. Später las er u. a. **Sun Koh**, von dieser Serie wurden die meisten vor dem Krieg aufgewachsenen deutschsprachigen SF-Autoren in irgendeiner Weise berührt und beeinflußt. Frankes erste veröffentlichte Kurzgeschichte erschien 1958 im redaktionellen Anhang des *Utopia-Großbandes* 68 und schildert auf knapp zwei Seiten ein Liebespaar, das nicht zusammenkommen kann, weil das Mädchen in einer Atmosphäre mit 98% Sauerstoff lebt, in der ihr Partner verbrennen würde. Einige weitere Erzählungen erschienen in dem Fanzine *Sol*. Als 1960 die Hardcover-Reihe *Goldmanns Zukunftsromane* gestartet wurde, zeichnete Franke als Herausgeber, hatte auf die Auswahl aber kaum Einfluß. Vielmehr wurden ihm die Manuskripte zur Prüfung auf »wissenschaftliche Stichhaltigkeit« vorgelegt. Bereits unter den ersten, gleichzeitig auf den Markt gekommenen Startbänden der Reihe befand sich Frankes Kurzgeschichtensammlung **Der grüne Komet** (1960), die nicht weniger als 65 SF-Vignetten enthielt. Obwohl die vielfach als allzu kurz empfundenen Skizzen nicht ungeteilte Zustimmung bei allen Lesern hervorriefen, schaffte diese Veröffentlichung Franke gehörig Reputation in SF-Kreisen. Mit seinen ersten Romanen, **Das Gedankennetz** (1961), **Der Orchideenkäfig** (1961), **Die Glasfalle** (1962) und **Die Stahlwüste** (1962) baute er seine Position als bekanntester und bester deutschsprachiger SF-Autor nach dem Krieg rasch aus und hatte lange Jahre hindurch kaum Konkurrenz. Typisch für diese frühen Romane ist, daß Franke hier meistens nicht chronologisch erzählt, sondern in Parallelhandlungen Informationsschnipsel nachschiebt, die erst zusammengesetzt gegen Ende der Handlung die Hintergründe der Handlung begreiflich machen – ein gemäßigtes van-Vogt-Konzept, wenn man so will. Typisch hierfür ist **Die Glasfalle,** wo eine erfolglose Revolution gegen eine Diktatur auf einem Planeten mit extrem harten Umweltbedingungen geschildert wird – die längst Geschichte ist, denn später gelang die Befreiung. Wie auch in **Das Gedankennetz** bewegen sich die Protagonisten dabei zunächst so ratlos wie der Leser in einer für sie unverständlichen Welt (weil sie – in **Die Glasfalle** – unter Drogen gehalten werden). Frankes Hauptthema in diesen und späteren Werken ist in der Regel das Ausbrechen aus einer beklemmenden, manipulierten Existenz.

1963 folgte **Planet der Verlorenen** (unter dem Pseudonym Sergius Both), 1965 **Der Elfenbeinturm.** Mit der Einstellung der Goldmann Hardcoverreihe und der zunächst unerfüllten Hoffnung auf zusätzliche Honorare durch Lizenzvergabe nach Amerika kehrte Franke der Science Fiction zunächst den Rücken zu (erst 1973 wurde **Der Orchideenkäfig** in Amerika veröffentlicht, gefolgt von **Das Gedankennetz** und **Zone Null**). 1970 veröffentlichte er mit **Zone Null** einen weiteren Roman. 1974 wurde er neben Wolfgang Jeschke Mitherausgeber der Science Fiction-Taschenbuchreihe des Heyne Verlags, und 1979 kehrte er zum Goldmann Verlag als Herausgeber der SF-Taschenbücher zurück. Er veröffentlichte zwei weitere Story-Sammlungen: **Einsteins Erben** (1972), und **Zarathustra kehrt zurück** (1977) und die Romane **Ypsilon Minus** (1976) und **Sirius Transit** (1979). Im Heyne Verlag gab er alternierend mit Wolfgang Jeschke Anthologien in der Reihe *SF Story Reader* heraus. Viele seiner Werke wurden in verschiedene (auch osteuropäische) Sprachen übersetzt, eine Auswahl seiner Erzählungen erschien in einer SF-Anthologie der DDR, in der SF-Autoren der BRD vorgestellt wurden. Franke hat außerdem neun SF-Hörspiele geschrieben und arbeitet an einer deutschen SF-Fernsehserie.

Bibliographie:
Der grüne Komet, (C), München 1960, G 4.
Das Gedankennetz, München 1961, G 16.
Der Orchideenkäfig, München 1961, G 24.
Die Glasfalle, München 1961, G 32.
Die Stahlwüste, München 1962, G 38.
Planet der Verlorenen (als Sergius Both), München 1963, GWTB 014.
Der Elfenbeinturm, München 1965, Z 60.
Zone Null, München 1970, Kindler u. Lichtenberg Vlg.
Einsteins Erben, (C), Frankfurt 1972, SFdW.
Ypsilon Minus, Frankfurt 1976, PhB, st 358.
Zarathustra kehrt zurück, (C), Frankfurt 1977, PhB, st 410.
Sirius Transit, Frankfurt 1979, PhB, st 535.
(Hrsg.) **Science Fiction Story Reader 2,** München 1974, H 3398.
(Hrsg.) **Science Fiction Story Reader 4,** München 1975, H 3451.
(Hrsg.) **Science Fiction Story Reader 6,** München 1976, H 3498.
(Hrsg.) **Science Fiction Story Reader 8,** München 1977, H 3549.
(Hrsg.) **Science Fiction Story Reader 10,** München 1978, H 3602.
(Hrsg.) **Science Fiction Story Reader 12,** München 1979, H 3655.
(Hrsg.) **SF-International,** München 1980, GWTB 23345.

Freksa, Friedrich
(1882–1955)
Kurt Friedrich-Freksa, wie sein vollständiger Name lautet, ist ein deutscher Autor, der in Berlin geboren wurde (wo er auch starb). Er schrieb (gottlob) nur einen einzigen utopischen Roman, **Druso – die gestohlene Menschenwelt** (1931), der es unter gewissen SF-Sammlern zu einiger Berühmtheit gebracht hat: Manch einem gilt er als einer der besten deutschsprachigen Zukunftsromane der Weimarer Republik. Andere, etwa der Kritiker Manfred Nagl, sehen in ihm dagegen ganz ungeschminkten Rassenhaß und vorweggenommenen Faschismus. In diesem zweifelhaften Produkt deutscher SF geht es um Sterilisation und »Zuchtwahl« im 21. Jahrhundert, die Vernichtung der »gelben Rassen« (»und dann

setzte die Vernichtung ein, schweigend, sachlich, schrecklich«), in den Kälteschlaf versetzte besonders »lebenskräftige Stämmlinge« und deren Erwachen Jahrhunderte später, wo sie den Resten der verweichlichten Menschheit im Kampf gegen insektenhafte Bewohner des »Raubsterns Druso« beistehen. Die »Drusonen« haben dabei drastische Ähnlichkeit mit dem antisemitischen Bild der Nazis von Juden als Schmarotzer, Ausbeuter – und letztlich – zu vernichtendem Ungeziefer.

Bibliographie:
Druso – die gestohlene Menschenwelt, Berlin 1931, H. Reckendorf Vlg.

Friedberg, Gertrude
Amerikanische Lehrerin und Schriftstellerin. Sie schrieb Kurzgeschichten für eine ganze Reihe von Magazinen, u. a. auch für das *Magazine of Fantasy and Science Fiction.* Ihr bislang erster und einziger SF-Roman, THE REVOLVING BOY (1966) bekam trotz erheblicher Schwächen einige gute Kritiken.

Bibliographie:
Ruf aus dem Weltraum (THE REVOLVING BOY), München 1967, G 77.

Friedell, Egon
(1878–1938)
Der in Wien als Sohn eines Textilkaufmanns geborene Schriftsteller Egon Friedell (eigentlich: Friedmann) besuchte Gymnasien in Niederösterreich, Berlin, Hersfeld, Heidelberg und Wien und promovierte über Novalis. Von 1908 bis 1910 leitete er das Theaterkabarett ›Fledermaus‹ in Wien, war von 1919 bis 1922 ein angesehener Theaterkritiker und arbeitete insgesamt fünf Jahre lang an den Berliner und Wiener Max-Reinhardt-Bühnen als Schauspieler. Schließlich ließ er sich als Autor, Essayist und Kulturhistoriker nieder. Sein – oft überschätzter – Beitrag zur Science Fiction ist der Roman **Die Rückkehr der Zeitmaschine** (posthum 1946 veröffentlicht), eine Art Fortsetzung zu H. G. Wells' THE TIME MACHINE (1895), die auch einen ›Schriftwechsel‹ mit einer imaginären Sekretärin von Wells enthält. Friedell nahm sich 1938 das Leben, als die SS in sein Haus eindrang und sich nach dem »Jud Friedell« erkundigte.

Bibliographie:
Die Rückkehr der Zeitmaschine, München 1946, R. Piper & Co. Vlg.

Friedrich, Herbert
(1926–   )
Der heute freischaffend als Autor in Dresden/DDR lebende Herbert Friedrich wurde als Sohn eines Gürtlers in der Nähe von Dresden geboren. Nach Rückkehr aus der Gefangenschaft betätigte er sich als Lehrer, studierte von 1958 bis 1961 am Johannes-R.-Becher-Institut in Leipzig Literatur und schreibt seit 1956 Erzählungen, Kinderbücher und Fernsehspiele. 1966 erhielt er den Martin-Andersen-Nexö-Kunstpreis der Stadt Dresden. Sein bisher einziger SF-Roman ist **Der Damm gegen das Eis** (1964), ein am traditionellen deutschen Zukunftsroman orien-

tierter technischer-utopischer Stoff.

Bibliographie:
Der Damm gegen das Eis, Mitteldeutscher Verlag, Halle/Saale 1964.

Frühauf, Klaus
(1933–)
Klaus Frühauf, DDR-Autor, wurde in Halle geboren und lebt heute in Rostock. Er studierte Maschinenbau, arbeitete als Konstrukteur und brachte es zum Hauptkonstrukteur und »Verdienten Techniker«. Seit 1970 schreibt er in seiner Freizeit Science Fiction, wobei er mehr zur abenteuerlichen Seite des Genres neigt, will nach eigenen Worten dabei jedoch Denkmodelle durchspielen und zu philosophischen Schlüssen kommen. Er hat bisher zwei Romane und eine längere Erzählung veröffentlicht. Sein Roman **Am Rande wohnen die Wilden** (1976) erschien auch in der Bundesrepublik. Es geht darin um eine extraterrestrische Zivilisation, die sich in Kunststoff und anderer Künstlichkeit abgekapselt hat und diesen Zustand für die allein wahre Lebensart vernunftbegabter Wesen hält – bis sie auf die »Wilden« von der Erde trifft, die sich ihre natürliche Umwelt bewahrt und den Fremden durchaus etwas zu geben haben.

Bibliographie:
Mutanten auf Andromeda, Berlin 1974, Vlg. Neues Leben (Kompaß-Bücherei 179).
Am Rande wohnen die Wilden, Berlin 1976, Vlg. Neues Leben (in der Bundesrepublik: Dortmund 1976, Weltkreis Vlg.).

Heftpublikation:
Kurs zur Erde, Berlin 1975, Vlg. Neues Leben, *Das neue Abenteuer* 345.

Fuchs, Walter R.
(1937–1978)
Geboren in Princeton/New Jersey, absolvierte Walter R. Fuchs eine Ausbildung als Feinmechaniker und Elektrotechniker. Nach einem Praktikum als technischer Zeichner studierte er Physik, Mathematik und Elektrotechnik in München und schloß 1961 mit der Promotion (summa cum laude) ab. 1962 wurde Fuchs Wissenschaftsredakteur des Bayrischen Rundfunks. Später leitete er dort den Programmbereich Außerschulische Ausbildungsprogramme (Telekolleg, Teleberuf, Universitätsfernsehen). Neben zahlreichen Sachbüchern über physikalische, mathematische und kybernetische Themen veröffentlichte er 1973 ein Buch über mögliche andere Le-

bensformen im Kosmos (**Leben unter fernen Sonnen? Wissenschaft und Spekulation**). Ebenfalls 1973 erschien der SF-Roman **Der Hundeplanet,** »verfaßt« von dem Hund Welsh Corgi, »nacherzählt« von Walter R. Fuchs. Es handelt sich um einen satirischen Roman über einen Planeten, auf dem Hunde eine eigene Computerzivilisation errichtet haben. Sie nehmen Kontakt zur Erde auf und entdecken hier ihre irdischen Verwandten.

Bibliographie:
Der Hundeplanet, München 1973, Droemer Knaur Vlg.

Fuhrmann, Rainer
(1940–   )
Rainer Fuhrmann ist ein DDR-Autor, der in Berlin geboren wurde. Nach einer Lehre als Dreher arbeitet er heute als Mechanikermeister in einem Betrieb, der orthopädische Geräte entwickelt und herstellt. 1976 erschien seine erste SF-Erzählung **Das Experiment** in der Anthologie **Begegnung im Licht.** 1977 veröffentlichte er seinen ersten SF-Roman: **Homo sapiens 10^{-2},** 1978 folgte **Das Raumschiff aus der Steinzeit.** Der Roman schildert, wie unter Geröllschichten ein 250 000 Jahre altes Raumschiff gefunden wird. Die Suche nach den Außerirdischen, die mit diesem Raumschiff auf der Erde gestrandet sind, führt zum Mars und schließlich zum Jupitermond Ganymed.

Bibliographie:
Homo sapiens 10^{-2}, Berlin 1977, Vlg. Das Neue Berlin.
Das Raumschiff aus der Zukunft, Berlin 1978, Vlg. Neues Leben.

Funk, Richard
(1926–   )
Er wurde auf einem Friedhof in Warschau geboren, wo sein Vater eine Dienstwohnung hatte. Er begeisterte sich frühzeitig für Jules Verne und Bruno H. Bürgel, kam nach dem Krieg in die DDR und wurde dort Chemieingenieur. Er schreibt in seiner Freizeit Gedichte, SF-Erzählungen und veröffentlichte bisher einen Roman (**Gerichtstag auf Epsi,** 1973). Er sieht seine schriftstellerische Arbeit als einen Beitrag zum Frieden in der Welt.

Bibliographie:
Gerichtstag auf Epsi, Berlin 1973, Vlg. Das Neue Berlin.

Gail, Otto Willi
(1896–1956)
Gail gehört zu jenen Autoren, die, obwohl sie nur wenige utopische Romane verfaßten, große Bedeutung erlangten, weil sie damit in der Öffentlichkeit große Popularität gewannen. Er wurde in Gunzenhausen/Mittelfranken geboren. Über Gails Leben ist nur wenig bekannt. Nach seinem Studium an der Technischen Hochschule München, wo er Elektrotechnik und Physik studiert hat, war er als Wissenschaftsjournalist tätig. Er verfaßte etliche Sachbücher über Physik, Astronomie und nicht zuletzt Raumfahrt. Beim Rundfunk, für den er etliche Sachbeiträge schrieb, war er ein Mann der ersten Stunde.

Seine drei utopischen Romane kreisen alle um ein Thema: die Raumfahrt. Selbst von diesem Gedanken begeistert, wollte er vor allem die Jugend ansprechen und die noch in ersten Vorversuchen experimentierende Raumfahrt in ihrer technischen Durchführbarkeit vorstellen. Für Otto Willi Gail stand SF im ›Vorhof‹ von Naturwissenschaft und Technik. Das verbindet ihn in einer Zeit reiner Fortschrittsgläubigkeit mit den meisten deutschen SF-Autoren dieser Jahrzehnte, wie Hans Dominik, um nur den bekanntesten zu nennen. Da Gail selbst Fachmann war und sich darüber hinaus von Max Valier, einem deutschen Raketenpionier, in technischen Details beraten ließ, stehen seine Romane, was die rein technische Vorausschau betrifft, über dem Durchschnitt anderer Romane seiner Zeit.

In **Der Schuß ins All,** seinem Romanerstling, sah er bereits ein Wettrennen von zwei Nationen (hier den Russen und den Deutschen – die Deutschen gewinnen natürlich) um das Prestige, als erste den Mond zu betreten, voraus. **Der Stein vom Mond** ist die Fortsetzung dieses Titels. Beide Romane wurden auch ins Amerikanische übersetzt und erschienen dort 1929 bzw. 1930 in Gernsbacks Magazin *Science Wonder Quarterly.*

Bibliographie:
Der Schuß ins All, Breslau 1925, Bergstadtbücher.
Der Stein vom Mond, Breslau 1926, Bergstadtbücher.
Hans Hardts Mondfahrt, Stuttgart 1928, Union Deutsche Verlags-Anstalt.

Die blaue Kugel (C), Breslau 1929, Bergstadtbücher.
Der Herr der Welten, Nürnberg 1949, Sebaldus Vlg.

Gallun, Raymond Z(inke)
(1910–   )
Gallun, der in Beaver Dam/Wisconsin geboren wurde, begann ein Jurastudium, brach es aber 1931 ab, um als freiberuflicher Autor zu arbeiten. Wie ihm das gelingt, ist nicht bekannt, wohl aber, daß er viel und gerne reist. Seine ersten Stories waren THE CRYSTAL RAY *(Air Wonder Stories)* und THE SPACE DWELLERS *(Science Wonder Stories),* beide im November 1929 erschienen. Vor allem unter eigenem Namen, aber auch unter den Pseudonymen Arthur Allport, William Callahan, Dow Elstar und E.V. Raymond hat Gallun eine größere Anzahl von Kurzgeschichten für alle möglichen Magazine sowie die Romane PEOPLE MINUS X (1957), THE PLANET STRAPPERS (1961) und THE EDEN CYCLE (1973) geschrieben. Obwohl er einer der altgedientesten SF-Autoren ist, erreichte nur seine aus drei Stories bestehende OLD FAITHFUL-Serie (1934–1936 in *Astounding*) eine gewisse Popularität. Zum klassischen Fundus der Science Fiction trug er wenig bei. 1979 wurde Gallun auf dem Weltcon in Brighton für seine Verdienste im Fandom der »First Fandom Man of the Year«-Award verliehen.

Bibliographie:
Menschen Minus X (PEOPLE MINUS X), Düsseldorf 1959, Dörner Vlg.

Heftpublikationen:
Der Ring um die Sonne (A STEP FARTHER OUT) (mit Clark Darlton), UG 34 (1956).
Tödliche Träume (PASSPORT TO JUPITER), TS 37 (1961).
Sternenfieber (THE PLANET STRAPPERS), TS 66 (1963).

Galouye, Daniel F(rancis)
(1920–1976)
Der in New Orleans/Louisiana geborene Journalist und Schriftsteller Daniel F. Galouye (gelegentliches Pseudonym: Louis G. Daniels) gehört zu den am meisten unterschätzten Autoren, die das SF-Genre der USA bisher hervorgebracht hat. Er studierte an der Louisiana State University, war während des Zweiten Weltkrieges Testpilot und einer der ersten Raketenflugzeugpiloten der Welt. Nach dem Krieg arbeitete er wieder als Zeitungsreporter. Er tauchte als SF-Autor erstmals in William L. Hamlings Magazin *Imagination* (das hauptsächlich intergalaktische

Räuberpistolen publizierte) auf: REBIRTH (1951) zählt zu einer erklecklichen Anzahl von Kurzromanen, die Galouyes Ruf als Verfasser nichtweltraumbezogener Stories begründeten. Er schrieb nur wenige Bücher, dafür aber eine Menge von »Ideen«-Geschichten, die für das von der Space Opera dominierte Genre wirklich neu waren, hauptsächlich in *Imagination, Galaxy* und im *Magazine of Fantasy & Science Fiction*. 1967 mußte er aufgrund einiger nicht ausgeheilter Kriegsverletzungen seine Arbeit aufgeben und wirkte fortan nur noch als Lokalredakteur einer Zeitung in New Orleans. Typisch für Galouyes Werk, das eine leichte thematische Ähnlichkeit mit dem A. E. van Vogts aufweist, sind jene SF-Heroen, die während der ganzen Romans nicht wissen, auf welcher Seite sie eigentlich stehen bzw. was um sie herum eigentlich vorgeht – trotz ihrer geheimen Kräfte, die sie im Laufe der Handlung erkennen und zu meistern lernen. In THE LOST PERCEPTION (1966) sucht eine unbekannte Seuche die Menschheit heim; die von ihr Befallenen leiden unter entsetzlichen Schreikrämpfen, werden manchmal nach monatelangem Dahinsiechen wieder gesund, aber häufiger sind Wahnsinn und Tod ihr Schicksal. Das »Sicherheitsbüro«, eine internationale Organisation, die nach dem Zerfall der Nationalregierungen die Ordnung aufrechterhält, gibt auf der Erde aufgetauchten Außerirdischen die Schuld an der Seuche, die daraufhin gejagt und erbarmungslos getötet werden, bis sich herausstellt, daß kosmische Strahlen die Ursache der Epidemie sind: die Erde ist aus einem kosmischen Feld herausgetreten, das diese Strahlen bisher unterdrückt hat. Die Überlebenden dieser Krankheit besitzen plötzlich einen »sechsten Sinn«; die »Schreiphase« ist nur ein Nebeneffekt auf dem Wege zur Erlangung übersinnlicher Fähigkeiten. DARK UNIVERSE (1961) wurde für den Hugo Gernsback-Award nominiert, SIMULACRON-3 (1964) wurde von dem deutschen Regisseur Rainer Werner Fassbinder verfilmt: Darin geht es um ein von der Großindustrie finanziertes Institut, das in einem Supercomputer eine künstliche Welt simuliert, um anhand der Reaktionen der auf diese Weise künstlich gezeugten »Menschen« Erfahrungswerte sammeln will, bis einer der an diesem Projekt beteiligten Wissenschaftler herausfindet, daß die Kunstmenschen ein Eigenleben entwickeln und danach trachten, in die nächsthöhere Dimension (die ihrer Erzeuger) aufzusteigen und fleischlich zu werden. Die Pointe dieses Romans ist von außergewöhnlicher Härte: Der Protagonist entdeckt als einziger, daß seine Welt (die die unsere darstellen soll, was in der Filmversion nicht deutlich herauskam) ebenfalls nichts anderes ist, als eine von »höherstehenden« Mächten in einem Computer erzeugte Simulation.

Bibliographie:
Dunkles Universum (DARK UNIVERSE), München 1962, G 37.
Welt am Draht (SIMULACRON-3), München 1965, G 64.
Die gefangene Erde (LORDS OF THE PSYCHON), München 1965, GWTB 053.
Die stummen Schwingen (MIND-MATE AND OTHER STORIES), München 1967, PU 313.
Weltraumschiff Nina meldet (THE LOST PERCEPTION), München 1968, GWTB 087.
Basis Alpha (C/OA), München 1968, TTB 131.
Jenseits der Barrieren (THE LAST LEAP AND OTHER STORIES) München 1975, GWTB 0190.
Das Reich der Tele-Puppen (PROJECT BARRIER), München 1975, GWTB 0198.

Heftpublikationen:
Als die Sonne starb (THE DAY THE SUN DIED), T 362 (1964).
Das Große Chaos (TONIGHT THE SKY WILL FALL), T 414 (1965).
Das Gericht der Telepathen (C/OA), T 408 (1965).
Zweikampf der Giganten (THE FIST OF SHIVA), T 482 (1966).
Welt der Finsternis/Geheimprojekt Lichtmauer (PHANTOM WORLD/REBURTH), UZ 483 (1967).
Das Geheimnis der Unsterblichen (SECRET OF THE IMMORTALS), UZ 557 (1968).

Gansowski, Sewer (Felixowitsch) (1918–)
Der russische Autor Sewer Gansowski (Gansovskij) wurde in Kiew geboren, arbeitete als Schiffsjunge und Matrose und war anschließend Schauermann und Elektromonteur in Leningrad, wo er auch eine zehnklassige Abendschule besuchte. Nach einer schweren Verwundung im Zweiten Weltkrieg – Gansowski hatte sich 1941 freiwillig zum Fronteinsatz gemeldet – arbeitete er in Kasachstan auf einem Gestüt, kehrte aber nach Kriegsende nach Leningrad zurück und studierte an der Philosophischen Fakultät der Universität. Heute lebt er in Moskau.

Er schrieb bereits als Student, und seine ersten Texte wurden in Zeitungen und Zeitschriften veröffentlicht. In den fünfziger Jahren erschienen von ihm zwei Bände mit Erzählungen im sowjetischen Kinderbuchverlag. Er war auch als Bühnenautor tätig und erhielt mehrfach Auszeichnungen bei internationalen Wettbewerben. Anfang der sechziger Jahre wandte er sich erstmals der Science Fiction zu, und 1963 erschien sein erster Band mit SF-Erzählungen: SCHAGI W NEIZWESTNOJE (»Schritte ins Ungewisse«). Es folgten u.a. die Titel SCHEST GENIJEW (**Der sechste Genius**), TRI SCHAGA K OPASNOSTI (»Drei Schritte auf die Gefahr zu«) und IDJOT TSCHELOWEK (»Der Mensch kommt«). Eine Reihe seiner Erzählungen wurde auch in die deutsche Sprache übersetzt, wobei besonders die Novelle WINZENT WAN GOG (**Vincent van Gogh**) – eine Zeitreiseerzählung – qualitativ herausragt.

Bibliographie:
Der sechste Genius (SCHEST GENIJEW) (zusammen in einem Band mit **Der violette Tod** von Wladimir Wladko), Berlin 1968, Vlg. Das Neue Berlin.
Die Stimme aus der Antiwelt (GOLOS IZ ANTIMIRA) (C), Berlin 1972, Vlg. Volk und Welt.
Vincent van Gogh (WINZENT WAN GOG), Berlin 1972, Vlg. Volk und Welt, *Spectrum-Taschenbuch* 40.

Heftpublikation:
Die gestohlenen Techmine u.a. phant. Erzählungen, Berlin 1968, Vlg. Kultur und Fortschritt, Kap-Reihe 51.

Garnett, David S.
(1947–)
Der englische Nachwuchsautor David S. Garnett wurde in Liverpool geboren. Nach der Schule studierte er an der London University und schloß mit einem akademischen Grad in Wirtschaftswissenschaften ab. Im Alter von 19 Jahren schrieb er während der Semesterferien seinen ersten Roman, MIRROR IN THE SKY, der dann 1969 erschien. Nach diesem Erfolg beschloß er freiberuflicher Schriftsteller zu werden, eine Tätigkeit, die durch gelegentliche Nebenjobs wie Lastwagenfahrer etc. unterbrochen wird. Neben weiteren SF-Romanen, von denen noch THE STAR SEEKERS (1971) zu nennen wäre, wurden von David S. Garnett Kurzgeschichten in *Magazine of Fantasy and SF* und anderen SF-Periodika, sowie verschiedene Beiträge in Magazinen wie *Mayfair* oder *Men Only* publiziert.

Bibliographie:
Das Rätsel der Creeps (MIRROR IN THE SKY), München 1977 H 3557.

Garrett, Randall
Der amerikanische Autor Randall Phillips Garrett schreibt seit 1951 für eine Reihe von amerikanischen SF-Magazinen unter eigenem Namen sowie unter zahlreichen Pseudonymen wie etwa Darrel T. Langart, David Gordon oder Gerald Vance. Am bekanntesten sind eigentlich jene Stories und Romane geworden, die er in Zusammenarbeit mit anderen Autoren verfaßte, etwa die Romane THE SHROUDED PLANET (1957) und THE DAWNING LIGHT (1959), die unter dem Pseudonym Robert

Randall erschienen (und zusammen mit Robert Silverberg geschrieben wurden), und vier Romane unter dem Pseudonym Mark Phillips (Co-Autor war Lawrence M. Janifer). Wieder gemeinsam mit Silverberg hat Garrett gelegentlich auch unter dem Pseudonym Ivar Jorgenson veröffentlicht (in der Schreibweise mit »e«, also Jorgensen, steht es für Paul W. Fairman). Viele von Garretts Erzählungen gehören Serien an (z. B. *Lord Darcy*, *Kenneth J. Malone* oder *Nidor*). Die *Nidor*-Serie umfaßt die unter Robert Randall veröffentlichten und zu Romanen (s. o.) zusammengefaßten Stories um den Planeten Nidor und seine Eingeborenen, die durch Terraner, die als Halbgötter auftreten, veranlaßt werden, ihre Zivilisation voranzutreiben (was eine Revolte auslöst). Eine eigenständige Leistung ist der Roman TOO MANY MAGICIANS (1967, aus der *Lord Darcy*-Serie), eine leicht lesbare und flotte Mischung aus Krimi, Magie und SF.

Bibliographie:
Das elektronische Genie (UNWISE CHILD), München 1963, Z 41.
Die fremde Macht (ANYTHING YOU CAN DO...) (als Darrel T. Langart), München 1963, Z 45.
Die Lady mit dem 6. Sinn (BRAIN TWISTER) (als Mark Phillips mit Larry M. Janifer), Frankfurt–Berlin–Wien 1974, U 3073.
Kampf gegen die Unsichtbaren (THE IMPOSSIBLES) (als Mark Phillips mit Larry M. Janifer), Frankfurt–Berlin–Wien 1975, U 3119.

Heftpublikationen:
Wir – Die Maschine (WE, THE MACHINE) (als Gerald Vance) UZ 134 (1958).
Der verborgene Planet (THE SHROUDED PLANET) (als Robert Randall mit Robert Silverberg), AiW 14 (1959).
Nidor erwacht (THE DAWNING LIGHT) (als Robert Randall mit Robert Silverberg), T 359 (1964).
Die Denker und die Rebellen (BUT, I DON'T THINK), T 480 (1966).
Das verrückte Raumschiff (A SPACESHIP NAMED MCGUIRE), TN 72 (1970).
Virus Y u. a. Stories (C) (NO CONNECTIONS), TN 120, (1970).
Die Erfindung des Mr. B u. a. (C), TN 173 (1971).

Gaskell, Jane
(1941–   )
Jane Gaskell ist das Pseudonym der britischen Fantasyautorin Jane Denvil Lynch, die bei uns durch ihre Atlantis-Tetralogie bekannt geworden ist. Jane Gaskells erster Roman, STRANGE EVIL (1957), war bereits fertig, als die jugendliche Verfasserin noch die Schulbank drückte. Sie hatte die Auseinandersetzung zwischen Gut und Böse, die in einem mystischen Märchenland spielt, in ihre Schulhefte geschrieben. Aber als er dann in Buchform erschien, war Jane Gaskell mit 16 Jahren noch immer eine der jüngsten Autorinnen des Landes. 1958 folgte THE KING'S DAUGHTER. Durch ihr Hauptwerk, den in England als Trilogie erschienenen ATLANTIS-Zyklus, etablierte sich Jane Gaskell als eine

der ersten Fantasyautorinnen von Rang. In THE SERPENT (1963), ATLAN (1965) und THE CITY (1966) ließ sie eine mythische Vorzeit in ihrer ganzen Farbigkeit und Wildheit auferstehen und schuf damit höfisch-fantastische Gesellschaftsromane einer fiktiven Welt, die zu Wegbereitern einer neuen Stilrichtung werden sollten, die heute durch Autorinnen wie Katherine Kurtz, Tanith Lee und C.J. Cherryh vertreten wird.

Bibliographie:
Der Turm der Göttin (THE SERPENT-I), München 1976, H 3508.
Der Drache (THE SERPENT-II), München 1976, H 3516.
Im Reich der Atlantiden (ATLAN), München 1977, H 3530.
Im Land der Affenmenschen (THE CITY), München 1977, H 3543.

Gasparini, Gustavo
(1930–)
Italienischer SF-Autor. Für Gustavo Gasparini, geboren in Venedig, ist die SF-Literatur lediglich ein Vehikel zur Sondierung der versteckten Winkel eines magischen und geheimnisumwobenen Universums, dem er sich durch Yogastudien und die Kenntnis des orientalischen Okkultismus gegenüber äußerst sensitiv zeigt. Nach ausgedehnten Reisen durch Europa schloß er sein Studium an der Universität von Venedig mit einem akademischen Grad in Fremdsprachen ab. Seine Erzählungen erschienen in vielen italienischen und anderssprachigen Magazinen, und sein erster Roman, LE VELE DEL TEMPO war ein kommerzieller Erfolg und wurde von der Kritik außergewöhnlich gut aufgenommen. Sein zweiter Roman, LA DONNA IMMORTALE, wurde 1975 mit dem Preis der Stadt Ferrara als bester italienischer SF-Roman des Jahres ausgezeichnet. Man kann Gasparinis Texte als Meta-SF bezeichnen, da er viele unterschiedliche Topoi einsetzt und actionreiche Plots, paradoxe Situationen und einen rasanten Erzählstil so dicht miteinander verquickt, daß seine Bücher beinahe wie Allegorien erscheinen, die mehrere Interpretationsmöglichkeiten zulassen: Der ewige Zyklus des Lebens unter einem existenziellen Licht, jede Handlung und jede Tatsache haben subtilere Bedeutungen, als es auf den ersten Blick den Anschein hat. Gasparinis Kurzgeschichten zeigen oft einen gewissen Hang zum Fatalismus, demgegenüber existiert aber durchaus das Prinzip des Vertrauens in die Spiritualität des Menschen. Wenn Gasparini auf Abenteuerelemente zurückgreift, dann nicht um ihrer selbst willen, sondern als packende Methode, die Komplexität des menschlichen Daseins zu illustrieren. Selbst wenn sein Name in der Regel nur mit seinen Romanen in Zusammenhang gebracht wird, ist Gasparinis Kurzgeschichtenproduktion überraschend groß. Nur wenige italienische SF-Autoren sind in den letzten Jahren dermaßen erfolgreich gewesen. Gasparinis neuester Roman, IL CASTELLO DELL'OMBRA, wird in Kürze erscheinen.

Gernsback, Hugo
(1884–1967)
Im April 1926 erschien in den USA das erste Science Fiction-Magazin der Welt. Verleger war der in Luxemburg gebürtige Ingenieur Hugo Gernsbach (der sich erst später Gernsback nannte). Er war Sohn eines Weingroßhändlers, hatte die École Industrielle von Luxemburg und später das Technikum in Bingen am Rhein besucht und betrieb in New York ein Geschäft, das ebenfalls auf der Welt seinesgleichen suchte: einen Radio-Versandhandel. Nebenbei gab Gernsback technische Zeitschriften wie *Modern Electrics, Electrical Experimenter, Radio News* und *Science and Invention* heraus. In *Science and Invention* publizierte er hin und wieder utopische Geschichten. Als er herausfand, daß eine ganze Reihe seiner Leser *Science and Invention* hauptsächlich der *fiction* wegen kaufte, beschloß er, *Amazing Stories* herauszugeben, das folgendermaßen angekündigt wurde: »*Amazing Stories* ist eine völlig neue Art Unterhaltungsmagazin! Es ist absolut neuartig und bislang noch nie dagewesen! Schon allein deswegen sollten Sie *Amazing Stories* Ihre Aufmerksamkeit schenken!« Zwar hatte es zuvor schon in Konkurrenzobjekten wie *The Thrill Book, Weird Tales* und *Argosy* phantastische Stories gegeben, aber diese Magazine enthielten ebenso exotische Abenteuergeschichten, wie Krimi- und Horrorerzählungen. Neu war in der Tat, daß in *Amazing Stories* nichts anderes als utopische Geschichten erscheinen sollten. Gernsback heuerte sich als Herausgeber den damals bereits fünfundsiebzigjährigen Dr. T. O'Conor Sloane, einen ehemaligen Universitätsdozenten, wissenschaftlichen Autor und Erfinder an, der nebenbei noch den Vorzug besaß, Schwiegersohn des berühmten Thomas Alva Edison zu sein. Sloanes Aufgabe war, die Geschichten auf ihre wissenschaftliche Haltbarkeit hin zu überprüfen, während für die Stories selbst C. A. Brandt verantwortlich war, ein in Deutschland geborener Chemiker, den ein Bekannter Gernsback als die größte lebende Kapazität auf dem Gebiet der utopischen Literatur vorgestellt hatte. Brandt übersetzte auch eine ganze Reihe von Texten für *Amazing Stories* (so Curt Siodmaks THE EGGS FROM LAKE TANGANYIKA, 1926). Gernsback selbst machte die Schlußredaktion, schrieb Editorials und kümmerte sich um Umschlag- und Innenillustrationen, die hauptsächlich der gebürtige Österreicher Frank R. Paul für ihn zeichnete. Rasch machte er der Konkurrenz die beliebtesten Autoren jener Tage abspenstig: George Allan England (1877–1936), Austin Hall

(1882–1933), Abe Merritt (1884–1943), Edgar Rice Burroughs (1875–1950), Murray Leinster (1896–1976), Ray Cummings (1887–1957), H.P. Lovecraft (1890–1937) und Otis Adelbert Kline (1891–1946). Aber ebenso erschienen in *Amazing Stories* die Werke von Autoren mit internationalem Ruf: darunter Jules Verne (1828–1905), H.G. Wells (1866–1946) und Edgar Allan Poe (1809–1849). 1929 brach über Gernsbacks Unternehmen jedoch eine finanzielle Krise herein, während der der »Vater der Science Fiction« die Kontrolle über seine SF-Magazine verlor. Mit Unterstützung zahlreicher ehemaliger Abonnenten kam er aber bald wieder auf die Beine, stieg erneut ins SF-Geschäft ein und publizierte *Science Wonder Stories, Air Wonder Stories, Wonder Stories* und *Amazing Detective Tales*. In den dreißiger Jahren erfolgte ein erneuter Rückschlag, und Gernsback sah sich gezwungen, nach und nach all seine Magazine zu verkaufen. Er hielt sich siebzehn Jahre von der SF-Szene fern, kehrte 1953 noch einmal kurz mit *Science Fiction Plus* (unter redaktioneller Leitung von Sam Moskowitz) zurück, vermochte sich aber auch diesmal nicht zu halten. Gernsbacks erster eigener SF-Roman, RALPH 124 C41+ (1911, Buchausgabe 1925) ist heutzutage lediglich von historischem Interesse, da er eine Menge von Erfindungen beschreibt, die bereits zum täglichen Gebrauch gehören. 1971 erschien posthum THE ULTIMATE WORLD, in dem es von Pappcharakteren und dümmlichen Dialogen (»Herrjeh! Das ist ja erstaunlich, Herr Professor! Wie funktioniert das denn?«) nur so wimmelt.

Gernsback war zeitlebens ein Verfechter der These, daß Science Fiction die Leser »wissenschaftlich bilden«, d.h. »zu 75% aus Beschreibungen technischer Vorgänge und zu 25% aus eingestreuten Dialogen« (Darrell Schweitzer) bestehen solle, und genau so sehen Gernsbacks eigene Produkte auch aus. Die amerikanischen SF-Fans haben ihn dennoch auf ihre Weise geehrt: Alljährlich verleihen sie in seinem Namen den HUGO-Award für den besten SF-Roman des Jahres.

Bibliographie:
Ralph 124 C41+ (RALPH 124 C41+), München 1973, H 3343.
Invasion 1996 (ULTIMATE WORLD), München 1973, H 3351.

Gerrold, David
(1944–)
David Gerrold Friedman produzierte 1963 seinen ersten (freilich nur zehn Minuten langen) Film, studierte Theaterwissenschaft und verließ das College 1967 mit dem Grad eines Bachelor of Arts. Obwohl man ihn heute hauptsächlich als Buchautor kennt, hat er beim amerikanischen Fernsehen angefangen. Er sandte ein Drehbuch, TROUBLE WITH TRIBBLES (1967) für die SF-Serie STAR TREK (**Raumschiff Enterprise**) ein, das produziert wurde und ihm sogar eine HUGO-Nomination für die beste dramatische Präsentation einbrachte. Dadurch ermuntert, versuchte er zunächst im TV-Busi-

ness Fuß zu fassen, was ihm jedoch nur teilweise gelang. Den Versuch, für einen Produzenten das Drehbuch zu Robert A. Heinleins A STRANGER IN A STRANGE LAND (1961) zu vollenden, scheiterte an der Freundin des Auftraggebers, die ihm partout vorschreiben wollte, wie er vorzugehen habe. Gerrold verkaufte einige Stories an diverse Magazine, verlegte sich aber zu Anfang der siebziger Jahre auf das erfolgreiche Schreiben von SF-Romanen. 1971 erschien die in Zusammenarbeit mit Larry Niven entstandene köstliche SF-Humoreske THE FLYING SORCERERS, ein Jahr darauf gleich drei Bücher: YESTERDAY'S CHILDREN, WHEN HARLIE WAS ONE und SPACE SKIMMER. Sein Zeitreiseroman THE MAN WHO FOLDED HIMSELF (1973) wurde für den Nebula-Award nominiert, konnte sich jedoch gegen einen so gewichtigen Konkurrenten wie Arthur C. Clarkes RENDEZVOUS WITH RAMA (1973) nicht durchsetzen. 1979 wurde Gerrold der Skylark-Award zugesprochen.

Bibliographie:
Ich bin Harlie (WHEN HARLIE WAS ONE), München 1974, H 3416.
Zeitmaschinen gehen anders (THE MAN WHO FOLDED HIMSELF), München 1976, H 3478.
Die Schlacht um den Planet der Affen (BATTLE FOR THE PLANET OF THE APES), München 1976, TTB 275.
Die fliegenden Zauberer (mit Larry Niven) (THE FLYING SORCERERS), München 1976, H 3489.
Raumspringer (SPACE SKIMMER), Berg. Gladbach 1977, B 21073.
Unter dem Mondstern (MOONSTAR ODYSSEY), München 1978, K 704.
Raumschiff der Verlorenen (YESTERDAY'S CHILDREN), Berg. Gladbach 1978, B 21099.

Geston, Mark S(ymington)
(1946–)
Der amerikanische Autor Mark Symington Geston wurde in Atlantic City geboren und studierte Geschichte in New York. Schon als Student begann er mit dem Schreiben von Science Fiction-Romanen und hatte auf Anhieb Erfolg damit. 1967 erschien seine STARSHIP-Trilogie, bestehend aus LORDS OF THE STARSHIP, OUT OF THE MOUTH OF THE DRAGON (1969) und THE DAY STAR (1972). Es folgte 1976 THE SIEGE OF WONDER. Geston gilt als ein neues Talent und wird für dramaturgisch geschickt angelegte Handlungen und für seinen ungewöhnlichen, sehr eindrucksvollen Stil gelobt. In seinem Erstling geht

es um den Generationen dauernden Bau eines riesigen Sternenschiffes. OUT OF THE MOUTH OF THE DRAGON schildert den letzten Krieg der Menschen nach einer jahrtausendelangen Kriegstradition – einen Krieg, der alle Lebenskraft der Erde zerstört.

Bibliographie:
Das Sternenschiff (LORDS OF THE STARSHIP), München 1974, H 3419.
Die Ruinenwelt (OUT OF THE MOUTH OF THE DRAGON), München 1975, H 3423.
Der Stern der Hoffnung (THE DAY STAR), München 1975, H 3428.

Gilbert, Stephen
(1912–)
Der englisch-irische Autor Stephen Gilbert wurde in Newcastle/Südwales geboren, sein Vater besaß eine Samen- und Teegroßhandelsfirma in Belfast. Er war einige Jahre lang Reporter für eine Zeitung, wurde bei Kriegsausbruch als Kanonier eingezogen und engagierte sich nach dem Kriege in der Anti-Atombomben-Bewegung in Nordirland (er war zwei Jahre lang Sekretär der Bewegung). Gilbert schrieb einige Mainstream-Romane und wurde in der Science Fiction durch den Roman RATMAN'S NOTEBOOKS (1968, als WILLARD verfilmt und unter diesem Titel in Filmfassung auch neu veröffentlicht) bekannt. Darin geht es um einen jungen Mann, der mutierte Ratten entdeckt, sie pflegt und fördert und mit ihrer Hilfe Rache an der menschlichen Gesellschaft nehmen will.

Bibliographie:
Aufstand der Ratten (RATMAN'S NOTEBOOKS), Hamburg und Düsseldorf 1970, MvS.

Godwin, Tom
(1915–)
Amerikanischer Autor. Wuchs im Westen der Vereinigten Staaten auf und war lange Zeit Prospektor in Nevada, wo er auch noch heute lebt. Er debütierte 1953 in *Astounding* mit dem Kurzroman THE GULF BETWEEN. Seine Romane THE SURVIVORS (1958) und THE SPACE BARBARIANS (1964) sind Space Operas alten Stils, durchzogen von blutigen Raumschlachten, Sklaverei im All und dem Überlebenskampf in feindlicher Umwelt. Godwin propagiert in ihnen letztendlich Sozialdarwinismus und völkischen Zusammenhalt. Besser ist seine bekannte Kurzgeschichte THE COLD EQUATIONS (ASF, 8/54), die von den Science Fiction Writers of America in die Anthologie SF-HALL OF FAME (1970, Ed. Robert Silverberg) gewählt wurde. Sie hat das »...universelle Dilemma des Opfergangs eines Einzelnen zur Rettung Vieler« (Brian Ash) zum Thema und trifft genau die melancholische Stimmung, die für die SF der fünfziger Jahre so typisch war.

Bibliographie:
Die Barbaren von Ragnarök (THE SPACE BARBARIANS), München 1973, TTB 205.

Heftpublikation:
Sie starben auf Ragnarök (THE SURVIVORS), TS 34.

Gold, H(orace) L(eonard)
(1914–   )
Horace L. Gold gilt neben Anthony Boucher als *drr* Magazin-Herausgeber und SF-Erneuerer der fünfziger Jahre. Er wurde in Montreal, Kanada, geboren, kam aber schon bald nach New York, wo er die High School besuchte. Durch Frank L. Baums Märchen THE WIZARD OF OZ und Gernsbacks *Amazing Stories* zur SF und auf phantastische Themen gebracht, begann er selbst Stories zu schreiben. INFLEXURE (ASF, 10/34) erschien unter dem Pseudonym Clyde Crane Campbell. Dann dauerte es bis 1938, ehe Gold wieder in einem SF-Magazin auftauchte. Wiederum war es *Astounding,* wo diesmal Erzählungen unter seinem eigenen Namen auftauchten. Auch für *Astoundings* Schwestermagazin *Unknown* lieferte er Beiträge, so den Fantasyroman NONE BUT LUCIFER (9/39). Um diese Zeit begann er auch für Magazinverlage zu arbeiten. Eine Zeitlang war er für die Firma Standard Magazines tätig, dann schloß er sich Magazine House an. Als World Editions 1950 ein SF-Magazin starten wollte, wurde Gold geholt, der *Galaxy Science Fiction* aus der Taufe hob. Zwar schrieb Gold auch in den fünfziger Jahren noch reichlich Stories, unter denen vornehmlich THE OLD DIE RICH (GAL, 3/53) herausragt, jedoch ist sein Name in erster Linie mit dem kometenhaften Aufstieg von *Galaxy* verknüpft, das in den nächsten 20 Jahren zu den drei, vier besten SF-Magazinen der Welt zählte, und Anfang der fünfziger Jahre in den Augen vieler Kenner sogar die Hauptkonkurrenz *Astounding* und *Magazin of Fantasy and Science Fiction* übertraf. Golds Verdienst war hierbei, aktiv auf seine Autoren eingewirkt zu haben, indem er ihnen Ideen lieferte, Verbesserungsvorschläge anbrachte und viele Erzählungen mit ihnen durchdiskutierte. Dadurch gewann *Galaxy* an Qualität, was wiederum etablierte Autoren und Nachwuchstalente, um deren Förderung Gold sich besonders verdient gemacht hat, anlockte, mit dem Resultat, daß *Galaxy* damals zu einem der größten Verkaufserfolge wurde, und das nicht nur auf nationaler Ebene.

Goldin, Stephen
(1947–   )
Stephen Goldin wurde in Philadelphia/USA geboren und lebt heute in Los Angeles. Er studierte Astronomie und arbeitete als Raumfahrtspezialist in der U.S. Navy (von 1968 bis 1971). Heute arbeitet er als freier Schriftsteller. Ste-

phen Goldin ist mit der SF-Autorin Kathleen Sky verheiratet. Seine erste Story hieß THE GIRLS ON USSF 193 und erschien 1965 in *If* (in deutscher Übersetzung im Magazin *Comet*). 1975 wurde mit HERDS sein erster Roman veröffentlicht, bald gefolgt von CARAVAN (1975), SCAVENGER HUNT (1976), ASSAULT ON THE GODS (1977) und MIND-FLIGHT (1978). Für 1980 sind angekündigt: A WORLD CALLED SOLITUDE und THE ETERNITY BRIGADE. Bekannt wurde er in letzter Zeit vor allem durch die *Family d'Alembert*-Serie (die aus mehreren Romanen besteht). Goldin schrieb diese Bücher nach Notizen von E.E. Smith, in denen die Charaktere der Serie festgelegt wurden.

Bibliographie:
Die stählerne Festung (IMPERIAL STARS) (mit E.E. Smith), Berg. Gladbach 1977, B 21094.
Der Killer-Mond (STRANGLER'S MOON) (mit E.E. Smith), Berg. Gladbach 1977, B 21096.
Die Robot-Bombe (THE CLOCKWORK TRAITOR) (mit E.E. Smith), Berg. Gladbach 1977, B 21098.
Der Asyl-Planet (GETAWAY WORLD) (mit E.E. Smith), Berg. Gladbach 1978, B 21102.
Scavenger-Jagd (SVAVENGER HUNT), München 1978, H 3582.

Golding, William
(1911–   )
Der Engländer William Gerald Golding wurde in Columb Minor/Cornwall geboren, besuchte in Oxford die Schule und nahm am Zweiten Weltkrieg als Marineleutnant teil. Danach war er etliche Jahre als Volksschullehrer in Salisbury tätig. Nach einem längeren Aufenthalt in den USA lebt er heute wieder in der Grafschaft Wiltshire (nahe bei Salisbury). Sein wohl bekanntester und heute schon als Klassiker geltender Roman ist LORD OF THE FLIES (1954), in dem auf sich selbst gestellte, von der Zivilisation abgeschnittene Kinder zu einer archaischen Gesellschaftsform und zu teilweise barbarischen Mythen und Riten finden. In der Ausgangssituation dem Jules-Verne-Roman **Die Schule der Robinsons** ähnelnd, ist William Goldings Roman das pessimistische Gegenstück zu Vernes optimistischer Darstellung der Entwicklung solcher Kinder auf einer einsamen Insel.

Weitere Romane Goldings sind ebenfalls im Grenzbereich der SF angesiedelt: THE SPIRE (1964), THE BRASS BUTTERFLY (1958) und THE INHERITORS (1955), ein ungewöhnliches Buch, das in der Urwelt spielt und die

Ablösung des »naiveren« Neandertalers durch den intelligenteren, geschickteren und skrupelloseren Cro-Magnon-Menschen schildert. Hauptthema all dieser Romane ist immer wieder Goldings Auffassung, daß menschliches Tun mit Sünde verbunden ist, böse und gute Mächte im Menschen ein unentwirrbares Spiel treiben, über alle Schuld hinweg letztlich aber das Leben als Selbstzweck triumphiert.

Bibliographie:
Der Herr der Fliegen (LORD OF THE FLIES), Frankfurt 1957, S. Fischer Vlg.
Der Felsen des zweiten Todes (PINCHER MARTIN), Frankfurt 1960, *Fischer Bücherei 333.*
Die Erben (THE INHERITORS), Frankfurt 1964, S. Fischer Vlg.
Der Turm der Kathedrale (THE SPIRE), Frankfurt 1966, S. Fischer Vlg.

Gor, Gennadij
(1907–)
Der russische Autor Gennadij Gor wurde in Ulan-Ude geboren, studierte Kunstgeschichte an der historisch-philosophischen Fakultät der Leningrader Universität und ist seit 1925 als Schriftsteller tätig. 1933 erschien sein erster Sammelband mit Erzählungen, und bis heute sind es rund zwanzig Bücher geworden. Nur ein kleiner Teil seines Werkes kann der SF zugerechnet werden; im Mittelpunkt stehen vielmehr Themen, die sich mit dem Leben der Völker im Norden der Sowjetunion sowie den Leistungen sowjetischer Wissenschaftler beschäftigen. Erst 1961 verfaßte er seine ersten SF-Erzählungen. Inzwischen konzentrierte sich Gennadi Gor jedoch voll auf das SF-Genre und brachte eine Reihe von Erzählungen und längeren Werken – etwa GLINJANYJ PAPUAS (**Der Tönerne Papua**, 1966) und IZVAJANIE (»Die Skulptur«) (1972) – heraus. Mehrere seiner Erzählungen wurden ins Deutsche übersetzt; SINEJE OKNO FEOKRITA (**Das blaue Fenster des Theokrit**) diente als Titelstory für eine von Horst Pukallus im Heyne Verlag herausgegebene Sammlung osteuropäischer Science Fiction.

Gotlieb, Phyllis (Fay)
(1926–)
Phyllis Gotlieb ist eine kanadische Dichterin und Schriftstellerin, die gelegentlich auch SF schreibt. Sie studierte an der Universität von Toronto englische Sprache und Literatur und schloß das Studium mit einem MA ab. Ihre erste SF-Erzählung, A GRAIN OF MANHOOD, erschien 1959 in *Fantastic;* für Jahre später erschien ihr

erster SF-Roman: SUNBURST (1964), der sehr positiv aufgenommen wurde und der heute, nach Harrisburg, von bemerkenswerter Aktualität ist. Er handelt von erbgeschädigten Kindern nach einem verheerenden Reaktorunfall, bei dem weite Teile der Bevölkerung radioaktiv verseucht wurden. Unter den Kindern sind Mutanten mit paranormalen Fähigkeiten, die sich schwertun, sich in die Gesellschaft einzupassen, und mit ihr in Konflikt geraten, bis sie sich – ähnlich in Sturgeons BABY IS THREE – zu einer Art *homo gestalt«* zusammenfinden. Mit ihrer Novelle SONE OF THE MORNING (1972) war Phyllis Gotlieb in der Endausscheidung um den Nebula-Award 1973. Inzwischen liegt ihr zweiter Roman vor: O MASTER CALIBAN! (1976). Er spielt auf einem lebensfeindlichen Dschungelplaneten, auf dem ein Forscher namens Dahlgren eine Art ISLAND OF DOCTOR MOREAU für genetische Versuche eingerichtet hat, die er mit Hilfe seiner Roboter, den Ergs, mit menschlichem und tierischem Genmaterial durchführt. Esther, ein intelligentes Gibbonweibchen; Yigal, eine sprechende weiße Ziege, und Sven, ein Junge mit vier Armen, die Protagonisten des Romans, sind aus diesem Labor hervorgegangen, das inzwischen von den Robotern übernommen wurde. Diese versuchen, Duplikate ihres Meisters auf mechanische Weise herzustellen, und haben das Labor in eine uneinnehmbare Festung verwandelt. Erst einem mutierten zehnjährigen Jungen, der die Gabe besitzt, mit Computergehirnen telepathischen Kontakt aufzunehmen, gelingt es, die außer Kontrolle geratenen Roboter unschädlich zu machen. Der Roman besticht vor allem durch die Stimmigkeit der technischen Details, denn der Autorin stand ein ausgewiesener Fachmann als Berater zur Seite: sie ist mit einem Professor für Computertechnik verheiratet.

Bibliographie:
Die Geißel des Lichts (SUNBURST), München 1980, H (in Vorb.).
Dahlgrens Welt (O MASTER CALIBAN!), München 1980, H (in Vorb.).

Goulart, Ron(ald Joseph)
(1913–   )
Ronald Joseph Goulart studierte in Kalifornien und arbeitete zeitweise in der Werbung (ein Halbtagsjob, der ihm Zeit zum Schreiben ließ). Inzwischen ist er hauptberuflich Autor. Er gilt als SF-Humorist und wurde insbesondere durch Erzählungen und Romane um defekte Roboter und andere Maschinen

sowie die *Chameleon Corps*-Serie bekannt, zu der auch der Roman THE SWORD SWALLOWER (1968) gehört (das Chameleon Corps ist eine Gruppe von Geheimagenten, die fähig sind, ihre Physiologie zu verändern). AFTER THINGS FELL APART (1970) ist ein Roman über ein in unzählige obskure Gruppen und Institutionen zerfallenes Amerika. Neben mehr als 30 SF- (einem Mainstream- und 5 Kriminal-)Romanen und einer Vielzahl von Stories (darunter auch Krimi-Geschichten), die in SF-Magazinen und Zeitschriften außerhalb des Genres erschienen, veröffentlichte er 1972 das Sachbuch CHEAP THRILLS: AN INFORMAL HISTORY OF THE PULP MAGAZINES.

Bibliographie:
Maschinenschaden (BROKE DOWN ENGINE), München 1972, GWTB 0139.
Als alles auseinanderfiel (AFTER THINGS FELL APART), München 1974, GWTB 0180.
Der Unsichtbare (A TALENT FOR THE INVISIBLE), Berg. Gladbach 1975, B 21065.
Die Androiden-Hölle (SHAGGY PLANET), Berg. Gladbach 1976, B 21080.
Die Machtpyramide (THE HELLHOUND PROJECT), München 1978, GWTB 0280.

Heftpublikation:
Der Blechengel (THE TIN ANGEL), TA 217 (1975).

Grams, Jay
(1940–)
Jay Grams ist das Pseudonym für den aus Hanau stammenden Schriftsteller Jürgen Grasmück. Mit **Die Macht im Kosmos** (1957) legte er, knapp siebzehnjährig, seinen ersten SF-Roman vor. Bald folgte eine ganze Reihe anderer, in der Hauptsache für den Leihbuchmarkt konzipierter Stoffe wie **Herrscher über die Ewigkeit** (1957), **Und die Sterne verblaßten** (1957), **Feinde im Universum** (1958) und **Kosmos der Verdammnis** (1958). Nach der Leihbüchereien-Pleite der sechziger Jahre, die u. a. auf die Ausbreitung des Fernsehens zurückzuführen war, verlegte er sich – wie die meisten seiner damaligen bundesdeutschen Kollegen – auf das Schreiben von Heftromanen, die jedoch gegen das aufkommende Angebot anglo-amerikanischer Übersetzungen kaum konkurrieren konnten. Gegen 1965 legte er sich mit Jürgen Grasse ein neues Pseudonym zu. 1969 verlegte er sich auf das allmählich an Bedeutung gewinnende Horror-Genre, wechselte abermals das Pseudonym (Dan Shocker) und etablierte sich sehr schnell als gefragter Mitarbeiter diverser Verlage, die von dem sich anbahnenden Boom profitieren wollten. Seit 1977 erscheinen gelegentlich wieder SF-Romane des an den Rollstuhl gefesselten Jürgen Grasmück; es handelt sich dabei aber ausnahmslos um Nachdrucke von Veröffentlichungen früherer Jahre. Weitere Pseudonyme des Autors sind Albert C. Bowles und J. A. Garrett.

Bibliographie:
Die Macht des Kosmos, Menden 1957, Bewin Vlg.
Herrscher über die Ewigkeit, Menden 1957, Bewin Vlg.
Und die Sterne verblaßten, Wuppertal 1958, Wiesemann Vlg.
Feinde im Universum, Wuppertal 1958, Wiesemann Vlg.
Es gab keine Rettung, Wuppertal 1958, Wiesemann Vlg.
Kosmos der Verdammnis, Wuppertal 1958, Wiesemann Vlg.
Für Menschen verboten, Menden 1959, Bewin Vlg.
Planet der Finsternis, Menden 1960, Bewin Vlg.
Tarko Tan, Menden 1960, Bewin Vlg.
Geisterplaneten, Menden 1960, Bewin Vlg.
Und Yoyl erwacht, Menden 1962, Bewin Vlg.
Teleportations-Debakel, Menden 1962, Bewin Vlg.
Testament des Grauens, Menden 1962, Bewin Vlg.
Die lebenden Gräber, Menden 1963, Bewin Vlg.
Die Angst geht um, Menden 1963, Bewin Vlg.
Der Letzte von Tobor, Menden 1963, Bewin Vlg.
Schattenexperiment CO-112, Menden 1964, Bewin Vlg.
Welt ohne Sterne, Menden 1964, Bewin Vlg.

Heftpublikationen:
Die Darav-Brut, UZ 331 (1962).
Das Wissen der Dhomks (als Albert C. Bowles), UZ 551 (1967).
(als Jürgen Grasse): **Das All der dunklen Sonnen,** ZSF 32 (1967).
Die Welt der Biums, ZSF 36 (1967).
Die mordende Galaxis, ZSF 40 (1967).
Polymers Universum, ZSF 45 (1967).
Die Falle der Bio-Meds, ZSF 51 (1967).
Duramen im Einsatz, ZSF 56 (1967).
Die Insel der unsichtbaren Sonnen, ZSF 60 (1967).
Die Puppen der Tschillo-Yths, ZSF 64 (1968).
Der flüsternde Stern, ZSF 68 (1968).
Die Rückkehr des sterbenden Gottes, ZSF 70 (1968).
Sklave der Erde, ZSF 72 (1968).
Das Geheimnis der Pholym, ZSF 76 (1968).
Gefangen zwischen fremden Sternen, ZSF 78 (1968).
Angriff aus dem Mikrokosmos, ZSF 80 (1968).
Die Hüter des Lebens, ZSF 82 (1968).
Begegnung auf Mhala-Uitt, ZSF 84 (1969).
Ich, Jeremy Snork, Raumwächter, ZSF 88 (1969).
PC-Agent in geheimer Mission, ZSF 94 (1969).
Das Reich der 1000 Sternen-Inseln, ZSF 96 (1970).
Zeugen des Chaos, ZSF 191 (1977).
Ruf aus der Unendlichkeit, ZSF 194 (1978).

(↗ **Mark Powers, Rex Corda**)

Green, Joseph L(ee)
(1931–)
Joseph Green ist Amerikaner und wurde in Florida geboren. Seine erste Story, ONCE AROUND ARCTURUS, verkaufte er an

Worlds of If, wo sie im September 1962 erschien. Seither wurden von ihm über 50 Kurzgeschichten und längere Erzählungen publiziert. Sein erster Roman, THE LOAFERS OF REFUGE (1965) schildert die Kontaktaufnahme irdischer Kolonisten mit einer vernunftbegabten, außerirdischen Rasse. Von seinen anderen vier Romanen ist CONSCIENCE INTERPLANETARY (1973) der wichtigste. Auch hier geht es um den ersten Kontakt und die Beziehungen zu Außerirdischen. Ferner erschien eine Kurzgeschichtensammlung unter dem Titel AN AFFAIR WITH GENIUS. Joseph Green mag im Schildern von Fremdrassen kein Hal Clement und im Darstellen diffiziler Beziehungen der Menschen zu Außerirdischen keine Ursula K. Le Guin sein, aber er schreibt handwerklich solide und vor allem lesbare Bücher, die ohne großes Herumgeblastere spannend sein können.

Bibliographie:
Experiment Genius (C) (AN EXPERIMENT WITH GENIUS), München 1970, GWTB 0118.
Invasion aus dem Nichts (STAR PROBE), Berg. Gladbach 1976, B 21085.
Welt der Chaoten (THE LOAFERS OF REFUGE), Frankfurt, Berlin, Wien 1978, U 3445.

Grigorjew, Wladimir
(1935–   )
Wladimir Grigorjew (Grigor'ev) ist ein russischer Autor, der an der Technischen Hochschule in Moskau studierte und später auch an einigen Expeditionen in Sibirien teilnahm. Seit 1962 veröffentlicht er Science Fiction – Erzählungen. Ein Sammelband kam 1967 heraus und wurde auch in die deutsche Sprache übersetzt.

Bibliographie:
Axiome des Zauberstabs, Berlin 1970, Vlg. Neues Berlin.

Grob, Helmut G.
(1929–   )
Der deutsche Justizbeamte Helmut G. Grob beteiligte sich an einem im damaligen *Utopia-Magazin* ausgeschriebenen Story-Wettbewerb, ging leer aus und mußte sich daraufhin den Spott seiner Frau anhören. Worauf er sich voller Wut hinsetzte, um seine schriftstellerische Begabung zu beweisen, den SF-Roman **Kinder des Chaos** schrieb und auch prompt an den Pabel Verlag verkaufte. Es folgten zahlreiche weitere SF-Romane, Kriminalromane bei Dörner und die Mitarbeit an verschiedenen Krimi-Serien des Moewig- und des Bastei-

Verlags. Insgesamt wurden es etwa 30 Romane, darunter auch ein Jugendbuch für den Arena-Verlag (keine SF), bevor sich der Autor neuen Interessen zuwandte und Ende der sechziger Jahre seine schriftstellerische Tätigkeit ganz aufgab.

Bibliographie:
Intermezzo im Kosmos, Düsseldorf 1960, Dörner Vlg.

Heftpublikationen:
Kinder des Chaos, UZ 201 (1960).
Unternehmen Vergangenheit, UZ 222 (1960).
Ben Clair, UZ 227 (1960).
Nur ein Monster, UZ 312 (1962).

Grunert, Carl (H.)
(1865–?)
Der deutsche Autor Carl Grunert gehört zu den frühen Klassikern der deutschen utopischen Literatur. Im Gegensatz zu den meisten Zeitgenossen der utopischen Zukunft verfaßte er keine Romane, sondern Kurzgeschichten, die in vier Sammlungen veröffentlicht wurden. Grunert wurde in Naumburg a.S. geboren und war später Lehrer in Naumburg und Berlin. Seine erste Veröffentlichung erschien unter dem Pseudonym Carl Friedland, alle weiteren, so auch die Sammelbände, erschienen unter seinem richtigen Namen. Eine seiner Kurzgeschichten, **Feinde im Weltall,** wurde unter dem Titel ENEMIES IN SPACE 1952 in der von Groff Conklin herausgegebenen Anthologie INVADERS OF EARTH in Amerika veröffentlicht.

Bibliographie:
Feinde im Weltall (C), Stuttgart 1904, Franck'sche Verlagsbuchhandlung.
Im irdischen Jenseits (C), Berlin 1904, Continent Vlg.
Menschen von Morgen (C), Berlin 1905, Continent Vlg.
Der Marsspion (C), Berlin 1908, Buchverlag für das deutsche Haus.

Gunn, James E(dwin)
(1923–)
James E. Gunn wurde in Kansas City/Missouri als Sproß einer Familie geboren, in der seit Generationen die Beschäftigung mit der Schreiberei oder Gedrucktem gang und gäbe war. So nimmt es auch nicht wunder, daß er an der Universität von Kansas ein Studium des Journalismus begann. Kurz darauf wurde er zur Marine eingezogen und machte den Zweiten Weltkrieg im Pazifik mit. Danach nahm er sein Studium wieder auf und legte 1951 sein Magisterexamen in Englisch ab. 1947 begann er zu schreiben. Zunächst Artikel und Berichte für verschiedene Zeitungen und Rundfunkstatio-

nen, dann SF-Stories unter dem Pseudonym Edwin James, von denen COMMUNICATIONS (SS, 9/49) die erste war. Seine Examensarbeit – eine Abhandlung über Science Fiction – wurde 1953 in *Dynamic SF* abgedruckt. Neben seiner literarischen Tätigkeit, die sich übrigens keinesfalls auf SF beschränkt, denn er schrieb auch Theaterstücke, Hörspiele, Essays, Kritiken und Gedichte, arbeitete er als Herausgeber einer Taschenbuchreihe und in der Zivilverteidigung. Heute lebt er in Lawrence und lehrt an der Universität von Kansas Englisch. Seine SF-Produktion besteht hauptsächlich aus Kurzgeschichten, von denen er einige zu seinen besten Romanen zusammenfaßte. THE JOY MAKERS (1961) und THE IMMORTALS (1962) entstanden auf diese Weise. Der erste Roman handelt von einer zukünftigen Gesellschaft, für deren Mitglieder es obligatorisch ist, glücklich zu sein. Zum Erreichen dieses Zustandes gehört u.a. auch Konsumzwang. Auch THE IMMORTALS enthält Sozialkritik an einer Zukunftsgesellschaft. Wenige Unsterbliche werden von reichen Gesellschaftsträgern gejagt, die nahezu alles tun, um in den Besitz des Blutes der Unsterblichen zu kommen, das sie selbst unsterblich macht. Dieser Roman bildete die Grundlage für eine TV-Serie, die im amerikanischen Fernsehen erfolgreich lief. Auch seine Kurzgeschichte THE CAVE OF NIGHT (GAL, 2/55) wurde für das Fernsehen verfilmt. THE LISTENERS (GAL, 9/78), die Geschichte hat den Versuch zum Thema, interstellare Botschaften zu entziffern, wurde für den Nebula nominiert und später zum Roman ausgeweitet. Viele seiner Stories, die auch in mehreren Sammlungen neu aufgelegt wurden, handeln von Problemen, die die nähere Zukunft für den Menschen bereithält. Die Space Opera war weniger Gunns Fall. Eine Ausnahme bildet jedoch STAR BRIDGE (1955), ein Garn, das in Zusammenarbeit mit Jack Williamson entstand.

In jüngerer Zeit ist James E. Gunn durch seine Romane THE MAGICIANS (1976) und KAMPUS (1977) wieder aktiver geworden. Das Werk, das ihm in den siebziger Jahren den größten Ruhm einbrachte, ist ALTERNATE WORLDS (1975), eine illustrierte Geschichte des Genres Science Fiction, die zwar stark aus amerikanischer Sicht geschrieben ist, unter den Referenzwerken zur SF aber zweifellos einen der vorderen Plätze einnimmt.

Gunn arbeitete in den letzten Jahren an einer dreibändigen Geschichte der SF-Literatur, THE ROAD TO SCIENCE FICTION, deren erster Band, FROM GILGAMESH TO WELLS, 1977, deren zweiter, FROM WELLS TO HEINLEIN, 1979 erschien und deren dritter, FROM HEINLEIN TO HERE, für 1980 angekündigt ist.

Bibliographie:
Der Gamma-Stoff (THE IMMORTALS), München 1964, G 57.
Die Wächter des Glücks (THE JOY MAKERS), Rastatt 1966, PU 290.

Das Vermächtnis der Terraner
(THIS FORTRESS WORLD),
Berg. Gladbach 1973, B 25.
Zeichen aus einer anderen Welt
(C) (BREAKING POINT), München 1976, GWTB 0219.
Die Venus-Fabrik (C) (FUTURE IMPERFECT), München 1976, GWTB 0231.
SF-Stories 70 (C) (STATION IN SPACE), Frankfurt, Berlin, Wien 1978, U 3404.
Brücke zwischen den Sternen (STAR BRIDGE), (mit Jack Williamson) Balve 1960.

Heftpublikationen:
Der Bund der Magier (SINE OF THE MAGUS), UZ 491 (1966).
Das Gravitationsproblem (C/OA), TN 113 (1970).

Gurewitsch, Georgij
(1917–   )
Der russische Autor Georgij Gurewitsch (Gurevič) wurde als Sohn eines Architekten in Moskau geboren und absolvierte eine Ausbildung als Bauingenieur. Nach dem Zweiten Weltkrieg wandte er sich der Science Fiction zu und wurde freiberuflicher Schriftsteller. 1946 erschien sein erster SF-Roman TSCHELOWEK-RAKETA (»Die Menschenrakete«), dem im Laufe der Jahre weitere vierzehn Bücher folgten, die fast alle der utopisch-phantastischen Literatur zuzurechnen sind, darunter seine bekanntesten Werke PLENNIKI ASTEROIDA (»Die Gefangenen des Asteroiden«, 1962), MY IZ SOLNETSCHNOJ SISTEMY (»Wir aus dem Sonnensystem«, 1965), MESTOROSHDENIJE WREMENI (»Geburtsort der Zeit«, 1972) und PRIGLASCHENIJE W ZENIT (»Einladung zum Zenit«, 1974). Gurewitsch schrieb auch ein theoretisches Werk über die wissenschaftliche Phantastik (wie die SF in Osteuropa genannt wird): KARTA STRANY FANTAZII (»Die Karte des Phantasielandes«, 1967).

Bibliographie:
Wir aus dem Sonnensystem, (MY IZ SOLNETSCHNOJ SISTEMY), Moskau, 1965, »Mysl«.

Heftpublikationen:
Rauhreif auf Palmen, Berlin 1953, Vlg. Kultur & Fortschritt, *Kleine Jugendreihe* 22 und 24.
Notsignale vom Planetoiden, Berlin 1964, Vlg. Kultur & Fortschritt, *Kleine Jugendreihe* 9/74.
Die Achtnulligen, Berlin 1970, Vlg. Kultur & Fortschritt, *KAP-Reihe* 99.

Gurk, Paul (Fritz Otto)
(1880–1953)
Der auch unter dem Pseudonym Franz Grau schreibende deutsche Autor Paul Gurk wurde in Frankfurt/Oder geboren und starb in Berlin. Er war von Beruf Beamter und brachte es zum Stadtobersekretär. Neben zahlreichen Dramen, Fabeln, Märchen, Hörspielen sowie Lyrikbänden schrieb er mit **Tuzub 37** (1935) einen vielgelobten Klassiker im Stil der Antiutopien von Aldous Huxley und Jewgenij Samjatin. Weitere utopische Romane von Gurk sind **Palang** (1930) und **Der Kaiser von Amerika** (1949).

Bibliographie:
Palang, Stuttgart 1930, Union Deutsche Verlags-Anstalt.
Tuzub 37, Berlin 1935, Vlg. Holle & Co.
Der Kaiser von Amerika, Essen 1949, H.v.Chamier Vlg.

Haggard, H(enry) Rider
(1856–1925)

H. Rider Haggard wurde in Bradenham Hall in Norfolk als achtes von zehn Kindern eines englischen Landedelmannes geboren. Ursprünglich für die diplomatische Laufbahn vorgesehen, gelangte Haggard in jungen Jahren als Beamter nach Südafrika, wo er die Auseinandersetzungen zwischen Buren, Engländern und der einheimischen Bevölkerung persönlich miterlebte und sich für die Sitten und Gebräuche der Eingeborenen interessierte. Nach einem Zwischenspiel als Straußenfarmer in Natal kehrte er nach England zurück, heiratete eine reiche Erbin und studierte die Rechte. Sein erstes Buch war eine kluge Analyse der politischen Situation im südlichen Afrika: CETYWAYO AND HIS NEIGHBOURS (1882). Zwei melodramatische Romane, DAWN (1884) und THE WITCH'S HEAD (1885) erregten wenig Aufmerksamkeit. Der Erfolg kam für Haggard mit KING SOLOMON'S MINES (1885), der in sechs Wochen niedergeschriebenen Geschichte einer Schatzsuche in Afrika, die zu einem mystischen Erlebnis wird. Der Roman soll einer Wette entsprungen sein, denn einer von Haggards Brüdern hatte behauptet, Henry könne nichts schreiben, was auch nur halb so gut wäre wie R. L. Stevensons **Schatzinsel,** die damals in England gerade Furore machte. Das Ergebnis dieser Wette war einer der beliebtesten und erfolgreichsten Abenteuerromane aller Zeiten, ein Buch, das bis heute immer wieder neu aufgelegt wird. Haggards Held Allan Quatermain ist ein skeptisch-weiser Großwildjäger, der schließlich zum Helden von 18 Romanen und Erzählungen wurde. Zwar findet er schon im zweiten seiner Abenteuer, in ALLAN QUATERMAIN (1887), den Tod, doch greifen die späteren Romane auf frühere Episoden in seinem Leben zurück (doch ergibt sich daraus keine konsistente Biographie).

KING SOLOMON'S MINES zeigt alle Merkmale von Haggards Erfolgsromanen: spannende Abenteuer, vor allem blutige und dramatische Kämpfe, edle Wilde (die Kakuanas), seltsame Entdeckungen, Begegnungen mit unbekannten Völkerschaften uralter Abstammung, und einen Zug ins Übernatürliche, Spirituelle. Haggard hatte selbst einige okkulte Erlebnisse, und viele seiner Bücher zeigen einen deutlichen Hang zum Spiritismus (ein häufiges Motiv sind die Wiedergeburt und die Wiedervereinigung von Liebenden über Jahrhunderte hinweg).

Zu den berühmtesten Büchern mit Allan Quatermain als Helden gehören ALLAN'S WIFE (1889, dt.: **Der Zauberer im Sululande,** 1897, 1930), THE HOLY FLOWER (1915, dt.: **Die heilige Blume,** 1925, 1927), THE IVORY CHILD (1916, dt.: **Das Elfenbeinkind,** 1925, 1927), THE ANCIENT ALLAN (1919), HEU-HEU, OR THE MONSTER (1923, dt.: **Heu-Heu oder das Ungeheuer,** 1925) und ALLAN AND THE ICE-GODS (1972).

Mit dem Erfolg von KING SOLOMON'S MINES wetteiferte SHE (1886, dt.: **Sie,** 1911, bzw. **Die Herrin des Todes,** 1926), die Geschichte einer Priester-Königin von unglaublicher Schönheit, die verborgen in der afrikanischen Dschungelstadt Kôr herrscht und sich durch Eintauchen in eine lebensspendende Flamme Unsterblichkeit erworben hat. Ayesha, She-Who-Must-Be-Obeyed, ist ein überzeugendes Symbol für Schönheit, Weiblichkeit und ewige Jugend, das die Bewunderung von Männern wie Henry Miller und C.G. Jung erweckte. Ayesha kehrt wieder in den Romanen AYESHA, THE RETURN OF SHE (1905), SHE AND ALLAN (1920), worin Haggard seine berühmtesten Romangestalten Allan Quatermain und Ayesha einander begegnen ließ, und WISDOM'S DAUGHTER (1923).

Viele von Haggards Romanen, vor allem die in Afrika spielenden, gehören zur Fantasy-Untergattung »lost race«, in denen europäische Abenteurer verborgene Gemeinwesen entdecken, die seit uralten Zeiten von der Welt isoliert überlebt haben. Manche dieser Staatswesen haben utopische Züge, was den Romanen SF-Charakter gibt. Viele spätere Autoren, vor allem Edgar Rice Burroughs in seinen zahlreichen Tarzan-Büchern, haben diesen Topos übernommen.

In seinen Zulu-Romanen, vor allem in NADA THE LILY (1891), verherrlicht Haggard die kriegerischen Tugenden dieses stolzen Negerstammes. Sie sind von hinreißender Dramatik und zuweilen mythischer Schönheit, auch wenn sie zuweilen blutrünstige Gemetzel schildern. Das göttliche Recht des Engländers, Afrika zu regieren, stand für Haggard außer Frage, doch schätzte er die Sitten und Gebräuche der Eingeborenen ohne jede Herablassung; sein Zulu-Held Umslopoogas ist ein ebenso positiver und interessanter Charakter wie Allan Quatermain selbst.

Haggard gilt als der Schilderer Afrikas, doch beschränken sich seine Romane keineswegs auf diesen Kontinent: CLEOPATRA (1889, dt.: **Kleopatra,** 1897, bzw. **Harmachis, der letzte göttliche Pharao als Verräter seines Volkes,** 1925), THE WORLD'S DESIRE (1890, gemeinsam mit Andrew Lang geschrieben) und MORNING STAR (1908) spielen im alten Ägypten; ERIC BRIGHT-EYES (1891) ist eine gelungene Wikingergeschichte; der Untergang des Aztekenreiches wird in MONTEZUMA'S DAUGHTER (1893) dramatisch beschrieben; in

THE HEART OF THE WORLD (1895) wird unter einem See eine alte Maya-Stadt entdeckt; BELSHAZZAR (1930) spielt im alten Babylon, in Ägypten und auf Zypern, die Schauplätze anderer Bücher sind Südamerika und Asien. Haggard war auch ein Landwirtschaftsfachmann und schrieb mehrere Bücher über Agrarökonomie, doch fanden seine Reformvorschläge in Regierungskreisen wenig Gehör. Berühmt wurde er durch seine Abenteuerromane, wiewohl ihm das Schreiben selbst weniger galt als eine Position im öffentlichen Leben, die ihm jedoch versagt blieb. 1912 wurde er in den Adelsstand erhoben; vier Jahre später starb er in London.

Haggard ist einer der besten und erfolgreichsten Autoren von Abenteuerromanen, wenngleich ihm immer Schwächen der Charakterisierung, eine gewisse Eintönigkeit der Fabeln, Pathos und eine Neigung zu blutigen Schlächtereien vorgeworfen wurde. Er war kein Stilist, sondern erzählte schlicht, aber mit viel Elan drauflos. Seine Darstellungen fremder Völkerschaften in ihren Sitten sind plastisch, erfindungsreich in allen farbigen Details und anthropologisch höchst interessant. An Phantasie übertrifft er die meisten Autoren ähnlicher Romane bei weitem, und trotz einer gewissen Neigung zu Seelenkitsch sind die meisten seiner Abenteuerromane lesenswert geblieben.

Bibliographie:
Sie (›SHE‹ – A HISTORY OF ADVENTURE), Zürich 1970, Diogenes Vlg.
König Salomons Schatzkammer (KING SOLOMON'S MINES), Zürich 1971, Diogenes Vlg.
Allan Quatermain (ALLAN QUATERMAIN), München 1979, H 3647.
Nada die Lilie (NADA THE LILY), München 1980, H (in Vorb.).
Ayesha (AYESHA, THE RETURN OF SHE), München 1980, H (in Vorb.).
Die heilige Blume (THE HOLY FLOWER), München 1981, H (in Vorb.).
Das Halsband des Wanderers (THE WANDERER'S NECKLACE), München 1981, H (in Vorb.).

Hahn, Ronald M.
(1948–)
Deutscher SF-Autor, Herausgeber und Übersetzer. Der geborene Wuppertaler entdeckte um 1960 die »bunten Heftchen« und begann ein Jahr später – noch als Schüler – auf einer verrosteten Schreibmaschine aus den dreißiger Jahren erste SF-Geschichten zu schreiben. Hahn erlernte den Beruf des Schriftsetzers, arbeitete nebenher als Verfasser von Zeitungs- und Zeitschriftenartikeln, textete für Rundfunksendungen und arbeitete schließlich in einem Verlag, der »ausgerechnet Telefonbücher« produzierte. In den sechziger Jahren schloß er sich einem SF-Club an, gab zusammen mit seinem Kollegen Horst Pukallus ein literaturkritisches Magazin heraus und veröffentlichte erste Erzählungen in diversen Fanzines. 1970 schloß er sich der Redaktion des medienkritischen Magazins *Science Fiction*

Times an, wurde 1972 dessen zweiter Chefredakteur und übernahm noch im gleichen Jahr einen Job als Lektor bei der inzwischen eingestellten Taschenbuchreihe »Fischer Orbit«. Zusammen mit Hans Joachim Alpers veröffentlichte er 1974 (nach einigen Heftromanpublikationen) die Anthologie **Science Fiction aus Deutschland,** 1977 den SF-Roman **Die Flüsterzentrale** (mit Harald Buwert) und ab 1977 in der Reihe »Nova SF« bei Ensslin & Laiblin mehrere Jugendbücher über das Raumschiff Eukalyptus und seine (aus Kindern und Jugendlichen bestehende) Mannschaft, bei denen wiederum Hans Joachim Alpers als Ko-Autor zeichnete. Hahn arbeitete als Magazinredakteur, Übersetzer und Literaturagent, hat zwei Dutzend Kurzgeschichten in Zeitschriften und Anthologien publiziert und eine Anthologie mit niederländischen und flämischen SF-Texten herausgegeben (**Die Tage sind gezählt,** 1980). Seine Texte wurden bisher ins Holländische, Norwegische und Italienische übersetzt. An SF-Autoren bevorzugt er neben dem bundesdeutschen Jungtalent Thomas Ziegler noch John Brunner; außerhalb der SF die Werke Jack Londons und die Texte des Journalisten Hermann L. Gremliza.

Bibliographie:
(Hrsg.) **Science Fiction aus Deutschland** (mit Hans Joachim Alpers), Frankfurt/Main 1974, FO 43).
Die Flüsterzentrale (mit Harald Buwert), München 1977, H 3556.
Das Raumschiff der Kinder (mit Hans Joachim Alpers) Reutlingen 1977, Ensslin Vlg.
Planet der Raufbolde (mit Hans Joachim Alpers), Reutlingen 1977, Ensslin Vlg.
Wrack aus der Unendlichkeit (mit Hans Joachim Alpers), Reutlingen 1977, Ensslin Vlg.
Bei den Nomaden des Weltraums (mit Hans Joachim Alpers), Reutlingen 1977, Ensslin Vlg.
Die Rätselhafte Schwimminsel (mit Hans Joachim Alpers), Reutlingen 1978, Ensslin Vlg.
Der Ring der dreißig Welten (mit Hans Joachim Alpers), Reutlingen 1979, Ensslin Vlg.
(Hrsg.) **Die Tage sind gezählt,** München 1979, H 3694.
Traumjäger (mit Hans Joachim Alpers), München 1980.

Heftpublikationen:
Proteus, Planet des Todes (als Manuel S. Delgado), ZSF 120 (1971).
Das galaktische Syndikat (als Daniel Monroe), A 54 (1973).

Die Ruinenwelt (als Thorn Forrester), ZSF 143 (1973).
Gestrandet auf Korvia (als Ronald M. Harris), Ge 12 (1976).
Im Netz der Dimensoren (als Manuel S. Delgado, mit Mischa Morrison), Ge 17 (1976).
Operation Vergangenheit (als Ronald M. Harris), Ge 24 (1976).

Haiblum, Isidore
(1935–)
Obwohl in Brooklyn geboren, lernte Isidore Haiblum zunächst einmal Jiddisch, bevor er mit der englischen Sprache vertraut wurde. Kein Wunder also, daß er sich später noch häufig und gern in Jiddisch ausdrückte, etwa als – preisgekrönter – Autor und Vortragender jiddischer Literatur. 1958 erwarb er einen akademischen Grad in Englisch, versuchte sich in der Folge jedoch in einer Vielzahl von Berufen (u. a. als Interviewer für ein Meinungsforschungsinstitut und als Agent für Folksänger), bis er sich als Schriftsteller verschiedener Genres etablieren konnte. Isidore Haiblum hat bisher drei Science Fiction-Romane geschrieben: TRANSFER TO YESTERDAY, THE WILK ARE AMONG US und INTERWORLD, zwei weitere sind angekündigt. Der Science Fiction-Magazinszene hat er sich bislang nicht gewidmet; tatsächlich schrieb er überhaupt noch keine Kurzerzählungen. Neben den erwähnten SF-Romanen verfaßte Haiblum zwei Kriminalromane (darunter THE TSADDIK OF THE SEVEN WONDERS, sein erster veröffentlichter Roman) und lustige Unterhaltungsromane. Außerdem unterrichtet er gelegentlich und schreibt Essays, Buchbesprechungen und Interviews für eine Reihe von Zeitschriften, häufig im Zusammenhang mit jiddischer Thematik.

Haldeman II, Jack C.
(1941–)
Jack C. Haldeman II ist der ältere Bruder von Joe Haldeman. Er wurde in Hopkinsville, Kentucky, geboren, und kam in seiner Jugend viel herum, denn der Vater war beim Public Health Service angestellt, was häufige Umzüge mit sich brachte. Jack machte an der John Hopkins University seinen Bachelor of Science in Biologie, arbeitete als medizinischer Techniker und hielt Kurse über SF, Kreatives Schreiben und Fotografieren ab. GARDEN OF EDEN hieß seine erste Kurzgeschichte, die 1971 in *Fantastic* erschien. Mittlerweile hat er mehr als 50 Kurzgeschichten an fast alle amerikanischen SF-Magazine und an einige wichtige Anthologien verkauft. In *Isaac Asimov's SF Magazine* erschien eine Reihe von SF-Sportgeschichten von ihm, die er zu einem Band zusammen-

stellen will. Jacks erster Roman hieß VECTOR ANALYSIS (1978) und basiert auf einer Story, die in *Analog* publiziert wurde. Ein STAR TREK-Roman erschien 1979 unter dem Titel PERRY'S PLANET. Derzeit arbeitet er an Romanen, die bei Bantam- und Pocket-Books angekündigt sind: NADRECK OF PALAIN VII, THE FALL OF WINTER und CODE: RED BLANKET.

Haldeman, Joe W.
(1943–)
Amerikanischer SF-Autor. Er ist der jüngere Bruder von Jack C. Haldeman II, wuchs in Puerto Rico, New Orleans, Washington D.C. und Alaska auf und lebt momentan in Florida. Er besuchte die Universität von Maryland und schloß mit einem Bachelor of Science in Physik und Astronomie ab. Danach wurde er zum Militär eingezogen (1967), kämpfte als Pionier im Zentralen Hochland von Vietnam, wurde verwundet und erhielt das Purple Heart, eine der höchsten Auszeichnungen. Wieder zurück in den Staaten, nahm Joe Haldeman Halbtagsjobs an und arbeitete unter anderem als Bibliothekar, Programmierer, Assistenzstatistiker und Arbeiter. Einen katastrophalen Monat lang war er Chefeditor des Magazins *Astronomy* (nach seinen Angaben war es die beste Ausgabe, die dort je zustande gebracht wurde). Meistens aber hatte Joe kleinere Lehraufträge (Rhetorik, SF an der Uni, klassische Gitarre in einem Musikladen). 1969 erschien seine erste SF-Geschichte in *Galaxy*. Sie hieß OUT OF PHASE und hinterließ keinen nachhaltigen Eindruck. Aber Haldemans Stil verbesserte sich ständig, und die Themen, derer er sich annahm, wurden immer ehrgeiziger. Seit 1970 konzentrierte er sich mehr und mehr auf die Schriftstellerei. Mit HERO (ASF, 6/72) und WE ARE VERY HAPPY HERE (ASF, 11/73) hatte er Achtungserfolge, die im Magazin *Analog* ein starkes Leserecho hervorriefen. Sie waren es

dann auch, die unter anderen zu seinem ersten Roman, THE FOREVER WAR (1974), zusammengefaßt wurden, der ihn schlagartig berühmt machte. In ihm verwertete Haldeman seine Vietnam-Erfahrung, transponierte die Handlung ins All und schrieb einen Weltraumkriegsroman, der in brutaler Detailschilderung und pazifistischer Aussage in der SF seinesgleichen sucht. Es war seine literarische Abrechnung mit einem sinnlosen Krieg, durch den er gegangen war, aber auch die Entglorifizierung eines anderen SF-Romans und überkommener Militaria-SF schlechthin: Er war die konsequente Antithese zu Heinleins STARSHIP TROOPERS (1959). THE FOREVER WAR wurde als bester SF-Roman des Jahres 1975 mit dem Hugo-, dem Nebula- und dem Ditmar-Award ausgezeichnet. Nun war der Name Joe Haldeman in aller Munde, was sich auf seinen nächsten Roman auswirken sollte. Für MINDBRIDGE (1976) kassierte der Autor die bis dahin für SF-Verhältnisse einmalige Vorschußsumme von 100 000 Dollar. Haldeman konnte mit diesem Roman die Qualität von THE FOREVER WAR nicht erreichen, dennoch war er stilistisch herausragend. Ein molluskenartiges Lebewesen dient als »Denkbrücke« zwischen zwei Menschen und ermöglicht telepathische Verständigung. ALL MY SINS REMEMBERED (1977) orientiert sich wieder mehr an Haldemans Erstling. Es geht um einen interstellaren Agenten, der für allerhand schmutzige Einsätze mißbraucht wird, die Schändlichkeit seines Tuns aber später einsieht und sich über die Ziele seiner Auftraggeber Gedanken macht. Daß Joe Haldeman aber auch in erzählerischer Kurzform Ausgezeichnetes leisten kann, bewies seine Kurzgeschichte TRICENTENNIAL, die 1977 den Hugo gewann. Auch als Anthologist hat er sich betätigt: nach COSMIC LAUGHTER (1974), einer Anthologie mit humorvollen SF-Geschichten, erschien 1977 STUDY WAR NO MORE, eine Zusammenstellung von Anti-Kriegs-Geschichten. Unter dem Pseudonym Robert Graham schrieb Haldeman zwei Romane der Serie ATTAR THE MERMAN, unter seinem eigenen Namen zwei Star-Trek-Romane, die man aber alle getrost vergessen kann. Schon jetzt kann man sagen, daß Joe Haldeman eine der wichtigsten Entdeckungen der siebziger Jahre war und als eine der wenigen großen Hoffnungen anzusehen ist.

Bibliographie:
Der ewige Krieg (THE FOREVER WAR), München 1977, H 3572.
Die Denkbrücke (MINDBRIDGE), München 1978, GWTB 23283.
Der befleckte Engel (ALL MY SINS REMEMBERED), München 1978, K 702.

Hall, Austin
(um 1882–1933)
Amerikanischer Autor, arbeitete, nachdem er einige Zeit als Elektriker und bei einer Zeitung angestellt gewesen war, als Cowboy auf dem Lande. In dieser Zeit begann er auch zu schreiben und sah sich gezwungen, Western wie vom Fließ-

band zu produzieren, um sich seinen Lebensunterhalt verdienen zu können. Er war jedoch mehr dem phantastischen Genre zugetan, dem er sich auch ausgiebig widmete, nachdem sich für ihn die Umstände gebessert hatten. Viele seiner SF-Romane erschienen vor der Gernsback-Ära in Magazinen wie *All-Story Weekly* und *Argosy,* darunter INTO THE INFINITE (1919), PEOPLE OF THE COMET (1923) und THE MAN WHO SAVED THE EARTH (1926). Sein unumstritten bekanntestes Werk aber ist THE BLIND SPOT (1921), das er zusammen mit Homer Eon Flint schrieb und das als klassischer Roman über eine andere Welt gilt.

Hamilton, Edmond
(1904–1977)
Hamilton wuchs auf einer Farm in der Nähe von Youngstown/Ohio auf. Im Alter von vier Jahren fiel ihm irgendein Magazin in die Hand, das sich in Wort und Bild mit den Werken H. G. Wells' auseinandersetzte, und von diesem Augenblick an war er »gepackt« – wegen der bunten Bilder, die Szenen aus THE WAR OF THE WORLDS (1898) wiedergaben. Er schloß im Alter von 14 Jahren die High School ab und veröffentlichte seine erste Geschichte, THE MONSTER-GOD OF MAMURTH, eine von A. Merritt inspirierte Fantasy, die 1926 in *Weird Tales* erschien, zu dessen bekanntesten Mitarbeitern er bald darauf zählte. In der INTERSTELLAR PATROL-Serie (1928–1930) nahm er E. E. Smiths LENSMEN-Zyklus vorweg. Er bewegte sich ausschließlich im Gebiet der Space Opera und ließ seine Helden derart viele außerirdische Invasionen abwehren, daß er bald unter dem Namen »Weltenretter« bekannt war. Als 1939 der Verleger Leo Margulies (»We don't want it good – we want it Wednesday!«) den Plan entwickelte, eine SF-Serie für Jugendliche herauszubringen, wandte er sich an Hamilton, der – abgesehen von nur wenigen Ausnahmen – fast alle Fortsetzungen der Abenteuer CAPTAIN FUTURES schrieb, die in einem eigens dafür gegründeten, gleichnamigen Magazin und später in *Startling Stories* erschienen. 1946 heiratete Hamilton seine elf Jahre jüngere Kollegin Leigh Brackett, die sich ihrerseits rasch einen Namen als Verfasserin spannender SF-Abenteuerromane in *Planet Stories* sowie als Drehbuchautorin machte. Die Romane, Kurzromane und Stories Hamiltons sind beinahe unzählbar und gehen in die Hunderte. Sie erschienen in allen Magazinen, die derlei Stoffe veröffentlichten, und wurden später längst nicht alle zwi-

schen Buchdeckel gepreßt. Kurz vor seinem Tod sagte er: »Ich bin dankbar dafür, daß ich in die SF-Szene kam, als sich noch niemand Gedanken darüber machte, was Qualität und was Schund war. Mit den Sachen, die ich damals schrieb, könnte ich heute keinen Hund mehr hinter dem Ofen hervorlokken. SF war damals eine esoterische Literatur, geschrieben und gelesen von einer anonymen Gruppe von Menschen. Wer heute anfängt, sie zu produzieren, ist gezwungen, gleich richtig anzufangen. Die jungen Leute haben es heute einwandfrei schwerer, und ich bin sicher, daß die meisten von uns alten Burschen, begännen wir heute noch einmal mit dem Können von damals, nicht eine einzige Zeile verkaufen würden.« Hamiltons bekannteste Titel wurden THE STAR KINGS (1949) und CITY AT WORLD'S END (1951). Obwohl er noch bis in die sechziger Jahre hinein produzierte, lag es dennoch hauptsächlich an seiner Frau (die inzwischen relativ gut beim amerikanischen Fernsehen untergekommen war), für das Renommé zu sorgen. Nachdem Hamilton der erste von den Pulp-Magazinen herkommende SF-Autor gewesen war, dem es gelang, mit THE HORROR ON THE ASTEROID (1936) eine Sammlung seiner Erzählungen im Hardcover herauszubringen, erschienen in den sechziger Jahren noch einmal zwei solcher Sammlungen im Taschenbuch: OUTSIDE THE UNIVERSE (1964), sowie das die gesammelten »Interstellar Patrol«-Abenteuer enthaltende CRASHING SUNS (1965). Gleichzeitig verlegte er sich wieder auf das Schreiben von Romanen, die nicht – wie nahezu alle seine vorherigen – zuerst in Magazinfortsetzungen, sondern als Taschenbücher erschienen: THE WEAPON FROM BEYOND (1967), THE CLOSED WORLDS (1968) und WORLDS OF THE STARWOLVES (1968). Aber die alten Space-Opera-Zeiten waren dahin. In WHAT'S IT LIKE OUT THERE?, der Titelgeschichte seiner letzten Kurzgeschichtensammlung, zeigt sich, daß auch »Weltenretter« Hamilton etwas gelernt hat: Er schildert eindringlich den verlogenen Mythos vom atemberaubend schönen Erlebnis der Weltraumforschung und kratzt dabei gehörig an den Vorstellungen mancher seiner Kollegen, die noch immer vom angeblichen »Drang des Menschen zu den Sternen und seiner Bestimmung im Weltall« schwärmen. Sein letztes Buch, eine Sammlung von Erzählungen, (THE BEST OF EDMOND HAMILTON, 1977) erschien posthum, herausgegeben von seiner Frau Leigh Brackett.

Bibliographie:
Heimat der Astronauten (BATTLE FOR THE STARS), München 1964, H 3032.
Herrscher im Weltraum (THE STAR KINGS), Berlin 1952, Gebr. Weiß Verlag.
SOS, die Erde erkaltet (CITY AT WORLD'S END), Berlin 1952, Gebr. Weiß Verlag.
Die Macht der Valkar (THE SUN SMASHER), Berlin 1978, U 3434.
Ihre Heimat sind die Sterne (RETURN TO THE STARS), München 1976, TTB 274.

Heftpublikationen:
Unternehmen Walhalla (A YANK IN VALHALLA), UG 75 (1958).
Captain Zukunft greift ein (THE TRIUMPH OF CAPTAIN FUTURE), UG 142 (1960).
Im Zeitstrom verschollen (THE LOST WORLD OF TIME), UG 144 (1960).
Kampf um Gravium (CAPTAIN FUTURE'S CHALLENGE), UG 147 (1960).
Diamanten der Macht (CAPTAIN FUTURE AND THE SEVEN SPACE STONES), UG 151 (1960).
Gefahr aus dem Kosmos (QUEST BEYOND THE STARS), UG 153 (1960).
Die Krypta der Kangas (RED SUN OF DANGER) (als Brett Sterling), UZ 305 (1961).
Verrat auf Titan (THE STAR OF DREAD) (als Brett Sterling), UZ 309 (1961).
Panik im Kosmos (CALLING CAPTAIN FUTURE), UZ 311 (1962).
Im Schatten der Allus (THE COMET KINGS), UZ 349 (1962).
Held der Sage (PLANETS IN PERIL), UZ 351 (1962).
Die Radium-Falle (OUTLAW WORLD), UZ 354 (1962).
Das Gestirn der Ahnen (THE HAUNTED STARS), TS 84 (1964).
Das Gestirn des Lebens (THE STAR OF LIFE), T 374/375 (1965).
In den Klauen Jupiters (THUNDER WORLD), UZ 489 (1966).
Kinder der Sonne (C/OA), T 545 (1968).
Der Sternenwolf (THE WEAPON FROM BEYOND), TN 80 (1969).
Todesschranke um Allubane (THE CLOSED WORLDS), TN 83 (1969).
Die singenden Sonnen (WORLD OF THE STARWOLVES), TN 87 (1969).
Flüchtling der Randwelten (FUGITIVE OF THE STARS), TA 27 (1972).

Hanstein, Otfried von
(1869–1959)
Otfried von Hanstein wurde in Bonn geboren und starb in Berlin. Dieser deutsche Autor war ausgesprochen produktiv und dürfte insgesamt etwa 150 Romane verfaßt haben. Er betätigte sich in den unterschiedlichsten Genres und benutzte zuweilen auch das Pseudonym Otto Zehlen. Fünf seiner utopischen Romane wurden übersetzt und in den Gernsback-Magazinen *Wonder Stories* und *Wonder Stories Quarterly* in Fortsetzungen veröffentlicht – BETWEEN EARTH AND MOON, ELECTROPOLIS, THE HIDDEN COLONY, IN THE YEAR 8000 und UTOPIA ISLAND –, was bedeutet, daß es über die vier in der Bibliographie aufgeführten Werke mindestens noch ein fünftes utopisches Werk von ihm auf deutsch gibt, das nicht festzustellen war.

Bibliographie:
Der Kaiser der Sahara, Leipzig/Stuttgart 1922, Deutsche Verlags-Anstalt.
Elektropolis, Stuttgart 1927, Levy & Müller Vlg.
Der blonde Gott, Leipzig 1928, F. W. Grunow Vlg.
Mond-Rak I, Stuttgart 1929, Levy & Müller Vlg.

Harbecke, Ulrich
(1943–)
Der Rundfunkjournalist Ulrich Harbecke studierte in Köln und Wien Theaterwissenschaft, Musik und Kunstgeschichte. Zeitweilig war er Gastdozent für Journalismus an der Universität Tunis. Seit 1970 arbeitet er für den Westdeutschen Rundfunk; zunächst als freier Journalist, später als Redakteur für Politik und Geschichte in der Fernsehabteilung des WDR. Zahlreiche Reportagen von ihm wurden vom Fernsehen ausgestrahlt. In seinem ersten und bisher einzigen SF-Roman **Invasion** (1979) schildert er die Landung eines außerirdischen Raumschiffes auf der Erde. Von der CIA und von amerikanischen Militärs geschürte Invasionshysterie macht aus den harmlosen Fremden böse Feinde und Angreifer, deren Ermordung dann die logische Konsequenz ist.

Bibliographie:
Invasion, München 1979, H 3632.

Harbou, Thea von
(1888–1954)
Thea von Harbou wurde in Teuperlitz bei Hof (Bayern) als Tochter eines Forstmeisters geboren. In Berlin, wo sie später lebte und arbeitete, lernte sie den Filmregisseur Fritz Lang kennen, heiratete ihn und war in der Folgezeit für mehrere Filmdrehbücher mit SF-Thematik zuständig, die Lang für die UFA realisierte. In den zwanziger Jahren entstandene phantastische Romane Harbous waren **Frau im Mond** (1926), **Die Insel der Unsterblichen** und **Metropolis** (1926), ein SF-Roman, den die UFA 1927 unter der Regie von Fritz Lang (Darsteller: Brigitte Helm, Alfred Abel, Gustav Fröhlich, Rudolf Klein-Rogge, Theodor Loos, Heinrich George und Fritz Rasp) verfilmen ließ und der ihr weltweite Bekanntheit eintrug. Die Story: Metropolis ist eine Stadt, die von dem Großkapitalisten John Fredersen beherrscht wird. Während eine kleine Oberschicht schmarotzt, schuften die Massen der Arbeiter unter unvorstellbaren Bedingungen. Fredersens Sohn, ein Nichtstuer par excellence, wird vom Anblick dieses Elends so tief gerührt, daß er sich zu den Arbeitern hinunterbegibt. In Wahrheit steigt er lediglich der »Arbeiterführerin« Maria nach, deren Tätigkeit hauptsächlich darin besteht, den Darbenden christliche Demut und die Erlösung von dem Übel am Sankt Nimmerleinstag zu predigen. Aber Fredersen senior ist selbst das schon zuviel. Er beauftragt einen Erfinder, einen Roboter dermaßen umzurüsten, daß er Maria aufs Haar gleicht. Der Roboter soll die

Arbeiter zum Aufruhr anstacheln. Die falsche Maria tut ihr Bestes, und die Arbeiter schlagen auf ihre Weisung hin erst einmal alle lebenswichtigen Anlagen der Stadt kurz und klein. Metropolis geht beinahe unter. Die echte Maria und Fredersen junior retten in letzter Minute die Kinder der Arbeiter vorm Ertrinken, und so kommt alles zum Happy-End, wie Hitler, Hugenberg und Goebbels (der **Metropolis** für den »besten Film aller Zeiten« hielt) es sich kaum besser hätten wünschen können: Die Klassen sind versöhnt, alles bleibt schön beim alten, und Fredersen gibt seinen Segen, als sein Sohn Maria heiratet. Er hat dabei noch Tränen der Rührung in den Augen.

Bibliographie:
Frau im Mond, Berlin 1926, August Scherl Vlg.
Metropolis, Berlin 1926, August Scherl Vlg.
Die Insel der Unsterblichen, Berlin o.J., August Scherl Vlg.

Harness, Charles L(eonard)
(1915–   )
Der amerikanische Patentanwalt Charles L. Harness wurde in Connecticut geboren. Er debütierte im August 1948 mit seiner Novelle TIME TRAP in *Astounding,* der im Laufe der Jahre noch knapp zwei Dutzend weiterer Geschichten folgten. Darüber hinaus brachte er es auf ganze vier Romane. FLIGHT INTO YESTERDAY (SS, 1949) ist ein Endzeitroman, während der Autor in THE RING OF RITORNEL (1968) eine ganze Menge der Standardthemen der SF mixt und sie in ein zyklisches Zeitbild einbaut. Von der Kritik am meisten gelobt wurde THE ROSE (AUT, 3/53). In diesem surrealistisch anmutenden Kurzroman schildert Harness in Form einer Parabel die Beziehung zwischen Wissenschaft und Kunst. Die wenigen Romane und Geschichten von Charles L. Harness zeichneten sich durch ihre hohe Qualität aus, so daß der Autor schließlich zu einem Geheimtip unter SF-Kennern avancierte. Er, der in den amerikanischen Magazinen der fünfziger Jahre so wenig Beachtung gefunden hatte, erlebte ein Jahrzehnt später im britischen *New Worlds* seinen zweiten literarischen Frühling. Michael Moorcock hatte einige seiner besten Stories ausgegraben und präsentierte sie diesmal einem weniger voreingenommenen Leserpublikum. Auch für manchen New-Wave-Autoren war Charles L. Harness mit seinen komplizierten Handlungssträngen, die er mit Vorliebe

zu Zeitparadoxa verknüpfte, ein Vorbild. In England wurden seine Romane und Stories nachgedruckt und begeistert aufgenommen, so z. B. THE NEW REALITY, (Tws, 12/50) und THE CHESSPLAYERS (FSF, 10/53).

Bibliographie:
Todeskandidat Erde (THE RING OF RITORNEL), München 1970, H 3209.
Die Rose (C) (THE ROSE), München 1971, H 3242.

Harrison, Harrry
(1925–)
Harry Harrison wurde in Stamford/Connecticut geboren, studierte an verschiedenen amerikanischen Universitäten, schließlich an einer Kunsthochschule, wo er den später als Comic-Zeichner bekannten Wally Wood kennenlernte. Harrison und Wood begannen damit, gemeinsam Comics zu zeichnen und zu verkaufen. Später führte Harrison eine Agentur für Werbegrafik, redigierte Comics und Unterhaltungsliteratur aller Art. Schließlich textete er zehn Jahre lang die SF-Comic-Serie FLASH GORDON. Schon als kleiner Junge hatte er mit dem Lesen von Science Fiction begonnen und sich auch aktiv als Fan beteiligt. 1951 erschien mit ROCK DIVER seine erste SF-Story in *Worlds Beyond*, aber kontinuierlich betätigte er sich als SF-Autor erst Ende der fünfziger Jahre, als das Schreiben von Science Fiction sich für ihn als tragbare Existenzgrundlage erwies. Er lebte in Mexiko, dann in Italien, später in Dänemark und ließ sich schließlich in Irland nieder. Populär wurde er unter SF-Lesern vor allem durch seine Serien um James Bolivar diGriz, genannt STAINLESS STEEL RAT, und Jason dinAlt (DEATHWORLD-Romane).
Beide Serien umfassen z. Z. vier bzw. drei Romane. Unter den zahlreichen anderen Stories und Romanen ragt vor allem MAKE ROOM! MAKE ROOM! (1966) heraus, ein Roman, der das Thema Übervölkerung behandelt und als SOYLENT GREEN **(Jahr 2022 – Die überleben wollen)** verfilmt wurde. Harry Harrison ist auch ein bekannter Herausgeber von Science-Fiction-Anthologien (NOVA-Reihe und, gemeinsam mit Brian W. Aldiss, YEAR'S BEST SF u. a. Kurzzeitig war er Redakteur der Magazine *Amazing, Fantastic, Science Fiction Adventures* und *Impulse*.
Harry Harrison, einer der wenigen Autoren, die auch humorvolle SF schreiben können, gilt als Vertreter abenteuerlicher SF-Unterhaltung, der gelegentlich über sich hinauswächst.

Bibliographie:
Die Roboter rebellieren (WAR WITH THE ROBOTS), Stories, München 1964, Z 51.
Reiter einer Welt (PLANET OF THE DAMNED), München 1965, H 3057/58.
Die Todeswelt (DEATHWORLD), München 1966, H 3067.
Die Sklavenwelt (DEATHWORLD 2), München 1966, H 3069.
Die Pest kam von den Sternen (PLAGUE FROM SPACE), München 1966, TTB 108.
Agenten im Kosmos (THE STAINLESS STEEL RAT), München 1966, H 3083.
Brüder im All (TWO TALES AND EIGHT TOMORROWS), Stories, München 1968, GWTB 97.
Die Barbarenwelt (DEATHWORLD 3), München 1969, H 3136.
New York 1999 (MAKE ROOM! MAKE ROOM!), München 1969, GWTB 103.
Zeitreise in Technicolor (THE TECHNICOLOR TIME MACHINE), München 1970, TTB 172.
Der Daleth-Effekt (IN OUR HANDS THE STARS), München 1971, Lichtenberg Vlg.
(Hrsg.) **Gezeiten des Lichts** (THE LIGHT FANTASTIC), München 1971, Lichtenberg Vlg.
Stationen im All (ONE STEP FROM EARTH), Berg. Gladbach 1972, B 19.
Primzahl (PRIME NUMBER), München 1972, GWTB 143.
Welt im Fels (CAPTIVE UNIVERSE), München 1972, Lichtenberg Vlg.
Der Chinger-Krieg (BILL, THE GALACTIC HERO), Berg. Gladbach 1973, B 28.
Rachezug im Kosmos (THE STAINLESS STEEL RAT'S REVENGE), München 1974, H 3393.
Der große Tunnel (TUNNEL THROUGH THE DEEPS), München 1974, GWTB 178.
Ein Fall für Bolivar di Griz, die Stahlratte (THE STAINLESS STEEL RAT SAVES THE WORLD), München 1974, H 3417.
Kurs auf 20B-40 (LIFEBOAT) (mit Gordon R. Dickson), München 1976, GWTB 222.
Jim di Griz, die Edelstahlratte (THE STAINLESS STEEL RAT WANTS YOU), München 1979, H 3678.
(Hrsg.) **Der Tag Million** (NEBULA AWARD STORIES II) (mit Brian Aldiss), München 1971, Lichtenberg Vlg.
(Hrsg.) **Nova** (NOVA 1), Berg. Gladbach 1973, B 31.
(Hrsg.) **Nova 2** (NOVA 2), Berg. Gladbach 1973, B 40.
(Hrsg.) **Anthropofiction** (APEMAN, SPACEMAN) (mit Leon E. Stover), Frankfurt 1974, FO 21.

Harrison, M(ichael) John
(1947–)
Michael John Harrison arbeitete nach Beendigung der Schule eine Weile in einem Reitstall seiner Heimatstadt Rugby, versuchte sich auf einem College zum Lehrer ausbilden zu lassen und ging schließlich frustriert (»Es paßte mir einfach nicht, mitansehen zu müssen, wie man an diesem College lauter kurzhaarige, glattrasierte Ange-

paßte produzierte.«) nach London. Er hatte schon 1963 zu schreiben begonnen, publizierte in einer Schülerzeitschrift das, was er die »Sex-Phantasien eines Sechzehnjährigen« nennt und verkaufte seine erste professionelle SF-Geschichte (THE IMPOTENCE OF BEING STAGG, 1966) an das von Michael Moorcock herausgegebene Magazin *New Worlds,* dessen fester redaktioneller Mitarbeiter er bald darauf wurde. Harrison veröffentlichte in der Folgezeit eine Reihe bemerkenswerter Kurzgeschichten, Artikel über SF und jede Menge intelligenter SF-Rezensionen. Der erste Roman war THE PASTEL CITY (1971), eine leichte Fantasy, die ohne die üblichen dort anzutreffenden Schlächtereien auskam. 1972 folgte ein SF-Roman: THE COMMITTED MEN, der durch seine Qualität herausragt und der in einem durch verantwortungslose Regierung und Technologie umweltverseuchten England spielt, in dem sich ein alternder Wissenschaftler gemeinsam mit einer Gruppe Körperbehinderter um die Aufzucht eines Babys bemüht, das in der Lage sein soll, sich der zerstörten Umgebung anzupassen und in ihr zu überleben.

Bibliographie:
Die Pastell-Stadt (THE PASTEL CITY), Berg. Gladbach 1973, B 21037.

Hary, Wilfried A(ntonius)
(1947–)
Der in St. Ingbert/Saar geborene und heute in Saarbrücken lebende SF-Heftautor W. A. Hary interessierte sich schon sehr früh für Literatur mit dem Schwerpunkt Abenteuer, Exotik und Phantastik. Sein Interesse an der SF erwachte um 1960 durch einen Roman von K. H. Scheer. Hary schrieb zunächst Artikel, Glossen und Kurzgeschichten für Zeitungen und Illustrierte; 1971 erschien sein erster SF-Roman unter dem Pseudonym W. A. Travers. Neben zahlreichen Publikationen im Horror-Genre hat er an Heftreihen wie *Gemini, ZSF, Erde 2000* und *Terra Astra* mitgearbeitet. »SF bietet ungeheure Möglichkeiten, spannende Unterhaltung mit der kritischen Darstellung von Leben, Gesellschaft, Politik, Naturwissenschaft und der Umwelt überhaupt zu koppeln. Es sollte Aufgabe von Lesern, Kritikern, Verlegern und Autoren im gleichen Maße sein, endlich den Heftroman aus dem Negativ-Image zu heben und ihn gewissermaßen ›salonfähig‹ zu machen, denn es gibt ihn wirklich: den *guten* Heftroman! Wäre ich nicht überzeugt davon, würde ich dieser Literaturgattung sehr schnell den Rücken kehren.«

Bibliographie:
Heftpublikationen:
Unternehmen Dunkelplanet (als W.A.Travers), ZSF 107 (1971).
Das Geheimnis der Unsterblichen (als W.A.Travers), ZSF 128 (1973).
Planet der Ausgestoßenen, Ge 3 (1976).
Flucht ins Ungewisse, Ge 6 (1976).
Supernova (als W.A.Travers), Ge 18 (1976).
Erben der Menschheit. Ge 22 (1976).
Ein Planet wird versteigert, Ge 25 (1976).
Das Metallmonster, Ge 27 (1977).
Kampf der Mutanten, Ge 34 (1977).
Erde im Umbruch, TA 316 (1977).
Die Milliardenwelt, TA 345 (1978).
Planet der Wunder, TA 367 (1978).

Hasselblatt, Dieter
(1926–   )
Dieter Hasselblatt, geboren in Reval, promovierte mit einer Arbeit über Franz Kafka. In der Science Fiction trat er als Autor einer Reihe von bemerkenswerten Novellen und Kurzgeschichten hervor (u.a. **Notlandung, Marija und das Tier, Du bist – ich bin. Dame, zwei Hunde**), machte sich als Herausgeber verdient (u.a. gab er die Reihe *Science Fiction bei Thienemann* im K.Thienemann Verlag, Stuttgart, heraus) und verfaßte eine Reihe von kritischen Aufsätzen, die in verschiedenen Zeitschriften und Zeitungen erschienen.
1974 erschien sein Buch **Grüne Männchen vom Mars. Science Fiction für Leser und Macher,** das sich mit der SF im allgemeinen und besonders mit ihrem Warencharakter und den damit zusammenhängenden Gesetzmäßigkeiten und Zwängen befaßt. **Grüne Männchen vom Mars** gehört zu den wichtigsten Titeln der Sekundärliteratur, die in Deutschland über die SF erschienen sind.
Vor allem aber wurde Dieter Hasselblatt durch seine Hörspielarbeit bekannt. Zunächst im Deutschlandfunk in Köln, dann als Hörspielleiter des Bayerischen Rundfunks in München setzte er sich dafür ein, der SF in diesem Medium zu größerer Verbreitung zu verhelfen, das er als ein dieser Art von Literatur besonders adäquates Medium versteht. Er realisierte und produzierte Dutzende von SF-Hörspielen und trug so in Deutschland wesentlich dazu bei, anspruchsvollere SF einem breiteren Publikum zugänglich zu machen.

Bibliographie:
(Hrsg.) **Das Experiment,** Stuttgart 1975, K.Thienemann Vlg.
Grüne Männchen vom Mars. Science Fiction für Leser und Macher, Düsseldorf 1974, Droste Vlg.

Hauser, Heinrich
(1901–1960)
Der deutsche Schriftsteller Heinrich Hauser wurde in Berlin geboren, nahm als kaiserlicher Seekadett noch zum Schluß am Ersten Weltkrieg teil und arbeitete in den folgenden Jahren als Matrose, Stahlarbeiter, Kameramann, Farmer, Techniker oder zog als Weltenbummler herum. Nebenher schrieb er Reportagen und Romane. 1938 emigrierte Hauser in die USA, 1949 kehrte er in die Bundesrepublik zurück und lebte zuletzt in Hamburg. 1958 veröffentlichte er den SF-Roman **Gigant Hirn**, in dem es um ein Elektronengehirn geht, das eigenes Bewußtsein entwickelt und wie so viele nach der Herrschaft über den Menschen strebt.

Bibliographie:
Gigant Hirn, Berlin 1958, Gebr. Weiß Verlag.

Heinlein, Robert A(nson)
(1907–   )
Der amerikanische SF-Autor Robert Anson Heinlein kam in Butler/Missouri zur Welt; einer seiner Vorfahren war vor zwei Jahrhunderten aus Bayern nach Amerika ausgewandert. Heinlein besuchte die Public School in Kansas City, anschließend die High School bis 1924 und danach fünf Jahre lang die US-Marineakademie in Annapolis. Auf einem Flugzeugträger brachte er es bis zum Geschützoffizier, wurde dann aber, nach fünf Jahren Dienstzeit, 1934 wegen körperlicher Untauglichkeit entlassen – ein harter Schlag für Heinlein, der um jeden Preis hatte Berufsoffizier werden wollen. Auch ein späteres Studium (Mathematik und Physik) mußte er aus gesundheitlichen Gründen abbrechen. Anschließend arbeitete er in mehreren Jobs – u. a. war er in der Politik, in der Architektur, in der Landwirtschaft und im Bergbau tätig –, bevor er sich der Science Fiction zuwandte. So wurde er gewissermaßen durch Zufall und gegen seinen eigenen Willen SF-Autor, und das Gefühl, ein Versager zu sein, hielt sich bei ihm als hartnäckige Psychose auch dann noch, als er längst ein Star der Science Fiction geworden war. Man sagt Heinlein nach, daß er von großer Höflichkeit ist und ausgezeichnete Manieren besitzt. Er ist beidhändig ein sehr guter Pistolenschütze, war 1925 Marinechampion im Degenfechten und galt als ausgezeichneter Eiskunstläufer.

Seine erste SF-Story erschien unter dem Titel LIFELINE 1939 in der August-Ausgabe von *Astounding* und bildete den Auftakt für die später berühmt gewordene FUTURE HISTORY. Noch im November des gleichen Jahres erschien im gleichen Magazin die Story MISFIT, zwei Monate später REQUIEM. Fortan verging kaum ein Monat, in dem nicht in irgendeinem Magazin eine Heinlein-Story veröffentlicht wurde. Um mit zwei Erzählungen in der gleichen *Astounding*-Ausgabe vertreten sein zu können, legte sich Heinlein das Pseudonym Anson McDonald zu, und für Frederik Pohls *Super Science Stories* schrieb er unter dem Namen Lyle Monroe. Weitere Pseudonyme: Caleb Saunders, John Riverside und Simon York.

Nach Eintritt der USA in den Zweiten Weltkrieg wurde Heinlein als Maschinenbauingenieur in den technischen Dienst der US-Kriegsmarine gestellt; er arbeitete u. a. an der Entwicklung von Radaranlagen mit. Zuvor, 1941, war er jedoch schon Ehrengast auf dem SF-Welt-Convent in Denver und wurde im gleichen Jahr in einer Fan-Umfrage zum populärsten Autoren gewählt. Nach der ihm nicht unwillkommenen Unterbrechung bei der geliebten Navy trat er nach Beendigung des Krieges 1947 wieder als SF-Autor in Erscheinung: Die *Saturday Evening Post* veröffentlichte THE GREEN HILLS OF EARTH, eine weitere FUTURE HISTORY-Story. »Die grünen Hügel der Erde« wurden fortan so etwas wie ein geflügeltes Wort unter SF-Fans. Im gleichen Jahr erschienen weitere Heinlein-Stories in SF-Magazinen, und mit ROCKET SHIP GALILEO kam ebenfalls 1947 ein erstes SF-Jugendbuch von ihm heraus, dem bis 1958 Jahr für Jahr ein Titel folgen sollte. Als der Hollywood-Produzent 1950 den Film DESTINATION MOON drehte, benutzte er nicht nur eine Vorlage von Robert A. Heinlein, sondern engagierte ihn auch als Berater. Heinleins Gesamtwerk umfaßt bis heute eine Fülle von Romanen und Kurzgeschichten, die es zu großer Popularität unter SF-Lesern gebracht haben. Da ist zunächst die schon erwähnte **Geschichte der Zukunft,** die aus den Kurzgeschichtensammlungen THE MAN WHO SOLD THE MOON (1950), THE GREEN HILLS OF EARTH (1951) und REVOLT IN 2100 (1953) sowie dem Roman METHUSELAH'S CHILDREN (Magazinfassung 1941, veränderte Buchfassung 1958) und den unter dem Titel ORPHANS IN THE SKY (1963) in einem Band veröffentlichten Erzählungen UNIVERSE (1941) und COMMON SENSE (1941) besteht. Ursprünglich wollte Heinlein den abschließenden Band »The Endless Frontier« nennen und eine dritte Story hinzufügen, aber diesen Plan ließ er fallen. Weitere berühmt gewordene Romane sind THE PUPPET MASTERS (1951), THE DOOR INTO SUMMER (1956, Buchversion 1957), FARNHAM'S FREEHOLD (1964), THE MOON IS A HARSH MISTRESS (1965, Buchversion 1966) und STRANGER IN A STRANGE LAND (1961). Heinlein gewann mit den Romanen DOUBLE STAR (1956), THE MOON IS A HARSH MISTRESS, STARSHIP TROOPERS (1959) und STRANGER IN A STRANGE LAND jeweils den Hugo-Gernsback-Award, wobei STRANGER IN A STRANGE LAND auch außerhalb des üblichen SF-Marktes Furore machte: Von diesem Titel wurden bis 1974 rund 7 Millionen Exemplare verkauft, wobei der Roman insbesondere in Hippie-Kreisen sehr beliebt war. Hunderte von Hippies belagerten wochenlang das Haus ihres Idols, so daß Heinlein sich veranlaßt sah, dieses mit einer hohen Mauer zu umgeben. I WILL FEAR NO EVIL (1970) brachte es im Sog des Erfolgstitels auf immerhin noch stolze 5 Millionen Exemplare.

Sein neuester Roman THE NUMBER OF THE BEAST, wurde für die Rekordsumme von 500000 Dollar versteigert. Keinesfalls ein Werturteil, urteilen Kenner, eher ein Zeichen dafür, daß heute im Verlagsgeschäft mit der SF in wachsendem Maße Leute das Sagen haben, die von SF nicht das geringste verstehen und blindlings auf eingeführte Namen setzen.

Trotz seiner großen Erfolge ist Heinlein ein umstrittener Autor. Kritiker werfen ihm einen Hang zum Militarismus vor (insbesondere in dem berüchtigten STARSHIP TROOPERS, wo die demokratischen Rechte nur dem gewährt sind, der zuvor seinen Wehrdienst abgeleistet hat), gelegentlich sogar Ansätze zu faschistischem Gedankengut und heben seine Vorliebe für autoritäre Starrköpfe hervor. Hinzu kommt beim späten Heinlein ein Drang zu oft als peinlich empfundenen Schilderungen sexueller Beziehungen alternder Protagonisten zu jungen Frauen. Unbestritten sind jedoch Heinleins – besonders aus der SF der vierziger und fünfziger Jahre herausragenden – schriftstellerischen Fähigkeiten und sein großer Einfluß auf die Entwicklung des Genres. Er schrieb wesentliche Romane und Erzählungen über Themen wie Unsterblichkeit und »Lange Reise«, entwickelte das Konzept der »Waldos« und schrieb neben dem Zeitreiseroman THE DOOR INTO SUMMER (den einige Kritiker für sein bestes Werk halten) zwei der besten Zeitreisestories überhaupt: BY HIS BOOTSTRAPS (1941) und ALL YOU ZOMBIES (1959). Gelegentlich wurde er als Rudyard Kipling der Science Fiction bezeichnet.

Bibliographie:
Pioniere im Weltall (FARMER IN THE SKY), Berlin 1951, Gebr. Weiß Vlg. (identisch mit **Farmer im All,** München 1970, H 3184/85).
Endstation Mond (ROCKET SHIP GALILEO), Berlin 1951, Gebr. Weiß Vlg.
Der rote Planet (THE RED PLANET), Berlin 1952, Gebr. Weiß Vlg.
Weltraumpiloten (SPACE CADET), Berlin 1952, Gebr. Weiß Vlg.
Abenteuer im Sternenreich (STARMAN JONES), Berlin 1954, Gebr. Weiß Vlg.
Zwischen den Planeten (BETWEEN PLANETS), Berlin 1955, Gebr. Weiß Vlg.
Tunnel zu den Sternen (TUNNEL IN THE SKY), Berlin 1956, Gebr. Weiß Vlg.
Von Stern zu Stern (TIME FOR THE STARS), Berlin 1957, Gebr. Weiß Vlg.
Weltraummollusken erobern die Erde (THE PUPPET MASTERS), Berlin 1957, Gebr. Weiß Vlg.
Bewohner der Milchstraße (CITIZEN OF THE GALAXY), Berlin 1958, Gebr. Weiß Vlg.

Piraten im Weltenraum (HAVE SPACE SUIT – WILL TRAVEL), Berlin 1960, Gebr. Weiß Vlg. (identisch mit **Kip überlebt auf Pluto,** Rüschlikon 1978, Müller Vlg.).
Doppelleben im Kosmos (DOUBLE STAR), Berlin 1961, Gebr. Weiß Vlg.
Tür in die Zukunft (THE DOOR INTO SUMMER), München 1963, Z 48
Die Ausgestoßenen der Erde (METHUSELAH'S CHILDREN), München 1963, Z 50
Bürgerin des Mars (PODKAYNE OF MARS), München 1964, Z 52.
Revolte im Jahre 2100 (C) (REVOLT IN 2100), München 1964, Z 53.
Die grünen Hügel der Erde (C) (THE GREEN HILLS OF EARTH), München 1964, Z 55.
Das Ultimatum von den Sternen (STAR BEAST), München 1966, TTB 114.
Die Reise in die Zukunft (FARNHAM'S FREEHOLD), München 1967, H 3087.
Die lange Reise (C) (ORPHANS OF THE SKY), München 1967, H 3101.
Revolte auf Luna (THE MOON IS A HARSH MISTRESS), München 1968, H 3132/33.
Ein Mann in einer fremden Welt (STRANGER IN A STRANGE LAND), München 1970, H 3170–72.
Straße des Ruhms (GLORY ROAD), München 1970, H 3179/80.
Die Tramps von Luna (THE ROLLING STONES), München 1970, TTB 180.
Die Zeit der Hexenmeister (C) (WALDO & MAGIC INC.), München 1970, H 3220.
Entführung in die Zukunft (C) (THE UNPLEASANT PROFESSION OF JONATHAN HOAG), München 1971, H 3229.
Die sechste Kolonne (THE DAY AFTER TOMORROW), München 1971, H 3243.
Unternehmen Alptraum (C) (THE MENACE FROM EARTH), München 1971, H 3251.
Utopia 2300 (BEYOND THIS HORIZON), München 1971, H 3262.
Der Mann, der den Mond verkaufte (C) (THE MAN WHO SOLD THE MOON), München 1971, H 3270.
Welten (C) (THE WORLDS OF ROBERT A. HEINLEIN), München 1972, H 3277.
Nächste Station: Morgen (C) (ASSIGNMENT IN ETERNITY), München 1972, H 3285.
Das geschenkte Leben (I WILL FEAR NO EVIL), München 1973, H 3358.
Die Leben des Lazarus Long (TIME ENOUGH FOR LOVE), München 1976, H 3481.
Sternenkrieger (STARSHIP TROOPERS), Berg. Gladbach 1979, BB 22010.

Henderson, Zenna
(1917–   )
Ihre Eltern waren Mormonen, und sie wurde in diesem Glauben erzogen, trat aber später zum methodistischen Glauben über. Zenna Henderson, amerikanische Lehrerin, geboren in Tucson (Arizona), war verheiratet, wurde jedoch nach sieben Jahren Ehe geschieden. Sie

beherrscht fließend die spanische Sprache, die sie auch im Unterricht verwendet (über die Hälfte ihrer Schüler sind Mexikaner); Französisch beherrscht sie gut genug, um sich auf Reisen zu verständigen; es war ihr auch dienlich, als sie von 1956–1958 auf einem amerikanischen Luftwaffenstützpunkt in der Nähe von Paris unterrichtete. Als Lektüre bevorzugt Zenna Henderson Kriminalgeschichten.

Ihre erste Story überhaupt erschien in der Zeitschrift *Christian Science Monitor*. Zenna Henderson hat eine Reihe von SF-Stories veröffentlicht, unter denen die als »People«-Serie bekannten, etwas sentimentalen Geschichten berühmt wurden. Sie beschreibt darin das Schicksal von Außerirdischen, die wie Menschen aussehen, jedoch über PSI-Kräfte verfügen. Als ihre Heimatsonne zur Nova wird, gelangen kleine Flüchtlingsgruppen zur Erde und leben hier unerkannt in abgelegenen Gegenden. Die einzelnen Episoden behandeln hauptsächlich Konflikte durch Kontakte mit Menschen, wobei die Protagonisten meistens Lehrer und Schüler sind, wenngleich Zenna Henderson autobiographische Züge leugnet. Das Ganze hat eindeutig biblische Anklänge und erinnert an das verstreute Volk der Juden. Die Erzählungen erschienen ursprünglich ab 1952 (erste Story: ARARAT) in FSF und wurden in PILGRIMAGE: THE BOOK OF THE PEOPLE (1961) zu einem Roman zusammengefaßt. Weitere People-Stories erschienen in dem Sammelband THE PEOPLE: NO DIFFERENT FLESH (1966). Andere Kurzgeschichten von Zenna Henderson wurden in den Sammlungen THE ANYTHING BOX (1965) und HOLDING WONDER (1971) neu auf den Markt gebracht.

Zenna Hendersons Stärke und Schwäche zugleich ist die emotionsbeladene Atmosphäre ihrer Geschichten, ihr Verdienst die vermenschlichte Darstellung sonst in der SF eher funktional präsentierter PSI-Talente.

Bibliographie:
Wo ist unsere Welt? (PILGRIMAGE: THE BOOK OF THE PEOPLE), München 1961, G 25.
Aufbruch ins All (C) (THE PEOPLE: NO DIFFERENT FLESH), München 1968, GWTB 88.

Henneberg, Charles
(1899–1959)
Henneberg, Nathalie
(1917–1977)
Obwohl das Ehepaar Charles und Nathalie Henneberg zu den prominentesten Vertretern der fran-

zösischen SF gehörten, ist doch keiner von beiden in seiner Wahlheimat geboren: Charles Henneberg zu Irmelshausen-Walsungen stammte aus Deutschland und seine Frau aus Rußland. Nach der Rückkehr aus der Fremdenlegion begann Charles Henneberg zu schreiben und publizierte 1954 seinen ersten Roman: LA NAISSANCE DES DIEUX, dem drei weitere und eine Reihe von Kurzgeschichten folgten. Als er 1959 starb, vervollständigte seine Frau, die bereits 1952 unter dem Namen N. Hennemont zwei eigene Bücher und mehrere Stories in *Mystère Magazine* veröffentlicht hatte, seine nachgelassenen Manuskripte, die schließlich unter dem Pseudonym Nathalie Charles-Henneberg erschienen. Bis zu ihrem Tod erschienen weitere vier SF-Romane aus ihrer eigenen Feder, während ein fünfter allein von ihrem Mann stammte. Charles Hennebergs Kurzgeschichten wurden auch in Italien und den USA publiziert. Eine Sammlung kam 1971 unter dem Titel L'OPALE ENTYDRE heraus. Nahezu alle Erzählungen der Hennebergs gehören dem Science Fantasy-Feld an, beweisen reiche Phantasie und einen flüssigen Stil. Nathalie Henneberg starb 1977, ein paar Wochen nach dem Erscheinen ihrer letzten Erzählung im neuen Magazin *Spirale* in Paris. Hauptwerke von Charles Henneberg: LA NAISSANCE DES DIEUX (1954), LE CHANT DES ASTRONAUTES (1958), AN PREMIER, ERE SPATIAL (1959, im Nachdruck unter dem Titel LE MUR DE LA LUMIERE unter dem Namen seiner Frau erschienen), LA ROSEE DU SOLEIL (1959) und LES DIEUX VERTS (1961). Hauptwerke Nathalie Hennebergs: LA FORTRESSE PERDUE (1962), LE SANG DES ASTRES (1963), LA PLAIE (1964) und LE DIEU FOUDROYE (1976, eine Fortsetzung des vorhergehenden Titels).

Herbert, Frank
(1920–)
Als der amerikanische Ex-Journalist, TV-Kameramann, Rundfunksprecher, Universitätsdozent und Austerntaucher Frank Herbert 1963 den ersten Teil seines überlangen SF-Romans DUNE im SF-Magazin *Analog* erscheinen ließ, waren die Fans nicht nur des Lobes voll, sondern verliehen ihm auch spontan den HUGO für den besten Roman des Jahres. Daß Herbert, der erst Mitte der sechziger Jahre anfing, professionell zu schreiben, sie noch acht Jahre zuvor mit mäßigen Kurzgeschichten und einem

vom Kalten Krieg beeinflußten Werk mit dem Titel THE DRAGON IN THE SEA (1955) verärgert hatte, verziehen sie ihm. Dennoch war DUNE keinesfalls der erwartete kommerzielle Erfolg: Das Thema (in einem galaktischen Kaiserreich der Zukunft wird das herzogliche Haus Atreides auf den Wüstenplaneten Arrakis geschickt und muß sich gegen allerlei kosmische Intrigen zur Wehr setzen) sprach die Fans zwar an, aber der Umfang des Buches war eher ein »Lesehemmer«. Herbert produzierte noch einige andere, nicht gerade wichtige SF-Titel und ließ schließlich mit DUNE MESSIAH (1969) eine Fortsetzung zu seinem *Hugo*-Gewinner folgen. Mit dem dritten Teil, CHILDREN OF DUNE (1976), der beinahe den Umfang des ersten erreichte, mußte er dann auch schon bei den Verlagen hausieren gehen. Das Buch erschien in einer Auflage von nur 5000 Exemplaren, aber die Situation änderte sich plötzlich, als es in die Bestsellerlisten der Verlegerzeitschrift *Publisher's Weekly* geriet. Von nun an war Herbert ständiger Gast in amerikanischen Talk Shows, gab zahlreiche Presse- und Rundfunkinterviews und unternahm auch eine mehrmonatige Signiertournee durch die ganzen Vereinigten Staaten. Erst jetzt erfuhr das Publikum, lediglich den dritten Teil einer Trilogie erstanden zu haben, was zu einem Ansturm auf die Buchhandlungen führte. Sofort wurden auch die ersten beiden Teile wieder neu aufgelegt. Was anfangs niemand erwartet hatte, trat auch bei diesen Titeln ein: Im September 1976, kaum ein halbes Jahr nach dem Erscheinen von CHILDREN OF DUNE vermeldete Frank Herbert: »Ich hätte nicht erwartet, daß die Auflage mit der Geschwindigkeit einer Mondrakete hochgeht.« Im Februar 1977 waren vom dritten Teil der Trilogie bereits 85000 gebundene und 1,2 Millionen Taschenbuchexemplare (allein in den USA) verkauft worden, von DUNE über eine Million Exemplare in amerikanischen und englischen Ausgaben (plus 500000 in sieben anderen Sprachen), und von DUNE MESSIAH 750000 Exemplare. Inzwischen dürfte der Verkauf der drei DUNE-Bände insgesamt weltweit die 4-Millionen-Grenze überschritten haben.

Herbert, der mit einem bemerkenswert niedrigen Wortschatz auskommt und dessen Romane eher handlungsarm sind, weiß seine Leser vor allem durch die Darstellung exotischer Religionsformen und sektiererischer Bewegungen aller Art zu fesseln, sei es der Orden der Bene Gesserit in DUNE, die unter Drogen stehenden, von der Außenwelt abgeschlossenen Bewohner von Santaroga (SANTAROGA BARRIER, 1968) oder die insektenartig veränderten Menschen von HELLSTØM'S HIVE (1972/73). Philosophisch-theologische Spekulationen bilden auch die Grundlage seiner Romane DESTINATION VOID (1966), THE GODMAKERS (1972), WHIPPING STAR (1969/70) und dessen Fortsetzung THE DOSADI EXPERIMENT (1978) sowie THE JESUS INCIDENT (1979; Fortsetzung zu DESTINATION VOID).

Bibliographie:
Atom-U-Boot S1881 (THE DRAGON IN THE SEA), München 1967, H3091.
Revolte gegen die Unsterblichen (THE EYES OF HEISENBERG), München 1968, H3125.
Die Leute von Santaroga (THE SANTAROGA BARRIER), München 1969, H3156/57.
Ein Cyborg fällt aus (DESTINATION VOID), München 1971, Lichtenberg Vlg.
Gefangen in der Ewigkeit (THE HEAVEN MAKERS), München 1972, H3298.
Der letzte Caleban (WHIPPING STAR), München 1972, H3317.
Kampf der Insekten (THE GREEN BRAIN), München 1973, TTB225.
Herrscher der Erde (C) (THE BOOK OF FRANK HERBERT), München 1974, TTB249.
Die Riten der Götter (THE GODMAKERS), München 1975, H3460.
Hellstroms Brut (HELLSTRØM'S HIVE), München 1977, H3536.
Der Wüstenplanet (DUNE), München 1978, H3108.
Der Herr des Wüstenplaneten (DUNE MESSIAH), München 1978, H3266.
Die Kinder des Wüstenplaneten (CHILDREN OF DUNE), München 1978, H3615.
Das Dosadi-Experiment (THE DOSADI EXPERIMENT), München 1980, H3699.

Herzog, W(ilhelm) P(eter)
(1918–)
Der in Köthen geborene Autor, der heute in Essen/BRD als Verlagsleiter lebt, schreibt auch unter den Pseudonymen Peter Helmi und Peter Duka. Er ist Mitverfasser der Jugendsachbuch-Reihe **Das Neue Universum** und hat u. a. die SF-Jugendbücher **Jochens Flug in den Weltenraum** (1957) und **Start zu den Sternen** (1959) verfaßt.

Bibliographie:
Jochens Flug in den Weltenraum, München 1957, F. Schneider Vlg.
Start zu den Sternen, München 1959, F. Schneider Vlg.

Hess, Dirk
(1946–)
Dirk Hess, ein *Perry Rhodan*-Fan der ersten Stunde, arbeitete in den sechziger Jahren in einem SF-Club in Frankfurt mit, beteiligte sich an der Herausgabe eines Fanzines. Er machte 1965 sein Abitur, arbeitete anschließend als Bankkaufmann, Schokoladenverkäufer sowie in der Verlagsbranche, skriptete *Perry Rhodan*-Comics und studierte Psychologie an der Universität Frankfurt/Main. Seine Lieblingsautoren sind Philip José Farmer, Harlan Ellison, Robert Bloch, Clark Darlton, William Voltz und Hans Kneifel. Er hat mehrere Horror-Romane geschrieben, arbeitete einige Zeit an der **Atlan**-Serie mit und verfaßte hin und wieder (auch unter dem Pseudonym Derek Chess) SF-Romane.

Bibliographie:
Heftpublikationen:
Spion für Terra (als Derek Chess), ZSF 110 (1971).
Rebellion der Vergessenen, TA246 (1976).

(↗ **Atlan**)

Heymann, Robert
(1879–1963)
Der deutsche Autor Robert Heymann wurde in München geboren und arbeitete zeitweise als Journalist – u. a. war er Chefredakteur der Zeitschrift *Die Moderne* – sowie als Theaterdramaturg und -regisseur. Er starb in Berlin. Heymann war als Autor in zahlreichen Genres der Unterhaltungsliteratur zu Hause, wobei er auch Pseudonyme wie Sir John Retcliffe und Robert Arden benutzte. (»Der« Sir John Retcliffe war allerdings ein anderer, nämlich der Autor Hermann Ottomar Friedrich Goedsche, 1816–1887, während Heymann und andere Zeitgenossen dieses Pseudonym nur zeitweise verwendeten.) Robert Heymann gehörte neben Robert Kraft und Oskar Hoffmann zu den frühen Autoren von utopisch-phantastischen Heftromanen in deutscher Sprache.

Er schrieb u. a. die taschenbuchartige Heftreihe *Wunder der Zukunft – Romane aus dem dritten Jahrtausend* (1909) und eine weitere Reihe, die *Illustrierte Collection Heymann* hieß.

Bibliographie:
Der unsichtbare Mensch vom Jahre 2111, Leipzig 1909, J. Püttmann Vlg., *Wunder der Zukunft* 1.
Der rote Komet, Leipzig 1909, J. Püttmann Vlg., *Wunder der Zukunft* 2.
Die unter und über der Erde, Leipzig 1909, J. Püttmann Vlg., *Wunder der Zukunft* 3.
Die Weltkatastrophe, Leipzig 1910, J. Püttmann Vlg., *Wunder der Zukunft* 4.

High, Philip E(merson)
(1914–   )
Der Brite Philip E. High, geboren in Biggleswade, war nacheinander Reisender, Versicherungsvertreter, Busfahrer und Journalist, und hielt dabei ständig Ausschau nach einem Job, der es ihm erlaubte, nebenher zu schreiben. 1927 bereits hatte er die SF entdeckt, ab 1956 gehörte er zu den regelmäßigen Mitarbeitern des englischen Magazins *New Worlds,* das, bevor Michael Moorcock sein Herausgeber wurde, ein Tummelplatz hausbackener Abenteuerschriftsteller war. High interessiert sich für Psychologie, Literatur und Theater und lebt nun in Canterbury. Sein erster Roman, THE PRODIGAL SUN (1964), erschien – wie die meisten Erstlinge, die britische SF-Autoren zu Papier bringen – zunächst in den USA, und es dauerte vier weitere Veröffentlichungen, bis er mit INVADER ON MY BACK (1968) erstmalig in seiner Heimat mit einem längeren Werk zum Zuge kam. Seinem Erstling folgten NO TRUCE WITH TERRA (1964), THE MAD METROPOLIS (1966), REALITY FORBIDDEN (1967) und ein halbes Dutzend weiterer Romane zweiter Garnitur. High zählt zu den technisch interessierten SF-Autoren und bedient sich aller Klischees, die das Genre hervorgebracht hat. Besonders deutlich wird das in der konzeptionslosen Schmonzette SOLD FOR A SPACESHIP (1973), in der die Überlebenden einer weltweiten Katastrophe der Besatzung eines Raumschiffes, die sich vorher von der Erde absetzte, das Recht abspricht, zurückzukehren.

Bibliographie:
Verbotene Wirklichkeit (REALITY FORBIDDEN), München 1970, GWTB 0114.
Armee aus der Retorte (THE TIME MERCENARIES), Berg. Gladbach 1971, B 3.
Nach dem Inferno (SOLD FOR A SPACESHIP), Berg. Gladbach 1974, B 21051.
Planet der Schmetterlinge (BUTTERFLY PLANET), München 1972, GWTB 0138.

Heftpublikationen:
Wahrscheinlichkeit fast Null (C/OA), UZ 575 (1968).
Die Zwillingsplaneten (TWIN PLANETS), TN 91 (1969).
Diktatur der Parasiten (INVADER ON MY BACK), TN 99 (1969).
Die verlorene Sonne (THE PRODIGAL SUN), TN 115 (1970).
Die verrückte Metropole (THE MAD METROPOLIS), TN 126 (1970).
Die Metalloiden (NO TRUCE WITH TERRA), TN 149 (1970).
Die Insel der Wissenschaftler (THESE SAVAGE FUTURIANS), TN 157 (1970).

Hobana, Ion
(1931–   )
Der Rumäne Ion Hobana studierte Philologie und ist seit 1961 SF-Lektor im Jugendverlag Bukarest. Er selbst begann 1954 mit dem Schreiben. Zunächst entstand ein Band mit Kindergedichten, 1955 folgte die erste SF-Erzählung. Inzwischen hat Hobana eine Anzahl von SF-Erzählungen veröffentlicht, darunter »Menschen und Sterne« (1963). Sein Hauptverdienst dürfte jedoch darin liegen, daß er sich als Lektor, Übersetzer (etwa von Jules-Verne-Romanen) und Autor literaturwissenschaftlicher Artikel intensiv um die Entwicklung der Science Fiction in Rumänien kümmerte.

Hodder-Williams, (John) Christopher
(1926–   )
Der britische Schriftsteller Christopher Hodder-Williams begann erst im Alter von neununddreißig Jahren zu publizieren. Unter dem Pseudonym James Brogan reichte er 1957 dem Verlag Hodder & Stoughton (in dem sein Vater Aufsichtsratsvorsitzender war) den Thriller THE CUMMINGS REPORT ein, der angekauft wurde, ohne daß man die wahre Identität des Autors zunächst herausfand. Hodder-Williams machte sich allerdings nicht nur einen Namen als Autor, sondern auch als Komponist für die BBC. Er diente bei den Royal Signals im Mittleren Osten, gilt als Kapazität auf dem Gebiet Flugkollisionsprobleme und ist darüber hinaus ein exzellenter Pilot. Er arbeitete in der Schallplattenindustrie und drehte in Afrika mehrere Filme. Neben CHAIN REACTION (1959), THE MAIN EXPERIMENT (1964) und THE EGG-SHAPED THING (1967) wurde sein bekanntester Science Fiction-Roman A FISTFUL OF DIGITS (1968), in dem die elektronische Revolution bereits begonnen hat und die Maschinen in Form von »silent invaders« die Macht übernehmen, ohne daß die Menschheit sich dessen bewußt wird.

Bibliographie:
Kettenreaktion (CHAIN REACTION), München 1968, List-TB.
Der große summende Gott (A FISTFUL OF DIGITS), Düsseldorf 1969, MvS.
Die Gebetsmaschine (THE PRAYER MACHINE), München 1977, GWTB 0243.

Hoffmann, Horst
(1950–)
Horst Hoffmann, einer der jüngsten SF-Autoren der Bundesrepublik, wollte eigentlich Kunsterzieher werden, sattelte jedoch auf Volkswirtschaft um, brach auch dieses Studium ab und beschloß, fortan nur noch als SF-Autor und Übersetzer tätig zu sein. Seine erste Veröffentlichung, **Sie warteten jenseits der Sterne** (1976), erschien, wie auch zwei weitere Romane, unter dem Pseudonym Neil Kenwood. Hoffmann wurde in Köln geboren, machte zunächst als Kind Bekanntschaft mit utopischen Filmen, lernte durch J.L. Powers BLACK ABBYSS (1960) die SF als Literatur kennen und betätigte sich zuerst als Karikaturist und Zeichner in diversen Fanzines. Er schätzt die Werke von Chad Oliver, Clifford D. Simak, John Wyndham, William Voltz und Arthur C. Clarke, fertigte Innenillustrationen für Heftreihen wie *Perry Rhodan* und *Atlan* an, arbeitete an *Terra Astra, Orion, Gemini* und *Atlan* mit und hat in zwei Jahren 35 Romane veröffentlicht.

Bibliographie:
Heftpublikationen:
Sie warteten jenseits der Sterne (als Neil Kenwood), Ge 5 (1976).
Entscheidung auf Hades, TA 280 (1976).
Begegnung in der Tiefe, TA 286 (1977).
Fühler der Ewigkeit (als Neil Kenwood), Ge 32 (1977).
Die Spur der Totenschiffe, TA 297 (1977).
Die Ahnen aus Raum und Zeit (als Neil Kenwood), Ge 35 (1977).
Rückkehr der Verdammten, (C) TA 291 (1977).
Invasion aus dem Dunkel, TA 301 (1977).
Stadt der Gläsernen, TA 308 (1977).
Kind des Universums, TA 313 (1977).
Die Wächter von Caalis, TA 318 (1977).
Mission im Pleistozän, TA 334 (1978).
Im Berg der Götter, TA 351 (1978).
Die galaktische Rallye, TA 363 (1978). (↗ **OH, Atlan, PRTB**)

Hoffmann, Oskar
(1866–?)
Oskar Hoffmann wurde in Gotha geboren und lebte in Dresden. Neben Robert Kraft, Carl Grunert, Robert Heymann und Kurd Laßwitz gehört er zu den bekanntesten Verfassern utopischer Literatur im deutschen Kaiserreich um die Jahrhundertwende.
Sein Erstling ist der Roman **Mac Milford's Reisen im Universum – Von der Terra zur Luna oder unter den Seleniten** (1902), der in der *Kollektion Kosmos* erschien. Neben utopischer Literatur schrieb Hoffmann unter anderem auch populärwissenschaftliche Lehrbücher.

Bibliographie:
Mac Milford's Reisen im Universum – Von der Terra zur Luna oder unter den Seleniten, Leipzig 1902, Kosmos-Gesellschaft, *Kollektion Kosmos.*
Unter Marsmenschen, Breslau 1905, Schlesische Verlags-Anstalt.
Der Goldtrust, Berlin 1907, Verlag N.N.
Die Eroberung der Luft, Berlin/Leipzig 1908, H. Seemann Vlg., *Champion-Roman* 2.
Die vierte Dimension, Berlin/Leipzig 1908, H. Seemann Vlg., *Champion-Roman* 3.

Hofmann, Hellmut W.
(1928–)
Hinter dem Pseudonym Hellmut W. Hofmann verbirgt sich der in Hannover geborene Marketingexperte Hellmut Wolfram, der seine allererste Story, **Die Rechenmaschine** (die bereits 1948/49 geschrieben, aber erst 1975 in einer Anthologie veröffentlicht wurde), auch unter seinem richtigen Namen veröffentlichte. Der ehemalige Physikstudent Wolfram hat insgesamt nur fünf Erzählungen veröffentlicht, ist aber dennoch jenen Lesern, die die frühe Entwicklung der SF in Deutschland verfolgt haben, unter seinem Pseudonym Hofmann ein Begriff. Diese Stories erschienen nämlich im *Utopia-Magazin,* und waren nach Meinung vieler Leser damals das beste, was ein deutscher Autor zuwege brachte. Die Geschichten sind deutlich an Wolframs Vorbild Asimov orientiert und handeln von Elektronengehirnen und Robotern. 1975 erlebte die erste dieser Erzählungen einen Nachdruck.

Hogan, James P.
(1941–)
James P. Hogan, ein nicht mehr ganz so junger amerikanischer SF-Nachwuchsautor, trat – von del Rey entdeckt und von Asimov als zweiter A. C. Clarke gepriesen, weil er vornehmlich technisch-naturwissenschaftliche Themen wählt – 1977 mit seinem Romanerstling INHERIT THE STARS hervor. 1978 erschienen zwei weitere Romane von ihm: THE GENESIS MACHINE und THE GENTLE GIANTS OF GANYMEDE. 1979 folgte THE TWO FACES OF TOMORROW, und für 1980 ist THRICE UPON A TIME angekündigt. Hogan weiß gut zu erzählen, schreibt witzig, intelligent und gelegentlich aggressiv und zeichnet echte Charaktere, die sich wohltuend von der Schablonenhaftigkeit der üblichen Action-Schreiberei abheben.

Holdstock, Robert
(1948–)

Der britische Autor Robert Holdstock wurde in Kent geboren und ging 1967 nach Bangor in Südwales, um Zoologie und Parasitologie zu studieren. Anschließend arbeitete er in der Immunologieforschung. Science Fiction hat er von Kindesbeinen an reichlich genossen – er begann schon mit neun Jahren damit. Seine erste Story verkaufte er an *New Worlds,* und in der Folge erschienen Erzählungen von ihm in verschiedenen Magazinen und Anthologien, etwa in *New Writings in SF, SF Monthly, Stopwatch, Andromeda, Vortex* und *Supernova.* 1975 verkaufte er seinen Romanerstling EYE AMONG THE BLIND (1976 erschienen), 1977 erschien EARTHWIND, 1978 NECROMANCER, ein Weird-Fiction-Titel. Unter dem Pseudonym Chris Carlsen schrieb er bisher drei historische Fantasy-Romane der Serie THE BERSERKER, die 1977 bis 1979 erschienen. Die beiden SF-Romane sind eindringlich geschrieben, weisen jedoch einen Hang zum Irrationalen auf (wie Holdstocks Interesse neben der SF auch dem Okkulten gilt).

Gemeinsam mit Christopher Priest gab Robert Holdstock 1979 die Anthologie STARS OF ALBION heraus. Sein bisher größter Erfolg: 1978 war er maßgeblich an der Herausgabe eines großformatigen Buches über Science Fiction beteiligt, das Beiträge von Brian Stableford, Harry Harrison, Christopher Priest u.a. sowie ein Vorwort von Isaac Asimov enthält. Titel: ENCYCLOPEDIA OF SCIENCE FICTION.

Bibliographie:
Im Tal der Statuen (EYE AMONG THE BLIND), München 1976, GWTB 0230.

Holk, Freder van
(1901–)

Freder van Holk war das bekannteste Pseudonym des deutschen SF-Autors Paul Alfred Müller, der sich später – nach dem Ort, in dem er aufwuchs – Müller-Murnau nannte. Andere Pseudonyme waren Lok Myler und Jan Holk. Müller wurde in Leipzig geboren, lebte dann, wie erwähnt, in Murnau, studierte und wurde Gewerbelehrer, bevor er in den dreißiger Jahren mit dem Schreiben von utopischen Romanen begann. Im Alleingang schrieb er von 1933 bis 1936 die 150 Hefte umfassende Heftserie **Sun Koh, der Erbe von Atlantis** und benutzte dafür das Pseudonym Lok Myler (nach dem Kriege erschienen verschiedene **Sun Koh**-Ausgaben unter dem Verfassernamen Freder van Holk). Es geht darin um einen geheimnisvollen

Nachkommen der letzten Atlantis-Herrscher, der dazu auserkoren ist, das wiederauftauchende Atlantis zu übernehmen. Die Serie war außerordentlich erfolgreich und wurde noch vor Abschluß der Erstausgabe neu aufgelegt und um eine weitere Serie mit ähnlichem Schema ergänzt. Diese Serie hieß **Jan Mayen** und handelte von dem Erben von Thule, der Grönland mit Sonnenspiegeln wieder grün macht. Müller schrieb auch die 120 Hefte von **Jan Mayen,** die zwischen 1935 und 1939 erschienen, allein. Beide Serien hatten einen nachhaltigen Einfluß auf die damals jugendlichen SF-Leser, die nach dem Kriege SF-Autoren wurden – u.a. wurden Walter Ernsting und Herbert W. Franke mehr oder weniger von dieser Serie in den Bann geschlagen. Einer weiteren Entfaltung des Vielschreibers Müller wurde im Dritten Reich ein Riegel vorgeschoben, als die Nazis alle Serien verboten, die nicht unter ihrer unmittelbaren Regie produziert wurden. Und nach dem Kriege konnte van Holk nicht mehr so recht den Anschluß finden. Immerhin aber hatten seine beiden Erfolgsserien Erstauflagehöhen von 60000 bis 90000 gebracht, doch die Nachauflagen brachten nicht den erwarteten Erfolg. Müller schrieb auch eine ganze Reihe von Romanen für die Verlage Löwen, Bielmannen und Gebr. Weiß, aber alle seine Versuche, auf dem Nachkriegsmarkt wieder Fuß zu fassen, sei es mit Romanen, mit seinen alten Serien oder als Heftautor, scheiterten letztlich, die aufblühende angloamerikanische Spielart der Science Fiction hatte ihn überholt und drängte ihn ins Abseits. So übernahm er die wenig attraktive Serie **Rah Norton** ab Band 13, aber die Serie wurde kurz darauf (mit Band 20) eingestellt, und auch **Mark Powers,** für die er einzelne Romane verfaßte, konnte sich auf Dauer nicht durchsetzen. Zur Zeit erlebt **Sun Koh** als Taschenbuchausgabe eine neue Ausgabe und folgt dabei inhaltlich der Nachkriegsausgabe in Leihbuchform, wo jeweils drei der ursprünglichen Kurznovellen – teilweise vermehrt um **Jan Mayen**-Romane – zu einem Band verbraten wurden.

Bibliographie:
Blaue Kugel (als Lok Myler), Leipzig 1938, A. Bergmann Vlg.
Und sie bewegt sich nicht (als Lok Myler), Frankfurt 1939, Vlg. Schirmer & Mahlau.
Die Seifenblasen des Herrn Vandenberg (als Lok Myler), Leipzig 1939, A. Bergmann Vlg.
...und alle Feuer verlöschen auf Erden, Braunschweig 1948, Löwen Vlg.
Vielleicht ist morgen schon der letzte Tag, Braunschweig 1948, Löwen Vlg.
Sonnenmotor Nr. 1, München 1950, Bielmannen Vlg.
Der große Spiegel, München 1949, Bielmannen Vlg.
Attentat auf das Universum, München 1949, Bielmannen Vlg.
Die wachsende Sonne (C), München 1950, Bielmannen Vlg.
Der Strahl aus dem Kosmos, München 1950, Bielmannen Vlg.
Die Erde brennt, Berlin 1951, F.A. Herbig Vlg.
Das Ende des Golfstroms, München 1952, Bielmannen Vlg.

Humus, München 1952, Bielmannen Vlg.
Weltraumstation, München 1952, Bielmannen Vlg.
Die Unsterblichen, München 1952, Bielmannen Vlg.
Die Narbe, München 1952, Bielmannen Vlg.
Unheimliche Leuchtscheiben, Berlin 1953, Gebr. Weiß Vlg.
Trauben aus Grönland, Berlin 1953, Gebr. Weiß Vlg.
Ferngelenkte Seelen, Berlin 1954, Gebr. Weiß Vlg.
Kosmotron, Berlin 1955, Gebr. Weiß Vlg.
Unter uns die Hölle, Berlin 1956, Gebr. Weiß Vlg.
Die entfesselte Erde, Berlin 1957, Gebr. Weiß Vlg.
Weltuntergang, Berlin 1959, Gebr. Weiß Vlg.

(↗ **Sun Koh**-Ausgabe des H. Borgmüller Vlg., Münster, 1958–1961).

Heftpublikationen:
Sun Koh, der Erbe von Atlantis (als Lok Myler), 150 Hefte, A. Bergmann Vlg., Leipzig (1933–1936).
Jan Mayen (als Lok Myler), 120 Hefte, A. Bergmann Vlg., Leipzig (1935–1939).

(↗ **Rah Norton, der Eroberer des Weltalls, Mark Powers,** Nachkriegsausgaben von **Sun Koh** und **Jan Mayen**)
Anmerkung: Die Nachkriegsausgaben von **Sun Koh** und **Jan Mayen** wurden überarbeitet, d. h. von allzu drastischem nationalsozialistischem Gedankengut gesäubert. Einige weitere Titel des Autors innerhalb der Reihe UZ gehören ebenfalls der **Sun Koh**-Serie an.

Holland, Cecelia
(1943–   )
Die amerikanische Autorin Cecelia Holland ist bis vor kurzem nur mit historischen Romanen hervorgetreten (u. a. THE FIREDRAKE, 1966), dann versuchte sie sich auf dem Gebiet der Science Fiction – mit bemerkenswertem Erfolg. Als 1976 ihr SF-Erstling FLOATING WORLDS erschien, waren Kenner des Genres übereinstimmend der Meinung, daß mit Cecelia Holland ein schriftstellerisches Talent in der SF aufgetaucht war, das zu größten Hoffnungen berechtigt. Der umfangreiche Roman erzählt von einem Hintergrund, der geschickt mit Space Opera-Elementen durchsetzt ist, eine komplexe Story: die Lebensgeschichte einer jungen Frau von der Erde, die das Schicksal auf verschiedene Planeten des Sonnensystems verschlägt. Die Zeit: 4000 Jahre in der Zukunft. Die Menschheit hat die Planeten besiedelt, sogar Jupiter, Saturn, Uranus und Neptun, hat die Schwerkraft besiegt und in der halbflüssigen Atmosphäre schwebende Kolonien errichtet. Doch die verschiedenartige Umwelt und die relative Isolierung voneinander haben sie verändert, genetisch wie gesellschaftlich. Während auf einer ökologisch ruinierten Erde im Schutz von Plastikdomen friedliche Anarchisten zusammenleben, haben sich andernorts Militärdiktaturen entwickelt, wird der Mars von der rassistischen Sonnenlicht-Liga beherrscht. Und auf den Gasriesen der äußeren Planeten sind unter dem Einfluß der heftigen planetaren Strahlung die Stythen entstanden, eine schwarzhäutige Rasse

von Sklavenhaltern und Herrenmenschen, von denen manche über parapsychologische Fähigkeiten verfügen. Der höchste Lebensinhalt der barbarischen Stythen ist der Kampf. Sie sind unüberwindlich, todesmutig und gnadenlos, kein Schiff ist vor ihnen sicher. Das Komitee der irdischen Anarchisten, die Militärs von Luna und die marsianischen Faschisten sehen sich gezwungen, über alle ideologischen Differenzen hinweg zu einer Zusammenarbeit zu finden und mit den Stythen zu einem Friedensvertrag zu kommen. Paula Mendoza, die Protagonistin kubanischer Abstammung und überzeugte Anarchistin, eine kleine Person von souveränem diplomatischen Geschick, mit eisernem Willen und unbeirrbarer Menschlichkeit, macht sich auf, ganz auf sich gestellt, um die dunklen fremdartigen Welten der Stythen zu besuchen, die Menschen sonst nur als Sklaven erreichen.

Bibliographie:
Wandernde Welten (FLOATING WORLDS), München 1979, H 3658.

Holly, Joan Hunter
(1932–)
Unter diesem Pseudonym schreibt die amerikanische Psychologin Joan Carol Holly, die in Lansing (Michigan) geboren wurde. Außer für Science Fiction und Psychologie interessiert sie sich vor allem für amerikanische Folkloristik und Anthropologie. Ferner engagiert sie sich seit Jahren in der SFWA (Science Fiction Writers of America); sie hat das Amt der Kassiererin inne.

Ihr erster Roman war ENCOUNTER (1959). Es folgten THE GREEN PLANET (1960), THE FLYING EYES (1962), THE DARK PLANET (1962), THE RUNNING MAN (1963), THE GREY ALIENS (1963), THE TIME TWISTERS (1964) und THE DARK ENEMY (1965). Häufig geht es in diesen Romanen um Konfrontationen mit feindlichen Extraterrestriern. Die Romane sind spannungsbetont, verraten aber gleichzeitig die psychologischen Interessen der Autorin. Außer den Romanen hat sie auch eine Anzahl von Erzählungen veröffentlicht, unter denen vor allem PSI CLONE (1977) herausragt. (Sie erscheint demnächst in einer SF-Anthologie des Heyne-Verlags.)

Bibliographie:
Heftpublikationen:
Der geheimnisvolle Fremde (ENCOUNTER), UG 149 (1961).
Der grüne Planet (THE GREEN PLANET), T 206 (1962).
Das große Sterben (THE DARK PLANET), UZ 396 (1964).
Von Grauen gejagt (THE RUNNING MAN), UZ 400 (1964).
Die fremden Schatten (THE GREY ALIENS), T 535 (1967).
Die Zeitverdreher (THE TIME TWISTERS), TA 19 (1971).

Holm, Sven
(1940–)
Sven Holm ist Däne. Er studierte an der Universität in Kopenhagen und arbeitete anschließend als Hauslehrer, Bibliothekar, Landvermesser sowie in anderen Berufen. 1960 begann er zu schreiben. Sein Werk liegt in Form mehrerer

Romane und Erzählbände vor, wobei der Großteil jedoch nichts mit Science Fiction zu tun hat. Über die Landesgrenzen hinaus machte ihn vor allem die SF-Novelle TERMUSH, ATLANTER HAUSKYSTEN (1967) bekannt. Es geht darin um ein Unternehmen, das zahlungskräftigen Interessenten einen sicheren Platz für den Fall einer radioaktiv verseuchten Umwelt anbietet. Als die Katastrophe tatsächlich eintritt, kommt es zum Kampf mit den Nichtprivilegierten.

Bibliographie:
Termush, Atlantikküste (TERMUSH, ATLANTER HAUSKYSTEN), Frankfurt 1970, S. Fischer Vlg.

Horstmann, Hubert
(1937–)
Seit dem 14. Lebensjahr liest er Science Fiction – zunächst Dominik, »dann schrittweise Besseres«. Heute bevorzugt er Autoren wie Lem, die Strugazkis, Bradbury und Weinbaum. Er schätzt an der SF die Möglichkeit, eingefahrene Denkweisen sowie Denkbarrieren zu durchbrechen, ohne den Rahmen des logisch Möglichen zu verlassen, und haßt interstellare Kriegsromane. Horstmann ist ein in der DDR lebender Autor, der nach Volksschule, Lehre als Gärtner, nachgeholtem Abitur und Philosophiestudium zum Doktor der Philosophie promovierte. Sein besonderes Interesse gilt der materialistischen Dialektik als Denkweise, der Sprachphilosophie sowie der marxistischen Positivismus-Kritik. Er schreibt nebenberuflich und hat bisher zwei SF-Romane veröffentlicht.

Bibliographie:
Die Stimme der Unendlichkeit, Berlin 1965, Vlg. Das Neue Berlin.
Die Rätsel des Silbermonds, Berlin 1971, Vlg. Das Neue Berlin.

Howard, Robert E(rvin)
(1906–1936)
Robert E. Howard wurde in Peaster/Texas geboren, wuchs in Cross Plains auf, war zeit seines Lebens ein eingeschworener Junggeselle und publizierte, kaum achtzehn Jahre alt geworden, bereits in *Weird Tales.* Aber auch ähnliche Publikationen, wie *Magic Carpet, Argosy, Marvel Tales* und *Strange Detective Stories,* rissen sich um seine Elaborate, die in nahezu allen Genres angesiedelt waren und kleinen Jungen bei der Lektüre zu heißen Ohren verhalfen. Einer von Howards Absatzmärkten war das Schundblatt *Spicy Adventure Stories,* in dem man hauptsächlich Schmuddelgeschichten über Lehrer finden konnte, denen es gefiel, kleinen Mädchen auf den nackten Hintern zu prügeln. Trotz seines phänomenalen Ausstoßes erlebte Howard zu Lebzeiten keine einzige

Buchveröffentlichung seiner Produkte: als seine Mutter starb, schoß er sich – gerade erst dreißig geworden – eine Kugel durch den Kopf. Die bekannteste Gestalt, die er erfand, ist die des Barbaren Conan von Cimmeria, eines blutrünstigen Charakters, der alles niedermetzelt, was sich ihm in den Weg stellt, der Frauen gegen Pferde tauscht, mit ungeheuren Körperkräften ausgestattet ist und sein Schwert an den Meistbietenden vermietet.

Howard selbst hatte es als Kind nicht leicht. Wie sein Biograph L. Sprague de Camp mitteilt, war er als Junge der Klassentrottel, der ständig Prügel bezog, bis er sich schließlich an einem Bodybuilding-Kursus beteiligte, sich Muskeln antrainierte und schließlich die Schlägertypen seiner Kindertage in die Flucht schlug. 1961 startete der Howard-Verehrer Glenn Lord eine Amateurzeitschrift mit dem Titel *The Howard Collector,* publizierte Bibliographien, druckte Artikel über sein Idol und begann nach und nach, alle unter Pseudonym erschienenen Werke des »Meisters« nachzudrucken. Damit avancierte er zum Howard-Fachmann Nr. 1 in den USA, avancierte zum Nachlaßverwalter des Autors und entfachte einen Boom, der seinesgleichen sucht (und der nur mit dem Rummel um den Horrorschriftsteller H. P. Lovecraft verglichen werden kann). Nachdem bereits L. Sprague de Camp mehrere unvollendete Manuskripte Howards bearbeitet und beendet hatte (ebenso wie Lin Carter und Richard A. Lupoff), startete Lord Mitte der siebziger Jahre eine Promotions-Kampagne, durch die Howards Barbaren fröhliche Urständ feiern und die sie auch noch auf die Filmleinwand bringen soll. Ein neuerliches CONAN-Revival ist eben im Anrollen, auf mindestens 10 Bände angelegt und von namhaften Autoren verfaßt, die im »Stil« Howards die Abenteuer des prähistorischen Schlagetots fortsetzen sollen. Die ersten vier Bände sind bereits erschienen. Auch die Comic-Industrie reißt sich um die Adaptionsrechte: Erstausgaben dieser bunten Hefte sind in Sammlerkreisen sehr begehrt und kaum noch zu bezahlen. Außer unter seinem eigenen Namen publizierte Howard auch als Patrick Howard, Robert E. Patrick Howard, Patrick McConnaire Howard, Patrick Ervin und Sam Walser.

Bibliographie:
Conan (C) (CONAN) (mit Lin Carter und L. Sprague de Camp), München 1970, H 3202.
Conan von Cimmeria (C) (CONAN OF CIMMERIA) (mit L. Sprague de Camp), München 1970, H 3206.
Conan der Freibeuter (C) (CONAN THE FREEBOOTER) (mit L. Sprague de Camp), München 1970, H 3210.
Conan der Wanderer (C) (CONAN THE WANDERER) (mit Lin Carter und L. Sprague de Camp), München 1971, H 3236.
Conan der Abenteurer (C) (CONAN THE ADVENTURER) (mit L. Sprague de Camp), München 1971, H 3245.
Conan der Krieger (C) (CONAN THE WARRIOR) (mit Lin Carter und L. Sprague de Camp), München 1971, H 3258.

Conan der Usurpator (C) (CONAN THE USURPER) (mit Lin Carter und L. Sprague de Camp), München 1971, H 3263.
Conan der Eroberer (CONAN THE CONQUEROR) (mit L. Sprague de Camp), München 1972, H 3275.
Almuric (ALMURIC), München 1973, H 3363.
Herrscher der Nacht (C/OA), München 1975, TF 3.
Degen der Gerechtigkeit (C/OA), München 1975, TF 11.
Rächer der Verdammten (C/OA), München 1976, TF 17.
Die Krieger des Nordens (TIGERS OF THE SEA), München 1976, TF 23.
Kull von Atlantis (C) (KING KULL) (mit Lin Carter), München 1976, TF 28.
Herr von Valusien (C) (KING KULL, II), München 1976, TF 29.
Horden aus dem Morgenland (C) (THE SWORD WOMAN), München 1977, TF 37.
Die Bestie von Bal-Sagoth (C/OA), München 1977, TF 42.
Geister der Nacht (C/OA), München 1978, TF 50.

Hoyle, Fred
(1915–)
Der angesehene britische Astronom Sir Fred Hoyle besuchte das St. John's College in Cambridge und arbeitete zeitweise in den großen Observatorien von Mr. Wilson und Mr. Palomar. Heute ist er Professor für Astronomie und Philosophie in Cambridge. Als SF-Autor trat er mit mehreren Romanen hervor, wobei sein Erstling THE BLACK CLOUD (1957) zugleich sein berühmtester ist. Die Handlung ist eigentlich recht simpel – eine »schwarze Wolke« nähert sich der Erde und erweist sich als intelligente Lebensform –, aber der Roman wird allgemein gelobt wegen seiner ausgetüftelten Details und seiner wissenschaftlichen Authentizität. Es gelang Hoyle zwar, mit Romanen wie OSSIAN'S RIDE (1959) oder A FOR ANDROMEDA (1962, Fortsetzung ANDROMEDA BREAKTHROUGH, 1964) – hier in Zusammenarbeit mit John Elliot – Interesse zu wecken, aber an den Erfolg von THE BLACK CLOUD konnte er nicht wieder anknüpfen. Insgesamt veröffentlichte Fred Hoyle bis heute ein rundes Dutzend SF-Romane und eine Story-Sammlung, wobei die meisten Titel in Zusammenarbeit mit seinem Sohn Geoffrey (1941 geboren) entstanden sind. Außer SF hat er auch Sachbücher geschrieben.

Bibliographie:
Die schwarze Wolke (THE BLACK CLOUD), Köln 1958, Kiepenheuer & Witsch.
Das Geheimnis der Stadt Caragh (OSSIAN'S RIDE), Köln 1962, Kiepenheuer & Witsch.
A wie Andromeda – Geheimbotschaft aus dem All (A FOR ANDROMEDA und ANDROMEDA BREAKTHROUGH, mit John Elliot), Stuttgart 1967, Goverts.
Raketen auf Ursa Major (ROCKETS IN URSA MAJOR), (mit Geoffrey Hoyle), Hamburg/Düsseldorf 1970, MvS.

Hubbard, L(afayette) Ron(ald)
(1911–)
Gründer der Scientology Church, vormals SF-Autor. Hubbard begann seine schriftstellerische Karriere im Jahre 1934 und veröffentlichte 1938 seine erste SF-Geschichte, THE DANGEROUS DIMENSION (ASF, 6/38). Seine Elaborate erschienen unter sechs Pseudonymen in 72 Publikationen, und seine SF-Stories fallen in erster Linie in die Zeit des Golden Age (1939–1946 hatte die SF in den Magazinen *Unknown* und vor allem *Astounding* – was die Qualität anbetraf – Hochkonjunktur), ohne daß er wesentlich dazu beitrug. Hubbard war eher ein mittelmäßiger SF-Schreiber. Am bekanntesten ist sein Roman FINAL BLACKOUT (1940), in dem erzählt wird, wie ein Lieutenant nach einem Weltkrieg Diktator von England wird. Obskurer geht es in den Psychofantasies FEAR (*Unknown*, 7/40) und TYPEWRITER IN THE SKY (*Unknown*, sr2 11/40) zu, während THE KINGSLAYER (1949) oder die Geschichten um den alten Doc Methusalem doch recht konventionelle, um nicht zu sagen banale SF darstellen. Andere Stories wiederum weisen einen starken Horroreinschlag auf. 1950 gab Hubbard, der sich während der Kriegsjahre nicht geniert hatte, das deutsch klingende Pseudonym Kurt von Rachen zu gebrauchen (er schrieb auch unter dem Namen René Lafayette), die SF auf und begann sich auf seine neue Heilslehre, Dianetics, zu konzentrieren. Zunächst wurde *Astounding* zu einer Diskussionsplattform dieser neuen Therapieform. Sein Artikel DIANETICS erschien dort im Mai 1950, zog manchen Leser – und Autor – in seinen Bann, und ließ das Magazin in die Gefilde der Pseudowissenschaften abgleiten. Zu Hubbards frühesten Anhängern gehörten A.E. van Vogt und Manly Wade Wellman, aber aus dem Science Fiction-Lager gab es auch scharfe Kritik, namentlich von Arthur Jean Cox. Bald darauf gründete Hubbard seine Scientology-Vereinigung und ließ diese als Kirche eintragen, als er bei Behörden auf wachsenden Widerstand stieß. Heute hat diese Sekte, die in einigen Teilen der Welt verboten ist, ca. 6 Millionen Mitglieder, die ihrem Gründer das ermöglichen, was die Tantiemen von *Astounding*, *Unknown* & Co. nicht vermochten: Hubbard steinreich zu machen.

Bibliographie:
Gefangen in Raum und Zeit (RETURN TO TOMORROW), Balve 1957, Gebr. Zimmermann Vlg.
Versklavte Seelen (SLAVES OF THE SLEEP), Berlin 1978, U 3517.

Heftpublikationen:
Rebell der Milchstraße (THE KINGSLAYER), UZ 105 (1957).
Versklavte Seelen (SLAVES OF SLEEP), UZ 381 (1963).
Doktor Methusalem (C) (OLD DOC METHUSELAH), TA 135 (1974).

Hubert, Fred
(1930–)
Der gebürtige Berliner Fred Hubert wollte eigentlich Trickfilmzeichner werden und begann eine Lehre als Klischee-Ätzer. Nach Kriegsende wurde er dann Kranführer und Maschinenwäscher, später Druckereiarbeiter, schließlich Sachbearbeiter in der Verwaltung der Druckerei. Ferner arbeitete er als Aufzugsmonteur, und heute ist er Hausmeister eines Wohnblocks. In der Freizeit befaßt er sich mit Musik und besitzt ein umfangreiches Tonband- und Schallplattenarchiv. 1974 erschien von ihm der SF-Roman **Die Traumfalle.** 1975 kam als zweiter Titel **Zeitsprung ins Ungewisse** heraus, in dem ein Mensch aus der Zukunft die Gegenwart besucht.

Bibliographie:
Die Traumfalle, Berlin 1974, Vlg. Neues Leben.
Zeitsprung ins Ungewisse, Berlin 1975, Vlg. Neues Leben.

Hull, E(dna) Mayne
(?–1975)
Edna Mayne Hull, die Tochter eines kanadischen Journalisten, heiratete 1939 den SF-Autor A. E. van Vogt, mit dem sie auch gelegentlich als Autorin zusammenarbeitete. Sie schrieb Fantasy und Science Fiction, darunter eine Serie von galaktischen Intrigengeschichten um einen Geschäftsmann namens *Artur Blord*, die ab 1943 in *Astounding* erschienen und später (bis auf die erste) zu dem Roman PLANETS OF SALE (1954) zusammengefaßt wurden. Aus ihrer Zusammenarbeit mit A. E. van Vogt ging der Roman THE WINGED MAN (1944) – ein U-Boot wird Millionen von Jahren in die Zukunft geschleudert und in einen Konflikt zwischen Vogel- und Fischmenschen hineingezogen – und die Storysammlung OUT OF THE UNKNOWN (1948) hervor.

Bibliographie:
Im Reich der Vogelmenschen (THE WINGED MAN – mit A. E. van Vogt), München 1967, TTB 121.

Heftpublikation:
Sterne der Macht (PLANETS OF SALE), UG 56 (1956).

Huxley, Aldous (Leonard)
(1894–1963)
Der britische Schriftsteller Aldous Huxley, jüngerer Bruder des ebenfalls zu Ruhm gekommenen Biologen und Nobelpreisträgers Julian Huxley, wurde in Eton erzogen, mußte das Internat aber vorzeitig verlassen, weil ihm eine Augenkrankheit – die ihn zeitlebens mit

Blindheit bedrohte – zu schaffen machte. Später setzte er seine Ausbildung fort, studierte in Oxford und arbeitete anschließend als Journalist, als der er rasch durch sarkastische und stilistisch glänzende Beiträge auffiel. Er hielt sich längere Zeit in Frankreich und Italien auf und ließ sich schließlich 1937 in den USA nieder, wo er den Rest seines Lebens verbrachte. Weltberühmt wurde er vor allem durch seine Anti-Utopie BRAVE NEW WORLD (1932), die Huxley als Gegenreaktion auf MEN LIKE GODS von H. G. Wells verstanden wissen wollte. In BRAVE NEW WORLD kritisiert er die moderne Zivilisation mit ihrem technischen Fortschrittsglauben, indem er einen Alptraum aus sinnentleerter Technik, genormtem Leben und Manipulation als Zukunftswelt entwirft. Dagegen stellt er den »Wilden« aus einem Reservat, der von all den Segnungen nichts wissen will und das »Recht auf Unglück« fordert. Ein bewußter kleinbürgerlicher Angriff auf großbürgerlichen Kapitalismus und auf sozialistische Utopie zugleich. Dieser Roman wurde neben Orwells **1984** die meistgelesene und einflußreichste Anti-Utopie der westlichen Welt. Weitere Romane Huxleys mit SF-Bezug sind APE AND ESSENCE (1948) – nach einem Atomkrieg hat sich eine neue, dekadente Gesellschaft herausgebildet, mittelalterlich geprägt und unter kirchlicher Herrschaft stehend –, AFTER MANY A SUMMER DIES THE SWAN (1939) – am Beispiel eines mittels Lebenselixier zweihundert Jahre alt gewordenen britischen Aristokraten, der sich zu einem Affen entwickelt hat, stellt Huxley erneut heraus, daß der Mensch Gott und Natur respektieren sollte, während die Zivilisation »böse« ist, – und ISLAND (1962), paradoxerweise eine Utopie, die eine an den Buddhismus angelehnte Philosophie der Liebe dem Kapitalismus entgegenstellt. Huxley erhielt für AFTER MANY A SUMMER DIES THE SWAN den *James Tait Black Memorial Award*. Er schrieb außer den genannten Werken eine Reihe bedeutender Romane und Essays.

Bibliographie:
Wackere neue Welt (BRAVE NEW WORLD), Zürich 1950, Steinberg Vlg. (späterer Titel: **Schöne neue Welt**).
Affe und Wesen (APE AND ESSENCE), Zürich 1950, Steinberg Vlg.
Nach vielen Sommern (AFTER MANY A SUMMER DIES THE SWAN), Frankfurt 1959, S. Fischer Vlg.

I

Illing, Werner
(1895–?)
Der in Chemnitz geborene Autor nahm als Luftwaffenfunker am Ersten Weltkrieg teil. Sein vor dem Krieg begonnenes Studium (Medizin und Germanistik) brach er nach Ende des Krieges ab, um nach dem Tode seines Vaters die Leitung der elterlichen Fabrik zu übernehmen. Ungern offenbar, denn bald darauf löste er sich von diesen Aufgaben und wandte sich dem Schreiben zu. Seine erste Buchveröffentlichung war ein Gedichtband (1921), sein erster Roman die sozialistische Utopie **Utopolis** (1930), die zu den besten utopischen Vorkriegsromanen deutscher Sprache gehört, zugleich aber auch zu den unbekanntesten. Erst einer Veröffentlichung innerhalb der SF-Taschenbuchreihe *Fischer Orbit* ist es zu danken, daß sie auch einem nachgewachsenen Leserkreis wieder verfügbar wurde. Illing arbeitete damals als ständiger Mitarbeiter der *Vossischen Zeitung* und wurde von einer dem SPD-Parteiorgan *Vorwärts* angeschlossenen Buchgemeinschaft angeregt, eine sozialistische Zukunftsvision zu schreiben. Das Ergebnis: **Utopolis**, schildert die Geschichte zweier Seeleute, die vor der Küste der freien Arbeitergenossenschaft Utopien stranden und in die Ereignisse um einen – scheiternden – Putschversuch der in Utopien entmachteten Kapitalisten und Militaristen hineingezogen werden. Das Ganze ist eine Satire auf reale Personen und Konflikte der Weimarer Zeit. Das vor allem von linken Parteigenossen viel und gern gelesene Buch brachte dem Autor nach der Machtergreifung der Nazis 1935 eine Vorladung zu einem Gestapo-Verhör ein. Man beließ es jedoch bei einer Verwarnung, da Illing sich inzwischen als Redakteur des Deutschlandsenders unverdächtiger Unterhaltungsliteratur widmete. Illing hat noch mehrere andere Romane (die meisten nach dem Kriege), Erzählungen und vor allem viele Fernsehspiele geschrieben, die allerdings nichts mit Science Fiction zu tun haben. Die einzige Ausnahme: Zu seinen drei Filmdrehbüchern gehört **Der Herr vom anderen Stern,** ein Stoff, der 1948 mit Heinz Rühmann in der Titelrolle verfilmt wurde. Werner Illing arbeitete auch als Übersetzer und übertrug Krimis von Ellery Queen in die deutsche Sprache.

Bibliographie:
Utopolis, Berlin 1930, Vlg. Der Bücherkreis.

Isaacs, Linda (Irene)
(1944–   )
Amerikanische SF-Autorin. Die in Bethany/Missouri geborene Linda Isaacs studierte an der Universität von Maryland Deutsche Literatur. Sie ist gegenwärtig Assistant Editor der Magazine *Amazing* und *Fantastic*. Ihre erste Story, TRANSIT, erschien 1974 in IF, ab 1975 war sie regelmäßig mit Story-Beiträgen in *Amazing* und *Fantastic* vertreten; viele davon entstanden in Zusammenarbeit mit Michael Milhaus.

Jakes, John (William)
(1932–   )
Der in Chicago geborene amerikanische Autor John Jakes begann schon als Schüler, Fantasy-Stories zu schreiben, und 1950 gelang es ihm erstmals, eine seiner Erzählungen an das Magazine of Fantasy and Science Fiction zu verkaufen. Inzwischen sind es weit über 200 Geschichten und zahlreiche Romane geworden, wobei Jakes außer SF und Fantasy auch Western, Krimis, Mainstream und historische Romane schreibt. Auch Magazine wie der *Playboy* haben schon Kurzgeschichten von ihm abgedruckt. Besonders bekannt wurde er durch die Sword & Sorcery-Serie BRAK, THE BARBARIAN, die es inzwischen auf vier Romane gebracht hat (der erste erschien 1968). Brak, der Barbar, jagt den Lockruf des Goldenen Khurdisan nach, einem fernen Land, das er, um ein frühzeitiges Ende der Serie zu verhindern, bestimmt noch lange nicht erreichen wird. Angeblich hat Jakes den geplanten Schluß bereits niedergelegt – damit den Fans durch einen eventuellen plötzlichen Tod des Autors noch aus dem Nachlaß authentisch geholfen werden kann. Brak legt sich mit Dämonen und ihren Anbetern an und schlägt massenweise Schädel ab, schlitzt Gurgeln auf und bumst die allerschönsten Weiber. Ein Kritiker: »Jakes bringt eine Zivilisationsfeindlichkeit mit, die Robert E. Howard gefallen hätte.« Na also! Jakes, der u. a. auch einen Roman für die Serie PLANET OF THE APES verfaßte, hat mehr als ein Dutzend SF-Romane und zwei SF-Jugendbücher geschrieben. Brot, Beifall und Pfiffe gab es, außer für BRAK, THE BARBARIAN, aber vor allem für eine Serie von historischen Romanen (über die Geschichte Amerikas), die auch ins Deutsche übersetzt wurden. Der einstige Englischlehrer Jakes wurde übrigens aus dem Schuldienst gefeuert, als herauskam, daß er nebenher SF und Fantasy schrieb.

Bibliographie:
Schiff der Seelen (BRAK, THE BARBARIAN), München 1974, TF 1.
Tochter der Hölle (BRAK THE BARBARIAN VERSUS THE SORCERESS), München 1975, TF 4.
Das Mal der Dämonen (BRAK THE BARBARIAN VERSUS THE MARK OF THE DEMONS), München 1975, TF 7.
Die Götter erwachen (BRAK: WHEN THE IDOLS WALKED), München 1975, TF 13.
Am Abgrund der Welt (DEVIL IN THE WORLDS AND OTHER STORIES), C-OA, München 1976, TF 19.
Im Banne des Feuervogels (ON WHEELS), Berg. Gladbach 1976, B 21076.
Aufstand der Affen (CONQUEST OF THE PLANET OF THE APES), München 1977, TTB 283.
Tolle Tage in Atlantis (MENTION MY NAME IN ATLANTIS), München 1977, TF 38.

Heftpublikationen:
Der Halbmensch (THE HYBRID), TN 161 (1971).
Das Tor zur anderen Zeit (TIME GATE), TA 187 (1975).

Jeffers, Axel
(1917–)
Pseudonym des Leihbuch- und Heftromanautors Hans Peter Weißfeld (geboren in Hilden/Rheinland). Jeffers war das einzige Pseudonym, das Weißfeld für seine SF-Romane verwendete, während er in anderen Genres unter Georg Altlechner, Ludwig Starnberger, Peter Gamsler, Sebastian Martini, Sepp Ferngruber, John Jersey, Freddy Koweit, Rita Moll oder Käthe Lambrecht firmierte. Er gehörte zu den bekanntesten SF-Leihbuchautoren der fünfziger Jahre und ist heute als Redakteur im Bastei-Verlag tätig, wo er diverse Comic-Reihen betreut. Jeffers hat insgesamt mehr als 500 Bücher und Heftromane publiziert.

Bibliographie:
Die Kugeln mit der blauen Flamme, Balve 1953, Gebr. Zimmermann Vlg.
Der Mondsatrap, Balve 1953, Gebr. Zimmermann Vlg.
Die Sternenspinne, Balve 1953, Gebr. Zimmermann Vlg.
Kaiser Titanios, Balve 1953, Gebr. Zimmermann Vlg.
Die Äpfel der Hesperiden, Balve 1953, Gebr. Zimmermann Vlg.
Die Sternvagabunden, Balve 1953, Gebr. Zimmermann Vlg.
Der stählerne Nebel, Balve 1953, Gebr. Zimmermann Vlg.
Wo die Sterne enden, Balve 1954, Gebr. Zimmermann Vlg.
Der Fakir und die Tigerin, Balve 1954, Gebr. Zimmermann Vlg.
Die Karawane des letzten Kalifen, Balve 1954, Gebr. Zimmermann Vlg.
Lemuria, Balve 1955, Gebr. Zimmermann Vlg.
Raumschiff Wega, Balve 1956, Gebr. Zimmermann Vlg.

Heftpublikationen:
Die Rache des Mr. Olim, UK 8 (1956).

Jefremow, Iwan
(1907–1973)
Relativ spät begann der russische Professor für Paläontologie Iwan Jefremow (Efremov) seine schriftstellerische Laufbahn: 1944 veröffentlichte er einen ersten Band mit Erzählungen unter dem Titel WSTRETSCHA NAD TUSKAROROJ (»Die Begegnung über Tuskarora«). 1924 hatte er ein Biologiestudium an der Leningrader Universität aufgenommen, arbeitete anschließend als Laborant und war zwei Jahre lang Fernstu-

dent des Bergbauinstituts. Er reiste mit mehreren geologischen und paläontologischen Expeditionen durch die Sowjetunion und erhielt für seine wissenschaftlichen Arbeiten den Staatspreis zugesprochen. Während sich viele seiner frühen Erzählungen mit prähistorischen Themen beschäftigen, schrieb er seinen weltberühmten Roman TUMANNOST' ANDROMEDY (1957; deutsche Ausgabe 1961), dem als Fortsetzung ČAS BYKA (1968, »Die Stunde des Stiers«) und **Das Land aus dem Meeresschaum** (dt. Ausgabe 1961), LEZWIJE BRITWY (»Auf des Messers Schneide« 1963) folgten. TUMANNOST' ANDROMEDY (**Das Mädchen aus dem All** bzw. **Der Andromeda-Nebel**) wurde auch verfilmt. Im Mittelpunkt seines Werkes steht der Versuch, den Menschen in einer kommunistischen Zukunft darzustellen. Jefremow vertritt u.a. die These, daß andere raumfahrende Zivilisationen im All Freunde des Menschen sein müssen, weil technisch-wissenschaftlicher Fortschritt ohne eine ethische Weiterentwicklung nicht denkbar sei. So griff er die von übertriebener Vorsicht und gegenseitigem Mißtrauen geprägte Story FIRST CONTACT von Murray Leinster an und schrieb als Antwort darauf mit SERDCE ZMEI (1959, deutsch: **Das Herz der Schlange,** 1961) eine eigene Erzählung über einen friedfertigen ersten Kontakt zwischen Menschen und Extraterrestriern. Iwan Jefremow ist unter den russischen Autoren derjenige, der am meisten der philosophisch orientierten traditionellen Utopie verpflichtet blieb.

Bibliographie:
Der Tod in der Wüste (C), Berlin 1953, Vlg. Neues Leben.
Das Mädchen aus dem All (TUMANNOST' ANDROMEDY), Berlin 1967, Vlg. Kultur & Fortschritt (unvollständige Ausgabe: Berlin 1958, Vlg. Kultur und Fortschritt, weitere unvollständige Ausgabe München 1971, H 3226/27); auch als: **Der Andromeda-Nebel,** Moskau 1961, Vlg. für fremdsprachige Literatur.
Das Land aus dem Meeresschaum, Moskau 1961, Vlg. für fremdsprachige Literatur.

Heftpublikationen:
Der Schatten der Vergangenheit, (TEN MINUWSCHEGO) Berlin 1946, SWA Vlg.
Das Observatorium von Nur-I-Descht/Tod in der Wüste (C) (OBSERVATORIJA NUR-I-DESCAT), Berlin 1951, Vlg. Kultur & Fortschritt.
Das weiße Horn/Am See der Berggeister (C) (BELYJROG/OZERO GORNYCH DUCHOW), Berlin 1952, Vlg. Kultur & Fortschritt.
Atoll Fakaofu, (ATOLL FAKAOFO) Berlin 1956, Vlg. Kultur & Fortschritt.
Das letzte Marssegel, (POSLEDNIJ MARSEL) Berlin 1956, Vlg. Kultur & Fortschritt, *Kleine Jugendreihe* 14.
Das Herz der Schlange (SERDCE ZMEI), Berlin 1960, Vlg. Neues Leben, *Das neue Abenteuer* 174/75 (diese Erzählung ist auch in verschiedenen Anthologien enthalten).
Begegnung im All, Berlin 1969, Deutscher Militärverlag, *Meridian Reihe* 18.

Jemzew, Michail
(1930–)
Michail Jemzew (Emcev) ist ein russischer SF-Autor, der in Cherson geboren wurde, am Moskauer Institut für Technologie der Feinchemie studierte und anschließend am Institut für brennbare Bodenschätze der Akademie der Wissenschaften arbeitete. Er schrieb das populärwissenschaftliche Sachbuch »Das Feld unserer Hoffnungen« und ist Kandidat der chemischen Wissenschaften. Seine SF-Erzählungen entstanden in Zusammenarbeit mit Jeremej Parnow (Parnov) und umfassen neben zahlreichen Geschichten, die zu Sammelbänden zusammengefaßt wurden, die Romane »Das Dinac-Meer«, BUNT TRIDZATI TRILLIONOW (»Der Aufruhr der dreißig Trillionen«) und POSLEDNEJE PUTESCHESTWIJE POLKOWNIKA FOSSETA (»Oberst Fossets letzte Reise«). Einige Erzählungen von Jemzew/Parnow erschienen in deutscher Übersetzung in der DDR.

Jeschke, Wolfgang
(1936–)
Geboren in Tetschen (Děčin), ČSR, wuchs in Asperg bei Ludwigsburg/Württemberg auf. Nach der mittleren Reife absolvierte er 1953–1956 eine Lehre als Werkzeugmacher und war darauf im Maschinenbau tätig. 1959 holte er das Abitur nach, studierte dann Germanistik, Anglistik und Philosophie an der Universität München und machte zugleich ein Praktikum in der C.H. Beck'schen Verlagsbuchhandlung. Von 1969 an war er zunächst Redaktionsassistent, dann Redakteur an **Kindlers Literaturlexikon;** von 1971 bis 1979 verantwortlicher Redakteur der biographischen Enzyklopädie **Die Großen der Weltgeschichte** im Kindler Verlag; 1969–71 Herausgeber der Reihe **Science Fiction für Kenner** im Lichtenberg Verlag.
Seit 1973 war er Mitherausgeber der Taschenbuchreihe **Heyne Science Fiction,** seit 1977 ist er verantwortlicher Lektor der Reihe, seit 1979 alleiniger Herausgeber und Lektor. Seit 1970 gibt er regelmäßig SF-Anthologien heraus (bei Lichtenberg, dann bei Heyne).
Eigene Arbeiten entstanden seit 1955, vor allem eine Reihe von SF-Erzählungen, die in Zeitschriften und verschiedenen Anthologien erschienen. Sie wurden zum Teil ins Englische, Französische, Spanische, Niederländische und Polnische übersetzt und in der DDR publiziert sowie für den Rundfunk bearbeitet. Sein erster Roman, **Der letzte Tag der Schöpfung,** der sich wie die meisten seiner Erzählungen mit dem Thema der Zeitreise befaßt, erscheint in Kürze. Ein zweiter ist in Vorberei-

tung. Des weiteren verfaßte Jeschke verschiedene Aufsätze über Science Fiction und Raumfahrtgeschichte.
Neben seinen Anthologien gibt er seit 1974 jährlich einen Band SF-Erzählungen unter dem Titel **Science Fiction Story Reader** heraus, wo regelmäßig auch deutsche SF-Autoren publiziert werden, die gut genug sind, um sich gegen die internationale Konkurrenz zu behaupten. Des weiteren ist er Mitherausgeber der **Titan**-Serie, in der ausschließlich klassische SF-Erzählungen erscheinen.
In der Reihe der **Heyne Science Fiction** hat sich Jeschke stets bemüht, auch deutsche Romanautoren zu fördern. Bisher erschienen in Originalausgaben Titel von Carl Amery, Reinmar Cunis, Ronald M. Hahn/Harald Buwert, Ulrich Harbecke, Lothar Streblow, Rainer Zubeil/Uwe Anton u. a.

Bibliographie:
Der Zeiter, München 1970, Lichtenberg Vlg.; erweiterte Ausgabe München 1978, H 3328.
(Hrsg.) **Planetoidenfänger,** München 1971, Lichtenberg Vlg.
(Hrsg.) **Die sechs Finger der Zeit,** München 1971, Lichtenberg Vlg.
(Hrsg.) **Die große Uhr,** München 1977, H 3541.
(Hrsg.) **Im Grenzland der Sonne,** München 1978, H 3592.
(Hrsg.) **Spinnenmusik,** München 1979, H 3646.
(Hrsg.) **Der Tod des Dr. Island,** München 1979, H 3674.
(Hrsg.) **Eine Lokomotive für den Zaren,** München 1980, H 3725.
(Hrsg.) **SF Story Reader 1,** München 1974, H 3374.
(Hrsg.) **SF Story Reader 3,** München 1975, H 3421.
(Hrsg.) **SF Story Reader 5,** München 1976, H 3473.
(Hrsg.) **SF Story Reader 7,** München 1977, H 3523.
(Hrsg.) **SF Story Reader 9,** München 1978, H 3574.
(Hrsg.) **SF Story Reader 11,** München 1979, H 3627.
(Hrsg.) **SF Story Reader 13,** München 1980, H 3685.
(Hrsg.) **SF Story Reader 14,** München 1980, H 3737.

(Hrsg.) **Titan 1** (mit F. Pohl), München 1976, H 3487).
(Hrsg.) **Titan 2** (mit F. Pohl), München 1976, H 3507.
(Hrsg.) **Titan 3** (mit F. Pohl), München 1976, H 3520.
(Hrsg.) **Titan 4** (mit F. Pohl), München 1977, H 3533.
(Hrsg.) **Titan 5** (mit F. Pohl), München 1977, H 3546.
(Hrsg.) **Titan 6** (mit R. Silverberg), München 1978, H 3558.
(Hrsg.) **Titan 7** (mit R. Silverberg), München 1978, H 3579.
(Hrsg.) **Titan 8** (mit B. Bova), München 1978, H 3597.
(Hrsg.) **Titan 9** (mit R. Silverberg), München 1978, H 3614.
(Hrsg.) **Titan 10** (mit B. Bova), München 1979, H 3633.
(Hrsg.) **Titan 11** (mit B. Bova), München 1979, H 3651.
(Hrsg.) **Titan 12** (mit B. Bova), München 1979, H 3669.
(Hrsg.) **Titan 13** (mit B. Bova), München 1980, H 3691.
(Hrsg.) **Titan 14** (mit B. Bova), München 1980, H (in Vorb.).
(Hrsg.) **Titan 15** (mit R. Silverberg), München 1981, H (in Vorb.).

Jeury, Michel
(1934–)
Jeury arbeitete als Angestellter der britischen Handelskammer in Frankreich, versuchte sich später als Krankenpfleger und legte 1958 seinen ersten Roman unter dem Pseudonym Albert Higon vor. 1960 tauchte er als Kurzgeschichtenautor in *Fiction* auf, publizierte noch im gleichen Jahr den Roman AUX ETOILES DU DESTIN und zog sich wieder aus der SF-Szene zurück. Bis 1973 hörte man kaum noch etwas von ihm; gelegentlich erschienen Texte unter seinem Pseudonym. 1973 schließlich kehrte er zur SF zurück und errang mit LE TEMPS INCERTAIN gleich den »Prix du Meilleur Roman Français de Science Fiction«. Er trug stark zu einer Erneuerungsbewegung der französischen SF bei, die sich noch heute auf viele Nachwuchsautoren auswirkt. Wie Gerard Klein und Pierre Pelot gehört auch Michel Jeury zu den mehr politisch engagierten SF-Autoren. Eine von ihm unter dem Titel *Planète Socialiste* herausgegebene Anthologie behandelt die Auswirkungen des Sozialismus in einer nahen Zukunft. Zu seinen besten Werken zählen der Roman SOLEIL CHAUD, POISSON DES PROFONDEURS (1976), die Kurzgeschichtensammlungen SIMULATEUR! SIMULATEUR! (1974) und VERS LA HAUTE TOUR (1974). Michel Jeurys Romane und Erzählungen wurden in Jugoslawien, Spanien und England herausgebracht, bisher aber noch nicht ins Deutsche übersetzt.

Jones, D(ennis) F(eltham)
(?–)
Britischer Autor. War im Zweiten Weltkrieg Marineoffizier und arbeitete u. a. als Geologe. Sein erster Roman COLOSSUS (1966) war sofort ein Erfolg und wurde einige Jahre später verfilmt. Der Roman wies eine Handlung auf, der die Filmindustrie kaum widerstehen konnte. Die größten Computer der USA und der Sowjetunion schließen sich zu einem Supercomputer zusammen, der die Welt gegen den Willen der Menschen regiert. Als der Film auch relativ erfolgreich war, folgten mit THE FALL OF COLOSSUS (1974) und COLOSSUS AND THE CRAB (1977) Fortsetzungen. Weitere Romane von D. F. Jones sind: DON'T PICK THE FLOWERS (1971) und IMPLOSION (1967). In letzterem hat eine Droge die Frauen Großbritanniens unfruchtbar gemacht. Das Land ist von starkem Geburtenrückgang bedroht. Die Bedrohung der ganzen Menschheit durch irgendeine Gefahr gehört zu den Lieblingsthemen von D. F. Jones. Auch in einigen seiner wenigen Kurzgeschichten spielt er diese Katastrophenthematik immer wieder durch.

Bibliographie:
Colossus (COLOSSUS), München 1968, GWTB 094.
Implosion (IMPLOSION), München 1970, GWTB 0116.
Laß die Blumen stehen (DON'T PICK THE FLOWERS), München 1973, GWTB 0147.
Der Sturz des Colossus (THE FALL OF COLOSSUS), München 1976, GWTB 0214.

Jones, Langdon
(1942–)
Englischer SF-Autor und Herausgeber, dessen Name eng in Verbindung mit der *New Wave* steht. Langdon Jones wurde nach Ausübung verschiedener Tätigkeiten, er war u. a. Fotograf, Lektor, Herausgeber einer Taschenbuchreihe und Manager einer Poster-Firma, freier Schriftsteller. Zusammen mit Michael Moorcock und Charles Platt machte er sich um die Herausgabe von *New Worlds* verdient. Darüber hinaus stellte er die New-Wave-Anthologie THE NEW SF (1969) zusammen. Er hat aber auch eine Reihe erstklassiger Stories geschrieben, die vor allem allegorischen Charakter haben. Nach eigenen Aussagen verdankt seine spekulative Fiction Kafka mehr als Heinlein. Stories wie THE GREAT CLOCK (NWB, 3/66), SYMPHONY NO. 6 IN C-MINOR »THE TRAGIC« – BY LUDWIG VAN BEETHOVEN II (NWB, 10/68) oder THE HALL OF MACHINES (NWB 3/68), die zum Teil in der Sammlung THE EYE OF THE LENS (1972) zusammengefaßt wurden, bestätigen dies. THE GREAT CLOCK war die Titelgeschichte einer deutschen Anthologie **(Die große Uhr)**, die Wolfgang Jeschke herausgab; die SYMPHONY NO. 6 IN C-MINOR »THE TRAGIC«… **(Symphonie Nr. 6, c-Moll, Die Tragische, von Ludwig van Beethoven II.)** erschien in Jeschkes **SF Story Reader 5.**

Bibliographie:
Neue SF (THE NEW SF), Frankfurt 1973, FO 31/32.

Jones, Neil R(onald)
(1909–)
Neil Jones wurde in Fulton/New York geboren. Nachdem er schon als Schüler mit seinen Aufsätzen Preise gewonnen hatte, beschloß er früh, Schriftsteller zu werden. Er widmete sich der SF und verkaufte mit THE DEATH'S HEAD METEOR seine erste Erzählung an *Air Wonder Stories* (1/30), nach seiner Aussage die erste Geschichte in der SF, in der das Wort »Astronaut« auftauchte. Einem größeren Leserkreis bekannt wurde Neil Jones, den man als typischen SF-Autor der dreißiger Jahre bezeichnen könnte, durch seine langlebigen Serien. Die PROFESSOR JAMESON-Serie begann im Juli 1931 in *Amazing* und erschien bis 1951 in verschiedenen Magazinen, wie *Astonishing* und *Super Science Stories.* Insgesamt waren es 23 Erzählungen, von denen die wichtigsten 1967/68 in 5 Paperbacks bei Ace nachgedruckt wurden. Von allen Serien in der SF hatte diese die längste Laufzeit. Zwei andere Serien sind TALES OF THE 24TH CENTURY und TALES OF THE 26TH CENTURY. Viele Geschichten daraus haben einen wissenschaftlichen Kult zum Thema, den *Durna Rangue,* und sind daher auch als DURNA RANGUE-Serie bekannt. Nach dem Zweiten Weltkrieg ebbte Jones' Produktion an SF merklich ab. 1946 erfand er mit INTERPLANETARY ein Weltraumspiel, das sich bald großer Beliebtheit erfreute und als Vorbote eines in jüngster Zeit grassierenden Hobbys zu werten ist: Der Konflikt-Simulations-Spiele.

Jones, Raymond F.
(1915–)
Raymond F. Jones wurde in Salt Lake City/USA geboren und begann seine Karriere als SF-Autor in den vierziger Jahren mit Stories in *Astounding*. Jones hatte eine meteorologische Ausbildung und eine Lizenz als Amateurfunker. Bekannt wurde er vor allem durch den Roman THIS ISLAND EARTH (1952), der 1955 verfilmt wurde und als **Metaluna 4 antwortet nicht** auch in die deutschen Kinos kam. Beachtung verdienen auch seine SF-Jugendbücher SON OF THE STARS (1952), PLANET OF LIGHT (1953) und THE YEAR WHEN STARDUST FELL (1958). Erwähnenswert sind auch die Romane THE CYBERNETIC BRAINS (1950), RENAISSANCE (1944) und THE ALIEN (1951). Kurzgeschichten liegen in den Sammlungen THE TOYMAKER (1951) und THE NON-STATISTICAL MAN (1964) vor. Die deutsche Fassung von THIS ISLAND EARTH **(Insel zwischen den Sternen)** wurde übrigens von Walter Ernsting stark überarbeitet, d.h. der Filmhandlung angepaßt, und die deutsche Ausgabe **Sohn der Erde** ist eine gekürzte Zusammenfassung der Romane SON OF THE STARS und PLANET OF LIGHT (beides im Original Romane mit über 200 Seiten).

Bibliographie:
Sohn der Sterne (SON OF THE STARS & PLANET OF LIGHT), stark gekürzt, München 1957, AWA Vlg.
Der Mann zweier Welten (RENAISSANCE), München 1968, TTB 130.
Die Syntho-Menschen (SYN) Berg. Gladbach 1976, B 21078.

Heftpublikationen:
Weiße Hölle Mond (THE MOON IS DEATH), UZ 58 (1956).
Insel zwischen den Sternen (THIS ISLAND EARTH), UG 37 (1956).
Experiment Genetik (THE SECRET PEOPLE), DW 6 (1958).
Das Erbe der Hölle (THE ALIEN), TS 14 (1959).
Sternenstaub (THE YEAR WHEN STARDUST FELL), UG 124 (1960).
Außenseiter dieser Welt (C) (THE NON-STATISTICAL MAN), T 534 (1967).
Die neuen Gehirne u.a. Stories (C), TN 159 (1971).

Kapp, Colin
(1929–)
Der britische SF-Autor Colin Kapp arbeitet als Techniker in der Elektronikforschung und veröffentlicht seit 1958 Science Fiction, anfangs Stories in *New Worlds*. Auch sein erster Roman, THE TRANSFINITE MAN (1963), erschien zunächst in Fortsetzungen in diesem Magazin. Es geht darin um einen Mann, der nicht getötet werden kann. Weitere Romane Colin Kapps sind: PATTERN OF CHAOS (1973), THE CHAOS WEAPON (1977), THE SURVIVAL GAME (1976) und THE WIZARD OF ANHARITTE (1973). Wie in seinem Erstling stellt er auch hier gern männliche Helden in lebensbedrohende Situationen; in PATTERN OF CHAOS und THE CHAOS WEAPON ist es ein Mann, der gewaltsame Entladungen magisch anzieht.

Bibliographie:
Dimensionen des Satans (THE DARK MIND), Berg. Gladbach 1972, B 18.
Der Meister des Chaos (THE PATTERNS OF CHAOS), Berg. Gladbach 1973, B 21033.

Karinthy, Frigyes
(1887–1938)
Zu den Klassikern der phantastischen Literatur in Ungarn gehört der Humorist, Poet, Theaterschriftsteller und Essayist Frigyes Karinthy, der zu den populärsten und profiliertesten ungarischen Autoren seiner Zeit zählte. Neben anderen utopisch-phantastischen Texten wurden besonders die Novellen UTAZÁS FAREMIDÓBA UND CAPILLÁRIA bekannt und auch in andere Sprachen übersetzt. In UTAZÁS FAREMIDÓBA (»Reise nach Faremido«) geht es um einen von Robotern beherrschten und maschinell durchorganisierten Planeten und die nach diesen Maßstäben unwichtigen, untüchtigen und irrationalen Menschen, während CAPILLÁRIA eine von Frauen beherrschte Zivilisation auf dem Boden des Meeres schildert. Karinthy schrieb außerdem Kabarettszenen, Erzählungen und literarische Parodien; kein Wunder also, daß in beiden Erzählungen Swifts Gulliver auftauchte. Frigyes Karinthy war Jude und starb, bevor der Naziterror ihn heimsuchen konnte; seine Frau wurde von den Faschisten in Auschwitz ermordet.

Kasanzew, Alexander
(1906–)
Als Sohn eines russischen Beamten wurde Alexander Kasanzew (Aleksandr Petrovič Kazancev) im kasakischen Akmolinsk (heute Celinograd) geboren. Er wuchs in Sibirien auf, studierte an der Technischen Hochschule in Tomsk und arbeitete später als wissenschaftlicher Mitarbeiter verschiedener

Moskauer Institute. 1939 war er als Leitender Ingenieur der Industrieabteilung des sowjetischen Pavillons auf der Weltausstellung in New York. Sein erster SF-Roman hieß PYLAJUSHCHIJOSTROW (»Die flammende Insel«), richtete sich an Jugendliche und erschien kurz vor dem Krieg. Im Krieg leitete Kasanzew ein Kriegsforschungsinstitut, und bei Kriegsende war er als Oberster Regierungsbevollmächtigter des sowjetischen Rüstungskomitees in Wien. Seit 1946 betätigt er sich als freier Schriftsteller und Redakteur populärwissenschaftlicher Zeitschriften und wohnt in Moskau.

Kasanzews bevorzugte Themen sind technische Projekte wie die Kultivierung der Arktis oder Kontaktaufnahme der Menschheit mit außerirdischen Lebensformen. Seine Romane zeichnen sich vor allem durch wissenschaftlich-technischen Erfindungsreichtum aus und stehen ganz in der Tradition des technisch-utopischen Zukunftsromans.

Bibliographie:
Stärker als die Zeit (SILNEJE VREMENI), München 1978, H 3630.
Phaeton (FAETI), München 1981 (in Vorb.).

Kegel, Walther
(1907–1945)
Walther Kegel, ein deutscher Autor, wurde in Flensburg geboren. Von Beruf Ingenieur, schrieb er etliche utopische Romane, ferner mehrere Romane anderer Genres. Sein erster utopischer Roman hieß **Rakete 33** und erschien 1929.

Bibliographie:
Rakete 33, Halle 1929, Vlg. Fünf Türme.
Tiefsee (mit H. Heuer), Leipzig 1935, W. Goldmann Vlg.
Tod im Strahlenring, Berlin 1937, Vlg. Buchwarte.
Dämme im Mittelmeer, Berlin 1937, Vlg. Buchwarte.

Keller, David H(arry)
(1880–1966)
Amerikanischer Arzt und SF-Autor. Einer der wichtigsten SF-Schriftsteller der frühen Pulp-Ära. Keller studierte an der Universität von Philadelphia Medizin, wurde Landarzt und spezialisierte sich später auf die Psychoanalyse. Schon im Alter von 14 Jahren hatte er Kurzgeschichten geschrieben, aber erst 34 Jahre später konnte er seine erste Story verkaufen. THE REVOLT OF THE PEDESTRIANS (AMZ, 2/28) kam bei Herausgeber Gernsback und dem Lesepublikum gleichermaßen gut an, so daß in *Amazing* in rascher Folge weitere Stories von Keller

erschienen. Seine TAINE OF SAN FRANCISCO-Serie lief von 1928–1935 in diesem Magazin. Bis 1943 wurden annähernd 100 Erzählungen und ein halbes Dutzend Romane in fast allen damaligen SF-Magazinen, ein beträchtlicher Teil aber auch in den Weird-Magazinen veröffentlicht. Sein Verdienst war es, als einer der ersten Pulp-Autoren psychologische Probleme in seine Geschichten einfließen zu lassen. Während andere Autoren in ihren Elaboraten auf Super-Science und technologische Tricks setzten, stand bei Keller immer der Mensch im Mittelpunkt. Seine bekanntesten Geschichten sind: THE THING IN THE CELLAR (WT, 3/32), STENOGRAPHER'S HANDS, sowie die Romane THE HUMAN TERMITES (SW, sr3, 9/29) und THE METAL DOOM (AMZ, sr3, 5/32). Keller verfaßte Hunderte von Erzählungen und einige Romane, die niemals publiziert wurden. Zahlreiche andere Manuskripte wurden aufgrund guter Beziehungen des Autors nach Frankreich ins Französische übersetzt und dort veröffentlicht. Aus diesem Grund tauchen in der BRD immer wieder »Supernatural-Thriller« von Keller auf, die französische »Originaltitel« tragen.

Kellermann, Bernhard
(1879–1950)
Der deutsche Autor Bernhard Kellermann wurde in Fürth geboren und studierte an der Technischen Hochschule in München. Er reiste viel in der Welt herum und lebte viele Jahre im Ausland: So startete er 1907 zu einer Reise um die Erde und verbrachte dabei ein halbes Jahr in Japan, und 1926/27 führte ihn eine Reise im Auftrag des *Berliner Tageblattes* in verschiedene asiatische Länder. Seine Reiseerlebnisse hielt er in vier Reisebüchern fest. Seine ersten Romane erschienen allerdings schon früher und brachten ihm sofort Anerkennung: etwa **Yester und Li** (1904), **Der Tor** (1909) und **Das Meer** (1910). Berühmt wurde er aber vor allem durch **Der neunte November** (1920) und **Der Tunnel** (1913). **Der Tunnel,** sein einziger utopischer Roman und einer der bekanntesten Klassiker des deutschen Zukunftsromans, schildert gesellschaftskritisch den Bau eines Tunnels unter dem Atlantik, der Europa und Amerika verbinden soll. Im Mittelpunkt stehen die Tunnelbauer, die Intrigen, Spekulanten und Katastrophen zum Trotz ihr Werk vollenden. Kellermann wurde unter den Nazis aus der damaligen Akademie der Dichtkunst ausgeschlossen und hatte allerlei Repressalien zu erdulden. Nach dem Kriege lebte er in der DDR.

Bibliographie:
Der Tunnel, Berlin, Frankfurt, Hamburg 1913, S. Fischer Vlg.

Kellner, Wolfgang
(1928–   )
Der in Berlin geborene DDR-Autor Wolfgang Kellner schreibt – neben anderer Literatur – vor allem deshalb SF, weil er sich darüber ärgerte, daß die wissenschaftliche Phantastik der DDR zu sehr auf naturwissenschaftliche Problematik abgestellt war. Kellner dagegen möchte die SF mehr als Möglichkeit verstanden wissen, Details einer kommunistischen Zukunft auszumalen. Er hat bislang einen Band mit SF-Erzählungen sowie eine weitere Story **(Alarm aus Intimklause 87)** in einer Anthologie veröffentlicht.

Bibliographie:
Der Rückfall, Berlin 1974, Vlg. Das Neue Berlin.

Keyes, Daniel
(1927–   )
Amerikanischer SF-Autor und Herausgeber. 1950 half er bei der Herausgabe von *Marvel Stories*, einem zweitklassigen SF-Magazin, dessen Niveau er jedoch zu steigern vermochte. Berühmt wurde Daniel Keyes, der ausgesprochen wenig SF verfaßte, durch seine Story FLOWERS FOR ALGERNON (F&SF, 4/59), die 1960 den Hugo Gernsback-Award gewann. Charly Gordon, der schwachsinnige Protagonist dieser einfühlsamen und hervorragend geschriebenen Erzählung, wird künstlich zum Genius gemacht, fällt aber später in seinen geistigen Ursprungszustand zu-

rück. Keyes gefühlvolles Drama, das stilistisch der jeweiligen Intelligenz des Protagonisten angepaßt ist, hinterließ einen solch nachhaltigen Eindruck, daß es – zum Roman ausgeweitet – 1966 einen weiteren SF-Preis gewann – diesmal den Nebula-Award. Danach war das Kino an der Reihe, und FLOWER FOR ALGERNON wurde zu CHARLY, einem 1968 recht erfolgreichen Film, bei dem Ralph Nelson Regie führte. Unter diesem Titel erschien der Roman auch bei uns. Ein weiterer hervorragender Roman Daniel Keyes' ist THE TOUCH (1968), der in Deutschland unter dem etwas hausbackenen und nichtssagenden Titel **Wer fürchtet sich vor Barney Stark** erschien. In ihm schildert Keyes die Streßsituationen und wachsende Entfremdung eines Ehepaares, das aufgrund eines Strahlungsunfalls radioaktiv verseucht wurde und von den Nachbarn wie vom Aussatz Befallene gemieden wird. Eine Neuausgabe unter dem Titel **Kontakt radioaktiv** ist 1980 im Heyne Verlag vorgesehen.

Bibliographie:
Charly (FLOWERS FOR ALGERNON), München 1970, Nymphenburger Vlg.
Wer fürchtet sich vor Barney Stark (THE TOUCH), München 1971; Nymphenburger Vlg. (Taschenbuchausg. als **Kontakt radioaktiv** bei Heyne in Vorbereitung).

Khuon, Ernst von
(1915–)
Der prominente deutsche Rundfunk- und Fernsehjournalist Ernst von Khuon-Wildegg wurde in Pasing bei München geboren und verfaßte über 200 Fernsehfeatures seit 1954, daneben zahlreiche Hörspiele, Filmdrehbücher sowie einige Romane und Sachbücher. Zu seinen Hörspielen zählen **Raumstation I beherrscht die Erde** und **Traum von Atlantropa**, zu seinen bekanntesten populärwissenschaftlichen Arbeiten gehören Däniken-kritische Essays wie **Waren die Götter Astronauten?** (1970). 1949 schrieb er den SF-Roman **Helium**, seinen ersten Roman überhaupt, der 1973 nachgedruckt und auch in einer Hörspielfassung gesendet wurde.

Bibliographie:
Helium, München 1949, Hanns Reich Vlg.

Killough, Lee
Lee Killough ist eine amerikanische Nachwuchsautorin, die zu den vielversprechendsten Talenten der Szene gehört und deren bisher schmalem Werk die Kritik bemerkenswerte Begabung attestierte. In Kansas aufgewachsen, kam sie früh mit SF in Berührung und las begeistert Leigh Bracketts STARMEN OF LLYDRIS und C.L.Moores SHAMBLEAU. 1970 verkaufte sie ihre erste Erzählung, CAVEAT EMPTOR, an *Analog* (5/70), seitdem erschienen ihre Stories in unregelmäßigen Abständen in verschiedenen Magazinen.
1979 trat sie mit ihrem ersten Roman an die Öffentlichkeit: A VOICE OUT OF RAMAH. Das Buch beschreibt eine Welt, auf der fast nur Frauen leben, weil die männlichen Nachkommen der menschlichen Siedler in der Pubertät von einer rätselhaften Krankheit heimgesucht werden, die nur wenige überleben. Trotzdem stellen die wenigen erwachsenen Männer die Führungselite. Sie leben in klösterlicher Gemeinschaft beisammen und üben die Macht über die Kolonie aus – bis sich eines Tages herausstellt, daß sie ihre Machtposition dadurch halten, indem sie sich als männliche Spezies rar machen, und der Tod der Halbwüchsigen reale machtpolitische Ursachen hat.
Ihr zweiter Roman, im selben Jahr erschienen, THE DOPPELGÄNGER GAMBIT (1979), ist ein rasantes und originelles Garn über interstellare Siedlerschiffe, die auf rätselhafte Weise verschwinden, und über den Einsatz von Doppelgängern, mit denen man selbst das perfekteste elektronische Überwachungssystem unterlaufen und sich ein Alibi verschaffen kann.
Lee Killough arbeitet am College für Veterinärmedizin an der Kansas State University und lebt zusammen mit ihrem Freund in Manhattan/Kansas, reitet gern und viel und liest am liebsten Sherlock Holmes.

Bibliographie:
Die Priester von Marah (A VOICE OUT OF RAMAH), München 1980, H (in Vorb.).
Die Doppelgänger-Eröffnung (THE DOPPELGÄNGER GAMBIT), München 1981 (in Vorb.).

Kilworth, Garry
(1941–   )
Garry Kilworth, ein junger englischer SF-Autor, ist hauptberuflich Ingenieur für Telekommunikation. Er wuchs u.a. in Aden auf, arbeitete im Fernen Osten und in der Südsee. Sein Debut als Autor gab er mit der Kurzgeschichte LET'S GO TO GOLGATHA, die 1975 in der Anthologie THE GOLLANCZ/SUNDAY TIMES BEST SF STORIES erschien, mit der er das Preisausschreiben gewonnen hatte. 1977 trat er mit seinem ersten Roman an die Öffentlichkeit, der von der Kritik sehr positiv aufgenommen wurde: IN SOLITARY. Er spielt in ferner Zukunft, in der die Menschheit fast ausgestorben ist und seit vier Jahrhunderten von einer vogelähnlichen außerirdischen Rasse beherrscht wird. 1978 erschien ein weiterer Roman des Autors unter dem Titel NIGHT OF KADAR.

Bibliographie
Im Käfig (IN SOLITARY), München 1981, H (in Vorb.).

Kipling, (Joseph) Rudyard
(1865–1936)
Der englische Dichter und Erzähler Joseph Rudyard Kipling wurde in Bombay geboren und in England erzogen und ging 1882 wieder zurück nach Indien, wo er mehr als

ein Jahrzehnt als Journalist arbeitete und gleichzeitig seine ersten Kurzgeschichten schrieb, knappe impressionistische Skizzen aus dem indischen Alltagsleben und die ersten Erzählungen zu seinen später so berühmt gewordenen **Dschungelbüchern,** die bereits phantastische Elemente erkennen lassen. Der Durchbruch als Schriftsteller gelang Kipling mit KIM (1901), der farbenprächtigen, abenteuerlichen Geschichte eines irischen Soldatenkindes, das als Waise in den Slums von Lahore unter Eingeborenen aufwächst und mit einem weisen Lama durch Indien zieht. Der Roman machte Kipling weltberühmt; 1907 wurde ihm der Literatur-Nobelpreis verliehen. Viele seiner Erzählungen sind am Rande zu Fantasy und Horror angesiedelt, wie THE STRANGE RIDE OF MORROWBIE JUKES, THE LOST LEGION, THE BRUSHWOOD BOY, THE SHIP THAT FOUND HERSELF und andere, die in den Sammlungen THE PHANTOM RICKSHAW AND OTHER FERIE TALES (1886),

LIFE'S HANDICAP, BEING STORIES OF MINE OWN PEOPLE (1891), MANY INVENTIONS (1893) und THE DAY'S WORK (1898) erschienen sind. Einige seiner Erzählungen sind der Science Fiction zuzurechnen, so WITH THE NIGHT MAIL (1905), in der Sammlung ACTIONS AND REACTIONS (1909), AS EASY AS ABC (1912), in der Sammlung A DIVERSITY OF CREATURES (1917), THE GARDENER (1924), A MADONNA OF THE TRENCHES (1924) und THE WISH HOUSE (1924), gesammelt in DEBITS AND CREDITS (1926), und vor allem seine Novelle **Die schönste Geschichte der Welt**, die James Blish für den bedeutendsten Beitrag Kiplings zur Literatur hält.

Bibliographie:
Von Rudyard Kipling sind eine Fülle von Einzelausgaben auf deutsch erschienen, die derzeit umfassendste Ausgabe seiner Romane und Erzählungen ist:
Gesammelte Werke, Leipzig 1925, Neuauflage München 1965, unveränderter Nachdruck München 1978, 3 Bde., Paul List Vlg.

Klein, Gérard
(1937–)
Der französische Herausgeber und Kritiker und SF-Autor Gerard Klein begann bereits im Alter von achtzehn Jahren in Magazinen wie *Fiction, Galaxie* und *Satellite* zu publizieren. Der ausgebildete Ökonom ließ sich jedoch aufgrund der beschränkten Marktlage nie in das Lager der professionellen Autoren hinüberziehen, sondern wurde statt dessen Redakteur der herausragenden Paperback-Reihe *Ailleurs et Demain,* die er seit 1969 im Verlag Robert Laffont herausgibt. In den sechziger Jahren publizierte Klein unter seinem eigenen Namen drei Romane und eine ganze Reihe stilistisch hervorragender Erzählungen und schrieb unter dem Pseudonym Gilles d'Argyre in der Taschenbuchreihe »Anticipation« fünf SF-Abenteuerromane von relativ hohem Niveau. Mit zwei ungenannten anderen SF-Autoren verfaßte er zwei Romane und mehrere Kurzgeschichten. Klein gilt als SF-Autor mit »Ideen« und beachtlicher Stilist, und er beschäftigt sich sehr oft mit Zeitreise-Themen LE TEMPS N'A PAS D'ODEUR (1963) erschien sowohl in den USA, als auch in der Bundesrepublik und handelt von einem Team, das zwischen den Zeiten reist. Auch in LES SEIGNEURS DE LA GUERRE (1971) geht es um einen Zeitkrieg. Kleins beste Romane jedoch sind LE SCEPTRE DU HASARD (1968), der letzte Titel, der noch unter dem Pseudonym Gilles d'Argyre erschien, LES TUEURS DE TEMPS (1965) und LES VOILIERS DU SOLEIL (1961). Weitere Titel, die der Übersetzung harren, sind UN CHANT DE PIERRE (1966), LA LOI DU TALION (1973) und HISTOIRES COMME SI... (1975) – drei Kurzgeschichtensammlungen, die sowohl Nachdruckmaterial als auch Originalbeiträge enthalten. LA LOI DU TAILON, Titelgeschichte einer der Sammlungen, erschien als **Das Gesetz der Vergeltung** in der

von Wolfgang Jeschke herausgegebenen Anthologie **Spinnenmusik** (1979).

Bibliographie:
Die Herrschaft des Zufalls (LA SCEPTRE DU HASARD) (als Gilles d'Argyre), München 1978, H 3583.

Heftpublikationen:
Zwischen den Zeiten (LE TEMPS N'A PAS D'ODEUR), TA 129 (1974).
Schachbrett der Sterne (LES TUEURS DE TEMPS), TA 298 (1977).

Kline, Otis A (delbert)
(1891–1946)
Otis A. Kline, Sproß holländischer Einwanderer, wurde in Chicago geboren. In den zwanziger Jahren schrieb er Songs, wurde Musikverleger und fing schließlich an, Filmdrehbücher und Unterhaltungsliteratur zu produzieren. Mit offener Bewunderung verfolgte er den kometenhaften Aufstieg seines Kollegen Edgar Rice Burroughs, und wie viele andere Abenteuerschriftsteller seiner Zeit, versuchte er, ihn zu imitieren. Er galt lange Zeit als Burroughs' einzig ernsthafter Konkurrent, und so nimmt es nicht wunder, daß die McClurg Company, die von 1918 bis 1928 Burroughs' Hausverlag war, ihn unter Vertrag nahm, als der Schöpfer des Tarzan zu Metropolitan Books überwechselte. Kline war ein Fisch in allen Wassern, publizierte in allen nur denkbaren Genres und gehörte zu den frühesten Mitarbeitern von Magazinen wie *Weird Tales* und *Oriental Stories*.

Sein erster Roman war THE THING OF A THOUSAND SHAPES (1923), aber erst als er begann, Burroughs nachzuempfinden (was besonders in seinem Venus-Zyklus offensichtlich wurde), wurde er rasch bekannt. THE PLANET OF PERIL (1929), THE PRICE OF PERIL (1930) und THE PORT OF PERIL, die in *Argosy* bzw. *Weird Tales* erschienen, schildern die Abenteuer des Erdenmenschen Robert Grendon auf unserem Nachbarplaneten. Hauptsächlich bekannt wurde jedoch seine Tarzan-Adaption JAN OF THE JUNGLE (1931), die 1936 als THE JUNGLE PRINCESS verfilmt wurde (mit Dorothy Lamour und Ray Milland in den Hauptrollen). Kline war später auch als literarischer Agent tätig, besaß weltweite Verbindungen und vermittelte die Abdruck- und Übersetzungsrechte vieler damals bekannter SF-Autoren einschließlich solcher Leute wie H. G. Wells. In den sechziger Jahren entdeckte man Otis Adelbert Kline in den USA neu. Nahezu alle seine Bücher wurden wieder aufgelegt, ungeachtet der Tatsache, daß sie mittlerweile ein wenig Staub angesetzt hatten.

Kling, Bernt (Bernhard)
(1947–   )
Bernt Kling fing mit zwölf Jahren an, SF zu lesen; zwei Jahre später hatte er bereits einen ersten Roman zu Papier gebracht. Als er 1966 von Stuttgart nach München zog, um dort ein Politologiestudium zu beginnen, knüpfte er Kontakte mit dem größten bundesdeutschen SF-Heftverlag, Moewig, an. Er

übersetzte mehrere SF-Romane aus dem Amerikanischen, begann schließlich auch eigene Titel zu publizieren, schrieb Satiren und klebte Collagen, letzteres hauptsächlich für das Magazin *Spontan*. »SF verstehe ich nicht nur als Beschreibung zukünftiger Technik und Supertechnik, sondern will versuchen, gerade die Auswirkungen, der ›technologischen Rationalität‹ auf den Menschen und die menschliche Gesellschaft zu beschreiben. Und diese Thematik enthält ›galaktisch‹ viele Konflikte. SF-Autoren, die ich gerne lese: Cyril M. Kornbluth, der nicht nur SF schrieb, sondern sich auch viel dabei gedacht hat, Clifford D. Simak, der als vertraut und human beschreibt, womit andere Autoren Ängste erwecken, und J. G. Ballard, dessen Stories nicht nur die Milchstraßen draußen, sondern auch den ›Inneren Kosmos‹ zeigen.« Kling versuchte nach einem halben Dutzend SF-Heftromanen eine progressive SF-Serie zu starten, bekam jedoch schnell zu spüren, wie man mit einem Autor verfährt, der es wagt, die Literatur der »Möglichkeiten«, der angeblich »keine Grenzen gesetzt sind«, auszuschöpfen: Die Serie wurde schleunigst abgeblockt, als das erste Manuskript dem Cheflektor vorlag. Seine Erfahrungen im Trivialbusiness (Kling skriptete mehrere Jahre lang die Science Fiction-Comic-Serie **Perry – Unser Mann im All**) wertete er zusammen mit Georg Seeßlen in **Romantik & Gewalt. Ein Lexikon der Unterhaltungsindustrie** (1973) aus. Bernt Kling lebt und arbeitet heute als Buchhändler in Berlin.

Bibliographie:
Heftpublikationen:
Schatzinsel im All, TN 58 (1969).
Medusa im All (mit Leo Günther), TN 103 (1969).
Galaxis im Aufruhr (mit Leo Günther), TN 112 (1970).
Der unendliche Traum, TN 127 (1970).
Das rosa Universum, TN 142 (1970).
Der Psycho-Planet (mit Harald Buwert), TN 150 (1970).
Der Computer Utopia (mit Leo Günther), TN 174 (1971).
Das Super-Experiment (als P. R. Jung), TA 40 (1972).
Computer der blauen Rebellen (als P. R. Jung mit Harald Buwert), TA 61 (1972).
Im Auftrag der Solar Police (als P. R. Jung), TA 130 (1974).

Kneifel, Hans
(1936–)
Kneifel wurde in Gleiwitz geboren, kam 1945 nach Oberbayern und machte zunächst eine Konditorlehre. In den frühen fünfziger Jahren wurde er durch den Film **Endstation Mond** (DESTINATION MOON; Regie: Irving Pichel, 1950) auf die SF aufmerksam und schrieb im Alter von achtzehn Jahren seinen ersten SF-Roman: **Uns riefen die Sterne** (1956). Er erhielt reichhaltige Unterstützung durch seinen Freund und Förderer, den Verlagslektor Dr. Tietze, der an diesem und ebenso an Kneifels zweitem Buch, **Oasis, Tor zu den Sternen** (1958) teilweise mitarbeitete. Erst Kneifels dritter Titel, **Ferner als du ahnst** (1959) entstand ohne dessen Mitwirkung. 1962 machte Kneifel das Abitur nach,

1967 legte er das Staatsexamen ab und wurde Berufsschullehrer. Von allen bundesdeutschen SF-Autoren der Nachkriegszeit veröffentlichte er die größte Anzahl an Titeln (ca. 450 Romanhefte und Taschenbücher), bearbeitete populärwissenschaftliche Stoffe für den Rundfunk, verfaßte Sachbücher (**Menschen zum Mond,** 1959) und zusammen mit Dieter Hasselblatt ein SF-Hörspiel. Er war und ist Mitautor der Heftserien *Perry Rhodan, Atlan* und *Dragon* und setzte gegen Ende der sechziger Jahre die Originaldrehbücher der populären TV-Serie **Raumpatrouille** in Taschenbuchform um, fügte dreißig weitere Fortsetzungen hinzu und verlegte sich anschließend fast ausschließlich auf die Fließbandschreiberei von *Perry Rhodan*-Folgen und ähnlichen Stoffen. Besonders bekannt wurde sein zehnbändiger Zyklus um eine Gruppe »interstellarer Händler«, ein gewieftes Konsortium von sich playboyhaft gebenden Industriemagnaten, die ein die ganze Galaxis umspannendes Handelsnetz errichtet und dabei eiskalt und rücksichtslos vorgeht (was als lustig und erstrebenswert dargestellt wird). In den meisten Werken geht die bemerkenswerte Handlungsarmut Hand in Hand mit gedrechselt wirkenden Dialogen. Die Hauptpersonen treten meist als blasierte Intellektuelle auf, die sich stets als erfolgreiche Karrieristen entpuppen. Mit den Romanen **Der Traum der Maschine** (1966) und **Lichter des Grauens** (1966) erweckte Kneifel einige Hoffnung, daß ein Zugewinn von Qualität zu erwarten sei, doch die Erwartungen erfüllten sich nicht. Der folgende Roman **Das brennende Labyrinth** (1967) war wieder ein Konglomerat aus der üblichen Abenteuerromantik mit allen sattsam bekannten Klischees der Heftchenschreiberei und belustigte allenfalls durch eine Fülle von Stilblüten. Kneifel lebt abwechselnd auf Sardinien und in München und hat nach eigener Aussage, »den Ehrgeiz, den Nobelpreis zu bekommen«, aufgegeben. Zu seinen literarischen Vorbildern zählt er Charles Dickens, Joseph Conrad, John Steinbeck, Rudyard Kipling, Ernest Hemingway, Jack London, Wilhelm Busch und Heinrich Heine, denen nachzueifern aber offensichtlich nur ein guter Vorsatz geblieben ist.

Bibliographie:
Uns riefen die Sterne, München 1956, AWA Vlg.
Oasis, Tor zu den Sternen, München 1958, AWA Vlg.
Ferner als du ahnst, München 1959, AWA Vlg.
Der Traum der Maschine, München 1965, TTB 100.
Lichter des Grauens, München 1966, TTB 117.
Die Männer der Raumstation, München 1967, TTB 132.
Das brennende Labyrinth, München 1967, H 3104.
Die metallenen Herrscher, München 1968, TTB 149.
Sohn der Unendlichkeit, München 1971, TTB 199.
Krieger des Imperiums, München 1973, TTB 212.
Planet am Scheideweg, München 1974, TTB 251.
Apokalypse auf Cythera, München 1975, TTB 256.

Heftpublikationen:
Das Serum des Gehorsams, T 195 (1961).
Gejagt zu den Sternen, T 215 (1962).
Das Logbuch der Silberkugel, T 234 (1962).
Die Gilde der Mutanten, T 264 (1963).
Die verbotene Stadt, T 286 (1963).
Der 38. Sprung, T 291 (1963).
Dämonen der Nacht, T 310 (1963).
Herrin der Fische, T 312 (1963).
Projekt Eiszeit, T 314 (1963).
Attentat aus dem Hyperraum, T 333 (1964).
Der Götze des Untergangs, T 342 (1964).
Im Licht der gelben Sonne, T 345 (1964).
Das verlorene System, T 348 (1964).
Die Welt der stählernen Spinnen, T 351 (1964).
Die Barbaren kommen, T 355 (1964).
Geist ohne Fesseln, TS 86 (1964).
Attacke der Mikrowesen, T 369 (1964).
Planet in Flammen, T 384 (1965).
Die Sucher des Feuers, T 385 (1965).
Die Saat der Ewigkeit, T 392 (1965).
Nemesis von den Sternen, T 401 (1965).
Das unsichtbare Netz, T 449 (1966).
Die Sklaven von Argoos, T 451 (1966).
Die letzte Schlacht der Aimara, T 469 (1966).
Der schwarze Planet, T 469 (1966).
Der lautlose Fremde, T 481 (1966).
Freihändler der Galaxis, T 520 (1967).
Die Milliarden von Aikmon, T 525 (1967).
Die Jäger der goldenen Pelze, T 533 (1968).
Wettlauf in der Galaxis, T 538 (1968).
Geheimauftrag für Ronrico, T 542 (1968).
Kampf um das Vulkan-System, T 546 (1968).
Die unheimlichen Feinde, T 549 (1968).
Das Syndikat der Mächtigen, T 552 (1968).
Die Welt der Genies, TN 4 (1968).
Sturm über fremden Sonnen, TN 9 (1968).
Shindana, Welt aus Eisen, TN 114 (1970).
Gast aus der Unendlichkeit, TN 118 (1970).
Der Clan der blauen Schlangen, TN 121 (1970).
Invasion der Echsen, TN 125 (1970).
Ritter des Gesetzes, TN 129 (1970).
Die Welt der weißen Stürme, TN 133 (1970).

(↗ **Perry Rhodan, PRTB,** Atlan, **OTB, OH**)

Knight, Damon
(1922–   )
Amerikanischer SF-Autor, Herausgeber, Kritiker und Anthologist. Bevor Knight im Feld der SF professionell wurde, war er lange Jahre Fan und Sammler dieser Gattung. Seine erste Story erschien im Februar 1941 in *Stirring Science Stories* und hieß RESILIENCE. Neben gelegentlichen Storyverkäufen lag Knights Haupttätigkeit in den vierziger Jahren im Heraus-

geberbereich. Unter anderem half er Eijler Jakobsson bei der Edition der Zeitschrift *Super Science Stories*. Anfang der fünfziger Jahre wurde er Herausgeber des Magazins *Worlds Beyond*, das aber trotz (oder wegen) einiger Qualitäten nach drei Ausgaben wieder eingestellt werden mußte. Eine schriftstellerisch recht fruchtbare Zeit folgte, während der Knight an die 50 Kurzgeschichten und mehrere Romane verkaufte. Besondere Beachtung fanden in den fünfziger Jahren seine Buchbesprechungen, die fast in jedem SF-Magazin auftauchten. Viele davon wurden später in dem Band IN SEARCH OF WONDER (1956, 1967) gesammelt, der Knight als einen der intelligentesten SF-Kritiker der anglo-amerikanischen Szene ausweist. Für seine hervorragenden Kritiken bekam Damon Knight 1956 den Hugo Gernsback-Award. 1958 trat er wieder als Herausgeber in Erscheinung; diesmal bei *If*. Anfang der sechziger Jahre wurde seine Story TO SERVE MAN (GAL, 11/50) für Rod Serlings Fernsehserie *Twilight Stories* verfilmt, und Knight selbst verlegte sich wieder mehr aufs Schreiben. Es erschienen Romane wie BEYOND THE BARRIER (1963), THE SUN SABOTEURS (1961), MIND SWITCH (1965), sowie viele Story-Sammlungen und Anthologien. Daneben übersetzte er eine ganze Reihe französischer SF-Autoren. 1966 kam der erste Band seiner ORBIT-Anthologien heraus, die eine neue Form von Originalanthologie darstellte und den SF-Magazinen bald schwere Konkurrenz machte. In ORBIT erschienen ausschließlich Erstdrucke, und neue Autoren mit teilweise experimentellen Arbeiten kamen hier zu Wort. Die ORBIT-Reihe, die im Taschenbuch auch teilweise bei uns erschien, ist mit mehr als 20 Ausgaben die langlebigste Originalanthologien-Reihe in den Vereinigten Staaten. Durch diese Tätigkeit und sein Engagement, das schließlich zur Gründung der Science Fiction Writers of America, des Dachverbandes der SF-Autoren in den USA – führte, deren erster Präsident er auch war, begann seine eigene SF-Produktion abzusinken. Das neueste Buch von Damon Knight, der übrigens mit der SF-Autorin Kate Wilhelm verheiratet ist, trägt den Titel THE FUTURIANS (1977) und behandelt ein Stück SF-Fan-Geschichte.

Bibliographie:
Welt ohne Maschinen (THREE NOVELS), München 1968, GWTB 092.
Zweibeiner sehen dich an (MIND SWITCH), Frankfurt 1973, FO 19.

Sprung über die Zeitbarriere (BEYOND THE BARRIER), Berg. Gladbach 1973, B 27.
Invasion des Grauens (DOUBLE MEANING), Berg. Gladbach 1974, B 21053.
Die Analog-Maschine (ANALOGUE MEN), München 1975, GWTB 0201.
Welt ohne Kinder (WORLD WITHOUT CHILDREN & THE EARTH QUARTER), München 1975, GWTB 0208.
Babel II. (FAR OUT), München 1976, GWTB 0225.

Anthologien:
Damon Knight's Collection 1–11 (Auswahl aus ORBIT 1–7), Frankfurt 1972, 1973), FO 1, 3, 5, 7, 9, 12, 14, 15, 16, 19 und 29.

Koch, Eric
(1919–   )
Eric Koch, ein kanadischer Schriftsteller, ist merkwürdigerweise im angloamerikanischen Sprachraum als SF-Autor fast völlig unbekannt. Koch wurde in Frankfurt geboren, emigrierte als Fünfzehnjähriger zu Beginn der Naziherrschaft nach England und ging später nach Kanada, wo er seit mehr als dreißig Jahren bei der Canadian Broadcasting Corporation arbeitet, für die er unzählige Radio- und Fernsehsendungen produziert hat. 1971–77 war er Direktor des englischsprachigen Rundfunks und Fernsehens in Montreal. Seither arbeitet er in einer Art »Denkzelle« des C.B.C. und als freier Schriftsteller. Bisher hat er zwei Romane vorgelegt, die der SF zuzurechnen sind: THE LEISURE RIOTS (1973) und THE LAST THING YOU'D WANT TO KNOW (1976). Beide spielen in einer nahen Zukunft in den USA und nehmen auf satirische Art und stilistisch glänzender Manier den typischen »American Way of Life« aufs Korn: die Frustration der Wohlstandsgesellschaft, die Unfähigkeit, mit der wachsenden Freizeit fertig zu werden und das Leben selbst zu gestalten, die Verdrossenheit an den exakten Naturwissenschaften, die nicht mehr in der Lage sind, sich verständlich zu machen, und eine wachsende Sehnsucht nach dem Übersinnlichen, die immer kuriosere Blüten treibt und von Geschäftemachern ausgebeutet wird. In beiden Romanen ist der Protagonist ein deutscher Emigrant, Friedrich Bierbaum, der seine Sporen bei Göring verdient hat und in mancher Hinsicht seinem einstigen Brotherrn gleicht (nur daß er alles andere als ein Nazi ist). Er hat sich seinen europäisch-abendländischen Scharfblick bewahrt und sich dennoch glänzend der Neuen Welt angepaßt und be-

treibt eine »Denkfabrik« namens CRUPP (Center for Research on Urban Policy and Planning). Sie erhält ihre Aufträge von Washington und wird vor vertrackte Probleme gestellt, die sich für Bierbaum und seine Crew oftmals als schier unlösbar erweisen – und pointierte Einblicke in menschliche Schwächen im allgemeinen und amerikanische im besonderen erlauben.

Bibliographie:
Die Freizeit-Revoluzzer (THE LEISURE RIOTS), München 1976, H 3522.
Die Spanne Leben (THE LAST THING YOU'D WANT TO KNOW), München 1978, H 3622.

Koch, Richard
(1895–1970)
Der aus Magdeburg stammende Schriftsteller Richard Koch wurde in den fünfziger Jahren als einer der »Altmeister« der deutschen Science Fiction gefeiert, was jedoch weniger mit der Qualität seiner Werke als mit der Tatsache seines hohen Alters zu tun hatte. Er studierte Mathematik und Naturwissenschaften in Jena, Freiburg und Heidelberg, war anschließend lange Zeit an einer Sternwarte tätig und erlebte beide Weltkriege als Offizier der Nachrichtentruppe. Schon seit frühester Jugend hatten ihn die phantastischen Romane von Kurd Laßwitz und Jules Verne fasziniert, aber die Möglichkeit einer schriftstellerischen Karriere bot sich ihm erst nach Beendigung des Zweiten Weltkrieges. 1948 wurde er freier Schriftsteller, schrieb Artikel naturwissenschaftlicher Thematik und Kurzgeschichten für Zeitungen und Zeitschriften und legte 1950 mit **Plan von Polaris** seinen ersten SF-Roman vor, dem bis in die sechziger Jahre hinein mehr als zwei Dutzend weiterer folgten: u. a. **Der Stein der Weisen** (1954), **Weltraumgespenster** (1955), **Macht aus fernen Welten** (1956), **Jenseits aller Grenzen** (1958). 1959 wählte die »Eurotopia« (eine Vereinigung diverser deutscher und österreichischer Science Fiction-Clubs) Koch zu ihrem Präsidenten. Er publizierte bis 1969 (sein letzter Roman war **Seelentausch**), schaffte es jedoch nicht mehr, den Anschluß an die Entwicklung, die mehr Stil als technisches Verständnis in der SF verlangte, aufzuholen. Die Zeiten, in denen Richard Kochs Bücher in angesehenen Buchverlagen erschienen, waren unwiederbringlich dahin. Was ihm in den letzten Lebensjahren blieb, war ausschließlich der Heftchenmarkt, auf dem er zu Anfang noch unter dem Pseudonym K. Richards agiert hatte.

Bibliographie:
Überfall aus dem Weltraum, München 1950, Baur Vlg.
Anti-Atom D 172, Schwabach 1951, Pfeil Vlg.
Unlöschbare Feuer, Hattingen 1952, Imma Vlg.
Plan von Polaris, Schwabach 1953, Pfeil Vlg.
Lebende Zukunft (als H. C. Nulpe), Frankfurt 1953, Reihenbuch Vlg.
Der Stein der Weisen, Berlin 1954, Gebr. Weiß Vlg.
Die Erde geht nicht unter, Frankfurt 1954, Reihenbuch Vlg.
Weltraumgespenster, Solingen 1955, Mars Vlg.

Macht aus fernen Welten, München 1956, AWA Vlg.
Der heruntergeholte Stern, Berlin 1957, Gebr. Weiß Vlg.
Sternenreich Mo, Berlin 1958, Gebr. Weiß Vlg.
Das Reich in der Tiefe, Düsseldorf 1959, Dörner Vlg.
Spuk auf dem roten Planeten, München 1960, AWA Vlg.
Der Ring der sechs Welten, Berlin 1961, Gebr. Weiß Vlg.
Sonnenfeuer, München 1962, AWA Vlg.
Ozeano, der Wasserplanet, Berlin 1963, Gebr. Weiß Vlg.

Heftpublikationen:
Die lebende Sphinx (Zeitschrift *Motor im Bild,* 1962).
Das Reich der 11 Planeten, T267/268 (1964).
Heimkehr nach 526 Jahren, T460 (1966).
Flug in die Antimaterie, T474 (1966).
Die Mondpyramide, T501 (1967).
Seelentausch, TN56 (1969).

Kolpakow, Alexander
(1925–)
Der russische Autor Alexander Kolpakow (Aleksandr Kolpakov) wurde im unteren Wolgagebiet geboren und war von 1940 bis 1956 Berufsoffizier der Sowjetarmee. Er nahm am Zweiten Weltkrieg teil und ist Absolvent der Militärakademie. Nach dem Ausscheiden aus der Armee arbeitete er als Chemiker in Moskauer Forschungsinstituten und wurde schließlich Schriftsteller. Er veröffentlichte mehrere populärwissenschaftliche Werke und trat in der russischen SF mit zwei Bänden Erzählungen – MORE METSCHTY (»Meer der Träume« 1964) und NETLENNYJ LUTSCH (»Der unvergängliche Strahl« 1971) – sowie mit dem Roman GRIADA (1960) hervor. Ins Deutsche übertragen wurden bislang nur einige Erzählungen.

Koontz, Dean R(ay)
(1945–)
Obwohl Koontz, was die Bekanntheit seines Namens angeht, sicherlich nicht zur anglo-amerikanischen SF-Prominenz zählt, ist er möglicherweise der finanziell erfolgreichste Autor, den das Genre in den letzten zehn Jahren neben John Jakes, Arthur C. Clarke und Robert Silverberg hervorgebracht hat. Er wurde in einem kleinen Dorf in Pennsylvania geboren, besuchte das College und ließ sich als Lehrer in einem Minenstädtchen nieder, wo er zunehmend Ärger mit den konservativen Eltern seiner Schüler bekam. »Sie deckten mich mit Beschwerden ein und behaupteten, ich würde im Literatur-

unterricht obszöne Bücher verwenden, was den Rektor natürlich auch gegen mich aufbrachte.« (Die Bücher, um die es dabei ging, waren Robert A. Heinleins STRANGER IN A STRANGE LAND (und der Antikriegsroman CATCH-22 von Joseph Heller.) Die zunehmende Frustration im finanziellen Bereich der Schule (»Um sechs Dollar für einige Taschenbücher rauszuschlagen, die ich für den Unterricht benötigte, zwang mich die Schulbehörde, einen Wust von Papier auszufüllen, als befürchte sie, ich könnte mit dem Geld durchbrennen«) dämpfte schließlich seinen pädagogischen Idealismus, und er sah sich nach einem anderen Beruf um. Bereits 1968 hatte Koontz eine Abenteuerschwarte mit dem Titel STAR QUEST herausgebracht. Anfang 1969 wurde er freier Schriftsteller. Er veröffentlichte zunächst ein Dutzend SF-Romane wie THE FALL OF THE DREAM MACHINE (1969), ANTI-MAN (1970) und SOFT COME THE DRAGONS (1970), wechselte aber bald in ein anderes Genre und konnte bereits 1973 auf annähernd fünfzig veröffentlichte Bücher hinweisen. Anfang der siebziger Jahre hatte er zudem das Interesse der Filmindustrie erweckt, die für fünfstellige Summen die Rechte an seinen Romanen DEMON SEED (1973) und SHATTERED (1976) kauften. Von nun an stand Koontz mit allem, was er schrieb, hoch im Kurs. Bislang sind etwa 80 Bücher aus seiner Feder erschienen, teilweise unter Verlagspseudonymen wie David Axton, Brian Coffey und K. M. Dwyer.

Bibliographie:
Der Lebensautomat (THE FLESH IN THE FURNACE), Berg. Gladbach 1973, B 21032.
Das Höllentor (HELL'S GATE), Berg. Gladbach 1974, B 21060.
Des Teufels Saat (DEMON SEED), Berg. Gladbach 1977, B 21095.

Kornbluth, C(yril) M.
(1923–1958)
Der in New York geborene Cyril M. Kornbluth war und ist einer der amerikanischen SF-Autoren, die nie die Würdigung und Aufmerksamkeit erfuhren, die sie verdienen. Als aktiver SF-Fan begann er im Alter von 15 Jahren professionell zu schreiben, und Anfang der vierziger Jahre tauchten eine Menge Stories von ihm in verschiedenen Magazinen und unter einem Wust von Pseudonymen, von denen S. D. Gottesman und Cecil Corwin die häufigsten waren, auf. Er graduierte an der Universität von Chicago und diente im Zweiten Weltkrieg als Infanterist in Europa. Nach dem Krieg arbeitete er in Chicago bei Trans-Radio-Press, bevor er sich 1951 entschloß, berufsmäßiger Schriftsteller zu werden. Am bekanntesten wurden seine Romane, die in Zusammenarbeit mit Frederik Pohl entstanden, wie THE SPACE MERCHANTS (1953), WOLFBANE (1959) oder SEARCH THE SKY (1954). Besonders THE SPACE MERCHANTS ging als eine der bissigsten Satiren der SF, als Klassiker in die Ruhmeshalle des Genres ein. Gerade bei diesem Roman wurden entscheidende Teile von Kornbluth geschrieben, dessen

Stärke die Satire und bis zu einem gewissen Grad auch die Sozialkritik war. Auch in Zusammenarbeit mit Judith Merril entstanden zwei Romane, OUTPOST MARS (1952) und GUNNER CADE (1952), die beide unter dem Pseudonym Cyril Judd veröffentlicht wurden. Aber auch die Romane, die er allein verfaßte, wie TAKEOFF (1952), THE SYNDIC (1953) und NOT THIS AUGUST (1955), sind höchst beachtenswert. TAKEOFF, ein SF-Krimi um den ersten bemannten Flug zum Mond, soll Kornbluth angeblich in drei Tagen geschrieben haben; der Roman verfehlte 1953 den International Fantasy Award nur knapp und ließ mit seinem 2. Platz hervorragende SF-Romane hinter sich. THE SYNDIC ist eine futuristische Mafiageschichte, in der Gangster die Regierung über die Welt angetreten haben. In NOT THIS AUGUST haben die Sowjetunion und China die USA besetzt. Noch wichtiger für die SF der fünfziger Jahre aber waren Kornbluths Kurzgeschichten, von denen die meisten in den beiden stark aufkommenden Magazinen *Galaxy* und *Magazine of Fantasy and Science Fiction* erschienen. In den besten davon, THE MARCHING MORONS (GAL 4/51), THE LITTLE BLACK BAG (ASF, 7/50), THE ALTAR AT MIDNIGHT (GAL, 11/52) und MS. FOUND IN A CHINESE FORTUNE COOKIE (FSF, 7/57) zeigt sich eine deutliche Abkehr von der optimistischen, himmelsstürmenden SF des »Golden Age«. Kornbluths Erzählungen brachten zum ersten Mal eine deutliche Hinwendung zu den »weichen« Wissenschaften, den »social« und »psychological« sciences. Der Mensch rückte stärker in den Mittelpunkt der Geschichten und verdrängte bislang die dominierende naturwissenschaftlich-technische Idee. Neben bahnbrechenden Erfindungen und Planetenkolonisationen spielten nun plötzlich soziale, menschliche Probleme eine Rolle, deren Einführung in die SF vor allem Kornbluth zu verdanken ist. Sein früher Tod – er starb 1958 im Alter von erst 35 Jahren – setzten seiner hoffnungsvollen Schriftstellerkarriere ein jähes Ende. Dennoch hat sein Werk die SF des folgenden Jahrzehnts ganz entscheidend mitgeprägt und zu ihrem Wandel vom Weltraumabenteuer zu einer relevanten Literaturgattung beigetragen.

Bibliographie:
Herold im All (C) (THE BEST SF FROM CYRIL M. KORNBLUTH), München 1969, GWTB 0108.
Schwarze Dynastie (THE SYNDIC), München 1974, TTB 245.
Die Worte des Guru (C) (A MILE BEYOND THE MOON), München 1975, GWTB 0194.

zusammen mit Frederik Pohl:
Eine Handvoll Venus und ehrbare Kaufleute (THE SPACE MERCHANTS), Hamburg und Düsseldorf 1971, MvS.
Welt auf neuen Bahnen (WOLFBANE), München 1972, GWTB 0136.
Die letzte Antwort (SEARCH THE SKY), München 1972, H 3321.

Die gläsernen Affen (GLADIATOR AT LAW), München 1976, GWTB 0224.
Katalysatoren (C) (THE WONDER EFFECT), München 1977, GWTB 0251.

zusammen mit Judith Merril unter dem Pseudonym Cyril Judd:
Die Rebellion des Schützen Cade (GUNNER CADE), Frankfurt, Berlin, Wien 1972, U 2839.
Kinder des Mars (OUTPOST MARS), Gal. 3–6.

Heftpublikation:
Start zum Mond (TAKEOFF), UG 76 (1958).

Krausnick, Michail
(1943–)
Michail Krausnick, ein deutscher Schriftsteller, der auch unter dem Pseudonym Rainer Wolf veröffentlicht, wurde in Berlin geboren und lebt heute als freischaffender Autor in Neckargemünd. Krausnick schrieb bislang einige Hörspiele (darunter Science Fiction: **Psychopflicht**) sowie Fernsehspiele und ist Mitverfasser des **Räuberalmanachs** und anderer Bücher. 1975 erschien sein SF-Jugendbuch **Die Paracana-Affäre,** ein eindrucksvolles und engagiertes Buch. Es geht darin um einen Journalisten, der in einer nahen Zukunft an einer Fernsehzeitung arbeitet. Er kommt einem Verbrechen auf die Spur: Ein großer Chemiekonzern ist – Gesetzen, die derartiges verbieten, zum Trotz – am »Entlauben« in dem Phantasieland Paracana beteiligt, d.h. an der Ermordung der dort kämpfenden Revolutionäre. Man versucht, ihn zu bestechen und einzuschüchtern; schließlich macht man ihn mit Hilfe einer Droge zu einem »glücklichen« Menschen, der nichts mehr über Paracana wissen will. Aber sein vorher skeptischer Kollege setzt sein Werk fort.

Bibliographie:
Die Paracana-Affäre, Würzburg 1975, Arena Verlag.

Kröger, Alexander
(1934–)
Alexander Kröger (der Name ist ein Pseudonym) lebt in Hoyerswerda/DDR und arbeitet heute – nach Studium an der Bergakademie Freiberg und Promotion zum Dr.-Ing. (1962) – im Wissenschaftsbereich des Gaskombinats »Schwarze Pumpe«. Er veröffentlichte 1969 seinen ersten SF-Roman: **Sieben fielen vom Himmel,** der in der DDR einen Preis gewann. Es folgten: **Antarktis 2020** (1974), **Expedition Mikro** (1976)

und **Die Kristallwelt der Robina Crux** (1977). Im letztgenannten Roman geht es um einen weiblichen Robinson Crusoe: Als Teilnehmerin einer interstellaren Expedition überlebt die Heldin als einzige einen Raumunfall und schlägt sich auf einem Asteroiden durch.

Bibliographie:
Sieben fielen vom Himmel, Berlin 1969, Verlag Neues Leben, Reihe *Spannend erzählt* 86.
Antarktis 2020, Berlin 1974, Verlag Neues Leben, Reihe *Spannend erzählt* 119.
Expedition Mikro, Berlin 1976, Verlag Neues Leben, Reihe *Spannend erzählt* 128.
Die Kristallwelt der Robina Crux, Berlin 1977, Verlag Neues Leben, Reihe *Spannend erzählt* 137.

Krupkat, Günther
(1905–)
Günther Krupkat, einer der bekanntesten DDR-Autoren auf dem Gebiet der SF, wurde in Berlin geboren, begann ein Studium, um Ingenieur zu werden, war nach dem Zweiten Weltkrieg Chefredakteur und arbeitet seit 1955 freiberuflich. Bereits als Neunzehnjähriger, angeregt durch Tolstois AELITA, versuchte er sich an einem SF-Roman, der aber keinen Verleger fand, weil er als zu links empfundene Gesellschaftskritik enthielt. Immerhin konnte er noch vor dem Krieg einige Kurzgeschichten publizieren. Er beteiligte sich am Widerstand gegen die Nazis und mußte in die Tschechoslowakei flüchten. Krupkat reiste viel in der Welt herum (Europa, Mittelamerika, Nordafrika, Vorderasien) und ist Vorsitzender des Arbeitskreises Utopische Literatur im Schriftstellerverband der DDR.

Bibliographie:
Die Unsichtbaren, Berlin 1958, Vlg. Das Neue Berlin.
Die große Grenze, Berlin 1960, Vlg. Das Neue Berlin.
Als die Götter starben, Berlin 1963, Vlg. Das Neue Berlin.
Nabou, Berlin 1968, Vlg. Das Neue Berlin.

Heftveröffentlichungen:
Gefangene des ewigen Kreises, Berlin 1956, Vlg. Neues Leben, *Das neue Abenteuer* 86.
Kobalt 60, Berlin 1957, Vlg. Neues Leben, *Das neue Abenteuer* 114.

Kurtz, Katherine
(1944–)
Wie ihre Kolleginnen Jo Clayton, Tanith Lee und C.J. Cherryh gehört auch die Fantasy-Autorin Katherine Kurtz (geboren in Coral

Gables/Florida) zu den Senkrechtstarterinnen der phantastischen Literatur der siebziger Jahre. Sie hat u. a. in den Bereichen Ozeanographie und Krebsforschung, beim amerikanischen Fernsehen und der Polizei von Los Angeles gearbeitet. Mit ihrem Zyklus um das Volk der Deryni (einem mittelalterlichen Magiergeschlecht), das sich gegen die Kirche behaupten muß, gelang ihr ein kommerzieller Volltreffer, wie ihn sonst nur die junge Andre Norton verbuchen konnte.

Bibliographie:
Das Geschlecht der Magier (DERYNI RISING), München 1978, H 3576.
Die Zauberfürsten (DERYNI CHECKMATE), München 1978, H 3598.
Ein Deryni-König (HIGH DERYNI), München 1978, H 3620.
Camber von Culdi (CAMBER OF CULDI), München 1979, H 3666.
Sankt Camber (ST. CAMBER), München 1980, H 3720.

Kuttner, Henry
(1914–1958)
Henry Kuttner wurde in Los Angeles geboren und besuchte dort die High School, bis die Weltwirtschaftskrise seiner Ausbildung ein Ende setzte und er in einer Literarischen Agentur zu arbeiten begann. Erst viele Jahre später nahm er sein Studium auf und machte an der Universität von Südkalifornien seinen Bachelor of Arts im Jahre 1954. Schon als Kind begeisterte er sich für Horrorstories und die gerade aufblühende SF. Durch die Lektüre von *Weird Tales* beeinflußt, begann er schließlich selbst Stories zu verfassen. Seine erste Geschichte, THE GRAVEYARD RATS (WT, 3/36), zeigt deutlich den Einfluß von H. P. Lovecraft. Lovecraft war es auch, der Kuttner nahelegte, mit der Autorin Catherine L. Moore zusammenzuarbeiten. Die ersten gemeinsamen Arbeiten der beiden wurden 1937 publiziert. In der Folgezeit schrieb Kuttner unter einer Vielzahl von Pseudonymen alles und jedes und ließ dabei kaum eine Facette des Genres aus: Sword & Sorcery, Horror, lustige Satiren und Hard-SF waren nur einige seiner Themenbereiche. So entstanden auch mehrere Serien: *Elak of Atlantis* in WT, *Hollywood on the Moon* und zusammen mit A. K. Barnes unter dem Pseudonym Kelvin Kent die *Pete Manx*-Serie in TWS, wo auch in den späten vierziger Jahren die *Hogben*-Stories erschienen. Dabei verstand es Kuttner geschickt, seine Vorbilder wie H. P. Lovecraft oder A. E. van Vogt zu kopieren und die Leserschaft mit Pseudonymen derart durcheinander zu bringen, daß man auch Jack Vance, als dieser seine ersten Stories veröf-

fentlichte, für Kuttner hielt, obwohl die beiden sich stilistisch erheblich unterschieden. Eine einschneidende Veränderung in Kuttners Laufbahn vollzog sich nach seiner Hochzeit mit C.L.Moore. Denn danach schrieben die beiden fast alles gemeinsam, ob es nun unter Pseudonymen wie Keith Hammond, Lewis Padgett und Lawrence O'Donnell oder den eigentlichen Namen der beiden publiziert wurde. Ihre besten Arbeiten entsprangen dieser fruchtbaren Zusammenarbeit – in den vierziger Jahren vornehmlich in *Astounding* erschienen. Dazu gehörten die Erzählungen THE TWONKY (ASF, 9/42), die zehn Jahre später verfilmt wurde, und vor allem MIMSY WERE THE BOROGOVES (ASF, 2/43), ihre wohl bekannteste Story überhaupt, die in der SF-Hall of Fame den 7. Platz einnahm, (sie erschien als **Erbärmlich war'n die Bürgerbeine** in: **Überwindung von Raum und Zeit**, hrsg. von Gotthard Günther, Karl Rauch Vlg. Düsseldorf, Bad Salzig 1952; in Neuübersetzung unter dem Titel **Gar elump war der Pluckerwank** in: **Titan 9** hrsg. von Robert Silverberg und Wolfgang Jeschke, München 1978, (H 3614). Sowohl diese als auch die *Baldy*-Stories (ASF, 1945–1953), die als Roman unter dem Titel MUTANT (1933) erschienen, und die Erzählungen um den versoffenen Erfinder *Galloway Gallegher,* wurden alle unter dem gemeinsamen Pseudonym Lewis Padgett veröffentlicht. Unter Lawrence O'Donnell publiziert wurden die Klassiker CLASH BY NIGHT (ASF, 3/43) und dessen Fortsetzung FURY (ASF, sr3, 5/47), in denen die Menschen eine vom Atomkrieg zerstörte Erde verlassen haben und in Kuppelstädten auf dem Grunde der Venusozeane ums Überleben kämpfen. Viele der besseren Erzählungen und Romane wurden später in Buchform nachgedruckt. Insgesamt erschienen noch etwa 20 weitere Titel über die 170 Stories und Romane hinaus, die in den SF-Magazinen abgedruckt wurden. Dazu kommen noch 35 Horrorgeschichten in *Weird Tales* und eine ganze Reihe von Kriminalromanen, von denen einige Mitte der fünfziger Jahre kurz vor Kuttners Tod veröffentlicht wurden.

Bibliographie:
Die Mutanten (MUTANT), München 1966, H 3065 (als Lewis Padgett).
Lord der dunklen Welt (THE DARK WORLD), München 1975, TF 6.
SF-Stories 56 (ROBOTS HAVE NO TAILS), Frankfurt, Berlin, Wien 1976, U 3202.
SF-Stories 57 (C/OA), Frankfurt, Berlin, Wien 1976, U 3212.

Heftpublikationen:
Der stolze Robot (THE PROUD ROBOT), UGB 96, 1959.
Gefährliches Schachspiel (THE FAIRY CHESSMEN), UGB 108, 1960 als Lewis Padgett.
Alle Zeit der Welt (FURY), TS 53/54, 1962.
Der Brunnen der Unsterblichkeit (EARTH'S LAST CITADEL), T 450, 1966, (zus. mit C.L. Moore).
Das goldene Schiff (THE CREATURE FROM BEYOND INFINITY) TN 119, 1970.

Laffert, Karl-August von
(1872–?)
Der deutsche Autor Karl-August von Laffert wurde in Dannenbüttel bei Gifhorn geboren. Als Oberstleutnant a. D. und Rittergutbesitzer lebte er später auf seinem Gut in Garlitz/Mecklenburg. Von Laffert schrieb sechs technisch orientierte Zukunftsromane, die sämtlich in den zwanziger Jahren erschienen sind.

Bibliographie:
Der Untergang der Luna, Berlin 1921, G. Stilke Vlg.
Gold, Berlin 1924, H. Paetel Vlg.
Feuer am Nordpol, Leipzig 1924, Keil's Nachfolger Vlg.
Fanale am Himmel, Leipzig 1925, Keil's Nachfolger Vlg.
Flammen aus dem Weltenraum, Berlin 1927, Kyffhäuser Vlg.
Giftküche, Berlin 1929, Scherl Vlg.

Lafferty, R(aphael) A(loysius)
(1914–   )
R. A. Lafferty ist einer der wenigen Autoren in der SF, die es über sich bringen, humoristische Geschichten zu schreiben. Er wurde in der kleinen Stadt Neola im Staate Iowa geboren. 1920 zog seine Familie nach Tulsa/Oklahoma um, wo der Autor auch heute noch lebt. Von Beruf Elektroingenieur mit wenig Freizeit, begann Lafferty erst im Alter von 45 Jahren zu schreiben. Seine erste SF-Story war THE DAY OF THE GLACIER, die 1960 in *Original Science Fiction Stories* erschien. Seither hat er über 150 Kurzgeschichten publiziert, von denen einige – und nicht unbedingt die besten, wie er selbst sagt – in den Sammlungen NINE HUNDRED GRANDMOTHERS (1970), STRANGE DOINGS (1972) und DOES ANYONE ELSE HAVE SOMETHING FURTHER TO ADD (1974) gesammelt wurden und deren Titel schon ein wenig über die Art seiner Erzählungen aussagen. Dazu kommen alles in allem 12 Romane; drei davon historischer Natur und neun SF-Romane, von denen die ersten, PAST MASTER und REEFS OF EARTH, 1968 veröffentlicht wurden. 1972 gewann seine Geschichte EUREMA'S DAM in Toronto den Hugo Gernsback-Award. Über sich selbst sagt Lafferty: »...ich bin römisch-katholisch und konserva-

tiv, politisch unabhängig, und meine Interessen liegen auf dem Gebiet der Geschichte, der Sprachen, der Mathematik, der Psychologie, alles Sachen, von denen ich nicht viel verstehe. Die erste biografische Information, die ich vor einigen Jahren gab, lautete: Ich bin fünfzig Jahre alt, Junggeselle, Elektroingenieur, ein fetter Mann. Die erste Aussage wurde mittlerweile von der Zeit korrigiert, der Rest stimmt aber immer noch.« Alfred Bester sagte in Bewunderung über ihn: »Er hat Stories geschrieben, um die ich ihn beneide. Ich wollte, ich hätte können solche Geschichten schreiben.«

Bibliographie:
Neunhundert Großmütter (NINE-HUNDRED GRANDMOTHERS), Frankfurt 1974, FO 38/39 (2 Bände).

Lange, Hellmuth
(1903–   )
Der deutsche Autor Hellmuth Lange wurde in Thorn geboren, schrieb zahlreiche Romane, Dramen und Drehbücher außerhalb der Science Fiction und gab viele Jahre lang die *Vierteljahreszeitschrift für Theatererziehung* heraus. Sein einziger utopischer Roman, **Blumen wachsen im Himmel,** wurde 1948 veröffentlicht und entstand unter dem Eindruck der Atombombenabwürfe auf Hiroshima und Nagasaki und sind von tiefem Zweifel an Technologie und Fortschrittsgläubigkeit durchdrungen. Es geht um eine sterbende Erde ohne Sonne, in der die letzten Menschen gegen das Eis kämpfen. Die Hoffnung auf Rettung durch Kernenergie erweist sich als zweischneidiges Schwert, das den Untergang nur noch beschleunigt.

Bibliographie:
Blumen wachsen im Himmel, Berlin–Hannover, 1948, Minerva-Vlg.

Langelaan, George
(1910–   )
George Langelaan, ein britischer Schriftsteller und Journalist französischer Abstammung, war lange Zeit in den USA tätig, bevor er nach Frankreich ging. Er schrieb eine Reihe von Erzählungen, die an der Grenze zwischen Science Fiction und Horror anzusiedeln sind und 1964 zusammengefaßt in der Sammlung OUT OF TIME erschienen, darunter auch die Story THE FLY aus dem Jahre 1957, die ein mißglücktes Materie-Transmitter-Experiment schildert, bei dem der Versuchsperson im entscheidenden Augenblick eine Fliege in die Versuchsanordnung gerät, wodurch als Ergebnis der Materie-Transmission ein Mensch mit dem Kopf einer Fliege und eine Fliege mit dem Kopf (und den Geisteskräften) eines Menschen entsteht. Der Stoff wurde 1958 als THE FLY **(Die Fliege)** verfilmt. Seit seinem Umzug nach Frankreich publizierte Langelaan SF-Erzählungen in französischer Sprache, die in den Sammelbänden NOUVELLES DE L'ANTI-MONDE (1962) und LE VOL DE L'ANTI-G (1967) vorliegen.

Bibliographie:
DIE FLIEGE (C/OA), Bern–Stuttgart–Wien 1963, Scherz Vlg.

Langrenus, Manfred
(1903–   )
Unter dem Pseudonym Manfred Langrenus veröffentlichte der österreichische Universitätsprofessor Dr. Friedrich Hecht, geboren und auch heute noch wohnhaft in Wien, die beiden SF-Jugendbücher **Reich im Mond** (1951) und **Im Banne des Alpha Centauri** (1955). Als Alternative zu den Leihbuch- und Heftpublikationen der fünfziger Jahre wurden diese beiden Romane eines deutschsprachigen Autors von SF-Lesern damals stark beachtet.

Bibliographie:
Reich im Mond, Leoben/Stmk. 1951, F. Loewe Verlag.
Im Banne des Alpha Centauri, Leoben/Stmk. 1955, F. Loewe Verlag.

Lanier, Sterling E.
(1927–   )
Sterling E. Lanier, ein amerikanischer SF-Autor, studierte an der Harvard University Englische Sprache und Literatur. Nach seinem Examen, 1951, kämpfte er im Koreakrieg. In die USA zurückgekehrt, studierte er Anthropologie und Archäologie an der University of Pennsylvania. Er übte verschiedene Berufe aus, u. a. arbeitete er als Juwelier und Bildhauer, schuf Kleinkunst aus Bronze und war als Redakteur bei Chilton Books tätig, wo er sich für die Veröffentlichung von Frank Herberts DUNE einsetzte (1965). Seine erste eigene Erzählung publizierte er 1962 in *Analog* unter dem Titel JOIN OUR GANG. Seine meisten Geschichten, die in den folgenden Jahren im *Magazine of Fantasy and Science Fiction* erschienen, sind der Fantasy zuzurechnen und ranken sich um mythische Wesen, die in unsere Wirklichkeit einbrechen. Sie erschienen 1972 zusammengefaßt in dem Sammelband THE PECULIAR EXPLOITS OF BRIGADIER FFELLOWES; die Erzählung AND THE VOICE OF THE TURTLE (1972), THINKING OF THE UNTHINKABLE (1973), A FATHER'S TALE (1974) und GHOST OF A CROWN (1976), die ebenfalls in den Fantasy-Zyklus der »Brigadier Ffellowes« gehören, folgten im FSF. 1969 erschien sein erster Roman: THE WAR FOR THE LOT, eine Fantasy für Jugendliche, für die Lanier die *Follett Gold Medal* verliehen wurde. 1973 erschien HIERO'S JOURNEY, ein Roman, der beträchtliches Aufsehen erregte, ein SF-Stoff mit starken Fantasy-Elementen: In einem Amerika 7476 Jahre nach einem vernichtenden Atomkrieg macht sich Hiero, ein Mönch in einem Kloster der nördlichen Wälder, auf den Weg, um die Küste des legendären Atlantiks zu suchen, wo es der Überlieferung nach einst große Städte gegeben haben soll und sogenannte Computer, in denen das Wissen der Menschheit gespeichert ist. Hiero, der selbst über paranormale Fähigkeiten verfügt, durchquert, auf seinem intelligenten mutierten Riesenelch reitend, die Landschaft der amerikanischen Binnenseen und hat sich gegen alptraumhafte mutierte Lebewesen zur Wehr zu setzen, vor allem gegen die starken Telepathen der »Schwarzen Bruderschaft«, die das

Land beherrschen, und intelligent gewordene Tiere. Vielen Kennern des Genres galt HIERO'S JOURNEY als einer der farbigsten und phantasievollsten Romane der ersten Hälfte der siebziger Jahre. Die Fortsetzung, bereits 1975 angekündigt, läßt heute noch auf sich warten, ebenso die Verfilmung, von der immer wieder die Rede war.

Bibliographie:
Hieros Reise (HIERO'S JOURNEY), München 1975, H 3425.

Larionowa, Olga
(1935–   )
Olga Larionowa (Larionova), eine russische Autorin, wurde in Leningrad geboren, studierte in ihrer Heimatstadt Physik und war anschließend als Ingenieurin in einem wissenschaftlichen Forschungsinstitut tätig. 1964 erschien ihre erste SF-Erzählung, und im gleichen Jahr gab sie ihren Beruf auf, um als Schriftstellerin zu arbeiten. Neben zahlreichen SF-Erzählungen – 1971 kam der Sammelband OSTROW MUSHESTWA (»Insel des Mutes«) heraus – schrieb sie den SF-Roman LEOPARD S WERSCHNY KILIMANDSHARO (**Der Leopard vom Kilimandscharo**), der 1965 in der UdSSR herauskam und stark beachtet wurde. Der Roman gilt als herausragendes Werk der osteuropäischen Science Fiction.

Bibliographie:
Der Leopard vom Kilimandscharo, Berlin 1974, Vlg. Neues Leben.

Laßwitz, Kurd
(1848–1910)
Kurd Laßwitz ist heute in Deutschland ziemlich unbekannt. Zu seinen Lebzeiten war er einer der meistgelesenen SF-Autoren. Sein Meisterwerk **Auf zwei Planeten,** 1897 erschienen, gehört zum Eindrucksvollsten, was diese Literaturgattung in Deutschland je hervorgebracht hat. Das über tausend Seiten starke Buch wurde kurz nach der Veröffentlichung gleich in mehrere Sprachen übersetzt und war möglicherweise die bekannteste europäische Weltraumutopie dieser Zeit. Das Buch erreichte bis 1930 bereits eine Auflage von 70 000 Exemplaren, bevor es von den Faschisten als »demokratisch« verboten wurde. Der amerikanische SF-Kritiker Anthony Boucher mutmaßte sogar, daß **Auf zwei Planeten** die Wissenschaft und namentlich die deutschen Pioniere der Raketen- und Raumfahrttechnik stärker beeinflußt hat als jedes andere SF-Werk.

Kurd Laßwitz, in Breslau geboren, wo sein Vater Eisengroßhändler und zeitweise Abgeordneter des Preußischen Abgeordnetenhauses war, hat nach dem Abitur zwischen 1866 und 1869 in seiner Heimatstadt und anschließend noch ein Jahr in Berlin Mathematik und Physik studiert. Schon in seiner Jugend waren seine Interessen auf naturwissenschaftlichem Gebiet gelegen, hier vor allem in der Astronomie.

1893 promovierte er mit einer Arbeit ›Über Tropfen, die an festen Körpern hängen und der Schwerkraft unterworfen sind‹ zum Doktor der Philosophie. Die lebenslang erhoffte Hochschulprofessur erhielt er jedoch nie. So blieb er bis knapp vor seinem Tode Gymnasiallehrer für Mathematik und Physik an Schulen in Breslau und Gotha. Dort unterrichtete er auch Hans Dominik.

1871 wurde Laßwitz' erste Geschichte, **Bis zum Nullpunkt des Seins,** in der *Schlesischen Zeitung* veröffentlicht, die später in Buchform in den **Bildern aus der Zukunft** nochmals erschien.

Laßwitz hat in seinen Werken viele Themen der SF vorweggenommen und selbst große SF-Autoren inspiriert. Jorge Luis Borges zum Beispiel wurde durch Laßwitz' Erzählung **Die Universalbibliothek** (1902) zu seiner berühmten **Bibliothek von Babel** angeregt. Inwieweit Laßwitz' **Bilder aus der Zukunft** (1878) die frühe und bedeutende SF-Geschichte von Hugo Gernsback RALPH 124 c41+ beeinflußt hat, ist nicht festzustellen, jedoch wahrscheinlich. Ebenso wäre interessant zu wissen, ob H. G. Wells Laßwitz' Werke kannte, da sich auch hier etliche Gemeinsamkeiten finden.

Laßwitz, überzeugter Kantianer, wollte in seinem Hauptwerk **Auf zwei Planeten** nicht nur ein technisches Zukunftsbild entwerfen, sondern auch Ethik und Philosophie in den Roman miteinbeziehen. Das unterscheidet ihn wohltuend von den meisten anderen SF-Autoren seiner Zeit und Umgebung. Wissenschaft und Technik waren für ihn nur Mittel zu einer ethischen Verbesserung der Menschheit. Dabei orientierte er sich allerdings nicht an der Gesellschaft, sondern am Individuum, am Einzelnen.

In einer Zeit, in der man an intelligente Marsbewohner glaubte, lag der Gedanke an eine Invasion derselben nicht so fern. Im Gegensatz zu Wells' **Krieg der Welten** (1898), wo die Marsianer als häßliche, menschenmordende Ungeheuer dargestellt werden, sind sie bei Laßwitz Ebenbild des Menschen, ihm dabei moralisch wie technisch überlegen. Sie stellen eigentlich das Laßwitzsche Ideal des Menschen dar.

Auf zwei Planeten schildert eine Nordpolexpedition, die herausfindet, daß sich Marsianer am Pol niedergelassen haben – genauer gesagt, in einer Weltraumstation über dem Pol. Zwei der Forscher werden zum Mars gebracht, erleben dort staunend die Wunder des fremden Planeten und müssen in der Folge zusehen, wie es zu Konflikten zwischen Marsianern und Terranern kommt, als deren Konsequenz ein marsianisches Protektorat über Europa entsteht. Die Menschen revoltieren gegen die Fremdherr-

schaft, und schließlich kommt es zum Friedensschluß, obwohl die Marsianer die Möglichkeit gehabt hätten, die Menschen niederzuzwingen.
Laßwitz gelangen dabei einige auch heute noch beeindruckende technische Voraussagen. So hat seine Weltraumstation nicht nur bereits die Form eines Speichenrads, sondern dürfte überhaupt die allererste literarische Konzeption eines künstlichen Erdsatelliten sein. Laßwitz ließ sich eine Fülle von technischen Extrapolationen einfallen, von rollenden Straßen, Wolkenkratzern, synthetischen Stoffen, Photozellen, Lichttelegraphen und »Fühlkunst« bis hin zu Solarzellen und Kabinenbahnen. Vor allem jedoch vertrat er eine Auffassung, die in ähnlicher Form später der sowjetische Autor Iwan Jefremow besonders betonte: Wer so hoch auf der Stufenleiter der zivilisatorischen Entwicklung steht, hat sich auch moralisch weiterentwickelt. Für Laßwitz, den Kantianer, hieß dies Verwirklichung des sittlichen Willens, Trennung von Pflicht und Neigung. Selbst wenn man seinen Ideen heute nicht mehr in allen Punkten zustimmen kann, so ist doch vor allem seine pazifistische Einstellung in einer Zeit des Imperialismus besonders hoch einzuschätzen.
Laßwitz hat mehrere andere utopische Romane geschrieben, die jedoch weniger bekannt wurden, etwa **Aspira** (1906) und **Sternentau** (1909), ferner Bände mit Erzählungen, darunter die amüsante Geschichte **Auf der Seifenblase,** ein Miniaturisierungsthema, die in der Anthologie **Science Fiction aus Deutschland** (herausgegeben von H.J.Alpers & Ronald M.Hahn) nachgedruckt wurde. Daneben schrieb er auch mehrere Sachbücher, von denen **Die Geschichte der Atomistik vom Mittelalter bis Newton** (1890) ein bekanntes wissenschaftliches Standardwerk wurde, das kürzlich sogar eine Neuauflage erlebte.

Bibliographie:
Bilder aus der Zukunft (Roman in zwei Teilen: **Bis zum Nullpunkt des Seins** und **Gegen das Weltgesetz**) Breslau 1979, Schlesische Verlags-Anstalt.
Auf zwei Planeten, Leipzig 1897, Elischer Nachfolger, (in zwei Bänden), einbändige Ausgabe Wien 1899, Gerlach & Wiedling.
Seifenblasen (C), Leipzig 1901, Elischer Nachf.
Homchen, Leipzig 1902, Elischer Nachf.
Traumkristalle (C), Leipzig 1902, Elischer Nachf.
Aspira, Leipzig 1905, Elischer Nachf.
Sternentau, Leipzig 1906, Elischer Nachf.
Empfundenes und Erkanntes (Der Nachlaß) (C), Leipzig 1919, Elischer Nachf.

Laumer, (John) Keith
(1925–)
Amerikanischer Militäroffizier, Diplomat und SF-Autor. Keith Laumer wurde in Syracuse/New York geboren und wuchs im Mittelwesten der USA auf. Er studierte am Coffeyville Junior College in Kansas und an der Philips University in Enid/Oklahoma. Als Achtzehnjähriger trat er 1943 in

die Armee ein und kämpfte bis Kriegsende in Europa. 1946 studierte er an der Universität von Illinois Architektur, verbrachte 1949 zwei Semester an der Stockholmer Universität und schloß 1952 mit dem Bachelor of Science ab. Von 1953–1956 diente er bei der US-Air Force als Lieutenant. Danach schloß er sich dem Auswärtigen Dienst an und war u. a. Diplomat in Südostasien. 1960 trat er wieder in die Air Force ein, diesmal als Captain. 1959 hatte Laumer zu schreiben begonnen. Seine erste Story war DIPLOMAT AT ARMS (FAN, 1/60), eine Geschichte der späteren *Retief-Serie,* die Laumer hauptsächlich bekannt gemacht hat. In den sechziger und siebziger Jahren wurden von Laumer eine große Zahl Kurzgeschichten und knapp 50 Bücher veröffentlicht. Neben der SF schrieb er auch für TV-Serien *(Avengers, Invaders),* verfaßte Krimis und Bücher über Flugzeugmodelle. Innerhalb der SF sind neben der *Retief-Serie* noch die um *Lafayette O'Leary* und sein Roman TIME TRAP (1970) erwähnenswert. Die Geschichten um den galaktischen Diplomaten James Retief haben deutlich autobiographischen Charakter. Sie sind durch Laumers Tätigkeit als Luftwaffenattaché in der US-Botschaft von Burma beeinflußt. In ihnen legt Laumer unfreiwillig die Praktiken einer imperialistischen Politik bloß, indem er seinen Helden in zynischer Manier die Regierungen unterentwickelter Planeten radikal und kaltschnäuzig übers Ohr hauen läßt. Der Großteil seiner restlichen Romane sind entweder abenteuerliche Zeitreisegeschichten, oder Space Operas mit militaristischem Anstrich, deren Niveau nicht allzu hoch ist, was aber seiner Beliebtheit beim Leserpublikum sicherlich keinen Abbruch tut.

Bibliographie:
Im Banne der Zeitmaschine (THE GREAT TIME MACHINE HOAX), München 1966, TTB 111.
Diplomat der Galaxis (C) (GALACTIC DIPLOMAT), München 1966, TTB 115.
Krieg auf dem Mond (A PLAGUE OF DEMONS), München 1967, TTB 128.
Das große Zeitabenteuer (THE TIME BENDER), München 1968, TTB 143.
Diplomat und Rebell von Terra (RETIEF'S WAR), München 1968, TTB 159.
Galaktische Odyssee (GALACTIC ODYSSEY), München 1968, H 3130.
Blut der Erde (EARTHBLOOD), zus. mit Rosel George Brown, München 1969, H 3146/47.

Invasoren der Erde (THE INVADERS), München 1969, TTB 167.
Feinde aus dem Jenseits (ENEMIES FROM BEYOND), München 1969, TTB 168.
Diplomat der Grenzwelten (RETIEF AND THE WARLORDS), München 1970, TTB 176.
Der Drachentöter (C) (RETIEF: AMBASSADOR OF SPACE), München 1970, TTB 183.
Invasion der Nichtmenschen (THE HOUSE IN NOVEMBER), München 1971, TTB 187.
Universum der Doppelgänger (THE WORLD SHUFFLER), München 1972, TTB 194.
Das vergessene Universum (A TRACE OF MEMORY), Berg. Gladbach 1972, B 8.
Zeitlabyrinth (TIME TRAP), Frankfurt 1972, FO 4.
Duell der Unsterblichen (THE LONG TWILIGHT), München 1972, TTB 197.
Der Mann vom CDT (C) (RETIEF OF THE CDT), München 1972, TTB 200.
Invasion der Monitoren (THE MONITORS), München 1973, TTB 206.
Invasion aus der Null-Zeit (THE OTHER SIDE OF TIME), Berg. Gladbach 1973, B 23.
Fremde Dimensionen (C) (TIMETRACKS), München 1973, TTB 214.
Zeit-Odyssee (DINOSAUR BEACH), München 1973, TTB 219.
Diplomat der Sterne (C) (ENVOY TO NEW WORLDS), München 1973, TTB 226.
Jenseits von Zeit und Raum (C) (ONCE THERE WAS A GIANT), München 1974, TTB 229.
Friedenskommissare der Galaxis (RETIEF'S RANSOM), München 1974, TTB 236.
Der Krieg gegen die Yukks (IT'S A MAD, MAD GALAXY), München 1976, TTB 273.
Die Katastrophen-Welt (CATASTROPHE PLANET), München 1977, TTB 284.

Lee, Tanith
(1947–   )
Tanith Lee ist eine junge englische SF/Fantasy-Autorin, die sich innerhalb des Genres rasch einen Namen gemacht hat. Sie debütierte 1971 mit dem Roman THE DRAGON HORDE. Ihr Durchbruch kam aber erst, als Donald A. Wollheim ihre Romane ankaufte und sie innerhalb der DAW-Books-Reihe veröffentlichte. Der erste davon, THE BIRTHGRAVE (1975) war der erste Teil einer großangelegten Fantasy-Serie und erlebte rasch mehrere Auflagen. VAZKOR, SON OF VAZKOR und QUEST FOR THE WHITE WITCH folgten 1978, beides Sword & Sorcery-Epen wie THE BIRTHGRAVE. Daneben schrieb Tanith Lee aber auch Science Fiction. DON'T BITE THE SUN (1976) und DRINKING SAPHIRE WINE (1977) bekamen gute Kritiken, und der erstere der beiden Romane wurde sogar für den Nebula nominiert. Die Stärke der Autorin liegt aber deutlich im Fantasybereich. Sie ist eine Meisterin im Schaffen phantastischer Stimmungsbilder und einer romantischen Atmosphäre, was sich besonders in den Romanen THE STORM LORD (1976) und VOLKHAVAAR (1977) ausdrückt. Neben

C. J. Cherryh dürfte sie momentan die wichtigste Vertreterin der gehobenen epischen Fantasy sein, die an der Grenze zur SF hin angesiedelt ist. Tanith Lee hat bis 1979 innerhalb weniger Jahre 11 Romane, einige Kurzgeschichten, sowie mehrere Hörspiele für die BBC verfaßt. Sie ist hauptberufliche Schriftstellerin und lebt in London.

Bibliographie:
Trinkt den Saphirwein (DRINKING SAPPHIRE WINE), München 1978, GWTB 23 296.
Im Herzen des Vulkans (THE BIRTHGRAVE), München 1979, H 3616.
Vazkor (VAZKOR, SON OF VAZKOR), München 1979, H 3638.
Die weiße Hexe (QUEST FOR THE WHITE WITCH), München 1980, H 3687.
Weggefährten (COMPANIONS OF THE ROAD) in: **Heyne SF Jahresband 1980,** München 1980, H 3729.
Herr der Stürme (THE STORM LORD), München 1980, H 3759.

Le Guin, Ursula K(roeber)
(1929–   )
Die amerikanische SF-Autorin Ursula K. Le Guin hat sich innerhalb weniger Jahre mit einer vergleichsweise kleinen Zahl von Werken unumstritten zu einer der wichtigsten Persönlichkeiten der SF-Szene der Gegenwart entwickelt. Obwohl ihr gelegentlich vorgeworfen wird, daß sie »zu akademisch« (Philip K. Dick) schreibt, sind sich in ihrem Fall Kritiker und Fans über die Qualität ihrer Werke einig – was dazu führte, daß sie nicht nur von Kritikern vergebene Preise, sondern wiederholt auch Fan-Preise wie den *Hugo Gernsback Award* gewann. Aber auch mit allgemeinen literarischen Preisen wurde Ursula K. Le Guin geradezu überhäuft: Sie erhielt den *Boston Globe/Hornbook Award* (1968) für herausragende Leistungen auf dem Gebiet des Jugendbuchs (für A WIZARD OF EARTHSEA), den *National Book Award* (1972) für Jugendbücher (für THE FARTHEST SHORE), das *Newbury Honor Book* (1972) (für THE TOMBS OF ATUAN), jeweils einen *Hugo Gernsback Award* für den Kurzroman THE WORD FOR WORLD IS FOREST (1972) und die Erzählung THE ONES WHO WALK AWAY FROM OMELAS (1973), den *Nebula Award* für die Erzählung THE DAY BEFORE THE REVOLUTION (1975) – und nicht zuletzt *Hugo* und *Nebula* zugleich für die Romane THE LEFT HAND OF DARKNESS (1969) und THE DISPOSSESSED (1974). Für THE DISPOSSESSED gab es obendrein noch den *Jupiter* und einen zweiten Platz beim *John W. Campbell Award*. Schließlich wurde sie 1979 auf dem Worldcon in Brighton mit

dem *Gandalf Grand Master Award* ausgezeichnet.

Ursula K. Le Guin wurde in Berkeley/Kalifornien als Tochter der Schriftstellerin Theodora K. Kroeber und des Ethnologen und Kultur-Anthropologen Alfred L. Kroeber geboren, besuchte das Radcliffe College (Bachelor of Arts 1951) und studierte französische und italienische Geschichte der Renaissance an der Columbia University (Master of Arts 1952). Sie erhielt ein Stipendium für ein Aufbaustudium in Frankreich und lernte dort ihren Mann, den Historiker Charles A. Le Guin kennen, den sie 1953 heiratete. Die Le Guins haben zwei Töchter und einen Sohn und leben mit ihren Kindern und vielen Katzen in Portland/Oregon. Ursula K. Le Guin unterrichtete in den fünfziger Jahren an amerikanischen Universitäten – in den siebziger Jahren kehrte sie dorthin (wie andere Autoren) zu gelegentlichen Vorlesungen und Kursen über Science Fiction zurück –, bevor sie in den sechziger Jahren mit dem Schreiben von Science Fiction begann. 1966 kamen dicht hintereinander ihre ersten drei Romane heraus: ROCANNONS WORLD, PLANET OF EXILE und CITY OF ILLUSIONS. Es folgte der erste Band ihrer eigentlich für Kinder geschriebenen, aber bei Erwachsenen mindestens genauso beliebten EARTHSEA-Trilogie: A WIZARD OF EARTHSEA (1968). Der zweite und dritte EARTHSEA-Band kamen 1970 und 1972 auf den Markt (THE TOMBS OF ATUAN und THE FARTHEST SHORE). Ein weiteres SF-Jugendbuch erschien 1976: VERY FAR AWAY FROM ANYTHING ELSE.

Ihre Hauptwerke in der Science Fiction sind jedoch die großen Romane THE LEFT HAND OF DARKNESS (1969), THE LATHE OF HEAVEN (1971), THE DISPOSSESSED (1974) und THE WORD FOR WORLD IS FOREST (1976). Inzwischen liegen von ihr zwei Story-Sammlungen – THE WIND'S TWELVE QUARTERS (1975) und ORSINIAN TALES (1976) –, ein Gedichtband, eine von ihr herausgegebene Anthologie (im Rahmen der Nebula Award-Anthologien) und drei Broschüren mit Aufsätzen vor. Der 1979 erschienene Roman MALAFRENA ist wie ORSINIAN TALES keine ausgesprochene SF, sondern ein historischer Roman, der zu Beginn des 19. Jahrhunderts in einem – allerdings fiktiven – Staat der Habsburger Monarchie im slavisch-italienischen Raum spielt.

In THE LEFT HAND OF DARKNESS beschreibt Ursula Le Guin auf eindringliche Art einen eisbedeckten Planeten, dessen Bewohner zweigeschlechtlich sind, wobei sich Monat für Monat immer wieder neu entscheidet, ob sie sich in Richtung eines weiblichen oder männlichen Geschlechtspartners entwickeln. Mit einem dieser Wesen, Estraven, wird ein Besucher von einem hochentwickelten Planeten konfrontiert.

THE LATHE OF HEAVEN handelt von einem Mann, der entdeckt, daß er mit seinen Träumen die Realität verändern kann. Sein Psychiater versucht nun, die Träume so zu lenken, daß eine

Idealwelt geschaffen wird, erwirbt schließlich selbst die Fähigkeit des kreativen Träumens, wird darüber wahnsinnig und reißt damit die Welt fast in den Abgrund. (Der Roman wurde 1979 verfilmt und wird als Pilot einer Serie mit moderner Science Fiction, entstanden in deutsch-amerikanischer Zusammenarbeit, im ZDF gesendet werden.)

THE WORD FOR WORLD IS FOREST ist eine Antwort auf die Vernichtungskriege des weißen Amerikas gegen Indianer und Vietnamesen. Hier werden Extraterrestrier, deren Überleben vom perfekten Funktionieren ihres ökologischen Systems abhängt, zum Verteidigungskampf gegen Menschen gezwungen, die ihren Planeten ausplündern wollen.

THE DISPOSSESSED schließlich, ihr wohl reifstes Werk, knüpft an die sozialutopische Tradition der Science Fiction an und schildert den Gegensatz zwischen dem reichen kapitalistischen Planeten Urras und dem kargen, von Urras-Rebellen besiedelten Planeten Anarres, auf dem eine klassenlose, in gewisser Weise anarchistische Gesellschaft verwirklicht wurde. Einer der »Habenichtse«, ein genialer Physiker, kehrt Anarres den Rücken, wird mit den Verhältnissen auf Urras konfrontiert und kehrt schließlich ernüchtert zurück.

Das große Verdienst der Ursula Le Guin ist es, der Science Fiction durch ihre reiche, bildhafte Sprache im Verein mit eindringlicher Gestaltungskraft und gedanklicher Tiefe eine neue Dimension gegeben zu haben. Sie hat in der SF neue Maßstäbe gesetzt.

Bibliographie:
Die Geißel des Himmels (THE LATHE OF HEAVEN), München 1974, H 3373.
Winterplanet (THE LEFT HAND OF DARKNESS), München 1974, H 3400.
Das Wort für Welt ist Wald (THE WORD FOR WORLD IS FOREST), München 1975, H 3466.
Planet der Habenichtse (THE DISPOSSESSED), München 1976, H 3505.
Rocannons Welt (ROCANNON'S WORLD), München 1977, H 3568.
Das zehnte Jahr (PLANET OF EXILE), München 1978, H 3604.
Stadt der Illusionen (CITY OF ILLUSIONS), München 1979, H 3672.
Der Magier der Erdsee (A WIZARD OF EARTHSEA), München 1979, H 3675.
Die Gräber von Atuan (THE TOMBS OF ATUAN), München 1979, H 3676.
Das ferne Ufer (THE FARTHEST SHORE), München 1979, H 3677.
Die zwölf Striche der Windrose (THE WIND'S TWELVE QUARTERS), München 1980, H (in Vorb.).

Leiber, Fritz (Reuter)
(1910–   )
Fritz Leiber wurde 1910 in Chicago als Sohn des gleichnamigen Stummfilmstars und Shakespeare-Darstellers geboren. Sein Großvater verließ Deutschland nach der Revolution von 1848 und kämpfte als Captain im amerikanischen Bürgerkrieg auf der Seite der Unionstruppen. Fritz Leiber jr. –

wie der Autor sich noch zu Beginn seiner Karriere nannte – studierte an der Universität von Chicago, brachte es zum Dr. phil. und verkaufte nach Abschluß seines Studiums einige Erzählungen für Kinder an das fromme Kirchenblatt *The Churchman*. 1933 lernte er einen jungen Mann namens Harry Otto Fischer kennen, mit dem er eine rege Korrespondenz begann, in der beide einige Phantasiegestalten zum Leben erweckten, die zumindest einen von ihnen später ziemlich populär machen sollten: »Fafhrd« und »Grey Mouser«, zwei schwertschwingende Helden einer vorzeitlichen Ära, die sich durch ein fiktives Land schlugen und dabei gegen allerlei Gauner und Ganoven kämpften, dabei aber selbst auch nicht gerade einen vorbildlichen Lebenswandel führten. Während der Zeit der Depression schloß sich Leiber der herumziehenden Bühnentruppe seines Vaters an, träumte kurzweilig davon, in Hollywood Karriere zu machen und spielte in einigen Filmen mit, ohne jedoch im Vorspann genannt zu werden. Nach mehreren Versuchen blieb diese Laufbahn doch ziemlich frustrierend für ihn (eine Szene, in der er mit Errol Flynn auftrat, wanderte kurzerhand in den Abfalleimer), und er besann sich seiner schriftstellerischen Versuche für *The Churchman*. Er brachte probeweise eine Reihe von Stories zu Papier und begann 1939 für das Magazin *Weird Tales* regelmäßig »übernatürliche Geschichten« zu schreiben, von denen besonders GATHER, DARKNESS! (1943) hervorzuheben ist, ein Kurzroman, den Leiber als Reaktion auf eine kurze, aber erfolglose Karriere als »Seelenretter« einer obskuren Sekte veröffentlichte. Der größte Teil seiner Produktion besteht aus Kurzgeschichten und Novellen, aber auch einige Romane sind zu nennen: THE BIG TIME (1958), ein ausgeflipptes Garn über einen galaktischen Zeitkrieg, brachte Leiber den ersten Hugo Gernsback Award ein; ebenso THE WANDERER (1965), in dem sich ein fremder Planet der Erde nähert und eine Katastrophe heraufbeschwört. Gleichfalls mit einem »Hugo« ausgezeichnet wurde seine Novelle SHIP OF SHADOWS (1970). Seine von der New Wave stark beeinflußte Novelle GONNA ROLL THE BONES (1967) erhielt den Nebula Award; ebenso seine Kurzgeschichte CATCH THAT ZEPPELIN! (1976). Für seinen jüngsten Roman OUR LADY OF DARKNESS (1977), nach einhelliger Meinung der Kritiker sein bester, wurde Leiber 1978 der World Fantasy Award verliehen.

Bibliographie:
Wanderer im Universum (THE WANDERER), München 1967, ungekürzt 1978, H 3096.
Die programmierten Musen (THE SILVER EGGHEADS), Frankfurt/Main 1972, FO 8.
Schwerter und Teufelei (C) (SWORDS AND DEVILTRY), München 1972, H 3307.
Schwerter gegen den Tod (C) (SWORDS AGAINST DEATH), München 1972, H 3315.
Schwerter im Nebel (C) (SWORDS IN THE MIST/ SWORDS AGAINST DEATH), München 1973, H 3323.
Schwerter gegen Zauberei (C) (SWORDS AGAINST WIZARDRY), München 1973, H 3331.
Schwerter im Kampf (C) (SWORDS IN THE MIST), München 1976, H 3501.
Die Schwerter von Lankhmar (C) (THE SWORDS OF LANKHMAR), München 1973, H 3339.
Eine tolle Zeit (THE BIG TIME), Frankfurt/Main 1974, fO 41.
Ein Gespenst sucht Texas heim (A SPECTER IS HAUNTING TEXAS), München 1974, H 3409.
Spekulationen (C) (THE SECRET SONGS), München 1976, GWTB 0229.
Spielball der Hexen (CONJURE WIFE), München 1976, Erich Pabel Vlg.
Die Spiegelwelt (C) (NIGHT MONSTERS), München 1977, GWTB 0253.
Das Grüne Millenium (THE GREEN MILLENIUM), München 1978, H 3611.
Herrin der Dunkelheit (OUR LADY OF DARKNESS), München 1980, H (in Vorb.).
Schwerter und Eiszauber (SWORDS AND ICE MAGIC), München 1981, H (in Vorb.).

Heftpublikationen:
Welten des Grauens (DESTINY TIMES THREE), T 400 (1965).
Tödlicher Mond (C) (SHIPS TO THE STARS), UZ 445 (1965).

Leinster, Murray
(1896–1975)
Der in Norfolk/Virginia geborene William Fitzgerald Jenkins, in der SF-Szene besser bekannt unter dem Pseudonym Murray Leinster, begann bereits mit dreizehn Jahren zu publizieren und war zeitweilig der jüngste Schriftsteller der Vereinigten Staaten von Amerika. Seit dem Erscheinen seiner ersten SF-Story, THE RUNAWAY SKYSCRAPER (1919) hat er über 1000 Erzählungen und Romane herausgebracht, die jedoch erst viel später in Buchform auf den Markt kamen. Leinster war ein typischer Magazin-Schreiber, produzierte in

der Regel leichte Kost für jedermann. Seine besten Geschichten waren die um den Planeteninspektor Boardman, die gesammelt als COLONIAL SURVEY (1956) erschienen, die *Med Service*-Serie (DOCTOR TO THE STARS, 1964 u. a.) sowie der Roman THE FORGOTTEN PLANET (1954). Mit dem Roman SIDEWISE IN TIME (1934) schrieb er die angeblich erste Parallelweltengeschichte überhaupt. 1960 wurde THE PIRATES OF ZAN für den Hugo-Award nominiert. Die Novelle EXPLORATION TEAM erhielt 1956 diesen Preis. Leinster, der bis zu seinem Tod für zahlreiche TV-Stationen, Zeitschriften und Buchverlage arbeitete, verwendete seinen wirklichen Namen nur für Texte, die mit Science Fiction nichts zu tun hatten. Etwa fünfzig seiner Kurzromane erschienen in deutscher Sprache. Murray Leinster hat sich selbst zeitlebens als reinen Unterhaltungsschriftsteller gesehen. Ähnlich wie Robert Moore Williams und Edmond Hamilton, die genau wie er Unmengen an Texten publizierten, war es auch ihm nie vergönnt, in die Riege derjenigen Autoren aufzusteigen, von denen junge Talente gerne behaupten, sie seien von ihnen beeinflußt worden. Er schenkte 1969 seine gesamten Akten, Korrespondenzen, Manuskripte und sonstigen Unterlagen der Universität von Syracuse. Leinster war neben seiner schriftstellerischen Arbeit auch noch ein begabter »Erfinder« und Inhaber mehrerer Dutzend amerikanischer Patente auf den Gebieten Film und Fotografie.

Bibliographie:
Piratenflotte über Darth (THE PIRATES OF ZAN), Balve 1962, Gebr. Zimmermann Vlg.
Der Planeten-Inspektor (THE PLANET EXPLORER), München 1967, H 3098.
Eroberer des Alls (MEN INTO SPACE), München 1968, TTB 148.
Das Ende der Galaxis (TWISTS IN TIME), München 1969, TTB 162.
Patrouille des Friedens (C) (DOCTOR TO THE STARS), Berg. Gladbach 1972, B 21.
Die galaktische Verschwörung (TALENTS, INC.), Berg. Gladbach 1972, B 12.
Die Irrfahrten der Spindrift (THE HOT SPOT), Berlin 1972, U 2917.
Im Reich der Giganten (UNKNOWN DANGER), Berlin 1972, U 2937.
Die Mondstadt (CITY ON THE MOON), Berlin 1976, U 3251.
Die schwarze Galaxis (THE BLACK GALAXY), Berlin 1976, U 3242.

Heftpublikationen:
Die andere Welt (THE OTHER WORLD), UZ 92 (1957).
Projekt Raumstation (SPACE PLATFORM), UK 16 (1957).
Zwischen Erde und Mond (SPACE TUG), UG 49 (1957).
Der vergessene Planet (THE FORGOTTEN PLANET), UG 62 (1957).
Gesetz des Zufalls (THE LAWS OF CHANCE), UZ 125 (1958).
Gefährliche Invasion (THE STRANGE INVASION), UZ 130 (1958).
Das letzte Raumschiff (THE LAST SPACESHIP), UG 79 (1958).

Fernsehstudio Galaxis (OPERATION OUTER SPACE), UG 83 (1958).
Invasion aus einer anderen Welt (THE OTHER SIDE OF HERE), T 94 (1960).
Der Weltraumarzt (C) (MUTANT WEAPON), TS 49 (1961).
Der Weltraumarzt und die Seuche von Dara (THIS WORLD IS TABOO), TS 52 (1961).
Vampire aus dem All (THE BRAIN STEALERS), T 200 (1961).
Die Kinder vom fünften Planeten (FOUR FROM PLANET FIVE), TS 70 (1963).
Terrorstrahlen (OPERATION TERROR), T 336 (1964).
Der Ruf des Asteroiden (THE WAILING ASTEROID), T 416 (1965).
Die Revolution der Uffts (THE DUPLICATORS), T 426 (1965).
Freibeuter des Alls (INVADERS OF SPACE), UZ 465 (1965).
Die fünfte Dimension (FURY FROM LILIPUT), UZ 450 (1965).
Die feindlichen Planeten (C/OA), UZ 470 (1966).
Quer durch die Zeit (SIDEWISE IN TIME) UZ 500 (1966).
Die Lauscher in der Tiefe (CREATURES OF THE ABBYSS) T 490 (1966).
Die Wand ins Gestern (C/OA) UZ 510 (1966).
Captain Trent und die Piraten (SPACE CAPTAIN), UZ 514 (1966).
Planet der Kleinen (PLANET OF THE SMALL MEN), UZ 523 (1967).
Monster vom Ende der Welt (MONSTER FROM EARTH'S END), UZ 549 (1967).
Drei Welten funken SOS (C) (SOS FROM THREE WORLDS), TN 36 (1968).
Unternehmen Zeittunnel (THE TIME TUNNEL), TN 47 (1968).
Unternehmen Zeittransport (TIMESLIP), TN 50 (1968).
Im Land der Giganten (LAND OF THE GIANTS), TN 88 (1969).
Monstren und andere Zeitgenossen (C) (MONSTERS AND SUCH), TA 29 (1971).
Phantome (C) (THE ALIENS) (C), TA 91 (1973).

Lem, Stanisław
(1921–   )
»Der dialektische Weise aus Kraków«, wie ihn sein Bewunderer Franz Rottensteiner (der ihn auch als Agent im westlichen Ausland vertritt) nennt, ist ein polnischer Autor und gilt mittlerweile weltweit als Ausnahmeerscheinung in der Science Fiction. Er vereint ein erstaunliches interdisziplinäres Wissen, philosophischen Tiefsinn und literarisches Geschick mit intelligenten SF-Themen, wobei das Ergebnis in der Regel durchaus

keine abgehobene Literatur mit SF-Elementen, sondern literarische Science Fiction mit Unterhaltungswert ist. Lem begann im Alter von sechzehn Jahren mit dem Schreiben und studierte – als Sohn eines Arztes – Medizin, bevor der Einmarsch der deutschen Truppen ihn zum Abbruch des Studiums zwang. Während der Besatzungszeit arbeitete er als Automechaniker und lernte dabei, »deutsche Kraftwagen so zu beschädigen, daß es nicht sofort entdeckt werden konnte«. Nach dem Kriege studierte er weiter: Medizin, Philosophie, nebenher auch Physik und Biologie. Er war kurze Zeit als Arzt tätig, begann dann jedoch hauptberuflich zu schreiben. Sein erster Roman, **Die Irrungen des Stefan T** entstand 1948, wurde aber erst 1955 in Buchform veröffentlicht. Er schildert das Schicksal eines bürgerlichen Intellektuellen im besetzten Polen.

Stanisław Lem hatte schon in seiner Jugend begeistert utopische und phantastische Erzählungen verschlungen und auch bereits während der deutschen Besetzung eine Novelle »Der Marsmensch« verfaßt, die im Familienkreis gelesen wurde. Die Möglichkeit, einen ersten SF-Roman zu veröffentlichen, ergab sich jedoch 1950 nach einem Gespräch mit einem Verlag. Er erhielt eine Zusage, und das Ergebnis war ASTRONAUCI (**Die Astronauten** bzw. **Der Planet des Todes**), der Roman einer Venusexpedition, der 1951 veröffentlicht wurde. Dieser Roman, der in der Bundesrepublik erstmals als Heftausgabe (**Vorstoß zum Abendstern**) veröffentlicht wurde, erlebte später in der DDR eine Verfilmung. Es folgte SEZAM I INNE OPOWIADANIA (1954), ein Band mit Erzählungen, der bereits erste Abenteuer des Ijon Tichy enthielt, die später um weitere Episoden ergänzt wurden (DZIENNIKI GWIAZDOWE, 1957 **Sterntagebücher**). 1955 schloß sich OBŁOK MAGELLANA (**Gast im Weltraum**) an, ein Roman, der den Flug eines mit mehr als 200 Menschen besetzten Raumschiffes zu den Sternen schildert – ungewöhnlich für Lem, steht hier die Handlung eindeutig im Dienste der Übermittlung sozialistischer Ideen und Menschenbilder. Nach »kybernetischen Dialogen«, weiteren Erzählungen – darunter die ersten Geschichten um den Weltraumpiloten Pirx – und einem Kriminalroman erschien 1959 EDEN (**Eden),** ein SF-Roman über die Landung eines Raumschiffes auf einem bizarren Planeten, wo es u. a. lebendige Fabriken sowie Pläne der Bewohner gibt, sich selbst durch eine Rasse von Mutanten zu ersetzen. 1961 kamen POWRÓT Z GWIAZD (**Transfer**) und SOLARIS (**Solaris**) heraus. **Solaris** dürfte Lems populärster Roman sein – er wurde in 20 Sprachen übersetzt und erlebte eine bemerkenswerte Verfilmung in der Sowjetunion. Es geht darin um eine Lebensform, die sich als gallertartiger Ozean präsentiert und mit der trotz aller Versuche keine Kommunikation gelingt, weil die Menschen sich als unfähig erweisen, dieses fremde Leben voll zu erfassen. Auf eine andere seltsame Lebensform stoßen Weltraumfahrer von der Erde in dem Roman NIEZWYCIEZONY I INNE

OPOWIADANIA (1964 – **Der Unbesiegbare**), in dem sich winzige kybernetische Organismen zu einem metallischen Schwarm organisieren, der die vermeintlichen Eindringlinge abwehrt. Lem schrieb auch Romane außerhalb der SF, wie PAMIETNIK ZNALEZIONY W WANNIE (1961, **Memoiren, gefunden in der Badewanne**) und GLOS PANA (1968, **Die Stimme des Herrn**), einen autobiographischen Roman, einen Band mit »Einleitungen zu nichtexistierenden Büchern«, eine empirische Theorie der Literatur sowie FANTASTYKA I FUTUROLOGIA (1970, **Phantastik und Futurologie**), ein Werk über Science Fiction. Hinzu kommen zahlreiche SF-Fernsehspiele – die zum Teil auch in deutschen Fernsehprogrammen gezeigt wurden – und Erzählungen, darunter die schon erwähnten um Ijon Tichy und Pirx, dazu märchenhafte Humoresken und Satiren, die in den Bänden BAJKI ROBOTÓW (1964, **Robotermärchen**) und CYBERIADA (1965) veröffentlicht wurden. Wie es heißt, entstanden die meisten Werke in Zakopane, wohin sich der Autor zum Arbeiten zurückzieht und dann meistens in einen regelrechten Arbeitsrausch verfällt. Lem ist sehr selbstkritisch, und einige Texte wurden bis zu einem Dutzendmal neu geschrieben. Er selbst hat einmal erklärt, daß er zwar rund dreißig Bücher veröffentlicht, aber rund zehnmal soviel geschrieben hat. Für **Die Irrungen des Stefan T** erhielt er den Literaturpreis der Stadt Kraków, und seine Bücher sind vor allem in der Sowjetunion und in der DDR so populär, daß dort mit wenigen Titeln in kürzester Zeit Millionenauflagen erreicht wurden. Er ist der meistübersetzte Autor der polnischen Gegenwartsliteratur.

Bibliographie
Gast im Weltraum (OBŁOK MAGELLANA), Berlin 1956, Vlg. Volk und Welt.
Eden (EDEN), Balve i. Westf. 1960, Gebr. Zimmermann Vlg.
Der Unbesiegbare (NIEZWYCIEZONY), Berlin 1969, Universitas Vlg.
Test. Phantastische Erzählungen, (C/OA) Frankfurt 1971, *Fischer-Bücherei* 1156.
Solaris (SOLARIS), Hamburg–Düsseldorf 1972, MvS.
Nacht und Schimmel (C) (OPOWIADANIA), Frankfurt 1972, SFdW.
Die Jagd. Neue Geschichten des Piloten Pirx (C) (OPOWIEŚCI O PILOCIE PIRXIE), Frankfurt 1973, SFdW.
Robotermärchen (Auswahl aus BAIKI ROBOTÓW und CYBERIADA) (C/OA), Frankfurt 1973, *Bibliothek Suhrkamp* 366.
Sterntagebücher (C) (DZIENNIKI GWIAZDOWE), Frankfurt 1973, Insel Vlg.
Die vollkommene Leere (C) (DOSKONALA PRÓZNIA), Frankfurt 1973, Insel Vlg.
Transfer (POWRÓT Z GWIAZD), Düsseldorf 1974, MvS.
Memoiren, gefunden in der Badewanne (PAMIETNIK ZNALEZIONY W WANNIE), Frankfurt 1974, Insel Vlg.
Die Astronauten (ASTRONAUCI), Frankfurt 1974, SFdW.

(auch als **Der Planet der Toten,** u. a. Einsiedeln 1965, Benziger Vlg., Comet).
Der futurologische Kongreß (C) (KONGRES FUTUROLOGICZNY), Frankfurt 1974, SFdW.
Der getreue Roboter (C) (NOC KSIEZYCOWA), Fernsehspiele, Berlin 1975, Volk und Welt.
Mondnacht. Hör- und Fernsehspiele (C/OA), Frankfurt 1976, Insel TB.
Imaginäre Größe (WIELKOŚĆ UROJONA), Frankfurt 1976, Insel Vlg.
Summa technologiae (SUMMA TECHNOLOGIAE) (philosophisch-erkenntnistheoretisches Werk), Frankfurt 1976, Insel,Vlg.
Phantastik und Futurologie, Band I (FANTASTYKA I FUTOROLOGIA) (philosophisch-literaturwissenschaftliches Werk), Frankfurt 1977, Insel Vlg.

Leman, Alfred
(1925–   )
Alfred Leman, DDR-Autor, wurde in Nordhausen geboren und studierte nach dem Kriege Biologie in Jena, wo er auch promovierte. Bereits als Student freundete er sich mit Hans Taubert an, der ebenfalls Biologiestudent in Jena war. Fortan arbeiteten die beiden häufig zusammen. Als Resultat ihrer Arbeit am Institut für Botanik in Jena entstand u. a. – in Zusammenarbeit mit einem dritten Autor – ein zweibändiges Lehrwerk über Botanik für die Verwendung an der Hochschule. Später arbeiteten beide in Jenaer Industriebetrieben. Da Alfred Leman und Hans Taubert sich schon früh für SF interessierten, entschlossen sie sich schließlich, auch auf diesem Gebiet zu kooperieren. Ergebnis ist bislang eine Kurzgeschichtensammlung, **Das Gastgeschenk der Transsolaren,** die häufig als eines der besten Beispiele der DDR-SF gelobt wird.

Bibliographie:
Das Gastgeschenk der Transsolaren, Berlin 1973, Vlg. Neues Leben.

Lesser, Milton
(1928–   )
Um Milton Lessers Namen streiten sich seit Jahren die Fan-Historiker: Während die einen behaupten, sein Name sei der, unter dem er am meisten veröffentlicht habe, beharren die anderen darauf, er heiße in Wirklichkeit so wie sein Pseudonym: Stephen Marlowe. Sicher ist jedenfalls, daß der Autor in den vierziger Jahren ein Fanzine mit dem Titel *Cepheid* herausgab, zwei Jahre in der US Army diente, sie im Range eines Unteroffiziers verließ und Philosophie studierte. In den fünfziger Jahren tauchte er mit zahlreichen Kurzgeschichten und Novellen in den unterschiedlichsten SF-Magazinen auf, schrieb zusammen mit dem ebenfalls sehr pseudonymreichen Paul W. Fairman den SF-Abenteuerroman THE GOLDEN APE (1959 (dessen deutscher Titel **Der weiße Gott** die Treffsicherheit bundesdeutscher Titelgeber eindeutig unter Beweis stellt) und veröffentlichte mit RECRUIT FOR ANDROMEDA (1953), SECRET OF THE BLACK PLANET (1965), THE STAR SEEKERS (1953) und SOMEWHERE I'LL FIND YOU

(1947) eine Reihe exotisch-abenteuerlicher Action-Romane, die als pure Unterhaltung taugen, ansonsten recht wenig hergeben.

Bibliographie:
Heftpublikationen:
Verpflichtet für das Niemandsland (RECRUIT FOR ANDROMEDA), TS 27 (1960).
Der weiße Gott (THE GOLDEN APE), (mit Paul W. Fairman, als Adam Chase), T 180 (1961).
Die Weltensucher (THE STAR SEEKERS), T 475 (1966).
Jagd durch die Welten (SOMEWHERE I'LL FIND YOU), UZ 468 (1965).

Lessing, Doris
(1919–   )

Doris Lessing wurde in Persien geboren, wuchs in Südrhodesien auf und lebt heute in London. Sie schrieb eine Reihe von Erzählungen, die mit unerhörtem Scharfblick und in stilistisch einzigartiger Weise das Leben der Weißen in Afrika schildern und die kleinbürgerlich enge und von Tradition und Gewohnheiten verkrustete Haltung darstellen, die es den Weißen unmöglich macht, die Natur und die Kultur dieses fremden Kontinents zu begreifen. Anders die Autorin, die den größten Teil ihres Lebens unter Arabern und Afrikanern verbracht hat und die zu den wenigen Europäern gehört, die mit dem Sufismus, der arabischen Mystik, vertraut sind. Neben einigen eindrucksvollen Romanen, die sich vor allem mit der Rolle der Frau in der modernen Gesellschaft beschäftigen, darunter das berühmte THE GOLDEN NOTEBOOK (1962), schrieb sie zwischen 1952 und 1969 den Zyklus CHILDREN OF VIOLENCE, der das Leben einer Frau, Martha Quest, zwischen dem Ersten und dem Dritten Weltkrieg schildert, ein Romanwerk, das getrost zu den bedeutendsten der Weltliteratur gezählt werden kann. Der fünfte Teil, THE FOUR GATED CITY (1969), der umfang- und aspektreichste des Zyklus, beschreibt das Leben in Europa zwischen den fünfziger Jahren bis etwa ins Jahr 2000, in der die Zivilisation in der Apokalypse eines Atomkrieges versinkt. Der tristen Wirklichkeit wird »The Four-Gated City« gegenübergestellt, die visionäre archetypische »City in the Desert«: so der Titel des Romans, an dem ein Schriftsteller arbeitet, mit dem Martha Quest, die Protagonistin, zusammenlebt. In den

Umkreis dieses Werks gehören zwei Romane, die zwei Aspekte von THE FOUR GATED CITY weiterverfolgen: THE MEMOIRS OF A SURVIVOR (1974) und BRIEFING FOR A DESCENT INTO HELL (1971). THE MEMOIRS OF A SURVIVOR schildert den Zerfall der Zivilisation und die Verrohung der Bewohner einer Großstadt in naher Zukunft; BRIEFING FOR A DESCENT INTO HELL lotet in beängstigender Weise die Tiefen des menschlichen Bewußtseins aus, schildert den »inner space«-Trip eines geistig erkrankten Cambridge-Professors der Altphilologie. Bilder von archetypischer Wucht, zum Teil aus der islamischen Mystik und der afrikanischen Mythologie entlehnt, sind in diesem Roman eingebettet, der eine Tiefendimension aufweist, wie sie nur in den besten klassischen Werken der Fantasy erreicht wurde, in Flauberts SALAMMBÔ etwa oder in Lindsays A VOYAGE TO ARCTURUS. Doris Lessing galt schon seit vielen Jahren als Geheimtip für Kenner gehobener Science Fiction und Fantasy. Liegt es an diesem phantastischen Aspekt ihres Werks, daß man erst jetzt allmählich auch hierzulande davon Notiz nimmt und es endlich auch in Deutschland zu erscheinen beginnt?

Bibliographie:
Die Memoiren einer Überlebenden (THE MEMOIRS OF A SURVIVOR), Frankfurt 1979, Goverts Vlg.
BRIEFING FOR A DESCENT INTO HELL, Goverts Vlg. (in Vorb.).

Letsche, Curt
(1912–   )
Der heute in der DDR lebende Autor Curt Letsche wurde in Zürich als Sohn eines Fabrikarbeiters geboren und war nach dem Abitur im Buchhandel tätig. Er beteiligte sich aktiv am antifaschistischen Widerstand, wurde 1939 verhaftet und wegen »Vorbereitung zum Hochverrat« verurteilt, 1945 aus dem Zuchthaus befreit und arbeitete anschließend als Angestellter in Stuttgart. 1957 siedelte er in die DDR über, war bis 1960 als Bibliothekar in Magdeburg tätig und ist seit 1961 freischaffender Schriftsteller. Er lebt in Jena-Neulobeda. Neben Kriminalromanen und einem autobiographischen Roman über den Widerstand gegen die Nazis schrieb Letsche mehrere SF-Romane, etwa **Verleumdung eines Sterns** (1968) und **Raumstation Anakonda** (1974). Er erhielt 1970 den Max-Reger-Preis zugesprochen.

Bibliographie:
Verleumdung eines Sterns, Rudolstadt 1968, Greifen Vlg.
Der Mann aus dem Eis, Rudolstadt 1971, Greifen Vlg.
Raumstation Anakonda, Rudolstadt 1974, Greifen Vlg.

Lewis, C(live) S(taples)
(1898–1963)
Bekannter britischer Romancier, Kritiker und Lehrer, der einen starken Einfluß auf intellektuelle und literarische Kreise in England ausübte. Lewis wurde in Belfast, Nordirland, geboren und ließ sich nach dem Militärdienst im Ersten Weltkrieg an der Universität von

Oxford immatrikulieren. Nach seiner Studienzeit erhielt er dort einen Lehrauftrag. Später hatte er als Professor einen Lehrstuhl für das Englisch des Mittelalters und der Renaissance an der Universität Cambridge. Bekannt aber wurde Lewis in erster Linie durch seine zahlreichen Bücher, vor allem die Trilogie um Dr. Ransom, die aus den Romanen OUT OF THE SILENT PLANET (1938), PERELANDRA (1943) und THAT HIDEOUS STRENGTH (1945) besteht. Mit dieser Trilogie versuchte er, christliche Moralvorstellungen und Werte durch das Medium der Science Fiction zu propagieren. Der Protagonist Dr. Ransom begibt sich auf den Mars und findet dort eine alte marsianische Kultur vor. In PERELANDRA unternimmt Ransom eine Reise auf die Venus, und der letzte Band handelt vom Kampf gegen die Mächte des Bösen, hier durch die atheistische Verwissenschaftlichung symbolisiert, für den der wiedererweckte Zauberer Merlin (die mystische Figur der englischen Literatur schlechthin) herhalten muß. Insgesamt vermittelt Lewis seine Botschaft ein wenig zu schulmeisterhaft, und gewiß ist seine Ideologie fragwürdig (seine naturwissenschaftlichen Kenntnisse sind es noch mehr), aber durch die Reichhaltigkeit an philologischen Ansätzen, verwoben mit alten englischen Legenden, gewinnt seine »Weltraum-Trilogie«, die überdies vor dem Hintergrund des Zweiten Weltkrieges gesehen werden muß, an zeitkritischem Gewicht. Das neben diesen Romanen bekannteste Werk von C.S. Lewis ist der 7-bändige NARNIA-Zyklus, eine Serie amüsanter Fantasyabenteuer im Stile Lewis Carrolls, die er für Kinder schrieb, und die zwischen 1950 und 1956 entstanden.

Bibliographie:
Der verstummte Planet (später als: **Jenseits des schweigenden Sterns**) (OUT OF THE SILENT PLANET), Wien 1948.
Perelandra (PERELANDRA), Köln 1957.
Die böse Macht (THAT HIDEOUS STRENGTH), Köln 1958.

Lichtenberg, Jacqueline
(1942–   )
OPERATION HIGH TIME, die erste Story von Jacqueline Lichtenberg, erschien 1968 in dem Magazin *If* und war der Auftakt zu ihrer SIME-Serie. Später begann sie sich stark für das STAR-TREK-Fandom zu interessieren und zu engagieren, woraus später das Buch STAR TREK LIVES! (gemeinsam verfaßt mit Sondra Marshak und Joan Winston) resultierte, das 1974 herauskam. Etwa zur gleichen Zeit schrieb sie an ihrem ersten Roman HOUSE OF ZEOR

(1974), der inzwischen mit UNTO ZEOR, FOREVER (1978) fortgesetzt wurde. Beide Romane gehören der SIME-Serie an und schildern eine Zukunft, in der sich die Menschheit in zwei verschiedene Spezies aufgespalten hat, die »Gens« und die »Simes«, die jedoch symbiotisch voneinander abhängig sind – was zu einer Fülle von Konflikten führt. Der detailliert ausgetüftelte Hintergrund dieser Situation führte dazu, daß besonders der letzte Roman von der Kritik beachtet wurde. Z.Z. arbeitet Jacqueline Lichtenberg an einem dritten SIME-Roman, FIRST CHANNEL, der in Zusammenarbeit mit Jean Lorrah entsteht. Ihr weiteres Werk umfaßt einige Kurzgeschichten (darunter die SIME-Story CHANNEL'S EXEMPTION in *Galileo* 4).

Jacqueline Lichtenberg besitzt einen akademischen Grad in Chemie, ist verheiratet und hat zwei Töchter.

Lindsay, David
(1878–1945)
Der englische Schriftsteller David Lindsay ist bis heute relativ unbekannt geblieben, obgleich er Kennern der phantastischen Literatur neben John Milton und William Blake als einer der bedeutendsten Autoren der englischen Mystik der Neuzeit gilt. Er hat einige Romane geschrieben, die der klassischen Fantasy zuzurechnen sind: A VOYAGE TO ARCTURUS (1920), THE HAUNTED WOMAN (1922), SPHINX (1923), DEVIL'S TOUR (1932) und die beiden posthum veröffentlichten THE VIOLENT APPLE (1976) und THE WITCH (1976). Vor allem A VOYAGE TO ARCTURUS rief die Interpreten auf den Plan. Der durch seine archaischen Traumbilder unglaublich eindrucksvolle und vielschichtige Roman beschreibt eine mystische Reise nach dem Planeten Tormance, eine metaphysische Pilgerfahrt in ein Reich der Alpträume im Gewand der nordischen Mythologie, in der grundlegende Fragen nach der Schuld menschlichen Handelns aufgeworfen werden; Ein Roman, der – bei aller Nüchternheit der Diktion – eine Atmosphäre der Beklemmung heraufbeschwört, wie man sie in der Literatur nur selten findet.

Bibliographie:
Die Reise zum Arcturus (A VOYAGE TO ARCTURUS), München 1975, H 3440.

Lockwood, Thomas
(1956–)
Pseudonym des in Löhne/Westfalen lebenden Industriekaufmanns Andreas Brandhorst. Nach dem Besuch der Grund- und Realschule besuchte Brandhorst die Höhere Handelsschule, brachte eine zweijährige Lehrzeit hinter sich und arbeitet nun im elterlichen Einzelhandelsgeschäft als Verkäufer für Blue Jeans und schreibt nebenher SF, zu der er meint: »Science Fiction soll spannend sein und unterhalten, sie soll aber auch Probleme aufzeigen, die sich uns heute stellen, im Ansatz bereits erkennbar sind oder erst noch entstehen können. Es sind in erster Linie Schicksale von Menschen, die uns interessieren sollten und ihre Handlungen in einer zukünftigen Welt, nicht die Frage, ob Autos in zwanzig Jahren mit Methanol statt Benzin fahren. SF sollte also human und wirklich menschlich sein.«

Bibliographie:
Heftpublikationen:
Die Unterirdischen, ZSF 197 (1978).
Entscheidung auf Sigma sechs, ZSF 203 (1978).
Der Mikro-Tod, ZSF 206 (1979).
Auf den Spuren der Unbekannten, ZSF 207 (1979).
Die Reservewelt, ZSF 208 (1979).
Welt der Psionen, ZSF 210 (1979).

Loggem, Manuel van
(1916–)
Manuel van Loggem, niederländischer SF-Autor und -Herausgeber, wurde in Amsterdam geboren. Er ist über die Grenzen seiner Heimat hinaus und vor allem in Deutschland bekannt als Verfasser zahlreicher Hör- und Fernsehspiele, Theaterstücke und Kurzgeschichten. Einige seiner Erzählungen erschienen in der *Frankfurter Allgemeinen Zeitung* und in der Literaturzeitschrift *Akzente* sowie in Anthologien. Van Loggem studierte Literaturwissenschaft und Psychologie und ist als praktizierender Psychotherapeut in Amster-

dam tätig. Sein Stolz ist es, mit **Insekten in Plastik** (1950) die erste SF-Veröffentlichung in den Niederlanden gehabt zu haben. Von 1971 bis 1975 gab er das SF-Magazin *Morgen* heraus, in dem er vornehmlich europäische Autoren publizierte. Aus van Loggems Feder stammen, neben einem Buch über Moses, mehrere Erzählungsbände mit phantastischem Einschlag: HET LIEFDELEVEN DER PRIARGEN (1968), die Anthologie HET TOEKOMEND JAAR 3000 (1976) und die Kurzgeschichtensammlung PAARPOPPEN (1975). Van Loggem wurde mit einigen literarischen Preisen ausgezeichnet: Visser Neerlandie und Van der Vies Award 1965 für sein Bühnenstück **Jugendprozeß**, das u. a. auch in Berlin, Hamburg, Oberhausen und Zürich aufgeführt wurde, sowie 1978 den Edmond Hustinx Award für sein gesamtes Bühnenœuvre.

London, Jack
(1876–1916)
Jack London, unehelich als John Griffith Chaney geboren, übernahm nach der Heirat seiner Mutter mit John London dessen Familiennamen. Er wuchs in ärmlichen Verhältnissen auf, fuhr bereits als Vierzehnjähriger zur See, wurde Austernräuber, besaß mit sechzehn ein eigenes Boot und trampte als junger Mann quer durch die USA. Seine Erlebnisse aus dieser Zeit verwertete er später in Reisebüchern und Erzählungen. 1896 machte er sich nach Alaska auf und nahm am Goldrausch im Gebiet des Klondike teil, was ihm zwar kein Vermögen in Nuggets, aber einige saftige Honorarschecks einbrachte: Er erlebte so viele spannende Geschichten, daß sie Stoff für mehrere Romane und Kurzgeschichtensammlungen abgaben. London war einer der ersten großen naturalistischen Romanciers der USA und einer der ersten sozialistischen Romanschriftsteller. Seine krassen Beschreibungen von Elendsquartieren, Goldschürfern und halbwilden Tieren in mehr als fünfzig Romanen, Essay- und Erzählungsbänden ähneln zuweilen Reportagen. Er zeigte sich ebenso stark von Karl Marx wie von Friedrich Nietzsche beeinflußt und war ein leidenschaftlicher, allerdings nicht dialektisch geschulter Sozialist, der Hunderte von politischen Vorträgen vor Hunderttausenden von Menschen hielt, jedoch aufgrund einiger Angriffe aus den Reihen der KP der USA (die mehr privaten Charakter hatten) 1916 mit der Partei, jedoch nicht mit dem Sozialismus, brach. Obwohl London hauptsächlich wegen seiner Alaska- und Seefahrergeschichten bekannt geworden ist, hat er auch eine Reihe von autobiographischen Werken, wie JOHN BARLEYCORN (1913), THE ROAD (1907) und utopisch-phantastische Schriften verfaßt: In BEFORE ADAM (1906) erinnert sich der Erzähler an sein früheres Leben als ›Langzahn‹, das er als Mitglied eines frühzeitlichen Stammes im Paläolithikum verbrachte; in THE SCARLET PLAGUE (1915) erzählt ein alter Mann vom Untergang der Menschheit, während in THE STAR ROVER (1915) ein von einem totalitären Gesellschaftssystem eingekerker-

ter Intellektueller, in Einzelhaft und Zwangsjacke gepreßt, seinen Geist vom Körper löst, eine Art geistiger Zeitreise antritt und frühere Existenzen noch einmal durchlebt, bis er sogar der Kreuzigung Christi beiwohnt. THE ASSASSINATION BUREAU (1963), ein von Robert L. Fish aus dem Nachlaß vollendetes Manuskript, handelt von einer mysteriösen Mordagentur, die Menschen auf Bestellung tötet, sofern man ihr beweisen kann, daß das Opfer den Tod verdient hat. Über THE IRON HEEL (1907), ein weiteres utopisches Werk, schrieb Anatole France: »Es ist der Roman vom ungleichen Kampf zwischen Kapital und Arbeit, der erste proletarische Roman Amerikas. Er zeigt, wie »Die Eiserne Ferse«, das Geld, sich die diktatorische Macht aneignet, nachdem das Proletariat in Wahlen die Parlamentsmehrheit gewonnen hat. Das Kapital kämpft gegen den Sozialismus, es setzt Militär, Polizei, Schläger, Detektive und Spitzel ein, um die im Untergrund agierenden Arbeiter zu vernichten.« London sah in diesem Werk nicht nur die blutig niedergeschlagenen Arbeiteraufstände in den USA voraus, sondern auch den Ersten Weltkrieg, den deutschen Faschismus und – in gewisser Weise – auch die späteren Ereignisse in Chile.

Bibliographie:
Vor Adam (BEFORE ADAM), Frankfurt/Main 1915, Büchergilde Gutenberg.
Die eiserne Ferse (THE IRON HEEL), Frankfurt/Main 1922, Büchergilde Gutenberg.
Die Zwangsjacke (THE STAR ROVER), Frankfurt/Main 1930, Büchergilde Gutenberg.
Das Mordbüro (THE ASSASSINATION BUREAU LTD.), Frankfurt/Main 1963, Büchergilde Gutenberg.

Long, Frank B(elknap) (1903–)
Der amerikanische Schriftsteller Frank Belknap Long stammt aus New England. Er studierte an der University of New York Journalismus, entschied sich jedoch, kaum einundzwanzig geworden, für eine Karriere in der Unterhaltungsbranche. Er begann in dem legendären Magazin *Weird Tales* mit der Geschichte DEATH WATERS (1924), gehörte bald zum regelmäßigen Mitarbeiterstab des Periodikums und publizierte im Laufe der Zeit weit über 500 Stories, Gedichte, Romane und Artikel. Viele seiner Texte wurden in Schallplatten gepreßt, im Rundfunk gesendet oder zu Fernsehspielen umgearbeitet. Long arbeitete für nahezu jedes SF-Magazin, das seit 1926

das Licht der Welt erblickte, interessierte sich für Archäologie, Anthropologie und Geschichte und hat etwa zwei Dutzend SF-Romane geschrieben, die gegenüber seinem übrigen Werk etwas abfallen, jedoch in der Sparte der spannenden Unterhaltungsliteratur durchaus bestehen können. In Deutschland sind von seinen Romanen nur SPACE STATION NO. 1 und MONSTER FROM OUT OF TIME bekannt. Long wurde 1959 Redakteur des von Leo Margulies herausgegebenen Magazins *Satellite*, gehörte zeit seines Lebens dem Lovecraft-Zirkel an und schrieb in den sechziger Jahren eine ganze Reihe von SF-Romanen: THE MATING CENTER (1961), MARS IS MY DESTINATION (1962), IT WAS THE WAY OF THE ROBOT (1963), LEST EARTH BE CONQUERED (1966), JOURNEY INTO DARKNESS (1967), AND OTHERS SHALL BE BORN (1968) u.a.

Bibliographie:
Heftpublikationen:
Die Marsfestung (SPACE STATION NO. 1), T51 (1959).
Es kam aus der Tiefe (MONSTER FROM OUT OF TIME), TA 324 (1978).

Lorenz, Peter
(1944–)
Der in der DDR lebende Autor Peter Lorenz studierte Biologie und Chemie; anschließend war er als Lehrer und Lehrmeister tätig, bevor er sich entschloß, als selbständiger Kunsthandwerker seinen Lebensunterhalt zu verdienen. Nebenher veröffentlichte er vereinzelt Kurzgeschichten in Zeitschriften und Anthologien. 1978 erschien sein erster Roman, **Homunkuli,** in dem es um die Erzeugung künstlicher Menschen geht.

Bibliographie:
Homunkuli, Berlin 1978, Vlg. Neues Leben.

Lovecraft, H(oward) P(hillips)
(1890–1937)
H.P. Lovecraft wurde in Providence/Rhode Island, USA, geboren. Als er acht war, starb sein Vater, und er wurde zeitweilig von seiner stark neurotischen Mutter, die 1921 in geistiger Umnachtung starb, erzogen. Lovecraft beherrschte im Alter von zwei Jahren das Alphabet, konnte mit vier lesen und schrieb mit sechs seine erste Geschichte. Sein Interesse an der Chemie ließ ihn mit acht Jahren das Fanzine *The Scientific Gazette* herausgeben, und 1903 begann er – sich mittlerweile auch für Astronomie interessierend – das *Rhode Island Journal of Astronomy* zu publizieren. Mit sechzehn war er

astronomischer Mitarbeiter der in seiner Heimatstadt erscheinenden Zeitung *Tribune,* wurde 1914 Mitglied der United Amateur Press Association, einer Gruppe von über das ganze Land verstreuten jungen Leuten, die sich gegenseitig hektographierte, selbstverfaßte »Zeitschriften« zuschickten und so miteinander kommunizierten. Lovecraft gab innerhalb dieses Zirkels das Blatt *The Conservative* heraus, worin er Gedichte, Essays und seine ersten Erzählungen abdruckte. 1923 erschienen seine ersten Stories in *Weird Tales,* und 1924 zog er nach New York, wo er heiratete. Er blieb jedoch nicht einmal ein Jahr mit seiner Frau zusammen. 1926 kehrte er schließlich nach Providence zurück, wo er bis zu seinem Tode wohnte. Obwohl einige seiner besten Geschichten, wie THE OUTSIDER (1926) und THE RATS IN THE WALLS (1924), bereits in den zwanziger Jahren erschienen waren, entstand der Großteil seines Werkes erst nach der Rückkehr in die Heimat: THE CALL OF CTHULHU (1928), PICKMAN'S MODEL (1927), THE CASE OF CHARLES DEXTER WARD (1941), THE SHADOW OVER INNSMOUTH (1942) und AT THE MOUNTAINS OF MADNESS (1936) und viele davon wurden erst posthum veröffentlicht. Im Jahre 1936 wurde Lovecraft krank und starb im Alter von 46 Jahren an Krebs. Der Mann, der von sich selbst sagte, er sei »stolz darauf, ein Reaktionär zu sein«, seine eigenen Texte für jämmerlich schlecht hielt, über Jahre hinweg regen Briefwechsel mit über einhundert Personen aufrechterhielt und nicht selten fünfzigseitige, maschinengeschriebene Briefe verschickte, lebte hauptsächlich davon, daß er für andere Autoren den Ghostwriter spielte oder deren Texte überarbeitete. Er war weder ein cleverer Vermarkter seiner Produktion, noch hatte er überhaupt die Absicht, für »Märkte« zu schreiben. Erst als zwei seiner alten Freunde, die Schriftsteller August W. Derleth und Donald Wandrei in den dreißiger Jahren den Kleinverlag Arkham House gründeten (mit dem primären Ziel, Lovecrafts Werke in Buchform herauszubringen), kam er zu Lob und Ehren: Die Erstausgaben seiner dort erschienenen Story-Sammlungen sind heute unter Sammlern Hunderte von Dollars wert. Seine Fans halten Lovecraft nicht nur für einen begnadeten Erzähler, sondern auch für einen brillanten Essayisten. Sein phänomenales Gedächtnis (er erinnerte sich praktisch an jedes Buch, das er in seinem Leben gelesen hatte), seine Vorliebe für die Gesellschaft des 18. Jahrhunderts und sein Exzentrikertum – wie etwa seine Aversion gegenüber niedrigen Temperaturen, sein Widerwille gegen Fischgerichte, seine Gier nach Eiscreme, seine britisch unterkühlten Umgangsformen – all das machte ihn in ihren Augen einmalig. Er wurde von Edgar Allan Poe, Lord Dunsany und Arthur Machen, aber auch von Nathaniel Hawthorne, Ambrose Bierce, Robert W. Chambers, Walter de la Mare, M. R. James und Algernon Blackwood beeinflußt. Obwohl seine Erzählungen (Romane im eigentlichen Sinn hat Lovecraft nie geschrieben) und Novellen für den oberflächlichen Leser eher nur Horror vermitteln, ist einem Großteil von ihnen doch ein altes Versatzstück der Science Fiction zu eigen: Seine zum Cthulhu-Zyklus gehörenden Stories gehen von der Grundvoraussetzung aus, daß die Erde in grauer Vorzeit von monströsen, menschenverschlingenden Gottheiten aus dem All heimgesucht wurde, die jedoch geschlagen wurden und nun, in den Tiefen der Erde verborgen, auf den Tag warten, an dem sie die Macht über die Menschheit erneut zurückerobern können. Lovecraft beeinflußte nicht nur eine ganze Unterhaltungsschriftsteller-Generation seiner Zeit (wie August Derleth, Clark Ashton Smith, Robert E. Howard, E. Hoffman Price, Robert Bloch, Frank Belknap Long, Donald Wandrei, Fritz Leiber, J. Vernon Shea und Manly Wade Wellman), sondern auch die einer späteren: Joseph Payne Brennan, James Wade, Lin Carter, Ramsey Campbell, Brian Lumley, Colin Wilson u.v.a.

Bibliographie:
21 Grusel-Stories (C/OA), München 1964, Wilhelm Heyne Vlg.
Cthulhu (C/OA), Frankfurt 1968, Insel Vlg.
Das Ding auf der Schwelle (C/OA), Frankfurt 1969, Insel Vlg.
Stadt ohne Namen (C/OA), Frankfurt 1973, Insel Vlg.
Der Fall Charles Dexter Ward (C/OA), Frankfurt 1977, Insel Vlg.

Lowndes, Robert A(ugustine) W(ard)
(1916–)
Der amerikanische Schriftsteller und Redakteur Robert »Doc« Lowndes stammt aus Bridgeport/Connecticut, ging nach Beendigung der High School auf das Stamford Community College und verließ es 1936 wieder. Bereits gegen Ende der zwanziger Jahre auf die SF gestoßen, galt er als einer der prominentesten Fans der dreißiger Jahre und interessierte sich sein Leben lang für Geschichte, Politik, indianische Philosophie, Musik, Oper, Astrologie und Spiritualismus. In den vierziger Jahren ließ er sich katholisch taufen und nahm den Namen Augustine an. Lowndes ist hauptsächlich bekannt als Herausgeber und Redakteur verschiedener Magazine, hat aber unter mehr als fünfzig Pseudonymen in nahezu allen Genres der Unterhaltungsliteratur publiziert. Er war zeitweise Literaturagent. 1941 übernahm er die Redaktion der Magazine *Future Science Fiction* und *Science Fiction Quarterly,* die während der Kriegsjahre ihr Erscheinen einstellen mußten, später aber wiedererweckt werden konnten. Von 1940 bis 1960 hatte er die Herausgeberschaft eines halben Dutzends von Magazinen des Verlages Columbia inne und wechselte anschließend zu Health Knowledge Inc. über, wo er *Real Life Guide* (eine Art Sexologie-Magazin) redigierte und verantwortlich war für *Exploring The Unknown,* eine Zeitschrift, die sich mit psychischem Okkultismus beschäftigte. Von 1963 bis 1970 gründete Lowndes innerhalb dieses auf Re-

prints spezialisierten Verlages sieben weitere Zeitschriften, die alle ziemlich kurzlebig waren und sehr wenig neues Material abdruckten: *Magazine of Horror* (gegründet 1963), *Startling Mystery Stories* (1966), *Famous Science Fiction* (1966), *World Wide Adventure* (1967), *Thrilling Western Magazine* (1968), *Weird Terror Tales* (1968) und *Bizarre Fantasy Tales* (1970). Von 1956 bis 1968 war er zudem Herausgeber einer Taschenbuch-SF-Reihe bei Avalon Books, wo er ein gemischtes Programm aus altbewährten Vielschreibern und ebensolchen Neulingen auf den Markt brachte: nichts Berauschendes, sondern hauptsächlich Abenteuergarne zweiter und dritter Kategorie. Zusammen mit James Blish verfaßte er den Roman THE DUPLICATED MAN (1959). In deutscher Sprache erschienen BELIEVER'S WORLD (1961) und THE PUZZLE PLANET (1961): Abenteuer auf fremden Planeten, ohne sonderlichen Tiefgang und ganz der Stoff, den Lowndes selbst für die Magazine bevorzugte, die er selbst redigierte.

Bibliographie:
Heftpublikationen:
Das Rätsel Carolus (THE PUZZLE PLANET), UZ 357 (1963).
Planet der Erleuchteten (BELIEVER'S WORLD), UZ 364 (1963).

Luif, Kurt
(1942–   )
Kurt Luif wurde in Wien geboren und kam schon in jungen Jahren mit der SF in Berührung. Gegen

Ende der sechziger Jahre gab er seinen Beruf als Exportleiter auf, gründete eine literarische Agentur und begann regelmäßig zu schreiben. Hierbei lagen seine Hauptaktivitäten im Horror- und Gruselbereich. Er veröffentlichte ca. 150 Heftromane und mehr als 100 Stories unter den Pseudonymen Neal Davenport und James R. Burcette. Auch in der SF beschränkte sich Luif bis auf wenige Ausnahmen (etwa die von ihm herausgegebene Taschenbuchanthologie **Das Phantom der Freiheit** oder Kurzgeschichten in Taschenbüchern) auf den Romanheftmarkt, und auch hier schrieb er in erster Linie unter Pseudonymen, wie z.B. Jörg Spielmans.

Lunan, A. Duncan
(1945–   )
Duncan A. Lunan ist ein britischer SF-Nachwuchsautor, der 1974 mit seinem Romanerstling hervortrat: MAN AND THE STARS (amer. Ausgabe unter dem Titel: INTERSTELLAR CONTACT, 1975). 1979 erschien NEW WORLDS

FOR OLD, ein Sammelband mit 9 Erzählungen, darunter die Story THE COMET, THE CAIRN & THE CAPSULE (1972), die bereits wiederholt nachgedruckt wurde. Lunan schreibt regelmäßig SF-Rezensionen und Artikel über SF in *The Glasgow Herald*.

Lundwall, Sam J.
(1941–)
In der europäischen SF-Szene stellt der in Stockholm geborene Sam Lundwall eine Art Allroundman dar: Seine erste Story, KALLES PLANETARIUMFÄRD (1952) wurde, kaum daß er elf Jahre alt war, von einer schwedischen Rundfunkstation gesendet. In den sechziger Jahren betätigte er sich unter anderem als Sänger und Komponist, aber auch als Fernsehproduzent, wo er für eine ganze Reihe von in Schweden hergestellten SF-Fernsehfilmen verantwortlich war. Seit 1972 erscheint unter seiner Herausgeberschaft jährlich ein Band der Anthologienreihe DET HÄNDE I MORGON (»Es geschah Morgen«), sowie das zweimonatlich erscheinende SF-Magazin *Jules Verne Magasinet,* das möglicherweise das älteste seiner Art auf der ganzen Welt ist. Die meisten seiner Romane wurden in mehrere Sprachen übersetzt; die englischsprachigen Versionen besorgte Lundwall gleich selbst: NO TIME FOR HEROES (1972), BERNHARD, THE CONQUEROR (1973), ALICE'S WORLD (1974) und KING KONG BLUES (1974). Werke, die sich mit Science Fiction kritisch oder bio-bibliographisch auseinandersetzten, waren SCIENCE FICTION – FRAN BEGYNNELSEN TILL VARA DAGAR (1969), SCIENCE FICTION – WHAT IT'S ALL ABOUT (1970), BIBLIOGRAFI ÖVER SCIENCE FICTION & FANTASY (1974), AN ILLUSTRATED HISTORY OF SCIENCE FICTION (1978) u.a. Lundwall leitet den Verlag Delta, der sich ausschließlich auf phantastische Literatur spezialisiert hat

und komponiert hin und wieder auch Songs für Pop-Gruppen wie *Abba*.

Bibliographie:
Heftpublikationen:
Der Schrecken des Universums (BERNHARD THE CONQUEROR), TA 183 (1975).

Lupoff, Richard A(llen)
(1935–)
Der geborene New Yorker Richard A. Lupoff machte sich bereits während der fünfziger Jahre als Herausgeber einiger Fanzines einen Namen. Er studierte an der University of Miami, schloß 1956 mit dem Grad eines Bachelor of Arts ab und ging zwei Jahre zur US Army, später folgten dann Jobs als Computer-Experte bei IBM und Sperry Univac, bis er 1970 seinen Beruf aufgab. Seine schriftstellerische Karriere begann Mitte der sechziger Jahre, als er mit einem Buch über den Tarzan-Erfinder Edgar Rice Burroughs (1875–1950) debütierte. Lupoffs erster Roman, ONE MILLION CENTURIES (1967) erweckte allerdings, wie seine späteren THE CRACK IN THE SKY (1969) und SANDWORLD (1971), wenig Begeisterung. In THE TRIUNE MAN (1976) verquickte er die Geister dreier Personen (darunter ein Nazi-Funktionär und ein Comic-Zeichner) in einen Körper; das Fantasy-Epos SWORD OF THE DEMON (1977) erzählt die Geschichte eines die Erde besuchenden göttlichen Geschöpfs, und SPACE WAR BLUES (1978) ist ein beinahe unübersetzbares, jedoch ungleich anspruchsvolleres Buch über eine apokalyptische Gesellschaft der zukünftigen Südstaaten der USA. »Ich glaube, daß die SF, kommerziell gesehen, sich derzeit auf einem absoluten Höhepunkt befindet. Es wird ungeheuer viel publiziert, und auch die Honorare sind die besten, die je gezahlt wurden. Das alles hat natürlich mit der momentanen Bereitwilligkeit breiterer Publikumsstrukturen, die SF zu akzeptieren, zu tun, und es ist hauptsächlich der Filmindustrie zu verdanken, daß wir einen solchen Einbruch erzielt haben.« Was die künstlerische Seite des Geschäfts angeht, äußert Lupoff Bedenken: »Es herrscht eine starke Tendenz vor, alles auf eine möglichst einfache Tour abzuwickeln, das heißt, man verlangt von den Autoren Themen und Charaktere, die so flach aufgebaut sind, daß jedermann sie verstehen kann. Also hirnrissige Abenteuergeschichten, die hauptsächlich auf Militarismus basieren und Krieg und Gewalt verherrlichen. Ich glaube sogar, daß der kürzliche Erfolg meines Romans SPACE WAR BLUES damit zu tun hat, daß die Leser von einem solchen Titel etwas anderes

erwarteten. Viele haben das Buch wahrscheinlich mit der Vorstellung gekauft, hier würde der Krieg verherrlicht. Das Gegenteil aber ist der Fall.«

Lynn, Elizabeth A.
(1946–)
Elizabeth A. Lynn, eine amerikanische Schriftstellerin, wurde vor allem durch ihre Kurzgeschichten bekannt, die im *San Francisco Review of Books* publiziert wurden. 1978 trat sie mit ihrem ersten Roman an die Öffentlichkeit: A DIFFERENT LIGHT, der von der Kritik sehr positiv aufgenommen wurde. 1979 erschien mit THE WATCHTOWER der erste Band einer Fantasy-Trilogie: THE CHRONICLES OF TORNOR, einer Saga von einem nördlichen Königreich, glänzend erzählt und ganz nach dem Geschmack der Fantasy-Leser. Elizabeth A. Lynn war es damit auf Anhieb gelungen, sich in der ersten Reihe der jungen Fantasy-Autorinnen neben Katherine Kurtz, Tanith Lee und C. J. Cherryh zu plazieren. Prompt wurde sie für den John W. Campbell Award als beste Nachwuchsschriftstellerin des Jahres nominiert. 1979 erschien bereits der zweite Band der Trilogie: THE DANCERS OF ARUN; der dritte ist für 1980 angekündigt. Neben ihrer schriftstellerischen Arbeit gibt Elizabeth A. Lynn Vorlesungen im Rahmen eines Frauen-Bildungsprogramms der San Francisco State University.

MacApp, C.C.
(1917–1971)

C.C. MacApp ist das Pseudonym des amerikanischen SF-Autors Caroll M. Capps, der Anfang der sechziger Jahre SF zu schreiben begann und hauptsächlich in den Magazinen *Galaxy* und *Worlds of If* publiziert wurde. Seine erste Story war A PRIDE OF ISLANDS (GAL, 5/60), der er noch ca. 40 weitere folgen ließ. Sein erster Roman erschien 1968 und hieß OMHA ABIDES. Bis zu seinem Tode verfaßte C.C. MacApp noch 6 weitere SF-Romane üblicher Klischeehaftigkeit, von denen keiner besonders herausragt.

Bibliographie:
Söldner einer toten Welt (RECALL NOT EARTH), Berlin 1973, U 2968.
Murno, der Befreier (OMHA ABIDES), Berg. Gladbach 1973, B 21039.
Das Rätsel der Subbs (SUBB), Berg. Gladbach 1974, B 21047.
Die Verbannten von Outside (BUMSIDER), Berg. Gladbach 1974, B 21050.
Die Dunkelwelt (SECRET OF THE SUNLESS WORLD), Berg. Gladbach 1974, B 21057.
Gefangene der Galaxis (PRISONERS OF THE SKY), Berg. Gladbach 1975, B 21068.

MacDonald, John D(ann)
(1916–   )

Amerikanischer Schriftsteller, berühmt geworden durch seine Kriminalromane und Thriller. Der in Sharon, Pennsylvania, geborene MacDonald studierte an der Universität von Pennsylvania, der Syracuse University und besuchte die Havard Graduate School of Business. In den sechziger Jahren galt er als einer der erfolgreichsten Autoren in den USA. Dort allein hatte man 15 Millionen seiner Bücher abgesetzt, die darüber hinaus in mehr als 10 Sprachen übersetzt wurden. Obgleich der Löwenanteil seiner Produktion in den Bereich der Kriminalromane fällt, schrieb MacDonald auch Mainstream-Romane und ein bißchen Science Fiction. Eine ganze Reihe von Stories von ihm erschien gegen Ende der vierziger Jahre in den verschiedensten Magazinen. Sein Roman WINE OF THE DREAMER (1951) fand auch bei uns sehr viele Fans und galt als der beste Roman unter den frühen Utopia-Großbänden. In ihm waren die Menschen Spielzeug einer außerirdischen Rasse, die auf einem sterbenden Planeten lebte und mit ihren destruktiven Geisteskräften andere Lebewesen in ihren Bann zog. Einen ähnlichen Plot weist auch BALLROOM OF THE SKIES (1952) auf. Hierin werden die Menschen als Marionetten einer galaktischen Zivilisation geschildert. THE GIRL, THE GOLD WATCH AND EVERYTHING (1962) ist dagegen ein humorvolles Garn um eine Uhr, die ihren Träger unsichtbar macht, indem sie die Zeit verlangsamt.

Bibliographie:
Herrscher der Galaxis (BALLROOM OF THE SKIES), München 1967, H 3092.
Planet der Träumer (WINE OF THE DREAMERS), München 1969, H 3166.
Flucht in die rote Welt (THE GIRL, THE GOLDWATCH AND EVERYTHING), München 1970, TTB 179.

MacLean, Katherine (Anne)
(1925–   )
Katherine MacLean, geboren in New Jersey, ist eine amerikanische SF-Autorin, die trotz ihres relativ schmalen Werks innerhalb des Genres einen guten Ruf genießt. Ihre erste Story, DEFENSE MECHANISM, erschien 1949 in *Astounding,* wo die meisten ihrer knapp 30 Erzählungen publiziert wurden, u. a. auch INCOMMUNICADO (ASF, 6/50), ihre wohl beste Story überhaupt (sie erschien auf deutsch unter demselben Titel in: **Die sechs Finger der Zeit,** hrsg. von Wolfgang Jeschke). Nachdem es Anfang der sechziger Jahre um Mrs. MacLean recht still geworden war, machte sie gegen Ende des Jahrzehnts wieder von sich reden, als einige herausragende Stories erschienen. FEAR HOUND (ASF, 5/68), RESCUE SQUAD FOR AHMED (ASF, 10/70) und vor allem THE MISSING MAN (ASF, 3/71), das im gleichen Jahr den Nebula-Award gewann. Der Erfolg ermutigte sie wieder zu verstärkter Produktion. Zusammengefaßt erschienen die drei Novellen 1976 als Roman unter dem Titel THE MISSING MAN, der das Produkt einer früheren Zusammenarbeit mit Charles V. de Vet, COSMIC CHECKMATE (1962), bei weitem übertraf.

Bibliographie:
Heftpublikation:
Schach für die Erde (COSMIC CHECKMATE), (zus. mit Charles V. de Vet) UZ 561 (1967).

Maddock, Larry
(1931–   )
Larry Maddock ist das Pseudonym des Rundfunkangestellten und freiberuflichen amerikanischen Schriftstellers Jack Owen Jardine, der auch gemeinsam mit seiner Frau Julie Ann (dann unter dem Gemeinschaftspseudonym Howard L. Cory) schreibt. Die einzigen Abstecher der Jardines in die Scienc Fiction waren die sechs Romane der SF-Agentenserie AGENT OF T.E.R.R.A., die zwischen 1966 und 1967 erschienen. Es geht um einen gewissen Hannibal Fortune, der die Menschheit aus allerlei Nöten auf der Erde wie im All befreit.

Bibliographie:
Agenten der Galaxis (THE FLYING SAUCER GAMBIT), München 1968, TTB 153.
Die goldene Göttin (THE GOLDEN GODDESS GAMBIT), München 1968, TTB 155.
Räuber von den Sternen (THE EMERALD ELEPHANT GAMBIT), München 1968, TTB 157.
Gefangener in Raum und Zeit (THE TIME TRAP GAMBIT), Frankfurt–Berlin–Wien 1971, U 2857.

Mader, Friedrich-Wilhelm
(1866–1947)
Friedrich-Wilhelm Mader, ein deutscher Erzähler, Dramatiker und Lyriker, wurde in Nizza geboren. Er wurde vor allem als Reiseerzähler bekannt, u. a. durch seine Afrika-Bücher (über den Burenkrieg, über Ostafrika und den Sudan) und besonders durch seine Jugendbücher **El Dorado** (1903), **Am Kilimandjaro** (1927) und **Im Weltmeer verirrt** (1929). Er hat auch eine Reihe von phantastischen Romanen und Erzählungen verfaßt, die der Science Fiction zuzurechnen sind, u. a. **Wunderwelten** (1911), **Die Messingstadt** (1912), **Die tote Stadt** (1923) und **Der letzte Atlantide** (1923). Auch sie sind für Jugendliche gedacht, wobei auf unterhaltsame und spannende Weise naturwissenschaftliche Kenntnisse vermittelt werden sollen. In **Wunderwelten** etwa, dem bemerkenswertesten deutschen SF-Roman um die Jahrhundertwende, neben denen von Laßwitz und Dominik, ist es die Astronomie: Lord Charles Filmore, ein Gelehrter, unternimmt mit Reisebegleitern in einem Raumschiff mittels Antigravitations-Antrieb eine Reise durch das Sonnensystem, am Mond vorbei zum Mars, wo man einem alten Marsbewohner begegnet, dann weiter zum Jupiter und Saturn, bis die kühnen Astronauten von einem Kometen erfaßt und in ein anderes Sternsystem entführt werden, wo man einen erdähnlichen Planeten entdeckt, und schließlich die glückliche Heimkehr zur Sonne, am Merkur vorbei zur Erde zurück. Der Leser erfährt nebenbei alles Wichtige über den Aufbau des Sonnensystems und über die einzelnen Planeten. F.-W. Mader starb 1947 in Bönnigheim/Württ.

Bibliographie:
Wunderwelten, Stuttgart 1911, Union Deutsche Verlagsanstalt.
Die Messingstadt, Stuttgart 1912, Union Deutsche Verlagsanstalt.
Die tote Stadt, Stuttgart 1923, Union Deutsche Verlagsanstalt.
Der letzte Atlantide, Stuttgart 1923, Union Deutsche Verlagsanstalt.

Mahr, Kurt
(1936–   )
Der aus Darmstadt stammende Physiker Klaus Mahn, der unter dem Pseudonym Kurt Mahr seit Beginn der sechziger Jahre Science Fiction-Romane schreibt, studierte ab 1954 an der TH Darmstadt und wollte, in dem Glauben, die Bundeswehr verfüge noch immer über »ein geheimes Peenemünde«, eigentlich zunächst Soldat werden. Als man ihm den Traum, an der Entwicklung von Raketen beteiligt zu werden, ausredete, schrieb er

kurzerhand an Wernher von Braun und bat ihn um Rat, ob und welche Möglichkeiten die USA einem mit einem eher mäßigen Abschluß versehenen deutschen Physiker böten. Von Braun verwies ihn an eine Agentur der US Army in Frankfurt, die Mahn bald darauf einen Job verschaffte. 1962 siedelte er mit seiner Familie in die Vereinigten Staaten über und arbeitete in der Privatwirtschaft an einem Forschungsprojekt auf dem Gebiet elektrochemischer Brennstoffzellen. 1966 zog er nach Orlando/Florida, war an der Entwicklung von Pershing-Raketen beteiligt und wechselte dann ins Computerfach über. Von 1972 bis 1977 lebte er dann wieder in München, arbeitete bei einem Software-Unternehmen und ging anschließend wieder nach Melbourne/Florida, wo er bis heute an rechnergesteuerten Redigier- und Satzsystemen arbeitet. Bereits 1959 hatte Mahn versucht, sich als Verfasser von Liebesromanen zu etablieren, was ihm aber nicht gelang. Erst mit der SF hatte er Glück: 1960 erschien unter dem Pseudonym Cecil O. Mailer sein erster Heftroman unter dem Titel **2 × Mr. Beeches.** Mahn wechselte bald von der *Utopia*-Reihe des Pabel-Verlages zu Moewigs *Terra* über und bekam 1961 Besuch von seinem bereits prominenten Kollegen K. H. Scheer, der ihn zur Mitarbeit an der zunächst auf 50–100 Fortsetzungen geplanten Serie **Perry Rhodan, der Erbe des Universums** einlud. Mahn nahm an und füllt diese Mitarbeiterposition bis heute (abgesehen von einer zweijährigen Unterbrechung) aus. Den Zweck, den seine utopischen Romane erfüllen, erklärt der Technokrat Mahr, der sich gerne als »Hans Dominik im Superformat« bezeichnet sieht und von seinem Verleger als »Physiker vom Dienst« apostrophiert wird, so: »Der Zweck? Den zu unterhalten, der lesen mag, was ich geschrieben habe. Ihn zum Denken anzuregen – zunächst zum Mit-Denken, dann vielleicht zum Weiter-Denken. Behauptet der utopische Roman, daß er eine Aussage zu machen habe? Sicher in ebendemselben Maße wie der Kriminalroman, der mit Nachdruck darauf hinweist, daß Verbrechen sich in keiner Weise bezahlt machen. Ist es nicht eine höchst wichtige Aussage, daß es morgen auf der Welt nicht mehr so aussehen wird wie heute – und übermorgen nicht mehr so wie morgen? Wird nicht außerdem dem Leser immer wieder nahegelegt, daß er sich als Bewohner eines Planeten fühlen solle, wie es wahrscheinlich noch Milliarden im Universum gibt, anstatt sich an Ptolemäus zu klammern und sich und seine kleine Welt für den Mittelpunkt des ganzen Kosmos zu halten? Das ist Zweck und Sinn genug für den, der utopische Romane schreibt. Wie aller nichttrivialer Sinn offenbart sich allerdings auch dieser nur dem, der ein paar Gedanken daranzuhängen bereit ist.« In einer Artikelserie der Heftreihe *Terra Astra* versuchte Mahr sich auch als Wirtschaftsideologe und erwies sich als treuer Verfechter althergebrachter Wertvorstellungen. In einem Interview bekannte er 1969: »Natürlich kann ich es mir manchmal nicht verkneifen, meine eigene Weltanschauung in einem

Stück Handlungshintergrund sich widerspiegeln zu lassen. Daß so etwas nicht in aufdringlicher oder belehrender Form geschehen kann, darüber ist sich jeder in der Gruppe im klaren. Aber jedesmal, wenn in einer meiner Stories bemerkt wird, daß sich auch im 36. Jahrhundert die Wirtschaft noch zum größten Teil in privater Hand befindet, hat sich der Mahr wieder einmal eine Sorge von der Seele geredet.«

Bibliographie:
Die Diktatorin der Welt, München 1968, TTB 135.
Die Zeitstraße (C), München 1974, TTB 232.

Heftpublikationen:
2 × Mr. Beeches (als Cecil O. Mailer), UZ 224 (1960).
Vulkan kontra Erde (als Cecil O. Mailer), UZ 228 (1960).
Die Union der 2000 Welten (als Cecil O. Mailer), UZ 232 (1960).
Geheimnisvoller Meteor (als Cecil O. Mailer), UZ 237 (1960).
Sabotage mit Feuerwasser (als Cecile O. Mailer), UZ 247 (1960).
Treffpunkt Zukunft (als Cecil O. Mailer), UZ 251 (1960).
Zeit wie Sand, T 99 (1960).
Der Nebel frißt sie alle, T 109 (1960).
Die Geschöpfe des Palin, T 119 (1960).
Spinnen aus dem Weltraum, T 122 (1960).
110 000 Jahre später, T 129 (1960).
Feldzug der Gläubigen, T 139 (1960).
Todeskommando Solar, T 146 (1960).
Die Welt des Ursprungs, T 157 (1961).
Der große Tunnel (als Cecil O. Mailer), UZ 281 (1961).
2 × Professor Manstein, T 164 (1961).
Der Blaustern-Fürst, T 171/172 (1961).
Havarie auf Antares, T 179 (1961).
Die zweite Schöpfung, T 185/186 (1961).
Menschen zwischen der Zeit, T 193 (1961).
Aus den Tiefen der Erde, T 198 (1961).
Das Gigant-Gehirn, T 205 (1961).
Die Klasse der Alphas, T 212 (1962).
Ein Planet verschwindet, T 224 (1962).
Die Hypno-Sklaven, T 227 (1962).
In einer fremden Galaxis, T 230 (1962).
Geheimstützpunkt Point Maler, T 233 (1962).
Unternehmen Winterschlaf, T 236 (1962).
Die Welt der Silikos, T 239 (1962).
Projekt Ranger, T 259 (1963).
Die Ratten, T 289 (1963).
Die Plasma-Hölle, T 300 (1963).
Ringplanet im NGC 3031, TS 31 (1960).
Die Milliardenstadt, TS 44 (1961).
Das Raumschiff der Verdammten, TS 58/59 (1962).
Bluff der Jahrtausende, TS 64 (1963).
Die Dunkelwolke, T 317 (1964).
Das letzte Raumschiff, T 320 (1964).
Der Fremde von Royale, T 324 (1964).
Im Banne der grünen Zwerge, T 327 (1964).
Planet der Gespenster, T 330 (1964).
Der Sternentöter, T 346 (1964).

Das Gestirn der Einsamen, T 357 (1964).
Der Diktator von Tittakat, T 372 (1965).
In der Maske eines Roboters, T 456 (1966).
Mars, Welt der Rätsel, T 544 (1967).
Die PSI-Menschen von Simsk, TN 60 (1969).
Der Tunnel durchs All, TN 131 (1970).
Die Jagd durch die Dunkelwolke, TN 137 (1970).
Die Verschwörung der Computer, TN 152 (1970).
Planet der Geschäftemacher, TN 160 (1971).
Die Flieger von Ghunn, TN 190 (1971).
Die häßlichen Zwerge von Artaria, TA 12 (1971).
Die Stadt der Alten, TA 28 (1972).
Welt der Ungeheuer, TA 50 (1972).
Kampf der Androiden, TA 105 (1973).
Zarastra, die Seherin, TA 125 (1973).
Der Planetenkönig, TA 134 (1974).
Die Hyänen von Sacanor, TA 145 (1974).
Der Krieger mit dem Flammenschwert, TA 239 (1976).

(↗ **Perry Rhodan, PRTB, Atlan**)

Maine, Charles Eric ↗ **McIlwain, David**

Malaguti, Ugo
(1945–   )
Der italienische Autor Ugo Malaguti stammt aus Bologna. Er gehört zu den vielseitigsten Gestalten der italienischen SF-Szene und ist der einzige, den sein Job ernährt. Er begann 1960 zu schreiben und debütierte mit der Story SONNO DI MILLENNI in dem Magazin *Oltre il Cielo*. Diese und mehrere darauf folgende Erzählungen widmeten sich dem gleichen Thema, das einige Jahre später auch Erich von Däniken weltberühmt machte: der sogenannten »Astro-Archäologie«. Auch die ersten drei Romane Malagutis spiegelten diese Thematik wider. Er wechselte schließlich dazu über, abenteuerliche SF-Stories zu schreiben und publizierte den Roman I FIGLI DEL GRANDE NULLA. Seine dritte Schaffensstufe ist gekennzeichnet durch vorwiegend soziologisch angehauchte Erzählungen, die ihm den Beifall sowohl der Kritik als auch der Leserschaft einbrachten: Obwohl seine Erzählung MINISTERO ISTRUZIONE sehr gute Kritiken erhielt, sieht es allerdings immer noch so aus, als würde das Gros seiner treuen Leser eher seine alten Abenteuerstoffe bevorzugen, die weitaus weniger stilistische Qualitäten aufweisen und simplere Plots zeigen. Allerdings strahlen sie einen bemerkenswerten Charme aus und sind ein anspruchsloses Lesevergnügen. Als 1977 einer von Malagutis archäologischen SF-Romanen nachgedruckt wurde (es handelte sich um I GIGANTI IMMORTALE, 1963) kannte die Begeisterung der Leser jedenfalls keine Grenzen mehr. Das jüngste Werk Malagutis umfaßt einige außergewöhnlich stark aus seinem bisherigen Oeuvre herausragende Romane mit religiösem und philosophischem Engagement. Der

wichtigste davon dürfte IL PALAZZO NEL CIELO sein, der auch ins Französische übersetzt wurde, ein reifes Werk, das weit über dem Niveau der üblichen italienischen SF steht.

Malaguti ist auch ein bekannter SF-Übersetzer und -Kritiker. Eine Zeitlang war er Redakteur des SF-Magazins *Galassia* und Herausgeber einer Buchreihe, mit der er ziemlich viel Erfolg hatte. Schließlich gründete er seinen eigenen Verlag, der sich – typisch für Italien – ausschließlich mit der Herausgabe von Science Fiction beschäftigt. Seine bisherige Produktion deutet darauf hin, daß er es bis dato strikt vermieden hat, allzu Triviales zu publizieren.

Malzberg, Barry N(athaniel)
(1939–   )

Malzberg wurde in New York geboren und versuchte sich in den unterschiedlichsten Berufen, ehe er von der Scott Meredith Literary Agency angeheuert wurde, um dort den *slush pile* (unaufgefordert eingesandte, in der Regel unverkäufliche Manuskripte bisher unpublizierter Autoren) zu lesen und darüber Gutachten abzugeben. 1966 verkaufte er nebenher zwei Geschichten an ein Herrenmagazin mit dem Titel *Wildcat* (»...einen Absatzmarkt, den außer mir wohl niemand kannte«). 1967 gab er seinen Job bei der Agentur auf, verkaufte WE'RE COMING THROUGH THE WINDOWS an *Galaxy* und saß zunächst einmal hoffend, nun den großen Schuß angebracht zu haben, eine Weile einkommenslos auf der Straße. Nach drei Wochen versuchte er sich als

Redakteur zweier Fachzeitschriften über Diäternährung und Haustierhaltung, was ihm, eigenen Aussagen zufolge, aber bald ziemlich auf die Nerven ging: »Die ewigen Umfragen bei Tierhändlern, ob Singvögel schneller laufen können als Nichtsingvögel, machte mich wirklich fertig.« Also sprach er wieder bei Meredith vor, der ihn gutmütig ein zweitesmal aufnahm. Malzberg behielt den Job bis 1967, verkaufte eine Story an *Mike Shayne's Mystery Magazine,* einen Softcore-Porno an Beacon Books, ein paar Stories an andere Männermagazine und drei Romane (ebenfalls Softpornos) an einen Freund, der zum Herausgeber einer Taschenbuchreihe avancierte. Bald tauchte er im *Magazine of Fantasy & Science Fiction* auf, dann auch in einigen Anthologien und übernahm 1968 einen Redakteursposten beim Herrenmagazin *Escapade*. Drei Monate später saß Malzberg wieder auf der Straße, wurde von Sol Cohen zum Herausgeber seiner SF-Magazine *Amazing* und *Fantastic* gemacht und stieß mit seinem ersten Leitartikel eine Reihe von Kollegen vor den Kopf, indem er behauptete, der Hauptteil ihrer Texte sei banal, unwichtig und unsäglich dumm. Unter dem Pseudonym K. M. O'Donnell verfaßte er einige Romane wie THE EMPTY PEOPLE (1969), kehrte den schlechtzahlenden Cohen-Magazinen den Rücken und etablierte sich binnen kurzem unter seinem wirklichen Namen als *enfant terrible* der SF: Stilistisch brillant und mit kritischem Blick für signifikante Details kratzte er unverfroren und mutig in THE FALLING ASTRONAUTS (1971) und BEYOND APOLLO (1972) am Glanz-und-Gloria-Mythos der tapferen amerikanischen Raumfahrthelden, während er mit HEROVIT'S WORLD (1974) die Misere und Trostlosigkeit der trivialen SF-Fabrikation schildert und die beklemmenden Marktmechanismen bloßlegt. In dem Roman geht es um einen erbarmungswürdigen Zeilenschinder, der über der 84. Folge der Abenteuer seines Weltraumhelden Mack Miller allmählich den Verstand verliert, von seinem Alter ego (dem Pseudonym Kirk Poland) »übernommen« wird und letztendlich die Identität des stahlharten Sternenstürmers selbst annimmt. Wie seine Kollegen Robert Silverberg und Michael Moorcock hat Malzberg angeblich das für ihn ein Getto darstellende SF-Business verlassen, was allerdings von seinen Kollegen bisher nicht sonderlich ernstgenommen wurde. Gregory Benford ging sogar soweit, ihm 1977 einen Preis dafür zu verleihen, »dreimal seinen Rückzug aus dem Genre bekanntgegeben (zu haben) ...ohne daß jemandem aufgefallen wäre, daß Malzberg zwischenzeitlich weggewesen ist«.

Bibliographie:
Jagd in die Leere (THE EMPTY PEOPLE) (als K. M. O'Donnell), Frankfurt 1974, FO 36.
Das gefangene Gehirn (IN THE ENCLOSURE), Berg. Gladbach 1974, B 21045.
Der Sturz der Astronauten (THE FALLING ASTRONAUTS), München 1975, H 3432.
Das Venus-Trauma (BEYOND APOLLO), Berg. Gladbach 1975, B 21064.
Herovits Welt (HEROVIT'S WORLD), München 1977, H 3548.
Auf einer Welt jahrtausendweit... (ON A PLANET ALIEN), Berg. Gladbach 1978, B 22002.

Manning, Laurence (Edward) (1899–)
Amerikanischer SF-Autor, in St. John, New Brunswick, Kanada, geboren. Kam nach seinem Abschluß am College 1920 in die Vereinigten Staaten und versuchte sich dort als Schriftsteller. Später war er Gründungsmitglied der American Interplanetary Society. Im Science Fiction-Feld wurde er vornehmlich durch zwei Serien bekannt, die beide in *Wonder Stories* liefen. THE MAN WHO AWOKE bestand aus 5 Kurzgeschichten, die 1933 erschienen. Später wurden sie als Roman nachgedruckt. Die STRANGER CLUB-Serie bestand ebenfalls aus 5 Stories (WS, 33–35), enthielt aber im Gegensatz zur erstgenannten Horror-Elemente. THE MAN WHO

AWOKE dagegen war reine SF der anspruchsvolleren Art, die dem Leser durch die Augen eines erwachten »Schläfers« verschiedene Stadien der Zukunft zeigte. Manning schrieb zwischen 1930 und 1939 Science Fiction, wobei er gelegentlich auch mit Fletcher Pratt zusammenarbeitete.

Bibliographie:
Der Jahrtausendschläfer (THE MAN WHO AWOKE), München 1977, H 3529.

Mano, D. Keith
(1942–   )
Ein amerikanischer Autor, der hauptberuflich den Familienbetrieb (Baustoffe) leitet, regelmäßig Bücher und Filme in verschiedenen namhaften Zeitungen und Zeitschriften bespricht und in seiner Freizeit bisher sechs Romane geschrieben hat, von denen THE BRIDGE (1973), ein stilistisch ambitionierter Roman, der Science Fiction zuzurechnen ist und der von der allgemeinen Literaturkritik geradezu enthusiastisch aufgenommen wurde (die *New York Times* verglich Keith Mano mit Graham Greene, Evelyn Waugh und George Bernanos). THE BRIDGE schildert die Welt im Jahre 2035: Die Erde wird seit vier Jahrzehnten von den sog. Ökologisten beherrscht, die das Töten aller lebendigen Kreatur strengstens verbieten. Inzwischen nehmen alle möglichen »natürlichen« Plagegeister derart überhand, daß der Mensch, aller Reglementierungen zum Trotz, sich zum Rundumschlag auszuholen genötigt sieht, um sich zu behaupten.

Bibliographie:
Die Brücke (THE BRIDGE), München 1980, H (in Vorb.).

Mantley, John
(1920–   )
John Truman Mantley ist ein kanadischer Autor, der in Toronto geboren wurde. Er studierte an der Universität in Toronto, nahm als Pilot am Zweiten Weltkrieg teil und wandte sich dann als Schauspieler dem Theater zu. Er übernahm auch Rollen in Hörspielen und führte in verschiedenen Theatern Regie. 1956 wurde sein SF-Roman THE TWENTY-SEVENTH DAY veröffentlicht, der 1957 nach einem Drehbuch von Mantley in den USA verfilmt wurde. Es geht darin um Außerirdische, die Menschen verschiedener Nationen an Bord ihres Raumschiffes entführen und jedem von ihnen eine ultimate Waffe in die Hand geben, mit der er die Menschheit vernichten kann. Die Fremden beabsichtigen damit – im Einklang mit galaktischen Gesetzen – die Selbstvernichtung der

Menschheit und anschließende Übernahme des Planeten. Ein schlauer Plan, aber die Rechnung geht wider Erwarten doch nicht auf.

Bibliographie:
Der 27. Tag (THE 27TH DAY), Zürich 1957, Diana Vlg.

Martin, George R.R.
(1948–   )
George R.R.Martin ist einer der bedeutenderen amerikanischen SF-Nachwuchsschriftsteller der siebziger Jahre. Er wurde in Bayonne/New Jersey geboren und veröffentlichte seine ersten »Gehversuche« in Comic Fanzines, während er noch zur High School ging. Von 1966 bis 1970 studierte er an der North Western University/Illinois und schloß mit einem Grad in Journalismus ab. Mehrere kurzzeitige Jobs und freiberufliche Mitarbeit bei verschiedenen Zeitungen folgten. Er war zwei Jahre lang (1972–1974) als Freiwilliger bei VISTA, einem sozialen Hilfswerk, ähnlich dem Peace Corps, tätig. Danach beschloß er freiberuflicher Schriftsteller zu werden und an Wochenenden Schachturniere zu veranstalten, für die er kreuz und quer durch die Vereinigten Staaten fliegt. Martins erste Story, THE HERO, entstand 1969 und wurde im Februar 1971 in *Galaxy* publiziert. Von diesem Erfolg beflügelt, schrieb er weitere Erzählungen, die in den folgenden Jahren erschienen, Stories unterschiedlicher, aber zum Teil bemerkenswerter Qualität, die ihren Verfasser immer bekannter machten. Die besseren darunter wurden fast alle für Hugo- oder Nebula-Awards nominiert, so WITH MORNING COMES MISTFALL (ASF, 5/73) (auf deutsch unter dem Titel **Am Morgen fällt der Nebel** erschienen in: **SF Story Reader 7,** hrsg. von Wolfgang Jeschke), AND SEVEN TIMES, NEVER KILL MAN (ASF, 7/75) und THE STORMS OF WINDHAVEN (ASF, 5/75), eine Novelle, die in Zusammenarbeit mit Lisa Tuttle entstand (auf deutsch erschienen in: **Im Grenzland der Sonne,** hrsg. von Wolfgang Jeschke). Den größten Erfolg verbuchte er aber mit A SONG FOR LYA (ASF, 6/74), die 1975 den Hugo als Novelle gewann (auf deutsch erschienen unter dem Titel **Ein Lied für Lya** in: **SF Story Reader 5,** hrsg. von Wolfgang Jeschke). Einige von Martins Geschichten sind in seinen beiden Collections A SONG FOR LYA & OTHER STORIES (1976) und SONGS OF STARS AND SHADOWS (1977)

gesammelt und weisen einen gemeinsamen Hintergrund auf, ein Universum, das in seinem bislang einzigen Roman DYING OF THE LIGHT (1977) in epischer Breite dargelegt wird. Durch Kriege mit zwei Fremdrassen ist das Terranische Sternenimperium zerbrochen. Nach langen Zeiten des Chaos bricht eine neue Entdeckungsphase an, bei der Abkömmlinge der menschlichen Rasse nach Jahrtausenden wieder aufeinander treffen. Vor diesem Hintergrund läßt Martin viele seiner Stories spielen. Emotionsreich schildert er die Schicksale einzelner, die nicht selten einen aussichtslosen Kampf gegen ihr Schicksal führen. Oft sind seine Protagonisten romantisch veranlagte Idealisten, deren Gegenspieler rational denkende und handelnde Charaktere, die ihnen bei der Auseinandersetzung überlegen sind. Auch DYING OF THE LIGHT wurde für den Hugo nominiert, konnte sich neben GATEWAY des renommierten Frederik Pohl aber nicht behaupten. Martins Erfolg dürfte in der Verbindung herkömmlicher SF mit romantischen Themen liegen, die allerdings nie klischeehaft ausgeführt wird, und in der Happy Ends nur selten vorkommen. Martin gilt als ein SF-Nachwuchsschriftsteller, der zu größten Hoffnungen berechtigt.

Bibliographie:
Die Flamme erlischt (DYING OF THE LIGHT), München 1978, K701.
Lieder von Sternen und Schatten (SONGS OF STARS AND SHADOWS) München 1979, GWTB 23331.

Martino, Joseph P.
(1931–   )
Der in Warren/Ohio geborene Joseph P. Martino begann 1951 SF-Stories zu schreiben, von denen die erste 1959 verkauft wurde: PUSHBUTTON WAR; sie erschien 1960 in *Astounding*. Trotz dieses Erfolges blieb die SF für Martino stets nur eine Freizeitbeschäftigung, aber seine Erzählungen erschienen in den nächsten 12 Jahren mehr oder weniger regelmäßig. Als unter SF-Fans der Streit um die »New Wave« anhob, begrüßten die Vertreter der konservativen Richtung Martino als einen Autor, der die alten Werte der SF hochhielt. Seine Stories waren sog. Hardware SF, d. h. sie behandelten technisch-naturwissenschaftliche Stoffe, wie es in der Campbell-Ära üblich gewesen war. Daß in ihnen kriegerische Auseinandersetzungen nicht zu kurz kamen, verstand sich schon fast von selbst. Heute arbeitet der ehemalige Colonel der U.S. Air Force und Doktor der Mathematik am University of Dayton Research Institute, die sich mit der Prognose technologischer Entwicklungen beschäftigt.

Martinson, Harry Edmund
(1904–1978)
Harry Martinson, der schwedische Dichter und Nobelpreisträger, wurde als Sohn eines Kapitäns in Jämshög/Blekinge geboren. Er ging mit 16 Jahren zur See als Schiffsjunge und Heizer und hielt sich längere Zeit in Südamerika und Indien auf, bis er 1926 lungenkrank in die Heimat zurückkehrte. Arbeitslos und krank führte er ein Landstreicherleben und bildete sich autodidaktisch. 1929 fand er Zugang zu der literarischen Gruppe »Fem Uga«; mit seinen Gedichtbänden SPÖKSKEPP (1929), NOMAD (1931) und NATUR (1934) sowie durch seine Reiseerzählungen RESOR UTAN MAL (1932) und KAP FARVÄL (1933) wurde er rasch bekannt. 1938 erhielt er den Preis der Gruppe »De Nio«; 1974 zusammen mit Eyvind Johnson den Nobelpreis für Literatur. Martinsons Beitrag zur Science Fiction ist das Versepos ANIARA (**Aniara**), in dem auf höchst künstlerische Weise der SF-Topos des Generationenschiffs aufgegriffen wird. Ein Raumschiff mit seiner menschlichen Besatzung ist vom Kurs abgekommen und treibt hinein in die Leere des Alls. Martinson bringt in dem Epos seine tiefe Skepsis zum Ausdruck, ob der Mensch überhaupt fähig sei, den technischen Fortschritt tatsächlich zu lenken, oder ob die Entwicklung nicht längst außer Kontrolle geraten ist.

Bibliographie:
Aniara (ANIARA), München 1961, Nymphenburger Verlagshandlung.

Martynow, Georgij
(1906–)
Der russische Autor Georgij Martynow wurde in Grodno geboren und veröffentlicht SF seit 1955. Er schreibt vor allem für Kinder und Jugendliche und verfaßte u.a. die SF-Romane 220 DNEY NA ZWEZDO LJOTE (**220 Tage im Weltraumschiff**) und NASLEDSTWO FAENTONZEW (**Das Erbe der Phaetonen**), die beide ins Deutsche übersetzt wurden (**220 Tage im Weltraumschiff** wurde auch in der Heftreihe *Terra-Sonderband* nachgedruckt). Eine längere Erzählung von ihm erschien unter dem Titel GOST IZ BEZDNY (**Gäste aus dem Weltall**) in einer DDR-Heftreihe.

Bibliographie:
220 Tage im Weltraumschiff, (220 DNEY NA ZWEZDO LJOTE), Berlin 1957, Vlg. Kultur & Fortschritt.
Das Erbe der Phaetonen, (NASLEDSTWO FAETONZEW), Berlin 1964, Vlg. Kultur & Fortschritt.

Heftpublikation:
Gäste aus dem Weltall, (GOST IZ BEZDNY), Berlin 1958, Vlg. Kultur & Fortschritt, *Kleine Jugendreihe* 11 und 12.

Mason, Douglas R.
(1918–)
Außer unter seinem eigenen Namen Douglas Rankine Mason schreibt der britische Autor auch unter dem Pseudonym John Rankine. Er wurde in Wales geboren und arbeitet seit 1954 als Rektor im Schuldienst. Seine erste Story, TWO'S COMPANY, erschien 1964 unter John Rankine in *New Writings of SF*. Zu seinen Romanen zählen die Titel wie FROM CARTHAGO THEN I CAME (1966), RING OF VIOLENCE (1968), THE JANUS SYNDROME (1969) und SATELLITE 54-ZERO (1971). Als John Rankine veröffentlichte er u.a. die DAG-FLETCHER-Raumabenteuer-Serie, die zwei Romane, INTERSTELLAR TWO-FIVE (1966) und ONE IS ONE (1968), sowie die Story-Sammlung THE BLOCKADE OF SINITRON (1966) umfaßt.

Bibliographie:
Stadt unter Glas (FROM CARTHAGO THEN I CAME), München 1969, GWTB 107.
Die Weisman-Idee (THE WEISMAN EXPERIMENT) (als John Rankine), München 1970, GWTB 119.
Matrix (MATRIX), München 1970, GWTB 120.
Der Rebell von Metropolis (HORIZON ALPHA), Berg. Gladbach 1972, B 13.
Das Janus-Syndrom (THE JANUS SYNDROME), München 1973, GWTB 166.
Diktatur der Androiden (THE RESURRECTION OF ROGER DIMENT), Berg. Gladbach 1973, B 30.
Das Paradies der Roboter (THE END BRINGERS), Berg. Gladbach 1974, B 21058.
Der Zeiteffekt (DILATION EFFECT), Berg. Gladbach 1975, B 21069.
Unbekannte Invasoren (MOON ODYSSEY) (als John Rankine), Wien–München–Zürich 1975, Breitschopf Vlg.
Satellit 54-Null (SATELLITE 54-ZERO), Berg. Gladbach 1976, B 21077.
Die Telepathen-Kolonie (MOONS OF TRIOPUS), Berg. Gladbach 1976, B 21079.
Operation Eiszeit (OPERATION UMANAQ), Berg. Gladbach 1976, B 21083.
Der Turm von Rizwan (THE TOWER OF RIZWAN), Berlin 1978, U 3502.

Heftpublikation:
Die Odyssee der Zenobia (LANDFALL IS A STATE OF MIND), Ge 44 (1977).

Matheson, Richard (Burton)
(1926–)
Amerikanischer Horror- und Science Fiction-Autor. Matheson wurde in New Jersey geboren und studierte Journalismus an der Universität von Missouri. Im SF-Feld trat er zuerst 1950 in Erscheinung, als das *Magazine of Fantasy and Science Fiction* seine Story BORN OF MAN AND WOMAN ab-

druckte, die schon heute als Klassiker des Genres gilt (erschien unter dem Titel **Wunschkind** in: **Titan 15,** hrsg. von Robert Silverberg und Wolfgang Jeschke). Matheson hat eine unnachahmliche Art, SF- und Horrorthemen miteinander zu verquicken, was in seinen zahlreichen Storysammlungen, wie THIRD FROM THE SUN (1954), THE SHORES OF SPACE (1956) oder den SHOCK-Bänden (1961–1967) und teilweise auch bei seinen Romanen THE SHRINKING MAN (1956) und I AM LEGEND (1954) zum Ausdruck kommt. Die beiden letzteren wurden auch mit großem Erfolg von Hollywood verfilmt, I AM LEGEND unter den Titeln THE LAST MAN ON EARTH und **Der Omega-Mann** sogar zweimal, wobei in beiden Fällen Charlton Heston die Hauptrolle spielte. Als sich sein Durchbruch im Filmgeschäft anbahnte, zog sich Matheson mehr und mehr aus der SF zurück und begann als Scriptwriter für diverse Filmgesellschaften zu arbeiten. Er verfaßte Drehbücher für Film und Fernsehen, so u.a. auch für die E.A.Poe-Verfilmung THE PIT AND THE PENDULUM **(Die Grube und das Pendel).**

Bibliographie:
Die unglaubliche Geschichte des Mr. C (THE SHRINKING MAN), München 1960, H3002.
Ich, der letzte Mensch (I AM LEGEND), München 1963, H3020.
Der dritte Planet (C) (THIRD FROM THE SUN), München 1965, TTB 106.
Der letzte Tag (C) (THE SHORES OF SPACE), München 1972, GWTB 0146.

Matzke, Gerhard
(1925–   )
Der DDR-Autor Gerhard Matzke wurde im thüringischen Waltershausen geboren und besuchte die Handelsschule, konnte diese Ausbildung aber durch die Kriegsereignisse nicht abschließen. Er arbeitete im Büro einer Gummifirma, wurde gegen Kriegsende noch eingezogen und geriet in britische Gefangenschaft. In einer Lagerzeitschrift erschienen seine ersten literarischen Versuche. Später kehrte er in das inzwischen verstaatlichte Gummiwerk zurück, arbeitete in der Planungs- und Normabteilung und leitete nebenher die Laienspielgruppe des Betriebs. 1965 übernahm er die Redaktion der Betriebszeitung. Sein erster SF-Roman, **Marsmond Phobos,** erschien 1967. Geschildert wird darin die erste Marsexpedition, an der ein Junge als blinder Passagier teilnimmt.

Bibliographie:
Marsmond Phobos, Berlin 1967, Vlg. Neues Leben.
Projekt Pluto, Berlin 1976, Vlg. Neues Leben.

Maximović, Gerd
(1944–   )
Der heute in Bremen lebende Handelsstudienrat und SF-Autor Gerd Maximović wurde in der Tschechoslowakei geboren, wuchs in Schwäbisch Gmünd auf und studierte in Saarbrücken Volkswirtschaft. Wie seine Kollegen Voltz, Peschke oder Anton kommt Gerd Maximović vom deutschen SF-Fandom zur Schriftstellerei, und seine ersten Stories – die später teilweise in Anthologien und Zeitschriften neu erschienen – wurden zunächst in Fan-Magazinen publiziert. Seine erste Veröffentlichung außerhalb dieser Subkultur war die Erzählung **Die helfende Hand** (1974) in der von H.J. Alpers und Ronald M. Hahn herausgegebenen Anthologie **Science Fiction aus Deutschland.** Außer Kurzgeschichten, die in verschiedenen Anthologien und Zeitschriften erschienen, schrieb Maximović auch Heftromane und publizierte eine Storysammlung unter dem Titel **Die Erforschung des Omega-Planeten** (1979). Einige seiner Erzählungen, die zum Teil stilistisch höchst bemerkenswert sind und u.a. im *Playboy* erschienen, weisen pornografische und sado-masochistische Züge auf.

Bibliographie:
Die Erforschung des Omega-Planeten (C), Frankfurt 1979, PhB 26.

Heftpublikation:
Agent unter den Sternen (als Maxim Bremer), ZSF 153, (1974).

Mayer, Theodor Heinrich
(1884–1949)
Theodor Heinrich Mayer wurde in Wien geboren, studierte und promovierte zum Doktor der Philosophie und schrieb zahlreiche Romane und Novellen, darunter auch vier utopische Titel, die zwischen 1921 und 1930 erschienen sind. Th. H. Mayer starb in seiner Heimatstadt Wien.

Bibliographie:
»Wir«, Leipzig 1921, L. Staackmann Vlg.
Rapanui, der Untergang einer Welt, Leipzig 1923, L. Staackmann Vlg.
Die Macht der Dinge (C), Leipzig 1924, L. Staackmann Vlg.
Tod über der Welt, Leipzig 1930, L. Staackmann Vlg.

McCaffrey, Anne (Inez)
(1926–   )
Anne Inez McCaffrey wurde in Cambridge/Massachusetts geboren und wuchs in New Jersey auf. Ihr Sprach- und Literaturstudium schloß sie *cum laude* ab und arbeitete dann mehrere Jahre als Werbetexterin. In Amerika und in Düsseldorf studierte sie Gesang und Opernregie; beides setzte sie bei der amerikanischen Premiere von Carl Orffs »Ludus de nato Infante mirificus« (1963) in die Praxis um und war auch später mit Operninszenierungen in Delaware befaßt. Nach zwanzigjähriger Ehe geschieden (sie hat drei Kinder), siedelte sie 1970 nach Irland über.

Ihre erste SF-Story, FREEDOM OF RACE, erschien 1954 in *Science Fiction Plus,* Hugo Gernsbacks letztem Magazin. Ihr erster Roman, RESTOREE, erschien 1967. Inzwischen umfaßt ihr Werk über 30 Kurzgeschichten und 20 Romane, wobei der kürzlich veröffentlichte Roman, THE WHITE DRAGON, am erfolgreichsten zu werden verspricht: Allein die im Juni 1978 erschienene Hardcoverausgabe erreichte innerhalb von drei Monaten sechs Auflagen und erschien auf der amerikanischen Bestsellerliste. Anne McCaffrey ist vor allem durch ihre DRAGON-Serie bekannt geworden, mit der sie die Gunst der Leser gewann. DRAGONFLIGHT (1968) brachte es auf 8 Auflagen in Amerika, DRAGONQUEST (1971) auf 7. Und die Erzählungen WEYR SEARCH (*Analog* 1967) und DRAGONRIDER (*Analog* 1968/1969), aus denen sich die Serie entwickelte, gewannen 1968 den *Hugo Gernsback*- bzw. 1969 den *Nebula*-Award. Schließlich wurde das erfolgreiche Thema von ihr selbst auch in Jugendbuchform aufbereitet: in DRAGONSONG (1976), DRAGONSINGER (1977) und DRAGONDRUM (1979). Die Romane handeln alle auf dem Planeten Pern, einer vergessenen Kolonie der Erde, wo sich zwischen Menschen als Drachenreitern und den feuerspuckenden Drachen ein enges Zusammenleben ergeben hat, weil die Drachen teleportieren und ihre Reiter vor zyklisch aus dem All einfallenden tödlichen Sporen schützen können. Der Erstling RESTOREE ist eine der üblichen SF-Romanzen, die von einem Mädchen handelt, das bösen Außerirdischen in die Hände fällt und von mutigen Männern errettet wird. Anne McCaffreys bedeutendster Beitrag zur Science Fiction dürfte THE SHIP WHO SANG (1970) sein, der von Helva handelt, einem einst verkrüppelten Menschen, der einem Raumschiff so angepaßt wurde, daß es ihm im ganzen als neuer Körper dient und auch so empfunden wird. Zwar gab es schon ähnliche Themen in der SF (etwa Kuttners Story CAMOUFLAGE), aber hier entstand eine eindringliche (und romantische) Schilderung aus der Sicht eines Cyborgs. Dieser Roman und DRAGONFLIGHT wurden für den Hugo nominiert. Weiterhin schrieb Anne McCaffrey einen Beitrag über ROMANCE AND GLAMOUR IN SCIENCE FICTION für SCIENCE FICTION, TODAY AND TOMORROW. Zur Zeit arbeitet sie u. a. an dem Drehbuch für DECISION AT DOONA, ihrem dritten, 1969 erschienenen Roman, der verfilmt werden soll.

Bibliographie:
Die Welt der Drachen (DRAGONFLIGHT), München 1972, H 3291.
Planet der Entscheidung (DECISION AT DOONA), München 1972, H 3314.
Die Suche der Drachen (DRAGONQUEST), München 1973, H 3330.
Ein Raumschiff namens Helva (THE SHIP WHO SANG), München 1973, H 3354.
Die Wiedergeborene (RESTOREE), München 1973, H 3362.
Drachensinger (DRAGONSINGER), München 1980, H (in Vorb.).
Drachengesang (DRAGONSONG), München 1981, H (in Vorb.).
Der weiße Drachen (THE WHITE DRAGON), München 1981, H (in Vorb.).

McClary, Thomas Calvert
Amerikanischer SF-Autor. Debütierte 1934 mit dem zweiteiligen Fortsetzungsroman REBIRTH in *Astounding*. Dieser Roman – heute ein anerkannter Klassiker – kann als Reaktion auf die Weltwirtschaftskrise interpretiert werden. Unzufrieden mit der gesellschaftspolitischen Entwicklung in den USA, setzt ein Professor seine neue Erfindung ein, die die Menschheit jeglicher zivilisatorischer Charakteristika beraubt und sie auf eine archaische Stufe bar jeden Wissens zurücksinken läßt. Ein weiterer wichtiger Roman McClarys ist THREE THOUSAND YEARS (ASF, 1938). Auch hierbei haben wir es mit einem Katastrophenroman zu tun. Die Erde wird 3000 Jahre in Tiefschlaf versetzt. Nach dem Aufwachen machen sich die Überlebenden daran, eine neue Welt aufzubauen, diesmal eine bessere. Trotz seiner gelegentlichen Abstecher in den Fantasybereich kann man McClary mit Fug und Recht als Vorkämpfer einer gesellschaftskritischen SF betrachten, denn er schrieb schon in den dreißiger Jahren Romane, wie sie eigentlich eher für die fünfziger typisch sind.

Bibliographie:
Heftpublikation:
Die neue Menschheit (REBIRTH), UZ 447 (1965).

McIlwain, David
(1921–   )
Der unter dem Pseudonym **Charles Eric Maine** bekannt gewordene britische SF-Schriftsteller David McIlwain war Nachrichtenoffizier bei der R.A.F., bevor er einen Beruf als Fernsehtechniker ergriff und mit dieser Tätigkeit journalistische Arbeiten verband. In seiner Freizeit hatte sich McIlwain schon früh mit der SF beschäftigt, und so war es kein Wunder, daß er seinen populärwissenschaftlichen Artikeln über Fernsehen und Radio alsbald SF-Geschichten folgen ließ. Sein erster Roman, SPACEWAYS (1953), war die Adaption eines Hörspiels, das er geschrieben hatte. Während der fünfziger und sechziger Jahre war McIlwain schriftstellerisch überaus produktiv: knapp zwanzig Romane von ihm erschienen in dieser Zeit. Inhaltlich bieten sie spannende Unterhaltung mit einem Schwergewicht auf Problemen der näheren Zukunft. So schrieb

McIlwain mit HIGH VACUUM (1957) einen Roman über die erste Mondlandung und die Gefahren, die die Expedition dort überwinden muß. Andere Themen sind: Gefahren der Radioaktivität (THE ISOTOPE MAN, 1957), Atomkatastrophen (THE TIDE WENT OUT, 1958) und Biologische Evolutionen (B.E.A.S.T., 1966). McIlwain wäre aber kein britischer SF-Autor, wenn er nicht wenigstens einen Katastrophenroman verfaßt hätte: In THE DARKEST OF NIGHTS (1962) kämpfen die Überlebenden einer weltweiten Virusepidemie ums Überleben.

Bibliographie:
Krise im Jahr 2000 (CRISIS IN 2000), Berlin 1959.
Zwei... Eins... Null (COUNTDOWN), München 1961, G 17.
Heimweh nach der Erde (THE MAN WHO OWNED THE WORLD), München 1961, G 22.
Dr. Gilleys Wunderwesen (B.E.A.S.T.), München 1966, GWTB 074.
Die Brücke über den Saturn (THE RANDOM FACTOR), München 1972, GWTB 0141.

Heftpublikationen:
In Nevada ist der Teufel los (SPACEWAYS), UGB 200.

McIntosh, J.T.
(1925–)
Unter dem Pseudonym J.T. McIntosh veröffentlicht der Schotte James Murdock MacGregor seit 1950 SF-Erzählungen und -Romane. Er wurde in Paisley geboren, studierte in Aberdeen und arbeitete zeitweise als Journalist und Redakteur. Seine erste veröffentlichte Story war THE CURFEW TOLLS; sie erschien in *Astounding*. Sein erster Roman war WORLD OUT OF MIND (1953), es folgten THE FITTEST (1955) und ONE IN 300 (1954), sämtlich Katastrophenromane, in denen sozialdarwinistisch argumentiert wird: nur Ṭatmenschen, Killer und Führerfiguren erweisen sich als würdig, den Untergang zu überleben.

Bibliographie:
Sechs Tore zur Hölle (SIX GATES FROM LIMBO), München 1969, H 3154.
Die Überlebenden (THE FITTEST), München 1969, H 3162.
Einer von Dreihundert (ONE OF THREE HUNDRED), München 1970, H 3201.
Der Seelenwanderer (TRANSMIGRATION), München 1972, H 3322.
Flucht vor dem Leben (FLIGHT FROM REBIRTH), Berg. Gladbach 1974, B 21055.
Die Crock-Expedition (GALACTIC TAKEOVER BID), München 1976, H 3485.

Heftpublikationen:
Der Weg zurück (THE WAY HOME), T 3 (1957).
Der Solomonplan (THE SOLOMON PLAN), TS 23 (1960).
Die Saboteure von Nwylla (WORLD OUT OF MIND), T 283 (1963).

McIntyre, Vonda N.
(1948–)
Der Vorname Vonda ist polnisches Erbe der mütterlichen Linie ihrer Vorfahren. Soweit Vonda McIntyre sich erinnern kann, hatte bereits das erste Buch, das sie las, etwas mit Science Fiction zu tun. Eines Tages versuchte sie dann selbst eine Story zu schreiben, schickte sie an Edward L. Fairman, Herausgeber des *Magazine of Fantasy and Science Fiction*. Der schickte sie mit ein paar aufmunternden Worten zurück – und kaufte die zweite. Vonda McIntyre absolvierte einen Kurs des *Clarion Writers Workshop* und konnte wenig später die ersten größeren Erfolge verbuchen: Mit ihrer ersten veröffentlichten Erzählung gewann sie nicht nur den *Clarion II*-Preis, sondern auch auf Anhieb 1974 den *Nebula*-Award als beste Novelle des Jahres 1973: OF MIST, AND GRASS, AND SAND (sie erschien unter dem Titel **Die Schlange** in: SF Story Reader 11, hrsg. von Wolfgang Jeschke). 1975 kam ihr erster Roman, THE EXILE WAITING, heraus – er handelt von einer Telepathin, die in einer unterirdischen Stadt nach einem verheerenden Atomkrieg lebt –, und 1976 erschien eine von ihr und Susan Anderson herausgegebene Anthologie: AURORA: BEYOND EQUALITY. Die bisher größte Leistung von Vonda McIntyre ist der aus OF MIST, AND GRASS, AND SAND und mehreren anderen Kurzgeschichten hervorgegangene Roman DREAMSNAKE (1978), der 1979 sowohl den *Nebula*- wie den *Hugo Gernsback*- als bester SF-Roman des Jahres 1978 gewann. Dort zieht ein Mädchen als Heilerin mit mutierten, zur Heilgifterzeugung gezüchteten Schlangen über eine Erde der fernen Zukunft, wo die Menschen nach einem lange zurückliegenden Atomkrieg in relativ primitiven Stammeskulturen leben. Vonda McIntyre präsentiert sich mit diesem Roman als begabte Erzählerin. Die Autorin erwarb einen akademischen Grad in Biologie und gehört zu den großen Nachwuchstalenten der amerikanischen Science Fiction. Eine Sammlung ihrer Erzählungen erschien 1979 unter dem Titel FIRE FLOOD & OTHER STORIES.

Bibliographie:
Traumschlange (DREAMSNAKE), München 1979, K 5714.
Die Asche der Erde (THE EXILE WAITING), München 1980, H (in Vorb.).

McLaughlin, Dean (Benjamin)
(1931–)
Amerikanischer SF-Autor, dessen Stories hauptsächlich in dem SF-Magazin *Astounding/Analog* erschienen. McLaughlin wurde in Ann Arbor im Staat Michigan geboren. Obgleich seine Eltern beide einen Doktorgrad in Astronomie besaßen und er sozusagen von Kindesbeinen an mit den Naturwissenschaften vertraut war, schlug er eine eher geisteswissenschaftliche Laufbahn ein und wurde Buchhändler. Nebenher schrieb er SF-Stories, in denen dann die Wissenschaften, die in seinem Berufsleben zu kurz gekommen waren, einen umso größeren Raum einnahmen. Seine erste Veröffentlichung war FOR THOSE WHO FOLLOW AFTER (ASF, 7/51). Bis Mitte der sechziger Jahre veröffentlichte er ein gutes Dutzend Kurzgeschichten und 3 Romane. Seine bekannteste und wohl beste Erzählung ist A HAWK AMONG THE SPARROWS (ASF, 7/68), in der ein amerikanischer Düsenjägerpilot samt Maschine durch eine Atomexplosion in die Zeit des Ersten Weltkriegs zurückgeschleudert wird (sie erschien unter dem Titel **Ein Falke unter Spatzen** in: **Planetoidenfänger,** hrsg. von Wolfgang Jeschke). McLaughlins Romane THE FURY FROM EARTH (1963) und THE MAN WHO WANTED STARS (1965) weisen ihn bestenfalls als durchschnittlichen Autor des Genres aus.

Bibliographie:
Im Schatten der Venus (THE FURY FROM EARTH), München 1965, G61.
Noch tausend Meilen (THE MAN WHO WANTED STARS), München 1975, GWTB 0202.

Mead, Harold
(1910–)
Harold Mead wurde in Indien geboren, an der Militärakademie in Sandhurst (England) ausgebildet und erwarb einen akademischen Grad in Cambridge, bevor er 1930 Berufssoldat wurde und dies bis 1947 blieb. Heute ist er Lehrer. Mead ist kein typischer SF-Autor, hat jedoch zwei Romane geschrieben, die der Science Fiction zuzurechnen sind. Daneben schrieb er für zahlreiche englische Zeitschriften.
THE BRIGHT PHOENIX (1955) beschäftigt sich mit der Welt nach einem dritten Weltkrieg. Eine Art sozialistischer Staat schickt genetisch selektierte Siedler zur Landnahme aus, scheitert aber letztlich an den weniger perfekten Überlebenden dieser Landstriche. Ähn-

lich die Thematik von MARY'S COUNTRY (1957): Durch einen Unfall werden für einen bakteriologischen Krieg Krankheitskeime freigesetzt und verseuchen diesseits und jenseits der Grenze ein großes Territorium, durch das sich eine Gruppe von Kindern schlagen muß, die in einem der Kindererziehungsheime eines totalitär-perfektionistischen Staates überlebt hat. Die Kinder überleben nur deshalb, weil es ihnen gelingt, die ihnen aufgepfropfte Normung abzustreifen. Ähnlich wie Orwell lag Mead die Warnung vor totalitären Systemen am Herzen, und wie dieser sah er die Gefahr vor allem im Osten. Geschickter Handlungsaufbau, hervorragende Charakterisierung und eindringliche, emotional packende Gestaltung haben die beiden Werke zu Klassikern werden lassen.

Bibliographie:
Marys Land (MARY'S COUNTRY), Zürich 1959, Fretz & Wasmuth Vlg.

Heftpublikation:
Der strahlende Phoenix (THE BRIGHT PHOENIX), TS 18 (1959).

Meek, S(terner) (St.) P(aul)
(1894–)
Amerikanischer SF-Autor der zwanziger und dreißiger Jahre. S.P. Meek wurde in Chicago geboren und besuchte verschiedene Universitäten. In der US-Army brachte er es zum Colonel. Er schrieb über zwanzig Bücher, darunter einige Sachbücher. Seinen Einzug in die SF-Magazine hielt er 1929 mit der Geschichte THE MURGATROYD EXPERIMENT in *Amazing Quarterly*. Unter seinen ca. 35 Stories, die er bis 1939 veröffentlichte, ragt die DR. BIRD-Serie heraus, die allein 16 Erzählungen umfaßt. Von seinen Romanen, die oft weniger SF-Charakter haben und eher als phantastische Reiseromane bezeichnet werden können, ist DRUMS OF TAPAJOS (AMz, sr3, 11/30) der bekannteste. Die Handlung spielt in Südamerika in einem unterirdischen Atlantis. Die Fortsetzung dazu, TROYANA (AMz, sr3, 2/32), war ebenfalls recht erfolgreich.

Mejerow, Alexander
(1915–)
Alexander Mejerow (Aleksandr Mejerov) ist Russe und wurde in Charkow geboren. Nach einer Ausbildung zum Chemieingenieur arbeitete er viele Jahre lang an wissenschaftlichen Forschungsinstituten und schrieb nebenher SF. Sein erster Roman erschien 1955 unter dem Titel ZASHCHITA 240 (»Verteidigung 240«). Weitere Romane, die auch ins Deutsche übertragen wurden, sind SIRENEWYJ KRISTALL (**Der fliederfarbene Kristall**) und PRAWO WETO (**Vetorecht**).

Bibliographie:
Der fliederfarbene Kristall, (SIRENEWYJ KRISTALL) Berlin 1968, Vlg. Kultur & Fortschritt.
Vetorecht, (PRAWO WETO), Berlin 1973, Vlg. Volk & Welt.

Merle, Robert
(?–   )
Der französische Autor Robert Merle gehört zwar nicht zu den typischen SF-Autoren seines Landes, hat aber mehrere bemerkenswerte SF-Romane geschrieben, die die Science Fiction als Vehikel für Gesellschaftskritik benutzen (Merle ist Mitglied der französischen KP). Am eindrucksvollsten ist UN ANIMAL DOUÉ DE RAISON (1967), wo sich die Intelligenz der Delphine der des Menschen ebenbürtig erweist – woraufhin man versucht, sie militärisch zu mißbrauchen. Dieser Stoff wurde auch verfilmt. Weitere utopische Romane Merles sind MALEVIL (1972), in dem es um die Folgen einer nuklearen Katastrophe geht, und LES HOMMES PROTÉGÉS (1974), in dem nach einer Epidemie, die in den USA die meisten männlichen Einwohner hinweggerafft, die Frauen über die verbliebenen Männer jene Art von Macht ausüben, wie es bislang die Männer gegenüber den Frauen getan haben. Merles Gegenwartsromane sind ähnlich gesellschaftspolitisch engagiert; und er ist dafür bekannt, daß er Nebenthemen und -figuren aus vorhergegangenen Romanen später neu aufgreift und damit eine Verzahnung aller Romane erreicht.

Bibliographie:
Der Tag der Delphine (UN ANIMAL DOUÉ DE RAISON), Karlsruhe 1967, Stahlberg Vlg.
Die geschützten Männer (LES HOMMES PROTÉGÉS), Berlin 1976, Aufbau Vlg.

Merril, Judith
(1923–   )
Judith Merril wurde als Josephine Judith Zissman in den Vereinigten Staaten geboren. 1947 begann sie hauptberuflich zu schreiben. Ihre erste und zugleich auch beste SF-Geschichte war THAT ONLY A MOTHER (ASF, 6/48), die, wie einige bemerkenswerte Stories der Nachkriegszeit, von der Prämisse ausging, radioaktive Strahlung könne positive Mutationen verursachen (die Atombombe hatte auch bei SF-Autoren einen tiefen Eindruck hinterlassen). In der genannten Erzählung muß eine junge Mutter erstaunt feststellen, daß ihr Kind schon im Alter von 7 Monaten zu sprechen beginnt. Der Vater hatte lange Zeit in einem Atombombenversuchszentrum gearbeitet... THAT ONLY A MOTHER wurde auch in die SCIENCE FICTION HALL OF FAME, eine Anthologie der besten SF-Kurzgeschichten, aufgenommen (erschien unter dem Titel **Nur eine Mutter** in: **Titan 15,** hrsg. von Robert Silver-

berg und Wolfgang Jeschke). In den fünfziger Jahren schrieb Judith Merril noch etwa zwei Dutzend Erzählungen sowie zwei Romane: THE TOMORROW PEOPLE (1960) und SHADOW ON THE HEARTH (1950). Bekannter aber wurden ihre gemeinsam mit Cyril M. Kornbluth unter dem Pseudonym Cyril Judd entstandenen Romane: GUNNER CADE (1952), handelt von einem durch und durch indoktrinierten Raumsoldaten, der plötzlich selbst zu denken anfängt, und OUTPOST MARS (1951) ist eine Geschichte um die ersten irdischen Kolonisten auf dem Mars und deren Schwierigkeiten. Neben ihrer Tätigkeit als Schriftstellerin machte sich Judith Merril – die übrigens mit dem SF-Autor Frederik Pohl verheiratet war – durch die Herausgabe verschiedener Anthologien einen Namen. In den fünfziger Jahren waren es vornehmlich die SF: THE YEAR'S GREATEST SCIENCE FICTION AND FANTASY-Bände. Ein Jahrzehnt später machte Judith Merril wieder von sich reden, als sie die Anthologie ENGLAND SWINGS (1968) zusammenstellte und sich damit zur Apologetin der New Wave machte. Zeitlich dazwischen lagen die erfolgreichen YEAR'S BEST SF-Anthologien, die, wie der Name sagt, jährlich publiziert wurden. Ihre Anthologien zählen neben denen von Groff Conklin, Frederik Pohl und Anthony Boucher zu den wichtigsten der Zeit zwischen 1950 und 1965.

Bibliographie:
Die Rebellion des Schützen Cade (mit Cyril M. Kornbluth als Cyril Judd) (GUNNER CADE), Berlin 1972, U 2839.
Kinder des Mars (OUTPOST MARS), München 1958, sr4, Gal 3–6.

Merritt, A(braham)
(1884–1943)
A. Merritt wurde in Beverley/New Jersey geboren. Seine Vorfahren kamen 1621 ins Land, und einer seiner Ahnen soll James Fenimore Cooper gewesen sein. Als er zehn Jahre alt war, zog Merritts Familie nach Philadelphia. Er schloß die High School mit dreizehn ab und trachtete danach, als Anwalt Karriere zu machen. Tagsüber studierte Merritt Rechtswissenschaften, abends arbeitete er bei einem Notar. Er war bekannt dafür, ungeheuer schnell zu lesen und so gut wie nichts zu vergessen. 1902 verlegte er sich auf den Journalismus und arbeitete für den *Philadelphia Inquirer*, ein Sensationsblättchen, für das Merritt vorwiegend Be-

richte über Morde, Vergewaltigungen, Lynchjustiz und politische Skandale lieferte. Nebenher schrieb er für das zum Hearst-Konzern gehörende Magazin *The American Weekly*, in dessen Stab er 1912 eintrat, zum Stellvertreter des Chefredakteurs avancierte, und das er von 1937 bis zu seinem Tod leitete. Unter Merritts Herausgeberschaft wuchs die Auflage des *American Weekly* von 5 Millionen auf nahezu 8 Millionen Exemplare an. Dennoch gab er sich mit diesen Erfolgen nicht zufrieden. Er schrieb Fantasy-Geschichten seit dem Anfang seiner journalistischen Laufbahn und gehörte bald zu den Entdeckungen der zahlreichen Munsey-Magazine (aus denen auch Autoren wie Edgar Rice Burroughs, Ray Cummings, und der unter dem Pseudonym Max Brand schreibende Frederick Schiller Faust hervorgingen). 1917 erschien Merritts erste Story unter dem Titel THROUGH THE DRAGON GLASS im Magazin *All Story Weekly*. 1918 folgte in der gleichen Zeitschrift THE PEOPLE OF THE PIT. Er erwarb sich rasch einen großen Kreis von Fans, und so dauerte es nicht lange, bis in den Leserbriefseiten des Magazins das Publikum lautstark nach ihm fragte. Als Merritt 1919 die Novelle THE MOON POOL veröffentlichte, mußte er dem Drängen seiner Leser nachgeben und dazu eine Fortsetzung schreiben, die noch im gleichen Jahr in sechs Folgen als THE CONQUEST OF THE MOON POOL herauskam. Putnam publizierte das gesamte Material fast gleichzeitig als Buch (dt. Titel: **Der Mondsee**), und Merritt hatte sich blitzschnell den Titel eines »Master of Fantasy« erworben. Von nun an produzierte er schneller: *Argosy/All Story Weekly* publizierte 1920 THE METAL MONSTER, und seine nächste längere Arbeit wurde bald als seine beste bezeichnet: THE SHIP OF ISHTAR (1924) erschien ebenfalls als Fortsetzungsroman in sechs Teilen. Die Bucherstausgabe, ebenfalls von Putnam, wird heute von amerikanischen Sammlern mit mehreren hundert Dollars gehandelt. Verfilmt wurde sein Roman SEVEN FOOTPRINTS TO SATAN (1927), der zu einem Renner wurde, da er nicht nur die Fantasy-Fans, sondern auch die Horrorleser ansprach. Als Hugo Gernsback 1926 sein SF-Magazin *Amazing* aus der Taufe hob, blieb Merritt ihm natürlich nicht verborgen. Seine Zeitschrift druckte zunächst fleißig die Erzählungen Merritts nach und konnte 1927 seine Leser sogar mit einem Originalroman des beliebten Autors ködern: THE FACE IN THE ABYSS blieb allerdings der einzige Beitrag, den er bekommen konnte, und es ist zu vermuten, daß daran die leidige Angewohnheit Gernsbacks nicht unschuldig gewesen ist, seine Autoren gar nicht oder nur selten anständig zu entlohnen. Merritts nächster Roman erschien deshalb wieder in *Argosy:* THE SNAKE MOTHER (1930). Ein Jahr später präsentierte das Blatt dann seinen Lesern DWELLERS IN THE MIRAGE (1932) und BURN, WITCH, BURN! 1933 erschien Merritts letztes Werk: CREEP, SHADOW! (bzw. CREEP SHADOW, CREEP!), ein Roman, der ebenfalls eine erfolgreiche Verfilmung nach sich zog. Nach Merritts Tod wurden viele seiner Geschichten neu aufgelegt, und Hannes Bok, ein Maler der Phantastik, beendete eine Reihe nachgelassener Manuskripte, die als Kurzgeschichtensammlungen unter den Titeln THE FOX WOMAN (1946) und THE BLACK WHEEL (1947) erschienen.

Bibliographie:
Schiff von Ischtar (THE SHIP OF ISHTAR), München 1977, TF 35.
König der zwei Tode (THE SHIP OF ISHTAR/II), München 1977, TF 36.
Königin im Schattenreich (DWELLERS IN THE MIRAGE), München 1978, TF 47.
Die Höhle des Kraken (DWELLERS IN THE MIRAGE/II), München 1978, TF 48.
Der Mondsee (THE MOON POOL), München 1978, H 3603.
Königin der Schatten (CREEP, SHADOW, CREEP!), Rastatt 1978, Erich Pabel Vlg.

Merwin, Sam jr.
(1910–)
1945 wurde Samuel Merwin jr. Redakteur der Magazine *Thrilling Wonder Stories* und *Startling Stories* und machte sie bald zu den besten SF-Magazinen dieser Jahre. Ferner redigierte er die auf Nachdrucke spezialisierten Magazine *Fantastic Story Magazine* und *Wonder Story Annual*. 1951 verließ er den Standard-Verlag, arbeitete kurze Zeit freiberuflich, um dann die ersten Ausgaben von *Fantastic Universe* herauszugeben. Später war er unter H. L. Gold in der Redaktion von *Galaxy, Galaxy SF Novel* und *Beyond* tätig. Zwischen 1954 und 1956 arbeitete er freiberuflich, redigierte zwei Ausgaben von *Satellite SF* und setzte sich schließlich nach Hollywood ab. Sam Merwin – dessen Vater ebenfalls Schriftsteller war – veröffentlichte als erste SF-Story THE SCOURGE BELOW (1939) im Magazin *Thrilling Wonder Stories* und schrieb gelegentlich auch unter Pseudonymen wie Stanley Curson oder Matt Lee. Einer seiner Romane, THE WHITE WIDOWS (1953) schildert den Versuch einer Gruppe feministischer Terroristen, das männliche Geschlecht auszurotten.

Bibliographie:
Heftpublikationen:
Piraten im All (THE DARK SIDE OF THE MOON), UK 17 (1957).
Centaurus (CENTAURUS), UZ 136 (1958).
Die Zeitagenten (THREE FACES OF TIME), TS 65 (1963).
In geheimer Mission auf Erde II (THE HOUSE OF MANY WORLDS), TN 40 (1968).

Meyer-Oldenburg, Christian
(1936–)
Der deutsche Autor Christian Meyer-Oldenburg wurde in Berlin geboren und lebt heute als Bauingenieur in der Nähe von München. Er schreibt nur gelegentlich nebenher SF-Romane und -Erzählungen. Anders als die Mehrzahl der meisten bundesdeutschen Autoren wählte er nicht den Umweg über Heftchenpublikationen, sondern faßte sofort Taschenbuchveröffentlichungen ins Auge. Mit Erfolg,

denn sein Roman-Erstling **Stadt der Sterne** erschien 1971 in der SF-Reihe des Heyne Verlags, gefolgt von **Im Dunkel der Erde** (1973). In den letzten Jahren hat Christian Meyer-Oldenburg nur gelegentlich Stories in Anthologien veröffentlicht.

Bibliographie:
Stadt der Sterne, München 1971, H 3252.
Im Dunkel der Erde, München 1973, H 3361.

Miehe, Ulf
(1940–   )
Der deutsche Lektor, Schriftsteller und Filmemacher Ulf Miehe wurde in Wuppertal oder Wusterhausen/Dosse (seine Angaben sind widersprüchlich) geboren, absolvierte eine Buchhändlerlehre und war längere Zeit als Lektor im Bertelsmann-Konzern tätig. Bereits in jungen Jahren begann er sich für Science Fiction zu interessieren und schloß sich dem SFCD (Science Fiction Club Deutschland) an, wo er sich u. a. mit Walter Ernsting anfreundete. Als Lektor initiierte Miehe Ernstings erstes Jugendbuch, das vor dem Erscheinen (1965) mehrmals umgeschrieben wurde, weil Miehe Änderungswünsche hatte. (Es handelt sich um den Titel **Das Weltraumabenteuer.**) Gemeinsam mit Walter Ernsting (der dann als Clark Darlton zeichnete) schrieb Ulf Miehe unter dem Pseudonym Robert Artner den Roman **Der strahlende Tod** (1967), worin es um Überlebende eines Atomkrieges geht. Dylan-Fan Miehe nennt den Protagonisten Robert Zimmermann und zitiert u. a. aus BALLAD OF A THIN MAN. Der Roman wurde mit **Leben aus der Asche** (1968) fortgesetzt. Im gleichen Jahr erschien ein Band mit SF-Kurzgeschichten (die wiederum gemeinsam mit Walter Ernsting verfaßt waren). Zwei weitere, von Miehe (Artner) allein verfaßte, SF-Kurzgeschichten erschienen in dem Terra-Taschenbuch 235. Außerhalb der Science Fiction schrieb Miehe sehr erfolgreiche Romane, wie **Ich hab noch 'nen Toten in Berlin** und **Puma** und drehte Spielfilme, teilweise in Zusammenarbeit mit Volker Vogeler, die dem Jungen Deutschen Film zuzurechnen sind. (In eigener Regie entstand der Film **John Glückstadt,** nach einer Novelle von Theodor Storm.)

Bibliographie:
Der strahlende Tod (mit Clark Darlton), München 1967, TTB 123.
Leben aus der Asche (mit Clark Darlton), München 1968, TTB 139.
Am Ende der Furcht (C), (mit Clark Darlton), München 1968, H 3075.

Mielke, Thomas R. P.
(1940–   )
Thomas R.P. Mielke (wobei R.P. für »Reine Phantasie« steht) sammelte seine ersten Schreiberfahrungen in einem Science Fiction-Club. Er ist Creative Director und Geschäftsführer einer Werbeagentur, veröffentlichte seine ersten Romane – damals noch in Leihbuchform – zu Beginn der sechziger Jahre und schreibt heute nur noch

in der Freizeit (abends, zwischen 23.00 und 1.00 Uhr). Der schnellste Roman, den er verfaßte, gehörte zur Serie **Rex Corda – der Retter der Erde** und entstand innerhalb von 24 Stunden. Mielke hat (teilweise unter Pseudonymen wie Michael C. Chester, Mike Parnell, Marcus T. Orban und Marc McMan) bis 1976 ca. 100 Romane veröffentlicht: SF und Krimis. »Ich schreibe, weil ich dabei sehr viele ›moralische Bauchschmerzen‹ am Status quo meiner eigenen Situation und dem unserer Gesellschaft auf ideale Weise kompensieren kann. Ich bin davon überzeugt, daß die Schreibmaschine für sehr viele Autoren die Funktion eines ›seelischen Mülleimers‹ hat. Natürlich macht es Spaß, eine Fiction aufzubauen. Anderseits ist das (lesbare) Füllen von mehr als 100 Schreibmaschinenseiten Knochenarbeit, die sehr viel Energie voraussetzt, besonders wenn man auf Wildwest im Weltraum verzichtet, und wenigstens in Ansätzen vorgegebenen Zwängen des Action-Romans widersteht und ›social fiction‹ versucht. Ich halte übrigens Leser und (nicht unter Zwängen der hauptberuflichen Produktion unterworfene) Science Fiction-Autoren überhaupt nicht für Spinner, Tagträumer oder Realitätsflüchtige, sondern für eine kleine, supranational verwandt denkende Gruppe von Menschen aller soziodemographischen Schichten, deren gemeinsamer Nenner ganz einfach darin besteht, sich selbst nicht als ›Maß aller Dinge‹ zu sehen. Science Fiction als Ausdruck einer im besten Sinne liberalen Grundhaltung also.«

Bibliographie:
Unternehmen Dämmerung (als Mike Parnell), Balve 1961, Gebr. Zimmermann Vlg.
Grand Orientale 3001, München 1980, H (in Vorb.).
Der Pflanzen-Heiland, München 1981, H (in Vorb.).

Heftpublikationen:
Die Psychotechniker, ZSF 2 (1966).
Irrtum vorbehalten, ZSF 3 (1966).
Reporter unter fremder Sonne, TN 166 (1971).
Von Menschen gejagt, ZSF 102 (1970).
(als Michael C. Chester):
Ihre Heimat ist das Nichts, ZSF 9 (1966).
Laportes Planet, ZSF 10 (1966).
(als Marcus T. Orban):
Galaxisagent Omega 8, ZSF 13 (1966).
Die Zeitfalle, ZSF 16 (1966).
Gehetzt von Stern zu Stern, ZSF 19 (1966).
Die Totenburgen von Capella, ZSF 24 (1967).
Flucht von der Dunkelwelt, ZSF 25 (1967).
Die Nacht der Sonnenwölfe, ZSF 28 (1967).
Rallye zum Höllenstern, ZSF 33 (1967).
Die Gravonauten, ZSF 43 (1967).
Der Letzte der Gravonauten, ZSF 44 (1967).
Im Hyperraum verschollen, ZSF 50 (1967).
Der galaktische Faustkeil, ZSF 63 (1967).
Rekruten für Terra, ZSF 73 (1968).
Das Zwölfeinhalb-Mann-Gesetz, ZSF 77 (1968).

Befehl aus dem Jenseits, ZSF 105 (1970).
Mit den Waffen des Friedens, ZSF 108 (1971).
Die Stadt in den Sternen, ZSF 109 (1971).
Zeichen der Zukunft, ZSF 114 (1971).
Der Tausend-Jahre-Irrtum, ZSF 118 (1971).
Unternehmen Barnavaal (als Marc McMan), A 14 (1972).
Schatten der Parawelt, ZSF 125 (1972).
Sternwärts, ho!, ZSF 127 (1972).
Rebellion der Verdammten, ZSF 130 (1972).
Kinder des Regenbogens, ZSF 132 (1973).
Wer Axxon wirklich war, ZSF 137 (1973).
Terror der schwarzen Sonne, ZSF 141 (1973).
Das Ende der Logenmeister, ZSF 150 (1974).
Brain X-90? Android, ZSF 157 (1975).
Cosmoral ruft Echo-Mann, ZSF 167 (1975).
Kurier ins Jenseits, ZSF 174 (1976).
Die anonymen Mystiker, ZSF 183 (1977).
(↗ Rex Corda)

Miller, Peter Schuyler
(1912–1974)
Amerikanischer SF-Autor und Rezensent. Der auf einem Bauernhof aufgewachsene Miller studierte Chemie und arbeitete für das Schenectady Department of Education. Neben der Archäologie galt seine Liebe der SF. 1930 gewann er mit seiner Geschichte THE RED PLAGUE einen Wettbewerb, der von *Air Wonder Stories* ausgeschrieben worden war. In den dreißiger und vierziger Jahren folgten noch ca. 40 Stories, von denen THE SANDS OF TIME (ASF, 4/37) und die Fortsetzung, THE COILS OF TIME (ASF, 5/39) die bekanntesten sind. Aus dieser Zeit stammt auch sein einziger Roman, GENUS HOMO, den *Super Science Stories* 1941 brachte, und der in Zusammenarbeit mit L. Sprague de Camp entstanden war. Eine Sammlung seiner Kurzgeschichten erschien 1953 unter dem Titel THE TITAN. Nach dem Kriege schrieb Miller nur noch wenige Kurzgeschichten. Um so aktiver war er als Rezensent. 1951 führte er in *Astounding* die *Reference Library* ein, die er bis zu seinem Tode fortführte. In dieser Kolumne besprach Miller über viele Jahre hinweg neue SF-Bücher und wurde dadurch zu einem der bekanntesten SF-Rezensenten überhaupt.

Bibliographie:
Heftpublikation:
Die neuen Herrscher (GENUS HOMO), (mit L. Sprague de Camp), TS 40.

Miller, Walter M(ichael) jr.
(1923–   )
Walter M. Miller jr. wurde in Florida geboren. Nach seinem Ingenieurstudium wurde er zur US Air Force eingezogen. Er flog 53 Einsätze im Zweiten Weltkrieg. Nach Kriegsende studierte er an der Universität von Texas weiter. Während einer Rekonvaleszenz nach einem Autounfall begann er zu schreiben. Seine erste Ge-

schichte, MACDOUGHAL'S WIFE (3/50), hatte nichts mit Science Fiction zu tun, obwohl sie schon die Motive seiner späteren SF-Werke vorwegnahm: Der Dualismus Religion–Wissenschaft war das Zentralthema. Seine erste SF-Erzählung war SECRET OF THE DEATH DOME (AMZ, 1/51), und nahezu alles was er danach schrieb, gehörte zur SF: insgesamt 41 Stories, Novellen und Kurzromane. Im August 1957 publizierte das *Magazine of Fantasy and Science Fiction* den Kurzroman THE LINEMAN; mit ihm nahm Miller, obwohl auf dem Gipfel seiner schriftstellerischen Schaffenskraft, Abschied von der SF. Zu seinen besten Erzählungen gehören die Novellen CONDITIONALLY HUMAN (GAL, 2/52), DUMB WAITER (ASF, 4/52), COMMAND PERFORMANCE (GAL 11/52) und die Kurzgeschichte CRUCIFIXUS ETIAM (ASF, 2/53) sowie der Kurzroman THE DARFSTELLER (ASF, 1/55), der 1955 den Hugo Gernsback-Award gewann. Die genannten Erzählungen allein hätten nicht ausgereicht, um Walter M. Miller jr. einem Kreis, der über die engeren SF-Fans hinausging, bekannt zu machen. Aber 1955–1957 erschienen im *Magazine of Fantasy and Science Fiction* drei Kurzromane Millers, die zusammengefaßt und erweitert den wohl berühmtesten Nachatomkriegsroman bilden: A CANTICLE FOR LEIBOWITZ (1960). Das Buch schildert in drei Schritten den Aufstieg der Menschheit nach einem Atomkrieg durch erneute Entwicklungsstadien, die dem Mittelalter, der Renaissance und der Neuzeit entsprechen, bis ein vierter Weltkrieg wieder alle Anstrengungen zunichte macht. Diese Zukunftshistorie wird durch die Augen der Mönche von St. Leibowitz gesehen, eines Ordens, der in den Jahren nach dem Chaos das wissenschaftliche Erbe der Menschen konservierte. Ironischerweise kommt der Katholischen Kirche in den nächsten 2000 Jahren eine ähnliche Rolle zu, wie sie sie schon in den letzten 2000 Jahren innehatte. Nicht ohne Seitenhieb auf Kirche und Gesellschaft behandelt Miller den Gegensatz Religion–Wissenschaft, ohne allerdings zu hart mit einem der beiden Bereiche ins Gericht zu gehen. Manchmal naivsarkastisch, über weite Strecken jedoch ergreifend, malt er eine düstere Zukunft der Menschheit, wobei seine Kriegserlebnisse vom Monte Cassino sein negativ zyklisches Weltbild beeinflußt haben dürften. A CANTICLE FOR

LEIBOWITZ war schon bald nach seiner Publikation ein Bestseller, von dem allein in den USA über 750000 Exemplare verkauft wurden. Für diesen wurde Miller 1961 mit dem Hugo Gernsback-Award ausgezeichnet. Wie in den meisten seiner Stories steht auch in ihm der Mensch im Mittelpunkt, und nicht etwa die Technik. Durch seine Erzählungen prägte Walter M. Miller den SF-Stil der fünfziger Jahre entscheidend mit, der von Schriftstellern wie Pohl, Kornbluth und Dick (die vor allem sozialkritische Themen in die SF einbrachten) sowie den sich auf dem Höhepunkt ihrer Karrieren befindlichen Sturgeon, Bester, Bradbury, Sheckley und Blish repräsentiert wurde. Insofern hat Miller entscheidenden Anteil an der Überwindung des Technizismus Campbellscher Prägung und der Einführung relevanterer Dimensionen in die SF.

Bibliographie:
Lobgesang auf Leibowitz (A CANTICLE FOR LEIBOWITZ), Hamburg, Düsseldorf 1971. MvS.

Montanari, Gianni
(1949–)
Der italienische Autor und Übersetzer Gianni Montanari stammt aus Piacenza. 1968 betrat er die professionelle SF-Szene mit der Kurzgeschichte PROBLEMA DI SOPRAVIVENZA und wurde knapp ein Jahr später (zusammen mit Vittorio Curtoni) Herausgeber des Magazins *Galassia*. Gleichzeitig redigierte er ab 1969 eine Buchreihe. Nach einer Reihe von Übersetzungen ins Italienische erschien 1971 unter dem Titel NEL NOME DELL'UOMO sein erster SF-Roman, eine komplexe Allegorie über menschliche Mutationen nach einer rätselhaften Katastrophe, während der sich eine Art undurchdringliches Nebelfeld über die ganze Welt legt. 1973 graduierte Montanari mit einem Essay über englische Literatur, in dem er die Geschichte der britischen SF schrieb und fünf exzellente Biographien prominenter Autoren lieferte: die von John Wyndham, Eric Frank Russell, Arthur C. Clarke, Fred Hoyle und J.G. Ballard (die Arbeit erschien 1973 als IERI, IL FUTURO in Buchform bei Editrice Nord). Im gleichen Jahr erschien auch sein zweiter Roman: LA SEPOLTURA beschreibt den Ablauf einer Vater/Sohn-Beziehung vor dem Hintergrund eines zukünftigen Italiens, dessen Establishment einen Kampf gegen eine neue Rasse ESP-fähiger Mutanten führt. Montanari übernahm 1974 die Alleinredaktion von *Galassia* und eines SF-Buchclubs, legte seine Tätigkeiten als Lehrer und Autor jedoch nicht nieder. 1977 wurde er Herausgeber von *Fantapocket,* einer Taschenbuchreihe,

die bei Longanesi erscheint. Dort kam auch die Erstausgabe seines neuesten Romans heraus: DAIMON (1978) ist eine gekonnte Verquickung aus Fantasy und spekulativer Fiktion; die Geschichte spielt sich im Inneren einer phantastischen Zitadelle auf einem fremden Planeten ab, wo die Realitäten des täglichen Lebens von unangenehmen und zweideutigen Schatten gestört werden. Anfang 1978 übernahm Montanari die Herausgabe der Reihe *BUR-Fantascienza* und publizierte einen ausgezeichneten Führer durch die SF: LA FANTASCIENZA: GLI AUTORI E LE OPERE, in dem SF-Autoren und ihre Werke besprochen werden. Ende 1978 beendete er seinen Job bei Longanesi und begann beim italienischen Großverlag Arnoldo Mondadori mit der Herausgabe einer neuen Reihe von Fantasy-Horror-Büchern. Seitdem ist er damit beschäftigt, gemeinsam mit seiner Frau Wanda Ballin die italienische Ausgabe des umfangreichen französischsprachigen SF-Standardwerks ENCYCLOPÉDIE DE L'UTOPIE ET DE LA SCIENCE FICTION von Pierre Versins vorzubereiten, die 1980 bei Jaca erscheinen soll.

Monteleone, Thomas F.
(1946–   )
Der aus Baltimore/Maryland stammende Monteleone studierte an der University of Maryland Psychologie und Literatur, arbeitete in den unterschiedlichsten Berufen (Psychotherapeut, Universitätsdozent, Schreiner, Fotograf) und entschloß sich 1977 – angespornt durch eine Reihe von Kurzgeschichten und -Romanverkäufen, dem unsicheren Gewerbe des *free lance writer* nachzugehen. Seine erste Story, AGONY IN THE GARDEN, erschien 1973 in *Amazing*, der Zeitschrift, der Monteleone bereits seit geraumer Zeit als Buchkritiker verbunden war. Seither ist Monteleone in mehr als 30 Anthologien vertreten gewesen. Sein erster Roman, SEEDS OF CHANGE (1975) war niemals käuflich zu erwerben, da er als Anreißer einer neuen Taschenbuchreihe an die Kundschaft verschenkt wurde. 1976 erschien THE TIME-CONNECTION, gefolgt von THE TIME-SWEPT CITY (1976), DOWN TO THE SECRET SEA (1978), GUARDIAN (1980), NIGHT THINGS (1980) und der Anthologie THE ARTS AND BEYOND (1977), die auch Monteleones zum Nebula-Award nominierte Erzählung CAMERA OBSCURA enthielt. Für 1981 ist OZYMANDIAS angekündigt, ein Roman und eine Sammlung von Erzählungen unter dem Titel DARK STARS AND OTHER ILLUMINATIONS. Mehrere seiner Kurzgeschichten wurden ins Deutsche, Italienische und Französische übertragen; die Publikation seiner Romane wird ebenfalls – zumindest was die BRD angeht – nicht mehr lange auf sich warten lassen. »Das Schreiben ist sehr wichtig für mich, und ich bin der Ansicht, daß das, was ich schreibe, auch meine Gedanken reflektiert. Wenn jemand meine Geschichten liest, würde ich begrüßen, wenn er eine Lehre daraus zieht. Ich möchte provozieren und zum Denken an-

regen und fürchte mich am meisten davor, daß meine Leser sagen könnten, ich besäße keine *raison d'être*. Ich könnte keine Geschichten schreiben, die meinungslos sind oder emotional niemanden berühren. Obwohl ich meine, daß sie in erster Linie zur Unterhaltung da sind, glaube ich doch, daß das nicht alles ist. Eine Geschichte sollte in letzter Konsequenz dazu führen, daß derjenige, der sie liest, sich *Gedanken* macht.« Thomas F. Monteleone ist mit einer Flamencotänzerin verheiratet und lebt in Columbia, wo er, wenn er nicht gerade schreibt, sich im Garten betätigt oder als Hobbyschreiner, klassische Gitarre spielt, malt oder fotografiert.

Bibliographie:
Die heimgesuchte Stadt (THE TIME-SWEPT CITY), München 1980, H (in Vorb.).
Die Tore der Tiefe (DOWN TO THE SECRET SEA), München 1981, H (in Vorb.).

Moorcock, Michael (John)
(1939–)
Der Londoner Michael Moorcock (der auch unter den Pseudonymen Edward P. Bradbury, James Colvin, Michael Barrington und William Barclay publizierte) begann 1956 zu schreiben und war bereits mit achtzehn Jahren Redakteur des Magazins *Tarzan Adventures* (eines Comic-Heftes), für das er auch selbst Blasentexte schrieb. Bald verlor er jedoch wieder das Interesse an der Sache und beschäftigte sich mit Autoren wie Mervyn Peake, Franz Kafka, J. G. Ballard und Brian W. Aldiss. Obwohl Moorcock schon im Alter von fünfzehn etwas SF gelesen hatte (van Vogt, Asimov, E. E. Smith), bekundete er wenig Interesse für dergleichen Stoffe und hielt sich statt dessen lieber an frühe Phantasien wie Edgar Rice Burroughs und andere Verfasser von Heroic Fantasy. Moorcock wurde Redakteur der Kriminalserie *Sexton Blake*, schrieb einen Titel dieser Serie sogar selbst und verdiente laut eigenen Aussagen »schweres Geld« mit dem Verfassen von Blasentexten für Comic Strips. Der Literaturagent John (»Ted«) Carnell, selbst ein SF-Fan par excellence, verpflichtete ihn zum Schreiben einer Sword-and-Sorcery-Serie, und als Moorcock diesen Job hinter sich gebracht hatte, ging er nach Skandinavien und trat dort als Bluessänger und Gitarrist auf. Nach London zurückgekehrt, stieg er erneut in die SF-Szene ein und schrieb eine Reihe von Erzählungen für die britischen Magazine *Science Fantasy* und *Science Fiction Adventures*. Als ihm durch die Vermittlung von John Carnell die Übernahme des heruntergewirtschafteten Magazins *New Worlds* angeboten wurde, griff Moorcock zu, allerdings mit der Absicht, aus dieser eher biederen Publikation ein avantgardistisches Forum zu machen. Er las Unmengen von SF,

erkannte schnell ihre Schwächen und gelangte zu der Ansicht, daß man aus ihr erst dann etwas würde machen können, wenn man ihre traditionellen Strukturen zerbrechen und neuen Schreibtechniken das Feld öffnen würde. *New Worlds* wurde zu einem Magazin, wie er es sich vorgestellt hatte: ein Forum neuer Autoren, in dem auch etablierte Schreiber das veröffentlichen konnten, was anderen Verlegern zu experimentell und zu »highbrowed« war. Die finanziellen Probleme des Magazin waren jedoch von Anfang an ungeheuer groß. Zudem wurde es ständig von irgendwelchen Vertriebsgesellschaften behindert und von betrügerischen Finanziers ausgenommen. Moorcock sah sich gezwungen, von etablierten Kollegen wie Brian W. Aldiss und J. G. Ballard – aber auch anderen Autoren – Material zu erbitten, aus denen er Anthologien zusammenbastelte, um mit dem daraus erzielten Gewinn *New Worlds* am Leben zu erhalten. Aldiss, der SF-Autor mit den besten Beziehungen zur literarischen Welt außerhalb der SF, setzte sich stark für das Experimentalmagazin ein und besorgte vom britischen Arts Council eine jährliche Subvention. Dennoch konnte *New Worlds* sich nicht auf dem Markt halten und wurde 1970 eingestellt. Moorcock schaffte es später, einen Taschenbuchverlag für die vierteljährliche Herausgabe von *New Worlds*-Anthologien zu interessieren, aber auch das währte nicht lange: Er verlor zunehmend das Interesse an der Sache, überließ die Redaktion Kollegen aus alten Magazin-Tagen und hat sich heute – zumindest als Autor – völlig von der SF zurückgezogen; eigenen Aussagen zufolge habe sie ihn »nie wirklich interessiert«. Seine Novelle BEHOLD THE MAN (1968) wurde mit dem Nebula-Award ausgezeichnet. Weitere herausragende Romane sind THE ICE SCHOONER (1969) und THE BLACK CORRIDOR (1969). Moorcock hat sich inzwischen völlig auf das Schreiben von Fantasy-Zyklen konzentriert und gehört inzwischen zu einem der meistpublizierten Autoren des Genres.

Bibliographie:
Eiszeit 4000 (THE ICE SCHOONER), München 1970, GWTB 0111.
Zerschellt in der Zeit (THE RITUALS OF INFINITY), München 1971, GWTB 0156.
Miß Brunners letztes Programm (THE FINAL PROGRAMME), Düsseldorf 1971, MvS.
I.N.R.I. oder Die Reise in der Zeitmaschine (BEHOLD THE MAN), Düsseldorf 1972, MvS.
Der schwarze Korridor (THE BLACK CORRIDOR), Frankfurt/Main 1972, FO 11.
Die Herren der Lüfte (WARLORDS OF THE AIR), München 1973, Kö 19.
Ritter des schwarzen Juwels (THE JEWEL IN THE SKULL), München 1975, TF 12.
Die Zeitmenagerie (AN ALIEN HEAT), München 1976, H 3492.
Diener des Runenstabs (THE SWORD OF THE DAWN), München 1976, TF 24.
Feind des dunklen Imperiums (THE MAD GOD'S AMULET), München 1976, TF 18.

Legion der Morgenröte (THE RUNESTAFF), München 1977, TF 30.
Der scharlachrote Prinz (THE KNIGHT OF THE SWORDS), Berg. Gladbach 1978, B 20001.
Die Königin des Chaos (THE QUEEN OF THE SWORDS), Berg. Gladbach 1978, B 20002.
Das Kalte Reich (THE BULL AND THE SPEAR), Berg. Gladbach 1978, B 20005.
Das Ende der Götter (THE KING OF THE SWORDS), Berg. Gladbach 1978, B 20003.
Elric von Melniboné (ELRIC OF MELNIBONÉ), München 1980, H 3643.
Die See des Schicksals (THE SAILOR ON THE SEAS OF FATE), München 1980, H 3657.
Der Zauber des weißen Wolfs (THE WEIRD OF THE WHITE WOLF), München 1980, H 3692.
Der verzauberte Turm (THE VANISHING TOWER), München 1980, H 3727.
Der Bann des Schwarzen Schwerts (THE BANE OF THE BLACK SWORD), München 1980, H 3753.
Sturmbringer (STORMBRINGER), München 1980, H (in Vorb.).

Heftpublikation:
Wenn die Erde stillsteht (THE TWILIGHT MAN), TA 224 (1975).

Moore, C(atherine) L(ucile) (1911–)
Die erste Story der amerikanischen Autorin C. L. Moore erschien 1933 in *Weird Fiction* und hieß SHAMBLEAU. Damit lag gleichzeitig der

Grundstein für eine Serie von interplanetaren Abenteuergeschichten vor, die als *Northwest Smith* (nach dem Hauptprotagonisten) bekannt wurde. Eine zweite Serie von Moore-Stories rankt sich um die Fantasy-Heroine *Jirel of Joiry,* einer weiblichen Entsprechung der sonst in der Regel männlichen Fantasy-Helden.
C. L. Moore wurde in Indianapolis geboren und heiratete 1940 ihren Schriftstellerkollegen Henry Kuttner (gest. 1958). Fortan schrieben die beiden sehr häufig gemeinsam an Stories und Romanen und benutzten dabei Pseudonyme wie Lewis Padgett, Keith Hammond oder Lawrence O'Donnell, wenn sie nicht als Autorenpaar Kuttner/Moore zeichneten. Aber auch allein unter Henry Kuttners Namen publizierte Texte wurden gelegentlich von seiner Frau mitgestaltet. Ein eigenständiges Werk von C. L. Moore ist neben den erwähnten Story-Serien der Roman DOOMSDAY MORNING (1957). Ein weiterer Roman, der unter ihrem und Henry Kuttners Namen erschien, ist EARTH'S LAST CITADEL (1943, als Taschenbuch 1964). Kurzgeschichten

von ihr liegen in verschiedenen Sammelbänden vor. C.L. Moore galt lange Zeit als wichtigste SF-Autorin, die erheblichen Einfluß auf die Entwicklung der SF der vierziger und fünfziger Jahre hatte. Eine der besten Erzählungen, die in Zusammenarbeit mit Henry Kuttner entstand und unter dem Gemeinschaftspseudonym Lewis Padgett erschien, war MIMSY WERE THE BOROGOVES (1943) (unter dem Titel **Gar elump war der Pluckerwank** neu übersetzt auf deutsch erschienen in: **Titan 9,** hrsg. von Robert Silverberg und Wolfgang Jeschke, München 1978, H 3614.

Bibliographie:
Die Mutanten (MUTANT) (als Lewis Padgett, mit Henry Kuttner), München 1966, H 3065.
Science Fiction Stories 56 (ROBOTS HAVE NO TAILS) (als Lewis Padgett, mit Henry Kuttner), Berlin 1976, U 3202.
Jirel, die Amazone (JIREL OF JOIRY), Rastatt 1976, TF 25.
Alle Zeit der Welt (FURY) (ursprünglich unter Lawrence O'Donnell erschienen, mit Henry Kuttner), München 1979, K 5716.

Heftpublikationen:
Gefährliches Schachspiel (CHESSBOARD PLANET) (als Lewis Padgett, mit Henry Kuttner), UG 108 (1959).
Der Brunnen der Unsterblichkeit (EARTH'S LAST CITADEL) (mit Henry Kuttner), T 450 (1966).
Gespräch aus der Zukunft (C) (LINE TO TOMORROW), (ursprünglich unter Lewis Padgett veröffentlicht, mit Henry Kuttner), TN 143 (1970).

Moore, Ward
(1903–)
Amerikanischer Schriftsteller, der in Madison/New Jersey geboren wurde. Seine Liebe galt schon früh der Literatur, und er beschloß, Schriftsteller zu werden, nachdem es ihm gelungen war, zwei Gedichte zu verkaufen. Er arbeitete zunächst als Buchverkäufer in New York und machte später im Mittelwesten eine eigene Buchhandlung auf. 1929 zog er nach Kalifornien, wo er in der Nähe von Los Angeles eine kleine Farm bewirtschaftete. In seiner Freizeit begann er zu schreiben. Während des Zweiten Weltkriegs wurde sein erstes Buch, BREATHE THE AIR AGAIN, veröffentlicht. Sein erster SF-Roman aber war GREENER THAN YOU THINK (1947), in dem nach Behandlung mit einem Wunderdünger eine bestimmte Grasart ungeheuer schnell zu wachsen beginnt, was für die Zivilisation verheerende Folgen hat. Später tauchten Erzählungen Moores gelegentlich in den SF-Magazinen auf. Bemerkenswert aus dieser Zeit sind LOT (FSF, 5/53) und LOT'S

WIFE (FSF, 10/54), die in den sechziger Jahren unter dem Titel PICNIC IN THE YEAR ZERO sogar verfilmt wurden (Regisseur: Ray Milland). Moores unzweifelhaft bekanntester Roman ist BRING THE JUBILEE (1953), ein »What-If-Roman« der in einem alternativen Amerika spielt, nachdem die Südstaaten den Bürgerkrieg gewonnen haben. Auch JOYLEG (1962), in Zusammenarbeit mit Avram Davidson entstanden, weist Bürgerkriegsreminiszenzen und einen etwas rustikalen Touch auf. Möglicherweise sind das Gründe, warum Moore bislang bei uns weitgehend unbekannt geblieben ist. Seine Themen sind zu amerikanisch. In den USA verlegte sich Moore danach mehr auf Kinderbücher und Skripte für Film und Fernsehen. Nach mehr als zehnjähriger SF-Abstinenz kehrte er aber Mitte der siebziger Jahre wieder in die Magazine zurück.

Bibliographie:
Der Große Süden (BRING THE JUBILEE) München 1980, H 3760.

Morgan, Dan
(1925–)
Dan Morgans erste Story war ALIEN ANALYSIS, 1952 in *New Worlds* erschienen. Vor allem in *New Worlds,* aber auch in anderen englischen und amerikanischen Magazinen erschienen fortan die Stories des in Cheshire geborenen Briten. 1955 kam CEE TEE MAN, sein erster SF-Roman, auf den Markt. Es folgten THE UNINHABITED (1961), THE RICHEST CORPSE IN SHOW BUSINESS (1966), THE NEW MINDS (1967), THE SEVERAL MINDS (1969) und THE MIND TRAP (1970), THE COUNTRY OF THE MIND (1975) und – 1968 und 1973 – zwei Romane, die in Zusammenarbeit mit John Kippax entstanden. Seine vier MIND-Romane beschäftigten sich mit der Auswirkung von PSI-Talenten auf die Umwelt und auf das Bewußtsein der Mutanten. Dan Morgan ist ein Liebhaber von Jazzmusik und war früher von Beruf Gitarrist, bevor er sich ganz dem Schreiben widmete.

Bibliographie:
AT-Kraft über Terra (CEE TEE MAN), Balve 1958, Gebrüder Zimmermann Vlg. (Nachdruck als **Der Gehirnwäscher,** TS 86, 1959).
Hetzjagd der Telepathen (THE UNINHIBITED), Balve 1960, Gebr. Zimmermann Vlg.
Das Labor der Esper (THE NEW MINDS), München 1969, TTB 164.
Esper in Aktion (THE SEVERAL MINDS), Rastatt 1972, TTB 189.
Die PSI-Agenten (MIND TRAP), Rastatt 1972, TTB 192.

Müller, Horst
(1923–)
Horst Müller wurde in Frankfurt/Oder geboren und widmete sich nach dem Krieg insbesondere der Jugendarbeit. Er war Abgeordneter in der Volkskammer der DDR und ist Ehrenmitglied des Jugendverbandes. Hauptberuflich ist er heute Bibliothekar und leitet nebenher einen UTOPIA-Jugendklub. Anfang der sechziger Jahre veröffentlichte er die beiden utopi-

schen Romane **Signale vom Mond** (1960) und **Kurs Ganymed** (1962).

Bibliographie:
Signale vom Mond, Bautzen 1960, Domowina Vlg.
Kurs Ganymed, Bautzen 1962, Domowina Vlg.

Munn, H(arold) Warner
(1903–   )

H. Warner Munn wurde in Athol/Massachusetts geboren. Er gehörte zu jenem Kreis amerikanischer Fantasy-Autoren, die für das legendäre Magazin *Weird Tales* schrieben, erreichte allerdings nicht den Bekanntheitsgrad eines R.E. Howard, C.A. Smith oder H.P. Lovecraft, mit dem er korrespondierte. Lovecraft war es auch, der ihn auf die Idee brachte, eine Werwolfgeschichte vom Standpunkt des Werwolfs aus zu schreiben. So entstand THE WEREWOLF OF PONKERT (1925), Munns erste Erzählung. Im Laufe der Jahre kamen neun weitere Werwolfgeschichten hinzu, darunter der Fortsetzungsroman THE WEREWOLF'S DAUGHTER (1928); die genannte Erzählung und der Roman erschienen 1958 in einer auf 350 Exemplare beschränkten Buchausgabe unter dem Titel THE WEREWOLF OF PONKERT; die ganze Reihe wurde 1976 in dem Band TALES OF THE WEREWOLF CLAN gesammelt. Um 1940 hörte Munn auf zu schreiben; eine seiner letzten Veröffentlichungen in *Weird Tales* war der phantastische Roman KING OF THE WORLD'S EDGE (1939), der 1966 eine Taschenbuchausgabe erlebte; 1967 kehrte er nach langem Schweigen in die SF/Fantasy-Szene zurück mit THE SHIP FROM ATLANTIS, einer Fortsetzung zu KING OF THE WORLD'S EDGE. Beide Romane wurden 1976 unter dem Titel MERLIN'S GODSON in einem Band zusammengefaßt. Im ersten Roman erreichen der römische Legionär Ventidius Varro und Myrdhinn (Merlin) Amerika, erobern ein grausamen Menschenopfern sich hingebendes Indianerreich der Mias und begründen das Aztekenreich. Varro wird später zum Kriegsgott Huitzlilopochtli der Azteken, Merlin zu Quetzalcoatl. In THE SHIP FROM ATLANTIS trifft Varros Sohn Gwalchmai Corenice ein Mädchen aus lebendem Metall aus dem versunkenen Atlantis. In einer weiteren umfangreichen Fortsetzung, MERLIN'S RING (1974), erleben die beiden phantastische Abenteuer in der Alten Welt unter Elfen und Feen; Gwalchmai schlummerte Jahrhunderte lang im Polareis, Corenice kehrt in verschiedenen Körpern wieder. – Munn ist ein Sammler von Büchern über Zauberkunst, hat Gedichte und einen historischen Roman geschrieben und soll an einer weiteren Fortsetzung arbeiten, die den Titel THE SWORD OF MERLIN erhalten soll.

Bibliographie:
Ein König am Rande der Welt (KING OF THE WORLD'S EDGE), München 1980, H 3696.
Ein Schiff von Atlantis (A SHIP FROM ATLANTIS), München 1980, H (in Vorb.).
Merlins Ring (MERLIN'S RING), München 1980, H (in Vorb.).

Musa, Gilda
Gilda Musa stammt aus der Romagna (Italien), studierte Germanistik an der Universität Heidelberg und graduierte in Mailand, wo sie derzeit auch lebt. Ihre literarischen Versuche waren vor allem Gedichte: Sie hat sieben Lyrikbände veröffentlicht und wurde zweimal dafür mit Preisen ausgezeichnet. In Italien gilt sie als Germanistin von Rang. Sie interessiert sich für deutsche Dichtung und Gegenwartsliteratur und publiziert hauptsächlich Übersetzungen und Essays. Darüber hinaus sind bislang sechs Romane und Kurzgeschichtensammlungen (teilweise in Zusammenarbeit mit Inisero Cremaschi) von ihr erschienen. Sie schreibt jedes Jahr einen SF-Roman und verfaßt nebenher zahlreiche Beiträge für Magazine, Zeitungen und den Rundfunk. Für die italienische Zeitung *Paese Sera* schreibt sie SF-Kritiken.

Gilda Musa gehört zweifellos zu den herausragendsten SF-Talenten Italiens, wobei ihr die solide literarische Ausbildung zugute kommt. Ihre Erzählungen sind – abgesehen von einigen älteren, die im allseits beliebten Magazin *Futuro* erschienen – fast alle in Anthologien aufgenommen worden. Der Roman, der ihr den meisten Beifall einbrachte, war GIUNGLA DOMESTICA, der einige Entdeckungen, die die Wissenschaft in letzter Zeit über die Pflanzenwelt machte, extrapoliert. Ein altes SF-Thema, gewiß; aber durchaus in neuer Sicht geschrieben. Weitere wichtige Veröffentlichungen Gilda Musas sind die Romane LE GROTTE DI MARTE und DOSSIER EXTRATERRESTRI (beide mit Inisero Cremaschi) und die Storysammlung FESTA SULL'ASTEROIDE.

N

Naviglio, Luigi
(1936–)
Der italienische Schriftsteller Luigi Naviglio gehört zu den meistveröffentlichten SF-Autoren seines Landes. Bisher hat er fünfzehn Romane und rund sechzig Kurzgeschichten publiziert, die zum Teil auch in Frankreich, Deutschland, Rumänien und Schweden erschienen. Naviglios literarische Karriere begann im SF-Magazin *Cosmo*, das neben einigen der besten amerikanischen Autoren auch den italienischen Nachwuchs förderte. Die (nicht nur) in Italien vorherrschende Unsitte, auf den Umschlägen mit möglichst vielen ausländisch (= amerikanisch) klingenden Autorennamen glänzen zu wollen, führte dazu, daß Naviglio zunächst als Louis Navire bekannt wurde. Die Werke seiner ersten Periode sind ausnahmslos SF-Abenteuerstoffe: die Entstehung unserer Welt (LA LEGGENDA DI SEMIDEI); das Leben nach dem Zeitalter der Bombe (UN CARRO NEL CIELO); die Beschreibung einer matriarchalischen Gesellschaft der Zukunft (ESTINZIONE UOMO), die Zeitreise (EREDITA PER L'ANTENATO). Naviglio hat beinahe jedes klassische SF-Thema bearbeitet, ohne dabei gegenüber seinen Vorgängern allzu stark abzufallen. Sein Stil ist gelegentlich sarkastisch, das Abenteuer nimmt in seinen Werken einen zentralen Stellenwert ein, und er hat einen gewissen Hang zur Romantik. Sein großes Comeback war 1977 zu verzeichnen, als sein Roman ERA OSCURA, eine Art soziologischer SF-Roman, erschien, in dem die menschliche Zivilisation das Stadium eines Ameisenstaats erreicht hat, in dem die Bürger von der Regierung genährt, gekleidet und unterhalten werden; dennoch existiert so etwas wie Individualismus und die Hoffnung, daß noch nicht alles verloren ist.

Bibliographie:
Heftpublikation:
Gefährliche Erinnerungen (UN CARRO NEL CIELO), UZ 495 (1966).

Nelson, Ray F(araday)
(1931–)
Radell Faraday Nelson, der zu Beginn seiner Karriere als SF-Autor unter dem Namen Ray Nelson firmierte, nennt sich jetzt R. Faraday Nelson. Seine erste Story erschien 1963 im *Magazine of Fantasy and Science Fiction* und hieß EIGHT O'CLOCK IN THE MORNING. Zusammen mit Philip K. Dick (der laut eigenem Bekenntnis schon immer Schwierigkeiten hatte, für seine Romane ein ansprechendes Ende zu finden) schrieb er THE GANYMEDE TAKEOVER (1967), beschränkte sich anschließend auf einige wenige Erzählungen und begann erst Mitte der siebziger Jahre mit einer eigenen Romanproduktion, aus der allenfalls BLAKE'S PROGRESS (1975) herausragt, in dem der britische Maler William Blake unglaubliche Abenteuer während sei-

ner Reisen auf einem »Zeitstrom« erlebt (die ihm schließlich als Inspiration für sein phantastisches Werk dienen). Wie viele seiner Kollegen war auch Ray Nelson »unfähig, über längere Zeit hinweg einen bestimmten Job auszuüben«. Er bekennt: »Ich habe gearbeitet als Stoffdrucker, Schriftzeichner, Karikaturist, IBM-Programmierer, Vertreter eines Buchgroßhändlers, Traktorfahrer, Beatnik-Poet, Statist beim Film, Dekorateur, Banjospieler, Folk-Gitarrist und Sänger.« Er studierte an der University of Chicago Kunst, belegte einige Semester an der Sorbonne, hat alle Bundesstaaten der USA gesehen und neben Kanada und Mexiko auch alle westlichen Länder Europas bereist. Er lebt heute in El Cerrito/Kalifornien. Weitere Romane Nelsons sind THEN BEGGARS COULD RIDE (1976), THE ECOLOG (1977) und THE REVOLT OF THE UNEMPLOYABLES (1977).

Bibliographie:
DIE INVASOREN VON GANYMED **(The Ganymede Takeover)**, (mit Philip K. Dick), Berg. Gladbach 1976, B 21082.

Nesvadba, Josef
(1926–)
Der tschechische Arzt und Schriftsteller Josef Nesvadba wurde von Kritikern häufig mit Bradbury, Čapek oder auch Stanisław Lem verglichen. Obwohl sein schmales Oeuvre nur einige wenige Erzählungen umfaßt, zählt er doch zur Spitzengruppe der osteuropäischen Science Fiction-Autoren. Seine Story-Bände erlebten in der Tschechoslowakei hohe Auflagen und wurden auch in der UdSSR, Polen, den USA und in deutscher Sprache veröffentlicht. Nesvadba bekam nach dem Ende des sogenannten Prager Frühlings Schwierigkeiten, emigrierte zeitweise und scheint sich seither nur noch auf seine Tätigkeit als Arzt konzentriert zu haben.

Bibliographie:
Die Erfindung gegen sich selbst (C), Wien 1962, Paul Neff Vlg.
Das verlorene Gesicht (C), Hanau o.J., Verlag Müller & Kiepenheuer.
Die absolute Maschine (C), Prag 1966, Artia Vlg.
Wie Kapitän Nemo starb (C), Berlin 1968, Vlg. Das Neue Berlin.
Einsteins Gehirn (C), (EINSTEINUY MOZEK), München 1975, H 3430.

Neville, Kris (Ottman)
(1925–)
Kris Neville studierte Englisch an der University of California und hat sich, wie die meisten amerikanischen SF-Autoren, in einer ganzen Reihe von Berufen versucht: unter

anderem war er bei der US Army als Funktechniker und in einem Nachschubposten der Navy beschäftigt. Er ist Sammler amerikanischer Folkloremusik und schreibt SF gewöhnlich in seiner Freizeit. Seine erste Story war THE HAND FROM THE STARS (in *Super Science*, 1949). Er hat nur wenige Romane veröffentlicht, die zudem bei Verlagen erschienen, die eher Wert auf Abenteuerstoffe und »Sense of Wonder« statt literarische Qualitäten legen, darunter BETTYANN (1970) und THE UNEARTH PEOPLE (1964). Sein letzter Roman, der die Abenteuer eines Stammes von Frühmenschen zu Beginn der letzten Eiszeit erzählt, heißt RUN, THE SPEARMAKER und liegt lediglich in einer japanischen Übersetzung vor.

Bibliographie:
Experimental-Station (C), (MISSION: MANSTOP) München 1973, G 0155.

Jenseits der Mondumlaufbahn (THE MUTANTS), München 1973, G 0160.

Heftpublikationen:
Tödliche Strahlung (EARTH ALERT), T 492 (1967).
Tödliche Fracht aus dem All (SPECIAL DELIVERY), T 506 (1967).
Bettyann, das Mädchen vom anderen Stern (BETTYANN), TA 9 (1970).
Invasoren auf dem Mond (INVADERS ON THE MOON), TA 21 (1970).

Niven, Larry (Lawrence van Cott) (1938–)
Der Amerikaner Lawrence van Cott Niven wurde in Los Angeles geboren und studierte in Washburn und Kalifornien Mathematik und Physik, bevor er sich als Autor ganz der Science Fiction zuwandte. Seine erste Story, THE COLDEST PLACE, erschien 1964 in dem Magazin *If*. Niven, der ein entschiedener Vertreter der »Hardware«-SF ist und als eine Art Erneuerer der Space Opera gilt, wurde zu einem der erfolgreichsten Autoren der letzten Jahre in der amerikanischen SF, obwohl er es im Grunde nicht nötig hat, das Schreiben als Broterwerb zu betreiben. Nivens Großvater, ein Farmer, hatte das Glück, auf seinem Acker in Texas Öl zu finden, woraus sich für den Enkel eine Millionenerbschaft und der Aufsichtsratsvorsitz im von der Familie Niven kontrollierten Unternehmen ergab. Zeitweise wollte Larry Niven Mathematiker werden, aber dann belegte er Schriftstellerkurse und übte sich ein Jahr lang in Theo-

rie und Praxis des Schreibens. Besonders beeinflußt wurde er von John D. MacDonald und verschiedenen Comics, aus denen er, wie er gesteht, eine ganze Reihe von Ideen für spätere Stories schöpfte. Heute schätzt er besonders Poul Anderson, James Tiptree, Jr. und Alan Dean Foster. Sein erster Roman, WORLDS OF PTAVVS, erschien 1965 in *If* und wurde ein Jahr später als erweiterte Fassung in Taschenbuchform neu herausgegeben. 1967 gewann Niven für seine Story NEUTRON STAR den Hugo Gernsback-Award, und 1970 einen weiteren für seinen Roman RINGWORLD. Dieser Titel errang im gleichen Jahr auch den Nebula-Award. Einen dritten Hugo erhielt er für die Erzählung INCONSTANT MOON (1971).

RINGWORLD, Nivens erster großer Romanerfolg, schildert die Auffindung eines riesigen Bauwerkes, Hinterlassenschaft einer verschwundenen Rasse, das als Ring mit einem Durchmesser von rund 300 Millionen Kilometern um einen Stern errichtet wurde. Weitere erfolgreiche Bücher entstanden vor allem in Zusammenarbeit mit seinem Freund Jerry Pournelle, so INFERNO (1976) und LUCIFER'S HAMMER (1977), der als Katastrophenroman (die Erde kollidiert mit einem Kometen) als »mainstream«-novel publiziert wurde, für dessen Taschenbuchrechte die bis dahin unglaubliche Summe von einer Viertelmillion Dollar bezahlt wurde und der zum Bestseller wurde, vor allem jedoch THE MOTE IN GOD'S EYE (1974) ein gewaltiges Epos über den ersten Kontakt zwischen Menschen und Extraterrestriern, das für den Hugo- und für den Jupiter-Award nominiert wurde. Sein witzigster, farbigster und wohl bester Roman dürfte wohl THE FLYING SORCERERS (1971) sein, der in Zusammenarbeit mit David Gerrold entstand und die (recht erfolgreichen) Bemühungen eines einheimischen Zauberers auf einem fernen Planeten schildert, der sich durch die Ankunft eines irdischen Wissenschaftlers, der seine Welt erkunden will, zurückgesetzt fühlt und sich nun an den Fremden auf seine Weise, nämlich durch Zauberei, rächen will. Er kann zwar nicht wirklich zaubern, aber seine intuitive Beherrschung von Naturphänomenen kommt der Sache sehr nahe. Es gelingt ihm tatsächlich, das irdische Raumschiff lahmzulegen, und dem so in Nöte gebrachten irdischen Wissenschaftler bleibt nichts anderes übrig, als in Zusammenarbeit mit den Einheimischen zu seiner Rettung eine technische Zivilisation aufzubauen – wobei

der Zauberer einige entscheidende Worte mitzureden hat.

Larry Niven plant für die Zukunft weitere Gemeinschaftswerke mit Jerry Pournelle, darunter zunächst eine Fortsetzung zu THE MOTE IN GOD'S EYE. Insgesamt kann man Niven als einen der führenden Vertreter gehobener SF-Unterhaltung bezeichnen.

Bibliographie:
Planet der Verlorenen (A GIFT FROM EARTH), Berg. Gladbach 1971, B 5.
Ringwelt (RINGWORLD), Berg. Gladbach 1972, B 15/16.
Myriaden (ALL THE MYRIAD WAYS), Berg. Gladbach 1973, B 21034.
Die fliegenden Zauberer (THE FLYING SORCERERS), (mit David Gerrold) München 1976, H 3489.
Der Baum des Lebens (PROTECTOR), München 1975, GWTB 211.
Letztes Signal von Alpha Centauri (C), (THE SHAPE OF SPACE) München 1976, GWTB 221.
Neutron Star (C), (NEUTRON STAR) München 1976, GWTB 223.
Die Lücke im System (C), (A HOLE IN SPACE) München 1976, GWTB 227.
Der Splitter im Auge Gottes (THE MOTE IN GOD'S EYE), (mit Jerry Pournelle) München 1977, H 3531.
Das Doppelhirn (THE WORLD OF PTAVVS), Berg. Gladbach 1977, B 21097.
Luzifers Hammer (LUCIFER'S HAMMER), mit Jerry Pournelle, München 1980, H 3700.

Nolan, William F(rancis)
(1928–)

Der aus Kansas City stammende William F. Nolan kam in den vierziger Jahren nach Kalifornien und ließ sich 1953 in Los Angeles nieder, wo er im naheliegenden Hollywood eine Reihe von Objekten fand, über die zu schreiben sich lohnte: Filmstars. Er arbeitete für mehrere Magazine, verfaßte 30 Bücher, darunter sechs über Autorennen, eine Biographie des Regisseurs John Sturges und ein Buch über seinen Freund und Förderer Ray Bradbury. 1954 erschien seine erste SF-Story, THE JOY OF LIVING, in *Worlds of If*. Nolan war Magazinredakteur, Buchrezensent, Filmschauspieler und Rennfahrer und produzierte eine erkleckliche Anzahl von Shortstories, die in allen Genres angelegt sind und ihm zweimal den Edgar Allan Poe-Award der Mystery Writers of America einbrachten. 1965 erschien seine Roboter-Anthologie THE PSEUDO PEOPLE, sowie eine Sammlung eigener Kurzgeschichten als IMPACT-20, in der allerdings die meisten nichts mit SF zu tun haben. Für die TV-Industrie schrieb er die Drehbücher zu Streifen wie THE NORLISS TAPES, TRILOGY OF TERROR, MELVIN PURVIS, G-MAN und Serien wie BURNT OFFERINGS und THE LEGEND OF MACHINE-GUN KELLY. Sein gemeinsam mit George Clayton Johnson verfaßter SF-Roman LOGAN'S RUN (1967) war eher mäßig, erweckte jedoch das Interesse der Filmgesellschaft Metro-Goldwyn-Mayer, die ihn zu einem der umsatzträchtigsten Filmerfolge des Jahres 1976 machte (woraufhin auch das Buch neu aufgelegt wurde und binnen kurzem 650 000 Exemplare allein in den USA verkauft wurden). Ermutigt durch den Erfolg des Films beauftragte die TV-Gesellschaft CBS Nolan mit der Erstellung einer auf LOGAN'S RUN basierenden Fernsehserie und eines anderthalbstündigen Pilotfilms, den er zusammen mit Saul David, dem Produzenten der Kinoversion, schrieb. Nolan – wie auch David – waren mit der Endfassung von LOGAN'S RUN sehr unzufrieden, stritten sich mit der MGM, bis David die Gesellschaft verließ und sie verklagte. Ähnliche Schwierigkeiten gab es bei der Verfilmung des TV-Pilotfilms: Das Drehbuch zu diesem Streifen wurde von den Fernsehautoren Ben Roberts und Ivan Goff so stark umgeschrieben, daß weder Nolan noch Saul David sich damit zu identifizieren vermochten.

Bibliographie:
(Hrsg.): **Die Anderen unter uns** (THE PSEUDO PEOPLE), Darmstadt 1965, Joseph Melzer Vlg.
Der Zeitagent (SPACE FOR HIRE), Berg. Gladbach 1976, B 21086.
Flucht ins 23. Jahrhundert (LOGAN'S RUN), München 1977, H 3544.

Norman, John
(1931–   )
John Norman ist das Pseudonym des amerikanischen Hochschuldozenten und Schriftstellers John Frederick Lange, der mit einer einzigen, aber sehr umfangreichen und sehr erfolgreichen Fantasy-Serie im Genre hervortrat: dem GOR-Zyklus, einem Produkt, das der Untergattung Sword & Sorcery angehört. Die Serie umfaßt bislang 13 Romane, davon 10 um *Tarl Cabot* und drei Sklaven- (bzw. Sklavinnen-)Romane. Nach Art des Genres Sword & Sorcery handelt es sich um mit sadistischen Details sowie sexualpsychologischen Krankheitsbildern angereicherte Abenteuer um Muskelmänner, wehrlose schöne Sklavinnen, Piraten und andere Schurken, sowie blutrünstige Wesen von anderen Sternen, die Gor bevölkern, die Gegenerde, einem erdähnlichen Planeten, der sich auf der Erdbahn bewegt, jedoch ständig jenseits der Sonne befindet und deshalb für uns unsichtbar bleibt. Beim Abfassen seiner voluminösen, in ungekürzter Fassung schier unleserlichen Schwarten verdrängt Norman Lange, so wird behauptet, nicht nur Persönliches, sondern verewigt in ihnen

auch Frauen aus seiner Bekanntschaft im Universitätsbereich.

Bibliographie:
Gor – die Gegenerde (TARNSMAN OF GOR), München 1973, H 3355.
Der Geächtete von Gor (OUTLAW OF GOR), München 1974, H 3379.
Die Priesterkönige von Gor (PRIEST-KINGS OF GOR), München 1974, H 3391.
Die Nomaden von Gor (NOMADS OF GOR), München 1974, H 3401.
Meuchelmörder von Gor (ASSASIN OF GOR), München 1974, H 3412.
Die Piratenstadt von Gor (RAIDERS OF GOR), München 1975, H 3432.
Sklaven auf Gor (CAPTIVE OF GOR), München 1975, H 3455.
Die Jäger von Gor (HUNTERS OF GOR), München 1975, H 3472.
Die Marodeure von Gor (MARAUDERS OF GOR), München 1976, H 3521.
Die Stammeskrieger von Gor (TRIBESMEN OF GOR), München 1977, H 3559.
In Sklavenketten auf Gor (SLAVE GIRL OF GOR), München 1978, H 3612.

Norton, Andre (Alice Mary) (1912?–)
Alice Mary Norton wurde in Cleveland/Ohio geboren. Sie hat bislang über 90 Bücher veröffentlicht – neben Science Fiction und Fantasy auch Krimis, Spionageromane, historische Romane und Abenteuerromane. Sie hat fünf Anthologien herausgegeben, an sieben

Büchern mit anderen Autoren gemeinsam gearbeitet, erhielt den Gandalf-Award und (bei der ersten Verleihung 1977) den nach ihr benannten Andre Norton-Award, der ausschließlich weiblichen SF-Autoren verliehen wird. Alice Mary Norton war zwanzig Jahre lang Bibliothekarin in einer Kinderbücherei, wurde schließlich wegen schwacher Gesundheit entlassen, führte kurze Zeit einen Buchladen und entschloß sich in den frühen fünfziger Jahren freiberufliche Schriftstellerin zu werden. Heute lebt sie mit ihren Katzen in Florida. Als sie mit dem Schreiben von Science Fiction begann, gehörte sie zu den wenigen weiblichen Autoren und legte sich deshalb zunächst das männlich klingende Pseudonym Andrew North zu. Später schrieb sie unter dem Namen Andre Norton. Ihre erste SF-Story entstand schon in den dreißiger Jahren, erschien aber erst 1947 in FANTASY BOOK 1; sie trug den Titel THE PEOPLE OF THE CRATER (als Andrew North). Ihr erster Roman war STAR MAN'S SON (1952, auch unter dem Titel

DAYBREAK – 2250 A.D. veröffentlicht). Andre Norton ist eine Vertreterin abenteuerlicher SF-Unterhaltung, wobei ihre Helden häufig Indianer oder andere edle Wilde sind, die telepathisch mit abgerichteten Tieren Kommunikation betreiben bzw. ein symbiontisches Team bilden. Bekannt wurden vor allem ihre Serien WITCH WORLD und TIME TRADER, aber auch ihre zahllosen anderen SF- und Fantasy-Abenteuer werden überall in der Welt gern gelesen und erleben immer wieder Neuauflagen. Zeitweise war Andre Norton Lektorin für Jugend-SF im Verlag Gnome Press.

Bibliographie:
Die Raumschiff-Falle (SARGASSO OF SPACE) (als Andrew North), Balve 1956, Gebr. Zimmermann Vlg. (identisch mit **Der unheimliche Planet,** Stuttgart 1972, *Boje Weltraumabenteuer*).
Das große Abenteuer des Mutanten (DAYBREAK – 2250 A.D.), München 1966, TTB 105.
Der Schlüssel zur Sternenmacht (THE ZERO STONE), München 1969, TTB 163.
Das Geheimnis der Mondsänger (MOON OF THREE RINGS), München 1969, TTB 166.
Im Bann der Träume (ORDEAL IN OTHERWHERE), München 1970, TTB 174.
Sterne ohne Namen (UNCHANTED STARS), München 1970, TTB 178.
Die Eiskrone (THE ICE-CROWN), Rastatt 1972, TTB 188.
Verfemte des Alls (EXILES OF THE STARS), Rastatt 1972, TTB 196.
Die Welt der grünen Lady (DREAD COMPANION), Rastatt 1973, TTB 201.
Die Rebellen von Terra (STAR GUARD), Rastatt 1973, TTB 210.
Blut der Sternengötter (STAR GATE), Rastatt 1973, TTB 216.
Der Faktor X (THE X FACTOR), Rastatt 1973, TTB 224.
Das Geheimnis des Dschungelplaneten (STAR HUNTER), Frankfurt/Berlin/Wien 1973, U 3013.
Androiden im Einsatz (ANDROID AT ARMS), Rastatt 1974, TTB 230.
Garan – der Ewige (GARAN THE ETERNAL), Rastatt 1974, TTB 241.
Gefangene der Dämonen (WITCH WORLD), Rastatt 1974, TF 2.
Die Sterne gehören uns (THE STARS ARE OURS), Frankfurt/Berlin/Wien 1974, U 3082.
Sturm über Warlock (STORM OVER WARLOCK), Frankfurt/Berlin/Wien 1974, U 3097.
Im Netz der Magie (WEB OF THE WITCH WORLD), Rastatt 1975, TF 5.
Bannkreis des Bösen (THREE AGAINST THE WITCH-WORLD), Rastatt 1975, TF 9.
Verschwörung im All (POSTMARKED THE STARS), Stuttgart 1975, *Boje Weltraumabenteuer*.
Wrack im All (GALACTIC DERILICT), Frankfurt/Berlin/Wien 1975, U 3160.
Kreuzweg der Zeit (CROSSROADS OF TIME), Frankfurt/Berlin/Wien 1976, U 3203.
Angriff der Schatten (WARLOCK OF THE WITCH WORLD), Rastatt 1976, TF 16.

Das Mädchen und der Magier (SORCERESS OF THE WITCH WORLD), Rastatt 1976, TF 22.
Herrscher über den Abgrund (NO NIGHT WITHOUT STARS), Stuttgart 1977, *Boje Science Fiction*.
Die Braut des Tiermenschen (THE YEAR OF THE UNICORN), Rastatt 1977, TF 31.
Ingarets Fluch (SPELL OF THE WITCH WORLD), Rastatt 1977, TF 39.

Heftpublikationen:
Weltraumranger greifen an (THE STAR RANGERS), UG 41 (1956).
Gefährliche Landung (PLAGUE SHIP) (als Andrew North), UG 69 (1958).
Das Geheimnis der Verlorenen (SECRET OF THE LOST RACE), UG 126 (1960).
Die Sklaven von Klor (THE SIOUX SPACEMEN), UG 132 (1960).
Im Dschungel von Ishkur (EYE OF THE MONSTER), UG 201 (1963).
Der Letzte der Navajos (THE BEAST MASTER), TS 73/74 (1963).
Operation Vergangenheit (THE TIME TRADERS), TS 78 (1963).
Flammen über Astra (STAR BORN), T 343 (1964).
Schiffbruch der Zeitagenten (THE DEFIANT AGENTS), T 370 (1964).
Das Duell der Zeitagenten (KEY OUT OF TIME), T 379 (1965).
Hetzjagd der Zeitgardisten (QUEST CROSSTIME) T 526/27 (1967).

Nourse, Alan E(dward)
(1928–)
Dr. med. Alan E. Nourse wurde als Sohn eines Elektroingenieurs in Des Moines/Iowa geboren, nahm nach Beendigung der High School 1945 ein Medizinstudium an der Rutgers University/New Jersey auf und betätigte sich dort u. a. als Redakteur einer Studentenzeitung, wobei er J. A. Meyer kennenlernte, mit dem er später den Roman THE INVADERS ARE COMING (1966) verfaßte. Nourse hatte bereits während seines Studiums einige Dutzend Kurzgeschichten an *Galaxy, Astounding* und *The Magazine of Fantasy and Science Fiction* verkauft: »Ich las damals ungeheure Mengen an SF, und als meine Bekannten herausfanden, daß ich das Zeug auch noch selbst schrieb, war ich bei ihnen zunächst einmal untendurch.« 1947 zwang ihn ein zweijähriger aktiver Dienst als Sanitäter in der US Navy zur Unterbrechung des Studiums, das er 1948 jedoch wieder aufnahm und 1955 mit dem Grad eines M. D. abschloß. Daraufhin ließ Nourse sich sogleich als freischaffender Autor nieder, nachdem er sich mit

dem psychologischen SF-Thriller A MAN OBSESSED (1954) bereits einen guten Namen gemacht hatte. Zwei Jahre später kehrte er in den Krankenhausdienst zurück, verließ ihn 1963 wieder (diesmal endgültig) und ist seither ausschließlich als Schriftsteller tätig. Neben einer Serie von Ratgebern für Studenten verfaßt er seither SF-Romane für Jugendliche und Erwachsene. Seine auf ein älteres Publikum zugeschnittenen Werke weisen in der Regel einen stark medizinischen Hintergrund auf, u. a. schrieb er eine mehrbändige Romanserie um die sog. Star Surgeons, die »Weltraummediziner«. Nourse ist Mitarbeiter mehrerer medizinischer Fachzeitschriften und Illustrierten und trat auch als Verfasser einer Reihe populärwissenschaftlicher Bücher für Jugendliche hervor. Sammlungen seiner Kurzgeschichten sind THE COUNTERFEIT MAN (1963) und RX FOR TOMORROW (1971).

Bibliographie:
Der sechste Mond (TROUBLE ON TITAN), München 1959, Awa-Verlag.
Wenn das Grauen kommt (THE INVADERS ARE COMING) (mit J.A. Meyer), Balve 1963, Gebr. Zimmermann Vlg.
Verbotene Wissenschaft (THE MERCY MEN), München 1971, GWTB 0127.
Die Fahrt zum Höllenplaneten (ROCKET TO LIMBO), Rüschlikon 1976, Müller Vlg.

Heftpublikationen:
Die Zeitkapsel (SCAVENGERS IN SPACE), T 225 (1962).
Die Chirurgen der Galaxis (STAR SURGEON), T 235 (1963).
Phantom City (ROCKET TO LIMBO), TS 89 (1964).
Der Besessene (A MAN OBSESSED), T 378 (1965).
Das Phantomschiff (RAIDERS FROM THE RINGS), T 418/419 (1967).
Die Schwelle zur anderen Welt (THE UNIVERSE BETWEEN), T 550 (1968).
Hospital Erde (C), (RX FOR TOMORROW) (I) TA 77 (1973).
Der freie Agent (C), (RX FOR TOMORROW) (II) TA 85 (1973).
Brücke zur Sonne (C), (TIGER BY THE TAIL) TA 114 (1973).
Der gefälschte Mensch (C), (THE COUNTERFEIT MAN) (I) TA 127 (1974).
Die Waffe des Friedens (C), (THE COUNTERFEIT MAN) (II) TA 143 (1974).
Der Weg in die Galaxis (C), (PSI HIGH AND OTHER STORIES) TN 185 (1971).

Nowlan, Philip Francis
(1888–1940)
Wenn ein amerikanischer SF-Autor einer neuen Bekanntschaft gesteht, seinen Lebensunterhalt mit dem Schreiben utopischer Geschichten zu verdienen, bekommt er in der Regel die Antwort: »Herrjeh – meinen Sie diesen schrecklichen *Buck-Rogers*-Quatsch?« BUCK ROGERS ist in den USA das Synonym für *Perry Rhodan*, wenngleich diese Figur nicht durch das gedruckte Wort, sondern durch einen Comic Strip bekannt wurde, der sogar Ray Bradbury begeisterte. Der Schöpfer dieses berühmten *Buck Rogers*

war der in Philadelphia geborene Philip Francis Nowlan, und die erste Geschichte, in der sein Held auftauchte, erschien im Jahre 1928 unter dem Titel ARMAGEDDON 2419 A. D. in Gernsbacks *Amazing Stories*. Zusammen mit der Fortsetzung THE AIRLORDS OF HAN (1929) inspirierte *Buck Rogers* den Zeichner Dick Calkins, der im Januar 1929 den ersten Strip seiner Abenteuer herausbrachte. *Buck Rogers* war bald in aller Munde, und eine wenig später täglich ausgestrahlte Hörspielsendung der größten amerikanischen Rundfunkstationen sorgte dafür, daß er bis in die dreißiger Jahre hinein populär blieb. Nowlan selbst schrieb die Texte der Strips bis 1939, während die Zeichner des öfteren wechselten. Kurz vor seinem Tode versuchte Nowlan sein Comeback in den SF-Magazinen, veröffentlichte noch einige Stories und lancierte noch den ersten Teil der neuen SF-Serie SPACE GUARDS (in *Astounding*, 1940). *Buck Rogers* überlebte seinen Schöpfer um 27 Jahre: Erst 1967 wurde der Strip, der allerdings stark an Popularität verloren hatte, abgesetzt.

Obrutschow, W(ladimir) A(fanasjewitsch)
(1863–1956)

W. A. Obrutschow (Vladimir Afanas'evič Obručev) ist ein Klassiker des utopisch-phantastischen Romans in Rußland. Er wurde in Klepenino im Gouvernement Tver' geboren und war seit 1896 mit geologischen Forschungen in Mittelasien, Zentralasien, Turkmenien und Sibirien beschäftigt. Er unterrichtete an der Technischen Hochschule in Tomask und am Bergbauinstitut in Moskau und wurde 1929 Mitglied der Akademie der Wissenschaften. Er galt als einer der bedeutendsten Geographen und Geologen der Sowjetunion und wurde für seine Arbeit mehrfach geehrt: Neben Preisen und Orden wurde ihm die Ehrenpräsidentschaft der Geographischen Gesellschaft angetragen. Er veröffentlichte wissenschaftliche Arbeiten aus seinem Fachgebiet und verfaßte daneben zwei utopische Romane, die ebenfalls mit Erdkunde und erdgeschichtlichen Forschungen zu tun haben: PLUTONIJA (1924) und ZEMLJA SANNIKOVA (1926). Die Romane ZOLOTOISKATELI V PUSTYNE (»Goldsucher in der Wüste«) (1928) und V DEBRJACH CENTRAL'NOJ AZII (»In der Felsenwildnis Innerasiens«) (1951) schildern Obrutschews abenteuerliche Forschungsreisen. PLUTONIJA lehnt sich an Vorbilder wie Jules Verne und Conan Doyle an und schildert eine »vergessene«, unterirdische Welt mit prähistorischen Tieren und Pflanzen, ZEMLJA SANNIKOVA siedelt ein ähnliches Land in der Nähe des Pols an.

Bibliographie:
Das Sannikowland (ZEMLJA SANNIKOVA), Berlin 1953, Vlg. Neues Leben.
Plutonien (PLUTONIJA), Berlin 1953, Vlg. Neues Leben.

Offutt, Andrew J.
(1936–)

Wer Andrew J. Offutt für einen Newcomer hält, irrt sich: Der wortgewandte Mann aus Kentucky, der 1954 mit seiner Story AND GONE TOMORROW den ersten Preis eines vom SF-Magazin *Worlds of If* gesponsorten College-Wettbewerbs gewann (und Harlan Ellison auf den zweiten Platz verwies), hat inzwischen mehr als siebzig Bücher veröffentlicht, auch wenn nur we-

niger als ein Dutzend davon seinen Namen tragen. Offutt wuchs als Sohn eines kleinen Farmers in Kentucky auf, studierte in Louisville, machte seinen Bachelor of Arts und arbeitete anschließend beim Waschmittelkonzern Procter & Gamble. 1963 wurde er freier Versicherungsvertreter, leitete 1968 bereits drei Agenturen, schrieb nebenher SF und anderes (in der Regel Pornos) und beschloß 1970, aus seinem Hobby einen Beruf zu machen, was ihm nicht schwerfiel, da er mittlerweile herausgefunden hatte, daß es eine Kleinigkeit für ihn war, innerhalb von fünf Tagen einen Roman zu Papier zu bringen. Unter dem in der Sexbranche weithin bekannten Pseudonym John Cleve (»...when I write about goodole sex, which maybe I like better than writing and eating...«) brachte er Dutzende von Büchern mit Titeln wie THE SEDUCTRESS und THE GREAT 24 HOUR THING zustande, verlegte sich dann jedoch mehr und mehr auf SF und Heroic Fantasy. Nebula- und Hugo-Nominierungen (jedoch keinen der beiden Preise) wurden seinen Romanen EVIL IS LIVE SPELLED BACKWARDS (1970) und THE CASTLE KEEPS (1972) zuteil. Von seinen Fantasy-Romanen sind allenfalls ARDOR ON ARDOS (1973), MY LORD BARBARIAN (1977) erwähnenswert sowie das SF-Jugendbuch THE GALACTIC REJECTS (1973). Seine Vorliebe für die Geschichten von Edgar Rice Burroughs haben Offutt mehr und mehr im Fantasy-Bereich tätig werden lassen: In den letzten Jahren schreibt er fast nur noch über die Abenteuer prähistorischer Muskelprotze in der Tradition Robert E. Howards.

Oliver, (Symmes) Chad(wick) (1928–)
Der als Symmes Chadwick Oliver in Cincinnati/Ohio geborene Autor machte sich durch Science Fiction mit anthropologischer Thematik einen Namen. Er studierte in Texas Englisch und Anthropologie und promovierte später in Los Angeles mit einer Arbeit in Anthropologie. Nach zwei Jahren als Assistenzprofessor in Texas hielt er sich einige Zeit zu Forschungsarbeiten über ostafrikanische Kultur- und Wirtschaftsformen in Kenia auf. Im Alter von 15 Jahren begann er Science Fiction zu lesen und unermüdlich Leserbriefe an SF-Magazine zu schreiben. Bald folgte die Herausgabe eines SF-Amateurmagazins, später begann er damit, Kurzgeschichten und Romane zu schreiben. Sein erster Roman war das Jugend-SF-Buch MISTS OF

THE DAWN (1952), es folgten Romane wie SHADOWS IN THE SUN (1954), THE WINDS OF TIME (1956) und UNEARTHLY NEIGHBORS (1960) und zuletzt GIANTS IN THE DUST (1976). Insgesamt liegen von Oliver sechs Romane und zwei Story-Sammlungen vor. Olivers bester Roman ist UNEARTHLY NEIGHBORS, ein herausragendes Stück SF, das die Schwierigkeiten einer Kontaktaufnahme zwischen Menschen und Außerirdischen beschreibt. Ebenfalls erwähnenswert: SHADOWS IN THE SUN und THE SHORES OF ANOTHER SEA (1971), die wie UNEARTHLY NEIGHBORS Schwierigkeiten und Konflikte beim Kontakt mit fremdartigen Kulturen schildern: im einen erweist sich eine texanische Stadt als getarnte außerirdische Kolonie, im anderen geht es um eine extraterrestrische Invasion in Afrika und anschließende Kommunikationsversuche. Von der Kritik wird besonders Chad Olivers Fähigkeit gelobt, anthropologische Theorien detailliert auszudenken und überzeugend in Literatur umzusetzen, wenngleich es ihm an thematischer Breite fehlt.

Bibliographie:
Das große Warten (THE WINDS OF TIME), München 1964, H231.
Brüder unter fremder Sonne (UNEARTHLY NEIGHBORS), München 1964, H3036.
Die vom anderen Stern (SHADOWS IN THE SUN), München 1967, H3090.
Die Affenstation (THE SHORES OF ANOTHER SEA), München 1973, H3340.

Heftpublikationen:
Menschen auf fremden Sternen (C) (ANOTHER KIND), TS96 (1965).
Menschheitsdämmerung (MISTS OF DAWN), T484 (1966).

Olsen, Bob (Alfred Johannes Jr.)
(1884–1956)
Bob Olsen, ein amerikanischer Autor, arbeitete hauptsächlich für die Pulp-Magazine, und hier insbesondere für Gernsbacks *Amazing*. Dort erschien auch seine erste Story, THE FOUR DIMENSIONAL ROLLER PRESS (6/27), die die sechsteilige FOUR-DIMENSIONAL-Serie, Olsens bekannteste Publikation, einleitete. Olsen blieb auch während der dreißiger Jahre aktiv und schrieb neben anderen Stories auch einen Zyklus von SF-Kriminalgeschichten, alles leichtverdauliche Unterhaltungskost ohne sonderlichen Tiefgang.

Orwell, George
(1903–1950)
George Orwell, englischer Essayist und Romancier, der mit bürgerlichem Namen Eric Blair hieß, wurde in Motihari in Bengalen (Indien) geboren, in Eton erzogen und diente 1922 bis 1927 bei der englischen Militärpolizei in Indien, bis er, von den englischen Kolonialmethoden angewidert, den Dienst quittierte und ein Vagabundenleben führte, sich als Tellerwäscher, Buchhandelsgehilfe und Lehrer durchschlug, bis er Aufträge als Journalist und Berichterstatter erhielt, u. a. über die Lebensverhältnisse der Bergarbeiter, was sich in seinem THE ROAD TO WIGAN PIER niederschlug. Er war An-

hänger der kommunistischen Internationale und nahm als Freiheitskämpfer am Spanischen Bürgerkrieg teil, in dem er verwundet wurde. Die Bestürzung über die Ausschreitungen während der Stalinära führten zu seiner Distanzierung vom Kommunismus; er trat der Labour Party bei. Nach London zurückgekehrt, war er Redakteur der *Tribune* und später ständiger Mitarbeiter des *New Statesman;* während des Zweiten Weltkriegs war er bei der BBC tätig. Sein Abscheu vor Diktaturen schlug sich vor allem in zwei Romanen nieder: in ANIMAL FARM (1945), einer phantastisch-allegorischen Satire über totalitäre Staaten (mit diesem Buch wurde er über Nacht berühmt), und in **1984** (1949), dem wohl bekanntesten Science Fiction-Roman überhaupt. Darin schildert Orwell eine zukünftige Welt, die in drei Machtblöcke aufgespalten ist: Ozeanien, Eurasien und Ostasien, die sich in ihrer politischen Struktur gleichen und zur Aufrechterhaltung der innenpolitischen Machtverhältnisse ständig mit wechselnden Bündnissen Scheinkriege führen und die unter dem Vorwand des drohenden Feindes von außen ein ausgeklügeltes Unterdrückungssystem geschaffen haben, das von psychologischer Manipulation – der allgegenwärtige »Große Bruder«, die allgegenwärtige Propaganda, die permanente Geschichtsfälschung und »Sprachreinigung« mit dem Ziel, jede Individualität zu vernichten – bis hin zur psychischen Folter reicht, bis zur Zerstörung der Persönlichkeit. Das Buch beschreibt die Geschichte des kleinen Angestellten Winston Smith, der an der offiziellen Geschichtsklitterung zu arbeiten hat, die je nach politischem Frontenverlauf stets neu erfolgen muß und die so weit geht, auch Dokumente der Vergangenheit zu fälschen, um sie der offiziösen Tagesmeinung entsprechend auf den »neuesten Stand« zu bringen. Smith kann nicht umhin, seine begründeten Zweifel an dem System zu haben, versucht nach außen hin loyal zu sein, um den Häschern der »Gedankenpolizei« zu entgehen, und versucht gleichzeitig, sich einen geistigen Freiraum zu schaffen, um nicht seelisch zugrunde zu gehen. Seine »Auflehnung« bleibt nicht unbemerkt, und er gerät in die Mühlen des Parteiapparats, der eine individuelle Intimsphäre ebensowenig dulden kann wie eine persönliche Bindung.

Mit Julia, seiner Geliebten, mit der er sich in Nischen flüchtet, die er noch nicht überwacht wähnt, genießt er Augenblicke des Glücks, und der Geschlechtsakt ist ihnen Ausdruck ihres Aufbegehrens gegen die verhaßte Partei. Sie werden entdeckt, getrennt und einer psychischen Folter unterworfen, an der Winston seelisch zerbricht, indem er seine Geliebte verrät. Er wird »gereinigt« in den totalitären Alltag entlassen. Orwells **1984** ist das Musterbeispiel einer Dystopie, eines pessimistischen, schrecklichen Zukunftsbildes, das als Menetekel einer total verwalteten, menschenunwürdigen Welt vor Entwicklungen warnen will, die seinerzeit sichtbar waren und auch heute allenthalben sichtbar sind.

Bibliographie:
1984 (NINETEEN EIGHTY-FOUR), Stuttgart 1950, Diana Vlg.
Die Republik der Tiere (ANIMAL FARM), Wien 1951, Novitas-Zeitungs- und Zeitschriften-Verlagsgesellschaft; später unter dem Titel **Die Farm der Tiere,** Zürich 1949 Vgl. Amstütz, Herdeg & Co., darauf Frankfurt 1958, *Fischer Taschenbuch 216.*

P

Palmer, L.D.
(1956–   )
L.D. Palmer ist das Pseudonym des Philip-K.-Dick-Fans und SF- und Comic-Großsammlers Uwe Anton, der in Remscheid geboren wurde und zunächst innerhalb eines Science Fiction-Clubs mehrere Fanzines herausgab, die sich mit SF, Horrorliteratur, Sword & Sorcery und Comic Strips beschäftigten. Er begann im Alter von siebzehn Jahren seine ersten Romane zu schreiben. Seit 1976 versucht er sich (inzwischen Student der Germanistik und Anglistik) als Übersetzer und Verfasser von Horrorromanen. Erste SF-Veröffentlichungen waren **Der Mond fällt auf die Erde** (1976), ein Katastrophenroman, dessen Inhalt der Titel akkurat wiedergibt, und **Dem Erdball drohte die Vernichtung** (1977), eine *post doomsday*-Geschichte, in der amerikanische Comic-Strip-Zeichner als Protagonisten auf einer atomkriegsverseuchten Erde agieren.

Bibliographie:
Heftpublikationen:
Der Mond fällt auf die Erde, KA 11 (1976).
Dem Erdball drohte die Vernichtung, ESF 14 (1977).

Pangborn, Edgar
(1909–1976)
Der amerikanische Autor Edgar Pangborn wurde in New York City geboren und studierte an der Harvard-Universität und am New England-Konservatorium Musik. In den dreißiger Jahren wandte er sich vom Komponieren ab und versuchte es statt dessen mit der Schriftstellerei. Von 1942–1945 diente er in der US-Army. Im Bereich der SF wurde man zum ersten Mal 1951 auf ihn aufmerksam, als seine Novelle ANGEL'S EGG in *Galaxy* erschien. Bekannt aber wurde er durch einige hervorragende Romane, die den zu Lebzeiten wenig Beachteten heute als einen der ganz großen Romanciers in der SF erscheinen lassen. Zeit seines Lebens blieb Pangborn der Ruf

als SF-Autor versagt, den er eigentlich verdient gehabt hätte. Er tauchte nur sporadisch in den Magazinen auf und hielt sich von jeglichem SF-Rummel fern. Ähnlich wie sein Kollege, Kurt Vonnegut jr., schrieb er herausragende Romane, die zweifellos der SF zuzurechnen sind, aber aufgrund seiner Distanz zu SF-spezifischen Vereinigungen blieb er für das Genre immer nur eine Randfigur, und doch gewann A MIRROR FOR OBSERVERS (1954), sein zweiter Roman, 1955 den International Fantasy Award. Marsianer beobachten seit vielen Jahrhunderten, unerkannt auf der Erde lebend, die Entwicklung der Menschheit und manipulieren sie behutsam. Es gibt aber auch unter den Marsianern »schwarze Schafe«, die nicht an eine friedliche Koexistenz beider Rassen glauben und die Selbstzerstörung der Menschen fördern. Diese Auseinandersetzung zwischen Gut und Böse bildet das Thema des Romans. DAVY (1964) wiederum ist ein Roman, der 300 Jahre nach einem verheerenden Atomkrieg in den Vereinigten Staaten spielt, die in mittelalterliche Verhältnisse zurückgefallen sind. Die Kirche herrscht absolut, aber schon machen sich wieder Auflösungserscheinungen bemerkbar. In dieser Welt lebt Davy, eine Art Tom Jones, ein pfiffiges Kerlchen, das sich nicht mit dem abfindet, was ihm von muffigen Autoritäten vorgesetzt wird. Das weibliche Pendant zu Davy ist Eve, in dem Roman THE JUDGEMENT OF EVE (1966), eine junge Frau, die sich in einer von Kriegen und Seuchen verwüsteten und entvölkerten Welt zwischen drei Männern entscheiden muß. In WEST OF THE SUN (1953), Pangborns erstem SF-Roman, gründen Forscher eines gestrandeten Raumschiffes auf einem Planeten eine utopische Gesellschaft.

Der Ernst, mit dem Pangborn seine Themen anging und die Sorgfalt, mit der er sie durchführte, sichern ihm eine Sonderstellung unter den SF-Autoren, falls er sich je als solcher verstanden wissen wollte. Stilistisch war er einer der besten. Nie orientierte er sich an effekthaschender Actionschreiberei, wie sie in der Massenliteratur leider an der Tagesordnung ist. Seine Kurzgeschichten sind teilweise in dem Sammelband GOOD NEIGHBOURS AND OTHER STRANGERS (1972) erschienen. Der letzte SF-Roman Pangborns, der überdies auch historische Stoffe bearbeitete und Kriminalromane schrieb, war THE COMPANY OF GLORY (1975), eine Fortsetzung von DAVY, in dem Europa von Amerika aus »entdeckt« wird, nachdem man die Alte Welt seit Jahrhunderten für eine Legende hielt. Aus dem Nachlaß erschienen noch weitere Erzählungen aus diesem Themenbereich unter dem Titel STILL I PERSIST IN WONDERING (1978).

Bibliographie:
Gute Nachbarn und andere Unbekannte (C), (GOOD NEIGHBOURS AND OTHER STRANGERS) München 1973, GWTB 0161.
Der Beobachter (A MIRROR FOR OBSERVERS), München 1978, H 3588.

Davy (DAVY), München 1978, H 3593.
Die Prüfung (THE JUDGEMENT OF EVE), München 1979, H 3637.

Panshin, Alexei
(1940–   )
Alexei Panshin wurde in Lansing/Michigan geboren, studierte Englisch und war während seiner Dienstzeit bei der US-Army in Korea eingesetzt. Zwar veröffentlichte er bereits 1960 seine erste SF-Kurzgeschichte, aber lange Zeit machte er sich vor allem einen Namen als Kritiker. 20 Essays von ihm und seiner Frau Cory zur Science Fiction erschienen 1976 unter dem Titel SF IN DIMENSION, nachdem er schon 1968 mit seiner Studie HEINLEIN IN DIMENSION Aufsehen erregt hatte. 1967 gewann er den Hugo Gernsback-Award als bester Amateurautor. Viele seiner Arbeiten über Science Fiction sind in dem semiprofessionellen Magazin *Riverside Quarterly* erschienen. 1968 erschien sein Roman RITE OF PASSAGE,

der ihn auf einen Schlag als SF-Autor bekannt machte. Er gewann mit diesem Titel den Nebula-Award. RITE OF PASSAGE ist einer der interessantesten Romane über das Thema des generationenlangen Sternenflugs und wird aus der Sicht eines jungen, im Weltall geborenen Mädchens erzählt. Außer RITE OF PASSAGE hat er drei Romane um die Figur eines *Anthony Villiers* geschrieben: STARWELL (1968), THE THURB REVOLUTION (1968) und MASQUE WORLD (1969) – Weltraumintrigen, die an RITE OF PASSAGE nicht heranreichen. Weiterhin liegt eine Story-Sammlung mit dem Titel FAREWELL TO YESTERDAY'S TOMORROW (1975) vor.

Bibliographie:
Welt zwischen den Sternen (RITE OF PASSAGE), München 1970, GWTB 0122.

Parnow, Jeremej
(1935–)
Der in Charkow geborene Russe Jeremej Parnow (Parnov) studierte Chemie an der Moskauer Universität und arbeitete anschließend an der Akademie der Wissenschaften. Er betätigte sich in verschiedenen Literatur-Genres: Er schrieb einen Roman über Thälmann, einen Abenteuerroman, biographische Erzählungen, populärwissenschaftliche Bücher und Science Fiction. SF schrieb er stets gemeinsam mit seinem Ko-Autor Michail Jemzew, der wie Parnow Chemiker ist. Dieser Zusammenarbeit entsprangen zahlreiche Erzählungen, die auch als Sammlungen herauskamen, und die Romane »Das Dinac-Meer«, BUNT TRIDZATI TRILLIONOW (»Der Aufruhr der dreißig Trillionen«) sowie POSLEDNEJE PUT E SCHESTWIJE POLKOWNIKA FOSSETA (»Oberst Fossets letzte Reise«). Einige Erzählungen der Autoren erschienen in Anthologien, die in der DDR herauskamen.

Payes, Rachel Cosgrove
(1922–)
Rachel Cosgrove Payes, den SF-Lesern hauptsächlich unter dem Pseudonym E. L. Arch (Anagramm für »Rachel«) bekannt, stammt aus Westernport/Maryland. Sie machte ihren Bachelor of Science am West Virginia Wesleyan College (1943). Ihr erstes Buch war ein Märchen, hieß HIDDEN VALLEY OF OZ (1951) und erschien noch unter ihrem Mädchennamen Rachel R. Cosgrove. 1963 begann sie freiberuflich SF zu schreiben, sah sich jedoch wegen der Diskriminierungen, der weibliche SF-Autorinnen damals noch ausgesetzt waren, gezwungen, das Pseudonym E. L. Arch anzunehmen. Sie schrieb einige Shortstories für Magazine wie *If, Worlds of Tomorrow, Vertex, Amazing, Analog* sowie *Fantasy and Science Fiction* und trat schließlich auch mit einer Reihe von Büchern an die Öffentlichkeit: BRIDGE TO YESTERDAY (1963), THE DEATHSTONES (1964), PLANET OF DEATH (1964), THE FIRST IMMORTALS (1965), THE DOUBLE MINDED MAN (1966) und THE MAN WITH THREE EYES (1967). Neben der SF schreibt sie auch »popular fiction«, wie den historischen Roman MOMENT OF DESIRE (1978). »Seit ich angefangen habe, SF zu schreiben, hat sich in der Verlagslandschaft eine Menge getan. Es war am Anfang nicht einfach, als Frau in diesem Genre publiziert zu werden. Wie viele meiner Kolleginnen auch, war ich gezwungen, mir ein neutral klingendes Pseudonym zuzulegen. Heute ist das zum Glück anders. Das Genre hat sich geöffnet für jeden, der Talent besitzt, egal, welchem Geschlecht, welcher Religion oder welcher ethnischen Gruppe er angehört.«

Bibliographie:
Heftpublikationen:
Verlorene Vergangenheit (BRIDGE TO YESTERDAY), UZ 413 (1965).

Peake, Mervyn (Lawrence)
(1911–1968)
Der Maler und Fantasy-Autor Mervyn Lawrence Peake wurde in China geboren und verbrachte dort seine Kindheit. Im Alter von zwölf Jahren kam er nach England und besuchte ein College. 1941 erschien von ihm ein erstes Buch mit Gedichten; es folgten weitere Gedichtbände, Kinderbücher und ein Theaterstück. Daneben erhielt er Aufträge, Kinderbücher zu illustrieren, u. a. auch ALICE IN WONDERLAND. Als sein Hauptwerk gilt die Fantasy-Trilogie GORMENGHAST: welche die Bände TITUS GROAN (1946), GORMENGHAST (1950) und TITUS ALONE (1959) umfaßt. Der letzte dieser Romane wurde bereits unter Einfluß jener schweren Gehirnerkrankung geschrieben, an der Peake zehn Jahre lang dahinsiechte, bis er 1968 daran starb. Der Autor Langdon Jones, ein Bewunderer Peakes, überarbeitete TITUS ALONE später nach Aufzeichnungen Peakes und gab das Buch 1970 neu heraus. Die beiden ersten Teile der Trilogie handeln in der Gormenghast-Burg, die von bizarren und exotischen Wesen bewohnt wird, und beschreiben Ausflüge in die merkwürdige Welt außerhalb der Burg, während der dritte Band schildert, wie Titus Groan aus dieser Welt ausbricht. Krankheit und Tod hinderten Peake daran, die drei Romane um einen geplanten vierten Band zu ergänzen. Ein weiterer Fantasyroman von Peake ist MR. PYE (1953), in dem einem Mann Engelsflügel wachsen, wenn er Gutes, und Teufelshörner, wenn er Böses tut. Peake gilt als einer der größten Stilisten der englischsprachigen Fantasy, der es nicht nur verstanden hat, sich eine beispiellos bizarr-exotische Welt auszudenken, sondern auch mit der GORMENGHAST-Trilogie ein Werk geschaffen hat, in dem Menschlichkeit und Fremdartigkeit, Komik und Tragik vereint sind. Er erhielt 1950 den W.-H.-Heinemann-Preis der Royal Society of Literature. Bewunderer vergleichen Peakes Erzählkunst gelegentlich mit der von Charles Dickens.

Pedler, Kit & Davies, Gerry
(1928–   ) (1930–   )
Kit Pedler, geboren in Suffolk, und Gerry Davies, geboren in London, sind ein Autorenteam, das bislang drei SF-Romane geschrieben hat. Kit Pedler ist Doktor der Medizin und wirkt seit 1968 als Gastprofessor an der Universität von Manitoba/Kanada. Er gilt als Kapazität auf dem Gebiet der Pathologie der Augenkrankheiten. Gerry Davies vereinigte nach Schule und Krieg zwei Karrieren: die eines Schauspielers und die eines Seemanns. 1951 emigrierte der gebürtige Engländer nach Kanada, wo er mehrere Jahre für Film und Fernsehen arbeitete. Dort lernte er Kit Pedler kennen, der Skripte für wissenschaftliche Dokumentarfilme schrieb. In den sechziger Jahren arbeiteten die beiden in England für das Fernsehen. U. a. schrieben sie Folgen für die bekannte Fernsehserie DR. WHO und schufen die DOOMWATCH-Serie. In den siebziger Jahren verlegte sich das Team mehr auf SF. Drei apokalyptische Dystopien entstanden: MU-

TANT 59 (1972), BRAINRACK (1974) und *THE DYNOSTAR-MENACE* (1975). Alle drei gehören dem Themenkreis der Katastrophenromane an. In MUTANT 59 – THE PLASTIC EATER wird die Idee in allen Konsequenzen durchgespielt, was geschähe, wenn plötzlich ein Bakterienmutant auftauchte, der Plastikmaterial zersetzte. Bei den zahllosen Gegenständen vom Isolationsmaterial an elektrischen Leitungen über Kleidung bis hin zu Heizöltanks und Dichtungen von Flugzeugtüren und -fenstern ergäbe dies eine Apokalypse ganz spezifischer Art. In BRAINRACK wird postuliert, Autoabgase hätten eine zerstörerische Langzeitwirkung auf das menschliche Gehirn. Immer häufiger tritt bei komplizierten Technologien »menschliches Versagen« auf – mit katastrophalen Folgen (u. a. wird in allen Einzelheiten ein »China-Syndrom« geschildert, ein GAU lange vor Harrisburg). In THE DYNOSTAR MENACE droht ein Fusionsreaktor auf Erdumlaufbahn die schützende Ozonschicht aufzureißen. Die Idee dient aber nur als Vorwand für eine eher kriminalistisch angelegte Story über einen Bösewicht im Orbit, der erst in letzter Sekunde unschädlich gemacht werden kann.

Bibliographie:
Die Plastikfresser (MUTANT 59 – THE PLASTIC EATERS), München 1974, H 3382.
Gehirnpest (BRAINRACK), München 1976, H 3474.
Die Dynostar-Drohung (THE DYNOSTAR MENACE), München 1979, H 3635.

Peew, Dimiter
(1919–   )
Dimiter Peew ist einer der bekanntesten bulgarischen SF-Autoren. Er absolvierte ein Jurastudium und ist heute Doktor der Kriminalistik. Peew hat weit über dreißig teilweise längere Erzählungen und einen Roman geschrieben. **Das Photonenraumschiff**, eine seiner romanlangen Erzählungen, erschien unter diesem Titel in der DDR. Für seine Erzählung **Das Haar aus Mohammeds Bart** – die in der Anthologie **Marsmenschen** (1966) in deutscher Übersetzung vorliegt – erhielt er einen Preis.

Bibliographie:
Das Photonenraumschiff, Berlin 1969, Vlg. Das Neue Berlin.

Pelot, Pierre
(1945–   )
Der französische Autor Pierre Pelot gehört zu den wenigen politisch motivierten Schriftstellern der französischen SF-Szene, die es geschafft haben, sich auf dem Massenmarkt durchzusetzen, und er tat dies nicht nur unter seinem bürgerlichen Namen, sondern auch als Pierre Suragne, seinem Pseudonym. Seit 1966 haftet ihm der Ruf eines Phänomens an, denn seit dieser Zeit hat er weit über hundert Romane veröffentlicht, ohne dabei in die Niederungen der Trivialität hinabzusinken. Pelot/Suragne schreibt alles: vom Western zum Krimi, vom soziologisch fundierten Roman bis hin zur SF. Er hat Kurzgeschichten veröffentlicht und Anthologien herausgegeben und zählt in Frankreich zu den meistgelesenen Jugendbuchautoren, seit er

sich in der Zeit von 1972–1977 in der SF-Reihe *Anticipation* einen Namen machte. Seine Bücher erschienen in der Bundesrepublik, Dänemark, Italien, Portugal, Brasilien, Finnland und der ČSSR, haben ein einheitlich hohes Niveau, einen dynamischen Stil und behandeln sehr oft die Entfremdung des Menschen in der modernen Industriegesellschaft. Seine Hauptwerke auf dem Gebiet der SF sind: MAIS SI LES PAPILLONS TRICHENT (1974), FOETUS-PARTY (1977), LES BARREAUX DE L'EDEN (1977), TRANSIT (1977), DELIRIUM CIRCUS (1977), LE SOURIRE DES CRABES (1977) und CANYON STREET (1978).

Bibliographie:
Der Flug zur vierten Galaxis (LES LEGENDES DE TERRE), Stuttgart 1976, Boje Vlg.

Peschke, Hans
(1923–)
Der geborene Breslauer Hans Peschke (Pseudonym: Harvey Patton) arbeitete zunächst als Butler bei einem Grafen, meldete sich 1941 zur Luftwaffe (»Später habe ich mich außer zum Essenholen nie wieder freiwillig zu etwas gemeldet«), war drei Jahre Soldat, geriet in Kriegsgefangenschaft und schlug sich nach der Entlassung, »zum Pazifisten geworden«, als Bahnarbeiter, Krempler und Speisewagenkellner durch: »Gräfliche Leibdiener wurden nicht mehr gebraucht.« Er ließ sich schließlich in Mönchengladbach nieder, heiratete und begann sich zu Anfang der fünfziger Jahre durch die erste deutsche

SF-Heftserie *Utopia* für Science Fiction zu interessieren. Er schloß sich einem SF-Club an, in dem er Artikel und Kritiken verfaßte, ein Fanzine herausgab und schließlich auch sein Glück als Schriftsteller versuchte. »Für ein fürstliches Honorar von DM 400,–« verkaufte er seine ersten Romane an einen Leihbuchverlag, der ihn auch noch mit dem Pseudonym des verstorbenen Ernst H. Richter versah: William Brown. Als die Leihbuchmisere absehbar wurde, sattelte Peschke (diesmal unter seinem richtigen Namen) in die Heftromanbranche um, schrieb für *Utopia* und *Raumschiff Promet* und versuchte, ohne Weltraumkämpfe und interstellare Kriege zur herkömmlichen Serienkost der galaktischen Ballermänner eine Alternative zu bilden.

Bibliographie:
(als W. Brown):
Irrgarten Kosmos, Menden 1964, Bewin Vlg.

Besuch auf Terra, Menden 1964, Bewin Vlg.
Strafschiff I/28 Alpha, Menden 1965, Bewin Vlg.
Der falsche Weg, Menden 1965, Bewin Vlg.
Start ohne Wiederkehr, Menden 1965, Bewin Vlg.
Hochzeitsreise zum Ganymed, Menden 1965, Bewin Vlg.
König im Sternenreich, Menden 1966, Bewin Vlg.
Unternehmen Dunkelstern, Menden 1966, Bewin Vlg.
Grüße von Antares III, Menden 1967, Bewin Vlg.
Das Rätsel von Topas, Menden 1967, Bewin Vlg.
Retter der Galaxis, Menden 1968, Bewin Vlg.
Sklaven der Pirros, Menden 1969, Bewin Vlg.
Verschwörung im All, Menden 1970, Bewin Vlg.
Revolte auf Goras, Menden 1971, Bewin Vlg.
Atome der Ewigkeit, Menden 1968, Bewin Vlg.

Heftpublikationen:
(als Hans Peschke):
Duell der Geister, UZ 589 (1968)
Jagd auf Star King, ZSF 112 (1971)
Detektiv der Sterne, A 18 (1972)
(als Harvey Patton):
Welten in Not, TA 89 (1973)
Die Sklaven von Mura, TA 119 (1973)
Die Insel der Verbannten, TA 163 (1974)
Das Erbe der Varrym, TA 201 (1975)
Die Zwerge von Garal, TA 255 (1976)
Labyrinth des Schreckens, TA 257 (1976)
Der Berg der Götter, TA 260 (1976)
Gestrandet auf Fragor, TA 319 (1977)
Schicksalskreis Stonehenge, TA 372 (1978)
(↗ **Perry Rhodan, PRTB, Atlan, OH, RP**)

Pesek, Ludek
(1919–)
Der Tscheche Ludek Pesek wurde in Kladno geboren und studierte in Prag. Heute lebt er in Zürich und beschäftigt sich besonders mit Astronautik und Planetologie. Resultat sind neben verschiedenen Bildbänden zu diesen Themen bisher drei SF-Romane (nicht unbedingt nur für Jugendliche). **Die Mondexpedition** (1969) und **Die Erde ist nah** (1970) – dieser Titel erhielt den Deutschen Jugendbuchpreis 1971 – wurden wie auch das dritte Buch, **Falle für Perseus**, aus dem tschechischen Manuskript übersetzt und erschienen erstmals in deutscher Sprache. Die beiden erstgenannten Romane zeichnen sich durch realistische und hautnahe Schilderungen von Raumexpeditionen zum Mond und zum Mars aus. **Falle für Perseus** (1976) schildert eine totalitäre Zivilisation, die von Überlebenden eines riesigen gestrandeten Raumschiffs und ihren Nachkommen errichtet wurde. Ludek Pesek hat zwei weitere Jugendbücher veröffentlicht, die nicht im SF-Genre angesiedelt sind. Er arbeitet im Auftrag der National Geographic Society an einem umfassenden planetologischen Bildwerk, das er als Doppelbegabung nicht nur schreibt, sondern auch zeichnet. Er gilt als einer

der größten Maler der »space art«, also naturalistischer astronomischer Motive, wie Oberflächen anderer Himmelskörper u.ä.

Bibliographie:
Die Mondexpedition, Recklinghausen 1969, Georg Bitter Vlg.
Die Erde ist nah, Recklinghausen 1970, Georg Bitter Vlg.
Falle für Perseus, Weinheim und Basel 1976, Beltz & Gelberg Vlg.

Pestum, Jo
(1936–)
In Wirklichkeit heißt er Johannes Stumpe und lebt als freier Schriftsteller in der Nähe von Münster. Der vor allem als Autor von Kinder- und Jugendbüchern hervorgetretene deutsche Autor wurde in Essen geboren. Er studierte Malerei, jobbte als Bauarbeiter, Restaurateur, Nachtportier und Taucher und arbeitete anschließend als Grafiker, Redakteur und Verlagslektor. Er hat bis heute rund vierzig Bücher veröffentlicht, hinzu kommen zahlreiche Hörspiele, Fernsehspiele und Filmdrehbücher. Für junge Leute schreibt er deshalb besonders gern, »weil sie noch die Chance haben, diese Welt zu verändern«.
Johannes Stumpe ist Mitglied des Bundesvorstands des VS (Verband deutscher Schriftsteller in der Industriegewerkschaft Druck und Papier). Außer **Astronautenlatein** (1970) und **Der Astronaut vom Zwillingsstern** (1974) schrieb er die SF-Erzählung **Die Notlandung,** die in seinem Kurzgeschichtenband **Duell im heißen Wind** (1975) erschien.

Bibliographie:
Astronautenlatein (mit Adolf Oehlen), Düsseldorf 1970, Schwann Vlg.
Der Astronaut vom Zwillingsstern, Würzburg 1974, Arena Vlg.

Petaja, Emil
(1915–)
Bevor er sich der Science Fiction und Fantasy widmete, war der Amerikaner Emil Theodore Petaja Fotograf mit einem eigenen Studio. Geboren wurde er in Montana, heute lebt er in Los Angeles. Er stammt von finnischen Einwanderern ab, was seine Vorliebe für finnische Sagen erklären mag: Mehrere Fantasy-Romane von ihm basieren auf der KALEVALA-Sage. Petajas erste Story erschien bereits 1942 in *Amazing* (TIME WILL TELL), gefolgt von weiteren gelegentlichen Erzählungen in den vierziger und fünfziger Jahren. Richtig produktiv wurde er aber erst Mitte der sechziger Jahre, als er mit dem Schreiben von Romanen begann. Sein SF- und Fantasy-Werk umfaßt bis heute 13 Romane (darunter vier Sword-and-Sorcery-Titel nach der erwähnten KALEVALA-Sage), eine Story-Sammlung und einen Band mit Gedichten. Petaja arbeitet als freiberuflicher Autor und schreibt auch außerhalb des SF-Genres.

Bibliographie:
Zwischen gestern und niemals (THE TIME-TWISTER), München 1971, GWTB 130.

Phillips, Rog
(1909–1965)
Roger Phillips Graham, bekannter unter seinem Pseudonym Rog Phillips, wurde in Spokane/Washington geboren, studierte in seiner Heimatstadt und in Seattle und arbeitete während des Zweiten Weltkrieges als Ingenieur. Später versuchte er sich erfolgreich als Verfasser von SF- und Fantasyerzählungen und publizierte Hunderte von Stories in allen amerikanischen Magazinen. Er heiratete das Filmsternchen Mari Wolf und gehörte bald zu den Stars der »Action-Brigade«. Nachdem er in den vierziger Jahren mehrere Dutzend Kurzgeschichten und Kurzromane an die Ziff-Davis-Magazine verkauft hatte, machte er sich von 1948 bis 1953 einen Namen als kritischer Betrachter von Fanpublikationen in *Amazing* und später in *Universe SF*. Buchpublikation sahen nur vier seiner Magazinromane; die Kurzgeschichtensammlung **Das wandernde Ich** (1965) erschien als Buch in dieser Form lediglich in deutscher Sprache.

Bibliographie:
Die Zeitfalle (THE TIME TRAP), Balve 1958, Gebr. Zimmermann Vlg.
Welten der Wahrscheinlichkeit (WORLDS OF IF), Balve 1960, Gebr. Zimmermann Vlg.

Heftpublikationen:
Der Weltraumspion (THE COSMIC JUNKMAN), UZ62 (1956).
Foltertrommeln der Venus (M'BONG-AH), UZ91 (1957).
Unsichtbare Welten (WORLDS WITHIN), AiW10 (1958).
Der Klub der Unsterblichen (THE INVOLUNTARY IMMORTALS), T297 (1963).
Das wandernde Ich (C/OA), T429 (1965).

Piper, H(enry) Beam
(1904–1964)
Der amerikanische SF-Autor Henry Beam Piper wurde in Altoona/Pennsylvania geboren und war lange Zeit als Eisenbahningenieur tätig. 1947 tauchte er zum ersten Mal in den SF-Magazinen auf, als *Astounding* seine Erzählung TIME AND TIME AGAIN veröffentlichte. Diese Story benutzte schon ein Konzept, durch das Piper später bekannt werden sollte: das der Parazeit, einer Alternativwelt in einem parallelen Zeitstrom. Die in *Astounding* erschienenen Geschichten POLICE OPERATION (7/48), LAST ENEMY (8/50), TEMPLE TROUBLE (4/51), TIME CRIME (sr2, 2/55), GUNPOWDER GOD (11/64) und DOWN STYPHON! (11/65) waren durch die gleichen Charaktere miteinander verbunden und spielten auf Alternativwelten der Erde. Ein anderer Zyklus ist der von der Terranischen Föderation, die fast alle Romane Pipers umfaßt, unter anderem LITTLE FUZZY (1962), Pipers wohl besten Roman, der bei der Hugo-Wahl 1963 zweiter wurde. In diesem Roman, wie auch in der Fortsetzung THE OTHER HUMAN RACE (1964) späterer Titel: FUZZY SAPIENS, 1976) handeln von intelligenten Pelzwesen, den Ureinwohnern einer irdischen Kolonie, die Gefahr laufen, von geschäftstüchtigen Kolonisten ausgerottet zu werden. Gegenüber

diesen Romanen fallen alle anderen Pipers stark ab. THE SPACE VIKINGS (1963), ULLER UPRISING (1952) und JUNKYARD PLANET (1963) sind Space Operas nach dem gängigen Muster, die allerdings auch im Zusammenhang mit der Terranischen Föderation gesehen werden müssen, die Aufstieg, Fall und Wiedergeburt der menschlichen Zivilisation beschreibt. Neben diesen beiden Serien verfaßte er noch zwei Romane gemeinsam mit John J. McGuire, CRISIS IN 2140 (1953, 1957) und A PLANET FOR TEXANS (1958). Zwei Stories aus der Parazeit-Serie wurden in LORD KALVAN OF OTHERWHEN (1967) zusammengefaßt. Piper beging 1964 Selbstmord.

Bibliographie:
Der Mann, der die Zeit betrog (LORD KALVAN OF OTHERWHEN), Hamburg 1967, Wi 2003.
Null-ABC (NULL A-B-C), Frankfurt–Berlin–Wien 1972, U 2888.
Der verschollene Computer (JUNKYARD PLANET) Frankfurt–Berlin–Wien 1975, U 3167.
Was ist los auf Planet Zero (LITTLE FUZZY), Rüschlikon–Zürich 1976, Müller Vlg.
Die Weltenplünderer (THE SPACE VIKINGS), Frankfurt–Berlin–Wien 1976. U 3223.
Der Uller-Aufstand (ULLER UPRISING), Frankfurt–Berlin–Wien 1977. U 3306.

Heftpublikationen:
Krisenjahr 2140 (CRISIS IN 2140) (mit J. J. McGuire), AIW 3 (1958).

Platt, Charles
(1944–)
Der Name des Engländers Charles Platt ist eng mit der »New Wave« verknüpft, die Mitte der sechziger Jahre die SF-Gemüter erregte. Platt, der zuvor schon Organist in einer Rockband, Photograph und freier Graphiker gewesen war, schloß sich 1966 dem Team um Michael Moorcock an, das an dem Sprachrohr der New Wave, dem Magazin *New Worlds*, arbeitete, für das er zunächst Titelbilder entwarf, und später avancierte er zum Herausgeber. Sein erster Roman, THE GARBAGE WORLD (1966), erschien ebenda. Die Handlung spielt auf einem Asteroiden, den andere Asteroidensiedler als Mülldeponie benutzen. Von der satirischen Aussage des Originals ist allerdings in der grausam verstümmelten Übersetzung nichts mehr zu merken. Anfang der siebziger Jahre ging Platt in die USA, wo er bei verschiedenen Verlagen als Lektor tätig war. Neben einem Sachbuch, welches das

Überleben in der Wildnis zum Thema hatte, schrieb er weiter SF mit stark gesellschaftsbezogenem Inhalt. TWILIGHT OF THE CITY (1977), sein bislang letzter Roman, schildert am Beispiel einer pervertierten Popkultur und immer barbarischer werdender Beziehungen in der menschlichen Gemeinschaft den Niedergang der Großstadt als Zentrum der Gesellschaft. Eine deutsche Ausgabe dieses Romans wird demnächst im Heyne Verlag erscheinen.

Bibliographie:
Heftpublikation:
Asteroid der Ausgestoßenen (THE GARBAGE WORLD), TA 139 (1974).

Plauger, P. J.
(1944–)
P. J. Plauger, ein amerikanischer SF-Autor, studierte Physik und schloß sein Studium 1969 mit dem Grad eines PhD ab. Er ist in der Computerbranche als Vizepräsident einer Beraterfirma tätig und schreibt in seiner Freizeit – neben Fachbüchern und Artikeln über Computer-Programmierung – gelegentlich Science Fiction. Seine erste Veröffentlichung war 1973 die Erzählung EPICYCLE in ASF. 1975 wurde Plauger mit dem John W. Campbell-Award als bester Nachwuchsautor des Jahres ausgezeichnet, und 1976 erschien sein Kurzroman LIGHTING MADNESS in der von Ben Bova herausgegebenen Anthologie *Analog Annual*. Aufsehen erregte er mit seiner Erzählung CHILD OF ALL AGES (1975), in der er die Geschichte eines unsterblichen Mädchens schildert, das immer ein Kind bleibt. Eine deutsche Übersetzung unter dem Titel **Ein Kind jeden Alters** ist bei Heyne in Vorbereitung.

Poe, Edgar Allan
(1809–1849)
Edgar Allan Poe, eine der herausragendsten Persönlichkeiten der amerikanischen Literatur, gilt heute nicht nur als Vater der modernen Kurzgeschichte, sondern auch als bedeutendster Vorläufer der Science Fiction und als Begründer der Horror-Literatur. Er wurde als Sohn eines Schauspielerehepaares in Boston geboren. Kindheit und Jugend standen unter keinem glücklichen Stern. Der Va-

ter verließ die Familie, die Mutter starb früh, und der junge Edgar kam als Waise in die Obhut einer Pflegefamilie. Trotzdem brachten diese tragischen Umstände auch Vorteile mit sich, denn Edgars Pflegevater, John Allan, konnte ihm eine Ausbildung ermöglichen, die mit Sicherheit die finanziellen Mittel seiner leiblichen Eltern überstiegen hätte. Doch das Glücksspiel beendete seine Karriere an der Universität in Virginia. Poe überwarf sich mit seinem Pflegevater und wurde Soldat. Aber auch an der Militärakademie von West Point wurde er wegen Unzuverlässigkeit entlassen. Anstelle eines gesicherten Berufes trat nun seine Beschäftigung mit der Poesie. Nachdem er mit früheren Gedichten keinen großen Erfolg hatte, gewann er mit seiner Kurzgeschichte MS. FOUND IN A BOTTLE (1833) einen Wettbewerb des *Baltimore Saturday Visitor*. Während der nächsten 16 Jahre hatte Poe mehr oder minder einträgliche Posten als Redakteur oder Herausgeber bei verschiedenen Literaturmagazinen inne. Während dieser Zeit entstand sein literarisches Werk, das in der Hauptsache aus Kurzgeschichten, Gedichten, einem Romanfragment und theoretischen Abhandlungen in Form von Essays besteht. Sein Gesamtwerk ist zu homogen, um einzelne Richtungen besonders herauszustellen. Dennoch muß festgestellt werden, daß er Pionierleistungen auf mehreren Gebieten vollbracht hat. Seine Geschichten um den Pariser Detektiv Dupin – MURDERS IN THE RUE MORGUE, THE PURLOINED LETTER und THE MYSTERY OF MARIE ROGET – sind Erzählungen, in denen er Mysterien mit der Mathematik verband. Sie signalisieren die Geburt des Kriminalromans. Mit dem Horrorgenre wird Poe am ehesten identifiziert. Er ist ein Meister der psychologisch motivierten Horrorgeschichte und schildert in so bekannten Stories wie THE FALL OF THE HOUSE OF USHER, LIGEIA, PIT AND PENDULUM und THE MASK OF THE RED DEATH Grauen und Zerfall in unübertroffener Weise. Zwar gab es schon vor Poe Schauerliteratur – etwa die englische *Gothic Novel* und einige Romane von Erzählungen der deutschen »Schwarzen« Romantik –, aber kein Autor vor ihm steuerte das Wesentliche so präzise und akribisch genau an wie er, dessen Exzentrik und ausschweifender Lebensstil ihn zum *poète maudit* werden ließen, was zum Mythos seiner Geschichten noch beitrug.

Poe hatte auch wesentlichen Anteil an der Entwicklung der SF. Viele seiner Erzählungen sind phantastische Reiseabenteuer, so THE UNPARALLELED ADVENTURE OF HANS PFAAL (1835 bzw. 1840), in dem eine Reise zum Mond geschildert wird. THE BALLOON HOAX (1844) inspirierte Jules Verne zu UN VOYAGE EN BALLON (1851) und CINQ SEMAINES EN BALLON (1863). Andere SF-Themen tauchen ebenfalls im Ansatz auf. MAELZEL'S CHESSPLAYER (1836) deutet schon auf Roboter hin, phantastische Erkenntnisse und Pseudowissenschaften werden in MESMERIC REVELATION (1844) und

THE FACTS IN THE CASE OF M. VALDEMAR (1845) behandelt, während THE NARRATIVE OF ARTHUR GORDON PYM (1837) ein unbekanntes Land im Inneren der Erde beschreibt und so auf die später so beliebten »lost race«-Romane vorausweist. Fast allen diesen Geschichten ist gemein, daß sie eine visionäre Un- oder Überwirklichkeit auszeichnet. Besonders deutlich wird diese Instabilität der Wirklichkeit in DESCENT INTO THE MAELSTRÖM (1841) oder dem erstaunlichen EUREKA (1848), einer Abhandlung, in der Poe sein eigenes kosmisches Weltbild entwickelt.

Poes Auswirkungen auf die moderne Literatur sind nicht zu übersehen. Für den Bereich der aufkommenden Unterhaltungsliteratur setzte er den Rahmen, indem er ein Genre schuf und andere weiterentwickelte. Darüber hinaus beeinflußte er eine ganze Reihe von Schriftstellern direkt. Baudelaire und der französische Symbolismus wären ohne ihn schwer vorstellbar, Autoren wie Bierce oder Lovecraft undenkbar. Am 3. Oktober 1849 wurde Poe bewußtlos in Baltimore aufgefunden und starb am 7. Oktober im Washington College Hospital.

Bibliographie:
Von Poes Werk gibt es zahlreiche Einzelausgaben in deutscher Übersetzung. Die umfassendste ist die von K. Schuhmann und H. D. Müller herausgegebene und u. a. von Arno Schmidt und Hans Wollschläger übersetzte Ausgabe:
Werke, 4 Bde., Olten, Freiburg i. Br. 1966–73, Walter Vlg.

Pohl, Frederik
(1919–   )
Der amerikanische SF-Autor, Anthologist und Herausgeber Frederik Pohl wurde in New York geboren. Noch vor dem Zweiten Weltkrieg war er aktiver SF-Fan, und bei der New Yorker »Futurian Science Literary Society« lernte er u. a. seine späteren Kollegen Asimov und Kornbluth kennen. Seine erste SF-Veröffentlichung war ein Gedicht, ELEGY TO A DEAD PLANET: LUNA, das 1937 in *Amazing* erschien. 1940 wurde er Herausgeber der beiden Magazine *Astonishing Stories* und *Super Science Stories*, er gab diesen Job aber 1941 wieder auf. Um diese Zeit begann er mehr und mehr zu schreiben, zunächst unter Pseudonymen wie James MacCreigh, Scott Mariner oder Paul Dennis Lavond. Viele Erzählungen entstanden in Zusammenarbeit mit anderen Autoren, so mit Dirk Wylie, und unter dem Kollektivpseudonym S. D. Gottesman zusammen mit Cyril M. Kornbluth. Besonders seine Zu-

sammenarbeit mit Cyril M. Kornbluth erwies sich als sehr fruchtbar. Nach dem Krieg, den er als Meteorologe bei der Air Force in Italien mitmachte, war er als literarischer Agent tätig. Seine eigentliche Schriftstellerlaufbahn begann erst in den fünfziger Jahren. Nun lieferten ihm die neuen Magazine *Galaxy* und *Worlds of If* den Markt für seine bissigen Kurzgeschichten, die, was ihre Qualität anbetrifft, weit über denen der vierziger Jahre liegen. Seine Erfahrungen als Werbefachmann erlaubten es ihm, in zynischer Weise die amerikanische Konsumgesellschaft und -industrie zu beschreiben. Big Business um jeden Preis ist auch das Hauptthema von GRAVY PLANET, einem zusammen mit Kornbluth geschriebenen Fortsetzungsroman, der von Juni 1952 an in *Galaxy* erschien. Die Buchausgabe wurde als THE SPACE MERCHANTS (1953) bekannt und ging als der wohl beste satirische SF-Roman in die Geschichte des Genres ein. Werbung ist alles in einer vom Monopolkapitalismus beherrschten USA der nahen Zukunft. Selbst völlig nutzloses Venusland wird ahnungslosen Siedlern angedreht, die einer unsicheren Zukunft entgegensehen. Der Held des Romans und Chef dieser Verkaufskampagne wird von Gegnern des Systems gekidnappt und zu körperlicher Arbeit gezwungen. Am Ende schließt sich der Held der Untergrundgruppe an und fliegt selbst zur Venus, um sie vor der Ausbeutung zu retten. Neben diesem Spitzenroman verblassen die anderen in Zusammenarbeit mit Kornbluth entstandenen Romane ein wenig.

Trotzdem gelangen den Autoren mit GLADIATOR AT LAW (1955), SEARCH THE SKY (1954) und WOLFBANE (1959) überdurchschnittliche Romane. Aber Pohl arbeitete nicht nur mit Kornbluth zusammen. Mit Jack Williamson entstand die JIM-EDEN-Trilogie, Jugendromane, die Abenteuer unter Wasser schilderten: UNDERSEA QUEST (1954), UNDERSEA FLEET (1956), UNDERSEA CITY (1958) und die STARCHILD-Trilogie: THE REEFS OF SPACE (1964), STARCHILD (1965) und ROGUE STAR (1969).

Von Pohls Werken aus den fünfziger Jahren, die er allein schrieb, sind an erster Stelle seine Stories THE MIDAS PLAGUE (GAL, 4/54; für das Deutsche Fernsehen verfilmt und unter dem Titel **Die armen Reichen** gesendet), THE MAPMAKERS (GAL, 7/55), THE CENSUS TAKERS (FSF, 2/56) und THE TUNNEL UNDER THE WORLD (GAL, 1/55) zu nennen. Von 1953–1959 gab Pohl sechs Anthologien der Reihe STAR SF heraus, die auch Originalgeschichten brachten. 1961 wurde er Editor der Magazine *Galaxy* und *If*, die er bis 1969 betreute. Nach dem Tod seines Freundes C. M. Kornbluth begann er in den sechziger Jahren mehr und mehr Romane allein zu schreiben. Es entstanden DRUNKARD'S WALK (1960), A PLAGUE OF PYTHONS (1965) und THE AGE OF THE PUSSYFOOT (1969). Eine ganze Reihe Sammelbände seiner Kurzgeschichten – die nun seltener in den Magazinen auftauchten – wurden ebenfalls publiziert. Die siebziger Jahre zeigten Frederik Pohl im Feld der SF aktiver denn je. Eine ganze Reihe seiner Erzählungen wurden für Hugo- und Nebula-Awards nominiert, darunter THE GOLD AT THE STARBOW'S END (ASF, 3/72) und GROWING UP IN EDGE CITY (Epoch, 1975). 1977 gelang ihm mit MAN PLUS (1976) ein großer Erfolg: der Roman gewann den begehrten Nebula-Award und wurde bei der Hugo-Wahl nur knapp geschlagen. MAN PLUS ist für heutige Begriffe ein relativ konventioneller SF-Roman, bei dem es um einen Menschen geht, der für die Besiedlung des Sonnensystems physisch und psychisch einer fremden Umwelt angepaßt wird. Mit dem für Pohls Verhältnisse sprachlich recht aufgemotzten, von Anzeigen und stilistischen Tricks aufgelockerten GATEWAY (1977), gelang ihm ein Jahr später dasselbe Kunststück noch einmal. Darüber hinaus gewann der Roman, in dem es um ein »Tor zu den Sternen« geht, auch noch den Hugo Gernsback- und John W. Campbell-Award, womit Pohl in der SF zum meistausgezeichneten Romanautor der siebziger Jahre avancierte. Trotz dieser erstaunlichen Erfolge lag das größte Verdienst von Frederik Pohl, der auch von 1974–1976 Präsident der Science Fiction Writers of America war, in der Einführung sozialkritischer, die amerikanische Werbung satirisch behandelnder Themen in die SF der fünfziger Jahre. Dessen waren sich auch die Fans auf dem Weltcon 1973 in Toronto bewußt, als sie der Story THE MEETING (FSF, 11/72) von Frederik Pohl und Cyril M. Kornbluth den Hugo verliehen. Für letzteren war es leider eine Ehrung posthum.

Bibliographie:
Riffe im All (THE REEFS OF SPACE) (mit Jack Williamson), Rastatt 1966, UZU 264.
Der Sternengott (STARCHILD) (mit Jack Williamson), München 1967, TTB 125.
Die Macht der Tausend (A PLAGUE OF PYTHONS), München 1968, GWTB 089.
Die Zeit der Katzenpfoten (THE AGE OF THE PUSSYFOOT), Düsseldorf 1970, MvS.
Die Welt wird umgepolt (C), (TOMORROW TIMES SEVEN) München 1971, GWTB 0134.
Eine Handvoll Venus und ehrbare Kaufleute (THE SPACE MERCHANTS) (mit Cyril M. Kornbluth), Düsseldorf 1971, MvS.
Tod den Unsterblichen (DRUNKARD'S WALK), Frankfurt 1972, FO 2.
Welt auf neuen Bahnen (WOLFBANE) (mit Cyril M. Kornbluth), München 1972, GWTB 0136.
Die letzte Antwort (SEARCH THE SKY) (mit Cyril M. Kornbluth), München 1972, H 3321.
Mondschein auf dem Mars (C), (TURN LEFT AT THURSDAY) München 1973, GWTB 0148.
Jenseits der Sonne (C), (THE GOLD AT THE STARBOW'S END) München 1975, GWTB 0205.
Signale (C), (DIGITS AND DASTARDS) Frankfurt 1975, FO 26.
Invasion vom Sirius (C), (THE ABOMINABLE EARTHMAN) München 1976, GWTB 0215.

Venus nähert sich der Erde (SLAVE SHIP), München 1976, GWTB 0217.
Die gläsernen Affen (GLADIATOR AT LAW) (mit Cyril M. Kornbluth), München 1976, GWTB 0224.
Der Outsider-Stern (ROGUE STAR) (mit Jack Williamson), München 1976, TTB 281.
Neue Modelle (C), (THE MAN WHO ATE THE WORLD) München 1977, GWTB 0246.
Katalysatoren (C), (THE WONDER EFFECT) (mit Cyril M. Kornbluth), München 1977, GWTB 0251.
Der Plus-Mensch (MAN PLUS), München 1978, GWTB 23266.
Gateway (GATEWAY), München 1978, GWTB 23299.

Heftpublikationen:
Das große Wagnis (PREFERRED RISK) (mit Lester del Rey unter dem Pseudonym Edson McCann), WF 5, 1958.
Städte unter dem Ozean (UNDERSEA FLEET) (mit Jack Williamson), UGB 109, 1959.
Alarm in der Tiefsee (UNDERSEA CITY) (mit Jack Williamson), T 183, 1961.

Pournelle, Jerry (E.)
(1933–)
Der in Shreveport/Louisiana geborene Jerry Pournelle hat – in ähnlichem Maße wie sein Kollege Isaac Asimov – eine breitgefächerte wissenschaftliche Ausbildung hinter sich. Zunächst verlegte er sich auf die Wissenschaften und machte an der Universität von Washington in Mathematik seinen Bachelor of Science, dann das Magisterexamen in Experimentalstatistik. Danach hatte er von den »harten« Wissenschaften genug und machte an derselben Universität seinen Doktor phil. in Psychologie und Politikwissenschaft. Seit 1954 war er einer Reihe von Beschäftigungen nachgegangen, u. a. Assistent an der Uni und Betriebspsychologe bei Boeing. Mehrere Jobs, die entfernt mit der Raumfahrt zu tun hatten, folgten. Bevor er sich 1970 entschloß, Schriftsteller zu werden, war er Assistent des Bürgermeisters von Los Angeles. Sein erster schriftstellerischer Erfolg war der Roman RED HEROIN (1969) gewesen, der unter dem Pseudonym Wade Curtis erschien und nichts mit SF zu tun hatte. Seine erste SF-Erzählung wurde im Mai 1971 in *Analog* veröffentlicht und trug den Titel PEACE WITH HONOR. Bis 1974 erschienen seine Stories nur in *Ana-*

log. Sie brachten ihm unter Fans der »Hard-SF« einen gewissen Ruf ein, denn es handelte sich meistens um herkömmliche Space Operas, wenngleich manche auch ein wenig soziologisch angehaucht waren. Immerhin gewann Pournelle noch im selben Jahr den John W. Campbell-Award als bester Nachwuchsschriftsteller in der SF. Danach ging es mit ihm steil aufwärts. War Anfang 1974 noch ein Roman aus der Planet-der-Affen-Serie von ihm veröffentlicht worden, so zeigte das gegen Ende 1974 erschienene Epos THE MOTE IN GOD'S EYE, der in Zusammenarbeit mit Larry Niven entstand, daß Pournelle sich nicht länger auf dieser Ebene aufzuhalten gedachte. Trotz seines beträchtlichen Umfangs war der Roman, der die Space Opera wieder salonfähig machte, ein großer Renner, und beide Autoren sahen ein, daß sie als Team erfolgreicher sein konnten als allein. INFERNO (1976), eine intelligente Analogie zu Dantes Inferno, in der ein SF-Autor die Hauptrolle spielt, steigerte das Ansehen der beiden noch weiter, so daß ihr dritter gemeinsamer Roman, LUCIFER'S HAMMER (1977), wiederum ein dickes Buch, den bis dato höchsten Zuschlag erhielt, den man je für einen SF-Roman bezahlt hatte: 256 000 Dollar wurden für die Taschenbuchrechte bezahlt. Mit hohem Werbeetat wurde das Buch zu einem Bestseller gemacht, der zehn Wochen lang in den Listen der meistverkauften Bücher zu finden war. Ob LUCIFER'S HAMMER Spitzen-SF darstellt, sei dahingestellt, jedenfalls bewies er, daß auch SF-Romane in den Sellerlisten der Belletristik auftauchen und sich behaupten können. Pournelle, der seit 1959 verheiratet ist, vier Söhne hat und fünfmal für den Hugo- und zweimal für den Nebula-Award nominiert wurde, ohne einen dieser Preise zu gewinnen, lebt heute in Kalifornien.

1974 war er für ein Jahr Präsident der SFWA, der Science Fiction Writers of America.

Bibliographie:
Flucht vom Planet der Affen (ESCAPE FROM THE PLANET OF THE APES), München 1976, TTB 279.
Der Splitter im Auge Gottes (mit Larry Niven) (THE MOTE IN GOD'S EYE), München 1977, H 3531.
Das zweite Inferno (mit Larry Niven) (INFERNO), Berg. Gladbach 1979, B 22005.
Mars, ich hasse dich (BIRTH OF FIRE), Berg. Gladbach 1980, B 21124.
Luzifers Hammer (mit Larry Niven) (LUCIFER'S HAMMER), München 1980, H 3700.

Heftpublikation:
Ein Raumschiff für den König (A SPACESHIP FOR THE KING), TA 154 (1974).

Pragnell, Festus
(1905–)
Englischer SF-Autor und ehemaliger Londoner Polizeibeamter. Einer der ersten Engländer, die in den amerikanischen Pulps schrieben. Dort gab er mit THE VENUS GERM (WS, 11/32), eine in Zusammenarbeit mit R. F. Starzl ent-

standene Erzählung, sein Debut. Seine DON HARGRAVES-Serie lief in *Amazing* von 1938–1943 und umfaßte 9 Mars-Stories. Sein bekanntester Roman ist THE GREEN MAN OF GRAYPEC (1935). Die Fortsetzung zu diesen Abenteuern in einem Miniaturuniversum, KASTROVE THE MIGHTY, wurde im angelsächsischen Sprachraum nie publiziert. Lediglich eine deutsche Übersetzung, **Kastrove der Mächtige**, durfte die Fans erfreuen.

Bibliographie:
Kampf im Atom (THE GREEN MAN OF GRAYPEC), Bayreuth 1952, Helios Vlg.

Heftpublikation:
Kastrove der Mächtige (KASTROVE THE MIGHTY), UZ 471 (1966).

Pratt, Fletcher (Murray)
(1897–1956)
Noch bevor der Terminus »Heroic Fantasy« überhaupt geprägt wurde, galt Fletcher Pratt bereits als ausgesprochener Kenner dieser Literaturgattung, der seinen E. R. Eddison und William Morris verinnerlicht hatte. Pratt wurde auf einer Farm inmitten eines Indianerreservats in der Nähe von Buffalo geboren und besuchte das Hobart College in New York. Als sein Vater starb, brach er seine Ausbildung ab und wurde Reporter beim *Buffalo Courier Express*. Da er keinen College-Abschluß hatte, suchte er sich eine Stelle als Bibliothekar und bildete sich autodidaktisch weiter, lernte Sprachen (Deutsch, Französisch, Portugiesisch, Dänisch) und verdiente nebenher noch etwas Geld als Preisboxer (Fliegengewicht) hinzu. Mitte der zwanziger Jahre zog er nach New York, arbeitete in kleinen Verlagsjobs und bei einer Agentur, die Möchtegernschriftstellern gegen eine Bearbeitungsgebühr ihr »außergewöhnliches Talent« bescheinigte. 1929 verkaufte Pratt einige Stories an die Gernsback-Magazine *Amazing* und *Wonder Stories* und nutzte sein Sprachtalent, indem er für Hugo Gernsback mehrere Romane und Erzählungen (u.a. Friedrich Freksas **Druso oder die gestohlene Menschenwelt** sowie Titel von Otfried von Hanstein und Bruno H. Bürgel) ins Englische übersetzte. Er arbeitete gelegentlich mit seinem Kollegen Laurence Manning zusammen und erfand eine Menge von Simulationsspielen, an denen teilweise bis zu fünfzig Personen (u.a. Malcolm Jameson, Theodore Sturgeon, George O. Smith und L. Ron Hubbard) teilnahmen. Bei einer dieser Zusammenkünfte lernte er den jungen L. Sprague de Camp kennen, mit dem er sich zusammentat und angesichts der Tatsache, daß John W. Campbell geeignete Stoffe für sein neues Fantasy-Magazin *Unknown* suchte, mehrere Erzählungen und Fortsetzungsromane konzipierte. Ihre gemeinsamen Produktionen aus dieser Zeit, Romane wie THE ROARING TRUMPET (1940), THE MATHEMATICS OF MAGIC (1940) und THE CASTLE OF IRON (1941) gelten heute unbestritten als Klassiker, aber auch THE LAND OF UNREASON (1941), und THE

CARNELIAN CUBE (1948) entbehren – obwohl sie kaum Fantasyelemente enthalten – nicht eines gewissen Humors, der die beiden Autoren berühmt machte.

Beim Kriegseintritt der USA wurde er nicht eingezogen; während de Camp, Isaac Asimov und Robert A. Heinlein bei der US Navy dienten, blieb Fletcher Pratt das Feld allein überlassen. Er schrieb Kritiken und Kolumnen für Zeitungen und Zeitschriften wie *Saturday Review, The New York Times* und *The New York Post*, aber auch Bücher über den amerikanischen Sezessionskrieg und zwei SF/Fantasy-Romane: THE WELL OF THE UNICORN (1948) erschien unter dem Pseudonym George U. Fletcher, THE BLUE STAR (1952) unter Pratts eigenem Namen. Als der hundertste Jahrestag des amerikanischen Bürgerkrieges sich näherte, gab Pratt die SF beinahe ganz auf und widmete sich nur noch dem einträglichen Geschäft des Publizierens über dieses Ereignis. 1956 kletterten seine dieses Thema behandelnden Bücher sogar in die amerikanischen Bestsellerlisten, aber Pratt hatte nicht mehr viel davon. Er starb noch im gleichen Jahr an Krebs und hinterließ ein Werk, das über fünfzig veröffentlichte Bücher umfaßte, darunter Biographien Napoleons, Cäsars und des dänischen Königs Waldemar IV., Sachbücher über Weltraumfahrt, ein Kochbuch und SF-Romane wie DOUBLE JEOPARDY (1952), INVADERS FROM RIGEL (1932) und THE UNDYING FIRE (1953).

Bibliographie:
Die große Verwandlung (INVADERS FROM RIGEL), Berlin 1976, U3213.
Der blaue Stern (THE BLUE STAR), München 1978, H 3570.
Die Einhornquelle (THE WELL OF THE UNICORN), München 1979, H 3671.

Heftpublikationen:
Der verdächtige Raumschiffkommandant (THE CONDITIONED CAPTAIN), UZ 295 (1961).
Der Mann aus der Maschine (DOUBLE JEOPARDY), UZ 358 (1963).

Priest, Christopher
(1943–)
Neben Ian Watson ist Christopher Priest wohl der bedeutendste englische SF-Nachwuchsautor. Chris Priest gab sein Debut mit THE RUN, einer Kurzgeschichte, die im Mai 1966 in *Impulse* erschien. Mehrere Erzählungen folgten, die in erster Linie für den britischen

Markt gedacht waren und in Magazinen wie *New Worlds* publiziert wurden. Von sich reden machte Priest mit seinem Roman INDOCTRINAIRE (1970), der von einem Stück brasilianischen Urwaldes, das sich 200 Jahre in der Zukunft befindet, und einer umweltverseuchenden Erfindung erzählt. Dieses Buch bekam für einen Erstling erstaunlich gute Kritiken, und Priest gelang es, die in ihn gesetzten Erwartungen mit FUGUE ON A DARKENING ISLAND (1972) zu erfüllen. In der Tradition der englischen Katastrophenromane schildert er darin ein zukünftiges England, das von einem dreiseitigen Bürgerkrieg zerrissen wird. THE INVERTED WORLD (1974) übertraf die beiden vorangegangenen Romane noch. Priest versuchte sich diesmal an »Hardware SF« und ging in seinem Roman von der Hypothese aus, eine mobile Stadt befände sich jenseits eines mathematischen Tors und außerhalb der gewohnten euklidischen Realität in einer hyperboloiden Welt. Um die Stadt immer im Brennpunkt der Hyperbel zu halten, muß sie auf Schienen über Land gezogen werden. Trotz einiger Ungereimtheiten im logischen Aufbau hinterließ dieses Buch einen überaus starken Eindruck, wurde für den Hugo Gernsback-Award nominiert und brachte Priest den British Fantasy Award ein. Mit THE SPACE MACHINE (1976) und A DREAM OF WESSEX (1977) zeigte sich Christopher Priest wiederum von ganz anderen Seiten. THE SPACE MACHINE ist eine nostalgische Rückkehr zur Scientific Romance, wie sie H.G.Wells schrieb. Und tatsächlich dienen Wells' Romane THE TIME MACHINE und THE WAR OF THE WORLDS als Hintergrund für Priests Charaktere. A DREAM OF WESSEX hingegen lotet die Möglichkeiten der menschlichen Psyche aus. Durch ein Experiment gelingt es einer Gruppe von Versuchspersonen eine gemeinsam intensiv vorgestellte Welt materialisieren zu lassen, in die die einzelnen Probanden eindringen können. So entsteht im Stile von Daniel F.Galouyes SIMULACRON – 3 ein Weltenkomplex, in dem die Grenzen zwischen Realität und Illusion verwischt werden. Mit diesen fünf Romanen bewies Christopher Priest, daß er zur ersten Garnitur englischer Science Fiction-Autoren gehört. Er schreibt gekonnt und ist nicht um Ideen verlegen. Er beherrscht die ganze Palette anspruchsvoller SF-Themen, ohne auf Klischees zurückgreifen zu müssen. Vielleicht fehlt ihm die Originalität eines J.G.Ballard oder die thematische Konsequenz eines John Brunner, dennoch ist er ein Erzähler, der die Lücke schließt, die bekannte Autoren wie John Wyndham, George R.Stewart oder John Christopher hinterlassen haben.

Bibliographie:
Zurück in die Zukunft (INDOCTRINAIRE), München 1971, GWTB 0133.
Die schwarze Explosion (FUGUE ON A DARKENING ISLAND), München 1972, GWTB 0154.
Transplantationen (C), (REAL-TIME WORLD) München 1973, GWTB 0165.

Die Stadt (THE INVERTED WORLD), München 1976, H 3465.
Sir Williams Maschine (THE SPACE MACHINE), München 1977, H 3540.
Ein Traum von Wessex (A DREAM OF WESSEX), München 1978, H 3631.

Prokop, Gert
(1932–)
Der DDR-Autor Gert Prokop wurde in der norddeutschen Kleinstadt Richtenberg bei Stralsund geboren. Er wuchs in seiner Heimatstadt auf und ging 1950 nach Berlin. Nach zwei Semestern an der Kunsthochschule Berlin-Weißensee wurde er Journalist bei der *Neuen Berliner Zeitung*. Von 1967 bis 1970 war er Filmdokumentarist bei der Gruppe »Heynowksy & Scheumann« und arbeitete an verschiedenen Filmen mit.
Seit 1971 ist Gert Prokop freischaffender Schriftsteller. Er verfaßte vier Märchenbücher, zwei Kriminalromane und ein Buch über die Fotografie. Sein Debut als SF-Autor gab er mit seiner Sammlung utopischer Kriminalerzählungen, die unter dem Titel **Wer stiehlt schon Unterschenkel?** (1977) erschien. Eine BRD-Ausgabe dieses Bandes ist bei Heyne in Vorbereitung.
Die Gesamtauflage der Bücher Prokops beträgt in der DDR bereits mehr als 400 000 Exemplare; seine Romane und Erzählungen wurden von Illustrierten in Millionenauflage vorabgedruckt. Sein Krimi **Einer muß die Leiche sein** wurde von der DEFA verfilmt.

Bibliographie:
Wer stiehlt schon Unterschenkel?, Berlin 1977, Vlg. Das Neue Berlin.

Prosperi, Piero
(1945–)
Piero Prosperi ist von Beruf Architekt, stammt aus Arezzo/Italien, lebt dort und ist als SF-Autor sozusagen nur »nebenberuflich« tätig. Im Alter von zwanzig Jahren begann er zu schreiben und verkaufte auf Anhieb die Geschichte LO STRATEGA an das bekannte SF-Magazin *Oltre il Cielo*. Ermuntert durch diesen Erfolg überschwemmte er bald den Markt mit Kurzgeschichten und Novellen, wobei er sich hauptsächlich dem Motivkreis der Zeitreise (samt den damit zusammenhängenden Paradoxa) und dem für die SF ungewöhnlichen Thema »Autos« widmete. Nach mehreren Stories, in denen es vorzugsweise um fahrbare Untersätze ging, erschien 1972 sein (im gleichen Jahr preisgekrönter) Roman AUTOCRISI. Prosperi ist

dem italienischen SF-Leser weniger eines besonders gehobenen Stils wegen bekannt, sondern vermochte hauptsächlich durch seine Ideenfülle zu begeistern. Man stuft ihn in die Reihen der besseren, handwerklich soliden Abenteuerschreiber ein. Mehrere seiner kürzeren Werke wurden außerhalb der gängigen SF-Publikationen in politischen Zeitschriften abgedruckt. Prosperi gehört dessenungeachtet zu den populärsten Gestalten der italienischen SF-Szene und ist der einzige, der es fertigbrachte, seine Werke gleich mehrere Male hintereinander erscheinen zu lassen, was in Italien äußerst schwierig ist. Seine Aktivitäten haben in den letzten Jahren etwas nachgelassen, und es sieht so aus, als würde er sich nun weniger auf das Schreiben von SF als auf seinen Beruf konzentrieren, den er noch immer ausübt.

Pukallus, Horst
(1949–)
Deutscher SF-Autor und -Übersetzer. Pukallus wurde in Düsseldorf geboren, machte sich während der späten sechziger und frühen siebziger Jahre einen Namen als SF-Kritiker und begann in der Folgezeit gesellschaftskritische Erzählungen zu schreiben, aus denen besonders der Kurzroman **Das Rheinknie bei Sonnenaufgang** herausragt. »Ich halte die SF für die kreativste multimediale kulturelle Ausdrucksform unserer Epoche. Sie kann durch ihre Methoden der Extrapolation, ihre Stilmittel der Verfremdung und Techniken des Modellspiels und der Interpretation die Probleme der Menschheit am treffsichersten ins Bewußtsein rufen und es dadurch verändern. SF ist für mich ein Mittel zur Bewußtseinserweiterung, und im Widerspruch zu anderen Auffassungen sehe ich darin keinen Gegensatz zur Erfordernis hohen Unterhaltungswerts. Dessen Grundlage ist jedoch nicht die Idee, sondern die Sprachbeherrschung.«

Bibliographie:
(Hrsg.): **Das blaue Fenster des Theokrit**, München 1978, H 3618.

Puttkamer, Jesco von
(1933–)
Jesco Baron von Puttkamer wurde in Leipzig geboren, machte 1947 seine ersten schriftstellerischen Versuche, begann sich von 1950 an besonders für Raketentechnik und Raumfahrt zu interessieren und machte 1952 sein Abitur. Durch die Kriegswirren war er zunächst in die Schweiz verschlagen worden, zog aber Anfang der fünfziger Jahre nach Aachen, wo er, nach einigen Jobs als Praktikant, Hilfsarbeiter und Konstrukteur, 1952 ein Ingenieurstudium aufnahm. Von Puttkamer gehörte zu den ersten Mitgliedern des Science Fic-

tion Clubs Deutschland, und hatte, als die ersten Ausgaben der von Walter Ernsting herausgegebenen *Utopia-Großbände* erschienen, eine Menge amerikanischer Originale gelesen. Während seines Studiums begann er erste Übersetzungen anzufertigen (hauptsächlich Titel von A.E. van Vogt, dem er, was seine eigenen Texte angeht, stilistisch stark ähnelt), arbeitete als Journalist und Pressefotograf in Bonn und schrieb technische Artikel für Autofachzeitschriften. Seinem ersten SF-Roman, **Der Unheimliche vom anderen Stern** (1957) folgten noch **Galaxis Ahoi!** (1959), entstanden in Zusammenarbeit mit Clark Darlton, und einige weitere Romane und Kurzgeschichten. Er ging nach Beendigung seines Studiums in die USA, ist seither bei der NASA beschäftigt, u. a. war er in dieser Funktion Berater bei Gene Roddenberrys SF-Film STAR TREK – THE MOTION PICTURE (Arbeitstitel), den die NASA, wie er sagt, »wärmstens unterstützt«. »Die SF-Literatur«, meint von Puttkamer, »ist in erster Linie zur Unterhaltung bestimmt. Sie soll aber daneben bemüht sein, die technischen Probleme unserer Zeit zu popularisieren, den Leser auf die Möglichkeiten der Zukunft vorbereiten und ihm vor Augen führen, was der Mensch im Guten wirklich leisten kann, wenn er nur will. Sie soll ihn zum Denken anregen und seinen Horizont erweitern, ohne belehrend zu wirken; sie soll ihn vor den Folgen seiner Mißgriffe warnen und ihm neue Ideale zeigen, die durch nichts zerstört werden können – sei es ›nur‹ die Verständigung der menschlichen Völker untereinander oder die Meisterung der Natur und die Erringung der Sterne.«

Bibliographie:
Der Unheimliche vom anderen Stern, Düsseldorf 1957, Dörner Vlg.
Galaxis Ahoi!, Düsseldorf 1959, Dörner Vlg.
Das unsterbliche Universum (mit Clark Darlton), Balve 1959, Gebr. Zimmermann Vlg.
Das Zeitmanuskript, Balve 1960, Gebr. Zimmermann Vlg.
Die sechste Phase, Balve 1961, Gebr. Zimmermann Vlg.

Heftpublikation:
Die Reise des schlafenden Gottes, TS 25 (1960).

Pynchon, Thomas
(1937–)
Thomas Pynchon wurde in Glen/Cove, Long Island, geboren, studierte an der Cornell University und diente zwei Jahre lang bei der US-Navy, arbeitete anschließend bei Bœing und lebte einige Jahre in Mexiko. Er debütierte mit MORTALITY AND MERCY IN

VIENNA, einer Erzählung, die in *Epoch* erschien; es folgten die Kurzgeschichten UNDER THE ROSE, ENTROPY und LOWLANDS, sie brachten ihm einhelliges Lob ein. Sein erster Roman, V. (1961), wurde von der Kritik enthusiastisch begrüßt und gewann den Faulkner-Preis als bester Erstlingsroman. V. umfaßt den Zeitraum von 1899 bis in die nahe Zukunft, spielt in Deutsch-Südwestafrika, in Florenz, Malta, Paris und Südamerika und schildert kaleidoskopartig, nicht selten mit einem Anflug von schwarzem Humor, unsere gegenwärtige Welt, ähnlich wie John Brunner in THE SHEEP LOOK UP und STAND ON ZANZIBAR, und ist in seiner Weltverschwörungstheorie so verrückt wie die ILLUMINATUS!-Triologie von Robert Shea und Robert Anton Wilson. Pynchons zweiter Roman, THE CRYING OF LOT 49, erschien 1966, GRAVITY'S RAINBOW, ein Werk von nahezu 900 Seiten, kam 1973 heraus. Pynchon gilt unter Kennern als einer der bedeutendsten Autoren der Gegenwart, und trotzdem ist sein Name dem Publikum nahezu unbekannt. Er hat seine Lesergemeinde vor allem unter Studenten, aber es geht ihm wie vielen Schriftstellern, die sich im Grenzbereich zwischen Mainstream- und SF-Literatur bewegen; er steht vor dem Dilemma: den einen ist er zu phantastisch-skurril, den anderen zu intellektuell und nicht unterhaltsam genug, weil er seinen Zeitgenossen unsanfte Denkanstöße zur sozialen und politischen Situation der Gegenwart gibt.

Bibliographie:
Die Versteigerung von NO 49 (THE CRYING OF LOT 49), Reinbek 1973, Rowohlt Vlg.
V. (V.), Reinbek 1976, Rowohlt Vlg.
(GRAVITY'S RAINBOW), Rowohlt Vlg. (in Vorb.).

R

Rackham, John
(1916–1976)
John Thomas Phillifent, SF-Lesern sicher unter dem Pseudonym John Rackham ein besserer Begriff, wurde in Durham/England geboren, diente von 1935–1947 in der Royal Navy und begann in den fünfziger Jahren SF-Romane zu schreiben, die zunächst nur in Großbritannien, später auch in den USA, Italien und der Bundesrepublik nachgedruckt wurden. Sein erster, SPACE PUPPET, erschien 1954. Rackham schrieb hauptsächlich anspruchslose SF-Abenteuergeschichten und Space Operas. Er war zu Beginn seiner Karriere Mitarbeiter nahezu aller britischen SF-Magazine und gehörte in seinen letzten Lebensjahren einem Autorenkreis an, der die amerikanische Fernseh-Serie THE MAN FROM U.N.C.L.E. **(SOLO FÜR O.N.K.E.L.)** in Romanform umsetzte. Mehrere von Rackhams Geschichten erschienen in der Bundesrepublik in Heftchenform.

Bibliographie:
Heftpublikationen:
Roboter im Einsatz (SPACE PUPPET), T 15 (1958).
Der Zwillings-Roboter (THE MASTER WEED), UZ 303 (1961).
Entfesselte Strahlen (JUPITER EQUILATERAL), UZ 313 (1962).
Insel der Genies (GENIUS UNLIMITED), (als John T. Phillifent), TA 137 (1974).
Der Planetenkönig (KING OF ARGENT), (als John T. Phillifent), TA 162 (1974).

Raes, Hugo
(1929–   )
Der Belgier Hugo Raes wurde in Antwerpen geboren, wo er heute als Lehrer für Geschichte, Niederländisch und Englisch lebt. Neben Lyrik und Erzählungen veröffentlichte er 1968 den SF-Roman DE LOTGEVALLEN, in dem ein harmlos beginnender Familienausflug in einer alptraumhaften Welt der Zukunft endet, in der es von Monstern, grotesken Maschinen und in Laboratorien gezeugten Mutanten nur so wimmelt. An der Oberfläche Science Fiction, liegen die Wurzeln dieses Buches allerdings eher im Surrealismus; der Roman wendet sich gegen eine inhumane Gesellschaft und spiegelt die Ängste unserer Zeit wider.

Bibliographie:
Club der Versuchspersonen (DE LOTGEVALLEN), Darmstadt 1969, Joseph Melzer Vlg.

Rank, Heiner
(1931–   )
Heiner Rank wurde in Babelsberg geboren, machte 1951 sein Abitur und lernte anschließend Industriekaufmann im Babelsberger Spielfilmstudio der DEFA. Er brachte es bis zum Geschäftsführerassistenten, entschloß sich 1956 aber

dazu, als freier Schriftsteller zu arbeiten. Anfangs schrieb er vor allem Kriminalgeschichten, aber ab 1968 wandte er sich mehr und mehr der Science Fiction zu, weil er nach einem Genre suchte, das der Phantasie größeren Spielraum ließ. Resultat war bislang der 1973 erschienene Roman **Die Ohnmacht der Allmächtigen.** Er schildert einen Menschen, der aus seiner gewohnten Umgebung herausgerissen und mit einer Welt konfrontiert wird, die bei all ihrem Glanz seltsam leer und gefühlsarm erscheint. Dieser Roman gilt als eines der gelungensten Beispiele der Science Fiction in der DDR.

Bibliographie:
Die Ohnmacht der Allmächtigen, Berlin 1973, Vlg. Das Neue Berlin.

Raphael, Rick
(1919–   )
Der amerikanische Journalist Rick Raphael unternahm in den sechziger Jahren einige Ausflüge in das SF-Genre, die seinerzeit als ein Versuch beachtet wurden, technisch orientierte SF-Stories neu zu beleben. Raphael war bzw. ist auch als Fotograf, Feuilletonist und Fernsehautor tätig. Stories von ihm wurden in dem Buch THE THIRST QUENCHERS (1965) gesammelt. Der Roman CODE THREE (1963/64 erschienen Teile daraus als Vorabdruck in *Astounding,* die Buchausgabe kam 1966 heraus) extrapoliert gegenwärtige Straßenverkehrsprobleme in die nahe Zukunft, wo halsbrecherische Polizeieinsätze gegen die Fahrer von superschnellen Luftkissenautos gefahren werden.

Bibliographie:
Strahlen aus dem Wasser (C), (THE THIRST QUENCHERS) München 1966, G 71.
Die fliegenden Bomben (CODE THREE), München 1967, H 3099.

Rasch, Carlos
(1932–   )
Der DDR-Autor Carlos Rasch wurde in Brasilien geboren und besuchte in Köthen die Oberschule, die er nach der zehnten Klasse verließ, um eine Lehre als Dreher zu beginnen. Schon damals begann er mit ersten schriftstellerischen Versuchen. Später arbeitete er als Reporter und Redakteur, bevor er sich ganz auf das Schreiben konzentrierte. Er ist einer der bekanntesten SF-Autoren der DDR, schrieb auch SF-Hörspiele und arbeitet zur Zeit gemeinsam mit seinen Kollegen Gerhard Branstner und Heiner Rank an einer 13teiligen Fernsehserie (**Raumlotsen**) für

den Fernsehfunk der DDR. Rasch wurde mehrfach übersetzt – Bücher von ihm erschienen in Albanien, Frankreich, Ungarn, Polen, Jugoslawien, der Sowjetunion, der Tschechoslowakei, in Bulgarien – und in der Bundesrepublik. In den letzten Jahren widmete er sich besonders der Kulturarbeit und absolvierte rund 1000 Lesungen in Schulen, Fabriken, Diskotheken, Jugendclubs, Kasernen usw. Im Sommer findet man ihn häufig mit Motorradgruppen von Jugendklubs auf Biwak-Cross durch Polen. Er setzte sich frühzeitig immer wieder für die Science Fiction in der DDR ein und sammelte dort auch die ersten Fans um sich. Sein Roman **Asteroidenjäger** (1961) erhielt einen Preis des Kulturministeriums. Carlos Rasch schreibt vor allem Raumabenteuer, die in einer nicht zu fernen Zukunft im Planetensystem unserer Sonne angesiedelt sind.

Bibliographie:
Asteroidenjäger, Berlin 1961, Vlg. Neues Leben.
Der blaue Planet, Berlin 1963, Vlg. Das Neue Berlin.
Im Schatten der Tiefsee, Berlin 1965, Vlg. Das Neue Berlin.
Die Umkehr der Meridian, Berlin 1966, Deutscher Militärverlag.
Krakentang (C), Berlin 1968, Vlg. Neues Leben (veränderte Auflage 1972).
Magma am Himmel, Berlin 1975, Vlg. Neues Leben (auch Dortmund 1975, Weltkreis Vlg.).

Heftpublikationen:
Der Untergang der Astronautic, Berlin 1963, Vlg. Neues Leben, *Das neue Abenteuer* 215.
Das unirdische Raumschiff, Berlin 1967, Vlg. Neues Leben, *Das neue Abenteuer* 258.
Rekordflug im Jet-Orkan, Berlin 1970, Vlg. Neues Leben, *Das neue Abenteuer* 292.

Die Titel **Der blaue Planet** und **Die Umkehr der Meridian** sind auch als bundesdeutsche Heftausgaben erschienen: TN 17 und TN 14 (beide 1968).

Rathenow, Lutz
(1952–   )
Der in Jena geborene DDR-Schriftsteller Lutz Rathenow studierte nach Ableistung seines Militärdienstes Geschichte und Deutsch, arbeitete als Transportarbeiter und Beifahrer, bevor er 1977 Regie- und Produktionsassistent an einem Ostberliner Theater wurde. Seit 1978 lebt er als freiberuflicher Schriftsteller, arbeitet für Theater und Rundfunk, als Autor und Rezensent und ist literarischer Berater eines Jugendklubs. Rathenow, dessen Erzählungen auch in der Bundesrepublik, der Schweiz, in Österreich, Rumänien, Belgien, in der UdSSR und den USA erschienen,

und dessen Hörspiel, **Der Boden 411,** eine »Tramödie«, der Bayerische Rundfunk im Frühjahr 1980 sendete, beschäftigt sich nur am Rande mit der SF, wo sie ihm als satirisches Mittel dient. Ein kurzer Prosatext mit dem Titel **Der Herrscher** erschien in der Anthologie **Spinnenmusik** (H 3646), hrsg. von Wolfgang Jeschke. Weitere Texte und Gedichte sind im Erscheinen begriffen. **Das Jahr 2000** wurde in dem Band **Das achte Weltwunder** (1979, Betz Vlg.) abgedruckt.

Reamy, Tom
(1935–1977)
Der früh verstorbene amerikanische SF-Autor und Graphiker Tom Reamy gehörte sicher zu den herausragendsten Talenten der SF der siebziger Jahre. Er debütierte 1974 mit seiner Erzählung TWILLA im FSF, ihr folgten zehn weitere Stories im gleichen Magazin. Sein größter Erfolg wurde die Erzählung SAN DIEGO LIGHTFOOT SUE (1975), für die er 1960 den Nebula Award erhielt. Sie erschien unter demselben Titel auf deutsch in: **Cagliostros Spiegel – Magazine of Fantasy and Science Fiction – 48. Folge** (H 3569); eine weitere Erzählung, **Der Detweiler-Bub** (THE DETWEILER BOY), in: **Die Cinderella-Maschine – Magazine of Fantasy and Science Fiction – 50. Folge** (H 3605), beide hrsg. von Manfred Kluge. Im selben Jahr wurde er auch mit dem John W. Campbell Award als bester SF-Nachwuchsautor ausgezeichnet. Kurz vor seinem Tod schloß er seinen einzigen Roman ab, der 1978 posthum bei Berkley/Putnam's veröffentlicht wurde. Er ist eine Reverenz vor dem Altmeister Ray Bradbury, aus dessen Werk er Versatzstücke verwendet, spielt in einer Kleinstadt in Kansas, in der ein höchst merkwürdiger Zirkus, bzw. eine Kuriositätenshow die Zelte aufschlägt. In ihm begegnen drei achtzehnjährige Mädchen dem Magischen, dem Grotesken und dem Grauenhaften, das ihr Leben radikal verändert. Wie Bradbury war Reamy ein Stilist von höchstem Rang, der es verstand, seine Personen mit Leben zu erfüllen und das Wunderbare, selbst das Absurde, glaubhaft darzustellen.

Bibliographie:
Blinde Stimmen (BLIND VOICES), München 1981, H (in Vorbereitung).

Rehn, Jens
(1918–   )
Jens Rehn ist ein Pseudonym für den deutschen Autor Otto Jens Luther, einem gebürtigen Flensburger. Luther, der seit 1950 leitender Redakteur der Literaturabteilung des Berliner Rundfunks ist, wurde vor allem durch seine Erzählung **Nichts in Sicht** (1954) – keine SF – bekannt und erhielt 1956 den Literaturpreis der Stadt Berlin sowie den Fontanepreis. 1959 erschien von ihm der SF-Roman **Die Kinder des Saturn.** Er schildert – unter dem Eindruck der Atombombenabwürfe auf Hiroshima und Nagasaki – Überlebende einer atomaren Katastrophe, die in einer zerstörten und verseuchten Umwelt langsam zugrunde gehen.

Bibliographie:
Die Kinder des Saturn, Neuwied, 1959, Luchterhand Vlg.

Renard, Maurice
(1875–1940)
In der französischsprachigen SF-Szene gilt Maurice Renard als Klassiker und als der beste Autor des phantastischen Romans zwischen Jules Verne, J.H. Rosny Aîne einerseits und Jacques Spitz und René Barjavel andererseits. Er war zudem einer der ersten, die im SF-Genre eine literarische Bewegung sahen. Er begann um 1905 seine ersten Erzählungen zu publizieren; einige davon wurden sowohl in die englische als auch in die deutsche Sprache übertragen. LE DOCTEUR LERNE (1908) war Renards erster und bester Roman und beschreibt die Geschichte eines Chirurgen, der als erster Gehirne verpflanzt. LE PERIL BLEU (1910) nimmt thematisch den viele spätere SF-Autoren beeinflussenden amerikanischen Esoteriker Charles Fort vorweg: die Menschheit wird nicht als ein Produkt der Evolution verstanden, sondern als von einer außerirdischen Rasse gezüchtet. In LES MAINS D'ORLAC (1920) sieht sich ein Pianist der unkontrollierbaren Gewalt seiner Hände ausgesetzt, die ihm nach einem Unfall transplantiert wurden und einem Mörder gehörten. In UN HOMME CHEZ LES MICROBES (1928) reist ein Mensch in den Mikrokosmos, während in L'HOMME TRUGUE (1921) ein Mann mit künstlichen Augen in einem steten visuellen Alptraum lebt.

Bibliographie:
Der Doktor Lerne (DOCTEUR LERNE, SOUS DIEU), München 1909, H. v. Weber Vlg.
Die blaue Gefahr (LE PERIL BLEU), München 1922, Drei Masken Vlg.
Orlaks Hände (LES MAINS D'ORLAC), München 1922, Drei Masken Vlg.
Die Fahrt ohne Fahrt (C/OA), München 1923, Drei Masken Vlg.
Ein Mensch unter Mikroben (UN HOMME CHEZ LES MICROBES), Berlin 1928, Das Neue Berlin Vlg.

Repp, Ed Earl
(1901–1979)
Ed Earl Repp war einer der bekanntesten SF-Schreiber der frühen Pulp-Ära. Durch einen komplizierten Armbruch war Repp nicht in der Lage, körperliche Ar-

beit zu verrichten und sah sich daher nach einem Schreibtischjob um. Nach eigenen Angaben hatte er nur die Wahl zwischen dem Beruf eines Buchhalters und dem eines Schriftstellers, worauf er letzteres wählte. Im Verlauf seiner Karriere verkaufte er ca. 55 SF-Stories an verschiedene Magazine, die erste davon, BEYOND GRAVITY im August 1929 an Hugo Gernsback, in dessen *Air Wonder Stories* sie erschien. Während des Zweiten Weltkrieges zog sich Repp aus der SF zurück und konzentrierte sich ganz auf sein eigentliches Metier, den Western. Seine größten schriftstellerischen Erfolge hatte Repp als Skriptautor für Hollywood.

Reynolds, Mack (Dallas McCord Reynolds)
(1917–   )
Der unter dem Pseudonym Mack Reynolds schreibende Dallas McCord Reynolds wurde in Corcoran/Kalifornien geboren und war in den dreißiger Jahren als Publizist und Herausgeber einer lokalen Zeitung tätig. Nach dem Zweiten Weltkrieg begann er Romane zu schreiben, und seit etwa 1950 ist er freiberuflicher Schriftsteller, hauptsächlich von Science Fiction. Seine erste Story war ISOLATIONIST, die 1950 in *Fantastic Adventures* erschien. Sie war der Auftakt zu mehreren hundert Kurzgeschichten und Artikeln, sowie über dreißig SF-Romanen, die bis heute folgten. Mack Reynolds' Spezialgebiet innerhalb der SF sind Soziologie und Wirtschaftswissenschaft. Viele seiner Romane und Stories sind Extrapolationen von Themen aus der Ökonomie und der Politik, die etwa im Jahre 2000 spielen und »realistische« SF darstellen sollen. Wenngleich manche seiner Erzählungen etwas abenteuerlich anmuten, so muß man Reynolds doch zugute halten, daß er im Gegensatz zu den meisten seiner Kollegen es ab und an auch einmal wagte, ein heißes Eisen anzufassen: Rassenprobleme, politisches Außenseitertum, sozioökonomische Zusammenhänge und eine – vielleicht etwas naive – Evolution des Kommunismus sind einige dieser Themen. Trotz dieser

ernsthaften Ansätze bleiben seine Romane und Erzählungen nie in formalen Dogmatismen stecken, sondern sind ganz im Gegenteil gängige Unterhaltung (wobei sie der Gefahr der Trivialität nicht immer entgehen). So hinterlassen auch seine besten Stories, wie PACIFIST (FSF, 1/64), SPEAKEASY (FSF, 1/63) und SUBVERSIVE (ASF, 12/62) einen zwiespältigen Eindruck. Reynolds präsentiert sie zwar farbig und weiß die Handlung durch geschickte Wendungen überraschend aufzulockern, insgesamt aber sind seine Charaktere zu zweidimensional, alles ist zu sehr auf Action getrimmt. Bei seinen Romanen ist es ähnlich. Relativ stark sind LOOKING BACKWARD FROM THE YEAR 2000 (1973) und EQUALITY IN THE YEAR 2000 (1977), die unmißverständlich auf Reynolds' Vorbild Edward Bellamy hinweisen. Andere Werke, wie etwa die dreiteilige JOE MAUSER-Serie oder die Romane um die UNITED PLANETS ORGANIZATION sind spannende Unterhaltung, mehr nicht. Eigenen Angaben zufolge hat Reynolds alle Kontinente (bis auf die Antarktis) bereist. Auf der Suche nach Material für seine Erzählungen geriet er dabei in ein halbes Dutzend Kriege und Militärrevolten. Im Gefängnis saß er öfter, als er an beiden Händen abzählen kann, jedoch nie aus einem unehrenhaften Grund, wie er betont. Seit einiger Zeit lebt Mack Reynolds in San Miguel de Allende, einer malerischen mexikanischen Stadt, die ihm nun Ausgleich für den Reisestreß früherer Jahre liefert.

Bibliographie:
Notruf aus dem All (MISSION TO HORATIUS), München 1968, Franz Schneider Vlg.

Heftpublikationen:
Die Kaste der Söldner (MERCENARY), UZ 508 (1967).
Der Computer-Krieg (COMPUTER WAR), TN 43 (1968).
Welten im Aufruhr (ULTIMA THULE), TN 55 (1969).
Das Geheimnis der Urmenschen (DAWNMAN PLANET) TN 183 (1971).
Gladiator der Zukunft (TIME GLADIATOR), TA 3 (1971).
Planet der Zweikämpfe (CODE DUELLO), TA 11 (1971).
Weltraum-Barbaren (THE SPACE BARBARIANS), TA 93 (1973).
Söldner von übermorgen (MERCENARY), neue Übers. TA 109 (1973).
Revolte gegen das Technat (THE COSMIC EYE), TA 157 (1974).

Richmond Walt(er F.)
(1922–1977)

Richmond, Leigh (Tucker)
(? –)
Walt und Leigh Richmond gehörten zu den wenigen amerikanischen Science Fiction-Autoren, die niemals Kontakte zum sogenannten Fandom suchten und sich ebensowenig herbeiließen, auf SF-Conventions zu erscheinen. Walt war Physiker, entstammte einer Familie, in der dieser Beruf Tradition war, übte ihn jedoch nicht aus. Seine Frau Leigh, die gelegentlich als Magazinredakteurin arbeitete, war die erste, die in die SF einstieg:

1961 erschien ihre Novelle PROLOGUE TO AN ANALOG in *Analog*. Ihre erste Gemeinschaftsarbeit war WHERE I WASN'T GOING (1963), ein Fortsetzungsroman, der im gleichen Magazin erschien. Die Richmonds waren, obwohl sie nie Kontakte mit Gleichgesinnten suchten, SF-Fans par excellence. Sie gingen keiner festen Tätigkeit nach, sondern nahmen alle Gelegenheitsjobs an, die sie bekommen konnten, wenn unbezahlte Rechnungen sie drückten: lieferten sie unter anderem Telefonbücher aus und machten sich an den nächsten Roman. Sie hatten einen Ruf als »hard science writers« und wurden gerühmt für die gute Charakterisierung ihrer Figuren. Ihr erster in Buchform veröffentlichter Roman war SHOCKWAVE (1967), dem nach und nach ein halbes Dutzend weitere folgten: THE LOST MILLENIUM (1967), PHOENIX SHIP (1969), GALLAGHER'S GLACIER (1970), POSITIVE CHARGE (1970), CHALLENGE THE HELLMAKER (1976) und THE PROBABILITY CORNER (1977), welch letzterer ihnen sogar eine Nebula-Nominierung eintrug.

Bibliographie:
Heftpublikation:
Schockwelle im Kosmos (SHOCKWAVE), TN 49 (1968).

Richter, Ernst H.
(1901–1958)
Während der fünfziger Jahre zählte der ausschließlich für Leihbuchverlage schreibende Justizinspektor Ernst H. Richter zu den bekanntesten Verfassern bundesdeutscher Science Fiction – was nicht damit zu tun hatte, daß er etwa andere Autoren überragt hätte: Seine relative Prominenz in der Fan-Bewegung basierte vielmehr darauf, daß er sich gelegentlich auf Treffen von SF- und Raumfahrtanhängern sehen ließ und zu den Verfechtern des oft zitierten, nirgendwo jedoch genauer definierten »Weltraumgedankens« gehörte. Richter befaßte sich seit 1919 mit dem Genre des utopischen Romans, veröffentlichte seinen Erstling, **Die Unverwundbaren,** jedoch erst 1953. Von 1955 bis 1958 schrieb er ein rundes Dutzend Bücher, teilweise unter Pseudonymen wie Ernest Terridge und William Brown; eine Abkürzung dieses Decknamens (nämlich W. Brown) benutzten nach Richters Tod dann abwechselnd zwei andere Leihbuchautoren: W. W. Shols und Hans Peschke.

Bibliographie:
Die Unverwundbaren, Balve 1953, Gebr. Zimmermann Vlg.
Die Vulkane brechen auf, Balve 1953, Gebr. Zimmermann Vlg.

Tödliche Schwarzwolken (als Ernest Terridge), Balve 1956, Gebr. Zimmermann Vlg.
Und sie kamen vom Sirius (als Ernest Terridge), Balve 1956, Gebr. Zimmermann Vlg.
Die Eroberung der Erde (als Ernest Terridge), Balve 1957, Gebr. Zimmermann Vlg.
Stern des Grauens (als William Brown), Menden 1955, Gebr. Zimmermann Vlg.
Drei setzen sich ab (als William Brown), Menden 1955, Gebr. Zimmermann Vlg.
Ruf aus dem All (als William Brown), Menden 1956, Gebr. Zimmermann Vlg.
Weltuntergang (als William Brown), Menden 1956, Gebr. Zimmermann Vlg.
Eropall, ein neuer Planet (als William Brown), Menden 1956, Gebr. Zimmermann Vlg.
Herculiden über der Erde (als William Brown), Menden, 1957, Gebr. Zimmermann Vlg.
Untergang der Galaxis (als William Brown), Menden 1958, Gebr. Zimmermann Vlg.

Richter, Hans
(1889–1941)
Hans (eigentlich Johannes) Richter war ein deutscher Schriftsteller, der in Berlin geboren wurde. Er schrieb auch unter dem Pseudonym Maximilian Lahr und verfaßte eine Vielzahl von Romanen, Novellen, Essays und vor allem Jugendbücher unterschiedlicher Genres. Seine vier utopischen Romane – Erstling: **Der Kanal** (1923) – erschienen sämtlich in den zwanziger Jahren. Hans Richter starb 1941 in Dubna bei Lemberg in Polen.

Bibliographie:
Der Kanal, Leipzig 1923, Keil's Nachfolger Vlg.
Turmstadt, Leipzig 1926, Keil's Nachfolger Vlg.
T1000, Hannover 1927, Sponholtz Vlg.
Ozeania 3000 PS, Leipzig 1928, Keil's Nachfolger Vlg.

Roberts, Keith (John Kingston)
(1935–   )
Keith Roberts, britischer SF-Autor und Künstler, wurde in Northamptonshire geboren, studierte Kunst und arbeitete lange als Illustrator für Zeichentrickfilme und Werbespots. Heute ist er freiberuflich in der Werbung tätig. Roberts, der auch unter den Pseudonymen David Stringer und John Kingston schrieb, veröffentlichte seine ersten zwei Erzählungen, ANITA und ESCAPISM, 1964 im britischen Magazin *Science Fantasy* (beide 10/64). 1966, nach dem Weggang von Kyril Bonfiglioli, war er kurze Zeit selbst Herausgeber dieses Magazins, dessen Namen kurz zuvor in *Impulse* umgeändert worden war. Hier, in *New Worlds*, sowie in den Anthologien Ted Carnells erschien der Großteil seiner Stories. Zwei seiner Romane wurden in diesen Magazinen auch als Fortsetzungen publiziert: THE FURIES in *Science Fantasy* (7–9/65), der bei uns unter dem Titel **Der Neptun-Test** herauskam, und die Novellen, die später zusammengefaßt als PAVANE (1968) erschienen, 1966 in *Impulse*. **Die folgenschwere Ermordung Ihrer Majestät Königin Elisabeth I.,** wie der Titel in deutscher Übersetzung heißt, gilt als einer der ambitioniertesten Al-

ternativweltromane. Darin geht Roberts von der Annahme aus, Königin Elisabeth I. sei ermordet worden und die spanische Armada hätte die englische Flotte geschlagen. Die Handlung spielt in einem alternativen England des 20. Jahrhunderts, das unter dem starken Einfluß der katholischen Kirche steht, die in Europa und Amerika die uneingeschränkte Macht ausübt. Fortschritt von Wissenschaft und Technik werden unterdrückt; die Inquisition führt ein brutales Regiment. Dennoch vermag die Kirche die Entwicklung nicht aufzuhalten. PAVANE kann als Roberts' Hauptwerk gelten. Neben drei Kurzgeschichtensammlungen des Autors (der Mitte der sechziger Jahre auch manches Titelbild für *New Worlds* und *Impulse* schuf) sind noch seine Romane THE INNER WHEEL (1970) und THE CHALK GIANTS (1974), ein »post-doomsday-Roman«, erwähnenswert.

Bibliographie:
Der Neptun-Test (THE FURIES), München 1966, GWTB 086.
Die folgenschwere Ermordung Ihrer Majestät Königin Elisabeth I. (PAVANE), München 1977, H 3527.

Robinett, Stephen
(1941–   )
Stephen Robinett ist Amerikaner und wurde in Long Beach/Kalifornien geboren. Er studierte Geschichte und Jura in Kalifornien und promovierte 1971 als Doktor der Rechte. Seine erste Veröffentlichung war eine Story in *Analog,* die in der Märzausgabe 1969 unter dem Pseudonym Tak Hallus abgedruckt wurde. Auch ein Vorabdruck seines Romans STARGATE in *Analog* lief unter diesem Pseudonym, das Stephen Robinett inzwischen jedoch abgelegt hat, um nur noch unter eigenem Namen zu veröffentlichen. Stephen Robinett veröffentlichte außer in *Analog* auch Erzählungen in *Galaxy, Vertex, Orbit* und *Omni.* Sein erster Roman STARGATE erschien in Buchform 1976, ein weiterer Roman, THE MAN RESPONSIBLE, wurde 1978 veröffentlicht, eine Kurzgeschichtensammlung erschien 1979 unter dem Titel PROJECTIONS. In Arbeit ist eine STARGATE-Fortsetzung. Seit STARGATE wird Stephen Robinett von der Kritik als interessanter neuer Autor stark beachtet.

Bibliographie:
Das Sternentor (STARGATE), München 1979, GWTB 23286.

Robinson, Spider
(1948–   )
Er besitzt eine alte Gibson-Gitarre und spielt hin und wieder darauf einen von jenen schätzungsweise 1000 Songs, die er nach eigenen Angaben geschrieben hat. Spider Robinson, amerikanischer Autor, machte sich rasch einen Namen als Kurzgeschichtenautor (die Sammlung CALLAHAN'S CROSS-TIME SALOON vereint einige dieser Stories, die nach bekannten literarischen Traditionen – man denke nur an Lord Dunsany – durch eine Rahmenhandlung verbunden sind, d.h. in »Callahan's Saloon« erlebt oder erzählt werden) und als SF-Rezensent in SF-

Magazinen. Aus der *Analog*-Story BY ANY OTHER NAME (deutsch erschienen als **Nur nicht beim wirklichen Namen** in: **Der Tod des Dr. Island,** hrsg. von Wolfgang Jeschke) entstand der Roman TELEMPATH (1976). Bereits 1974 wurde ihm gemeinsam mit Lisa Tuttle der *John W. Campbell*-Preis für Nachwuchsautoren zuerkannt, und 1977 gewann die Novelle STARDANCE (Gemeinschaftswerk von Spider & Jeanne Robinson) den Nebula-Award und 1978 den Hugo Gernsback-Award sowie den Locus-Award. 1980 wird eine Sammlung von Robinsons Erzählungen unter dem Titel ANTINOMY bei Dell erscheinen.

Rock, C. V.
(1915–)
Der Münchner Kriminologe, Schriftsteller und Drehbuchautor C.V. Rock (wirklicher Name: Kurt Roecken), der während der späten vierziger und frühen fünfziger Jahre auch unter dem Pseudonym Henry Walter SF-Romane publizierte, begann bereits während der Zeit des Dritten Reiches zu schreiben. Er verfaßte zunächst allgemeine Unterhaltungsliteratur und Kriminalromane und unternahm seinen ersten Ausflug in utopische Gefilde 1938: **Der Flug in die Erde** schildert die Reise eines wissenschaftlichen Teams in das Innere der Erde, das auf eine dort lebende Pygmäenrasse stößt, mit dem es blutige Kämpfe auszufechten hat. Der Roman ist ein Tribut an die seinerzeit weitverbreiteten Theorien von der Erde als Hohlwelt. 1939 erschien dann die SF-Trilogie **Expedition im All, Die glühenden Türme** und **Rückkehr aus dem All.** Thema: ein bösartiger amerikanischer Finanzmagnat verändert die Stellung der Erdachse. Der darauf folgenden Katastrophe entkommen lediglich ein paar Dutzend deutsche Wissenschaftler (und ein paar Mexikaner), die sich mit gerade fertiggestellten Raumschiffen auf den Planeten Venus retten. Auch hier erwartet sie eine feindlich gesonnene Umwelt, und nach endlosen Metzeleien geht es zur Erde zurück, die nur darauf wartet, von kernigen Pionieren wieder in Besitz genommen zu werden. Rocks Vorstellungskraft war – gemessen an den Themen, die zur gleichen Zeit seine amerikanischen Kollegen verarbeiteten – hausbakken und altmodisch, seine Charaktere papieren und zum Teil sogar (in Reverenz der Naziideologie gegenüber) äußerst fragwürdig. Während der ersten SF-Welle, die die Bundesrepublik in den fünfziger Jahren heimsuchte, belegten die Romane Rocks stets die letzten Plätze bei Umfragen nach den beliebtesten SF-Romanen. 1958 erschien mit **Das Marsgeschäft** für lange Zeit das letzte SF-Epos aus der Feder Rocks. Erst der erneute

Boom der siebziger Jahre führte ihn (speziell als Verfasser von utopischen Jugendbüchern) wieder in die Szene zurück.

Bibliographie:
(als C.V. Rock):
Der Flug in die Erde, Bremen 1938, A. Burmester Vlg.
Expedition im All, Bremen 1939, A. Burmester Vlg.
Die glühenden Türme, Bremen 1939, A. Burmester Vlg.
Rückkehr aus dem All, Bremen 1939, A. Burmester Vlg.
Patrouillenkreuzer WAP 792, Balve 1974, Engelbert Vlg.
Die Geheimnisse des Planeten Syna, Balve 1975, Engelbert Vlg.
Spion auf Luna II, Balve 1976, Engelbert Vlg.
Entführung der DENEB III, Balve 1977, Engelbert Vlg.
Die lebende Zeitbombe, Balve 1978, Engelbert Vlg.
(als Henry Walter):
Der Ruf vom Mond, Linz 1947, Ibis Vlg.
Mondsender LB 11, Linz 1947, Ibis Vlg.
Mondstation Ovillon, Berlin 1950, Deta Vlg.
Der Sturz vom Himmel, Düsseldorf 1955, Burg Vlg.

Heftpublikationen:
Himmelsfackel (als Henry Walter), UG 17 (1955).
Ultimatum aus dem All (als Henry Walter), UG 14 (1954).
Bodenstation Venus (als Henry Walter), UG 20 (1955).
Roboteraugen (als Cecil V. Freed), UZ 45 (1955).
Das Marsgeschäft (als Henry Walter), UZ 148 (1958).

Rohr, W(olf) D(etlef)
(1928–)
Der in Breslau geborene Schriftsteller und Literaturagent Wolf Detlef Rohr hatte bereits, als er zur Science Fiction stieß, eine erkleckliche Anzahl von Kriminalromanen für die bundesdeutsche Leihbuchverlag-Szene geschrieben. Mitte der fünfziger Jahre galt er als eine der einflußreichsten Persönlichkeiten des 1958 aus dem SFCD hervorgegangenen ›Science Fiction Club Europa‹, den er nach dem Vorbild amerikanischer und britischer ›SF Book Clubs‹ in eine Buchgemeinschaft umfunktionieren wollte. Von 1958 bis 1960 gab Rohr das erste professionell gedruckte Fan-Magazin (Titel: **Blick in die Zukunft**) heraus, rief damit aber den Widerstand der »idealistisch« denkenden »echten Fans« auf den Plan. Man sah in Rohrs Zeitschrift kein Kommunikationsorgan mehr, sondern lediglich noch den Bestellkatalog eines Buchversandunternehmens, was den Herausgeber bald dazu veranlaßte, sich von der Szene zurückzuziehen und einen kommerziellen Film-Funk-TV-

Pressedienst zu betreiben. 1960 wurde Rohr Chefredakteur des kurzlebigen Jugendmagazins *Hallo* und zog sich anschließend ganz vom SF-Literaturbetrieb zurück. Wolf Detlef Rohr publizierte in den zwölf Jahren zwischen 1951 und 1963 mehr als hundert Romane (teilweise unter Pseudonymen wie Wayne Coover, Allan Reed und Jeff Caine), die durch sensationsheischende Titelgebung, wie etwa **Todesstrahlen** (1957), **Hölle Venus** (1953), **Nichts rettet die Erde mehr** (1957) und **Die Schrecklichen von Gharrar** (1958) auf sich aufmerksam zu machen versuchten.

Bibliographie:
Die gläserne Stadt, Berlin 1951, Commedia Vlg.
Invasion aus dem Universum, Osnabrück 1952, Netsch Vlg.
Brücken ins All, Osnabrück 1952, Netsch Vlg.
In den Geisterstädten des Merkur, Düsseldorf 1953, Diskus Vlg.
Hölle Venus, Düsseldorf 1953, Dörner Vlg.
Signale vom Mars, Düsseldorf 1953, Dörner Vlg.
Weltuntergang 1966, Düsseldorf 1953, Dörner Vlg.
Die Ungeheuer des Jupiter, Düsseldorf 1954, Dörner Vlg.
Auf den Monden des Saturn, Düsseldorf 1954, Dörner Vlg.
Uranius schweigt, Düsseldorf 1954, Dörner Vlg.
Dr. Toyakas Weltraumtestament, Düsseldorf 1954, Dörner Vlg.
Nur ein kleines Loch in der Stirn (als Allan Reed), Basel 1954, Ravenna Vlg.
Todes-AG Mond (als Allan Reed), Basel 1954, Ravenna Vlg.
Der Mörder ist unsichtbar (als Allan Reed), Basel 1954, Ravenna Vlg.
Und eine sieht aus wie die andere (als Allan Reed), Basel 1955, Ravenna Vlg.
Das Mädchen und die Sphinx (als Allan Reed), Basel 1955, Ravenna Vlg.
Das Geheimnis der schwarzen Sonnenflecken (als Wayne Coover), Düsseldorf 1955, Dörner Vlg.
Homunkulus, der künstliche Übermensch, Düsseldorf 1955, Dörner Vlg.
Neptun, Stern der weißen Zwerge, Düsseldorf 1955, Dörner Vlg.
Der weiße Planet Pluto, Düsseldorf 1955, Dörner Vlg.
Experimente mit dem Tod, Düsseldorf 1955, Dörner Vlg.
Duell der Raketen (I), Balve 1956, Gebr. Zimmermann Vlg.
Duell der Raketen (II), Balve 1956, Gebr. Zimmermann Vlg.
Angst ohne Ende (als Allan Reed), Basel 1956, Ravenna Vlg.
Schatten im Mondlicht (als Allan Reed), Basel 1956, Ravenna Vlg.
Auch er wird sterben (als Allan Reed), Basel 1956, Ravenna Vlg.
Invasion aus dem Weltall (als Wayne Coover), Düsseldorf 1956, Dörner Vlg.
Planet im Alpha Centauri (als Wayne Coover), Düsseldorf 1956, Dörner Vlg.
Tödliche Küsse (als Allan Reed), Basel 1957, Ravenna Vlg.
Todesstrahlen, Wuppertal 1957, Wiesemann Vlg.
Nichts rettet die Erde mehr, Düsseldorf 1957, Dörner Vlg.
Planet des Unheils, Düsseldorf 1957, Dörner Vlg.

Im Nebel der Andromeda (als Wayne Coover), Düsseldorf 1957, Dörner Vlg.
Meuterei im Weltraumschiff (als Wayne Coover), Düsseldorf 1957, Dörner Vlg.
Der Tod aus dem Nichts, Düsseldorf 1958, Dörner Vlg.
Raumschiff ohne Namen, Düsseldorf 1958, Dörner Vlg.
Die Schrecklichen von Gharrar, Düsseldorf 1958, Dörner Vlg.
Die furchtbare Sonne, Düsseldorf 1958, Dörner Vlg.
Bis ans Ende der Welt (als Wayne Coover), Düsseldorf (o. J.), Dörner Vlg.
Gangster im All (als Wayne Coover), Düsseldorf 1960, Dörner Vlg.
Der graue Stern (als Wayne Coover), Düsseldorf (o. J.), Dörner Vlg.
Inferno (als Wayne Coover), Düsseldorf 1960, Dörner Vlg.
Geschäft mit der Sonne (als Wayne Coover), Düsseldorf (o. J.), Dörner Vlg.
Wächter im All (als Wayne Coover), Düsseldorf 1960, Dörner Vlg.
Phantom (als Wayne Coover), Düsseldorf (o. J.), Dörner Vlg.
Legion der Verdammten (als Wayne Coover), Düsseldorf 1960, Dörner Vlg.
Planet der Träume (als Wayne Coover), Düsseldorf (o. J.), Dörner Vlg.
Tödliche Sterne (als Wayne Coover), Düsseldorf 1960, Dörner Vlg.
Waffen für Beta Centauri (als Wayne Coover), Düsseldorf (o. J.), Dörner Vlg.

Heftpublikationen:
Die Jupitergilde, UG 30 (1955).
Das Ding vom anderen Stern, UG 32 (1955).

Rosny, J.H. (Ainé)
(1856–1940)
J. H. Rosny, dessen wirklicher Name Joseph Henri Boëx war, stammte zwar aus Brüssel, verbrachte jedoch die größte Zeit seines Lebens in Frankreich. Er gilt als einer der wichtigsten Autoren früher Science Fiction, schrieb allerdings auch eine Unmenge von Romanen, die in der Frühzeit des Menschen angesiedelt sind (und viele phantastische Elemente enthalten) sowie Sachbücher. Er prägte übrigens den Begriff »Astronaut« (1928). Rosny galt zeitlebens als ein schriftstellerisches Phänomen, weil er alle Arten von Literatur schrieb, und er brachte es auf nicht weniger als einhundert Bücher. Zwischen 1892 und 1907 arbeitete er mit seinem jüngeren Bruder zusammen, der später das gemeinsame Pseudonym allein übernahm. Eine freie Bearbeitung des SF-Abenteuerromans L'ETONNANT VOYAGE D'HARETON IRONCASTLE (1922) erschien 1976 als IRONCASTLE in den USA; er schildert die Abenteuer eines Mannes, der auf ein Teilstück eines anderen Planeten stößt, das auf die Erde gefallen ist, und die dort herrschende Flora und Fauna erforscht. In LE FELIN GEANT (1918) geht es um einen Cro-Magnon-Menschen, dem auf der Jagd seltsame Tiere und Intelligenzen begegnen. Rosnys bekanntester Roman innerhalb des SF-Genres wurde LES XIPEHUZ (1887), eine Erstkontakt-Story, aber auch LA MORT DE LA TERRE (1910), LA FORCE MYSTERIEUSE (1913), LES NAVIGATEURS DE L'INFINI

(1925) und LES ASTRONAUTES (posthum 1960 veröffentlicht), zeugen von seinem Können. Prähistorische Geschichten (mit gelegentlichen Begegnungen der »dritten Art«) sind VAMIREH (1892), LA GUERRE DU FEU (1909), HELGOR DU FLEUVE BLEU (1930) und LES HOMMES SANGLIERS (1929).

Bibliographie:
Die geheimnisvolle Kraft (LA FORCE MYSTERIEUSE), München 1922, Drei Masken Vlg.

Rossochowatski, Igor
(1929–)
Igor Rossochowatski wurde in der Ukraine geboren, absolvierte eine Ausbildung als Philologe und erwarb sich grundlegende naturwissenschaftliche Kenntnisse als Autodidakt. Heute arbeitet er als Zeitungsredakteur in Kiew. Er veröffentlicht seit 1961 Science Fiction, darunter mehrere Sammelbände mit Erzählungen (etwa ZAGADKA AKULY, »Das Rätsel des Haifisches« und STRELKI TSCHASSOW, »Die Uhrzeiger«) und die Romane PUST SEJATEL SNAJET (»Möge der Säer wissen«, 1973) und »Die Pechvögel« (1973). Gemeinsam mit Dr. A. Stogli, einem bekannten Kybernetiker, verfaßte er ein Buch über »kybernetische Doppelgänger«.

Rothman, Tony
(1953–)
Tony Rothman, ein junger amerikanischer Wissenschaftler und angehender SF-Autor, wurde in Philadelphia geboren. Im Alter von drei Monaten mußte er seinen ersten SF-Con über sich ergehen lassen, den seine Eltern besuchten, und kam so sehr früh in Kontakt mit der Science Fiction. Er absolvierte das Swarthmore College in Pennsylvania, machte seine ersten Schreibversuche in der Schülerzeitung und studierte Physik. Nach seinem Abschluß in Swarthmore 1975 studierte er ein Semester Theoretische Astrophysik an der Universität Cambridge/England und schrieb seinen ersten Science Fiction-Roman THE WORLD IS ROUND. Derzeit bereitet sich Tony Rothman auf sein Examen in Theoretischer Physik vor mit einer Examensarbeit über die Relativitätstheorie. In den Semesterferien ist er am National Radio Astronomy Observatory in Green Bank/West Virginia tätig – wenn er nicht gerade auf Weltreisen ist. In seiner Freizeit komponiert er leidenschaftlich gern.

So wissenschaftlich gerüstet, scheint der SF zumindest ein neuer Hal Clement ins Haus zu stehen oder ein Arthur C. Clarke. Tatsächlich ist THE WORLD IS ROUND ein spannender und wissenschaftlich hervorragend durchdachter Roman, der auf Patra-Bannk spielt, einem Planeten mit hoher Schwerkraft und extrem langsamer Rotation, verrückten Wetterverhältnissen und unberechenbaren Eingeborenen, was das Leben der Menschen, die ihn erforschen sollen, zur Hölle macht.

Bibliographie:
Die Welt ist rund (THE WORLD IS ROUND), München 1981, H (in Vorb.).

Rotsler, William
(1926–)
Amerikanischer Künstler und SF-Autor. Nach seinem Dienst in der Armee besuchte William Rotsler von 1947 bis 1951 die Kunstakademie. Danach arbeitete er acht Jahre lang als Bildhauer, bevor er sich ganz der Fotografie zuwandte. Neben seiner Arbeit als Fotograf begann er Science Fiction zu schreiben, denn ein Fan dieser Literaturgattung war er schon lange gewesen. 1970 erschien seine erste Story in *Galaxy:* SHIP ME TOMORROW. Die Novelle PATRON OF THE ARTS, die seinem Roman PATRON OF THE ARTS (1974) zugrunde liegt, wurde für den Nebula- als auch Hugo Gernsback-Award nominiert. Rotsler gehört neben Edgar Pangborn und Jack Vance zu den wenigen SF-Autoren, in denen die Künste (und die Zukunft dieser Künste) eine gewisse Rolle spielen. Während es bei Pangborn und Vance vor allem die Musik ist, gilt Rotslers Interesse vor allem den phantastischen bildenden Künsten der Zukunft. 1975 gewann Rotsler den Hugo Gernsback-Award in der Kategorie Fan-Künstler. Unter den Pseudonymen William Arrow und John Ryder Hall verfaßte er einige Bücher nach SF-Filmen bzw. -Fernsehserien: FUTUREWORLD (1976) und RETURN TO THE PLANET OF THE APES (1 & 3, 1976). Unter seinem eigenen Namen erschienen TO THE LAND OF THE ELECTRIC ANGEL (1976) und ZANDRA (1978). Ein Sachbuch Rotslers erschien unter dem Titel *Contemporary Erotic Cinema*.

Bibliographie:
Ein Patron der Künste (PATRON OF THE ARTS), München 1977, H3552.
Ins Land des elektrischen Engels (TO THE LAND OF THE ELECTRIC ANGEL), München 1979, H3679.

Ruellan, André
(1922–)
Der Arzt André Ruellan ist in der französischen SF- und Fantasy-Szene sowohl unter seinem eigenen, als auch dem Namen Kurt Steiner bekannt. Von seinem ersten Roman, der 1953 unter dem Pseudonym Kurt Wargar erschien, hält er heute allerdings weniger. Ruellan publizierte Dutzende von Kurzgeschichten in Magazinen wie *Fiction* und *Harakiri* und gehörte in den sechziger Jahren zu den fleißigsten Autoren des Pariser Verlagshauses Fleuve Noir, machte allerdings hauptsächlich im Fantasy-Bereich von sich reden. 1963 gewann sein Buch LE MANUEL DU SAVOIR MOURIR **(Die Kunst zu sterben)** den »Prix de

l'Humour Noir«. Sein bester Roman bisher ist der noch nicht in einer deutschen Übersetzung vorliegende TUNNEL (1973), in dem es um Terror und Gewalt in einem apokalyptischen Paris der Zukunft geht. Von 1970 an benutzte Ruellan sein Pseudonym (unter dem er durchaus einige kleinere Meisterwerke zu Papier gebracht hat) fast überhaupt nicht mehr und avancierte zum Verfasser von Drehbüchern für Fernsehproduktionen und Filme. Eine ganze Reihe seiner Werke erschienen in Portugal und Italien. Seine Hauptwerke sind: LES ENFANTS DE L'HISTOIRE (1970), ein soziologischer SF-Roman, der auf den französischen Maiunruhen von 1968 basiert; BREBIS GALEUSES (1974), die Chronik einer finsteren Zukunft; und LE DISQUE RAYE (1970), ein Zeitreiseroman.

Bibliographie:
Die Kunst zu sterben (MANUEL DU SAVOIR MOURIR), Wiesbaden 1966, Limes Vlg.

Russ, Joanna
(1937–)
Joanna Russ, geboren in der Bronx/New York, zählt zu denjenigen SF-Autorinnen, die dem Genre seit Beginn der siebziger Jahre nicht nur zu einem hohen Niveau verholfen haben, sondern auch ständigen Angriffen ihrer männlichen (und in der Regel konservativeren) Kollegen ausgesetzt sind, da sie sich in der Frauenbewegung engagiert haben. Schon als Kind hatte sie starkes Interesse an Botanik, brach ihr auf dieser Liebhaberei basierendes Studium jedoch ab und beschäftigte sich mit englischer Literatur. Sie machte ihren Master of Arts, lernte an der Yale Drama School das Verfassen von Theaterstücken (vier davon wurden aufgeführt) und arbeitete als Schreibkraft, Redakteurin von Hauszeitschriften und Sekretärin eines Psychiaters. Schließlich wurde sie im Lehrfach tätig, in dem sie noch heute hauptberuflich beschäftigt ist. 1959 verkaufte sie ihre erste Kurzgeschichte, NOR CUSTOM STALE, an das *Magazin of Fantasy and Science Fiction*. Wäh-

rend sie als Mädchen für alles an einer kleinen Bühne arbeitete, erschienen ihre Erzählungen in Anthologien und Zeitschriften, u. a. im *Manhattan Review*. 1968 erschien der Roman PICNIC ON PARADISE in der von Terry Carr herausgegebenen Taschenbuchreihe der *Ace SF Specials;* zwei Dutzend Verleger hatten, wie Carr verlauten ließ, das Manuskript vorher abgelehnt. 1970 folgte AND CHAOS DIED. 1972 gewann ihre Erzählung WHEN IT CHANGED (erschienen in Harlan Ellisons Anthologie AGAIN. DANGEROUS VISIONS) den Nebula-Award. THE FEMALE MAN (1975) rief ebenso wie WE WHO ARE ABOUT TO... (1977) unter den SF-Lesern starke Kontroversen hervor: Beide Bücher beschäftigten sich mit der Emanzipation der Frau und gehen gegen die unsinnigen Frauen-Klischees in der Science Fiction an. 1978 erschien der Roman THE TWO OF THEM; und KITTATINNY: A TALE OF MAGIC wurde im gleichen Jahr bei dem Feministinnenverlag Daughters, Inc. herausgebracht. Joanna Russ lehrt derzeit als Assistant Professor an der Universität von Washington.

Bibliographie:
Als das Chaos starb (AND CHAOS DIED), Berg. Gladbach 1974, B 21059.
Planet der Frauen (THE FEMALE MAN), München 1978, K 709.

Russell, Eric Frank
(1905–1978)
Der britische Schriftsteller Eric Frank Russell stieß erst im Alter von dreißig Jahren zur Science Fiction, gehörte aber zwischen 1937 und 1960 zu den Autoren, die regelmäßig mit guten Stories aufwarteten. Seine erste Veröffentlichung war die Erzählung THE SAGA OF PELICAN WEST (1937) in *Astounding Stories*. Sein erster Roman SINISTER BARRIER erschien 1939 in dem kurzlebigen, von John W. Campbell jr. herausgegebenen Fantasy-Magazin *Unknown* und war beeinflußt von den Ideen Charles Forts, dessen Theorie, daß die Menschheit von unsichtbaren Parasiten beherrscht und gesteuert würde, ihn faszinierte. Er griff das Thema später in SENTINELS FROM SPACE (1953) noch einmal auf. 1941 begann seine Jay-Score-Serie zu erscheinen, deren Held ein Roboter ist, der wie ein Mensch aussieht (und auch so handelt). Die Stories wurden später zu dem Band MEN, MARTIANS AND MACHINES (1956) zusammengefaßt. In den vierziger und fünfziger Jahren schrieb Russell vor allem für Campbells ASF, zuweilen auch unter den Pseudonymen Webster Craig und Duncan H. Munro. Von den Erzählungen, die Russell als einen kauzigen Autor von treffender Ironie und hintergründigem Humor zeigen, sind METAMORPHOSITE (1946), HOBBYIST (1947), DREADFUL SANCTUARY (1948), DEAR DEVIL (1950), I AM NOTHING (1952) und DIABOLOGIC (1955) am bemerkenswertesten, vor allem aber seine

herrlich bissige Satire auf Militarismus und Bürokratie, die Novelle...
...AND THEN THERE WERE NONE aus dem Jahre 1951 (die kürzlich unter dem Titel **...dann war'n sie alle futsch** in: **Titan – 11** (H 3651), hrsg. von Ben Bova und Wolfgang Jeschke, in einer Neuübersetzung erschien). Sie wurde später Bestandteil des Romans THE GREAT EXPLOSION (1962).

Seine Teilnahme am Zweiten Weltkrieg (Russell diente bei der R.A.F.) hatte Einfluß auf sein späteres Werk, in dem er bevorzugt das Thema der Auseinandersetzung mit anderen Rassen aufgriff, wie in THREE TO CONQUER (1956), WASP (1957) und THE SPACE WILLIES (1956; 1958 erweitert zu NEXT TO KIN). Mit ALLAMAGOOSA (1955), einer glänzenden Satire auf die Bürokratie, gewann Russell 1956 den Hugo Gernsback Award in der Kategorie Kurzgeschichte. 1960 zog sich Russell als Autor fast ganz aus der Science Fiction-Szene zurück und gab seine Erzählungen gesammelt heraus: FAR STARS (1961), DARK TIDES (1962), SOMEWHERE A VOICE (1965) und LIKE NOTHING ON EARTH (1975). 1964 legte er seinen letzten Roman vor: WITH A STRANGE DEVICE (amer. Ausgabe THE MINDWARPERS), eine etwas zu breit angelegte Geschichte über eine Maschine, die führende amerikanische Wissenschaftler einer Gehirnwäsche unterzieht.

Eric Frank Russell gehörte zu jenem festen Autorenstamm im Umkreis von John W. Campbells *Astounding*, der die SF in den vierziger und fünfziger Jahren zu einer soliden Unterhaltungsliteratur machte. Er gilt neben Weinbaum als der Autor, der Aliens, also extraterrestrische Geschöpfe, am glaubhaftesten darstellen konnte.

Bibliographie:
Die Todesschranke (SINISTER BARRIER), Bischofswiesen/Berlin 1953.
Ferne Sterne (FAR STARS) (C), München 1962, G 28; München 1964, GWTB 033.
Die Große Explosion (THE GREAT EXPLOSION), München 1965, TTB 101.
Menschen, Marsianer und Maschinen (MEN, MARTIANS AND MACHINES), München 1968, H 3113.
Agenten der Venus (SENTINELS OF SPACE), München 1970, H 3182.
Planet der Verbannten (DREADFUL SANCTUARY), Berlin 1971, U 2849.
Plus X (THE SPACE WILLIES) (C), München 1972, GWTB 0145.
Sechs Welten von hier (SIX WORLDS YONDER/DEEP SPACE), München 1973, GWTB 0158.
Der Stich der Wespe (WASP), Berlin 1973, U 2965.
So gut wie tot (CALL HIM DEAD), Berlin 1973, U 3007.
Vergangenheit × 2 (THE MINDWARPERS), Berlin 1974, U 3055.

Heftpublikationen:
Aufstand der Gefangenen (NUISANCE VALUE), Rastatt 1967, UZ 532.
Das Grundrecht des Universums (C/OA), München 1967, T 489.

Saberhagen, Fred (Thomas)
(1930–)
Bevor er mit dem Schreiben von Science Fiction begann, war Fred Thomas Saberhagen Techniker (Elektronik) und Angehöriger der US Air Force. Außerdem war er langjähriger Mitarbeiter an der ENCYCLOPEDIA BRITANNICA; seine Hobbys: Schach und Karate. Seine erste SF-Story verkaufte er 1961, der erste Roman, THE GOLDEN PEOPLE, wurde 1964 veröffentlicht. Es folgten: THE WATER OF THOUGHT (1965), THE BROKEN LANDS (1968), THE BLACK MOUNTAINS (1971) und CHANGELING EARTH (1973). Bekannt wurde er jedoch vor allem mit der BERSERKER-Serie, die zunächst aus einer Reihe von Stories bestand – einige davon in dem Sammelband BERSERKER (1966) nachgedruckt –, später aber um die Romane BROTHER BERSERKER (1969) und BERSERKER'S PLANET (1975) ergänzt wurde. Es geht dabei um die Abwehr von feindlichen Robotermechanismen, die, auf Vernichtung alles Lebendigen programmiert, die Galaxis heimsuchen.

Samjatin, Jewgenij
(1884–1937)
Jewgenij Iwanowitsch Samjatin (Evgenij Ivanovič Zamjatin) wurde in der mittelrussischen Provinzstadt Lebedjan' im Gouvernement Tambov geboren und starb im Exil in Paris. Seine Anti-Utopie MY **(Wir)** entstand 1920 und gehört zu den bekanntesten Romanen dieser Literaturgattung. Sie wird häufig in einem Atemzug mit Orwells 1984 und Huxleys BRAVE NEW WORLD genannt. Sie schildert eine total reglementierte Welt, in der D-503, der Konstrukteur eines Raumschiffes, ungenormte Gefühle entwickelt und zum Rebellen wird. MY erschien im Westen (1924/25 in tschechischer, englischer und französischer Übersetzung) und führte wegen der antikommunistischen Grundhaltung zur Ächtung des Autors in seiner Heimat, der als Student noch selbst zu den Bolschewiki gehört hatte.
Neben diesem Roman schrieb Samjatin eine Reihe von boshaft satirischen, surrealistischen Erzählungen und Dramen, die ihn früh in Konflikt mit den Herrschenden brachten. Bereits zur Zarenzeit mußte er (1916) nach England emigrieren, wo er als Marineingenieur arbeitete. Nach der Oktoberrevolution in die Heimat zurückgekehrt, machte er sich bei den

Kulturfunktionären verhaßt, weil er in einigen brillanten Aufsätzen deren Anspruch zurückwies, die alleinige Wahrheit erkannt zu haben – woraufhin er natürlich wieder ins Exil gehen mußte, diesmal nach Paris.

Bibliographie:
Wir (MY), Köln 1958, Kiepenheuer & Witsch Vlg.

Saparin, Viktor
(1905–)
Viktor Saparin ist ein russischer Journalist und Schriftsteller, der lange Zeit Chefredakteur der populärwissenschaftlichen Zeitschrift *Vokrug sveta* war. Nebenher schrieb er eine große Anzahl von SF-Erzählungen, die zumeist Auswirkungen von wissenschaftlichen und technischen Innovationen in der nahen Zukunft schildern. Drei Stories von Saparin liegen in deutscher Übersetzung vor (zwei davon sind in Anthologien erschienen).

Bibliographie:
Heftpublikation:
Die geheimnisvolle Limousine, Berlin 1952, Vlg. Kultur & Fortschritt, *Kleine Jugendreihe* Nr. 23.

Sargent, Pamela
(1948?–)
Die amerikanische SF-Autorin Pamela Sargent wurde in Ithaca/New York geboren und lebt heute als freiberufliche Schriftstellerin. Ihre erste Story hieß LANDED MINORITY und erschien 1970 im *Magazine of Fantasy and Science Fiction*.
Ihr erster Roman, CLONED LIVES, kam 1976 auf den Markt und wurde von der Kritik viel beachtet. Er beschäftigt sich mit dem Klonen von Menschen und schildert den Werdegang von mehreren Männern und einer Frau, die aus den Genen des gleichen »Vaters« geklont wurden. Pamela Sargents zweiter Roman erschien 1979 unter dem Titel THE SUDDEN STAR. Weiterhin veröffentlichte sie eine Story-Sammlung mit dem Titel STARSHADOWS (1977) und vier Anthologien: WOMEN OF WONDER (1975), BIO-FUTURES (1976), MORE WOMEN OF WONDER (1976) und THE NEW WOMEN OF WONDER (1978).

Sawtschenko, Wladimir
(1933–)
Wladimir Sawtschenko (Vladimir Savčenko) ist ein russischer Autor, der zunächst Physik studierte und dann als Physiker mit dem Spezialgebiet der Halbleitertechnik arbeitete. Er veröffentlichte eine Reihe von SF-Erzählungen und u. a. auch den Roman TSCHORNYJE ZWJOZDY (»Schwarze Sterne«). Eine weitere längere Erzählung trägt den Titel »Rakete antwortet nicht«. Erzählungen von ihm wurden ins Deutsche übertragen und erschienen in DDR-Anthologien, aber auch z. B. in der Anthologie **Science FictionI** (1963) im Münchner Piper-Verlag.

Schachner, Nat(han)
(1895–1955)
Nathan Schachner, amerikanischer Schriftsteller und Rechtsanwalt, wurde vor allem bekannt durch seine exzellenten Biografien großer Amerikaner. Vor seiner Tätigkeit

als Rechtsanwalt arbeitete Schachner als Chemiker für mehrere Firmen, u. a. auch als Lebens- und Arzneimittelfachmann für das New York Board of Health. Im Ersten Weltkrieg war er an Forschungsprojekten der chemischen Kriegführung beteiligt. In den dreißiger Jahren begann er Science Fiction zu schreiben. Seine erste Geschichte war eine Koproduktion mit Arthur Leo Zagat: IN 20 000 AD, die 1930 in *Wonder Stories* erschien. Jedoch ist es *Astounding*, das mit dem Namen Schachner assoziiert wird. In diesem Magazin veröffentlichte er während der dreißiger Jahre, seiner fruchtbarsten Schaffensperiode, über 40 Stories, unter denen ANCESTRAL VOICES (12/33) und der Kurzroman HE FROM PROCYON (4/34) herausragen. Sein – auch bei uns – bekanntestes Werk ist der Roman SPACE LAWYER (1953), worin es um die teilweise dramatische, teilweise auch humorvolle Anwendung des Rechts im Weltraum geht – ein Stoff also, für den Schachner geradezu prädestiniert war.

Bibliographie:
Der Weltraumanwalt (SPACE LAWYER), Balve 1961, Gebr. Zimmermann Vlg.

Schalimow, Alexander
(1917–   )
Der russische Autor Alexander Schalimow (Aleksandr Šalimov) wurde im Gebiet von Lwow geboren, ist von Beruf Geologe und arbeitet heute als Dozent am Bergbauinstitut in Leningrad. Seine erste SF-Erzählung, NOTSCH U MAZERA (»Die Nacht am Ma-

sar«), erschien 1960. Es folgten Romane und Story-Sammelbände wie TAJNA GREMJASHCHEJ RASSHCHELNY (»Das Geheimnis der Donnerspalte«; 1962), KOGDA MOLTSCHAT EKRANY (»Wenn die Bildschirme schweigen«; 1965), TAJNA TUSKARORY (»Das Geheimnis der Tuscarora«; 1967), OCHOTNIKI ZA DINOZAWRAMI (»Dinosaurierjäger«; 1968), und STRANNYJ MIR (»Die seltsame Welt«; 1972). Einige seiner Erzählungen wurden auch ins Deutsche übersetzt und erschienen in der DDR.

Scheer, K(arl) H(erbert)
(1928–   )
Karl-Herbert Scheer wurde in Harheim, Kreis Friedberg/Hessen, geboren, besuchte dort die Volksschule und später die Oberrealschule in Frankfurt am Main. Von 1944 bis Kriegsende leistete er freiwilligen Wehrdienst bei der Kriegsmarine und wurde ohne Gefangenschaft nach Hause entlassen. Wie viele andere SF-Autoren auch kam er durch die Bücher von Jules Verne und Hans Dominik zur SF.

1948 veröffentlichte er unter dem Titel **Stern A funkt Hilfe** seinen ersten SF-Roman im Yellow-Press-Magazin *Das Grüne Blatt*. Scheer hatte sich damit sofort als Profi etabliert und konnte 1958 bereits die Publikation von nicht weniger als 71 Romanen nachweisen (darunter 33 SF-Romane, 8 utopische Kriminalromane, 17 Kriminal- und Abenteuerromane und 13 Seeabenteuerromane). Sein Interesse an militärtechnischen Neuerungen (Raketen, U-Boote) führten ihn zunächst zum Schreiben überwiegend »technischer« Kriminalromane, die auch unter Pseudonymen wie Klaus Tannert, Pierre de Chalon, Roger Kersten und Diego el Santo erschienen. In der SF benutzte er neben seinem bürgerlichen Namen das Pseudonym Alexej Turbojew. Mitte der fünfziger Jahre gründete Scheer, der anfangs ausschließlich für Leihbuchverlage schrieb, die SF-Interessengemeinschaft »Stellaris«. 1959 wurde er vom Science Fiction Club Europa mit dem deutschen HUGO ausgezeichnet (einem Pendant zum amerikanischen Hugo Gernsback-Award). Seit Kriegsende betreibt er private Studien auf den Gebieten der Physik, Kernphysik, Astrophysik, Astromedizin, Biologie und der Ingenieurwissenschaften. Charakteristisch für die in zahlreichen Romanen Scheers geschaffenen Heldenfiguren ist deren übermenschlicher Körperbau, den der Autor vorzugsweise mit dem von »Giganten« umschreibt. Seine Helden pflegen selten kleiner als zwei Meter zu sein, verfügen oft über ein »Extrahirn« und einen »Logiksektor« und nehmen meist die Doppelfunktion eines in allen naturwissenschaftlich relevanten Gebieten kompetenten, »hochqualifizierten« (Scheer) Akademikers mindestens im Rang eines Obristen ein. Aufschlußreich ist seine Terminologie, die im Erfinden stets neuer bombastischer Begriffe zuweilen nicht immer komische Kapriolen schlägt: neben »Beuteterranern« und »Großadmiralen« ist die Rede von »Atomgebläsen«, »Energiegeschützen«, »Energiekanonen«, »Fusionsbrennkammern«, »Handblastern«, »Impulsstrahlern«, »Impulstriebwerken«, »Lichtbrechungsdeflektoren«, »Lichtbrechungsschirmen«, »Schockblastern«, »Fusionsmodellen« und vielem anderen mehr. 1960 konzipierte Scheer zusammen mit seinem Kollegen, dem Schriftsteller und Übersetzer Clark Darlton (d. i. Walter Ernsting) die bisher in ihrer Auflagenhöhe einzigartige und unübertroffene SF-Serie **Perry Rhodan, der Erbe des Universums,** die seit 1961 wöchentlich erscheint und es bisher auf 950 Folgen brachte, die ersten Hefte bereits in vierter Auflage. »Es war die Aufgabe gestellt, einen weitgespannten Romanzyklus über einen möglichen Weg der Menschheit in der Zukunft zu schaffen, mit einem hohen Spannungsgehalt, der sich jedoch nicht aus billigem Wildwest im Weltraum, sondern aus der Lösung der Probleme ergeben sollte, die die politische Gesamtsituation auf der Erde damals und heute noch belasten...« (Scheer). **Perry Rhodan** erwies sich als noch nie dagewesener kommerzieller Erfolg, wurde in mehrere Sprachen übersetzt und verfilmt.

Bereits vor der Lancierung der Serie hatte sich Scheer durch eine große Anzahl spektakulärer SF-Romane, die vor allem von gigantischen Weltraumkriegen handeln und oft das Leben auf Planeten schildern, die nach einem verheerenden Atomkrieg in die Barbarei zurückgefallen sind, einen Namen gemacht. Beispiele seiner Produktion dieser Art sind die bisher 50 Bände seiner utopischen Geheimagentenserie **Zur besonderen Verwendung (ZbV),** deren erster Band 1957 erschien, aber auch serienunabhängige Titel wie **Die Großen in der Tiefe** (1961) und **Der Verbannte von Asyth** (1964).

Scheer hat sich seit 1961 hauptsächlich auf die Erstellung von Einzelexposés für die Serie **Perry Rhodan** konzentriert und kaum noch etwas selbst geschrieben, dennoch verging kaum ein Jahr, in dem keine Scheer-Titel auf den Markt gelangten. Seine Werke aus den fünfziger Jahren wurden und werden laufend (teilweise in bearbeiteter Form) neu aufgelegt und führten ab 1972 sogar zur Installierung zweier neuer Taschenbuchreihen – *Utopia-Bestseller* und *Zur besonderen Verwendung* – die ausschließlich Scheer-Material enthalten.

Bibliographie:
Bakterien, Frankfurt/Main 1952, Reihenbuch Vlg.
Stern A funkt um Hilfe, Frankfurt/Main 1952, Reihenbuch Vlg.
Piraten zwischen Mars und Erde, Frankfurt/Main 1952, Reihenbuch Vlg.
Macht der Ahnen, Frankfurt/Main 1953, Reihenbuch Vlg.
Der Ruf der Erde, Frankfurt/Main 1953, Reihenbuch Vlg.
Kampf um den Mond, Frankfurt/Main 1953, Reihenbuch Vlg.
Weltraumstation I, Frankfurt/Main 1953, Reihenbuch Vlg.
Stern der Rätsel, Frankfurt/Main 1953, Reihenbuch Vlg.
Brennpunkt Venus, Frankfurt/Main 1953, Reihenbuch Vlg.
Der rätselhafte Planet, Frankfurt/Main 1953, Reihenbuch Vlg.
Sprung ins All, Frankfurt/Main, 1953, Reihenbuch Vlg.
Das große Projekt, Frankfurt/Main 1953, Reihenbuch Vlg.
Und die Sterne bersten, Frankfurt/Main 1954, Reihenbuch Vlg.
Flucht in den Raum, Balve 1955, Gebr. Zimmermann Vlg.
Unternehmen Diskus, Wuppertal 1955, Engelbert Pfriem Vlg.
Hölle auf Erden, Wuppertal 1955, Engelbert Pfriem Vlg.
Der gelbe Block, Wuppertal 1955, Engelbert Pfriem Vlg.
Grenzen der Macht, Balve 1956, Gebr. Zimmermann Vlg.
Sie kamen von der Erde, Balve 1956, Gebr. Zimmermann Vlg.
Verdammt für alle Zeiten, Balve 1956, Gebr. Zimmermann Vlg.
Verweht im Weltenraum, Balve 1956, Gebr. Zimmermann Vlg.
Der Stern der Gewalt, Balve 1956, Gebr. Zimmermann Vlg.
Vorposten Jupitermond, Balve 1956, Gebr. Zimmermann Vlg.
Die lange Reise, Balve 1957, Gebr. Zimmermann Vlg.
Und sie lernen es nie, Balve 1957, Gebr. Zimmermann Vlg.
Der unendliche Raum, Balve 1957, Gebr. Zimmermann Vlg.
Die Fremden, Balve 1957, Gebr. Zimmermann Vlg.

Über uns das Nichts, Balve 1957, Gebr. Zimmermann Vlg.
Zur besonderen Verwendung, Balve 1957, Gebr. Zimmermann Vlg.
Kommandosache HC-9, Balve 1957, Gebr. Zimmermann Vlg.
Ordnungszahl 120, Balve 1957, Gebr. Zimmermann Vlg.
Unternehmen Pegasus, Balve 1957, Gebr. Zimmermann Vlg.
CC-5, streng geheim, Balve 1957, Gebr. Zimmermann Vlg.
Antares II (als Alexej Turbojew), Düsseldorf 1958, Iltis Vlg.
Vergessen, Balve 1958, Gebr. Zimmermann Vlg.
Der Mann von Oros, Balve 1958, Gebr. Zimmermann Vlg.
Octavian III, Balve 1958, Gebr. Zimmermann Vlg.
Galaxis ohne Menschheit, Balve 1958, Gebr. Zimmermann Vlg.
Hölle unter Null Grad, Balve 1958, Gebr. Zimmermann Vlg.
Großeinsatz Morgenröte, Balve 1958, Gebr. Zimmermann Vlg.
Eliteeinheit Luna-Port, Balve 1958, Gebr. Zimmermann Vlg.
Überfällig, Balve 1958, Gebr. Zimmermann Vlg.
Welt ohne Ende (als Alexej Turbojew), Düsseldorf 1959, Iltis Vlg.
Nichts außer uns, Balve 1959, Gebr. Zimmermann Vlg.
Vollmachten unbegrenzt, Balve 1959, Gebr. Zimmermann Vlg.
Zutritt verboten, Balve 1959, Gebr. Zimmermann Vlg.
Pronto 1318, Balve 1959, Gebr. Zimmermann Vlg.
RAK-1212 überfällig (als Alexej Turbojew), Düsseldorf 1960, Iltis Vlg.
Amok, Balve 1960, Gebr. Zimmermann Vlg.
Fähigkeiten unbekannt, Balve 1960, Gebr. Zimmermann Vlg.
Revolte der Toten, Balve 1960, Gebr. Zimmermann Vlg.
Vorsicht Niemandsland, Balve 1961, Gebr. Zimmermann Vlg.
Diagnose negativ, Balve 1961, Gebr. Zimmermann Vlg.
Expedition, Balve 1961, Gebr. Zimmermann Vlg.
Die Großen in der Tiefe, Balve 1961, Gebr. Zimmermann Vlg.
Kodezeichen Großer Bär, Balve 1962, Gebr. Zimmermann Vlg.
Die kosmische Fackel, Balve 1962, Gebr. Zimmermann Vlg.
Raumpatrouille Nebelwelt, Balve 1963, Gebr. Zimmermann Vlg.
Korps der Verzweifelten, Balve 1963, Gebr. Zimmermann Vlg.
Offensive Minotaurus, Balve 1964, Gebr. Zimmermann Vlg.
Der Verbannte von Asyth, Balve 1964, Gebr. Zimmermann Vlg.
Gegenschlag Kopernikus, Balve 1965, Gebr. Zimmermann Vlg.
Die Männer der Pyrrhus, Balve 1965, Gebr. Zimmermann Vlg.
Nachschubbasis Godapol, München 1974, ZbV 19.
Programmierung ausgeschlossen, München 1974, ZbV 20.
Marsversorger Alpha IV, München 1974, ZbV 21.
Geheimorder Riesenauge, München 1974, ZbV 22.
Intelligenz unerwünscht, München 1974, ZbV 23.
Testobjekt Roter Adler, München 1974, ZbV 24.
Sonderplanung Mini-Mond, München 1974, ZbV 25.
Sicherheitsfaktor III, München 1974, ZbV 26.
Notrufsender Gorsskij, München 1974, ZbV 227.

Erbspione vogelfrei, München 1974, ZbV 28.
Marsrevolte problematisch, München 1975, ZbV 29.
Alphacode Höhenflug (mit William Voltz), München 1975, ZbV 30.
Zonta-Norm regelwidrig (mit Kurt Mahr), München 1975, ZbV 31.
Robotnarkose Newton, München 1975, ZbV 32.
Privileg Venusgeist, München 1975, ZbV 33.
Inkarnation ungesetzlich, München 1975, ZbV 34.
Notlösung vorgesehen, München 1975, ZbV 35.
Spätkontrolle aufschlußreich, München 1975, ZbV 36.
Fehlschlag unzulässig, München 1975, ZbV 37.
Losung Takalor, München 1975, ZbV 38.
Brutlabor Okolar-Trabant (mit H. G. Francis), München 1975, ZbV 39.
Bezugspunkt Atlantis, München 1975, ZbV 40.
Generalprobe Zeitballett, München 1976, ZbV 41.
Periode Totalausfall, München 1976, ZbV 42.
Reizimpuls Todesschläfer, München 1976, ZbV 43.
Größenordnung Götterwind, München 1976, ZbV 44.
Komponente Calthur, München 1976, ZbV 45.
Festungsklause Saghon, München 1977, ZbV 46.
Regelschaltung Jungbrunnen, München 1977, ZbV 47.
Symbiose Herbstgewitter, München 1977, ZbV 48.
Ausgezählt, München 1977, ZbV 49.

Scheerbart, Paul
(1863–1915)

Der deutsche Schriftsteller Paul Scheerbart war, bei allem schuldigen Respekt, eine der kuriosesten Erscheinungen der Berliner Literaturszene Anfang des zwanzigsten Jahrhunderts, ein anarchistischer Pantoffelheld, ein derber Biertrinker von höchster Sensibilität, ein Tagträumer, dauernd ohne Geld, durchgefüttert von seiner resoluten Angetrauten, einer an Literatur absolut desinteressierten Postbeamtenwitwe. Scheerbart, der die Glasarchitektur propagierte und alles verfügbare Geld – wenn er schon mal etwas hatte – in die Konstruktion eines Perpetuum Mobile (liebevoll »Perpeh« genannt) steckte, starb den Hungertod (aus Protest gegen den Ausbruch des Ersten Weltkriegs soll er keine Nahrung mehr zu sich genommen haben).

Dieser schon im Leben so widersprüchlich schillernde Mann schrieb kuriose, in barocker Lebensfreude schwelgende Geschichten und Romane, die von Stil und Inhalt her zu den ungewöhnlichsten Texten der deutschen Literatur dieser Zeit zählen. Viele dieser Texte, die schon vom Titel her auf das vorbereiten, was den Leser erwartet – Beispiele: **Rakkox der Billionär. Ein Protzen-Roman** oder **Tarub. Bagdads berühmte Köchin. Ein arabischer Kultur-Roman. Immer mutig! Phantastischer Nilpferd-Roman** oder **Flora Mohr. Eine Glasblumen-Novelle** – sind der phantastischen oder der utopischen Literatur zuzurechnen. Manche dieser »Romane« haben übrigens nur 22 Seiten (etwa **Rak-**

kox, der auch utopische Züge aufweist). Scheerbarts wohl bedeutendstes Werk aber ist **Lesabendio. Ein Asteroiden-Roman** (1913). Freundliche Anarchisten bevölkern darin den Asteroiden Pallus, Wesen, deren Leben darin besteht, Kunstwerke zu erschaffen und zu genießen. Es sind molchartige Wesen mit einer Fülle seltsamer Organe und Extremitäten – hier ergibt sich eine Ähnlichkeit zwischen Scheerbart und Stapledon, der ähnliche Wesen liebte. Um ihren Genuß noch zu erhöhen, bauen sie einen zehn Meilen hohen Turm, der ihnen die Verschmelzung mit dem Universum bringen soll, was auch gelingt. Ähnliche Themen gibt es übrigens auch in Scheerbarts Kurzgeschichtensammlung **Astrale Noveletten** (1912), wobei insbesondere die in der Anthologie **Science Fiction aus Deutschland** (herausgegeben von H. J. Alpers & Ronald M. Hahn) nachgedruckte Erzählung **Steuermann Malwu** ähnlich wie **Lesabendio** eine bizarre Zivilisation von Extraterrestriern auf einer schwimmenden Insel schildert.

Paul (»Paulemann«) Scheerbart wurde in Danzig geboren und fühlte sich besonders mit Schriftstellern wie Swift, Rabelais, Zschokke und Zinzendorf verbunden. Er selbst wurde von vielen prominenten Kollegen wie O. J. Bierbaum, Erich Mühsam (Mühsam über Scheerbart: »Der lachende Verkünder der Selbstverständlichkeit des Friedens unter den Völkern«), Karl Hans Strobl (Strobl über Scheerbart: »Ein Mensch der Liebe, der Liebe zur Natur und zu allen ihren Geschöpfen... Es ist ein Lachen in Scheerbarts Leben und Schaffen...«) u.a. gelesen und geschätzt. Wenn er auch kein typischer Vorläufer der Science Fiction war – der Reichtum an bizarrer Phantasie in seinen Werken könnte viele Autoren des Genres neidisch werden lassen.

Bibliographie:
Astrale Noveletten (C), Karlsruhe/Leipzig 1912, Dreililien-Verlag, und München/Leipzig 1912, Georg Müller Vlg.
Lesabendio. Ein Asteroiden-Roman, München/Leipzig 1913, Georg Müller Vlg. (nachgedruckt als dtv-Taschenbuch dtv-sr 34).
Dichterische Hauptwerke (C), Stuttgart 1962, Goverts Vlg.
Münchhausens Wiederkehr. Phantastische Geschichten (C), Berlin 1966, Eulenspiegel Vlg.

Schefner, Wadim
(1915–   )
Der russische Autor Wadim Schefner (Vadim Šefner) wurde in Leningrad geboren und veröffentlicht seit 1936. Nach einer Reihe von Gedichtbänden, Sammelbänden mit Erzählungen und einem 1957 erschienenen Roman wandte sich Schefner in den sechziger Jahren utopisch-phantastischen Themen zu und veröffentlichte u. a. den Sammelband STCHASTLIWYJ NEUDATSCHNIK (»Der glückliche Pechvogel«, 1965).

Bibliographie:
Heftpublikation:
Der seltsame Funkspruch u.a. phantastische Erzählungen, Berlin 1969, Vlg. Kultur & Fortschritt, Kap-Reihe 96.

Scheidt, Jürgen vom
(1940–)
Noch vor Abschluß des Abiturs lag sein erster SF-Roman vor: **Männer gegen Raum und Zeit** (1958), von dem der Autor heute sagt: »Es wirft ein bezeichnendes Licht auf den damaligen SF-Markt, daß diese Pennälergeschichte… tatsächlich gedruckt wurde.« Die »Pennälergeschichte« erschien in einem Verlag, der auf die Belieferung von Leihbüchereien spezialisiert war. Sein zweites Buch, **Sternvogel,** wurde vom Scheidt (»Es war zu verrückt«) nicht mehr so schnell los, aber schließlich klappte es doch, und sein Verleger in spe, verwirrt durch das unerwartete Auftauchen des jungen Mannes, ließ sich zudem noch breitschlagen, einen weiteren Vertrag zu unterschreiben, der den Roman **Das unlöschbare Feuer** (1962) betraf: die Gemeinschaftsproduktion sechs junger Leute aus einem Münchener Science Fiction-Club (Gruppenpseudonym Munro R. Upton), unter denen Jürgen vom Scheidt der Federführende war.

Nach dem Studium der Psychologie (Nebenfächer: Philosophie, Soziologie, Psychopathologie) machte vom Scheidt 1967 sein Diplom und promovierte 1975 zum Dr. phil. Ab 1963 hatte er sich bereits – parallel zum Studium – als Fachjournalist für Medizin und Psychologie etabliert. 1971 baute er in München eine psychologische Praxis auf, zeichnete als Herausgeber mehrerer Anthologien (teilweise unter dem Pseudonym Thomas Landfinder) verantwortlich, hielt Vorträge über das Drogenproblem, verfaßte eine ganze Reihe von Sachbüchern wie **Innenwelt-Verschmutzung** (1973), **Freud und das Kokain** (1973), **Rätsel Mensch** (1975), **Der falsche Weg zum Selbst** (1976), **Yoga für Europäer** (1976), **Entdecke dein Ich** (1977), **Singles** (1979, das sogar auf der Spiegel-Bestsellerliste auftauchte) sowie zahlreiche Beiträge für Zeitungen, Zeitschriften und den Rundfunk.

Bibliographie:
Männer gegen Raum und Zeit, Wuppertal 1958, Wiesemann Vlg.
Sternvogel, Menden 1962, Bewin Vlg.
Das unlöschbare Feuer (als Co-Autor), Menden 1963, Bewin Vlg.
(Hrsg.): **Das Monster im Park,** München 1970, Nymphenburge Vlg.
(Hrsg.): **Libbe 2002** (als Thomas 1971, Bärmeier & Nikel Vlg.
Der geworfene Stein, Percha 1975, R. S. Schulz Vlg.

(Hrsg.): **Welt ohne Horizont,** Würzburg 1975, Arena Vlg.
Rückkehr zur Erde, Pfaffenhofen 1978, W. Ludwig Vlg.
(Hrsg.): **Guten Morgen, übermorgen,** München 1975, Ellermann Vlg.

Schmidt, Stanley
(1944–)
Am 1. September 1978 löste Stanley Schmidt Ben Bova auf dem Stuhl des *Analog*-Chefredakteurs ab, und die Zukunft wird zeigen, ob es ihm wie seinen Vorgängern gelingt, mit neuen Ideen und einer Spürnase für junge Talente die führende Position des Magazins zu halten und eventuell auszubauen. Ein Unbekannter war Stanley Schmidt den *Analog*-Lesern allerdings nicht, denn er veröffentlichte hier seit 1968 (erste Story: THE RELUCTANT AMBASSADORS in *Analog*, Dezember 1968) ein gutes Dutzend Novellen und Kurzgeschichten in diesem Magazin, dazu den Fortsetzungsroman THE SINS OF THE FATHERS (1973/74), der auch als Taschenbuch nachgedruckt wurde. Mit LIFEBOAT EARTH (1978 als Taschenbuch erschienen) wurde THE SINS OF THE FATHERS fortgesetzt. Ein weiterer Roman von Schmidt erschien 1975 als Hardcover: NEWTON AND THE QUASI-APPLE.
Stanley Schmidt studierte Physik und erlangte 1969 seinen Doktorgrad; er lehrte als Assistant Professor und hielt Kurse in Physik, Astronomie, Biologie und Science Fiction ab. Als Physiker veröffentlichte er mehrere Beiträge in wissenschaftlichen Zeitschriften; weitere Artikel zu verschiedenen Themen erschienen in *Analog* und in zwei Science Fiction-Sachbüchern. Neben den erwähnten Fachgebieten interessiert sich Schmidt für unkonventionelles Reisen, Fliegen, Fotografie, Kochen (»mit leicht experimenteller Note«) und Radfahren, ferner für Sprachen (neun Fremdsprachen, darunter Deutsch, kann er mehr oder weniger gut lesen). Vor allem jedoch gehört seine Liebe der Musik. Er beherrscht nicht nur mehrere Instrumente, sondern verdiente zeitweise sogar als Bläser in Sinfonieorchestern, Barockmusik-Duos und Dixielandbands seinen Lebensunterhalt. Auch als Komponist hat er sich versucht; u.a. schrieb er eine Komische Oper in drei Akten im Stil von Gilbert & Sullivan.

Schmitz, James H(enry)
(1911–   )
James H. Schmitz wurde als Sohn amerikanischer Eltern in Hamburg geboren. Kindheit und Jugend verbrachte er abwechselnd in Deutschland und den Vereinigten Staaten, da sein Vater Angestellter eines amerikanischen Konzerns in Deutschland war, und die Familie öfters umzog. Anfang der dreißiger Jahre wurde Schmitz Reporter in Chicago und begann eigene Stories zu verfassen. Sein erster Erfolg war GREENFACE, eine Fantasyerzählung, die 1943 in *Unknown* veröffentlicht wurde. Seine beginnende Karriere als SF-Autor wurde vom Zweiten Weltkrieg unterbrochen; Schmitz mußte zur Air Force und diente im Krieg gegen Japan. Seit 1938 hatte er in Los Angeles gewohnt, wo er sich nach dem Krieg auch wieder niederließ. Er arbeitete in einer Firma, die landwirtschaftliche Maschinen herstellte, eine Tätigkeit, der er schon in Deutschland nachgegangen war. 1959 beschloß er freiberuflicher Schriftsteller zu werden. Bis zu diesem Zeitpunkt hatte er schon über 50 Kurzgeschichten und einige Romane verkauft, die ihn in SF-Kreisen bekannt gemacht hatten. Darunter den Storyzyklus um die VEGAN CONFEDERATION, der wie die Novelle THE WITCHES OF KARRES (12/49), seine bekannteste Story, in *Astounding* erschien. Überhaupt ist der Name Schmitz mit den Magazinen *Astounding/Analog* verbunden, denn dort wurden auch die besseren seiner Geschichten, die nach 1959 entstanden, veröffentlicht. Hierbei ist besonders BALLANCED ECOLOGY (ASF, 3/65), ein kleines Juwel in der Schilderung außerirdischer Lebensformen, zu nennen (sie erschien in Deutschland 1970 unter dem Titel **Ausgeglichene Ökologie** in dem Band **Computer streiten nicht,** hrsg. von Damon Knight im Lichtenberg Vlg., später bei Heyne). Weiterhin erwähnenswert: GRANDPA (ASF, 2/55) und die drei Romane um Telzey Amberdon, ein Mädchen mit Psi-Fähigkeiten, die neben der Romanfassung von THE WITCHES OF KARRES (1966) zu den bekanntesten Werken von Schmitz zählen.

Bibliographie:
Dämonenbrut (THE DEMON BREED), Frankfurt–Berlin–Wien 1973. U 3022.
Das Psi-Spiel (THE LION GAME), Frankfurt–Berlin–Wien 1974. U 3061.
Welt im Würgegriff (THE ETERNAL FRONTIERS), Frankfurt, Berlin, Wien 1975. U 3110.

Heftpublikationen:
Trigger und der Grüne (A TALE OF TWO CLOCKS) UZ 431 (1965).
Die Xenotelepathin (THE UNIVERSE AGAINST HER) UZ 545 (1967).

Schoonover, Lawrence
(1906–)
Lawrence Schoonover, als Autor historischer Romane bekannt, wurde nach einem Studium an der Universität von Wisconsin und zwanzigjähriger Berufserfahrung als Werbefachmann 1946 freiberuflicher Schriftsteller. Sein Abstecher zur Science Fiction war der Roman CENTRAL PASSAGE (1962), ein Katastrophenroman, in dem die Zerstörung der Landbrücke zwischen Nord- und Südamerika gewaltige klimatische Veränderungen bringt, was aus unklaren Gründen dazu führt, daß eine Übermenschenrasse entsteht, die den Menschen ablösen wird.

Bibliographie:
Der rote Regen (CENTRAL PASSAGE), München 1962. G 35.

Scortia, Thomas N(icholas)
(1926–)
Scortia, geboren in Alton/Illinois, gehörte von 1955 bis 1960 zu den fleißigsten Mitarbeitern amerikanischer SF-Magazine wie *Future SF, SF Stories, SF Adventures* und *Fantastic* (größtenteils ziemlich kurzlebiger Periodika also), wo er Unmengen von Kurzgeschichten und Kurzromanen veröffentlichte. Zu Beginn der sechziger Jahre zog er sich aus dem Genre zurück, arbeitete hauptsächlich in anderen

und tat sich schließlich mit Frank M. Robinson, einem SF-Fan, der ebenfalls hin und wieder in professionellen Blättern publizierte, zu einem Team zusammen, das sich zum Ziel setzte, nur noch Bestseller zu produzieren, die zwar utopische Tendenzen enthielten, nicht jedoch unter dem Label SF verkauft werden sollten: Ihr größter Erfolg bislang wurde das von Irwin Allen mit dem Titel THE TOWERING INFERNO (deutsch: **Inferno**) verfilmte Non-SF-Buch THE GLASS INFERNO (1975), das nur insofern utopische Züge aufweist, als es von einem mehr als dreihundert Stockwerke hohen Haus berichtet, in dem ein gigantisches Feuer ausbricht, und THE PROMETHEUS CRISIS (1975), in dem ein Atomreaktor undicht wird und die Umwelt verseucht. 1978 erschien sein Roman THE NIGHTMARE FACTOR, 1979 THE GOLD CREW, die sämtlich in Zusammenarbeit mit Frank M. Robinson entstanden. Seine Erzählungen erschienen in den Sammelbänden

CAUTION! INFLAMMABLE! (1976) und THE BEST OF SCORTIA (1980), hrsg. von G. Zebrowski. Derzeit arbeitet Scortia an den Romanen COMPLEXION OF THE HEART und APRIL HARVEST sowie an zwei Theaterstücken.

Bibliographie:
Inferno (THE GLASS INFERNO) (mit Frank M. Robinson), München 1976, Herbig Vlg.
Reaktor XZ 519 (THE PROMETHEUS CRISIS) (mit Frank M. Robinson), München 1977, Herbig Vlg.

Scyoc, Sydney J(oyce) van
(1939–   )
Da es in den Jahren, in denen Sydney J. van Scyoc mit dem Schreiben von SF-Stories begann, noch lange nicht üblich war, daß die Leserschaft des von Männern dominierten Genres eine Autorin akzeptierte, hatte sie – wie ihre Kolleginnen Leigh Brackett, Andre Norton und D. C. Fontana – es wohl lediglich der Tatsache ihres »geschlechtsneutralen« Vornamens zu verdanken, daß man sie kaufte. Die aus Mount Vernon/Indiana stammende Autorin besuchte bis 1957 die High School, heiratete im gleichen Jahr den Ingenieur Jim van Scyoc und lebte bis 1969, als sie sich in Hayward/Kalifornien niederließ, an den unterschiedlichsten Orten. Sie gehört der Unitarischen Kirche an, der sie in ihrem Wohnort seit 1977 vorsitzt. Ihre erste SF-Story erschien 1962 unter dem Titel SHATTER THE WALL in *Galaxy*, aber es dauerte beinahe ein Jahrzehnt, bis sie es schaffte, den ersten Roman, dem schnell eine ganze Reihe anderer folgte, zu veröffentlichen: SALTFLOWER erschien 1971. Bisher ist Sydney J. van Scyoc in mehr als zwanzig Magazinen und den unterschiedlichsten Anthologien vertreten gewesen, angefangen bei der Reihe *Best of Galaxy* bis zu *Best of If* und einer Menge anderer SF-Jahrbücher, die von sich behaupten, entweder *The Best of the Year* oder *The Year's Best SF* zu veröffentlichen. Es folgte der Roman ASSIGNMENT: NOR'DYREN (1973), STARMOTHER (1976), CLOUDCRY (1977) und SUNWAIF (1980). In Deutschland erschien bislang eine ihrer besten Erzählungen **Mnarra Mobilis** (MNARRA MOBILIS) im **SF Story Reader 1**, hrsg. von Wolfgang Jeschke (1973).

Sellings, Arthur
(1921–1968)
Arthur Sellings hieß in Wirklichkeit Robert Arthur Ley, begann Anfang der fünfziger Jahre mit dem Schreiben von SF-Kurzgeschichten und veröffentlichte als erste Story THE HAUNTING (1953 in *Authentic*). Obwohl sich der Engländer Ley schon als Junge sehr für Science Fiction interessierte, blieb er lange Zeit nur Leser. Er wurde Zollbeamter und später Antiquar. Ab 1953 begann er regelmäßig zu veröffentlichen, insgesamt über 30 Erzählungen, von denen etliche auch in den Sammelbänden TIME TRANSFER (1956) und THE LONG EUREKA (1968) nachgedruckt wurden. 1962 kam sein erster Roman auf den Markt, TELEPATH, der zur Gruppe der wichtigen Telepathieromane gehört, gefolgt von THE UNCENSORED MAN (1964), einem weiteren wichtigen PSI-Roman. In beiden entdecken Durchschnittsmenschen, daß sie übernormale Kräfte besitzen, und in beiden Fällen stehen die damit zusammenhängenden privaten Probleme sowie der Wunsch bzw. die Gewißheit, daß alle über diese Kräfte verfügen, im Mittelpunkt. Bis zu seinem frühen Tod schrieb Sellings noch die Romane THE QUY EFFECT (1966) und THE POWER OF X (1968). Er führte keine bahnbrechenden neuen Ideen ein, erwies sich in seinen besten Leistungen jedoch als bemerkenswerter Erzähler.

Bibliographie:
Fremdling auf der Erde (C), (TIME TRANSFER) München 1964. G 58.
Elixier der Unsterblichkeit (C), (THE LONG EUREKA) München 1969, GWTB 101.
Die Zeiträuber (THE POWER OF X), Berg. Gladbach 1972, B 9.

Serviss, Garrett P(utman)
(1851–1929)
Amerikanischer Autor, Rechtsanwalt und Mitarbeiter der *New York Sun*. Sein ganzes Interesse galt der Popularisierung der Wissenschaft. Schrieb neben vielen Artikeln in dieser Richtung auch das Sachbuch THE MOON. Er verfaßte vier wichtige Science Fiction-Romane: EDISON'S CONQUEST OF MARS (1898) war als direkte Fortsetzung von H. G. Wells' WAR OF THE WORLDS gedacht; 1900 folgte THE MOON METAL. Seine beiden bekanntesten Romane aber sind COLUMBUS OF SPACE (1909), in dem der erste Flug zur Venus geschildert wird, und THE SECOND DELUGE (1911), ein Katastrophenroman, in welchem ein weitsichtiger Amerikaner mittels einer stählernen Arche einige Menschen rettet, als die Erde in einen kosmischen Wassernebel eintritt und eine zweite Sintflut stattfindet. Die drei letzten Romane – in ihrer positiven Einstellung zur Technologie typisch für die damalige SF – gelten als Klassiker und erlebten in den ersten *Amazing Stories* Neuauflagen, ein Erfolg, der Serviss' Abenteuergarn THE SKY PIRATES versagt blieb.

Sharkey, Jack
(1931–   )
John Michael Sharkey wurde in Chicago geboren, arbeitete als Lehrer an einer High School im

Fach Englisch, diente zwei Jahre in der US Army, arbeitete ein Jahr in der Werbebranche, zog dann nach New York und wurde freier Schriftsteller. In den sechziger Jahren veröffentlichte er mehrere Dutzend Kurzgeschichten und Novellen, u.a. eine Serie um den Weltraum-Zoologen Jerry Norcriss, in *Galaxy* und *Worlds of Tomorrow*. Seine einzigen Science Fiction-Romane bisher waren THE SECRET MARTIANS (1960) und ULTIMATUM IN 2050 A.D. (1965), die man getrost der Kategorie der »pot boilers« zuordnen kann.

Bibliographie:
Heftpublikationen:
Die fünfzehn Geiseln (THE SECRET MARTIANS), UZ 355 (1962).
Revolution um die Zukunft (ULTIMATUM IN 2050 A.D.), UZ 547 (1967).

Shaver, Richard S(harpe)
(1907–1975)
Amerikanischer SF-Autor und Mann hinter dem Shaver-Mysterium. Shaver gelangte zu Ruhm, als Raymond A. Palmer, der vormalige Herausgeber von *Amazing Stories* seine Romane und Stories publizieren ließ, und damit die Auflagenhöhe seines Magazins in kürzester Zeit verdoppeln konnte. Shavers Erstlingswerk, der Roman I REMEMBER LEMURIA, erschien im März 1945 in *Amazing* und leitete das Shaver-Mysterium ein, das gut zwei Jahre später mit der 17. Geschichte dieser Serie endete (MERWITCH OF ETHER, 8/47). Dazwischen lagen 15 Stories, in denen Shaver dem Leserpublikum weismachen wollte, die Erde würde von degenerierten Abkömmlingen einer prähistorischen Superrasse bewohnt. Alle Geschichten wurden als Tatsachenberichte deklariert, als Aufzeichnung von Stimmen aus einer unterirdischen Höhlenwelt. Das Shaver-Mysterium entfachte in der Fan-Welt einen Sturm, und nicht wenige Unbedarfte glaubten alles und berichteten auf *Amazings* Leserbriefseiten von eigenen ähnlichen Erlebnissen. Shaver selbst war von der Richtigkeit seiner »Tatsachenberichte« überzeugt – was ihn bei Palmer dann doch in Ungnade fallen ließ. Dieser akzeptierte nur noch solche Stories, die nichts mehr mit geheimen Höhlen und degenerierten Superrassen zu tun hatten, aber Shaver verschaffte sich in anderen Magazinen, Fanzines und Publikationen, die mit der SF nichts zu tun hatten, Gehör. Bevor der Aufruhr anfangs der fünfziger Jahre verebbte, gab es ein spezielles Shaver-Magazin und einen Shaver-Fan-Club. Die Zahl der von Shaver veröffentlichten Stories nahm danach rapide ab, und er geriet fast ebenso schnell in Vergessenheit, wie er bekannt geworden war. Die Wahnvorstellungen des angeblichen Schweißers aus Pennsylvania (andere Quellen berichten, daß Shaver zuvor Bergmann gewesen sei und die lange Zeit unter Tage ihm einen psychischen Knacks beschert hätte, der ihn dazu trieb, schon in den Bergwerken nach unterirdischen Kulturen Ausschau zu halten) sind inzwischen von der UFO-Hysterie abgelöst worden.

Bibliographie:
Zauberbann der Venus (GODS OF VENUS), Frankfurt–Berlin–Wien 1972, U 2944.
Titans Tochter (TITAN'S DAUGHTER), Frankfurt–Berlin–Wien 1975, U 3196.

Shaw, Bob (Robert)
(1931–)
Wie sein Kollege James White ist Robert Shaw Ire und wurde wie dieser in Belfast geboren. In den fünfziger Jahren begann er mit dem Schreiben von Science Fiction, zunächst von Stories, in den späten sechziger Jahren dann von Romanen. Sein erster Roman war NIGHT WALK (1967), die Geschichte eines Blinden, der durch empathischen Kontakt mit Tieren oder Außerirdischen »sehen« kann – durch deren Augen. Bis heute folgten acht weitere Romane und zwei Kurzgeschichtensammlungen, darunter THE TWO-TIMERS (1968), der Orpheus-Mythos als Zeitreise- und Parallelweltgeschichte, in der ein Mann nach dem Tod seiner Frau in ein Paralleluniversum reist, wo er sein anderes Ich umbringen will, um seine Frau zurückzugewinnen. Shaws größter Erfolg waren bisher mehrere Geschichten um eine Art von Glas, das Lichtstrahlen stark verlangsamt und damit Sicht auf Vorgänge erlaubt, die längst Vergangenheit geworden sind. Eine dieser Stories, LIGHT OF OTHER DAYS, wurde 1966 für den Nebula-Award nominiert. Der Roman OTHER DAYS, OTHER EYES (1972) ging aus diesen Kurzgeschichten hervor und gilt als Shaws amüsantestes Werk. Bob Shaw ist Maschinenbauingenieur, hat aber auch als PR-Fachmann, Taxifahrer und Journalist gearbeitet. Seine neuen Romane fallen gegenüber den erwähnten Titeln leider ab.

Bibliographie:
Die blendendweiße Sonne (THE PALACE OF ETERNITY), München 1971, GWTB 124.
Die Zweizeitmenschen (THE TWO-TIMERS), München 1971, GWTB 128.
Qualen der Unsterblichkeit (ONE MILLION TOMORROWS), München 1972, GWTB 137.
Menschen im Null-Raum (NIGHTWALK), München 1972, GWTB 140.
Die Anti-Kriegs-Maschine (GROUND ZERO MAN), München 1973, GWTB 153.
Augen der Vergangenheit (OTHER DAYS, OTHER EYES), München 1974, GWTB 172.
Cocktailparty im All (C) (TOMORROW LIES IN AMBUSH), München 1974, GWTB 176.
Die grünen Inseln (SHADOW OF HEAVEN), München 1975, GWTB 193.

Orbitsville (ORBITSVILLE), München 1976, GWTB 216.
Magniluct (A WREATH OF STARS), München 1976, GWTB 236.
Skirmish (C) (COSMIC KALEIDOSCOPE), München 1977, GWTB 23261.
Die Kinder der Medusa (MEDUSA'S CHILDREN), München 1978, GWTB 23267.
Raumlegion (WHO GOES HERE?), München 1979, GWTB 23289.

Shea, Robert
(–)
Robert Shea, ein amerikanischer Autor, war jahrelang Herausgeber des *Playboy* und wurde vor allem durch die *Illuminatus!*-Trilogie (1975) bekannt, die er zusammen mit Robert Anton Wilson schrieb, ein bombastisches und komplexes, aber in Details gut gezeichnetes und farbiges Garn über eine Weltverschwörung, ausgehend von den deutschen Illuminaten, einem Freimaurerorden, begründet im 18. Jahrhundert, der angeblich die Weltherrschaft übernehmen will. Die Autoren greifen auf Lovecraft (*Cthulhu*-Mythos) zurück und auf Pynchon (THE CRYING OF LOT 49) und verwenden Horror- und Krimi-Elemente ebenso wie solche der Fantasy und der SF. Der Stoff wurde auch zu einem Theaterstück umgearbeitet (von Ken Campbell und Chris Langham).

Bibliographie:
Illuminatus! Erster Teil: **Das Auge in der Pyramide** (ILLUMINATUS! THE EYE IN THE PYRAMID), Basel 1977, Sphinx Vlg.
Illuminatus! Zweiter Teil: **Der goldene Apfel** (ILLUMINATUS! THE GOLDEN APPLE), Basel 1978, Sphinx Vlg.
Illuminatus! Dritter Teil: **Leviathan** (ILLUMINATUS! LEVIATHAN), Basel 1978, Sphinx Vlg.

Sheckley, Robert
(1928–)
Robert Sheckley wurde in New York City geboren und wuchs in einer kleinen Stadt in New Jersey auf. Nach der High School kam er zum Militär und verbrachte ein Jahr bei den UN-Truppen in Korea. Nach seiner Entlassung studierte er an der Universität von New York Englisch, Psychologie und Philosophie und versuchte sich nebenher in einer ganzen Reihe von Jobs. Gleichzeitig nahm er an Schriftsteller-Kursen teil. Nicht lange nach seinem Examen verkaufte er seine erste SF-Story, WE ARE ALONE, die 1952 in der Novemberausgabe des Magazins *Future* veröffentlicht wurde. Er beschloß freier Schriftsteller zu werden und war schon bald ein regelmäßiger Kurzgeschichtenlieferant für viele

Magazine, insbesondere aber für *Galaxy,* in dessen Seiten seine besten Arbeiten erschienen. Insgesamt wurden von Robert Sheckley mehr als 200 Stories publiziert, der größte Teil in den fünfziger Jahren. Im Gegensatz zu vielen seiner Kollegen, setzte er zunächst voll auf die Kurzgeschichte und führte sie innerhalb der SF zu einer neuen Blüte. Sheckley zeigte sich als Meister eines subtilen Stils und urplötzlicher Wendungen der Handlung. Immer wieder gelang es ihm, die überraschendsten Pointen zu finden. Alfred Bester sagt über ihn: »Er ist wahrscheinlich der verfeinertste Autor. Das zeigt sich in seiner Art, eine Story auszuführen: Von einem Dutzend verschiedener Wege wählt er immer den originellsten. Seine Ideen sind fesselnd; sein Dialog lebendig und mit humoristischen Wendungen gewürzt.« Für Sheckley ist das Wichtigste an seiner Story die Idee. Das soll aber nicht heißen, daß der Mensch darin eine untergeordnete Rolle in ihnen spielt. Einige »Gefühlsstücke« (etwa BESIDE STILL WATERS, AMZ 11/53) sowie seine satirischen, mitunter stark gegen eine pervertierte Unterhaltungsindustrie angehenden Geschichten beweisen das Gegenteil. In seiner Erzählung THE PRIZE OF PERIL (FSF 5/58), die von Wolfgang Menge erfolgreich für die ARD verfilmt wurde (Titel: **Das Millionenspiel**), schildert Sheckley eine pervertierte Fernsehsendung, in der ein beliebiger Kandidat sieben Tage lang vor schwerbewaffneten »Jägern« zu fliehen versuchen muß, die ihn »legal« abknallen dürfen. Überlebt er, erhält er eine Million, erwischen ihn die Killer, bekommen sie das Geld. Ebenfalls verfilmt wurde seine Story THE SEVENTH VICTIM (GAL, 4/53), und zwar von Carlo Ponti (deutscher Titel **Das zehnte Opfer**). In der Romanversion THE TENTH VICTIM (1966) fallen in einer Art modernem Gladiatorenkampf lizensierte Killer übereinander her. Unter Sheckleys weiteren Romanen sind JOURNEY BEYOND TOMORROW (1962) und IMMORTALITY INC. (1959) besonders erwähnenswert. THE STATUS CIVILISATION (1960) ist ein spannender Abenteuerroman, der auf einem Strafplaneten spielt. In MINDSWAP (1966) behandelt der Autor eines seiner Lieblingsthemen, ein Geist in einem fremden Körper, das er in jüngster Zeit in THE ALCHEMICAL MARRIAGE OF ALISTAIR CROMPTON (1978) wieder aufgriff und mit sarkastischem Humor reichlich garnierte. Ein anspruchsvoller, experimentell geschriebener Roman ist OPTIONS (1975). In Buchform erschienen von Robert Sheckley acht SF-Romane, sieben Spionagethriller und acht Story-Sammlungen. Sheckley, der 1970 nach Ibiza zog und 7 Jahre dort lebte, wohnt heute mit seiner dritten Frau und ihren zwei kleinen Kindern in London.

Bibliographie:
Planet der Verbrecher (THE STATUS CIVILISATION), München 1963, H 3016.
Das geteilte Ich (C), (SHORE OF INFINITY) München 1963, GWTB 064.

Utopia mit kleinen Fehlern (C), (CITIZEN IN SPACE) München 1963, G 46.
Die Menschenfalle (C), (THE PEOPLE TRAP) München 1969, GWTB 0110.
Der grüne Jademond (C), (CAN YOU FEEL ANYTHING WHEN I DO THIS?) München 1973, GWTB 0167.

Shelley, Mary W(ollstonecraft)
(1797–1851)
Mary W. Shelley (geborene Godwin), das einzige Kind von William Godwin und seiner Frau Mary Wollstonecraft (einer der ersten Frauenrechtlerinnen) war nicht nur die Schöpferin des bekannten Frankenstein-Monsters, sondern möglicherweise auch die Erfinderin des literarischen Genres Science Fiction. Im Jahre 1814 folgte sie dem englischen Dichter Percy Bysshe Shelley auf den europäischen Kontinent, lebte dort mit ihm zusammen und heiratete ihn 1814. Zusammen mit dem Dichter Lord Byron unternahm das Paar eine Reise in die Schweiz, und nachdem man sich an einem verregneten Abend im Sommer 1816 in Byrons Villa am Genfer See die Zeit mit dem Erzählen von Geistergeschichten vertrieben hatte, diskutierte man über den Philosophen Erasmus Darwin, sprach über Vampire und kam schließlich überein, untereinander eine Art Literaturwettbewerb durchzuführen. Einige Nächte später hatte Mary W. Shelley einen Traum, den sie in FRANKENSTEIN, OR THE MODERN PROMETHEUS (das Erscheinungsjahr wird unterschiedlich angegeben) ausarbeitete. Innerhalb eines Jahres war ihre Erzählung fertig. Byron steuerte dem Thema lediglich eine A FRAGMENT (1817) betitelte Szene bei, während der vierte am Diskussionsabend anwesende Gast, Dr. John William Polidori, den Kurzroman THE VAMPYRE: A TALE (1819) verfaßte. In **Frankenstein** gelingt es dem naturwissenschaftlichen Adepten Baron Victor von Frankenstein, aus Leichenteilen ein überdimensionales menschliches Wesen zu erschaffen, das wegen seiner Häßlichkeit nirgendwo Kontakt findet und von den Menschen, die in ihm ein Ungeheuer sehen, gejagt wird, bis es sich schließlich gegen seinen Schöpfer wendet und ihn vernichtet. Shelleys Romanvorlage wurde von mehreren Dutzend Filmproduzenten in unzähligen Zelluloidversionen vergewaltigt, die eher den Horroraspekten der Urgeschichte Rechnung tragen, weswe-

gen **Frankenstein** (das Buch erzählt immerhin vom ersten künstlich erzeugten Menschen) in den Reihen orthodoxer SF-Fans zu Unrecht eher als Gruselroman empfunden wird. Ein weiterer Beitrag der Shelley zur Phantastik war THE LAST MAN (1826), eine Geschichte aus dem einundzwanzigsten Jahrhundert über einen Zukunftskrieg und eine verheerende Seuche.

Bibliographie:
Frankenstein (FRANKENSTEIN, OR THE MODERN PROMETHEUS), Hamburg 1948, J. A. Keune Vlg.

Shepherd, Conrad
(1937–)
Conrad Constantin Schaef aus Kitzingen begann seine Karriere zunächst als Autor der Heftreihe *Utopia,* wo er unter dem Pseudonym Roy Chester fünf Weltraumromane verfaßte, die nicht gerade dazu beitrugen, seinen Namen aus der deutschen SF-Szene der späten fünfziger Jahre herauszuheben. 1962 gab er das Schreiben wieder auf, tat sich mit einigen SF-Kritikern (u. a. Franz Rottensteiner) zusammen und publizierte das Amateurmagazin *Mutant,* das 10 Ausgaben erlebte und im Fandom noch heute eine Legende darstellt. Die schöpferische Zwangspause tat dem ehemaligen Gießereivorarbeiter Schaef (er schätzt Kafka und Böll und sammelt illustrierte alte Kinderbücher) gut. Er lernte gegen Ende der sechziger Jahre Hans Kneifel kennen und versuchte mit dessen Unterstützung (sowie einem anderen Pseudonym, der Name Conrad Shepherd ist eine Kombination aus den Namen zweier früher amerikanischer Astronauten), erneut in den SF-Markt einzusteigen. Der Einfluß Kneifels auf Schaefs zweite Schaffensperiode ist unverkennbar; eine Zeitlang wurde der Name Shepherd gar für ein Pseudonym Kneifels gehalten. Schaef gab ein kurzes Gastspiel bei **Perry Rhodan,** schien sich jedoch dem dort gepflegten Einheitsstil nicht anpassen zu können. Wie vor ihm W. W. Shols und Kurt Brand (deren Schreibstile für gängige Fließbandprodukte ebenfalls nicht taugen) stieg er bald wieder aus und verließ die SF-Szene ganz.

Bibliographie:
Heftpublikationen:
(als Roy Chester):
Satellit Beta 83, UZ 169 (1959).
Planetenstürmer, UZ 194 (1959).
Stagmid an Bord, UZ 215 (1960).
Die zweite Sonne, UZ 270 (1961).
Die Borken-Retorte, UZ 295 (1961).
Die unheimlichen Kegel, UZ 120 (1960).
(als Conrad Shepherd):
Geheimagent der Erde, T 497 (1967).
Zuflucht Erde, T 509 (1967).
Attentat aus dem Weltraum, T 555 (1968).
Operation Sagittarius, TN 108/109 (1970).

Sherred, T(homas) L.
(1915–)
Als T. L. Sherreds Novelle E FOR EFFORT (1947) im damals noch von John W. Campbell jr. redigierten Magazin *Astounding* erschien, brach das Leserecho alle bisher da-

gewesenen Rekorde. Was hatte Sherred getan? Er hatte sich mit dem heraufziehenden Kalten Krieg und dem in den USA herrschenden geistigen Klima in einer Form auseinandergesetzt, die für viele SF-Leser einfach neu war: Zwei Underdogs, die zudem noch einer ethnischen Minderheit angehören, »sehen« mit Hilfe einer von ihnen entwickelten Maschine in die Vergangenheit, »filmen« historische Schlachten, weltpolitisch bedeutsame Entscheidungen etc. und setzen sie als Spielfilme dem Kinopublikum vor. Man wundert sich zwar über den ungeheuren Realismus der einzelnen Streifen, fragt sich aber nicht, aus welchen Quellen sie stammen. Erst als die Frühgeschichte der Menschheit im Film immer weniger hergibt und die Filmproduzenten sich langsam der Gegenwart entgegenarbeiten, wird man mißtrauisch. Die CIA erscheint auf dem Plan und das »Komitee für unamerikanische Umtriebe« (das damals schon halb Hollywood auf der schwarzen Liste hatte) wird aktiv und veranstaltet eine Hexenjagd: Man will um keinen Preis, daß die unbequemen Wahrheiten über jene Kriege, an denen auch die USA maßgeblich beteiligt waren, an die Öffentlichkeit gelangen und bezeichnet die Hersteller dieser Filme als kommunistische Infiltranten, denen das Handwerk gelegt werden muß. Es dauerte bis 1953, ehe Sherred ein nächstes Garn vorlegte: CUE FOR QUIET. Er publizierte noch eine Handvoll Stories, u.a. in *Space Science Fiction,* dann hörte man bis 1970, zum Erscheinen seines ersten und einzigen Romans, nichts mehr von ihm: ALIEN ISLAND. Der Roman beginnt mit der Landung eines fliegenden Bierseidels auf der Erde. Insassen sind Abgesandte der Föderation der Reganer, die einen Betrunkenen auflesen, ihn zu ihrem Botschafter machen und anschließend allerlei irdische Waren aufkaufen, wobei sie jedoch amerikanische Produkte völlig ignorieren, weil sie damit nichts anzufangen wissen. Der Roman stellt eine blendende Satire auf irdische Institutionen und menschliche Sensationslust dar, und endet in Chaos und Konfusion, was jene Kritiker, die die SF (wie so oft) blutig ernst nehmen, zutiefst verwirrte.

Sherred studierte an der Wayne University, trampte durch 47 amerikanische Bundesstaaten, arbeitete als Ingenieur bei nahezu allen wichtigen Detroiter Autofirmen und schrieb nebenher technische Artikel für Autofachzeitschriften. »Science Fiction habe ich stets nur dann geschrieben, wenn ich irgendwo ein Loch in meinem Beutel entdeckte. War es einmal gestopft, stellte sich die Frage nach weiteren Veröffentlichungen für mich überhaupt nicht mehr.« Eine Sammlung seiner Kurzgeschichten erschien 1972 unter dem Titel FIRST PERSON PECULIAR.

Sherriff, R(obert) C(edric)
(1896–1975)
Robert Cedric Sherriff wurde in England geboren und studierte in Oxford. Er begann mit dem Schreiben von Bühnenstücken nach dem Ersten Weltkrieg und hatte besonderen Erfolg mit dem 1929 uraufgeführten Stück JOURNEY'S END. Es folgten weitere Theater-

stücke, dazu Romane und Filmdrehbücher. Sein SF-Roman THE HOPKINS MANUSCRIPT kam 1939 heraus und wurde sein größter Erfolg. Er behandelt den Untergang Europas als Folge des auf die Erde stürzenden Mondes.

Bibliographie:
Der Mond fällt auf Europa (THE HOPKINS MANUSCRIPT), Kühlenfels/Ofr. 1955, Magnus Vlg.

Shiras, Wilmar H.
(1908–)
Amerikanische Autorin, in Boston geboren und aufgewachsen. Später zog sie nach Kalifornien und begann zu schreiben. Bevor sie in SF-Gefilden mit ihrer Mutanten-Story IN HIDING (ASF, 11/48) quasi über Nacht bekannt wurde, hatte sie schon Sachbücher und Artikel veröffentlicht. Trotz dieses Erfolges schrieb sie nicht mehr als eine Handvoll SF-Geschichten, von denen die meisten zu dem Roman CHILDREN OF THE ATOM zusammengezogen wurden. Auch IN HIDING ist ein Teil dieses Romans. Eine Lehrerin entdeckt unter ihren Schülern einige Kinder mit abnormal hoher Intelligenz. Die Kleinen sind als Mutanten aus einer atomaren Explosion hervorgegangen und versuchen um jeden Preis, ihr Geheimnis zu bewahren.

Shols, W.W.
(1925–)
Winfried Scholz, von den fünfziger bis in die siebziger Jahre einer der fleißigsten Leihbuchschreiber der Bundesrepublik, wurde in Bielefeld geboren, besuchte von 1936 an Mittelschule und Aufbauschule und wurde nach dem Kriegsabitur 1942 zur Wehrmacht eingezogen. Er war zuerst bei der Marine in Norwegen und von 1944 an bis Kriegsende als Offizier in Osteuropa eingesetzt. Nach der Entlassung aus der Kriegsgefangenschaft wurde er Kaufmann im grafischen Gewerbe mit dem Spezialgebiet Druck und Werbung. In den fünfziger Jahren begann er aus seinem Hobby einen zweiten Beruf zu machen. Sein Erstling war **Tödlicher Staub** (1958), dem bis in die siebziger Jahre hinein mehrere Dutzend (teilweise unter dem Verlagspseudonym William Brown) folgten. Shols gab – abgesehen von einigen Bänden, die er zur **Perry Rhodan**-Serie beitrug – nur insofern ein Gastspiel in der Heftromanbranche, als seine Leihbuchromane laufend dort nachgedruckt wurden. Da es seine beruflichen Pflichten nicht erlaubten, sich länger an periodisch erscheinende SF-Serien zu binden, zog er sich 1962 aus der Szene zurück, ohne jedoch ganz vom Genre Abschied zu nehmen. Neben gelegentlichen SF-Büchern publizierte er auch eine große Anzahl von Kriminalromanen.

Bibliographie:
Tödlicher Staub, Wiesbaden 1958, Brunnen Vlg.
Die Zeitpatrouille, Menden 1958, Bewin Vlg.
Seine Heimat war der Mars, Menden 1958, Bewin Vlg.
Rebell des Weltraums, Düsseldorf 1959, Dörner Vlg.
Der große Zeitsprung, Düsseldorf 1959, Dörner Vlg.

Invasion aus der Tiefe, Menden 1960, Bewin Vlg.
Stern der Verlorenen, Menden 1961, Bewin Vlg.
Experiment mit der Ewigkeit, Menden 1961, Bewin Vlg.
Die Falle der Raumpiraten, Menden 1961, Bewin Vlg.
Aufstand im Cygnus, Menden 1961, Bewin Vlg.
Der Mann aus dem Jenseits, Menden 1961, Bewin Vlg.
Planet im Niemandsland, Menden 1962, Bewin Vlg.
Warnung aus dem Hyperraum, Menden 1962, Bewin Vlg.
Die fressende Sonne, Menden 1962, Bewin Vlg.
Die Welt in der Kugel, Menden 1962, Bewin Vlg.
Ballett der Roboter, Menden 1963, Bewin Vlg.
Flucht auf den Satelliten, Deilinghofen 1963, Hallberg Vlg.
Drei Sonnen für Terra, Menden 1963, Bewin Vlg.
Es brennt auf dem Mond, Deilinghofen 1963, Hallberg Vlg.
Visum für Jupiter, Deilinghofen 1963, Hallberg Vlg.
Sabotage im Venuswerk, Menden 1963, Bewin Vlg.
Teleporter Cichen Henry, Menden 1963, Bewin Vlg.
Das Neun-Planeten-Spiel, Menden 1963, Bewin Vlg.
Die Hölle begann auf Campor, Menden 1963, Bewin Vlg.
Das trojanische Pferd, Menden 1963, Bewin Vlg.
Gefangen auf Callisto, Dreilinghofen 1963, Hallberg Vlg.
Zweimal Weltgericht, Dreilinghofen 1963, Hallberg Vlg.
Der Hexer vom Mars, Menden 1964, Bewin Vlg.
Schiffbruch bei Delta Capricorni, Menden 1964, Bewin Vlg.
Agenten der Zwielichtzone, Menden 1964, Bewin Vlg.
Geheimakte Marsmond, Menden 1964, Bewin Vlg.
Titan-Geister, Menden 1964, Bewin Vlg.
Mooreland vererbt einen Krater, Menden 1965, Bewin Vlg.
Dämmerung oder Punkt Null, Menden 1965, Bewin Vlg.
Die Schlacht der Automaten, Menden 1965, Bewin Vlg.
Condor jagt RVX-23, Menden 1965, Bewin Vlg.
Herrscher über 100 Welten, Menden 1965, Bewin Vlg.
Treffpunkt Kalano, Menden 1966, Bewin Vlg.
Panther und Sternentau, Menden 1966, Bewin Vlg.
Gericht auf Nomitor, Menden 1966, Bewin Vlg.
Duell der Mutanten, Menden 1967, Bewin Vlg.
Der Zeitsünder, Menden 1967, Bewin Vlg.

Heftpublikationen:
Station des Schreckens, UZ 406 (1964).
Überfall auf Ceres, UZ 462 (1965).
Calhouns Planet, TA 378 (1978).
(↗ **Perry Rhodan, Mark Powers**).

Sieg, Paul Eugen
(1899–1950)
Der deutsche Autor und Physiker Paul Eugen Sieg ist als Verfasser von vier utopischen Romanen und des Buches **Fotografie in den Tropen** (1934) bekannt. Die Romane **Detatom** (1936) und **Südöstlich Venus** (1940) erlebten nach dem Kriege Neuauflagen im Gebr. Weiß

Verlag, wo posthum auch die beiden anderen Romane des Verfassers, **Insula** (1953) und **Angolesa** (1954) erschienen sind.

Bibliographie:
Detatom, Berlin 1936, Scherl Vlg.
Südöstlich Venus, Berlin 1940, Scherl Vlg.
Insula, Berlin 1953, Gebr. Weiß Verlag.
Angolesa, Berlin 1954, Gebr. Weiß Verlag.

Silverberg, Robert
(1934–)

Robert Silverberg, heute einer der Topstars unter den amerikanischen SF-Autoren, wurde in New York geboren. Nach dem Besuch der High School studierte er Englisch und schloß dieses Fach mit einem Bachelor of Arts an der Columbia University ab. Schon als Teenager war er ein begeisterter SF-Fan, der seinen Bekanntenkreis mit hektografierten Fanzines in Atem hielt. Das war Anfang der fünfziger Jahre, und um diese Zeit fing er auch an, Kurzgeschichten zu schreiben, die er an alle erreichbaren Magazinherausgeber schickte. Glück hatte er bei dem schottischen SF-Magazin *Nebula,* das seine Story GORGON PLANET im Februar 1954 abdruckte. Von da an gab es für Bob Silverberg kein Halten mehr. Mit maschinenhafter Ausdauer stieß er Kurzgeschichte um Kurzgeschichte aus und handelte in ihnen alle Bereiche mehr oder weniger trivialer SF ab. Immerhin waren auch einige Stories von höherer Qualität darunter, die ihm 1956 einen Hugo als bestem Nachwuchsautor eintrugen. Ungefähr bis Ende der fünfziger Jahre dauerte diese Phase, die Silverberg als typischen Magazinvielschreiber sah, genau wie seinen Zimmernachbarn Harlan Ellison, dessen Karriere fast parallel zu der Silverbergs verlief. Noch ein dritter bekannter SF-Autor wohnte im selben Haus: Randall Garrett. Mit ihm schrieb Silverberg die beiden Romane THE SHROUDED PLANET (1957) und THE DAWNING LIGHT (1959), beide zuvor in Storyform in *Astounding* erschienen, unter dem Pseudonym Robert Randall. Überhaupt war Silverberg ein Meister im Gebrauch von Pseudonymen: Für seine ca. 150 Erzählungen und Romane dieser ersten Phase gebrauchte er nicht weniger als 26, von denen Calvin M. Knox, Ivar Jorgenson und David Osborne die bekanntesten sind. Lesbare Romane aus dieser Zeit sind lediglich: THE 13th IMMORTAL (1957) und STARMAN'S QUEST (1959).

In der ersten Hälfte der sechziger Jahre wurde es stiller um Bob Silverberg; er hatte seine Aktivitäten verlagert und schrieb nun populärwissenschaftliche Bücher, mit denen er sich finanziell gesicherte Verhältnisse verschaffte. Sein Themenspektrum reichte von der Archäologie bis zur Zoologie, und seine Intention, mit diesen Sachbüchern auch Jugendliche anzusprechen, verhalf ihm auf diesem Sektor zu großem Erfolg. 1967 landete er sein literarisches SF-Comeback mit dem Roman THORNS, der ihm gute Kritiken eintrug. Plötzlich hatte man nicht mehr den Verlagspseudonymschreiber Silverberg vor sich, sondern einen SF-Autor mit einem gewissen Anspruch. Nun, da er nicht mehr 50000 Wörter in der Woche schrieb, stieg plötzlich sein Ansehen. Romane wie HAWKSBILL STATION (1967), THE MASKS OF TIME (1968), NIGHTWINGS (1969) und UP THE LINE (1969) wurden für Hugo – oder Nebula-Awards nominiert und untermauerten den Ruf des Autors, den heute viele SF-Kritiker und noch mehr Fans als einen der besten Schriftsteller des Genres sehen. Insgesamt gewann Silverberg viermal den Nebula, dreimal davon mit Erzählungen, so den Stories PASSENGERS (Orbit 4, 1969) und GOOD NEWS FROM THE VATICAN (*Universe 1*, 1971), sowie der Novelle BORN WITH THE DEAD (FSF, 4/74). Den vierten Nebula-Award gewann er mit seinem Roman A TIME OF CHANGES (1971), der von der Überwindung einer religiösen Sitte – auf Borthan existiert der Begriff »ich« nicht; die Erwähnung der ersten Person Einzahl kommt einer Obszönität gleich – durch den Gebrauch von einem Halluzinogen berichtet. Daneben zählen zu seinen wichtigsten Romanen TOWER OF GLASS (1970), Silverbergs sozialkritischstes Werk um einen reichen Industriebonzen – Hersteller von Androiden, die dem Menschen die Arbeit abgenommen haben – und der Revolte dieser gegen ihren Schöpfer. Gekonnt geschrieben, (aber inhaltlich überschätzt) sind DYING INSIDE (1972), ein Entwicklungsroman um einen Telepathen, der seine Parafähigkeit verliert, und THE STOCHASTIC MAN (1975), in dem Silverberg die statistisch genaue Voraussage zukünftiger Ereignisse sowie die Gefahren einer solchen prophetischen Gabe abhandelt. Neben den rund drei Dutzend Romanen, 10 Jugendromanen und mehr als 20 Story-Sammlungen, hat Silverberg auch über 30 Anthologien herausgegeben, von denen die Reihen *New Dimensions* und *Alpha* am wichtigsten sein dürften. Wichtigste Einzelanthologie ist die monumentale SCIENCE FICTION HALL OF FAME (1970), die die besten SF-Geschichten vor 1965 vereint (Auswahl erfolgte durch Abstimmung der Science Fiction Writers of America). Mitte der siebziger Jahre versuchte Silverberg eine Karriere als Mainstream-Autor, kehrte aber schon bald zur SF zurück.

Bibliographie:
Verschwörung gegen Terra (THE PLOT AGAINST EARTH), Balve 1960 (als Calvin M. Knox).

Menschen für den Mars (C), (TO WORLDS BEYOND) München 1966, TTB 112.
Ufos über der Erde (THOSE WHO WATCH), München 1968, TTB 141.
Flucht aus der Zukunft (THE TIME-HOPPERS), München 1968, TTB 145.
Gast aus der Zukunft (THE MASKS OF TIME), München 1970, H 3193/94.
Der Gesang der Neuronen (THORNS), München 1971, Lichtenberg Vlg.
Zeitpatrouille (UP THE LINE), München 1971, GWTB 0125.
Das heilige Atom (TO OPEN THE SKY), München 1971, H 3224.
Die Sterne rücken näher (STARMAN'S QUEST), München 1971, H 3248.
Die Seelenbank (TO LIVE AGAIN), München 1971, H 3256.
Exil im Kosmos (THE MAN IN THE MAZE), München 1971, H 3269.
Schwingen der Nacht (NIGHTWINGS), München 1971, H 3274.
Macht über Leben und Tod (MASTER OF LIFE AND DEATH).
Dimension 12 (C), (DIMENSION THIRTEEN) München 1972, H 3309.
Die Mysterien von Belzagor (DOWNWARD TO THE EARTH), München 1973, H 3345.
(Hrsg.): Menschen und andere Ungeheuer (THE SCIENCE FICTION BESTIARY), München 1974, H 3378.
Kinder der Retorte (TOWER OF GLASS), München 1975, H 3441.
Verbannte der Ewigkeit (HAWKSBILL STATION), München 1973, TTB 222.
Es stirbt in mir (DYING INSIDE), München 1975, H 3445.
Die Schatten dunkler Flügel (C), (THE CUBE ROOT OF UNCERTAINTY) München 1975 GWTB 0203.
Visum für den Sirius (C), (NEEDLE IN A TIMESTACK) München 1975, GWTB 0212.
Ein glücklicher Tag im Jahr 2381 (THE WORLD INSIDE), München 1976, H 3477.
Regans Satellit (REGAN'S PLANET), München 1976, TTB 272.
Nacht über der Menschheit (C), (PARSECS AND PARABLES) München 1976, TTB 278.
Der neutrale Planet (C), (NEUTRAL PLANET) München 1977, GWTB 0240.
Der zweite Trip (C), (THE SECOND TRIP) München 1977, GWTB 0245.
Jetzt: Plus Minus (C), (UNFAMILIAR TERRITORY) München 1977, GWTB 0250.
Steinbock-Spiele (C), (CAPRICORN GAMES) München 1977, GWTB 23257.
Der Seher (THE STOCHASTIC MAN), München 1978, H 3590.
Schadrach im Feuerofen (SHADRACH IN THE FURNACE), München 1979, H 3626.

Heftpublikationen:
Die Erde lebt (LEST WE FORGET THEE, EARTH!), UGB 89 (als Calvin M. Knox).
Griff nach dem Ganymed (INVADERS FROM EARTH), UGB 105.
Raumstation Omega (STARHAVEN), AIW 16 (als I. Jorgensen).
Schatten über den Sternen (SHADOWS ON THE STARS), T 81.

Muß Lurion sterben? (THE PLANET KILLERS), T 160.
Schiedsgericht der Sterne (COLLISON COURSE), T 232.
Der 13. Unsterbliche (THE 13TH IMMORTAL), T 245.
Der Held des Universums (C), (NEXT STOP THE STARS) TS 67.
Der verborgene Planet (THE SHROUDED PLANET) AIW 14 (mit Randall Garrett als Robert Randall).
Nidor erwacht (THE DAWNING LIGHT), T 359 (mit Randall Garrett als Robert Randall).
Sie stahlen seine Welt (ONE OF OUR ASTEROIDS IS MISSING), UZ 428 (als Calvin M. Knox).
Die einsame Erde (C/AO), UZ 452.
Duell unter fremder Sonne (C/AO), T 459.
Der Unsterbliche (C/AO), TN 67.
Die Wiedererwecker (RECALLED TO LIFE), TA 179.

Simak, Clifford D(onald)
(1904–)
Clifford D. Simak, amerikanischer Zeitungsmann und SF-Schriftsteller tschechischer Abstammung, wurde auf einem Bauernhof in Milville/Wisconsin geboren und wuchs auch in dieser ländlichen Gegend auf, eine Tatsache, die sich in seinen späten SF-Werken niederschlagen sollte, in der Farmer und pastorale Landschaften eine tragende Rolle spielen. Nach der High School nahm er verschiedene Jobs an, u. a. auch eine Stelle als Lehrer. Als sein Vorhaben, an der Universität von Wisconsin zu studieren, fehlschlug, nahm er einen Zeitungsjob beim *Iron River Reporter*

an. Nachdem ihm ein Exemplar von *Amazing Stories* in die Hände gefallen war und er die Geschichten von Verne, Wells und Burroughs schon immer begeistert gelesen hatte, beschloß er, selbst Erzählungen zu verfassen. Nach einigen Anfangsschwierigkeiten wurde seine Story WORLD OF THE RED SUN in *Wonder Stories* (12/31) publiziert, bei der sich schon sein klarer, feinfühliger Stil zeigte, der für ihn so typisch ist. Weitere Arbeiten für *Wonder Stories* und *Astounding* folgten, aber da aufgrund der Großen Depression diese Magazine immer unregelmäßiger erschienen und Simak für den Markt offensichtlich zu anspruchsvoll schrieb, trat eine Pause in seiner schriftstellerischen Karriere ein, die erst 1938 beendet war, als John W. Campbell *Astounding* übernommen hatte. Campbell war es auch, der Simak veranlaßte, den Roman COSMIC ENGINEERS (ASF, sr 3, 2/38) zu schreiben, der sich als großangelegte Space Opera entpuppte. Danach konzipierte Simak für *Astounding* eine

Serie, die die Planeten des Sonnensystems so darstellen sollte, wie sie zur damaligen Zeit der Wissenschaft bekannt waren. Es stellte sich jedoch heraus, daß Simak kein »Hardware«-SF-Autor war und wissenschaftlich-technische Sachverhalte ihm nicht so besonders lagen. Seine Stärke liegt eher im Bereich romantischer Stoffe, die er oft in einen so betulichen Stil kleidet, daß er der Sentimentalität recht nahe kommt. Sieben Erzählungen, zwischen 1944 und 1947 in *Astounding* erschienen, zeigten ihn zum erstenmal in diesem Licht. Um eine Geschichte erweitert, erschienen sie als Episodenroman später unter dem Titel CITY (1952). Dieser Roman ist Simaks bekanntestes Werk. Noch im Erscheinungsjahr gewann er damit den International Fantasy-Award. Es ist die Chronik der Familie Webster; Legenden, die sich intelligente Hunde und Roboter nachts an Lagerfeuern über die Menschheit erzählen, die vor langer Zeit die Erde verlassen hat, und deren Artefakte – die Städte – langsam verfallen. In CITY kommt Simaks Enttäuschung über den Menschen am deutlichsten zum Ausdruck. Die Geschichten entstanden aus Widerwillen gegen den Massenmord und stellen einen Protest gegen den Zweiten Weltkrieg dar, indem Simak eine eigene Welt erschafft, aus der der Mensch verschwunden, in der er nur noch Legende ist.

Mittlerweile war Simak Reporter beim *Minneapolis Star* geworden. Trotz seines wachsenden Erfolges als Autor verzichtete er darauf, freier Schriftsteller zu werden. Mit der Erweiterung des Marktes in den fünfziger Jahren wuchs auch Simaks Produktion. Viele seiner besten Geschichten erschienen nun in dem neuen Magazin *Galaxy*, so der Fortsetzungsroman TIME QUARRY (GAL, sr 3, 10/50), der bei uns unter dem Titel **Tod aus der Zukunft** herauskam, die Story HOW-2 (GAL, 11/54), später für ein Broadway-Schauspiel adaptiert, oder Erzählungen wie SECOND CHILDHOOD (GAL, 2/51) und KINDERGARTEN (GAL, 7/53). Sozusagen stellvertretend für seine guten Stories, gewann THE BIG FRONT YARD (ASF, 10/58) den Hugo Gernsback-Award im Jahre 1959.

Standen die fünfziger Jahre bei Simak mehr im Zeichen der Kurzgeschichten, so verfaßte er in den folgenden beiden Jahrzehnten mehr Romane; eine ganz normale Entwicklung, wenn man das große Magazinsterben, die Ausweitung des Taschenbuchmarktes und die schrittweise Anerkennung des Genres SF in Betracht zieht. Nun verging kaum ein Jahr ohne Simak-Roman. Aus Werken wie TIME IS THE SIMPLEST THING (1961), ALL FLESH IS GRASS (1965) und WHY CALL THEM BACK FROM HEAVEN (1967), ragt vor allem WAY STATION (1963) heraus, ein Roman, der 1964 den Hugo gewann, und der wie viele seiner anderen Geschichten einen ländlich romantischen Hintergrund schildert, dessen verträumte Friedlichkeit durch irgendwelche übernatürlichen Ereignisse gestört wird. Diesmal muß sich der amerikanische Bürgerkriegsveteran Enoch Wallace, der von Außerirdischen unsterblich gemacht wurde, um eine geheime galaktische Reisestation im bäuerlichen Wisconsin zu leiten, gegen irdische Gefahren durchsetzen, die seine Station bedrohen. Als es Enoch am Ende trotz erheblicher Widrigkeiten gelingt, den Beweis zu erbringen, daß die Erde es wert ist, in den galaktischen Bund aufgenommen zu werden, ist die heile Welt wieder hergestellt. Wie kaum ein anderer SF-Autor propagiert Simak diese heile Welt. Waren in seinen frühen Romanen noch hie und da Gesellschaftskritik und melancholischer Pessimismus zu finden, so tendierte er gegen Ende der sechziger Jahre immer mehr zu einem naiven Optimismus hin, der in seiner Offenheit geradezu entwaffnend wirkt. Wissenschaft und Technik, einst die wichtigsten Ingredienzien der SF, spielen in seinen pastoralen Idyllen und »Zurück-zur-Natur-Utopien« genausowenig eine Rolle wie Städte, größere Zivilisationen oder die Probleme der Gesellschaft schlechthin. Besonders deutlich wird das bei Romanen wie A CHOICE OF GODS (1972), CEMETERY WORLD (1973), ENCHANTED PILGRIMAGE (1975) und MASTODONIA (1978), während THE GOBLIN RESERVATION (1968) und besonders OUT OF THEIR MINDS (1970) reine Slapsticks sind, in denen die verrücktesten Charaktere auftauchen. 1976 bekam Clifford D. Simak von den Science Fiction Writers of America den Grand Master Award für sein Lebenswerk zugesprochen. Er veröffentlichte über 30 SF-Romane und weit mehr als 100 SF-Erzählungen.

Bibliographie:
Tod aus der Zukunft (TIME AND AGAIN), Balve 1961.
Das Tor zur anderen Welt (C), (THE WORLDS OF CLIFFORD D. SIMAK) München 1961, G 20.
Ring um die Sonne (RING AROUND THE SUN), Balve 1962.
Die unsichtbare Barriere (TIME IS THE SIMPLEST THING), München 1962, G 31.
Der einsame Roboter (C), (ALL TRAPS OF EARTH) München 1962, G 36.
Raumstation auf der Erde (WAY STATION), München 1964, G 54.
Als es noch Menschen gab (CITY), München 1964, G 56.
Blumen aus einer anderen Welt (ALL FLESH IS GRASS), München 1966, G 69.
Planet zu verkaufen (THEY WALKED LIKE MEN), München 1966, TTB 113.
Geschäfte mit der Ewigkeit (WHY CALL THEM BACK FROM HEAVEN), München 1977, TTB 133.
Mann aus der Retorte (THE WEREWOLF PRINCIPLE), München 1968, H 3126.
Die Kolonie der Kobolde (THE GOBLIN RESERVATION), München 1969, H 3161.
Verteufelte Welt (OUT OF THEIR MINDS), München 1971, H 3247.
Die letzte Idylle (A CHOICE OF GODS), München 1973, H 3370.
Welt der Puppen (DESTINY DOLL), München 1974, H 3386.
Heimat Erde (CEMETERY WORLD), München 1976, H 3510.

Marc Cornwalls Pilgerfahrt (ENCHANTED PILGRIMAGE), München 1977, H 3525.
Shakespeares Planet (SHAKESPEARE'S PLANET), München 1978, GWTB 23273.
Ein Erbe der Sterne (A HERITAGE OF STARS), München 1980, H 3726.

Heftpublikationen:
Ingenieure des Kosmos (COSMIC ENGINEERS), UK 25 (1958).
Empire (EMPIRE), UGB 97 (1959).
Der Mond-Prospektor (THE TROUBLE WITH TYCHO), T 269 (1963).
Nacht über dem Mars (C), (THE SKY IS FALLING) T 522 (1967).
Die Gilde der Träumer (C), (WORLDS WITHOUT END) TN 28 (1968).
Die Kristallkäfer (C), (SO BRIGHT THE VISION) TA 17 (1971).

Simon, Erik
(1950–   )
Der gebürtige Dresdner Erik Simon gehört zu den jungen DDR-Autoren, die in den letzten Jahren mit ihren ersten SF-Veröffentlichungen hervortraten. Im Alter von zehn Jahren begann er mit dem Lesen von SF, als Physikstudent schrieb er die ersten Erzählungen. Er engagierte sich zeitweilig stark in einem Dresdner SF-Club, dem Stanislaw-Łem-Club, und ist heute Verlagslektor. Neben einem Storyband hat er eine Erzählung in der Anthologie **Der Mann vom Anti** (1975) und mehrere Erzählungen in der Anthologie **Begegnung im Licht** veröffentlicht.

Bibliographie:
Die ersten Zeitreisen (mit Reinhard Heinrich), Berlin 1977, Vlg. Neues Leben.

Siodmak, Curt (Kurt)
(1902–   )
Der in Dresden geborene Schriftsteller und Filmregisseur Kurt Siodmak studierte in Zürich und verfaßte im Laufe der Jahre mehr als 30 Romane, darunter etwa 10 Titel, die man dem SF-Genre zurechnen kann. Siodmak durfte sich schon als Achtjähriger über die Veröffentlichung eines von ihm verfaßten Märchens freuen. Später schrieb er Romane wie **F.P. 1 antwortet nicht** (1931), der 1933 von der UFA mit Hans Albers, Sybille Schmitz und Paul Hartmann (Regie: Karl Hartl) verfilmt wurde. Es folgen phantastische Kriminalromane: **Stadt hinter Nebeln** (1931), **Rache im Äther** (1932) und **Die Macht im Dunkeln** (1937). Zunehmende Schwierigkeiten mit den Nationalsozialisten zwangen ihn schließlich, 1937 nach Frankreich und von dort aus über London in die USA zu emigrieren, wo er sich rasch als Verfasser von Filmdrehbüchern, Regisseur und Produzent einen Namen machte. Seine steile Karriere in den USA verdankte er vor allem der Fähigkeit, die englische Sprache fließend zu sprechen. Hinzu kam der große Erfolg seines SF-Romans DONOVAN'S BRAIN (1942), der 1951 auch als **Der Zauberlehrling** (Nachdrucktitel: **Donovans Gehirn**) in deutscher Übersetzung erschien. Als Filmregisseur inszenierte er die SF-Filme THE MAGNETIC MONSTER (1953), THE INVISIBLE WO-

MAN (1940) und RIDERS TO THE STARS (1954), wobei er zumindest für RIDERS TO THE STARS auch das Drehbuch selbst schrieb. Der daraus hervorgegangene Roman (deutsch: **Der Weg zu den Sternen**) wurde allerdings nicht von ihm selbst, sondern von einem gewissen R. Smith zu Papier gebracht, obwohl Siodmak als alleiniger Verfasser genannt wird. Darüber hinaus drehte er vor allem Horrorfilme wie BRIDE OF THE GORILLA (1951) und CURUCU, BEAST OF THE AMAZON (1956) und steht als Regisseur im Schatten seines Bruders **Robert Siodmak,** der Filmklassiker wie THE SPIRAL STAIRCASE (1945, **Die Wendeltreppe**) und THE CRIMSON PIRATE (1952, **Der rote Korsar**) drehte (später, nach seiner Rückkehr in die BRD, auch Filme wie **Mein Schulfreund,** 1960, oder **Nachts, wenn der Teufel kam,** 1957). Drehbücher von Curt Siodmak liegen u. a. den Horrorfilmen SON OF DRACULA (1943, Regie: Robert Siodmak) und I WALKED WITH A ZOMBIE (1943, Regie: Jacques Tourneur) zugrunde. Wie sein Bruder Robert kehrte auch Curt Siodmak zeitweise nach Deutschland zurück und schrieb hier u. a. die Drehbücher für **Das Feuerschiff** (1963, Regie: Ladislao Vajda) und **Ein Toter sucht seinen Mörder** (1962, Regie: Freddie Francis). Mit SKYPORT (1959, **Hotel im Weltraum**) und HAUSER'S MEMORY (1968, eine Buchversion des Films **Donovans Gehirn**), THE THIRD EAR (1971, **Das dritte Ohr**) und CITY IN THE SKY (1976, **Die Stadt im All**) erschienen auch weitere SF-Romane von ihm. **F.P. 1 antwortet nicht** wurde übrigens auch ins Amerikanische übersetzt.

Bibliographie:
F.P. 1 antwortet nicht, Berlin 1931, Scherl Vlg.
Stadt hinter Nebeln, Berlin 1931, Zeitroman Vlg.
Rache im Äther, Berlin 1932, Scherl Vlg.
Die Macht im Dunkeln, Zürich/Leipzig, Morgarten Vlg.
Der Zauberlehrling (DONOVAN'S BRAIN), Frankfurt 1951, Nest Vlg. (nachgedruckt als **Donovans Gehirn,** München 1960, H 66.
Hotel im Weltraum (SKYPORT), München 1962, H 149.
Das dritte Ohr (THE THIRD EAR), Frankfurt 1973, FO 27.
Die Stadt im All (CITY IN THE SKY), München 1976, H 3506.

Heftpublikation:
Der Weg zu den Sternen (RIDERS TO THE STARS), UG 25 (1955).

Sky, Kathleen
(1943–)
Die in Los Angeles geborene Kathleen Sky studierte Kostümentwurf, Innenarchitektur, englische Geschichte des 16. Jahrhunderts, Sterbewissenschaft, Veterinärmedizin und jüdische Philosophie, bevor sie sich der Science Fiction zuwandte und als freie Schriftstellerin zu arbeiten begann. Sie ist mit dem SF-Autor Stephen Goldin verheiratet. Ihre erste Story war ONE ORDINARY DAY, WITH BOX, die 1972 in der Anthologie *Generation* erschien (die deutsche Übersetzung **Ein ge-**

wöhnlicher Tag – mit Kasten erschien 1976 im **SF Story Reader 5,** hrsg. von Wolfgang Jeschke, H 3646; eine weitere Erzählung, A DAISYCHAIN FOR PAW, 1976 entstanden, erschien 1979 in deutscher Übersetzung unter dem Titel **Ein Gänseblumenkränzchen für Paw** in der Anthologie **Spinnenmusik** vom selben Herausgeber, H 3646). 1975 kam ihr erster Roman heraus. BIRTHRIGHT, es folgten ICE PRISON und VULCAN. Zur Zeit arbeitet sie an dem Roman DEATH'S ANGEL, an einer Trilogie, die den Titel WITCHDAME tragen wird und an einem Epos namens SHALOM, das 500 Jahre zukünftiger jüdischer Geschichte umfaßt.

Sladek, John T.
(1937–)
Der in Iowa geborene amerikanische Schriftsteller John T. Sladek zählt zu den besseren Autoren der New Wave. Er studierte an der Universität von Minnesota Maschinenbau und Englische Literatur und übte danach eine ganze Reihe von Gelegenheitsjobs aus. In den sechziger Jahren trampte er durch Europa und ließ sich in England nieder. Seine erste Geschichte, THE WAY TO A MAN'S HEART, eine Zusammenarbeit mit Thomas M. Disch, erschien 1966 in *Bizarre. New Worlds, The Magazine of Fantasy and Science Fiction,* aber auch *Ambit* oder *Playboy* wurden fortan Abnehmer seiner Stories. Sein erster Roman, THE REPRODUCTIVE SYSTEM (1968), ist ein typisches Beispiel für eine außer Kontrolle geratene Maschinerie – in der SF ein Standardthema. Zu allem Überfluß verschlingt der Mechanismus auch noch Metall und reproduziert sich selbst. BLACK ALICE (1968) **(Alice im Negerland)** zusammen mit Thomas M. Disch verfaßt, ist ein satirischer Kriminalroman. In THE MÜLLER-FOKKER EFFECT (1970) zieht Sladek schließlich in humorvoller Weise über die Gesellschaft her. Einige seiner besten Kurzgeschichten sind in dem Band THE STEAM-DRIVEN BOY (1973) gesammelt, so u. a. zehn großartige Parodien auf bekannte SF-Größen. Stilistisch gesehen ist John T. Sladek einer der besten Autoren, den die SF in den letzten 15 Jahren hervorbrachte, und er ist auch einer ihrer wenigen Vertreter, die humorvoll schreiben können.

Bibliographie:
Der Müller-Fokker-Effekt (THE MÜLLER-FOKKER EFFECT), Stuttgart 1972, W. Gebühr Vlg.

Slesar, Henry
(1927–)
Henry Slesar, ein amerikanischer Autor, war zunächst in der Werbebranche tätig, bevor er mit dem Schreiben begann. Er debütierte 1955 mit der SF-Kurzgeschichte THE BRAT in *Imaginative Tales,* wandte sich aber dann vorwiegend dem Krimi zu und machte sich als Thriller-Autor weltweit einen Namen: mit THE GRAY FLANNED SHROUD gewann er 1960 den »Edgar« (dem *Edgar Allan Poe-Award* der Mystery Writers of America, das Pendant zum Nebula-Award der SF-Writers); weitere Preise folgten: 1974 der »Emmy« der National Academy of Television of Art & Sciences für seine Krimiserie THE EDGE OF NIGHT, 1977 erneut der »Edgar«. Slesar schrieb keinen reinen SF-Roman – jedoch SF-Krimis wie THE BRIDGE OF LIONS (1963) –, blieb aber trotzdem dem SF-Genre treu, indem er regelmäßig SF-Kurzgeschichten in allen SF-Zeitschriften publizierte, inzwischen mehr als 300. Er wirkte auch an SF-Fernsehserien mit, u.a. an THE MAN FROM U.N.C.L.E.; das Skript einer seiner SF-Filme TWENTY MILLION MILES TO EARTH wurde zu einem Roman umgearbeitet und erschien 1957; seine im *Playboy* publizierten SF-Kurzgeschichten erschienen zusammengefaßt ebenfalls als Buch.

Smith, Clark Ashton
(1893–1961)
Neben H.P. Lovecraft und Robert E. Howard gehörte Clark Ashton Smith zu den beliebtesten Autoren von Fantasy und Weird Fiction in den amerikanischen Magazinen der dreißiger Jahre (etwa *Weird Tales* und *Wonder Stories*). Smith wurde in Long Valley/Kalifornien geboren, verließ die Schule im Alter von 14 Jahren und bildete sich als Autodidakt selbst weiter, indem er sich die ENCYCLOPAEDIA BRITANNICA vornahm. Es wird berichtet, daß er sich auf diese Weise ein umfangreiches Vokabular aneignete und seine Umwelt bisweilen durch seltsame und altertümliche Ausdrücke verblüffte. Er faßte den Entschluß, Dichter zu werden und begann Gedichte zu schreiben, die an Edgar Allan Poe und dem Bierce-Freund George Sterling orientiert waren. 1912 konnte er einen ersten Gedichtband, THE STAR-TRADER, veröffentlichen, gefolgt von zwei weiteren. Eine Freundin überredete ihn schließlich, es auch einmal mit Prosa zu versuchen, und tatsächlich verkaufte er in der Folge mehrere Abenteuergeschichten (1911/12), später eine erste Hor-

rorvignette (1928). Ab 1930 schrieb er dann eine große Anzahl von Erzählungen, 110 sind es insgesamt geworden. 41 dieser Geschichten handeln entweder auf *Zothique* (dem letzten Kontinent einer sterbenden Erde), im mittelalterlichen *Averoigne*, auf dem Polarkontinent *Hyperborea* oder im alten *Atlantis*. Unter seinen Stories sind auch ein paar bizarre Science Fiction-Erzählungen wie THE VAULTS OF YOH-VOMBIS (1932) oder DWELLER IN MARTIAN DEPTHS (1933).

Sechs Jahre lang dauerte diese ungemein produktive Phase, dann – nach dem Tod seiner Eltern, deren Hinterlassenschaft ihn vom Zwang befreite, weiterhin seinen Lebensunterhalt verdienen zu müssen – zog er sich fast völlig vom Schreiben zurück. Spät, 1954, heiratete er noch. Sein Werk liegt in zahlreichen Sammlungen vor.

Bibliographie:
Saat aus dem Grabe (C/OA), Frankfurt 1970, Insel Vlg., *Bibliothek des Hauses Usher.*
Der Planet der Toten (C/OA), Frankfurt 1971, Insel Vlg., *Bibliothek des Hauses Usher.*

Smith, Cordwainer
(1913–1966)
Niemand kannte den Autor Cordwainer Smith, der 1950 in dem Magazin *Fantasy Book* 6 SCANNERS LIVE IN VAIN veröffentlichte, eine beklemmende Story über halb in Maschinen verwandelte Menschen, die nur so den Belastungen des Weltraums (des »Up-and-Out«, eine dem Chinesischen nachgebildete Wortverbindung) gewachsen sind. Das sah so gar nicht nach dem allerersten Versuch eines jungen Nachwuchsautors aus. Und in der Tat war es nicht die erste Geschichte von Prof. Dr. Paul Myron Anthony Linebarger, der sich des Pseudonyms Cordwainer Smith bediente: Bereits im Alter von 15 Jahren hatte er unter dem Pseudonym Anthony Bearden die SF-Story WAR NO. 81-Q veröffentlicht, in der schon jene später immer wieder in seinen Erzählungen auftauchende »Instrumentalität« erwähnt wurde (eine leider verschollene Story, denn Linebargers Witwe kann sich nicht mehr entsinnen, wo sie seinerzeit erschien). Später publizierte er Gedichte unter dem gleichen Pseudonym, und ab 1937 schrieb er Erzählungen, die im alten oder modernen China bzw. an anderen zeitgenössischen Schauplätzen spielten – diese Geschichten wurden allerdings nirgendwo veröffentlicht. Dann jedoch entstanden erste Romane, die ihre Verleger fanden: zwei psychologische Romane mit Frauen als Protagonisten unter dem Pseudonym Felix C. Forrest: RIA (1947) und CAROLA (1948); dann ein Spionageroman unter dem Pseudonym Carmichael Smith. (Eine weitere frühe SF-Story, HIMSELF IN ANACHRON, wurde 1946 geschrieben, aber erst posthum in einer Anthologie von Harlan Ellisor publiziert.) In den Jahren 1950–1966 entstanden zahlreiche Kurzgeschichten, die in *If*, *Galaxy* und anderen Magazinen erschienen und später zu mehreren Story-Sammelbänden zusammengefaßt wurden, ferner die Romane THE PLANET BU-

YER (1964) – eine längere Version der Story THE BOY WHO BOUGHT OLD EARTH – und THE UNDERPEOPLE. Letzterer wurde erst 1968, also nach Linebargers Tod, veröffentlicht und besteht aus lose zusammengesetzten Episoden. Linebargers Witwe gab die beiden Romane später, gekürzt und umgearbeitet, unter dem Titel NORSTRILIA als vereinheitlichtes Werk neu heraus (1975). Wie THE UNDER PEOPLE liegt auch QUEST OF THE THREE WORLDS (1966) auf der Grenzlinie zwischen Roman und thematisch zusammenhängender Kurzgeschichtensammlung.

Das Besondere an diesen Romanen und Erzählungen – um die bekanntesten Stories zu nennen: THE GAME OF RAT AND DRAGON (1955), A PLANET NAMED SHAYOL (1961), ALPHA RALPHA BOULEVARD (1961), THE BALLAD OF LOST C'MELL (1962) – ist, daß sie vielfach miteinander verwoben sind, aufeinander anspielen und insgesamt ein eigenständiges Universum schlaglichtartig beleuchten. Die Helden dieser Geschichten sind häufig die verantwortlich Handelnden, die Privilegierten, die Habermänner, Go-Kapitäne und Lichtschützen – aber unter ihnen ist nicht einer, der nicht verstrickt wäre in ein Netz aus Zwängen, Entbehrungen, Schmerzen. Selbst der – formal – reichste Mann des Universums, ein Junge, der die Erde gekauft hat, erweist sich als ohnmächtiger Spielball in den Händen anderer, die ihrerseits wiederum ebenfalls Zwängen ausgesetzt sind, auf die sie keinen Einfluß haben. Daneben schildert Linebarger »Untermenschen«, durch chirurgische Eingriffe geschaffene Tiermenschen, die sich von bloßen Sklaven zu gleichberechtigten Intelligenzen entwickelt haben. Hier zeigt sich häufig die tiefe Sympathie des Autors für alle lebenden und denkenden Wesen; besonders das Katzenmädchen C'Mell und das Hundemädchen D'Joan, eine neue Jeanne d'Arc, sind liebevoll gezeichnete Gestalten. Linguistisch sind Linebargers Erzählungen hochinteressant, prall gefüllt mit Wortneuprägungen, intellektuellen Anspielungen und jenseits aller sattsam bekannten Klischees. Dabei ist sein Stil betont schlicht, aber in dieser Schlichtheit poetisch.

Linebarger wurde in Milwaukee geboren und entstammte einer großbürgerlichen Familie, die Richter und Diplomaten hervorbrachte. Sein Vater, der Richter Linebarger, war einer der Berater Sun Yat-Sens. Cordwainer Smith selbst war ebenfalls ein exzellenter Chinakenner und schrieb über dieses Land mehrere Bücher. Er lebte viele Jahre in China und war Mitglied der Kuomintang – seine Mitgliednummer soll niedriger gewesen sein als die von Tschiang-Kai-Schek. Schon in jungen Jahren hatte er Japan, China, aber auch Frankreich, Deutschland, später Australien, Ägypten, Griechenland und viele andere Länder bereist. In Deutschland lebte er längere Zeit, lernte hier die ersten utopischen Romane von Wells, Verne und Doyle kennen und schätzte besonders Alfred Döblins **Berge, Meere und Giganten.** Bereits im Alter von 23 Jahren promovierte er in Politischen Wissenschaften und wurde bald darauf Professor für asiatische Politik. Im Zweiten Weltkrieg arbeitete er für die amerikanische Spionage im Fernen Osten, später war er hochgeschätzter Asienexperte und Spezialist für psychologische Kriegsführung, der in Malaysia und Korea als Berater tätig war (er brachte es bis zum Oberst). Sein Buch PSYCHOLOGICAL WARFARE **(Schlachten ohne Tote)** gilt selbst heute noch als Standardwerk auf dem Gebiet der psychologischen Kriegsführung. Er gehörte auch zu Kennedys Beratern, lehnte aber einen Einsatz in Vietnam ab, weil er Amerikas Eingreifen in diesen Konflikt mißbilligte.

Insgesamt weist Cordwainer Smiths Science Fiction als Grundzug die (religiöse) These auf, daß das Universum ein Ort der Schmerzen ist, der erduldet werden muß, damit er eines Tages überwunden wird. Dies umfaßt auch das Erdulden jener von der Instrumentalität ausgeübten diktatorischen Macht. Interpreten wollen darin sowohl eine Prägung durch die katholische Kirche – seine Familie war eng mit dem Episkopat verbunden – als auch eine ansatzweise materialistische Geschichtsauffassung (der junge Linebarger sympathisierte kurzzeitig mit dem Kommunismus) sehen. Auf jeden Fall ist das Universum des Cordwainer Smith mit seinen Habermännern, Tiermenschen, Lichtseglern, Lichtschützen und deren Katzenpartnern, diese Mischung aus Liebe und Tod, Technik und Märchen, nie in voller Tragweite erfaßbar, eine der eigenständigsten und reifsten Leistungen innerhalb der Science Fiction, und Smith selbst ist einer der interessantesten amerikanischen SF-Autoren.

Bibliographie:
Herren im All (C) (SPACE LORDS), Frankfurt 1973, Insel Vlg. SFdW.
Sternträumer (C/OA), Frankfurt 1975, Insel Vlg., SFdW.
Der Planetenkäufer (THE PLANET BUYER), München 1979, K 5718.

Smith, E(dward) E(lmer)
(1890–1965)
Geboren in Sheboygan/Wisconsin, war E. E. Smith das vierte von fünf Kindern eines Walfängers, der später zum Kapitän eines Schiffes auf den Großen Seen avancierte und schließlich im Auftrag einer Eisenbahngesellschaft Kartoffeln anbaute. Smith Junior studierte von 1907 (mit Unterbrechungen, um Geld für seinen Lebensunterhalt zu verdienen) bis 1914 Chemie an der University of Idaho, ging im gleichen Jahr als Lebensmittelchemiker zum U.S. Bureau of Chemistry und heiratete 1915 die aus Schott-

land eingewanderte Jeannie MacDougall (die später in einigen seiner Romane tragende Rollen spielte). Von ihr ließ er sich das weitere Studium finanzieren und schloß 1918 als Ph.D. ab, auf den er nicht wenig stolz war, konnte er sich doch fortan »Doc« Smith nennen. Er arbeitete zunächst für diverse Wirtschaftsunternehmen als Spezialist für Pfannkuchen-Teigmischungen. Bereits in der Zeit von 1915 bis 1920 hatte er zusammen mit der Frau eines Studienkollegen den SF-Roman THE SKYLARK OF SPACE geschrieben, konnte ihn aber erst 1928 an das knapp zwei Jahre alte erste SF-Magazin der Welt, *Amazing Stories,* verkaufen. Der greise Herausgeber, T. O'Conor Sloane, war überglücklich, auf dem Umschlag mit einem wahrhaftigen Wissenschaftler, einem »Doc« gar, protzen zu können (er verschwieg wohlweislich, daß der »Wissenschaftler« hauptsächlich unter dem Spitznamen »Pfannkuchen-Smith« bekannt war) und drängte ihn zu einer Fortsetzung, die 1930 unter dem Titel SKYLARK THREE herauskam. Ein dritter Roman Smiths, nämlich TRIPLANETARY (1934) konnte die Herausgeber von *Amazing* wegen der fehlenden »kosmischen Dimensionen« überhaupt nicht mehr begeistern, und so erschien er bei der Konkurrenz in *Astounding.* Nach einigen beruflichen Schwierigkeiten und dem Erscheinen des dritten Teils der Skylark-Serie, SKYLARK OF VALERON (1934), machte Smith sich an die Konzeption seines umfangreichsten Werkes: die LENSMEN-Serie, einen Zyklus von zusammenhängenden Romanen, die die Geschichte des versteckten Kampfes zwischen den Arisiern und den Eddoriern, einer amöbenartigen Rasse, die aus einem anderen Universum stammt, schildern. Die Arisier haben das Wissen um ihre Existenz aus dem Kollektivgedächtnis der Eddorier gelöscht und züchten auf vier Planeten (einer davon ist die Erde) eine Rasse heran, deren »beste« Vertreter – die Lensmen – die Eddorier besiegen und vernichten sollen. Der ursprünglich erste Teil dieses Romanzyklus war GALACTIC PATROL (1937), der ebenfalls in *Astounding* erschien. Er machte Smith praktisch über Nacht zum Superstar der SF-Szene. Später, als die komplette Serie in Buchform erschien, arbeitete er TRIPLANETARY so um, daß sie als ihr erster Teil gelten konnte, und fügte einen weiteren, bisher unveröffentlichten Roman mit dem Titel FIRST LENSMEN (1950) hinzu. Schließlich erhielt dann auch die Skylark-Serie einen vierten Teil: SKYLARK DUQUESNE (1965). Einige weitere SF-Serien, die teilweise nur in Form von Notizen oder Kurzgeschichtenfassungen vorlagen, wurden posthum von Smiths Erben vermarktet, indem sie unverbrauchte Talente darauf ansetzten, die Fragmente auf Romanlänge auszuwalzen: Stephen Goldin schrieb so nach alten Vorlagen den D'ALEMBERT-Zyklus; Gordon Eklund, ein Absolvent von Robin Scott Wilsons Clarion Workshops, arbeitet seit 1978 an der Aufarbeitung einer Serie um den Smithschen Weltraumhelden TEDRIC.

Nach Kriegsende ging Smith wieder in seinen alten Beruf zurück (er hatte zwischenzeitlich auch in einem Rüstungsbetrieb gearbeitet) und setzte sich 1957 zur Ruhe, um fortan die USA mit einem Wohnwagen zu bereisen und sich seinen Fans auf zahlreichen Conventions zu zeigen. Obwohl er durch seine wahrhaft intergalaktischen Ballermänner unter den Fans hohes Ansehen genoß und sogar nach seinem Tode noch für einen Hugo Gernsback-Award vorgeschlagen wurde, begann sein Stern in den sechziger Jahren zu sinken. Man war inzwischen von der SF Besseres gewöhnt. Die Zeiten hatten sich geändert, »Doc« Smith aber war nicht mitgewachsen. Über das von ihm geschaffene Universum der stählernen Helden schreibt Reinhard Merker: »Smiths Neurose ist so wenig vielschichtig, daß sie mit einer knappen Bemerkung umrissen werden kann: Homosexuelle Begeisterung für Militarismus und Faschismus, die sich mit durchsichtigen Rationalisierungen (Konstruktion von erzbösen äußeren Feinden) zu rechtfertigen sucht. Anders ausgedrückt: Smiths Vorliebe für Kampf und Unterdrükkung, Führerprinzip und Opfertod führt im Roman zur Einführung tiefschwarzer Teufel... die eben bekämpfenswert und unterdrükkungswürdig sind, die eine straffe Ordnung und die Hingabe von Leib und Leben seitens der Verteidiger notwendig machen.«

In den USA blieb den unermüdlichen Wiederbelebungsversuchen der Erben des »Doc« E. E. Smith ein dauerhafter Erfolg versagt; um so besser kommt sein Werk in Deutschland an, wo es (neben Hans Dominik) Rekordauflagen erreicht, weil es sich in das Weltbild von SF-Lesern, die mit Perry Rhodan aufgewachsen sind, in Niveau und Geisteshaltung nahtlos einfügt.

Bibliographie:
Die Planetenbasis (TRIPLANETARY), München 1968, H 3704.
Die ersten Lensmen (FIRST LENSMEN), München 1968, H 3705.
Galaktische Patrouille (GALACTIC PATROL), München 1968, H 3708.
Die grauen Herrscher (THE GREY LENSMEN), München 1968, H 3710.
Das zweite Imperium (SECOND STAGE LENSMEN), München 1968, H 3713.
Das Erbe der Lens (CHILDREN OF THE LENS), München 1968, H 3716.
Die Ersten der Galaxis (THE GALAXY PRIMES), München 1969, H 3152.
Die Abenteuer der Skylark (THE SKYLARK OF SPACE), München 1976, H 3479.
Die Skylark und die Schlacht um Osnome (SKYLARK THREE), München 1976, H 3491.
Die Skylark und die Sternenwanderer (SKYLARK OF VALERON), München 1976, H 3503.
Die Skylark und der Kampf um die Galaxis (SKYLARK DUQUESNE), München 1976, H 3515.
Wächter des Mahlstroms (MASTERS OF THE VORTEX), München 1977, H 3717.

Die stählerne Festung (IMPERIAL STARS) (mit Stephen Goldin), Berg. Gladbach 1977, B 21094.
Die Robot-Bombe (THE CLOCKWORK TRAITOR) (mit Stephen Goldin), Berg. Gladbach 1977, B 21098.
Der Killer-Mond (STRANGLER'S MOON) (mit Stephen Goldin), Berg. Gladbach 1977, B 21096.
Der Asyl-Planet (GETAWAY WORLD) (mit Stephen Goldin), Berg. Gladbach 1978, B 21102.

Heftpublikation:
Die interplanetarische Gesellschaft (SPACEHOUNDS OF THE IPC), TN 13/14 (1968).

Smith, George H(enry)
(1922–)
Der amerikanische Autor G. H. Smith wurde in Vicksburg/Mississippi geboren und verbrachte die meiste Zeit seines Lebens in Kalifornien. Nach seinem Examen an der University of Southern California übte er eine ganze Reihe von Berufen aus. Er schrieb mehr als 20 Taschenbücher und rund 300 Stories und Artikel, von denen aber nicht alle in den Science Fiction-Bereich fallen. Immerhin brachte er es auf ein Dutzend Science Fiction-Romane. Weltweite Katastrophen, die die Menschheit heimsuchen, zählen zu seinen Lieblingsthemen. Romane wie THE COMING OF THE RATS (1961), DOOMSDAY WING (1963) oder THE UNENDING NIGHT (1964) fallen unter diese Kategorie. Sie sind anspruchslose, spannende Unterhaltung.

Bibliographie:
Aufstand der Maschinen (THE FOUR DAY WEEKEND), München 1969, TTB 161.

Heftpublikationen:
Wie ein Feuerball (THE UNENDING NIGHT), T 496 (1967).
Im Reich der Vergessenen (THE FORGOTTEN PLANET), TN 26 (1968).

Smith, George O(liver)
(1911–)
Der Amerikaner George Oliver Smith arbeitete lange als Elektroingenieur, bevor er sich dem Schreiben von Science Fiction zuwandte, und widmete sich auch später wieder seiner Karriere als Spezialist für Elektronik. Außer unter eigenem Namen schrieb er auch einige Erzählungen unter dem Pseudonym Wesley Long. Einigen Erfolg hatte er in den Vierzigern zunächst mit der VENUS EQUILATERAL-Serie über interstellaren Funkverkehr. Typische Smith-Romane sind Space Operas

wie TROUBLED STAR (1953) – Fremde wollen aus der Sonne einen interstellaren Leuchtturm, sprich eine Nova, machen – oder NOMAD (1944), wo es um einen Weltraumkrieg zwischen Erde, Mars und einem vagabundierenden Planeten geht.

Bibliographie:
Das Geheimnis der Wunderkinder (THE FOURTH »R«), München 1965, H 3053.

Heftpublikationen:
Der große Krieg (NOMAD), UG 88 (1958).
Brennende Himmel (FIRE IN THE HEAVENS), AiW 17 (1959).
Gift aus dem Weltenraum (HELLFLOWER), UG 91 (1959).
Weltraumpest (HIGHWAYS IN HIDING), TS 19 (1959).
Die Sonneningenieure (TROUBLED STAR), TS 42 (1961).
Schiffbruch im All (LOST IN SPACE), UG 136 (1961).
Relaisstation Venus (C) (VENUS EQUILATERAL), TN 29/30 (1968).

Sohl, Jerry (Gerald Allan)
(1913–)
Der in Los Angeles/Kalifornien geborene Jerry Sohl wuchs in Chicago auf und verkaufte seine erste Kurzgeschichte 1934 für 8 Dollar an die *Chicago Daily News*. Es sollte aber noch 15 Jahre dauern, bis die Schriftstellerei seine Hauptbeschäftigung wurde. 1949 verkaufte er seinen ersten Roman, THE HAPLOIDS, der erst 1952 erschien. Seit dieser Zeit hat Jerry Sohl 35 Bücher veröffentlicht, neben einem guten Dutzend SF-Romanen auch Krimis, Abenteuerromane, Belletristik und Sachbücher. Über 20 Jahre lang arbeitete er als Drehbuchautor für Film und Fernsehen, u. a. schrieb er Episoden zu STAR TREK **(Raumschiff Enterprise),** THE INVADERS **(Invasion von der Wega).** Von seinen SF-Romanen, von denen manche in bis zu 17 Ländern publiziert wurden, sind auch einige bei uns erschienen. THE MARS MONOPOLY (1956), ONE AGAINST HERCULUM (1959), THE ALTERED EGO (1954), THE TIME DISSOLVER (1957) und THE TRANSCENDENT MAN (1953) sind davon wohl die bekannteren. In jüngster Zeit erschien kaum noch SF von Sohl, mit einer Ausnahme: I, ALEPPO (1976). Seine Kurzgeschichten, die in fast allen namhaften Magazinen der fünfziger Jahre erschienen, sind ebenso wie seine Romane rein auf problemlose Unterhaltung angelegt.

Bibliographie:
Heftpublikationen:
Das vertauschte Ich (THE ALTERED EGO), TS 10 (1958).
Die unsichtbaren Herrscher (THE TRANSCENDENT MAN), UGB 107 (1959).
Der Zeitauflöser (THE TIME DISSOLVER), UGB 109 (1959).
Das Mars-Monopol (THE MARS MONOPOLY), TS 51 (1962).
Aura des Grauens (THE ODIOUS ONES), UZ 359 (1963).
Rebellion auf Herculum (ONE AGAINST HERCULUM), T 321 (1964).
Der Schritt ins Unbekannte (COSTIGAN'S NEEDLE), UZ 454 (1965).

Spinrad, Norman (Richard)
(1940–   )
Amerikanischer SF-Autor, in New York geboren. Der frühere literarische Agent hatte sein SF-Debut in *Analog* mit der Story THE LAST OF ROMANY (5/63). Andere Kurzgeschichten folgten, und mit seinen ersten Romanen THE SOLARIANS (1966), AGENT OF CHAOS (1967) und THE MEN IN THE JUNGLE schuf er sich eine Basis als Schriftsteller. Furore aber machte er erst, als das britische Magazin *New Worlds* seinen Roman BUG JACK BARRON (1967/68) abdruckte. Der kompromißlos geschriebene, durch seine derbe Sprache etwas aus der Reihe fallende Roman erregte die Gemüter und brachte dem Magazin einen Antrag auf Indizierung ein (bzw. man wollte die Unterstützung streichen, die den Herausgebern von *New Worlds* vom Staat zur Verfügung gestellt worden war). Sogar im Unterhaus wurde diese Angelegenheit diskutiert. Dabei war die Geschichte über ein korruptes Amerika der nahen Zukunft (schon sechs Jahre später sollte sich Spinrads Weitsicht durch Watergate nur zu drastisch bestätigen) gar nicht so schockierend, wie manche Ehrenmänner es gerne gesehen hätten. Auch blieb dem Autor der Erfolg versagt, den man nach solcher Publicity eigentlich erwartet hätte, und es dauerte bis 1972, ehe Spinrad wieder von sich reden machte. Diesmal mit THE IRON DREAM (1972), einem satirischen Parallelweltroman, dem folgende geniale Idee zugrunde liegt: Adolf Hitler ist 1919 in die Vereinigten Staaten emigriert und hat sich als SF-Autor abreagiert.

Bibliographie:
Der stählerne Traum (THE IRON DREAM), München 1980, H (in Vorb.).

Springer, H. W.
(1939–   )
H. W. Springer ist das Pseudonym eines in Berlin geborenen und in Nordrhein-Westfalen lebenden freien Schriftstellers, der unter einer Reihe anderer Namen (Hans Wolf, Michael Roberts u. a.) über hundert Romane und ein Dutzend Kriminalstories in Illustrierten und Anthologien publiziert hat und nebenher Texte für Comic Strips verfaßt. In der SF hat er sich hauptsächlich als Satiriker einen Namen gemacht, so mit **Privileg** (1976) und **Unser unsterblicher Präsident** (1978). Vier SF-Romane Springers erschienen in der Taschenbuchreihe **Mondstation 1999.**

Bibliographie:
Heftpublikationen:
Versicherung mit Schwierigkeiten, ZSF 98 (1970).
Die Gestrigen, ZSF 111 (1971).
Rettung eines Sergeanten, ZSF 116 (1971).
Die Greise von Osiris, ZSF 168 (1975).
Die schlafende Erde, ZSF 180 (1976).
Welt auf Eis (als Michael Roberts), Ge 16 (1976).
(↗ **MS**)

Springer, Sherwood
(?–   )
Springer, ein amerikanischer SF-Autor, wurde in Pennsylvania geboren. Er schrieb bisher ausschließlich Kurzgeschichten. Sein Debut gab er 1952 in *Imagination* mit der Story ALIAS A WOO-WOO. Im gleichen Jahr erschien in *Thrilling Wonder Stories* eine Erzählung, die später als Tabu-Brecher gepriesen wurde: NO LAND OF NOD. Die Story handelte von den beiden letzten Menschen auf der Erde und deren Aussicht, Inzest unter ihren Nachkommen in Kauf nehmen zu müssen, wenn die menschliche Rasse vor dem Aussterben bewahrt werden sollte. Nach 15jährigem Schweigen kehrte Sherwood Springer 1973 in SF-Gefilde zurück. Seither hat er regelmäßig Stories an Magazine wie *Cosmos, Isaac Asimov's SF-Magazine, Magazine of Fantasy and Science Fiction* sowie an Originalanthologien verkauft.

Stableford, Brian M.
(1948–   )
Englischer SF-Autor. Der in Shipley/Yorkshire geborene Brian Stableford begann schon als Schüler SF zu schreiben. 1965 gelang ihm sein erster Verkauf. BEYOND TIME'S AEGIS, eine Zusammenarbeit, die unter dem Pseudonym Brian Craig mit Craig Mackintosh entstand. Sie erschien im November 1965 in *Science Fantasy*. Nach seinem Studium an der Universität von York begann Stableford Romane zu schreiben. 1969 wurde sein Erstling, CRADLE OF THE SUN, publiziert. Hatte er bis dahin nur wenige Erzählungen geschrieben, so verlegte er sich nun ganz auf das Schreiben von Romanen und legte mit steter Regelmäßigkeit ein bis vier Bücher im Jahr vor. Neben einem Sachbuch über die moderne Wissenschaft wurden bis einschließlich 1978 zwanzig SF-Romane von ihm veröffentlicht, viele davon als Teile ganzer Serien und Zyklen, so z.B. die DIES IRAE-Trilogie, bestehend aus DAY OF

WRATH, IN THE KINGDOM OF THE BEASTS und THE DAYS OF GLORY (alle 1971), eine Space Opera um einen Krieg zwischen der Menschheit und künstlich geschaffenen »Ungeheuern«, die bislang sechs Bände umfassende HOODED SWAN-Serie, von der HALCYON DRIFT (1972) und RHAPSODY IN BLACK (1973) auch in Deutschland erschienen sind, und die DAEDALUS-Serie (bisher ebenfalls sechs Bände), die die Reisen des Expeditionsschiffes Daedalus zu fernen Planeten schildert. CRITICAL THRESHOLD (1977) war daraus der erste Roman, der auch in Deutschland erschien. Sieht man sich die lange Liste seiner Romane an, so kann man Brian M. Stableford kaum noch als Nachwuchsautor bezeichnen, der er gemessen an seinem Alter eigentlich ist. Seine Produktivität ist um so erstaunlicher, wenn man bedenkt, daß er hauptberuflich an der Universität von Reading Soziologie lehrt. Daß unter den Romanen des ständig in der englischen SF-Schrift *Foundation* rezensierenden Stableford nicht nur Spitzenwerke des Genres zu finden sind, versteht sich bei seinem Ausstoß von selbst, andererseits hat er es aber auch vermieden, Ramsch zu produzieren, und sich in der Qualität bei »guter Unterhaltung« eingependelt.

Bibliographie:
Selbstmord im All (MAN IN A CAGE), München 1977, GWTB 0258.
Das Wrack im Halcyon (THE HALCYON DRIFT), Berg. Gladbach 1978, B 21101.
Der Schatz des schwarzen Planeten (RHAPSODY IN BLACK), Berg. Gladbach 1978, B 21105.
Die Welt der Verheißung (PROMISED LAND), Berg. Gladbach 1978, B 21109.

Daedalus-Serie:
Schmetterlinge im Paradies (CRITICAL THRESHOLD), München 1978, GWTB 23285.
Paradies des Untergangs (THE FLORIANS), München 1979, GWTB 23282.
Der Sonnenstaat (THE CITY OF THE SUN), München 1979, GWTB 23316.
Die dritte Landung (WILDEBLOOD'S EMPIRE), München 1979, GWTB 23317.

Tartarus-Serie:
Die Erde über uns (THE FACE OF HEAVEN), München 1978, GWTB 23279.
Die vergessene Hölle unter uns (A VISION OF HELL), München 1979, GWTB 23308.
Zurück ins Licht (A GLIMPSE OF INFINITY), München 1979, GWTB 23311.

Stapledon, (William) Olaf
(1886–1950)
Der britische Schriftsteller und Philosoph William Olaf Stapledon wurde in der Nähe von Liverpool geboren und verbrachte seine frühe Kindheit in Ägypten, wo sein Vater für die Betreuung einer Schifffahrtslinie zuständig war. Er studierte in Oxford und versuchte sich anschließend in verschiedenen Berufen – u. a. war er auch einige Zeit für ein Reedereibüro in Liverpool und Port Said tätig. Nebenher hielt er zeitweise Gastvorlesungen über englische Literatur und Industriegeschichte an der Universität von Liverpool. Stapledon nahm am Ersten Weltkrieg teil; er war Ambulanzfahrer einer Sanitätskompanie, die in Frankreich eingesetzt wurde. Nach dem Kriege war er in der Erwachsenenbildung tätig, beschäftigte sich nebenher mit Psychologie

und Philosophie und hielt darüber ebenfalls Gastvorlesungen an der Universität von Liverpool, wo er auch zum Doktor der Philosophie promovierte. Stapledon war zeitweise theologisch orientiert und lehnte die unliterarischen, pragmatischen und analytischen Philosophien des 20. Jahrhunderts ab. Schließlich begann er selbst zu schreiben, zunächst ein philosophisches Werk: A MODERN THEORY OF ETHICS (1929). In späteren Jahren folgten weitere philosophische Texte. Zugleich widmete er sich der utopischen Literatur und veröffentlichte auf diesem Gebiet ab 1930, in welchem Jahr sein Erstling LAST AND FIRST MEN erschien. Stapledon gehört zu jenen Autoren, die unbeeinflußt von der amerikanischen Magazinszene schrieben. Erst 1936 erfuhr er durch den SF-Autor Eric Frank Russell, daß es dergleichen überhaupt gab – bis dahin kannte er nur die Romane von H. G. Wells, dessen Werk er bewunderte.

Stapledons Werke lassen sich im wesentlichen in zwei Gruppen einteilen: Zukunftsvisionen, die das Schicksal des Menschen im Kosmos behandeln, und SF-Tragödien. Zur ersten Gruppe gehören LAST AND FIRST MEN, STAR MAKER (1937), DARKNESS AND THE LIGHT (1942) und DEATH INTO LIFE (1946). Es handelt sich dabei um außerordentlich weit gespannte Romane, die die Menschheitsgeschichte über Milliarden von Jahren hinweg verfolgen (LAST AND FIRST MEN) bzw. die Vielfalt von Lebensformen im Kosmos aufzeigen (STAR MAKER). Diese bis an die Grenzen der Phantasie gesteigerten Werke wurden wegen ihrer unzähligen einfallsreichen Details vielfach bewundert und als Anregung benutzt, während das sie tragende Gerüst Stapledon das Prädikat »kosmischer Philosoph« (Sam Moskowitz) einbrachte.

Die zweite Gruppe umfaßt Titel wie LAST MEN IN LONDON (1934), ODD JOHN (einer der klassischen Mutanten- bzw. Superman-Romane, der schildert, wie Mutanten von der Menschheit vernichtet werden) (1936), SIRIUS (1944) und A MAN DIVIDED (1950). Im letztgenannten Roman wechseln sich zwei Gehirne in der Kontrolle eines Körpers ab, SIRIUS schildert das tragische Schicksal eines intelligenten Hundes. Stapledons Romane spiegeln im wesentlichen die Suche nach der vollkommenen Gesellschaft wider. Einzelschicksale versuchte der Sozialist Stapledon in einem gesamtgesellschaftlichen Zusammenhang zu sehen, und in seinen Hauptwerken LAST AND FIRST MEN und STAR MAKER tritt persönliches Geschick völlig zurück zugunsten der Entwicklung der gesamten Menschheit. Im umfangreichen Nachlaß des 1950 verstorbenen Stapledon fanden sich Notizen und Vorarbeiten zu einem weiteren Romanprojekt dieser Art. Sie wurden geordnet und 1976 von der Olaf Stapledon Society unter dem Titel NEBULA MAKER herausgegeben.

Interessant ist auch die Geschichte der deutschen Erstveröffentlichung von STAR MAKER. Heinz Bingenheimer, der Inhaber einer kleinen Versandbuchhandlung für utopische Literatur, der damals durch garantierte Mindestabnahmemengen einen gewissen Einfluß auf das SF-Programm von Leihbuchverlagen hatte, war ein Bewunderer Stapledons und wollte STAR MAKER unbedingt auf Deutsch sehen. Da der Text für Leihbuchverlage entschieden zu schwierig war, versuchte er die nötige Zahl von Vorbestellungen aufzutreiben, resignierte fast, weil zu wenige Bestellungen eintrafen, versuchte es neu und starb an einem Herzinfarkt, bevor er sein Lieblingsprojekt verwirklichen konnte. STAR MAKER erschien dann doch noch, übersetzt von Thomas Schlück und herausgegeben von Bingenheimers Witwe und einigen Freunden.

Bibliographie:
Star Maker (STAR MAKER), Selbstverlag (Transgalaxis), Friedrichsdorf/Ts.–Hannover 1966 (späterer Titel der Taschenbuchausgabe: **Der Sternenmacher**, H 3706).
Die Insel der Mutanten (ODD JOHN), München 1970, H 3214.
Sirius (SIRIUS), München 1975, H 3471.

Starzl, R(aymond) F.
(1899–)
Amerikanischer Journalist und SF-Autor der ersten Stunde – soweit es die Magazin-SF betraf. Wie seine Kollegen Vincent, Verril, Coblentz, Breuer und Keller, so drückte auch R. F. Starzl der frühen Pulp-Ära seinen Stempel auf. Dabei dauerte seine Karriere nur ganze 6 Jahre. OUT OF THE SUB-UNIVERSE, seine erste

Story, erschien 1928 in *Amazing Quarterly*, der in den verschiedensten Magazinen 21 weitere Erzählungen folgten, von denen diejenigen um die I.F.P. (International Flying Police), ein Space-Opera-Garn der üblichen Sorte, die bekannteste waren.

St. Clair, Margaret
(1911–)
Geboren in Hutchinson/Kansas und dort auch aufgewachsen, zog Margaret St. Clair mit ihrer Familie nach dem frühen Tod des Vaters nach Kalifornien, als sie 17 Jahre alt war. Sie ließ sich dort nieder, heiratete und begann 1945 mit dem Schreiben von Science Fiction (nachdem sie zuvor schon Kriminalgeschichten veröffentlicht hatte). Ihr Science Fiction-Oeuvre umfaßt eine Reihe von Kurzromanen, wie etwa AGENT OF THE UNKNOWN (1952), THE DOLPHINS OF ALTAIR (1967), SIGN OF THE LABRYS (1963) und THE GAMES OF NEITH (1960). Ihre Erzählungen erschienen in den Sammlungen THREE WORLDS OF FUTURITY (1964) und CHANGE THE SKY. Ihre frühesten SF-Stories, die ab 1947 in *Startling Stories* und *Thrilling Wonder Stories* erschienen, gehören zu der acht Erzählungen umfassenden Serie OONA AND JIK. Margaret St. Clair schrieb auch eine Anzahl von Geschichten unter dem Pseudonym Idris Seabright für das *Magazine of Fantasy and Science Fiction*. Heute lebt die Autorin (»noch immer mit dem gleichen Mann verheiratet«) zusammen mit Eric St. Clair – der ebenfalls Kurzgeschichten für das genannte Magazin sowie Kinderbücher schrieb – an der Mendocinoküste und verbringt die meiste Zeit mit Gartenarbeit. Dennoch ist ein neuer Roman, THE EUTHANASIASTS, entstanden, der allerdings noch keinen Verleger gefunden hat. Ihren größten Erfolg errang sie mit der Krimi-Geschichte THE PERFECTIONIST, aber auch viele ihrer SF-Stories und Romane wurden ins Deutsche, Französische, Italienische und Japanische übersetzt. Die in der Anthologie **Nur ein Marsweib** im Ullstein Verlag enthaltene Story **Das Prott** (PROTT) machte die Autorin bereits frühzeitig auch den SF-Lesern in der Bundesrepublik bekannt.

Bibliographie:
Heftpublikationen:
Die Puppe aus dem Nichts (VULCAN'S DOLL), UZ 290 (1961).
Botschaft aus dem Eozän (MESSAGE FROM THE EOCENE), TA 59 (1972).
Das Venusabenteuer (THREE WORLDS OF FUTURITY), TA 65 (1972).

Steinberg, Werner
(1913–)
Der in Neurode geborene Schlesier studierte Pädagogik in Elbing und Hirschberg. 1934 wurde er als Leiter einer illegalen antifaschistischen Widerstandsgruppe verhaftet und zu drei Jahren Gefängnis verurteilt. Nach dem Krieg war er in der Bundesrepublik als Herausgeber einer Zeitschrift sowie als Journalist und Schriftsteller tätig, bevor er 1956 in die DDR übersiedelte. Er hat bislang zwei SF-Romane geschrieben; sein sonstiges Werk umfaßt Krimis, historische Romane und Gegenwartsromane sowie zahlreiche Erzählungen. An der SF reizen ihn die märchenhaften Züge und die Möglichkeit zum Gedankenspiel.

Bibliographie:
Die Augen der Blinden, Berlin 1973, Vlg. Das Neue Berlin.
Zwischen Sarg und Ararat, Rudolstadt 1978, Greifen Vlg.

Steinmüller, Karlheinz
(1950–)
Der DDR-Autor Karlheinz Steinmüller studierte Physik und Philosophie und arbeitet heute als wissenschaftlicher Mitarbeiter in einem Institut der Akademie der Wissenschaften. Nach mehreren einzeln veröffentlichten SF-Kurzgeschichten erschien 1979 der Sammelband **Der letzte Tag auf der Venus,** in dem neun seiner Erzählungen vorgestellt werden.

Bibliographie:
Der letzte Tag auf der Venus, Berlin 1979, Vlg. Neues Leben, *Kompaß-Bücherei* 247.

Stephenson, Andrew M.
(1946–)
Andrew M. Stephenson, ein englischer Schriftsteller, wurde in Venezuela geboren, arbeitet als Elektroingenieur und ist in seiner Freizeit als Zeichner und Illustrator (unter dem Pseudonym Ames) und als SF-Autor tätig. Seine erste Erzählung erschien 1971 in ASF: HOLDING ACTION; sein erster Roman, NIGHTWATCH, 1977, in dem die Kontaktaufnahme mit außerirdischen Lebewesen geschildert wird. 1979 erschien sein zweiter Roman: THE WALL OF YEARS.

Sterling, (Michael) Bruce
(1954–)
Michael Bruce Sterling ist Texaner mit spanischen, italienischen, holländischen, englischen, schottischen und indianischen Vorfahren und wurde in Brownsville geboren. Er wuchs in Austin/Texas auf, wo er auch heute noch lebt. Zwischendurch allerdings verbrachte er zweieinhalb Jahre auf Reisen in Europa. Er studierte Journalismus und erwarb einen akademischen Grad. Schon während des Studiums war er mit jungen texanischen SF-Autoren wie Steven Utley, Howard Waldrop, Lisa Tuttle u.a. zusammengekommen. 1974 nahm er am Clarion SF Workshop teil und lernte Harlan Ellison kennen, der dort eine Woche lang unterrichtete. Im Workshop verfaßte Sterling die Story INVOLUTION OCEAN, und Ellison ermunterte den Nachwuchsautor, die Erzählung zu einem Roman auszuarbeiten. Ellison war es dann auch, der diesen Roman 1977 in seiner Taschen-

buchreihe *Harlan Ellison Discovery Series* veröffentlichte. Der Roman behandelt eine sehr abenteuerliche Expedition auf einem Planeten, der im wesentlichen aus einem Staubozean besteht, erinnert im Aufbau ein wenig an MOBY DICK und erregte bei Lesern und Kritik Aufsehen. Bruce Sterlings erste veröffentlichte Story trug den Titel MAN-MADE SELF und erschien 1976 in der von Geo W. Proctor und Steven Utley herausgegebenen Anthologie LONE STAR UNIVERSE.

Stewart, George R(ippey)
(1895–)
Der amerikanische Schriftsteller George R. Stewart wurde in Pennsylvania geboren, nahm am Ersten Weltkrieg teil, studierte in Kalifornien und lehrte dort als Universitätsprofessor für Englisch. 1962 trat er nach zwanzigjähriger Lehrtätigkeit (die ihn zeitweise auch an andere Universitäten, etwa nach Athen, führte) in den Ruhestand. Stewart hat eine Reihe von Romanen geschrieben, darunter aber nur einen SF-Roman: EARTH ABIDES (1949). Dieser Titel gehört zu den bekanntesten Katastrophenromanen der Science Fiction und gewann 1951 den *International Fantasy-Award*. Eine Epidemie vernichtet fast die gesamte Menschheit; die wenigen Überlebenden schließen sich zu einem Stamm zusammen, der allmählich auf steinzeitliches Niveau absinkt.

Bibliographie:
Leben ohne Ende (EARTH ABIDES), Gütersloh 1952, Bertelsmann Vlg.

Streblow, Lothar
(1929–)
Der deutsche Autor Lothar Streblow veröffentlicht seit 1957 Hörspiele, Romane, Sachbücher, Kinder- und Jugendbücher. Mehrere seiner Sachbuchtitel beschäftigen sich mit Sexualität, Erotik und Pornographie. Sein Hörspiel **Der Fisch** erhielt 1972 den Hörspielpreis der ARD zugesprochen. Im SF-Genre stellte er sich vor allem mit der bislang vierbändigen Jugendbuchserie **Raumschiff Pollux** (seit 1974) und dem Roman **Der Planet der bunten Damen** (1977) vor. Lothar Streblow wurde in Gera geboren und lebt heute in Waiblingen/Württ. 1978 wurde ihm als erstem Schriftsteller für ein literarisches Werk die *Umweltschutz-Medaille* verliehen.

Bibliographie:
Die Bewohner des grünen Planeten, Stuttgart 1974, *Boje Weltraumabenteuer, Raumschiff Pollux 1.*
Zielplanet Rondir II, Stuttgart 1976, *Boje Weltraumabenteuer, Raumschiff Pollux 2.*

Der Computerplanet, Stuttgart 1977, *Boje Weltraumabenteuer, Raumschiff Pollux 3.*
Meslan IV in Gefahr, Stuttgart 1978, *Boje Weltraumabenteuer, Raumschiff Pollux 4.*
Der Planet der bunten Damen, München 1977, H 3568.

Strete, Craig
(1950–)
Craig Strete ist einer der wenigen farbigen Autoren innerhalb der SF. Der Cherokee-Indianer wurde in Fort Wayne/Indiana geboren und studierte Filmgeschichte und Film/TV-Produktion an der Wright State University in Dayton/Ohio, wo er mit einem Bachelor of Arts abschloß. Seinen Master of Arts machte er an der University of California in Irvine. Neben Film & Fernsehen hatte sich Craig Strete schon recht früh für SF, Lyrik und Literatur im allgemeinen interessiert. 1965 traf er mit Jim Morrison, dem Sänger der Rockgruppe *The Doors,* zusammen und schrieb gemeinsam mit ihm einige Gedichte, die 1979 in dem Sammelband DARK JOURNEY herauskamen. Anfang der siebziger Jahre gab Craig Strete sein Fanzine *Red Planet Earth* heraus, das der Indianerkultur gewidmet war und sehr populär wurde. Seine ersten SF-Stories erschienen im Dezember 1974: TIME DEER in *Worlds of If* und THE BLEEDING MAN in *Galaxy.* Beide wurden für den Nebula nominiert und zigfach nachgedruckt. Seither hat der Autor mehr als 60 Erzählungen veröffentlicht (unter 12 verschiedenen Pseudonymen), von denen THE DIRTY OLD MAN (GAL, 9/76) und WHY HAS THE VIRGIN MARY NEVER ENTERED THE WIGWAM OF STANDING BEAR? (AURORA: BEYOND EQUALITY) ebenfalls für den Nebula nominiert wurden. Von seinen 13 Büchern enthalten die wenigsten reine SF, so etwa die Sammlung THE BLEEDING MAN (1977). Der Hauptanteil seiner Erzählungen beschäftigt sich mit der ethnischen Minderheit der Indianer, ihrer Kultur und ihrem fortwährenden Kampf um Gleichberechtigung in der amerikanischen Gesellschaft.

St. Reynard, Geoff(rey)
(1919–)
Robert Wilson Krepps, der unter Pseudonym Geoff St. Reynard schrieb, wurde in Pittsburgh geboren, wo er auch studierte und bis heute ansässig ist. Er hat eine Reihe von Erzählungen und Romanen außerhalb der Science Fiction veröffentlicht. Seine erste SF-Story erschien in *Unknown,* weitere Stories sind in *Imagination,* vor allem jedoch in *Fantastic Adventures* zu finden. Einige seiner Kurzromane, etwa THE BUTTONED SKY (1953), wurden in deutschen Heftreihen veröffentlicht.

Bibliographie:
Heftpublikationen:
Die Welt in Ketten (THE BUTTONED SKY), T 29 (1958).
Chaos über Manhattan (ARMAGEDDON 1970), TN 25 (1968).

Strugazki, Arkadi und Boris
(1925–   ) und (1933–   )
Die Brüder Arkadi und Boris Strugazki (Strugackij), die stets gemeinsam als Verfasser zeichnen, dürften die wichtigsten Autoren der russischen Science Fiction sein und werden von einigen Kritikern auch höher eingeschätzt als etwa der Pole Stanislaw Lem. Arkadi Strugazki ist Linguist, Orientalist und Übersetzer, während Boris als Astronom Mitarbeiter des Rechenzentrums der Sternwarte Pulkowo ist. Sie sind ihren Berufen bis heute treu geblieben und schreiben Science Fiction nur in der Freizeit – was ihrer Produktivität offenbar nicht sehr im Wege steht. Der eine Bruder lebt in Moskau, der andere in Leningrad, aber die Kooperation klappt trotzdem sehr gut. Die Strugazkis haben im Laufe der Jahre eine Reihe von SF-Erzählungen und -Romanen geschrieben, die sie in aller Welt bekannt machten. In der Sowjetunion belegten sie bei einer Meinungsumfrage nach den beliebtesten SF-Autoren den ersten Platz, aber ihre wichtigsten Werke wurden auch außerhalb des russischen Sprachraums verbreitet. So wurden ihre Erzählungen in zahlreiche Sprachen übersetzt und erschienen u. a. auch in den USA. Die beiden Autoren haben frühzeitig den damals noch sehr engen thematischen Handlungsspielraum der russischen SF und insbesondere die Jefremow-Doktrin durchbrochen, wonach nur eine positive Zukunft mit friedfertigen Menschen Thema sein dürfte. Dabei sind die Strugazkis nicht weniger, sondern eher stärker gesellschaftlich und humanistisch engagiert als ihre russischen Kollegen, aber sie bevorzugen verfeinerte, bisweilen allegorische Darstellungsweisen und dazu die Dramatik und Konfliktfülle des Abenteuerromans. Der erste Roman der beiden hieß STRANA BAGROVYCH TUČ (**Atomvulkan Golkonda**) und erschien 1959. Zusammen mit PUT' NA AMAL'TEJU (1960, »Der Weg nach Amaltheia«) und STAŽERY (1962, »Praktikanten«) bildet er eine interplanetarische Trilogie mit einer gleichbleibenden Gruppe von Protagonisten, und ergänzt um einige Kurzgeschichten, die zwischen 1959 und 1964 erschienen, wird daraus eine Art Geschichte der Zukunft, wie sie auch von etlichen amerikanischen Autoren in ähnlicher Art gestaltet wurde.

Es folgten Romane und längere Erzählungen wie z.B. DALEKAJA RADUGA (1963, **Der ferne Regenbogen**), TRUDNO BYT' BOGOM (1964, **Es ist nicht leicht, ein Gott zu sein**), CHIŠČNYE VEŠČI VEKA (1965, »Die räuberischen Dinge unseres Zeitalters«), PONEDEL'NIK NAČINAETSJA V SUBBOTU (1965, **Montag beginnt am Sams-**

tag), ULITKA NA SKLONE (1966/68, **Die Schnecke am Hang**), OBITAEMYJ OSTROV (1971, **Die bewohnte Insel**), MALYŠ (1973, **Die dritte Zivilisation;** eig. **Der Knirps**) und ZA MILLIARD LET DO KONCA SVETA (1976/77, »Eine Milliarde Jahre vor dem Ende des Weltalls«). TRUDNO BYT' BOGOM und OBITAEMYJ OSTROV werden häufig als die wichtigsten Romane der Strugazkis genannt. In beiden Romanen wird ein Mensch von der hochzivilisierten Erde mit rückständigen Gesellschaftsformen auf anderen Planeten konfrontiert. In TRUDNO BYT' BOGOM sieht der Protagonist schließlich ein, daß wohlmeinende Fremde zwar vorsichtige Hilfe leisten können, aber nicht andere Gesellschaften zu ihrem Glück zwingen dürfen, d.h. geschichtlich notwendige Entwicklungen übersprungen werden sollen. In OBITAEMYJ OSTROV bekämpft der Mann von der Erde das – wie es scheint – diktatorische System, muß aber später beschämt erkennen, daß Revolutionsromantik und blinder Aktivismus kein Ersatz für politisches Denken und Handeln sind. Kritiker wie Darko Suvin sehen die Strugazkis in der Tradition großer russischer Phantasten wie Gogol und streichen zugleich ihre satirische Ader heraus. Tatsächlich zeigen einige Werke gehörig Biß, wenn es gegen Speichelleckerei und Bürokraten geht (und es haben sich in der UdSSR auch Strugazki-Gegner artikuliert, die sich den Schuh anzogen).

In einem Gespräch mit dem japanischen SF-Autor Kobo Abe brachten die Strugazkis zum Ausdruck, welche Aufgabe sie sich mit dem Schreiben von SF gestellt haben: »Erziehung des schöpferischen Menschen... Erziehung des *Menschen* im Menschen...« SF erscheint ihnen dabei besonders geeignet zu sein, »denn diese Literatur ist an und für sich antispießerisch und antikonformistisch, sie bringt den Leser zum Nachdenken, regt seine Phantasie an, sie zeigt ihm, daß die Welt kompliziert und interessant ist und das ständige und aktive ›Mitgehen‹ des Lesers erfordert«.

Bibliographie:
Atomvulkan Golkonda (STRANA BAGROVYCH TUČ), Berlin 1961, Vlg. Kultur & Fortschritt.
Es ist nicht leicht, ein Gott zu sein (TRUDNO BYT' BOGOM), Hamburg/Düsseldorf 1971, MvS.
Der ferne Regenbogen (DALEKAJA RADUGA), Berlin 1971, Vlg. Das Neue Berlin.
Die bewohnte Insel (OBITAEMYJ OSTROV), Hamburg/Düsseldorf 1972, MvS.
Hotel ›Zum verunglückten Bergsteiger‹ (OTEL' 'U POGIBŠEGO AL'PINISTA), Berlin 1973, Vlg. Volk und Welt.
Die zweite Invasion auf der ERDE (C) (VTOROE NAŠESTVIE MARSIAN/SKAZKA O TROJKE), Frankfurt 1973, Insel Vlg. SFdW.
Montag beginnt am Samstag (PONEDEL'NIK NAČINAETSJA V SUBBOTU), Frankfurt 1974, Insel Vlg. SFdW.
Die dritte Zivilisation (MALYŠ), Berlin 1975, Vlg. Das Neue Berlin; als **Der Knirps**, München 1981, H (in Vorb.).

Picknick am Wegesrand (PIKNIK NA OBOČINE), Berlin 1976, Vlg. Das Neue Berlin.
Die Schnecke am Abhang (ULITKA NA SKLONE), Frankfurt, 1978, st 434 (PB 13).
Die häßlichen Schwäne (GADKIE LEBEDI), H (in Vorb.).
Milliarden Jahre vor dem Weltuntergang (SA MILLIARD LET DO KONZA SWETA), Berlin 1980, TB-Ausg., H (in Vorb.).

Heftpublikation:
Ein Roboter bricht aus, Berlin 1963, Vlg. Neues Leben, *Das Neue Abenteuer* 210.

Sturgeon, Theodore
(1918–   )

Der amerikanische SF- und Fantasy-Autor Theodore Sturgeon, sein bürgerlicher Name lautete ursprünglich Edmond Hamilton Waldo, wurde in New York geboren. Sein Vater besaß ein Farbengeschäft, seine Mutter war Lehrerin und schrieb gelegentlich Stücke fürs Theater. Als die Eltern geschieden wurden und seine Mutter wieder heiratete, nahm Edward den Namen seines Stiefvaters an und hieß fortan Theodore Hamilton Sturgeon. In der Schule war Sturgeon immer ein Außenseiter, bis er durch verbissenes Training zum besten Turner der Schule wurde. Sein Berufsziel war, Trapezartist in einem Zirkus zu werden. Nach der High School wollte Sturgeon aufs College, aber er landete auf einer Kadettenschule, denn sein Vater wollte ihn nicht dem »studentischen Lotterleben« anheimfallen lassen. Sturgeon ließ sich aber nicht unterkriegen, wurde literarischer Agent, fuhr Bulldozer in Puerto Rico, führte dort auch ein Hotel und fuhr drei Jahre zur See. Sein Debut in den SF-Magazinen gab er mit ETHER BREATHER (ASF, 9/39). Nach diesem Erfolg beschloß er, freier Schriftsteller zu werden. In den nächsten Jahren schrieb er unter John W. Campbell jr. für *Astounding* und *Unknown* und wurde dort ein Top-Autor, dessen Name mit dem Goldenen Zeitalter der SF assoziiert wird. Im Gegensatz zu seinen Golden Age-Kollegen Asimov, van Vogt oder Heinlein war er ein Schriftsteller, dessen Fähigkeiten mehr im stilistischen und emotionalen Bereich lagen. Waren ihm Wissenschaft und Technik nicht ganz fremd, so nahmen sie doch einen weit geringeren Stellenwert ein als beim Rest der Campbellschen Garde. Sturgeons Geschichten deuteten schon auf die SF der fünfziger und sechziger Jahre voraus, in der der Mensch stärker im Mittelpunkt stehen sollte, auf eine emotional gefärbte, stimmungsreiche Prosa, wie sie später etwa von Ray Bradbury geschrieben wurde. Sturgeons damaliger Hang zu Fantasy- und

Gruselstücken verstärkten diese Richtung noch. Die bekanntesten Erzählungen jener Zeit wurden IT (*Unknown*, 8/40) und BIANCA'S HANDS (*Br. Argosy*, 5/47), die in England den Kurzgeschichtenwettbewerb dieses Magazins gewann und eine Story von Graham Greene auf den zweiten Platz verwies. Sturgeons größter SF-Erfolg seiner frühen Jahre war MICROCOSMIC GOD, eine SF-Story, die im April 1941 in *Astounding* erschien und die von den Science Fiction Writers of America in ihrer SF Hall of Fame auf den vierten Platz gewählt wurde (sie erschien 1978 in deutscher Übersetzung unter dem Titel **Der kleine Gott** in: **Titan 7,** hrsg. von Robert Silverberg und Wolfgang Jeschke, H 3579).

Trotz seiner Popularität in den von Campbell jr. herausgegebenen Magazinen war Sturgeons SF nicht für die vierziger Jahre typisch. Zwar erschienen in der zweiten Hälfte dieses Jahrhunderts in *Astounding* viele seiner bekannten Erzählungen, darunter MATURITY (2/47), THUNDER AND ROSES (11/47) und UNITE AND CONQUER (10/48), der große Durchbruch gelang ihm jedoch erst Anfang der fünfziger Jahre. Nach KILLDOZER (ASF, 11/44) erschien 1950 sein zweiter Roman, THE DREAMING JEWELS, der in Handlung und Symbolik schon einige Muster vorwegnahm, die später seinen besten Roman, MORE THAN HUMAN (1953), prägen sollten.

MORE THAN HUMAN katapultierte Sturgeon in die erste Garnitur der SF-Schriftsteller. Mehrere mißgestaltete Kinder, die die Verschiedenartigkeit der Menschen symbolisieren, finden, durch einen inneren Ruf getrieben, zusammen und formen kraft ihrer paranormalen Fähigkeiten eine neue menschliche Daseinsform, den *Homo Gestalt*. Dieser Roman, der alles das ausdrückt, was nach Sturgeons Ansicht psychisch-geistig in der Menschheit steckt, gewann 1954 den *International Fantasy-Award* und ist heute eines der bekanntesten Werke des Genres. Neben dem Horrorroman SOME OF YOUR BLOOD (1961) schrieb Theodore Sturgeon noch drei weitere SF-Romane: THE COSMIC RAPE (1958) ist eine Variation über das Thema des Gruppengeistes und VENUS PLUS X (1960), eine komplexe Geschichte, in der ein Pilot sich in der utopischen Gesellschaft einer parallelen Erde wiederfindet und feststellen muß, daß sich die Menschheit dort zu einer hermaphroditischen Rasse entwickelt hat, während VOYAGE TO THE BOTTOM OF THE SEA (1961) der Roman zum Film von Irwin Allen ist.

Im ganzen gesehen ist Sturgeon aber beileibe kein Romancier. Seine Stärke lag und liegt in der Kurzgeschichte oder Novelle, denn auch MORE THAN HUMAN entstand aus drei Erzählungen, dem Kernstück BABY IS THREE (GAL, 10/52; erschien in deutscher Übersetzung unter dem Titel **Baby ist drei** 1979 in: **Titan 11,** hrsg. von Ben Bova und Wolfgang Jeschke, H 3651) und den Erweiterungen THE FABULOUS IDIOT und MORALITY. Wie in dem für den Hugo Gernsback-Award nominierten Roman, VENUS PLUS

X, ist Sex ein Hauptthema seiner Erzählungen der fünfziger und sechziger Jahre. In Geschichten wie THE WORLD WELL LOST (*Universe*, 6/53), THE OPPOSITE SEX (FAN, Fall/52) oder IF ALL MEN WERE BROTHERS, WOULD YOU LET ONE MARRY YOUR SISTER? (Dangerous Vision, 1967) lotete er ohne große Schaueffekte die Tiefen zwischenmenschlicher Beziehungen aus, was ihm in den fünfziger Jahren den Ruf eines Tabubrechers eintrug. 1972 gewann seine Kurzgeschichte SLOW SCULPTURE den Nebula-Award, und ein Jahr später auch den Hugo Gernsback-Award. Viele seiner mehr als zweihundert Stories wurden in 12 Sammlungen nachgedruckt. Theodore Sturgeon ist zu den besten Stilisten in der SF zu rechnen und im Bereich der gefühlvollen Schilderung mit Bradbury auf eine Stufe zu stellen. Seine Erzählung THE MAN WHO LOST THE SEA (FSF, 10/59) wurde 1960 zu den besten amerikanischen Kurzgeschichten des Jahres gezählt. Es ist mit Sturgeons Verdienst, daß in der heutigen SF der Mensch stärker im Mittelpunkt steht. Ihm hat die Science Fiction nicht nur einen humanen, sondern auch einen literarischen Gewinn zu verdanken.

Bibliographie:
Das Milliardengehirn (THE COSMIC RAPE), München 1965, H 3062.
Parallele X (C) (STURGEON IN ORBIT), München 1969, H 3140.
Die neue Macht der Welt (SOME OF YOUR BLOOD), München 1970, H 3200.
Venus Plus X (VENUS PLUS X), München 1974, GWTB 0181.
Sein Name war Mensch (C) (STURGEON IS ALIVE AND WELL…), München 1974, GWTB 0184.
Die lebenden Steine (THE DREAMING JEWELS), München 1974, GWTB 0187.
Das Geheimnis von Xanadu (C) (THE WORLDS OF THEODORE STURGEON, I), München 1974, GWTB 0188.
Tausend Schiffe am Himmel (C) (THE WORLDS OF THEODORE STURGEON, II), München 1974, GWTB 0189.
Blutige Küsse (SOME OF YOUR BLOOD), Frankfurt 1975.
Licht von den Sternen (C) (STARSHINE), München 1975, GWTB 0192.
Der Gott des Mikrokosmos (C) (CAVIAR), München 1975, GWTB 0195.
Prognose: Positiv (C) (THE JOYOUS INVASION), München 1975, GWTB 0200.
Nach dem Exodus (C) (THE CASE AND THE DREAMER), München 1976, GWTB 0233.
Es (C) (NOT WITHOUT SORCERY), München 1977, GWTB 0255.
Wiederbelebung (C) (A WAY HOME), München 1977, GWTB 0264.

Heftpublikationen:
Das Maschinenungeheuer (KILLDOZER), UGB 140 (1960).
Die Feuerflut (THE VOYAGE TO THE BOTTOM OF THE SEA), UGB 180 (1962).
Die Venuskristalle, (C/AO) T 473 (1966).

Sutherland, James
(1948–)
Sutherland, ein amerikanischer SF-Autor, wurde als Sohn eines Kunstprofessors und einer Lehrerin in Greenwich/Connecticut geboren, zog nach einem kurzen Aufenthalt in West Virginia nach New York, wo er am Rochester Institute of Technology seinen Bachelor of Science machte. 1968 und 1969 nahm er an Robin Scott Wilsons Clarion-Workshops in Pennsylvania teil, lernte dort Harlan Ellison kennen, der ihn unter seine Fittiche nahm, und veröffentlichte bald darauf seine ersten SF-Stories in Magazinen wie *Vertex, Rolling Stone, Fantasy & Science Fiction,* sowie in Originalanthologien wie David Gerrolds GENERATION (1974). Sutherlands erster und bisher einziger Roman war STORMTRACK (1974) und erschien in der *Harlan Ellison Discovery*-Reihe. Er schildert die Intrigen und Verschwörungen in einer die Erde umkreisenden Raumstation und auf einer überbevölkerten Welt, auf der sich eine Menge gefährlicher Spione und skrupelloser Agenten tummeln.

Bibliographie:
Signale aus dem Kosmos (STORMTRACK), Berlin 1975, U 3154.

Sutton, Jeff(erson Howard)
(1913–)
Der in Los Angeles geborene Jeff Sutton arbeitete bei verschiedenen Zeitungen, leitete eine Werbeagentur, war Vertreter und diente zweimal in der Marine. Nach dem Zweiten Weltkrieg studierte er und machte am San Diego State College sein Magisterexamen in Experimenteller Psychologie. Mitte der fünfziger Jahre begann der langjährige SF-Leser Sutton selbst SF zu schreiben. Auf diese Weise entstanden zunächst einige Stories und später eine ganze Reihe von Romanen, die meist in der nahen Zukunft spielen, darunter auch fünf Jugendbücher, die er zusammen mit seiner Frau, Jean Sutton, verfaßte. Themen, die Sutton besonders gerne aufgreift, sind Spionagegeschichten und die atomare Drohung zwischen den Machtblöcken Ost und West sowie die Eroberung des Mondes. Einige dieser ziemlich klischeehaften Thriller erschienen auch bei uns in Deutschland.

Bibliographie:
Männer, Bomben, Satelliten (BOMBS IN ORBIT), Rastatt 1960, PU 21.
Die tausend Augen des Krado 1 (ALTON'S UNGUESSABLE), Frankfurt–Berlin–Wien 1971, U 2812.
Sprungbrett ins All (SPACEHIVE), Frankfurt–Berlin–Wien 1972, U 2865.
Der Teleporter (THE MIND-BLOCKED MAN), Berg. Gladbach 1974, B 21043.

Heftpublikationen:
Mondbesatzung funkt SOS (FIRST ON THE MOON), UGB 157 (1961).
Die Atomverschwörung (THE ATOM CONSPIRACY), T 354 (1964).
Apollo auf Mondkurs (APOLLO AT GO), TS 92 (1965).

Die Welt der Ausgestoßenen (THE BEYOND) (mit Jean Sutton), TN 82 (1969).
Der Mann, der aus der Zukunft kam (THE MAN WHO SAW TOMORROW), TN 102 (1969).

Swain, Dwight V(reeland)
(1915–)
Der Amerikaner Dwight V. Swain wurde in Michigan geboren, erlangte 1937 an der University of Michigan den Grad eines Bachelor of Arts und hatte anschließend drei Jahre bei der US Army abzudienen. 1941 verkaufte er seine erste SF-Story an Raymond A. Palmer, der damals Herausgeber von *Fantastic Adventures* war. In den fünfziger Jahren stieß er dann zur William L. Hamling-Gruppe, wo er zu einem der fleißigsten Textlieferanten der SF-Magazine *Imagination* und *Imaginative Tales* wurde. Swain schrieb etwa zwei Dutzend sich auf pure Action beschränkende SF-Abenteuerromane, u.a. THE TRANSPOSED MAN (1953), TERROR STATION (1955) und THE BATTLE OUT OF TIME (1957) und konnte sich damit in der Garde der Space Opera-Brigade einen festen Platz sichern. In den sechziger Jahren zog er sich aus der Szene zurück, übernahm ein Lehramt an der University of Oklahoma und arbeitete in deren Industriefilmabteilung als Filmscript Writer und Verfasser von Sachbüchern für angehende Autoren von Unterhaltungsromanen. Er selbst hat sich einige Male erfolgreich in den Genres Western, Crime und Horror versucht, teilweise unter dem Pseudonym Clark South.

Bibliographie:
Heftpublikationen:
Der Gestaltwandler (THE TRANSPOSED MAN), ZSF 173 (1975).
Station des Schreckens (TERROR STATION), ZSF 185 (1976).
Treffpunkt Knossos (THE BATTLE OUT OF TIME), Ge 36 (1976).

Swann, Thomas Burnett
(1928–1976)
Thomas Burnett Swann wuchs in Florida auf, studierte an der Atlantic University, wo er auch seinen Ph.D. machte, und lehrte dort als Dozent für Englische Sprache. Während des Koreakrieges diente er in der US Navy, lehrte anschließend wieder an der Universität und faßte bereits in den frühen sechziger Jahren Fuß als Mitarbeiter des britischen Magazins *Science Fantasy*, in dem ein gutes Dutzend seiner Stories sowie der Fortsetzungsroman THE BLUE MONKEY (1964/65) erschien. Erst 1966 kam er in den USA publizistisch zum Zuge, schrieb für *The Magazine of Fantasy and Science Fiction* und begann schließlich mit THE DAY OF THE MINOTAUR (1966) und THE DOLPHIN AND THE DEEP (1968) auch Romane zu publizieren, die sein französischer Verleger folgendermaßen charakterisierte: »Anstelle des Makrokosmos bevorzugt Swann den Mikrokosmos, anstelle eines fremden Planeten einen von der Umwelt abgeschnittenen Wald, und anstelle von Grizzlybären Teddybären.« Nach einer ganzen Reihe ähnlich leichter Fantasies, in denen sich hauptsächlich Fabelwesen (Drya-

den, Zentauren, Trolle) tummelten, gewann er 1972 für WOLFWINTER den Phoenix-Award. 1974 schrieb er HOW ARE THE MIGHTY FALLEN, eine Nacherzählung der Geschichte von David und Jonathan und erklärte auf die Frage eines Interviewers: »Manche Leute, glaube ich, sind einfach nicht zum Heiraten bestimmt, sondern zum Schreiben. Um als Autor leben zu können, muß man sehr oft alleine sein. Die einzige engere Verbindung, die ich in meinem Leben einging, entwickelte sich zu einer Katastrophe, da meine Freundin eifersüchtig auf die Schreibmaschine war. Ich mußte mich schließlich entscheiden: Entweder für die Frau oder die Schreibmaschine. Ich entschied mich für die Schreibmaschine.« Swann starb 1976 an Krebs. Eine Reihe seiner Bücher wurde erst posthum veröffentlicht: THE MINIKINS OF YAM (1976), QUEENS WALK IN THE DUSK (1976), A TOURNAMENT OF THORNS (1976) und CRY SILVER BELLS (1977).

Bibliographie:
Der letzte Minotaur (THE FOREST OF FOREVER), München 1977, TF 34.
Die Stunde des Minotauren (THE DAY OF THE MINOTAUR), München 1978, TF 44.
Die Nicht-Welt (THE NOT-WORLD), München 1978, GWTB 0262.
Der grüne Phoenix (THE GREEN PHOENIX), München 1978, GWTB 0290.
Der goldene Riese (WILL-O-THE-WISP), München 1978, GWTB 0284.

Sydow, Marianne
(1944–   )
Marianne Bischoff (Pseudonyme: Marianne Sydow, Garry McDunn) ist Berlinerin und wurde durch ihren Bruder auf die SF-Literatur aufmerksam. »Mit zehn Jahren fand ich Roboter, Raumschiffe und Atombrände viel interessanter als Rübezahl und Märchenzwerge. Es überraschte mich nicht im geringsten, als man mir umgehend mitteilte, solche Bücher wären nichts für Mädchen. Als Reaktion auf diesen Ausspruch entwickelte sich meine Vorliebe für SF zu einer Manie.« Sie veröffentlichte ihre ersten Romane in Heftchenform unter dem männlichen Pseudonym Garry McDunn, arbeitete jedoch hauptberuflich als Verkäuferin für »Kartoffeln, Kohlen, Blumentöpfe und Vogelfutter« und betätigte sich als Telefonistin. »Zu literarischen Heldentaten fühle ich mich nicht berufen. Ich bin zufrieden, wenn es mir gelingt, meine Leser zu unterhalten. Es gibt Leute, die betrachten es als etwas Minderwertiges, sich mit Phantasiewelten zu beschäftigen, und reine Unterhaltungsliteratur ist ihnen verhaßt. Gesellschaftskritisch müsse man sein, die negativen Seiten der Welt aufzeigen – dabei ist das Leben manchmal schon traurig genug. Soll jeder das lesen was ihm Spaß macht, meine ich.«

Bibliographie:
Heftpublikationen:
(als Garry McDunn):
Das Wesen aus der Retorte, UZ 507 (1967).
Die größenwahnsinnige Elektronik, UZ 530 (1967).

Der Zeitmörder, ZSF 123 (1972).
Die Doppelgänger, ZSF 126 (1972).
Die Manipulierten, ZSF 131 (1973).
Gefahr aus der Tiefe, ZSF 135 (1973).
Die Droge der Macht, ZSF 138 (1973).
Mord auf Euphoria, ZSF 142 (1974).
Frieden für Hegerion, ZSF 144 (1974).
Die Stadt des Todes, ZSF 146 (1974).
Agent wider Willen, ZSF 147 (1974).
Die Zwerge von Terra, ZSF 152 (1974).
Der Schatz von Segala, ZSF 176 (1976).

(als Marianne Sydow):
Irrwege im Weltraum, TA 182 (1975).
Beherrscher des Lichts, TA 194 (1975).
Symbionten aus dem All, TA 204 (1975).
Affäre Interstar, TA 220 (1975).
Kreis der Befreiung, TA 236 (1976).
Testplanet Darico, TA 242 (1976).
Angriff aus dem Jenseits, TA 300 (1977).
Weg durch das Nichts, TA 309 (1977).
Planet der Verrückten, TA 328 (1977).
Die Welten des Philip Totin, TA 341 (1978).
Der Zauberkünstler (C), TA 382 (1978).

Szepes, Maria
Die ungarische Autorin Mária Szepes, die auch unter ihrem Mädchennamen Mária Orsi veröffentlichte, stammt aus einer Künstlerfamilie und schrieb zunächst einige Filmdrehbücher. Nach dem Kriege erschien ihr phantastischer Roman A VÖRÖS OROZLÁN (1946 »Der rote Löwe«), in dem es um Alchemie und ein Lebenselixier geht. Danach kamen einige Bände mit Erzählungen heraus, die auch in mehrere Sprachen übersetzt wurden. 1971 erschien SURAYANA ÉLÖ SZOBRAI (»Die lebenden Statuen von Surayana«), ein SF-Roman, der in Ungarn den *Goldenen Meteor* gewann. Weitere Romane: das Jugendbuch »Stern der Kinder« (1976) sowie den SF-Roman TÜKÖRAJTÓ A TENGERBEN, dessen deutsche Ausgabe unter dem Titel **Spiegeltür in der See** im Heyne Verlag vorbereitet wird.

Szilard, Leo
(1898–1964)
Der gebürtige Ungar (in Budapest zur Welt gekommen) und naturalisierte Amerikaner Leo Szilard gehörte zu den »vier oder fünf Vätern der Atomenergie«. Nach Studien in Budapest und Berlin promovierte er 1922 und arbeitete anschließend in England und Amerika auf dem Gebiet der Atomforschung. Als einer der ersten erkannte er die Möglichkeit atomarer Kettenreaktionen. 1945 wandte er sich gegen den Abwurf der Atombomben auf japanische Städte. Nach dem Krieg war er Professor für Biophysik in Chicago und Mitarbeiter eines Forschungsinstituts in Kalifornien.

Gemeinsam mit Prof. E. P. Wigner erhielt er 1959 einen internationalen Preis für Leistungen auf dem Gebiet der Atomforschung für friedliche Verwendung. 1961 erschien von ihm unter dem Titel THE VOICE OF THE DOLPHINS ein Band mit SF-Kurzgeschichten, in denen er sarkastisch ein düsteres Zukunftsbild entwirft und mit der irrationalen Politik der Großmächte ins Gericht geht.

Bibliographie:
Die Stimme der Delphine (C) (THE VOICE OF THE DOLPHINS), Reinbek 1963, Rowohlt Vlg.

T

Taine, John
(1883–1960)
Amerikanischer Mathematiker und Autor. Eric Temple Bell, der unter dem Pseudonym John Taine schrieb, wurde in Aberdeen, Schottland, geboren. Schon als Schuljunge begeisterte er sich sehr für die Mathematik, und er studierte dieses Fach, als er 1902 in die Vereinigten Staaten übersiedelte. 1912 erhielt er an der Universität von Columbia seinen Doktorhut. Danach lehrte er an der Universität von Washington bis 1926. Von 1927 bis 1953 war er Mathematikprofessor am California Institute of Technology. Unter seinem Pseudonym John Taine schrieb Bell in den zwanziger und dreißiger Jahren mehr als ein Dutzend Romane, von denen einige recht bemerkenswert sind. Vor allem THE IRON STAR (1930) gilt bei manchen Kritikern als vergessenes Meisterwerk. In ihm greift Taine eines seiner Lieblingsthemen auf; Spekulation über Evolution und biologische Veränderungen. Ein riesiger Meteorit ruft bei den Menschen, die seiner angesichtig werden, Halluzinationen hervor. Längeres Ansehen löst beim Betrachter einen umgekehrten Evolutionsprozeß aus – der Mensch wird wieder zum Affen. Auch in THE GREATEST ADVENTURE (1929) steht die Evolution im Mittelpunkt. Sie hat wilde Kapriolen geschlagen und seltsame Bewohner der Antarktis hervorgebracht. Ein anderer Roman um eine »vergessene Welt« ist THE PURPLE SAPPHIRE (1924). Erwähnenswert sind noch SEEDS OF LIFE (1931), ein Roman um strahlungsverseuchte Mutanten und THE TIME STREAM (1931), worin Taine die Idee zyklischer Universen unterbreitet und die Natur der Zeit und der Entropie in seine Reflexion mit einbezieht. Solche Themen sind heute in der SF Gemeinplätze, Anfang der dreißiger Jahre aber waren sie revolutionär, insbesondere in Magazinen. Alles in allem zeigen seine Romane John Taine als SF-Autor, der seiner Zeit voraus war und bis heute nicht seinem Range nach gewürdigt wird. Eine deutsche Ausgabe von **Der Eisenstern** (THE IRON STAR) ist in der Reihe *Science Fiction Classics* im Heyne Verlag in Vorbereitung.

Taubert, Hans
(1928–   )
Hans Taubert ist ein DDR-Autor, der – gemeinsam mit Alfred Lemann – bislang eine Sammlung von SF-Erzählungen, **Das Gastgeschenk der Transsolaren** (1973) veröffentlichte, die häufig als eines der besten Beispiele von DDR-SF gelobt wird. Taubert lernte seinen Freund Alfred Lemann bereits während des gemeinsamen Botanikstudiums in Jena kennen, das er (wie Lemann) mit der Promotion abschloß. Beide waren anschließend in dem Institut für Botanik an der Universität Jena tätig und arbeiten seit 1960 in der Industrie. Gemeinsam mit einem dritten Autor verfaßten sie ein zweibändiges Lehrwerk über Botanische Praktika, das auch für die Verwendung an der Hochschule konzipiert wurde.

Bibliographie:
Das Gastgeschenk der Transsolaren, Berlin 1973, Vlg. Neues Leben.

Temple, William F(rederick)
(1914–   )
Der in London geborene William F. Temple arbeitete vor dem Zweiten Weltkrieg zunächst als Angestellter bei einer Behörde. In den dreißiger Jahren kam er mit Science Fiction in Berührung, freundete sich mit seinen heute weltbekannten Kollegen Arthur C. Clarke, John Harris (John Wyndham) und Samuel Youd (John Christopher) an, betätigte sich in einer wissenschaftlichen Vereinigung namens British Interplanetary Society und redigierte deren Vereinszeitschrift. Temple schrieb während des Krieges seinen ersten Roman, verlor ihn jedoch während eines Angriffs in Afrika, und später (er hatte ihn aus dem Gedächtnis zum zweitenmal verfaßt) in Italien. Seine erste herausragende Erzählung war THE SMILE OF THE SPHINX (1938). Eine andere Story, THE FOUR-SIDED TRIANGLE (1939), die er 1949 zu einem Roman ausarbeitete, errang die Aufmerksamkeit der Filmindustrie und diente 1953 als Vorlage zu einem Streifen. Temples bekanntester Roman wurde THE AUTOMATED GOLIATH (1962), der schildert, wie die Menschheit von einem Computerregime beherrscht wird, gegen das sich eine Gruppe von Männern mit Waffengewalt zur Wehr setzt. Neben seiner Tätigkeit in der Science Fiction versuchte sich Temple gelegentlich auch als Verfasser von Jugendbüchern und Kriminalromanen.

Bibliographie:
Heftpublikationen:
Männer gegen Automaten (THE AUTOMATED GOLIATH), T274 (1964).

Tenn, William
(1920–   )
Der besser unter seinem Pseudonym William Tenn bekannte amerikanische SF-Autor Philip Klass wurde in London geboren und begann seine Karriere kurz nach dem Zweiten Weltkrieg. Unterbrochen von anderen Beschäftigungen, er war unter anderem Handelsvertreter und Zahlmeister, schrieb er ab 1946 zwei Romane

und über 50 Kurzgeschichten, von denen die meisten in 6 Bänden gesammelt sind. Sein Magazindebut gab Tenn 1946 in *Astounding* mit der Erzählung ALEXANDER THE BAIT. Seine Stories zeichnen sich oft durch Pointenwitz und trockenen Humor aus, der fast schon an Sarkasmus grenzt, so z. B. in THE LIBERATION OF EARTH (Fut, 5/53), in der unser Heimatplanet von zwei verschiedenen Rassen mehrfach »versklavt« und »befreit« wird, bis fast nichts mehr von ihm übrig ist. Weitere bekannte Kurzgeschichten aus Tenns Feder sind BROOKLYN PROJECT (PS, FAL 48), eine Zeitreisegeschichte und BERNIE, THE FAUST (1963), eine »schwarze« Fantasy. Seine Neigung zur Satire zeigt sich deutlich in PARTY OF THE TWO PARTS (GAL, 8/54), einer Story über einen galaktischen Pornographen, der »schlüpfrige« Bilder von der Zellteilung (Fortpflanzung) einer Amöbenrasse verkauft. Sein Roman OF MEN AND MONSTERS (1968) erzählt von degenerierten Menschen, die in einem Land der Riesen die Rolle des Ungeziefers spielen, während in A LAMP FOR MEDUSA (1951, 1968), seinem zweiten Roman, die Götter des alten Griechenlands fröhlich Auferstehung feiern. Gemessen an dem teilweise hohen Standard seiner Kurzgeschichten haben beide Romane enttäuscht. William Tenn, der mit CHILDREN OF WONDER (1953) eine Anthologie über Kinder in der SF herausgab, hat heute an der Universität von Pennsylvania einen Lehrstuhl für Anglistik inne.

Bibliographie:
Die Welt der Zukunft (C), (TIME IN ADVANCE) Rastatt 1966, P 249.
Von Menschen und Monstren (OF MEN AND MONSTERS), München 1972, H 3290.
Das Robothaus (C), (THE SEVEN SEXES) München 1972, H 3297.
Der menschliche Standpunkt (C), (THE HUMAN ANGLE) München 1972, H 3313.
Mögliche Welten (C), (OF ALL POSSIBLE WORLDS) München 1973, H 3333.
Venus – Planet für Männer (C), (THE SQUARE ROOT OF MAN) München 1973, H 3341.
Null-P (C), (THE WOODEN STAR) München 1973, H 3349.

Terrid, Peter
(1949–   )
Wolf Peter Ritter alias Peter Terrid wurde in Krefeld geboren und begann 1968 ein Studium der Soziologie und Geschichte in Köln. Nach der Lektüre mehrerer hundert SF-Romane bat er 1969 den **Perry Rhodan**-Autor Hans Kneifel, sein erstes selbstverfaßtes Manuskript zu korrigieren. Kneifel tat dies, ließ Ritter den Roman viermal umschreiben und leitete ihn schließlich an seinen Hausverlag weiter.
Terrid, ebenso wie Kneifel ein »Seneca-Fan«, sieht eines seiner Vorbilder in Isaac Asimov und ist treu dem Glauben verhaftet, den SF-Lesern in der Bundesrepublik würden ausschließlich die Spitzenwerke amerikanischer SF zugänglich gemacht. Schrott, so meint er, würde hierzulande gar nicht erst übersetzt. Er schreibt nebenher Kriminalromane und erwidert auf

die Frage, warum er ausgerechnet SF verfasse: »Ganz genau weiß ich es selbst nicht, wahrscheinlich liegt es daran, daß die SF die einzige Form der modernen Unterhaltungsliteratur ist, die dem Autor noch Chancen gibt. Irgendein klassischer Italiener hat einmal gesagt, es gäbe nur 36 dramatische Grundsituationen – in der SF ist es auch heute noch möglich, sich etwas völlig Neues einfallen zu lassen.«

Bibliographie:
Heftpublikationen:
Das Pendel der Zeit, TN 158 (1970).
Invasion der Terraner, TN 170 (1971).
Der Seelenjäger, TN 178 (1971).
Erde in Finsternis, TA 10 (1971).
Entscheidung auf Inferior, TA 18 (1971).
Schlüssel zur Ewigkeit, TA 26 (1972).
Im Auftrag des Malagathen, TA 46 (1972).
Die kosmische Auktion, TA 94 (1973).
Fährte nach Andromeda, TA 102 (1973).
Vorstoß ins Grenzenlose, TA 110 (1973).
Die Planeten-Ingenieure, TA 122 (1973).
Esper des Todes, TA 143 (1974).
Der Planetenmörder, TA 153 (1974).
Die Welt der tödlichen Kristalle, TA 161 (1974).
Revolte auf Ssalleh, TA 169 (1974).
Die Zeitschwadron, TA 282 (1977).
Das Zeit-Camp, TA 290 (1977).
Die Zeit-Piraten, TA 314 (1977).
Die Zeit-Zauberer, TA 321 (1977).
Die Zeit-Arche, TA 331 (1977).
Der Zeit-Scout, TA 335 (1978).
Der Zeit-Herrscher, TA 339 (1978).
Die Zeit-Jäger, TA 343 (1978).
Das Zeit-Archiv, TA 350 (1978).
Der Zeit-Sklave, TA 355 (1978).
Das Zeit-Orakel, TA 366 (1978).

Teske, Günter
(1933–)
Der gebürtige Berliner Günter Teske absolvierte eine Lehre als Bautischler und betätigte sich nebenher als Radsportler. Von 1954 bis 1958 war er Mitglied der Straßensport-Nationalmannschaft der DDR und nahm 1954 auch an der Weltmeisterschaft teil. Heute arbeitet Günter Teske als freiberuflicher Sportjournalist in der DDR. Nach einigen kürzeren Erzählungen veröffentlichte er ein Handbuch für Sportspiele und, 1978, seinen ersten Band mit SF-Erzählungen: **Die verschwundene Mumie.** Die darin enthaltenen sieben Geschichten handeln u. a. von Roboterfußballern und anderen SF-Innovationen im Bereich des Sports.

Bibliographie:
Die verschwundene Mumie (C), Berlin 1978, Vlg. Neues Leben *(Kompaß-Bücherei).*

Thomas, Theodore L.
(1920–)
Theodore L. Thomas ist ein amerikanischer Rechtsanwalt, der bisher fast ausschließlich als Verfasser von Kurzgeschichten hervorgetreten ist, nachdem 1952 in dem kurzlebi-

gen Magazin *Space Science Fiction* mit THE REVISITOR seine erste Erzählung erschien. Unter dem Pseudonym Leonard Lockhard veröffentlichte Thomas einen Zyklus von Erzählungen über die Abenteuer eines Patentanwalts. Seither sind aus seiner Feder etwa fünfzig weitere, hinsichtlich Qualität unterschiedliche Geschichten erschienen, hauptsächlich in *Analog* und *The Magazine of Fantasy and Science Fiction*. 1965 legte er (zusammen mit Kate Wilhelm) mit THE CLONE einen ersten Roman vor: Darin geht es um ein aus Chemikalien, Abfällen und Fäkalien entstandenes Monster, das sich aus den Abwässerkanälen von Chicago hinauf an die Oberfläche begibt. Thomas' beste Short Story war THE INTRUDER (1961), die in Hemingway-Tradition (Parallelen zu seinen Nick-Adams-Stories sind nur zu deutlich) eine Episode aus dem Leben eines zivilisationsmüden Mannes schildert, der einen im Frühstadium befindlichen Planeten entdeckt (oder eine Zeitreise in die Vergangenheit der Erde hinter sich hat; so genau kommt das nicht heraus), dort nach Trilobiten fischen will und sich plötzlich mit einem armseligen, von den Wellen des Urmeeres ans Ufer gespülten Pflänzchen konfrontiert sieht, es in einem Wutanfall zertrampelt und dann, als der Wind ihm hämisch die Überreste ins Gesicht weht, erkennen muß, daß die Entwicklung auch hier nicht mehr aufzuhalten ist.

Bibliographie:
Der Klon, Wesen aus Zufall (THE CLONE), (mit Kate Wilhelm), Berg. Gladbach 1973, B 24.

Das Jahr des schweren Wassers (YEAR OF THE CLOUD), (mit Kate Wilhelm), Berg. Gladbach 1978, B 22 003.

Tiptree jr., James.
(1915–)
Seit James Tiptree jr. 1968 mit seiner Geschichte BIRTH OF A SALESMAN (ASF, 3/68) zum ersten Mal in den SF-Magazinen aufgetaucht war, wußten Kenner der Szene, daß mit ihm ein neues SF-Talent heranreifte. Bis 1977 war er beinahe zu einer Kultfigur geworden, was eigentlich zwei Gründe hatte. Zum ersten waren es seine Stories selbst, von denen in diesen zehn Jahren ungefähr vierzig in allen wichtigen Magazinen und vielen Originalanthologien erschienen. Es befanden sich eine ganze Reihe erstklassiger Geschichten darunter, die Tiptree am laufenden Band Hugo- und Nebula-Nominierungen einbrachten: THE LAST FLIGHT OF DR. AIN (GAL, 3/69), BEAM US HOME

(GAL, 4/69), THE SNOWS ARE MELTED, THE SNOWS ARE GONE (VEN, 11/69), PAINWISE (FSF, 3/72), AND I AWOKE AND FOUND ME HERE ON COLD HILLS SIDE (FSF, 3/72), A MOMENTARY TASTE OF BEING (in: THE NEW ATLANTIS, 1975), sowie der Nebula-Gewinner LOVE IS THE PLAN, THE PLAN IS DEATH (in: THE ALIEN CONDITION, 1973) und die beiden Hugo-Sieger THE GIRL WHO WAS PLUGGED IN (in: NEW DIMENSIONS 3, 1974) und HOUSTON, HOUSTON, DO YOU READ (in: AURORA: BEYOND EQUALITY, 1976). Aber es war nicht allein die verblüffende Tatsache, daß Tiptree Erzählungen von hoher Qualität scheinbar mühelos schreiben konnte, sondern auch eine gewisse geheimnisvolle Aura, die sie alle umgab. Stilistisch waren sie hervorragend, und inhaltlich steckten sie voller verrückter Ideen. Schon am Titel erkannte der regelmäßige SF-Leser, daß er eine Tiptree-Story vor sich hatte. Dazu kamen offensichtlich Anspielungen auf Rocksongs der Beatles und Rolling Stones. Dies im Zusammenhang mit Tiptrees energiegeladenem, emotionsreichen Schreibstil, der genau den Zeitgeist der Jeans- und Rockmusikgeneration traf, hätte ausgereicht, dem Autor die nötige Aufmerksamkeit zuteil werden zu lassen. Der eigentliche Grund für seinen Beinahe-Mythos aber war, daß niemand James Tiptree je gesehen hatte. Er tauchte nie bei Conventions auf, und seine Preise ließ er immer von anderen Personen abholen. Niemand wußte, wo er eigentlich wohnte; seine Adresse war ein ominöses Postfach. In Fankreisen wurden allerlei Vermutungen angestellt, und bald kursierten die wildesten Gerüchte. Als die Bombe 1977 platzte, war die allgemeine Überraschung groß:
James Tiptree jr. entpuppte sich als die Psychologin Alice Sheldon, die vor über 60 Jahren in Chicago geboren wurde. Und dabei hatte Theodore Sturgeon nur wenige Monate zuvor noch über James Tiptree gesagt, er sei unter den Newcomern der SF-Autoren der einzige Mann, der es mit der weiblichen Übermacht und Klasse aufnehmen könnte... Tiptrees/Sheldons Stories sind in den drei Bänden TEN THOUSAND LIGHT YEARS FROM HOME (1973), WARM WORLDS AND OTHERWISE (1975) und STAR SONGS OF AN OLD PRIMATE (1978) gesammelt. Sein/ihr erster Roman, UP THE WALLS OF THE WORLD (1978) hält in vielem das, was die besseren der Stories versprachen.

Bibliographie:
10 000 Lichtjahre von Zuhaus (C), (TEN THOUSAND LIGHT YEARS FROM HOME – I), München 1975, H 3462.
Beam uns nach Haus (C), (TEN THOUSAND LIGHT YEARS FROM HOME – II), München 1976, H 3514.
Die Feuerschneise (UP THE WALLS OF THE WORLD), München 1980, H 3749.
Warme Welten und andere (C), (WARM WORLDS AND OTHERWISE), München 1981, H (in Vorb.).

Töppe, Frank
(1947–   )
Frank Töppe ist ein DDR-Autor, der in Bleicherode (Harz) geboren wurde, in Berlin Ökonomie studierte und auf diesem Gebiet auch promovierte. Heute ist er Lektor für SF im Verlag Das Neue Berlin und arbeitet nebenher als Grafiker und Schriftsteller. Er glaubt, daß er sich besonders deshalb zur SF hingezogen fühlt, weil hier am ehesten Zusammenhänge aufgedeckt werden können sowie Welt und Mensch als Einheit zu erfassen sind. Neben einer SF-Story für eine Literaturzeitschrift veröffentlichte er 1978 einen Band mit SF-Erzählungen.

Bibliographie:
Regen auf Tyche (C), Berlin 1978, Vlg. Das Neue Berlin.

Tofte, Arthur
(1902–   )
Erst 1969, nachdem er sich aus seinem Beruf als Werbetexter zurückgezogen hatte, begann der in Chicago geborene Arthur Tofte professionell SF zu schreiben.

Seine erste Geschichte erschien aber schon in den dreißiger Jahren in *Esquire;* sein erster Versuch im SF-Genre war THE METEOR MONSTERS (1938) und wurde in *Amazing* publiziert. Nach einigen weiteren Erzählungen in *Fantastic Adventures, Fantastic Science Fiction and Fantasy* sowie *Science Fiction Adventure Classics* zog Tofte sich für mehrere Jahrzehnte aus der SF zurück und schrieb Artikel für Zeitschriften wie *American Heritage, American Legion* und *Boy's Life.* Sein erster Roman war CRASH LANDING ON IDUNA (1975), eine abenteuerliche Robinsonade auf einem unbekannten Planeten. 1975 folgte WALLS WITHIN WALLS, und SURVIVAL PLANET (eine Fortsetzung zu seinem Erstling), sowie diverse Romane nach bekannten SF-Filmen: THE DAY THE EARTH STOOD STILL (1977), THE BLOB (1978) und KING KONG RETOLD (1979). Etwa vierzig seiner Stories erschienen in Anthologien. Sein letztes Buch HOW TO ADJUST TO A HEARING LOSS (1979) setzt sich mit den Problemen von Gehörlosen auseinander.

Tolkien, J(ohn) R(onald) R(euel)
(1892–1973)
Der in Südafrika geborene Engländer Tolkien kehrte als Dreijähriger nach England zurück. Vor und nach dem Ersten Weltkrieg – er diente bei den Lancashire Fusiliers und wurde mehrfach verwundet – studierte er in Oxford. Später unterrichtete er Englisch an der Universität von Leeds und wurde schließlich als Professor für englische Literatur des Mittelalters nach

Oxford berufen, wo er jahrzehntelang wirkte und als Fachgelehrter von hohem Rang galt. Tolkien war gläubiger Katholik (was nicht ohne Einfluß auf sein literarisches Werk blieb). Neben einigen kleineren Arbeiten und dem Nachlaßwerk THE SILMARILLION (1977) – eigentlich Vorstudie und Ausgangsmaterial für LORD OF THE RINGS, von seinem Sohn Christoph bearbeitet und herausgegeben – ist sein Hauptwerk die Trilogie LORD OF THE RINGS und deren Vorläufer THE HOBBIT (1937). Die Entstehung dieses monumentalen Fantasy-Werks begann damit, daß Tolkien beim langweiligen Korrigieren von Examensarbeiten plötzlich ein weißes leeres Blatt zwischen all den beschriebenen Blättern fand und darauf kritzelte: »In einer Höhle in der Erde, da lebte ein Hobbit…«
War THE HOBBIT noch ein Buch, das vor allem Jugendlichen die Abenteuer des zwergenähnlichen Hobbits (die auch »Halblinge« genannt werden) Bilbo nahebringen sollte, so wuchs die Ring-Trilogie zu einem Supermärchen für Erwachsene heran. Es geht darin um eine vorgeschichtliche »Middle Earth«, wo Hobbits, Elfen, Zauberer, Trolle und Menschen in ein episch breit angelegtes Geschehen verwickelt werden, das sich letztlich auf den Kampf zwischen Gut und Böse um die Herrschaft über die Welt reduzieren läßt. In weiten Teilen ist dieses Werk geheimnisumwittertes Märchen, in anderen handfeste sog. Sword & Sorcery – insgesamt ist es der sog. Heroischen Fantasy zuzurechnen.

Abgesehen davon, daß Tolkien ein recht geschickter (wenngleich keineswegs überragender) Erzähler war, fesselt das (ansonsten inhaltlich triviale) Werk vor allem durch seine Detailfreude. Es bietet eine bis ins kleinste durchkonstruierte, verwobene und ausfabulierte Handlung, wie sie nur der Pedanterie eines Tüftelgenies wie Tolkien entspringen konnte und in dem mit bisher noch nicht dagewesener Gründlichkeit – bis hin zu einer eigenen Phantasiesprache, dem Elbischen, und einer im Anhang beigefügten detaillierten Pseudohistorie – eine Fantasywelt ausgelotet wurde. LORD OF THE RINGS machte Tolkien in aller Welt bekannt und tauchte überall in den Bestsellerlisten auf. Allein von der englischen Ausgabe wurden zehn Millionen Exemplare verkauft, und weltweit wurden rund 50 Millionen Exemplare abgesetzt (was Tolkien zum wohl erfolgreichsten Fantasy-Autor werden ließ).

Der Erfolg des aus den Bänden THE FELLOWSHIP OF THE RING (1954), THE TWO TOWERS (1954) und THE RETURN OF THE KING (1955) bestehenden Werkes setzte in großem Maßstab bezeichnenderweise erst in den späten sechziger Jahren ein, als die Trilogie in Taschenbuchausgaben erschien und auf ein Publikum vor allem junger Leser traf, das im Anschluß an eine Phase vergeblichen politischen Engagements nach einer frustrationsmildernden Weltfluchtdroge suchte. LORD OF THE RINGS wurde plötzlich zum Modeartikel und begann nun sogar das staubtrockene THE SILMARILLION, das allenfalls für Literaturwissenschaftler und Philologen von Interesse sein kann, in die Bestsellerlisten mitzuziehen; und inzwischen ist sogar die Filmindustrie in den Stoff eingestiegen (ein Versuch, den man getrost als Fehlschlag bezeichnen kann).

Tolkien, der sich selbst in einer Tradition schreibender Oxford-Professoren von Lewis Carroll bis C.S.Lewis sah, hatte schon als Dreizehnjähriger Spaß daran, sich Phantasiesprachen auszudenken – das war für ihn wie eine »Süßspeise«. Inzwischen gibt es eine Tolkien-Gemeinde, die »Elbisch« gelernt hat und im geselligen Kreis aus dem Werk in der »Originalsprache« vorträgt. Tolkien selbst war ein Verehrer der Musik von Carl Maria von Weber und sah als Grundlage und Schlüssel für sein Werk den Gedanken vom Tod als individueller Vergewaltigung.

Bibliographie:
Der kleine Hobbit (THE HOBBIT OR THERE AND BACK AGAIN), Recklinghausen 1957, G. Bitter Vlg.
Der Herr der Ringe – Erster Teil: **Die Gefährten** (THE FELLOWSHIP OF THE RING BEING THE FIRST PART OF THE LORD OF THE RINGS), Stuttgart 1969, Hobbit Presse, Ernst Klett Vlg.
Der Herr der Ringe – Zweiter Teil: **Die zwei Türme** (THE TWO TOWERS BEING THE SECOND PART OF THE LORD OF THE RINGS), Stuttgart 1970, Hobbit Presse, Ernst Klett Vlg.
Der Herr der Ringe – Dritter Teil: **Die Rückkehr des Königs** (THE RETURN OF THE KING BEING THE THIRD PART OF THE LORD OF THE RINGS), Stuttgart 1970, Hobbit Presse, Ernst Klett Vlg.
Fabelhafte Geschichten, C/OA, Stuttgart 1975, Hobbit Presse, Ernst Klett Vlg.
Die Briefe vom Weihnachtsmann (THE FATHER CHRISTMAS LETTER, ed. by BAILLIE TOLKIEN), Stuttgart 1977, Hobbit Presse, Ernst Klett Vlg.
Das Silmarillion (THE SILMARILLION), herausgegeben von Christopher Tolkien, Stuttgart 1978, Hobbit Presse, Ernst Klett Vlg.

Tolstoi, Alexej Nikolajewitsch (1883–1945)
Alexej Nikolajewitsch Tolstoi (Aleksej Nikolaevič Tolstoj), russischer Schriftsteller, wurde als Sohn eines reichen Gutsbesitzers in Nikolaevsk (heute Pugačëv) im ehemaligen Gouvernement Samara geboren. Er studierte an der Technischen Hochschule von St. Petersburg und schrieb schon während seiner Studienzeit erste Erzählungen und Romane, die den Niedergang des russischen Adels schildern und sich durch ihre realistische Darstellungsweise auszeichnen. Im Ersten Weltkrieg war er Kriegsberichterstatter; während der Oktoberrevolution schloß er

sich den »Weißen« an und emigrierte nach dem Sieg der »Roten« nach Paris, kehrte aber 1923 nach Moskau zurück. Von seinen zahlreichen Werken sind zwei Romane, die unter dem Einfluß H. G. Wells', den Tolstoi kannte und schätzte, entstanden, der Science Fiction zuzurechnen: GIPERBOLOID INŽENERA GARINA (1925, *Das Geheimnis der infraroten Strahlen*) und AËLITA (1922; *Aëlita*). AËLITA schildert eine Marsexpedition, an der ein Ingenieur und ein Rotarmist teilnehmen. Während sich der Ingenieur in Aëlita, die schöne Tochter des Marsherrschers, verliebt, versucht der Rotarmist die Ideale der Russischen Revolution auch auf dem Nachbarplaneten zu verwirklichen, überredet die marsianischen Arbeitermassen zu einem Aufstand gegen ihre Ausbeuter. Die Rache des Marsherrschers trifft die Erdenmenschen, beide müssen sie zur Erde zurück. Während der Revolutionär seiner Revolution nachtrauert und auf der Erde Reserven zu mobilisieren versucht, um den Mars zu »befreien«, lauscht der Ingenieur nach der Stimme seiner fernen Geliebten, der unerreichbaren Marsprinzessin. Der Roman wurde recht zwiespältig aufgenommen und von nicht wenigen Kritikern als Sensationshascherei empfunden. Trotzdem ist unverkennbar, daß es dem Autor ernsthaft daran gelegen war, der Russischen Revolution eine Deutung aus anderer (verfremdeter) Perspektive zu geben und die Ereignisse vor dem Hintergrund der alten Dialektik von Eros und Vernunft darzustellen, für die seine beiden Protagonisten stehen.

Bibliographie:
Aëlita, ein Marsroman (AËLITA), München 1924, Allgemeine Verlagsanstalt.
Geheimnisvolle Strahlen (GIPERBOLOID INŽENERA GARINA), Berlin 1957, Vlg. Kultur und Fortschritt

Tramin, Peter von
(1932–)
Peter Richard Oswald Freiherr von Tschugguel zu Tramin publizierte seinen ersten Roman unter dem Pseudonym Peter von Kleynn innerhalb der Reihe *Utopia* im Jahre 1958: **Herr über 1000 Gehirne** handelt von zwei jungen Männern aus Wien, die an der holländischen Küste ihren Urlaub verbringen und dort Zeugen eines außergewöhnlichen Vorfalls werden, bei dem ein seltsames Flugzeug ins Wasser stürzt und sich als Raumschiff entpuppt. Tramin verließ die SF-Szene jedoch bald wieder und wandte sich anderen literarischen Bereichen zu. **Die Herren Söhne** (1963) hatte mit SF gar nichts zu tun, und auch der Erzählungsband **Taschen voller**

Geld (1970) spiegelte eher das Leben frustierter Kleinbürger wider, die in einer abgehalfterten k.u.k. Donaumonarchie Müßiggang betreiben. Erst **Die Tür im Fenster** (1967) griff wieder ein utopisches Thema auf: die Zeitreise.

Bibliographie:
Die Tür im Fenster, München 1968, Nymphenburger Vlg.

Heftpublikationen:
Herr über 1000 Gehirne, UZ 112 (1958).

Trimble, Louis
(1917–)
Bereits 1938 verkaufte Louis Trimble seine erste Story, eine Krimi-Geschichte, 1941 dann den Kriminalroman FIT TO KILL. Zuvor hatte er allerdings schon eine Sport-Enzyklopädie veröffentlicht (1938). Insgesamt sind es bis heute 65 Bücher, zum überwiegenden Teil Krimis und Western, aber auch 6 Science Fiction-Romane: ANTHROPOL (1968), THE NOBLEST EXPERIMENT IN THE GALAXY (1970), GUARDIANS OF THE GATE (gemeinsam mit Jacqueline Trimble, 1972), THE WANDERING VARIABLES (1972), THE CITY MACHINE (1974) und THE BODELAN WAY (1974). Außerdem veröffentlichte er in den fünfziger Jahren eine SF-Story in *If*.

Louis Trimble ist Professor für humanistisch-sozialwissenschaftliche Studien an der Universität in Washington, Abteilung Ingenieurwissenschaft, wobei sein Spezialgebiet wissenschaftlich-technische Kommunikation bzw. Fachenglisch im Wirtschafts- und Geschäftsbereich ist. Auf diesem Gebiet hatte er auch zahlreiche Veröffentlichungen, häufig in Zusammenarbeit mit Kollegen oder seiner Frau Mary Todd Trimble.

Bibliographie:
Die Beste aller Welten (THE NOBLEST EXPERIMENT IN THE GALAXY), Alsdorf 1972, Bildschriftenverlag.
Die Stadtmaschine (THE CITY MACHINE), Berg. Gladbach 1974, B 21 049.

Tubb, E(dwin) C(harles)
(1920–)
E.C. Tubb wurde in London geboren und hat laut eigener Aussage schon länger SF gelesen, als er sich erinnern möchte. Er hält das Genre allerdings für das faszinierendste und geistig anregendste überhaupt. 1950 verkaufte er mit NO SHORT CUTS eine erste Geschichte an das britische Magazin *New Worlds*. Er

hatte augenblicklich Erfolg und erreichte – wie seine Bibliographie zeigt – zu Beginn der fünfziger Jahre einen beinahe unglaublichen Ausstoß an SF-Titeln. Tubb war regelmäßiger Mitarbeiter aller britischen SF-Magazine und hat – abgesehen von seinem Heimatland – die meisten Übersetzungen in der Bundesrepublik erreicht (ein Roman, **Saat der Verdammnis,** im Manuskript mit dem Originaltitel THE SPORE MENACE versehen, erschien 1960 sogar *nur* in deutscher Sprache). 1955 erhielt Tubb den Cytricon Literary Award. Das schottische Magazin *Nebula* wählte ihn mehrere Jahre hintereinander zum besten britischen Autor des Jahres, und auch auf den Bestenlisten der British Fantasy Society erreichte er stets einen Platz unter den beliebtesten Zehn. 1956 löste er seinen Kollegen H. J. Campbell bei der Herausgabe des Magazins *Authentic SF* ab und trimmte es auf das absolute Abenteuer. Erst gegen Ende der sechziger Jahre wurden die amerikanischen SF-Verleger auf ihn aufmerksam, und seither verfaßt Tubb für den US-Markt – neben Umschreiben von Drehbüchern bekannter TV-Spektakel wie **Mondbasis Alpha** in Romane – SF-Abenteuerromane am Fließband mit ständig wiederkehrenden Charakteren. Als Gregory Kern schrieb er die »amerikanische Antwort auf **Perry Rhodan**«: ein knappes Dutzend Paperbacks über die Abenteuer des irdischen Geheimagenten **Cap(tain) Kennedy,** der in sich gleichzeitig einen vom Staat bestellten Richter und Henker sah. Die Serie war weder in der Originalfassung, noch in der deutschen Übersetzung ein Erfolg (obwohl hier die gröbsten Brutalitäten herausgelassen und von deutschen Autoren geschriebene Fortsetzungen dazwischengeschoben wurden). Die letzten Bände der **Cap Kennedy**-Serie verfaßte übrigens Lin Carter. Tubb konzentriert sich seit 1967 auf die Schilderung der Weltraumabenteuer des irdischen Tramps Earl Dumarest, den es in die Milchstraße »verschlagen« hat und der sich nun auf der Suche nach der Erde befindet.

Tubb gehört zu den meistpublizierten SF-Autoren in der Bundesrepublik, ist davon überzeugt, daß die SF »ein reifes und verantwortungsvolles Medium der Unterhaltung« darstellt und schätzt an ihr besonders »Abenteuer, Entspannung, Vergnügen« und mehr das menschliche als das technische Elend. Zu Anfang seiner Karriere publizierte er viel unter Pseudonymen wie Charles Grey (bzw. Gray), Douglas West, Gill Hunt, Brian Shaw und King Lang, aber auch unter verlagseigenen Verfassernamen wie Volsted Gridban, Roy Sheldon und Vargo Statten.

Bibliographie:
Hölle im Zwielicht (HELL PLANET), Balve 1957, Gebr. Zimmermann Vlg.
Die zweite Macht (ENTERPRISE 2115) (als Charles Grey), Balve 1958, Gebr. Zimmermann Vlg.
Türme strahlen den Tod (THE TORMENTED CITY) (als Charles Grey), Balve 1958, Gebr. Zimmermann Vlg.
Das Gesetz der Freiheit (SPACE HUNGER) (als Charles Grey), Balve 1959, Gebr. Zimmermann Vlg.
Die goldene Pyramide (VENUSIAN ADVENTURE), Balve 1959, Gebr. Zimmermann Vlg.
Projekt Ming-Vase (C), (TEN FROM TOMORROW) München 1968, GWTB 093.
Käfig der Zeit (DEATH IS A DREAM), München 1968, GWTB 091.
Rückkehr zur Erde (ESCAPE INTO SPACE), München 1970, GWTB 0113.
Freiheit ohne Schranken (ATOMWAR ON MARS), Berlin 1977, U 3369.

Heftpublikationen:
Krater der Hölle (WORLD AT BAY), UG 35 (1956).
Saturn-Kommando (SATURN PATROL) (als King Lang), UZ 120 (1958).
Planeten-Räumkommando (PLANETOID DISPOSALS, LTD.) (als Volsted Gridban), UZ 138 (1958).
Sie kämpften für Mars (I FIGHT FOR MARS) (als Charles Grey), UZ 141 (1958).
Legion der Sterne (STELLAR LEGION), UZ 124 (1958).
Die verbotene Stadt (CITY OF NO RETURN), UG 78 (1958).
Der Doppelgänger (ALIEN UNIVERSE), UZ 164 (1958).
Aufstand der Mutanten (THE MUTANTS REBEL), T 16 (1958).
Der weiße Tod (THE METAL EATER) (als Roy Sheldon), T 45 (1958).
Ein Mann zwischen drei Welten (PLANETFALL), T 50 (1959).
Verräter zwischen den Sternen (THE EXTRA MAN), T 58 (1959).
Die Ausgestoßenen (DEAD WEIGHT) (als Douglas West), T 61 (1959).
Er lebte zweimal (THE RESURRECTED MAN), UG 103 (1959).
Saat der Vernichtung (THE SPORE MENACE), T 106 (1960).
Bewährung im All (C/OA), T 464 (1966).
Die Mondstation (MOON BASE), T 477 (1966).
Die Marskolonie (ALIEN DUST), TS 46 (1961).
Gath, Planet der Stürme (THE WINDS OF GATH), TN 63 (1969).
Die Telepathin (DERAI), TN 90 (1969).
Planet der Spieler (TOYMAN), TN 111 (1970).
Kampf zwischen den Welten (S.T.A.R. FLIGHT), TN 128 (1970).
Kalin, die Hexe (KALIN), TN 136 (1970).
Das Schiff des Jokers (THE JESTER AT SCAR), TN 155 (1970).
Im Netz der Sterne (LALLIA), TA 23 (1971).
Technos (TECHNOS), TA 87 (1973).

Eine Handvoll Sternenstaub (C) (A SCATTER OF STARDUST), TA 99 (1973).
Im Jahr der Androiden (CENTURY OF THE MANIKIN), TA 133 (1973).
Planet im Nichts (MAYENNE), TA 159 (1974).
Der Horrorplanet (JONDELLE), TA 175 (1974).
Söldner des Schlangenclans (ZENYA), TA 191 (1974).
Rivalen der Macht (VERUCHIA), TA 229 (1975).
Im Bann des Computers (ELOISE), TA 233 (1976).
Hüter der Vergangenheit (EYE OF THE ZODIAC), TA 253 (1976).
Labyrinth der Illusionen (JACK OF SWORDS), TA 288 (1977).
Spektrum der vergessenen Sonne (SPECTRUM OF A FORGOTTEN SUN), TA 302 (1977).
Tor ins Jenseits (HAVEN OF DARKNESS), TA 347 (1978).

Tucker, Wilson
(1914–)

Arthur Tucker, von seinen Freunden ausnahmslos Bob genannt, legte sich den Vornamen Wilson nur deswegen zu, weil ein Magazin-Redakteur ihm eines Tages sagte, daß er es leid sei, schon wieder einen Autor mit einem Allerweltsnamen zu veröffentlichen. Tucker wurde als Sohn einer Hausangestellten und eines mit Zirkusunternehmen wie Barnum & Bailey, Ringling Brothers und Hagenbeck herumreisenden Kartenabreißers geboren. Tuckers Mutter starb, als er sieben Jahre alt war. Der Vater, der sich inzwischen in ihrem Heimatort Bloomington/Illinois niedergelassen hatte und bei einer Bühne arbeitete, versorgte den Jungen mit einem Exemplar von *Weird Tales,* das ein Schauspieler hatte liegenlassen, und steckte, als ihm die Arbeit zuviel wurde, ihn mitsamt seinem Bruder in ein Waisenhaus. Tucker brach 1930 aus und trampte fast ein Jahr lang durch die USA, dann griff ihn die Polizei auf. 1931 – nach nur sieben Jahren schulischer Notausbildung – mußte er das Waisenhaus verlassen, ließ sich in Bloomington nieder, kaufte sich eine alte Schreibmaschine und begann Stories aller Art zu verfassen: Detektivgeschichten, Science Fiction, Kriminalstories und abenteuerliche Erzählungen, die er natürlich nicht loswurde. Da er um seine Bildungslücken wußte, wurde er bald zum regelmäßigen Besucher der örtlichen Stadtbibliothek, wo sein Hauptinteresse archäologischen, anthropologischen, geographischen, geologischen und astronomischen Werken galt – aber auch solchen, von denen er sprachlich profitieren konnte, da er bereits in seiner Kindheit den festen Entschluß gefaßt hatte, eines Tages Schriftsteller zu werden. 1941 schaffte er es schließlich, Frederik Pohl für sein Magazin *Super Science Novels* die Erzählung INTERSTELLAR WAY STATION zu verkaufen. Da er nun einsah, daß er im Kurzgeschichtenmilieu nicht zu Rande kam, vernichtete Tucker etwa zweihundert fertiggestellte Stories und verlegte sich von 1944 an auf das Schreiben von Romanen. Sein erster veröffentlichter Titel war THE CHINESE DOLL, ein Detektivroman in der Tradition Erle Stanley Gardners, in dem nahezu jede auftretende Figur den Namen irgendeines Bekannten Tuckers aus dem amerikanischen SF-Fandom trägt. In den fünfziger Jahren folgten dann seine ersten SF-Romane: THE CITY IN THE SEA (1951, THE LONG LOUD SILENCE (1952), THE TIME MASTERS (1953), WILD TALENT (1954), und sein bisher bester, THE LINCOLN HUNTERS (1958), in dem ein Zeitreisekommando versucht, eine Rede, die Abraham Lincoln angeblich in Tuckers Heimatstadt Bloomington gehalten hat, im nachhinein aufzuzeichnen.

Tucker hat etwa fünfundzwanzig Romane verfaßt, die Hälfte davon SF. Seine Kurzgeschichten erschienen gesammelt in dem Band SCIENCE FICTION SUB TREASURY (1954). Die letzten SF-Titel aus seiner Feder waren THE YEAR OF THE QUIET SUN (1970) und ICE AND IRON (1974). Mit Ausnahme kleiner Unterbrechungen (1945 arbeitete er eine Zeit als Texter in einer Werbeagentur, 1946 als Elektriker bei der Filmgesellschaft 20th Century Fox) war er sein Leben lang als Beleuchter in einem kleinen Theater in Bloomington beschäftigt. 1969 erhielt Wilson Tucker den Hugo Gernsback-Award als bester Fan-Autor; 1976 wurde er mit dem John W. Campbell Memorial-Award ausgezeichnet.

Bibliographie:
Das Jahr der stillen Sonne (THE YEAR OF THE QUIET SUN), München 1972, Wilhelm Goldmann Vlg.
Die Letzten der Unsterblichen (THE TIME MASTERS), Berlin 1973, U 2959.
Die Unheilbaren (THE LONG LOUD SILENCE), Berlin 1973, U 2981.
Geheimwaffe Mensch (WILD TALENT), Berlin 1974, U 3030.
Die Zeitbombe (TIME BOMB), Berlin 1975, U 3140.

Heftpublikationen:
Der letzte Flug der Xanthus (TO THE TOMBAUGH STATION), TS 48 (1961).
Die Stadt im Meer (THE CITY IN THE SEA), TS 68 (1963).

Turek, Ludwig
(1896–   )
Der heute in der DDR lebende Autor wurde in Stendal als Sohn eines Schlossers geboren, arbeitete nach dem Besuch der Volksschule als Kleinknecht und wurde später Schriftsetzer. Im Ersten Weltkrieg wurde Turek zu Festungshaft verurteilt. Er gehörte der KPD seit ihrer Gründung an, nahm aktiv an Kämpfen in der Weimarer Zeit (Kapp-Putsch) teil, lebte später in

der Sowjetunion und Frankreich und ging nach 1945 in die DDR, wo er als freischaffender Schriftsteller tätig war. Sein einziger utopischer Roman (»phantastischer Roman um Atomkraft und Weltraumschiffe« war der Untertitel) kam unter dem Titel **Die goldene Kugel** 1949 heraus.

Bibliographie:
Die goldene Kugel, Berlin 1949, Dietz Vlg.

Tuschel, Karl-Heinz
(1928–)
Der in Magdeburg geborene Karl-Heinz Tuschel arbeitete zeitweise als Chemiewerker, Bergmann, Redakteur und war dann fünfzehn Jahre lang Dramaturg bei einem Kabarett. Er ist Absolvent des Literaturinstituts »Johannes R. Becher«. Während der Zeit als Kabarett-Dramaturg schrieb er hauptsächlich Kabarett-Texte, begann dann aber nebenher SF-Erzählungen und -Romane zu schreiben, wobei bei ihm naturwissenschaftliche Probleme im Vordergrund standen und stehen. Sein Hauptanliegen ist denn auch, bei seinen Lesern das Interesse für Naturwissenschaft und Technik zu wecken, wobei ihn das Verhältnis Mensch–Maschine, das Verhältnis Gesellschaft–Kultur und die Begegnung mit fremden Kulturen am meisten interessiert. Er gehört neben Carlos Rasch und Günther Krupkat zu den produktivsten SF-Autoren der DDR.

Bibliographie:
Ein Stern fliegt vorbei, Berlin 1967, Vlg. Neues Leben.
Der unauffällige Mr. McHine (C), Berlin 1970, Deutscher Militärverlag.
Der purpurne Planet, Berlin 1971, Vlg. Neues Leben.
Die Insel der Roboter, Berlin 1973, Militärverlag der DDR.
Das Rätsel Sigma, Berlin 1974, Vlg. Neues Leben.
Raumflotte greift nicht an (C), Berlin 1977, Militärverlag der DDR.
Die blaue Sonne der Paksi, Berlin 1978, Vlg. Neues Leben.

Tuttle, Lisa
(1952–)
Vielversprechende amerikanische Nachwuchsautorin. Lisa Tuttle stammt aus Texas und verkaufte ihre erste SF-Story STRANGER IN THE HOUSE 1972 an Robin Scott Wilson, in dessen Anthologie CLARION 2 sie erschien. Wilson leitete auch den Workshop, in dem Lisa Tuttle ihre ersten schriftstellerischen Gehversuche machte. Danach begann sie ihre Geschichten

auch an die Magazine zu verkaufen. Beachtung fanden STONE CIRCLE (AMZ, 3/76), WOMAN WAITING *(Lone Star Universe)* und MRS. T (AMZ, 9/76). STONE CIRCLE wurde für den Nebula vorgeschlagen. Für den Hugo-Award nominiert wurde THE STORMS OF WINDHAVEN (ASF, 5/75), eine romantische Novelle, die in Zusammenarbeit mit George R. R. Martin entstand und den ersten Teil eines breitangelegten Romans darstellt. Die Erzählung erschien auf deutsch unter dem Titel **Sturm über Winhaven** 1978 in der Anthologie **Im Grenzland der Sonne,** hrsg. von Wolfgang Jeschke (H 3592). 1975 wurde Lisa Tuttle mit dem John W. Campbell-Award als beste SF-Nachwuchsautorin ausgezeichnet.

U

Ulbrich, Bernd
(1943–)
Bernd Ulbrich lebt in der DDR und ist von Beruf Chemiker. Nach einer ersten SF-Erzählung, **Der verhexte Kater,** die 1975 in der Anthologie **Der Mann vom Anti** veröffentlicht wurde, erschien 1977 ein ganzer Band mit SF-Erzählungen von ihm unter dem Titel **Der unsichtbare Kreis.**

Bibliographie:
Der unsichtbare Kreis (C), Berlin 1977, Vlg. Das Neue Berlin.

Ulrici, Rolf
(1922–)
Wer sich ein bißchen auf dem Jugendbuchmarkt umsieht, entdeckt schnell, daß Rolf Stitz-Ulrici, wie er mit vollem Namen heißt, einer der produktivsten Autoren in diesem Genre ist. Bekannt wurden vor allem seine Abenteuerbücher um **Käpt'n Konny,** aber Ulrici hat auch etliche Hörspiele und die 13teilige Fernsehserie **Die Oder gluckste vor Vergnügen** geschrieben. Im SF-Jugendbuchbereich wurde er 1971 aktiv, als der Schneider Verlag die Serie **Raumschiff Monitor** startete, die 1975 von einer weiteren Serie, **Giganto,** Gesellschaft erhielt. Ulrici schreibt alle Titel dieser beiden Serien. Der Ehrenbürger von Anguilla hat diverse Medaillen, u.a. den Mädchenbuchpreis des Franz-Schneider-Verlags und den Deutschen Jugendbuchpreis 1953 sowie den Verbrieften Apostolischen Segen Papst Pauls VI. und gilt als vielseitig einsetzbarer Unterhaltungsroutinier.

Bibliographie:
Raumschiff Monitor-Serie:
Geheimer Start, München 1971.
Verfolgungsjagd im Weltall, München 1972.
Raumschiff Monitor verschollen, München 1972.
Monitor startet zur Unterwasserstadt, München 1973.
Neuer Kurs für Monitor, München 1973.
Landung auf Raumstation Monitor, München 1974.

Giganto-Serie:
Giganto meldet: Vorstoß in die Erde, München 1975.
Giganto meldet: Über uns ein Vulkan!, München 1975.
Giganto meldet: Schiffbruch in der Erde, München 1976.
Giganto meldet: Alarm im Erdball!, München 1976.
Giganto meldet: Erdschiff verloren!, München 1977.
Giganto meldet: Ziel erreicht!, München 1977.

(Sämtliche Titel erschienen im Franz Schneider Verlag, München.)

Vance, Jack
(1916–)
Amerikanischer Science Fiction- und Kriminalschriftsteller. Der SF unter dem Namen Jack Vance schreibende John Holbrook Vance (seinen richtigen Namen verwendet er für die Kriminalromane) wurde in San Francisco geboren, wuchs im San Joaquin/Sacramento-Delta auf und studierte an der Universität von Kalifornien. Während des Zweiten Weltkrieges befuhr er als Matrose der US-Handelsmarine jahrelang den Pazifik. Zu dieser Zeit entstanden auch einige Geschichten, für die sich jedoch kein Markt finden ließ. Nach dem Krieg ging Vance einer Vielzahl von Beschäftigungen nach; u.a. arbeitete er auf Baustellen, im Bergbau, in einer Konservenfabrik; er war Hilfsarbeiter bei der Obsternte, und er spielte in einer Jazzband Trompete. Darüber hinaus bereiste er die ganze Welt und lebte längere Zeit im Ausland. Zusammen mit seinen Freunden und Kollegen Poul Anderson und Frank Herbert bewohnte er eine Zeitlang ein Hausboot. Heute lebt er mit seiner Frau und seinem Sohn in einem alten Haus in Oakland.
Sein erster literarischer Erfolg stellte sich 1945 ein, als in *Thrilling Wonder Stories* seine Geschichte THE WORLD THINKER abgedruckt wurde. Bis zum Ende des Jahrzehnts folgten noch ca. ein Dutzend Stories, von denen 8 zu der Serie um *Magnus Ridolph*, einen kosmischen Detektiv, gehörten. In den fünfziger Jahren nahm seine Produktion und auch die Qualität seiner Prosa spürbar zu. Der Autor versuchte sich nun auch an längeren Erzählungen und Romanen, die zunächst in Magazinen erschienen, später dann in Buchform nachgedruckt wurden. Seine erste Buchveröffentlichung war THE DYING EARTH (1950), eine Sammlung zusammenhängender phantastischer Novellen über eine Erde der fernen Zukunft, auf der Zauberei die Wissenschaften abgelöst hat und eine sterbende, erlöschende Sonne die immer mehr abnehmende Bevölkerung in ihr rotes Licht taucht. Es waren genau jene Stories, die Vance schon Anfang der vierziger Jahre geschrieben hatte und die heute als klassisch empfunden werden und zu seinen gerühmtesten Werken wurden. Romane aus den frühen fünfziger Jahren sind THE BIG PLANET (SS, 9/52), THE FIVE GOLD BANDS (SS, 11/50), THE HOUSES OF ISZM (SS, S 54), SLAVES OF THE KLAU (*Space Stories*, 12/52) und SON OF THE TREE (TWS, 6/51). Einige davon wurden, durch ihre passende Länge und actionbetonte Handlung im Vorteil, dem deutschen Leserpublikum schon frühzeitig in Form von Heftpublikationen zugänglich gemacht. Bis Ende der fünfziger Jahre verfeinerte Jack Vance seinen Stil, der in bezug auf Farbigkeit und ornamentale Ausschmückung wohl einzigartig in der SF ist. Vance schreibt Science Fantasy, die durch ihren bizarren Detailreichtum und

ausgefallene Namengebung fasziniert. Dabei paart er oftmals antiquierte Redewendungen mit exotischen Szenarios, was ihm den Ruf eingebracht hat, *der* Romantiker unter den SF-Schriftstellern zu sein. Seine Spezialität ist die Beschreibung von absonderlichen Lebensumständen, Sitten und Bräuchen fremder Planetenvölker, die er mit akribischer Genauigkeit darzustellen weiß. Trotz des fesselnden Hintergrunds und der phantastischen Schauplätze bleiben viele seiner Romane seltsam unbefriedigend. Die Handlung ist oft oberflächlich, die Charakterisierungen simpel, die dünne Idee lohnt den Aufwand an Phantasie im Detail nicht. Dessen ungeachtet zollte und zollt man seinem Werk wachsenden Beifall, und er hat eine feste Lesergemeinde, die seine Art zu schreiben fasziniert. Schon die Reaktion auf THE MIRACLE WORKERS (ASF, 7/58) ließ aufsteigende Tendenz erkennen. Der Fantasykurzroman THE DRAGON MASTERS (GAL, 8/62) gewann 1963 den Hugo Gernsback-Award. Offensichtlich kamen Geschichten, die an der Grenze zwischen Fantasy und SF angesiedelt waren, bei Fans und Kritik am besten an. THE LAST CASTLE (GAL, 4/66) knüpfte an den Erfolg der DRAGON MASTERS an und heimste Hugo- und Nebula-Award ein. (In Deutschland erschien die Erzählung 1971 unter dem Titel **Die letzte Burg** in: **Der Tag Million,** hrsg. von Brian W. Aldiss und Harry Harrison, in der Reihe »Science Fiction für Kenner« im Lichtenberg Verlag, hrsg. von Wolfgang Jeschke.)

Vances Stärke scheint mehr in der Novelle oder dem Kurzroman zu liegen, denn neben den beiden letztgenannten Kurzromanen kann man die Novelle THE MOON MOTH (GAL, 8/61) ohne weiteres zu seinen besten Werken zählen. Jedoch wurde Vance in den sechziger wie auch in den siebziger Jahren in erster Linie durch Romane bzw. ganze Romanserien bekannt. Dazu zählen: Die STAR KINGS-Serie um Kirth Gersen (5 Romane, 1964–80), PLANET OF ADVENTURE (4 Romane, 1968–70, von denen der vierte, THE PNUME unverständlicherweise nie als deutsche Übersetzung erschien), die DURDANE-Trilogie (1973–74) und die ALASTOR CLUSTER-Serie (bisher 3 Romane, 1973–78). 1966 setzte er die DYING EARTH-Geschichten mit einem Band Erzählungen um den charismatischen *Cugel* fort, eine Figur, die sogar von einem anderen SF-Autor adaptiert wurde. Wichtige Einzelromane außerhalb der Serien sind: TO LIVE FOREVER (1956), THE BLUE WORLD (1966), EMPHYRIO (1969) und MASKE: THAERY (1976). Durch die allein auf faszinierenden Sinnesreiz und exotische Absonderlichkeit angelegte Struktur seiner Romane blieb es Vance bisher versagt, dem SF-Kosmos ein Werk von herausragendem Wert beizusteuern. Sein unglaublich farbiges Universum, aus dem fast jeder Roman, jede Story schöpft und für den Leser sofort als typisch Vancesches Produkt zu erkennen ist, kam jedoch als Unterhaltungslektüre beim Leser optimal an und machte seinen Schöpfer in manchen Fankreisen fast zu einem Kultautoren, besonders in Frankreich und Holland, wo er geradezu als Star der SF-Schriftsteller gefeiert wird. Jedenfalls wird Jack Vance – wie ein Kritiker treffend bemerkte – als der Begründer des galaktischen Heimatromans in die Geschichte der Science Fiction eingehen.

Bibliographie:
Magarak, Planet der Hölle (SLAVE OF THE KLAU), Balve 1960.
Start ins Unendliche (TO LIVE FOREVER), München 1968, H 3111.

Star King-Serie:
Jäger im Weltall (THE STAR KING), München 1969, H 3139.
Die Mordmaschine (THE KILLING MACHINE), München 1969, H 3141.
Der Dämonenprinz (THE PALACE OF LOVE), München 1969, H 3143.
Das Gesicht (THE FACE), München 1981, H (in Vorb).

Emphyrio (EMPHYRIO), München 1971, H 3261.

Durdane-Trilogie:
Der Mann ohne Gesicht (THE ANOME), München 1975, H 3448.
Der Kampf um Durdane (THE BRAVE FREE MEN), München 1975, H 3463.
Die Asutra (THE ASUTRA), München 1976, H 3480.

Das Auge der Überwelt (C), (THE EYES OF THE OVERWORLD), München 1976, TTB 277.

Der neue Geist von Pao (THE LANGUAGES OF PAO), München 1976, TTB 282.
Planet der Ausgestoßenen (THE BIG PLANET), Frankfurt–Berlin–Wien 1976, U 3256.

Planet of Adventure-Serie:
Die Stadt der Khasch (CITY OF THE CHASCH), Frankfurt–Berlin–Wien 1977, U 3357.
Gestrandet auf Tschai (SERVANTS OF THE WANKH), Frankfurt–Berlin–Wien 1978, U 3457.

Alastor Cluster-Serie:
Trullion: Alastor 2262 (TRULLION: ALASTOR 2262), München 1977, H 3563.
Marune: Alastor 933 (MARUNE: ALASTOR 933), München 1978, H 3580.
Wyst: Alastor 1716 (WYST: ALASTOR 1716), München 1980, H (in Vorb.).

Die sterbende Erde (C), (THE DYING EARTH), München 1978, H 3606.
Der graue Prinz (THE GRAY PRINCE), München 1979, H 3652.
Showboat-Welt (SHOWBOAT WORLD), München 1980, H 3724.
Maske: Thaery (MASKE: THAERY), München 1980, H 3742.

Heftpublikationen:
Kosmische Vergeltung (THE SPACE PIRATE), WF 4 (1958).
Die Weltraum-Oper (SPACE OPERA), T 441 (1966).
Homo Telek (TELEK), UZ 512 (1967).

Kaleidoskop der Welten (C), (THE MANY WORLDS OF MAGNUS RIDOLPH), T504 (1967).
König der Wasserwelt (THE BLUE WORLD), T508 (1967).

Planet of Adventure-Serie
Im Reich der Dirdir (THE DIRDIR), TN 138 (1970).

Baum des Lebens (SON OF THE TREE), TA 226 (1975).
Der Drachenreiter (THE DRAGON MASTERS), TA 259 (1976).
Die lebenden Häuser (THE HOUSES OF ISZM), TA 283 (1977).

Van Laerhoven, Bob
(1953–)
Der Belgier Bob van Laerhoven veröffentlichte 1973 in kurzer Folge hintereinander einige Bücher, die ihn in der flämisch-holländischen SF-Szene sofort zum Star werden ließen. Van Laerhoven gab seine Anstellung als Journalist auf und beschloß freier Schriftsteller zu werden, auch wenn er, wie er selbst sagt, manchmal dem Hungertod nahe ist und als Barkeeper arbeitet, um sich über Wasser zu halten. Er schreibt, wie einige seiner Landsleute, seine Romane und Erzählungen zugleich in englischer Sprache, um nicht auf den engen Markt seines Heimatlandes angewiesen zu sein. Mit seiner Erzählung **Wandel unter Kennedy,** die auf deutsch im **Science Fiction Story Reader 7** (H 3523), hrsg. von Wolfgang Jeschke, erschien, gewann Van Laerhoven mehrere Preise. Auch in der Anthologie **Die Tage sind gezählt** (H 3694), hrsg. von Ronald M. Hahn, ist er vertreten. Zu seinen wichtigsten Veröffentlichungen gehören: PHOBIE (1973), KIP EN VEL (1973), VAN DEFTIGEN HUIZE (1974), PLUK MIJ, DAPPERE (1974), DIT GORE GEHEUGEN VAN ME (1976) und (zus. mit Eddy C. Bertin) DE KOKONS VAN DE NACHT (1977).

Varley, John (Herbert)
(1947–)
John Varley ist ein beachtenswerter neuer amerikanischer SF-Autor. Er wurde in Austin/Texas geboren und gab mit den Stories PICNIC ON NEARSIDE (FSF, 8/74) und SCOREBOARD (*Vertex,* 8/74) sein Debut in den SF-Magazinen. Dabei war er um ausgefallene Themen und Ideen nicht verlegen, eine Tatsache, die ihn unter Adepten des Genres schnell bekannt machte. 1976 wurde er für den John W. Campbell-Award nominiert und belegte hinter Tom Reamy den zweiten Platz. 1977 erschien sein erster Roman, THE OPHIUCHI HOTLINE, in dem die Terraner durch eine Fremdrasse von ihrem Heimatplaneten Erde verdrängt wurden und nun in relativem Wohlstand ihr Dasein auf

den anderen Welten des Sonnensystems fristen. Ihren technischen Fortschritt verdanken sie geheimnisvollen Radiosendungen vom Ophiuchi-System aus den Tiefen der Galaxis. Die Welt im Sonnensystem ist heil, bis die Fremden von Ophiuchi den Preis für ihre Ratschläge verlangen... Mit diesem Roman erreichte John Varley einen Achtungserfolg.

Bereits 1975 hatte er mit seiner Novelle IN THE BOWL (FSF, 10/75) Aufsehen erregt; im Jahr darauf erschienen THE PHANTOM OF KANSAS (GAL, 2/76) und GOTTA SING, GOTTA DANCE (GAL, 7/76); wieder war eine deutliche Steigerung zu bemerken. Mit IN THE HALL OF THE MARTIAN KINGS (FSF, 2/77) setzte er seine Serie der Erfolge fort, (die Novelle wurde 1978 mit dem Hugo Gernsback-Award ausgezeichnet), die er 1978 mit THE PERSISTENCE OF VISION (FSF, 3/78) krönen konnte. Für diese Novelle, die eine Welt von taubblinden Jugendlichen schildert, die neue Formen der Kommunikation und des Zusammenlebens geschaffen haben, und in die ein mit »normalen« Sinnen gesegneter Mensch gerät, erhielt Varley 1979 den *Nebula-Award*. Einige seiner Erzählungen erschienen inzwischen auch in deutschen Übersetzungen: **Im Audienzsaal der Marskönige** (IN THE HALL OF THE MARTIAN KINGS) in: **Die Cinderella-Maschine. Magazine of Fantasy and Science Fiction 50,** hrsg. von Manfred Kluge (H 3605); **In der Schüssel** (IN THE BOWL) in: **Katapult zu den Sternen. Magazine of Fantasy and Science Fiction 51,** hrsg. von Manfred Kluge (H 3623); **Leb wohl Robinson Crusoe!** (GOOD-BYE, ROBINSON CRUSOE) in: **SF Story Reader II,** hrsg. von Wolfgang Jeschke (H 3627); **Die Trägheit des Auges** (THE PERSISTENCE OF VISION) in: **Die Trägheit des Auges. Magazine of Fantasy and Science Fiction 53,** hrsg. von Manfred Kluge (H 3659); und **Das Phantom von Kansas** (THE PHANTOM OF KANSAS) in: **Heyne Science Fiction Jahresband 1980,** hrsg. von Wolfgang Jeschke (H 3729).

1979 hat John Varley seinen zweiten Roman vorgelegt, der von der Kritik sehr positiv aufgenommen wurde und schon jetzt als eines der originellsten SF-Werke der letzten Jahre gilt: TITAN. Ein Raumschiff, das die Saturnmonde erforschen soll, stellt fest, daß es sich beim 12. Saturnmond um ein riesiges künstliches Gebilde von der

Form eines Wagenrades handelt. Die Besatzungsmitglieder betreten das fremdartige Artefakt und geraten in eine idyllische, von phantastischen Wesen bewohnte, verwirrende Traumwelt.

Bibliographie:
Der heiße Draht nach Ophiuchi (THE OPHIUCHI HOTLINE), München 1980, H (in Vorb.).
Der Satellit (TITAN), München 1981, H (in Vorb.).

Verne, Jules (Gabriel)
(1828–1905)
Der Franzose Jules Verne ist unzweifelhaft der populärste unter den frühen Autoren utopischer Romane – laut UNESCO-Statistik folgt Verne hinter Lenin, der Bibel, Enid Blyton, Marx und Agatha Christie mit 143 Sprachen, in die seine Bücher übersetzt wurden, auf dem 6. Platz der Weltrangliste der am meisten übersetzten Autoren. Jules Verne wurde als Sohn eines Rechtsanwalts in Nantes geboren, sollte Jura studieren, wollte selbst aber lieber Theaterdichter werden, gab das Studium auf und lebte eine Weile in Pariser Künstlerkreisen. Die Heirat mit einer vermögenden Frau enthob ihn zunächst weiterer Sorgen. Er hatte damit begonnen, sich eine später 20000 Notizen umfassende Zettelkartei mit Auszügen aus wissenschaftlichen Zeitungsartikeln und Büchern anzulegen. Als ein Freund mit einem Ballon aufsteigen wollte, unterstützte Verne dieses Projekt voller Begeisterung und wirkte an der Konstruktion mit. Der Freund stürzte jedoch mit dem Ballon ab, worauf sich Verne hinsetzte und schrieb, was nicht hatte sein können: das Ballonabenteuer CINQ SEMAINES EN BALLON (1863), **(Fünf Wochen im Ballon).** Nach mehreren vergeblichen Versuchen, das Manuskript zu verkaufen, hatte er bei dem Verleger Hetzel Glück. Mehr noch, Hetzel erkannte sofort das Talent des jungen Autors und die Möglichkeiten, die diese Art von Literatur haben mochte, und nahm Verne gleich für weitere Bücher unter Vertrag. Der Roman wurde auf Anhieb ein großer Erfolg, und dieser Erfolg blieb Verne bis zu seinem Tode treu. Fortan schrieb Verne Roman auf Roman für Hetzel, die meisten auch und vor allem für ein jugendliches Publikum gedacht, so daß Hetzel die jeweils neuesten Romane in einer Jugendzeitschrift vorabdruckte, bevor sie in Buchausgaben erschienen. Auf diese Weise kamen neben allerlei Abenteuerromanen eine Reihe von bekannten utopischen Romanen zustande:

VOYAGE AU CENTRE DE LA TERRE (1864 – **Reise zum Mittelpunkt der Erde**), DE LA TERRE À LA LUNE (1865 – **Von der Erde zum Mond**), AUTOUR DE LA LUNE (1870 – **Die Reise um den Mond**), VINGT MILLES LIEUES SOUS LES MERS (1870 – **20 000 Meilen unter dem Meer**), HECTOR SERVADAC (1877 – **Reise durch die Sonnenwelt**), ROBUR LE CONQUÉRANT (1866 – **Robur der Eroberer**) L'ÎLE À HÉLICE (1895 – **Die Propeller-Insel**), MAÎTRE DU MONDE (1904 – **Der Herr der Welt**) u. a.

Viele dieser Romane wurden zum Teil mehrmals verfilmt, und einzelne Figuren, wie etwa die des Kapitäns Nemo aus VINGT MILLES LIEUES SOUS LES MERS oder auch die Angehörigen des Kanonenclubs von Baltimore sind überaus populär geworden. Ob es nun als Projektil einer 270 Meter langen Kanone zum Mond geht (DE LA TERRE À LA LUNE und dessen Fortsetzung AUTOUR DE LA LUNE), ob Kapitän Nemo mit seinem Unterseeboot Kriegsschiffe rammt (VINGT MILLES LIEUES SOUS LES MERS), ob ein wissenschaftliches Genie mit seinem hubschrauberähnlichen Allzweckmobil die Erde erobern will (ROBUR LE CONQUÉRANT und dessen Fortsetzung MAÎTRE DU MONDE), ob eine riesige schwimmende Insel amerikanische Millionäre am Streit der »Backbord«- und »Steuerbord«-Bewohner buchstäblich auseinanderbricht l'ÎLE À HÉLICE) oder ob eine Expedition ins Erdinnere unternommen wird (VOYAGE AU CENTRE DE LA TERRE) –

Verne verstand es, Optimismus, Spannung, Humor und einen Schuß utopischer Sensation gut erzählt miteinander zu verbinden. Seine Zettelchen ließen ihn dabei manche in der Luft liegende Erfindung aufgreifen, manchmal schilderte er aber auch bereits Bestehendes, wenn auch noch wenig Bekanntes (etwa Unterseeboote). Gelegentlich wurde er ernster: Wenn er Edgar Allan Poe eine Fortsetzung von ARTHUR GORDON PYM widmete (LE SPHINX DES GLACES, 1897; wie bei Poe eine Expedition zum Südpol, jedoch ohne Poes Grauen), einen Alptraum von Industriestadt schildert (LES CINQ CENTS MILLIONS DE LA BÉGUM, 1879) oder sich in Kurzgeschichten wie LE DOCTEUR OX (1872), MASTER ZACHARIUS (1852) oder L'ÉTERNEL ADAM (1905/10) ungewohnt pessimistisch zeigt.

Seine Science Fiction hatte großen Einfluß auf die nachfolgenden Generationen von Science Fiction-Autoren und ist in der Wirkung nur mit der von Wells vergleichbar. Zugleich strahlt sie zum überwiegenden Teil einen Zukunftsoptimismus aus, wie er später nur noch gelegentlich in der Campbell-Ära durchschimmerte.

Bibliographie:
Reise zum Mittelpunkt der Erde (VOYAGE AU CENTRE DE LA TERRE), Wien 1874, A. Hartleben Vlg.
Reise um die Erde in 80 Tagen (LE TOUR DU MONDE EN QUATRE-VINGTS JOURS), Wien 1875, A. Hartleben Vlg.
Eine Idee des Dr. Ox (C), (LE

DOCTEUR OX), Wien 1875, A. Hartleben Vlg.
Reise durch die Sonnenwelt (HECTOR SERVADAC), Wien 1877, 2 Bände, A. Hartleben Vlg.
Robur, der Eroberer (ROBUR LE CONQUÉRANT), Wien 1878, A. Hartleben Vlg.
Die Jagd nach dem Meteor (LA CHASSE AU MÉTEORE), Wien 1878, A. Hartleben Vlg.
Die Propeller-Insel (L'ÎLE À HÉLICE), Wien 1879, 2 Bände, A. Hartleben Vlg.
Der grüne Strahl (LE RAYON VERT), Wien 1879, A. Hartleben Vlg.
Von der Erde zum Mond und **Die Reise um den Mond** (DE LA TERRE À LA LUNE und AUTOUR DE LA LUNE), Berlin–Hannover 1880, A. Weichert Vlg.
20000 Meilen unter dem Meer (VINGT MILLES LIEUES SOUS LES MERS (Berlin–Hannover o.J., A. Weichert Vlg.
Alles in Ordnung (OA/C), Berlin–Hannover 1900, A. Weichert Vlg.
Der Herr der Welt (MAÎTRE DU MONDE), Wien 1904, A. Hartleben Vlg.
Die fünfhundert Millionen der Begum (LES CINQ-CENT MILLIONS DE LA BÉGUM), Zürich 1967, Diogenes Vlg.
Die Erfindung des Verderbens (FACE AU DRAPEAU), Zürich 1968, Diogenes Vlg.
Der ewige Adam (ERICH FIVIAN), Zürich 1967, Diogenes Vlg.
Das Karpathenschloß (LE CHÂTEAU DES CARPATHES), Zürich 1973, Diogenes Vlg.
Das erstaunliche Abenteuer der Expedition Barsac (L'ÉTONNANTE AVENTURE DE LA MISSION BARSAC), Zürich 1978, Diogenes Vlg.

Anmerkung: Siehe auch Jules-Verne-Ausgabe des Bärmeier & Nikel Verlags (nachgedruckt als Fischer-Taschenbücher). Die Originaltitel wurden hier auch dann nicht erwähnt, wenn sie bisher in deutscher Sprache unveröffentlichte Texte enthielten, da diese Ausgabe teilweise so stark gekürzt und überarbeitet (»modernisiert«) wurde, daß sie nur noch wenig mit dem Original zu tun hat.

Verrill, A(lpheus) Hyatt
(1871–1954)
Amerikanischer Forscher und Schriftsteller. Unternahm viele ausgedehnte Expeditionen nach Mittel- und Südamerika und galt als archäologische und anthropologische Kapazität. Er schrieb über 100 Sachbücher, die im Zusammenhang mit seinen Expeditionen stehen. Alte Zivilisationen, »Vergessene Welten« und abenteuerliche Reisebeschreibungen bilden auch die Zentralthemen seiner Romane und Geschichten für Gernsbacks *Amazing Stories*. Dort hielt er 1926 mit seinem Roman BEYOND THE POLE Einzug. Verrill zählt zu den SF-Autoren der ersten Stunde und trug mit seinen abenteuerlichen Reiseromanen viel zum Image der frühen *Amazing Stories* bei. Weitere Romane von ihm sind: INTO THE GREEN PRISM (1929, BEYOND THE GREEN PRISM (1930), THE INNER WORLD (1935).

Vieweg, Heinz
(1920–   )
Der DDR-Autor Heinz Vieweg wurde in Dresden geboren, studierte Physik und arbeitet heute als Physiker. Da er zeitweise beruflich mit Kindern und Jugendlichen zu tun hatte (so leitete er etwa eine »Station Junger Techniker«) und dort mit Fragen nach der Weiterentwicklung der Technik und der Reaktion des Menschen darauf konfrontiert wurde, entschloß er sich, auf solche Fragen eine literarische Antwort zu geben. Ergebnis waren zwei technisch-naturwissenschaftlich orientierte Romane, die in den fünfziger Jahren erschienen.

Bibliographie:
Ultrasymet bleibt geheim, Berlin 1955, Vlg. Neues Leben.
Die zweite Sonne, Halle 1958, Mitteldeutscher Vlg. (veränderte Ausgabe 1968 im Deutschen Militärverlag, Berlin).

Vincent, Harl
(1893–1968)
Einer der Pioniere der »scientifiction«, wie die SF noch in den frühen Jahren der Gernsback-Ära genannt wurde. Seine ersten Geschichten verkaufte der Freizeitautor Harold Vincent Schoepflin an das Magazin *Argosy,* lange bevor es richtige SF-Magazine gab. In letztere hielt er 1928 mit THE GOLDEN GIRL OF MUNAN Einzug, und bis 1941 verkaufte er über 70 Stories an diesen Markt, wobei *Amazing* und *Astounding* seine Hauptabnehmer waren. Vincent schrieb fast nur Kurzgeschichten, denn als Ingenieur bei einem großen Konzern war er voll ausgelastet. Einer der wenigen Romane aus seiner Feder ist THE DOOMSDAY PLANET (1966). Vincent war ein typischer Pulpschreiber. Seine Geschichten hatten einen gewissen Unterhaltungswert, mehr sollten sie offensichtlich nicht darstellen.

Vinge, Joan D.
(1948–   )
Bereits als Schülerin verschlang sie begeistert Science Fiction, mit dem Schreiben begann sie jedoch erst vor einigen Jahren und verkaufte ihre erste Story (TIN SOLDIER) 1973 (1974 erschienen; in deutscher Sprache unter dem Titel **Der alte Zinnsoldat** in: **SF Story Reader 13**, hrsg. von Wolfgang Jeschke, H 3685). Seitdem konnte sie einen Erfolg nach dem anderen verbuchen: neben einer Reihe von weiteren Kurzgeschichten für verschiedene Magazine und Anthologien erschienen 1978 ihre beiden ersten Bücher: FIRESHIP (zwei Novellen in einem Band) und THE OUTCASTS OF HEAVEN BELT, ein Roman, der als Serie in

Analog vorabgedruckt wurde. Ein weiterer, sehr umfangreicher Roman, THE SNOW QUEEN (1979), ist eben auf den Markt gekommen. Er schildert eine Welt in einem Mehrfachsternsystem, auf der extreme Klimaverhältnisse auftreten, die gravierende politische und zivilisatorische Veränderungen bewirken.

Joan D. Vinge wollte ursprünglich eigentlich Malerin werden, entschloß sich dann aber zu einem Studium der Anthropologie. Sie erwarb in diesem Fach einen akademischen Grad summa cum laude und arbeitete eine Zeitlang als Archäologin. Ihr Interesse an Archäologie und Anthropologie wurde übrigens dadurch stimuliert, daß sie selbst zu einem Teil indianisches Blut in den Adern hat. Archäologie ist für sie die Anthropologie der Vergangenheit, Science Fiction die der Zukunft – beides versteht sie vor allem als Möglichkeit, »menschliches« Verhalten zu studieren. Sie schwimmt gern gegen den Strom mehrheitlicher Meinungen, liebt vor allem den Reitsport und Nadelarbeiten, mag Pflanzen und Katzen und lebte bis vor kurzem mit Vernor Vinge (der ebenfalls SF schreibt) zusammen in San Diego, Kalifornien. Ihre bisher größten Erfolge waren Nominierungen für den John W. Campbell-Award und den Jupiter-Award, vor allem jedoch der Hugo Gernsback-Award 1978 für ihre Story EYES OF AMBER (die als ihre erste Übersetzung ins Deutsche in einer Knaur-Anthologie erschien). Joan D. Vinge gilt als eines der großen Nachwuchstalente der Science Fiction.

Bibliographie:
Die Schneekönigin (THE SNOW QUEEN), München 1981, H (in Vorb.).

Vinge, Vernor
(1944–)
Das Schreiben von Science Fiction hat Vernor Vinge niemals zum Hauptinhalt seines Lebens bzw. seiner beruflichen Tätigkeit gemacht. Zwar erschien seine erste Story (APARTNESS) bereits 1965 in *New Worlds,* und insgesamt kamen bislang ein Dutzend Geschichten und die Romane GRIMM'S WORLD (1969) und THE WITLING (1976) hinzu, aber im Vordergrund standen für ihn Studium und berufliche Weiterbildung. 1971 erwarb er an der University of California in San Diego den Doktortitel im Fachbereich Mathematik und lehrt heute in San Diego als Professor für Mathematik. Vernor Vinge war bis vor kurzem verheiratet mit Joan D. Vinge, die sich in den letzten

Jahren einen Namen als SF-Autorin machen konnte. Von Vernor Vinge sind bisher lediglich einige Kurzgeschichten in deutscher Sprache erschienen.

Vlcek, Ernst
(1941–)
Vlcek, geboren in Wien, war Büromaschinentechniker, hatte seinen ersten Kontakt mit der Science Fiction im Alter von vierzehn Jahren. Um eine Veröffentlichungsmöglichkeit für seine eigenen Kurzgeschichten zu haben, schloß er sich einem SF-Club an und entwickelte sich bald zu einem professionellen Schreiber, der nach und nach seine zunächst für Fanzines geschriebenen Geschichten kommerziell auswertete. Bevor er sich dem **Perry Rhodan**-Team anschloß, erschienen seine Romane lediglich in Heftromanreihen wie *Utopia-Zukunft* und *Terra*. Sein erster Roman, **Lockruf der Sirenen** (1967), war eine Fan-Novelle und ursprünglich in Zusammenarbeit mit Helmuth W. Mommers entstanden. Nach einigen weiteren Veröffentlichungen (**Stein der Macht,** 1967; **Die Androiden AG,** 1967 und **Haßplanet,** 1968) verfaßte er zusammen mit Mommers einen vierbändigen Zyklus unter dem Sammeltitel **Das Galaktikum** für den Moewig-Verlag. Seit 1970 ist Vlcek freier Schriftsteller, produziert außer gelegentlichen **Perry Rhodan**-Taschenbüchern hauptsächlich Horror-Romane (unter dem Pseudonym Paul Wolf) und schrieb eine Zeitlang an der Sword-&-Sorcery-Serie **Dragon** mit. Bisherige Buch- und Heftpublikationen: ca. 150.

Bibliographie:
Heftpublikationen:
Das Problem Epsilon (mit Helmuth W. Mommers), TS 81 (1964).
Treffpunkt der Mutanten (mit Helmuth W. Mommers), T 361 (1964).
Sturm über Eden 13 (mit Helmuth W. Mommers), T 415 (1965).
Die Schockwelle (mit Helmuth W. Mommers), T 417 (1965).
Die Psychowaffe (mit Helmuth W. Mommers), T 420 (1965).
Agenten des Galaktikums (mit Helmuth W. Mommers), T 422 (1965).
Der kosmische Vagabund, T 433 (1966).
Der Gott der sieben Monde, T 466 (1966).
Das Tor des Geistes, T 472 (1966).
Der Fluch der Unsterblichen, T 485 (1967).
Safari zu den Sternen (C), T 493 (1967).
Lockruf der Sirenen, UZ 517 (1967).
Stein der Macht, UZ 524 (1967).
Die Androiden AG, UZ 540 (1967).
Haßplanet, UZ 581 (1968).
Die Todesgärten der Lyra, TN 1 (1968).
Tempel der Ewigkeit, TN 3 (1968).
Planet der tausend Möglichkeiten, TN 7 (1968).
Jagd auf eine Unsterbliche, TN 12 (1968).
Ich suche meine Welt, TN 34 (1968).
Planet der verlorenen Träume, TN 41 (1968).
Die pulsierenden Sterne, TN 44 (1968).
Countdown des Todes, TN 48 (1968).

Dämmerung im Universum, TN 51 (1969).
Die Kampfmaschine, TN 64 (1969).
Heiße Nacht für einen fremden Stern, TN 71 (1969).
Seitensprünge durch die Zeit, TN 73 (1969).
Die Androidenjäger, TN 86 (1969).
Die Menschenmacher, TN 89 (1969).
Das fremde Ich, TN 96 (1969).
Unternehmen Sonnenkinder, TN 122 (1970).
Das Erbe des Irrwandlers, TN 135 (1970).
Die Kinder der Finsternis, TN 154 (1970).
Nach dem Atomblitz, TN 162 (1971).
Der Insektentöter, TN 176 (1971).
Die sieben Kreise der Hölle, TA 2 (1971).
Die Traumpaläste, TA 24 (1972).
Das Ende der Telepathen, TA 44 (1972).

(↗ **Perry Rhodan, PRTB, Atlan, Dragon**)

Vogt, A(lfred) E(lton) van (1912–)
Alfred Elton van Vogt wurde als Sohn eines eingewanderten niederländischen Rechtsanwalts in Winnipeg/Kanada geboren. Mit der Science Fiction kam er schon 1926 durch das eben begründete Magazin *Amazing* in Berührung. Sein späteres Faible, Supermänner agieren zu lassen, liegt nach eigenen Angaben möglicherweise darin begründet, daß er als Kind von Gleichaltrigen ziemlich viel Prügel hinnehmen mußte. Als sein Vater

seinen Job bei einer kanadisch-niederländischen Reederei verlor, wurde dem Halbwüchsigen klar, daß aus finanziellen Gründen ein Studium nicht möglich war. Er ging deshalb frühzeitig von der Schule ab und versuchte sich als Hilfsarbeiter, Kraftfahrer und Angestellter. Nebenher begann er zu schreiben. 1931 verkaufte er seine erste Story, das Prostituierten-Melodram I LIVED IN THE STREETS, an das Magazin *True Story*, wo es unter dem Titel NO ONE TO BLAME BUT HERSELF veröffentlicht wurde. In der Folge schrieb van Vogt weiteres Garn dieser Art für verschiedene Magazine und gewann 1935 sogar einen mit 1000 Dollar dotierten Preis von *True Story*. Seine erste SF-Story war VAULT OF THE BEAST; veröffentlicht wurde allerdings zuerst BLACK DESTROYER (in *Astounding*, Juli 1939), eine jener vier Stories, die er später zu seinem berühmten Roman THE VOYAGE OF THE SPACE BEAGLE zusammenfügte. Überhaupt machte er sich in den folgenden Jahren wie kein anderer SF-Autor daran, Kurzgeschichten zu Romanen zu erweitern oder mehrere, nicht unbedingt thematisch miteinander in Zusammenhang stehende Stories zu Romanen zusammenzukleistern. Ende der dreißiger Jahre, zur Zeit der Wirtschaftskrise, war es nicht leicht, mit Schreiben Geld zu verdienen – so verkaufte er zum Beispiel eine Reihe von Hörspielen für 15 bis 25 Dollar pro Stück an den kanadischen Rundfunk. Vielleicht hat ihn die Erinnerung an solche Zeiten später dazu veranlaßt, möglichst viel Material möglichst oft neu zu verwerten.

1939 heiratete er Edna Mayne Hull, die auch selbst SF schrieb und gelegentlich mit ihm zusammenarbeitete. Spätestens mit dem Mutantenroman SLAN (*Astounding*, 1940) schrieb er sich in die Garde der populärsten SF-Autoren jener Tage hinein und konnte fortan leicht seine Stories in SF-Magazinen unterbringen.

1943 kündigte er seinen Job im kanadischen Verteidigungsministerium und wurde freier Schriftsteller. Ende der vierziger Jahre wandte er sich engagiert der Hypnose zu und wurde Mitautor des HYPNOTICS HANDBOOK. Kurze Zeit später freundete er sich mit seinem Kollegen L. Ron Hubbard an, begeisterte sich an dessen »Dianetik«-Konzept und arbeitete eine Zeitlang mit am Aufbau der aus »Dianetik« hervorgegangenen Scientology-Sekte (die dem Sektengründer und ehemaligen SF-Autor Hubbard noch heute fette Pfründe beschert).

Van Vogt schrieb seine bekanntesten Werke fast ausnahmslos in den vierziger Jahren. In den fünfziger Jahren gelang es ihm immerhin noch gelegentlich, seine Fans zu beeindrucken, aber die neueren Werke – nachdem er in den sechziger Jahren nur noch sporadisch neue Stories und Romane präsentierte, ist er seit den frühen siebziger Jahren wieder aktiver geworden – enttäuschten, da er versuchte, modischen Trends zu folgen, die seiner eher unkompliziert-handfesten Art zu schreiben nicht lagen.

A. E. van Vogt gehört zu den umstrittensten Autoren der Science Fiction. Seine Vorliebe für Supermänner und Superhelden, seine eingestandene Schwäche für Monarchien und andere undemokratische Gesellschaftsformen, sein ziemlich trivialer Stil und sein Unvermögen zu subtiler Charakterisierung von Personen haben ihn immer wieder in die Schußlinie der Kritik gebracht. Damon Knight, Kritiker und selbst SF-Autor, nannte ihn einmal einen »kosmischen Bauspekulanten«, der nicht jener Gigant sei, für den seine Anhänger ihn hielten, sondern eher »ein Zwerg, der es gelernt hat, eine übergroße Schreibmaschine zu betätigen«.

Die meisten van Vogtschen Romanhandlungen lassen sich auf folgendes Schema reduzieren: Der Protagonist tritt unwissend und machtlos in ein gefährliches, undurchschaubares Geschehen kosmischen Ausmaßes ein. Er wird von scheinbar allmächtigen, gesichtslosen Personen und Göttern bedroht, entwickelt aber nach und nach in sich schlummernde Fähigkeiten, die ihn das System durchschauen und das Netz zerreißen lassen, bis er schließlich die gegnerische Figur besiegt und deren Platz einnimmt. Nicht selten zeichnen sich die Helden durch einen ungewöhnlich hohen Intelligenzquotienten (wenn es sein muß: sogar 10000) aus, handeln aber nichtsdestotrotz, als hätten sie einen ungewöhnlich niedrigen.

Ungeachtet dieser Einwände ist A. E. van Vogt im Rahmen der Entwicklungsgeschichte der Science Fiction ein überaus wichtiger Autor, der eine Reihe von vielzitierten und immer wieder neu aufgelegten Klassikern verfaßt hat: SLAN (1940, Buchausgabe 1946) ist einer der bekanntesten Mutanten/Übermenschen-Romane der SF: Die Slans, eine Superrasse, wachsen unter den Menschen heran, werden gejagt und getötet, erweisen sich letztlich aber dennoch als die Erben der Menschheit. WAR AGAINST THE RULL (1959) **(Der Krieg gegen die Rull)**, aus ursprünglichen Erzählungen der vierziger Jahre: REPETITION (1940), CO-OPERATE – OR ELSE! (1942), THE SECOND SOLUTION (1942), THE RULL (1948) und THE SOUND (1950) zusammengefaßt und zusammengeschrieben, gilt als eine der großen klassischen *Space Operas*, die eine Auseinandersetzung zwischen zwei hochentwickelten raumfahrenden Rassen schildert.

THE WEAPON MAKERS (Magazinversion als Novelle 1943, Buchversion 1946, veränderte Version 1952; deutsch: **Die Waffenschmiede von Isher**) und THE WEAPON SHOPS OF ISHER (Magazinversion 1949, erweiterte Buchversion 1951; deutsch: **Die Waffenhändler von Isher**) behandeln Intrigen zwischen einer mächtigen Kaiserin und einer nicht minder mächtigen Gilde von in Raum und Zeit operierenden Waffenspezialisten (Motto: »Freiheit gibt es nur dort, wo sich jedermann eine Waffe kaufen kann.«), die zu gigantischen Raum-Zeit-Manipulationen führen; es kommt ein geheimnisvoller Unsterblicher vor, extraterrestrische Spinnenwesen tauchen auf, ein Mann wird als Gegengewicht einer Zeitwippe benutzt und durch Vergangenheit und Zukunft geschossen.

Ähnlich typisch für van Vogt: THE WORLD OF A (Magazinversion 1945, Buchausgabe 1948, **Die Welt der Null-A**) und THE PAWNS OF NULL-A (Magazinversion 1948, Buchausgabe 1956, **Kosmischer Schachzug**) behandeln eine interstellare Verschwörung, in die der Held Gosseyn hineingerät, wobei er zu Anfang noch nicht weiß, daß er selbst der große Macher – mit Extrahirn – im Hintergrund ist, der dagegen kämpft, daß ihm Fremde jenes nonaristotelische System kaputtmachen wollen, mit dem er die Menschheit zu neuen Ufern zu führen hofft. Eines seiner berühmtesten Werke ist THE VOYAGE OF THE SPACE BEAGLE (1950, **Die Weltraumexpedition der Space Beagle**, später **Die Expedition der Space Beagle**), in dem wieder ein van Vogtsches System – hier der »Nexialismus«, ein zu einer Geheimwaffe hochstilisiertes interdisziplinäres Verknüpfen von einzelnen Wissenschaften (gegen die Fachidiotie) – gegen ein »Alien«, ein perfektes Lebewesen sich behaupten und siegen muß. Freund Hubbards »Dianetik« hat van Vogt ebenfalls ansatzweise in einem Roman untergebracht (THE UNIVERSE MAKER), aber eines Tages, so verriet er in einem Interview, will er auch dieses System zum Hauptthema eines SF-Romans machen.

Bibliographie:
Die Welt der Null-A (THE WORLD OF A), Balve 1958, Gebr. Zimmermann Vlg.
Kosmischer Schachzug (THE PAWNS OF NULL-A), Balve 1958, Gebr. Zimmermann Vlg.
Das Erbe des Atoms (EMPIRE OF THE ATOM), Balve 1959, Gebr. Zimmermann Vlg.
Das andere Gesicht (THE MIND CAGE), Düsseldorf 1960, Dörnersche Verlagshandlung (identisch mit **Die Denkmaschine**, München 1963, Z 42).
Das Absolutum (C/OA), Balve 1961, Gebr. Zimmermann Vlg.
Die Weltraumexpedition der Space Beagle (THE VOYAGE OF THE SPACE BEAGLE), München 1961, AWA Vlg.
Der Krieg gegen die Rull (THE WAR AGAINST THE RULL), München 1963, H 254.
200 Millionen Jahre später (THE BOOK OF PTATH), München 1965, TTB 104.
Das unheimliche Raumschiff (ROGUE SHIP), München 1966, H 3076.
Slan (SLAN), München 1967, H 3094.
Das Haus der Unsterblichen (THE HOUSE THAT STOOD STILL), Rastatt 1967, Pabel TB 326.
Im Reich der Vogelmenschen (THE WINGED MAN) (mit Edna Mayne Hull), München 1967, TTB 121.
Die Bestie (THE BEAST), München 1967, TTB 137.
Die Waffenhändler von Isher (THE WEAPON SHOPS OF ISHER), München 1967, H 3100.
Die Waffenschmiede von Isher (THE WEAPON MAKERS), München 1967, H 3102.
Die Veränderlichen (THE SILKIE), München 1970, H 3199.
Palast der Unsterblichkeit (QUEST FOR THE FUTURE), München 1971, H 3257.
Kinder von Morgen (CHILDREN OF TOMORROW), München 1972, H 3278.
Der erste Marsianer (C) (THE FAR-OUT WORLDS OF A. E. van Vogt), Rastatt 1972, TTB 186.
Kampf um die Ewigkeit (THE BATTLE OF FOREVER), Rastatt 1972, TTB 190.
Ungeheuer an Bord (C) (M 33 IN ANDROMEDA), Rastatt 1972, TTB 195.
Chaos über Diamantia (THE DARKNESS ON DIAMONDIA), Rastatt 1973, TTB 208.
Die Zeit der Androiden (C) (MORE THAN SUPERHUMAN), Rastatt 1973, TTB 217.
Der große Galaktiker (C) (THE PROXY INTELLIGENCE AND OTHER MIND BENDERS), Rastatt 1973, TTB 223.
Der Zauberer von Linn (THE WIZARD OF LINN), Rastatt 1975, TTB 268.

Mann der tausend Namen (THE MAN WITH A THOUSAND NAMES), Rastatt 1976, TTB 271.
Der Zeitspieler (THE UNIVERSE MAKER), Rastatt 1977, TTB 292 (identisch mit **Die Schatten,** UG 48, 1957).
Beherrscher der Zeit (MASTERS OF TIME), Rastatt 1978, TTB 299.
Intelligenzquotient 10000 (SUPERMIND), Rastatt 1978, TTB 302.
Das Gedankenfenster (FUTURE GLITTER), Berg. Gladbach 1978, BB 22 004.

Heftpublikationen:
Das Reich der 50 Sonnen (THE MIXED MEN), TS 8 (1958).
Der Mann mit dem dritten Auge (SIEGE OF THE UNSEEN), TS 61 (1962).
Bis in die Unendlichkeit (C/OA), TS 91 (1964).
Das Monster (C/OA), T 350 (1964).

Voltz, William
(1938–)
Willi Voltz, wohnhaft in Heusenstamm, kommt wie viele andere bundesdeutsche Science Fiction-Autoren aus dem SF-Fandom. Er übte zunächst den Beruf eines Geometers aus, veröffentlichte im Alter von 20 Jahren seinen ersten SF-Roman unter dem Titel **Sternenkämpfer** (1958), und wurde 1960 von den Mitgliedern des Science Fiction Club Deutschland e.V. zum besten Fan-Autor des Jahres gewählt. Kurzgeschichten von ihm erschienen in der Hauszeitschrift der Buchgemeinschaft Transgalaxis, später auch in der von

Heinz Bingenheimer herausgegebenen Anthologie **Lockende Zukunft** (1957). Voltz schrieb mehrere Kurzgeschichtensammlungen innerhalb der Heftreihe *Terra* und verwendete dafür hauptsächlich Material, das er Jahre zuvor in diversen Fanzines publiziert hatte. 1963 debütierte er mit dem Heftroman **Das Grauen** in der **Perry Rhodan**-Serie und machte sich rasch einen Namen als Verfasser spannender, gelegentlich auch psychologisch motivierter SF-Romane. Seit 1975 ist er Hauptautor der **Perry Rhodan**-Serie, betreut die Exposés und schreibt auch Exposés für die Reihe **Atlan.** Unter dem Pseudonym Ralph Steven verfaßte er das SF-Jugendbuch **Ein Roboter in der Garage** (1978).

Willi Voltz ist Redakteur des SF-Magazins **Perry Rhodan**-Sonderheft und Herausgeber mehrerer Anthologien, in denen vorwiegend bundesdeutsche Nachwuchskräfte ihre Arbeiten vorstellten. Voltz' Stärken liegen in der Kurzgeschichte. Seltsamerweise sind alle Romane, die er außerhalb der **Perry Rhodan**-Serie veröffentlichte, schwächer als seine Serienprodukte. Bisherige Buch- und Heftpublikationen: ca. 250.

Bibliographie:
Sternenkämpfer, Wuppertal 1958, Wiesemann Vlg.
Hotel Galactic, München 1969, TTB 165.
Quarantäne (C), München 1973 H 3357.
Ein Roboter in der Garage (als Ralph Steven), München 1978, GJTB 214.

Heftpublikationen:
Quarantäne (C), T 316 (1964).
Die tote Stadt, T 387 (1965).
Der Doppelgänger (C), T 393 (1965).
Robot-Legende, T 413 (1965).
Galaktische Station 17, T 435 (1965).
Die letzten Menschen der Erde, T 442 (1966).
Das Schiff des Mutanten, T 488 (1967).
Der Mann mit dem sechsten Sinn (C), T 539 (1967).
Invasion der Friedensbringer, TA 97 (1973).
(Hrsg.) **Der Dreiköpfige,** TA 267 (1976).
(Hrsg.) **Das zweite Ich,** TA 374 (1978).
(↗ **Perry Rhodan, PRTB, Atlan, Dragon**)

Vonnegut jr., Kurt
(1922–)
Kurt Vonnegut gehört zu den wenigen SF-Autoren, denen es gelang, außerhalb der Science Fiction in der zeitgenössischen Literatur ihren Platz zu finden. Tatsächlich ist er vor allem in Kreisen amerikanischer Studenten so etwas wie eine Kultfigur, und die Herausgabe einiger neuerer Werke Vonneguts in deutscher Übersetzung (im Piper Verlag) war selbst dem *Spiegel* Anlaß für einen Artikel. Dennoch ist Kurt Vonnegut seiner Herkunft nach ein Science Fiction-Autor, der mit einer Story im *Magazine of Fantasy and Science Fiction* debütierte und auch in seinen neueren Werken fast immer Science Fiction-Elemente aufgreift.

Kurt Vonnegut wurde in Indianapolis/USA geboren und wuchs dort auf. Sein Vater war Architekt, sein Bruder wurde ein bekannter Physiker. Kurt Vonnegut selbst studierte zunächst Biochemie, nahm dann am Zweiten Weltkrieg teil, geriet in deutsche Gefangenschaft und erlebte als Kriegsgefangener die

Bombardierung Dresdens mit – was thematisch die Grundlage seines Romans SLAUGHTERHOUSE FIVE (1969) bildet. Nach der Befreiung durch die Rote Armee und seiner Rückkehr nach Amerika studierte er Anthropologie und wurde schließlich freiberuflicher Schriftsteller. Sein erster und im SF-Genre bekanntester Roman war PLAYER PIANO (1952), eine Anti-Utopie, in der ein Ingenieur eine Revolte gegen eine von Computern bestimmte Zivilisation anführt. Nach der erfolgreichen Revolution stellt sich heraus, daß die »befreiten« Menschen ihre Maschinen zurückhaben wollen. Ein weiterer relativ konventioneller SF-Roman ist THE SIRENS OF TITAN (1959), in dem sich die menschliche Geschichte als von Außerirdischen manipuliert zeigt – die benötigen nämlich eine Rasse, die Ersatzteile für ihre Robotraumschiffe fertigt...

CAT'S CRADLE (1963) ist eine Parodie auf die Entwicklung der Atombombe; hier ist es ein Projekt zur Entwicklung einer Waffe, die geeignet ist, alles Leben auf der Erde im ewigen Eis erstarren zu lassen. Sowohl CAT'S CRADLE wie auch THE SIRENS OF TITAN wurden für den Hugo Gernsback-Award nominiert.

Vonneguts bekanntester Roman ist das schon erwähnte SLAUGHTERHOUSE FIVE, OR THE CHILDREN'S CRUSADE: Ein Mann überlebt die Hölle in Dresden und muß später bei seinen Reisen mit einer Raum-Zeit-Maschine erkennen, daß Existenz oder Nichtexistenz der menschlichen Rasse für andere Wesen gänzlich uninteressant ist. Der Roman wurde für das Hugo Gernsback- und den Nebula-Award nominiert und auch verfilmt.

Neuere Werke von Vonnegut sind BREAKFAST OF CHAMPIONS (1973) und SLAPSTICK (1976), wobei in BREAKFAST ein SF-Autor namens Kilgore Trout vorkommt – was Philip José Farmer zum Anlaß nahm, unter dem Namen Kilgore Trout einen Science Fiction-Roman zu veröffentlichen. Eine Anzahl von Kurzgeschichten Vonneguts finden sich in WELCOME TO THE MONKEY HOUSE (1968). Grundlegender Zug seines Werkes ist satirische Weltsicht im Gewande der Science Fiction. Er war Mitbegründer der Organisation der amerikanischen SF-Schriftsteller (SFWA), zog sich aber später von der SF-Szene zurück und äußerte die Überzeugung, seine Bücher seien keine Science Fiction, sondern weitaus fremdartiger.

Bibliographie:
Das höllische System (PLAYER PIANO), München 1964, H 3029.
Schlachthof 5 (SLAUGHTERHOUSE 5 OR THE CHILDREN'S CRUSADE), Hamburg 1970, Hoffmann & Campe Vlg.
Geh zurück zu deiner lieben Frau und deinem Sohn (C) (WELCOME TO THE MONKEY HOUSE), Hamburg 1973, Hoffmann und Campe Vlg.
Frühstück für starke Männer (BREAKFAST OF CHAMPIONS), Hamburg 1974, Hoffmann und Campe Vlg.

Gott segne Sie, Mr. Rosewater (GOD BLESS YOU, MR. ROSEWATER), Reinbek 1974, Rowohlt Vlg.
Slapstick (SLAPSTICK), München 1977, Piper Vlg.
Die Sirenen des Titan (THE SIRENS OF TITAN), München 1979, Piper Vlg.

Wagner, Karl Edward
(1945–)
Der amerikanische Sword & Sorcery-Autor Karl Edward Wagner gilt heute schon als später Nachfolger von Robert E. Howard, obwohl er eigentlich noch ein vergleichsweise junger Nachwuchsautor ist. Wagner wurde als Urahn deutscher Einwanderer in Knoxville/Tennessee geboren. Sein Ur-Ur-Großvater, Georg Wagner, war ein Bruder des berühmten Komponisten Richard Wagner. Karl Edward Wagner studierte am Kenyon College und später an der University of North Carolina, wo er seinen Doktor im Fach Medizin machte. Danach arbeitete er als Psychiater, bis er in den siebziger Jahren sich ganz dem Schreiben widmete. Sein Debut hatte er mit dem Roman DARKNESS WEAVES (1970). Es war der erste einer Romanserie um den Helden Kane, einen archaischen Muskelmann vom Stile Conans. Weitere Kane-Romane folgten unter den Titeln: DEATH ANGEL'S SHADOW (1973), BLOODSTONE (1975), DARK CRUSADE (1976), NIGHT WINDS (1978) und THE ROAD OF KINGS (1979). Daneben schrieb Wagner an von Howard vorgegebenen Serien (Conan, Bran Mak Morn) weiter. Auch gab er drei Conan-Storybände von Robert E. Howard heraus. Als Verleger seltener, limitierter Fantasybände trat er ab 1973 in Erscheinung. (Sein Verlag Carcosa spezialisiert sich ausschließlich auf diese Art Literatur und gewann als Fan-Unternehmen den World Fantasy-Award 1976.) Zwei seiner Kurzgeschichten wurden ebenfalls ausgezeichnet: STICKS gewann 1975 den British Fantasy-Award, TWO SUNS SETTING ein Jahr später; 1978 erhielt er auch den Phoenix-Award. Karl Edward Wagner schreibt farbige Sword & Sorcery, in der die schwertschwingenden Akteure nicht gerade zimperlich miteinander umspringen; wohingegen die Grandeur der Szenerie und der Handlungspomp in seinen Romanen im Familienerbe begründet liegen dürften.

Bibliographie:
Der Verfluchte (DEATH ANGEL'S SHADOW), Berg. Gladbach 1978, BF 20004.

Walker, Hugh
(1941–)
Hugh Walker ist das Pseudonym des in Linz an der Donau geborenen und nun in der Bundesrepublik lebenden Schriftstellers und Redakteurs Hubert Strassl. Er besuchte in Linz die Realschule, legte die Matura ab und besuchte anschließend die Universität Wien, um ein Sprachenstudium aufzunehmen, das er später abbrach. Strassl ist, nachdem er sich in österreichischen und bundesdeutschen SF-Fanzeitschriften einen Namen als Verfasser von Kurzgeschichten machte, mehr und mehr in die professionelle SF- und Fantasy-Szene vorgedrungen; zunächst als Übersetzer von SF-Heftromanen und -Taschenbüchern, dann als Autor von SF-, Horror- und Fantasy-Romanen. Sein mehrbändiger Fantasy-Zyklus über die imaginäre Welt ›Magira‹, der u. a. aus den Titeln **Reiter der Finsternis** (1975), **Das Heer der Finsternis** (1975) und **Boten der Finsternis** (1976) besteht, erschien auch in den Vereinigten Staaten. Strassl ist seit 1974 Herausgeber der Taschenbuchreihe *Terra Fantasy* des Pabel Verlags und hat neben seinen eigenen Werken auch mehrere Anthologien herausgegeben, Heftromane verfaßt und zusammen mit Peter Danner (ebenfalls ein Pseudonym) eine Kurzgeschichtensammlung publiziert. Weitere Pseudonyme, unter denen er geschrieben hat, sind Hogarth Brown, Ray Cardwell, Hugh de Rais und ›Madman‹ Curry.

Bibliographie:
Reiter der Finsternis, München 1975, TF 8.
Das Heer der Finsternis, München 1975, TF 14.
Boten der Finsternis, München 1976, TF 20.
Gefangene der Finsternis, München 1976, TF 27.
(Hrsg.) **Schwerter, Schemen und Schamanen,** München 1977, T 32.
Stadt der Götter, München 1977, TF 33.
Dämonen der Finsternis, München 1978, TF 46.

Heftpublikationen:
Alles Licht der Welt (C) (als Madman Curry mit Peter Danner), UZ 513 (1967).
Der Wall von Infos (als Hubert Strassl), ZSF 117 (1971).
Rebellion der Talente, TN 182 (1971).
Ruf der Träume, TA 32 (1972).

Preis der Unsterblichkeit, TA 42 (1972).
Gefangene des Kosmos, TA 86 (1973).
(↗ **Dragon**)

Wallace, Ian
(1912–)
Der in Chicago geborene John Wallace Pritchard zog schon früh nach Detroit um, wo er verschiedene Schulen besuchte. Schließlich studierte er an der Universität von Michigan und machte dort sein Magisterexamen in Erziehungspsychologie. Später kam der Doktor in Erziehungswissenschaft hinzu, der ihm von der Wayne State University verliehen wurde. Ab 1934 arbeitete er als Psychologe in einem Detroiter Krankenhaus; von 1955 bis 1974 lehrte er Geschichte und Erziehungswissenschaften an der Wayne State University. Schon Anfang der vierziger Jahre hatte er unter seinem Namen Sachbücher und wissenschaftliche Aufsätze veröffentlicht. Diese Erfahrung bewog ihn, in seiner Freizeit SF zu schreiben. Sein erster Roman, CROYD (1967), war so etwas wie ein interstellarer Spionageroman. CROYD, wie auch die nachfolgenden Romane, DR. ORPHEUS (1968), DEATHSTAR VOYAGE (1969), THE PURLOINED PRINCE (1971), PAN SAGITTARIUS (1973), A VOYAGE TO DARI (1974), THE WORLD ASUNDER (1976), THE SIGN OF THE MUTE MEDUSA (1977), Z-STING (1978), HELLER'S LEAP (1979) und THE LUCIFER CONSTELLATION (1980), erschienen unter seinem Pseudonym Ian Wallace. In seinen Romanen versucht Wallace den Menschen und seine Beziehungen zu anderen Menschen und Lebewesen vor allem auf humane Weise darzustellen.

Bibliographie:
Der große Croyd (CROYD), Hamburg und Düsseldorf 1969, Mvs.
Der Flug nach Ligeria (DEATHSTAR VOYAGE), München 1978, H 3595.
Die Reise nach Dari (A VOYAGE TO DARI), München 1980, H 3757.
Pan Sagittarius (PAN SAGITTARIUS), München 1981, H (in Vorb.).

Walther, Daniel
(1940–)
Daniel Walther, französischer SF-Autor und Journalist, wuchs zweisprachig (Deutsch und Französisch) auf und studierte an der Universität Saarbrücken Pharmazie. Seine erste Erzählung erschien 1965 im Magazin *Fiction,* der bisher etwa vierzig weitere folgten.

1972 erschien sein erster Roman: MAIS L'ESPACE... MAIS LE TEMPS, eine Verquickung aus Heroic Fantasy-Motiven und der New Wave. Die allererste französischsprachige New Wave-Anthologie, LES SOLEILS NOIRS D'ARCADIE wurde 1976 von ihm herausgegeben. Walther gilt als einer der qualifiziertesten Vertreter dieser Richtung, und die meisten seiner Erzählungen, wie z.B. FLINGUEZ-MOI TOUT ÇA! (1968; sie erschien in Deutschland unter dem Titel **Knallt mir alles ab!** in: **Die Stimme des Wolfs,** hrsg. von Jörg Weigand, 1976, H 3482) haben einen starken politischen Hintergrund. Für das Magazin *Fiction* schrieb er eine Reihe von Heroic Fantasy-Stories, die der Gewalttätigkeit ihrer amerikanischen Pendants entbehren. Sein neuester Roman, KRYSNAK OU LE COMPLOT (1978) wird von der Kritik für sein bisher reifstes Werk gehalten. Weitere wichtige und teilweise preisgekrönte Erzählungen sind ASSASSINAT DE L'OISEAU BLEU (1971), LA CANNONIÈRE ÉPOUVANTE (1972), LE PETIT CHIEN BLANC QUI RODAIT DANS LES RUES DE LA VILLE DESERTE (1975) und I.C.E.T.W.O. – A LOVE STORY FOR ANNA KAVAN AND BRIAN ALDISS (1979).

Warschawski, Ilja
(1909–)
Der russische Autor Ilja Warschawski (Varšavskij) entstammt einer Ingenieursfamilie. Im Alter von 16 Jahren besuchte er die Seefahrtsschule in Leningrad und fuhr

später als Decksoffizier auf Schiffen der sowjetischen Handelsmarine. Anschließend war er bis 1962 als Ingenieur in Forschungsinstituten und Konstruktionsbüros tätig. Seine erste SF-Erzählung entstand aus Anlaß einer Wette mit seinem Sohn. Sein erster Band mit SF-Erzählungen erschien 1964: MOLKULJARNOJE KAFE (»Molekular-Café«). Es folgten die Bände TSCHELOWEK, KOTORYJ WIDEL ANTIMIR (1965; »Der Mensch, der die Antiwelt gesehen hat«), SOLNZE SACHODIT W DONOMAGE (1966; »Die Sonne geht unter in Donomaga«), LAWKA SNOWIDENIJ (1971; **Der Traumladen**) und TREWOSCHNYCH SIMPTOMOW NET (1972; »Keine beunruhigenden Symptome«).

Bibliographie:
Der Traumladen (C) (LAWKA SNOWIDENIJ), Berlin 1973, Vlg. Neues Berlin.

Watkins, William Jon
(1942–)
Der amerikanische Autor William Jon Watkins wurde in Coaldale/Pennsylvania geboren. Er veröffentlichte als erste Story THE PEOPLE'S CHOICE, im *Magazine of Fantasy and Science Fiction* und als ersten Roman ECO-DEATH (1972, gemeinsam verfaßt mit Gene Snyder). Watkins ist verheiratet, hat drei Kinder und lehrt als Professor an einem College in Lincroft/New Jersey (wo auch Gene Snyder als Professor tätig ist). Er veröffentlichte neben zwei Büchern außerhalb des Genres außerdem die SF-Romane CLICKWISTLE (1973), THE GOD MACHINE (1972), A FAIR ADVANTAGE (1975) und THE LITANY OF SH'REEV (1976, gemeinsam verfaßt mit Gene Snyder), dazu etliche Kurzgeschichten. Für 1980 ist das Buch WHAT ROUGH BEAST angekündigt. Watkins gilt als talentierter und engagierter junger Autor der neueren SF-Szene.

Bibliographie:
Die Litanei Sh'reevs (THE LITANY OF SH'REEV) (mit Gene Snyder), München 1980, H (in Vorb.).

Watson, Ian
(1943–)
Der Sohn eines Postbeamten und Absolvent des Balliol College in Oxford (Englisch-Studium mit höchster Auszeichnung abgeschlossen) stieg binnen weniger Jahre in die Spitzengruppe der englischen SF-Autoren auf. Sein erster Roman, THE EMBEDDING (1973), wurde 1974 gleich für den John W. Campbell Memorial-Award nominiert (und belegte den zweiten Platz), die französische Übersetzung gewann 1975 den Prix Apollo. Der zweite Roman, THE JONAH KID (1975), bestätigte bei der internationalen Kritik den Eindruck, daß hier ein großes Talent herangewachsen war, und gewann in England den *Orbit* (British SF-Award) 1976 und den British SF Association-Award 1977. Es folgten die Romane THE MARTIAN INCA (1977), ALIEN EMBASSY (1977), MIRACLE VISITORS (1978), GOD'S WORLD (1979). Ein weiterer Roman, ORGASMACHINE, erschien bisher nur in Frankreich (wurde aus dem Manuskript ins Französische übersetzt). Eine Story-Sammlung, THE VERY SLOW TIME MACHINE, erschien ebenfalls 1979.
Ian Watson unterrichtete von 1965 bis 1967 an der Universität von Dar-es-Salaam und von 1967 bis 1970 an der erziehungswissenschaftlichen Fakultät der Universität von Tokio Englisch. Später war er am Polytechnikum in Birming-

ham und an der Kunsthochschule tätig, bevor er sich hauptberuflich dem Schreiben zuwandte. Seine erste SF-Story war ROOF GARDEN UNDER SATURN (*New Worlds,* 1969). Abgesehen von einigen Artikeln für verschiedene Zeitschriften schrieb er auch ein Buch über das Japan der Zukunft, das 1977 in Osaka veröffentlicht wurde.

Science Fiction, wie Ian Watson sie versteht, sollte – nach seinen Worten – wissenschaftlich sein und einem realistischen Standpunkt verpflichtet. Fantasy und Magie kommen für ihn als Thema nicht in Frage. Um dem Leser ein Werkzeug dafür zu sein, über die Welt und über die Zukunft nachzudenken, sollte Science Fiction jedoch nicht trocken, sondern bildhaft sein. Er stellt an die SF nicht die Forderung, futuristische Voraussagen zu treffen (vielmehr ist Vielseitigkeit in bezug auf die vielen ausmalbaren Zukünfte einer ihrer wesentlichen Vorzüge), wohl aber die Erwartung, daß sie dem Menschen in eindringlicher Charakterisierung und der Darstellung seines sozialen Milieus gerecht wird. Und sie sollte sich nicht davor scheuen, »letzte« Fragen wie etwa die nach dem Wesen der Realität, nach Ursprung und Bedeutung des Universums sowie dem Leben darin anzupacken.

Bibliographie:
Der programmierte Wal (THE JONAH KIT), München 1977, H 3545.
Psychonauten (ALIEN EMBASSY), München 1980, H (in Vorb.).

Waugh, Evelyn (Arthur St. John) (1903–1966)
Der englische Schriftsteller Evelyn Waugh wurde in London geboren. Er wurde bekannt durch seine bitteren Gesellschaftssatiren, die er zunächst aus einer nihilistischen, später aus einer religiösen Grundhaltung heraus schrieb. (1930 war Waugh zum Katholizismus konvertiert.) Sein Roman A HANDFUL OF DUST (1934) machte ihn weltberühmt. In BLACK MISCHIEF (1932) und SCOOP (1938) benutzt er imaginäre afrikanische Länder als Schauplatz seiner Satiren, in VILE BODIES (1930) schildert er die Apokalypse Europas in einem alles vernichtenden Weltkrieg. Sein nach Ende des Zweiten Weltkriegs entstandener Roman LOVE AMONG THE RUINS. A ROMANCE OF THE NEAR FUTURE (1953) weist noch deutlicher SF-Elemente auf. Er ist eine heftige Attacke gegen die triste Atmosphäre des englischen Wohlfahrtsstaates und die Überbürokratisierung, humorvoll und bissig. Der Roman ähnelt in seiner Intention Orwells **1984** und Huxleys BRAVE NEW WORLD

und ist, trotz seines Humors, von derselben Hoffnungslosigkeit im Hinblick auf die Zukunft geprägt.

Bibliographie:
Und neues Leben blüht aus den Ruinen. Eine Liebesgeschichte aus der nahen Zukunft (LOVE AMONG THE RUINS. A ROMANCE OF THE NEAR FUTURE), Zürich 1955, Vlg. Die Arche.

Wegener, M(anfred)
(1935–)
Der gebürtige Danziger Manfred Wegener machte in Holstein das Abitur, ging anschließend zur christlichen Seefahrt (Hochseefischerei) und war anschließend lange Zeit auf Auslandsmontage. Er verbrachte einige Zeit bei der Deutschen Bundesbahn, dann lockte ihn wieder die See: Er heuerte in Panama als Jungmann an, brachte es bis zum Leichtmatrosen, bereiste die ganze Welt und ging später zur Elbe- und Rheinschiffahrt, wo er als Steuermann den Dienst quittierte und als Schaltwärter an einer Neckarschleuse Dienst tat. Anfang der sechziger Jahre begann er nebenberuflich SF zu schreiben (zunächst in der *Utopia*-Reihe des Erich Pabel Verlags) und wechselte 1969, als die zweite große SF-Flaute gleich mehrere Heftverleger zum Einstellen ihrer Reihen zwang, zum Kriminalroman über. Wegener ist seit 1974 Berufsautor und schreibt hauptsächlich Krimi-Taschenbücher, die in mehrere Sprachen übersetzt wurden. Er hat neben der Mitarbeit an Reihen wie *Gemini*, *ZSF* und *Utopia* auch zahlreiche Serienhefte innerhalb von *Mark Powers*, *Ren Dhark* und *Commander Scott* geschrieben und initiierte mit seinem Kollegen H.G.Francis die kurzlebige SF-Serie *Rex Corda*.

Der Hauptteil der SF-Romane Wegeners gehören in den Bereich der Space Opera. Seine Lieblingsautoren sind Ray Bradbury, Herbert W.Franke, Robert Sheckley, H.G.Wells und K.H.Scheer. Gelegentlich verwendete er innerhalb der SF auch das Pseudonym Calvin F.MacRoy.

Bibliographie:
Heftpublikationen:
Wettlauf mit dem Tod, UZ404 (1964).
Die Verbannten von Devils Port, UZ438 (1965).
Dem Tode entronnen, UZ439 (1965).
Fahrt in den Tod, UZ459 (1965).
Einsiedler der Ewigkeit, ZSF7/8 (1966).
Unternehmen Miramaar (als Calvin F.MacRoy), ZSF37 (1967).

In der Gammafalle (als Calvin F. MacRoy), ZSF 46 (1967).
Der galaktische Bluff, ZSF 55 (1967).
Vorstoß in die Ewigkeit, ZSF 62 (1967).
Sternenstaffel Campbell, ZSF 66 (1968).
Stern der toten Seelen, ZSF 71 (1968).
Die Kugel aus dem All, ZSF 86 (1969).
Konterschlag Centauri, ZSF 97 (1970).
Endstation Tumulus, Ge 13 (1976).
Die Irrfahrt der Osiris, Ge 26 (1976).
(↗ **Mark Powers, Ren Dhark, Rex Corda**)

Weinbaum, Stanley G(rauman)
(1902–1935)
Der amerikanische SF-Autor Stanley G. Weinbaum wurde in Louisville/Kentucky geboren. Er besuchte mehrere Schulen in Milwaukee und studierte an der Universität von Wisconsin Chemie. In den zwanziger Jahren begann er zu schreiben. Zunächst entstanden einige experimentelle Texte, darunter ein paar Romane, von denen THE MAD BRAIN und THE NEW ADAM später veröffentlicht wurden, kürzere Geschichten und Vignetten, und sogar eine Operette, OMAR, THE TENT MAKER, die allerdings nie aufgeführt wurde. Weinbaum, der seinen Beruf als Chemiker aufgab, um freiberuflicher Schriftsteller zu werden, schloß sich einer Science Fiction-Fangruppe an, die sich »Milwaukee Fictioneers« nannte. Ihr gehörte auch der Autor Ralph Milne Farley an, der Weinbaum dazu überredete, sich der SF zuzuwenden. Seine erste veröffentlichte Story, A MARTIAN ODYSSEY (WS, 7/34) schlug unter der Leserschaft wie eine Bombe ein und wurde zur erfolgreichsten Geschichte, die *Wonder Stories* je abgedruckt hatte. Durch diesen Erfolg wurde man auch beim Konkurrenzmagazin *Astounding* auf das junge Talent aufmerksam. Daraufhin schrieb Weinbaum für beide Magazine, und in den Jahren 1934/35 erschienen weitere 11 Erzählungen, davon 7 in *Astounding* und 4 in *Wonder Stories*. Diese 12 SF-Stories waren die einzigen, die Stanley G. Weinbaum im Druck sah, denn am 14. Dezember 1935 starb er völlig unerwartet, nur 15 Monate nach Veröffentlichung seiner ersten Geschichte. Für ihn selbst kam sein Ende möglicherweise nicht so überraschend, denn er hatte von seinem Kehlkopfkrebs gewußt. Nach seinem Tod wurden noch einige Geschichten sowie die

Romane THE BLACK FLAME (1939), THE NEW ADAM (1942), THE DARK OTHER (1950) und REVOLUTION OF 1950 (1938) publiziert. REVOLUTION OF 1950 war in Zusammenarbeit mit Ralph Milne Farley entstanden und erschien als Fortsetzungsroman in *Amazing*. Trotz seines schmalen Werks war es Stanley G. Weinbaum gelungen, die Science Fiction nachhaltig zu beeinflussen, ja, sie zu verändern. Die größte Rolle spielte dabei zweifelsohne A MARTIAN ODYSSEY. Diese Erzählung, wohl die beste Debutstory eines SF-Autors, wurde 1968 von den Science Fiction Writers of America auf den zweiten Platz ihrer Liste der besten Erzählungen aller Zeiten gewählt, und Isaac Asimov sagt über sie in seinem Vorwort zu THE BEST OF STANLEY G. WEINBAUM: »Mit einer einzigen Story war es Weinbaum gelungen, als bester lebender SF-Schriftsteller anerkannt zu werden...« Und das lag an Weinbaums faszinierender Art, fremdartige Lebewesen, Aliens, darzustellen. Bis dahin waren diese meist als schleimtriefende, blutrünstige Monster beschrieben worden, die mit Vorliebe irdischen Helden ihre Blondinen raubten, als ätherische utopische Wesenheiten, dem Menschen ungeheuer überlegen, als machtgierige Invasoren oder patriarchale Schutzengel. Nie aber hatten sich die Autoren der damaligen SF-Magazine die Mühe gemacht, Lebensformen zu entwerfen, die für sich etwas eigenes, etwas in sich Logisches darstellten, etwas, das dem Menschen vollkommen fremd sein mochte, und nicht mit seinen ureigensten, maßlos verstärkten Charaktereigenschaften besetzt war. Weinbaums Aliens besaßen diese Eigenständigkeit. Nach Sam Moskowitz stellten sie »...die originellste Zoologie der Lebensformen dar, die seit Frank L. Baums THE WIZZARD OF OZ beschrieben worden war«. Und so wurde Tweel, der intelligente straußenähnliche Marsianer, der den terranischen Forschern die Wunder des Mars zeigt, zu einem unvergeßlichen Charakter in der SF, ebenso wie der faszinierende »Pyramidenbauer«, eine sich langsam bewegende Siliziumkreatur, die beständig Sand »frißt« und Ziegelsteine ausscheidet, die sie zu Pyramiden aufschichtet. Zwar verblassen Weinbaums andere Erzählungen neben A MARTIAN ODYSSEY ein wenig, dennoch sind hervorragende Stories darunter, besonders wenn man in Betracht zieht, wann sie geschrieben wurden: THE ADAPTIVE ULTIMATE (ASF, 11/35) unter dem Pseudonym John Jessel erschienen, THE LOTUS EATERS (ASF, 4/35), THE RED PERI (ASF, 11/35) oder auch THE WORLDS OF IF (WS, 8/35) gehören dazu. In ihnen kommt ebenso wie in den ersten posthum veröffentlichten Romanen Weinbaums stilistisches Können zum Ausdruck, sein glänzender Ideenreichtum und sein tiefer Humanismus. Im Gegensatz zu den Charakteren vieler Kollegen sind seine Protagonisten glaubhaft. Allein schon diese Tatsache machte ihn zum besten amerikanischen Science Fiction-Schriftsteller der dreißiger Jahre.

Bibliographie:
Mars-Odyssee (C) (A MARTIAN ODYSSEY), München 1970, H 3168.
Die schwarze Flamme (THE BLACK FLAME), München 1974, H 3387.
Der dunkle Doppelgänger (THE DARK OTHER), München 1975, H 3424.
Der neue Adam (THE NEW ADAM), München 1977, H 3442.

Weise, Lothar
(1931–1966)
Der DDR-Autor Lothar Weise wurde im sächsischen Ebersbach geboren, erlernte den Beruf eines Webers, studierte und wurde Textilingenieur. Schließlich arbeitete er als Cheftechniker in einer Damastweberei. Nach mehreren gemeinsamen Buchprojekten zusammen mit Kurt Herwarth Ball legte Weise 1957 mit **Das Geheimnis des Transpluto** seinen ersten allein verfaßten Roman vor. 1962 entschloß er sich, als freischaffender Schriftsteller tätig zu werden und schrieb bis zu seinem frühen Tod mehrere SF-Romane, die posthum veröffentlichte Erzählung **Im Eis des Kometen** (erschienen in der Anthologie **Der Diamantenmacher,** 1972), hrsg. von E. Orthmann sowie das Drehbuch zu dem DEFA-Film **Unternehmen Proxima Centauri.**

Bibliographie:
Atomfeuer über dem Pazifik (mit Kurt Herwarth Ball), Berlin 1959, Vlg. Neues Leben.
Das Geheimnis des Transpluto, Berlin 1957, Vlg. Neues Leben.
Unternehmen Marsgibberellin, Berlin 1964, Vlg. Neues Leben.

Heftpublikationen:
Alarm auf Station Einstein (mit Kurt Herwarth Ball), Berlin 1957, *Das neue Abenteuer* 119.
Signale von der Venus (mit Kurt Herwarth Ball), Berlin 1957, *Das neue Abenteuer* 134.
Brand im Mondobservatorium (mit Kurt Herwarth Ball), Berlin 1959, *Das neue Abenteuer* 161.

Weitbrecht, Wolf
(1920–   )
Wolf Weitbrecht wurde in Stuttgart geboren und lebt heute in der DDR, wo er als Arzt tätig ist. Da er als Leser schon frühzeitig an SF interessiert war, animierte ihn besonders die Lektüre von Stanislaw Lem dazu, selbst SF zu schreiben. So entstand zunächst der Roman **Das Orakel der Delphine** (1972), gefolgt von **Stunde des Ceres** (1975). 1976 legte er einen Band mit Kurzgeschichten vor: **Das Psychomobile.** Weitbrecht greift meistens Themen aus dem Gebiet der Biologie, Medizin oder Genetik auf.

Bibliographie:
Das Orakel der Delphine, Rudolstadt 1972, Greifen Vlg.
Stunde des Ceres, Rudolstadt 1975, Greifen Vlg.
Das Psychomobile (C), Rudolstadt 1976, Greifen Vlg.

Wellen, Edward
(1919–   )
Edward Wellen wurde in New Rochelle/New York geboren, wo er auch heute noch lebt. Während des Zweiten Weltkrieges war er fast drei Jahre in Europa und Nordafrika. Sein erstes Geld verdiente er als Zeitungsjunge, arbeitete als Einkäufer für eine Ölgesellschaft, Werbeberater, betrieb einen Briefmarkenversand und schlug sich zunächst als Freizeitautor durch, bis er es als freier Schriftsteller versuchte. Seine erste SF-Story, ORIGINS OF GALACTIC SLANG, verkaufte er 1952 an *Galaxy*. Sie wies ihn als bemerkenswerten Humoristen aus. Viele seiner Erzählungen erschienen außerhalb der SF-Magazine in Zeitschriften wie *Playboy* oder *Saturday Review*, wurden verfilmt oder zu Hörspielen verarbeitet. Wellen ist sowohl in der SF, als auch im Mystery-Genre zu Hause und schreibt für *The Magazine of Fantasy and Science Fiction, Analog, Isaac Asimov's Science Fiction Magazine, Alfred Hitchcock's Mystery Magazine* und *Ellery Queen's Mystery Magazine*. Viele seiner kürzeren Erzählungen sind, wie SHAPES TO COME (1969), beiden Genres zuzurechnen. Sein erster Roman erschien 1971 unter dem Titel HIJACK.

Wellman, Manly Wade
(1903–   )
Wellman wurde in Angola als Sohn eines Missionars geboren, kam im Alter von sechs Jahren in die USA, besuchte Schulen in Washington, Kansas, Utah und New York und studierte bis 1926 an der Wichita State University Literatur. Von 1927 bis 1934 war er als Reporter und Redakteur bei verschiedenen Zeitungen des Staates Kansas angestellt, dann zog er nach New York City und später nach North Carolina, wo er sich als freier Schriftsteller betätigte. Wellman gehört zur alten Garde der Pulp-

Schreiber, hat weit über 500 Stories und Artikel sowohl in regionalen als auch national verbreiteten Zeitschriften veröffentlicht und sich nahezu in jedem Genre der Unterhaltungsliteratur und der non-fiction betätigt: Er konnte bereits 1978 auf nicht weniger als 71 publizierte Bücher verweisen: Jugendliteratur, Kriminalromane, historische Romane, SF und Fantasy. Neuere Titel im phantastischen Genre sind TWICE IN TIME (1957), WHO FEARS THE DEVIL? (1964) und die Kurzgeschichtensammlung WORSE THINGS WAITING (1973). Wellman ist in mehr als 45 Anthologien vertreten, gab von 1963 bis 1974 Kurse in kreativem Schreiben an der University of North Carolina und gewann zahlreiche literarische Preise, u. a. den Edgar Allan Poe-Award (1955) und den H. P. Lovecraft-Award (1975). Unter dem Pseudonym Gans T. Field wurde er vor allem im Mystery-Genre bekannt.

Weitere Titel aus Wellmans SF-Produktion sind THE DARK DESTROYERS (1959), GIANTS FROM ETERNITY (1939), ISLAND IN THE SKY (1941), der Fantasy-Roman SOJARR OF TITAN (1941) und THE SOLAR INVASION (1946), eine Space Opera aus der Pulp-Serie um *Captain Future,* die Edmond Hamilton konzipierte.

Bibliographie:
Insel der Tyrannen (ISLAND IN THE SKY), Berlin 1972, U 2876.
Invasion von der Eiswelt (THE DARK DESTROYERS), Berlin 1972, U 2898.

Heftpublikationen:
Giganten aus der Ewigkeit (GIANTS FROM ETERNITY), UG 117 (1960).
Der geraubte Mond (THE SOLAR INVASION), UZ 307 (1962).

Wells, H(erbert) G(eorge)
(1866–1946)
Herbert George Wells wurde in Bromley/England geboren. Er kam aus kleinen Verhältnissen (Mutter Zimmermädchen, Vater Gärtner). Im Alter von 13 Jahren begann er eine Tuchhändlerlehre, die aber bald ein Ende fand, weil er als Kassenjunge zu unaufmerksam war. Später konnte er eine Anstellung als Hilfslehrer finden, bildete sich naturwissenschaftlich weiter und erhielt schließlich ein Stipendium. 1895 veröffentlichte er seinen ersten SF-Roman: THE TIME MACHINE. Es folgten Titel wie THE ISLAND OF DR. MOREAU (1896), THE INVISIBLE MAN (1897), THE WAR OF THE

WORLDS (1898), WHEN THE SLEEPER WAKES (1899), THE FIRST MEN IN THE MOON (1901), THE FOOD OF THE GODS (1904), A MODERN UTOPIA (1905), IN THE DAYS OF THE COMET (1906), THE WAR IN THE AIR (1908) und andere. Ausnahmslos gelten diese Romane – und dazu zahlreiche Kurzgeschichten – als Klassiker des Genres bzw. als wesentliche Vorläufer (je nach Interpretation) und begründeten häufig thematische Unterabteilungen der Science Fiction. Eine Reihe dieser Stoffe wurde, teilweise mehrfach, verfilmt.

THE TIME MACHINE beschäftigt sich mit der Zeitreise in eine weit entfernte Zukunft, in der es zwei Menschenrassen gibt, die lieblichen Eloi und die häßlichen Morlocken, die einen über der Erde, die anderen unter der Erde, beide eher tierhaft, die ersteren das Schlachtvieh der letzteren: eine bis ins Extrem gesteigerte Klassengesellschaft. Zwischen dieser Zukunft und unserer Zeit ist die Novelle THE SHAPE OF THINGS TO COME (1933) angesiedelt, in der Arbeiter ein entrechtetes Leben unter der Erde führen müssen und dabei allmählich verrohen.

THE ISLAND OF DR. MOREAU schildert Experimente, um aus Tieren durch Operationen menschenähnliche Geschöpfe zu machen. Einer der emotional packendsten Romane des Autors, eine einzige Anklage gegen unmenschliche Handhabung der Wissenschaft. THE WAR OF THE WORLDS – als von Orson Welles inszeniertes Hörspiel löste dieser Stoff 1938 in New York eine Panik aus – schildert die Landung von Marsbewohnern auf der Erde, die mit Kriegsmaschinen und Hitzestrahlern erbarmungslos über England herfallen, bis sie selbst ein Opfer irdischer Mikroorganismen werden. THE FIRST MEN IN THE MOON schildert eine Mondexpedition und die Entdeckung von Mondbewohnern.

Die meisten Werke Wells' vereinen Freude an der SF-Idee und Lust am Fabulieren mit sozialkritischem Engagement. In seinen späten Werken wandte sich Wells noch deutlicher der sozialutopischen Tradition zu. So in MEN LIKE GODS (1923), wo er Zeitgenossen mit einer Parallelwelt konfrontiert, in der es keine Herrschaft des Menschen über den Menschen und kein Privateigentum an Produktionsmitteln gibt. IN THE DAYS OF THE COMET zeigt die Wandlung von Kapitalismus zum Sozialismus, als das grüne Gas eines vorbeiziehenden Kometen die Menschheit friedfertig und weise werden läßt. Und in THE WAR IN THE AIR polemisiert Wells gegen den Rüstungswahn und schildert sozialkritisch die Stadt New York: Ein Zeppelinkrieg zwischen Deutschland und Amerika führt zum Untergang der Zivilisation.

Wells brachte eine Fülle von neuen Ideen in das SF-Genre ein bzw. schrieb grundlegende Werke für einzelne Sparten: Zeitmaschine (THE TIME MACHINE), Invasion aus dem All und »Bug Eyed Monsters« (THE WAR OF THE WORLDS), Tiermenschen (THE ISLAND OF DR. MOREAU), Riesenwuchs von Tieren, Pflanzen und Kindern (THE FOOD OF THE GODS), Atombomben (THE WORLD SET FREE, 1914), Unsichtbarkeit (THE INVISIBLE MAN), Gewichtslosigkeit, Körpertausch, Zeitraffer, Zivilisationen auf dem Meeresgrund, letzter Krieg der Menschheit, Fernsehkontakte zu Außerirdischen, Zauberspielzeug, menschenfressende Riesentintenfische, Parallelwelten, die Kraft, Wunder bewirken zu können, und kosmische Katastrophen wie das Vorbeischrammen eines Himmelskörpers an der Erde. Wells' Bedeutung für das Genre ist gar nicht hoch genug einzuschätzen. Brian Aldiss nannte ihn den »Shakespeare der Science Fiction«. Wichtige Werke außerhalb der SF entstanden vor allem in Wells' späteren Jahren – neben Romanen auch zahlreiche populärwissenschaftliche Bücher, darunter eine »Geschichte unserer Welt«.

Bibliographie:
Die ersten Menschen im Mond (THE FIRST MEN IN THE MOON), Minden 1900, J.C.C.Bruns Vlg.
Krieg der Welten (THE WAR OF THE WORLDS), Wien 1901, M.Perles Vlg.
Die Riesen kommen (THE FOOD OF THE GODS), Minden 1901, J.C.C.Bruns Vlg.
Die Zeitmaschine (THE TIME MACHINE), Minden 1902, J.C.C.Bruns Vlg.
Dr. Moreaus Insel (THE ISLAND OF DR. MOREAU), Minden 1908, J.C.C.Bruns Vlg.
Der gestohlene Bazillus (C/OA), Stuttgart 1909, Julius Hoffmann Vlg.
Im Jahre des Kometen (IN THE DAYS OF THE COMET), Stuttgart o.J., Julius Hoffmann Vlg.
Der Luftkrieg (THE WAR IN THE AIR), Stuttgart 1910, Julius Hoffmann Vlg.
Wenn der Schläfer erwacht (WHEN THE SLEEPER WAKES), Minden 1911, J.C.C.Bruns Vlg.
Jenseits des Sirius (A MODERN UTOPIA), Stuttgart 1912, Julius Hoffmann Vlg.
Der Unsichtbare (THE INVISIBLE MAN), Stuttgart 1914, Julius Hoffmann Vlg.
UGH-Lomi (C), (TALES OF SPACE AND TIME), Stuttgart 1923, Vlg. Der kommende Tag.
Menschen, Göttern gleich (MEN LIKE GODS), Berlin/Wien 1927, Zsolnay Vlg.
Der Traum (THE DREAM), Berlin/Wien 1927, Zsolnay Vlg.
Der Apfel vom Baum der Erkenntnis (C/OA), Berlin/Wien 1930, Zsolnay Vlg.
Stern der Vernichtung (C) (BEST STORIES OF H.G.WELLS), München 1964, H.293.

West, Wallace (George)
(1900–)
Seine erste veröffentlichte Story war eine Werwolf-Geschichte in *Weird Tales* mit dem Titel LOUP-GAROU (1927), seine erste SF-Story, THE LAST MAN, erschien 1929 in dem Magazin *Amazing*. Es folgten eine Reihe von SF- und Weird Fiction-Erzählungen für diverse Magazine, und nach einer längeren Pause betätigte sich West von den frühen fünfziger Jahren an erneut im Science Fiction-Genre.

Wallace George West wurde in Walnut Hills/Kentucky geboren, studierte Jura und gründete mit einem Partner die Anwaltfirma Calvin & West. Bald darauf versuchte er sich jedoch in anderen Jobs. Da er Spanisch und Portugiesisch sprach, wurde er Vizepräsident von United Press für Südamerika, gab eine der ersten amerikanischen Illustrierten heraus und versuchte sich schließlich als PR-Manager bei CBS und NBC. Außerdem war er in der PR-Abteilung der Paramount Filmgesellschaft und des amerikanischen Erdölinstituts tätig. In den sechziger Jahren zog es ihn in die pyrotechnische Industrie; er verfaßte für eine Firma dieser Art Werbesprüche.

Außer SF und Weird Fiction schrieb West Fachbücher, ein Filmdrehbuch und mehrere Kinderbücher. Sieben SF-Romane von ihm sind in Amerika erschienen, darunter THE MEMORY BANK (1951), in dem es um gespeicherte Erinnerungen als eine Form der Unsterblichkeit geht. LORD OF ATLANTIS (1960) vereint vier als GREAT LEGEND-Serie Anfang der fünfziger Jahre in dem Magazin *Future SF* veröffentlichte Erzählungen um eine alte Marskolonie auf dem Grund des Mittelmeeres.

Wallace West gehört zu den weniger anspruchsvollen SF-Autoren, die vor allem zur Unterhaltung produzieren.

Bibliographie:
Heftpublikation:
Verkaufen Sie Ihre Erinnerung (THE MEMORY BANK), UZ 365 (1963).

White, James
(1928–   )
James White ist gebürtiger Ire, verbrachte einen großen Teil seines Lebens in Kanada und lebt heute mit seiner Frau und drei Kindern in seiner Heimatstadt Belfast. Seine erste SF-Story, ASSISTED PASSAGE, verkaufte er 1952 an das Magazin *New Worlds*. Sie erschien 1953. Sein erster Roman, THE SECRET VISITOR, erschien 1957. Seither hat er mehr als 60 Erzählungen, 10 Romane und 5 Kurzgeschichtensammlungen veröffentlicht. Dies alles entstand in seiner Freizeit, denn White arbeitet seit 14 Jahren hauptberuflich als Pressechef der Flugzeugfirma Shorts (früher war er in der Geschäftsleitung einer Textilfirma tätig). Die meisten seiner Werke wurden diesseits und jenseits des Atlantiks veröffentlicht und auch in

verschiedene europäische Sprachen sowie ins Japanische übersetzt, wobei die SECTOR GENERAL-Serie, mit den Bänden HOSPITAL STATION (1962), STAR SURGEON (1963) und MAJOR OPERATION (1971), sich besonderer Popularität erfreut. Es geht dabei um medizinische, psychologische und sonstige Probleme, die in einem Weltraumhospital auftreten, das von extraterrestrischen Patienten aller Art frequentiert wird. Einige Episoden dieser Serie erschienen zuerst in *New Worlds* und wurden ab 1962 gesammelt herausgegeben bzw. ergänzt. Man merkt ihnen unschwer an, daß James White eigentlich gerne Arzt geworden wäre.

ALL JUDGMENT FLED (1968), ein Roman, der den *Europa-Award* für den besten englischen Roman im Zeitraum von drei Jahren erhielt, konfrontiert die Erde mit der Ankunft eines riesigen extraterrestrischen Raumschiffs, das verschiedene Lebensformen an Bord hat, wobei den kontaktierten Menschen unklar bleibt, welche Lebensform dominierend ist bzw. das Schiff befehligt. THE DREAM MILLENIUM (1974) schildert die Reise von Kolonisten zu neuen Welten, die im Kälteschlaf ihrem Ziel »entgegenträumen«, wobei diese Träume der Schärfung des Rassegedächtnisses dienen sollen. Ein Kritiker nannte Whites Vorstellung, daß dieses Schiff mit seiner menschlichen Fracht der »herausgedrückte Kern der überreifen und zum Untergang bestimmten Frucht Erde« sei, resignativ und einem plumpen Biologismus entsprungen.

Eines der interessantesten Werke von James White ist THE WATCH BELOW (1966). Fünf Passagiere eines im Zweiten Weltkrieg versenkten Frachters überleben in dem am Meeresgrund liegenden Schiffskörper, bis 100 Jahre später ihre Nachkommen gerettet werden. Diese »Unterwassermenschen« erweisen sich als die einzigen möglichen Verhandlungspartner für Invasoren, welche die Erde in wassergefüllten Raumschiffen angesteuert haben. Geschickt wirbt White um Verständnis für andersartige Lebensformen, und liebevoll ausgeführte Details verraten die Arbeit, die der Autor seinen Stoffen angedeihen läßt.

SECOND ENDING (1963) – ein durch radioaktive Strahlung sterilisierter Mann überlebt den Tod des Sonnensystems im Zustand des Kälteschlafes – und OPEN PRISON (auch THE ESCAPE ORBIT) ESCAPE ORBIT (1965) – es geht um einen Überlebens- bzw. Fluchtplan nach einem für beide Seiten vernichtenden Krieg, der zwischen Menschen und Extraterrestriern tobt – DEADLY LITTER (1964), THE ALIENS AMONG US (1969), TOMORROW IS TOO FAR (1971), LIFEBOAT (auch: DARK INFERNO) (1972), MONSTERS AND MEDICS (1977), UNDERKILL (1979) und AMBULANCE SHIP (1979) sind weitere bekannte Romane Whites, von denen SECOND ENDING für den Hugo Gernsback- und für den Nebula-Award nominiert wurden. 1972 wurde James White mit dem Europa Special Science Fiction Award ausgezeichnet.

Bibliographie:
Gefängnis im All (OPEN PRISON, auch: THE ESCAPE ORBIT), München 1966, TTB 107.
Gefangene des Meeres (THE WATCH BELOW), München 1967, TTB 122.
Das Raumschiff der Rätsel (ALL JUDGMENT FLED), München 1968, TTB 150.
Die Ärzte der Galaxis (MAJOR OPERATION), München 1973, TTB 203.
Das schwarze Inferno (LIFEBOAT), München 1978, GWTB 0207.
Die Weltraum-Mediziner (HOSPITAL STATION), Frankfurt, Berlin, Wien 1977, U 3331.
Das Jahrtausend der Träume (THE DREAM MILLENIUM), München 1975, GWTB 23294.
Kampf der Weltraum-Mediziner (STAR SURGEON), Frankfurt, Berlin, Wien 1978, U 3396.
Das zweite Leben (C) (MONSTERS AND MEDICS), München 1979, TTB 309.

Heftpublikationen:
Frauen für Pleja (THE DEVIL'S EGG), UG 9 (1954).
Die Außerirdischen (SECRET VISITORS), TS 7 (1958).
Herr der Roboter (SECOND ENDING), T 278 (1963).
Die Lichter des Alls (DEADLY LITTER), T 423 (1965).

White, Ted (Theodore Edward) (1938–)
Ted White wurde in Washington geboren, zog 1959 nach New York City, arbeitete zeitweise bei der Schallplattengesellschaft Metronome und gab als Mitglied eines SF-Clubs ein Fanzine heraus. Anfang der sechziger Jahre wurde der SF- und Fantasy-Autor Avram Davidson, der gerade die Redaktion des *Magazine of Fantasy and Science Fiction* übernommen hatte, auf den jungen Mann aufmerksam, kaufte ihm einige Stories ab und stellte ihn schließlich als seinen Assistenten ein. White versuchte sich von nun an – mehr oder weniger erfolgreich – als Autor von Stories und Romanen, hatte jedoch mit ständigen Schwierigkeiten zu kämpfen, da er – sobald im Besitz von Vertrag und Vorschuß – über absolut keine Lust mehr zum Abfassen des bevorschußten Manuskripts verfügte: »Irgend etwas kam immer dazwischen.« Er schrieb eine Jazzkolumne für das vom ehemaligen *Imagination*-Gründer William L. Hamling herausgegebenen Herrenmagazin *Rogue* (in dessen Redaktion auch Harlan Ellison und Frank M. Robinson saßen), schrieb mit ANDROID AVENGER (1965) seinen ersten Roman und zusammen mit Dave van Arnam LOST IN SPACE (1967). Unter dem Pseudonym Norman Edwards produzierte er zwischendurch anspruchslose Space Operas. Als ihm 1968 die Herausgeberschaft der unter chronischem Geldmangel dahinsiechenden Magazine *Amazing* und *Fantastic* angeboten wurde, griff White zu. Er kämpfte um das Überleben des ältesten SF-Magazins der Welt, doch 1978 mußte er aufgeben. Ab 1980 übernahm er den Editorposten bei *Heavy Metal*, dem erfolgreichsten SF/Comic magazin.

Bibliographie:
Heftpublikation:
Überfall aus der Zukunft (INVASION FROM 2500) (mit Terry Carr, als Norman Edwards), TN 107 (1970).

Wiek, Bruno S.
(1897–   )
Bruno S. Wiek ist das Pseudonym des deutschen Autors Walter Troppenz, der in Braunschweig geboren wurde. Troppenz ist von Beruf eigentlich Konstrukteur, schrieb aber zahlreiche Romane, Bühnenstücke, Hörspiele und Filmdrehbücher. Er verfaßte vier utopische Romane, die zwischen 1934 und 1949 erschienen.

Bibliographie:
Der Schlüssel des Meeres, Bremen 1934, Henry Burmester Vlg.
Phantasten, Bremen 1935, Henry Burmester Vlg.
LPR 1600, Bremen 1935, Henry Burmester Vlg.
Weiße Kohle, Altenhain/Ufr., R. Lubowski Vlg.

Wilhelm, Kate
(1928–   )
Kate Wilhelm wurde in Toledo/Ohio geboren. Mitte der fünfziger Jahre begann sie SF-Stories zu schreiben. Ihre erste Veröffentlichung war THE MILE-LONG SPACESHIP 1957 in *Astounding*. Dieser Story folgten in den nächsten zehn Jahren gut zwei Dutzend weitere in SF-Magazinen, bevor die Autorin ihre jeweils neuesten Erzählungen in der Anthologienserie *Orbit* veröffentlichte, die ihr Mann, Damon Knight, herausgab. 1965 hatte sie mit dem Schreiben

von Romanen begonnen, zunächst in Zusammenarbeit mit Theodore L. Thomas.
1968 gewann ihre Kurzgeschichte THE PLANNERS *(Orbit 3)* den Nebula-Award. Insgesamt wurde sie zwischen 1965 und 1976 noch weitere sechsmal für den Hugo- und den Nebula-Award nominiert, u. a. für den Roman THE CLONE (1965), den sie zusammen mit Theodore L. Thomas geschrieben hatte. Der große Durchbruch aber kam für sie erst mit ihrem anspruchsvollen Roman WHERE LATE THE SWEET BIRDS SANG (1976), der 1976 für den Nebula-Award nominiert wurde und ein Jahr später den Hugo Gernsback-Award gewann.
WHERE LATE THE SWEET BIRDS SANG spielt nach einer ökologischen Katastrophe vor ländlichem Hintergrund. Die letzten echten Menschen sind vom Aussterben bedroht, Klone werden sie ablösen. Dieser Roman übertraf in seinen Stimmungsbildern und

eindringlichen Schilderungen ihre bisherigen Werke, von denen bis dato THE KILLER THING (1967) am interessantesten gewesen war. Daß mit Kate Wilhelm weiterhin zu rechnen ist, bewies die Autorin mit THE CLEWISTON TEST (1976), einem psychologischen Roman, der an der Grenze der SF angesiedelt ist. Ihre teilweise der New Wave zuzurechnenden Kurzgeschichten erschienen in mehreren Sammelbänden, so z.B. THE DOWNSTAIRS ROOM AND OTHER SPECULATIVE FICTION (1967), THE INFINITY BOX (1975) und SOMERSET DREAMS & OTHER FICTIONS (1978). JUNIPER TIME (1979), ihr neuester Roman, ist wieder dem aktuellen Thema der Ökologie gewidmet.

Bibliographie:
Leben ohne Tod (THE NEVERMORE AFFAIR), München 1967, GWTB 082.
Geschenk von den Sternen (C), (ANDOVER AND THE ANDROID), München 1969, GWTB 0105.
Das Killer-Ding (THE KILLER THING), Berg. Gladbach 1971, B 1.
Der Klon – Wesen aus Zufall (THE CLONE) (mit Theodore L. Thomas), Berg. Gladbach 1973, B 24.
Hier sangen früher Vögel (WHERE LATE THE SWEET BIRDS SANG), München 1978, H 3600.
Der Clewiston-Test (THE CLEWISTON TEST), München 1980, H (in Vorb.).
Juniper-Zeit (JUNIPER TIME), München 1981, H (in Vorb.)

Williams, Robert Moore
(1907–1978)
Robert Moore Williams wurde in Farmington/Missouri geboren, studierte Journalismus an der University of Missouri, schloß mit dem Grad eines Bachelor of Arts ab und etablierte sich als freier Schriftsteller. Er publizierte (auch außerhalb der SF) in allen Magazinen, die ihm eine Chance gaben. 1937 erschien seine erste SF-Story, ZERO AS A LIMIT in Campbells *Astounding Stories,* allerdings unter dem Pseudonym Robert Moore. Seine bekannteste Erzählung ist THE ROBOT'S RETURN (1938), ein sentimentales Garn über eine robotische Raumschiffbesatzung, die nach einer Million Jahre von einer Sternenexpedition zur Erde zurückkehrt und feststellt, daß die Menschheit inzwischen ausgestorben ist. Kaum hatte er mit seinen ersten Erzählungen in *Astounding* Fuß gefaßt, begann Williams massenhaft SF-Abenteuerromane zu produzieren, die in den verschiedensten Taschenbuchreihen er-

schienen und ebenso regelmäßig deutsche Übersetzungen erfuhren: THE CONQUEST OF THE SPACE SEA (1960), THE DAY THEY H-BOMBED LOS ANGELES (1961) und THE CHAOS FIGHTERS (1955) sind nur einige davon. Williams imitierte gelegentlich auch Edgar Rice Burroughs und arbeitete unter Pseudonymen wie John S. Browning, H. H. Harmon, Russell Storm und E. K. Jarvis (letzterer Name gehörte ihm allerdings nicht allein, sondern wurde auch von Paul W. Fairman, Robert Silverberg und Harlan Ellison benutzt).

Bibliographie:
Die Rasse von den Sternen (WORLD OF THE MASTERMINDS), Balve 1963, Gebr. Zimmermann Vlg.
Am Rande der großen Leere (CONQUEST OF THE SPACE SEA), Balve 1964, Gebr. Zimmermann Vlg.
Zukunft in falschen Händen (THE DARKNESS BEFORE TOMORROW), Berlin 1972, U 2882.

Heftpublikationen:
Homo Sapiens zu verkaufen (THE CHAOS FIGHTERS), T 127 (1960).
Dreißig Sekunden Verzögerung (DOOMSDAY EVE), T 170 (1960).
Die geheimnisvolle Welt (WORLD BEYOND THE SKY), UG 143 (1961).
Roter Tod vom Jupiter (BRIDGE TO EARTH), UZ 273 (1961).
Heimweh nach dem Mars (TO THE END OF TIME), T 256 (1963).
Atombomben auf Los Angeles (THE DAY THEY H-BOMBED LOS ANGELES), T 275 (1963).
Gnosos Rache (WALK UP THE SKY), UZ 389 (1963).
Das blaue Atom (THE BLUE ATOM), T 305 (1963).
Geister der Vergangenheit (FLIGHT FROM YESTERDAY), UZ 395 (1964).
König des roten Planeten (KING OF THE RED PLANET), T 318 (1964).
Irrlichter des Todes (THE STAR WASPS), T 367 (1964).
Tunnel zum Mond (THE LUNAR EYE), TA 151 (1974).
Das zweite Atlantis (THE SECOND ATLANTIS), TA 165 (1974).
Brückenkopf Erde (BEACHHEAD PLANET), TA 251 (1976).

Williamson, Jack (John Stewart) (1908–   )
John Stewart Williamson wurde in Bisbee/Arizona als Sohn von Pioniereltern geboren, die während seiner Jugend ständig umsiedelten und in den rauhen Gegenden von Texas und New Mexico ihrem Filius eine reichlich triste Umgebung boten. Der Wendepunkt in Williamsons Jugend kam dann auch mit der Entdeckung von Hugo Gernsbacks *Amazing Stories,* die ihm eine willkommene Flucht aus Sandstürmen und Dürreperioden in Phantasiewelten gewährten. Noch bevor er ins College eintrat, begann er unter dem Namen Jack Williamson SF zu schreiben. Im Dezember 1928 erschien seine erste Story, THE METAL MAN, in *Amazing.* Da ihm auf Anhieb Er-

folg beschieden war, brach er sein Collegestudium ab und versuchte sich als freier Schriftsteller. Innerhalb der SF gelang es ihm schnell, sich als einer der führenden Magazinautoren zu etablieren. Er schrieb für so ziemlich alle Magazine Kurzgeschichten, aber auch viele Romane und Serials. Von letzteren wurden in den Magazinen vor 1950 allein 20 publiziert. Seine größten Erfolge vor dem Zweiten Weltkrieg waren die LEGION-Romane THE LEGION OF SPACE (ASF, sr6, 4/34), THE COMETEERS (ASF, sr4, 5/36) und ONE AGAINST THE LEGION (ASF, sr3, 4/39), eine der klassischen Space Opera-Serien, die an Popularität allenfalls von E.E.Smiths SKYLARK- und LENSMEN-Serien übertroffen wurden. Ab 1934 schrieb Williamson seine besseren Geschichten fast nur noch für *Astounding*, was aber gelegentliche Abstecher zum Schwestermagazin *Unknown* – wie z.B. mit dem Roman DARKER THAN YOU THINK (12/40) – nicht ausschloß. In den vierziger Jahren ging seine Produktion infolge des Kriegs zurück, den er als Meteorologe bei der US-Air Force im Pazifik zu verbringen hatte. Aber schon 1946 erschienen wieder Stories von ihm in steter Regelmäßigkeit, u.a. auch WITH FOLDED HANDS (ASF, 7/47), die 1949 zu seinem Roman THE HUMANOIDS erweitert wurde, seinem bekanntesten Werk. In ihm stellt er Asimovs Robotergesetze auf die Probe, indem er intelligente Roboter »dem Menschen gehorchen, ihm dienen und auf ihn aufpassen läßt«, und zwar in solchem Maße, daß der Mensch des ihm aufgezwungenen Glücks bald überdrüssig wird. Weitere bekanntgewordene Romane erschienen um diese Zeit unter seinem Pseudonym Will Stewart, so SEETEE SHIP (1951) und SEETEE SHOCK (1950). In den frühen Fünfzigern entstand auch ein Comic Strip, BEYOND MARS, den er textete und der drei Jahre lang in der New Yorker *Sunday News* lief.

Anfang der fünfziger Jahre beschloß Williamson, wieder zur Schule zu gehen. Nach dem College begann er an der Eastern New Mexico University zu studieren, an der er 1957 seinen Master of Arts in Englisch machte. 1964 folgte der Dr. phil. mit einer Dissertation, mit der er ein wesentliches Werk zur Sekundärliteratur der Science Fiction beisteuerte: H.G.WELLS: CRITIC OF PROGRESS. Nach dem Studienabschluß begann Williamson seine Lehrtätigkeit: er hielt an Colleges Vorlesungen über Literatur, Literaturkritik und Linguistik; darüber hinaus führte er Science Fiction-Kurse durch.

Nennenswert sind aus den fünfziger Jahren vor allem noch seine Romane, die in Zusammenarbeit mit James E. Gunn und Frederik Pohl entstanden. Mitte der siebziger Jahre wurde Williamson wieder verstärkt schriftstellerisch aktiv. Die Romane THE POWER OF BLACKNESS (1976) und BROTHERS TO DEMONS, BROTHERS TO GODS (1979) sind erschienen; WALL AROUND A STAR (in Zusammenarbeit mit Frederik Pohl) und TEN TRILLION WISE MACHINES sind angekündigt. Damit dürfte der Autor, der 3 Millionen Worte Magazinfiction verfaßt und über 30 Bücher mit einer Gesamtauflage von mehr als 2 Millionen Exemplaren geschrieben hat, auch auf eine der längsten Schriftstellerkarrieren innerhalb der SF zurückblicken können. 1976 erhielt Jack Williamson von den Science Fiction Writers of America – deren Präsident er übrigens auch war – den *Grand Master Nebula*, der ihm für sein Lebenswerk verliehen wurde.

Bibliographie:
Wing 4 (THE HUMANOIDS), Düsseldorf 1952, Rauch Vlg.
Der Geist der Legion (THE COMETEERS), Balve 1959, Gebr. Zimmermann Vlg.
Der einsame Weg (ONE AGAINST THE LEGION), Balve 1959, Gebr. Zimmermann Vlg.
Brücke zwischen den Sternen (STAR BRIDGE) (zus. mit James E. Gunn), Balve 1960, Gebr. Zimmermann Vlg.
Schutzfeld über Amerika (DOME AROUND AMERICA), Balve 1963, Gebr. Zimmermann Vlg.
Riffe im All (THE REEFS OF SPACE) (zus. mit Frederik Pohl), Rastatt 1966, PU 264.
Der Sternengott (STARCHILD) (zus. mit Frederik Pohl), München 1968, TTB 125.
Antimaterie (SEETEE SHIP), München 1970, H 3208.
Antimaterie-Bombe (SEETEE SHOCK), München 1970, H 3211.
Der Outsider-Stern (ROGUE STAR) (zus. mit Frederik Pohl), München 1976, TTB 281.
Die Macht der Dunkelheit (THE POWER OF THE BLACKNESS), München 1977, TTB 294.
Die Mondkinder (THE MOON CHILDREN), H (in Vorb.).

Heftpublikationen:
Wächter des Alls (THE LEGION OF SPACE), UGB 53, 1957.
Die Zeitlegion (LEGION OF TIME), UGB 65, 1958.
Jenseits von Raum und Zeit (AFTER WORLD'S END), T 27, 1958.
Städte unter dem Ozean (UNDERSEA FLEET) (zus. mit Frederik Pohl), UGB 106, 1959.
Die Dracheninsel (DRAGON'S ISLAND), UGB 137, 1960.
Alarm in der Tiefsee (UNDERSEA CITY) (zus. mit Frederik Pohl), T 183, 1961.
Das grüne Mädchen (THE GREEN GIRL), UZ 476, 1966.
Die Herrscher der Nacht (DARKER THAN YOU THINK), T 532, 1967.
Der Pandora-Effekt (C) (THE PANDORA EFFECT), TN 151, 1970.

Wilson, Richard
(1920–)
Richard Wilson ist Amerikaner deutsch-englischer Herkunft. Er wurde in Huntington Station im Staate New York geboren. Wilson ist Nachrichten- und Zeitungsmann; er arbeitete als Reporter, Theaterkritiker, Lektor, war Mitarbeiter eines Nachrichtensenders und der Nachrichtenagentur Reuter. Seine erste SF-Erzählung, MURDER FROM MARS, verkaufte er 1940 an *Astonishing Stories*. Bis 1942 veröffentlichte er weitere 6 Stories, dann zwang der Krieg ihn zu einer schriftstellerischen Pause. Anfang der fünfziger Jahre stieg Wilson wieder in die SF ein und verfaßte über 100 Stories, 4 Romane und 2 Theaterstücke. Den größten Erfolg verbuchte er 1969 mit seiner Erzählung MOTHER TO THE WORLD, die den Nebula-Award gewann. Hauptperson dieser ergreifenden Geschichte ist eine Geistesgestörte, die, als letzte Frau einer vernichteten Erde, Mutter einer neuen Menschheit wird. Zu seinen Romanen zählen AND THEN THE TOWN TOOK OFF (1960) und THE GIRLS FROM PLANET 5 (1955).

Bibliographie:
Die Damen vom Planeten 5 (THE GIRLS FROM PLANET 5), Frankfurt 1973, FO 28.
Zwölf Schritte in eine bessere Welt (C) (TIME OUT FOR TOMORROW), München 1974, GWTB 183.

Heftpublikation:
Das Monatswunder (30-DAY-WONDER), UZ 373 (1963).

Winterbotham, Russ(ell Robert)
(1904–1971)
Der amerikanische Schriftsteller und Journalist Russell Robert Winterbotham wurde in Pittsburg/Kansas geboren, studierte und wollte eigentlich, gemäß der Familientradition, Arzt werden, zog dann jedoch den Journalismus vor und arbeitete zeitweise auch als Vertriebsleiter in einem Verlag. Nach der Bekanntschaft mit der Science Fiction, die er 1934 als Leser machte, schrieb er eine erste Story, die 1935 in *Astounding* unter dem Titel THE STAR THAT WOULD NOT BEHAVE erschien. Zwischen 1935 und 1943 verkaufte er eine Anzahl von SF-Erzählungen an verschiedene Magazine (damals als R. R. Winterbotham). Nach längerer Pause setzte

er das Schreiben von SF 1952 fort, nun als Russ Winterbotham. Er verfaßte auch Western und verdiente sein Brot vor allem als Story-Redakteur einer Textagentur. Gelegentlich benutzte er das Pseudonym J. Harvey Bond. Romane wie THE SPACE EGG (1958) oder THE OTHER WORLD (1963) behandeln Themen wie Invasionen oder Dimensionsreisen. Winterbotham war auch Texter der SF-Comicserie CHRIS WELKIN, die in den sechziger Jahren in zeitweise 40 Zeitungen erschien.

Bibliographie:
Heftpublikationen:
Testpilot Jack Fayburne (THE SPACE EGG), AiW 15 (1958).
Hinrichtung im All (THE RED PLANET), UZ 377 (1963).
Attentat auf Domega (THE PUPPET PLANET), UZ 429 (1965).
Der Kampf im Mondpalast (THE LORD OF NARDOS), TN 2 (1968).

Wiśniewski-Snerg, Adam
(1937–)
Der polnische Autor Adam Wiśniewski-Snerg wurde in Płok geboren und lebt seit 1948 in Warschau. Er besuchte nur die Grundschule und bildete sich als Autodidakt. 1968 debütierte er mit der Erzählung »Anonym« in der Lubliner Zeitschrift *Kamena*. 1973 erschien in Krakau sein erster Roman **Robot** (1977 in 2. Aufl.), der bei einer Leserumfrage nach dem besten polnischen SF-Roman nach dem Kriege den ersten Platz errang. **Robot** schildert, wie eine hochentwickelte Rasse Außerirdischer eine ganze Stadt mit ihren Menschen entführt, um ihre Psyche zu erforschen, Gedächtnisinhalte zu löschen und Verhaltensweisen zu studieren. Eins der Versuchsobjekte ist ein Mensch, dessen Gehirn verändert wurde, bis er nur noch roboterhaft reagiert und in dem unter der Stadt gelegenen Bunkersystem ausgesetzt wird, wo er versucht, seine Identität wiederzufinden. Ein Buch, das sich in anspruchsvoller Weise mit der Stellung der Menschen in der Evolution und mit der Problematik des schrankenlosen Experimentierens auseinandersetzt, und ein spannender Roman zugleich.
1978 legte Wiśniewski-Snerg seinen zweiten SF-Roman vor: **Wedlug lotra** (übersetzt etwa »Evangelium nach Lump«), das auf eine neue und interessante Art das Thema vom Kreuzestod Christi aufgreift, indem es die Leidensgeschichte (als Passionsspiel-Spektakel) aus der Sicht des Schächers am Kreuze erzählt. Ein dritter Roman, **Nagi cel** (»Nacktes Ziel«) ist für 1980 angekündigt.

Wiśniewski-Snerg hat außerdem eine Reihe von Erzählungen geschrieben und gehört seit 1979 dem Bund der polnischen Schriftsteller an.

Bibliographie:
Robot (ROBOT), München 1980 H (in Vorb.).
Evangelium nach Lump (WEDŁUG ŁOTRA), München 1981, H (in Vorb.).

Wolfe, Gene
(1931–   )
Gene Wolfe, ein amerikanischer SF-Autor, ist in stilistischer Hinsicht unbestritten eines der größten Talente der siebziger Jahre. Gene Wolfes Kindheit und Jugend bestand aus Rastlosigkeit. Er war ständig unterwegs, denn sein Vater war Handelsvertreter, der durchs Land zog, um seine Waren feilzubieten. Nach dem Zweiten Weltkrieg ließen sich die Wolfes in Texas nieder, und Gene besuchte die High School. Bald darauf rief ihn Uncle Sam zu den Waffen und schickte ihn in den Krieg nach Korea. Glücklich heimgekehrt, besuchte er die Universität von Houston und schloß dort sein Studium mit dem Bachelor of Science in Maschinenbau ab. Heute ist er verheiratet und hat vier Kinder.

Seine schriftstellerische Laufbahn begann Mitte der sechziger Jahre, als seine Erzählungen in verschiedenen SF-Anthologien und Magazinen auftauchten. Besonders häufig waren seine Stories in Damon Knights *Orbit* zu finden. Seine feinsinnigen Geschichten zeichnen sich durch einen überaus geschliffenen Stil, detailfreudige Beschreibungen und glaubhafte Charaktere aus. Pech hatte Wolfe 1970, als seine Story THE ISLAND OF DR. DEATH *(Orbit 7)* den Nebula-Award nur knapp verfehlte. Zwar hatte diese Erzählung die meisten Stimmen auf sich vereinigen können, jedoch stimmten durch einen technischen Fehler noch mehr SFWA-Mitglieder in der Kategorie »Kurzgeschichte« für »keinen Preis«. Nach mehreren Nominierungen für den Hugo- und den Nebula-Award, u.a. THE FIFTH HEAD OF CERBERUS *(Orbit 10)* und AGAINST THE LAFAYETTE ESCADRILLE *(Again Dangerous Visions),* hatte er 1973 endlich mit THE DEATH OF DR. ISLAND *(Universe 3)* Glück: er gewann den Nebula-Award in der Kategorie Novelle. (Sie erschien als Titelerzählung in der Anthologie **Der Tod des Dr. Island,** hrsg. von Wolfgang Jeschke in deutscher Sprache, H 3674.) Von seinen bisher publizierten drei SF-Romanen gilt THE FIFTH HEAD OF CERBERUS (1972), eine lose Zusam-

menfügung von überaus stimmungsvollen und glänzend erzählten Novellen, als der beste. Eine ganze Reihe seiner Erzählungen sind in diversen Anthologien auf deutsch erschienen, so THE EYE-FLASH MIRACLES (1976/77) als **Die Wunder der Augen-Blicke** in der Anthologie **Im Grenzland der Sonne** (1978), H3592; THE MARVELLOUS BRASS CHESSPLAYING AUTOMATON (1977) als **Der wunderbare messingne Schachautomat** in: **Sciene Fiction Story Reader 11** (1979), H3627, sämtlich herausgegeben von Wolfgang Jeschke. Für seinen 1975 erschienenen Roman PEACE (kein SF), erhielt Gene Wolfe 1977 den Literaturpreis der Chicago Friends of Literature, für sein Gedicht THE COMPUTER ITERATES THE GREATER TRUMPS wurde er 1978 mit dem »Rhysling« ausgezeichnet. Für 1980 sind zwei neue Titel angekündigt: THE SHADOW OF THE TORTURER und THE BEST OF GENE WOLFE.

Bibliographie:
Unternehmen Ares (OPERATION ARES), Berg. Gladbach 1971, B4.
Der fünfte Kopf des Zerberus (THE FIFTH HEAD OF CERBERUS), München 1974, H3415.

Wolkow, Konstantin
(1907–)
Der russische Science Fiction-Autor Konstantin Wolkow (Volkov) wurde in Moskau geboren und war lange Jahre in der Wirtschaftsplanung der UdSSR tätig.

Von Jugend an begeisterte er sich für Malerei und künstlerische Fotografie. Er begann relativ spät mit dem Schreiben utopischer Literatur und veröffentlichte u. a. den Roman »Notlandung auf der Venus«, der auch in die deutsche Sprache übersetzt wurde.
Eine Fortsetzung erschien unter dem Titel »Der Mars erwacht«.

Bibliographie:
Notlandung auf der Venus, Berlin 1959, Vlg. Kultur & Fortschritt.

Wollheim, Donald A.
(1914–)
Donald A. Wollheim, amerikanischer Verleger, Herausgeber und SF-Autor, wurde in New York City geboren und war seit seiner frühesten Jugend Science Fiction-Fan. Er war einer der ersten, die SF-Conventions organisierten, die seit Ende der dreißiger Jahre zur Tradition wurden. 1941 gab er mit *Stirring Science Stories* und *Cosmic Stories* zwei Magazine heraus, denen aber leider keine lange Le-

bensdauer beschieden war. Nach dem Krieg arbeitete er für Avon, wo er unter anderem den *Avon Science Fiction Reader* herausgab. 1952 wechselte Wollheim zu Ace Books und machte die SF-Reihe dieses Verlages zur umfang- und traditionsreichsten in der Geschichte der SF im Taschenbuchformat. 1967 wurde er Vizepräsident von Ace, stieg dort aber Anfang der siebziger Jahre wieder aus, um seinen eigenen Verlag, die DAW (**D**onald **A**. **W**ollheim)-Books, zu gründen, der ausschließlich SF (und Fantasy) publiziert und inzwischen 350 Titel auf den Markt gebracht hat. Neben Ballantine ist DAW-Books der größte SF-Taschenbuchverlag in den USA.

Obwohl Donald A. Wollheim in erster Linie sich als Herausgeber einen Namen machte, hat er auch selbst eine Menge Erzählungen und Romane geschrieben, teilweise auch unter den Pseudonymen Martin Pearson und David Grinnell. Seine erste Magazinstory war THE MAN FROM ARIEL (WS, 1/34), insgesamt hat er über 70 Kurzgeschichten veröffentlicht; dazu kommen etwa 20 Romane, von denen allein 8 der Jugendbuchserie MIKE MARS angehören. Eine weitere Jugendbuchserie, die ADVENTURES-IN-SF-Serie, besteht aus den drei Romanen THE SECRET OF SATURN'S RINGS (1954), SECRET OF THE MARTIAN MOONS (1955) und SECRET OF THE NINTH PLANET (1959), von denen die beiden ersten auch in deutsch erschienen. Beachtenswertere SF-Romane schrieb er allerdings unter dem Pseudonym David Grinnell, so z.B. ACROSS TIME (1957) und THE EDGE OF TIME (1958), beides spannende Bücher mit abenteuerlichem Einschlag. Neuere Kurzgeschichten von Wollheim sind in dem Sammelband TWELVE DOZEN DRAGON EGGS (1969) herausgekommen. Daneben hat sich Donald A. Wollheim auch einen großen Namen als Anthologist gemacht. In den fünfziger Jahren stellte er ca. 20 Anthologien zusammen (davon erschienen 5 in Deutschland). Ab 1965 gab er zusammen mit Terry Carr die jährlich erscheinende Anthologie *Worlds Best Science Fiction* heraus. Seit 1972 gibt er alljährlich im eigenen Verlag die Sammlung *The Annual World's Best SF*, in der er mit sicherem Gespür die besten Erzählungen zusammenträgt.

Bibliographie:
Entscheidung (ACROSS TIME) (als D. Grinnell), Balve 1960, Gebr. Zimmermann Vlg.
Wie weit ist es nach Babylon (C) (TWELVE DOZEN DRAGON EGGS), München 1972, GWTB 0135.
Das Geheimnis des 9. Planeten (THE SECRET OF THE 9TH PLANET), Wien o.J., Tosa Vlg.

Heftpublikationen:
Das Geheimnis der Saturnringe (THE SECRET OF SATURN'S RINGS), UGB 45 (1956).
Das Marsrätsel (SECRET OF THE MARTIAN MOONS), UK 21 (1957).
Robinsons Nachkomme (ONE AGAINST THE MOON), UZ 434 (1965).

(als David Grinnell):
Projekt Mikrokosmos (THE EDGE OF TIME), TS 33 (1960).
Das Ding vom Mars (THE MARTIAN MISSILE), T 165 (1961).
König der Asteroiden (DESTINY'S ORBIT), T 243 (1962).

(Hrsg.) **Sternenstaub** (ADVENTURES IN THE FAR FUTURE), TS 56 (1962).
(Hrsg.) **Das Rätsel der Venus** (THE HIDDEN PLANET), TS 62 (1962).
(Hrsg.) **Der letzte Mensch** (THE END OF THE WORLD), T 271 (1963).
(Hrsg.) **Auf fernen Planeten** (ADVENTURES ON OTHER PLANETS), T 344 (1964).
(Hrsg.) **Die Erde in Gefahr** (THE EARTH IN PERIL), T 356 (1964).

Astronaut Mike Mars – das Raumkommando (MIKE MARS, ASTRONAUT), Balve 1966, Engelbert Vlg.
Astronaut Mike Mars – fliegt die X-15 (MIKE MARS FLIES THE X-15), Balve 1966, Engelbert Vlg.
Astronaut Mike Mars – auf Kap Kennedy (MIKE MARS AT CAPE CANAVERAL), Balve 1967, Engelbert Vlg.
Astronaut Mike Mars – in Orbit (MIKE MARS IN ORBIT), Balve 1967, Engelbert Vlg.
Astronaut Mike Mars – Retter im All (MIKE MARS FLIES THE DYNASOAR), Balve 1968, Engelbert Vlg.
Astronaut Mike Mars – und der unbekannte Satellit (MIKE MARS AND THE MYSTERY SATELLITE), Balve 1968, Engelbert Vlg.
Astronaut Mike Mars – Flug zum Mond (MIKE MARS, AROUND THE MOON), Balve 1969, Engelbert Vlg.

Wright, Lan (Lionel Percy)
(1923–)
Lan Lionel Percy Wright, ein britischer SF-Autor, wurde in Watford geboren. Wright schrieb zunächst Gedichte, bevor er sich der SF zuwandte. Seine erste veröffentlichte Erzählung war OPERATION EXODUS (1/52), die, wie die meisten seiner Stories britischer Nachwuchsschriftsteller, im englischen Magazin *New Worlds* publiziert wurde. Bis 1963 waren insgesamt etwa 40 Erzählungen von Wright erschienen, dazu eine Reihe Romane, von denen WHO SPEAKS OF CONQUEST (1956) der bekannteste ist. Es ist eine herkömmliche Space Opera mit interstellaren Eroberungen und dergleichen. Weltraumkolonialismus spricht auch aus SPACE BORN (1964), und in A MAN CALLED DESTINY (1958) ist es einmal mehr ein einzelner Mann, der Parafähigkeiten an sich entdeckt und in dessen Händen die Zukunft der Menschheit liegt. Etwas anspruchsvoller ist A PLANET CALLED PAVANNE (1968), wo es um eine hypnotisierende Kunstform Außerirdischer geht. Lan Wright, der bei der Britischen Eisenbahn angestellt war und später den Beruf eines Einkaufsleiters ausübte, scheint sich seit diesem Roman aus der SF zurückgezogen zu haben.

Bibliographie:
Menschheit im Aufbruch (WHO SPEAKS OF CONQUEST?), Balve 1958, Gebr. Zimmermann Vlg.

Heftpublikationen:
Der wichtigste Mann im All (A MAN CALLED DESTINY), UGB 129 (1960).
Kurierdienst Galaxis (THE MESSENGERS), UZ 254 (1961).
Die feindlichen Mächte (ASSIGNMENT LUTHER), T 360 (1964).
Im Weltraum geboren (SPACE BORN), T 448 (1966).
Stern der Hoffnungslosen (THE LAST HOPE OF EARTH), T 458 (1966).

Wright, S(ydney) Fowler
(1874–1965)
Der britische Autor S. Fowler Wright ist eigentlich mehr durch seine Kriminalromane bekannt, die er unter dem Pseudonym (seinen Vornamen) Sydney Fowler schrieb. Seinen mehr als 60 Detektiv- und Kriminalromanen stehen – abgesehen von ein paar Erzählungen – auch nur 4 SF-Romane gegenüber. Von diesen sind THE AMPHIBIANS (1924) und THE WORLD BELOW (1929) für die Entwicklung der SF sehr wichtig. Diese beiden Romane, die 1929 auch zusammen unter dem Titel THE WORLD BELOW erschienen, waren Teil 1 und 2 einer geplanten Trilogie, deren 3. Teil nie geschrieben wurde. Sie beschreiben die Erde im Jahr 300 000 und welche Veränderungen sich an ihren Lebewesen in der Zwischenzeit vollzogen. THE WORLD BELOW gilt heute unbestritten als Klassiker, der seit 1929 viele Neuauflagen erlebte. DELUGE (1928) und die Fortsetzung dazu, DAWN (1929), sind typische Katastrophenromane in britischer Tradition. Geschildert wird der Untergang der Zivilisation, die von einer riesigen Flutwelle buchstäblich weggeschwemmt wird, und der Existenzkampf der wenigen Überlebenden. Nach dieser Vorlage entstand 1933 in den USA der Film RKO RADIO, bei dem Felix Feist jr. Regie führte.

Wul, Stefan
(1922–   )
Stefan Wul, dessen eigentlicher Name Pierre Pairault lautet, ist Franzose. Er studierte Philosophie und Literaturwissenschaft, legte sein Examen ab und sattelte dann auf Zahnmedizin um. 1945 beendete er auch dieses Studium, Mitte der fünfziger Jahre begann er zu schreiben und legte zunächst (unter dem Pseudonym Lionel Hudson) einen Spionageroman vor. 1956

kam dann sein erster SF-Roman heraus: RETOUR À »O«, in der populären SF-Abenteuerreihe *Anticipation*. Wuls Karriere war kometenhaft: Zwischen 1956 und 1959 erschienen nicht weniger als elf Romane und mehrere Kurzgeschichten (letztere in *Fiction* und *Satellite*), die meisten davon Space Operas, die auf fremden Planeten spielen und sich durch glaubhaft dargestellte Charaktere auszeichnen.

1959 wandte sich Stefan Wul intensiver der Zahnmedizin zu und gab seine schriftstellerische Karriere auf. Sieben seiner Romane wurden ins Portugiesische, je einer ins Englische, Spanische, Deutsche und Finnische übertragen. 1977 erschien plötzlich ein neues Buch von Stefan Wul auf dem Markt: NOO, das als eines seiner besten gilt. Seine Hauptwerke sind NIOURK (1957), die Vision einer atomar vernichteten Erde; LE TEMPLE DU PASSÉ (1957), in dem Astronauten, die mitsamt ihrem Schiff von einem gigantischen Weltraummonster verschluckt werden, alles daransetzen, das Wesen auf irgendeine Art wieder zu verlassen; und OMS EN SÉRIE (1957), aus dem Roland Topor 1973 den phantastischen Trickfilm **Der wilde Planet** machte: Der Planet Ygam wird von zwölf Meter hohen Riesen bewohnt, die den Gipfel wissenschaftlicher Erkenntnis erreicht haben und sich Menschen als Haustiere halten.

Bibliographie:
Heftpublikationen:
Inferno Mond (RETOUR À »O«), UZ 242 (1960).

Wylie, Philip (Gordon)
(1902–   )
Philipp Gordon Wylie, ein amerikanischer SF-Autor, studierte Naturwissenschaften in Princeton, wandte sich aber sehr bald der Literatur zu. Er arbeitete zeitweise als Presseagent und in der Werbung, schließlich als Redakteur von *The New Yorker*. Er reiste viel in Europa herum, spricht französisch, deutsch und etwas russisch und interessiert sich besonders für Psychologie und Psychiatrie. 1930 veröffentlichte er seinen ersten SF-Roman, GLADIATOR, der heute zu den klassischen SF-Stoffen über Supermenschen gehört – eine chemische Substanz verleiht riesige körperliche Kräfte – und obendrein die Erfinder der Comic-Serie SUPERMAN, Joseph Schuster und Jerry Siegel, inspirierte. GLADIATOR wurde 1938 auch verfilmt. Wylie selbst zog es ebenfalls nach Hollywood, wo er u. a. Wells' THE ISLAND OF DOCTOR MOREAU für den Film aufbereitete (der dann THE ISLAND OF LOST SOULS hieß und 1932 in die Kinos kam). Besondere

Popularität unter den anderen SF-Romanen Wylies erlangten THE DISAPPEARANCE (1951) und vor allem WHEN WORLDS COLLIDE (1933) mit der Fortsetzung AFTER WORLDS COLLIDE (1933), beide in Zusammenarbeit mit Edwin Balmer entstanden. THE DISAPPEARANCE schildert, wie Männer und Frauen urplötzlich voneinander getrennt werden und in eigenen Parallelwelten leben, während der Doppelroman WHEN WORLDS COLLIDE/AFTER WORLDS COLLIDE das Eindringen zweier vagabundierender Planeten ins Sonnensystem, die fast vollständige Vernichtung der Menschheit und die Besiedlung eines der neuen Planeten durch ausgewählte Überlebende zum Thema hat. Auch dieser Doppelroman gilt als Klassiker und wurde wie GLADIATOR verfilmt, allerdings erst in den fünfziger Jahren, obwohl der Stoff schon lange vorher zur Verfilmung angekauft worden war.

Weitere SF-Romane Wylies sind: THE INVISIBLE MURDERER (1931), THE SMUGGLED ATOM BOMB (1948), TOMORROW! (1954), TRIUMPH (1963), NIGHT UNTO NIGHT (1944), THE ANSWER (1955), LOS ANGELES AD 2017 (1971), THE SPY WHO SPOKE PORPOISE (1969) und THE END OF THE DREAM (1972). Mehrmals taucht dabei das Thema eines Atomkrieges zwischen Amerika und Rußland auf – und die Atombombe kam auch schon in der vor 1945 geschriebenen Erzählung PARADISE CRATER vor, die auf Anordnung der amerikanischen Behörden bis Kriegsende unveröffentlicht bleiben mußte.

Philip Wylie ist ein Autor mit ziemlich konservativen Ansichten. Kritiker kreideten ihm vor allem an, daß er in THE DISAPPEARANCE zum Ausdruck bringt, Frauen seien als minderwertig anzusehen, und in WHEN WORLDS COLLIDE rassistische Auswahlkriterien anlegt, als es um die Zusammenstellung der Flüchtlingsgruppe geht.

Bibliographie:
Das große Verschwinden (THE DISAPPEARANCE), Frankfurt, Berlin, Wien 1958, Ullstein-TB 189.
Wenn Welten zusammenstoßen (mit Edwin Balmer) (WHEN WORLDS COLLIDE), Berlin 1959, Gebr. Weiß Vlg.
Auf dem neuen Planeten (mit Edwin Balmer) (AFTER WORLDS COLLIDE), Berlin 1960, Gebr. Weiß Vlg.

Wyndham, John
(1903–1969)
John Wyndham ist ein Pseudonym bzw. eine Kurzform von John Wyndham Parkes Lucas Beynon Harris, einem englischen Autor, der in Warwickshire geboren wurde und seine vielen Vornamen auch noch zu anderen Pseudonymen (John Beynon, John Harris, Lucas Parkes) zusammensetzte. Er betätigte sich nach dem Besuch des College in verschiedenen Berufen (so in der Landwirtschaft, als Graphiker, Werbefachmann und Verwaltungsangestellter) und begann 1925 zu schreiben. 1931 verkaufte er seine erste SF-Story an *Wonder*

Stories. Besonders mit seinen Romanen nach dem Zweiten Weltkrieg nahm er erheblichen Einfluß auf die Science Fiction und gehört – neben Arthur C. Clarke, Brian W. Aldiss, J. G. Ballard und natürlich Klassikern wie Olaf Stapledon und H. G. Wells – zu den wichtigsten britischen SF-Autoren. Er veröffentlichte vor dem Krieg in einer Reihe von amerikanischen Magazinen, wurde dann eingezogen, diente in einer Nachrichtentruppe und nahm an der Invasion in der Normandie teil. Charakteristisch für seine frühen Werke ist der Roman THE SECRET PEOPLE (1935). Dort lebt ein Pygmäenvolk in einem Höhlensystem unter der Sahara, wo es Pilzwälder und »Naturlampen« gibt. Wer sich zufällig dorthin verirrt hat, wird als Sklave gefangengehalten – was sich ändert, als Wyndhams Held eintrifft. Er setzt alles unter Wasser und verschwindet mit ein paar Auserwählten. Eine Mischung aus Spannung, *sense of wonder,* Klischees und ein bis zwei Prisen Rassismus und Kolonialismus. Auch nach dem Krieg, als Wyndham seine größten Romanerfolge verfaßte, bediente er sich nicht selten ausgelaugter Klischees, verstand es aber doch immer wieder, diesen Klischees – etwa Invasions- und Katastrophengeschichten – neue Aspekte abzugewinnen. Sein wohl größter Erfolg war dabei THE DAY OF THE TRIFFIDS (1951): Mutierte, bewegliche Pflanzen greifen den Menschen und seine Zivilisation an, als fast alle Menschen durch eine Katastrophe das Augenlicht verloren haben. Dieser Roman erschien als Fortsetzung in dem renommierten Magazin *Colliers* und wurde auch verfilmt. THE KRAKEN WAKES (1953, auch unter dem Titel OUT OF THE DEEPS veröffentlicht) gehört zu den wichtigsten Invasionsromanen, und THE CHRYSALIDS (1955, auch unter dem Titel RE-BIRTH veröffentlicht) gilt als bemerkenswerter *post doomsday*- und PSI-Roman (nach einem Atomkrieg kommt es bei Menschen, Tieren und Pflanzen zu Mutationen bis hin zur telepathischen Begabung). Ein weiterer Roman, THE MIDWICH CUCKOOS (1957) wurde ebenfalls verfilmt (1960) und schildert das Schicksal der als Folge einer Invasion geborenen Kinder extraterrestrischer Abstammung. Der Film heißt VILLAGE OF THE DAMNED und erhielt noch eine Fortsetzung: CHILDREN OF THE DAMNED; Wyndhams Vorlage wurde in beiden Fällen ziemlich stark abgeändert.

Weitere Romane Wyndhams sind TROUBLE WITH LICHEN (1960), CHOCKY (1968), PLANET PLANE (1936) und THE OUTWARD URGE (1959). THE OUTWARD URGE, eine Verkoppelung von vorausgegangenen Erzählungen, entstand in Zusammenarbeit mit Lucas Parkes (d.h. mit sich selbst). Mehrere Kurzgeschichtensammlungen runden das in Buchform verfügbare Werk des Autors ab, wobei einige herausragende Erzählungen Erwähnung verdienen. So WILD FLOWER, eine Story, die gegen Atomwaffen Front bezieht, einige Zeitreisegeschichten wie CHRONOCLASM und PAWLEY'S PEEPHOLES, sowie die aus der frühen deutschen Anthologie **Nur ein Marsweib** bekannten Stories UNA (die Titelerzählung) und DUMB MARTIAN, eine Story gegen Rassenhaß, die Wyndhams früher leider so oft benutzten Klischees erfreulich korrigiert.

Bibliographie:
Die Triffids (THE DAY OF THE TRIFFIDS), München 1955, Süddeutscher Vlg.
Die Kobaltblume (C) (THE SEEDS OF TIME), München 1960, G 14.
Wem gehört die Erde? (THE CHRYSALIDS), München 1961, G 15.
Kolonie im Meer? (THE KRAKEN WAKES), München 1961, G 19.
Es geschah am Tage X (THE MIDWICH CUCKOOS), München 1965, H 3039.
Griff nach den Sternen (THE OUTWARD URGE), München 1965, H 3055.
Ärger mit der Unsterblichkeit (TROUBLE WITH LICHEN), München 1970, H 3207.
Die Reise zum Mars (STOWAWAY TO MARS), München 1973, H 3359.
Das versteckte Volk (THE SECRET PEOPLE), München 1974, H 3371.

Yarbro, Chelsea Quinn
(1942–)
Amerikanische SF- und Kriminalschriftstellerin finnisch-italienischer Abstammung. Ihre erste SF-Erzählung veröffentlichte Chelsea Quinn Yarbro 1969 in *Worlds of If:* THE POSTURE OF THE PROPHECY. Seither hat sie etwa zwei Dutzend SF-Stories und drei SF-Romane veröffentlicht. TIME OF THE FOURTH HORSEMAN (1976), auf deutsch teilweise als **Der vierte apokalyptische Reiter** im Magazin *Comet* erschienen, und FALSE DAWN (1978) basieren beide auf früheren Erzählungen, die unter diesen Titeln publiziert wurden, und zeugen von der etwas düsteren Zukunftssicht der Autorin. Im ersteren Roman entwirft sie das Schreckensbild einer nicht einzudämmenden Epidemie, die sich unter Kindern ausbreitet und das Werk gewissenloser Politiker zu sein scheint, während es in FALSE DAWN zu einer Atomkraftwerkskatastrophe riesigen Ausmaßes gekommen ist, und die USA in Barbarei versinken, wobei die entstandenen Mutationen gnadenlos von den »normal« gebliebenen Menschen gejagt werden. Ihr dritter Roman, HOTEL TRANSSYLVANIA (1978), ist von gemächlicherer Machart und gehört mehr ins Horror/Fantasy-Genre. Von ihren Kurzgeschichten wurden auch einige bei uns veröffentlicht, so z. B. FROG POND (GAL 3/71), die für den Nebula-Award nominiert wurde (auf deutsch 1976 unter dem Titel **Am Froschteich** in: **SF-Story Reader 7,** hrsg. von Wolfgang Jeschke, H 3523). Für 1980 ist ein Fantasy-Roman mit dem Titel ARIOSTO FURIOSO angekündigt. Neben SF und Fantasy verfaßt Chelsea Quinn Yarbro vor allem Horror- und Kriminalromane und textet und komponiert Singspiele und Opern. In ihrer Freizeit ist sie leidenschaftliche Gourmet-Köchin.

Bibliographie:
Der vierte apokalyptische Reiter (TIME OF THE FOURTH HORSEMAN), Berg. Gladbach 1979, B 22 015.
Falsche Dämmerung (FALSE DAWN), München 1980, H 3744.

Young, Robert F(ranklin)
(1915–)
In allerlei Jobs versuchte sich der Amerikaner Robert Franklin Young; er war u.a. Hilfsarbeiter, Maschinist und Metallgießer. Ein dreieinhalbjähriger Dienst in der U.S. Army während des Zweiten Weltkriegs führte ihn u.a. nach Japan und den Philippinen. Später wurde der in Silver Creek/New York geborene Young freiberuflicher Autor. SF-Romane hat er nicht geschrieben, aber einige seiner Kurzgeschichten liegen in den Sammlungen THE WORLDS OF ROBERT F. YOUNG (1965) und A GLASS OF STARS (1968) vor. In seinen besten Erzählungen gelingen ihm einfühlsame Schilderungen, und insbesondere versteht er es, Strukturen der Kriminalstory auf die Science Fiction zu übertragen, indem er seine Protagonisten rätselhafte Geschehnisse aufklären läßt. Ein Beispiel dafür ist die auch ins Deutsche übersetzte Story NOT TO BE OPENED (**Bitte nicht öffnen,** Utopia-Magazin 22).

Z

Zajdel, Janusz A.
(1938–)
Der polnische Schriftsteller Janusz A. Zajdel absolvierte ein Studium an der Mathematisch-physikalischen Fakultät der Warschauer Universität und ist hauptberuflich als Kernphysiker auf dem Gebiet des Strahlenschutzes tätig. Er schrieb bislang über 50 SF-Erzählungen und den Roman LALANDE 21185. Mehrere seiner Stories wurden in verschiedene osteuropäische Sprachen übersetzt; zwei Geschichten kamen auch in deutscher Übersetzung heraus (in **Galaxisspatzen,** Berlin 1975). Zajdel gewann 1973 zwei Preise der Zeitschrift *Mlody Technik.*

Zamjatin, Evgenij Ivanovic ↗
Samjatin, Jewgeni Iwanowitsch

Zebrowski, George
(1945–)
Der Amerikaner George Zebrowski wurde in Villach, Österreich, als Sohn polnischer Eltern geboren, die während des Krieges von den Nazis verschleppt worden waren. Über Italien und Frankreich kam er nach England, wo er zum ersten Mal die Schule besuchte. 1951 kamen seine Eltern in die USA. George wuchs an der Ostküste auf und ging in Miami und New

York zur Schule. Nach der High School studierte er am Harpur College in Binghamton, einer Stadt im Staate New York, Philosophie. 1968 war er dabei, als im *First Clarion Science Fiction Writers Workshop* junge Interessenten mit dem Verfassen von SF-Stories vertraut gemacht wurden. Seit 1970 hat er mehr als 30 Erzählungen und einige Romane veröffentlicht. Die erste Story war TRAPS (IF, 3/70), die er gemeinsam mit Jack Dann verfaßte, einem Autor, mit dem er öfters zusammenarbeitete. 1972 wurde seine Erzählung HEATHEN GOD (FSF, 1/71) für den Nebula-Award nominiert. Von seinen Romanen ist THE OMEGA POINT (1972) bisher der bekannteste. Er wurde in fünf Sprachen übersetzt und ist Teil einer Trilogie, die des weiteren die Romane ASHES AND STARS (1977) und MIRROR OF MINDS (in Vorb.) umfaßt. 1979 erschien sein langerwarteter, ambitionierter Roman MACROLIFE, der mit großem Werbeaufwand von Harper & Row auf den Markt gebracht wurde, eine visionäre Spekulation über die Zukunft der Menschheit (die nach den Vorstellungen des Autors 100 Milliarden Jahre umfassen soll) und zugleich die Familiengeschichte der Buleros, schwerreiche Industrielle im Jahre 2021 – und auch noch 100 Milliarden Jahre später im Einzugsbereich der Sonne zu finden. Die geklonte Forsyte-Saga, bemerkte ein Kritiker spöttisch. Ein Band mit Erzählungen Zebrowskis erschien 1977 unter dem Titel THE MONADIC UNIVERSE; für 1980 ist von Harper & Row ein weiterer Roman angekündigt: FREE SPACE.

Bibliographie:
Erbe des Untergangs (THE OMEGA POINT), Berg. Gladbach 1973, B 21 035.

Zegalski, Witold
(1928–1974)
Der polnische Schriftsteller Witold Zegalski war Absolvent der Hochschule für Ökonomie in Poznań und wandte sich 1952 der Literatur zu. Neben einem Kinderbuch, einem Gegenwartsroman, satirischen Erzählungen und Gedichten schrieb er utopisch-phantastische Erzählungen, die in dem Sammelband »Die Peterseninsel« erschienen, und den Science Fiction-Roman »Der Krater des schwarzen Traums«.
Zegalski erhielt für seine Arbeiten mehrere Preise; seine Erzählung »Die Rückkehr der Riesen« gewann 1962 den ersten Preis bei einem internationalen Phantastik-Wettbewerb. Zwei seiner Geschichten erschienen in deutscher Übersetzung in der Anthologie **Galaxisspatzen** (Berlin 1975).

Zelazny, Roger (Joseph)
(1937–   )
Der amerikanische SF-Autor Roger Zelazny wurde in Cleveland/Ohio geboren. Er studierte an der Western Reserve University und an der Columbia University, wo er mit dem Magisterexamen abschloß. Nach dem Studium war er von 1962 bis 1969 Angestellter der Sozialversicherungsstelle in Cleveland und Baltimore. Seit 1969 ist er freier Schriftsteller. Seine erste SF-Veröffentlichung war PASSION PLAY (AMZ, 8/62). Zelazny erwies sich auf Anhieb als Senkrechtstarter, der sehr schnell bekannt wurde und bereits zu Beginn seiner Laufbahn eine Menge Preise errang. Im November 1963 erschien – noch relativ unbemerkt – A ROSE FOR ECCLESIASTES (FSF), eine bittersüße Liebesgeschichte zwischen einem irdischen Dichter und einer marsianischen

Priesterin, die nach Zelaznys literarischem Durchbruch Mitte der sechziger Jahre von der Kritik mit Lob überhäuft wurde. 1968 wählten sie die Science Fiction Writers of America auf den 6. Platz aller bis 1965 publizierten SF-Stories. Bis dahin hatte Roger Zelazny bereits zwei Hugo- und zwei Nebula-Awards gewonnen und war auf dem besten Wege, die amerikanische SF-Welt im Sturm zu erobern. Sein farbenprächtiger, emotionell aufgeladener Stil, die Exotik und der Handlungsreichtum seiner Geschichten, sein Rückgriff auf Mythen, haben ihm in den USA begeisterte Anhänger gewonnen. Seine facettenhaft-psychedelische Sprache tat in der Zeit aufkommender neuer Sensibilität und bunter Drogenträume ein ihriges. Neben Harlan Ellison und Samuel R. Delany gilt Roger Zelazny als wesentlicher Vertreter der amerikanischen New Wave, die sich von der englischen durch den ausgeprägteren Barock des Stils – zumindest was die beiden letzteren Autoren angeht – unterscheidet. Höchste Anerkennung fanden HE WHO SHAPES (AMZ, 1–2/65) und die Novelle THE DOORS OF HIS FACE, THE LAMPS OF HIS MOUTH (FSF, 3/65), die beide 1965 den Nebula gewannen. (Sie erschienen erstmals 1970 bzw. 1971 in Deutschland als **Der Former** in: **Computer streiten nicht** und **Das Biest** in: **Der Gigant,** beide hrsg. von Damon Knight in der Reihe »Science Fiction für Kenner« im Lichtenberg Vlg., die seinerzeit Wolfgang Jeschke herausgab.)

1966 holte er sich mit ...AND CALL ME CONRAD (FSF, 10–11/65), später unter dem Titel THIS IMMORTAL (1966) erschienen, den Hugo Gernsback-Award, eine Leistung, die Zelazny zwei Jahre später mit LORD OF LIGHT (1967) wiederholen konnte.

Von diesen genannten Titeln ist HE WHO SHAPES, später zu dem Roman THE DREAM MASTER (1969) erweitert, wohl der Interessanteste. Er schildert eine neue tiefenpsychologische Heilmethode, bei welcher der Therapeut mittels eines Geräts durch Gedankenverbindung in die Traumwelten des Patienten eindringt und dort Gott spielt. THE DOORS OF HIS FACE... bringt die altbekannte Jagd auf das Ungeheuer (z.B. Moby Dick) in neuem Gewand, und THIS IMMORTAL ist eine Sightseeing-Tour über eine Erde nach dem Atomkrieg, dessen Radioaktivität allerhand absonderliche Ungeheuer hervorgebracht hat. Aber schon in LORD OF LIGHT wird Zelazny etwas schwülstig. Die indische Mythologie wird als Steinbruch für eine Phantasiewelt benutzt – Schiffbrüchige auf einem anderen Planeten führen sich als Vishnu und Kali auf und üben mit ihren Wunderwaffen gottgleiche Macht aus.

Nach 1968 begann Zelaznys Stern bei der Kritik zu sinken, kommerziell begann sich aber jetzt erst sein Ruf auszuwirken. Er verlegte sich fortan auf seichtere Stoffe, etwa die »post doomsday«-Odyssee DAMNATION ALLEY (1969), 1977 von Jack Smight erfolgreich verfilmt, die einen Rocker durch eine zur Hölle gewordenen USA mit einer Phantasmagorie von Ungeheuern führt, oder unverhüllten Fantasies wie CREATURES OF LIGHT AND DARKNESS (1969), die die ägyptische Sagenwelt für die Zwecke der amerikanischen Unterhaltungsindustrie nutzbar macht. Ins selbe Horn stößt die Serie um CORWIN OF AMBER. Hier hat sich Zelazny seine eigene Instant-Mythenwelt aus allen möglichen Versatzstücken der antiken Vorbilder und Motiven des Tarot geschaffen: die »Schattenreiche«, zu denen auch die Erde zählt, unwirkliche Abbilder einer »wahren« Welt. Die Prinzen von Amber, eine Art Halbgötter im permanent olympischen Familienzwist, wechseln zwischen den Schattenwelten hin und her; für sie gelten keine Naturgesetze, dafür um so mehr schicksalsschwangere Mächte.

Erst Mitte der siebziger Jahre ging es wieder aufwärts mit Zelazny. Die Novelle HOME IS THE HANGMAN (ASF, 11/75) gewann Hugo- und Nebula-Award und die Romane BRIDGE OF ASHES (1976) und DOORWAYS IN THE SAND (1976), ein humorvolles Jugendbuch, deuteten die Rückkehr zu anspruchsvolleren Themen an, wenngleich hiermit die alte Klasse, die sich in Geschichten wie DIVINE MADNESS (*Magazine of Horror*, Sum/66) oder THE GRAVEYARD HEART (FAN, 3/64) manifestierte, nicht wieder erreicht wurde.

Bei Kennern hat Roger Zelazny viel von seiner früheren Faszination verloren, aber seine Popularität ist ungebrochen. Mit Sicherheit zählt er in den USA zu den zehn berühmtesten und beliebtesten SF-Schriftstellern.

Bibliographie:

Straße der Verdammnis (DAMNATION ALLEY), München 1972, H 3310.

Fluch der Unsterblichkeit (THIS IMMORTAL), Hamburg, Düsseldorf 1973, MvS.

Die Türen seines Gesichts, die Lampen seines Mundes (C) (THE DOORS OF HIS FACE, THE LAMPS OF HIS MOUTH), München 1973, Kö 24.

Insel der Toten (ISLE OF THE DEAD), München 1973, H 3366.

Der Tod in Italbar (TO DIE IN ITALBAR), München 1975, H 3434.

Heut wählen wir Gesichter (TODAY WE CHOOSE FACES), München 1975, H 3444.

Herr des Lichts (LORD OF LIGHT), München 1976, H 3500.

Herr der Träume (THE DREAM MASTER), München 1976, TTB 270.

Die Aschenbrücke (BRIDGE OF ASHES), München 1978, H 3613.

Corwin von Amber-Zyklus:

Corwin von Amber (NINE PRINCES IN AMBER), München 1977, H 3539.

Die Gewehre von Avalon (THE GUNS OF AVALON), München 1977, H 3551.

Im Zeichen des Einhorns (SIGN OF THE UNICORN), München 1977, H 3571.

Die Hand Oberons (THE HAND OF OBERON), München 1978, H 3594.

Die Burgen des Chaos (COURTS OF CHAOS), München 1981, H (in Vorb.).

Ziegler, Thomas
(1956–)
Thomas Ziegler ist das Pseudonym des jungen deutschen Science Fiction-Autors Rainer Zubeil, der in einem kleinen Dorf in Niedersachsen geboren wurde, gelegentlich als Nachtwächter in einem Chemiekonzern arbeitet, eine Vorliebe für Rockmusik, Bier und die Zeitschrift *Konkret* hat; starke Abneigung gegenüber der Springerpresse, neurotische SF-Autoren (»...davon gibt's mehr als einem lieb ist«), unbezahlte Rechnungen, Robert A. Heinlein, Isaac Asimov und Harlan Ellison hat, und, was die SF angeht, Werken von Philip K. Dick, Cordwainer Smith und Arkadi und Boris Strugazki allen anderen gegenüber den Vorzug gibt.
Zieglers erste Veröffentlichung war die Kurzgeschichte **Unter Tage** (1976), der bald ein halbes Dutzend weiterer in verschiedenen Zeitschriften und Anthologien folgten: **Matuscheks Welten** (1977), **Holzmann weiß, was Menschen brauchen** (1977), **Des Herrn Professor B. wundersame Reise durch die Zeit** (1977), **Der Pfad der Katzenmänner** (1977), **Die Totenstadt** (1978), und **Alternativwelt 1818** (1978, mit Ronald M. Hahn). 1979 erschien sein erster Roman, **Zeit der Stasis** (mit Uwe Anton). Zieglers Texte zeichnen sich durch eine außergewöhnlich dichte Atmosphäre, einen ökonomischen Stil und beklemmenden Realismus aus. Seine bevorzugten Themen sind die der Desorientierung des Menschen in der heutigen Welt, die Beschreibung des alltäglichen Horrors in Staatssystemen, die auf ständiger Manipulation fußen und die geistige Vereinsamung von Einzelindividuen, die in ihnen nicht existieren können, weil sie der Norm nicht entsprechen.

Bibliographie:
Zeit der Stasis (mit Uwe Anton), München 1979, H 3680.

Ziergiebel, Herbert
(1922–)
Der ehemalige KZ-Häftling Herbert Ziergiebel wurde in Nordhorn bei Hannover geboren, erlernte den Schlosserberuf und war ab 1941 als Technischer Zeichner und Teilkonstrukteur tätig. Seit 1942 beteiligte er sich am Widerstand gegen den Faschismus, wurde in Tirol verhaftet und kam ins KZ Dachau. Nach der Befreiung studierte er Geschichte, Literatur und Theaterwissenschaften und war später Redakteur beim Berliner Rundfunk. Heute lebt er als freiberuflicher Schriftsteller in Ost-Ber-

lin. Unter anderem schrieb er auch die SF-Romane **Die andere Welt** (1966) und **Zeit der Sternschnuppen** (1972) sowie für eine Anthologie die SF-Erzählung **Die Experimente des Professors von Pulex** (1975).

Bibliographie:
Die andere Welt, Mitteldeutscher Verlag, Halle/Saale 1966.
Zeit der Sternschnuppen, Mitteldeutscher Verlag, Halle/Saale 1972.

Ziolkowski, Konstantin E.
(1857–1935)

Konstantin Eduard Ziolkowski (Ciolkovskij) ist der berühmteste russische Raketenpionier und gilt als »Vater der Weltraumfahrt«. Er verlor schon als Kind fast vollständig sein Gehör und brachte sich, da normale Schulausbildung nicht möglich war, fast sein gesamtes Wissen als Autodidakt bei. Er wurde Gymnasiallehrer und beschäftigte sich seit 1883 mit dem Gedanken des Rückstoßantriebs für Luftfahrzeuge. Ab 1893 veröffentlichte er Arbeiten zu diesem Thema und baute 1897 zu Versuchszwecken den ersten Windkanal in Rußland. Manuskripte und Skizzen beweisen, daß sich Ziolkowski bereits 1878 ernsthaft mit dem Problem der bemannten Raumfahrt beschäftigte. Um die Jugend für den Gedanken der Weltraumfahrt zu gewinnen, schrieb er einige utopische Kurzgeschichten und Romane, etwa NA LUNE (»Auf dem Monde«) (1893) oder GRJOSY O SEMLE I NEBE (»Träume über Erde und Himmel«) (1895). Sein Hauptwerk ist der zwischen 1896 und 1916 entstandene, doch erst im Jahre 1920 vollständig veröffentlichte Roman VNE ZEMLI, in dem detailliert – unter Verwendung streng wissenschaftlicher Daten und Berechnungen – Raumschiffreisen im Sonnensystem dargestellt werden.

Bibliographie:
Außerhalb der Erde (VNE ZEMLI), München 1977, H 3554.

Heftpublikation:
Auf dem Monde (NA LUNE), Berlin 1956, Vlg. Neues Leben, *(Das Neue Abenteuer* 80).

Die wichtigsten Autoren-Pseudonyme

Nach Pseudonymen geordnet

Amery, Carl = Mayer, Christian
Andreas, Jürgen = Alpers, Hans Joachim
Anmar, Frank = Nolan, William F.
Antares, Enrico = Seitz, Eberhard
Anthony, Piers = Jacob, Piers A.
Anvil, Christopher = Crosby, Harry C.
Arch, E. L. = Cosgrove Payes, Rachel
Artner, Robert = Ernsting, Walter
Artner, Robert = Miehe, Ulf
Atheling, William Jr. = Blish, James
Ayre, Thornton = Fearn, John Russell

Barbee, Phillips = Sheckley, Robert
Barton, Erle = Fanthorpe, Lionel R.
Beaumont, Charles = Nutt, Charles
Bell, Thorton = Fanthorpe, Lionel R.
van Bergen, Detlef = Rohr, Wolf Detlef
Binder, Eando = Binder, Earl – Binder, Otto
Bings, Henry = Bingenheimer, Heinz
Bixby, Jerome = Bixby, Drexel J.
Bolt, S. Kye = Cochrane, William E.
Both, Sergius = Franke, Herbert W.
Boucher, Anthony = White, William Antony Parker
Bowles, Albert C. = Grasmück, Jürgen
Boyd, John = Upchurch, Boyd
Bradbury, Edward P. = Moorcock, Michael
Brown, George Sheldan = (Verlagspseudonym)
Brown, W. (Verlagspseudonym) = Peschke, Hans
Brown, W. (Verlagspseudonym) = Scholz, Winfried
Brown, William = Richter, Ernst H.
Bryant, Peter = George, Peter
Burcette, James R. = Luif, Kurt
Burgess, Anthony = Wilson, John Anthony Burgess
Caine, Jeff = Rohr, Wolf Detlef
Cameron, Berl = (Verlagspseudonym)
de Chalon, Pierre = Scheer, Karl Herbert
Chester, Roy = Schaef, Conrad C.
Christopher, John = Youd, Christopher Samuel
Clement, Hal = Stubbs, Harry Clement
Coover, Wayne = Rohr, Wolf Detlef
Cowper, Richard = Murry, John Middleton
Cox, Jean = Cox, Arthur Jean
Crispin, Edmund = Montgomery, R. Bruce
Curry, Madman = Strassl, Hubert

d'Argyre, Gilles = Klein, Gérard
Danner, Peter = Stockhammer, Nikolai
Darlton, Clark = Ernsting, Walter

Davenport, Neal = Luif, Kurt
Dee, Roger = Aycock, Roger D.
Delgado, Manuel S. = Hahn, Ronald M.
Démon, Roy = Puhle, Joachim
Dneprow, Anatolj = Mitskevich, A. P.
Dwynn, J. C. = Densing, Jürgen

Eigk, Claus = Bastian, Hartmut
Ewers, H. G. = Gehrmann, Horst

Fane, Bron = Fanthorpe, Lionel R.
Farley, Ralph Milne = Hoar, Roger Sherman
Finney, Jack = Finney, Walter B.
Flagg, Francis = Weiss, George Henry
Forrester, Thorn (Verlagspseudonym) = Hahn, Ronald M.
Francis, Hans G. = Franziskowsky, Heinz
Francis, Heinz G. = Franziskowsky, Heinz
Francis, H. G. = Franziskowsky, Heinz
Francisco, H. G. = Franziskowsky, Heinz
French, Paul = Asimov, Isaac
Frank, Gunther = Franziskowsky, Heinz
Freed, Cecil V. = Roecken, Kurt

Garrett, J. A. = Grasmück, Jürgen
Gaskell, Jane = Lynch, Jane Denvil
Gevé, Gaston = Voigt, Karl
Gilmore, Anthony = Bates, Harry
Gilmore, Antony = Hall, Desmond W.
Gordon, Rex = Hough, Stanley B.
Grams, Jay = Grasmück, Jürgen
Grasse, Jürgen = Grasmück, Jürgen
Gray, Charles = Tubb, E. C.

Gray, George P. = Voigt, Gudrun
Gray, George P. = Voigt, Karl
Grey, Charles = Tubb, E. C.
Gridban, Volsted = Fearn, John Russell
Gridban, Volsted = Tubb, E. C.
Grinnell, David = Wollheim, Donald A.

Hallus, Tak = Robinett, Stephen
Hansen, Peter = Peschke, Hans
Harding, Lee = Harding, Leo
Harness, Charles L. = Lockhard, Leonard
Harris, Ronald M. = Hahn, Ronald M.
Henderson, Chester = Liersch, Rolf Werner
Herbst, Daniel = Alpers, Hans Joachim
Herbst, Daniel = Hahn, Ronald M.
Van Holk, Freder = Müller, Paul A.
Holk, Jan = Müller, Paul A.
Holling, H. P. = Fröhlich, Heinz-Peter
Holly, J. Hunter = Holly, Joan C.
Hooker, P. T. = Krämer, Peter

Jessel, John = Weinbaum, Stanley G.
Jorgenson, Ivar = Silverberg, Robert
Joyston, Ralf = Andersen, Nils
Judd, Cyril = Kornbluth, Cyril M.
Judd, Cyril = Merril, Judith

Kellar, Von = Bird, John
Kennedy, Edgar Rees = (Verlagspseudonym)
Kenwood, Neil = Hoffmann, Horst
Kern, Gregory = Tubb, E. C.
Kersten, Roger = Scheer, Karl Herbert

Keyen, Werner = Müller, Paul A.
von Kleynn, Peter = von Tramin, Peter
Knox, Calvin M. = Silverberg, Robert

Lang, King = Tubb, E. C.
Langart, Darrel T. = Garrett, Randall
Latham, Phillip = Richardson, Robert S.
Leinster, Murray = Jenkins, William Fitzgerald
Le Page, Rand = Glasby, John S.
Lorraine, Paul = Fearn, John Russell

MacApp, C. C. = Capps, Carrol M.
Mac Donald, Anson = Heinlein, Robert Anson
Mac Roy, Calvin F. = Wegener, Manfred
Mahr, Kurt = Mahn, Klaus
Mailer, Cecil O. = Mahn, Klaus
Maine, Charles Eric = McIlwain, David
Mann, W. L. = Hausmann, Wolfgang L.
Marks, T. W. = Brand, Kurt
McDunn, Garry = Bischoff, Marianne
McIntosh, J. T. = Mac Gregor, James Murdock
McMan, Marc = Mielke, Thomas R. P.
McPatterson, Fred = Ernsting, Walter
Monroe, Daniel = Hahn, Ronald M.
Morris, Clyde = Biege, Karl Heinz
Morrison, Mischa = Alpers, Hans Joachim
Morrison, William = Samachson, Joseph
Munro, C. R. = Brand, Kurt
Myler, Lok = Müller, Paul A.

Norman, John = Lange jr., John F.
Norton, Andre = Norton, Alice Mary
Nulpe, H. C. = Koch, Richard

O'Donnell, K. M. = Malzberg, Barry N.
O'Donnell, Lawrence = Kuttner, Henry
O'Donnell, Lawrence = Moore, C. L.
Oliver, Richard = Kaiser, Hans K.
Orban, Marcus T. = Mielke, Thomas R. P.
Orwell, George = Blair, Eric
Osten, I. S. (Verlagspseudonym) = Brand, Kurt

Padgett, Lewis = Kuttner, Henry
Padgett, Lewis = Moore, C. L.
Pahl, Joachim = Puhle, Joachim
Palmer, L. D. = Anton, Uwe
Parkes, Lukas = Harris, John Wyndham Parks Lucas Beynon
Parnell, Mike = Mielke, Thomas R. P.
Patton, Harvey = Peschke, Hans
Pearson, Harvey = Peschke, Hans
Phillips, Mark = Garrett, Randall
Phillips, Mark = Janifer, Laurence M.
Phillips, Rog = Graham, Roger P.

Quoos-Raabe, R. C. = Franziskowsky, Heinz

Rackham, John = Phillifent, John T.
de Rais, Hugh = Strassl, Hubert
Randall, Robert = Garrett, Randall
Randall, Robert = Silverberg, Robert
Rankine, John = Mason, Douglas R.

Reed, Allan = Rohr, Wolf Detlef
Reynolds, Mack = Reynolds, Dallas McCord
Richard, R. J. = Kaiser, Hans K.
Richards, K. = Koch, Richard
Robeson, Kenneth = Dent, Lester
Rock, C. V. = Roecken, Kurt
Rocklynne, Ross = Rocklin, R. L.
Rudersberg, Peter = Krämer, Peter

Sandow, Gerd = Puhle, Joachim
Sandow, Gert = Puhle, Joachim
Sandow, G. J. = Puhle, Joachim
el Santo, Diego = Scheer, Karl Herbert
Schorn, L. B. = Puhle, Joachim
Scott, Ted (Verlagspseudonym) = Puhle, Joachim
Scott, Ted = Brand, Kurt
Seabright, Idris = St. Clair, Margaret
Sellings, Arthur = Ley, Arthur
Sheldon, Racoona = Sheldon, Alice B.
Sheldon, Roy = Tubb, E. C.
Shepherd, Conrad = Schaef, Conrad C.
Shocker, Dan = Grasmück, Jürgen
Shols, W. W. = Scholz, Winfried
Smith, Cordwainer = Linebarger, Paul M. A.
Somers, Bart = Fox, Gardner F.
Spielmans, Jörg = Luif, Kurt
Starne, Peter L. = Brand, Kurt
Statten, Vargo = Fearn, John Russell
Steen, I. V. = Müller, Paul A.
St. John, Philip = del Rey, Lester
St. Reynard, Geoff = Krepps, Robert W.
Sterling, Brett = Hamilton, Edmond
Sterling, Brett = Samachson, Joseph
Stewart, Will = Williamson, Jack
Stuart, Don A. = Campbell, John W.
Sydow, Marianne = Bischoff, Marianne

Taine, John = Bell, Eric Temple
Tall, Stephen = Crook, Compton N.
Tannert, Klaus = Scheer, Karl Herbert
Tenn, William = Klaas, Philip
Terrid, Peter = Ritter, Wolf Peter
Terridge, Ernest = Richter, Ernst H.
Theodor, Peter = Krämer, Peter
Tiptree jr., James = Sheldon, Alice B.
Torro, Pel = Fanthorpe, R. Lionel
Torsten, Lars = Brand, Kurt
Travers, W. A. = Hary, Wilfried
Trout, Kilgore = Farmer, Philip José
Turbojew, Alexej = Scheer, Karl Herbert

Vance, Gerald (Verlagspseudonym) = Geier, Chester S.
Vance, Gerald (Verlagspseudonym) = Garrett, Randall
Vance, Gerald (Verlagspseudonym) = Silverberg, Robert
Vance, Gerald (Verlagspseudonym) = Graham, Roger P.
van Lihn, Eric = del Rey, Lester
Vercors = Bruller, Jean
Vincent, Harl = Schoepflin, H. V.
Voltz, William = Voltz, Wilhelm

Walker, Hugh = Strassl, Hubert
Wallace, Ian = Pritchard, John Wallace
Walter, Henry = Roecken, Kurt
Wells, J. E. = Seitz, Eberhard
Whitley, George = Chandler, A. Bertram
Winter, H. G. = Bates, Henry

Winter, H. G. = Hall, Desmond W.
Wolf, Paul = Vlcek, Ernst
Woodcott, Keith = Brunner, John
Wright, Lan = Wright, Lionel P.
Wyndham, John = Harris, John Wyndham Parks Lucas Beynon

Zanta, C. C. = Kaiser, Hans K.
Ziegler, Thomas = Zubeil, Rainer
Zoller, Arno = Liersch, Rolf Werner

Die wichtigsten Autoren-Pseudonyme

Nach Autorennamen geordnet

Alpers, Hans Joachim
  = Andreas, Jürgen
  = Herbst, Daniel
  = Morrison, Mischa
Andersen, Nils = Joyston, Ralph
Anton, Uwe = Palmer, L. D.
Asimov, Isaac = French, Paul
Aycock, Roger D. = Dee, Roger

Bastian, Hartmut = Eigk, Claus
Bates, Harry
  = Gilmore, Anthony
  = Winter, H. G.
Bell, Eric Temple = Taine, John
Biege, Karl Heinz
  = Morris, Clyde
Binder, Earl = Binder, Eando
Binder, Otto = Binder, Eando
Bingenheimer, Heinz
  = Bings, Henry

Bird, John = Kellar, Von
Bischoff, Marianne
  = McDunn, Garry
  = Sydow, Marianne
Bixby, Drexel J. = Bixby, Jerome
Blair, Eric = Orwell, George
Blish, James
  = Atheling jr., William
Brand, Kurt
  = Marks, T. W.
  = Munro, C. R.
  = Osten, I. S. (Verlagspseudonym)
  = Scout, Ted
  = Starne, Peter L.
  = Torsten, Lars
Bruller, Jean = Vercors
Brunner, John
  = Woodcott, Keith

Campbell, John W.
 = Stuart, Don A.
Capps, Carrol M.
 = Mac App, C. C.
Chandler, A. Bertram
 = Whitley, George
Cochrane, William E.
 = Bolt, S. Kye
Cosgrove Payes, Rachel
 = Arch, E. L.
Cox, Arthur Jean = Cox, Jean
Crosby, Harry C.
 = Anvil, Christopher
Crook, Compton N.
 = Tall, Stephen

del Rey, Lester
 = van Lihn, Eric
 = St. John, Philip
Dent, Lester
 = Robeson, Kenneth
Duensing, Jürgen
 = Dwynn, J. C.

Ernsting, Walter
 = Artner, Robert
 = Darlton, Clark
 = McPatterson, Fred

Fanthorpe, Lionel R.
 = Barton, Erle
 = Bell, Thorton
 = Fane, Bron
 = Torro, Pel
Farmer, Philip José
 = Trout, Kilgore
Fearn, John Russell
 = Ayre, Thornton
 = Gridban, Volsted
 = Lorraine, Paul
 = Statten, Vargo
Finney, Walter B.
 = Finney, Jack
Fox, Gardner F. = Somers, Bart
Franke, Herbert W.
 = Both, Sergius

Franziskowsky, Heinz
 = Francis, Hans G.
 = Francis, Heinz G.
 = Francis, H. G.
 = Francisco, H. G.
 = Frank, Gunther
 = Quoos-Raabe, R. C.
Fröhlich, Heinz-Peter
 = Holling, H. P.

Garrett, Randall
 = Langart, Darrel T.
 = Phillips, Mark
 = Randall, Robert
 = Vance, Gerald
  (Verlagspseudonym)
Gehrmann, Horst = Ewers, H. G.
Geier, Chester S.
 = Vance, Gerald
  (Verlagspseudonym)
George, Peter = Bryant, Peter
Glasby, John S. = Le Page, Rand
Graham, Roger P.
 = Phillips, Rog
 = Vance, Gerald
  (Verlagspseudonym)
Grasmück, Jürgen
 = Bowles, Albert C.
 = Garett, J. A.
 = Grams, Jay
 = Grasse, Jürgen
 = Shocker, Dan

Hahn, Ronald M.
 = Delgado, Manuel S.
 = Forrester, Thorn
  (Verlagspseudonym)
 = Harris, Ronald M.
 = Herbst, Daniel
 = Monroe, Daniel
Hall, Desmond W.
 = Gilmore, Anthony
 = Winter, H. G.
Hamilton, Edmond
 = Sterling, Brett
Harding, Leo = Harding, Lee

Harris, John Wyndham
  Parks Lucas Beynon
  = Parkes, Lucas
  = Wyndham, John
Hary, Wilfried = Travers, W. A.
Hausmann, Wolfgang L.
  = Mann, W. L.
Heinlein, Robert Anson
  = Mac Donald, Anson
Hoar, Roger Sherman
  = Farley, Ralph Milne
Hoffmann, Horst
  = Kenwood, Neil
Holly, Joan C.
  = Holly, J. Hunter
Hough, Stanley B.
  = Gordon, Rex

Jacob, Piers A.
  = Anthony, Piers
Janifer, Laurence M.
  = Phillips, Mark
Jenkins, William Fitzgerald
  = Leinster, Murray

Kaiser, Hans K.
  = Oliver, Richard
  = Richard, R. J.
  = Zanta, C. C.
Klass, Philip = Tenn, William
Klein, Gérard
  = d'Argyre, Gilles
Koch, Richard
  = Nulpe, H. C.
  = Richards, K.
Kornbluth, Cyril M.
  = Judd, Cyril
Krämer, Peter
  = Hooker, P. T.
  = Rudersberg, Peter
  = Theodor, Peter
Krepps, Robert W.
  = St. Reynard, Geoff
Kuttner, Henry
  = O'Donnell, Lawrence
  = Padgett, Lewis

Lange Jr., John F.
  = Norman, John
Ley, Arthur
  = Sellings, Arthur
Liersch, Rolf Werner
  = Henderson, Chester
  = Zoller, Arno
Linebarger, Paul M. A.
  = Smith, Cordwainer
Lockhard, Leonard
  = Harness, Charles L.
Luif, Kurt
  = Burcette, James R.
  = Davenport, Neal
  = Spielmans, Jörg
Lynch, Jane Denvil
  = Gaskell, Jane

Mac Gregor, James Murdock
  = McIntosh, J. T.
Mahn, Klaus
  = Mahr, Kurt
  = Mailer, Cecil O.
Malzberg, Barry N.
  = O'Donnell, K. M.
Mason, Douglas R.
  = Rankine, John
Mayer, Christian = Amery, Carl
McIlwain, David
  = Maine, Charles Eric
Merril, Judith = Judd, Cyril
Miehe, Ulf = Artner, Robert
Mielke, Thomas R. P.
  = McMan, Marc
  = Orban, Marcus T.
  = Parnell, Mike
Mitskevich, A. P.
  = Dneprow, Anatolj
Montgomery, R. Bruce
  = Crispin, Edmund
Moore, C. L.
  = O'Donnell, Lawrence
Moore, C. L.
  = Padgett, Lewis
Moorcock, Michael
  = Bradbury, Edward P.

Müller, Paul A.
= Holk, Jan
= Keyen, Werner
= Myler, Lok
= Steen, I. V.
= Van Holk, Freder
Murry, John Middleton
= Cowper, Richard

Nolan, William F.
= Anmar, Frank
Norton, Alice Mary
= Norton, Andre
Nutt, Charles
= Beaumont, Charles

Peschke, Hans
= Brown, W. (Verlagspseudonym)
= Hansen, Peter
= Patton, Harvey
= Pearson, Harvey
Phillifent, John T.
= Rackham, John
Pritchard, John Wallace
= Wallace, Ian
Puhle, Joachim
= Démon, Roy
= Pahl, Jochim
= Sandow, Gerd
= Sandow, Gert
= Sandow, G. J.
= Schorn, L. B.
= Scott, Ted (Verlagspseudonym)

Reynolds, Dallas McCord
= Reynolds, Mack
Richardson, Robert S.
= Latham, Phillip
Richter, Ernst H.
= Brown, William
Richter, Ernst H.
= Terridge, Ernest
Ritter, Wolf Peter
= Terrid, Peter

Robinett, Stephen
= Hallus, Tak
Rocklin, R. L.
= Rocklynne, Ross
Roecken, Kurt
= Freed, Cecil V.
= Rock, C. V.
= Walter, Henry
Rohr, Wolf Detlef
= van Bergen, Detlef
= Caine, Jeff
= Coover, Wayne
= Reed, Allan

Samachson, Joseph
= Morrison, William
= Sterling, Brett
Schaef, Conrad C.
= Chester, Roy
= Shepherd, Conrad
Scheer, Karl Herbert
= de Chalon, Pierre
= el Santo, Diego
= Kersten, Roger
= Tannert, Klaus
= Turbojew, Alexej
Schoepflin, H. V. = Vincent, Harl
Scholz, Winfried
= Brown, W. (Verlagspseudonym)
= Shols, W. W.
Seitz, Eberhard
= Antares, Enrico
= Wells, J. E.
Sheckley, Robert
= Barbee, Phillips
Sheldon, Alice B.
= Tiptree jr., James
Silverberg, Robert
= Jorgenson, Ivar
= Knox, Calvin M.
= Randall, Robert
= Vance, Gerald (Verlagspseudonym)
St. Clair, Margaret
= Seabright, Idris

Stockhammer, Nikolai
 = Danner, Peter
Strassl, Hubert
 = Curry, Madman
 = de Rais, Hugh
 = Walker, Hugh
Stubbs, Harry Clement
 = Clement, Hal
Tramin, Peter von
 = von Kleynn, Peter
Tubb, E. C.
 = Gray, Charles
 = Grey, Charles
 = Gridban, Volsted
 = Kern, Gregory
 = Lang, King
 = Sheldon, Roy

Upchurch, Boyd
 = Boyd, John

Vlcek, Ernst = Wolf, Paul
Voigt, Gudrun
 = Gray, George P.

Voigt, Karl
 = Gevé, Gaston
 = Gray, George P.
Voltz, Wilhelm = Voltz, William

Wegener, Manfred
 = Mac Roy, Calvin F.
Weinbaum, Stanley G.
 = Jessel, John
Weiss, George Henry
 = Flagg, Francis
White, William Antony Parker
 = Boucher, Anthony
Williamson, Jack
 = Stewart, Will
Wilson, John Anthony Burgess
 = Burgess, Anthony
Wollheim, Donald A.
 = Grinnell, David
Wright, Lionel P. = Wright, Lan

Youd, Christopher Samuel
 = Christopher, John

Zubeil, Rainer = Ziegler, Thomas

Heyne Science Fiction

Deutschlands erste
und größte SF-Taschenbuchreihe
mit Romanen und Storysammlungen
der Science Fiction-Autoren von Weltrang

3682	Gordon R. Dickson **Uralt, mein Feind**	3701	Hans Dominik **Der Wettflug der Nationen**
3683	Algis Budrys **Michaelmas**	3702	Hans Dominik **Ein Stern fiel vom Himmel**
3684	John Crowley **Geschöpfe**	3703	Hans Dominik **Land aus Feuer und Wasser**
3685	Wolfgang Jeschke **Science Fiction Story-Reader 13**	3704	Edward E. »Doc« Smith **Die Planetenbasis**
3686	Lino Aldani **Arnos Flucht**	3705	Edward E. »Doc« Smith **Die ersten Lensmen**
3688	John Brunner **Die Plätze der Stadt**	3708	Edward E. »Doc« Smith **Galaktische Patrouille**
3689	Michel Grimaud **Sonne auf Kredit**	3710	Edward E. »Doc« Smith **Die grauen Herrscher**
3690	Jörg Weigang (Hrsg.) **Sie sind Träume**	3713	Edward E. »Doc« Smith **Das 2. Imperium**
3691	Ben Bova/Wolfgang Jeschke **Titan 13**	3715	Conan Doyle **Die vergessene Welt**
3694	Ronald M. Hahn (Hrsg.) **Die Tage sind gezählt**	3716	Edward E. »Doc« Smith **Das Erbe der Lens**
3695	Isaac Asimov's **Science Fiction Magazin 4**	3717	Edward E. »Doc« Smith **Wächter des Mahlstroms**
3696	H. Warner Munn **Ein König am Rande der Welt**	3721	Ron Goulart **Unternehmen Capricorn**
3697	Alan Burt Akers **Krozair von Kregen**	3722	Alan Dean Foster **Alien**
3698	Robert A. Heinlein **Der Rote Planet**	3730	Harry Harrison **Das Prometheus-Projekt**

Wilhelm Heyne Verlag München